普通高等教育"十一五"国家级规划教材

桥梁工程

（第3版）

周水兴　主　编
李传习　主　审

重庆大学出版社

内 容 提 要

本书系统介绍国内外桥梁的发展概况、桥梁分类、组成,桥梁的构造原理、计算方法和施工要点。全书共分16章,内容包括总论、梁式桥、拱式桥、缆索承重桥、墩台基础5个部分。近年来,钢管混凝土拱桥、钢拱桥、自锚式悬索桥发展较快,本书中增加了这几种桥梁的构造。

本书为高等院校土木工程类、工程管理类学生的教材,也可作为设计、科研部门技术人员参考用书。

图书在版编目(CIP)数据

桥梁工程/周水兴主编. -- 3版. -- 重庆:重庆大学出版社,2017.8(2023.1重印)

土木工程专业本科系列规划教材

ISBN 978-7-5624-5902-6

Ⅰ.①桥… Ⅱ.①周… Ⅲ.①桥梁工程—高等学校—教材 Ⅳ.①U44

中国版本图书馆CIP数据核字(2017)第190532号

桥梁工程

(第3版)

主 编 周水兴

策划编辑:曾令维

责任编辑:曾令维 杨粮菊　　版式设计:杨粮菊

责任校对:任卓惠　　责任印制:张 策

*

重庆大学出版社出版发行

出版人:饶帮华

社址:重庆市沙坪坝区大学城西路21号

邮编:401331

电话:(023) 88617190 88617185(中小学)

传真:(023) 88617186 88617166

网址:http://www.cqup.com.cn

邮箱:fxk@cqup.com.cn (营销中心)

全国新华书店经销

重庆华林天美印务有限公司印刷

*

开本:787mm×1092mm 1/16 印张:34.75 字数:867千 插页:8开1页

2017年8月第3版 2023年1月第15次印刷

印数:22 643—23 642

ISBN 978-7-5624-5902-6 定价:69.00元

土木工程专业本科系列教材
编审委员会

第2版前言

"桥梁工程"是土木工程专业的一门专业必修课,也是土建类和工程管理类专业的重要选修课之一。本教材是根据土木工程专业教材编审委员会审订的《桥梁工程》编写大纲编写的。通过本课程的学习,学生应掌握桥梁工程的构造原理、计算理论和计算方法,熟悉有关施工方面的知识,初步具备解决大中跨径桥梁设计、施工等问题的能力,也为后续课程的学习打下基础。

自第1版出版以来,我国桥梁事业取得了举世瞩目的成果,先后建成了一批具有世界水平的桥梁,同时,公路桥梁设计规范也作了全面修订。因此,有必要结合新规范对第1版教材进行全面修订。

教材共分16章,内容分为总论、梁式桥、拱式桥、缆索承重桥、墩台基础5个部分。总论主要介绍国内外桥梁发展概况、桥梁组成与分类、桥梁设计规划与原则、桥梁设计荷载、桥面构造等内容;梁式桥部分介绍简支梁桥的构造、计算原理与计算方法、非简支体系梁桥以及施工方法。考虑到本教材面向对象较广,为突出教材重点,把简支梁桥中的桥面板计算和横向分布系数调整到简支梁桥一章中;拱式桥部分介绍拱桥的构造、计算方法和施工方法,新增了钢拱桥和钢管混凝土拱桥内容;缆索承重体系桥梁包括悬索桥和斜拉桥,在悬索桥部分增加了自锚式悬索桥内容;墩台基础部分仍分墩台基础构造和墩台计算两章,但在内容上已根据新规范作了修改。

桥梁工程内容广泛,结构体系、截面形式和划分方式繁多,初学者往往容易搞混。因此,学习时应多归纳、多总结;在学习桥梁构造时,建议从力学角度来理解,同时结合桥梁施工方法,这样往往能够起到事半功倍的效果。

本教材第1,2,3,4,5,6,11章由重庆交通大学周水兴编写,第7,8,9,13,14章由重庆交通大学张雪松编写,第10,12章由张雪松、周水兴编写,第15,16章由重庆交通大学邹毅松编写。全书由周水兴教授主编,长沙理工大学李传习教授主审。

由于编者水平有限，其中缺点和错误在所难免，敬请读者批评指正。

在教材编写过程中，引用了众多学者的专著和论文，若书中没有给出索引，敬请各位学者谅解，在此表示由衷感谢！

编　者

2010 年 9 月

第1版前言

《桥梁工程》是土木工程专业的一门专业必修课。本教材是根据土木工程专业教材编审委员会审定的《桥梁工程》编写大纲编写的。通过本课程的学习，使学生掌握目前常用大中型桥梁的构造原理、计算理论和计算方法，熟悉有关施工方面的知识，初步具备解决大跨径桥梁设计、施工等问题的能力。

本教材分上、下册，共14章，上册为第1~6章，下册为第7~14章。第1章主要介绍国内外桥梁建设的发展概况、桥梁的组成与分类，桥梁的总体规划与设计原则。在桥梁的设计荷载中，分别介绍了交通部和建设部对设计荷载的不同行业规定。第2章介绍了桥面构造。着重介绍了目前广泛使用的几种伸缩缝构造。第3、4章介绍了各种梁式体系的构造、桥面板计算，荷载横向分布系数计算及主梁恒、活载内力计算，是本书讲授的重点之一。考虑到目前许多院校专门开设了施工课程，因此第5章仅简要介绍了梁式桥的施工。第6章介绍了刚架桥的构造与计算特点。第7、8章介绍了拱桥的组成与分类、拱桥的设计与计算，是本教材讲授的另一个重点。第9章介绍了拱式桥的几种主要施工方法。随着科学技术的进步，我国缆索承重桥梁得到很大发展，在第10、11章中介绍了缆索承重桥梁（斜拉桥和悬索桥）的构造、计算和施工特点。第12章介绍了目前常用的桥梁支座类型与构造，支座设计与计算。第13、14章则介绍桥梁墩台及基础构造、设计与计算等。书中给出了不同体系的桥梁实例，以便学生增强实感、开阔眼界、拓宽思路。

本教材首先从介绍每种体系的受力特点入手，然后再介绍桥梁的构造，使学生从结构受力要求的角度学习和掌握桥梁的构造、计算和施工方法，这是本教材与众不同之处。

桥梁工程是一门实践性很强的课程，结构构造比较复杂、抽象，学习中应尽可能多地接触实际，以增强感性认识。桥梁的发展与其施工技术发展密不可分，每一种新桥型的产生都与施工技术水平的提高有关，桥梁的内力计算也与所采用的施工方法有关，要对各种施工方法有一定的了解和掌握。

考虑到学生对桥梁工程知识掌握的全面性与系统性要求，

教材内容较多，在教学中可根据实际情况采取重点讲授和学生自学的方法实施教学。

本书第1、7、8章，3.4～3.7节由周水兴编写，第5、9、10、11章由向中富编写，第13、14章由邹毅松编写，第6、12章由王银辉编写，3.1～3.3节、第4章由张永水编写，第2章由胡免缢编写。全书由周水兴、向中富主编。

由于编者水平有限，其中缺点、错误在所难免，敬请读者批评指正。

编　者

2001.7.30于重庆交通学院

目录

第 1 章 概述

1.1 国内外桥梁发展概况

1.1.1 桥梁工程的地位和作用

桥梁(Bridge)是跨越河流、山谷或其他既有路线等障碍的结构物,是用石料(Stone)、混凝土(Concrete)、钢筋混凝土(Reinforced concrete)、预应力混凝土(Pre-stressed concrete)以及钢(Steel)等建筑材料建造而成的结构工程。桥梁不仅是一个具有特定功能的结构物,也是一座立体的造型艺术工程,往往成为一个地方的景观标志,具有时代特征。

桥梁工程在交通事业中占有重要地位。虽然桥梁所占路线总长度不大,但其工程造价一般占公路总造价的10% ~20%,在山区高等级公路上桥梁工程造价则更高。在现代高速公路和城市高架桥中,常常是保证全线早日通车的关键。国防上,桥梁是交通运输的命脉,在需要高度快速、机动的现代化战争中具有非常重要的地位。

1.1.2 我国桥梁建筑的成就

我国桥梁建筑类型繁多,数量惊人,无论是古代桥梁,还是现代桥梁,都在世界桥梁史上写下了辉煌的一笔。

早在距今约3 000 年的周文王时,我国就已在宽阔的渭河上架设过大型浮桥(Floating bridge)。公元35 年东汉光武帝时,在今宜昌和宜都之间,架设了长江上的第一座浮桥,后因战事需要,在黄河、长江上多次架设浮桥,数目不下十余次。在迄今3 000 多年以前,我国就开始采用吊桥(现称为悬索桥,Suspension Bridge)。据记载,在唐朝中期,我国就从藤索、竹索发展到用铁链建造吊桥,而西方在16 世纪才开始建造铁链吊桥,比我国晚了近千年。至今尚保留下来的古代吊桥有四川泸定县的大渡河铁链桥(1706 年)以及都江堰市的安澜竹索桥(1803年)等。泸定铁索桥长约100 m,宽约2.8 m,由13 条锚固于两岸的铁链组成。安澜桥是世界上最著名的竹索桥,全长340 余m,宽3 m,分8 孔,最大跨径约61 m,全桥用由细竹篾编成粗

16.7 cm的4根竹索组成,其中桥面索和扶栏索各半。

古代桥梁所用材料均为大自然赋予人类的天然材料,如树木、藤、石料,其中石料因其耐久性好、分布广、容易开采加工等优点,故几千年来修建的古代桥梁中数石桥最多。

在秦汉时期,我国已广泛修建石梁桥(Stone beam Bridge)。1053—1059年在福建泉州建造的万安桥,也称洛阳桥(图1.1)。此桥长达800 m,共47孔,位于"波涛汹涌,水深不可测"的海口江面上。此桥以磐石铺遍桥位江底,是近代筏形基础的开端。用养殖海生牡蛎的方法胶固桥梁基础使其成整体,这在世界上是绝无仅有的造桥方法。

图1.1　福建泉州万安桥(洛阳桥)

富有民族风格的古代石拱桥技术,因其结构精心巧思、艺术造型丰富多姿,长期以来一直驰名中外,举世闻名的河北省赵县赵州桥(又称安济桥),就是我国古代拱桥的杰出代表(图1.2)。该桥在隋唐大业初年(公元605年左右)为李春所创建,是一座空腹式的圆弧形石拱桥(Circular stone arch bridge),净跨37.02 m,宽9 m,拱矢高7.23 m。在拱圈两肩各设有两个跨度不等的腹拱,这样既能减轻桥身自重、节省材料,又便于排洪、增加美观。据对世界桥梁的考证,像这样的敞肩拱桥,欧洲到19世纪中叶才出现,比我国晚了1 200年。赵州桥的雕刻艺术,包括栏板、望柱和锁口石等精致秀丽,不愧为文物宝库中的艺术珍品。

图1.2　河北赵县赵州桥

除赵州桥外，其他著名的石拱桥有北京永定河上的卢沟桥、颐和园内的玉带桥和十七孔桥、苏州的枫桥等。

新中国成立初期，修复和加固了大量旧桥，并在随后的第一、二两个五年计划中修建了铁路干线、公路网线、渡口和许多重要桥梁。20 世纪 50—60 年代，修订了桥梁设计规范，编制了桥梁标准设计图和桥梁设计计算手册，培养并形成一支强大的桥梁工程设计与施工技术队伍。20 世纪 80 年代中期以来，一批具有世界水平的桥梁相继诞生。

(1) 钢桁梁桥、钢拱桥

1957 年，武汉长江大桥胜利建成，结束了我国万里长江无桥的历史，标志我国修建大跨度钢桥的现代化桥梁技术水平提高到新的起点。大桥正桥为 3 联 3 × 128 m 的连续钢桁梁，双线铁路，上层公路桥面宽 18 m，两侧各设 2. 25 m 人行道，包括引桥在内全桥总长 1 670. 4 m。1969 年建成的南京长江大桥(图 1. 3)，是我国自行设计、制造、施工，并使用国产高强钢材的现代化大型桥梁。包括引桥在内，铁路桥梁全长 6 772 m，公路桥梁长 4 589 m。正桥除北岸第一孔为 128 m 简支钢桁梁外，其余为 3 联 9 孔，每联 3 × 160 m 的连续钢桁梁。上层为公路桥，下层为双线铁路。桥址处水深流急，河床地质极为复杂，桥墩基础施工非常困难，也就是在此，开创了钻孔灌注桩的施工新技术。

图 1. 3　南京长江大桥

作为第二京广线要隘的九江长江大桥，是目前长江上建成的长度最长(铁路部分全长 7 675. 4 m，公路部分长 4 215. 9 m)、跨度更大(全桥最大跨度为 216 m)、施工更为先进的公铁两用钢桥。

近年来，国内钢拱桥建设迅猛，自云南小湾电站大桥建成以来，已先后建成了 10 多座钢拱桥，其中以上海卢浦大桥(图 1. 4)、重庆菜园坝长江大桥(图 1. 5)和重庆朝天门长江大桥(图 1. 6)较为典型。

图 1.4　上海卢浦大桥

图 1.5　菜园坝长江大桥

上海卢浦大桥是一座主跨 550 m 的中承式箱形钢拱桥，主桥长 750 m，主拱截面高9 m、宽 5 m，桥面宽 28.75 m，双向 6 车道，为当今世界第二大钢结构拱桥。桥下设计航道净空 46 m，通航净宽 340 m。整座大桥全部采用焊接工艺连接，现场焊接焊缝总长度达 4 万余米。在大桥建造过程中，单件构件吊装重量达到 860 t，河中跨拱肋吊装最大重量为 480 t，主桥结构用钢量 3.5 万多 t，施工期间的临时用钢量 11 000 多 t。现场钢板焊接厚度100 mm。卢浦大桥的建设创造了 10 项世界记录。

重庆菜园坝长江大桥为钢拱桥与斜腿刚构的组合体系桥，全长 1 866 m，其中主桥长 800 m，北引桥长 886 m，南引桥长 180 m，主跨为 420 m 的中承式钢箱系杆拱桥，桥面分上下两层，上层通行汽车，下层通行轻轨。

图 1.6　朝天门长江大桥

重庆朝天门长江大桥为(190 + 552 + 190) m 的中承式钢桁连续系杆拱桥，为双层公轨两用桥，上层双向 6 车道，下层是双向轻轨轨道，同时预留 2 车道。主桁结构所有杆件根据受力需要采用箱形截面或工字形截面。系杆拱桥的系杆是关键的受力构件之一，设计中充分考虑了其构造的受力安全性以及耐久性,并考虑其可更换的性能,确保大桥的安全。

(2)预应力混凝土梁式桥

我国修建预应力混凝土梁桥起步较晚,但发展迅速。1956 年建成第一座跨径 20 m 的预应力混凝土简支梁桥。此后,这种桥梁得到推广,并提出了装配式预应力混凝土简支梁桥的系列标准设计,最大跨径为 40 m。1970 年在河南建成跨径 52 m 的鱼腹式预应力混凝土简支梁桥,1976 年建成的洛阳黄河公路大桥,为 67 孔 50 m 的预应力混凝土 T 形简支梁桥,全长 3 429 m。1985 年在浙江省建成跨径 62 m 的飞云大桥,是目前国内最大的预应力混凝土简支梁桥。

悬臂施工法的采用,为大跨预应力混凝土连续梁桥、T 形刚构桥和连续刚构桥的建设提供了强有力的保障。20 世纪 60 年代采用悬臂施工法建成第一座 T 形刚构桥,1971 年又用该法建成福建乌龙江公路大桥,主孔跨径为 3 × 144 m,该桥的建成为我国修建大跨度预应力混凝土桥梁迈出了坚实的一步。迄今已修建了十几座大、中跨径的预应力混凝土 T 形刚构桥,1980 年建成的重庆石板坡长江大桥(图 1.7),采用三向预应力技术,主跨为(86.50 + 4 × 138 + 156 + 174 + 104.5)m,总长 1 120 m,其最大跨径 174 m 和最大单悬臂长 69.5 m 为国内之最。

图 1.7 重庆石板坡长江大桥

由于 T 形刚构桥悬臂根部负弯矩大、伸缩缝多、桥面不平顺、不利于高速行驶等缺点,目前都转向采用悬臂施工法施工的连续刚构体系。1988 年建成的广东番禺洛溪大桥,为双薄壁墩不对称连续刚构桥,桥跨布置为(65 + 125 + 180 + 110)m,其最大跨径 180 m 居当时亚洲同类桥梁之最。1996 年建成了长江上第一座预应力混凝土连续刚构桥(湖北黄石长江大桥),主跨为 245 m,其主梁连续长度居世界首位。1997 年建成的广东虎门大桥辅航道桥,主跨达到 270 m。2006 年建成的重庆石板坡长江大桥复线桥,主跨 330 m,其中 103 m 为钢箱梁,以减轻结构自重。需要特别指出的是,近年来大跨度连续刚构桥普遍出现主梁下挠、箱梁开裂的问题。

我国修建大跨度预应力混凝土连续梁桥主要集中在 20 世纪 80 年代,迄今已利用平衡悬臂法和顶推法建造了几十座桥梁,其中跨径在 100 m 以上的桥梁有:1985 年建成的湖北沙洋汉江大桥(62.4 + 6 × 111 + 62.4)m,全长 1 819 m,连续长度近 800 m;1986 年建成的湖南常德沅水大桥(84 + 3 × 120 + 84)m,全长 1 408 m;1991 年建成的云南六库怒江大桥(85 + 154 + 85)m(图 1.8);1996 年建成的广东南海九江公路大桥(50 + 100 + 2 × 160 + 100 + 50)m,是目前国内跨度最大的预应力混凝土连续梁桥。

图 1.8　云南省六库怒江大桥

(3)斜拉桥和悬索桥

自 20 世纪 50 年代第一座现代斜拉桥问世以来,因其结构合理、跨越能力大、用材指标低、外形美观等优点而得到广泛应用。我国从 1975 年开始修建重庆云阳汤溪河桥(主跨76 m)和上海松江县新五桥(主跨 54 m)两座试验桥以来,迄今已修建了上百座斜拉桥,其数量居世界第一。1982 年建成济南黄河公路大桥(主跨 220 m);1994 年建成的湖北郧县预应力混凝土斜拉桥,主跨达 414 m;1997 年建成通车的重庆长江二桥,主跨已达 444 m;福州青州闽江大桥则为主跨 605 m 的钢斜拉桥。

在发展预应力混凝土斜拉桥的同时,钢—混凝土叠合梁斜拉桥也得到发展,如上海南浦大桥和杨浦大桥,其中杨浦大桥主跨 602 m(图 1.9)。

图 1.9　上海黄浦江杨浦大桥

2008 年建成的苏通长江大桥(图 1.10),为主跨 1 088 m 的双塔双索面斜拉桥,是目前世界上仅有的两座单孔跨度超千米的斜拉桥之一;另一座为香港昂船洲大桥(1 018 m)。苏通长江大桥全长 8 146 m,其中第 68 与 69 两个主塔桥墩,每墩耗资约 6 亿元,墩长 114 m、宽 48 m,相当于一个足球场大小,厚约 9 m,灌注混凝土达 50 000 m^3。墩下由 131 根,长达 120 m,每根直径 2.5 ~2.8 m 的钻孔灌注桩组成,是目前世界上规模最大、入土最深的桥梁桩基础。

悬索桥,俗称吊桥,是所有桥型中跨越能力最大的桥梁。解放以后我国建成的公路悬索桥有十余座,但跨径不大。进入 20 世纪 90 年代,悬索桥开始得到发展,1995 年建成广东汕头海

图1.10　苏通长江大桥

湾大桥，跨径452 m，双向6车道桥面，预应力混凝土加劲梁，开创了我国建造现代悬索桥的先河。随后，一批悬索桥相继建成，西陵长江大桥（900 m，1996年）、广东虎门大桥（888 m，1997年），1999年建成江苏江阴长江大桥（图1.11），主跨达1 385 m，它的建成，标志着我国已具备设计和建造千米悬索桥的能力。迄今，我国已在长江上建造了6座悬索桥（重庆鹅公岩大桥、重庆丰都长江大桥、重庆忠县长江大桥、西陵长江大桥、润扬长江大桥、江阴长江大桥）。

图1.11　江苏润扬长江公路大桥

图1.12　西堠门大桥

连接舟山本岛与宁波的舟山连岛工程五座跨海大桥之一的西堠门大桥（图1.12），为主跨1 650 m的两跨连续钢箱梁悬索桥，是目前世界上最大跨度的钢箱梁悬索桥，在悬索桥中居世界第二、国内第一。为保证大桥营运阶段能抵抗17级强台风，西堠门大桥在国内外大跨度悬索桥中首次采用了分离式双箱断面钢箱梁。首次采用直升机牵引先导索过海，实现了我国桥梁建设史上首次在未封航条件下架设先导索。

悬索桥与斜拉桥结合的吊拉组合桥，是未来千米特大跨桥梁的主要型式。1998年贵州省建成世界上第一座吊拉组合桥——贵州乌江大桥（图1.13），虽然该桥跨径不大，只有284 m，但它的建成，标志这种桥型从理论分析到工程实践的跨越。在21世纪跨海大桥中将占主导地位。如土耳其正在马尔马拉海东部修建的伊兹米特海湾桥，采用跨度为（600 +2 000 +600） m的斜拉桥和地锚式悬索桥的组合体系桥。

（4）石拱桥、混凝土拱桥

石拱桥因其施工简便，造价低廉，建筑材料来源丰富，外形美观等优点，国内不仅建造了大量的石拱桥，而且结构型式也相当丰富。其中跨径超过百米的石拱桥有10多座。图1.14所

图 1.13　贵州乌江大桥

图 1.14　丹河大桥

示为主跨 146 m 的丹河大桥，其跨度居世界石拱桥第二。

通常认为，石拱桥主要适用于板拱桥中，但在重庆、四川、湖南、贵州等地，因地制宜发展了石肋拱桥，不但经济合理，而且外形美观。图 1.15 所示为 1991 年湖南省凤凰县建成主跨为 120 m的乌巢河大桥。

除石拱桥外，我国还创造和推广了不少新颖的拱形结构。如 1964 年创建的双曲拱桥，具有材料省、造价低、施工简便、外形美观等特点，很快在全国获得应用和推广。据统计，在问世后的 10 多年间共建该型桥梁 4 000 余座，总长约 300 000 m，其中跨径超过百米的双曲拱桥有 16 座，最大跨径 150 m（河南前河大桥）。湖南长沙湘江大桥，包括引桥在内全长 1 500 m，这样规模的连续拱桥只用一年时间便竣工通车，在世界建桥史也是罕见的。此外江、浙、广东一带修建的钢筋混凝土桁架拱桥和刚架拱桥，上部结构自重轻，适宜于软土地基上建造，如广东清远县清远北江大桥，采用 7 × 75 m 的刚架拱桥，全桥长 1 000 余 m。

图1.15 湖南省凤凰县乌巢河大桥

劲性骨架混凝土拱桥和钢管混凝土拱桥是大跨度拱桥发展的方向。1990年建成的四川宜宾小南门金沙江大桥，采用型钢作为劲性骨架，主跨240 m；万县长江公路大桥（1997年建成），采用钢管混凝土劲性骨架钢筋混凝土结构，主跨达420 m（图1.16），居世界第一；广西邕宁邕江大桥，采用千斤顶斜拉扣挂技术，建成主跨312 m的中承式劲性骨架钢筋混凝土拱桥；广西三岸大桥则采用钢管混凝土作为拱圈，跨径达270 m，2000年建成的广东丫髻沙大桥，主跨360 m，采用转体法施工。2005年通车的重庆巫山长江大桥，主跨跨径达460 m，居同类型桥梁世界第一。

图1.16 万县长江公路大桥

在拱桥的施工技术方面，除了有支架施工外，对于大跨径拱桥，已广泛采用无支架施工法和转体施工法。1990年重庆采用不平衡转体施工法成功地建造了跨径为200 m的涪陵乌江大桥。

另外值得一提的是，在结合钢筋混凝土桁架拱桥的基础上，发展了预应力混凝土桁架拱，如1985年建成的贵州剑河大桥（$L=150$ m），1992年建成的四川自贡牛佛大桥（$L=160$ m），1996年建成的贵州江界河大桥，主跨

图1.17 贵州江界河大桥

330 m,如图 1.17 所示。

(5)桥梁基础工程

我国在深水急流中修建了不少桥梁,积累了极其珍贵的深水基础工程的设计和施工经验。20 世纪 50 年代,我国修建武汉长江大桥时,在世界上首次采用了大型管柱基础。随后,这种先进的深水基础型式得到了推广和发展,管柱的直径由 1.55 m 发展到 5.80 m,最大埋置深度达 47.5 m。在沉井施工方面,由于成功地采用了先进的触变泥浆套下沉技术,大幅度地减少了基础圬工数量,并使下沉速度加快 3 ~ 11 倍。此外,我国还广泛采用钻孔灌注桩基础。

(6)桥梁设计与科研

新中国成立 60 余年来,我国公路、铁路、城市建设部门和高等院校已形成了一支人数众多,力量雄厚的设计、科研队伍。从 1956 年开始制定公铁桥梁设计规范,并根据建桥经验不断进行修改,目前桥梁设计理论已从容许应力法进展到基于可靠度理论的极限状态设计方法。对中、小跨桥梁,已编制了大量标准化图纸。对空间分析、结构复杂的次内力计算、稳定、振动与地震响应等方面进行了大量研究,并取得了有实际价值的成果。桥梁静、动力模型试验、野外测试、风洞试验的研究,又为我国发展长大桥梁提供了科学依据。在软件开发方面,我国已编制了计算公路桥梁的大型综合程序和大量专用程序,在桥梁 CAD 方面也在积极开发之中,并取得了可喜成果。

1.1.3 世界各国桥梁建筑现状

纵观国外桥梁的发展史,早在古罗马时代,欧洲的石拱桥艺术已在世界桥梁史上写下了光辉的篇章。然而,真正使国外桥梁得到发展是 18 世纪的工业革命。工业革命带来了生产力的大幅度增长,推动了工业的发达。而钢材和混凝土的出现,力学的发展和计算理论的完善,是国外桥梁建筑空前发展的保证。

1855 年法国建造了第一批用水泥砂浆砌筑的石拱桥,法国谢儒奈教授在拱架结构、拱圈砌筑方法以及减小圬工裂缝方面的研究与改进,推动了现代石拱桥的发展。1946 年瑞典建成了当时世界上跨度最大的绥依纳松特石拱桥,主跨为 155 m。

1870 年,德国开始建造用混凝土作为主要受力构件的混凝土拱桥,20 世纪初,法国建成跨度 139.80 m 的箱形拱桥。从 19 世纪末到 20 世纪 50 年代,钢筋混凝土拱桥无论在跨越能力、结构体系和主拱圈的截面形式上都得到很大发展。法国于 1930 年建成三孔 186 m 拱桥,瑞典在 1940 年建成跨径 264 m 的桑独桥,1964 年澳大利亚建成悉尼港柏拉马塔河桥,跨径达 305 m。1979 年,南斯拉夫用无支架悬臂施工法建成跨度为 390 m 的 KRK 桥(图 1.18),该桥的建成,标志着国外混凝土拱桥的技术已达到相当高的水平,其跨径记录一直到 1997 年才被我国的万县长江公路大桥(420 m 拱桥)所打破。

钢筋混凝土梁式桥,因受到抗裂性能、刚度和承载能力的限制,发展缓慢,1940 年英国建成跨径为 77.02 m 的纽华特洛桥(连续梁桥),仍是目前同类型桥梁中跨径最大的桥梁之一。

预应力混凝土技术的出现与应用,克服了钢筋混凝土的缺陷,开创了混凝土桥梁的新纪元,与预应力技术高度一致的悬臂施工法和顶推施工法的创立,使预应力混凝土桥梁跨径达到 200 ~ 300 m,其中,法国和德国开创了许多预应力混凝土桥新技术之最。前西德最早用全悬拼法建造预应力混凝土桥梁,1952 年成功地建成了莱因河上的沃伦姆斯桥跨度为(101.65 + 114.20 + 104.20)m 后,该技术迅速传播到全世界。1962 年,德国又在莱因河上建成 208 m 的

图1.18 南斯拉夫KRK桥

本道尔桥,使悬拼技术更臻完善。1976年,日本建成当时世界上跨度最大的连续刚架桥——浜名大桥,主桥跨径为(55+140+240+140+55)m。德国的莱翁哈特教授创造了预应力混凝土顶推施工法,1962年首次采用此法建成委内瑞拉的卡罗尼河桥跨径为(48+4×96+48)m。

图1.19 法国诺曼底大桥

斜拉桥是国外发展的另一种桥型。1925年西班牙在世界上建成第一座钢筋混凝土斜拉桥,1962年委内瑞拉马拉卡波湖大桥的建成,标志着现代预应力混凝土斜拉桥的诞生。该桥主跨跨径为(160+5×235+160)m,总长达9 km。迄今,全球已建成各类斜拉桥300余座,遍布30多个国家和地区。1994年法国建成主跨为856 m的诺曼底大桥(图1.19),是20世纪世界上最大跨径的混合型斜拉桥,其主跨中央部分为钢箱梁,边跨为混凝土梁。1998年底日本建成主跨为890 m的多多罗大桥(图1.20),是20世纪最大跨径的钢斜拉桥。

此外,国外还建造了不少新型钢桥。如世界上跨径最大的钢板梁桥——南斯拉夫的沙瓦河桥,跨径为(75+261+75)m。意大利于1972年建成跨径达376 m的斜腿刚架箱形梁公路桥,日本于1974年建成的南港大桥,系跨径510 m的悬臂桁架梁桥,美国于1977年建成跨径最大的钢桁拱桥——美国新河峡谷大桥,跨径达518 m(图1.21)。该桥最大跨径历史记录直到2003年才被上海卢浦大桥(550 m)所打破。

图 1.20　日本多多罗大桥

图 1.21　美国新河峡谷大桥

悬索桥是一种能够充分发挥钢材优越性能的桥型,美国在 19 世纪 50 年代从法国引进了近代悬索桥技术后,于 19 世纪 70 年代发明了"空中架线法"编纺桥缆技术,1937 年建成的旧金山金门大桥,主跨 1 280 m,保持了 27 年桥梁最大跨径的世界记录。1984 年英国建成的恒比尔大桥,跨径为 1 410 m。1996 年日本建成的连接本四连络线上的明石海峡公铁两用桥,跨度达 1 990 m,如图 1.22 所示。

图1.22 日本明石海峡大桥

1.1.4 桥梁工程的前景展望

纵观近20年世界各国桥梁发展历程,展望未来连接各大洲的洲际大桥、跨海大桥,桥梁结构正在朝轻巧、纤细、大跨、重载方向发展。为适应这种发展的需要,必须对建筑材料、施工技术和设计理论提出新的要求,特别是新型结构体系的构思。

(1)材料的应用与发展

从桥梁工程学科的发展可以发现,材料科学对桥梁工程的发展起着关键性作用。目前,桥梁工程所用材料主要是钢材和混凝土。

对于桥梁工程用钢,要求强度高、韧性好、耐腐蚀、耐疲劳、可焊性好。西方发达国家桥用钢材都为屈服点在600~800 MPa,极限强度在700~900 MPa的低合金高强钢。我国目前常用桥钢为Q235、Q345和Q370低合金钢,屈服点和极限强度还不及国外的一半。

在高强混凝土方面,我国桥用混凝土强度要比国外普遍偏低,公路桥梁上已采用C60级混凝土,铁路桥上则为C60~C80级,而国外早在20世纪50年代就开始使用C60以上混凝土。目前,在实验室条件下,我国已能制成C100级混凝土,罗马尼亚能制成C170级混凝土,而美国能制成C200级混凝土。高强度混凝土不仅强度高,而且抗冲击性能和耐久性也好,用在预应力混凝土桥梁中可节省材料,提高经济效益达30%~40%。

采用轻质混凝土是预应力混凝土桥梁朝长大跨径方向发展的一种有效方法。目前用于工程结构的轻质混凝土容重为16~20 kN/m^3,强度为C30~C70级,轻质混凝土的粗骨料过去用陶粒,现在都趋于用工业废渣。普通高强混凝土强度可达70~100 MPa。采用聚酯混凝土,强度等级可超过100 MPa,特别可提高抗拉强度,但目前仍处于试验阶段。

新型非金属纤维强化复合材料的开发研究,已得到全世界的关注和认同,各国都投入大量资金开展理论研究。目前主要集中在玻璃纤维、阿拉米特纤维和碳纤维同聚合物强化合成的超高强材料上,它们不但质量轻、强度大,而且具有耐疲劳、抗腐蚀、热传导率低、非磁性等优点。分析表明,若采用碳纤维强化复合材料来修建悬索桥,其极限跨度可比钢悬索桥提高一倍以上。加拿大、美国等国家,则已进入工程实践阶段。

(2)桥梁设计理论与旧桥评估理论的完善

目前国内外桥梁设计理论已普遍采用极限状态法设计,少数国家在强度极限状态基础上推广到挠度、裂缝、振动、疲劳的极限状态。而基于可靠度理论的极限状态法设计,可以充分发挥桥梁结构潜在的承载能力,充分利用材料的强度,使桥梁结构安全度更加可靠和科学,是目前世界各国努力的方向。对大跨度桥梁的设计,愈来愈重视振动、稳定、疲劳、空气动力学、非线性等因素影响的研究。

桥梁 CAD 技术主要集中在以下五个方面:结构分析、图形绘制、结构优化、工程数据库、专家系统。目前,国内外的 CAD 软件大多集中在前三部分。桥梁结构受力分析已从简化的平面问题过渡到较为精确的空间计算,并可对复杂结构进行优化设计,但这些程序主要集中在以美国为代表的大型商业软件,如 NASTRAN、SAP、ANSYS、ABAQUS 等。我国在这方面虽作了大量工作,也开发了不少软件,但高质量者为数甚少,商业化程度低,通用性较差,推广和维护工作也不尽完善。

桥梁工程受到自然环境(大气腐蚀、温度、湿度)、材料劣化(老化、碳化、锈蚀)、施工缺陷、养护技术、技术标准、超载、自然灾害(地震、洪水、泥石流)等多方因素的影响,导致结构的承载能力和耐久性降低,运营状况不能满足规范要求。如何通过加固改造来恢复和提高桥梁承载能力、延长桥梁使用寿命,已成为世界性课题。西方发达国家自 20 世纪 80 年代,就已经开始对既有桥梁安全性评价、检查和维修加固等方面进行研究。美国、英国、加拿大、日本等国家先后颁布了基于结构可靠度理论的评估规范。

开展旧桥加固,关键在于如何正确评价现有桥梁的实际承载能力和安全度,如何正确评价结构物的损坏程度,如何针对旧桥中暴露出来的病害问题来完善桥梁设计理论和方法。

今后桥梁必然朝全寿命设计发展,要求桥梁构件具有可检性(Examinability)、可修性(Repairability)、可换性(Replaceability)、可强性(Retrofittability)、可控性(Controllability)及可持续性(Sustainability)。

开展桥梁生命周期成本分析,从桥梁整个寿命周期出发,提出合理的桥型方案、建筑材料和施工技术,降低桥梁在建设与运营期间的成本,是桥梁全寿命设计必须考虑的问题。

(3)组合结构与组合体系桥梁的发展

近年来,组合结构与组合体系桥梁发展迅速。在体系组合方面,有拱桥与刚构桥(图 1.23)、斜拉桥与悬索桥、斜拉桥与拱桥(图 1.24)的组合等;组合结构方面有混凝土与钢梁的组合。如为克服预应力混凝土连续刚构桥箱梁腹板开裂问题,出现了用波形钢腹板取代箱梁混凝土腹板的桥例。由于组合结构与组合体系桥梁不仅发挥了各自体系的优点,而且在增大桥梁跨度和桥梁美学方面也有独特优势,可以相信,未来组合结构与组合体系桥梁将得到更大发展。

(4)更大跨径桥梁的发展

到 20 世纪末,唯有悬索桥跨径能突破千米大关,进入本世纪,斜拉桥单孔跨径也进入千米行列。连续梁桥和连续刚构桥在混凝土、钢材没有得到重大突破前,单孔跨径难以突破。相反,拱桥的发展还有很大空间。根据理论推算,按现有的材料强度,混凝土拱桥的极限跨径可达到 500 m,钢拱桥极限跨径可达到 1 200 m。随着混凝土强度等级的提高,混凝土拱桥跨度可突破 600 m,甚至更大。20 世纪末期,国外就着手 600 m 以上钢筋混凝土拱桥的试设计,如

图1.23 拱桥与刚构桥组合

图1.24 斜拉桥与拱桥组合

1996年法国米约高架桥国际方案竞标中，著名的Jean Muller国际顾问工程师公司与Alian Spielmann顾问建筑师公司联合提出主跨602 m的混凝土拱桥方案(图1.25)，该方案以602 m混凝土拱桥一跨跨越宽700 m、深250 m的塔姆(Tam)河谷，从而避免高墩柱复杂的设计与施工。这个结构雄伟壮观，桥梁与周围环境相得益彰。主拱圈采用等高变宽的混凝土箱形截面，高度为8 m，宽度从拱顶的8 m逐渐加宽至拱脚的18 m。从工程造价和景观需求方面考虑，拱上建筑左右完全对称，拱上建筑采用预应力混凝土连续刚构桥道系，跨径布置为(87.5 + 80.5 + 2 × 133.0 + 80.5 + 87.5)m。

日本土木协会1999年也组织跨径达600 m的钢筋混凝土拱桥可行性研究，2003年出版《600 m跨径级混凝土长大拱桥的设计与施工》一书。图1.26为600 m钢筋混凝土拱桥立面布置，矢跨比为1/6，拱轴线系数为2.0。桥道系采用预应力混凝土刚构连续梁，跨径40 m，梁高2.5 m。

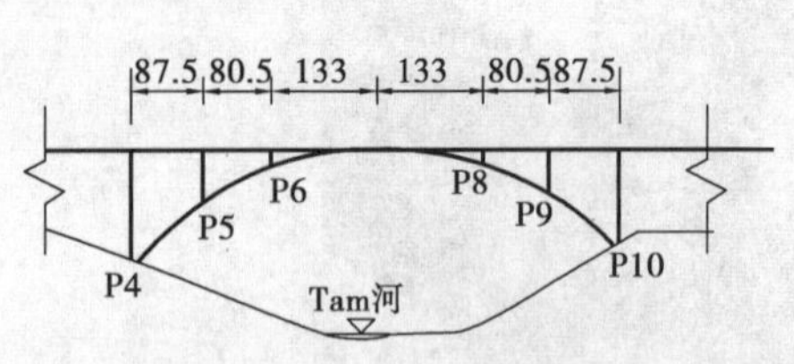

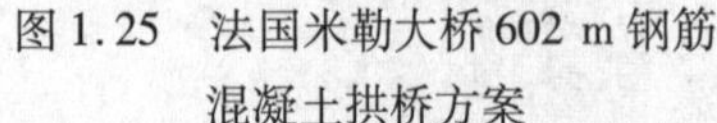
图 1.25　法国米勒大桥 602 m 钢筋混凝土拱桥方案

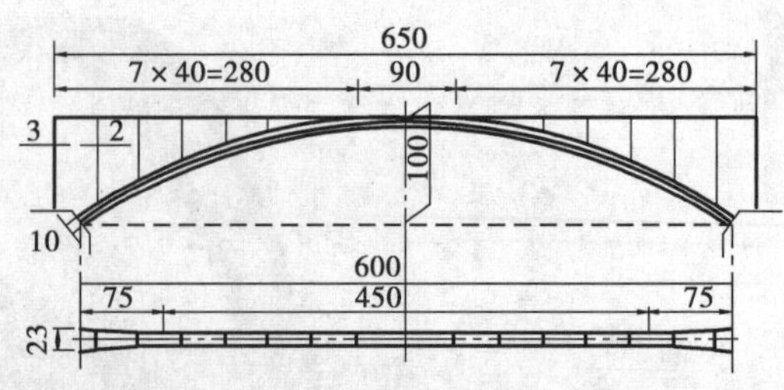

图 1.26　日本试设计 600 m 跨钢筋混凝土拱桥方案

此外,国外还开展了 1 000 m 跨径的钢筋混凝土拱桥的试设计。通过对千米级钢筋混凝土拱桥设计及施工的计算,发现大跨度混凝土拱桥施工采用悬臂拼装方案时,斜拉索的索力是一个主要的问题。随着跨径的增大,索力急速增大;而采用分次合龙方法又对拱圈强度有很高的要求。

(5)桥梁美学和景观设计的进一步重视

1)桥梁美学(Bridge aestheties)

桥梁作为一种建筑,具有使用和观赏两项功能,在满足交通功能的同时,运用美学原理进行构思,以满足人们观赏及改变环境景观的要求。我国古代桥梁在桥梁美学方面写下了光辉的篇章,留下了宝贵的财富。如河北赵州桥,无论在桥梁设计构思还是在艺术装饰方面都堪称世界之绝。赵州桥突破了半圆石拱桥的固有形式,只采用圆曲线上的一段弧长,有效降低了矢跨比,使桥面坡度大为减少;同时,又在主拱圈之上对称布置了四个小拱,既减轻了桥梁自重,又加大了桥梁的泻洪能力,还增强了桥梁的美感,使桥梁的整体形状显得“线条柔和,构造空灵,既稳重又轻盈,寓雄伟于秀逸”。在桥面两侧的栏杆和望柱上,分别刻有龙兽状的浮雕、竹节、蟠龙等造型,构图古朴大方,形象矫健飘逸,工艺精湛,惟妙惟肖,于是获得了“如初月出水,长虹饮涧”的美称。

桥梁美学具有以下特性:①技术特性。桥梁美学设计必须符合桥梁功能和经济要求,在满足桥梁功能的前提下进行技术与经济之间的优化,以此为原则对美学构成元素进行美学调整,如桥梁的美学比选,桥体结构部件的比例调整,桥梁选线与城市或大地景观尺度的和谐,桥梁的防腐涂装与城市整体色彩中的联系等。②时代特性。桥梁具有强烈的时代特性,通过桥梁美学,体现出桥梁当代新技术、新发展、新文化和新科技等,桥梁结构技术的科学特征及桥梁结构技术的不断更新使桥梁美学成为具有深刻时代烙印的主导因素。

桥梁美学专家唐寰澄先生在“桥梁美的哲学”一书中概况了桥梁美学所追求的三个统一:即感性和理性的统一(感觉和意识的统一),主观和客观的统一(人和自然的协调统一)以及形式和内容的统一(造型和功能的一致)。多样和统一,协调与和谐,比例、对称和韵律是桥梁的美学法则。

2)桥梁景观设计(Bridge landscape design)

由于桥梁具有独特和巨大的建筑体量,在历史长河中人们将其物质、精神和科学技术等因素糅合在一起赋到桥梁建筑之中,从而形成桥梁的历史、人文等丰富的景观特性,其影响也因此远远超出桥梁本身。桥梁景观设计已成为桥梁工程设计中不可缺少的组成部分。

桥梁景观设计的目的是对桥梁的线形、造型、平面布局在满足功能、安全、经济的前提下进行自然景观、城市景观、历史文化景观及美学方面的综合考虑和组织,以最大限度地实现桥梁力学上的合理性、功能上的优越性及与周边环境的协调性,同时反映出不同地域、不同传统文化的独特性,力图达到桥梁功能、安全、经济、美学的协调与和谐。

美国桥梁景观学家 F. Gottemoeller 把桥梁景观设计定义为设计桥梁的艺术,并把桥梁景观设计分解成线型设计、造型设计、平面布局设计、色彩设计、肌理设计、装饰设计等六大部分。通过桥梁景观设计中的符号学运用、历史文化表达及技术美学特性等方面的设计创作,使桥梁功能、美学、文化与技术达到统一。

桥梁景观包括桥梁的环境景观和桥梁的夜景观。桥梁的环境景观要求桥梁景观与大地或城市景观尺度的和谐,对地形、地貌的适合,对文化环境的尊重与共生及桥梁建设对建设地点的自然原生景观的保护等。桥梁夜景观是照明科学与桥梁艺术的结合,通过点、线结合的夜景观格局体现桥梁个性与本质美。

桥梁美学与桥梁景观设计不是相互独立,而是相辅相成。今后,桥梁工程将朝结构工程师和建筑工程师联合设计的方向发展,这就要求桥梁工程师不仅要具有丰富的结构理论、工程设计能力,还要具有一定的美学艺术修养、审美能力、创新能力,掌握桥梁美学和桥梁景观设计的基本内容,并自觉地应用到桥梁设计中。

此外,包括 GPS 技术、网络、数据库、图形图像技术、人工智能技术、遥感技术、传感器技术,以及预报、预警技术在桥梁设计、施工、养护和维修全过程中的应用将更趋广泛。

1.2 桥梁基本组成与分类

1.2.1 桥梁的基本组成部分

桥梁组成部分的划分与桥梁结构体系有关。通常,桥梁是由上部结构和下部结构的桥墩、桥台及基础等部分组成的一个人工构筑物。

上部结构(Superstructure),又称桥孔结构或桥跨结构,是线路遇到障碍(如河流、山谷或其他线路等)而中断时,跨越这类障碍的结构物。当需要跨越的幅度或承受的荷载越大时,桥跨结构的构造就越复杂,施工也就越困难。

下部结构(Substructure)是位于桥跨结构之下的部分,包括桥墩(Pier)、桥台(Abutment)和墩台的基础(Foundation)。桥墩、桥台是支承桥跨结构并将结构自重和车辆等荷载传至地基的建筑物。通常将设置在桥跨两端的结构称为桥台,桥台除了支承桥跨结构外,还与路堤相衔接,以抵御路堤土压力,防止路堤填土的滑坡和坍塌。桥墩的作用是支承桥跨结构。墩台基础,是将桥墩和桥台中全部荷载传至地基的底部奠基部分。为了保证墩、台安全,通常将基础埋入岩(土)层中。由于基础是整个结构安全的关键,而且常常需要在水中施工,因此是桥梁建筑中比较困难的一个部分(图1.27)。

为保证桥跨结构能将荷载传递到墩台,适应桥跨结构变位要求,需在桥跨结构与桥墩或桥台支承处设置支座(Bearing)。

此外,还需根据具体情况在路堤与桥台衔接处设置石砌的锥形护坡,以保证迎水部分路堤的稳定。在有些桥梁建筑中,还需要修筑护岸、导流结构物、防撞桥墩的防撞岛等附属工程。

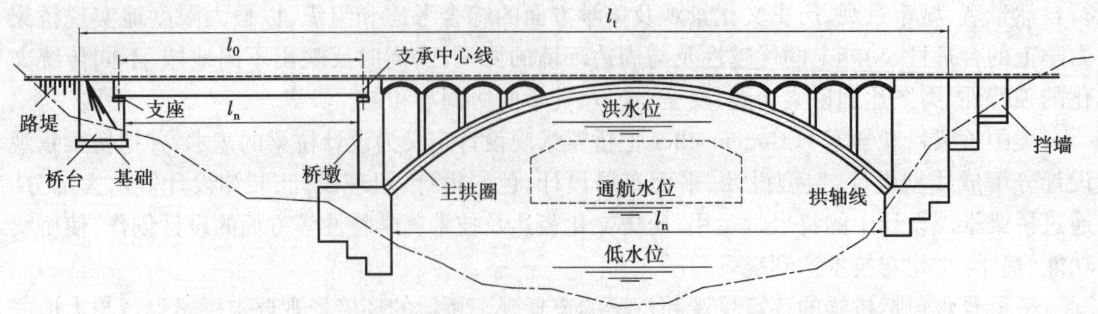

图 1.27　桥梁基本组成

随着人们对桥梁养护的日趋重视，在特大跨桥梁和重要桥梁中，专门设置供日常养护用的电梯、检修桁车、扶梯等设施。

下面介绍一些与桥梁布置和结构有关的专业术语。

(1)水位

水位变动的河流，在枯水季节的最低水位称为低水位；在洪峰季节中的最高水位称为高水位。桥梁设计中按规定的设计洪水频率计算所得的高水位，称之为设计洪水位(Design water level)。有关设计洪水位的计算见“桥涵水文”。通航水位(Navigable water level)是指在各级航道中能保持船舶(队)正常航行时的最高和最低水位。

(2)跨径

跨径(Span)，又称跨度，表示桥梁的跨越能力。跨度越大，相应的构造和技术也越复杂，因此，跨度是表征桥梁技术水平的重要指标。对于多跨桥梁，跨度最大者称为主跨(Main span)。

桥梁工程中的净跨径 l_n、标准跨径 L_K 和计算跨径 l_0 与桥梁基本结构体系有关。

对于梁式桥，设计洪水位上相邻两桥墩(或桥台)之间的净距称之为净跨径(Clear span)；两相邻桥墩中线之间的距离，或墩中线到桥台台背前缘之间的距离称之为标准跨径(Standard span)；而把桥跨结构相邻两支座中心之间的距离称之为计算跨径(Computed span)。计算跨径是桥跨结构力学计算的基准。

对拱式桥，每孔拱跨两个拱脚截面最低点之间的水平距离称之为净跨径；桥跨内相邻两拱脚截面形心点之间的水平距离称之为计算跨径。拱桥的标准跨径就是净跨径。

桥梁总跨径 $\sum L_n$ 是多孔桥梁中各孔净跨径的总和，也称桥梁孔径，它反映桥下泄洪的能力。

《公路桥涵设计通用规范》(JTG D60—2004)规定，当标准设计或新建桥涵的跨径在 50 m 及以下时宜采用标准化跨径，以利于桥梁制造和机械化施工，也有利于桥梁养护维修。我国公路桥涵标准化跨径从 0.75～50 m，共 21 个级，其中 10 m、13 m、16 m、20 m、25 m、30 m、35 m、40 m 这 8 级应用最多。同时标准跨径又是划分特大桥、大桥、中桥、小桥和涵洞的一个重要指标，见表 1.1。

(3)桥梁全长 L_T 与桥梁总长 L

桥梁全长(Total length of bridge)，简称桥长，是桥梁两端两个桥台的侧墙或八字墙后端点之间的距离。对无桥台的桥梁为桥面系行车道的全长。在一条道路中，桥梁和涵洞总长的比重反映他们在整段线路建设中的重要程度。桥梁总长是桥梁两端桥台侧墙前缘之间的距离，是划分特大桥、大桥、中桥、小桥和涵洞的另外一个重要指标。

表1.1 桥梁涵洞分类

桥涵分类	单孔跨径 L_K/m	多孔跨径总长 L/m
特大桥	$L_K>150$	$L>1\ 000$
大桥	$40\leqslant L_K\leqslant 150$	$100\leqslant L\leqslant 1\ 000$
中桥	$20\leqslant L_K<40$	$30<L<100$
小桥	$5\leqslant L_K<20$	$8\leqslant L\leqslant 30$
涵洞	$L_K<5$	—

(4)桥梁高度、建筑高度与容许建筑高度

桥梁高度,简称桥高,是指桥面到低水位之间的高差,或是桥面与桥下路线路面之间的距离。桥梁高度在某种程度上反映桥梁施工的难易性。

建筑高度(Construction height of bridge)是指桥上行车路面(或轨顶)标高到桥跨结构最下缘标高之间的距离。它与桥跨结构的体系和桥孔跨径有关,还与行车部分在桥上布置的高度位置有关。

容许建筑高度是公路或铁路定线中所确定的桥面(或轨顶)标高与桥下通航净空顶部标高之差。显然,桥梁的建筑高度不得大于其容许建筑高度,否则就不能保证桥下通航的要求。

(5)桥下净空高度(Clear opening height)

设计洪水位或设计通航水位到桥跨结构最下缘之间的距离 H,称为桥下净空高度。桥下净空高度 H 应能保证安全排洪,并不得小于该河流通航所规定的净空高度。

(6)拱轴线

拱圈或拱肋各截面形心点的连线称之为拱轴线(Arch axis)。

(7)净矢高 f_n 与计算矢高 f_0

净矢高是拱顶截面下缘到相邻两拱脚截面下缘最低点之连线的垂直距离;而拱顶截面形心至相邻两拱脚截面形心之连线的垂直距离称之为计算矢高。

(8)矢跨比 f_0/l_0

矢跨比(又称拱矢度 Rise span ratio),是拱桥中拱圈(或拱肋)的计算矢高 f_0 与计算跨径 l_0 之比,它是反映拱桥受力特性的一个重要指标。

1.2.2 桥梁分类

(1)按桥梁的基本结构体系分类

桥梁的分类方式很多,不同的分类方式有不同的桥梁类型,但就桥梁结构的受力而言,总离不开拉、压、弯三种基本受力方式,而在力学上可归纳为梁式、拱式、悬吊式三种基本体系以及它们之间的各种组合。下面从受力特点、建桥材料、适用跨度、施工条件等方面来阐述桥梁各种体系的特点。

1)梁式桥(Beam bridge, Girder bridge)

梁式桥是一种在竖向荷载作用下无水平反力的结构(图1.28(b))。由于外力(恒载和活载)作用方向与承重结构的轴线接近垂直,故与同样跨径的其他结构体系相比,梁内产生的弯矩最大,通常需要抗弯能力强的材料(钢、钢筋混凝土等)来建造。为了节省钢材,目前公路上应用最广的是预制装配式钢筋混凝土和预应力混凝土简支梁桥(图 1.28(a))。这种梁桥的特点是结构简单,施工方便,对地基承载能力的要求不高。前者常用在 25 m 以下,后者跨径一般也不超过 50 m。当跨度较大时,可根据地质、通航等条件修建钢筋混凝土或预应力混凝土的悬臂梁桥或连续梁桥(图 1.28(c)、(d))。

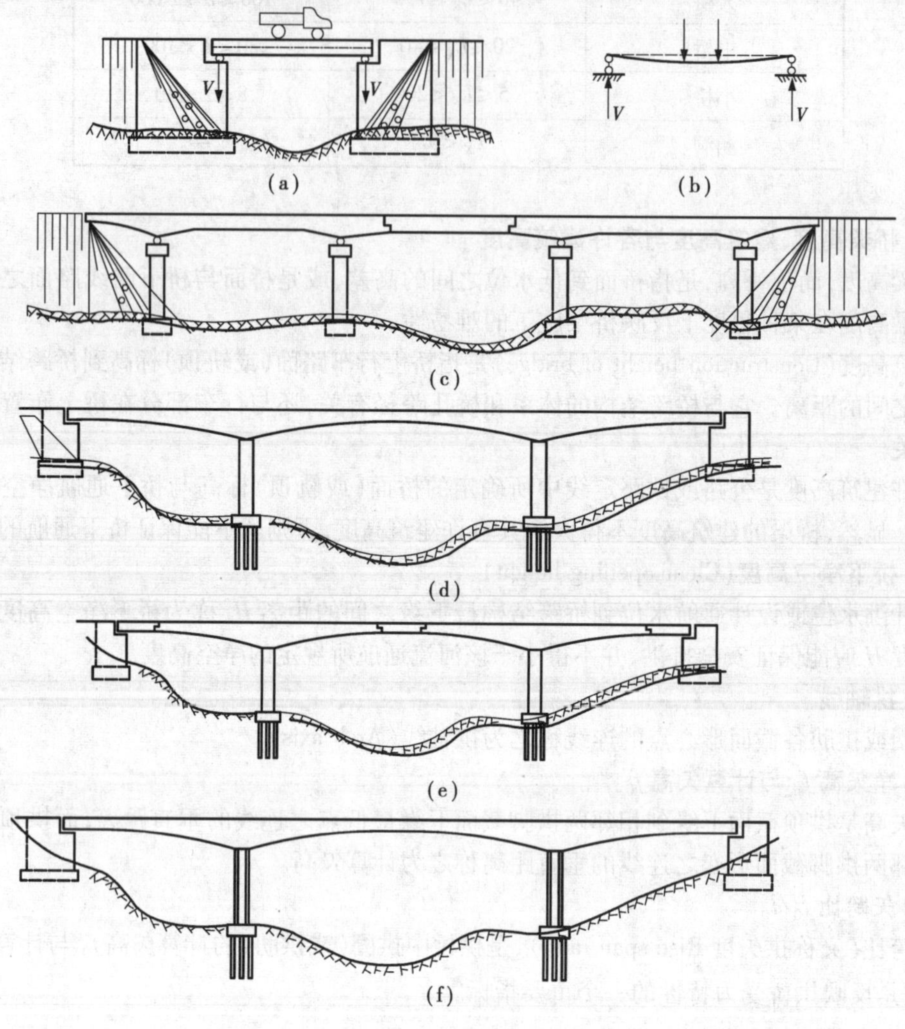

图 1.28　梁式桥

T 形刚构桥是在刚架桥和多孔静定悬臂梁桥基础上发展起来的一种结构型式(图 1.28(e)),这种桥的主要缺点是悬臂根部负弯矩很大,用普通钢筋混凝土建造时不仅钢材用量大,而且悬臂根部的裂缝不易控制,现已很少用。预应力混凝土工艺的发展,使 T 形刚构桥得到了很大推广,尤其是采用了悬臂分段施工方法(Cantilever segmental construction method),不但加速了建桥速度,而且克服了要在大江、大河或深谷中搭设支架的困难,跨越能力增大,目前国内最大跨径为 174 m(重庆石板坡长江大桥)。预应力混凝土 T 形刚构桥的优点是受力明确,在恒载作用下是静定结构;缺点是悬臂根部负弯矩很大,桥面不连续,对高速行驶不利。图 1.28(f)是目前国内大跨度桥梁中建造较多的双薄壁墩连续刚构桥,由于墩、梁固接节省了大型支座的昂贵费用,改善了结构在水平荷载(如地震荷载)作用下的受力性能,因此跨越能力要比连续梁桥和T形刚构桥大。

2)拱式桥(Arch Bridge)

拱式桥的主要承载结构是拱圈或拱肋(图1.29)。这种结构在竖向荷载作用下,拱的两端支承处(拱脚处)除有竖向反力外还有水平推力 H(Horizontal trust)(图1.29(b)),正是这个水平推力显著削弱了荷载所引起的拱圈(或拱肋)内的弯矩。因此,与同跨径的梁桥相比,拱桥的弯矩和变形要小得多。鉴于拱桥的承重结构以受压为主,通常可用抗压能力强的圬工材料(如石料、混凝土)、钢筋混凝土和钢来建造。

拱的跨越能力很大,外形也较美观,在条件许可的情况下,修建拱桥往往是一种经济合理的选择。

然而,事物往往具有"两面性",拱桥的推力虽能改善拱圈的受力,但同时也要求下部结构和地基必须能承受这个很大的水平推力,因此多建造在地基条件较好的桥址上。近年来,国内陆续在软土地基上建造多座大跨度拱桥,采用了一种所谓"飞燕式"的无推力系杆拱桥(图1.29(c)),拱的不平衡推力由预应力钢绞线系杆来承担。

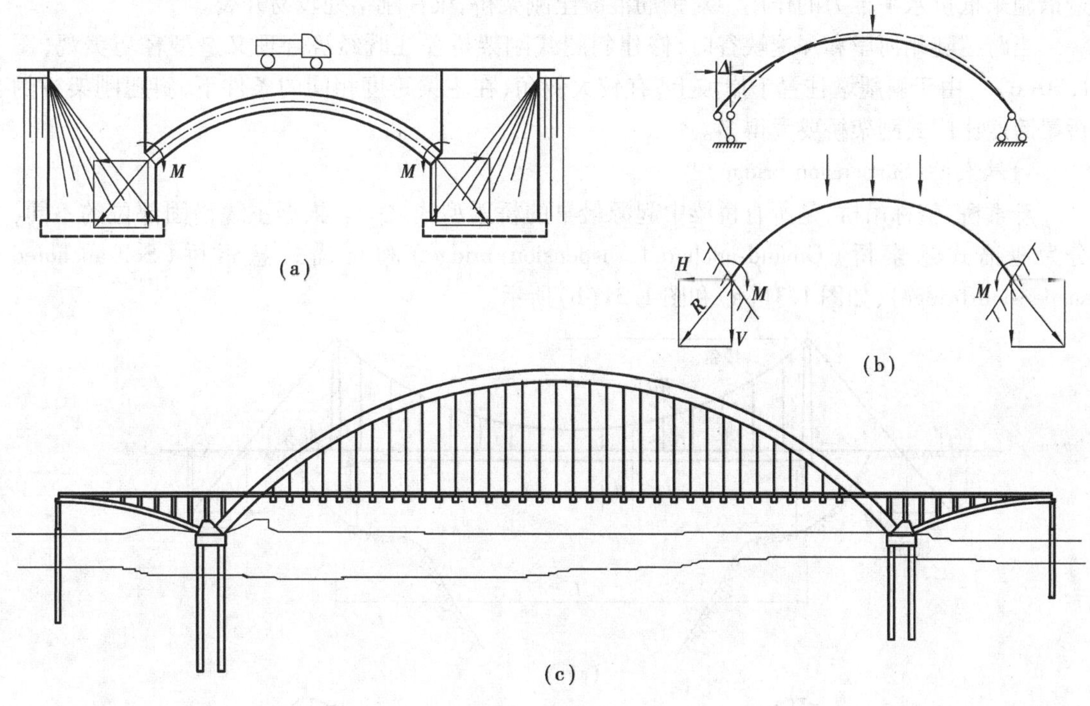

图1.29 拱式桥

3)刚架桥(Rigid-frame bridge)

刚架桥是梁(或板)和立柱(或竖墙)整体结合在一起的一种刚架结构。由于两者之间是刚性连接,在竖向荷载作用下梁部产生弯矩,而在柱脚产生一定的水平反力(图1.30(b)),其受力状态介于梁桥与拱桥之间。因此,对于同等跨度的桥梁,在相同荷载作用下,刚架桥的正弯矩要比一般梁桥要小。根据这一特点,刚架桥的建筑高度可以做得小些,适用于需要较大桥下净空和建筑高度受到限制的情况,如立交桥、跨线桥等。

刚架桥的缺点是施工比较困难,必须要有良好的地基条件,或用较深的基础和用特殊的构

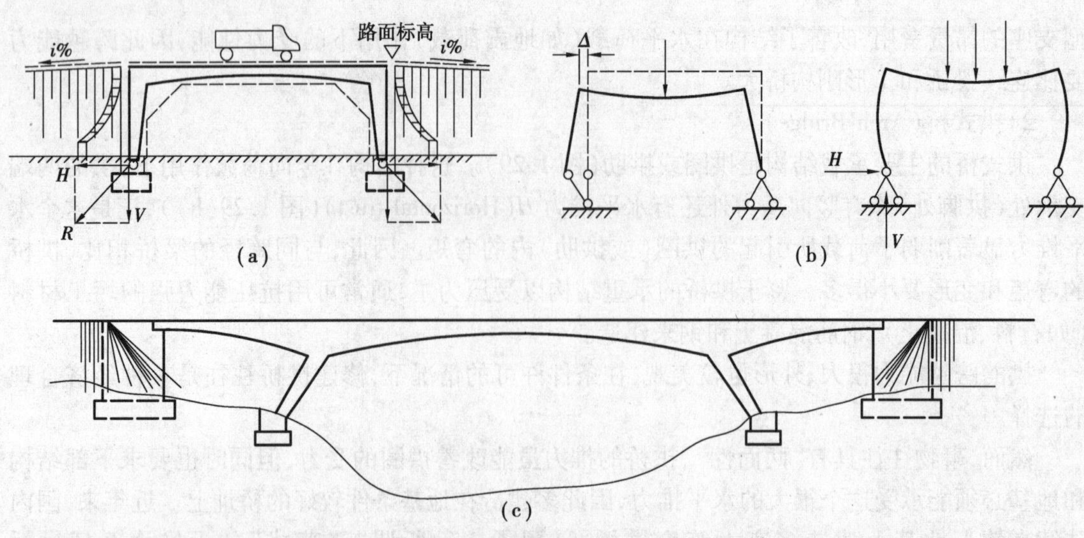

图 1.30　刚架桥

造措施来抵抗水平推力的作用。对钢筋混凝土刚架桥，梁柱刚结处较易开裂。

当跨越陡峭河岸和深邃峡谷时，修建斜腿式刚架桥往往既经济合理又造型轻巧美观（图 1.30（c）），由于斜腿墩柱置于岸坡上，有较大斜角，在主梁跨度相同的条件下，斜腿刚架桥的桥梁跨度比门式刚架桥要大得多。

4）悬索桥（Suspension bridge）

悬索桥，俗称吊桥，是所有桥梁中起源最早的桥梁型式之一。根据主缆锚固部位的不同，分为地锚式悬索桥（Ground-anchored suspension bridge）和自锚式悬索桥（Self-anchored suspension bridge），如图 1.31（a）和图 1.31（b）所示。

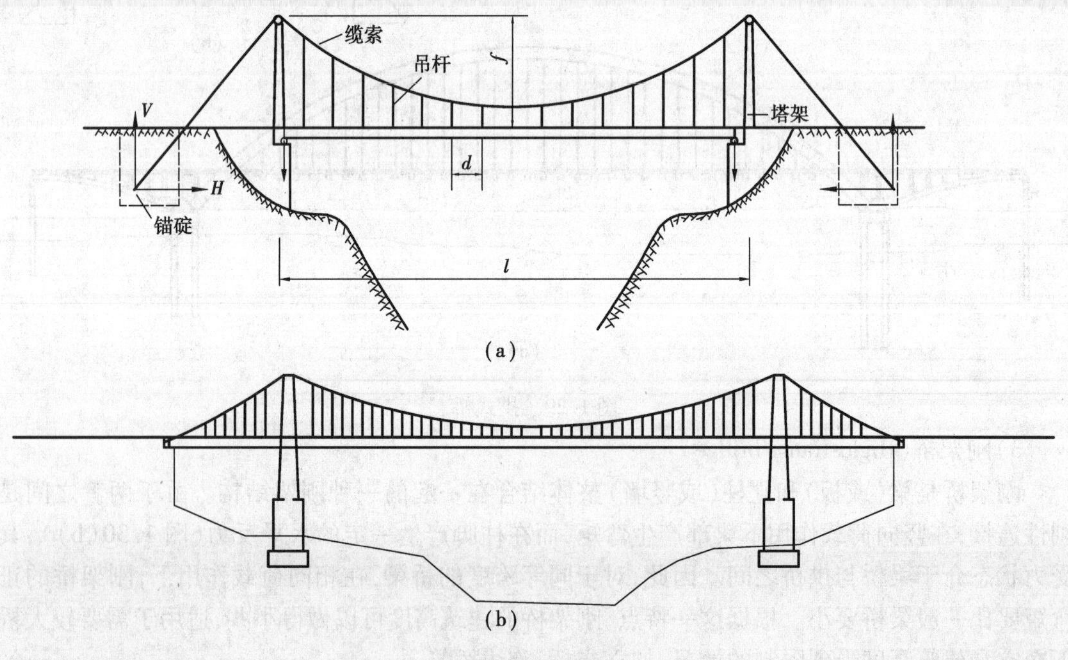

图 1.31　悬索桥

主缆是悬索桥的主要承重结构,通过吊杆将主梁自重和车辆活载传递给主缆,使主缆承受很大的拉力。主缆必须采用高强度钢丝编制,以充分发挥其优异的抗拉性能。

锚碇是地锚式悬索桥主缆的锚固体,并将主缆的拉力传递给地基基础。锚碇有重力式锚碇和隧洞式锚碇两种,前者依靠巨大自重来抵抗主缆的垂直分力,水平分力则由锚碇与地基间的摩擦力或嵌固力来抵抗,后者是将主缆中的拉力直接传递给周围的基岩。

地锚式悬索桥的优点在于施工方便,跨度适用范围大,从上百米到上千米不等的桥梁中。地锚式悬索桥常用的形式有单跨式悬索桥和三跨式悬索桥两种。单跨式悬索桥跨度相对较小,适宜在山区跨越深沟或河谷时采用;三跨式悬索桥跨越能力大,适合于跨越大江大河或跨越湖海深水区使用。

自锚式悬索桥是把主缆直接锚固于主梁梁端,由主梁来承担主缆的水平分力,从而省去了庞大的锚碇,在美观和经济性方面有其一定的优势。然而,自锚式悬索桥主缆只能在主梁施工完毕后才能架设,而主梁都以支架现浇或拼装施工为主,因此适合于中小跨径的悬索桥中。自锚式悬索桥可设计成单塔双跨式、单塔单跨式、双塔三跨式、双塔单跨式等多种。表1.2列举了国内外部分自锚式悬索桥。

表1.2 国内外部分自锚式悬索桥

桥 名	国别	建成年份	跨径布置/m	矢跨比	加劲梁材料
科隆-迪兹桥	德国	1915	92.3+184.5+92.3	1/8.6	钢
此花大桥	日本	1990	120+300+120	1/6	钢
水宗大桥	韩国	1999	125+300+125	1/5	钢
桂林丽君桥	中国	2002	24+60+24	1/8	混凝土
延吉市布尔哈通河局子街桥	中国	2003	69+162+69	1/7	混凝土
抚顺天湖大桥	中国	2005	15+70+160+70+15	1/6	混凝土
浙江平湖海盐塘桥	中国	2005	30+72+30	1/7	混凝土
永康溪心大桥	中国	2005	37+90+37	1/6	混凝土
北关大桥	中国	2005	10+118+10	1/7	混凝土
大芦线航道整治一期工程Y4主干路桥	中国		50 +115 +50	1/6	混凝土
佛山平胜大桥	中国	2006	39.84+5×40+350+30+29.8	1/12.5	钢-混凝土

悬索桥的优点在于成卷的主缆易于运输,构件较轻,便于无支架悬吊拼装。我国西南山岭地区和遭受山洪泥石流冲击等危险的山区河流上,当修建其他桥型有困难时,往往采用悬索桥。

然而,相对于其他体系而言,悬索桥自重轻,结构刚度差,在车辆荷载和风荷载作用下,桥梁有较大的变形和振动。国外有许多悬索桥都毁于风荷载,如美国的塔科马(Tacoma)桥。因此可以说,整个悬索桥的发展史就是争取刚度的历史。

5)组合体系桥(Combined system bridge)

组合体系桥梁是指承重结构由两种基本体系,或一种基本体系与某些构件(如梁、拉索、塔、柱、T构等)组合在一起的桥梁。在组合体系中,梁、拉索是经常参与组合的构件。组合体系桥因充分发挥各自体系和构件的受力优点,是未来大跨度桥梁发展的一个主要方向。

①斜拉桥(Cable-stayed bridge)

斜拉桥是由梁、塔、斜拉索组成的组合体系桥梁。它利用高强钢材制成的斜拉索将主梁多点吊起,并将主梁的恒载和车辆荷载传至塔柱,再通过塔柱基础传至地基。由此,主梁就像一根多点弹性支承的连续梁一样工作,而且斜拉索索力的水平分量使主梁获得一个免费的预应力,从而使主梁尺寸大大减小,结构自重显著减轻,既节省了结构材料又大幅度增大了桥梁的跨越能力。此外,斜拉桥的结构刚度要比悬索桥大,在相同的荷载作用下结构的变形较小,而且抵抗风振的能力也比悬索桥好,这也是斜拉桥在可能达到的大跨度情况下比悬索桥优越的重要因素。

常用斜拉桥是三跨双塔式结构,但在实际结构中根据河流、地形、通航要求等情况而采用对称或不对称的双跨独塔式斜拉桥和多塔式斜拉桥,如图1.32(a)和图1.32(b)所示。

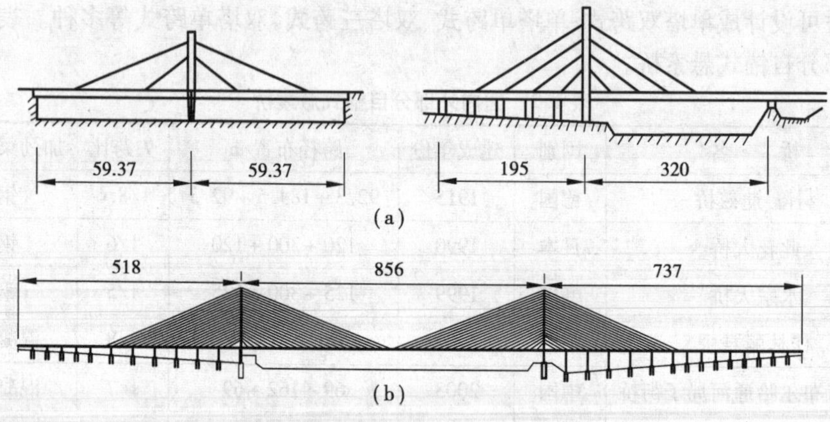

图1.32　斜拉桥(尺寸单位:m)

②梁、拱组合体系

图1.33(a)所示为一种梁和拱的组合体系,此时梁和拱都是承重结构,两者相互配合共同受力。由于吊杆将梁向上托住,显著减少了梁中弯矩;同时由于拱和梁连接在一起,拱的水平推力就传给梁来承受,梁便成为拉弯构件。这种组合体系桥能够跨越较一般简支梁更大的跨度,而对墩台没有推力作用,因此对地基的要求就与一般简支梁桥一样,适合在软土地基且又需要建造拱桥的地方。图1.33(b)所示为拱置于梁的下方,通过立柱对梁起辅助支承作用的组合体系桥。

③斜拉-悬索组合体系桥(Cable-stayed suspension hybrid bridge)

斜拉-悬索组合体系桥,又称吊拉组合体系桥,是将斜拉索布置在悬索桥桥塔两侧而形成的组合体系桥梁,这种体系桥梁充分发挥斜拉桥和悬索桥各自优点,是特大跨度桥梁的主要方案之一,如直布罗陀大桥、印尼的爪哇—巴厘桥、土耳其伊兹米特海湾桥(600+2 000+600)m(图1.34)、中国的伶仃洋大桥等。但这种体系还有许多问题需要研究,如斜拉与悬索结合部位存在刚度衔接问题。此外,斜拉-悬索组合体系桥还可用于悬索桥的加固。

④其他组合体系

a.矮塔斜拉桥或部分斜拉桥

矮塔斜拉桥是由矮塔、斜拉索与预应力混凝土连续梁桥或预应力混凝土连续刚构桥形成

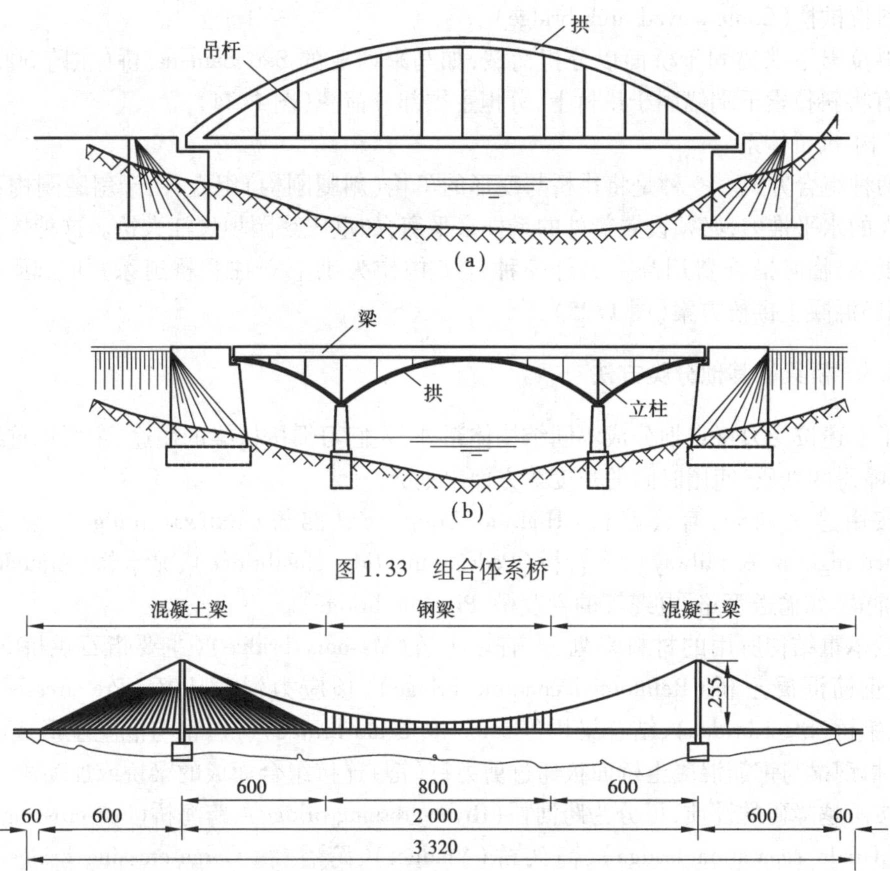

图 1.33 组合体系桥

图 1.34 土耳其伊兹米特海湾桥(尺寸单位:m)

的组合体系桥梁(Extradosed prestressing bridge)。它是将原来置于梁体内的部分预应力钢筋外置以提高预应力效率,外形上与斜拉桥接近,但受力介于梁桥与斜拉桥之间。此外,斜拉索也可与大跨度钢桁架梁组合。这种体系中,主要承重结构是钢桁梁,斜拉体系只是起到辅助施工和分担荷载的加劲作用,如芜湖长江大桥。

图 1.35 矮塔斜拉桥

b. 斜拉拱桥(Cable-stayed arch bridge)

将斜拉索下端锚固于桥面以分担荷载,如马来西亚的 Seri Saujana 桥(主跨 300 m,2002年),也有将斜拉索下端锚固于拱桥上,分担主拱部分荷载(图 1.24)。

c. T 构-拱桥体系

有两种组合方式。一种是将拱桥与变形的 T 构(斜腿刚构)组合,由于斜腿刚构不能承受拱桥巨大的水平推力,必须设置额外的系杆来平衡,如重庆菜园坝长江大桥。这种体系桥梁施工比较复杂,临时措施费用高。另外一种是 T 构作为拱上立柱和桥道系,如法国米勒大桥602 m钢筋混凝土拱桥方案(图 1.25)。

1.2.3 桥梁的其他分类方法

除了上述按受力特点划分成不同结构体系外,人们习惯按桥梁的用途、主要承重结构的材料、跨越障碍的性质、使用时间的长度等方面来划分。

1)按用途来划分,有公路桥(Highway bridge)、铁路桥(Railway bridge)、公铁两用桥(Combined highway & railway)、人行桥(Pedestrian bridge, footbridge)、渡水桥(Aqueduct)及其他专用桥梁(如输送管路、电缆等的管线桥,Pipeline bridge)。

2)按承重结构所用的材料来划分,有圬工桥(Masonry bridge)(主要指石拱桥 Stone arch bridge)、钢筋混凝土桥(Reinforced concrete bridge)、预应力混凝土桥(Pre-stressed concrete bridge)、钢桥(Steel bridge)、结合梁桥(Composite beam bridge)。由钢与混凝土形成的结合梁桥,主要指钢梁与钢筋混凝土桥面板通过剪力钉(键)连接组合而成的梁桥或加劲梁。

3)按跨越障碍的性质,可分为跨河桥(River-crossing bridge)、跨海桥(Sea-crossing bridge)、跨线桥(Grade separation bridge)、高架桥(Viaduct)、跨谷桥(Gorge-crossing bridge)和栈桥(Trestle bridge)。高架桥一般指跨越深沟峡谷以代替高路堤的桥梁。在城市道路中,为保持线路畅通或增加通行能力而修建的高出周围地面的桥梁,这时高架桥又称高架路。在码头上用于沟通河岸与轮船,以装卸货物或上下旅客的通道,称为栈桥。在桥梁施工中,为在河岸与水中桥墩之间建立通道,需要搭建临时性栈桥。

4)按上部结构的行车道与主要承重结构的相对位置,分为上承式桥(Deck bridge)、中承式桥(Half-through bridge)、下承式桥(Through bridge)。桥面布置在主要承重结构以上者称为上承式桥,桥面布置在承重结构之下的称为下承式桥,桥面布置在桥跨结构中间的称为中承式桥。

5)按桥梁使用的时间长短划分,有永久性桥梁(Permanent bridge)和临时性桥梁(Temporary bridge)。永久性桥梁是用钢材、混凝土、石材等耐久性材料建造的桥梁,桥梁设计与施工应遵照适用的规则进行,并要求满足桥梁设计的基本原则。临时性桥梁又称便桥(Detour bridge),是为工程施工服务而建造的使用寿命不长的桥,也用于工程抢险。

6)按桥梁平面线形划分,有直桥(Right bridge)、斜桥(Skew bridge)和弯桥(Curved bridge)。直桥(又称正交桥),是桥轴线与支承线方向(一般为水流方向或所跨线路方向)正交的桥。斜桥是指桥轴线与支承线方向(一般为水流方向或所跨线路方向)不呈直角相交的桥。由于斜桥所能提供的桥下净空有效宽度较直桥的要小,为提供相同的桥下有效宽度,必须增大斜桥跨度,因此,不宜使桥梁斜交角度过大。在水平面上呈曲线状的桥,称为弯桥或曲线桥。弯桥在城市立交桥、进出高速公路的匝道桥中应用广泛。

第2章 桥梁工程的规划与设计程序

2.1 桥梁设计的基本原则

桥梁是路线的重要组成部分，尤其是大、中跨桥梁对当地政治、经济、国防等都具有重要意义，因此应根据所设计桥梁的使用任务、性质和所在线路的远景发展需要，按照安全、适用、经济、美观和有利环保的原则进行总体规划和设计，树立起桥梁全寿命设计的理念。

(1)结构尺寸和构造上的要求

保证整个桥梁结构及其各个构件，在制造、运输、安装和使用过程中均具有足够的强度、刚度、稳定性和耐久性。桥梁结构的强度要求，是指全部构件及其连接构造的材料抗力或承载能力具有足够的安全储备。桥梁的刚度要求，是指桥梁在荷载作用下的变形不超过规范规定的容许值，以免挠度过大而影响行驶，危及桥梁结构及行车的安全。结构的稳定性，是指桥梁结构在各种外力作用下，具有能保持原有形状和位置的能力。

对在使用年限内必须更换的构件，如斜拉桥的拉索、中下承拱桥的吊杆、支座，在构造设计时应充分考虑到未来构件更换的可操作性和可更换性，同时应留有一定的可增强性。

(2)使用上的要求

桥梁必须满足结构功能要求：须有足够的承载能力；既能保证行车畅通、舒适和安全，又能满足未来交通量增长的需要；建在通航河流或需跨越其他线路的桥梁，桥下净空应满足泄洪、安全通航或通车的要求；对重要桥梁，还应考虑战时国防的要求；建在地震区或通航河流上的桥梁，应能满足抗震和防撞击的特殊要求。

(3)经济上的要求

桥梁设计应体现经济上的合理性。既要考虑桥梁建设时的费用，又要充分考虑在使用期间养护维修费用，乃至最终拆除桥梁的费用，且经久耐用。因此选用的结构型式应便于施工和制造，能够采用先进的施工技术和施工机械，以便加快施工速度，保证工程质量和施工安全。采用的建筑材料，应具有良好的耐久性，尽可能降低日后营运养护费用，提高经济效益。对在使用年限内必须更换的构件，在设计时不宜刻意追求造价昂贵的材料，避免不必要的投资。

(4)美观上的要求

一座桥梁应具有优美的外形,与周围环境相协调。在满足功能要求的情况下,选用最佳的结构形式,纯正、清爽、稳定。对城市桥梁和游览区的桥梁,可较多地考虑建筑艺术(景观)上的要求。

(5)环保上的要求

桥梁建设在带给人类方便的同时,也会影响到原有生态环境和社会环境,如建在河流上的桥梁,应确保施工期间不对鱼类、生活用水造成危险,不能因墩台基础开挖造成原有地貌的过大损坏而影响植被生长。对于重要桥梁和特大型桥梁,应根据《公路建设项目环境影响评价规范》做环境影响评估报告。

桥梁设计必须积极采用新结构、新技术、新材料、新工艺,充分利用国内外的最新科学技术成就,把学习和创新结合起来,提高我国的建桥水平,赶超世界先进水平。

2.2 桥梁设计与建设程序

2.2.1 基本程序

大型桥梁的设计工作通常分为工程可行性研究(简称"工可")和设计两个阶段。

工程可行性研究(Project feasible study)是大型桥梁设计的前期阶段,主要任务是编制项目建议书和工程可行性研究报告,当为技术复杂的大型桥梁或特大型桥梁时,还应编制预可行性研究报告(简称"预可")。设计阶段包括初步设计(Preliminary design)、技术设计(Technical design)(技术复杂的桥梁存在此阶段)和施工图设计(Design for construction drawing)三个阶段或者二个阶段。对于修建任务紧急的桥梁建设项目,或技术要求简单的中、小桥建设项目,可采用一阶段设计,即以扩大的初步设计来包含三阶段或两阶段设计的主要内容。上述各个阶段都有各自需要包含的内容和深度,以及要达到的目的和需要解决的问题。各阶段设计文件完成后的上报和审批都由国家指定的主管部门(建设单位或业主单位)办理。批准后的文件就是各建设程序进行的依据,也是下一阶段设计文件编制的依据。

一座桥梁的建设程序包括以下几个阶段:审批项目建议书进行工程立项,审批可行性研究报告确定设计任务书;开展初步设计、形成招标文件;开展工程施工设计招投标与工程施工等。设计工作与建设程序之间的关系如图2.1所示。除施工招标外,设计(包括初步设计、施工图设计)和监理工作也需采用招投标,但设计阶段的划分及建设程序的要求是不变的。

2.2.2 编制项目建议书

项目建议书是投资前对项目的轮廓性设想,应根据国民经济的长远规划和公路网建设规划,从项目建设的必要性、建设条件的可能性和项目实施的可行性等方面进行论证,项目建议书是开展可行性研究的依据。项目建议书通常包括:

①项目建设的必要性和依据;

②拟建规模、建设地点;

③资源情况、建设条件初步分析;

④投资估算、资金筹措及还贷方案；
⑤项目组织管理与实施进度计划；
⑥经济效果和社会效益的初步评价，包括初步的财务评价和国民经济评价；
⑦环境影响的初步评价，包括治理"三废"措施和生态环境影响的分析；
⑧结论；
⑨附件。

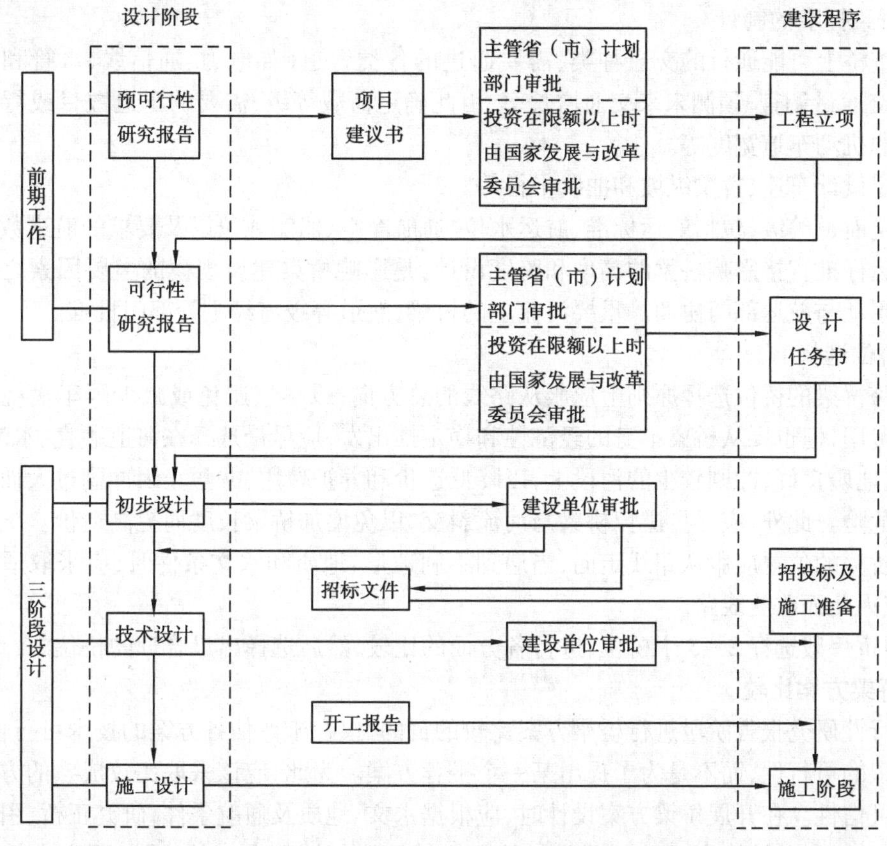

图2.1　桥梁设计与建设过程关系图

2.2.3　工程可行性研究

工程可行性研究有预可行性研究和可行性研究两部分，两者包含内容及目的基本一致，只是在研究深度上有所不同。预可行性研究侧重于研究工程必要性问题和经济合理性问题；可行性研究是在预可行性研究报告审批后，着重研究工程上和投资上的可行性。这两部分工作又称为桥梁规划设计（Plan design），是桥梁初步设计之前的计划阶段。

桥梁的必要性论证主要是回答有无建桥必要的问题，评估拟建桥梁在国民经济和交通工程中的作用。通常以车流量大小作为研究对象。

桥梁的可行性论证包括工程可行性和经济可行性两个部分。工程可行性需要基本确定桥梁设计标准、桥位、桥型等技术问题，而经济可行性则需要解决工程投资控制、资金筹措及偿还等问题。

工程可行性研究论证涉及因素多，需要通过充分的调查研究、全面细致的分析，才能提出合理的设计方案和参数，编制出符合实际的计划任务书。

计划任务书中应包括所建桥梁的桥位（Bridge site）、桥梁荷载等级、桥梁的各项具体设计要求，如桥面宽度、桥梁建筑高度、桥上和桥下净空要求、航道等级要求、工程费用估算等。建设单位可根据编制的计划任务书采用招标方式委托设计单位进行初步设计。

下面就工程可行性研究中应开展的工作做进一步说明。

(1) 桥梁标准的制订

①调查桥上可能通行的交通种类、需要通过的各类管道（如电力、通信线、水管和煤气管等），开展交通量调查，预测未来交通增长率，由此确定荷载等级、需要的车道数目或行车道的宽度以及非机动车道宽度等。

②确定设计车速、桥梁纵坡和曲线半径等。

③确定航道等级，包括航运标准、航运水位、通航净空、船舶吨位以及要求的航道数量及位置等。航运标准直接影响桥梁的高度和跨度设计，是影响桥梁建设规模的主要因素之一。设计部门需主动与航运部门协商。重要河流上的桥梁，航道等级需经主管部门批准。

(2) 桥位选择

大中跨桥梁的桥位选择原则上应服从路线的总方向，以尽量避免或减少因车辆绕道而增加的运输费用，但也要从桥梁本身的经济性和稳定性出发，应尽量选择在河道顺直、水流稳定、河面较窄、地质良好、冲刷较少的河段上，以降低造价和养护费用，并防止因冲刷过大而发生桥梁倒塌的危险。此外，应尽量避免桥梁与河流斜交，以免增加桥梁长度而提高造价。

对小桥涵的位置应服从路线走向，当遇到不利地形、地质和水文条件时，应采取适当处理措施，不应因此而改变线路。

大、中桥一般选择 2 ~ 3 个桥位，进行各方面的比较，然后选择出最合理的桥位。

(3) 桥梁方案比较

在可行性研究报告阶段进行桥梁方案比较的目的，仅在于评估各方案的技术可行性，特别是基础工程的可行性，而不是为了提出某一个推荐方案。为此，应该采取比较成熟的方案以提高评估的可信性。在开展桥梁方案设计时，应根据水文、地质及通航条件，研究正桥、引桥的长度及跨度，并与各种结构型式及不同材料的上部结构进行同等深度的比较，研究它们的可行性，提出各个方案的工程量。以工程量适当偏高、技术先进并且可行的方案作为一个桥位的参选方案。

(4) 地形测量、水文气象调查与地质勘查

①测量桥位附近的地形，绘制地形图供设计和施工用。

②水文、气象调查。

a. 了解河道是静水河还是流水河，有无潮水，河床及两岸的冲刷和淤积，以及河道的自然变迁和人工规划的情况。北方地区还要了解季节性河流的具体性质。

b. 测量桥位处河床断面。

c. 调查、了解洪水位的多年历史资料，按设计洪水频率推算设计洪水位。

d. 测量河床比降，调查河槽各部分的形态标高和粗糙率等，计算流速、流量等有关的资料，通过计算确定设计水位下的平均流速和流量，结合河道性质可以确定桥梁所需要的最小总跨径，选择通航孔的位置、墩台基础型式及埋置深度。

e. 调查和收集有关气象资料,包括气温、雨量及风速(或台风影响)等情况。

③地质钻探

通过钻探调查桥位附近的地质情况,并将钻探资料绘成地质剖面图,作为基础设计的重要依据。为使地质资料更接近实际,可以根据初步拟订的桥梁分孔方案在墩台附近布置钻探。对于所遇到的不良地质现象,如滑坡、断层、溶洞、裂隙等,应加以注明。

④其他资料调查

a. 向航运部门了解和协商确定设计通航水位和通航净空,根据通航要求与设计洪水位,确定桥梁的分孔与桥跨底缘设计标高。

b. 调查当地建筑材料(砂、石料等)的来源,水泥钢材的供应情况以及水陆交通的运输情况。

c. 调查新建桥位上、下游有无老桥,其桥型布置和使用情况等。

上述各项野外勘测与调查研究工作,有的可同时进行,有的则需相互交错,如为进行桥孔地形测量、地质钻探和水文调查需要先有桥位或比较桥位;为选择桥位又必需有一定的地形、地质和水文资料等。因此各项工作必须相互渗透,交错进行。

2.2.4　初步设计

初步设计又称方案设计,是根据上级主管部门审查通过的计划任务书中的设计要求(荷载等级、桥宽、桥梁建筑高度、通航净空等),按照适用、经济、安全、美观和环保的设计原则进行桥梁方案设计。设计任务书是开展初步设计的依据。

初步设计内容有:拟订结构形式(体系、分孔、桥型布置)及主要构造尺寸,确定需要的附属结构物,提出施工方案,估算主要建筑材料数量和施工临时措施材料用量,据此编制工程概算与文字说明、图表资料等技术文件,报送上级主管部门审批。初步设计的概算应作为控制建设项目投资和以后编制施工预算的依据。

2.2.5　技术设计

技术设计仅针对新型、复杂和重要的大型桥梁结构,对常规桥梁通常不需要技术设计而直接进行施工图设计。主要内容是对选定方案中的结构总体和细部(如受力复杂区域、构件连接方式等)的技术问题作进一步研究解决,对重要部位要设计出详细的设计图纸,包括结构断面、配筋、构造细节处理、材料清单及工程量等。必要时技术设计阶段还应进行补充勘探(简称“技勘”)。补充勘探应根据地质初探资料成果,有选择性地加密水中基础和岸上基础的钻孔密度,基础下到岩层的钻孔也应加密,通过勘探充分判断土层的变化。技术设计完成后应做概算修正。

2.2.6　施工图设计

施工图设计是在批准的初步设计中所核定的修建原则、技术方案、技术决定和总投资额等基础上对设计物的进一步具体化。施工图设计一般由原编制技术设计的单位继续进行,也可由中标的施工单位进行。在施工图设计阶段,必须对桥梁结构及各部分构件进行详细的设计计算,绘制出供施工人员按图施工的施工详图。施工图设计完成后,应编制施工预算,由施工中标单位负责编制施工组织设计。

在施工设计阶段还要进一步根据施工需要进行补充钻探(称"施工钻探"),特别是对于重要的基础,对支承在岩层内的基础要探明岩面高程的变化。

在所有设计文件经上级主管部门审批后,即可着手实施桥梁施工的各项工作。桥梁建成后,通常还需进行成桥荷载试验、质量检查验收及办理交接手续。由接收部门负责今后的桥梁通车运营和养护维修。至此,建桥工作才宣告完成。

2.3 桥梁纵、横断面设计及平面布置

2.3.1 桥梁纵断面布置

桥梁纵断面设计主要确定桥梁的总跨径、桥梁分孔、桥面标高、桥下净空、桥上与桥头的纵坡布置以及基础的埋置深度等。

(1)桥梁总跨径的确定

对跨河桥梁,总跨径一般根据水文计算确定。由于桥梁墩台和桥头路堤压缩了河床,使桥下过水面积减少,流速增大,引起河床冲刷,因此桥梁总跨径必须保证桥下有足够的排洪面积,使河床不产生过大的冲刷;另一方面,为了使总跨径不致过大而增加桥梁的总长度,又允许有一定的冲刷,因此桥梁的总跨径不能机械地根据计算和规定的冲刷系数来确定,必须根据具体情况分别对待。当桥梁墩台基础埋置较浅时,桥梁的总跨径应大一些,可接近于洪水泛滥宽度,以避免河床过多的冲刷而引起桥梁破坏;对于深基础,允许较大冲刷,可适当压缩桥下排洪面积,以减少桥梁总跨径。山区河流一般河床流速很大,应尽可能少压缩或不压缩河床,一旦桥头路堤和锥体护坡伸入河床,很难承受高速冲刷。平面宽滩河流虽然可允许较大的压缩,但必须注意壅水对河滩路堤以及附近农田和建筑物可能造成的危害。

(2)桥梁的分孔

桥梁总跨径确定以后,往往还需进一步分孔布置。对于一座较大的桥梁,究竟应分几孔,各孔的跨径大小、各跨径的比例关系,有几个桥墩需落在河中,哪些是通航孔,哪些不是通航孔,这些问题要根据通航要求、地形与地质条件、水文情况、技术经济、施工技术以及美观等条件综合确定。

桥梁分孔直接关系到桥梁的造价。跨径和孔数不同时,上部结构和墩台的总造价是不相同的。跨径愈大,孔数愈少,上部结构的造价就愈高,而墩台的造价就愈少。反之,上部结构的造价降低,而墩台的造价将提高。设计时应尽量采用经济跨径。所谓经济跨径,是指使上部结构和墩台基础的总造价最低的跨径。因此当墩台较高或地质不良,基础工程较复杂而造价较高时,桥梁跨径就选得大一些;而当桥墩较矮或地基较好时,跨径就选得小一些。在实际工程中,可对不同的跨径布置进行粗略的方案比较,来选择最为经济的跨径和孔数。

对通航河流,分孔时应首先考虑桥下通航净宽的要求。当通航净宽大于按经济造价所确定的跨径时,将通航桥孔的跨径按通航净宽来确定,其余的桥孔跨径则选用经济跨径。桥梁的通航孔应布置在航行最方便的河域。对于变迁性河流,应考虑航道位置可能发生变化,需多设几个通航孔。

在平原地区的宽阔河流上修建多孔桥时,通常在主槽部分按需要布置跨径较大的通航孔,

而在两旁浅滩部分按经济跨径进行分孔。如果经济跨径较通航要求者还大,则通航孔也应取较大跨径。

桥梁的分孔是一个非常复杂的问题,各种各样的条件和要求往往发生矛盾。例如:跨径在 100 m 以下的公路桥梁,为了尽可能符合标准跨径,不得不放弃采用按经济要求确定的孔径;从战备要求出发,需要将全桥各孔的跨径做成一样,并且跨径不能太大,以便于抢修和互换;有时为避开深水区或不良地质地段(如软土层、溶洞、岩石破碎带等)而可能将跨径加大。

在有些体系中,为了使结构受力合理和用材经济,分跨布置时要有合理的跨径比例。如对于三跨连续梁桥,中跨与边跨之比约为 1.00:(0.65 ~ 0.80),对于五跨连续梁桥,中跨与边跨之比约为 1.00:0.90:0.65,多跨连续梁桥通常做成奇数跨。

在有些情况下,为了避免在河中搭脚手架和临时墩,可以加大跨径;在山区建桥时,往往采用大跨径桥梁跨越深谷,以免建造中间桥墩。

除此之外,桥梁的跨径还与施工能力有关,有时选用较大跨径虽然技术上和经济上是合理的,但由于缺乏必要的施工技术能力和机械设备,不得不放弃方案而选用较小跨径。

总之,对于大、中型桥梁来说,分孔问题是设计中最基本、较复杂的问题,必须进行深入全面的分析,才能定出比较完善的方案。

(3) 桥面标高的确定

桥面标高主要根据桥梁所在路线纵断面设计中的规定,或根据设计洪水位、桥下通航或通行(如跨线桥)所需要的净空来确定。

对于非通航河流,梁底一般应高出设计洪水位(包括壅水和浪高)不小于 0.5 m,当洪水期有大漂流物时,应高出设计洪水位不小于 1.5 m,高出最高流冰水位 0.75 m,支座垫石顶面高出设计洪水位不小于 0.25 m,高出最高流冰水位不小于 0.5 m(图 2.2)。对于无铰拱,拱脚允许被设计洪水位淹没,但不宜超过拱圈矢高的 2/3。无论什么情况,拱顶底面至设计洪水位的净高都不得小于 1.0 m。对于有漂流物和流冰阻塞以及易淤积的河床,桥下净空应适当加高。在不通航和无流筏的水库区域内,梁底面或拱顶底面离开水面的高度不应小于计算浪高的 0.75倍加上 0.25 m。

在通航及通行木筏的河流上,必须设置保证桥下安全通航的通航孔。在此情况下,桥跨结构下缘的标高,应高出自设计通航水位算起的通航净空高度。所谓通航净空,就是在桥孔中垂直于流水方向所规定的空间界限(图 2.2 中的虚线所示的多边形区域)。任何结构构件或航运设施均不得伸入其内。通航净空尺寸与航道等级、驳船吨位、船型尺度、船队尺度以及航道、河流类型等有关,设计时应按照国家标准《内河通航标准》(GB 50139—2004)和《通航海轮桥梁通航标准》(JTJ 311—97)的规定办理。

在设计立体交叉跨线桥时,公路与公路立体交叉的跨线桥桥下净空及布孔除满足规定外,还应满足桥下公路的视距和前方信息识别的要求,其结构形式应与周围环境相协调。

当桥梁受到两岸地形限制时(如平原地区的桥梁跨越通航河流时),允许修建坡桥,但大、中桥桥面纵坡(Grade of deck)不宜大于 4%,桥头引道纵坡不宜大于 5%;位于市镇混合交通繁忙处纵坡不得大于 3%。当桥梁立面为竖曲线时,桥头两端引道线形应与桥上线形相配合。

2.3.2　桥梁横断面布置

桥梁横断面布置,主要是桥面净空、桥面宽度和桥跨结构横截面的布置。桥面宽度包括行

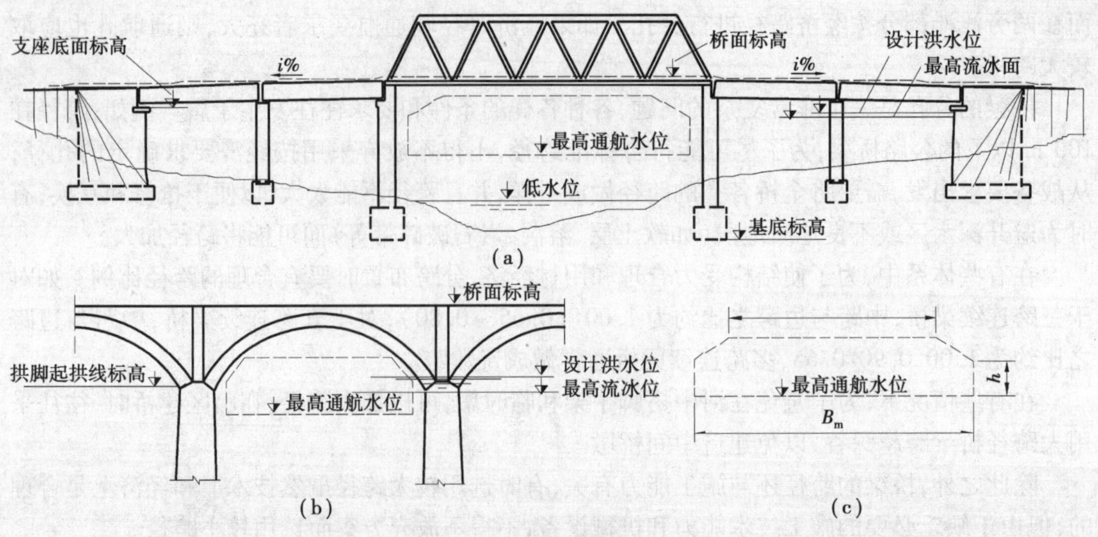

图 2.2　桥面标高

车道宽度、自行车道宽度和人行道宽度。

桥涵净空应符合图 2.3 公路建筑限界规定。当人行道、自行车道与行车道分开设置时，其净高不应小于 2.5 m。

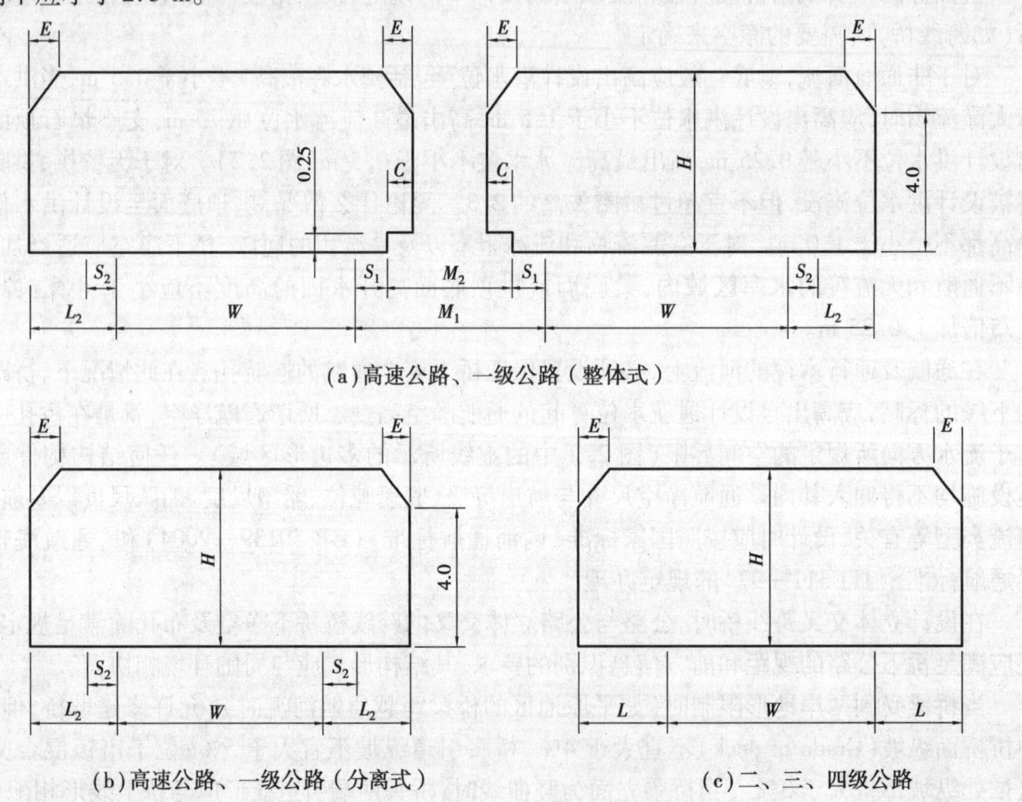

图 2.3　桥涵净空(尺寸单位:m)

图中：W——行车道宽度，m，为车道数乘以车道宽度，并计入所设置的加(减)速车道，紧急停车道、爬坡车道、慢车道或错车道的宽度，车道宽度规定见表 2.1。

C——当设计车速大于 100 km/h 时为 0.5 m；当设计车速小于或等于 100 km/h 时为 0.25 m；

S_1——行车道左侧路缘带宽度，m，见表 2.1；

S_2——行车道右侧路缘带宽度，m，应为 0.5 m；

M_1——中间带宽度，m，由两条左侧路缘带和中央分隔带组成，见表 2.1；

M_2——中央分隔带宽度，m，见表 2.1；

E——桥面净空顶角宽度，m，当 $L \leqslant 1$ m 时，$E = L$；当 $L > 1$ m 时，$E = 1$ m；

H——净空高度，m，高速公路和一级、二级公路上的桥梁应为 5.0 m，三、四级公路上的桥梁应为 4.5 m；

L_1——桥梁左侧路肩宽度，m，见表 2.1。八车道及八车道以上高速公路上的桥梁宜设置左路肩，其宽度应为 2.5 m。左侧路肩宽度内含路缘带宽度；

L_2——桥涵右侧路肩宽度，m，见表 2.1。L_2 取值与公路等级、车道数和桥梁长度等有关；

L——侧向宽度。高速公路、一级公路上桥梁的侧向宽度为路肩宽度（L_1、L_2）；二、三、四级公路上桥梁的侧向宽度为其相应的路肩宽度减去 0.25 m。

表 2.1　公路等级、设计速度、车道宽度及路肩、路缘宽度

公路等级	高速公路			一级公路			二级公路		三级公路		四级公路
设计速度	120	100	80	100	80	60	80	60	40	30	20
车道宽度/m	3.75	3.75	3.75	3.75	3.75	3.5	3.75	3.5	3.5	3.25	3.0
L_1	1.25	1.0	0.75	1.0	0.75	0.75					
L_2	3.5 (3.0)	3.0 (2.5)	2.5 (1.5)	3.0 (2.5)	2.5 (1.5)	2.5 (1.5)	1.5 (0.75)	0.75 (0.25)			
M_1	4.5 (3.5)	3.5 (3.0)	3.0 (2.0)	3.5 (3.0)	3.0 (2.0)	3.0 (2.0)	3.0 (2.0)	3.0 (2.0)			
M_2	3.0 (2.0)	2.0	2.0 (1.0)	2.0	2.0 (1.0)	2.0 (1.0)	2.0 (1.0)	2.0 (1.0)			
S_1	0.75	0.75 (0.5)	0.5	0.75 (0.5)	0.5	0.5	0.5	0.5			

注：①当受到地形条件及其他特殊情况限制时，可采用括号内的数据；

②对设计时速为 20 km/h 的单车道四级公路，车道宽度取 3.5 m。

位于弯道上的桥梁，应按路线要求加宽弯道内侧，并在弯道外侧设置超高。

高速公路、一级公路上的桥梁，宜设计为上、下行两座独立桥梁。各级公路上的涵洞和二、三、四级公路上跨径小于 8 m 单孔小桥的桥面宽度，应与路基同宽。临时性桥梁的桥面行车道宽度不受上表限制，但如下部结构为永久性时，其墩台的宽度应符合相应规定。

高速公路上桥梁应设置检修道，不宜设置人行道。其余等级公路上的桥梁，其桥上人行道和自行车道的设置，应根据实际需要而定，并应与前后路线布置协调。人行道、自行车道与行车道之间应设置分隔设施。一个自行车道的宽度为1.0 m;当单独设置自行车道时,不宜小于两个自行车道的宽度。人行道的宽度宜为0.75 m或1 m;大于1 m时,应按0.5 m的倍数增加。不设人行道的桥梁,可设置栏杆或安全带。与路基同宽的小桥涵可仅设缘石或栏杆。

2.3.3 平面布置

桥梁的线形及桥头引道要保持平顺,使车辆能平稳通过。高速公路和一级公路上的大、中桥,以及各级公路上的小桥的线形及其与公路的衔接,应符合路线布设的规定。

二、三、四级公路上的大、中桥线形,一般为直线,当桥面受到两岸地形限制时,允许修建曲线桥。曲线的各项指标应符合路线的要求,如设置缓和曲线、桥面加宽。

从桥梁本身的经济性和施工方便来说,应尽可能避免桥梁与河流或桥下路线斜交,但对于一般小桥,为了改善路线线形或城市桥梁受限制时,也允许修建斜交桥,通常斜度不宜大于45°,在通航河流上不宜大于5°。

2.4 桥梁设计方案的比选

对给定的建桥条件,在满足基本要求的情况下可以做出多种不同的设计方案,为获得安全、适用、经济和美观的桥梁设计,只有通过技术经济等方面的综合比较,才能科学的得出比较完美的设计方案。

2.4.1 拟订桥梁方案

根据计划任务书中提供的所建桥梁的桥位、荷载等级和各项具体设计要求,按照上节所述的分孔原则,初步拟订出各桥跨的分孔,接下来就可对所设计的桥梁拟出一系列各具特点且又可能实现的桥梁图式。在拟订桥梁图式时,思路要开阔,不要遗漏可能的桥型和布置,对同一种桥型,也可以拟出不同的桥梁图式。

在拟订出的桥梁方案中,从中选出2~4个构思好、技术先进、各具优点,但又难以判定孰优孰劣的方案,作进一步技术经济比较,最终提出推荐方案。

2.4.2 编制方案

编制方案的目的在于提供各个备选方案的技术经济指标,经过相互比较,从中选出最优方案。这些指标包括:主要材料、劳动力、全桥总造价、工期、养护费用、运营条件、有无困难工程、是否需要特种工具、美观等。

为获取前三项指标,通常可充分利用已有资料或通过一些简便的近似计算,对每一方案拟订结构主要尺寸,并计算主要工程数量。在此基础上,根据国家有关工程费用编制办法,概算出全桥造价。

图2.4是某大桥初步设计所编制的比较方案实例,共编制了钢筋混凝土拱桥、预应力混凝土连续刚构桥和预应力混凝土T形梁桥三种桥型方案。桥面标高和路线纵坡受路线控制,所以三个方案的桥面标高和桥面纵坡均一致。

2.4.3　技术经济比较和最优方案的选定

通过对上述各项指标的全面考虑,综合分析每一方案的优缺点,最后选出一个符合当前条件的最优方案。由于每个方案各有其长处,对占优势的方案还可吸取其他方案的优点作进一步的优化,甚至可以汲取各方案的长处而重新做出一个全新的设计方案。

通常,造价低、材料省、劳动力少的方案是优秀方案。但在实际工程中,往往会受到其他因素的影响,而不得不放弃较为经济的方案,如在城市桥梁中,桥梁美观是一个重要方面,工程造价低但缺乏美感的方案不一定被选中。

在方案比较中,除编制桥型方案比较图外,还应编制方案比较说明书,书中应阐明编制方案的主要原则、依据、拟定图式和从中选出比较方案的理由、方案比较的综合评述,对推荐方案的详细说明等。有关为拟定结构主要尺寸的各种计算资料,估算材料指标及造价等依据的文件名称,如概算定额、各种费率等,均作为初步设计文件的附录一并装订在设计文件中。

表2.2　方案比较表

序号	方案类别 / 比较项目	第一方案	第二方案	第三方案
		2×25 m T梁+160 m钢筋混凝土拱桥+2×25 m T梁	(72+130+72)m预应力混凝土连续刚构桥	7×40 m预应力混凝土T形梁桥
1	桥高/m	188.000	188.000	188.000
2	桥长/m	287.70	295.75	301.35
3	最大纵坡/%	0.0	0.0	0.0
4	工艺技术要求	已有成熟的工艺技术经验。需用专门的吊装设备,占用施工场地大,劳动力多	已有成熟的施工工艺,主桥上部构造需用挂蓝施工,工艺要求高,占地少	工艺成熟,需用专门的架桥设备,占用施工场地多
5	使用效果	属于超静定结构,拱的承载能力大,桥面连续,伸缩缝较少,后期养护费用低	属于超静定结构,受力较好,主桥桥面连续,无伸缩缝,行车条件好,养护也容易	属于静定结构,采用桥面连续或先简支后连续结构,桥面伸缩缝少,行车条件较好,养护方便
6	造价及材料用量	造价1 710.4万元,混凝土9 250 m^3,钢材901.4 t	造价2 573.0万元,混凝土17 759.6 m^3,钢材1 662.2 t	造价1 660.4万元,混凝土11 116 m^3,钢材593.9 t

第3章 桥梁设计作用

引起桥梁结构反应的原因按作用的性质分为两大类:一类是直接施加于结构上的外力,如车辆、人群、结构自重等,它们是直接施加于结构上的,称之为“荷载”(Load);另一类不是以外力形式施加于结构,它们产生的效应与结构本身特性、结构所处环境有关,如基础变位、混凝土收缩徐变、温度变化、地震等,它们是间接作用于结构上的,如果也称为“荷载”,容易引起误解。国际上普遍将所有引起结构反应的原因统称为“作用”(Action),而“荷载”仅限于表达施加于结构上的直接作用。

本章结合《公路桥涵设计通用规范》(JTG D60—2015),介绍各类作用的基本概念、分类和计算方法。

3.1 作用的分类与作用代表值

公路桥梁设计中的作用,按其随时间变化分为永久作用(Permanent action)、可变作用(Variable action)和偶然作用(Accident action)三类,是结构上作用的基本分类。地震作用是一种特殊的偶然作用,将其单列为一种类型。

作用具有变异性,结构设计时不可能直接引用作用的随机变量或随机过程产生的作用值,必须有一个为结构设计而给定的量值,这个值就称为作用代表值(Representative value of an action)。在开展桥梁结构或构件设计时,应针对不同的设计要求采用相应的作用代表值。

作用的代表值分为作用标准值(Characteristic value of an action)、作用组合值、作用频遇值(Frequent value of an action)和作用准永久值(Quasi - permanent value of an action)。永久作用和地震作用的代表值只有一个,即为标准值,偶然作用取其设计值作为代表值。可变作用按其在随机过程中出现的持续时间或次数的不同,可取标准值、组合值、频遇值和准永久值作为其代表值。

作用的标准值是各种作用的基本代表值,是结构设计的主要参数,关系到结构的安全问题。作用的标准值反映了作用在设计基准期内随时间的变异,其量值应取结构设计规定期间内可能出现的最不利值,一般按作用在设计基准期内最大值概率分布的某一分位值确定。对于结构自重,包括结构的附加重力,它们的标准值按结构设计规定的设计尺寸和材料的重度计算确定,材料重度可以取规范的规定值,如钢筋混凝土构件,也可根据实际结构重量换算其材料的重度。

可变作用的组合值是指在主导可变作用(汽车荷载)出现时段内其他可变作用的最大量值,但它比可变作用的标准值小,由标准值乘以小于 1 的组合系数 ψ_c 得到。

可变作用的频遇值是指结构上较频繁出现的且量值较大的作用取值,是结构或构件按正常使用极限状态短期效应组合时所采用的一种可变作用代表值,由标准值乘以小于 1 的组合系数 ψ_f 得到,因此它比可变作用的标准值要小。

可变作用的准永久值是指在结构上经常出现的作用取值,也是结构或构件按正常使用极限状态长期效应组合设计时采用的另外一种可变作用的代表值,由标准值乘以小于 ψ_f 的准永久值系数 ψ_q 得到,因此其值要比可变作用的频遇值还小些。

明确了作用及其代表值后,就可按结构力学方法进行结构分析。

3.2　永久作用

永久作用,如恒荷载(Dead load),是指在设计基准期内,经常作用的且数值不随时间变化或其变化微小的作用。永久作用包括自重、桥面铺装及附属设备的重力、作用于结构上的土重及土侧压力、基础变位的影响力、水浮力、长期作用在结构上的预加力以及混凝土收缩、徐变的影响力。

永久作用标准值,对结构自重(包括结构附加重力),可按结构构件的设计尺寸与材料的重度计算确定。有关常用材料的重度可参照《桥梁设计通用规范》表 4.2.1 取值。

对预应力混凝土桥梁,在进行正常使用极限状态和使用阶段构件应力计算时,预加力应作为永久作用计算其主效应和次效应,并计入相应阶段的预应力损失,但不计由预加力偏心距增大引起的附加效应;在进行承载能力极限状态设计时,预加力不作为作用,而是将预应力钢筋作为结构抗力的一部分。对预应力混凝土连续梁等超静定结构,需考虑由预加力引起的次效应。

土压力包括静土压力、主动土压力和被动土压力,一般桥台和挡土墙考虑主动土压力,台前和墙前考虑静土压力。

水浮力是由地表水或地下水通过土体空隙的自由水作用在建筑物基底面的由下向上的水压力,水浮力大小等于建筑物排开同体积的水重力。能否在基底面产生水浮力,与地基土的透水性、地基与基础的接触状态以及水压大小和漫水时间等有关。一般位于完整岩石上的基础,可不计水浮力,而位于透水性土、破碎或裂隙严重的岩石中时应计入水浮力。当不能确定地基是否透水时,应以透水或不透水两种情况与其他作用组合,取其最不利者。

对外部超静定的混凝土桥梁、钢-混凝土组合桥梁,混凝土收缩(Shrinkage)、徐变(Creep)会引起截面内力的变化。考虑到公路桥梁构件在结构重力和预加力作用下一般处在线性徐变范围内,因此可按混凝土徐变变形与应力呈线性关系计算混凝土徐变的作用。

3.3 可变作用

可变作用,是指作用的数值随时间变化的一种作用。公路桥梁设计中可变作用包括:汽车荷载、汽车冲击力、汽车离心力、汽车引起的土侧压力、人群荷载、汽车制动力、风荷载、支座摩阻力、温度作用、流水压力和冰压力等。

3.3.1 汽车荷载等级划分

《公路工程技术标准》(JTG B01—2014)中,将汽车荷载分为公路-Ⅰ级和公路-Ⅱ级两个等级,由车道荷载和车辆荷载组成,车道荷载又由均布荷载和集中荷载组成。公路-Ⅰ级和公路-Ⅱ级的车道荷载计算图式如图 3.1 所示。

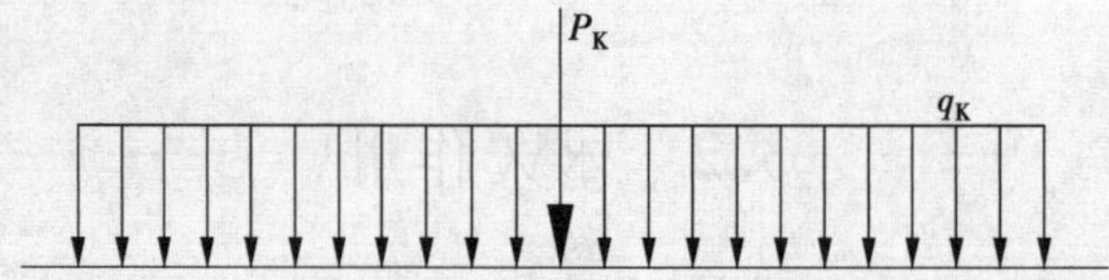

图 3.1 公路-Ⅰ级、公路-Ⅱ级车道荷载计算图式

公路-Ⅰ级车道荷载的均布荷载标准值 $q_K=10.5$ kN/m;集中荷载标准值 P_K 依桥涵计算跨径取值:计算跨径 $L_0 \leqslant 5$ m 时,$P_K=270$ kN;计算跨径 $L_0 \geqslant 50$ m 时,$P_K=360$ kN。计算跨径在 5~50 m 时,$P_K=2(L_0+130)$ kN。计算剪力效应时,上述荷载标准值应乘以 1.2 的系数。

公路-Ⅱ级车道荷载的均布荷载标准值 q_K 和集中荷载标准值 P_K,取公路-Ⅰ级车道荷载的 0.75 倍。

公路-Ⅰ级和公路-Ⅱ级的车辆荷载采用相同的荷载标准值,车辆荷载的立面、平面布置如图 3.2 所示,横向布置如图 3.3 所示,主要技术指标列于表 3.1。

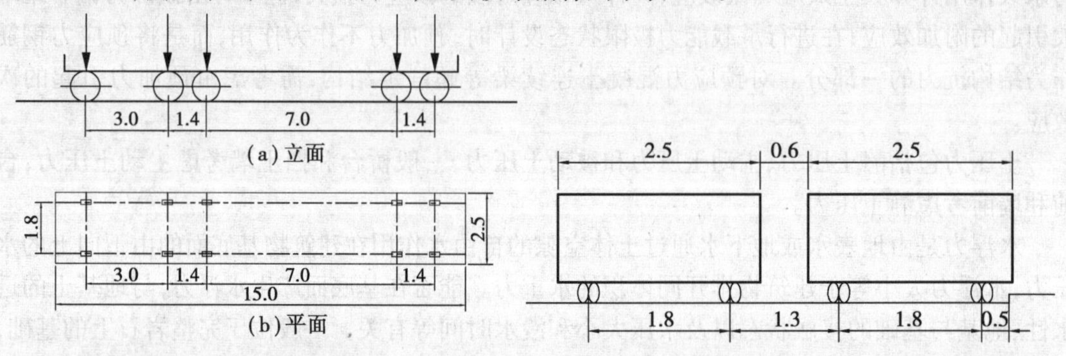

图 3.2 车辆荷载布置图(轴重力单位:kN;尺寸单位:m)

图 3.3 车辆荷载横向布置(尺寸单位:m)

表 3.2 规定了各级公路桥涵设计时应采用的汽车荷载等级,当二级公路作为集散公路且交通量小、重型车辆少时,其桥涵的设计可采用公路-Ⅱ级汽车荷载。

表3.1　车辆荷载主要技术指标

项　目	单位	技术指标	项　目	单位	技术指标
车辆重力标准值	kN	550	轮　轴	m	1.8
前轴重力标准值	kN	30	前轮着地宽度及长度	m	0.3×0.2
中轴重力标准值	kN	2×120	中、后轮着地宽度及长度	m	0.6×0.2
后轴重力标准值	kN	2×140	车辆外形尺寸(长×宽)	m	15×2.5
轴　距	m	3+1.4+7+1.4			

表3.2　各级公路桥涵的汽车荷载等级

公路等级	高速公路	一级公路	二级公路	三级公路	四级公路
汽车荷载等级	公路-Ⅰ级	公路-Ⅰ级	公路-Ⅰ级	公路-Ⅱ级	公路-Ⅱ级

车道荷载用于主梁、主拱和主桁架等结构的整体计算。车道荷载的均布荷载标准值应满布于使结构产生最不利效应的同号影响线上，集中荷载标准值只作用于相应影响线中一个影响线峰值处。开展横隔板、行车道板等桥梁结构的局部加载、涵洞、桥台和挡土墙土压力时应采用车辆荷载。需要注意的是，车道荷载和车辆荷载的作用不得叠加。

3.3.2　车道布载系数与纵向折减系数

开展桥梁结构效应计算时，为方便起见，常按各个车道上的车辆荷载同时布置到最不利位置来计算活载内力，但在多车道桥梁上行驶的车辆荷载使桥梁结构同时达到某种最大效应的可能性随车道数的增加而减小，应考虑汽车荷载的多车道横向折减。对仅布置一条车道汽车荷载时，考虑1.2的汽车荷载提高系数。横向车道布载系数按表3.3执行，但多车道布载的荷载效应不得小于两条车道布载的荷载效应。桥梁设计车道数按表3.4确定。

表3.3　车道横向布载系数

横向布载车道数(条)	1	2	3	4	5	6	7	8
车道布载系数	1.2	1.0	0.78	0.67	0.6	0.55	0.52	0.50

表3.4　桥梁设计车道数

桥面宽度 W/m		桥梁设计车道数
车辆单向行驶时	车辆双向行驶时	
$W<7.0$		1
$7\leqslant W<10.5$	$6.0\leqslant W<14.0$	2
$10.5\leqslant W<14.0$		3
$14.0\leqslant W<17.5$	$14.0\leqslant W<21.0$	4
$17.5\leqslant W<21.0$		5
$21.0\leqslant W<24.5$	$21.0\leqslant W<28.0$	6
$24.5\leqslant W<28.0$		7
$28.0\leqslant W<31.5$	$28.0\leqslant W<35.0$	8

大跨径桥梁还应考虑汽车荷载纵向折减系数,这是因为规范规定的汽车荷载标准值采用了自然堵塞时的车间间距,汽车荷载本身的重力也采用了重车居多的调查资料。在实际桥梁上通行的车辆并不一定都能达到上述条件,特别是大跨径桥梁,在正常行驶下车辆间距会随跨径增大而逐渐稀疏,因此,需要对汽车荷载或其效应进行纵向折减。当桥梁计算跨径大于150 m时,应按表3.5规定的纵向折减系数进行折减。对多跨连续结构(如连续梁桥),应按最大的计算跨径来考虑汽车荷载效应的纵向折减。

表3.5　纵向折减系数

计算跨径 L_0/m	纵向折减系数
$150<L_0<400$	0.97
$400 \leqslant L_0<600$	0.96
$600 \leqslant L_0<800$	0.95
$800 \leqslant L_0<1\,000$	0.94
$L_0 \geqslant 1\,000$	0.93

3.3.3　汽车荷载冲击力

由于桥面的不平整、车轮不圆以及发动机抖动等原因,当车辆在桥上高速行驶时会引起桥梁结构的振动,产生竖向动力效应(Dynamic effect),由此对桥梁结构产生的内力和变形要比静活载作用时为大,这种动力效应称之为冲击作用(Impact action)。冲击作用有车体的振动和桥跨结构自身的变形和振动。当车辆的振动频率与桥跨结构的自振频率一致时,即形成共振。因此,车辆振动本质上是一种强迫共振现象,与桥梁固有频率有关。增强桥梁的纵、横向连接刚度,有利于减小共振影响。

冲击影响一般采用静力学的方法,即将车辆荷载作用的动力影响用车辆的重力乘以冲击系数来表达。汽车荷载的冲击系数可表示为:

$$\eta = \frac{Y_{\mathrm{dmax}}}{Y_{\mathrm{jmax}}} \tag{3.1}$$

式中:Y_{dmax}——在效应时间历程曲线上最大静力效应处量取的最大动效应值;

Y_{jmax}——在汽车过桥时测得的效应时间历程曲线上,最大静力效应处量取的最大静力效应值。

桥梁结构的基频综合反映了结构尺寸、类型、建筑材料等动力特性内容,直接反映了冲击系数与桥梁结构之间的关系。不论结构类型、桥梁跨度、结构尺寸、建筑材料有无差别,只要桥梁结构的基频相同,在同样条件的汽车荷载下,都能得到基本相同的冲击系数。

对于填料厚度(包括路面厚度)大于或等于0.5 m的拱桥、涵洞以及重力式墩台,因填料起到了缓冲作用,可不计冲击力。钢桥、钢筋混凝土桥的上部结构、支座、钢筋混凝土桩、柱式墩台等,因其自重相对较小,冲击作用的效果显著,应计算冲击力。

汽车荷载的冲击力标准值为冲击系数μ乘以汽车荷载标准值。冲击系数μ按桥梁结构的基频f来计算:

当$f<1.5$ Hz时,$\mu=0.05$;

当1.5 Hz≤f≤14 Hz时，$\mu = 0.1767 \ln f - 0.0157$；　(3.2)

当f>14 Hz时，$\mu = 0.45$。

汽车荷载的局部加载及在T梁、箱梁悬臂板上的冲击系数均采用0.3。

桥梁的自振频率(基频)宜采用有限元方法计算，在缺乏更精确方法计算时，可按下列公式进行估算。

(1)简支梁桥

$$f_1 = \frac{\pi}{2l^2}\sqrt{\frac{EI_c}{m_c}} \tag{3.3}$$

$$m_c = \frac{G}{g} \tag{3.4}$$

式中：l——结构的计算跨径，m；

E——结构材料的弹性模量，Pa；

I_c——结构跨中截面的截面惯矩，m^4；

m_c——结构跨中处的单位长度质量，kg/m；

G——结构跨中处延米结构重力，N/m；

g——重力加速度，$g = 9.81\ m/s^2$。

(2)连续梁桥

$$f_1 = \frac{13.616}{2\pi l^2}\sqrt{\frac{EI_c}{m_c}} \tag{3.5}$$

$$f_2 = \frac{23.651}{2\pi l^2}\sqrt{\frac{EI_c}{m_c}} \tag{3.6}$$

在计算连续梁的冲击力引起的正弯矩效应和剪力效应时，采用基频f_1；计算连续梁的冲击力引起的负弯矩效应时，采用基频f_2。

(3)拱桥

$$f_1 = \frac{\omega_1}{2\pi l^2}\sqrt{\frac{EI_c}{m_c}} \tag{3.7}$$

式中：ω_1为频率系数，按下列公式计算：

当主拱为等截面或其他拱桥(如桁架、刚架拱等)时：

$$\omega_1 = 105 \times \frac{5.4 + 50f^2}{16.45 + 334f^2 + 1867f^4} \tag{3.8}$$

式中：f——拱桥矢跨比。

当主拱为变截面拱桥时：

$$\omega_1 = 105 \times \frac{r_1 + r_2 f^2}{r_3 + r_4 f^2 + r_5 f^4} \tag{3.9}$$

式中的系数r_i按式(3.10)确定：

$$r_i = R_i \times n + T_i \tag{3.10}$$

式中：n为拱厚变化系数，系数R_i和T_i由表3.6查得。

表 3.6　系数 R_i 和 T_i 值

i	1	2	3	4	5
R_i	3.7	34.3	16.3	364	1955
T_i	1.7	15.7	0.15	-30	-88

(4)双塔斜拉桥的竖向弯曲基频

对无辅助墩斜拉桥和有辅助墩斜拉桥，按式(3.11)计算：

$$f_1 = \begin{cases} \dfrac{110}{l} & (\text{无辅助墩}) \\ \dfrac{150}{l} & (\text{有辅助墩}) \end{cases} \tag{3.11}$$

式中：l——斜拉桥主跨跨径，m；

f_1——竖向弯曲基频，Hz。

(5)单跨简支悬索桥的反对称竖向弯曲基频

$$f_1 = \frac{1}{l}\sqrt{\frac{EI\left(\dfrac{2\pi}{l}\right)^2 + 2H_g}{m}} \tag{3.12}$$

式中：f_1——反对称竖向弯曲基频，Hz；

l——悬索桥的主跨跨径，m；

EI——加劲梁竖弯刚度，$N \cdot m^2$；

H_g——恒荷载作用下单根主缆的水平拉力，N；

m——桥面系和主缆的单位长度质量，kg/m，$m = m_d + 2m_c$

m_d——桥面系单位长度质量，kg/m；

m_c——单根主缆单位长度质量，kg/m。

3.3.4　离心力

离心力(Centrifugal force)是一种伴随车辆在弯道行驶时所产生的惯性力，以水平力的形式作用在桥梁结构上。离心力是曲线桥横向受力与抗扭设计所考虑的主要因素。

汽车荷载离心力标准值等于不计冲击力的车辆荷载标准值乘以离心力系数 C，离心力系数 C 按下式计算：

$$C = \frac{V^2}{127R} \tag{3.13}$$

式中：V——设计速度(km/h)，应按桥梁所在路线设计速度采用；

R——曲线半径(m)。

离心力的着力点在桥面以上 1.2 m 处，也可移至桥面上，但不计由此引起的作用效应。计算多车道桥梁的汽车荷载离心力时，车辆荷载标准值应乘以表 3.3 中的横向车道布载系数。

3.3.5　汽车荷载制动力

制动力是汽车在桥上刹车时为克服其自身惯性而在车轮与路面之间发生的滑动摩擦力。

由于汽车荷载产生的制动力只有同向行驶的汽车才能叠加，因此，制动力仅按同向行驶的汽车荷载(不计冲击力)计算，每个车道均布置有车道荷载，多车道荷载的制动力由单车道制动力叠加而成，但要计入汽车荷载的横向车道布载系数和纵向折减系数。对于双车道、三车道和四车道同向行驶的汽车荷载的制动力标准值，分别取一个车道制动力标准值的2倍、2.34倍和2.68倍，纵向折减系数按表3.5执行。

一个设计车道上由汽车荷载产生的制动力标准值按车道荷载标准值在加载长度上汽车荷载总重力的10%计算，但公路-Ⅰ级汽车荷载的制动力标准值不得小于165 kN，公路-Ⅱ级汽车荷载的制动力标准值不得小于90 kN。

制动力的方向为行车方向，着力点在桥面以上1.2 m处。在计算墩台时，可移到支座中心或滑动、橡胶、摆动支座的底板上；计算刚架桥、拱桥时，制动力着力点可移到桥面上，但不计因此而产生的竖向力和力矩。

设有板式橡胶支座的简支梁、连续桥面简支梁或连续梁排架式柔性墩台，当汽车在桥上刹车时，制动力通过支座传递给柔性墩台而引起变形，因此应根据支座与墩台的抗推刚度集成情况分配和传递制动力。有关墩台和支座抗推刚度的计算可参见袁伦一编写的《连续桥面简支梁桥墩台计算实例》一书。

设有板式橡胶支座的简支梁布置在刚性墩台时，可直接按单跨两端的板式橡胶支座的抗推刚度分配制动力；当两端支座高度相同时，各分配50%。对设有固定支座、活动支座(滚动或摆动支座、聚四氟乙烯板支座)的刚性墩台传递的制动力，应按《公路桥涵设计通用规范》4.3.5条规定的要求采用。

3.3.6　人群荷载

人群荷载标准值按表3.7取值。

表3.7　人群荷载标准值

计算跨径 L_0/m	$L_0 \leqslant 50$	$50 < L_0 < 150$	$L_0 \geqslant 150$
人群荷载/(kN/m²)	3.0	$3.25 - 0.005L_0$	2.5

对跨径不等的连续结构，以最大跨径为准。

对非机动车及城镇郊区行人密集的公路桥梁，人群荷载标准值取表3.7中规定值的1.15倍。

专用行人桥梁，人群荷载标准值取3.5 kN/m²。

人行道板以一块板为计算单元，按标准值4.0 kN/m² 的均布荷载进行计算；作用于人行道栏杆立柱顶的水平推力标准值按0.75 kN/m考虑，作用于栏杆扶手上的竖向力标准值按1.0 kN/m考虑。

3.3.7　疲劳荷载

疲劳是材料在循环应力和应变作用下，在一处或几处逐渐产生局部永久性累积损伤，经一定循环次数后产生裂纹或突然发生完全断裂的过程，疲劳荷载是施加于试样或服役构件的周期性或非周期性动荷载(也称循环载荷)。

由于大多数公路桥梁结构的疲劳破坏是由汽车荷载所导致,因此对承受汽车荷载的结构构件与连接,应按疲劳细节类别进行疲劳验算。

疲劳荷载计算模型Ⅰ采用等效的车道荷载,集中荷载为 0. $7P_k$,均布荷载为 0. $3q_k$。P_k和q_k按本章 3. 3. 3 节中的规定取值,同时考虑多车道影响,按表 3. 3 中的横向车道布载系数取值。该模型对应于无限寿命设计方法,考虑构件永不出现疲劳破坏的情况。与其他疲劳荷载计算模型相比,该模型比较保守,特别是对有效影响线长度超过 110 m 的桥梁。当构件和连接不满足疲劳荷载计算模型Ⅰ验算要求时,应按模型Ⅱ验算。

疲劳荷载计算模型Ⅱ为双车模型,采用两辆轴距与轴重相同的车辆模型,其单车的轴重与轴距布置如图 3. 4 所示。计算加载时,两模型车的中心距不得小于 40 m。

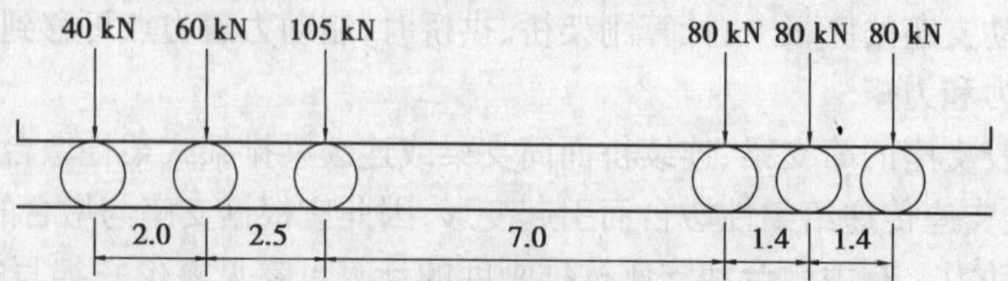

图 3. 4　疲劳荷载计算模型Ⅱ(尺寸单位:m)

疲劳荷载计算模型Ⅲ采用单车模型,模型车轴重及分布规定如图 3. 5 所示。该模型的车重最重,轮数较少,适用于正交异性板、横隔板/梁、纵梁等直接承受车轮荷载的桥面系构件的疲劳验算。考虑到这些构件对车轮位置更加敏感,给出了这种疲劳车的横向轮距以及轮胎接地面积。需要注意的是,荷载模型Ⅲ不考虑后跟其他车辆的情况。

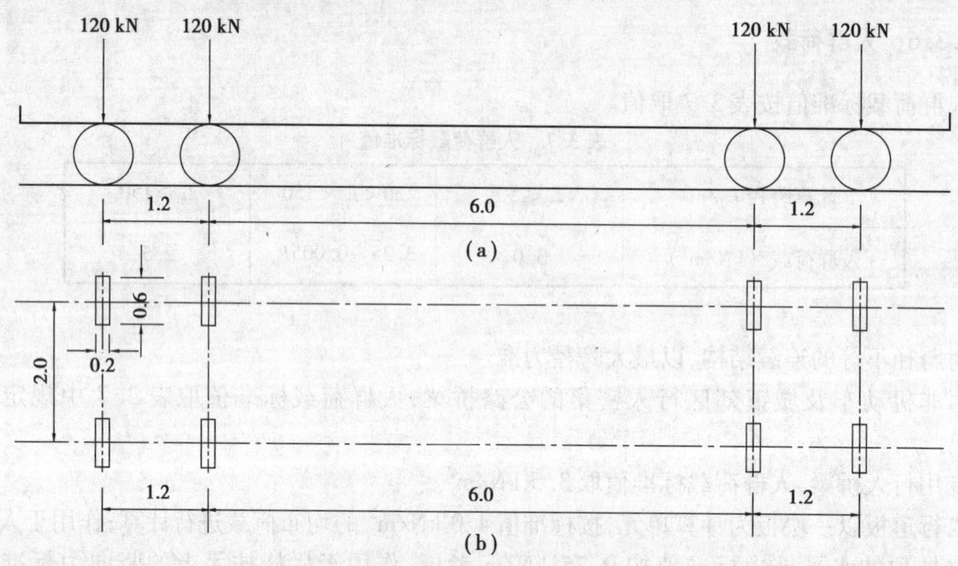

图 3. 5　疲劳荷载计算模型Ⅲ(尺寸单位:m)

此外,疲劳荷载计算模型Ⅱ和疲劳荷载计算模型Ⅲ仅按单车道加载,多车道效应通过多车道效应系数考虑,具体参见现行《公路钢结构桥梁设计规范》(JTG D64)。

3. 3. 8　风荷载

空气从气压大的地方向气压小的地方流动就形成了风(即风是流动的空气)。当风以一定速度流动并受到桥梁阻碍时，桥梁就承受了风荷载。由于地表的地形起伏和各种障碍物的影响，靠近地面的风的流动发生紊乱，一般把风分为平均风（稳定风）和脉动风（紊流风）两部分。平均风假定在时间和空间上都不变，脉动风则包括风本身的紊流和绕过桥梁时引起的紊流。

通常采用静力学方法简化计算平均风对结构的影响；对脉动风，往往需按结构随机振动理论进行分析。

有关风荷载标准值按《公路桥梁抗风设计规范》（JTG/T 3360—01）的规定进行计算。

3.3.9　温度作用

建成后的桥梁长期处于自然环境中，必将受到温度作用的影响。温度作用对桥梁结构的影响有两种方式：一种是常年气温变化，它对静定结构的桥梁仅引起沿纵向均匀地位移，但不产生结构内力；超静定结构因位移受到约束，导致结构中产生温度次内力。另一种是太阳辐射引起的温度作用，它使结构沿高度或宽度方向形成非线性的温度梯度，导致结构产生次应力。通常把前者称为均匀温度作用，后者称为梯度温度作用。

对计算由均匀温度作用引起的外加变形或约束变形，应从结构受到约束（架梁或结构合龙）时的结构温度为起点，计算在最高有效温度和最低有效温度下的作用效应。当缺乏实际调查资料时，可参照表3.8规范给出的不同气温区域结构有效温度标准值。

表3.8　公路桥梁结构的有效温度标准值/℃

气温分布	钢桥面板钢桥		混凝土桥面板钢桥		混凝土、石桥	
	最高	最低	最高	最低	最高	最低
严寒地区	46	-43	39	-32	34	-23
寒冷地区	46	-21	39	-15	34	-10
温热地区	46	-9(-3)	39	-6(-1)	34	-3(0)
附　注:	表中括号内数值适用于昆明、南宁、广州、福州地区					

计算桥梁结构由正温度梯度引起的温度作用效应时，可采用图3.6所示的竖向温度梯度曲线。图3.6中T_1表示不包括铺装层的桥面板表面处的最高温度，T_2表示距桥面板表面100 mm处的温度，具体与桥面铺装结构类型有关。对水泥混凝土铺装层，$T_1 = 25$ ℃，$T_2 = 6.7$ ℃；对50 mm沥青混凝土铺装层，$T_1 = 20$ ℃，$T_2 = 6.7$ ℃；对100 mm沥青混凝土铺装层，$T_1 = 14$ ℃，$T_2 = 5.5$ ℃。H为梁高，A为温度曲线上零点与T_2之间的结构高度。对混凝土结构，当梁高$H < 400$ mm时，$A = (H - 100)$ mm；当梁高等于或大于400 m时，$H = 300$ mm，$A = 300$ mm。对带混凝土桥面板的钢结构，$A = 300$ mm。图3.6中的t为混凝土桥面板的厚度。

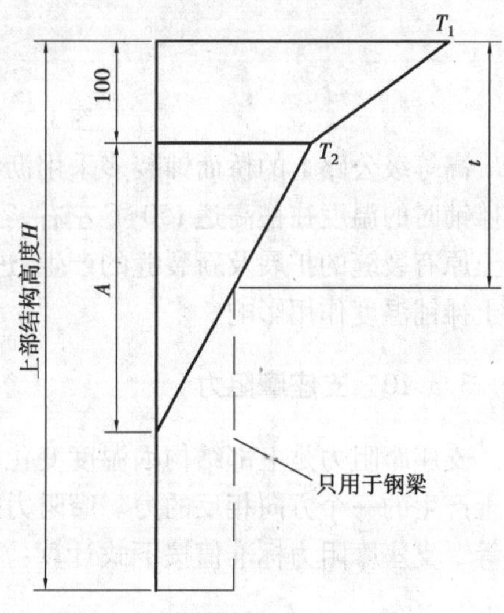

图3.6　竖向梯度温度（尺寸单位：mm）

当计算负温度梯度引起的温度作用效应时,混凝土上部结构和带混凝土桥面板的钢结构的竖向日照反温差为正温差的0.5倍。

对于无悬臂的宽幅箱梁,宜考虑横向温度梯度引起的效应。横向温度梯度作用一般根据桥梁的地理位置、环境条件等因素经调查研究确定;当无实测温度数据时,可采用图3.7所示的横向梯度温度曲线。图中,B_1 为边箱宽度,B 为箱梁半宽。横向梯度温度取值见表3.9。

表3.9　横向梯度温度取值

结构类型	T_1/℃	T_2/℃
混凝土箱梁	4.0	-2.75
钢箱梁	3.0	-1.5

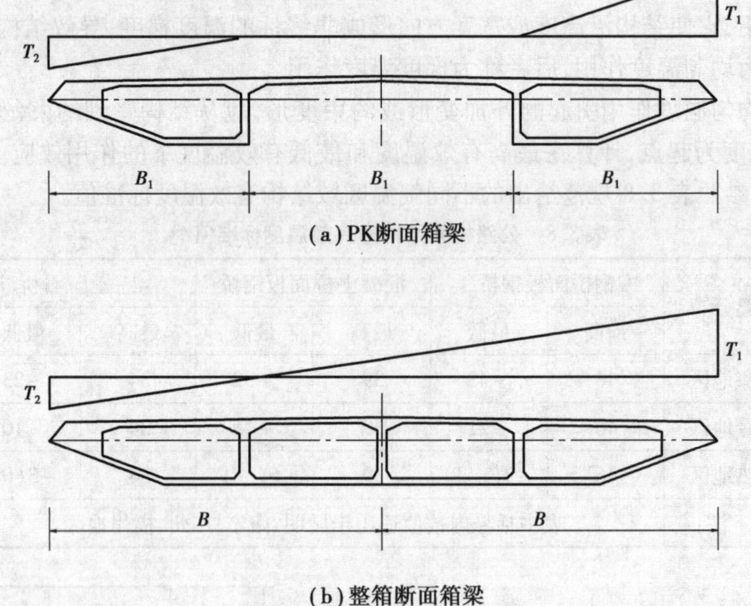

图3.7　横向梯度温度计算图式

高等级公路上的桥面铺装多采用沥青混凝土。采用混凝土桥面板的桥梁,由于沥青混凝土摊铺时的温度往往高达150 ℃左右,容易在主梁内引起较大的温差分布,可能会导致主梁混凝土原有裂缝的扩展及新裂缝的产生,进而影响桥梁结构的耐久性,必要时设计需考虑沥青混凝土摊铺温度作用影响。

3.3.10　支座摩阻力

支座摩阻力是上部结构因温度变化引起的伸长或缩短以及受其他纵向力作用,在活动支座上产生的一个方向相反的力。摩阻力的大小取决于上部构造的自重大小、支座类型以及材料等。支座摩阻力标准值按下式计算:

$$F = \mu W \tag{3.14}$$

式中:W——作用于活动支座上由上部结构重力产生的效应;

μ——支座的摩阻系数,应根据支座类型而定,如与钢板接触的板式橡胶支座,取0.2;而与混凝土面接触的板式橡胶支座,取0.30;滚动支座或摆动支座,取0.05;聚四氟乙烯板与不锈钢板接触,取0.06(加硅脂)或0.12(不加硅脂)。添加5201硅脂润滑后的盆式支座,常温型和耐寒型活动支座的摩擦系数不大于0.03和0.06。

3.4　偶然作用

偶然作用包括船舶或飘浮物的撞击作用以及汽车的撞击作用。偶然荷载在设计年限期内不一定出现,一旦出现,其持续时间较短但数值很大。

3.4.1　船舶或飘浮物的撞击作用

在船舶通行或有漂浮物的河流中,设计时应考虑船舶或漂浮物对桥梁墩台的撞击作用(Collision action)。但船舶或漂浮物与桥梁结构的碰撞过程十分复杂,与碰撞时的环境因素(风浪、气候、水流等)、船舶特性(船舶类型、船舶尺寸、行进速度、装载情况、船体的刚度与强度等)、桥梁结构因素(桥梁构件的尺寸、形状、材料、质量和抗力特性等)以及驾驶员的反应时间等因素有关,因此,精确确定船舶或漂浮物与桥梁的相互作用力十分困难。

根据通航航道的特点和通行船舶的特性,将船舶与桥梁相互作用的河流分为内河和通行海轮的河流两大类。内河以驳船货船为代表船型,通行海轮的河流以海轮为代表船型。两者与桥梁结构发生撞击的机理有所区别,结果也大不一样。

根据2004年版《内河通航标准》(GB50139)规定,一至七级内河航道上船舶对桥梁墩台的撞击作用标准值按“静力法”近似计算,该方法是假定作用于桥梁墩台上的有效动能全部转化为静力功。近海海轮通行区域的河流或海轮对桥梁墩台的横桥向和顺桥向撞击作用标准值,在缺乏实际调查资料时,可参照规范给定的标准值取用。

内河船舶的撞击作用点,假定为计算通航水位线以上2 m的桥墩宽度或长度的中点。海轮船舶撞击作用点须视实际情况而定。

对可能遭受大型船舶撞击作用的桥墩,应根据桥墩自身抗撞击能力、桥墩位置和外形、水流流速、水位变化、通航船舶类型和碰撞速度等因素作桥墩防撞设施的设计。

漂浮物横向撞击力标准值可参照规范公式计算。漂浮物的撞击作用点假定在计算通航水位线上桥墩宽度的中点。

3.4.2　汽车撞击作用

为防止或减少因汽车撞击对桥梁结构(如防撞护栏、跨线桥的桥墩等)产生的破坏,必要时可考虑汽车的撞击作用。汽车撞击力标准值在车辆行驶方向取1 000 kN,在车辆行驶垂直方向取500 kN,但两个方向的撞击力不同时考虑。撞击力作用于行车道以上1.2 m处,直接分布于撞击涉及的构件上。

对设有防撞设施的桥梁构件,汽车撞击力标准值可根据防撞设施的防撞能力予以折减,但不应低于上述规定值的1/6。

3.5 地震作用

地震是地球内部缓慢积累的能量突然释放引起的地球表层的振动。地震引起的振动以弹性波的形式从震源向外传播,这种波称为地震波,它包含在地球内部传播的体波和只在地表附近传播的面波两种。地震动则是由震源释放出来的地震波引起的地面运动。在地震工程中常以幅值、频率特性和持续时间三个参数来表达地震的特点。

地震动幅值是地震振动强度的表示,通常以峰值(最大值)形式表示,如峰值(最大)加速度、峰值(最大)速度。地震动峰值的大小反应了地震过程中某一时刻地震动的最大强度,它直接反映了地震力及其产生的振动能量和引起结构地震变形的大小,是地震对结构影响大小的尺度。大量观测表明,地震时地面水平运动加速度要比竖向地面运动加速度大,因此,主要考虑水平地震作用的影响。

世界各国广泛采用反应谱理论来确定地震作用的大小,其中以加速度反应谱应用最普遍。所谓加速度反应谱是指结构自振周期与结构质点体系最大反应加速度之间的关系曲线。对于单质点体系,若已知反应谱曲线,由结构的自振周期 T 就可以确定作用在结构质点上的最大反应加速度,这个加速度与质点质量的乘积就是作用在质点上的地震作用。由此看出,地震动峰值加速度(Seismic peak ground acceleration)就是与地震动加速度反应谱最大值相应的水平加速度。

根据2015年《中国地震动参数区划图》(GB18306)的规定,用地震动峰值加速度来反映地震的震动强度。

《公路桥涵设计通用规范》规定:位于地震动峰值加速度为0.10 g、0.15 g、0.20 g和0.30 g地区的桥涵工程,应进行抗震设计;位于地震动峰值加速度0.40 g以上(含0.40 g)地区的桥涵工程,应进行专门的抗震研究和设计。对地震动峰值小于或等于0.05 g地区的桥涵工程,除有特殊要求者外,可采用简易设防。

公路桥梁地震作用的计算及结构的设计,应符合现行《公路工程抗震设计规范》的规定。

震级和烈度是地震工程中的两个基本概念。震级用来表示一次地震大小的等级,烈度则指某一地区地震时振动的强烈程度,主要用来衡量地震对某一个地区所造成的破坏程度。一次地震只有一个震级,但烈度在不同地区则不相同。抗震设计中也常采用烈度的概念,称之为设防烈度。近年来,已逐渐采用地震动物理指标(地震动加速度峰值、特征周期等)作为结构抗震设防的依据,但由于设防烈度的概念在工程中使用时间较长,影响较大,完全取消工程人员还难以适应,因此目前在抗震设计中两者都采用。抗震设防烈度与加速度峰值之间的对应关系如表3.10所示。

表3.10 抗震设防烈度与加速度峰值之间的对应关系

抗震设防烈度	6	7	8	9
加速度峰值	0.05 g	0.10(0.15) g	0.20(0.30) g	0.40 g

3.6 作用效应组合

利用本章第二至五节介绍的各种作用,按照桥梁结构及拟定的施工顺序,开展作用效应(Effect of an action)分析。然而,实际桥梁中并非同时承受所有的作用,并且各个作用发生的几率也不相同,只有在结构上可能同时出现的作用才能进行组合。当结构或结构构件需做不同受力方向的验算时,应以不同方向的最不利的作用组合效应进行计算。当可变作用的出现对结构或结构构件产生有利影响时,该作用不应参与组合。实际不可能同时出现的作用或同时参与组合概率很小的作用,应按表3.11规定不考虑参与组合。

表3.11 可变作用不同时组合表

作用名称	不与该作用同时参与组合的作用
汽车制动力	流水压力、冰压力、波浪力、支座摩阻力
流水压力	汽车制动力、冰压力、波浪力
波浪力	汽车制动力、流水压力、波浪力
冰压力	汽车制动力、流水压力、波浪力
支座摩阻力	汽车制动力

开展施工阶段的作用组合时,应按计算需要及结构所处条件而定,结构上的施工人员和施工机具设备均应作为可变荷载予以考虑。组合式桥梁,当把底梁作为施工支撑时,作用效应宜分两个阶段计算,底梁受荷为第一个阶段,组合梁受荷为第二个阶段。

此外,多个偶然作用不能同时参与组合,偶然作用也不能与地震作用同时参与组合。

3.6.1 设计状况

公路桥梁采用基于结构可靠度理论的极限状态设计方法,应根据桥梁在施工阶段和使用过程中遇到的不同设计状况,结合作用(或荷载)对桥涵的影响时间长短和桥涵所处的环境条件,开展承载能力极限状态和正常使用极限状态作用效应组合,取最不利效应组合进行设计。

公路桥涵的设计状态包括持久设计状况、短暂设计状况、偶然设计状况和地震设计状态等四种设计状况。

(1)持久设计状况

持久状况是指桥梁的使用阶段,该阶段桥梁承受结构自重、汽车荷载等持续时间很长的作用。持久状况要求对结构所有预定功能进行设计,必须进行承载能力极限状态和正常使用极限状态的计算。

(2)短暂设计状况

短暂状况是指桥梁的施工阶段。该阶段桥梁结构体系与使用阶段不同,结构主要承受临时性作用(如施工挂蓝),故一般只需作承载能力极限状况计算,必要时才作正常使用极限状况计算。

(3)偶然设计状况

偶然状况是指桥梁使用过程中船舶、汽车等状况,这种状况出现的概率极小,持续时间极短。偶然状况只需进行承载能力极限状态计算,不必进行正常使用极限状态验算。

(4)地震设计状况

偶然状况是指桥梁使用过程中可能遭遇的罕遇地震的状况,这种状况出现的概率极小,持续时间极短。地震设计状况只需进行承载能力极限状态计算,不必进行正常使用极限状态验算。

按照结构破坏可能产生的后果严重程度,将公路桥涵划分为三个设计等级,见表3.12,以体现不同情况的桥涵可靠度差异。设计等级不同,相应的结构重要性系数也不同。同一桥涵结构构件的安全等级宜与整体结构相同,有特殊要求时可作部分调整,但调整后的级差不得超过一级。

表3.12　公路桥涵结构的设计安全等级

设计安全等级	破坏后果	适用对象
一级	很严重	(1)各等级公路上的特大桥、大桥、中桥; (2)高速公路、一级公路、二级公路、国防公路及城市附近交通繁忙公路上的小桥
二级	严重	(1)三、四级公路上的小桥; (2)高速公路、一级公路、二级公路、国防公路及城市附近交通繁忙公路上的涵洞
三级	不严重	三、四级公路上的涵洞

需要说明的是,表3.12所列特大桥、大桥、中桥等是以表1.1中的单孔跨径确定,对多跨不等跨桥梁,以其中最大跨为准。表中冠以“重要”的大桥和小桥,系指高速公路和一级公路上、国防公路上及城市附近交通繁忙公路上的桥梁。

3.6.2　承载能力极限状态设计

按照可能出现的作用,承载能力极限状态设计应采用基本组合、偶然组合和地震组合,其中,持久设计状况和短暂设计状况采用作用的基本组合,偶然设计状况采用作用的偶然组合,地震设计状况采用作用的地震组合。

(1)基本组合

作用效应基本组合是永久作用设计值与可变作用设计值的组合,是所有公路桥涵结构必须考虑的常规组合,其效应组合表达式为:

$$S_{\mathrm{ud}} = \gamma_0 S\left(\sum_{i=1}^{m} \gamma_{G_i} G_{ik}, \gamma_{Q_1} \gamma_L Q_{1k}, \psi_c \sum_{j=2}^{n} \gamma_{L_j} \gamma_{Q_j} Q_{jk} \right) \tag{3.15}$$

或

$$S_{\mathrm{ud}} = \gamma_0 S\left(\sum_{i=1}^{m} G_{id}, Q_{1d}, \sum_{j=2}^{n} Q_{jd} \right) \tag{3.16}$$

式中:S_{ud}——承载能力极限状态下作用基本组合的效应设计值;

$S(\,)$——作用组合的效应函数;

γ_0——结构重要性系数，依设计安全等级而定，见表3.12；按持久状况和短暂状况承载能力极限状态设计时，公路桥涵结构设计安全等级应不低于表3.12的规定，对应于设计安全等级一级、二级和三级，分别取1.1、1.0和0.9；

γ_{G_i}——第i个永久作用效应的分项系数，按表3.13采用；

G_{ik}、G_{id}——第i个永久作用效应的标准值和设计值；

γ_{Q_1}——汽车荷载效应（含汽车冲击力、离心力）的分项系数，采用车道荷载计算时取$\gamma_{Q1}=1.4$，采用车辆荷载计算时取$\gamma_{Q1}=1.8$。当某个可变作用在组合中其效应超过汽车荷载效应时，则该作用取代汽车荷载，其分项系数取$\gamma_{Q1}=1.4$；对专为承受某作用而设置的结构或装置，设计时该作用的分项系数取$\gamma_{Q1}=1.4$；计算人行道板和人行道栏杆的局部荷载，其分项系数也取$\gamma_{Q1}=1.4$。

Q_{1k}、Q_{1d}——汽车荷载效应（含汽车冲击力、离心力）的标准值和设计值；

γ_{Q_j}——在作用组合中除汽车荷载（含汽车冲击力、离心力）、风荷载外的其他第j个可变作用效应的分项系数，取$\gamma_{Q_j}=1.4$，但风荷载的分项系数取$\gamma_{Q_j}=1.1$；

Q_{jk}、Q_{jd}——在作用组合中除汽车荷载（含汽车冲击力、离心力）外的第j个可变作用的标准值和设计值；

ψ_c——在作用组合中除汽车荷载（含冲击力、离心力）外的其它可变作用的组合值系数，取$\psi_c=0.75$。

$\psi_c Q_{jk}$——在作用组合中除汽车荷载（含冲击力、离心力）外的第j个可变作用的组合值；

γ_{Lj}——第j个可变作用的结构设计使用年限荷载调整系数。当公路桥涵结构的设计年限按现行《公路工程技术标准》取值时，可变作用的设计年限荷载调整系数取$\gamma_{Lj}=1.0$，否则应按专题研究确定。

设计弯桥时，当离心力与制动力同时参与组合时，制动力标准值或设计值按70%取用。

表3.13　永久作用效应的分项系数

<table>
<tr><th rowspan="2">编号</th><th rowspan="2" colspan="2">作用类别</th><th colspan="2">永久作用效应分项系数</th></tr>
<tr><th>对结构的承载能力不利时</th><th>对结构的承载能力有利时</th></tr>
<tr><td rowspan="2">1</td><td colspan="2">混凝土和圬工结构重力（包括结构附加重力）</td><td>1.2</td><td rowspan="2">1.0</td></tr>
<tr><td colspan="2">钢结构重力（包括结构附加重力）</td><td>1.1（钢桥面板）或1.2（混凝土桥面板）</td></tr>
<tr><td>2</td><td colspan="2">预加力</td><td>1.2</td><td>1.0</td></tr>
<tr><td>3</td><td colspan="2">土的重力</td><td>1.2</td><td>1.0</td></tr>
<tr><td>4</td><td colspan="2">混凝土的收缩及徐变作用</td><td>1.0</td><td>1.0</td></tr>
<tr><td>5</td><td colspan="2">土侧压力</td><td>1.4</td><td>1.0</td></tr>
<tr><td>6</td><td colspan="2">水的浮力</td><td>1.0</td><td>1.0</td></tr>
<tr><td rowspan="2">7</td><td rowspan="2">基础变位作用</td><td>混凝土和圬工结构</td><td>0.5</td><td>0.5</td></tr>
<tr><td>钢结构</td><td>1.0</td><td>1.0</td></tr>
</table>

(2)偶然组合

该组合用于桥梁结构在特殊情况下的设计,是永久作用标准值与可变作用某种代表值、一种偶然作用设计值相组合。与偶然作用同时出现的可变作用,可根据观测资料和工程经验取用频遇值或准永久值。

作用偶然组合的效应设计值按下式计算:

$$S_{ad} = S\left(\sum_{i=1}^{m} G_{ik}, A_d, (\psi_{f1} \text{或} \psi_{q1}) Q_{1k}, \sum_{j=2}^{n} \psi_{qj} Q_{jk}\right) \tag{3.17}$$

式中:S_{ad}——承载能力极限状态下作用偶然组合的效应设计值;

A_d——偶然作用的设计值;

ψ_{f1}——汽车荷载(含汽车冲击力、离心力)的频遇值系数,取 $\psi_{f1}=0.7$;当某个可变作用在组合中其效应值超过汽车荷载效应时,则该作用取代汽车荷载,人群荷载 $\psi_f=1.0$,风荷载 $\psi_f=0.75$,温度梯度作用 $\psi_f=0.8$,其他作用 $\psi_f=1.0$;

$\psi_{f1}Q_{1k}$——汽车荷载的频遇值;

ψ_{q1}、ψ_{qj}——第1个和第 j 个可变作用的准永久值系数,汽车荷载(含汽车冲击力、离心力)和人群荷载 $\psi_q=0.4$,风荷载 $\psi_q=0.75$,温度梯度作用 $\psi_q=0.8$,其他作用 $\psi_q=1.0$;

$\psi_{q1}Q_{1k}$、$\psi_{qj}Q_{jk}$——第1个和第 j 个可变作用的准永久值。

(3)作用地震组合

作用地震组合的效应设计值按现行《公路工程抗震规范》(JTG B02)的有关规定执行。

3.6.3 正常使用极限状态设计

按正常使用极限状态设计时,应根据不同的设计要求,采用作用的频遇组合或准永久组合。

(1)频遇组合

为永久作用标准值效应与汽车荷载频遇值、其他可变作用的准永久值的组合。作用频遇组合的效应设计值按下式计算:

$$S_{fd} = S\left(\sum_{i=1}^{m} G_{ik}, \psi_{f1} Q_{1k}, \sum_{j=2}^{n} \psi_{qj} Q_{jk}\right) \tag{3.18}$$

式中:S_{fd}——作用频遇组合的效应设计值;

ψ_{f1}——汽车荷载(不计汽车冲击力)的频遇值系数,取 $\psi_{f1}=0.7$。

(2)准永久组合

为永久作用标准值与可变作用准永久值的结合,其效应设计值按下式计算:

$$S_{qd} = S\left(\sum_{i=1}^{m} G_{ik}, \sum_{j=1}^{n} \psi_{qj} Q_{jk}\right) \tag{3.19}$$

式中:S_{qd}——作用准永久组合的效应设计值;

ψ_{qj}——汽车荷载(不计汽车冲击力)的准永久值系数,取0.4。

上述作用与作用效应可以按线性关系考虑时,其效应设计值可通过作用效应代数相加计算。

第4章 桥面构造

4.1 桥面组成与布置

公路桥梁的桥面部分主要由桥面铺装、桥面防水排水设施、桥面伸缩装置、路缘石、人行道(或安全带)、栏杆、防撞护栏及照明设施等部分构成(图4.1)。

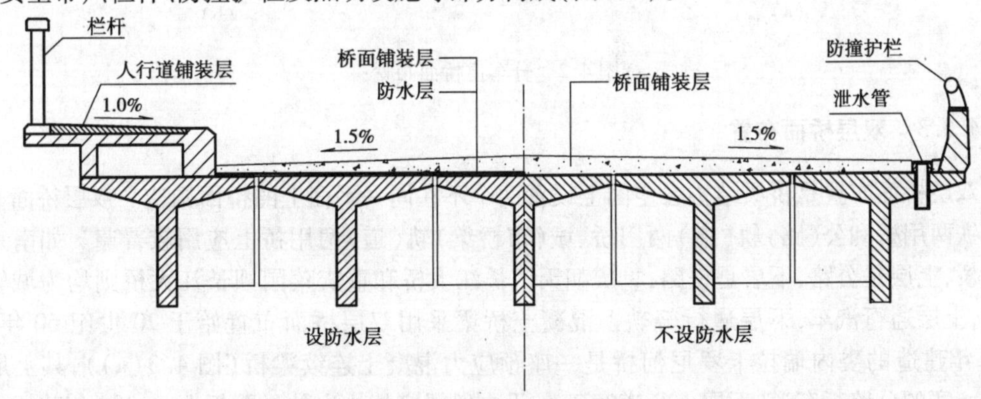

图4.1 桥面构造横断面图

桥面(Deck)构造是与车辆、行人直接接触的部分,它对桥梁的主要结构起保护作用,并满足桥梁的使用功能、布局和美观要求。以往人们把桥面构造视为桥梁的附属设施,在设计和施工中没有给予足够的重视,导致桥面铺装层开裂、伸缩装置失效、桥面跳车等诸多问题。

桥面布置应在桥梁的总体设计中考虑,根据道路等级、桥面宽度及行车要求等条件综合确定。目前,公路桥梁的桥面布置主要有双向车道布置、分车道布置和双层桥面布置等三种形式。

4.1.1 双向车道布置

双向车道布置是将行车道的上、下行交通布置在同一桥面上(图4.1),上、下行交通用划线分隔,因此没有明显的界限。允许机动车与非机动车同时通行的混合交通形式,同样采用划线分隔。由于在桥梁上同时存在上、下行车辆及机动车与非机动车混合行驶,车辆在桥梁上的行驶速度只能是中速或低速,对于交通量较大的道路,常会形成交通滞流状态,因此,双向车道布置仅适用于道路等级较低、车流量较小、桥面较窄的公路桥梁。

4.1.2 分车道布置

通过中央分隔带(图 4.2(a))或分离式主梁(图 4.2(b))将上、下行交通进行分隔布置,使上、下行交通互不干扰,以提高行车速度,便于交通管理。高速公路、一级公路上的桥梁宜采用上、下行分离的独立桥梁。采用分车道布置的桥梁,需额外增加一些附属设施(如防撞护栏),同时桥面宽度较双向车道布置大。

分车道布置除对上、下行交通分隔外,也可将机动车与非机动车道分隔、行车道与人行道分隔。

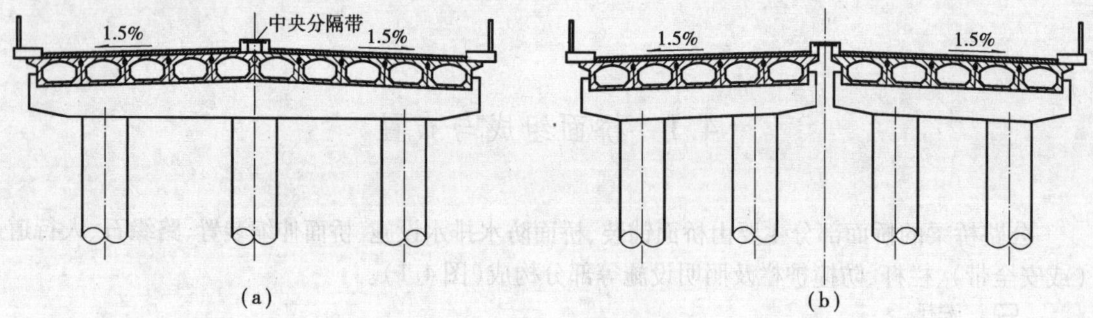

图 4.2 分车道桥面布置

4.1.3 双层桥面布置

双层桥面布置是桥梁结构在空间上设置两个不在同一平面上的桥面构造。双层桥面布置在公铁两用桥和公(路)轨(道)两用桥、城(市桥梁)轨(道)两用桥上应用较普遍。如南京长江大桥,上层是公路,下层是铁路;重庆朝天门长江大桥和重庆菜园坝长江大桥则均为城轨两用桥,上层通行汽车,下层通行轻轨。混凝土桥梁采用双层桥面布置始于 20 世纪 60 年代,1965 年建造的委内瑞拉卡罗尼河桥是一座预应力混凝土连续梁桥(图 4.3(a)),其上层为 11.3 m宽的公路行车道,下层人行道宽 3 m,设在箱梁底板挑出的悬臂板上。1980 年建成的奥地利维也纳帝国桥是一座多功能的预应力混凝土双层桥梁(图 4.3(b)),其上层桥面为公路六车道,箱梁内通行地铁,箱梁外悬臂板设 2 ×3.5 m 人行道。1992 年建成的南昌赣江第二大桥,为单箱单室的预应力混凝土连续梁桥(图 4.3(c)),上层桥面为公路六车道,下层箱梁外悬臂板设非机动车道及人行道。

双层桥面布置可以使不同的交通严格分道行驶,提高了车辆和行人的通行能力,并便于交通管理。同时,可充分利用桥梁净空,在满足同样交通要求下,可减小桥梁宽度、缩短引桥长度,达到较好的经济效益。

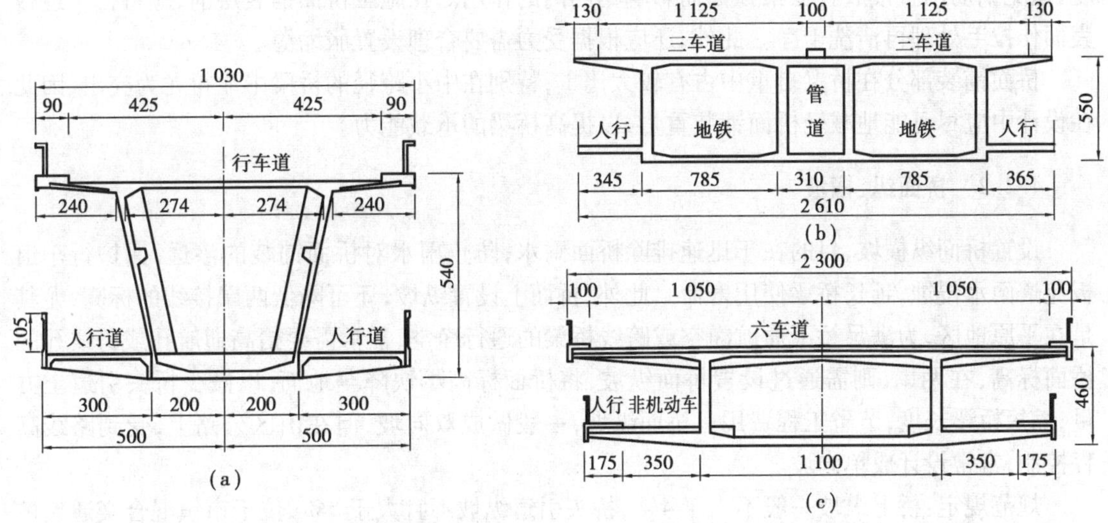

(a)　(b)　(c)

图4.3　双层桥面布置(尺寸单位:cm)

4.2　桥面铺装及防排水系统

4.2.1　桥面铺装

桥面铺装(Bridge deck pavement),又称行车道铺装,是车轮直接作用的部分。桥面铺装的功能有:保护主梁行车道板不受车辆轮胎的直接磨耗;分布车辆轮重等集中荷载,使主梁受力均匀;防止主梁遭受雨水的侵蚀。因此,桥面铺装应具有一定的强度和刚度、耐磨、抗滑、不透水(和桥面板一起作用时)等性能;桥面铺装还应具有完善的桥面排水和防水系统。

桥面铺装层可采用水泥混凝土、沥青混凝土、沥青表面处治和泥结碎石等各种类型材料。水泥混凝土和沥青混凝土桥面铺装能满足各项要求,应用较为广泛。水泥混凝土铺装的耐磨性能好,适合重型交通,但养生期长,日后修补比较麻烦。沥青混凝土铺装重量较轻,耐磨性能好,维修方便,通车速度快,但易老化和变形(如车辙)。沥青表面处治和泥结碎石桥面铺装,耐久性较差,适用于等级较低的公路桥梁上使用。

公路桥面铺装的结构形式宜与桥梁所在的公路路面相协调。高速公路、一级公路上特大桥、大桥的桥面铺装宜采用沥青混凝土桥面铺装,铺装层厚度不宜小于70 mm;二级及二级以下公路桥梁的沥青混凝土桥面铺装层厚度不宜小于50 mm。混凝土桥面铺装层直接承受车辆轮压的作用,既是保护层,又是受力层,因此铺装层(不含整平层和垫层)厚度不宜小于80 mm,混凝土强度等级不应低于C40。对高速公路和一级公路的桥面铺装层还应适当加厚,有条件时,可采用钢纤维混凝土。

水泥混凝土桥面铺装内应布设钢筋网,钢筋直径宜为$\phi 8 \sim \phi 12$ mm,间距不宜大于100×100 mm。为增强铺装层与桥面板的结合,提高铺装层的抗裂性和抗冲击性,应在桥面板上设置锚固钢筋和抗剪钢筋,同时也方便铺装层内钢筋网的定位,确定钢筋网具有一定的保护层厚度,避免钢筋网直接放置在梁顶面而影响钢筋网的作用。在施工桥面铺装层前,应将行车道板表面作拉毛处理再清洗干净。此外,还应根据受力需要合理设置胀缩缝。

桥面铺装部分在桥梁自重中占有较大比重,特别在中小跨径的桥梁中显得尤为突出,因此在设计中应尽可能地减轻桥面铺装重量,以提高桥梁的承载能力。

4.2.2 桥面纵、横坡

设置桥面纵横坡,目的在于迅速排除桥面雨水,防止雨水对桥面铺装的渗透,保护行车道板免遭雨水侵蚀,延长桥梁使用寿命。此外,桥面上设置纵坡,还可降低两岸接线的标高,尤其是在平原地区,为满足桥下通航净空或跨线桥梁的通行净空,常常需要抬高通航孔或跨线孔的桥面标高,在两岸,则需通过设置桥面纵坡,将桥面标高尽快降至地面,以减少桥头引道土方量,缩短桥梁长度,节省工程费用。桥面纵坡,一般做成双向坡,但在山区公路上,受到路线高程控制,常常设计成单向坡。

规范规定:桥上纵坡一般不大于4%,桥头引道纵坡不宜大于5%,位于市镇混合交通繁忙处,桥上纵坡和桥头引道纵坡均不得大于3%。

桥面横坡一般为1.5%~3.0%。桥面横坡设置通常有以下三种形式。

(1)墩台顶部设置成横坡

这种形式的横坡适用于板桥或就地浇筑的肋板式梁桥,此时桥梁上部结构倾斜,但桥面铺装层在整个桥宽范围内为等厚度(图4.4(a))。这种设置方法既可节省铺装材料又能减轻自重,应用较为广泛。

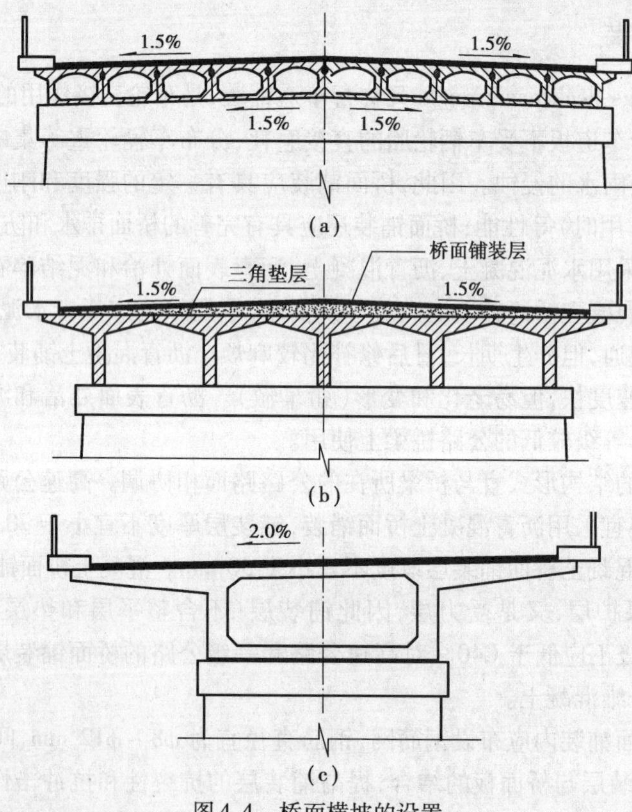

图4.4 桥面横坡的设置

(2)通过三角垫层形成横坡

在装配式肋梁桥中,为使主梁构造简单、架设和拼装方便,通常将横坡设置在行车道板上(图4.4(b))。先铺设一层厚度不等的三角垫层,形成双向倾斜,再铺设等厚度的混凝土铺装层。这种设置方式混凝土用量较多,增大了桥梁自重,一般只适用于桥面较窄的桥梁。

(3)将行车道板做成倾斜面形成横坡

对桥面宽度较大的桥梁(城市桥梁或高等级公路上的桥梁),为克服用三角垫层设置横坡将使混凝土用量增加太多的不足,直接将行车道板做成双(或单)向横坡(图4.4(c))。不足之处在于主梁的构造和施工较为复杂。

此外,在T形梁桥中,可既调整支座垫石高度,又将T梁翼缘板做成倾斜,这样桥面铺装层也可以做成等厚度。这种设置方法在高速公路桥梁中应用较广。

4.2.3　桥面防水层

雨水透过桥面铺装层渗入钢筋混凝土主梁,会使钢筋锈蚀,寒冷地区还会使混凝土膨胀开裂;对钢梁,则会导致钢材锈蚀,影响到桥梁结构的耐久性和安全。《公路桥涵设计通用规范》明确规定:桥面铺装应设置防水层。

桥面防水层(Waterproof layer of bridge deck)设置在桥梁行车道板顶面的三角垫层之上,它将渗透过桥面铺装层的雨水汇集到排水设备(如泄水管)排出。钢筋混凝土桥面板与铺装层之间是否需要设置防水层,应根据当地气温、雨量、桥梁结构和桥面铺装层形式等具体情况而定。桥面伸缩装置处应连续铺设,不可断开;桥面纵向应铺过桥台背;桥面横向两侧,则应伸过路缘石底面从人行道与路缘石砌缝里向上叠起10 cm。

根据防水材料的刚度,可将防水材料分为刚性防水材料和柔性防水材料两种。

(1)防水混凝土

当未设置专门防水层时,应采用防水混凝土。防水混凝土分为普通防水混凝土和外加剂防水混凝土。普通防水混凝土从材料和施工两个方面来抑制和减少混凝土内部孔隙的生成,改变孔隙的特征,堵塞漏水通道,不依赖其他附加防水措施,仅依靠混凝土自身的密实性来达到防水的目的;外加剂防水混凝土是依靠添加少量的有机或无机外加剂来改善混凝土的和易性,提高密实性和抗渗性。

(2)粘贴式防水层

由两层防水卷材(如油毛毡)和三层黏结材(沥青胶砂)相间组合而成,厚度一般1~2 cm。防水卷材虽有防水作用,但因把行车道和铺装层分开,如果施工不当,防水层就起隔离层和弹性垫层的副作用,在车轮荷载作用下,桥面铺装层容易开裂。此外,这种铺装形式造价高,操作技术要求较严,耐穿刺性和耐老化性能不如刚性材料(防水混凝土),已逐渐被防水涂层所取代。

(3)防水涂层与防水卷材

近年来,国内开发了不少桥梁专用防水涂层(Waterproof coating)和防水卷材(Waterproof coil),如高分子聚合物改性沥青桥面防水涂料,高聚物改性沥青防水卷材等。高分子聚合物改性沥青桥面防水涂料是一种以石油沥青为主要原料,以各种表面活性剂及多种化学助剂为辅助原料,再掺入大剂量的高分子聚合物经改性而成的复合防水涂料。它是依靠防水材料粘贴到桥面板上形成具有良好弹性的防水薄膜,隔断水与混凝土的接触,起到防水作用。同时防水材料良好的渗透能力使其从混凝土表面孔隙中进入混凝土内部，堵塞混凝土内的空隙，强化混凝土表面的防水性，提高混凝土的自防水能力。这种涂料不但具有高分子聚合物优异的弹塑性、耐热性和粘结性，又具有石油沥青制品良好的亲和性，适应沥青混凝土在高温条件下施工。此外，这种防水涂料对环境无污染，操作方便，一般只需涂刷2~3遍即达到防水效果。防水涂层厚度薄，只有1~2 mm，是目前各类大型桥梁及高架桥桥面中应用最广泛的防水层形式。

4.2.4 桥面排水系统

为防止桥面雨水渗入梁体使钢筋锈蚀、混凝土胀裂破坏影响桥梁结构的耐久性，除在桥面铺装内设置防水层外，还应设置专门的排水系统。通常是在桥面上设置一定数量的泄水管。泄水管的设置与桥梁长度和桥面纵坡有关。

当桥面纵坡 $i \geqslant 2\%$，桥梁长度小于50 m时，一般能保证从桥头引道上排出，桥上不必设置泄水管。但为防止雨水冲刷引道路基，应在桥头引道的两侧设置流水槽。当桥面纵坡 $i<2\%$ 时，可在桥梁跨中左右对称设置一对泄水管；当桥面纵坡 $i \geqslant 2\%$，桥长超过50 m时，宜在桥上每隔12~15 m设置一个泄水管；当桥面纵坡 $i<2\%$，宜在桥上每隔6~8 m设置一个泄水管。泄水管的过水面积通常是每平方米桥面不宜少于2~3 cm^2。

泄水管可沿行车道两侧左右对称布置，也可交错布置，其离缘石的距离为20~50 cm。也可布置在人行道下面，此时需要在人行道块件上预留横向进水孔，并在泄水管周围设置相应的聚水槽。

对于跨线桥和城市桥梁应设置完善的泄水管道系统，将雨水排至地面阴沟或下水道内，以保持美观。

目前公路桥梁上常用的泄水管道主要有以下几种形式：

(1)金属泄水管

铸铁金属泄水管是一种构造比较完备的泄水管(图4.5)，适用于具有防水层的铺装结构。泄水管内径一般为10~15 cm，管子下端需伸出行车道板底面以下至少15~20 cm。漏斗部分可做成圆形，亦可做成长方形。安放泄水管时，防水层的边缘要紧贴在管子的顶缘与泄水管漏斗之间，以便防水层上的渗水能通过漏斗上的过水孔流入管内排出桥外，保护主梁不受雨水的侵蚀。这种铸铁泄水管使用效果好，但构造较复杂。

(2)钢筋混凝土泄水管

图4.6所示为钢筋混凝土泄水管，适用于不设专门防水层而采用防水混凝土桥面铺装的桥梁上。在预制时，为使焊接于栅板上的短钢筋锚固在混凝土中，可将金属栅板直接作为钢筋混凝土管的端模板。这种泄水管构造简单，也可节约钢材用量，较为经济。

(3)横向排水管道

对于一些降雨量较少地区的小跨径桥梁，为简化构造和节省材料，直接在行车道两侧的防撞护栏或路缘石上预留横向泄水孔，并用铁管或塑料管将水排出桥外(图4.7)。管的下缘应略低于行车道铺装表面，末端应伸出桥外2~3 cm。这种排水管道构造简单，但因其坡度平缓，排水量较小，容易遭堵塞。

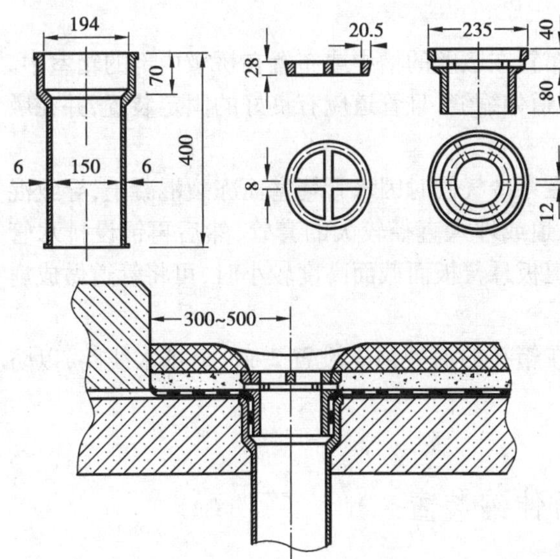

图4.5　金属泄水管(尺寸单位:mm)

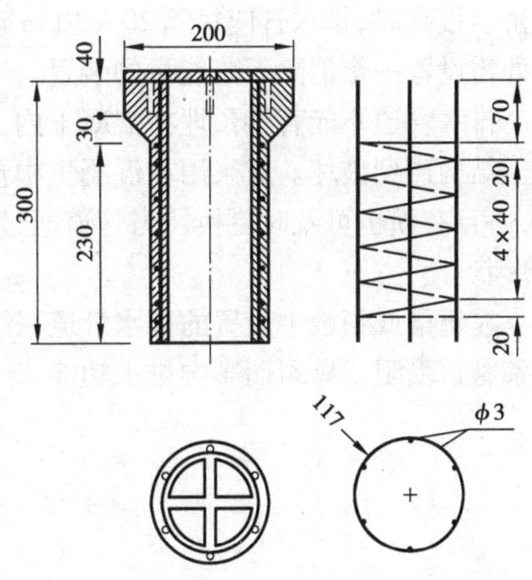

图4.6　钢筋混凝土泄水管(尺寸单位:mm)

(4)PVC 泄水管

以树脂为主要原料,加入适量助剂,经挤出或注塑成型的一种无毒无味的塑料制品。PVC 泄水管力学性能好,抗冲击强度和抗折能力强;同时,PVC 管耐候性能好,温度变化对尺寸稳定性影响很小,防腐蚀和抗老化能力强。

PVC 泄水管自身有完整的弯接头装置,自重轻,运输、安装、维护和保养方便,与混凝土黏接牢固,在跨线桥梁和城市桥梁的封闭式排水系统中得到广泛应用。

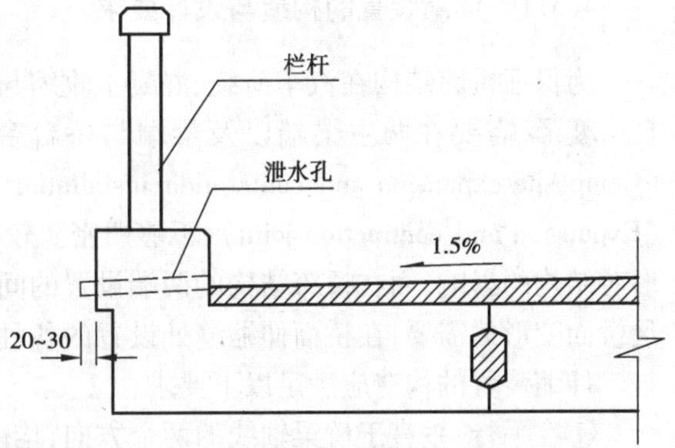

图4.7　横向泄水管道构造(尺寸单位:mm)

(5)封闭式排水系统

对于城市桥梁、立交桥、跨线桥及高速公路上的桥梁,为保持桥梁整体外形美观,利于桥下行车、行人,应采用封闭式排水系统将桥面雨水引向地面或积水槽(图4.8)。

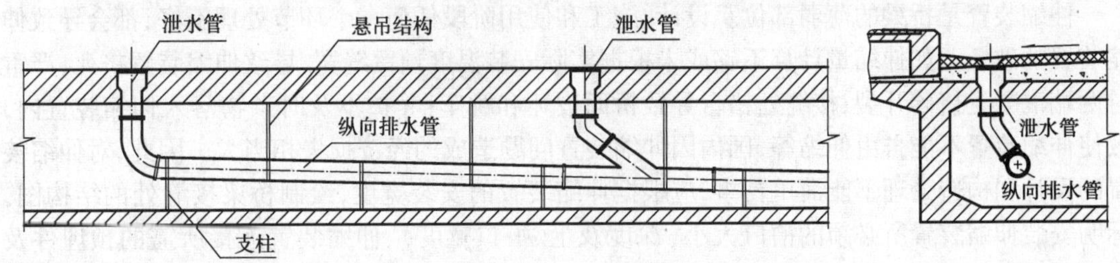

图4.8　封闭式排水系统

小跨径桥梁纵向排水管中的水在箱梁中或在主梁腹板内侧通往桥台,并用管道引向地面。在活动支座处,竖向管道的连接应使桥梁的纵向活动不受影响。对于较长的桥梁,纵向排水管可通向一个设置在台帽上的大漏斗中排水。

如需要在桥墩上布置排水管道,应尽可能布置在墩壁的槽中或布置在桥墩内部的箱室中。当桥墩很高时,排水管应每隔 20 ~ 30 m 设置一道伸缩缝,且管道应有良好的固定装置,并在墩脚处需设置一个消除下落能量的装置。

排水管道不能直接预埋在混凝土内,以防在寒冷气候时因水管堵塞而冻裂混凝土,导致混凝土结构遭到破坏。应采用在混凝土中预留孔道或埋入直径较大的套管,然后再铺设排水管道,一旦有损也可及时更换。当管道通过行车道板悬臂板而截面高度较小时,可将管道做成扁平形状。

在箱梁或箱墩中设置的排水管道系统,应在箱孔的深处预先设置 2 ~ 3 个排水线路,以防一条管道受阻或爆裂而影响排水功能。

4.3 桥面伸缩装置

4.3.1 伸缩装置的构造与设计要求

为保证桥跨结构在汽车荷载、混凝土收缩与徐变、温度变化等因素影响下能按其静力图式自由变形,需要在两主梁端以及梁端与桥台台背的断缝处(Expansion joint)设置伸缩装置(Composite expansion and contraction installation)。以往将伸缩缝和伸缩装置均称为伸缩缝(Expansion and contraction joint),不够严密。较为严格的定义是:伸缩缝指为适应材料胀缩变形对结构的影响,而在桥跨结构的两端设置的间隙;伸缩装置是指为使车辆平稳通过桥面并满足桥面变形的需要,在桥面伸缩缝处设置的各种装置的总称。

伸缩装置的构造应满足以下要求:

①在平行、垂直于桥梁轴线的两个方向,均能自由伸缩变形;

②车辆驶过时能平顺通过,无跳车和噪声;

③施工和安装方便,其部件要有足够的强度,能与桥面铺装部分牢固连接;

④具有良好的排水和防水构造;

⑤养护、修理、更换方便,能便于检查和清除污物。

特别指出的是:在伸缩缝附近的栏杆或护栏结构也应断开,以便自由变形。

伸缩装置是桥梁的薄弱部位。设计、施工和使用阶段任何一个环节处理不好,都会导致伸缩装置的破坏。如伸缩量计算不够或未根据实际安装温度预留缝宽,导致伸缩装置挤死,严重时两端混凝土挤碎开裂;接缝处错台导致桥面破坏和跳车;养护不及时杂物落入伸缩装置内,致使伸缩装置不能自由伸缩等,国内因伸缩装置问题造成的经济损失相当大。因此,对伸缩装置的设计和构造处理不能简单行事,应根据伸缩装置的安装宽度,绘制桥梁接缝处的结构图,标明安装伸缩装置所必须的槽口大小(深度及上、下口宽度)、伸缩装置连接所需的预埋件及其位置,同时,图纸上应标明以下内容:

①槽口内填筑的材料种类及其强度等级;

②安装伸缩装置的温度范围,在该范围内安装伸缩装置,可保证在安装后伸缩装置工作正常;

③伸缩装置的类型和型号，该装置的最大及最小工作宽度(B_{max}及B_{min})；

④伸缩装置的安装宽度或出厂宽度；

⑤伸缩装置施工时应注意事项。

4.3.2　伸缩装置伸缩量与型号选择

(1)伸缩装置安装以后的伸缩量计算

伸缩装置安装以后的伸缩量(Expansion and contraction quantity)，包括由温度上升引起的梁体伸长量Δl_t^+、温度下降引起的梁体缩短量Δl_t^-、混凝土收缩引起的梁体缩短量Δl_s^-、混凝土徐变引起的梁体缩短量Δl_c^-和由制动力引起的板式橡胶支座剪切变形导致的伸缩缝开口量Δl_b^-或闭口量Δl_b^+等几部分，具体计算如下：

$$\Delta l_t^+ = \alpha_c l(T_{max} - T_{set,l}) \tag{4.1}$$

$$\Delta l_t^- = \alpha_c l(T_{set,u} - T_{min}) \tag{4.2}$$

$$\Delta l_s^- = \varepsilon_{cs}(t_u, t_0) l \tag{4.3}$$

$$\Delta l_c^- = \frac{\sigma_{pc}}{E_c}\varphi(t_u, t_0) l \tag{4.4}$$

$$\Delta l_b^- = \Delta l_b^+ = \frac{F_k t_e}{G_e A_g} \tag{4.5}$$

式中：T_{max}、T_{min}——当地最高、最低有效气温值，按《公路桥涵设计通用规范》(JTG D60—2004)取用；

$T_{set,u}$、$T_{set,l}$——预设的安装温度范围的上限值和下限值；

l——计算一个伸缩装置伸缩量所采用的梁体长度，视桥梁长度分段及支座布置情况而定；

α_c——梁体混凝土材料线膨胀系数，$\alpha_c = 0.000\ 01$；

ε_{cs}——伸缩装置安装完成时梁体混凝土龄期t_0至收缩终了时混凝土龄期t_u之间的混凝土收缩应变；

σ_{pc}——扣除相应阶段预应力损失的预应力引起的截面重心处的法向压应力，具体取值与梁体结构体系有关；

E_c——梁体混凝土弹性模量；

$\varphi(t_u, t_0)$——伸缩装置安装完成时梁体混凝土龄期t_0至徐变终了时混凝土龄期t_u之间的混凝土徐变系数；

F_k——分配给支座的汽车制动力标准值；

t_e——支座橡胶层总厚度；

G_e——支座橡胶剪切模量；

A_g——支座平面毛面积。

(2)伸缩装置型号选择

除了上面介绍的伸缩量外，梁端转角、日照梯度温差导致伸缩装置竖向与横向变形、弯桥的汽车离心力导致伸缩装置的横向错位(Transverse stagger)，也会产生伸缩量。这些伸缩量计算比较困难，通常采用伸缩量增大系数β来考虑，$\beta = 1.2 \sim 1.4$。

有了梁体伸缩量，便可根据伸缩装置安装完毕后的闭口量和开口量确定伸缩装置型号：

①伸缩装置在安装完毕后的闭口量 C^+

$$C^+ = \beta(\Delta l_t^+ + \Delta l_b^+) \tag{4.6}$$

②伸缩装置在安装完毕后的开口量 C^-

$$C^- = \beta(\Delta l_t^- + \Delta l_s^- + \Delta l_c^- + \Delta l_b^-) \tag{4.7}$$

伸缩装置的总伸缩量应满足：

$$C \geqslant C^+ + C^- \tag{4.8}$$

4.3.3 伸缩装置类型

根据《公路桥梁伸缩装置（JT/T 327—2004）》，伸缩装置按照伸缩体结构的不同分为四类。

(1)异型钢单缝式伸缩装置

伸缩体是由橡胶密封带组成的伸缩装置。由单缝钢和橡胶密封带组成的单缝式伸缩装置，适用于伸缩量不大于 60 mm 的公路桥梁工程。图 4.9 所示为毛勒（Monel）单缝式伸缩装置，由异型钢嵌固密封橡胶条和锚固系统构成。

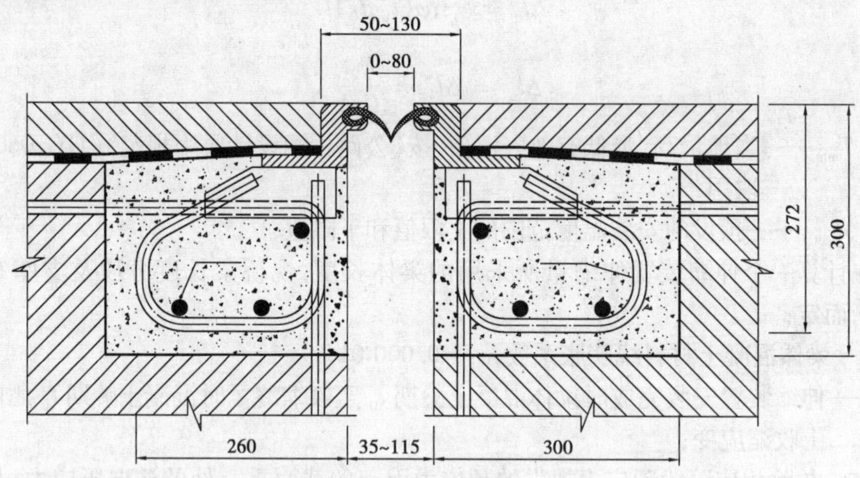

图 4.9 毛勒伸缩装置鸟形构造（尺寸单位：mm）

(2)橡胶式伸缩装置

橡胶式伸缩装置分板式橡胶伸缩装置和组合式橡胶伸缩装置两种：

1)伸缩体由橡胶、钢板或角钢硫化为一体的板式橡胶伸缩装置。该伸缩装置是利用橡胶材料剪切模量低的原理设计制造而成的。剪切型橡胶伸缩体设有上下凹槽，橡胶体内埋设承重钢板和锚固钢板，并设有预留螺栓孔，通过螺栓与梁端连成整体。它是依靠上下凹槽之间的橡胶体剪切变形来满足梁体结构的相对位移；橡胶伸缩体内预埋钢板，跨越梁端间隙，承受车辆荷载；另外在橡胶伸缩体内两侧预埋两块锚固钢板，通过螺栓与梁端连接的受力原理形成的结构构造。一般橡胶板构造如图 4.10 所示。这种伸缩装置适用于伸缩量小于 60 mm 的公路桥梁工程；

2)伸缩体由橡胶板和钢托板组合而成的组合式伸缩装置，适用于伸缩量不大于 120 mm 的公路桥梁工程。

橡胶式伸缩装置不宜用于高速公路、一级公路上的桥梁工程。

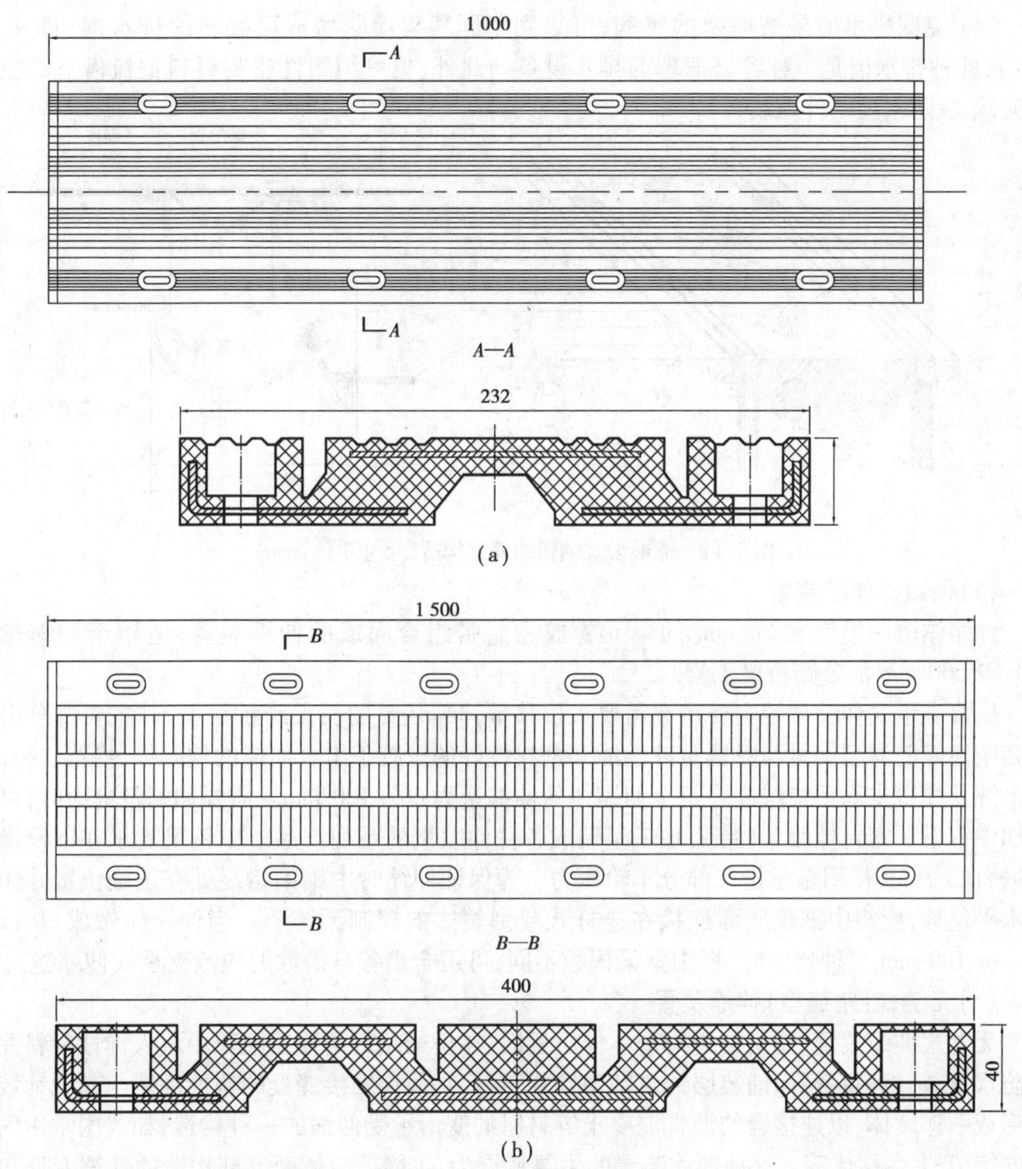

图4.10　橡胶板伸缩缝构造(尺寸单位:mm)

(3)梳齿板式伸缩装置

伸缩体由钢制梳齿板组合而成的伸缩装置。梳形齿式钢板伸缩缝由两块设置三角齿或梳齿构造的金属面层板构成,板的端部可用高强锚栓、普通锚栓或螺栓与梁体相连(图4.11(a))。伸缩缝下面可以安装排水槽,也可设置橡胶封缝条,成为防水型接缝。梳形齿式钢板伸缩缝变形量可达200~400 mm。

梳形齿式钢板伸缩缝主要特点是:行驶性能好、适用于各种形式桥梁以及能承担重型和大交通量的车辆荷载,但造价较高、制造难度大。

梳形齿式钢板伸缩缝允许桥面水渗入缝内,虽然在梳齿下安装了排水槽,但常因外来物急剧冲入而堵塞,影响使用效果。因此,在城市立交桥和高架桥,以及必须防止伸缩装置漏水的地方,应限制使用梳齿型伸缩装置。

为了克服排水槽易被堵塞的弊病，可采用坚固塑料薄膜做成可翻转的排水槽（图4.11(b)），此种排水槽是一种容易清理的排水设备。此外，也可用塑性密封材料把梳齿下的空隙填满，做成防水型的伸缩装置。

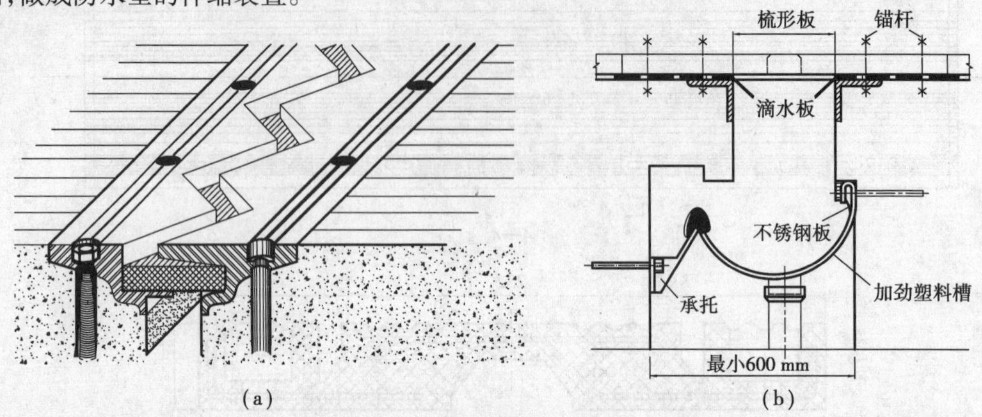

图4.11　梳形齿式钢板伸缩缝构造（尺寸单位：mm）

(4)模数式伸缩装置

伸缩体由中梁钢和80 mm的单元橡胶密封带组合而成的伸缩装置，适用于伸缩量为160～2 000 mm的公路桥梁工程。

模数支承式伸缩装置主要用在需要大位移量伸缩装置的长大跨桥梁上，其主要部分由强度高刚性好的异型钢材与吸震缓冲性能和密封性好的橡胶条组合而成的伸缩体、横梁、位移控制系统及弹簧支承系统组成。每个伸缩体的伸缩量为60～100 mm。需要伸缩量更大时，可以增加中钢梁和密封橡胶条（带），加工组装成各种伸缩量的系列产品。中钢梁支承在下设横梁（顺桥向）上，其作用是承担大部分车轮压力。为保证伸缩时中钢梁始终处在正确位置并作同步水平位移，应将中钢梁底部连接在连杆式或弹簧式的控制系统上。当伸缩体做成60 mm、80 mm、100 mm三种规格时，视中钢梁根数不同，可组合出各自倍数的模数支承式伸缩缝。

(5)无缝式（暗缝型）伸缩装置

无缝式伸缩装置，是指接缝构造不伸出桥面，在桥梁端部的伸缩间隙中填入弹性材料并铺上防水材料，然后在桥面铺装层铺筑粘弹性复合材料，使伸缩接缝处的桥面铺装与其他铺装部分形成一连续体，以连接缝的沥青混凝土等材料的变形承受伸缩的一种构造，如我国常用的桥面连续、TST弹性体等。这种伸缩装置的主要特点为：①能适应桥面上部构造的伸缩变形和小量转动变形；②将桥面铺装形成连续体，行车时不至产生冲击、振动等，舒适性较好；③形成多重防水构造，不至破坏接缝；④施工简单，一般易于维修和更换；⑤在寒冷地区，易于机械化除雪养护，不至破坏接缝。

(6)三维方向变形的桥梁伸缩装置

前面五种形式的伸缩装置，都是只适用桥梁结构的纵向与竖向变形。随着交通事业的不断发展，桥梁结构形式的不断更新，城市互通式立交桥的增多，需要适用于异型桥跨结构变形的能三维方向变形的桥梁伸缩装置。图4.12所示为日本生产的SG-30～SG-110伸缩装置就具有这种功能。

这种装置主要采用橡胶制成，根据橡胶材料的巧妙组合，其固定不需要螺栓或粘结剂，横向变形时，构件之间不会上下错动，保持了车辆行驶的平稳性，行驶中也不会产生噪音，具有较好的耐久性、耐磨性和防水性。

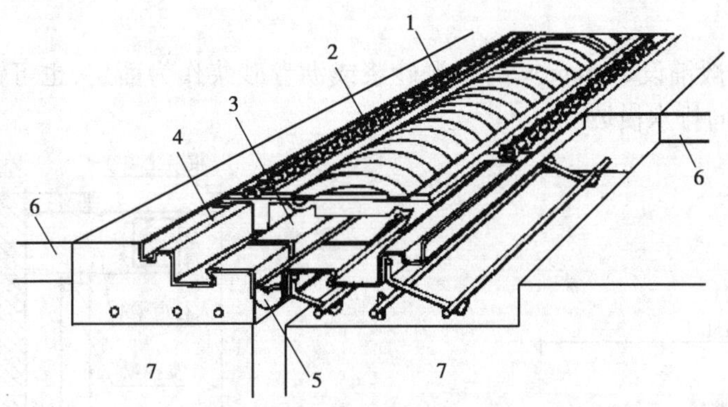

图4.12　三维方向变形的伸缩装置
1—橡胶组件;2—锁固件;3—塑料盖板;4—钢底板;
5—密封橡胶;6—铺装;7—梁(板)

4.4　人行道、栏杆、防撞护栏与照明设施

4.4.1　人行道

位于城镇和近郊的桥梁上应设置人行道(Sidewalk),宽度由人行交通量决定,可选用0.75 m、1.0 m。大于1.0 m按0.5 m的级差递增。人行道应高出行车道或路缘石0.25～0.35 m。在较小跨径的装配式板桥上,可设专门的人行道承重板直接搁置在墩台盖梁的加高部分,使它高出行车道桥面(图4.13(a)),或与主梁一起浇筑形成悬臂挑梁(图4.13(b))。在跨径较大的装配式板桥中,专设人行道板并不经济,通常采用预制人行道板搁置于桥面板上(图4.13(c))。

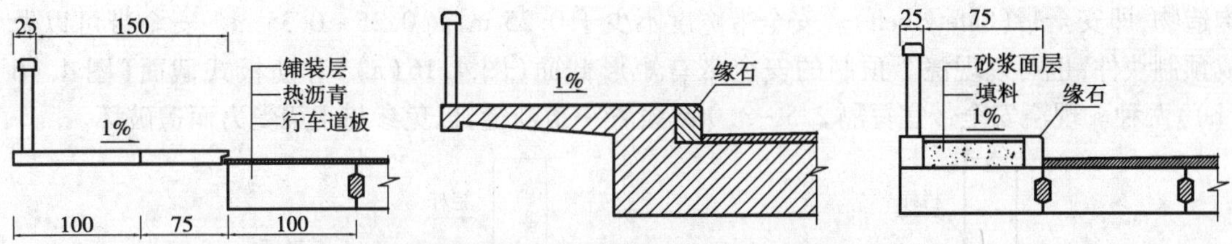

图4.13　人行道布置方式(尺寸单位:cm)

在装配式肋梁桥上,人行道板通常都做成预制块件。预制块件有整体式或块件式两种,在安装方式上也有悬臂式或搁置式两种。

图4.14所示是一种整体式预制人行道的构造形式,人行道搁置在主梁上,截面为肋板式,人行道下可放置过桥管线。图4.15所示为一种分块预制悬臂式人行道的构造形式。人行道由人行道板、人行道梁、支撑梁和路缘石组成。人行道梁搁置在行车道主梁上,一端悬臂挑出,另一端则通过预埋钢板与主梁预留锚固钢筋焊接。人行道梁有A、B两种形式,A式要安装栏杆柱,所以要做得宽一些。支撑梁用来固定人行道梁,人行道板搁置在人行道梁上。这种构造形式,预制块件小而轻,但施工较复杂。在起重条件较好的地方,采用整体分段预制,施工快而

方便。

人行道顶面一般铺设 20 mm 厚的水泥砂浆或沥青砂浆作为面层,也可镶砌彩色面砖,并做成 1% 左右的反向排水横坡。

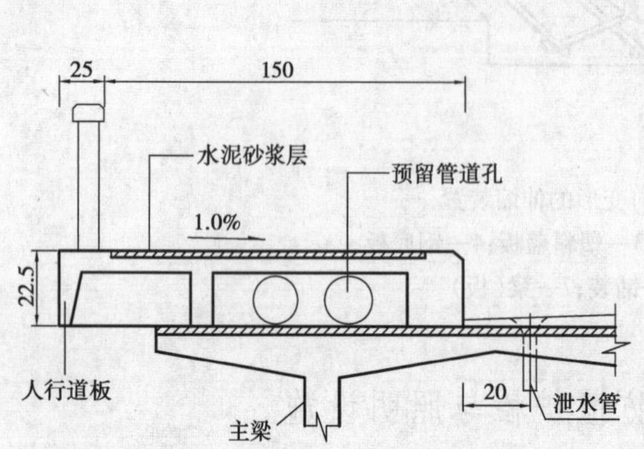

图 4.14　搁置式人行道构造 (尺寸单位:cm)

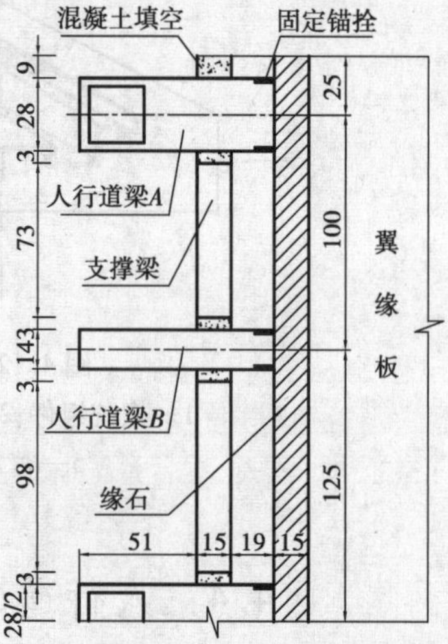

图 4.15　悬臂式人行道构造 (尺寸单位:cm)

如桥面铺装中设有贴式防水层,就需要在人行道内边缘设路缘石,以便把防水层伸过缘石底面,从人行道与缘石之间的砌缝里向上叠起。此外,路缘石还可起防止车辆冲撞人行道和支承人行道板的作用。路缘石可预制安装,也可现场浇筑。

人行道在桥面断缝处也必须设置伸缩装置。现代桥梁大多将人行道与行车道伸缩装置做成整体。

4.4.2　安全带

在行人稀少地区可不设人行道。为保障交通安全,在行车道边缘设置高出行车道的带状构造物,即安全带(Safety belt)。安全带宽度不少于 0.25 m,高 0.25 ~0.35 m。安全带可以做成预制块件,也可以现浇。预制的安全带有矩形截面(图 4.16(a))和肋板式截面(图 4.16(b))两种。现浇安全带宜每隔 2.5 ~3.0 m 设置一道断缝,以免参与主梁受力而遭破坏。

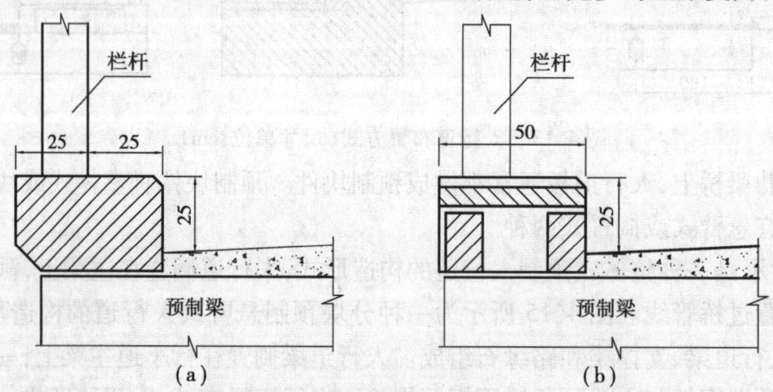

图 4.16　矩形和肋板式安全带(尺寸单位:cm)

4.4.3　栏杆、灯柱

栏杆是桥上保护行人安全的设施,要求坚固可靠,并应有一个美好的艺术造型。栏杆高度不得小于1.1 m。

栏杆常用建筑材料有混凝土、钢筋混凝土、钢、铸铁或钢与混凝土混合材料。形式上分为节间式和连续式两种。节间式栏杆由立柱、扶手及栏杆板组成,扶手支撑于立柱上,立柱安设在人行道梁上。节间式栏杆便于预制安装,能配合灯柱设计,但对于不等跨分孔的桥梁,划分困难。连续式栏杆具有连续的扶手,一般由扶手、栏杆板(柱)及底座构成,有规则的栏杆板,富有节奏感,简洁、明快,但自重较大。

栏杆设计首先应考虑结构安全可靠,选材合理,栏杆柱或栏杆底座应直接与混凝土中的预埋件焊牢,以增强抗冲能力。其次,栏杆应尽量设计成标准件,要经济实用,工序简单,互换方便。第三,栏杆的艺术处理应根据桥梁的类别而不同。公路桥梁的栏杆要求简洁明快,栏杆的材料和尺度与主体工程配合;对于城市桥梁,栏杆结构设计应具有一定的艺术造型,以使栏杆与周围环境和桥梁本身相协调。

栏杆在桥面断缝处也应断开。

在城市及城郊,行人和车辆较多的桥梁上,应设置照明设备。照明设施应做到维修方便、照明度适当、灯具美观大方,使行车安全舒适、景观悦目。灯柱的设置可以利用栏杆立柱,也可单独设在人行道内侧。照明灯一般应高出桥面5 m左右。

4.4.4　安全护栏

高速公路、一级公路上的桥梁必须设置安全护栏(Guard rail),二、三、四级公路上特大桥、大桥、中桥上可根据实际情况设置护栏或栏杆。

防撞护栏按防撞性能不同有刚性护栏、柔性护栏和组合式护栏3种。

刚性护栏是一种基本不变形的护栏结构,钢筋混凝土护栏是刚性护栏的主要形式(图4.17);柔性护栏是一种具有较大缓冲能力的韧性护栏结构,缆绳护栏是柔性护栏的主要代表形式(图4.18);组合式护栏由钢筋混凝土护栏和金属制梁柱式护栏的一种组合形式(图4.19)。由于金属材料容易锈蚀,增大养护成本,逐渐被刚性护栏所取代。

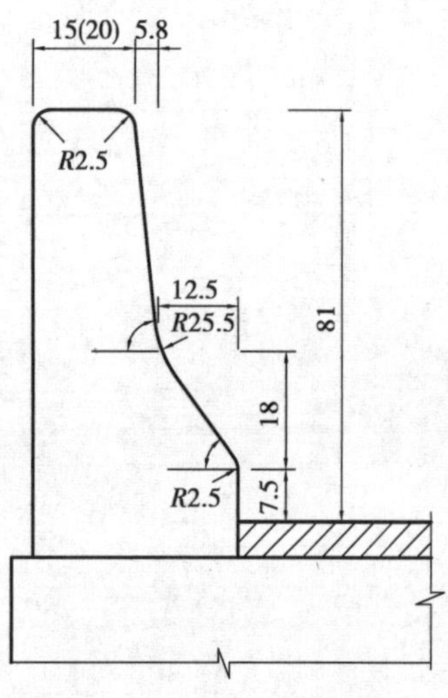

图4.17　钢筋混凝土墙式护栏
(尺寸单位:cm)

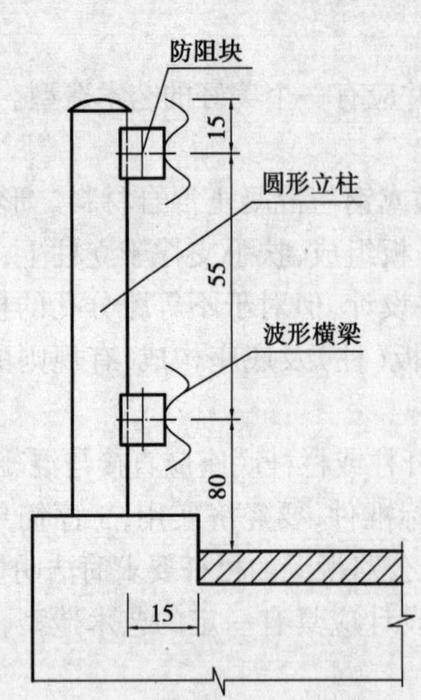

图 4.18　柔性护栏(尺寸单位:cm)

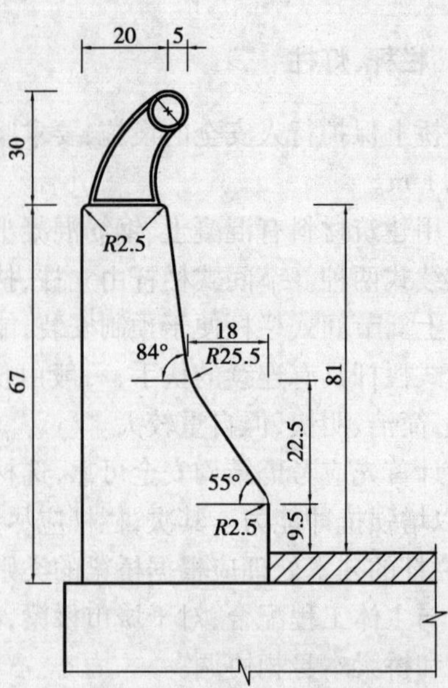

图 4.19　组合式护栏(尺寸单位:cm)

第5章 混凝土简支梁桥

简支梁桥(Simply-supported beam bridge)属静定结构,受力明确,构造简单,施工方便,地基承载力要求低,是中小跨径桥梁常用的桥型。本章主要介绍钢筋混凝土和预应力混凝土简支梁桥的构造设计和结构计算,有关施工方法在第9章介绍。由于桥梁构造和计算与施工方法密切相关,在学习时应紧密结合施工方面的内容。

5.1 简支梁桥设计与构造

5.1.1 截面形式

简支梁桥按主梁截面形式(Section type),分为板桥、肋梁桥和箱形梁桥3种。

(1)板桥

板桥(Slab bridge)的主要承重结构就是矩形截面的钢筋混凝土板或预应力混凝土板(如图5.1)。由于它建成后外形像一块薄板,故习惯上称之为板桥。板桥的主要特点是构造简单,施工方便,建筑高度小。从力学性能上分析,位于受拉区域的混凝土不但不能发挥作用,反而增大了结构自重,当跨度较大时就显得笨重而不经济,因此,简支板桥主要适用于小跨径桥梁。

图5.1(a)表示整体式板桥的横截面,这种板在车辆荷载作用下除了沿跨径方向引起弯曲应力外,板在横向也要发生挠曲变形,因此是一块双向受力的弹性薄板。为了减轻自重,可做成留有圆洞的空心板桥或将受拉区稍加挖空的矮肋式板桥(图5.1(b))。图5.1(c)所示为在小跨径桥梁上应用广泛的装配式板桥,它由几块预制的实心板条利用板间企口缝填入混凝土拼接而成。从结构受力性能上分析,在荷载作用下,它不是双向受力的整体宽板,而是一系列单向受力的窄板式梁,板与板之间借助铰缝传递剪力而共同受力。对每块窄板而言,它主要沿跨径方向承受弯曲与扭转。装配式板桥也可做成横截面被显著挖空的空心板桥(图5.1(d)),以达到减轻自重和增大跨径的目的。钢筋混凝土空心板常用跨径在13 m以内,预应力混凝土空心板跨径在25 m以内。

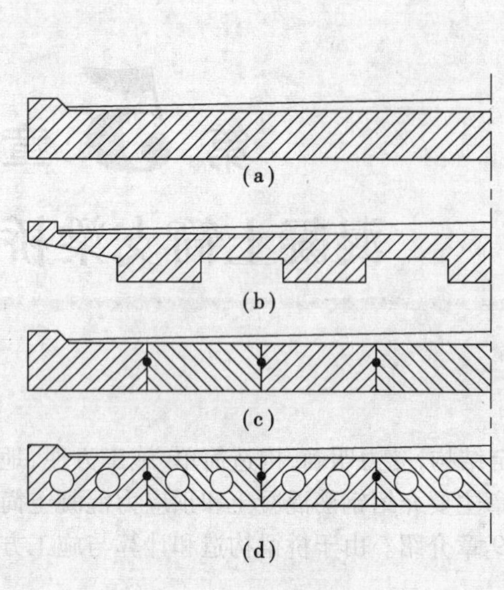

图5.1　板桥横截面

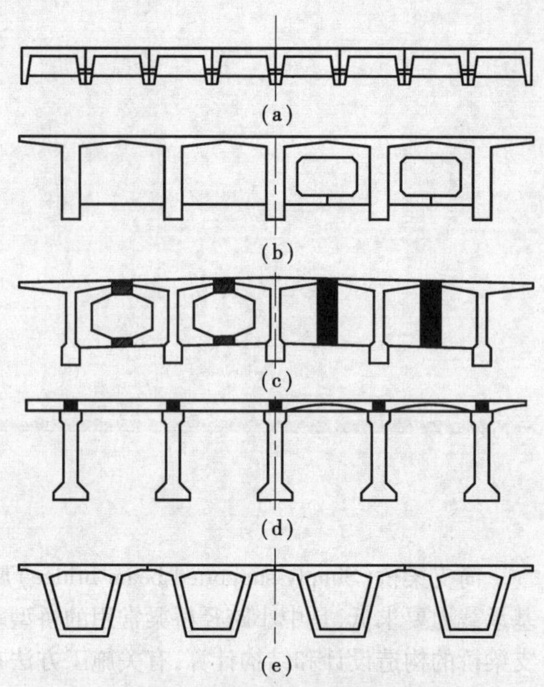

图5.2　装配肋梁式横截面基本类型

(2)肋板式梁桥

在横截面内形成肋形结构的梁桥称为肋板式梁桥,简称肋梁桥。梁肋(或称腹板)与顶部的钢筋混凝土桥面板结合在一起作为主要承重结构(如图5.2),由于肋与肋之间处于受拉区的混凝土得到很大程度的挖空,显著减轻了结构自重。对仅承受正弯矩作用的简支梁而言,不但充分扩展了混凝土桥面板的抗压能力,而且还有效地发挥了集中布置在梁肋下部受力钢筋的抗拉作用,从而使结构构造与受力性能达到理想的配合。由于混凝土抗压和钢筋受拉所形成的力臂较大,因而肋梁桥也具有更大地抵抗荷载弯矩的能力。目前中等跨径的梁桥(20~40 m),大多采用装配式肋梁桥。

图5.2所示为装配肋梁式横截面的几种基本类型。图5.2 (a)的预制主梁为∏形截面,横向为密排式多主梁截面。预制主梁之间用穿过腹板的螺栓连接,装配简易。∏形主梁的特点是截面形状稳定,横向抗弯刚度大,块件堆放、装卸都方便,不足之处在于构件自重大、横向联系差,制造复杂,目前已很少使用。

装配式T形截面是目前肋梁桥应用最多的横截面形式如图5.2(b)、(c)所示,T梁的翼板构成桥梁的行车道,又是主梁的受压翼板。在预应力混凝土梁中,受拉翼板部分做成加宽的马蹄形,以满足承受压应力和布置预应力钢筋的需要。它的特点是外形简单,制作方便,横向用横隔板连接,整体性好。

图5.2(d)为组合式肋梁横截面,主梁采用钢筋混凝土或预应力混凝土I形梁,在I形梁上搁置预制微弯板或空心板构件,以作为现浇桥面板混凝土的模板之用,它虽然能减小构造尺寸,便于运输,但将桥梁主要承重构件拦腰划分为两部分,整体性差,用钢量也比T形梁多,必须采取增强措施使其共同受力。

(3)箱形梁桥

横截面呈一个或几个封闭箱形的梁桥简称为箱形梁桥(Box girder bridge)。箱形梁桥除了梁肋(腹板)和上部翼缘板外,在底部尚有扩展的底板,因此提供了承受正、负弯矩足够的混凝土拉压区。箱形梁桥的另一重要特点,是在截面面积一定的情况下能获得较大的抗弯惯矩,而且抗扭刚度也特别大,在偏心活载作用下箱梁的受力比较均匀,因此箱形截面主要适用于较大跨径的悬臂梁桥和连续梁桥,也可用来修建全截面均参与受力的预应力混凝土简支梁桥(图5.2(e))。

箱形截面形式主要取决于桥面宽度,墩台构造形式、施工方法也会影响截面形式的选择。图5.3 (a) ~ (c)所示为单箱单室、单箱双室和双箱单室的整体式箱形梁桥的横截面。

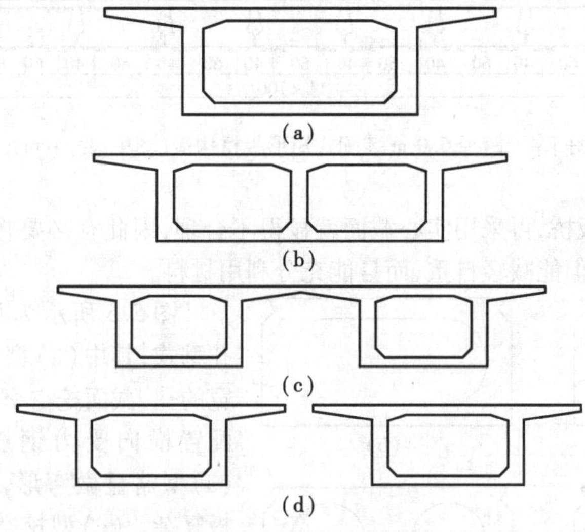

图5.3　箱形梁桥横截面

当桥面宽度超过18 m时,高速公路桥梁上须设置中央分隔带,此时采用分离式箱形截面图5.3(d),更有利于分期施工,减小了活载偏心,箱的高宽比也不致悬殊过大,使箱的受力更为有利。

5.1.2　板桥构造与设计

(1)整体式板桥的构造

整体式板桥的横截面常设计成等厚度的矩形截面,有时为了减轻自重也可将受拉区稍加挖空做成矮肋式板桥(图5.1(b))。修建在城市内的宽桥,为了防止因温度变化和混凝土收缩引起的纵向裂缝,以及活载在板上缘产生过大的横向负弯矩,也可以将板沿桥中线断开分为并列的两桥。为了缩短墩台的长度,也有将人行道做成悬臂形式从板的两侧挑出。

整体式板桥的跨径通常与板宽相差不大,在车辆荷载作用下实际处于双向受力状态。因此,除了配置纵向受力钢筋以外,还要在板内设置垂直于主钢筋的横向分布钢筋,一般在单位长度上不得少于单位板宽上主钢筋面积的15%,间距应不大于25 cm。考虑到车辆荷载在偏近板边行驶时,参与受力的板宽要比中间的为少,除在板中间的2/3范围内按计算需要量进行配筋外,在两侧各1/6的范围内应比中间的增加15%。整体式板的主拉应力较小,按计算可以不设弯起的斜钢筋,但习惯上仍然将一部分主钢筋按30°或45°的角度,在跨径1/6 ~ 1/4处弯起。

(2)装配式板桥的构造

1)实心板桥

这种板桥跨径不大,通常在 8 m 以内。图 5.4 所示为公路-Ⅱ级,桥面净宽 10.25 m 的钢筋混凝土实心板桥,由 9 块宽度为 99 cm 的中板和 2 块宽度为 125 cm 的边板组成。

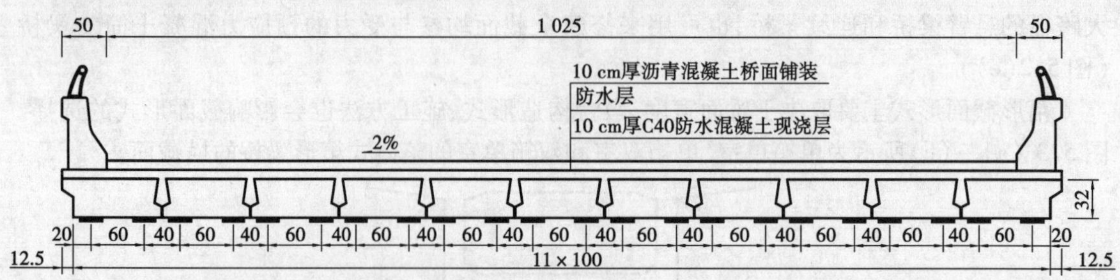

图 5.4　跨径 6.0 m 装配式矩形板桥构造(图中尺寸:cm)

2)空心板桥

跨度较大的矩形板桥,再采用实心截面就显得不合理,因此有必要将截面中部挖空,做成空心板(Void slab),不但能减轻自重,而且能充分利用材料。

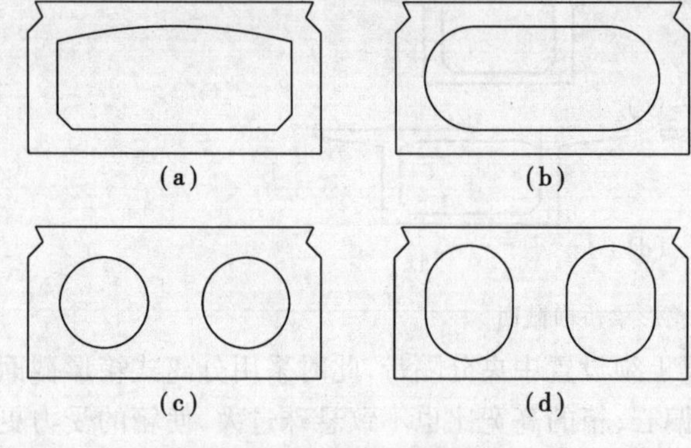

图 5.5　空心板桥截面形式

图 5.5 所示为几种常用空心板的开孔型式,其中(a)型和(b)型开成单个较宽的孔,截面挖空率大,重量轻,但顶板需配置横向受力钢筋以承担车轮荷载。(a)型略显微弯形,可以节省材料,但模板复杂。(c)型挖空成两个圆孔,用无缝钢管作芯模,施工较方便,但挖空率较小,自重较大。(d)型的芯模由两个半圆和两块侧模板组成,当板的厚度改变时,只需更换两块侧模板。不论采用何种开孔型式,空心板的顶板和底板厚度都不得小于 8 cm。为了保证抗剪强度,应在截面内按计算需要配置弯起钢筋和箍筋。

5.1.3　肋梁桥构造与设计

(1)装配式钢筋混凝土简支梁桥

国内外所建造的装配式钢筋混凝土简支梁桥,以 T 形梁桥最为普遍。我国制定了标准跨径为 10 m、13 m 和 16 m 三种公路桥梁标准设计。

图 5.6 所示为典型的装配式 T 形梁桥上部构造概貌,它由几片 T 形截面的主梁并列在一起装配连接而成。T 形梁的顶部翼板构成行车道板,与主梁梁肋垂直相连的横隔梁以及 T 梁翼板的边缘,均设焊接钢板连接构造将各主梁联成整体,这样就能使作用在行车道板上的局部荷载分布给各片主梁共同承受。

1)主梁布置

对于设计给定的桥面宽度(包括行车道和人行道宽度),主要问题是如何选定主梁的间距

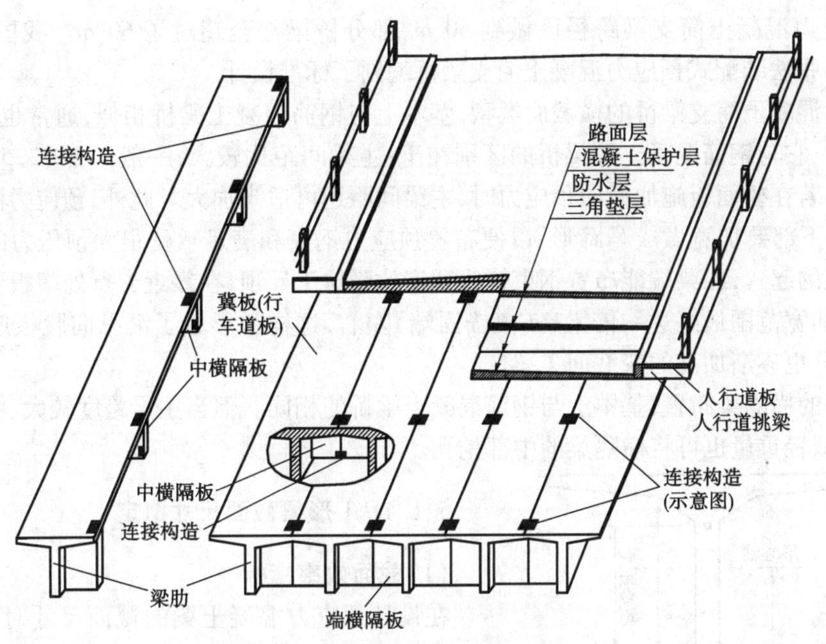

图5.6　装配式T形简支梁桥概貌

(或片数),这涉及材料用量、吊装重量和翼板的刚度等因素。通常,对于跨径较大的桥梁,如果建筑高度不受限制,适当加大主梁间距(减少主梁片数),则钢筋混凝土的用量会少些。但此时桥面板的跨径增大,悬臂翼缘板端部较大的挠度对引起桥面接缝处纵向裂缝的可能性也大些。同时,构件重量的增大也使运输和架设工作趋于复杂。

钢筋混凝土T梁的主梁间距一般在1.5~2.2 m。我国在编制装配式T形梁桥标准设计时,曾选用10 m和20 m两种跨径,按净-7+2×1.0 m的桥面净空,对翼板宽度为1.6 m的五梁式以及翼板宽度为2.0 m的四梁式进行了分析比较。结果表明,在梁高相同的情况下,两者在材料用量方面相差不大。鉴于五梁式的翼板刚度较大和当时的施工设备条件,并考虑到标准设计尺寸模数化的要求,最后统一采用了主梁间距为1.60 m的五梁式设计。

2)横隔梁布置

横隔梁在装配式T形梁桥中起着保证各根主梁相互连结成整体的作用,横隔梁刚度愈大,桥梁的整体性愈好,在荷载作用下各主梁就能更好地共同工作。但横隔梁使主梁模板工作复杂。

我国在20世纪60年代中后期,曾尝试建过一些无横隔梁的T形梁桥。实践表明,这种梁桥较易出现翼板接缝处的纵向裂缝,而且主梁梁肋的裂缝也比有横隔梁的T梁为多,桥梁振动明显。通过调查分析,比较一致地认为:T形梁端横隔梁是必须设置的,它不但有利于制造、运输和安装阶段构件的稳定性,而且能显著加强全桥的整体性;有中横隔梁的梁桥,荷载横向分布比较均匀,且可以减轻翼板接缝处的纵向开裂现象。故当T梁的跨径稍大时(一般在13 m以上时),宜根据跨度、荷载、行车道板构造等情况,沿跨径方向增设1~5道横隔梁。

(2)装配式预应力混凝土简支梁桥

当跨径超过20 m左右时,装配式钢筋混凝土简支梁桥不但钢材耗量大,而且混凝土开裂现象也比较严重,影响结构的耐久性。因此,当跨径大于20 m时,应采用预应力混凝土结构。

公路上预应力混凝土简支梁跨径已做到 50 m,部分桥梁甚至超过了 60 m。我国已为 20 ~ 50 m跨径后张法装配式预应力混凝土简支梁桥编制了标准设计。

预应力混凝土简支梁桥的横截面类型,基本上与钢筋混凝土梁桥相似,通常也做成 T 形、Π形、I 形。它与钢筋混凝土 T 梁桥的区别在于:主梁间距比较大,一般 1.8 ~2.5 m,以节省材料用量。若在桥面板施加横向预应力时,主梁间距还可适当加大。此外,预应力混凝土简支 T 梁的梁肋下部要加宽做成马蹄形,以便布置预应力钢束和满足承受很大预压力的需要。为了配合钢束的起弯,在梁端能布置钢束锚头和安放张拉千斤顶,在靠近支点处腹板要加厚至与马蹄同宽,加宽范围最好达一倍梁高(离锚固端)左右,这样就形成了沿纵向腹板厚度发生变化、马蹄部分也逐渐加高的变截面 T 梁。

沿纵向的横隔梁布置,基本上与钢筋混凝土梁桥的相同。但当主梁跨度较大、梁较高的情况下,为了减轻重量也可将横隔梁的中部挖孔。

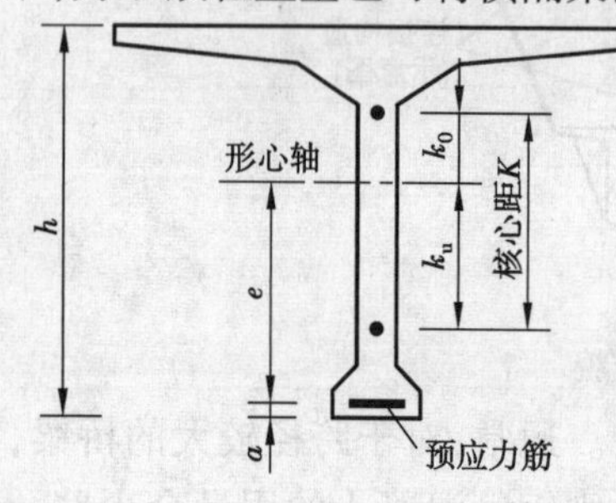

图 5.7 截面特征

5.1.4 T 形梁截面尺寸拟定

(1)截面效率指标

在设计预应力混凝土梁的截面尺寸时,为了设计出受力合理的截面,应考虑截面效率指标。下面按简支梁在预加力阶段和运营阶段上、下缘拉应力为零的前提条件,分析其截面的受力特点。

图 5.7 为任意截面的截面特征,截面高度为 h,上、下核心距为 k_0、k_u,预应力筋的偏心距为 e。

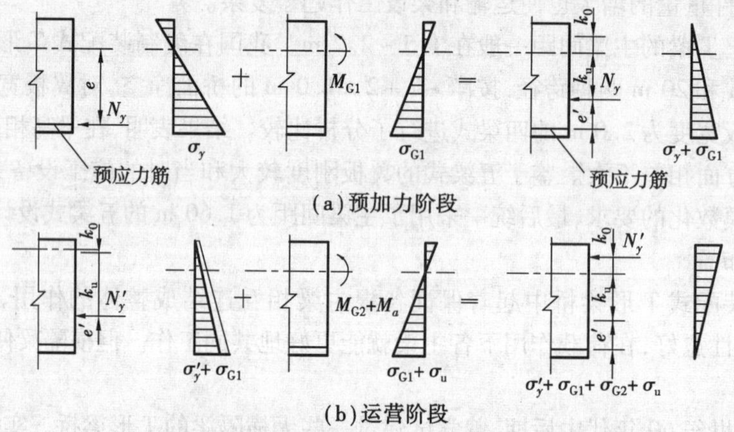

图 5.8 预应力混凝土简支梁的应力状态

在预加力阶段,当施加偏心预加力 N_y 时,随着梁的上弯,梁内逐渐加入自重弯矩。从应力图来分析,意味着合力 N_y 逐渐上移(图 5.8(a)),在预应力和自重弯矩 M_{G1} 的共同作用下,合力 N_y 移动了距离 e'而达到截面的上核心,截面上缘就达到零应力状态。

在运营阶段,如果计及预应力损失 ΔN_y 后截面内合力为 $N_y' = N_y - \Delta N_y$,则在后期结构自重(桥面铺装、人行道、栏杆)弯矩 M_{G2} 和活载弯矩 M_a 作用下,合力 N_y' 将从下核心移至上核心,即移动了 $K = k_u + k_0$ 的距离,此时截面下缘的应力刚好为零(图 5.8(b))。

上述两个受力阶段的内力平衡可写为:

$$N_y e' = M_{G1} \tag{5.1}$$

$$(N_y - \Delta N_y)(k_u + k_0) = M_{G2} + M_a \tag{5.2}$$

从式(5.1)可以看出，偏心距 e' 实际上起了抵消主梁自重的作用，增大 e'，相应可减小 N_y，从而节约预应力筋的数量。因此，在截面设计中应使截面的形心要高，这样才能加大偏心距 e'。这就是为什么当跨度较大、自重较大时一般应增大梁距采用较宽翼缘的原因。

从式(5.2)看出，截面核心距的大小体现了运营阶段承受荷载的能力，而且核心距 K 愈大，预应力筋就愈节省。

对于部分预应力混凝土梁的设计，只要将上、下缘控制应力换成容许拉应力或名义拉应力，用相应的截面上、下核心距取代核心距来分析，情况也相同。

由此，截面效率指标可定义为：

$$\rho = \frac{K}{h} \tag{5.3}$$

表 5.1 列出了一些常用截面的 ρ 值。ρ 值较大的截面较为经济，通常希望 ρ 值在 0.45 ~ 0.50 以上。在具体设计时，还要考虑 $\frac{g_1}{(g_2+p)}$ 的荷载比例和梁高是否受到限制，如对于自重 g_1 相对较大的梁，宜采用 T 形或带马蹄的 T 形截面，而当后期自重和活载 g_2+p 比较大、甚至梁高又受到限制时，应采用下翼缘设宽肢的工形或箱形截面。

表 5.1　截面效率指标

截 面 形 状	效率指标 ρ
矩形截面	0.33
空心板（正方形截面开一个中央圆孔） 圆孔直径 $d=0.6h$ 圆孔直径 $d=0.8h$	 0.44 0.55
对称的工字形和箱形截面	0.50 ~ 0.60
普通 T 形截面	0.40 ~ 0.45

(2)主梁梁肋尺寸

主梁高度与梁肋间距、荷载大小、建筑高度、运输条件等有关。经济性分析表明，钢筋混凝土简支 T 梁梁高与跨径之比（俗称高跨比）的经济范围为 1/16 ~ 1/11，预应力混凝土简支 T 梁的高跨比大约为 1/18 ~ 1/16，跨径大者取用偏小的比值。对于建筑高度受到严格限制的情况，主梁高度需适当减小，但同时要增多钢筋用量，必要时还须增加主梁的片数。

主梁梁肋宽度，应从抗剪强度、梁肋的屈曲稳定、预应力筋布置和不致使振捣混凝土发生困难等方面考虑。钢筋混凝土简支 T 梁常用的梁肋宽度为 15 ~ 18 cm，具体要根据梁内主筋直径和钢筋骨架的片数而定；预应力混凝土 T 梁，因混凝土所受预压应力和预应力筋弯起能起到抵消部分荷载剪力的作用，梁肋中的主拉应力较小，其宽度一般由构造和施工要求决定，但宽度不应小于 14 cm，常用在 20 ~ 30 cm。

(3)横隔梁尺寸

跨中横隔梁的高度应保证具有足够的抗弯刚度，通常可做成主梁高度的 3/4 左右。梁肋下部呈马蹄形加宽时,横隔梁延伸至马蹄的加宽处。

为便于安装和检查支座,端横隔梁底部与主梁底缘之间宜留有一定的空隙,但从梁体在运输和安装阶段的稳定要求来看,端横隔梁又宜做成与主梁同高,如何取舍,可视具体施工情况来定。

横隔梁的肋宽通常采用12~16 cm,且宜做成上宽下窄和内宽外窄的楔形,以便脱模。

(4)主梁翼板尺寸

装配式T梁翼板的宽度视主梁间距而定,钢筋混凝土T梁预制时,翼板的宽度应比主梁中距小2 cm,以便在安装过程中易于调整T梁的位置和制作上的误差;预应力混凝土T梁因部分翼缘板采用现浇方式,故可按设计尺寸预制。

翼板厚度应满足强度和构造最小尺寸的要求。根据受力特点,翼板通常都做成变厚度,即端部较薄,向根部逐渐加厚。为了保证翼板与梁肋连结的整体性,翼板与梁肋衔接处的厚度应不小于主梁高度的1/10,当该处设有承托时,翼缘厚度可计入承托加厚部分厚度,当承托底坡$\tan\alpha$大于1/3时,取1/3。翼板端部厚度不应小于10 cm,当预制T梁之间采用横向整体现浇连接时,其悬臂端厚度不应小于14 cm。

(5)下翼缘尺寸

钢筋混凝土简支T梁,一般下翼缘与肋板等宽。预应力混凝土T梁的下缘,为了满足布置预应力束筋及承受张拉阶段压应力的要求,应扩大做成马蹄形。马蹄的尺寸大小必须满足预加力阶段的强度要求。马蹄形面积不宜过小,否则容易在施工中和使用阶段形成水平纵向裂缝,特别是在马蹄斜坡部分。马蹄形面积一般应占截面总面积的10%~20%,马蹄总宽度为肋宽的2~4倍,并注意马蹄部分(特别是斜坡区)管道保护层不宜小于60 mm;下翼缘高度加1/2斜坡区高度为梁高的0.15~0.20倍,斜坡宜陡于45°。当然,下翼缘也不宜过大、过高,过大的下马蹄,会降低截面形心,减小预应力筋的偏心距。

5.1.5 钢筋布置

(1)一般构造

对钢筋混凝土梁而言,梁内钢筋大致分为两大类:

1)受力钢筋。指沿梁轴线方向布置的承受弯曲拉应力的主筋,以及承受腹板内主拉应力的斜筋和箍筋。受力钢筋需通过计算确定。

2)构造钢筋。根据构造要求布置的钢筋,包括为形成钢筋骨架和固定主要钢筋位置的架立筋,以及为防止出现混凝土收缩裂缝而设置在梁肋内的分布钢筋。

(2)钢筋混凝土简支梁桥钢筋布置

1)装配式板桥

图5.9所示为装配式板桥中板的钢筋构造,*N*1为受力钢筋,*N*2为架立钢筋,*N*3、*N*4为箍筋,*N*5、*N*6为铰缝连接钢筋。板内钢筋均为直线钢筋,配有箍筋保证抗剪强度。

2)装配式T形梁桥

下面介绍一种标准跨径为20 m的装配式T形梁的钢筋构造实例(图5.10),T梁设计荷载为原设计规范的汽车-15,挂车-80,梁的全长为19.96 m,全桥设置5道横隔梁,支座中心至主梁梁端的距离为0.23 m。

每根梁内总共配置了8根ϕ32 mm和2根ϕ16 mm的纵向Ⅱ级受力钢筋,编号分别为*N*1、

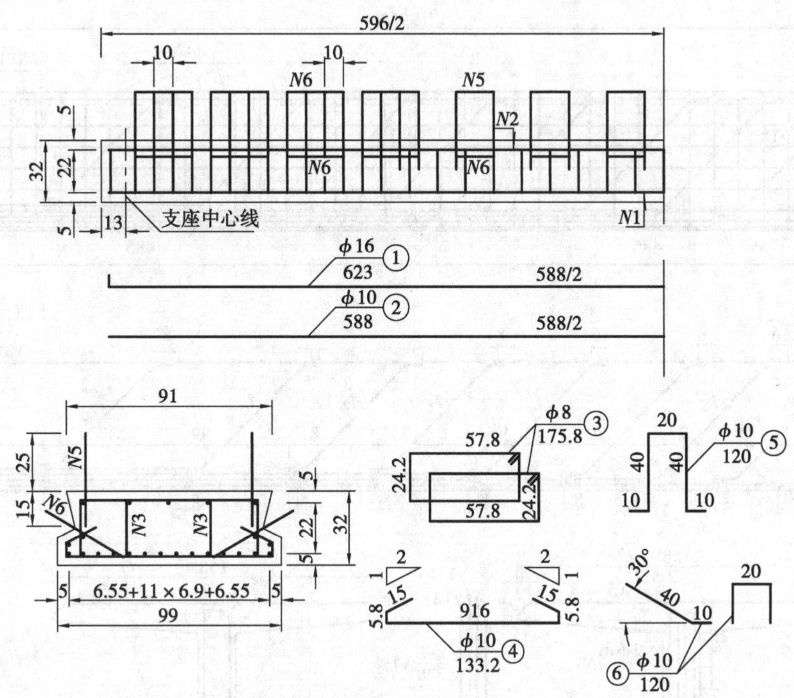

图5.9　6 m跨装配式矩形板桥钢筋构造(尺寸单位:cm)

N2、N3、N4和N6,其中最下一层的2根N1(占主筋截面的20%以上)通过梁端支承中心,其余8根则沿跨长按梁的弯矩图形在一定位置弯起。

设于梁顶部的N5为2根直径ϕ32 mm的架立钢筋,它在梁端向下弯拆并与伸出支承中心的主筋N1相焊接。

箍筋N14和N15采用普通光面圆钢筋,直径为ϕ8 mm,间距为24 cm,由于靠近支点处剪力较大和支座钢板锚筋的影响,故采用了下缺口的四肢式箍筋(截面Ⅱ—Ⅱ),在跨中部分则用双肢箍筋(见截面Ⅰ—Ⅰ),N12为ϕ8的防裂分布钢筋,由于梁在靠近下缘部分拉应力较大故布置较密,向上则布置得较稀。附加斜筋N7、N8、N9、N10和N11采用ϕ16钢筋,它们是根据梁内抗剪要求布置的。

每片平面钢筋骨架的重量为0.58 kN,一片主梁的焊缝(焊缝厚度$\delta=4$ mm)总长度为28.2 m。主梁用C30混凝土浇筑,每根中间主梁的安装重量为21.6 kN。

(3)预应力混凝土简支梁桥配筋布置

1)装配式预应力混凝土梁的配筋特点

预应力混凝土梁内的配筋,除纵向预应力筋外,其余钢筋与钢筋混凝土T形梁内布置的钢筋基本相同。下面主要介绍预应力钢筋的构造特点。

①纵向预应力筋布置

预应力混凝土简支梁所采用的预应力主筋布置图式如图5.11所示。所有图式的共同特点是:主筋在跨中均靠近梁的下缘布置,通过对混凝土施加的压力来抵消荷载引起的拉应力。

全部主筋直线形布置(图5.11(a)),构造最简单,它仅适合于先张法施工的小跨度梁,缺点是支点附近的张拉负弯矩无法得到平衡,会在梁顶出现过高的拉应力引起梁顶开裂。为了减小梁端附近的负弯矩并节省钢材,将主筋在梁的中间截面处截断(图5.11(b)),此时,应将

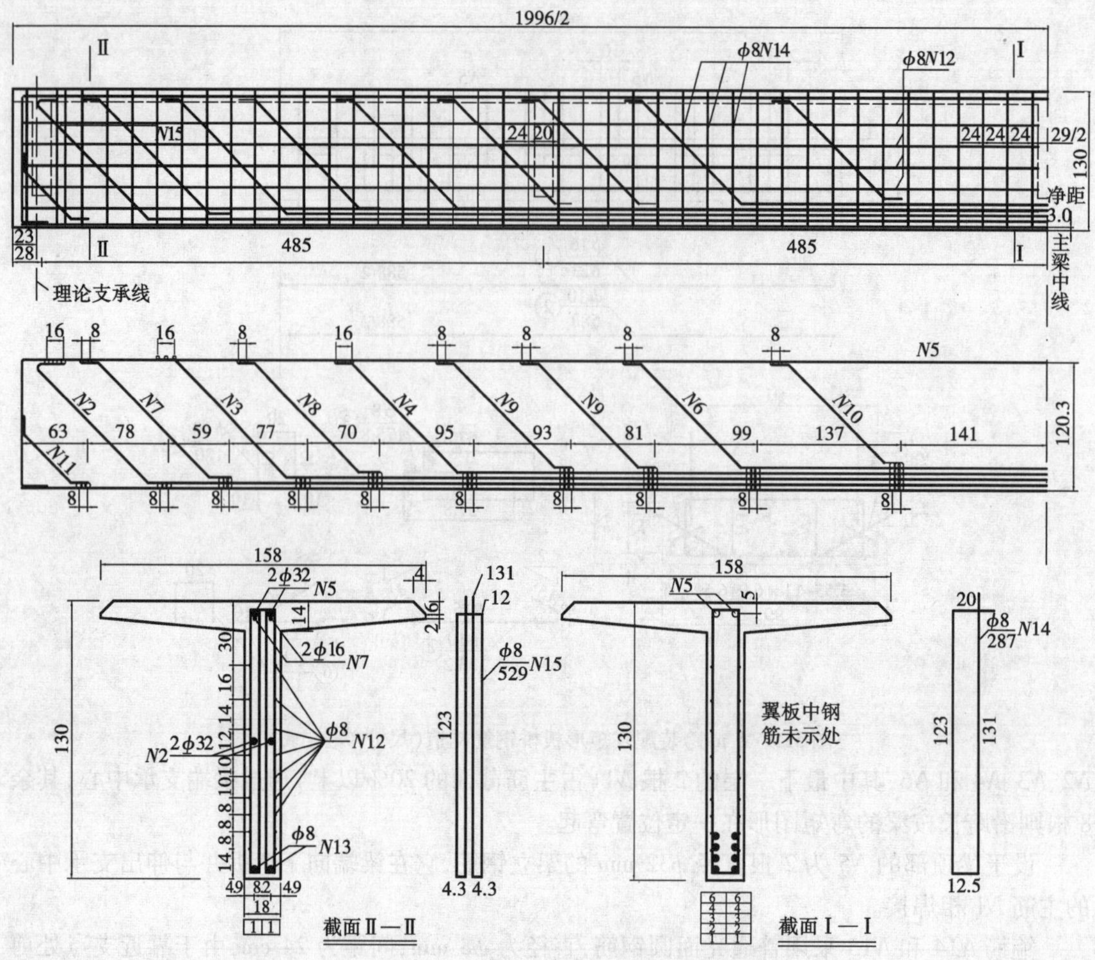

图 5.10　墩中距为 20 m 的装配式 T 梁配筋图(尺寸单位:cm)

预应力筋在横隔梁处平缓地弯出梁体,以便进行张拉和锚固。这种布置的主要优点是主筋最省、张拉摩阻力也小,但预应力筋没有充分发挥抗剪作用,且梁体在锚固处的受力和构造也较复杂。

目前预应力混凝土简支梁桥上采用最广的布筋方式是图 5.11 中(c)和(d)两种。当预应力筋数量不太多,能全部在梁端锚固时,为使张拉工序简便,通常都将预应力筋全部弯至梁端锚固(图 5.11(c))。这种布置的预应力筋弯起角 α 不大(一般在 20°以下),对减小摩阻损失有利。然而,当钢束根数较多,或者预应力混凝土梁的梁高受到限制,以致不能全部在梁端锚固时,就必须将一部分预应力筋弯出梁顶(图 5.11(d))。这样的布置方式使张拉作业的操作稍趋繁复,且预应力筋的弯起角 α 较大(25°~30°),增大了摩阻引起的预应力损失,但能缩短预应力筋长度,节约钢材,对于提高梁的抗剪能力也更有利。

近年来,高速公路上广泛应用先简支后连续和先简支后刚构的 T 形梁桥。体系转换前,T 梁为简支结构,承受正弯矩,预应力筋仍采用图 5.11(c)的布置形式,体系转换后,为抵抗支点梁顶部位的负弯矩,需要在梁顶布置纵向水平预应力筋,如图 5.11(e)所示。

下面,用索界图和减余剪力图来说明后张法预应力混凝土简支梁中预应力筋需要向梁段弯起的原理。

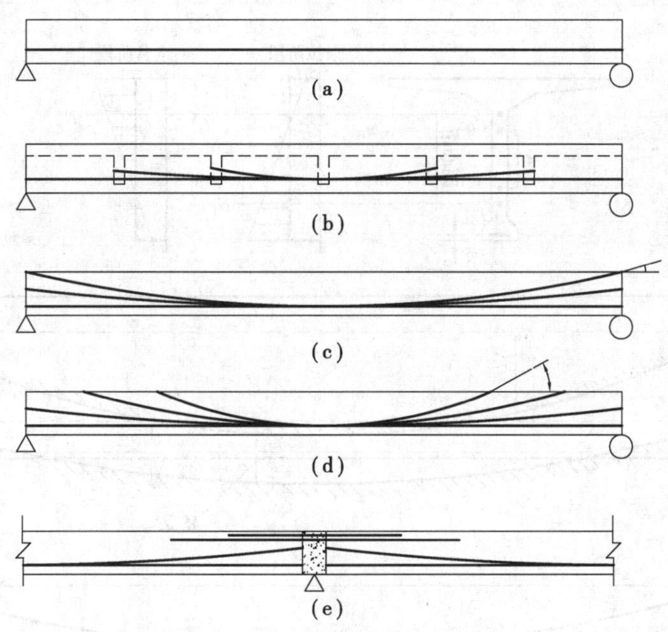

图5.11　简支梁纵向预应力筋布置图式

a. 索界图

以张拉和运营阶段梁的上、下缘允许出现不大于规定拉应力值的部分预应力截面为例。由规定的拉应力值就可确定截面的特征点——限心点 C_o 和 C_u，显然限心距 $\overline{C_oC_u}$ 将大于核心距 K(图5.12)。按照"截面效率指标"相同的分析方法可知，从下限心点 C_u 向下量取 $\frac{M_{G1}}{N_y}$ 所得的曲线为索界上限(图5.12)。这样，只要所布置的预应力筋重心位于此界线以内，就能保证梁任何截面在各个受力阶段上、下缘应力都不超过规定值。同理，也可绘制出两个受力阶段受压区不超过容许值的相应索界线。显然，在实际布置时还要满足规定的混凝土保护层的要求。

从图5.12中可见，由于简支梁弯矩向梁端逐渐减小，故索界的上下限也要逐渐上移，至支点处弯矩为零时，索界就是 C_o 和 C_u 点，这就是必须将大部分预应力筋向梁端逐渐弯起的重要原因之一。

b. 减余剪力图

在任意截面内，当预应力筋的预加力 N_y 具有倾角 α(图5.13)时，对于混凝土截面必然产生与荷载剪力相反的竖向分力(预剪力) $V_y = N_y \sin\alpha$，它随 α 角的增大而增大，起弯的力筋愈多，朝着支点方向所累积的 V_y 值也愈大。图5.13示出简支梁结构自重剪力 V_G、自重与活载剪力 V_{G+a}、一部分预应力筋弯出梁顶时的预剪力 V_y 以及减余剪力 $V_G + V_y$ 和 $V_{G+a} + V_y$ 的图形。由此可见，弯起的预应力筋显著抵消了梁内的荷载剪力，这样就大大减小了预应力混凝土梁内的剪应力，并进一步降低了腹板所承受的主拉应力，这也是要将预应力筋弯起的另一个重要原因。

在桥梁设计中，鉴于梁在跨中区段弯矩变化平缓以及荷载剪力也不大，故通常在三分点至四分点之间开始将预应力筋弯起。当然，预应力筋弯起后，截面依然必须满足破坏阶段的强度要求。

预应力筋在跨中横截面内的布置，应在保证梁底保护层和位于索界内的前提下，尽量使力

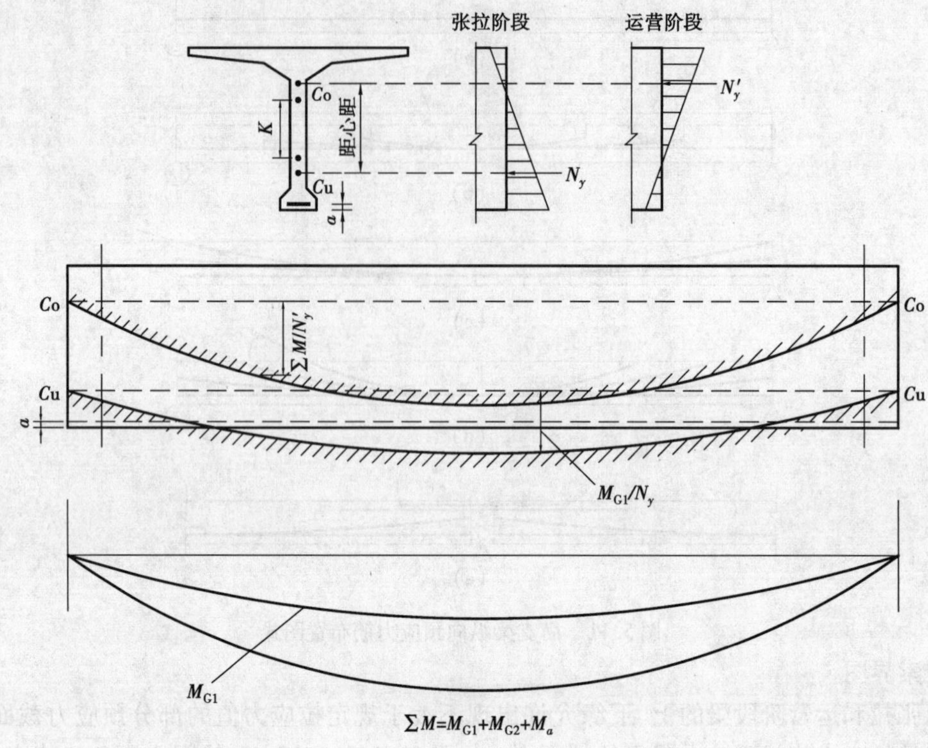

图 5.12　索界图

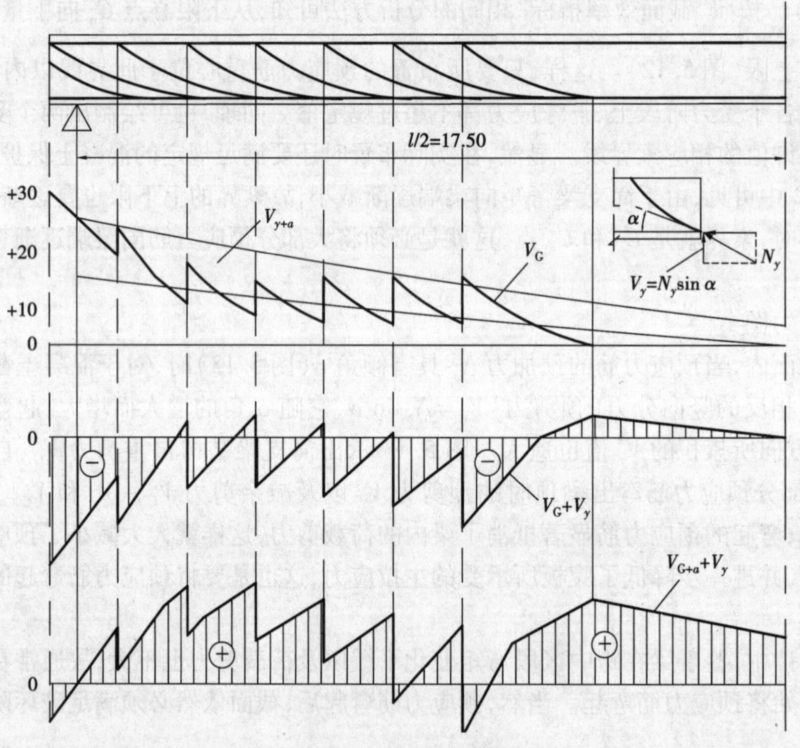

图 5.13　减余剪力图

筋重心靠下，以增大预加力的偏心距，节省预应力筋用量。同时应使预应力筋在满足构造要求的同时，尽量相互靠拢，以减小下马蹄的尺寸。此外，还应将适当数量的预应力筋布置在腹板中线处，以便于起弯。

②纵向预应力筋的锚固

预应力筋的锚固分两种情形：在先张法梁中，预应力筋主要靠混凝土的握裹力锚固在梁体内；在后张法梁中则通过各类锚具锚固在梁端或梁顶。

a. 先张法的锚固

当拉紧的钢丝被切断时，外端钢丝恢复至原来直径而发生回缩，钢丝内应力就通过与混凝土之间的摩阻和粘结作用逐渐传递至混凝土。为了使预应力筋可靠地锚固，最好将构件的端截面加宽，加宽部分的长度不小于纵向预应力筋直径的20倍，而且在锚固区内要配置足够的包围纵向预应力筋的封闭式箍筋或螺旋箍筋。

b. 后张法的锚固

在后张法锚固构造中，锚具底部对混凝土作用着很大的压力，而直接承压的面积不大，应力非常集中。在锚具附近不仅有很大的压应力，还有很大的拉应力。因此，为防止锚具附近混凝土裂缝，必须配置足够的钢筋予以加强。

总的说来，锚具在梁端的布置应遵循“分散”、“均匀”的原则，尽量减小局部应力。集中、过大的锚具不如分散、小型的有利。此外，锚具应在梁端对称于竖轴布置，锚具之间应留有足够的净距，要能安装张拉设备，方便施工作业。

③其他钢筋的布置

预应力混凝土梁与钢筋混凝土梁一样，要按规定的构造要求布置箍筋、架立筋和纵向水平分布钢筋等。由于预应力混凝上梁肋承受的主拉应力较小，一般不设斜筋。

此外，对于预应力筋比较集中的下翼缘（下马蹄）内必须设置闭合式或螺旋形的加强箍筋，其间距不大于15 cm。预应力管道间的最小净距主要由灌注混凝土的要求所确定，在有良好振捣工艺时，最小净距不小于4 cm。

2）预应力混凝土板桥

图5.14所示为跨径20 m的后张法预应力混凝土空心板桥，荷载等级为公路-Ⅰ级，采用大挖孔的截面形式，每块板布置4束20根$\phi^s 15.24$高强度低松弛钢绞线。

3）预应力混凝土简支T梁桥

图5.15为标准跨径30 m的装配式预应力混凝土简支梁设计构造。梁全长29.96 m，计算跨径28.90 m。设计荷载为公路-Ⅰ级，梁肋中心距2.4 m。

主梁采用C50混凝土带马蹄的T形截面，梁高2.0 m，高跨比1/15。梁肋厚20 cm，在梁端部分（约等于梁高的长度内）加宽至马蹄全宽50 cm，利于预应力筋的锚固。

T梁采用3束低松弛高强度预应力钢绞线，抗拉标准强度$f_{pk}=1\ 860$ MPa，张拉控制应力$\sigma_{con}=0.75f_{pk}=1\ 395$ MPa。为防止预应力张拉时主梁侧弯，张拉顺序为100% $N1\rightarrow$50% $N2\rightarrow$100% $N3\rightarrow$100% $N2$。

锚具由45号优质钢锻制的锚圈与经淬火及回火处理后硬度不小于HRC55～58的锥形锚塞所组成，锚圈的外径为$\phi 110\pm1$ mm，高度为53 ± 0.5 mm，用双作用（或三作用）千斤顶进行张拉。

梁中普通钢筋的布置基本与钢筋混凝土梁相类似，不同的是梁内未设置斜筋，梁肋内配置

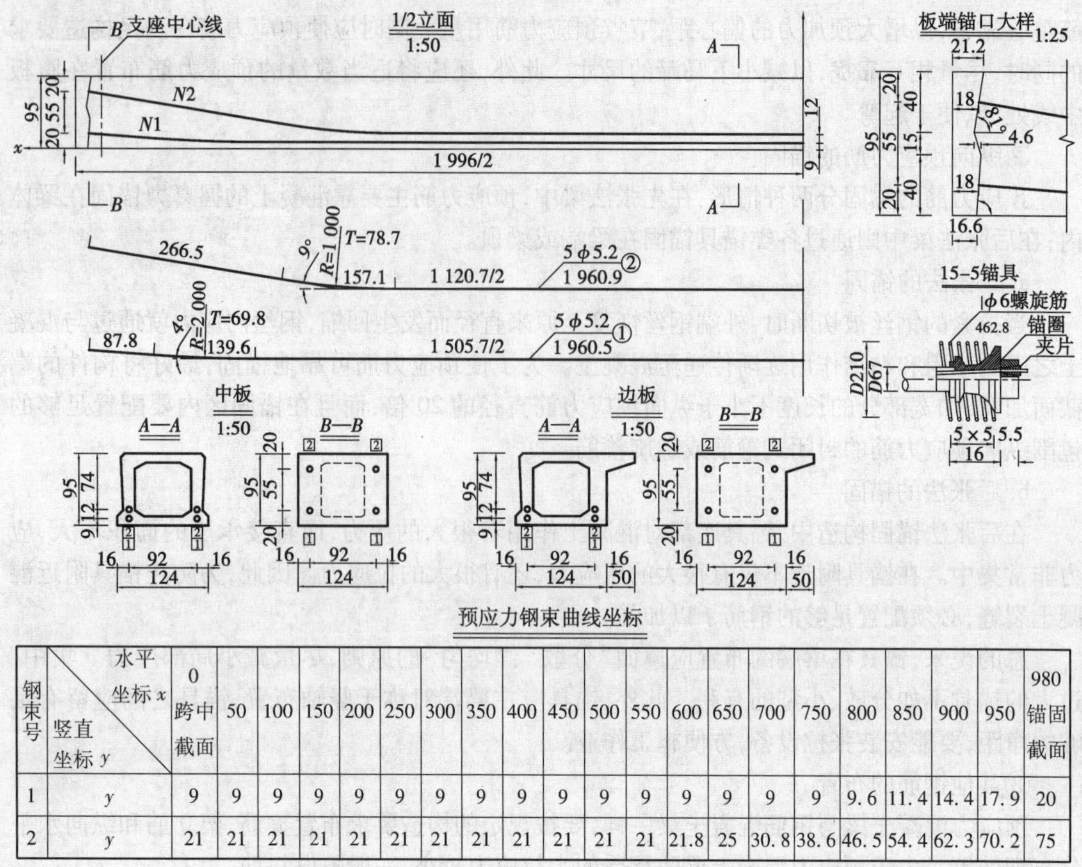

预应力钢束曲线坐标

钢束号	水平坐标 x / 竖直坐标 y	0 跨中截面	50	100	150	200	250	300	350	400	450	500	550	600	650	700	750	800	850	900	950	980 锚固截面
1	y	9	9	9	9	9	9	9	9	9	9	9	9	9	9	9	9	9.6	11.4	14.4	17.9	20
2	y	21	21	21	21	21	21	21	21	21	21	21	21	21.8	25	30.8	38.6	46.5	54.4	62.3	70.2	75

图 5.14　预应力混凝土板

网格尺寸为 20×20 cm 的 ϕ8 钢筋网作为抗剪和纵向收缩钢筋之用。在梁端加宽部分(约等于梁高的长度内)的钢筋网加密,以加强锚固区。

5.1.6　装配式桥梁的横向连接

(1)装配式板桥的横向连接

为使装配式板形成整体,共同承受车辆荷载,必须设置强度足够的横向连接。装配式板常用的连接方法有企口混凝土铰连接和钢板焊接连接两种。

1)企口混凝土铰连接

企口混凝土铰的型式有圆形、菱形和漏斗形 3 种(图 5.16)。铰缝的构造处理有两种:①装配板梁安装就位后,用与板梁同等混凝土强度等级的细集料混凝土填入铰内,捣实后即形成混凝土铰,如图 5.16(a)、(b)所示;②在铰缝内设置钢筋骨架,与预制板内伸出的钢筋绑扎在一起,再浇筑混凝土形成企口铰,如图 5.16(c)、(d)所示。实践证明,一般混凝土铰已能保证传递横向剪力,使各块板共同参与受力。

为了保证铰缝内混凝土能用插入式振捣器振捣密实,铰缝的上口宽度不能太小,一般在 8~10 cm,铰槽深度约为预制板高的 2/3。

2)钢板连接

由于企口混凝土铰需要现场浇筑混凝土,且混凝土达到设计强度后才能通车。为了加快

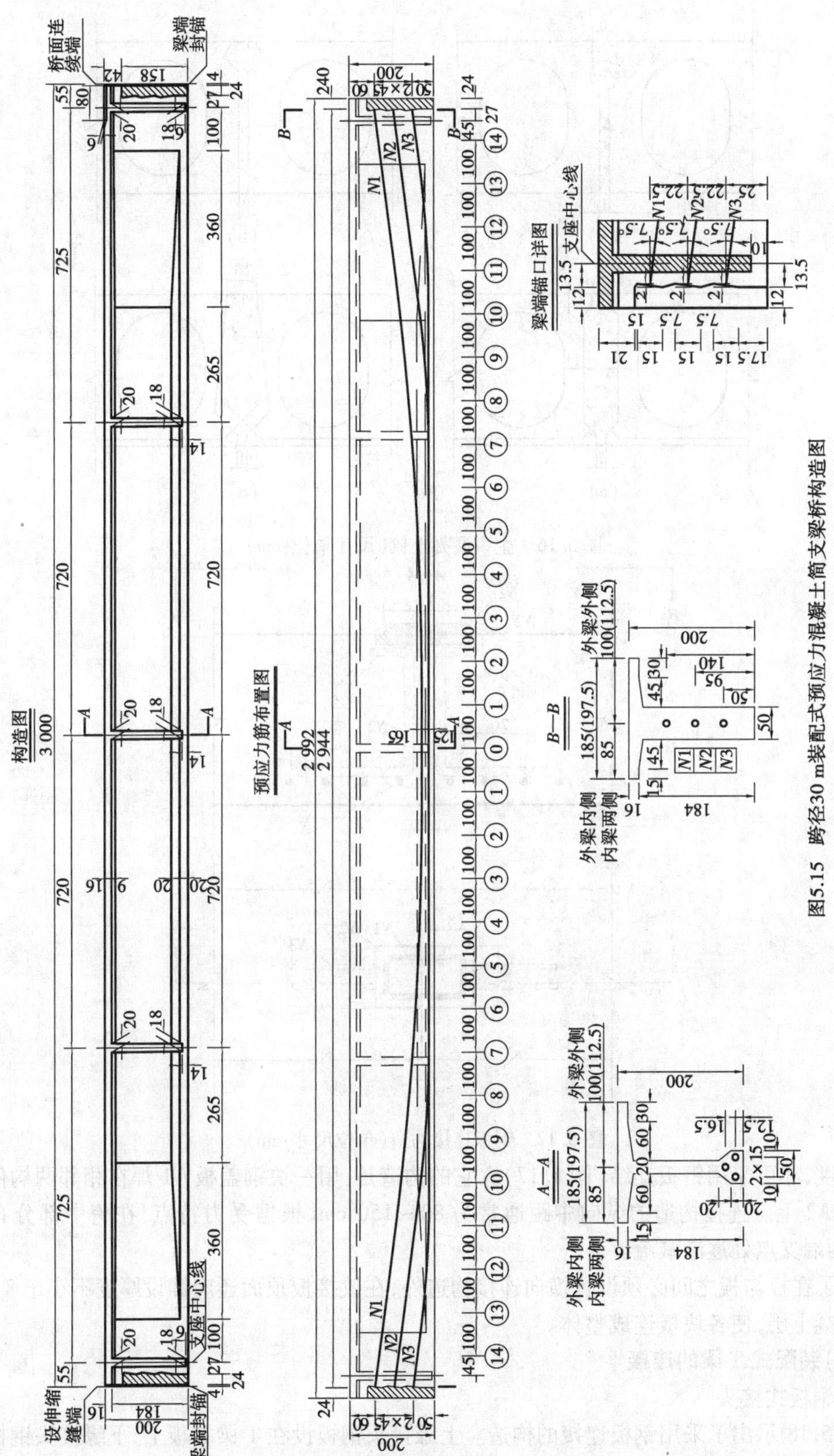

图5.15　跨径30 m装配式预应力混凝土简支梁桥构造图

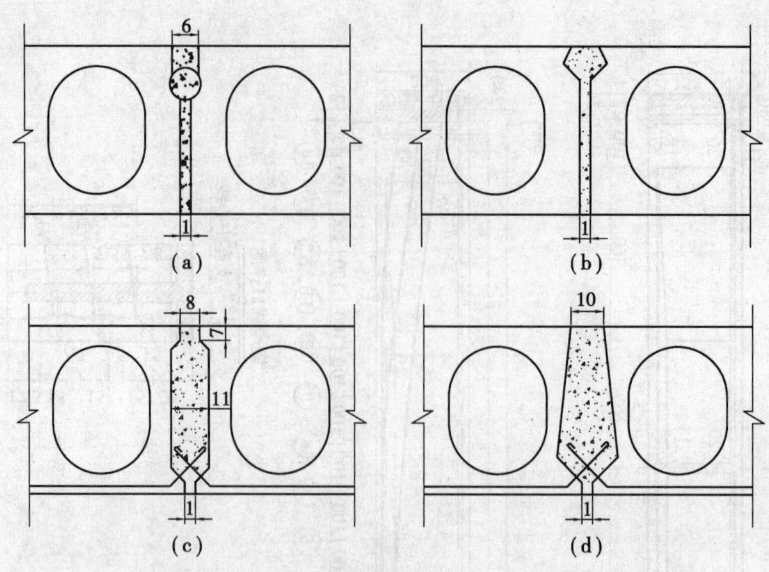

图 5.16　企口混凝土铰(尺寸单位:cm)

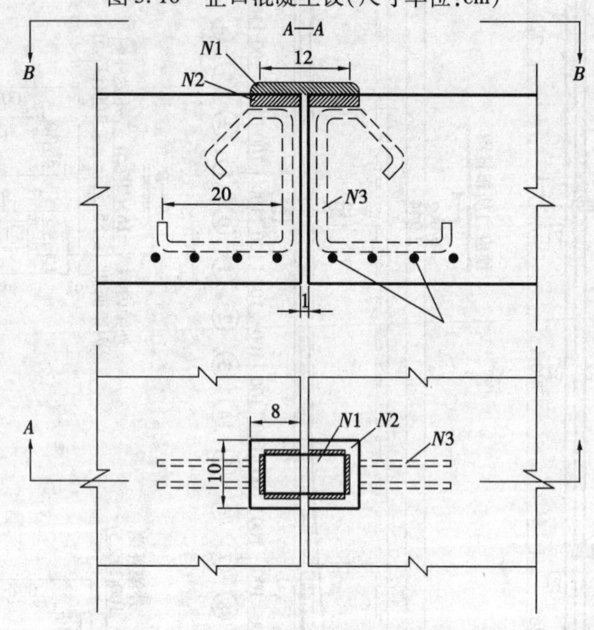

图 5.17　钢板连接构造(单位尺寸:cm)

工程进度,亦可采用钢板连结(图 5.17)。它的构造是:用一块钢盖板 N1 焊在相邻两构件的预埋钢板 N2 上。连接构造的纵向中距通常为 80 ~ 150 cm,根据受力特点,在跨中部分布置较密,向两端支点处逐渐减疏。

除了在板与板之间必须设置横向连接构造外,在铰接板顶面还应铺设厚度不小于 8 cm 的现浇混凝土层,使各块板连成整体。

(2)装配式 T 梁的连接

1)钢板式接头

图 5.18 示出了采用钢板连接的构造。上缘接头钢板设在 T 梁翼板上,下缘接头钢板设置在横隔梁梁肋的两侧。焊接钢板预先与横隔梁的受力钢筋焊接在一起做成安装骨架,当 T 梁

安装就位后,即可在横隔梁的预埋钢板上再加焊钢盖板使其连成整体。端横隔梁的焊接钢板接头构造与中横隔梁的相同,但由于其外侧(靠近墩台一侧)不好施焊,焊接接头只设于内侧。这种接头强度可靠,焊接后立即就能承受荷载,但现场要有焊接设备,而且有时需要在桥下进行仰焊,施工较困难。此外,钢板容易锈蚀是钢板式接头的最大弊病。

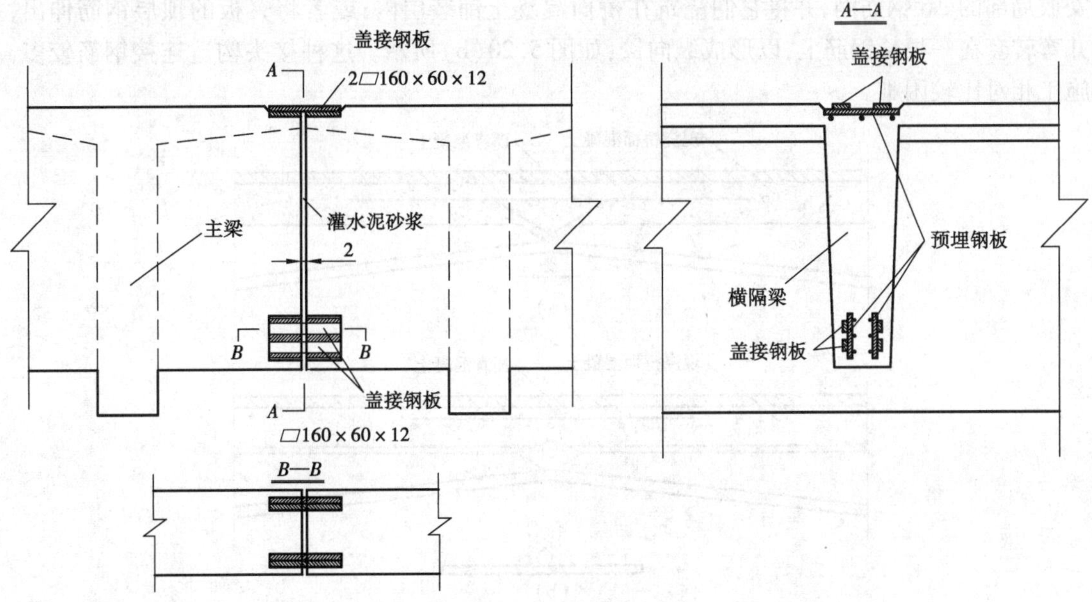

图5.18　装配式T梁钢板连接构造(单位尺寸:cm;钢材规格:mm)

2)扣环式接头

扣环接头是一种强度可靠、整体性好的接头形式。T梁预制时,分别将翼板和横隔板中的钢筋伸出(图5.19),T梁安装就位后,先将横隔板中伸出的钢筋相互搭接,然后就地浇筑混凝土将横隔梁连接成整体。然后再布置桥面板内的纵向钢筋和横向扣环钢筋,就地浇筑混凝土,将翼板连接成整体。目前预应力混凝土T形梁桥已普遍采用这种连接方式。翼板和横隔梁接缝宽度与梁肋间距有关,通常为0.20~0.60 m。

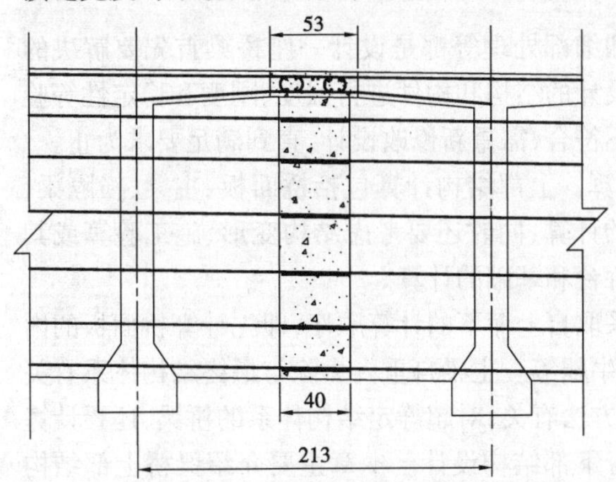

图5.19　装配式T梁扣环式接头构造(尺寸单位:cm)

(3)桥面板的企口铰连接

采用钢板式连接的钢筋混凝土T梁桥,翼板之间的整体性差,只能作为悬臂板处理。为了改善挑出翼板的受力状态,通常将悬臂板端部连接起来做成企口铰接。图5.20(a)为装配式T梁标准设计中所采用的连接方式。主梁翼缘板内伸出连接钢筋,交叉弯制后,在接缝处安放局部的$\phi6$钢筋网,并将它们浇筑在桥面混凝土铺装层内;或者将翼板的顶层钢筋伸出,并弯转套在一根长钢筋上,以形成纵向铰,如图5.20(b)所示。这种接头构造连接钢筋较多,施工相对比较困难。

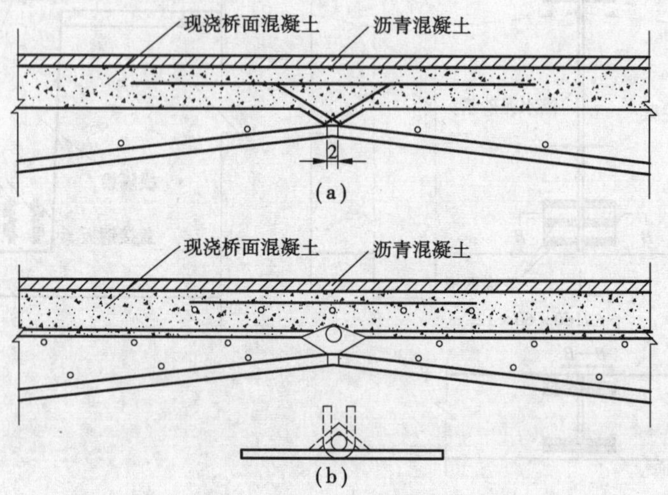

图5.20　主梁翼缘板的连接构造(尺寸单位:cm)

5.2 行车道板计算

5.2.1 概述

前面介绍的桥梁总体设计、构造尺寸拟定和细部处理等都是设计一座桥梁首先要解决的问题,接着的问题就是应用力学和数学知识对设计的结构和构件进行强度、刚度和稳定性等验算,以检验设计是否符合安全、经济的要求;如不符合,需重新修改设计,直到满足要求为止。

桥梁计算分为上部结构计算和下部结构计算。上部结构计算包括桥面板、主梁、横隔梁、支座以及其他细部构造(如悬臂梁的牛腿等)的计算,同时还要考虑结构变形、施工验算或其他特殊项目的验算。下部结构计算包括桥墩、桥台和基础的计算。

在具体进行一座梁桥的设计计算时,一般采取自上而下的计算顺序,即先计算桥面板的内力,再计算主梁的内力,最后设计横隔梁、支座、牛腿等。主梁自重内力除与最终结构体系有关外,对于有体系转换的桥梁,恒载内力还与施工方法有关;对超静定结构体系的桥梁,还要计算结构的次内力。在上部结构设计完成后,再进行下部结构设计。本章主要介绍梁桥上部结构中桥面板、主梁、横隔梁和结构变形(挠度)计算,有关支座和墩台计算,见后面有关章节。

5.2.2　行车道板的类型

直接承受车辆轮压的钢筋混凝土板,它在构造上与主梁梁肋和横隔梁联结在一起,既保证了梁的整体作用,又将活载传递给主梁。从结构形式上看,在具有主梁和横隔梁的简单梁格(图5.21(a))以及具有主梁、横梁和内纵梁(或称副纵梁)的复杂梁格(图5.21(b))体系中,行车道板实际上都是周边支承的板。

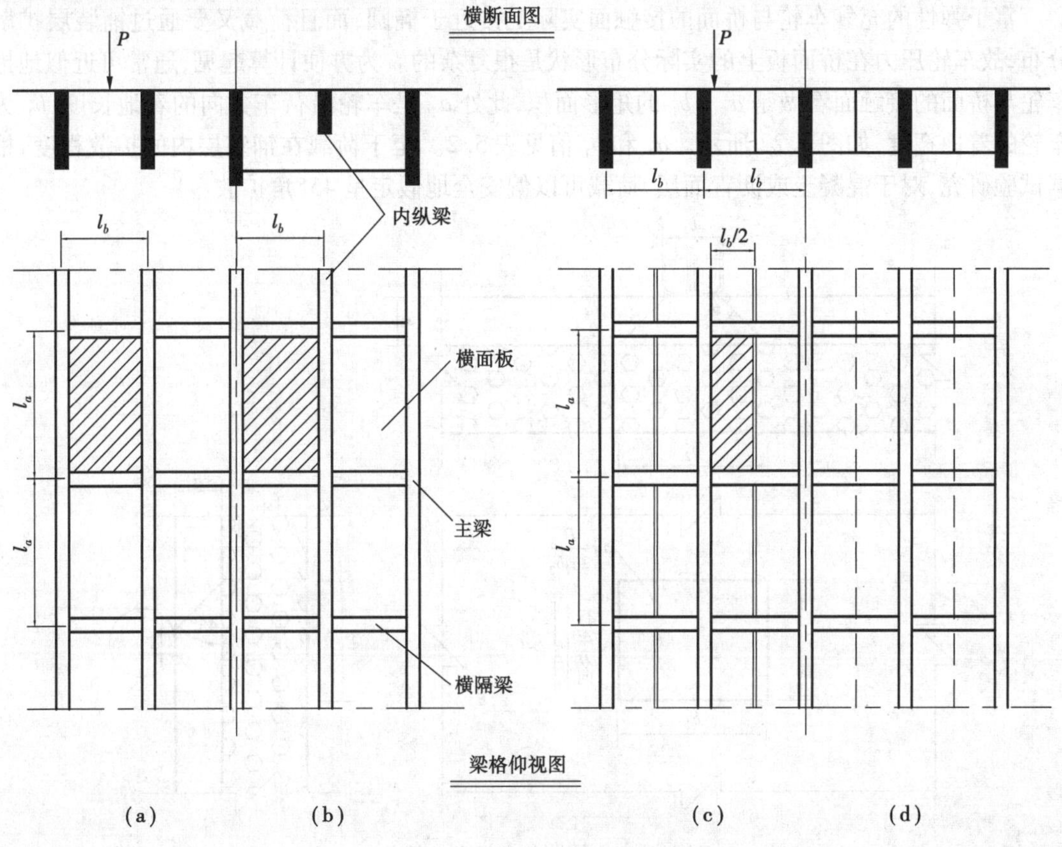

图5.21　行车道板的支承情况

从受载特点来看,四边支承的矩形板,当板中央作用一竖向荷载 P 时,虽然荷载 P 要向相互垂直的两对支承边传递,但由于板沿 l_a 和 l_b 跨径的相对刚度不同,因此传递的荷载也不相等。根据弹性薄板的研究结果,对四边简支的板,只要板的长边与短边之比 $l_a/l_b \geqslant 2$,则荷载主要沿短跨方向传递,而沿长跨方向传递的荷载将不足6%。l_a/l_b 之比值愈大,向 l_a 跨度方向传递的荷载也愈少。通常把 $l_a/l_b \geqslant 2$ 的周边支承板称为单向受力板(简称单向板),把 $l_a/l_b < 2$ 的周边支承板称为双向板。单向板应在短跨方向布置受力钢筋,在长跨方向只需配置分布构造钢筋,双向板需按两个方向的内力分别配置受力钢筋。

对于常见的 $l_a/l_b \geqslant 2$ 的装配式T形梁桥,也有两种情形:一种是翼缘板的端边是自由边(图5.21(c)),实际是三边支承的板,可以像边梁外侧的翼缘板一样,作为沿短跨一端嵌固、另一端自由的悬臂板来分析。另一种是相邻翼缘板端部做成铰接缝的情况(图5.21(d)),则行车道板应按一端嵌固、一端铰接的铰接悬臂板进行计算。

由此可看,行车道板受力图式有单向板、悬臂板和铰接悬臂板三种。下面将分别介绍它们的计算方法。

5.2.3　车辆荷载在板上的分布

作用在桥面上的车轮压力,通过桥面铺装层扩散分布到钢筋混凝土板面上。由于板的计算跨径相对于轮压的分布宽度来说不是很大,故在计算中应将轮压作为分布荷载来处理,以免造成较大的计算误差。

富于弹性的充气车轮与桥面的接触面实际上接近于椭圆,而且荷载又要通过铺装层扩散分布,故车轮压力在桥面板上的实际分布形状是很复杂的。为方便计算起见,通常可近似地把车轮与桥面的接触面看做是 $a_1 \times b_1$ 的矩形面积,此处 a_1 是车轮沿行车方向的着地长度,b_1 为车轮的着地宽度,如图 5.22 所示。a_1 和 b_1 值见表 5.2。至于荷载在铺装层内的扩散程度,根据试验研究,对于混凝土或沥青面层,荷载可以偏安全地假定呈 45°角扩散。

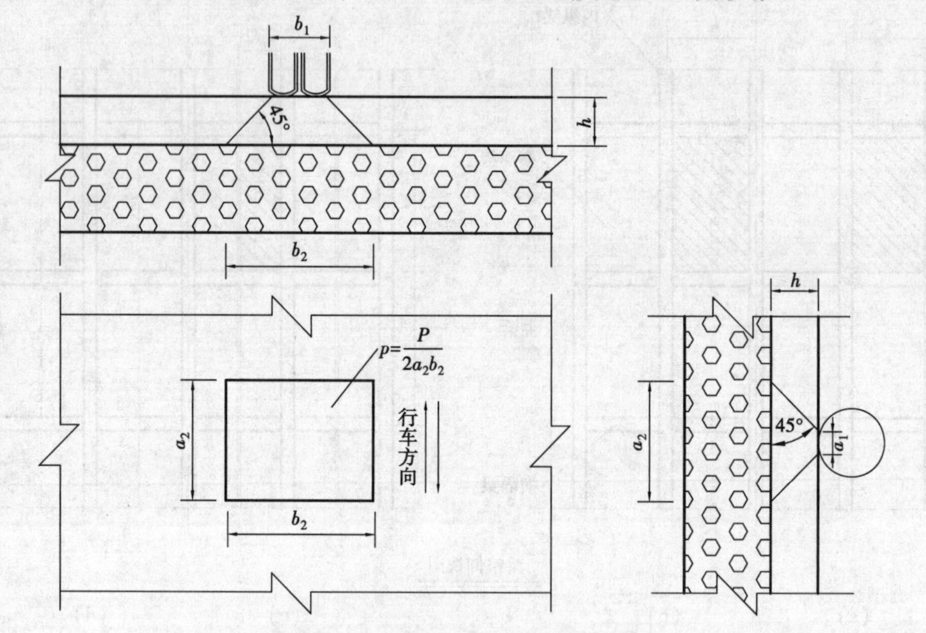

图 5.22　车辆荷载在板面上的分布

表 5.2　车辆荷载轮着地宽度及长度/m

车轮类型	$a_1 \times b_1$
前轮	0.2×0.3
中、后轮	0.2×0.6

因此,最后作用于钢筋混凝土承重板顶面的矩形荷载压力面的边长为:

$$\left.\begin{aligned} &沿纵向\quad a_2 = a_1 + 2h \\ &沿横向\quad b_2 = b_1 + 2h \end{aligned}\right\} \tag{5.4}$$

式中:h——铺装层厚度。

据此,当车辆荷载中一个后轮(最大轴重)作用于桥面板上时,桥面板上的局部分布荷载为:

$$p = \frac{P}{2a_2b_2}$$

式中：P——车辆荷载的后轮轴重。

5.2.4　板的有效工作宽度

板在局部分布荷载p的作用下，不仅直接承压部分（例如宽度为a_2）的板带参加工作，与其相邻的部分板带也会分担一部分荷载共同参与工作。因此，在桥面板的计算中，就有一个如何确定板的有效工作宽度的问题。

(1)单向板

现在考察一块跨径为l、宽度较大的梁式行车道板的受力状态（图5.23）。当荷载以$a_2 \times b_2$的分布面积作用在板上时，板除了沿计算跨径x方向产生挠曲变形w_x外，在沿垂直于计算跨径的y方向也必然发生挠曲变形w_y，如图5.23(b)所示。这说明荷载作用下，不仅承压宽度为a_2的板条直接受力，而且邻近的板也参与工作，共同承受车轮荷载所产生的弯矩。图5.23(a)示出了沿y方向板条所分担弯矩m_x的分布图形。

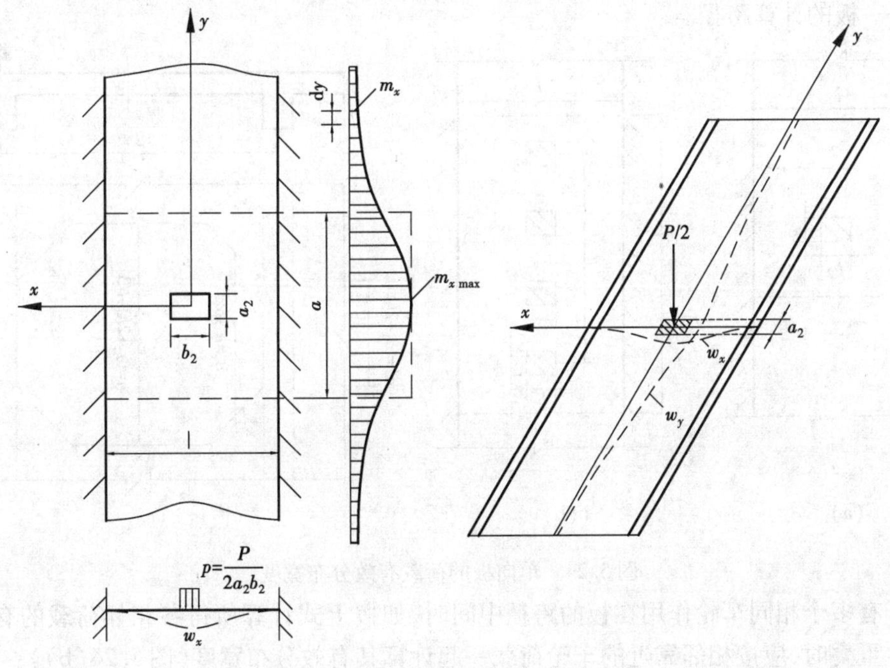

图5.23　桥面板的受力状态

从图5.23可见，跨中弯矩m_x的实际图形是呈曲线分布的，在荷载中心处达到最大值$m_{x\max}$，离荷载愈远的板条所承受的弯矩愈小。如果设想以$a \times m_{x\max}$的矩形来替代此曲线图形，即

$$a \times m_{x\max} = \int m_x \mathrm{d}y = M \tag{5.5}$$

则得弯矩图形的换算宽度为：

$$a = \frac{M}{m_{x\max}} \tag{5.6}$$

式中：M——车轮荷载产生的跨中截面总弯矩；

$m_{x\max}$——荷载中心处的最大单宽弯矩值，可按弹性板理论计算求得。

上式中的 a 就定义为板的有效工作宽度，或称荷载有效分布宽度，以此板宽来承受车轮荷载产生的总弯矩，既满足了弯矩最大值的要求，计算起来也较方便。

通过对不同支承条件、不同荷载性质以及不同荷载位置情况下，随承压面大小变化的有效工作宽度与跨径的比值 a/l 的分析，两边固结的板的有效工作宽度要比简支的小30%～40%，全跨满布的条形荷载的有效分布宽度也比局部分布荷载的小些。另外，荷载愈靠近支承边时，其有效工作宽度也愈小。

考虑到实际上 a/l 之比值不会很小，而且桥面板又属于弹性固结支承，为了计算方便，《公路钢筋混凝土及预应力混凝土桥涵设计规范》（JTG D62—2004）对于单向板的荷载有效分布宽度作了如下规定：

1）车轮在板的跨径中间。对于单独一个荷载（图5.24（a））应满足：

$$a = a_2 + \frac{l}{3} = (a_1 + 2h) + \frac{l}{3} \geqslant \frac{2}{3}l$$

式中：l——板的计算跨径。

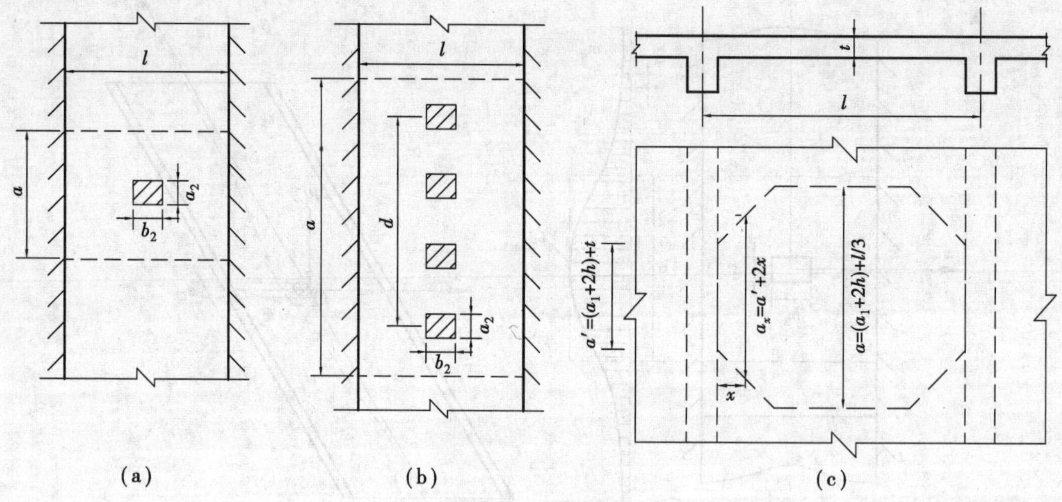

图5.24 单向板的荷载有效分布宽度

对于有多个相同车轮作用在板的跨径中间时，如按上式计算所得各相邻荷载的有效分布宽度发生重叠时，应按相邻靠近的车轮荷载一起计算其有效分布宽度（图5.24（b））：

$$a = a_2 + d + \frac{l}{3} = (a_1 + 2h) + d + \frac{l}{3} \geqslant \frac{2}{3}l + d$$

式中：d——多个车轮时外轮之间的中距。

2）车轮在板的支承处

$$a = a' = a_2 + t = (a_1 + 2h) + t$$

式中：t——板的厚度。

3）车轮在板的支承附近

$$a = a_x = a' + 2x = (a_1 + 2h) + t + 2x$$

式中：x——车轮离支承边缘的距离。

这就是说,车轮由支点处向跨中移动时,相应的有效分布宽度可近似地按45°线过渡。根据以上所述,对于不同车轮位置时单向板的有效分布宽度图形如图5.24(c)所示。

(2)悬臂板

悬臂板在荷载作用下除了直接受载的板条(宽度为a_2)外,相邻板条也发生挠曲变形(图5.25(b))ω_y而承受部分弯矩。沿悬臂根部在宽度y方向各板条的弯矩分布如图5.25(a)中m_x所示。根据弹性板理论分析,当板端作用集中力P时,受载板条的最大负弯矩$m_{x\max}=0.465P$,而荷载P引起的总弯矩为$M_0=-Pl_0$。因此,按最大负弯矩值换算的有效工作宽度为:$a=\frac{M_0}{m_{x\max}}=\frac{-Pl_0}{-0.465P}=2.15l$,可见,悬臂板的有效工作宽度接近于2倍悬臂长度,也就是说,荷载可近似地按45°角向悬臂板支承处分布(图5.25(a))。

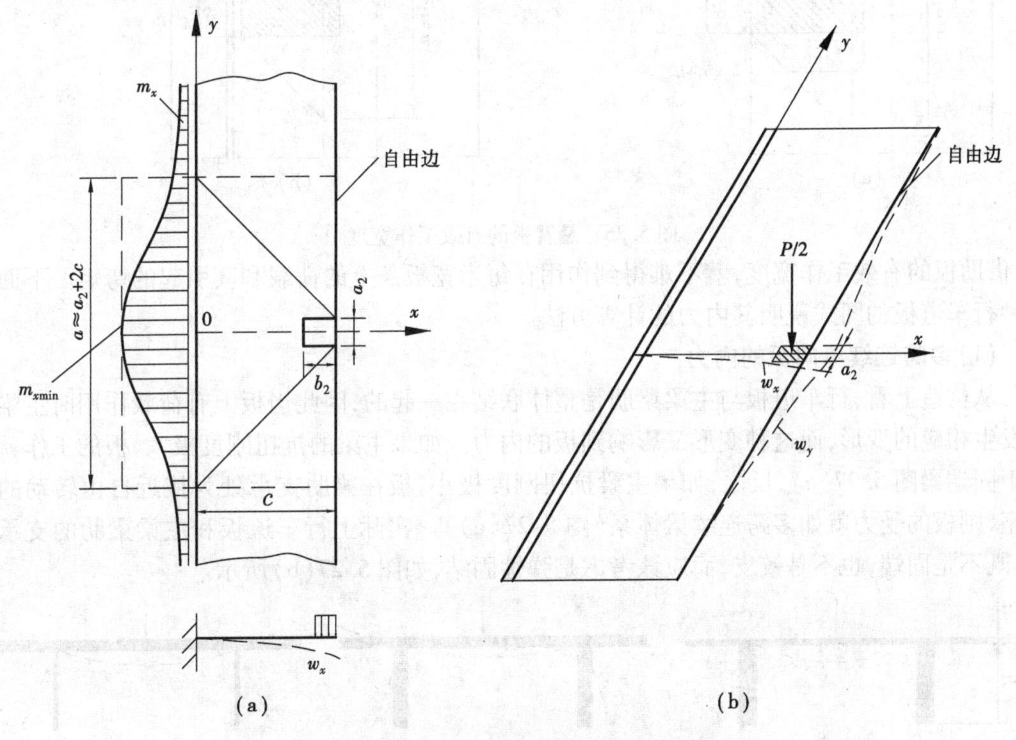

图5.25　悬臂板受力状态

因此,悬臂板的活载有效分布宽度(图5.26)为:

$$a=a_2+2c=(a_1+2h)+2c$$

式中:c——悬臂板上荷载压力面外侧边缘至悬臂根部的距离。

对于分布荷载靠近板边的最不利情况,c就等于悬臂板的跨径l_0,于是:

$$a=a_2+2c=(a_1+2h)+2l_0$$

上述两式仅适用于$c\leqslant 2.5$ m的情况,若$c>2.5$ m,则按此计算的悬臂根部负弯矩需放大1.15~1.30倍。

5.2.5　行车道板内力计算

对于实体的矩形行车道板通常由弯矩控制设计。习惯上以1 m宽板条进行计算比较方

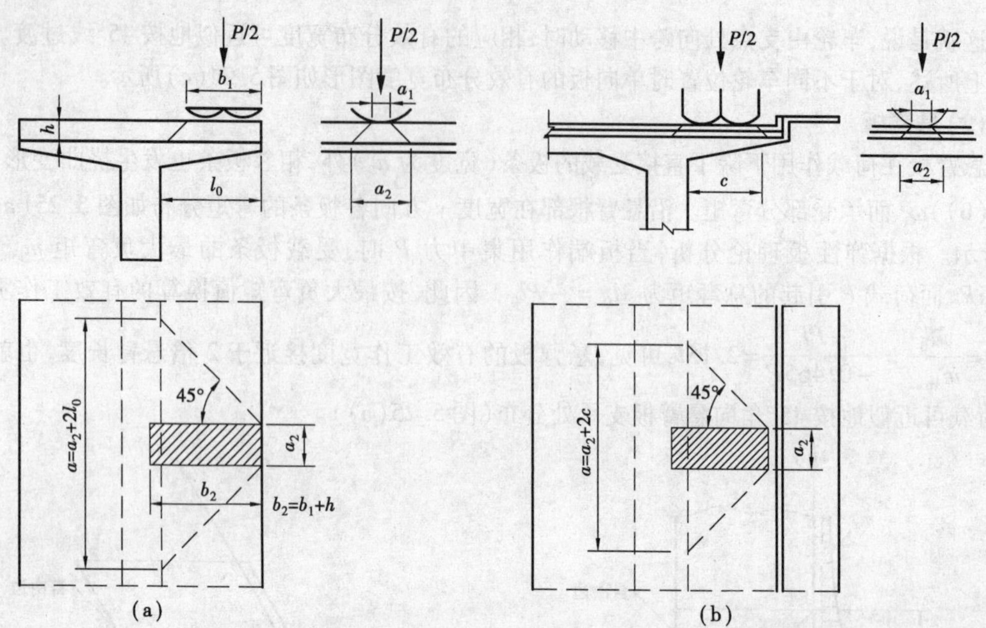

图 5.26　悬臂板的有效工作宽度

便，借助板的有效工作宽度，就不难得到作用在每米宽板条上的荷载和其引起的弯矩。下面对两种行车道板的图式说明其内力的计算方法。

(1) 多跨连续单向板的内力

从构造上看，行车道板与主梁梁肋是整体联结在一起的，因此当板上有荷载作用时主梁也会发生相应的变形，而这种变形又影响到板的内力。如果主梁的抗扭刚度极大，板的工作就接近于固端梁图 5.27(a)，反之，如果主梁抗扭刚度极小，板在梁肋支承处为接近自由转动的铰支座，则板的受力就如多跨连续梁体系(图 5.27(c))。实际上行车道板和主梁梁肋的支承条件，既不是固端，也不是铰支，而应该考虑是弹性固结，如图 5.27(b)所示。

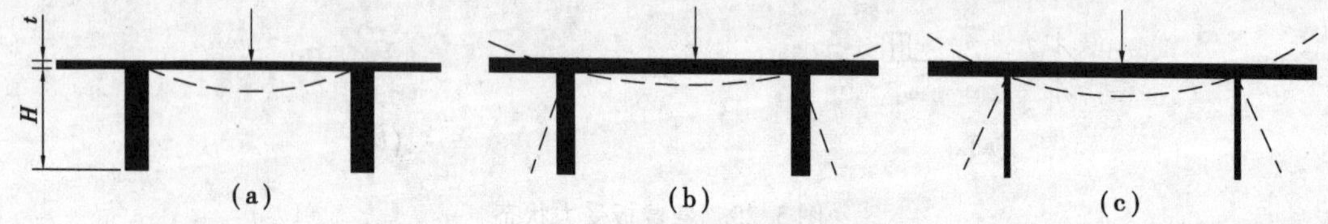

图 5.27　主梁扭转刚度对行车道板的影响

鉴于行车道板的受力情况比较复杂，影响因素比较多，因此要精确计算板的内力是有一定困难的，通常采用近似方法进行计算。对于弯矩，先算出一个与计算跨度相同的简支板的跨中弯矩(恒载、活载及其组合)M_0，然后再根据实验及理论分析的数据加以修正。弯矩修正系数可视板厚 t 与梁肋高度 H 的比值来选用。

当 $t/H<1/4$ 时(即主梁抗扭能力大者)：

$$\left.\begin{aligned}&\text{跨中弯矩}\quad M_{\text{中}}=+0.5M_0\\&\text{支点弯矩}\quad M_{\text{支}}=-0.7M_0\end{aligned}\right\}\tag{5.7}$$

当 $t/H\geqslant 1/4$ 时(即主梁抗扭能力小者)：

$$\left.\begin{aligned}\text{跨中弯矩}\quad M_{\text{中}} &= +0.7M_0\\ \text{支点弯矩}\quad M_{\text{支}} &= -0.7M_0\end{aligned}\right\}\tag{5.8}$$

式中：M_0——按简支板计算得到的荷载组合内力，其中车辆荷载在1 m宽简支板条中所产生的跨中弯矩M_{0p}（图5.28(a)）为：

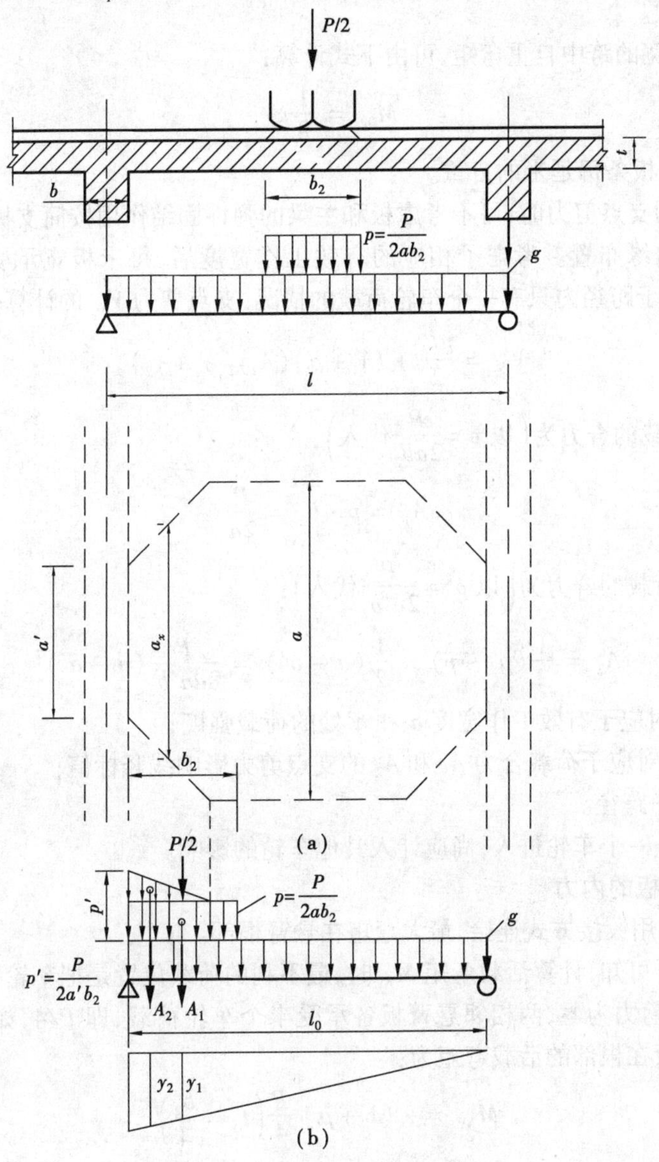

图5.28　单向板计算图式

(a)求跨中弯矩；(b)求支点剪力

$$M_{0p}=(1+\mu)\frac{P}{8a}\left(l-\frac{b_2}{2}\right)\tag{5.9}$$

式中：P——车辆荷载的轴重，应取后轴的轴重计算；

a——板的有效工作宽度；

l——板的计算跨径，当梁肋不宽时（如窄肋T形梁）可取梁肋中距；当主梁的梁肋宽度较大时(如箱形梁等)可取梁肋间的净距加板的厚度,即 $l = l_0 + t$,但不大于 $l_0 + b$,此处 l_0 的净跨径,t 为板厚,b 为梁肋宽度。

$(1+\mu)$——冲击系数,对于行车道板取 1.3。

如果板的跨径较大,可能还有第二个车轮进入跨径内时,可按工程力学方法将荷载布置得使跨中弯矩为最大。

M_{0g} 为每米板宽的跨中自重弯矩,可由下式计算:

$$M_{0g} = \frac{1}{8}gl^2 \tag{5.10}$$

式中:g——1 m 宽板条每延米的自重。

计算单向板的支点剪力时,可不考虑板和主梁的弹性固结作用按简支板计算,此时荷载必须尽量靠近梁肋边缘布置。考虑了相应的有效工作宽度后,每米板宽承受的分布荷载如图 5.28(b)所示。对于跨径内只有一个车轮荷载的情况,支点剪力 $V_{支}$ 的计算公式为:

$$V_{支} = \frac{gl_0}{2} + (1+\mu)(A_1y_1 + A_2y_2) \tag{5.11}$$

其中:矩形部分荷载的合力为$\left(以\ p = \dfrac{P}{2ab_2}代入\right)$:

$$A_1 = p \cdot b_2 = \frac{P}{2a}$$

三角形部分荷载的合力为$\left(以\ p' = \dfrac{P}{2a'b_2}代入\right)$:

$$A_2 = \frac{1}{2}(p' - p) \times \frac{1}{2}(a - a') = \frac{P}{8aa'b_2}(a - a')^2$$

式中:p 和 p'——对应于有效工作宽度 a 和 a' 处的荷载强度;

y_1 和 y_2——对应于荷载合力 A_1 和 A_2 的支点剪力影响线竖标值;

l_0——板的净跨径。

如跨径内不止一个车轮进入,尚应计入其他车轮的影响。

(2)铰接悬臂板的内力

T 形梁翼缘板用铰接方式连接,最大弯矩在悬臂根部。

根据计算分析可知,计算活载弯矩 M_{AP} 时,最不利的荷载位置是把车轮荷载对中布置在铰接处,这时铰内的剪力为零,两相邻悬臂板各承受半个车轮荷载,即 $P/4$,如图 5.29(a)所示。因此每米宽悬臂板在根部的活载弯矩为:

$$M_{AP} = -(1+\mu)\frac{P}{4}\left(l_0 - \frac{b_2}{4}\right) \tag{5.12}$$

每米板宽的自重弯矩为:

$$M_{Ag} = -\frac{1}{2}gl_0^{\ 2} \tag{5.13}$$

注意,此处 l_0 为铰接双悬臂板的净跨径。

最后,悬臂根部 1 m 板宽的最大弯矩为:

$$M_A = 1.2M_{Ag} + 1.4M_{AP} \tag{5.14}$$

悬臂根部的剪力可以偏安全地按一般悬臂板的图式来计算,这里从略。

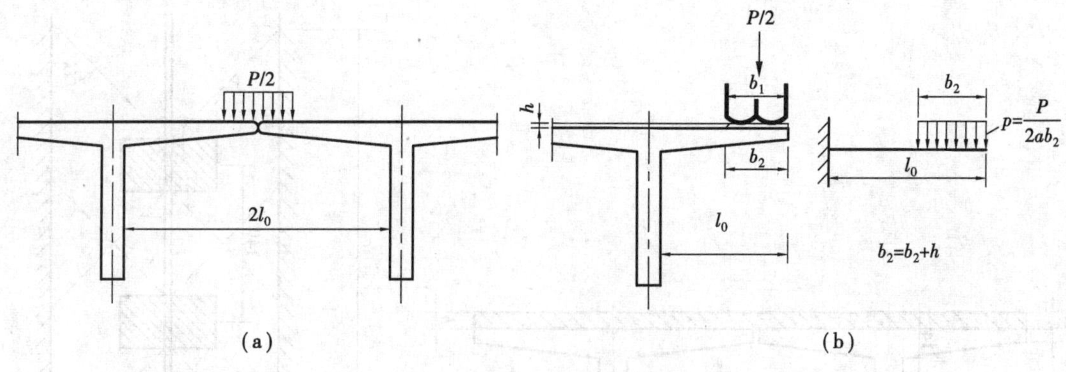

图 5.29　悬臂板的计算图式

(3)悬臂板的内力

在计算根部最大弯矩时,应将车轮荷载靠板的边缘布置,此时 $b_2 = b_1 + h$,如图 5.29(b)所示。则自重和活载弯矩值可由一般公式求得:

活载弯矩: $$M_{AP} = -(1+\mu)\cdot\frac{1}{2}pl_0^2 = -(1+\mu)\cdot\frac{P}{4ab_2}\cdot l_0^2 \quad (b_2 \geqslant l_0\text{ 时}) \tag{5.15}$$

或者 $$M_{AP} = -(1+\mu)\cdot pb_2\left(l_0-\frac{b_2}{2}\right) = -(1+\mu)\cdot\frac{P}{2a}\cdot\left(l_0-\frac{b_2}{2}\right) \quad (b_2 < l_0\text{ 时}) \tag{5.16}$$

式中:$p=\dfrac{P}{2ab_2}$——作用在每米宽板条上的每延米荷载强度。

l_0——悬臂板的长度。

自重弯矩: $$M_{Ag} = -\frac{1}{2}gl_0^2 \tag{5.17}$$

同理,可得 1 m 宽板条的最大设计弯矩为:$M_A = 1.2M_{Ag} + 1.4M_{AP}$,剪力计算从略。

5.2.6　行车道板计算实例

例 5.1　计算图 5.30 所示 T 梁翼板所构成铰接悬臂板的设计内力。荷载为公路-Ⅱ级。桥面铺装层为平均 10 cm 厚的 C40 混凝土,容重为 25 kN/m³,T 梁翼板的容重为 25 kN/m³。

(1)自重及其内力(以纵向 1 m 宽的板条进行计算)

1)每延米板上的自重 g

混凝土铺装层 g_1:$0.10\text{ m}\times1.0\text{ m}\times25\text{ kN/m}^3 = 2.5\text{ kN/m}$

T 梁翼板自重 g_2:$\dfrac{(0.10+0.14)\text{m}}{2}\times1.0\text{ m}\times25\text{ kN/m}^3 = 3.0\text{ kN/m}$

合计:$g=\sum g_i = 5.5\text{ kN/m}$

2)每米宽板条的自重内力

弯矩 $M_{Ag} = \left(-\dfrac{1}{2}\times5.5\times0.71^2\right)\text{ kN}\cdot\text{m} = -1.39\text{ kN}\cdot\text{m}$

剪力 $V_{Ag} = g\cdot l_0 = (5.5\times0.71)\text{ kN} = 3.91\text{ kN}$

(2)公路-Ⅱ级产生的内力

将车辆荷载后轮作用于铰缝轴线上(图 5.29(a)),后轴作用力为 $P=140$ kN,轮压分布宽度如图 5.31 表示。对于车辆荷载后轮的着地长度 $a_1=0.20$ m,宽度 $b_1=0.60$ m,则得

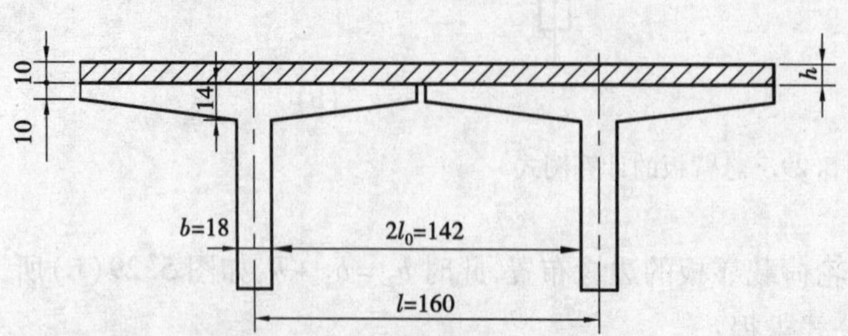

图 5.30　铰接悬臂行车道板

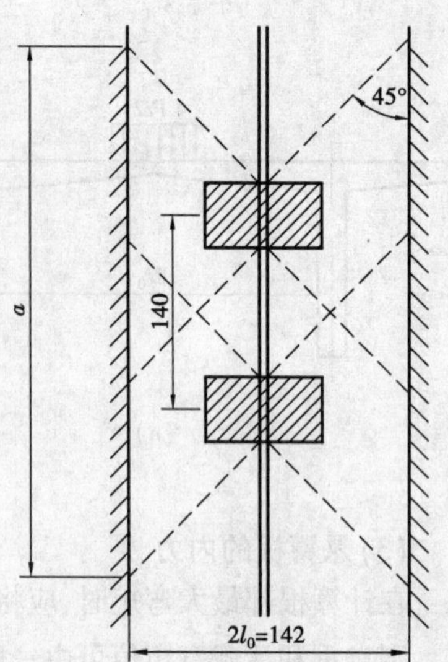

图 5.31　公路-Ⅱ级车辆荷载计算图式

$a_2 = a_1 + 2h = (0.20 + 2 \times 0.1)\text{m} = 0.4\ \text{m}$

$b_2 = b_1 + 2h = (0.60 + 2 \times 0.1)\text{m} = 0.8\ \text{m}$

荷载对于悬臂根部的有效分布宽度：

$a = a_2 + d + 2l_0 = (0.4 + 1.4 + 2 \times 0.71)\text{m} = 3.22\ \text{m}$

冲击系数：$1 + \mu = 1.3$

作用于每米宽板条上的弯矩为：

$$M_{AP} = -(1+\mu)\frac{P}{4a}\left(l_0 - \frac{b_2}{4}\right) = -1.3 \times \frac{2 \times 140}{4 \times 3.22}\left(0.71 - \frac{0.8}{4}\right)\text{kN}\cdot\text{m} = -14.42\ \text{kN}\cdot\text{m}$$

作用于每米宽板条上的剪力为：

$$V_{AP} = (1+\mu)\frac{P}{4a} = 1.3 \times \frac{2 \times 140}{4 \times 3.22}\text{kN} = 28.26\ \text{kN}$$

(3)荷载组合

当按承载能力极限状态设计时，对于结构自重与活载产生同号内力的情况，其计算内力为：

$$M_{si} = 1.2M_{sg} + 1.4M_{sp} = [1.2 \times (-1.39) + 1.4 \times (-14.42)]\text{kN}\cdot\text{m} = -21.86\ \text{kN}\cdot\text{m}$$

$$V_{si} = 1.2V_{sg} + 1.4V_{sp} = (1.2 \times 3.91 + 1.4 \times 28.26)\text{kN} = 44.26\ \text{kN}$$

有了控制设计内力，就可按钢筋混凝土或预应力混凝土结构设计原理和方法来设计板内的钢筋和进行相应的验算。

5.3　横向分布系数计算

5.3.1　荷载横向分布系数的概念

对于一座由多片板梁或由多片主梁通过桥面板和横隔梁所组成的多主梁桥，恒载的计算比较简单，除了考虑实际的结构自重外，通常近似地将桥面铺装、人行道、栏杆等重量分摊给各片主梁来承担。由于人行道、栏杆等构件一般是在桥梁连成整体后安装在边梁上的，必要时为了精确起见，也可将这些恒载按荷载横向分布的方法来计算。

实际桥梁结构都是空间问题。当桥上作用荷载 P 时，各主梁不同程度的要参与受力，精确求解这种结构的受力和变形，需要借助空间计算理论。但由于实际结构的复杂性，完全精确的计算较难实现，目前通用的方法是引入横向分布系数，将复杂的空间问题合理的简化为平面问题来求解。

借助空间计算理论，可以得到内力影响面和挠度影响面，再利用所得的影响面来计算某点的内力值和变形值。如果结构某点截面的内力影响面用双值函数 $\eta(x,y)$ 来表示，则该截面的内力值可表示为 $S=P\cdot\eta(x,y)$。

若影响面 $\eta(x,y)$ 可近似分离成两个单值函数的乘积，即 $\eta_1(x)\cdot\eta_2(y)$，则对某片主梁某一截面的内力值就可表示为：

$$S = P\cdot\eta(x,y)\approx P\cdot\eta_1(x)\cdot\eta_2(y) \tag{5.18}$$

在上式中，$\eta_1(x)$ 表示平面意义上单梁某一截面的内力影响线（图5.32(a)），如果将 $\eta_2(y)$ 看作是单位荷载沿横向作用在不同位置时某片梁所分配的荷载比值变化曲线，则 $\eta_2(y)$ 的力学意义就是对应于某片梁的荷载横向分布影响线，$P\cdot\eta_2(y)$ 就是当 P 作用于 $a(x,y)$ 点时沿横向分布给某片梁的荷载（图5.32(b)），即 $P'=P\cdot\eta_2(y)$。至此，就可完全像图5.32(a)所示平面问题一样，求得某梁上某截面的内力值，这就是利用荷载横向分布来计算内力的基本原理。

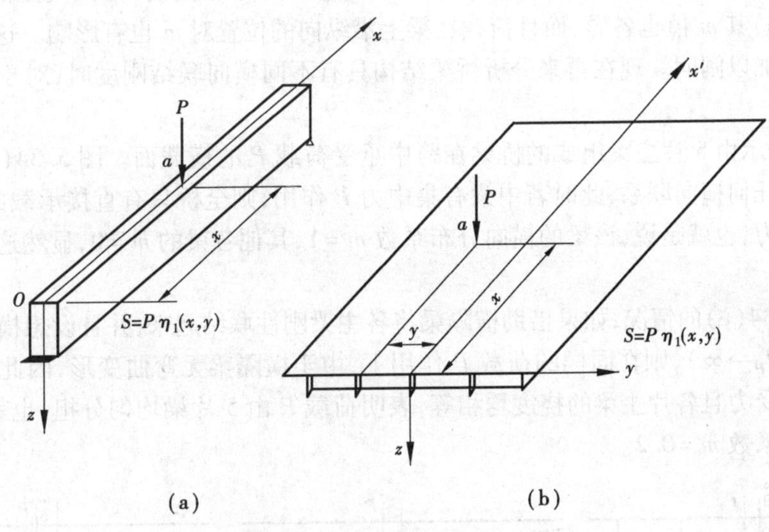

图5.32　荷载作用下的内力计算
(a)在单梁上；(b)在梁式桥上

下面进一步阐明荷载横向分布系数的概念。图5.33(a)表示桥上作用一辆前、后轴重分别为 P_1 和 P_2 的汽车荷载，相应的轮重为 $\frac{P_1}{2}$ 和 $\frac{P_2}{2}$。如欲求③号梁 k 点的截面内力，可先借助于③号梁的荷载横向分布影响线，按横向最不利荷载位置布载，求出桥上横向各排轮重对该梁分布的总荷载；然后再用这些荷载通过单梁 k 点截面的内力影响线来计算③号梁该截面的最大内力值。显然,如果桥梁的结构一定,轮轴在桥上的位置也确定,则分布至③号梁的荷载也是一个定值。在桥梁设计中,通常用一个表征荷载分布程度的系数 m 与轴重的乘积来表示这个定值,因此前后轴的两排轮重分布至③号梁的荷载可分别表示为 mP_1 和 mP_2(图 5.33(b))。这个 m 就称为荷载横向分布系数,它表示多片梁中某根主梁所承担的最大荷载与轴重的比值(通常小于1)。

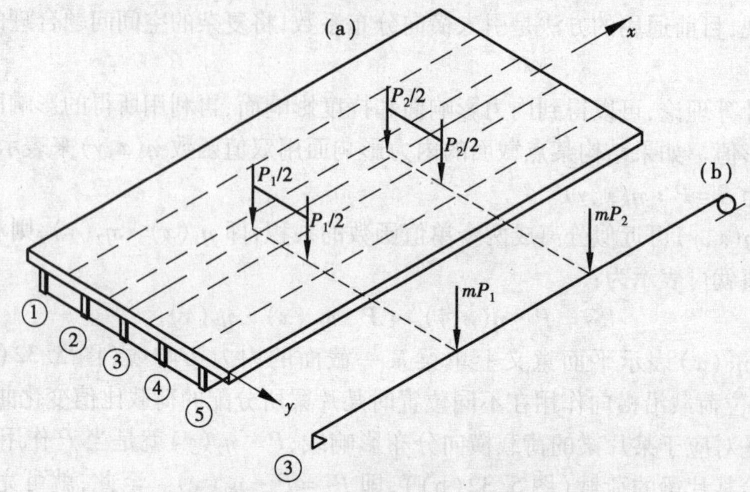

图 5.33　车轮荷载在桥上的横向分布

显然,同一座桥梁内各片梁的荷载横向分布系数 m 是不相同的,不同类型的荷载(如汽车、人群荷载等)其 m 值也各异,而且荷载在梁上沿纵向的位置对 m 也有影响。这些问题将在以后的各节中加以阐明。现在再来分析桥梁结构具有不同横向联结刚度时,对于荷载横向分布的影响。

图 5.34 表示由 5 片主梁组成的桥梁在跨中承受荷载 P 的横截面。图 5.34(a)表示主梁与主梁间没有任何横向联系,此时若中梁有集中力 P 作用,则全桥只有直接承载的中梁受力,其他各片不受力,也就是说,该梁的横向分布系数 $m=1$,其他各梁的 $m=0$,显然这种结构形式的整体性差。

再看图 5.34(c)的情况,如果借助横隔梁将各主梁刚性联结起来,并且设想横隔梁的刚度接近无穷大($EI_H \to \infty$),则在同样的荷载 P 作用下,由于横隔梁无弯曲变形,因此所有 5 片主梁将共同参与受力且各片主梁的挠度均相等,表明荷载 P 由 5 片梁均匀分担,也就是说,各片梁的横向分布系数 $m=0.2$。

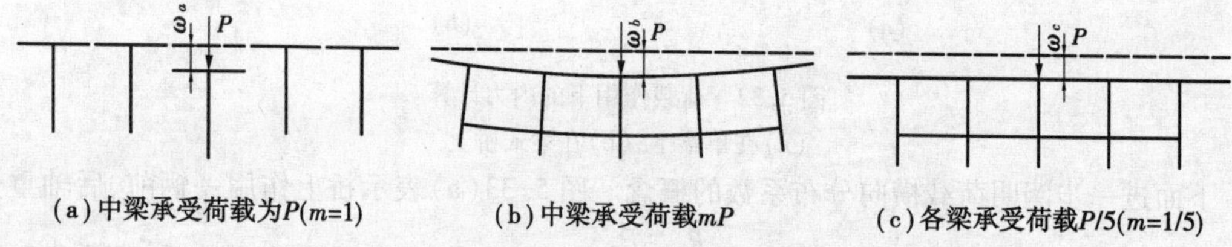

(a)中梁承受荷载为$P(m=1)$　(b)中梁承受荷载mP　(c)各梁承受荷载$P/5(m=1/5)$

图 5.34　不同横向刚度下主梁的受力与变形

(a)横向无联系;(b)$0<EI_H<\infty$;(c)$EI_H \to \infty$

实际钢筋混凝土或预应力混凝土多主梁桥,各片主梁虽通过横向结构联成整体,但是横向结构的刚度并非无穷大。因此，在荷载 P 作用下，各片主梁将按照某种复杂的规律变形(图5.34(b))，此时中梁的挠度 ω_b 必然要小于 ω_a 而大于 ω_c，设中梁所受的荷载用 mP 表示，则其横向分布系数 m 必然小于1而大于0.2。

由此可见，桥上荷载横向分布的规律与结构的横向联结刚度有着密切关系，横向联结刚度愈大，荷载横向分布作用愈显著，各片主梁负担的荷载也愈趋均匀。

在实践中，由于施工特点、构造设计等的不同，钢筋混凝土梁桥和预应力混凝土梁桥可能采用不同类型的横向结构。因此，为使荷载横向分布的计算能更好地适应各种类型的结构特性，就需要按不同的横向结构简化计算模型拟定出相应的计算方法。目前常用以下几种荷载横向分布计算方法：

①杠杆原理法——把横向结构(桥面板和横隔梁)视作在主梁上断开而简支在主梁上的简支梁；

②偏心压力法——把横隔梁视作刚性极大的梁；当计及主梁抗扭刚度影响时，此法又称为修正偏心压力法；

③横向铰接板(梁)法——把相邻板(梁)之间视为铰接，只传递剪力；

④横向刚接梁法——把相邻主梁之间视为刚性连接，即同时传递剪力和弯矩；

⑤比拟正交异性板法——将主梁和横隔梁的刚度换算成两个方向刚度不同的比拟弹性平板来求解，并由实用的曲线图表进行荷载横向分布计算。

上述各种计算方法的共同特点是：从分析荷载在桥上的横向分布规律出发，求得各片梁的荷载横向分布影响线，通过横向最不利布载来计算荷载横向分布系数 m。有了作用于单梁上的最大荷载，就能按熟知的结构力学方法求得主梁的活载内力值。

下面只介绍前三种计算方法的基本原理，对于横向刚接梁法、比拟正交异性板法的计算可参考相关文献。

5.3.2　杠杆原理法

按杠杆原理法进行荷载横向分布系数计算，其基本假定是忽略主梁之间横向结构的联结作用，即假设桥面板在主梁上断开，而当作沿横向支承在主梁上的简支梁或悬臂梁(对边主梁)来考虑。

图5.35(a)所示即为桥面板直接搁在工字形主梁上的装配式桥梁。当桥上有车辆荷载作用时，很明显，作用在左边悬臂板上的轮重只传递至①号和②号梁，作用在中部简支板上的轮重只传给②号和③号梁(图5.35(b))，也就是板上的轮重$\frac{P_1}{2}$各按简支梁反力的方式分配给左右两根主梁，而反力 R_i 的大小只要利用简支板的静力平衡条件即可求出，这就是通常所谓作用力平衡的杠杆原理。如果主梁所支承的相邻两块板上都有荷载，则该梁所受的荷载是两个支承反力之和，如图5.35(b)中②号梁所受的荷载为 $R_2 = R_2' + R_2''$。

为了求主梁所受的最大荷载，通常可利用反力影响线来进行，在此情况下，也就是计算荷载横向分布系数的横向影响线，如图5.36所示。

有了各片主梁的荷载横向影响线，就可根据各种活载，如汽车、人群的最不利荷载位置求得相应的横向分布系数 m_{oq} 和 m_{or}，如图5.36(a)中所示，这里 m_o 表示按杠杆原理法计算的荷载横向分布系数，拼音字母的脚标q和r相应表示汽车和人群荷载。图中 $P_{or} = p_{or} \cdot a$ 表示每

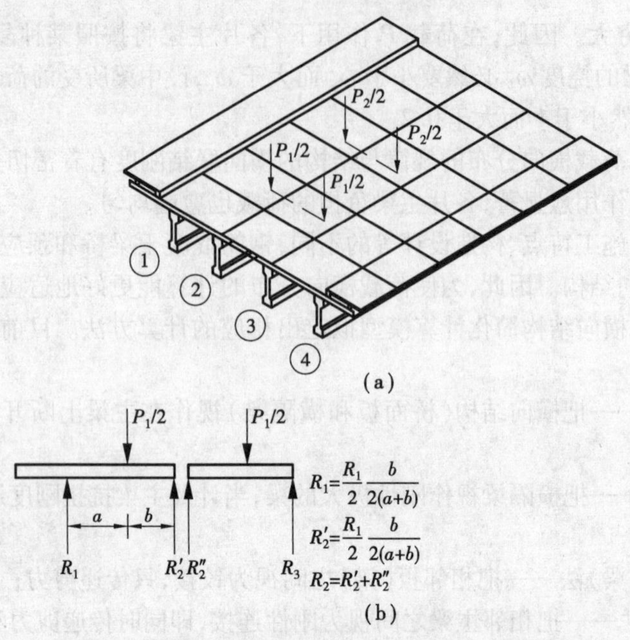

图 5.35　杠杆原理受力图式

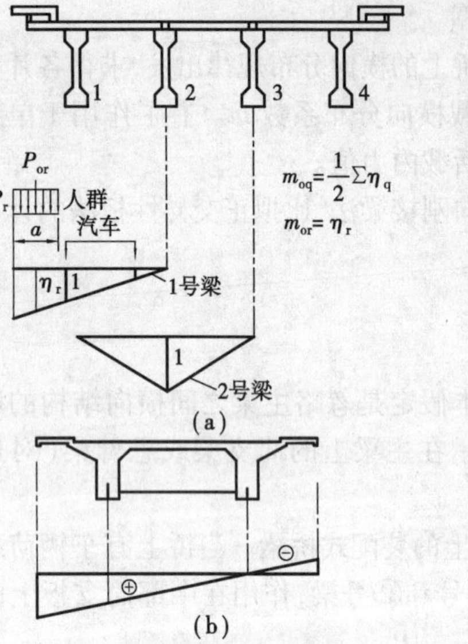

延米人群荷载的强度。

尚须注意，采用杠杆原理法计算时，应当计算几片主梁的横向分布系数，以便得到受载最大的主梁的最大内力作为设计的依据。

对于图 5.36(b)所示的双主梁桥，采用杠杆原理法计算荷载横向分布系数是足够精确的。对于一般多梁式桥，不论跨度内有无中间横隔梁，当桥上荷载作用在靠近支点处时，例如当计算支点剪力时的情形，荷载的绝大部分通过相邻的主梁直接传至墩台。再从集中荷载直接作用在端横隔梁上的情形来看，虽然端横隔梁是连续于几片主梁之间的，但由于不考虑支座的弹性压缩和主梁本身的微小压缩变形，显然荷载将主要传至两个相邻的主梁支座，即连续端横隔梁的支点反力与多跨简支梁的反力相差不多。因此，在实践中人们习惯偏于安全地用杠杆原理分布法来计算荷载位于靠近主梁支点时的横向分布系数。

$$m_{oq}=\frac{1}{2}\sum\eta_q$$

$$m_{or}=\eta_r$$

图 5.36　按杠杆原理法计算横向分布系数

例 5.2　图 5.37(a)为由 5 片主梁构成的桥面净空为净 $-7+2\times0.75$ m 人行道的钢筋混凝土 T 梁桥。试求荷载位于支点处时①号梁和②号梁相应于公路-Ⅱ级和人群荷载的荷载横向分布系数。

当荷载位于支点处时，应按杠杆原理法计算荷载横向分布系数。

首先绘制①号梁和②号梁的荷载横向影响线，如图 5.37(b)和(c)所示。

根据《桥规》规定，在荷载横向分布影响线上确定荷载沿横向最不利位置，汽车荷载横向轮距为 1.80 m，两列汽车车轮的横向最小间距为 1.30 m，车轮距离人行道或路缘石边缘最少

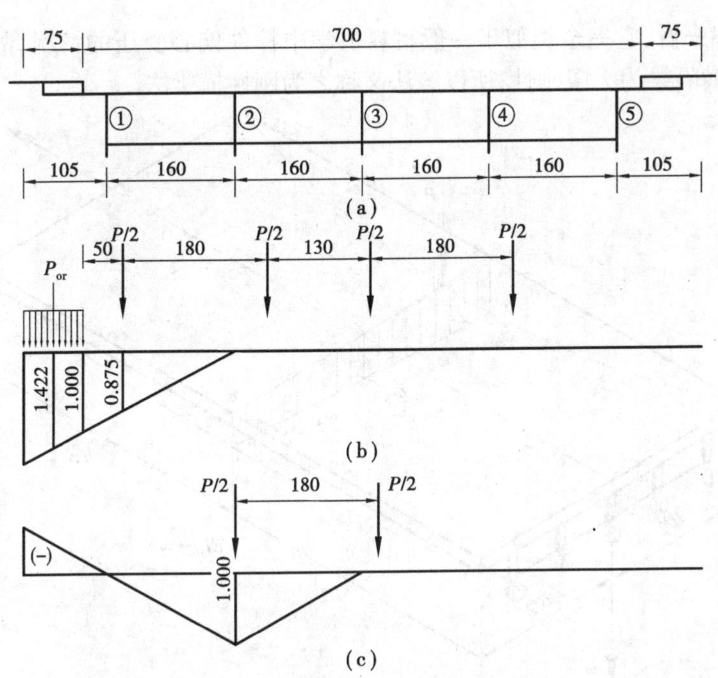

图5.37　杠杆原理法计算横向分布系数

(a)桥梁横截面;(b)①号梁横向影响线;(c)②号梁横向影响线

应为0.50 m。求出相应荷载位置的影响线竖标值后,就可得到横向所有荷载分布给①号梁的最大荷载值为:

公路-Ⅱ级　$\max A_{1q}=\dfrac{\sum P_q}{2}\cdot\eta_q=\dfrac{\sum\eta_q}{2}\cdot P=\dfrac{0.875}{2}\cdot P=0.438P$

人群荷载　$\max A_{1r}=\eta_r P_r 0.75=1.422P_{or}$

式中:P 和 P_{or} 相应为汽车荷载轴重和每延米跨长的人群荷载集度;η_q 和 η_r 为对应于汽车车轮和人群荷载集度的影响线竖标,由此可得①号梁在公路—Ⅱ级和人群荷载作用下最不利荷载横向分布系数分别为:$m_{oq}=0.438$ 和 $m_{or}=1.422$。

同理,根据图5.37(c)的布载,可得到②号梁最不利荷载横向分布系数 $m_{oq}=0.5$ 和 $m_{or}=0$。这里,在人行道上没有布载,这是因为人行道荷载引起的负反力,在考虑荷载组合时反而会减小②号梁的受力。

当各片主梁的荷载横向分布系数 m_0 求得后,通常就取 m_0 最大的这片梁按常规方法来计算截面内力。

5.3.3　偏心压力法

在钢筋混凝土或预应力混凝土梁桥上,除了在桥的两端设置端横隔梁外,还在跨中、1/4跨处设置中间横隔梁,这样可以显著增加桥梁的整体性,并加大横向结构的刚度。根据试验观测结果和理论分析,在具有可靠横向联系的桥上,且在桥的宽跨比 B/l 小于或接近于0.5时(一般称为窄桥),车辆荷载作用下中间横隔梁的弹性挠曲变形与主梁的变形相比微不足道。也就是说,中间横隔梁像一根刚度无穷大的刚性梁一样保持直线的形状,这是采用刚性横梁法计算横向分布的基本前提。图5.38中 ω 表示桥跨中央的竖向挠度,从桥上受载后各主梁的变形(挠度)规律来看,它完全类似于一般材料力学中杆件偏心受压的情况,故称之为偏心压力法,同时假定横隔梁为无限刚性,所以该法又称之为刚性横梁法。

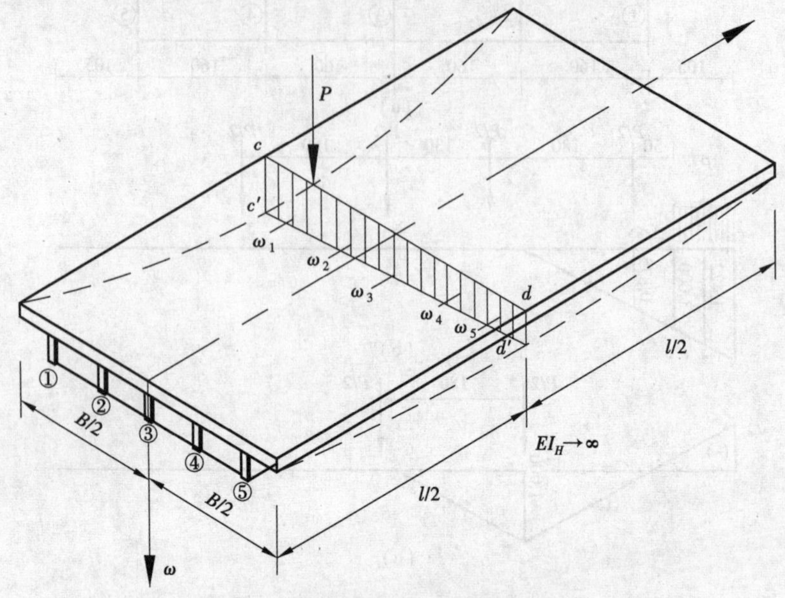

图 5.38　梁桥挠曲变形(刚性横梁)

下面根据上述假定来分析荷载对各主梁的横向分布情况。

(1)偏心荷载 P 对各主梁的荷载分布

从图 5.38 中可见,在偏心荷载 P 作用下,由于各片梁的挠曲变形,刚性的中间横隔梁将从原来的 c—d 位置变位至 c'—d',呈一根倾斜的直线;靠近 P 的①号边梁的跨中挠度 ω_1 最大,远离 P 的⑤号边梁的 ω_5 最小(也可能出现负值),其他任意梁的跨中挠度均按 c'—d'线呈直线规律分布。因为在弹性范围内某根主梁所受到的荷载 R_i 是与该荷载所产生的弹性挠度 ω_i 成正比例,所以在上述情况下,①号边梁受到的荷载最大,⑤号边梁受到的荷载最小(也可能承受反向荷载)。由此可以得出结论:在中间横隔梁刚度相当大的窄桥上,在沿横向偏心布置的活载作用下,总是靠近活载一侧的边梁受载最大。

现考察图 5.39 所示在跨中有单位荷载 $P=1$ kN 作用在左边①号梁梁轴上(偏心距为 e)时的荷载分布情况。作为一般的情形,假定各主梁的惯性矩 I_i 是不相等的(实践中往往有边梁大于中间主梁的情况)。显然,对于具有近似刚性中间横隔梁的结构,图 5.39(a)的荷载可以用作用于桥轴线的中心荷载 $P=1$ 和偏心力矩 $M=1\cdot e$ 来替代,如图 5.39(b)所示。因此,只要分别求出上述两种荷载下(图 5.39(c)和(d))对于各主梁的作用力,并将它们相应地叠加,便可得到偏心荷载 $P=1$ kN 对各根主梁的荷载横向分布。

1)中心荷载 $P=1$ 的作用

由于假定中间横隔梁是刚性的,且横截面对称于桥中线,各根主梁就产生同样的挠度(图 5.39(c)),即

$$\omega_1' = \omega_2' = \cdots = \omega_0' \tag{5.19}$$

根据材料力学,作用于简支梁跨中的荷载(即主梁所分担的荷载)与挠度的关系为:

$$\omega_i' = \frac{R_i' l^3}{48EI_i} \text{ 或 } R_i' = aI_i\omega_i' \tag{5.20}$$

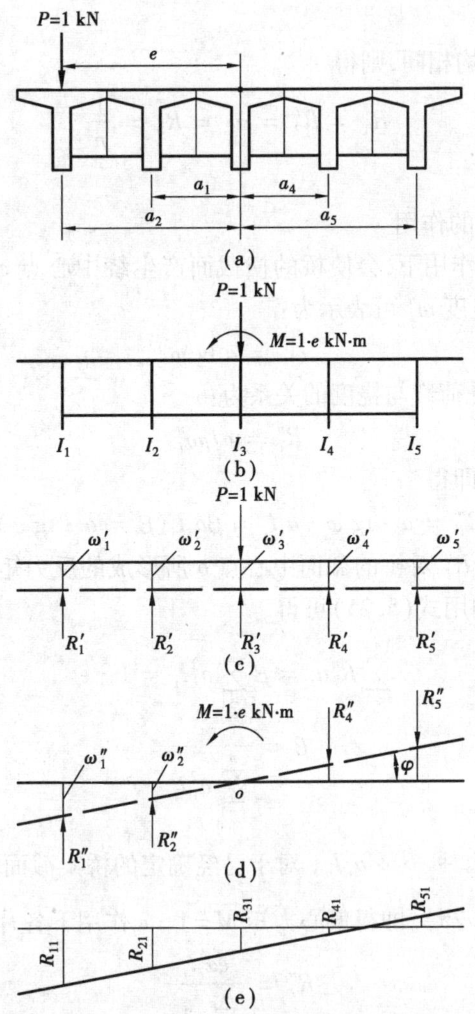

图 5.39　偏心荷载 $P=1$ 对各主梁的荷载分布

式中：$a=\dfrac{48E}{l^3}$为常数（E 为主梁材料的弹性模量）。

由静力平衡条件并代入式(5.19)，可得

$$\sum_{i=1}^{n} R'_i = a\omega'_i \sum_{i=1}^{n} I_i = 1$$

故

$$a\omega'_i = \frac{1}{\sum\limits_{i=1}^{n} I_i} \tag{5.21}$$

将上式代入式(5.20)，即得中心荷载 $P=1$ 在各主梁间的荷载分布为：

$$R'_i = \frac{I_i}{\sum\limits_{i=1}^{n} I_i} \tag{5.22}$$

式中：$\sum\limits_{i=1}^{n} I_i$——桥梁横截面内所有主梁抗弯惯性矩的总和，对于已经确定的桥梁横截面它是

常数。

如果各片主梁的截面均相同，则得

$$R_1' = R_2' = \cdots = R_0' = \frac{1}{n} \tag{5.23}$$

式中：n——主梁片数。

2）偏心力矩 $M=1\cdot e$ 的作用

在偏心力矩 $M=1\cdot e$ 作用下，会使桥的横截面产生绕中心点 o 转角 φ（图 5.39(d)），因此，各根主梁产生的竖向挠度 ω_i'' 可表示为：

$$\omega_i'' = a_i \text{tg}\,\varphi \tag{5.24}$$

由式(5.20)，主梁所受荷载与挠度的关系为：

$$R_i'' = aI_i\omega_i''$$

将式(5.24)代入上式即得

$$R_i'' = a\cdot\text{tg}\,\varphi\cdot a_iI_i = \beta a_iI_i(\beta = a\cdot\text{tg}\,\varphi) \tag{5.25}$$

从图 5.39(d)中可知，R_i'' 对桥的截面中心点 o 所形成的反力矩之和应与外力矩 $M=1\cdot e$ 平衡，故据此平衡条件并利用式(5.25)可得

$$\sum_{i=1}^{n} R_i''a_i = \beta\sum_{i=1}^{n} a_i^2I_i = 1\cdot e$$

则

$$\beta = \frac{e}{\sum_{i=1}^{n} a_i^2I_i} \tag{5.26}$$

式中：$\sum_{i=1}^{n} a_i^2I_i = a_1^2I_1 + a_2^2I_2 + \cdots + a_n^2I_n$，对于已经确定的桥梁截面，它是常数。

将式(5.26)代入式(5.25)，即得偏心力矩 $M=1\cdot e$ 作用下各片主梁所分配的荷载：

$$R_i'' = \frac{ea_iI_i}{\sum_{i=1}^{n} a_i^2I_i} \tag{5.27}$$

注意，上式中的荷载位置 e 和梁位 a_i 是具有共同原点 o 的横坐标值，因此在 e 取值时应当计入正、负号。当 e 和 a_i 位于同一侧时两者的乘积取正号，反之应取负号。若以 $e=a_1$ 代入上式，即荷载作用在①号边梁轴线上时，有

$$R_{11}'' = \frac{a_1^2I_1}{\sum_{i=1}^{n} a_i^2I_i} \tag{5.28}$$

如果各片主梁的截面均相同，则

$$R_{11}'' = \frac{a_1^2}{\sum_{i=1}^{n} a_i^2} \tag{5.29}$$

式中：R_{11}'' 的第二个脚标表示荷载作用位置，第一个脚标则表示由于该荷载引起反力的梁号。

3）偏心荷载 $P=1$ 对各主梁的总作用

将式(5.27)和式(5.22)相叠加，并设荷载位于 k 号梁轴上（$e=a_k$），就可写出任意 i 号主梁荷载分布的一般公式为：

$$R_{ik}=\frac{I_i}{\sum_{i=1}^{n}I_i}+\frac{a_i a_k I_i}{\sum_{i=1}^{n}a_i^2 I_i} \tag{5.30}$$

由此也不难得出关系式：

$$R_{ik}=R_{ki}\frac{I_i}{I_k} \tag{5.31}$$

对于图 5.39 的情形，如欲求 $P=1$ 作用在①号梁轴线上时边主梁（①号和⑤号梁）所受的总荷载，只要在式(5.30)中，将 a_k 代入 a_1，将 $a_i^2 I_i$ 分别代入 $a_1^2 I_1$ 和 $a_5^2 I_5$，并注意 $I_5=I_1$ 和 $a_5^2=a_1^2$，则得

$$\begin{aligned}R_{11}&=\frac{I_1}{\sum_{i=1}^{n}I_i}+\frac{a_1^2 I_1}{\sum_{i=1}^{n}a_i^2 I_i}\\R_{51}&=\frac{I_1}{\sum_{i=1}^{n}I_i}-\frac{a_1^2 I_1}{\sum_{i=1}^{n}a_i^2 I_i}\end{aligned} \tag{5.32}$$

求得了各片梁所受的荷载 $R_{11},R_{21},\cdots,R_{n1}$，就可绘出 $P=1$ 作用在①号梁上时对各主梁的荷载分布图式，如图 5.39(e)所示。鉴于 R_{i1} 图形呈直线分布，故实际上只要计算两片边梁的荷载值 R_{11} 和 R_{51} 就足够了。

(2) 利用荷载横向影响线求主梁的荷载横向分布系数

以上论述了沿桥的横向只有一个集中荷载作用的情况。然而实际沿桥宽作用的车轮荷载不止一个，通常利用荷载横向影响线来计算横向一排（几个）荷载对某片主梁的总影响。

已经知道，当单位荷载 $P=1$ 作用在桥跨中任一主梁 k 轴线上时，对各片主梁的荷载横向分布系数 R_{ik}（见式(5.31)），利用式(5.31)的关系，就可得到荷载 $P=1$ 作用在任意梁轴线上时分布至 k 号梁的荷载为：

$$R_{ki}=R_{ik}\frac{I_k}{I_i}$$

这就是 k 号主梁的荷载横向影响线在各梁位处的竖标值，通常写成 $\eta_{ki}(i=1,2,\cdots,n)$。如果各根主梁的截面尺寸相同，则

$$\eta_{ki}=R_{ki}=R_{ik}$$

如以①号边梁为例，它的横向影响线的两个控制竖标值就是：

$$\begin{aligned}\eta_{11}&=R_{11}=\frac{I_1}{\sum_{i=1}^{n}I_i}+\frac{a_1^2 I_1}{\sum_{i=1}^{n}a_i^2 I_i}\\\eta_{15}&=R_{51}=\frac{I_1}{\sum_{i=1}^{n}I_i}-\frac{a_1^2 I_1}{\sum_{i=1}^{n}a_i^2 I_i}\end{aligned} \tag{5.33}$$

当各片主梁的截面均相同时，上式可简化为：

$$\eta_{11}=\frac{1}{n}+\frac{a_1^2}{\sum_{i=1}^{n}a_i^2}$$

$$\eta_{15} = \frac{1}{n} - \frac{a_1^2}{\sum_{i=1}^{n} a_i^2}$$

有了荷载横向影响线，就可以在桥的横截面上布置最不利的车辆位置，计算主梁的最大影响量，即该主梁所受荷载 R_i 的最大值。

$$\max R_i = \frac{P}{2}(\eta_1 + \eta_2 + \cdots + \eta_n) = \frac{P}{2}\sum \eta_i = m_{cq}P$$

式中：$m_{cq} = \frac{\sum \eta_i}{2}$是在汽车荷载作用下 i 号主梁的荷载横向分布系数。

(3)计算举例

例 5.3 计算跨径 $l = 19.50$ m 的桥梁横截面如图 5.40(a)所示，试求汽车荷载位于跨中时①号边梁的荷载横向分布系数 m_{cq}（汽车荷载）和 m_{cr}（人群荷载）。

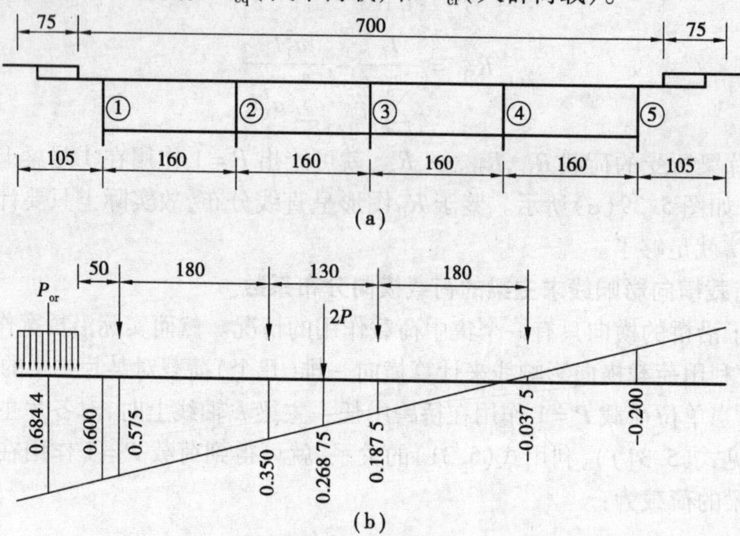

图 5.40 横向分布系数计算图式(尺寸单位:cm)

此桥在跨度内设有横隔梁，具有强大的横向刚性联系，且承重结构的长宽比为：

$$\frac{l}{B} = \frac{19.50}{8.5} = 2.3 > 2$$

故可按偏心压力法来绘制荷载横向影响线并计算横向分布系数 m_c。

本桥各片主梁的横截面均相等，梁数 $n = 5$，梁间距为 1.60 m，$a_1 = a_5 = 2 \times 1.6 = 3.2$ m，$a_2 = a_4 = 1.6$ m，$a_3 = 0$，则

$$\sum_{i=1}^{5} a_i^2 = a_1^2 + a_2^2 + a_3^2 + a_4^2 + a_5^2 = (2 \times 3.2^2 + 2 \times 1.60^2)\,\mathrm{m}^2 = 25.60\ \mathrm{m}^2$$

由式(5.33)知，①号梁横向分布影响线的竖标值为：

$$\eta_{11} = \frac{1}{n} + \frac{a_1^2}{\sum_{i=1}^{n} a_i^2} = \frac{1}{5} + \frac{3.2^2}{25.60} = 0.2 + 0.4 = 0.6$$

$$\eta_{15} = \frac{1}{n} - \frac{a_1^2}{\sum_{i=1}^{n} a_i^2} = \frac{1}{5} - \frac{3.2^2}{25.60} = 0.20 - 0.40 = -0.20$$

由 η_{11} 和 η_{15} 绘制的①号梁横向影响线见图 5.40(b),并按《桥规》规定确定了汽车荷载的最不利荷载位置。

进而由 η_{11} 和 η_{15} 计算横向影响线的零点位置,在本例中,设零点至①号梁位的距离为 x,则 $\frac{x}{0.60} = \frac{4 \times 1.60 - x}{0.2}$,解得 $x = 4.80$ m。

零点位置已知后,就可求出各类荷载相应于各个荷载位置的横向影响线竖标值 η_q 和 η_r。

设人行道缘石至①号梁轴线的距离为 Δ,则

$$\Delta = (7.00 - 4 \times 1.60)/2 = 0.3 \text{ m}$$

于是,①号梁的活载横向分布系数计算如下(以 x_{qi} 和 x_r 分别表示影响线零点至汽车车轮和人群荷载集度的横坐标距离):

汽车荷载

$$m_{cq} = \frac{1}{2}\sum \eta_q = \frac{1}{2} \cdot (\eta_{q1} + \eta_{q2} + \eta_{q3} + \eta_{q4}) = \frac{1}{2} \cdot \frac{\eta_{11}}{x}(x_{q1} + x_{q2} + x_{q3} + x_{q4}) =$$

$$\frac{1}{2} \cdot \frac{0.60}{4.80}(4.60 + 2.80 + 1.50 - 0.30) = 0.537\ 5$$

由前面推导可知,按刚性横梁法求得的主梁横向分布影响线是一条直线,因此可以不必按上述逐个求出每个轮下的影响线坐标,只需把所有轮重的合力求出来,再乘以合力 R 作用位置下影响线纵坐标 $\bar{\eta}$ 即可。

$$m_{cq} = 2\bar{\eta} = 2 \times 0.268\ 75 = 0.537\ 5$$

人群荷载

$$m_{cr} = \eta = \frac{\eta_{11}}{x}x_r = \frac{0.60}{4.80}\left(4.80 + 0.30 + \frac{0.75}{2}\right) = 0.684\ 4$$

求得①号梁的各种荷载横向分布系数后,就可得到各类荷载分布至该梁的最大荷载值。

(4)考虑主梁抗扭刚度的修正偏心压力法

前面介绍的偏心压力法具有概念清楚、公式简明和计算方便等优点,但在推导中作了横隔梁近似绝对刚性和忽略主梁抗扭刚度两项假定,从而导致了边梁受力偏大的计算结果。为弥补偏心压力法的不足,可采用考虑主梁抗扭刚度的修正偏心压力法。

1)计算原理

已知用偏心压力法计算荷载横向影响线坐标(以①号边梁为例)的公式为:

$$\eta_{11} = \frac{I_1}{\sum_{i=1}^{n} I_i} + \frac{e a_1 I_1}{\sum_{i=1}^{n} a_i^2 I_i}$$

上式中等号右边第一项是由中心荷载 $P=1$ 所引起,此时各主梁只发生挠度而无转动(图 5.39(c)),显然它与主梁的抗扭无关。等号右边的第二项源于偏心力矩 $M = 1 \cdot e$ 的作用,此时,由于截面的转动,各主梁不仅发生竖向挠度,而且还必然同时引起扭转,可是在算式中却没有计入主梁的抗扭作用。由此可见,要计入主梁抗扭影响,只需对等式第二项给予修正。

现在来研究跨中垂直于桥轴平面内有外力矩 $M = 1 \cdot e$ 作用下桥梁的变形和受力情况。

如图 5.41 所示，此时每根主梁除产生不相同的挠度 ω''_i 以外尚转动一个相同的 φ 角(图 5.41(b))。如设荷载通过跨中的刚性横隔梁传递，截出此横隔梁作为脱离体来分析，可得各根主梁对横隔梁的反作用为竖向力 R''_i 和抗力矩 $M_{\mathrm{T}i}$(图 5.41(c))。

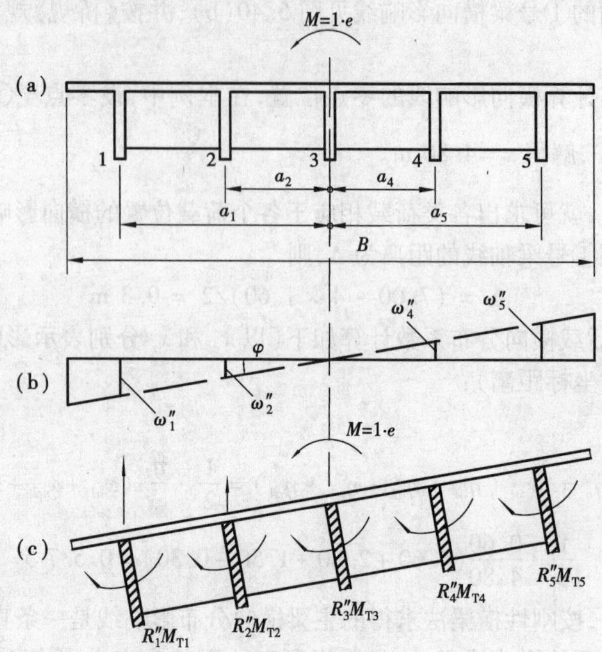

图 5.41　考虑主梁抗扭的计算图示

根据平衡条件

$$\sum_{i=1}^{n} R''_i a_i + \sum_{i=1}^{n} M_{Ti} = 1 \cdot e \tag{5.34}$$

由材料力学可知，简支梁考虑自由扭转时，跨中截面扭矩与扭角以及竖向力与挠度的关系为：

$$\varphi = \frac{lM_{\mathrm{T}i}}{4GI_{\mathrm{T}i}} \text{ 和 } \omega''_i = \frac{R''_i l^3}{48EI_i} \tag{5.35}$$

式中：l——简支梁的跨度；

$I_{\mathrm{T}i}$——梁的抗扭惯矩；

G——材料的剪切模量，其余符号同前。

由几何关系有(图 5.41(b))

$$\varphi \approx \tan\varphi = \frac{\omega''_i}{a_i} \tag{5.36}$$

将式(5.35)代入，则

$$\varphi = \frac{R''_i l^3}{48a_i EI_i} \tag{5.37}$$

再将上式代入 M_{Ti} 的关系式，就得

$$M_{Ti} = R''_i \cdot \frac{l^2 GI_{Ti}}{12a_i EI_i} \tag{5.38}$$

为了计算任意 k 号梁的荷载,利用几何关系和式(5.35),则

$$\frac{\omega_i''}{\omega_k''}=\frac{a_i}{a_k}=\frac{R_i''/I_i}{R_k''/I_k},\text{即得 } R_i''=R_k''\frac{a_iI_i}{a_kI_k} \tag{5.39}$$

再将式(5.38)和式(5.39)代入平衡条件式(5.34),则得

$$\sum_{i=1}^{n}R_k''\frac{a_i^2I_i}{a_kI_k}+\sum_{i=1}^{n}R_k''\frac{a_iI_i}{a_kI_k}\cdot\frac{l^2GI_{Ti}}{12a_iEI_i}=e$$

$$R_k''\cdot\frac{1}{a_kI_k}\left(\sum_{i=1}^{n}a_i^2I_i+\frac{l^2G}{12E}\sum_{i=1}^{n}I_{Ti}\right)=e$$

于是

$$R_k''=\beta\frac{ea_kI_k}{\sum\limits_{i=1}^{n}a_i^2I_i} \tag{5.40}$$

最后可得考虑主梁抗扭刚度后任意 k 号梁的横向影响线竖标为:

$$\eta_{ki}=\frac{I_k}{\sum\limits_{i=1}^{n}I_i}\pm\beta\frac{ea_kI_k}{\sum\limits_{i=1}^{n}a_i^2I_i}$$

式中系数

$$\beta=\frac{1}{1+\dfrac{Gl^2\sum I_{Ti}}{12E\sum a_i^2I_i}}<1 \tag{5.41}$$

称为抗扭修正系数,它与梁号无关,纯粹取决于结构的几何尺寸和材料特性。

于是,1 号边梁的横向影响线竖标为:

$$\eta_{1i}=\frac{I_1}{\sum\limits_{i=1}^{n}I_i}\pm\beta\frac{ea_1I_1}{\sum\limits_{i=1}^{n}a_i^2I_i} \tag{5.42}$$

由此可见,与偏心压力法公式不同点仅在于第二项上乘了小于 1 的抗扭修正系数 β,所以此法称为修正偏心压力法。

以上为了简明起见,是针对等截面简支梁的跨中截面进行分析的,对于其他体系梁桥以及荷载不在跨中的情况,只要根据相应的扭角与扭矩以及竖向力与挠度的关系式出发[参见式(5.35)],同样也可求出各情况的 β 值来。

对于简支梁桥,如果主梁的截面均相同,即 $I_i=I,I_{Ti}=I_T$ 并且跨中荷载 $P=1$ 作用在 1 号梁上,即 $e=a_1$,则得 1 号梁横向影响线的两个坐标值为:

$$\eta_{11}=\frac{1}{n}+\beta\frac{a_1^2}{\sum\limits_{i=1}^{n}a_i^2}$$

$$\eta_{15}=\frac{1}{n}-\beta\frac{a_1^2}{\sum\limits_{i=1}^{n}a_i^2}$$

此时

$$\beta=\frac{1}{1+\dfrac{nl^2GI_T}{12EI\sum a_i^2}} \tag{5.43}$$

当主梁的间距相同时，式中：

$$\frac{n}{12\sum a_i^2}=\frac{\xi}{B^2}$$

式中：n——主梁根数；

B——桥宽（见图 5.41（a））；

ξ——与主梁根数有关的系数，如表 5.3 所示。

表 5.3　ξ 值

n	4	5	6	7
ξ	1.067	1.042	1.028	1.021

在此情况下

$$\beta=\frac{1}{1+\xi\dfrac{GI_T}{EI}\left(\dfrac{l}{B}\right)^2} \tag{5.44}$$

从式中可以看出，$\dfrac{l}{B}$愈大的桥，抗扭刚度对横向分布系数的影响也愈大。

在计算时，式(5.44)中混凝土的剪切模量 G 可取为 $0.425E$；对于由矩形组合而成的梁截面，如 T 形或 I 字形梁，其抗扭惯矩 I_T 近似等于各个矩形截面的抗扭惯矩之和

$$I_T=\sum_{i=1}^{m}c_ib_it_i^3 \tag{5.45}$$

式中：b_i 和 t_i——单个矩形截面的宽度和厚度（图 5.42）；

c_i——矩形截面抗扭刚度系数，根据$\dfrac{t}{b}$比值按表 5.4 计算；

m——梁截面划分成单个矩形截面的块数。

表 5.4　c_i 值

$\dfrac{t}{b}$	1	0.9	0.8	0.7	0.6	0.5	0.4	0.3	0.2	0.1	<0.1
c	0.141	0.155	0.171	0.189	0.209	0.229	0.250	0.270	0.291	0.312	1/3

2）计算举例

例 5.4　为了进行比较，仍取偏心压力法的计算举例所采用的截面尺寸，来计算考虑抗扭刚度修正后的荷载横向影响线竖标值。T 形主梁的细部尺寸如图 5.43 所示。

计算步骤如下：

①计算 I 和 I_T

求主梁截面重心位置 a_x（图 5.43）。

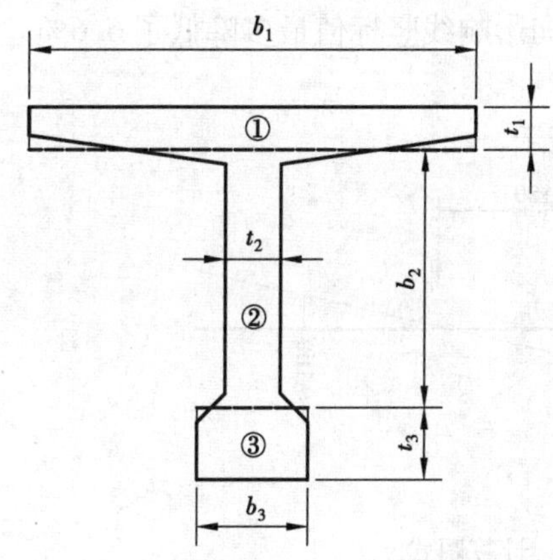

图 5.42　I_T 计算图式

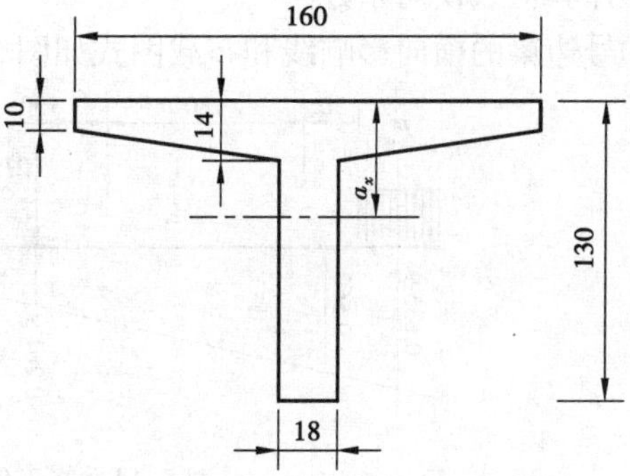

图 5.43　主梁截面尺寸

翼板的换算平均高度

$$h = \frac{10 + 14}{2}\ \text{cm} = 12\ \text{cm}$$

$$a_x = \frac{(160 - 18) \times 12 \times \dfrac{12}{2} + 130 \times 18 \times \dfrac{130}{2}}{(160 - 18) \times 12 + (130 \times 18)}\ \text{cm} = 40.1\ \text{cm}$$

主梁抗弯惯矩

$$I = \frac{1}{12}(160 - 18) \times 12^3 + (160 - 18) \times 12\left(40.1 - \frac{12}{2}\right)^2 +$$

$$\frac{1}{12} \times 18 \times 130^3 + 18 \times 130\left(\frac{130}{2} - 40.1\right)^2 = 6\ 748\ 200\ \text{cm}^4 = 0.067\ 482\ \text{m}^4$$

主梁抗扭惯矩按式查表5.4计算：

对于翼板：$t_1/b_1 = 0.12/1.60 = 0.075 < 0.1$，查表得 $c_1 = \dfrac{1}{3}$。

对于梁肋：$t_2/b_2 = 0.18/1.18 = 0.153$，查表得 $c_2 = 0.301$，由式得：

$$I_T = \left(\frac{1}{3} \times 160 \times 12^3 + 0.301 \times 118 \times 18^3\right)\text{cm}^4 = 299\ 300\ \text{cm}^4 = 0.002\ 993\ \text{m}^4$$

②计算抗扭修正系数 β

由表5.3，$n = 5$ 时 $\xi = 1.042$，并取 $G = 0.425E$，代入式(5.44)得

$$\beta = \frac{1}{1 + 1.042\dfrac{0.425E \times 0.002\ 993}{E \times 0.067\ 482}\left(\dfrac{19.5}{8.0}\right)^2} = \frac{1}{1.112} = 0.899$$

③计算横向影响线竖标值

对于1号边梁考虑抗扭修正后的横向影响线竖标值为：

$$\eta_{11} = \frac{1}{n} + \beta\frac{a_1^2}{\sum\limits_{i=1}^{n} a_i^2} = 0.20 + 0.899 \times 0.40 = 0.56$$

$$\eta_{15} = \frac{1}{n} - \beta\frac{a_1^2}{\sum\limits_{i=1}^{n} a_i^2} = 0.20 - 0.899 \times 0.40 = -0.16$$

在本例中,计入主梁抗扭影响时,边梁的荷载横向影响线竖标值最多降低了6.6%。

④计算荷载横向系数

⑤号边梁的横向影响线和布载图式如图5.44所示。

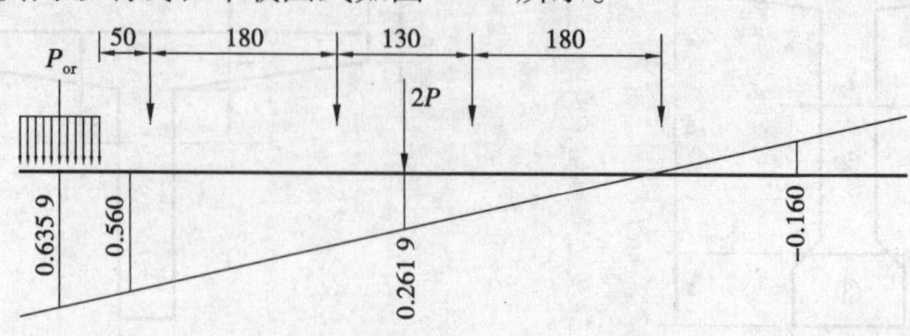

图5.44 修正偏压法 m_c 计算图式

汽车荷载

$$m'_{cq} = 2\eta'_q = 2 \times 0.261\ 9 = 0.524(0.538)$$

人群荷载

$$m'_{cr} = \eta_r = 0.636(0.684)$$

式中括弧内表示不计抗扭作用的值。本例计算结果表明,计及抗扭影响的 m'_{cq},m'_{cr} 比不计抗扭影响的 m_{cq},m_{cr} 相应降低2.6%和7.0%。

5.3.4 铰接板(梁)法

对于用现浇混凝土纵向企口缝联结的装配式板桥以及仅在翼板间用焊接钢板或伸出交叉钢筋联结的无中间横隔梁的装配式T梁桥,由于块件间横向具有一定的联结构造,但其联结刚性又很薄弱,因此对于跨中荷载横向分布的计算,杠杆原理法和偏心压力法均不适用。鉴于这类结构的受力状态实际接近于数根并列而相互间横向铰接的狭长板(梁),对此专门采用横向铰接板(梁)理论来计算荷载的横向分布。

图5.45(a)示出一座用混凝土企口缝联结的装配式板桥承受荷载 P 的变形图式。当②号板块上有荷载 P 作用时,除了本身引起纵向挠曲外(板块本身的横向变形极微小,可略去不计),其他板块也会受力而发生相应的挠曲。显然,这是因为各板块之间通过结合缝所承受的内力在起传递荷载的作用。图5.45(b)表示出一般情况下结合缝上可能引起的内力为竖向剪力 $g(x)$、横向弯矩 $m(x)$、纵向剪力 $t(x)$ 和法向力 $n(x)$。然而,当桥上主要作用竖向车轮荷载时,纵向剪力和法向力同竖向剪力相比,影响极小;加之,在构造上,结合缝(企口缝)的高度不大、刚性甚弱,通常可视作近似铰接,则横向弯矩对传递荷载的影响极微,也可忽略。这样,为了简化计算,就可以假定竖向荷载作用下结合缝内只传递竖向剪力 $g(x)$,如图5.45(c)所示,这就是横向铰接板(梁)计算理论的假定前提。

把一个空间计算问题,借助按横向挠度分布规律来确定荷载横向分布的原理,简化为一个平面问题来处理,严格说来,应当满足下述关系(以①,②号板梁为例):

$$\frac{\omega_1(x)}{\omega_2(x)} = \frac{M_1(x)}{M_2(x)} = \frac{V_1(x)}{V_2(x)} = \frac{P_1(x)}{P_2(x)} = 常数$$

此式表明,在桥上荷载作用下,任意两片板梁所分配到的荷载的比值,与挠度的比值以及截面内力的比值都相同。

对于每片板梁有关系式 $M(x) = -EI\omega''$ 和 $Q(x) = -EI\omega'''$,代入上式,并设 EI 为常量,则

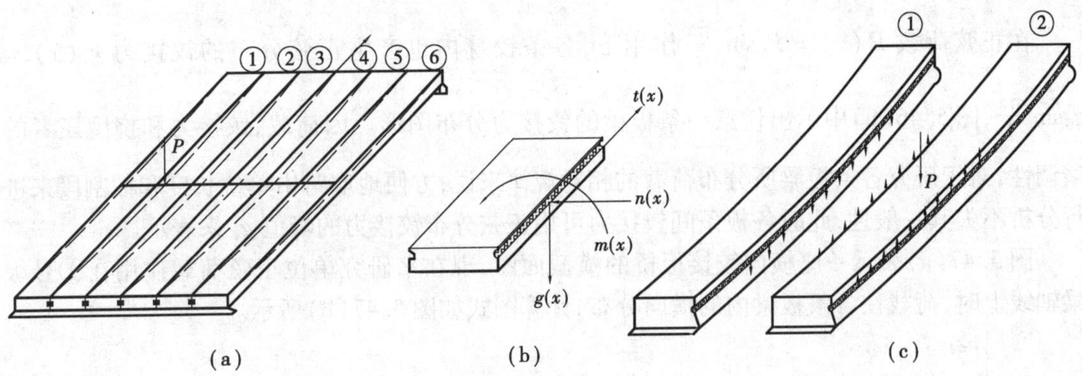

图 5.45　铰接板桥受力示意图

$$\frac{\omega_1(x)}{\omega_2(x)} = \frac{\omega_1''(x)}{\omega_2''(x)} = \frac{P_1(x)}{P_2(x)} = \text{常数} \tag{5.46}$$

实际上,无论是集中轮重还是分布荷载的作用情况,都不能满足上式的条件。然而,若采用具有某一峰值 P_0 的半波正弦荷载:

$$P(x) = P_0 \sin\frac{\pi x}{l} \tag{5.47}$$

的话,根据其积分和求导的性质,条件式(5.46)就能得到满足。对于研究荷载横向分布,还可方便地设 $P_0 = 1$ 而直接采用单位正弦荷载来分析。此时各片板梁的挠曲线将是半波正弦曲线,它们所分配到的荷载也是具有不同峰值的半波正弦荷载。这样,就使荷载、挠度和内力三者的变化规律趋于协调统一。

由此严格说来,荷载横向分布的处理方法,理论上仅对常截面的简支梁桥(ω 为正弦函数时满足简支的边界条件)作用半波正弦荷载时,才属正确。鉴于用正弦荷载代替跨中的集中荷载,在计算各梁跨中挠度时的误差很小,而且,计算内力时虽有稍大的误差,但考虑到实际计算时有许多车轮沿桥跨分布,这样又进一步使误差减少,故在铰接板(梁)法中,作为一个基本假定,也就采用半波正弦荷载来分析跨中荷载横向分布的规律。

1)铰接板桥的荷载横向分布

根据以上所作的基本假定,铰接板桥的受力图式如图 5.46 所示。

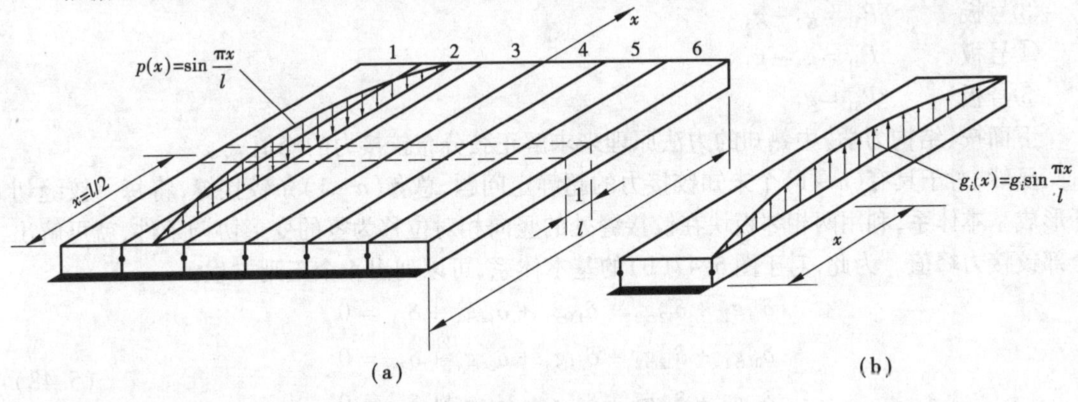

图 5.46　铰接板桥受力图式

在正弦荷载 $P(x)=P_0\sin\dfrac{\pi x}{l}$ 作用下，各条铰缝内也产生正弦分布的铰接力 $g_i(x)=g_0\sin\dfrac{\pi x}{l}$，图 5.46(b)中示出任意一条板梁的铰接力分布图形。因荷载、铰接力和挠度三者的谐调性，对于研究各条板梁所分布荷载的相对规律来说，方便地取跨中单位长度和截割段来进行分析不失其一般性，此时各板条间铰接力可用正弦分布铰接力的峰值 g_i 来表示。

图 5.47(a)表示一座横向铰接板桥的横截面图，现在来研究单位正弦荷载作用在①号板梁轴线上时，荷载在各条板梁内的横向分布，计算图式如图 5.47(b)所示。

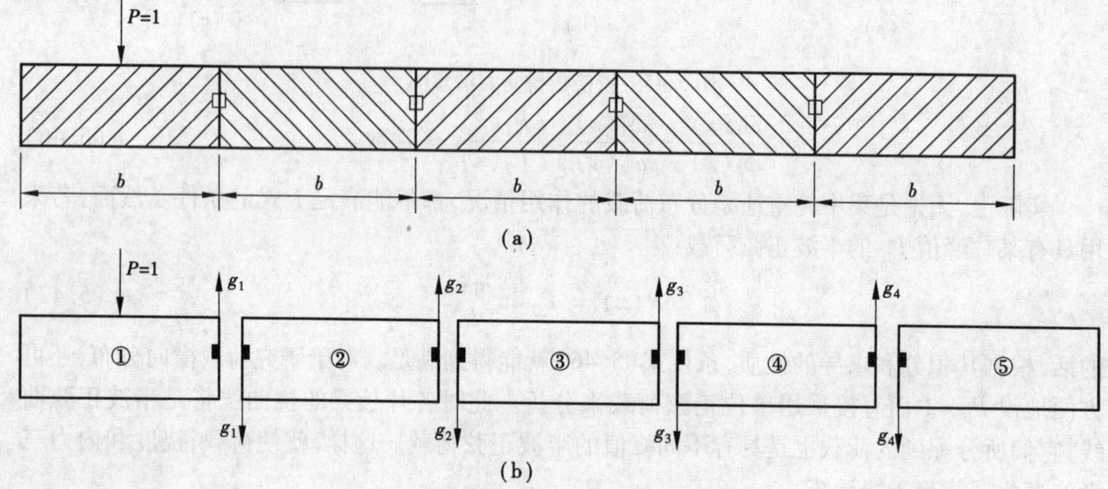

图 5.47　铰接板桥计算图式

对于具有 n 条板梁组成的桥梁，必然具有$(n-1)$条铰缝。在板梁间沿铰缝切开，则每一铰缝内作用着一对大小相等方向相反的正弦分布铰接力，因此对于 n 条板梁就有$(n-1)$个欲求的未知铰接力峰值 g_i。如果求得了所有的 g_i，则根据力的平衡原理，可得分配到各板块的竖向荷载的峰值 P_{i1}，以图 5.47(b)所示的 5 块板为例，即为：

①号板　　$P_{11}=1-g_1$

②号板　　$P_{21}=g_1-g_2$

③号板　　$P_{31}=g_2-g_3$

④号板　　$P_{41}=g_3-g_4$

⑤号板　　$P_{51}=g_4$

下面按《结构力学》中熟知的力法原理来求解正弦分布铰接力的峰值 g_i。

显然，对于具有$(n-1)$个未知铰接力的超静定问题，总有$(n-1)$条铰接缝，将每一铰缝切开形成基本体系，利用两相邻板块在铰接缝处的竖向相对位移为零的变形协调条件，就可解出全部铰接力峰值。为此，对于图 5.47(b)的基本体系，可以列出 4 个正则方程：

$$
\begin{aligned}
\delta_{11}g_1+\delta_{12}g_2+\delta_{13}g_3+\delta_{14}g_4+\delta_{1p}&=0\\
\delta_{21}g_1+\delta_{22}g_2+\delta_{23}g_3+\delta_{24}g_4+\delta_{2p}&=0\\
\delta_{31}g_1+\delta_{32}g_2+\delta_{33}g_3+\delta_{34}g_4+\delta_{3p}&=0\\
\delta_{41}g_1+\delta_{42}g_2+\delta_{43}g_3+\delta_{44}g_4+\delta_{4p}&=0
\end{aligned}
\tag{5.48}
$$

式中：δ_{ik}——铰接缝 k 内作用单位正弦铰接力，在铰接缝 i 处引起的竖向相对位移；

δ_{ip}——外荷载 P 在铰接缝 i 处引起的竖向位移。

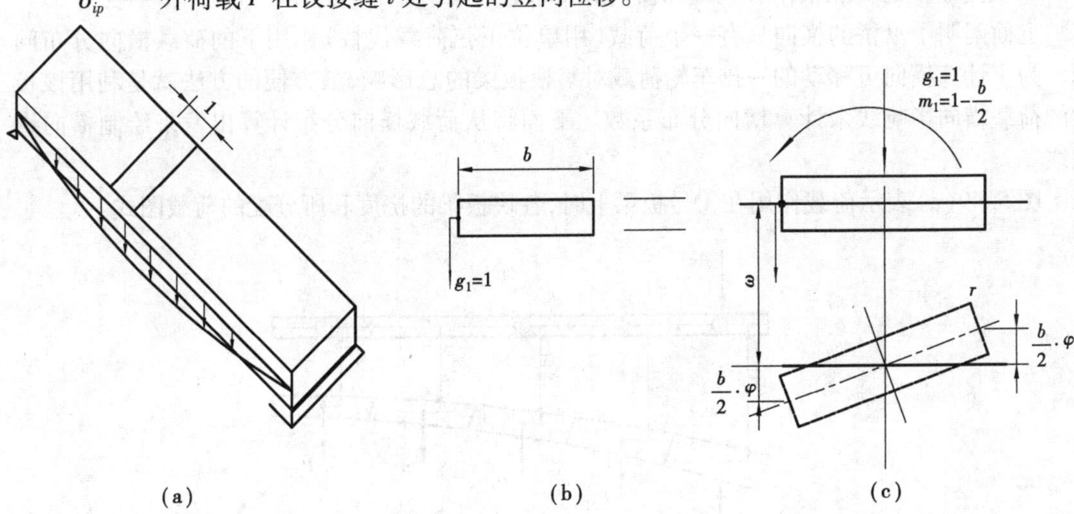

图5.48　板梁的典型受力图式

为了确定正则方程中的常系数 δ_{ik} 和 δ_{ip}，考察图5.48(a)所示任意板梁在左边铰缝内作用单位正弦铰接力的典型情况。图5.48(b)为跨中单位长度截割段的示意图。对于横向近乎刚性的板块，偏心的单位正弦铰接力可以用一个中心荷载和一个正弦分布的扭矩来代替，图5.48(c)中示出了作用在跨中上的相应峰值 $g_1=1$ 和 $m_1=\frac{b}{2}$。设上述中心作用荷载在板跨中央产生的挠度为 ω，上述扭矩引起的跨中扭角为 φ，这样在板块左侧产生的总挠度为 $\omega+\frac{b\varphi}{2}$，在板块右侧则为 $\omega-\frac{b\varphi}{2}$。掌握了这一典型的变形规律，参照图5.47(b)的基本体系，就不难确定以 ω 和 φ 表示的全部 δ_{ik} 和 δ_{ip}。计算中应遵循下述符号规定：当 δ_{ik} 与 g_1 的方向一致时取正号，也就是说，使某一铰缝增大相对位移的挠度取正号，反之取负号。至此，依据图5.47(b)的基本体系，就可写出正则方程(5.48)中的常系数为：

$$\delta_{11}=\delta_{22}=\delta_{33}=\delta_{44}=2\left(\omega+\frac{b\varphi}{2}\right)$$

$$\delta_{12}=\delta_{23}=\delta_{34}=\delta_{21}=\delta_{32}=\delta_{43}=-\left(\omega-\frac{b\varphi}{2}\right)$$

$$\delta_{13}=\delta_{14}=\delta_{24}=\delta_{31}=\delta_{41}=\delta_{42}=0$$

$$\delta_{1p}=-\omega$$

$$\delta_{2p}=\delta_{3p}=\delta_{4p}=0$$

一般说来，n 块板就有 $(n-1)$ 个联立方程，其主系数 $\frac{1}{\omega}\delta_{ii}$ 都是 $2(1+\gamma)$，副系数 $\frac{1}{\omega}\delta_{ik}$ $(k=i\pm1)$ 都为 $-(1-\gamma)$，其余都为零。荷载项系数除了直接受载的1号板块处为 -1 以外，其余均为零。

由此可见，只要确定了刚度参数 γ、板块数量 n 和荷载作用位置，就可解出所有 $(n-1)$ 个未知铰接力的峰值。有了 g_1 就能按式(5.48)得到荷载作用下分配到各板块的竖向荷载的峰值。

2)铰接板桥的荷载横向影响线和横向分布系数

上面阐明了沿桥的横向只有一个荷载(用单位正弦荷载代替)作用下的荷载横向分布问题。为了计算横向可移动的一排车轮荷载对某根板梁的总影响,最方便的方法就是利用该板梁的荷载横向影响线来计算横向分布系数。下面将从荷载横向分布计算出发来绘制横向影响线。

图5.49(a)表示荷载作用在①号板梁上时,各块板梁的挠度和所分配的荷载图式。

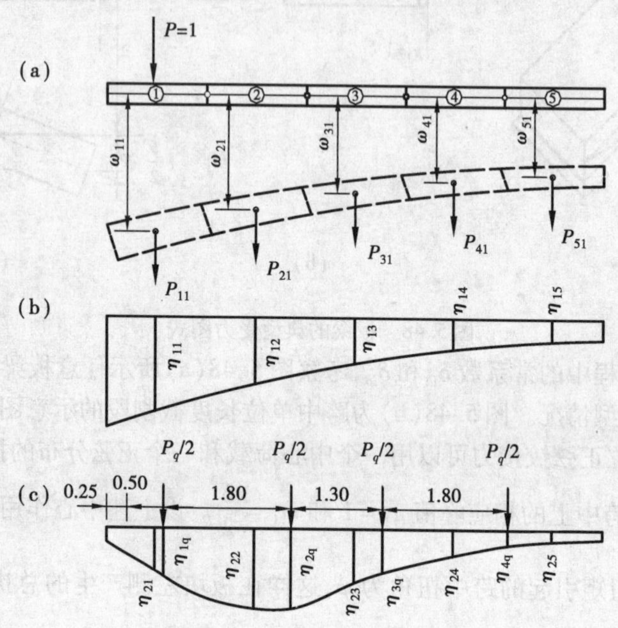

图5.49　跨中的荷载横向影响线

对于弹性板梁,荷载与挠度呈正比关系,即

$$P_{i1} = a_1 \omega_{i1}$$

同理

$$P_{1i} = a_2 \omega_{1i}$$

由变位互等定理 $\omega_{i1} = \omega_{1i}$,且每块板梁的截面相同(比例常数 $a_1 = a_2$),就得

$$P_{i1} = P_{1i}$$

上式表明,单位荷载作用在①号板梁轴线上时任一板梁所分配的荷载,就等于单位荷载作用于任意板梁轴线上时①号板梁所分配到的荷载,这就是①号板梁荷载横向影响线的竖标值。最后,利用前面式(5.48),就得①号板梁横向影响线的各竖标值为:

$$\eta_{11} = P_{11} = 1 - g_1$$

$$\eta_{12} = P_{21} = g_1 - g_2$$

$$\eta_{13} = P_{31} = g_2 - g_3$$

$$\eta_{14} = P_{41} = g_3 - g_4$$

$$\eta_{15} = P_{51} = g_4$$

把各个 η_{1i} 按比例描绘在相应板梁的轴线位置,用光滑的曲线(或近似地用折线)连接这些竖标点,就得①号板梁的横向影响线,如图5.49(b)所示。同理,如将单位荷载作用在②号板梁轴线上,就可求得 P_{i2},从而可得 P_{2i},如图5.49(c)所示。

在实际进行设计时，可以利用板块数目 $n=4\sim22$ 所组织的各号板的横向影响线竖标计算表格（详见公路桥涵设计手册《梁桥》（上册）附表一或本教材附录）。表中按刚度参数 $\gamma=0.00\sim2.00$ 列出了 η_{ik} 的数值，对于非表列的 γ 值，可用直线内插来计算。

有了跨中荷载横向影响线，就可按杠杆原理法和偏心压力法中同样的方法计算各类荷载的跨中横向分布系数 m_c。

3）刚度参数 γ 值的计算

刚度参数 $\gamma=\dfrac{b}{2}\varphi/\omega$，为了计算 γ，首先要确定在偏心的正弦荷载作用下所产生的跨中竖向挠度 ω 和扭角 φ，见图5.50。

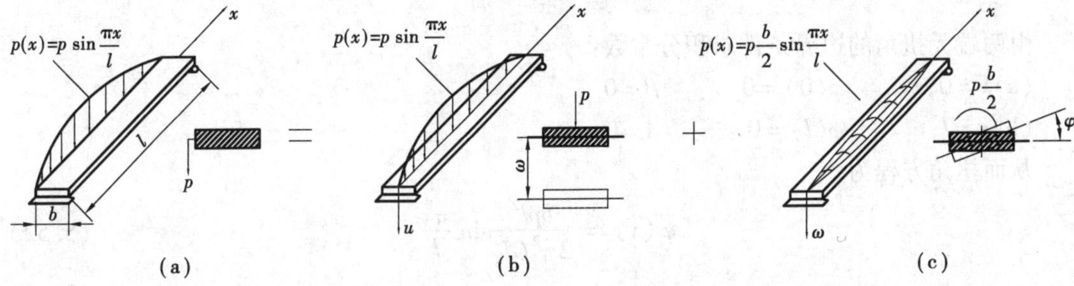

图5.50 γ 值的计算图式

①跨中挠度 ω 的计算

简支板梁轴线上作用正弦荷载 $p(x)=p\sin\dfrac{\pi x}{l}$ 时，如图5.50（b）所示，根据梁的挠曲理论可得微分方程：

$$EI\omega''''(x)=p(x)=p\sin\frac{\pi x}{l} \tag{5.49}$$

式中：E，I——分别为材料的弹性模量和板梁截面的抗弯惯矩。

将上式逐次积分后得

$$EI\omega(x)=\frac{pl^4}{\pi^4}\sin\frac{\pi x}{l}+\frac{Ax^3}{6}+\frac{Bx^2}{2}+Cx+D$$

由两端简支的边界条件求积分常数：

(a) $x=0$， $\omega(0)=0$ $\quad D=0$

$\omega''(0)=0$ $\quad B=0$

(b) $x=l$， $\omega(l)=0$ $\quad \dfrac{1}{6}Al^3+Cl=0$

$\omega''(l)=0$ $\quad A=0$

因此 $\quad A=B=C=D=0$

从而得挠度方程为：

$$\omega(x)=\frac{pl^4}{\pi^4EI}\sin\frac{\pi x}{l} \tag{5.50}$$

当 $x=\dfrac{l}{2}$ 时，跨中挠度为：

$$\omega(x)=\frac{pl^4}{\pi^4EI} \tag{5.51}$$

②跨中扭角 φ 的计算

简支板梁轴线上作用正弦分布扭矩 $m_{\mathrm{T}}(x)=\frac{b}{2}\cdot p\sin\frac{\pi x}{l}$时，如图 5.50(c)所示，根据梁的扭转理论可得微分方程：

$$GI_{\mathrm{T}}\varphi''(x)=-m_{\mathrm{T}}(x)=-\frac{b}{2}\cdot p\sin\frac{\pi x}{l}$$

式中：G,I_{T}——分别为材料的剪切和板梁截面的抗扭惯矩。

将上式两次积分后可得

$$GI_T\varphi(x)=\frac{bp}{2}\cdot\frac{l^2}{\pi^2}\sin\frac{\pi x}{l}+Ax+B$$

由两端无扭角的边界条件求积分常数：

(a)$x=0$，　$\varphi(0)=0$　$B=0$

(b)$x=l$，　$\varphi(l)=0$　$A=0$

从而扭角方程为：

$$\varphi(x)=\frac{bpl^2}{2\pi^2GI_T}\sin\frac{\pi x}{l} \tag{5.52}$$

当 $x=\frac{l}{2}$时，跨中扭角为：

$$\varphi=\frac{bpl^2}{2\pi^2GI_T} \tag{5.53}$$

③刚度常数 γ 的计算

利用式(5.51)和式(5.53)即得

$$\gamma=\frac{b\varphi}{2}/\omega=\frac{b}{2}\cdot\left(\frac{bpl^2}{2\pi^2GI_T}\right)/\left(\frac{pl^4}{\pi^4EI}\right)=\frac{\pi^2EI}{4GI_T}\left(\frac{b}{l}\right)^2\approx5.8\frac{I}{I_T}\left(\frac{b}{l}\right)^2 \tag{5.54}$$

式中：对于混凝土取用 $G=0.425E$。

可见，由偏心的正弦荷载算得的 γ 值，与单位正弦荷载作用的计算结果是一样的。

从式(5.50)和式(5.52)可以看出，板梁的两种变形与荷载具有相似的变化规律，这也是简支梁桥荷载横向分布理论中采用半波正弦荷载的一个重要因素。

④抗扭惯矩 I_{T} 的计算

在刚度参数 γ 值的计算中需要计算构件的抗扭惯矩。

对于矩形截面或多个矩形组成的开口截面，可利用式(5.45)并查表 5.4，计算抗扭惯矩 I_{T}。

对于封闭的薄壁截面，抗扭惯矩公式为：

$$I_{\mathrm{T}}=\frac{4\Omega^2}{\oint\frac{\mathrm{d}s}{t}} \tag{5.55}$$

对封闭薄壁截面上带有“翅翼”的一般情况(图 5.51)，则其总扭矩可近似地叠加计算：

$$I_{\mathrm{T}}=\frac{4\Omega^2}{\oint\frac{\mathrm{d}s}{t}}+\sum_{i=1}^{n}c_ib_it_i^{\,3} \tag{5.56}$$

式中第二项为前面的式(5.45)。

现以图5.52所示的箱形截面为例来说明式(5.56)的应用。对此

$$\Omega = b \cdot h$$

$$\oint \frac{\mathrm{d}s}{t} = \frac{b}{t_1} + \frac{b}{t_2} + \frac{2h}{t_3}$$

$$I_{\mathrm{T}} = \frac{4\Omega^2}{\oint \frac{\mathrm{d}s}{t}} + \sum_{i=1}^{n} c_i b_i t_i^{\ 3} = \frac{4b^2h^2}{b\left(\frac{1}{t_1} + \frac{1}{t_2}\right) + \frac{2h}{t_3}} + 2c \cdot at_4^3 \tag{5.57}$$

式中:c 由$\frac{t_4}{a}$之值查表5.4求得。

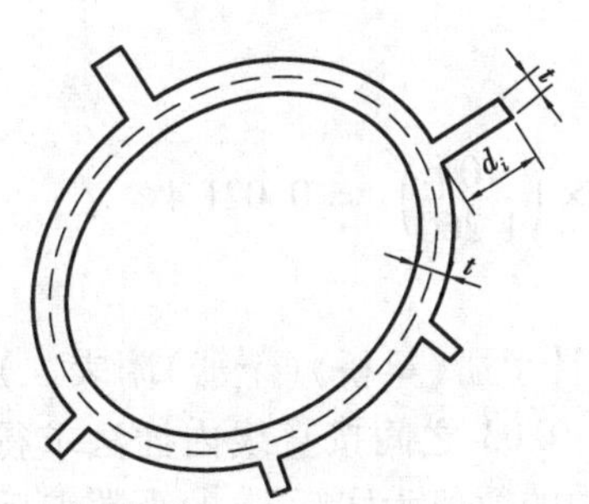

图5.51　带“翅翼”的封闭截面

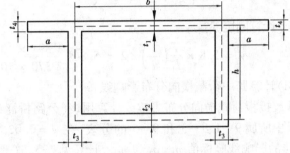

图5.52　箱形截面

⑤计算举例

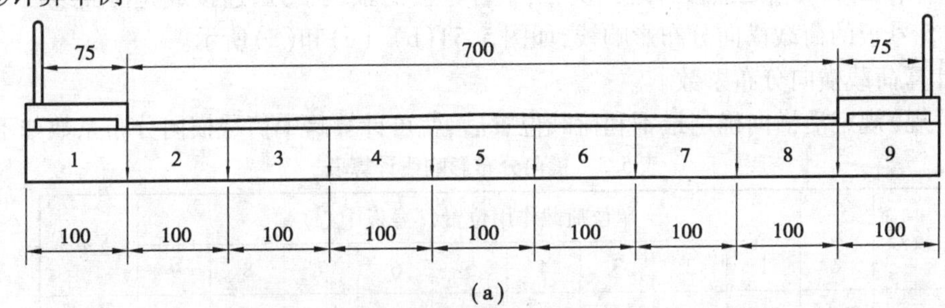

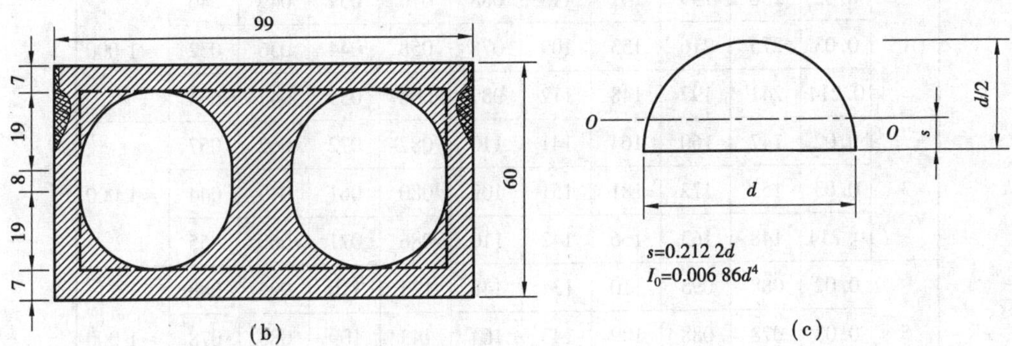

图5.53　空心板桥横截面

例5.5　图5.53(a)所示为跨径 $l = 12.60$ m 的铰接空心板桥的横截面布置,桥面净空为净 -7 m $+2\times0.75$ m 人行道。桥跨由9块预应力混凝土空心板组成,试求1、3和5号板在公路-Ⅱ级和人群荷载作用下跨中荷载横向分布系数。

(a)计算空心板截面的抗弯惯矩

本例空心板是上下对称截面，形心轴位于高度中央，故其抗弯惯矩为（参见图 5.53(c)所示半圆的几何性质）：

$$I = \left\{\frac{99 \times 60^3}{12} - 2\frac{38 \times 8^3}{12} - 4\left[0.006\,86 \times 38^4 + \frac{1}{2} \cdot \frac{\pi \times 38^2}{4}\left(\frac{8}{2} + 0.212\,2 \times 38\right)^2\right]\right\}\text{cm}^4 = 1\,391 \times 10^3\ \text{cm}^4$$

(b)计算空心板截面的抗扭惯矩 I_T

本例空心板截面可近似简化成图 5.53(b)中虚线所示的薄壁箱形截面来计算 I_T，按式，得

$$I_T = \frac{4(99-8)^2(60-7)^2}{(99-8)\left(\frac{1}{7}+\frac{1}{7}\right)+\frac{2(60-7)}{8}}\text{cm}^4 = \frac{93\,045\,000}{26+13.25}\text{cm}^4 = 2.37 \times 10^6\ \text{cm}^4$$

(c)计算刚度参数 γ

$$\gamma = 5.8 \times \frac{I}{I_T}\left(\frac{b}{l}\right) \times 2 = 5.8 \times \frac{1\,391 \times 10^3}{2\,370 \times 10^3} \times \left(\frac{100}{1\,260}\right)^2 = 0.021\,4$$

(d)计算跨中荷载横向分布影响线

从铰接板荷载横向分布影响线计算用表（公路桥涵设计手册《梁桥》(上册)附表二）或教材附录中所属 9—1、9—3 和 9—5 的分表，在 $\gamma = 0.02$ 与 0.03 之间按直线内插法求得 $\gamma = 0.021\,4$的影响线竖标值 η_{1i}，η_{3i}和 η_{5i}。计算见表 5.5（表中的数值为实际 η_{ki} 的小数点后三位数字）。

将表中 η_{1i}，η_{3i}和 η_{5i}之值按一定比例，绘于各号板的轴线下方，连接成光滑曲线后，就得 1 号、3 号和 5 号板的荷载横向分布影响线，如图 5.54(b)，(c)和(d)所示。

(e)计算荷载横向分布系数

按《桥规》规定沿横向确定最不利荷载位置后，就可计算跨中荷载横向分布系数如下。

表 5.5　横向分布影响线计算表

板号	γ	单位荷载作用位置（i 号板中心）									$\sum\eta_{ki}$
		1	2	3	4	5	6	7	8	9	
1	0.02	236	194	147	113	088	070	057	049	046	≈1 000
	0.03	275	216	153	109	078	058	044	036	032	
	0.214	241	197	148	112	087	068	055	047	044	
3	0.02	147	160	164	141	110	087	072	062	057	≈1 000
	0.03	153	172	181	151	109	080	061	049	044	
	0.214	148	163	166	142	110	086	071	060	055	
5	0.02	088	095	110	134	148	134	110	095	088	≈1 000
	0.03	078	088	109	143	164	143	109	088	078	
	0.214	087	094	110	135	150	135	110	094	087	

对于 1 号板：

车辆荷载：$m_{cq} = \frac{1}{2}(0.197 + 0.119 + 0.086 + 0.056) = 0.229$

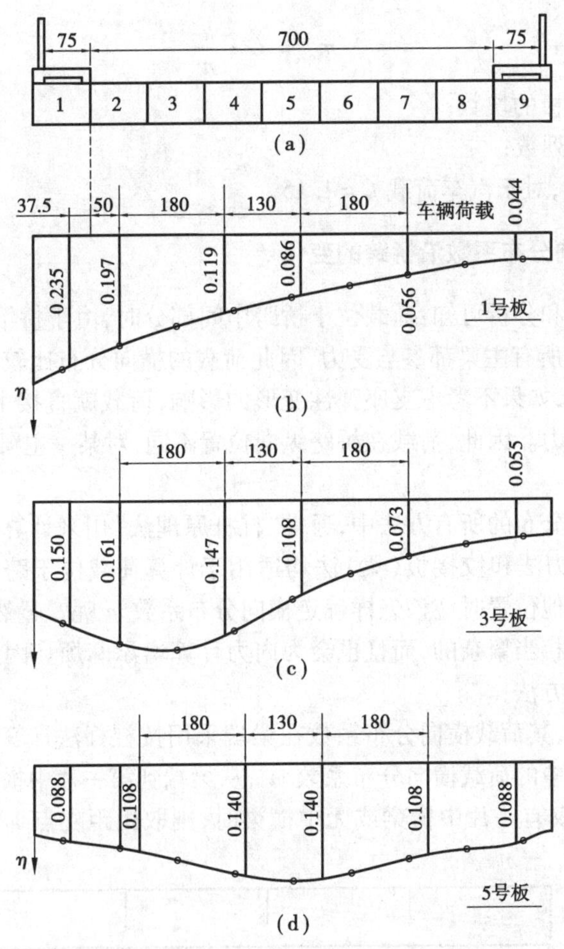

图5.54　41、3和5号板的荷载横向分布影响线

人群荷载：$m_{cr}=0.235+0.044=0.279$

对于3号板：

车辆荷载：$m_{cq}=\dfrac{1}{2}(0.161+0.147+0.108+0.073)=0.245$

人群荷载：$m_{cr}=0.150+0.055=0.205$

对于5号板：

车辆荷载：$m_{cq}=\dfrac{1}{2}(0.108+0.140+0.140+0.103)=0.245$

人群荷载：$m_{cr}=0.088+0.088=0.176$

综上所得，汽车荷载横向分布系数的最大值为 $m_{cq}=0.245$，人群荷载横向分布系数的最大值为 $m_{cr}=0.279$。在设计中通常偏安全地取这些最大值来计算内力。

从图5.54所作各板的横向分布影响线可以看出，鉴于铰接空心板或实心板的抗扭能力比较大，故影响线竖标值在横桥方向还是比较均匀的。再考虑到通常在桥宽方向较大范围内要布置好几个车轮荷载，这样又导致各号板的受力比较均匀，因此通过计算分析，还可以归纳下述近似公式作为初估车辆荷载分布系数之用。

$$m_c = C \cdot \frac{k}{n}$$

式中：n——横截面内板的块数；

k——车辆荷载列数；

C——修正系数，对于汽车荷载 $C=1.15$。

5.3.5 荷载横向分布系数沿桥跨的变化

通过前面的推导和分析可知：荷载位于桥跨中间部分时，由于桥梁横向结构（桥面板和横隔梁）的传力作用，使所有主梁都参与受力，因此荷载的横向分布比较均匀。但当荷载在支点处作用在某主梁上时，如果不考虑支座弹性变形的影响，荷载就直接由该主梁传至支座，其他主梁基本上不参与受力。因此，荷载在桥跨纵向位置不同，对某一主梁产生的横向分布系数也各异。

在计算荷载横向分布的所有方法中，通常"杠杆原理法"用来计算荷载位于支点处的横向分布系数 m_0，偏心压力法和铰接板（梁）法均适用于计算荷载位于跨中的横向分布系数 m_c。那么荷载位于桥跨其他位置时应该怎样确定横向分布系数 m 呢？显然，要精确计算 m 值沿桥跨的连续变化规律是相当繁杂的，而且也会为内力计算增添麻烦。因此目前在桥梁设计中习惯采用以下实用处理方法：

计算支点剪力时，其荷载横向分布系数在梁端采用按杠杆法计算得到的 m_0，在跨内从第一片中横梁起采用跨中的荷载横向分布系数 m_c，从梁端到第一片中横梁之间采用从 m_0 到 m_c 的直线过渡形式，当仅有一片中横梁或无中横梁时，则取用距支点 1/4 跨径的一段作直线过渡，见图 5.55。

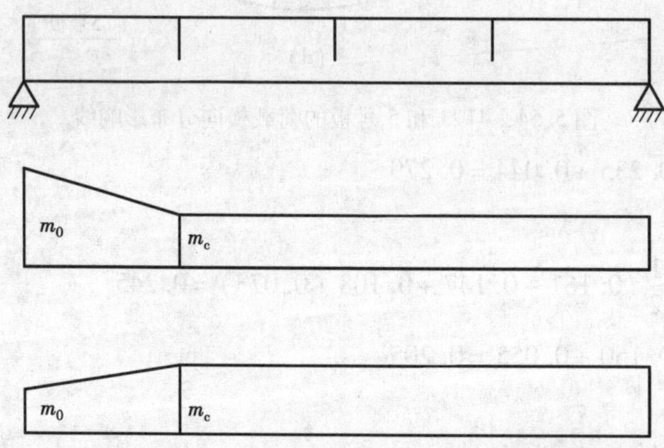

图 5.55　计算剪力时荷载横向分布系数沿跨长分布图

这样，主梁上的活载因其纵向位置不同，就应有不同的横向分布系数。图中 m_0 可能大于 m_c，也可能小于 m_c，如图 5.55 所示。

在实际应用中，当求简支梁跨中最大弯矩时，鉴于横向分布系数沿跨内部分的变化不大，为了简化起见，通常可按不变化的 m_c 来计算。

对于其他截面的弯矩计算，一般也可取用不变的 m_c。但对于中梁来说，m_0 与 m_c 的差值可能较大，且内横隔梁又少于 3 根时，以计及 m 沿跨径变化的影响为宜。

5.4　主梁内力计算

主梁的内力计算,分为设计内力计算和施工内力计算两部分。

设计内力是强度验算及配筋设计的依据。

施工内力是指施工过程中,各施工阶段的临时施工荷载,如施工机具设备(挂篮、张拉设备等)、模板、施工人员等引起的内力,主要供施工阶段验算用。把这部分内力和该阶段的主梁自重内力叠加,检验设计的截面尺寸和配筋是否满足施工时的强度和刚度要求,否则应增配临时束或对截面进行局部临时加固。

本节主要介绍主梁的设计内力计算(以下简称内力计算)。

主梁内力包括自重内力、活载内力和附加内力,将它们按规范的规定进行组合,从中挑选最大设计内力,依次进行配筋设计和应力验算。设计实践表明:在这几部分内力中,自重和活载内力是主要的,一般它们占整个设计最大内力的80%以上。本节主要叙述这两部分内力的计算。

近年来,先简支后连续梁桥应用较多,本节也将介绍这种结构的内力计算方法。

5.4.1　自重内力计算

主梁自重内力,包括主梁自重(前期自重)引起的主梁自重内力 S_{G1} 和后期自重(如桥面铺装、人行道、栏杆、灯柱等)引起的主梁后期自重内力 S_{G2}。

主梁自重是在结构逐步形成的过程中作用于桥上的,因而它的计算与施工方法有密切关系。特别在大、中跨预应力混凝土超静定梁桥的施工过程中不断有体系转换过程,在计算主梁自重内力时必须分阶段进行,有一定的复杂性。而后期自重作用于桥上时,主梁结构已形成最终体系,主梁后期自重内力的计算就可直接应用结构内力影响线。

(1)简支梁桥

采用满堂支架现浇或整孔吊装的简支梁桥,主梁自重作用于桥上时,结构已是最终体系,因而主梁自重内力 S_G,如主梁为等截面,其自重集度 g 为沿跨长均布,可按均布荷载乘主梁内力影响线总面积计算;如主梁为变截面,自重集度 $g(x)$ 沿跨长变化,则可按下式计算:

$$S_G = \int g(x) \cdot y(x)\,dx \tag{5.58}$$

式中:S_G——主梁自重内力(弯矩或剪力);

$g(x)$——主梁自重集度;

$y(x)$——相应的主梁内力影响线竖坐标值。

(2)先简支后连续梁桥

此时,主梁自重内力即为简支梁内力$\left(M_{G1} = \dfrac{g_1 l^2}{8}\right)$,当结构连接成连续梁后,再施工桥面铺装,则 M_{G2} 按最终的连续梁体系计算。

后期自重内力的计算比较简单,因为当施加这部分自重时,结构已成为最终体系,主梁在纵、横向的连接业已完成,因此,计算这部分内力时应考虑结构的空间受力特点,计算方法可参考活载内力计算。

5.4.2 活载内力计算

活载内力由车辆荷载和人群荷载产生。在使用阶段,结构已成为最终体系,其纵向的力学计算图式是明确的。但如上所述,此时主梁在横向也联成了整体,因此呈现空间结构的受力特性,即荷载在结构的纵向和横向都有传递,精确计算是复杂的。为此,应采用上节介绍的荷载横向分布系数计算方法,把一个空间结构的力学计算问题简化成平面问题。

主梁活载内力计算分为两步:第一步求某一主梁的最不利荷载横向分布系数;第二步应用主梁内力影响线,将荷载乘以横向分布系数后,在纵向按最不利位置的内力影响线上加载,求得主梁最大活载内力。

(1)车辆荷载

车辆荷载指由若干车轮轴重组成的荷载。主梁截面由汽车车辆荷载产生的内力,可采用公式:

$$S=(1+\mu)\cdot\xi\cdot\sum m_i P_i y_i \tag{5.59}$$

式中:S——主梁最大活载内力(弯矩或剪力);

$(1+\mu)$——汽车荷载的冲击系数,按相应规范的规定取值;

ξ——汽车荷载多车道折减系数;

m_i——沿桥纵向与车轮荷载位置对应的荷载横向分布系数;

P_i——车轮荷载的轴重;

y_i——沿桥纵向与车轮荷载位置对应的主梁内力影响线纵坐标值。

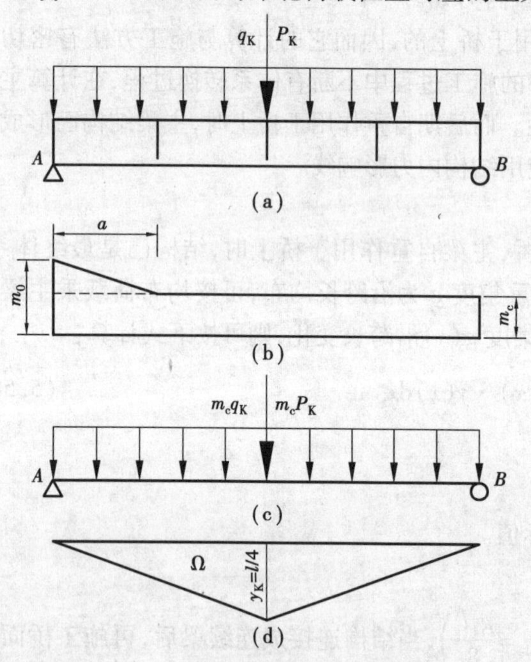

图5.56 车道荷载跨中弯矩计算图式

(2)车道荷载

车道荷载由均布力 q_K 和集中力 P_K 组成,主梁截面由车道荷载引起的内力计算公式为:

$$S=(1+\mu)\cdot\xi\cdot m_i\cdot(q_K\cdot\Omega+P_K\cdot y_K)$$

式中:Ω——同符号弯矩或剪力的影响线面积;

y_K——与 P_K 位置对应的主梁影响线纵坐标值。

对车道荷载的集中力 P_K,在计算简支梁跨中弯矩时(图5.56),将其布置在跨中,$y_K=\dfrac{l}{4}$;当计算梁端剪力时(图5.57),将 P_K 布置在梁端,并计入由于荷载横向分布系数在梁端区段内的变化所产生的影响。需要注意的是:对于 m_0 明显小于 m_c 的情况,按剪力影响线的最不利布载,不一定得到最不利剪力值,此时最不利位置需经过试算确定。

对均布荷载 q_K 在其横向分布系数变化区段内所产生的三角形荷载对剪力的影响,按下式

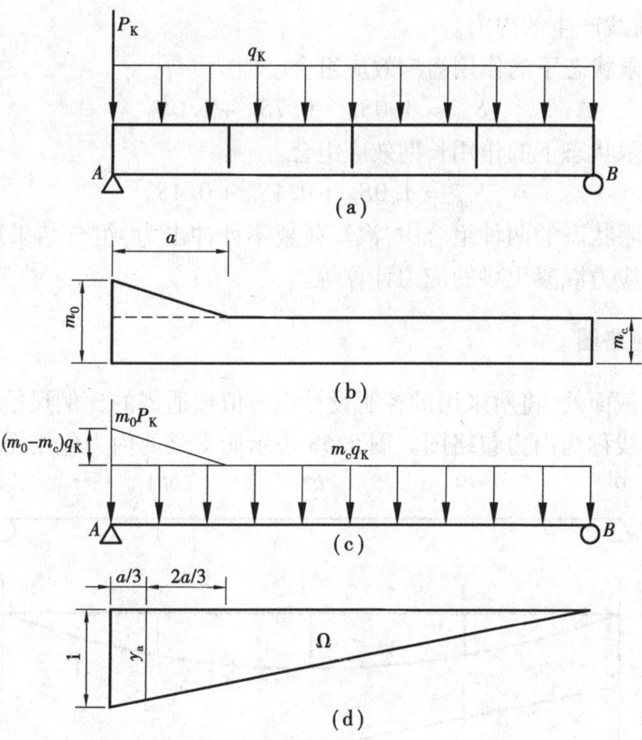

图 5.57　车道荷载支点剪力计算图式

计算:

$$\Delta Q_A = \frac{a}{2}(m_0 - m_c)q_K y_a \tag{5.60}$$

(3) 人群荷载

人群荷载不计冲击系数,其内力计算公式为:

$$S = m_i \cdot q_r \cdot \Omega \tag{5.61}$$

人群荷载在其横向分布系数变化区段内所产生的三角形荷载对剪力的影响,同样按式(5.60)计算。

5.4.3　内力组合

为了按各种极限状态来设计钢筋混凝土及预应力混凝土梁,就需要确定主梁沿桥跨方向各个截面的计算内力 S_{ud},它就是将各类荷载引起的最不利内力分别乘以相应的荷载系数后,按规定的荷载组合而得到的内力值。

当按承载能力极限状态设计时,荷载组合和荷载安全系数按下列规定采用:

自重内力与活载内力同号时:

$$\gamma_0 S_{ud} = \gamma_0(1.2S_G + 1.4S_Q + 0.8 \times 1.4S_R)$$

自重内力与活载内力异号时:

$$\gamma_0 S_{ud} = \gamma_0(1.0S_G + 1.4S_Q + 0.8 \times 1.4S_R)$$

式中:S_G——结构重力产生的内力(弯矩或剪力);

S_Q——车道荷载或车辆荷载(包括冲击力)产生的内力;

S_R——人群荷载产生的内力。

对正常使用极限状态下的作用短期效应组合

$$S_{ud} = 1.0S_G + 0.7S_Q + 1.0S_R$$

对正常使用极限状态下的作用长期效应组合

$$S_{ud} = 1.0S_G + 0.4S_Q + 0.4S_R$$

在正常使用极限状态的两种组合中,汽车荷载不计冲击力,组合结果用于结构变形计算、抗裂性验算以及预应力混凝土梁的应力计算等。

5.4.4 内力包络图

沿梁轴的各个截面处,将所采用的控制设计内力值按适当的比例尺绘成纵坐标,连接这些坐标点而绘成的曲线称为内力包络图。图5.58表示简支梁的内力包络图。

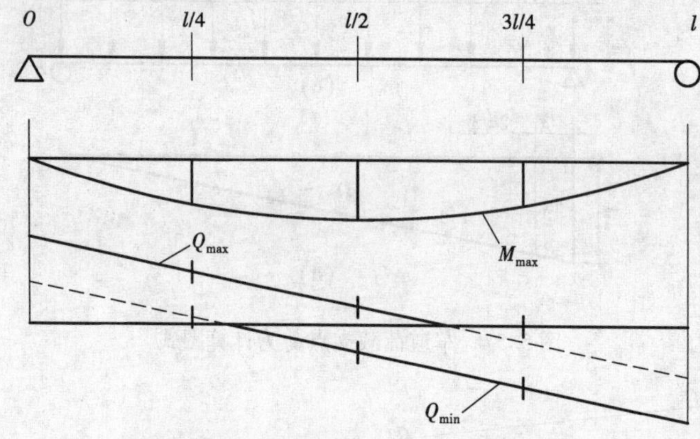

图5.58　简支梁主梁内力包络图

内力包络图主要为在主梁中配置预应力束筋、纵向主筋、斜筋和箍筋提供设计依据,并进行各种验算。

5.5 横隔梁计算

在设有横隔梁的钢筋混凝土或预应力混凝土梁桥上,为了保证各主梁共同受力和加强结构的整体性,横隔梁本身或其装配式接头应具有足够的强度。

然而,对于纵横向由主梁和横隔梁组成的梁格结构,要精确分析横隔梁的内力也是十分繁复的。下面介绍基于偏心压力法原理来计算横隔梁内力的实用方法。

此法的力学模型是将桥梁的中横隔梁近似地视作竖向支承在多根弹性主梁上的多跨弹性支承连续梁,如图5.59(b)所示。因主梁的荷载横向影响线(也即弹性支承力影响线)在主梁计算中已经求得,故这根连续梁可以简单地用静力平衡条件来求解。鉴于桥上荷载的横向移动性,通常也用绘制横隔梁内力影响线的方法来计算比较方便。

对于具有多根内横隔梁的桥梁,位于跨中位置的横隔梁受力最大,通常就只需计算跨中横隔梁的内力,其他横隔梁可偏安全的仿此设计。

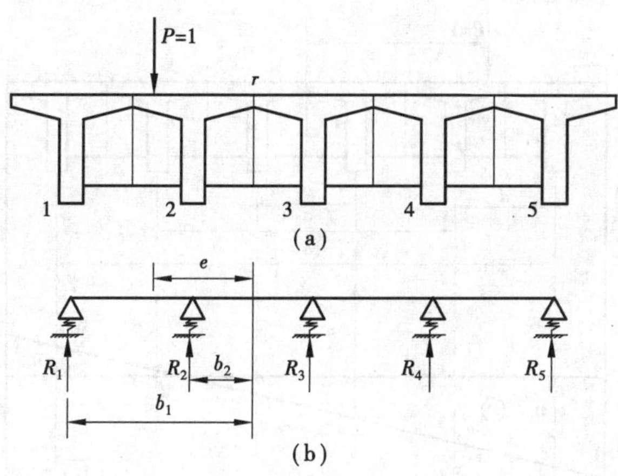

图5.59　横隔梁计算图式

(1)横隔梁的内力影响线

如图5.59所示，当桥梁在跨中有单位荷载 $P=1$ 作用时，各主梁所受的荷载为 $R_1,R_2,R_3,\cdots,R_n$，这也就是横隔梁的弹性支承反力。因此，由力的平衡条件就可写出横隔梁任意截面 r 的内力计算公式。

①荷载 $P=1$ 位于截面 r 的左侧时：

$$\left.\begin{aligned} M_r &= R_1 \cdot b_1 + R_2 \cdot b_2 - 1 \cdot e = \sum^{左} R_i \cdot b_i - e \\ V_r &= R_1 + R_2 - 1 = \sum^{左} R_i - 1 \end{aligned}\right\} \tag{5.62}$$

②荷载 $P=1$ 位于截面 r 的右侧时：

$$\left.\begin{aligned} M_r &= R_1 \cdot b_1 + R_2 \cdot b_2 = \sum^{左} R_i \cdot b_i \\ V_r &= R_1 + R_2 = \sum^{左} R_i \end{aligned}\right\} \tag{5.63}$$

式中：M_r 和 V_r——横隔梁任意截面 r 的弯矩和剪力；

e——荷载 $P=1$ 至所求截面的距离；

b_i——支承反力 R_i 至所求截面的距离。

以上公式中对于确定的计算截面 r 来说，所有的 b_i 是已知的，而 R_i 则随荷载 $P=1$ 位置而变化，因此就可以直接利用已经求得的 R_i 的横向影响线来绘制横隔梁的内力影响线。

通常横隔梁的弯矩在靠近桥中线的截面较大，剪力则在靠近桥两侧边缘处的截面较大。所以，以图5.59为例，一般可只求3号梁处和2号与3号主梁之间(对于装配式桥即横隔板接头处)截面的弯矩，以及1号主梁右侧和2号主梁右侧等截面的剪力。

图5.60示出了按偏心压力法计算的横隔梁支承反力 R、弯矩 M 和剪力 V 的影响线。鉴于 R_i 影响线呈直线规律变化，故绘制内力影响线时只需标出几个控制点的竖坐标值(例如对于 M_3 影响线只要算出 $P=1$ 作用在1号梁和6号梁上时的相应坐标 η_{31}^{M} 和 η_{36}^{M}，如图5.60所示。尚须指出，对于非直接作用于横隔梁上的荷载，在计算内力时实际上应考虑间接传力的影响，例如图5.60中 M_{3-4} 影响线在3号梁和4号梁之间区段应取虚线之值。但鉴于计算中主要荷载作用于横隔梁上，为了简化起见，仍可偏安全地忽略间接传力的影响。

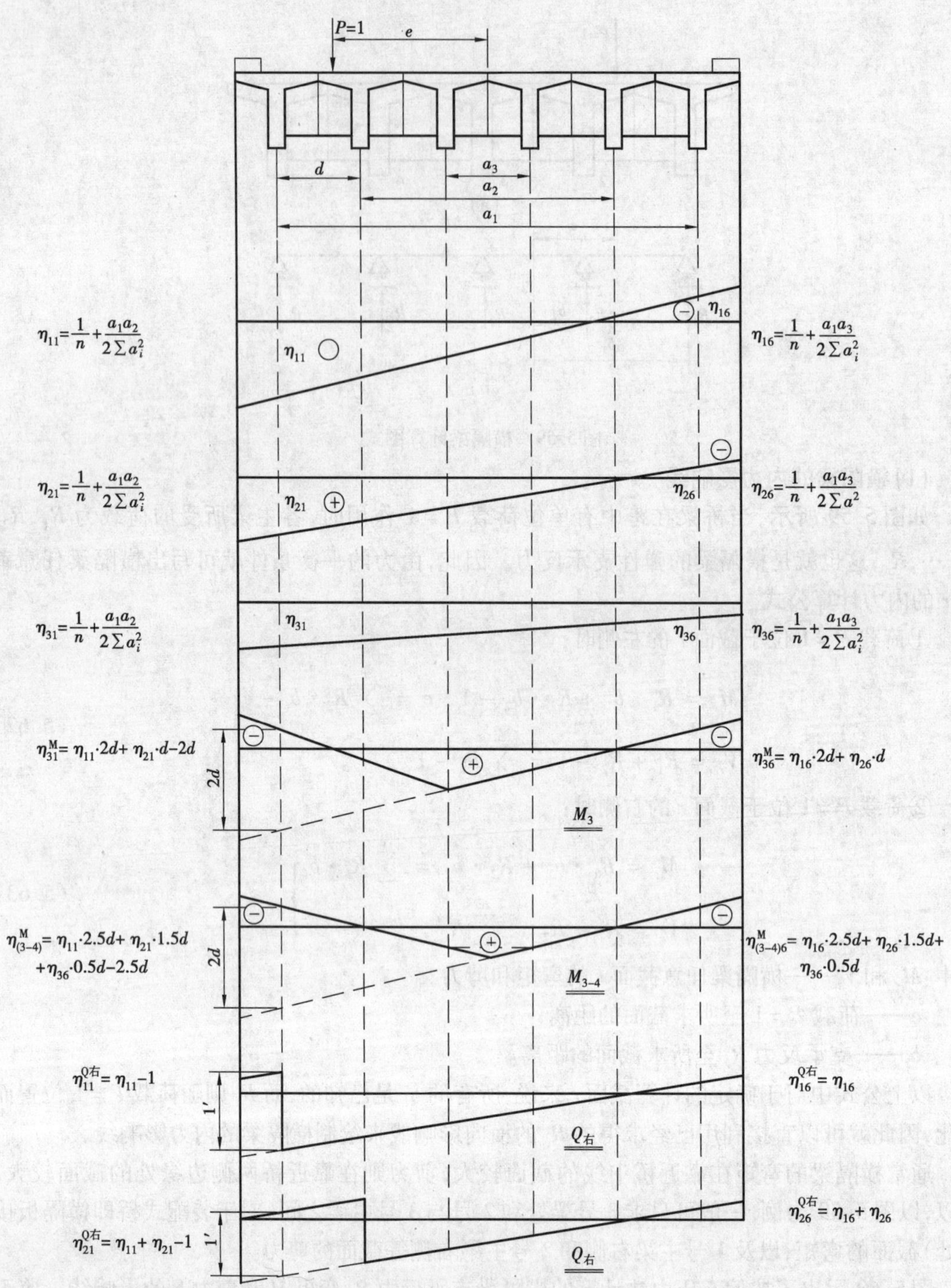

图 5.60　按偏心压力法计算的横隔梁的 R、M 和 V 影响线

也可按修正的偏心压力法来计算横隔梁的内力影响线，这时仅 R_i 影响线的竖坐标稍有变化，计算方法与上述完全相同。

(2)作用在横隔梁上的计算荷载

有了横隔梁的内力影响线，就可直接在其上加载来计算截面内力。但须注意，对于跨中一根横隔梁来说，除了直接作用在其上的轮重外，前后的轮重对它也有影响，在计算中可假设荷载在相邻横隔梁之间按杠杆原理法传布，如图 5.61 所示。因此，车辆荷载轮重分布给该横隔梁的计算荷载为：

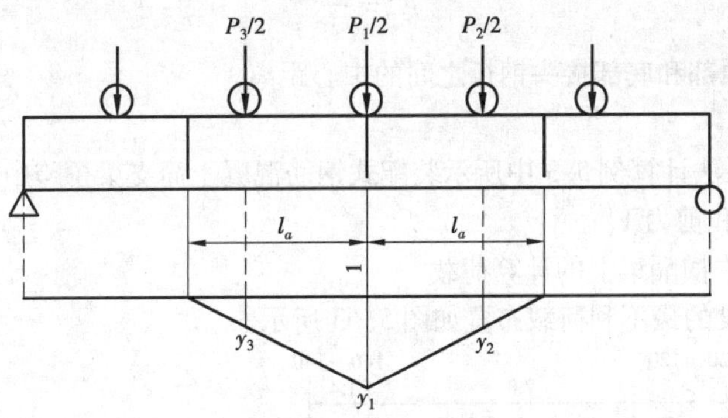

图 5.61　横隔梁上计算荷载的计算图式

$$P_{oq} = \frac{P_1}{2} \cdot y_1 + \frac{P_2}{2} \cdot y_2 + \frac{P_3}{2} \cdot y_3 = \frac{1}{2} \sum P_i \cdot y_i \tag{5.64}$$

式中：P_i——轴重。应注意将车辆荷载的后轴布置在欲计算的横隔梁上；

y_i——对应于所计算的横隔梁按杠杆原理计算的纵向荷载影响线竖坐标值。

对于人群荷载，其计算荷载相应为：

$$P_{or} = p_{or} \cdot \Omega_r = p_{or} l_a \tag{5.65}$$

式中：P_{or}——一侧人行道每延米的人群荷载；

Ω_r——对应于人群荷载范围的影响线面积；

l_a——横隔梁的间距。

(3) 横隔梁内力计算

用上述计算荷载在横隔梁内力影响线上按最不利位置加载，就可求得作用在一根横隔梁上的最大(或最小)内力值。在计算中对于汽车荷载应计入冲击作用，并按实际加载情况计入车道折减系数。

图 5.62 示出计算 3 号梁和 4 号梁之间的 M_{3-4} 的计算图式。

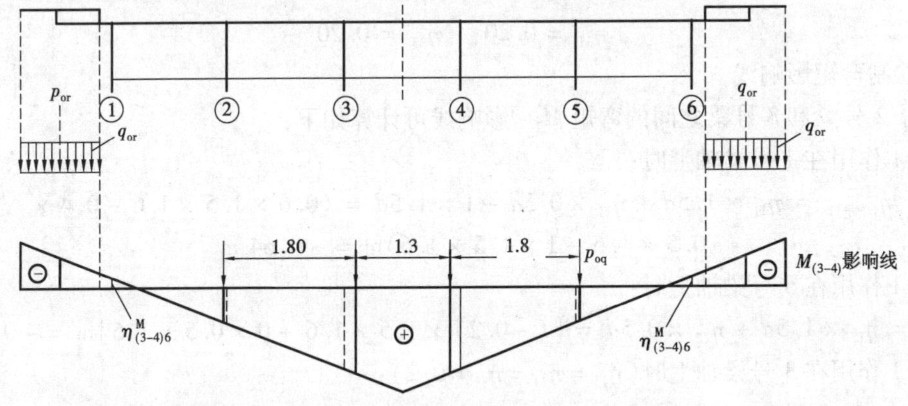

图 5.62　M_{3-4} 计算图式

求得横隔梁的内力后，就可按钢筋混凝土或预应力混凝土结构的计算原理来配置钢筋并进行强度计算或验算应力。对于横隔梁用焊接钢板接头连接的装配式 T 形梁桥，应根据接头处的最大弯矩值来确定所需的钢板尺寸和焊缝长度，此时钢板所承受的轴向力为：

$$N = \frac{M}{z}$$

式中：z——横隔梁顶部和底部接头钢板之间的中心距离。

(4)计算举例

例 5.8 用偏压法计算例 5.3 中所示装配式钢筋混凝土简支梁桥跨中横隔梁在公路-Ⅱ级作用下的弯矩 M_{2-3} 和剪力 $V_1^{右}$。

1)确定作用在中横隔梁上的计算荷载

对于跨中横隔梁的最不利荷载布置如图 5.63 所示。

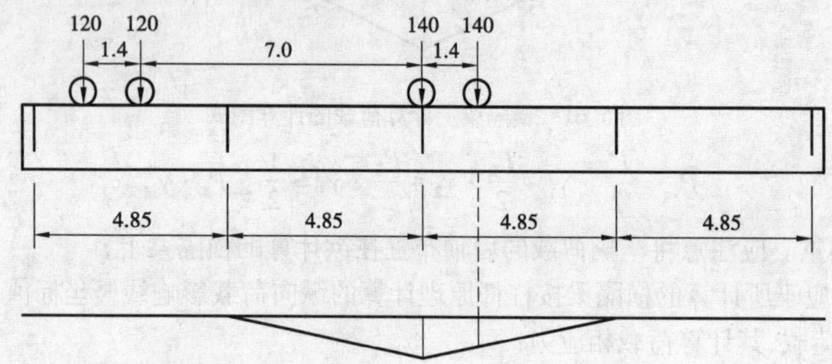

图 5.63 跨中横隔梁的受载图式(单位尺寸:m)

纵向车辆荷载车轮和人群荷载对中横隔梁的计算荷载为：

$$\text{公路-Ⅱ级}\ P_{oq} = \frac{1}{2}\sum P_i y_i = \frac{1}{2}(140 \times 1 + 140 \times 0.711)\,\text{kN} = 119.77\ \text{kN}$$

2)绘制中横隔梁的内力影响线

在例 5.3 中已经算得 1 号梁的横向影响线竖坐标值为：

$$\eta_{11} = 0.60,\quad \eta_{15} = -0.20$$

同理可算得 2 号梁和 3 号梁的横向影响线竖坐标值为：

$$\eta_{21} = 0.40,\eta_{25} = 0$$

$$\eta_{31} = 0.20,\quad \eta_{35} = 0.20$$

①绘制弯矩影响线

对于 2 号梁和 3 号梁之间的弯矩 M_{2-3} 影响线可计算如下：

$P=1$ 作用在 1 号梁轴上时：

$$\eta^M_{(2-3)1} = \eta_{11} \times 1.5d + \eta_{21} \times 0.5d - 1 \times 1.5d = (0.6 \times 1.5 \times 1.6 + 0.4 \times 0.5 \times 1.6 - 1 \times 1.5 \times 1.6)\,\text{m} = -0.64\ \text{m}$$

$P=1$ 作用在 5 号梁轴上时：

$$\eta^M_{(2-3)5} = \eta_{15} \times 1.5d + \eta_{25} \times 0.5d = [(-0.2) \times 1.5 \times 1.6 + 0 \times 0.5 \times 1.6]\,\text{m} = -0.48\ \text{m}$$

$P=1$ 作用在 3 号梁轴上时($\eta_{13} = \eta_{23} = \eta_{33} = 0.2$)：

$$\eta^M_{(2-3)3} = \eta_{13} \times 1.5d + \eta_{23} \times 0.5d = (0.20 \times 1.5 \times 1.6 + 0.20 \times 0.5 \times 1.6)\,\text{m} = 0.64\ \text{m}$$

有了此 3 个竖标值和已知影响线折点位置(即所计算截面的位置)，就可绘出 M_{2-3} 影响线如图 5.64(a)所示。

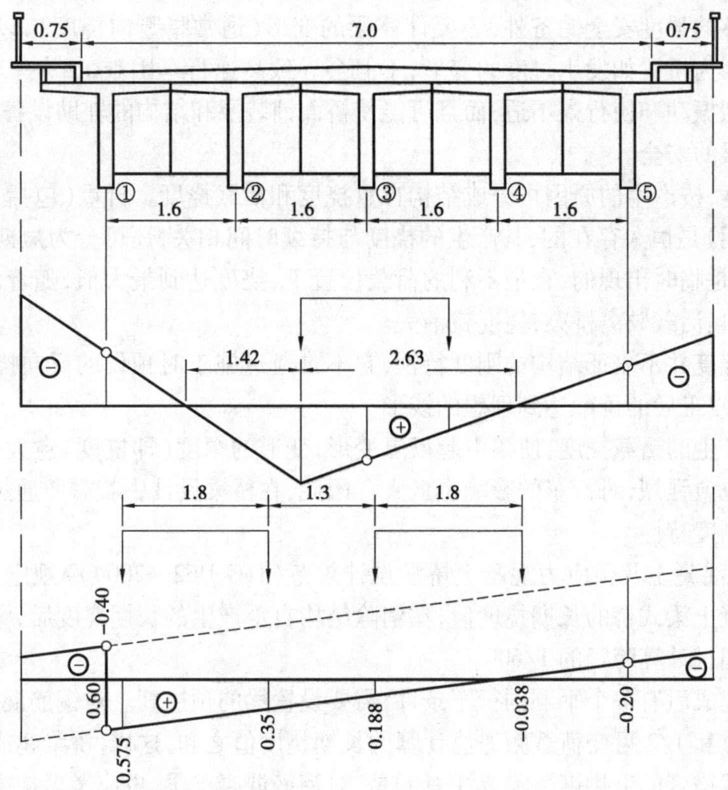

图5.64 中横隔梁内力的影响线(单位尺寸:m)

②绘制剪力影响线

对于1号主梁处截面的 $V_1^{右}$ 影响线计算如下。

$P=1$ 作用在计算截面以右时:

$V_1^{右}=R_1$ 即 $\eta_{1i}^{V右}=\eta_{1i}$(就是1号梁荷载横向影响线)

$P=1$ 作用在计算截面以左时:

$$V_1^{右} = R_1 - 1 \text{ 即 } \eta_{1i}^{V右} = \eta_{1i} - 1$$

绘成的 $V_1^{右}$ 影响线如图5.64(b)所示。

3)截面内力计算

将求得的计算荷载 P_{oq} 在相应的影响线上按最不利荷载位置加载,对于汽车荷载并计入冲击系数$(1+\mu)$,则得

$$M_{2-3}=(1+\mu)\cdot\xi\cdot P_{oq}\cdot\sum\eta=[1.30\times1\times119.77\times(0.92+0.29)]\text{kN}\cdot\text{m}=188.40\text{ kN}\cdot\text{m}$$

$$M_1^{右}=(1+\mu)\cdot\xi\cdot P_{oq}\cdot\sum\eta=[1.3\times1\times119.77\times(0.575+0.350+0.188-0.038)]\text{kN}=167.38\text{ kN}\cdot\text{m}$$

横隔梁的自重内力很小,计算中可略去不计,按极限状态设计的计算内力为:

$$M_{\max,(2-3)} = (0+1.4\times188.40)\text{kN}\cdot\text{m} = 263.76\text{ kN}\cdot\text{m}$$

$$V_{\max,1} = (0+1.4\times167.38)\text{kN} = 234.33\text{ kN}$$

(5)挠度和预拱度计算

设计一座钢筋混凝土或预应力混凝土梁桥,除了要对主梁进行强度计算和应力验算,以确

定结构具有足够的强度安全储备外，还要计算梁的变形（通常指竖向挠度），以确保结构具有足够的刚度。因为桥梁如发生过度的变形，不但会导致高速行车困难，加大车辆的冲击作用，引起桥梁的剧烈振动和使行人不适，而且可能使桥面铺装层和结构的辅助设备遭致损坏，严重者甚至危及桥梁的安全。

桥梁的挠度，按产生的原因可分成结构自重挠度和活载挠度。自重（包括预应力、混凝土徐变和收缩作用）是恒久存在的，其产生的挠度与持续时间相关，还可分为短期挠度和长期挠度；活载挠度则是临时出现的，在最不利的荷载位置下，挠度达到最大值，随着活载的移动，挠度逐渐减小，一旦活载驶离桥梁，挠度就消失。

结构自重挠度并不表征结构的刚度特性，它不难通过施工时预设的反向挠度或称预拱度来加以抵消，使竣工后的桥梁达到理想的线形。

伴随活载产生的活载挠度，使梁引起反复变形，变形的幅度（即挠度）愈大，可能发生的冲击和振动作用也愈强烈，对行车的影响也愈大。因此，在桥梁设计中就需要通过验算活载挠度来体现结构的刚度特性。

《公路钢筋混凝土及预应力混凝土桥涵设计规范（JTG D62—2004）》规定，对于钢筋混凝土及预应力混凝土梁式桥的长期挠度值，在消除结构自重产生的长期挠度后，梁式桥主梁的最大挠度处不应超过计算跨径的1/600。

为使桥梁建成后有一个平顺的行车条件，需要设置梁的预拱度。对钢筋混凝土桥梁，预拱度值取结构自重和1/2可变荷载频遇值计算的长期挠度值之和，这样，桥梁建成后梁的跨中可维持半个活荷载挠度的上拱度。需要注意的是，对钢筋混凝土梁，也应考虑挠度长期效应的影响，这是由于钢筋混凝土受弯构件受压区混凝土会发生徐变，受拉区裂缝间混凝土与钢筋之间的黏结逐渐退出工作，钢筋平均应变增大；受压区与受拉区混凝土收缩不一致，构件曲率增大，以及混凝土弹性模量降低等，都会导致主梁挠度值增大。

对于一般小跨径的钢筋混凝土梁桥，当由荷载短期效应组合并考虑长期效应影响产生的长期挠度不超过计算跨径的$\frac{1}{1\ 600}$时，可以不设预拱度。

对预应力混凝土梁桥，应根据以下两种情况确定：

①当预应力产生的长期反拱值大于按荷载短期效应组合计算的长期挠度值时，此时梁的上拱度已经很大，在消除结构自重的长期挠度后，桥梁仍保持大于活载频遇值长期挠度的上拱值，不但不需设置预拱度，反而要考虑预加应力反拱度值过大对桥梁造成的不利影响。对自重相对较小的预应力混凝土受弯构件，发生这种不利影响的可能性就愈大，因此，在桥梁设计阶段要充分预计到这种情况，采取适当降低预应力度或设置反预拱等措施，在施工上也可配合采取必要的措施，避免桥面隆起甚至开裂破坏；

②当预加应力的长期反拱值小于按荷载短期效应组合计算的长期挠度时，此时在消除结构自重的长期挠度后桥梁的上拱度值很小，一般与桥梁跨径不成比例，需要设置预拱度，其值取用荷载短期效应组合的长期挠度值与预加应力长期反拱值之差，也即使桥梁的上拱值保持活载频遇值的长期挠度值。

预应力混凝土受弯构件由预加力引起的反拱值，可用结构力学方法按刚度 E_cI_0 进行计算，并乘以长期增长系数。计算使用阶段预加力反拱值时，预应力钢筋的预加力应扣除全部预应力损失，长期增长系数取用2.0。

钢筋混凝土和预应力混凝土受弯构件,可根据给定的构件刚度用结构力学的方法,计算出结构自重和可变荷载频遇值产生的挠度值。在使用阶段的长期挠度值,等于按荷载短期效应组合的挠度值乘以挠度长期增长系数 η_θ。挠度增长系数按以下规定取用:

当采用 C40 以下混凝土时,$\eta_\theta = 1.6$;

当采用 C40 ~ C80 混凝土时,$\eta_\theta = 1.45 \sim 1.35$,中间强度等级可按直线内插取用。

第6章 桥梁支座

6.1 概　述

支座(Bearing)设置在桥梁的上部结构与墩台之间,其作用是把上部结构的各种荷载传递到墩台上,并保证上部结构在活载、温度变化、混凝土收缩和徐变等因素作用下的自由变形,使上、下部结构的实际受力情况符合结构的静力图式。

桥梁支座按其变位的可能性分成固定支座(Fixed bearing)和活动支座(Movable bearing)两种。固定支座既要将主梁固定在墩台上并传递竖向力和水平力,又要保证主梁发生挠曲时在支承处能自由转动。活动支座仅传递竖向力,同时要保证主梁在支承处既能自由转动又能水平移动。

按照静力图式,简支梁桥应在每跨的一端设置固定支座,另一端设置活动支座。悬臂梁桥的锚固跨也应在一侧设置固定支座,另一侧设置活动支座,挂梁的支座布置与简支梁相同。连续梁桥应在每联中的一个桥墩(或桥台)上设置固定支座,其余墩台上均应设置活动支座。此外,悬臂梁桥和连续梁桥在某些特殊情况下支座需要传递竖向拉力时,应设置能承受竖向拉力的拉力支座。固定支座和活动支座的布置,应以有利于墩台传递纵向水平力为原则。对于多跨的简支梁桥,相邻两跨简支梁的固定支座不宜集中布置在一个桥墩上;但若个别桥墩较高时,为减小水平力引起的桥墩弯矩,可在其上布置相邻两跨的活动支座。对于坡桥,宜将固定支座设置在标高低的墩台上。对于连续梁桥,为使全梁的纵向变形分散在梁的两端,宜将固定支座设置在靠中间的支点处;但若中间支点的桥墩较高或因地基受力等原因,对承受水平力十分不利时,可根据具体情况将固定支座布置在靠边的其他墩台上。

此外,对于特别宽的梁桥,尚应设置沿纵向和横向均能移动的双向活动支座。对于弯桥则应考虑活动支座沿弧线方向移动的可能性。对于处在地震地区的梁桥,其支座构造尚应考虑桥梁防震和减震的设施。

6.2 支座的类型与构造

桥梁支座,通常用钢、橡胶或钢筋混凝土等材料制作,钢筋混凝土支座由于构造复杂,安装难度大,目前已很少采用。

支座的类型很多,应根据桥梁跨径的长短、支点反力的大小、梁体变形的程度以及对支座结构高度的要求等,视具体情况加以选用,以下为公路桥梁上常用的几种支座类型和构造。

6.2.1 简易垫层支座

小跨径简支板或简支梁桥可不设专门的支座结构,直接将板或梁的端部支承在由几层油毛毡或石棉做成的简易垫层上面。垫层经压实后的厚度不小于1 cm。这种简易垫层自由伸缩变形性能较差,为防止墩、台顶部前缘被压裂,避免上部结构端部和墩或台顶部可能被拉裂,通常应将墩、台顶部的前缘削成斜角(图6.1),并在板或梁的端底部以及墩、台顶部内增设钢筋网予以加强。

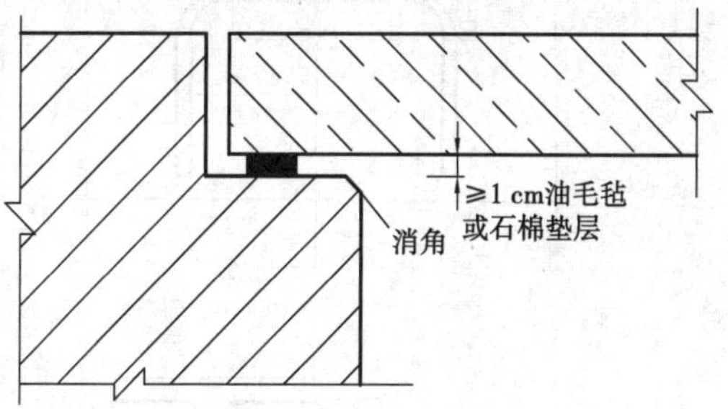

图6.1 简易垫层支座

6.2.2 弧形钢板支座

弧形钢板支座用于跨径在20 m以内、支承反力(Reaction)不超过600 kN的简支梁、板桥。图6.2(a)和(b)示出跨径为16 m的钢筋混凝土T形梁桥所采用的弧形钢板支座构造。

弧形钢板支座由两块厚度4~5 cm铸钢制成的上、下垫板所组成,上垫板是平的矩形钢板,下垫板是顶面切削成圆柱面的弧形钢板。这样,上垫板沿着下垫板弧形接触面的相对滑动和转动实现了活动支座的功能要求:如果在上垫板上做齿槽(或销孔),在下垫板上焊齿板(或销钉),将齿板嵌入齿槽(或销钉伸入销孔),保证上、下垫板位置固定,并且通过齿板(或销钉)的抗剪来承受水平力作用(图6.2(b)、(c),则变成固定支座。一般齿槽应比齿板宽2 mm,且将齿板顶部削斜,以允许上垫板的自由转动;若用销钉固定,钉径也应较销孔小2 mm,且伸出的钉头也应做成顶部缩小的圆锥形。安装前,在墩、台帽的顶面应预埋一块厚约1.2 cm、边长约比支座下垫板尺寸大4~5 cm的定位钢板。支座上垫板预埋在主梁内。当主梁就位时,放置下垫板,校正好位置后将下垫板焊固在定位钢板上。安装活动支座时,应根据安装时的气温,将上下垫板沿纵向错开某一距离Δ放置,以使当达到常年平均气温时上下垫板的中线正好对准。

弧形钢板支座上下垫板之间的摩擦系数为0.2。

6.2.3 板式橡胶支座

板式橡胶支座(Plate type elastomeric pad bearings)由多层橡胶片与薄钢板镶嵌、粘合、压制而成(图6.3)。由于薄钢板的存在使支座具有足够的竖向刚度以承受垂直荷载,且能将上部构造的压力可靠地传递给墩台,其活动机理是利用橡胶的良好弹性使其产生不均匀弹性压

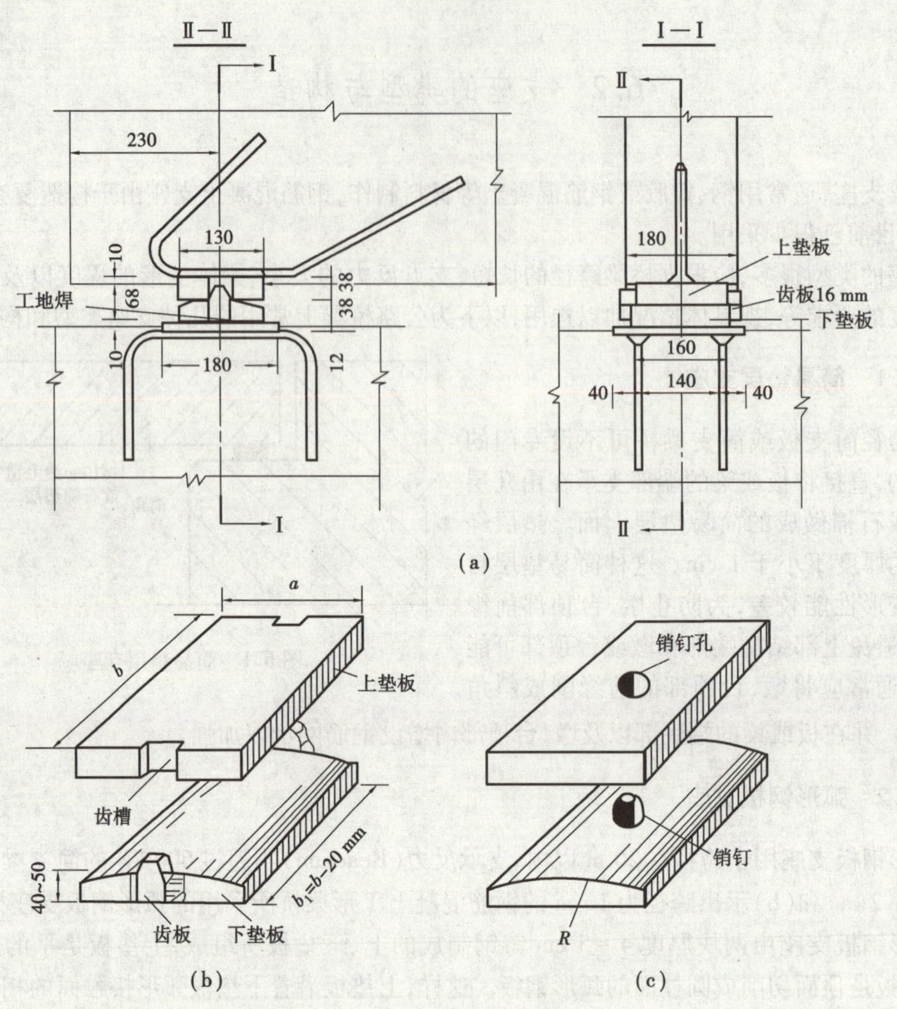

图 6.2　弧形钢板支座

缩实现转角位移,利用橡胶较大的剪切变形以满足上部构造的水平位移。板式橡胶支座具有构造简单、支座高度小、节省钢材、价格低廉、安装养护简便、易于更换等特点。此外,橡胶支座摩阻小,能分布水平力且吸收部分震动作用,可减少动载对桥跨结构和墩台的冲击,对高墩和地震区的桥梁有利。所以,板式橡胶支座已成为中小跨径桥梁中使用最广的一种支座。

与其他支座不同,板式橡胶支座一般无固定支座与活动支座之分,纵向水平力和位移可由各个支座均匀分配,必要时可以采用高度不同的橡胶板来调节各支座传递的水平力和水平位移。

按橡胶形状的不同,板式橡胶支座可分为圆形板式橡胶支座(代号 GYZ)和矩形板式橡胶支座(代号 GJZ)两种形式。矩形板式支座用于正交的直线桥梁,而斜桥、弯桥及需要多向变位的桥梁,宜采用圆形板式橡胶支座。

按支座材料和适用温度的不同,橡胶支座有以下两种:一种是常温型橡胶支座,采用氯丁橡胶(CR)生产,适用温度为 -25 ~60 ℃;另一种是耐寒型橡胶支座,采用天然橡胶(NR)生

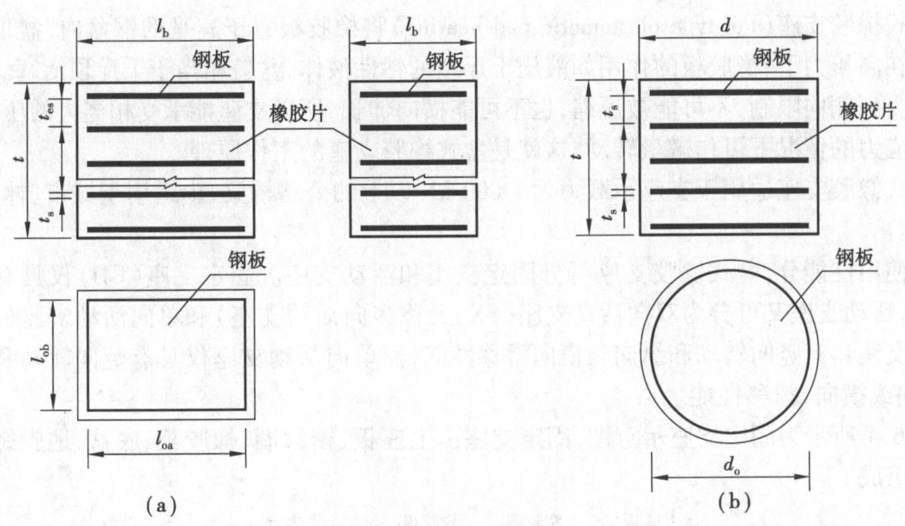

图 6.3　板式橡胶支座结构示意图
(a)矩形板式橡胶支座;(b)圆形板式橡胶支座

坡等构造要求需倾斜安装时,则坡度最大不能超过 1%,否则应采用预埋钢板、混凝土垫块或其他措施将梁底调平,以保持支座上、下面的水平放置。在选择支座时,仅须考虑由于支座倾斜安装而产生的剪切变形所需要的橡胶层厚度。板式橡胶支座的使用寿命一般为 20 ~ 30 年,低于主体结构的使用寿命,因此,在构造设计时必须考虑更换、拆除和安装支座的方便(通常设置支座垫石)。在梁设置板式橡胶支座的单个支承点上,顺桥向只能设置一个支座,以适应梁纵向挠曲的需要,否则会导致梁受力的不均匀;横桥向梁体刚度较大,但也不应多于两个支座,也不允许把不同规格的支座并排安装。

支座安装位置应准确,支承垫石水平,每根梁端的支座尽可能受力均匀,不得出现个别支座脱空现象,以免支座受力后产生滑移及脱落等情况。对大跨径桥梁,或弯桥、斜桥、坡桥等,需在支座与所支承的结构之间设置必要的横向限位设施,以使梁体的横向移动控制在容许限度以内。

6.2.4　四氟滑板橡胶支座

四氟滑板橡胶支座,有圆形板式四氟滑板橡胶支座(GYZF4)和矩形板式四氟滑板橡胶支座(GJZF4)两种,是板式橡胶支座的一种特殊形式,它是将一块平面尺寸与橡胶支座相同,厚为 1.5 ~ 3 mm 的聚四氟乙烯板材,粘结在普通板式橡胶支座顶面的支座。此外,在梁底支点处,设置一块有一定光洁度的不锈钢板,可在支座四氟乙烯板表面来回移动。这种支座除了具有橡胶支座的优点外,还能满足位移量需要较大的要求。四氟滑板式支座能满足支座反力为 90 ~ 3 600 kN 和水平位移较大的桥梁需要,不仅适用于较大跨度的简支梁桥,也适用于桥面连续的桥梁和连续梁桥等。

6.2.5　盆式橡胶支座

一般的板式橡胶支座处于无侧限受压状态,故其抗压强度不高,加之其位移量取决于橡胶允许剪切变形和支座高度,要求的位移量越大,支座就越厚,所以板式橡胶支座的承载能力和位移值均受到了限制。

盆式橡胶支座(Pot-type elastomeric pad bearing)将橡胶板置于扁平的钢盆内,盆顶用钢盖盖住。在高压力下,橡胶板的作用如液压千斤顶的粘性液体,盆盖相当于千斤顶活塞。橡胶在钢盆内受到侧向限制,不可能被压缩,也不可能横向伸长,所以支座能承受相当大的压力,在均匀承压应力的情况下可作微量转动,这就是盆式橡胶支座的工作原理。

盆式橡胶支座适用于支座承载力为 1 000 kN 以上的公路桥梁,也适用于城市、林区、矿区的桥梁。

按使用性能分,盆式橡胶支座可分固定支座和活动支座。固定支座(GD)仅具有竖向转动性能,活动支座又可分为双向活动支座(SX,又称多向活动支座)和单向活动支座(DX);双向活动支座具有竖向转动和纵向与横向滑移性能,而单向活动支座仅具有竖向转动和单一方向(纵向或横向)滑移性能。

图 6.4 所示为固定支座示意图,固定支座由上座板、密封圈、橡胶板、底盆、地脚螺栓和防尘罩等组成。

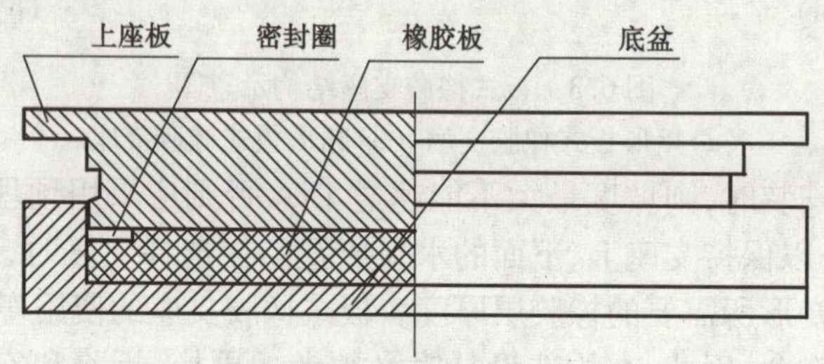

图 6.4　固定支座

活动支座由上座板(包括顶板和不锈钢滑板)、聚四氟乙烯滑板、中间钢板、密封圈、橡胶板、底盆,地脚螺栓和防尘罩等组成,单向活动支座在沿活动方向两侧还设有导向挡块,限制方向的活动。

桥梁设计中选用何种类型的支座,要根据结构图式的要求加以布置。对于宽桥要注意桥跨结构纵横两个方向均能活动的可能性。

盆式橡胶支座结构紧凑、摩擦系数小、承载能力大、重量轻、结构高度小、转动及滑动灵活、成本较低,在大、中桥梁中使用最广泛。中华人民共和国交通行业标准《公路桥梁盆式橡胶支座》(JT391—1999)按支座竖向承载力(即支座反力单位 10^3 kN)大小,从 0.8 到 60,分为 31 级。

6.2.6　拉力支座

桥梁中有的支座在运营荷载作用下会出现上拔拉力,需要设置拉力支座。所谓拉力支座,是一种既能承受压力也能承受拉力的支座。弯桥和斜交角较大的斜桥和有些斜拉桥都可能需要拉力支座。

对于固定支座,则可在盆式橡胶支座中心穿一根预应力钢筋,钢筋套在喇叭状的套管中可允许预应力筋有微小位移

力的混凝土柔性柱,见图 6.5(b)。柔性柱的上下端可做成固结或铰接,柱内需要配置

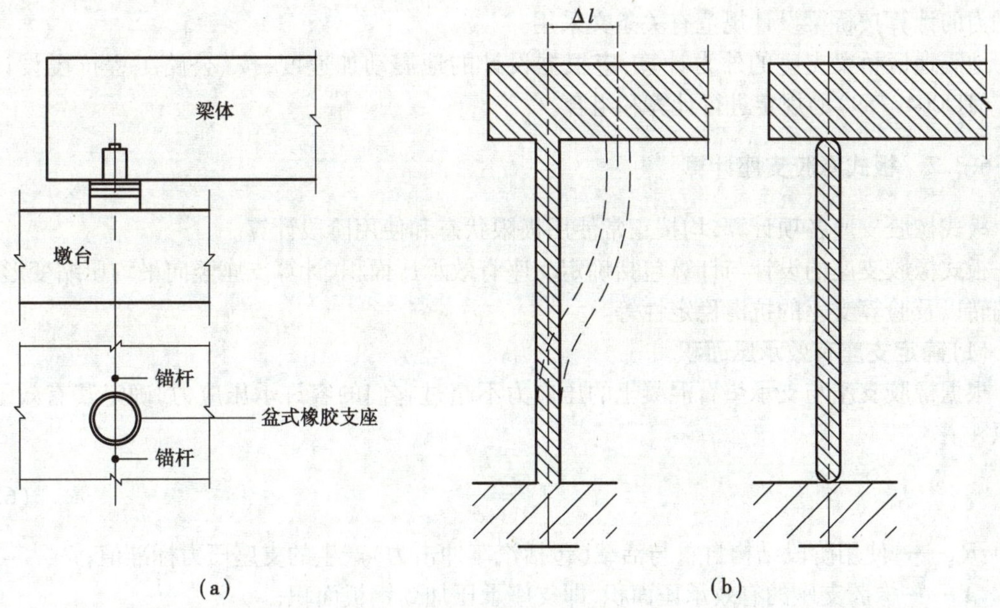

图6.5　拉力支座的布置方法

筋。此外,活动拉力支座也可考虑选用在盆式橡胶支座的两侧设置具有活动量的预应力钢筋。

6.3　支座的计算

6.3.1　支座受力分析

在进行桥梁支座受力分析时,首先必须求得每个支座所承受的竖向力和水平力,根据这些外力来选定支座的尺寸,并进行强度和稳定性验算。

(1)竖向力

支座上的竖向力有结构自重反力、活载的支点反力及其影响力。在计算活载的支点反力时,要按照最不利的状态排列计算荷载,汽车荷载支座反力应计入冲击影响力。当支座可能会出现上拔力时,应分别计算支座的最大竖向力和最大上拔力。桥梁上部结构可能被风力掀离的支座,应计算支座锚栓及有关部件的支承力。

(2)水平力

正交直线桥梁的支座,一般仅需计算纵向水平力。斜桥和弯桥,还需要计算由于汽车荷载的离心力或风力所产生的横向水平力。

支座上的纵向水平力,由汽车荷载的制动力、风力、摩擦力或由于温度变化、支座变形引起的水平力以及其他原因如桥梁纵坡产生的水平力。

汽车荷载产生的制动力,应按照《公路桥梁抗震设计细则》(JTG TB02—01—2008)要求,根据车道数确定。板式橡胶支座,当各支座厚度相等时,制动力可平均分配。对于简支梁桥,当采用柔性排架墩时,制动力可按其抗推刚度分配;设有板式橡胶支座的柱式墩台,应考虑联合作用。在计算支座水平力时,汽车荷载产生的制动力不应与支座的摩阻力同时考虑。其他水平力的计算按桥梁设计规范有关条文采用。

地震地区桥梁支座的外力计算，应根据设计的地震动加速度，按《公路工程抗震设计规范》(JTJ004—89)的规定进行计算和组合。

6.3.2 板式橡胶支座计算

板式橡胶支座各项计算，均按正常使用极限状态和使用阶段计算。

板式橡胶支座的设计与计算包括确定支座有效承压面积、计算支座竖向平均压缩变形、受压偏转以及验算支座的抗滑稳定性等。

(1)确定支座有效承压面积

根据橡胶支座与支承垫石混凝土的压应力不超过它们的容许承压应力，确定其有效承压面积 A_e：

$$A_e = \frac{R_{ck}}{\sigma_c} \tag{6.1}$$

式中：R_{ck}——使用阶段结构自重与活载(包括汽车冲击力)产生的支座压力标准值；

A_e——橡胶支座的有效承压面积，即支座承压加劲钢板面积；

σ_c——支座使用阶段的平均压应力限值，取 10 MPa。

按加劲钢板与支座边缘最小距离不小于 5 mm，就可基本确定支座短边长度 l_a、长边长度 l_b 和毛面积 A_g。

橡胶支座抗压弹性模量 E_e 和支座形状系数 S 按下式计算：

$$E_e = 5.4 G_e S^2 \tag{6.2}$$

矩形支座：

$$S = \frac{l_{0a} \times l_{0b}}{2t_{es}(l_{0a} + l_{0b})} \tag{6.3}$$

圆形支座：

$$S = \frac{d_0}{4t_{es}} \tag{6.4}$$

式中：G_e——支座剪变模量，MPa，根据《公路桥梁板式橡胶支座(JTT 4—2004)》取用；

l_{0a}——矩形支座加劲板短边尺寸，mm；

l_{0b}——矩形支座加劲板长边尺寸，mm；

d_0——圆形支座加劲钢板直径，mm；

t_{es}——支座中间单层橡胶片厚度，mm。

支座形状系数应在 $5 \leqslant S \leqslant 12$ 取用。

(2)确定支座厚度

根据板式橡胶支座的活动机理，梁的水平位移要通过全部橡胶片的剪切水平变形来实现，见图 6.6。因此，要设计支座的厚度 t，必须首先知道主梁由于温度变化、混凝土收缩徐变、制动力等因素预计将产生的纵向最大水平位移 Δ_l，然后按下式计算：

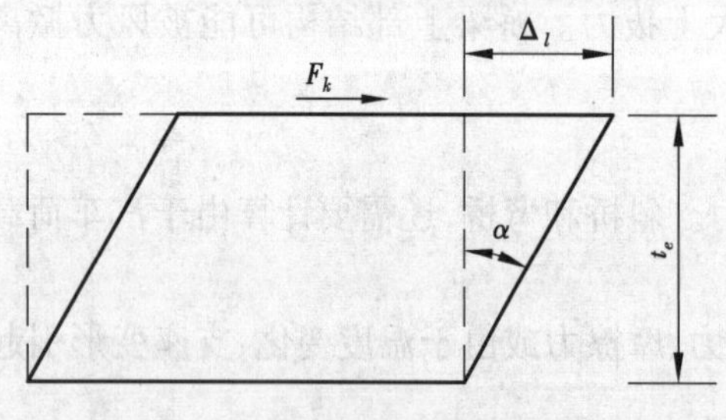

图 6.6 橡胶支座厚度计算图式

$$\tan\alpha = \frac{\Delta_l}{t_e} \leqslant [\tan\alpha] \tag{6.5}$$

式中：t_e——支座橡胶层总厚度；

Δ_l——由上部结构温度变化、混凝土收缩徐变等作用标准值引起的剪切变形，和纵向力标准值(当计入制动力时包括制动力标准值)产生的支座剪切变形，以及支座直接设置于不大于1%纵坡的梁底面下，在支座顶面由支座承压力标准值顺坡方向分力产生的剪切变形；

$[\tan\alpha]$——橡胶片剪切角正切值限值，当不计活载制动力时，取0.5；计入活载制动力时取0.7。

把上式改写为：

$$t_e \geqslant \frac{\Delta_l}{[\tan\alpha]} \tag{6.6}$$

根据橡胶支座正切值限值，便有：

不计制动力：
$$t_e \geqslant 2\Delta_l \tag{6.7}$$

计入制动力：
$$t_e \geqslant 1.43\Delta_l \tag{6.8}$$

当板式橡胶支座在横桥向平行于墩台帽横坡或盖梁横坡设置时，支座橡胶层总厚度应符合：

不计制动力：
$$t_e \geqslant 2\sqrt{\Delta_l^2 + \Delta_t^2} \tag{6.9}$$

计入制动力：
$$t_e \geqslant 1.43\sqrt{\Delta_l^2 + \Delta_t^2} \tag{6.10}$$

式中：Δ_t——支座在横桥向平行于不大于2%的墩台帽横坡或盖梁横坡上设置，由支座承压力标准值平行于横坡方向分力产生的剪切变形。

考虑到橡胶支座工作的稳定性，t_e 应同时满足下列条件：对矩形支座，$\frac{l_a}{10} \leqslant t_e \leqslant \frac{l_a}{5}$；圆形支座，$\frac{d}{10} \leqslant t_e \leqslant \frac{d}{5}$。

板式橡胶支座的加劲钢板受到横向荷载作用而受拉，其值与竖向荷载、剪切力、钢板上下的橡胶厚度有关，相应计算公式为：

$$t_s = \frac{K_p R_{ck}(t_{es,u} + t_{es,l})}{A_e \sigma_s} \tag{6.11}$$

式中：t_s——支座加劲钢板厚度；

K_p——应力校正系数，取1.3；

$t_{es,u}$，$t_{es,l}$——一块加劲钢板上、下橡胶层厚度；

σ_s——加劲钢板轴向拉应力限值，可取钢材屈服强度的0.65倍。

上述计算结果应同时满足最小厚度不小于2 mm的规定。

此外，加劲钢板与支座边缘的最小距离不应小于5 mm，上、下保护层厚度不应小于2.5 mm。

橡胶片的总厚度 t_e 确定后，再加上加劲薄钢板的总厚和保护层厚度，即可得到橡胶支座的厚度 t。

(3)计算支座竖向平均压缩变形和转角

主梁受荷载作用发生挠曲变形时，梁端将出现转动，但不允许与支座产生脱空现象。挠曲时梁端转角为 θ(图6.7)，这时支座表面将产生不均匀的压缩变形，其平均压缩变形 $\delta_{c,m}$ 可根据下式计算：

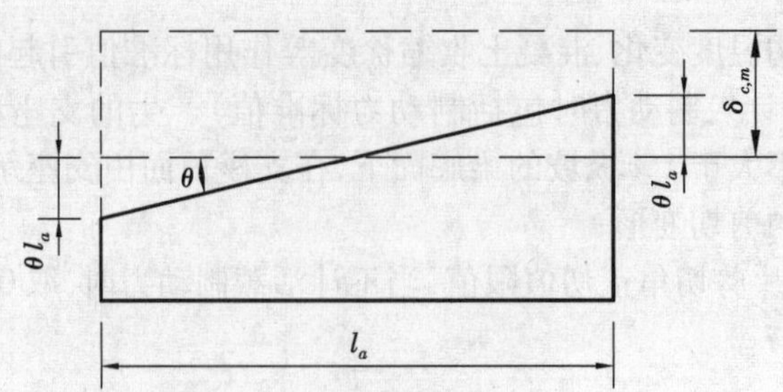

图 6.7 支座的压缩变形

$$\delta_{c,m}=\frac{R_{ck}t_e}{A_eE_e}+\frac{R_{ck}t_e}{A_eE_b}$$

式中：$\delta_{c,m}$——支座竖向平均压缩变形；

E_b——橡胶体体积弹性模量，取 2 000 MPa。

从图 6.7 可以看出，当$\frac{\theta l_a}{2}>\delta_{c,m}$时，支座右侧与梁底有部分脱空，支座呈局部承压状态，设计时必须保证：

$$\theta l_a/2\leqslant\delta_{c,m} \tag{6.12}$$

同时，橡胶支座的竖向压缩变形 $\delta_{c,m}$ 不应大于支座橡胶总厚度 t_e 的 0.07 倍，以限制支座竖向压缩变形，保证支座稳定。

(4)验算支座的抗滑稳定性

橡胶支座搁置在墩台与梁底之间，在受到梁体传来的水平力后，应保证支座不致滑动，也就是说，支座与混凝土之间要有足够大的摩阻力来抵抗水平力，故应满足下列条件：

不计汽车制动力

$$\mu R_{Gk}\geqslant 1.4G_eA_g\frac{\Delta_l}{t_e} \tag{6.13}$$

计入汽车制动力

$$\mu R_{ck}\geqslant 1.4G_eA_g\frac{\Delta_l}{t_e}+F_{bk} \tag{6.14}$$

式中：R_{Gk}——由结构自重引起的支座反力标准值；

R_{ck}——由结构自重标准值和 0.5 倍汽车荷载标准值（计入冲击系数）引起的支座反力；

μ——橡胶支座与混凝土表面的摩阻系数采用 0.3；与钢板的摩阻系数采用 0.2；

F_{bk}——由汽车荷载引起的制动力标准值；

Δ_l——由上部结构温度变化、混凝土收缩徐变等作用标准值引起的剪切变形，和纵向力标准值（不包括制动力）产生的支座剪切变形，以及支座直接设置于不大于 1% 纵坡的梁底面下，在支座顶面由支座承压力标准值顺坡方向分力产生的剪切变形。

(5)设计计算示例

某桥为五梁式双车道简支梁桥，两侧为重力式桥台。主梁标准跨径为 20 m，计算跨径 $l=19.5$ m，设计荷载为公路-Ⅱ级，梁肋宽 0.18 m，自重反力 $R_{Gk}=160$ kN，汽车荷载反力 $R_{ak}=195.6$ kN（计入冲击系数），公路-Ⅱ级作用在梁上的跨中挠度 $f=17.4$ mm，温度下降、混凝土收缩徐变引起的支座剪切变形 $\Delta_{t+a+c}=12$ mm，自重挠度在支座处的倾角 $\theta_G=0.0035$ rad。试按两端等厚度设计板式橡胶支座。

1）选择板式橡胶支座几何尺寸

自重和汽车荷载反力合计为 $R_{ck} = R_{Gk} + R_{ak} = 160 + 195.6 = 355.6$ kN

查《公路桥梁板式橡胶支座规格系列（JTT633—2006）》，选择 150 mm（横桥向）×300 mm（顺桥向）×35 mm（厚度）。梁肋宽度 18 cm，大于支座横桥向 15 cm，可以满足支座全面积受压要求。在5片主梁每端设置一个橡胶支座。单层橡胶层厚度 $t_{es} = 5$ mm，橡胶层总厚度 $t_e = 25$ mm。加劲钢板短边长度 $l_{0a} = (150 - 10)\text{mm} = 140$ mm（10 mm 为钢板侧向保护层厚度），长边长度 $l_{0b} = (300 - 10)\text{mm} = 290$ mm。支座毛平面面积 $A_g = 150 \times 300\ \text{mm} = 45\ 000\ \text{mm}^2$，有效平面面积 $A_e = 140 \times 290\ \text{mm}^2 = 40\ 600\ \text{mm}^2$。

支座形状系数和抗压弹性模量分别为：

$$S = \frac{l_{0a} \times l_{0b}}{2t_{es}(l_{0a} + l_{0b})} = \frac{(140 \times 290)\text{mm}^2}{[2 \times 5 \times (140 + 290)]\text{mm}^2} = 9.44$$

$$E_e = 5.4G_eS^2 = (5.4 \times 1.0 \times 9.44^2)\text{MPa} = 481.2\ \text{MPa}$$

支座形状系数在 $5 \leqslant S \leqslant 12$ 之间，满足要求。

板式橡胶支座有效承压面积 A_e 按式（6.1）验算

$A_e = \dfrac{R_{ck}}{\sigma_c} = \dfrac{355\ 600\ \text{N}}{10\ \text{MPa}} = 35\ 560\ \text{mm}^2 < 40\ 600\ \text{mm}^2$，符合规定。

2）板式橡胶支座橡胶层总厚度验算

①从满足剪切变形考虑

a. 不计制动力时

温度下降、混凝土收缩徐变引起的支座剪切变形 $\Delta l = \Delta_{t+a+c} = 12$ mm，$2\Delta l = 24\ \text{mm} < t_e = 25$ mm，符合规定。

b. 计入制动力时

根据《公路桥涵设计通用规范》第4.3.6条规定，由汽车荷载在一个车道上产生的制动力标准值按车道荷载标准值在加载长度上计算的总重力的10%，且公路-Ⅱ级汽车荷载的制动力标准值不得小于90 kN。

该桥计算跨径为19.5 m，$P_k = 160 + 4l = (160 + 4 \times 19.5)\text{kN} = 258$ kN

汽车荷载在2个车道上的车道荷载标准值总和为：

$2 \times 0.75 \times (10.5 \times 19.5 + 258)\text{kN} = 694.1\ \text{kN} > 2 \times 90$ kN

全桥共设置10个支座，每一个支座所承受的制动力标准值为：

$F_{bk} = \dfrac{694.1 \times 0.1}{10}\text{kN} = 6.94$ kN

需要注意的是：在计算设有板式橡胶支座的简支梁、连续桥面简支梁或连续排架式柔性墩台制动力时，应根据支座与墩台的抗推刚度的刚度集成情况来分配和传递制动力。有关抗推刚度集成计算可参见袁伦一编写的《连续桥面简支梁桥墩台计算实例》一书。

对设有板式橡胶支座的简支梁刚性墩台，制动力应按单跨两端的板式橡胶支座的抗推刚度分配。由于本算例板式橡胶支座按两端等厚度设计，因此，制动力可直接分配。

由制动力引起的剪切变形：

$$\Delta_b = \frac{F_b t_e}{G_e A_g} = \frac{6\ 940 \times 25}{1.0 \times 150 \times 300}\text{mm} = 3.86\ \text{mm}$$

$$\Delta l = \Delta_{t+a+c} + \Delta_b = (12 + 3.86)\text{mm} = 15.86\ \text{mm}$$

$$1.43\Delta l = 1.43 \times 15.86\ \text{mm} = 22.7\ \text{mm} < t_e = 25\ \text{mm}$$,符合规定。

②受压稳定

受压稳定应满足$\frac{l_a}{10} \leqslant t_e \leqslant \frac{l_a}{5}$。

$\frac{l_a}{10} = \frac{150\ \text{mm}}{10} = 15\ \text{mm} \leqslant t_e = 25\ \text{mm}$,$\frac{l_a}{5} = \frac{150\ \text{mm}}{5} = 30\ \text{mm} \geqslant t_e = 25\ \text{mm}$,符合规定。

3)板式橡胶支座竖向平均压缩变形

$$\delta_{c,m} = \frac{R_{ck} t_e}{A_e E_e} + \frac{R_{ck} t_e}{A_e E_b} = \frac{355\ 600 \times 25}{140 \times 290 \times 481.2}\text{mm} + \frac{355\ 600 \times 25}{140 \times 290 \times 2\ 000}\text{mm} = 0.565\ \text{mm}$$

由结构自重挠度倾角为$\theta_G = 0.003\ 5$ rad,汽车荷载引起的倾角可按梁的挠度和梁端转角的关系确定:

$$f = \frac{5}{384}\frac{ql^4}{EI} = \frac{5l}{16}\left(\frac{ql^3}{24EI}\right) = \frac{5l}{16}\theta, \theta = \frac{16}{5l} \times f$$

由公路-Ⅱ级作用下$f_{中} = 17.4$ mm,则

$$\theta_a = \frac{16}{5 \times 19.5 \times 10^3} \times 17.4\ \text{rad} = 0.002\ 85\ \text{rad}$$

$$\theta = \theta_G + \theta_a = (0.003\ 5 + 0.002\ 85)\text{rad} = 0.006\ 35\ \text{rad}$$

注意:当支座顶面直接支承有纵坡的主梁时,θ中还应计入由该纵坡引起的坡角。

根据式(6.13),可验算支座稳定:

$\theta \cdot \frac{l_a}{2} = \left(0.006\ 35 \times \frac{150}{2}\right)\text{mm} = 0.476\ \text{mm} < \delta_{c,m} = (0.07 \times 25)\text{mm} = 1.75\ \text{mm}$,符合规定。

4)板式橡胶支座加劲钢板厚度t_s

一块加劲钢板上下层橡胶层厚度采用5 mm,加劲钢板采用屈服强度为235 MPa的钢板,其拉应力限制取$\sigma_s = (0.65 \times 235)\text{MPa} = 152.8\ \text{MPa}$,$t_{es,u} = t_{es,l} = t_{es} = 5\ \text{mm}$

$t_s = \frac{K_p R_{ck}(t_{es,u} + t_{es,l})}{A_e \sigma_s} = \frac{1.3 \times 355\ 600 \times (5+5)}{140 \times 290 \times 152.8}\text{mm} = 0.745\ \text{mm} < 2\ \text{mm}$,取2 mm。

5)抗滑稳定验算

a. 不计汽车制动力时,按式(6.14)验算:

$\mu R_{Gk} = (0.3 \times 355\ 600)\text{N} = 106\ 680\ \text{N}$

$1.4 G_e A_g \frac{\Delta_l}{t_e} = \left(1.4 \times 1.0 \times 45\ 000 \times \frac{12}{25}\right)\text{N} = 30\ 240\ \text{N} < 106\ 680\ \text{N}$,符合规定。

b. 计汽车制动力时,按式(6.15)验算:

$\mu R_{ck} = \mu(R_{Gk} + 0.5R_{ak}) = 0.3(160 + 0.5 \times 195.6)\text{kN} = 77.34\ \text{kN}$

式中,$0.5R_{ak}$相当于汽车荷载最小反力。

$1.4 G_e A_g \frac{\Delta_l}{t_e} + F_{bk} = \left(1.4 \times 1.0 \times 45\ 000 \times \frac{12}{25} + 6\ 940\right)\text{N} = 37\ 180\ \text{N} = 37.18\ \text{kN} < 77.34\ \text{kN}$,符合规定。

经验算,所选支座规格满足要求。

第 7 章 悬臂梁桥、连续梁桥和连续刚构桥

第5章介绍的简支梁桥只适用于跨径在50 m以内的桥梁，但在实际工程中，常常需要跨径更大的桥梁，以跨越河流、深谷和不良地质地段，这时，可以采用悬臂梁桥、连续梁桥和连续刚构桥等。

7.1 悬臂梁桥

7.1.1 悬臂梁桥的受力特点

将简支梁梁体向两端延伸，越过支点并与邻孔的梁段搭接或用铰轴衔接的桥跨结构便成为悬臂梁桥(Cantilever beam bridge)。仅梁一端悬出的称为单悬臂梁，两端均悬出的称为双悬臂梁。使用悬臂梁的桥跨至少有三孔，或为两单悬臂梁，中孔采用简支挂梁，或为一双悬臂梁桥结构，两边孔采用简支挂梁。在长大桥梁中，可由单悬臂梁、双悬臂梁与简支挂梁(或剪力铰)共同组合成多孔悬臂体系梁桥。

悬臂梁桥利用悬出支点以外的伸臂，使支点产生负弯矩，从而对锚跨跨中正弯矩产生有利的卸载作用。图7.1所示为各种梁式体系在结构自重作用下的弯矩图。在跨径 l 和自重集度 g 相同的情况下，简支梁的跨中弯矩最大，悬臂梁桥(不论是单悬臂或是双悬臂)在锚跨跨中弯矩因支点负弯矩的卸载作用而显著减小，而悬臂跨中因简支挂梁的跨径缩短使跨中正弯矩也有显著减小。从表征材料用量的弯矩图面积大小(绝对值)而言，悬臂梁要比简支梁小。如以图7.1(c)的中跨弯矩图形为例，当 $l_x=\dfrac{l}{4}$ 时，正负弯矩图面积的总和仅为同跨径简支梁的1/3.2。从活载的作用来看，如果在图7.1(b)中孔布载，则其跨中最大正弯矩仍然与简支梁布满活载时的结果一样，并不因为有悬臂的存在而有所减小。但对于带有挂梁的多孔悬臂梁桥(图7.1(c))，活载引起的跨中最大正弯矩只按支承跨径较小的简支挂梁(通常只有桥孔跨径的0.4～0.6倍)产生的正弯矩计算，因此其设计弯矩要比简支梁小得多。

由此可见，与简支梁桥相比较，悬臂梁桥可以减小跨内主梁高度，降低材料用量，是一种比

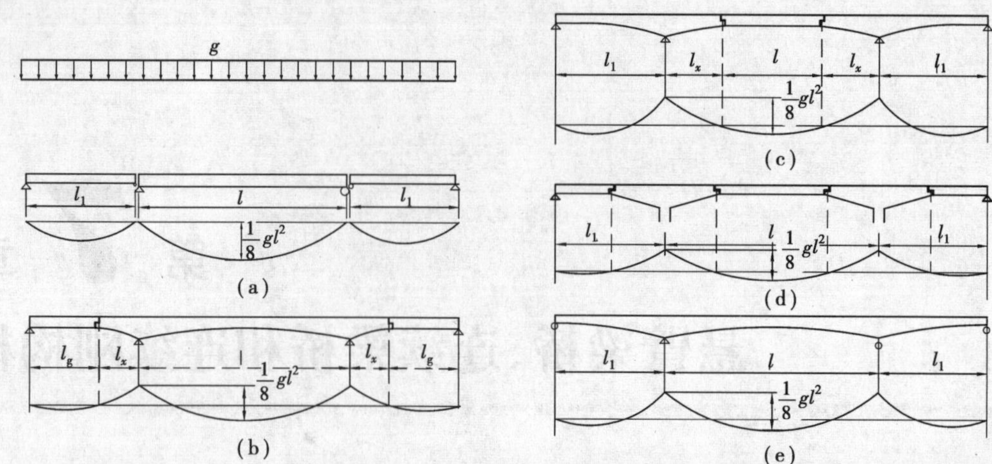

图 7.1　结构自重弯矩比较图

较经济合理的桥型。在多孔桥中，墩上只需设置一排(个)支座，相应减小桥墩尺寸，节省工程费用。

悬臂梁桥一般为静定结构，梁体内力不受基础不均匀沉降的影响，适合于地基较差的条件下使用，尤其在平原地区，多数为软土地基，河道通航跨径一般在 40 ~ 50 m，采用悬臂梁桥不失为一种较为经济合理的桥型。

悬臂梁桥将伸缩装置移到跨内，使变形挠曲线的转折角比简支梁桥变形挠曲线在支点的转折角小，梁体比较平顺，对行车有利。

钢筋混凝土悬臂梁桥和预应力悬臂梁桥虽然在力学性能上优于简支梁桥，并可适用于更大跨径的桥型方案，但在施工方法和结构的使用性能上仍有较大缺陷。首先，对较大跨径的钢筋混凝土悬臂梁桥，梁体自重大，不易装配化施工，只能采用支架现浇，费工又费时；其次，因支点存在负弯矩区段，梁顶面不可避免地产生裂缝，虽有防护措施，仍会因雨水侵蚀而降低其耐久性和使用年限。预应力混凝土悬臂梁桥，虽无此后患，并可采用悬臂法施工，但在施工时必须采取临时固结措施，以抵抗不平衡弯矩。更重要的是，悬臂梁桥还需在跨间增加悬臂和挂梁间的牛腿及伸缩装置，行车条件不及连续梁桥。

图 7.2　日本港大桥(主跨 510 m)

目前，国内采用箱形截面的钢筋混凝土悬臂梁桥最大跨径为 55 m，常用跨径在 30 m以内，国外一般在 70 ~ 80 m。预应力混凝土悬臂梁桥国内常用跨径为 30 ~ 50 m，国外最大跨径为 150 m。三孔预应力混凝土悬臂梁桥，在采用平衡悬臂法装配施工时，中孔也可不用挂梁而仅在跨中用剪力铰相连，这种带剪力铰的悬臂体系为一次超静定结构。苏联曾建造过一座中跨跨径为 128 m 的悬臂梁桥。

除钢筋混凝土和预应力混凝土悬臂梁桥外，还有钢悬臂梁桥，如重庆嘉陵江大桥，日本港大桥(图 7.2)，美国的康摩多巴雷桥(主跨 501.22 m)，都是采用钢桁架的悬臂梁桥。

7.1.2　悬臂梁桥的构造

(1)钢筋混凝土悬臂梁桥

悬臂梁桥常用的立面布置如图7.3所示。

单孔双悬臂梁桥(图7.3(a))利用两侧悬臂端伸入路堤省去了两端庞大的桥台,但仍需在悬臂与路堤处设置钢筋混凝土搭板以利于行车。采用箱形截面的钢筋混凝土双悬臂梁桥,应尽量使跨中最大和最小弯矩的绝对值相等,以充分发挥跨中底板混凝土的受压作用,因此,悬臂长度可达中跨长度的0.4~0.6倍。但过长的悬臂会使活载挠度增大,过车时跳车严重,容易导致悬臂端与路堤连接处的结构破坏。单孔双悬臂梁跨中采用箱形截面时梁高 $h=\left(\frac{1}{20}\sim\frac{1}{30}\right)l$,根部梁高 $H=(2.0\sim2.5)h$。

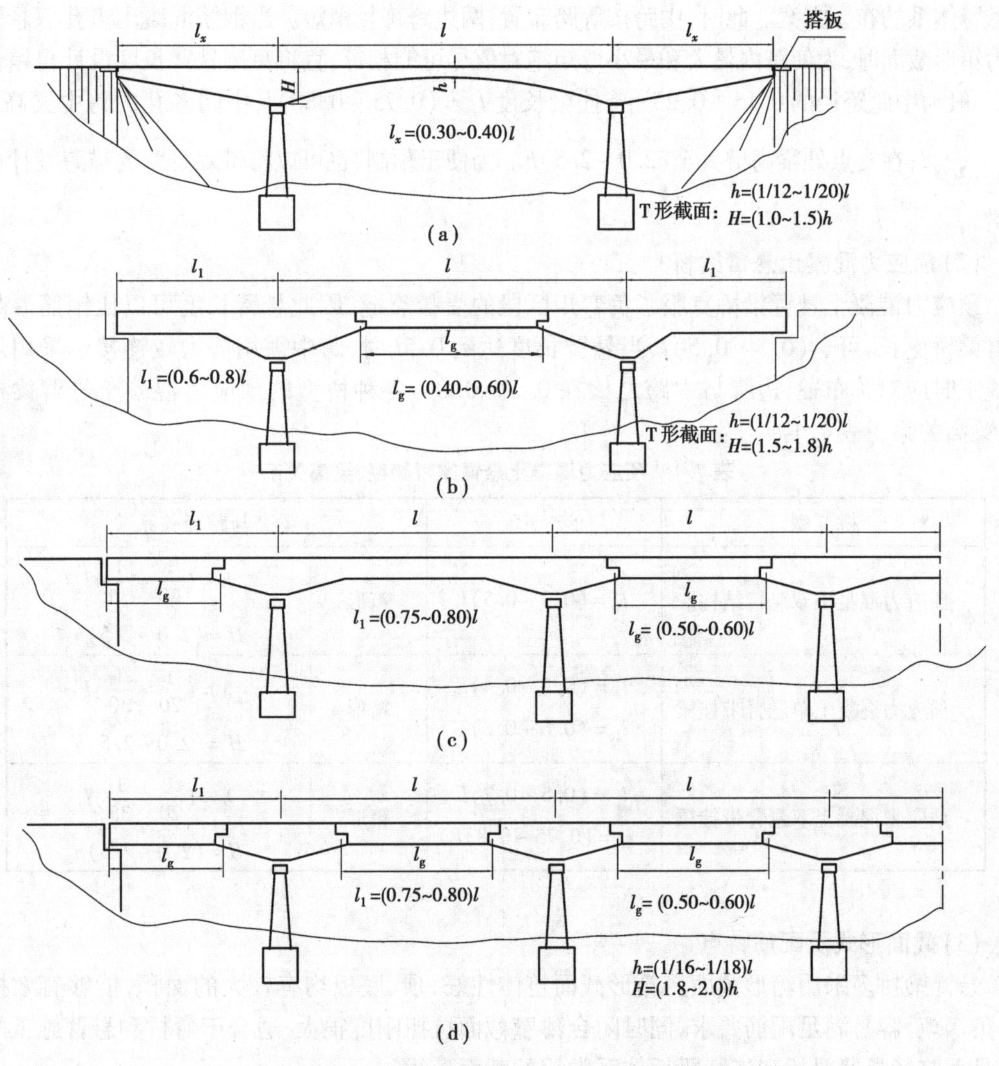

图7.3　钢筋混凝土悬臂梁桥的立面布置及主要尺寸

多跨悬臂体系梁桥是跨越城市河道常用的一种桥型方案，主孔跨径 l 由通航净空确定，或与边孔一起由河床地形和地质等条件综合考虑来选定。当不受上述这些条件限制时，就按梁的弯矩包络图面积最小原则来确定边孔与中孔的跨径划分，以达到节省材料的目的。对三跨带挂梁的钢筋混凝土单悬臂梁桥，中孔是悬臂孔，可利用两侧悬臂加挂梁来加大跨径，边孔是锚固孔，跨径较小，可作为城市桥梁沿江道路立交孔，这样布置显得合理、匀称。箱型截面常用的跨径布置和梁高如下：$l_g=(0.4\sim0.6)l$，$l_1=(0.6\sim0.8)l$，跨中梁高 $h=\left(\frac{1}{15}\sim\frac{1}{25}\right)l$，支点处梁高 $H=(2.0\sim2.5)h$。在特殊情况下，可以进一步减小边孔（锚固孔）跨径，但应考虑活载作用在中孔时锚固边支点可能出现负反力的情况，应采取措施加设平衡重或设计成能承受负反力的拉力支座等。

当桥梁长度较大，通航跨径要求在 60 m 以下时，可以采用图 7.3(c)、7.3(d)两种钢筋混凝土悬臂体系的布置方案。此时，中跨按等跨布置，两边跨跨径稍短。当钢筋混凝土多孔双悬臂梁桥为箱形截面时，为使跨内最大和最小弯矩绝对值尽可能相等，宜将每侧悬臂长度设计得稍长一些，一般为中跨跨径的 0.15 ~ 0.25 倍，挂梁长度 $l_g=(0.75\sim0.80)l$，中间各孔的跨中梁高 $h=\left(\frac{1}{20}\sim\frac{1}{30}\right)l$；在支点处梁高增大至$(2.0\sim2.5)h$。为便于预制，也可以将带双悬臂的锚跨设计成等高梁。

(2)预应力混凝土悬臂梁桥

预应力混凝土悬臂梁桥克服了负弯矩区段的受拉裂缝，因此悬臂长度可以比钢筋混凝土悬臂梁桥更长，可达$(0.3\sim0.5)l$，当悬臂长度达到 $0.5l$ 时，跨中需用剪力铰连接。采用悬臂法施工时应对称布置，边跨与中跨之比在 0.5 ~ 0.8。各种桥型的预应力混凝土悬臂梁桥跨径、梁高关系见表 7.1。

表 7.1　预应力混凝土悬臂梁桥跨径、梁高关系

桥　型	跨　径	梁高与跨径关系	
预应力混凝土双悬臂结构	$l_x=(0.3\sim0.5)l$	箱形	$h=\left(\frac{1}{20}\sim\frac{1}{35}\right)l$ $H=(2.0\sim2.5)h$
预应力混凝土单悬臂带挂梁	$l_g=(0.2\sim0.4)l$ $l_1=(0.6\sim0.8)l$	箱形	$h=\left(\frac{1}{20}\sim\frac{1}{30}\right)l$ $H=(2.0\sim2.5)h$
预应力混凝土双悬臂带挂梁	$l_g=(0.5\sim0.7)l$ $l_1=(0.75\sim0.8)l$	箱形	$h=\left(\frac{1}{20}\sim\frac{1}{35}\right)l$ $H=(2.0\sim2.5)h$

(3)截面形式及配筋特点

悬臂梁桥多采用箱形截面。箱形截面整体性好，顶、底板均有较大的面积，能够有效抵抗正、负弯矩，容易满足配筋要求，同时闭合薄壁截面抗扭刚度很大，适合于弯桥和悬臂施工的桥梁，是大跨径悬臂梁桥和连续梁桥体系常用的截面形式。

悬臂梁桥的箱形截面形式主要与桥面宽度有关，常用单箱单室（图 7.4(a)）和单箱双室（图 7.4(b)）两种。

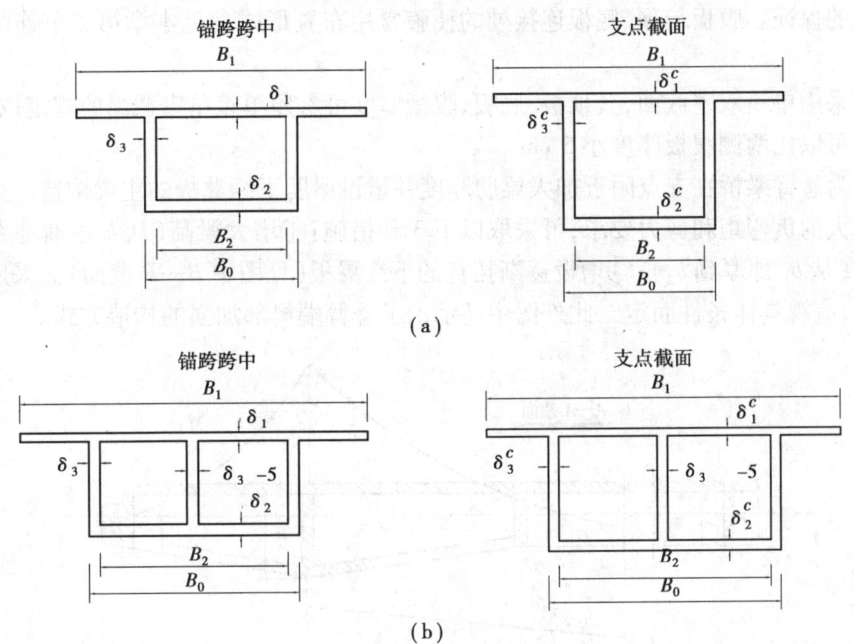

图7.4　箱梁截面形式

单箱单室截面构造简单，受力明确，施工方便，材料用量省。对采用钢筋混凝土的单箱单室截面，桥面板的跨度和两侧悬臂长度受到一定限制，适用于桥面较窄的情况。

箱形截面的顶板厚度主要满足桥面板横向弯矩和布置纵向预应力筋的要求。钢筋混凝土桥面板应按行车道板要求设计，顶板、底板和腹板厚度可参见表7.2。

表7.2　顶板、底板和腹板厚度　　单位：cm

锚跨跨中		支点截面	
δ_1	≥18	δ_1	30
δ_2	20 或 $>\frac{1}{16}B_0$ $B_0\geq20$（预应力）	δ_2	20 或 $\leq\frac{1}{15}B_1$ ≥25（预应力）
δ_3	≥18	δ_3	40 或 $\left(\frac{1}{15}\sim\frac{1}{10}\right)B_1$

底板厚度应满足跨中配置预应力筋和普通钢筋，以及随负弯矩的增大而逐渐加厚至墩顶，以适应受压要求。底板除需满足运营阶段的受压要求外，在破坏阶段还宜使中和轴保持在底板内，并有适当的富余，一般为墩顶梁高的1/12～1/10。

箱梁腹板主要承受剪应力和主拉应力，应满足纵向预应力筋布置和方便混凝土浇筑。为适应应力变化，腹板一般也沿桥长变化，跨中截面腹板的总厚度不宜小于桥宽的1/20～1/12，支点处不宜小于桥宽的1/12～1/8。

此外，在顶、底板与腹板接头处应设置梗腋，一方面可以提高箱梁截面的抗弯和抗扭刚度，减小扭转剪应力和畸变应力；另一方面可以使应力线过渡平缓，减小次应力。从构造上看，设置梗腋可以提供布置纵向预应力筋和横向预应力筋的空间，同时也为减薄底板和顶板厚度提供了构造上的保证。腹板与顶、底板连接处的梗腋常用布置形式参见本章第二节连续梁桥有关内容。

宽桥宜采用单箱双室截面，其顶板、底板、腹板厚度可参照单箱单室截面的规定取用，但中间腹板厚度可以比两侧腹板厚度小 5 cm。

图 7.5 为悬臂梁桥在支点附近加大梁肋厚度并增设梁肋下缘翼板的主梁构造。为适应向支点逐渐增大的负弯矩和剪力要求，可采取以下 3 种措施：①增大梁高（从 h 逐渐增大至 H）；②加厚梁肋（从 b_1 加厚到 b_2）；③增设逐渐拓宽的下缘翼板（见图中 $B—B$ 截面）。采用上述构造的哪一种，应视具体条件而定。此外图中还示出了悬臂端局部加强的构造方式。

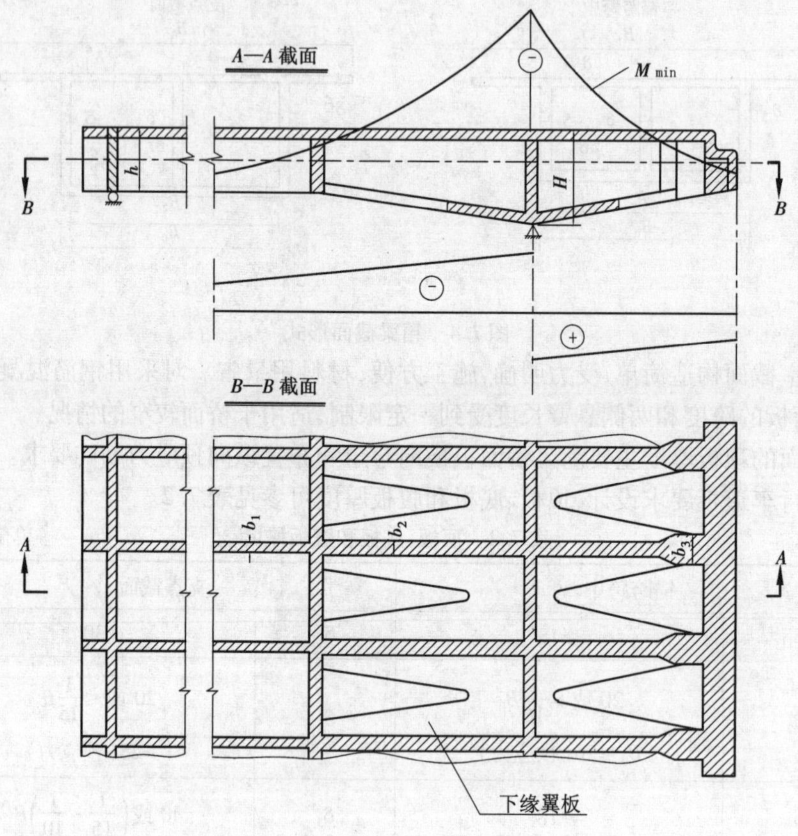

图 7.5　悬臂梁桥变截面主梁构造

悬臂梁桥受力主筋的布置应满足正、负弯矩的要求。在悬臂部分和支点附近是负弯矩区，主钢筋应布置在梁的顶部；跨中部分承受正弯矩，主钢筋应布置在梁的底部；在正、负弯矩过渡区段，两个方向的弯矩都可能发生，因此其顶部和底部均要布置适量的钢筋。梁内抵抗主拉应力的斜钢筋，可以根据受力需要，由上、下部主钢筋弯折而成。对跨中正弯矩区主钢筋密集的部位，往往敷设加强钢筋网来改善混凝土的裂缝分布。在支点负弯矩区，也可在桥面铺装层内敷设钢筋网并采取有效的防水措施，以免雨水渗入梁体。

7.1.3　牛腿构造

牛腿是多跨悬臂体系梁桥和带挂梁的 T 形刚构桥上部构造的一个重要部分，是挂梁与悬臂梁的衔接部，承受来自挂梁和活载传递下来的全部荷载。

为保证挂梁与悬臂梁的传力效果，尽量使悬臂梁和挂梁的腹板一一对应，以缩短传力路径，确保受力明确。对于梁数少、荷载大的桥梁更应注意。接近牛腿部位的腹板应予以加厚，加厚部分的长度不应小于梁的高度。端横梁的长度最好比主梁横向总宽度（如箱梁底宽）大一些，横向挑出的牛腿横梁为架梁及设置挡块提供了方便，同时，还可以避免横梁横向钢束的锚头对边梁支座下受压部位混凝土截面的削弱。

牛腿处梁高骤然减小，截面凹折角处存在很大的应力集中。图7.6(a)、(b)所示为两种不同形状的牛腿在荷载作用下的主应力迹线，可以看出，图7.6(a)的牛腿在凹角处主拉应力迹线密集，有严重的应力集中现象；图7.6(b)是改进凹角后的牛腿，应力集中得到了缓解，显然，改变凹角的形状可以有效地改善牛腿处的应力状况。此外，为改善牛腿受力，还应尽可能减小支座高度，如采用橡胶支座等。

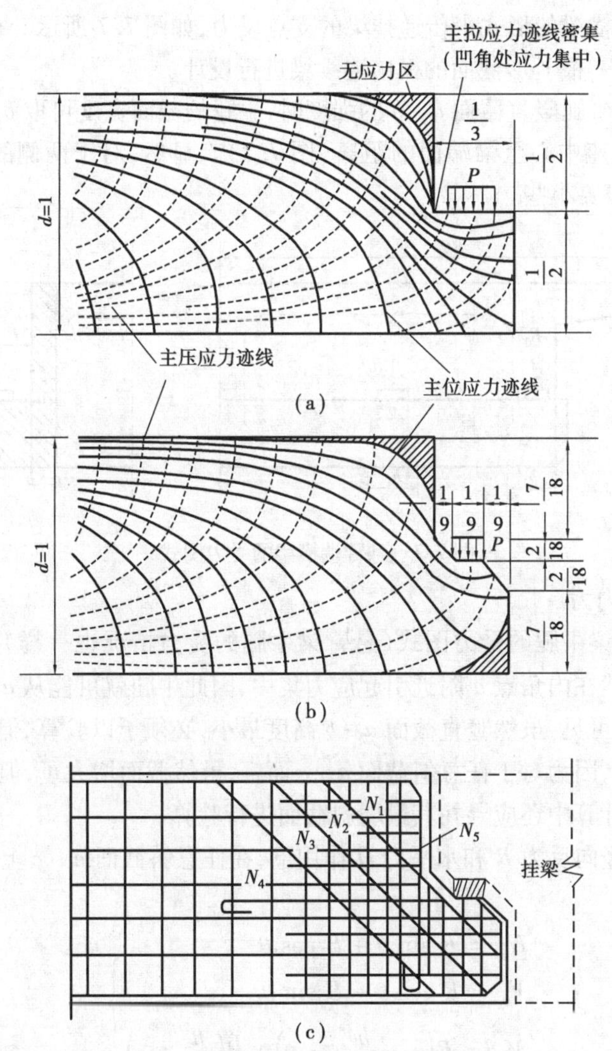

图7.6　牛腿的应力

图7.6(c)所示为常用牛腿的配筋构造形式。图中 $N_1 \sim N_3$ 是牛腿中的主要钢筋，它们基

本上沿着主拉应力方向进行布置并尽可能靠近凹角转折处。水平钢筋 N_4 起着牛腿竖截面承受负弯矩及支座水平力的作用。沿牛腿端部下弯的竖向钢筋 N_5 相当于加粗的箍筋。此外,为了承受主拉应力和减小裂缝,在牛腿处的纵向水平附加钢筋和箍筋也应适当加密。

7.1.4 牛腿计算

理论计算和模型试验证明,凹角形的牛腿在荷载作用下会出现很大的局部应力。对于钢筋混凝土结构,由于混凝土的抗拉能力很低,因此必须特别仔细地设计悬臂梁的牛腿构造,并进行强度验算。

对于挂梁的肋数与悬臂梁梁肋(或腹板)片数相同且互相对齐设置时,各根挂梁的反力能直接传给悬臂梁承受,此时悬臂端部设置的端横隔板只起横向分布荷载的作用,本身不承受引起弯曲的局部荷载。但当挂梁的肋数多于悬臂梁梁肋的片数或相互未对齐设置时,就需要在悬臂端将牛腿做成端横梁的形式来传递挂梁的支点反力,如图 7.7 所示。在此情况下,端横梁与端横隔板一起作为一根 L 形截面的横向连续梁进行设计。

当要验算横梁处牛腿竖直截面 $a-b$ 的强度时,牛腿的截面宽度可取 $b_1=b+2e$,此处 b 为支座垫块宽度,e 为支座中心至梁端面的距离(图 7.7)。显然,对于两侧的牛腿部分,计算取用的截面宽度 b_1' 一般要小些。

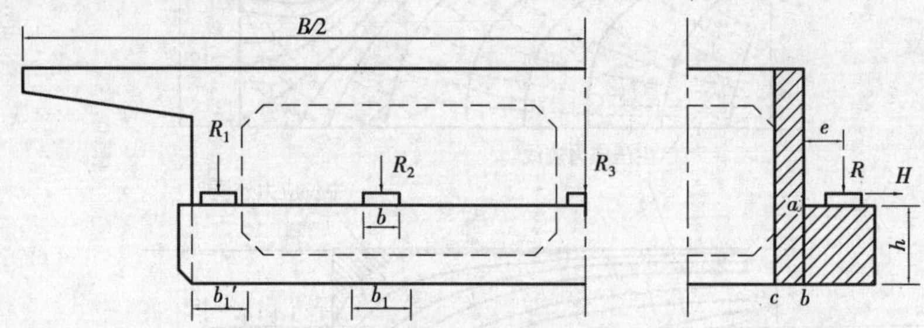

图 7.7 悬臂端横梁的受力图式

(1)牛腿的截面内力

图 7.8 所示为挂梁牛腿的受力图式(悬臂梁牛腿的受力情况也一样)。由于梁高在牛腿根部处突然缩小,必然在内角点 a 附近引起应力集中,因此牛腿就可能从 a 点开始沿某一截面开始开裂。从图 7.8 可见,虽然竖直截面 $a-b$ 高度最小,必须予以验算,但仅这样还不能保证其他截面的强度安全,因为对于任意斜截面 $a-c$ 而言,虽然截面增大了,但作用于其上的内力也随之增大,为此在计算中还应寻找其最弱斜截面进行验算。

如图 7.8 中,在竖向反力 R 和水平力 H 作用下,在任意斜截面 $a-c$ 上的内力可按静力平衡方程求得

$$\left.\begin{aligned} N_\theta &= R\sin\theta + H\cos\theta \\ V_\theta &= R\cos\theta - H\sin\theta \\ M_\theta &= R\left(e+\frac{h}{2}\tan\theta\right)+H\left(\frac{h}{2}+\varepsilon\right) \end{aligned}\right\} \tag{7.1}$$

式中:R——结构自重和活载支点反力(对于汽车荷载应计入冲击力);

H——汽车制动力或温度变化引起的支座摩阻力;当不计其他可变荷载时,$H=0$;

θ——斜截面对竖直面的倾斜角，对于竖直面 $a-b$，则 $\theta=0$；

e——支座垫板高出牛腿底面的高度。

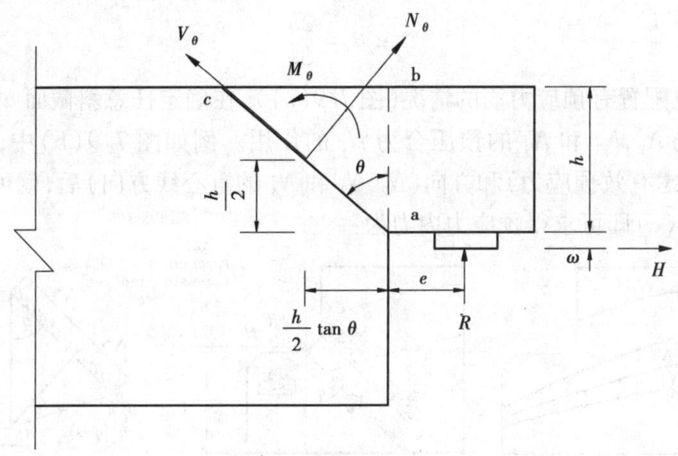

图7.8　牛腿受力图式

已知截面内力后，就可对各种危险截面进行强度验算。

(2) 竖直面 $a-b$ 的验算

作用于竖直面 $a-b$ 上的内力为：

$$N_{\theta=0}=H, V_{\theta=0}=R, M_{\theta=0}=R\cdot e+H\left(\frac{h}{2}+\varepsilon\right)$$

据此可按钢筋混凝土偏心受拉构件验算抗弯和抗剪强度。当不计汽车制动力或温度变化引起的支座摩阻力时，$N_{\theta=0}=0$，按受弯构件验算强度。对于布置预应力筋的牛腿，则应按预应力混凝土构件验算其强度。

(3) 最弱斜截面验算

最弱斜截面是指荷载作用下近似按纯混凝土截面计算时，其边缘拉应力最大的一个截面。为了确定该斜截面的倾斜角 θ，先写出任意斜截面边缘拉应力的表达式：

$$S_\theta=\frac{N_\theta}{A_\theta}+\frac{M_\theta}{W_\theta} \tag{7.2}$$

式中：M_θ、N_θ 见式(7.1)；

A_θ、W_θ——斜截面纯混凝土面积和截面模量。

若牛腿截面的计算宽度为 b_1，则

$$A_\theta=b_1\frac{h}{\cos\theta}$$

$$W_\theta=\frac{1}{6}\cdot b_1\left(\frac{h}{\cos\theta}\right)^2 \tag{7.3}$$

不难看出，式(7.2)中各项都是与倾斜角 θ 相关的函数。根据求极值的原理，只要将式(7.1)和式(7.3)中各项代入式(7.2)，求导并使 $\frac{d\sigma_\theta}{d\theta}=0$，就可求得最大 σ_θ 时的斜截面倾斜角 θ，其正切表达式为：

$$\tan\theta=\frac{2Rh}{3R\cdot e+3H\varepsilon+2Hh} \tag{7.4}$$

如不计汽车制动力或温度变化引起的支座摩阻力时，牛腿上只有 R 作用，此时最弱斜截面倾斜角 θ 可简化为：

$$\tan\theta = \frac{2h}{3e} \tag{7.5}$$

对于牛腿部位配置有预应力筋的情况（图 7.9(a)），在确定任意斜截面 $a-c$ 上的内力时，还应计入预应力筋 N_2，N_3 和 N_4 的预压合力 N_y 的作用。例如图 7.9(b)中，已知 Ny 的大小（在使用阶段应考虑有效预应力）和方向（N_2，N_3 和 N_4 的重心线方向）后，就可计算 N_y 所引起的内力。由图 7.9(c)即可求得预应力内力为：

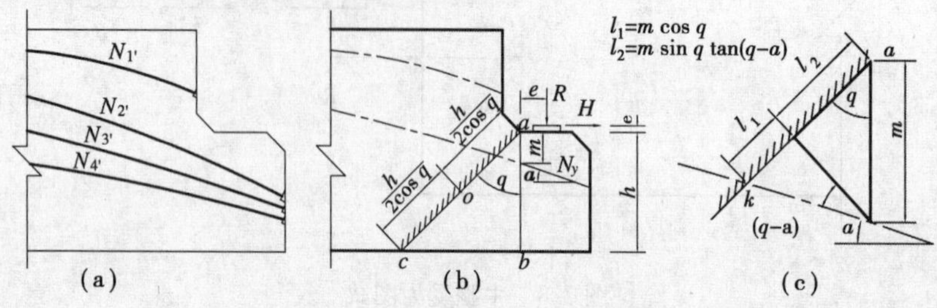

图 7.9　预应力混凝土牛腿的计算图式

轴向力

$$N_{\theta y} = -N_y\cos(\theta-\alpha) \tag{7.6}$$

弯矩

$$M_{\theta y} = -N_y\cos(\theta-\alpha)\left[\frac{h}{2\cos\theta} - m\cos\theta - m\sin\theta\tan(\theta-\alpha)\right] \tag{7.7}$$

依照上述求最大应力的方法，将式(7.6)、(7.7)与式(7.1)合并，并与式(7.3)一起代入式(7.2)，经求导并使$\frac{d\sigma_\theta}{d\theta}=0$，得到预应力混凝土牛腿最弱斜截面的倾斜角 θ 为：

$$\tan 2\theta = \frac{2h(R-N_y\sin\alpha)}{3R\cdot e + H(3\varepsilon+2h) - N_y\cos\alpha(2h-3m)} \tag{7.8}$$

式中：N_y——牛腿部位预压力的合力；

α——牛腿部位预压力合力 N_y 对水平线的倾角；

m——牛腿部位预应力合力 N_y 与内角竖直线 $a-b$（图 7.9(b)、(c)）的交点至内角点 a 的距离；

其余符号含义同前。

求得最弱斜截面位置后，按偏心受拉构件验算此斜截面的强度。

根据国内外一些牛腿计算和试验资料表明，预应力梁牛腿裂缝的方向几乎接近水平。在此情况下，设置竖向预应力筋或接近竖向的预应力斜筋更为有效。因此，当斜截面内切到这类预应力筋时，式(7.8)中还应进一步计入它们的影响。

(4)45°斜截面的抗拉验算

在牛腿钢筋设计中，为了确保钢筋具有足够的抗拉强度，尚需补充验算假设混凝土沿 45°斜截面开裂后的受力状态，此时全部斜拉力由钢筋承受（对于预应力混凝土牛腿包括预应力筋）。从图 7.10 所示受力图式的分析，可得外力 R 作用下斜截面总斜拉力为

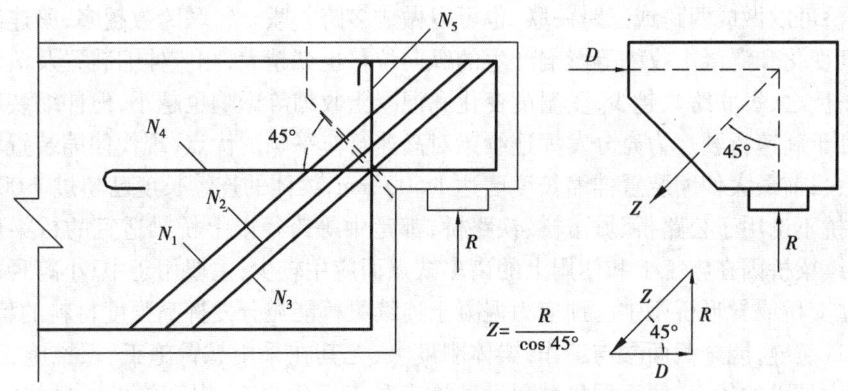

图7.10　45°斜截面抗拉验算图式

$$Z=\frac{R}{\cos 45^{\circ}}$$

近似按轴心受拉构件验算，应满足下列强度条件：

$$KZ \leqslant f_{sd}\left(\sum A_{sw}+\sum A_{sH}\cos 45^{\circ}+\sum A_{sV}\cos 45^{\circ}\right)$$

式中：K——钢筋混凝土轴心受拉构件强度安全系数；

f_{sd}——钢筋抗拉计算强度；

$\sum A_{sw}$——裂缝截面上的所有斜筋的截面积，如图7.10中N_1、N_2、N_3钢筋的总截面积；

$\sum A_{sH}\cos 45^{\circ}$——裂缝截面上所有水平钢筋（如图7.10中的$N_4$）的有效截面积；

$\sum A_{sV}\cos 45^{\circ}$——裂缝截面上所有竖向钢筋（如图7.10中的$N_5$）的有效截面积。

对于同时配置有预应力筋的牛腿，在强度验算中尚应根据预应力筋的实际倾角计入它们的有效截面面积所发挥的抗拉作用。

此外还应注意锚固长度不够的竖向钢筋和离裂缝起点（牛腿内角点）较远的斜钢筋，这些钢筋均受力不大，故在计算时可偏安全的不计它们的抗拉作用。

牛腿是整根梁的薄弱环节，受力情况复杂，各种验算也带有相当的近似性，因此对于斜筋和水平钢筋的设计应适当富余一些，而且在牛腿部分还应布置较密的箍筋和纵向水平钢筋。随着有限元程序的发展，还可采用有限元方法来求得较为精确的内力分布情况，以保证这一薄弱部位具有足够的安全度。

7.2　钢筋混凝土及预应力混凝土连续梁桥

当上部承重结构连续跨过两个或两个以上桥孔，且沿桥跨方向无断开的桥梁便成为连续梁桥（Continuous beam bridge）。连续梁桥受力后，梁体内的弯矩和剪力将沿桥跨产生连续不断的效应，一孔受载，该联其余各跨均有影响。在结构自重作用下，由于支点负弯矩的卸载作用，跨中正弯矩显著减小，因此可以减小截面尺寸，节省材料，适用于大、中跨度桥梁。连续梁桥在每个墩台上只需布置一排（或个）支座，相应可减小桥墩的尺寸，同时梁连续通过支座，具有变形缓和，接缝少，行车平稳，有利于高速行驶等优点。但连续梁桥为超静定结构，支座变位将引起结构内力变化，故适用于地质良好的桥址处。

连续梁桥可以做成两跨或三跨一联,也可以做成多跨一联。每联跨数越多,梁连续长度也越长,受温度变化和混凝土收缩等影响产生的纵向位移也就越大,相应伸缩装置及活动支座的构造越复杂;反之,每联跨数越少,受温度变化和混凝土收缩等影响也越小,但伸缩装置的数目就增多,不利于高速行驶。为充分发挥连续梁对高速行车平顺的优点,现代伸缩装置和支座构造不断改进,目前最大伸缩装置伸缩长度已达 1 500 mm,梁体的连续长度已超过 1 000 m。

连续梁桥不论用于公路桥、城市桥、铁路桥,都是中等跨径以上桥梁适宜的桥梁形式。钢筋混凝土连续梁桥因在施工上和使用上的诸多缺点而应用较少,主要用于中、小跨径的城市高架桥、跨线立交桥或异形桥梁中。预应力混凝土连续梁桥能充分发挥高强度材料的特性,在使用阶段不出现裂缝,能全截面参与工作,梁体刚度大,尤其在采用悬臂施工、顶推施工时,能充分发挥预应力技术的优点,便于用机械化设备施工和工厂化生产,提高施工质量,降低施工费用,因而得到广泛应用。钢连续梁桥承载能力大,但维护费用高,多用于铁路桥梁中。近年来,连续梁桥在城市和公路跨线桥以及高架桥中的应用也日趋广泛。

7.2.1 结构类型

不论是钢筋混凝土连续梁桥还是预应力混凝土连续梁桥,在立面上都可以做成等跨的和不等跨的,等高的和不等高的结构形式,如图 7.11 所示。由于预应力筋在结构内能起到调整内力的作用,因此,预应力混凝土连续梁桥在孔径布置和截面形式等方面可供选择的范围比钢筋混凝土连续梁桥要大得多。此外,预应力混凝土连续梁桥的结构形式与施工工艺有密切联系。

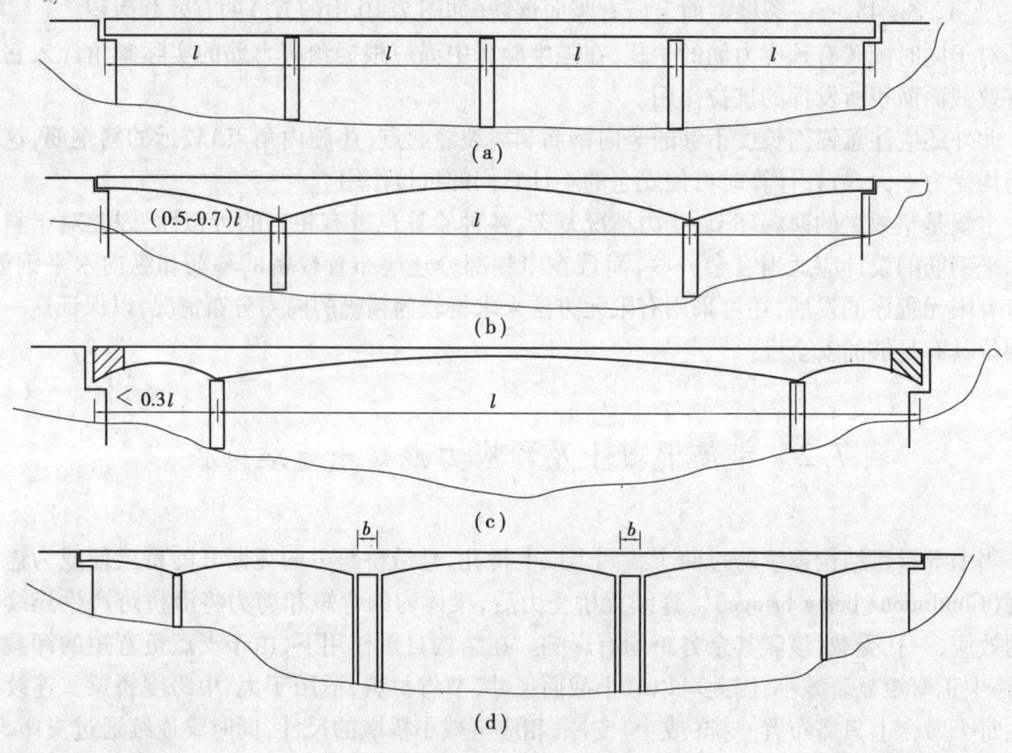

图 7.11 预应力混凝土连续梁桥

对中、小跨径的钢筋混凝土连续梁桥，常采用等截面形式和支架现浇方法施工；而对中、小跨径的预应力混凝土连续梁桥，当采用顶推法施工时，需设计成等跨、等高的连续梁桥（图7.11(a)）；或采用先简支后连续的施工方法，同样可做成等跨、等高的连续梁桥。鉴于施工工艺的独特优点，可以从施工经济效益来补偿结构本身作为等跨、等高连续梁所具有的欠缺，所以跨越海湾的大桥大多采用中、小跨径的等跨等高连续梁桥，近几年来高速公路上也广泛采用这种技术。

不等跨变高度混凝土连续梁桥，是大跨度桥梁最常用的结构形式，如图7.11(b)所示。由于体系的弹性特征，当加大靠近支点附近的梁高做成变截面时，可以有效减小跨中弯矩，同时又能适应抵抗支点处很大剪力的要求（图7.12），而且对结构自重引起的截面内力和桥下通航净空要求影响不大，这就是为什么连续梁桥比简支梁桥或悬臂梁桥能跨越更大跨度的原因。

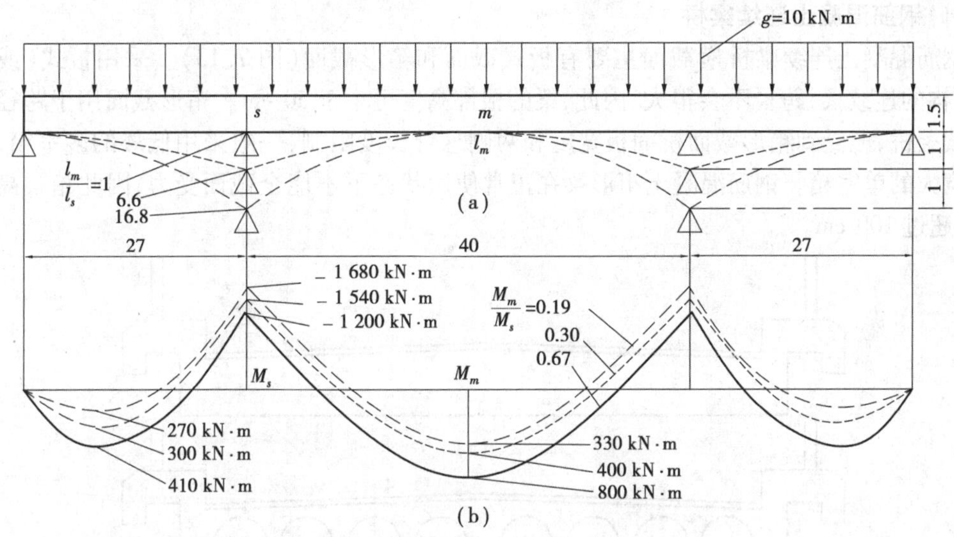

图7.12　三跨连续梁惯形矩变化对内力的影响

通常，三跨连续梁桥边跨长度取中跨长度的0.65～0.8倍，减小这一比值，能使中跨中间梁段上只有正弯矩值，力筋布置能够成单筋形式，既简化构造又比较经济。对五跨连续梁桥，边跨、次边跨、中跨长度之比常取0.65∶0.9∶1。

对城市桥梁或跨线桥，有时为增大中跨跨径，可设计成边跨与中跨之比小于0.3的连续梁桥，如图7.11(c)所示。此时，端支点上将出现较大的负反力（拉力），为此必须设计专门能抵抗拉力的支座，或者在跨端部分设置巨大的平衡重来消除负反力。

边跨与中跨的比值与施工方法有关，当采用悬臂对称施工时，除边跨一部分悬臂施工外，剩余部分需另搭设支架施工。为缩短支架长度，边跨长度应取中跨长度的0.55～0.65倍为宜。对适合于采用现场搭设支架现浇的桥梁，边跨长度取中跨长度的0.8倍是经济合理的。

当连续梁桥采用悬臂法施工时，必须计及较为复杂的体系转换问题，而悬臂法施工造成的施工阶段内力与使用阶段内力的不一致还会导致多费钢材。对此，可采用将连续梁与桥墩固结在一起的连续刚构桥结构型式（图7.11(d)），这种结构型式不仅省去了连续梁桥悬臂施工所需的临时锚固措施，而且桥墩的刚性可调整梁体的内力，从而减小了施工阶段和使用阶段的内力差异，此外还可省去价格昂贵的支座。如果岸孔能适合于支架法施工，而其他孔均借助悬臂施工的话，此种结构型式是非常合理的，这也是为什么连续刚构桥得到广泛应用的重要原因。

预应力混凝土连续梁桥在支点处主梁的负弯矩往往很大,因此采用较大的支点梁高。V形墩连续梁桥与相同跨径的连续梁桥相比,能缩短计算跨径,减小支点弯矩,降低梁高。这种在一个墩位上设置两个薄壁墩柱与主梁铰接或刚接的形式,在外观上显得轻型美观。

钢筋混凝土连续梁桥的合理跨径在30 m以内。预应力混凝土连续梁桥则根据所采用的施工方法不同,有不同的合理跨径范围,对采用顶推法、移动模架法、整孔架设法施工的桥梁,合理跨径为40~60 m,且一般都做成等截面。对采用悬臂法施工的桥梁,一般做成不等跨变高度连续梁桥,常用跨径为60~160 m。

7.2.2 横截面形式及主要尺寸

(1)钢筋混凝土连续梁桥

钢筋混凝土连续梁桥横截面主要有板式截面和箱形截面(图7.13)。采用板式(或空心板)结构的连续梁,跨径不会很大,因此,梁的根部高度可小于50 cm。箱形截面用于跨径较大的连续梁桥,但受到箱形截面桥面板宽度和两侧悬臂长度限制,一般采用低矮的多室箱,很少采用宽大的单室箱。钢筋混凝土箱形梁在正常使用状态下不能全截面受力,因此箱梁高度较大,常超过100 cm。

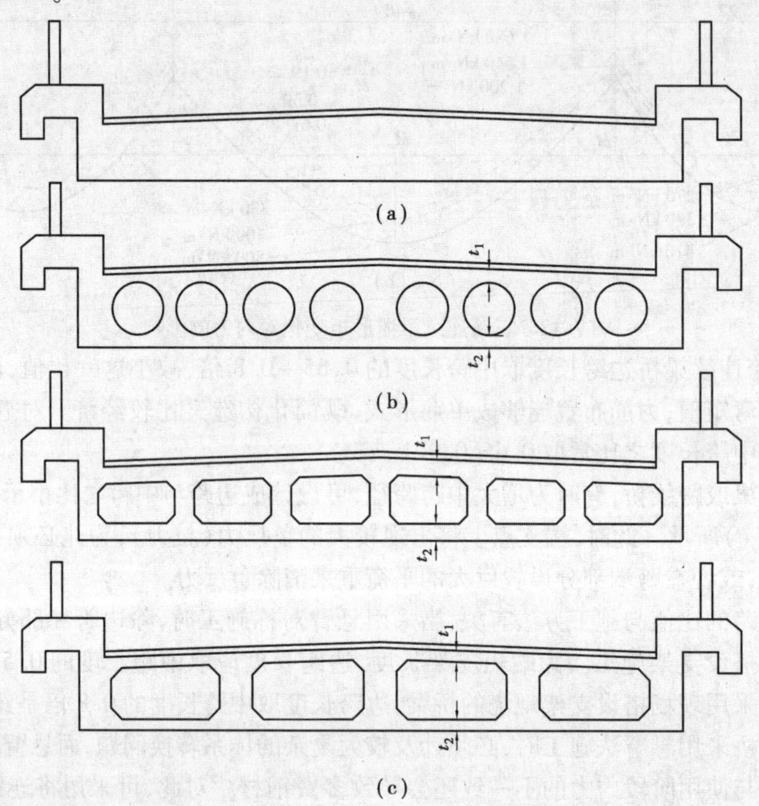

图7.13 典型的钢筋混凝土连续梁桥截面形式(尺寸单位:cm)

(2)预应力混凝土连续梁桥

预应力混凝土连续梁桥的截面形式,除中等跨度的桥梁采用板式(包括空心板)、T形(包括宽肋梁)截面外,大跨度连续梁桥和采用顶推法施工的连续梁桥都采用箱形截面,这样既便于顶、底板布置预应力筋，又有利于悬臂法和顶推法施工。

板式桥构造简单，施工方便，建筑高度小，主要用在高架桥上。有时为简化多肋T梁施工，也有采用宽矮肋的单T断面，肋宽可达3～4 m，外悬长翼板，称之为翼型结构或脊形梁，如图7.14所示。

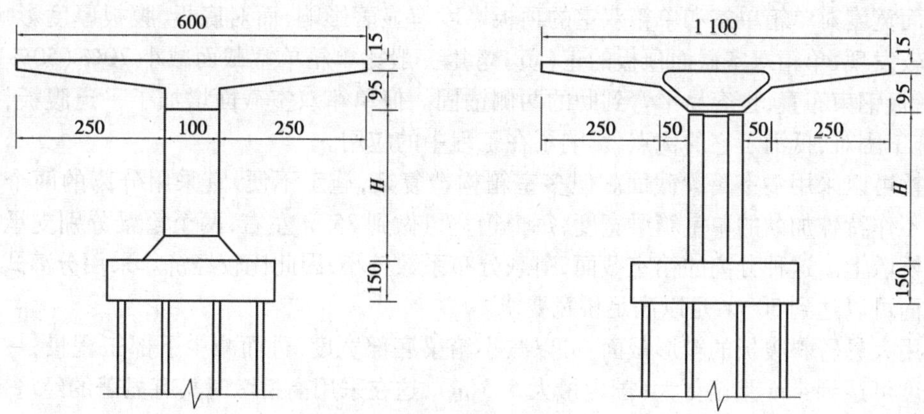

图7.14　南京大桥南路高架匝道桥横断面(尺寸单位:cm)

连续梁桥箱形截面形式与桥面宽度有着较为紧密的关系，此外，也与墩台构造形式和施工要求等有关。常见的箱形截面形式有：单箱单室、单箱双室、双箱单室、单箱多室和双箱多室等，如图7.15所示。

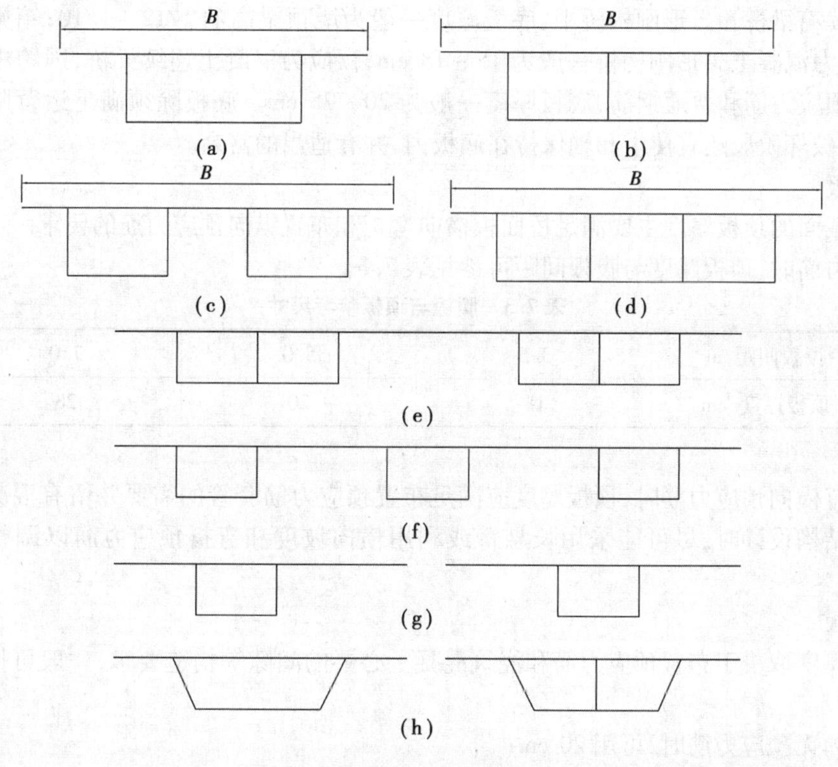

图7.15　箱形截面形式

单箱单室截面构造简单,受力明确,施工方便,节省材料用量,用于桥宽在14 m左右的桥梁。对采用单箱单室截面的预应力混凝土连续梁桥,为加大桥面宽度,可以在悬臂上设置加劲横梁,并在每根横梁上施加横向预应力,或直接在桥面板内设置横向预应力筋,此时桥面宽度可以达到25 m以上。

桥面宽度对单箱单室和单箱双室的顶板厚度有显著影响,而对底板、腹板厚度影响甚小。分析比较发现,单箱双室截面顶板的正(负)弯矩一般比单箱单室截面减小70%(50%),有利于顶、底板钢束布置,也容易平弯到肋的两侧锚固。但单箱双室截面增加了一道腹板,使自重增加,施工困难,抵消了它的优点,影响了在工程中的应用。

宽桥可以采用多室箱梁截面。但多室箱构造复杂,施工不便,宜采用分离的两个单室箱梁。对不作特殊加劲的单室箱梁宽度,每个箱宽可做到25 m左右,两个箱梁分别支承在一排独立的桥墩上。这种分离的箱室截面,荷载分布系数较小,因此比较经济。采用分离式的双箱单室桥面可以达到50 m,足以满足桥宽要求。

采用大悬臂斜腹板的箱形截面,可以减小箱梁底部宽度,进而减少下部工程量,一侧翼板悬出长度可达到4 m甚至更大(国内最大5.5 m),这在采用高桥墩时具有显著的经济效益,但箱形截面形心偏上,力臂减小,对承受负弯矩不利,过窄的底板,还可能因受压面积的需要而加厚底板。此外,斜腹板的施工模板定位和腹板中钢筋束放样布置均较复杂。

大跨度预应力混凝土箱形梁的顶、底板受力复杂,除需要按板的构造要求决定厚度外,还应按桥跨方向上总弯矩值来决定厚度。

①底板

在连续箱梁桥和T形刚构桥中,底板厚度一般为墩顶梁高的1/12~1/10;箱梁跨中底板厚度,预应力混凝土T形刚构桥一般为15~18 cm;预应力混凝土连续梁桥,因跨中需布置一定数量的预应力筋和普通钢筋,底板厚度一般为20~25 cm。底板除须满足运营阶段的受压要求外,在破坏阶段还宜使中和轴保持在底板内,并有适当的富余。

②顶板

箱形截面的顶板厚度主要满足桥面板横向弯矩和布置纵向预应力筋的要求。当顶板不设横向预应力筋时,顶板厚度与腹板间距可参见表7.3。

表7.3 腹板与顶板参考尺寸

腹板间距/m	3.5	5.0	7.0
顶板厚度/cm	18	20	28

当设有横向预应力筋时,顶板厚度应满足布置预应力筋套管的需要并留有混凝土注入的间隙。在结构设计时,尽可能采用长悬臂或利用横向坡度和弯折预应力筋以调整板中横向弯矩。

③腹板

腹板厚度取决于布置预应力筋和浇筑混凝土必要的间隙等构造要求,一般可按下列原则确定:

腹板内无预应力筋时,可用20 cm;

腹板内有预应力筋时可用25~30 cm;

腹板内有预应力筋锚固时,可用35 cm;

墩上或靠近桥墩的箱梁根部腹板需加厚到30~60 cm,甚至100 cm。

此外,腹板厚度也可以按经验公式选定。

④梗腋

预应力混凝土箱梁中,为了提高箱梁截面的抗弯和抗扭刚度,减小应力集中与箱梁的畸变,增大桥面板抵抗负弯矩的能力,为布置预应力筋和设置锚头留有足够的空间,常需在顶板、底板和腹板相交处设置梗腋。梗腋常用布置形式见图7.16。图中(a)、(b)、(c)用于顶板梗腋,图(d)、(e)用于斜腹板箱形梁,图(f)、(g)、(h)用于底板梗腋。

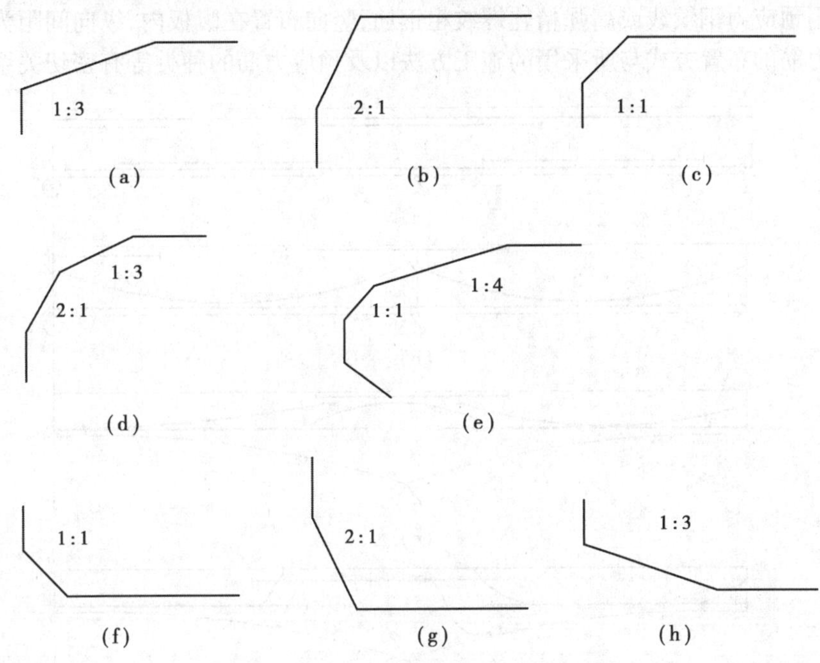

图7.16 箱形截面梗腋形式

⑤横隔板

横隔板的主要作用是增加箱梁横向刚度,限制箱梁的畸变。箱梁中设置过多的横隔板会增加施工难度,主要设置在支承处,以承受和分布强大的支承反力。此外,有些大跨度连续刚构桥的 *L*/4 截面和跨中也设置横隔板。横隔板厚度在支点处可取40~60 cm,其余可取15~20 cm。

7.2.3 纵向断面布置

(1)钢筋混凝土连续梁桥

对跨径在20 m以内的连续梁桥可采用等截面形式,30 m以上的连续梁桥宜采用变截面形式。梁的根部高度约为最大跨径的1/15,梁的跨中高度可按构造选用,一般为最大跨径的1/25~1/15。

(2)预应力混凝土连续梁桥

预应力混凝土等高度连续梁桥的梁高约取跨径的1/26~1/16(顶推法施工时为1/16~1/12),支点腹板总厚度与行车道板宽度之比为1/25~1/16,支点处腹板厚度与梁高之比为1/16~1/12。变高度连续梁的跨中梁高与跨度之比为1/35~1/25。

变高度的截面变化规律可以采用1.5~2次抛物线或折线,由于抛物线的截面变化规律与连续梁的弯矩变化规律基本接近,故应用广泛。但二次抛物线在 1/4 跨到根部截面高度变化过大,往往出现应力过大和截面积偏小的问题,以 1.5 ~ 1.8 次方抛物线应用居多。采用折线形截面变化布置可使桥梁的构造简单,施工方便,但仅适用于小跨径桥梁中。

7.2.4 预应力筋布置

预应力混凝土连续梁桥中预应力筋大多采用纵向、横向和竖向的三向预应力布置方式。横向预应力筋为高强预应力钢绞线,水平布置在桥面板内,纵向间距 50 ~ 100 cm。竖向预应力筋可采用预应力钢绞线或高强精轧螺纹粗钢筋,竖向布置在腹板内,纵向间距为40 ~ 60 cm。纵向预应力筋的布置方式与所采用的施工方法以及预应力筋的种类等有密切关系。

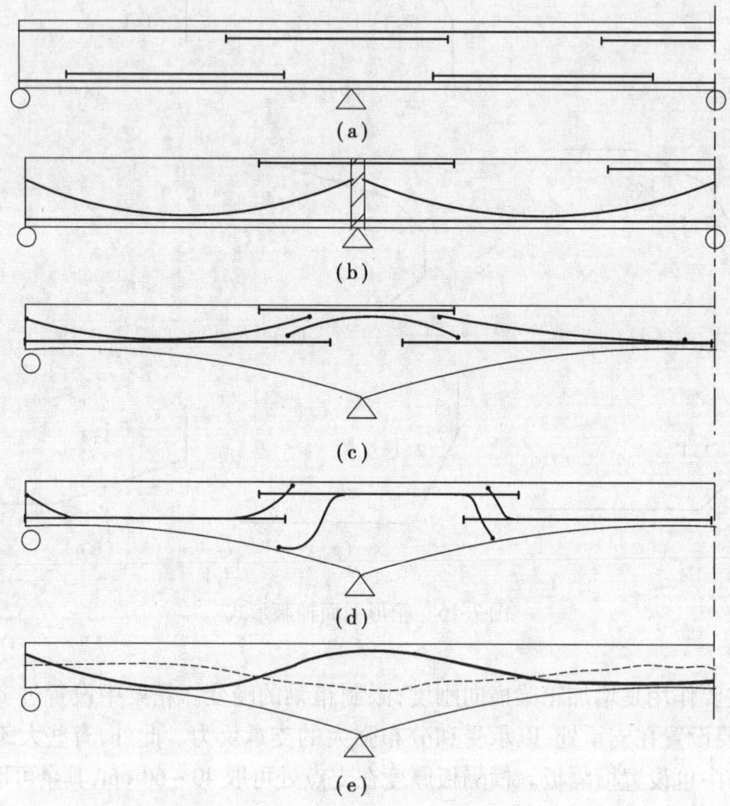

图 7.17 预应力混凝土连续梁配筋方式

图 7.17(a)表示采用顶推法施工的直线型预应力筋布置。上、下通束筋布置使截面接近轴心受压,以抵抗顶推过程中各截面交替变化的正负弯矩。顶推完成后,再在跨中底部和支点顶部增加局部预应力筋,用来满足运营荷载下的内力要求。有时,按设计还要在跨中的顶部和支点附近的底部设置局部的施工临时束,顶推完成后卸除。

图 7.17(b)为先简支后连续施工方法的预应力筋布置。梁端接缝混凝土达到设计强度后,用设置在接缝顶部的局部预应力筋来建立结构的连续性。

图 7.17(c)和(d)所示为曲线形的预应力筋布置。梁中除了正弯矩区和负弯矩区各需布置底部和顶部预应力筋外,在有正、负弯矩的区段内,顶、底板中均需设置预应力筋。预应力筋可以根据受力需要在跨径内截断而锚固在梁体高度内(图 7.17(c)),也可以弯出梁体而锚固

在梁顶和梁底(图 7.17(d))。

图 7.17(e)表示整根曲线形通束锚固于梁端的布置方式,在此情况下,由于预应力筋既长且弯曲次数又多,显著加大预应力筋的摩阻损失。

随着大吨位预应力钢绞线和群锚的使用,纵向预应力(束)筋只需布置在顶板和底板上,无需再设弯起束和下弯束,仅对受力有特殊要求的部位,如边跨端部设置部分弯起束。将纵向束平弯锚固在肋腋部位,使顶底板厚度仅需满足受力要求,不再受预应力束筋布置控制,从而大大减少腹板内的纵向预应力管道,方便混凝土浇筑。

预应力筋的布置要考虑到腹板处张拉操作。当需要在梁内、梁顶或梁底锚固预应力筋时,应根据预应力锚固区的受力特点给予局部加强,以防开裂损坏。

采用悬臂浇筑法施工的连续梁桥,在整个悬臂施工阶段梁段混凝土均承受负弯矩,因此须将纵向预应力筋布置在梁体顶部以承受结构自重和施工荷载(图 7.18);底板预应力筋仅布置在中跨合龙段和边跨端部的部分梁段内,用以承受汽车、人群等活载及由结构次内力在这些部位产生的正弯矩。

采用悬臂施工的连续梁桥在施工过程中存在所谓的体系转换问题。受到悬臂梁段自重差异、不对称的临时施工荷载以及风荷载等因素的影响,会在桥墩墩顶处产生不平衡的力矩。为克服不平衡力矩可能造成的倾覆,必须在墩顶与 0#块梁段间作临时固结处理,直到悬臂端与边跨现浇段合龙形成单悬臂梁或中跨跨中合龙形成双悬臂梁后方可拆除临时固结措施。由于支承条件的改变会在梁体内产生内力,因此在设计中必须考虑结构体系的转换问题。

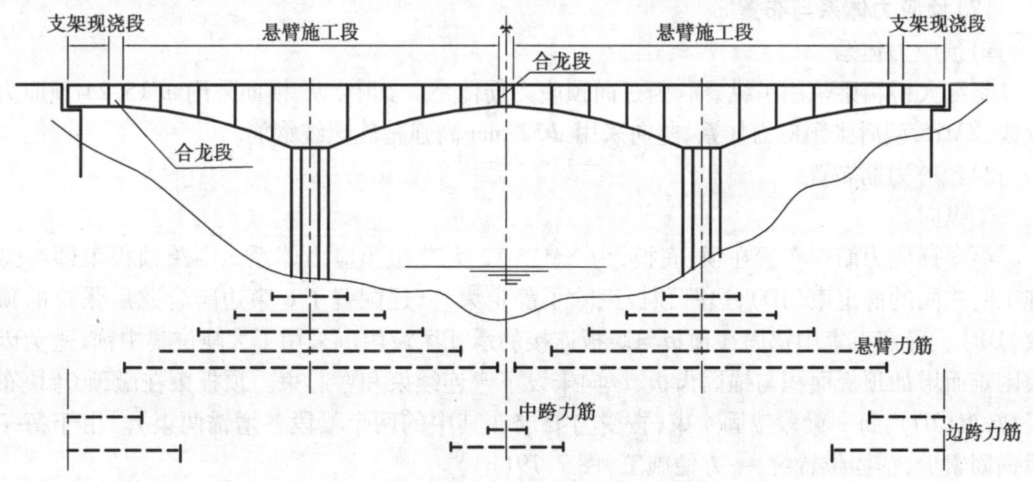

图 7.18　悬臂施工的预应力筋布束形式

7.2.5　构造示例

云南六库怒江大桥为(85 + 154 + 85)m 的三跨预应力混凝土连续梁桥(图 7.19(a)),箱梁根部和跨中截面尺寸如图 7.19(b)所示。采用悬臂浇筑法施工。

(1)箱梁构造

采用单箱单室截面,顶板、腹板厚度沿桥跨不变,梁底按三心圆弧线变化,以保证 1/4 跨处在施工阶段不出现拉应力。梁底厚度按二次抛物线变化,仅在墩顶设置横隔板。

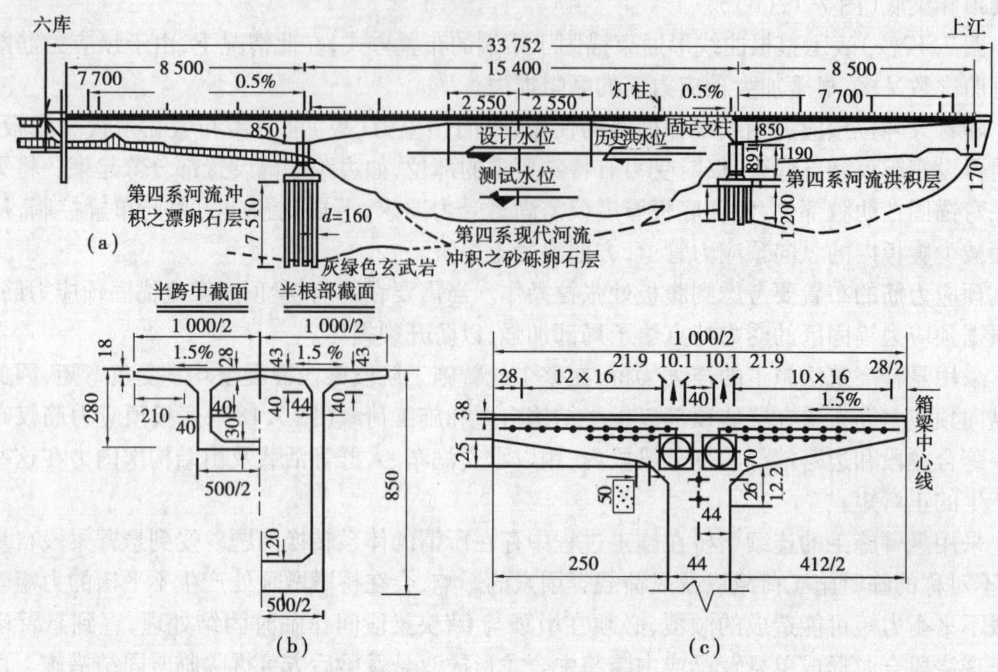

图 7.19　云南六库怒江大桥(尺寸单位:cm)

(2)预应力体系与布置

1)预应力体系

怒江大桥箱梁采用了纵、横、竖三向预应力筋体系。其中,纵、横向采用 $\phi^S15.24$ 预应力钢绞线,XM15 型后张预应力体系,竖向采用 $\Phi32$ mm 高强精轧螺纹钢筋。

2)预应力筋布置

①纵向

纵向预应力筋仅布置在顶、底板,为 XM15-12 大吨位预应力体系。中跨顶板束即为悬臂施工时锚固的静定束(JD),边跨顶板束除了静定束外,还配置了 6 束边跨合龙后张拉的顶板束(DB)。静定束集中锚固在顶板与腹板连接的承托区域内。采用了大吨位集中锚,避免因布束困难而增加顶板面积与锚固齿板,纵向未设下弯连续束和弯起束。顶板束在墩顶 0#块布置了 96 束(JD),每一梁段锚固 4 束(按受力要求在其中的两个梁段各增锚两束)。由于每一梁段锚固索少,锚固位置统一,方便施工(图 7.19(c))。

底板束在跨中布置了 44 束(ZDB),两边跨各布置了 14 束(BDB)。

怒江大桥在中跨合龙段跨中区域设置了体外索,改变以往为合龙而在顶板设置临时束的工艺。该临时束在中跨合龙后拆除,避免了在顶板上设临时束锚固齿板,大大简化了模板制作。

②横向

横向预应力筋采用 XM15-7 预应力体系,钢束横向中心间距为 50 cm。

③竖向

竖向预应力筋以单根形式布置在腹板轴线上,下端为固定锚,上端用 YCL120 型千斤顶在梁顶张拉,既作为承受主拉应力的受力筋,同时也是施工挂篮的后锚点,竖向筋间距为 60 cm。

7.3　预应力混凝土刚构桥

7.3.1　预应力混凝土 T 形刚构桥

T 形刚构桥是一种具有悬臂受力特点的梁式桥，最早采用钢筋混凝土结构，因在墩上两侧伸出悬臂，形同“T”字而得名。钢筋混凝土 T 形刚构桥受到结构性能（承受负弯矩，不可避免地在梁顶面出现裂缝）、施工工艺和跨度的限制，在建桥实践中已很少采用。

20 世纪 50 年代初，预应力技术与悬臂施工工艺的运用，使预应力混凝土 T 形刚构桥的结构性能和施工特点达到高度的协调和统一，从而获得满意的经济指标，特别适合于跨越深水、峡谷、大河、急流的桥址处。

预应力混凝土 T 形刚构桥，分跨中带剪力铰和跨内设挂梁两种基本类型。

带铰的 T 形刚构桥（图 7.20（a）、（b）、（c））是国外在 20 世纪 50 年代开始采用的一种桥型，它的上部全部是悬臂部分，相邻两悬臂间通过剪力铰连接。所谓剪力铰是一种只能传递竖向剪力，但不能传递水平推力和弯矩的联结构造。当在一个 T 形结构单元上作用有竖向荷载时，相邻的 T 形结构单元通过剪力铰而共同参与受力，因而，从结构受力和牵制悬臂端变形来看，剪力铰起到减轻直接受荷 T 形单元结构内力的作用。带铰的、对称的 T 形刚构桥在自重作用下是静定结构，在活载作用下是超静定结构。带铰的 T 形刚构桥受到日照、混凝土收缩徐变和基础不均匀沉降等因素的影响，剪力铰两侧悬臂的挠度不会相同，必然产生附加内力，这些挠度和附加内力，事先难以估计，又不易采用适当措施加以清除或调整。其次，剪力铰构造复杂，用钢量大。

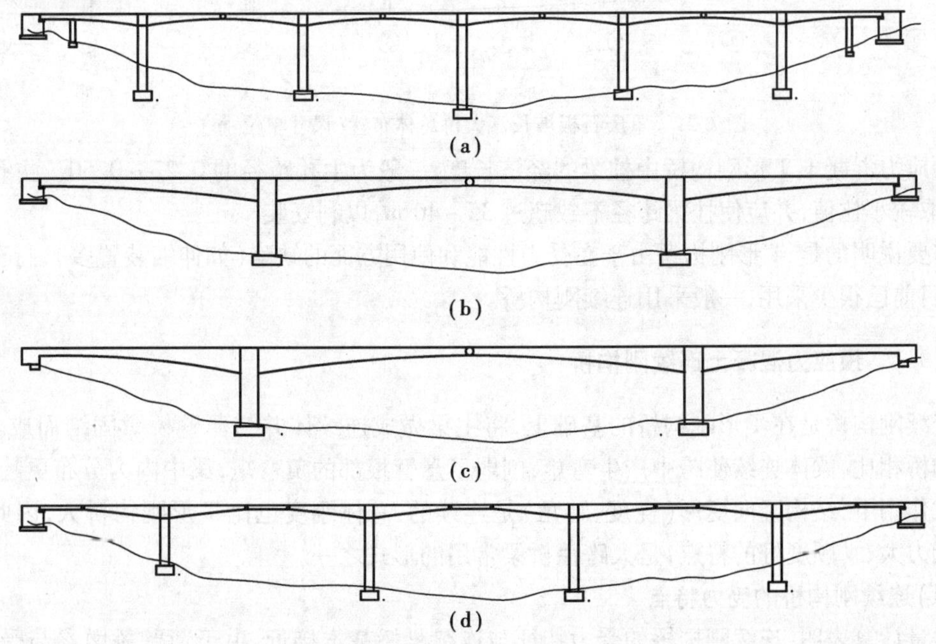

图 7.20　预应力混凝土 T 形刚构桥

带挂梁的T形刚构桥是静定结构(图7.20(d)),与带铰的T形刚构桥相比,虽各个T构单元单独受力,受力与变形不如带铰刚构桥,但它受力明确,不受各种内外因素的影响,特别是当挂梁与多孔引桥的简支跨尺寸和构造相同时,更能加快全桥施工进度获得经济效益。带挂梁的T形刚构桥,除了要有悬臂法施工用的机具设备外,还需要预制和安装挂梁设备。

T形刚构桥在桥型分孔和布置时,除了遵循桥梁设计的一般原则外,还需注意全桥的T形单元类型应尽可能一致,以简化设计和施工;同时T形刚构单元尽可能对称布置,使其在结构自重作用下桥墩不产生自重弯矩。

图7.20(a)所示为常用的多跨布置图式,当靠岸跨搭设支架容易时,往往将岸边T构的一侧悬臂先在支架上现浇,然后向河中采用悬臂法施工。在此情况下靠岸的悬臂端用活动支座支承在墩台上,以减小活载挠度,但当活载通过时支座将产生拍击作用,设计时应予注意。图7.20(b)所示为全桥由对称T构组成,为了改善悬臂端与路堤的衔接,可采用轻型搭板使荷载逐渐过渡。图7.20(c)所示是为了增大中跨跨度而在边跨端部设置专门平衡重的构造形式。目前世界上已建成的这种桥型,中跨达240.8 m,边跨与中跨之比约为0.22。

对带挂梁的T形刚构桥,以偶数的T构单元与奇数的挂梁配合布置最为简单合理(图7.20(d))。在此情况下T构的两侧自重是对称的,墩柱中无不平衡的自重弯矩。一般地,多跨桥梁都应采用相同的挂梁相配合,以简化设计和施工。但也可以采用不同的T形悬臂长度和相同的挂梁相配合,以构成中孔跨径最大并向两侧逐渐减小的桥型布置,如重庆石板坡长江大桥,采用了139 m和113 m两种T构,挂梁全部采用35 m,如图7.21所示。在此情况下,T构两侧的恒载仍然是对称的,墩柱中也无不平衡的恒载弯矩。

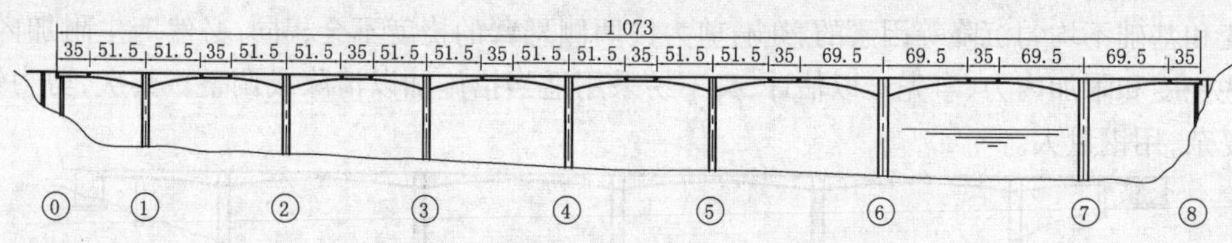

图7.21 重庆石板坡长江大桥总体布置(尺寸单位:m)

预应力混凝土T形刚构桥中挂梁的经济长度,一般为主孔跨径的0.22~0.50。主孔跨径大时,取较小比值,并应使挂梁跨径不致超过35~40 m,以利安装。

需要说明的是,T形刚构桥由于在受力性能和使用方面的缺陷(如伸缩装置多),行车舒适性差,目前已很少采用,一般采用连续刚构桥。

7.3.2 预应力混凝土连续刚构桥

连续刚构桥是在T形刚构桥的基础上,将主梁做成连续体并与薄壁桥墩固结而成。与T形刚构桥相比,梁体连续使跨中产生弯矩,削弱了悬臂根部的负弯矩,梁中内力分布更趋合理,在荷载作用下,结构竖向变形(挠度、转角)是连续的,总体刚度也比T形刚构桥大,因此具有跨越能力大、平顺度好的特点,是大跨径桥梁常用的形式之一。

(1)连续刚构桥的受力特点

大量计算表明,连续刚构桥的受力特征与连续梁桥基本接近,由于薄壁桥墩参与受力,墩的高度对结构的受力有很大影响。通过对三跨连续刚构桥不同墩高情况下与对应跨径连续梁桥内力的比较发现:①当薄壁墩达到一定高度时,两者梁根部的自重、活载弯矩值基本一致。如中跨跨中截面的自重弯矩、中跨根部截面的自重弯矩和活载弯矩与相应连续梁内力的比值随着墩高的增大而趋近于 1;②两者中跨跨中截面的活载弯矩比值变化较大,但在墩高大于 40 m 时,很快趋近于 1;③薄壁墩根部弯矩随墩高的增加,其弯矩值骤然减小;④梁体内的轴向拉力值随桥墩高的增大而骤然减小。

由此可见,连续刚构桥属于连续梁体系范畴,而 T 形刚构桥属于刚构范畴,两者在受力状态上存在较大差异。

(2)构造特点

连续刚构桥在构造上可分为主跨跨中连续、主跨跨中铰接以及刚构-连续组合梁桥 3 种类型,如图 7.22 所示。

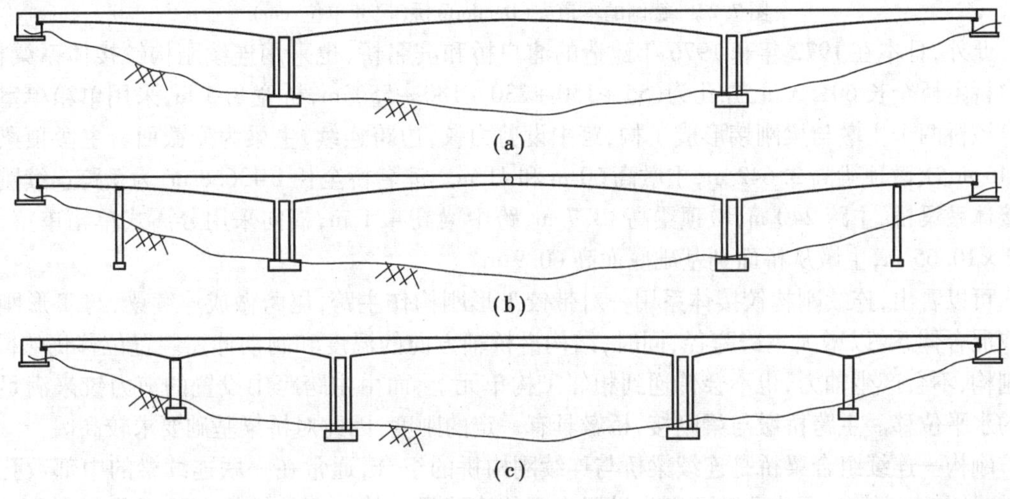

图 7.22　连续刚构桥

主跨跨中连续的连续刚构桥,又称连续刚构连续体系梁桥(图 7.22(a)),是目前连续刚构桥中应用最广泛的结构形式。通过把墩梁固结布置在大跨、高墩上,以利用高墩的柔性来适应结构由预应力、混凝土收缩徐变和温度变化所引起的位移,即把高墩视为一种摆动的支承体系。边跨较矮的桥墩,相对刚度较大,不能起摆动作用,需在桥墩的顶部或底部设铰,以适应纵向位移。在两桥端的伸缩装置应满足纵向位移的要求,并要求两端的位移量不应相差太大,位移运动的中心应设计在桥梁的中部附近。为保证结构的水平稳定性,桥台处需设置控制水平位移的挡块。

连续刚构连续体系梁桥的主要优点在于可以减小大型桥梁支座的数量和养护上的麻烦,减小下部构造的工程数量,同时,墩梁固结有利于悬臂施工,省去了复杂的体系转换。

连续刚构连续体系梁桥国内最大跨径为虎门大桥辅航道 270 m 的连续刚构桥,国外最大跨径为 296 m。

主跨跨中铰接的连续刚构桥,又称连续刚构铰接体系梁桥(图 7.22(b)),它在主跨跨中设剪力铰,边跨采用连续梁,因此具有连续梁和铰接 T 形刚构桥的受力特点,同时,利用边跨连续梁的结构自重使 T 构做成不等长悬臂,从而加大主跨的跨径。如德国的本道夫(Bendorf)桥,主跨分孔为(43 +44.35 +71 +208 +71 +44.35 +43)m,采用变截面分离式单箱单室,主墩处梁高 10.45 m，主跨跨中梁高 4.4 m，连续梁部分的梁高 3.3 m，横截面桥总宽 30.86 m，如图 7.23 所示。该桥箱梁的顶底板和腹板均采用变厚度，主梁采用变截面，主墩宽 2.8 m，采用整体式墩身基础，箱梁底面到基础底面高为 32 m，由此可以看出，铰接体系的桥墩与连续体系相比要有一定的刚度，结构的水平位移需要借助在跨中设置剪力铰来满足。

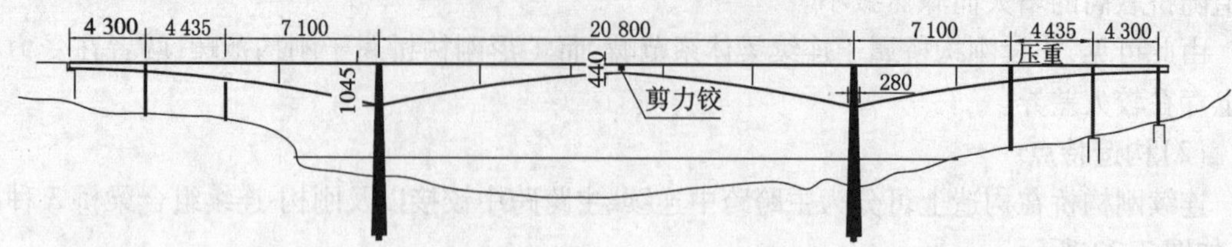

图 7.23　德国的本道夫(Bendorf)桥(尺寸单位:cm)

此外，日本在 1972 年和 1976 年建造的浦户桥和滨名桥，也采用连续刚构铰接体系梁桥。浦户桥主桥全长 601.3 m，分孔为(55 + 130 + 230 + 130 + 55) m，桥宽 8.5 m，采用单箱单室截面。该桥两个主墩与梁刚接形成 T 构，跨中设剪力铰，边跨连续，主梁为变截面。主墩顶梁高 12.45 m，次墩顶梁高 3.642 m，主墩高 60 m 和 41 m。滨名桥全长 1 436.8 m，为 5 跨连续刚构铰接体系梁桥，主跨 240 m，墩顶梁高 13.7 m，跨中梁高 4.1 m，横向采用分离式单箱单室，桥宽 2 × 10.65 m，主墩从桥面到基础底面高 60.9 m。

可以看出，连续刚构铰接体系用一对带铰 T 形刚构作主跨，尾跨做成连续梁，与 T 形刚构构成混合体系，以增大主跨跨径，同时，结构沿桥轴方向的温度和制动伸缩装置位移仍然同 T 形刚构，不会产生轴力，也不会传递到相邻 T 构单元上，而由主跨跨中设置的剪力铰来满足结构的水平位移。主跨桥墩与梁刚接，桥墩具有一定的刚度，因此对桥梁基础要求较高。

刚构—连续组合梁桥是连续梁桥与连续刚构桥的组合，通常在一联连续梁的中部数孔采用墩梁固结的刚构，两边孔数孔则为设置支座的连续梁结构。它从结构上又可分为主跨跨中设铰和不设铰两种形式，前者即为连续刚构铰接体系梁桥，而后者常称为刚构—连续组合梁桥(图 7.22(c))。

刚构—连续组合梁桥中把高墩跨做成墩梁固结，其余各孔因墩较矮，相对刚度大，需设置一排或双排滑动支座。如瑞士的比艾施纳(Biachina)桥，为六跨一联变截面刚构—连续组合梁桥，跨径为(58 + 85 + 140 + 160 + 140 + 62) m，由于该桥需跨越深河谷，桥墩高差大，中间两个高墩约 100 m，故采用墩梁固结，其余各墩较矮，相对主墩刚度大，在墩顶设置滑动支座。1993 年建成的山东东明黄河公路大桥，是在浅滩上修建的国内首座预应力混凝土刚构—连续组合梁桥，主桥为九孔一联，中部四个墩采用墩梁固结，两侧其余各墩在墩顶上设置双排支座，如图 7.24 所示。

东明黄河大桥地势平坦，相应桥墩高度较低，为了减小墩身刚度，采用了变换桥墩刚度的方法来增加连续刚构部分桥墩的柔度，同时在结构体系分析时，考虑了结构与地基的共同作用，将桩—土作用纳入结构分析。

重庆石板坡长江大桥复线桥是目前世界上在刚构—连续组合梁桥中跨度最大的桥梁，最大跨度达 330 m。

(3) **总体布置与尺寸拟定**

在选择连续刚构桥结构形式时，要充分考虑到固定长度及对应的桥墩高度所适用的界限，

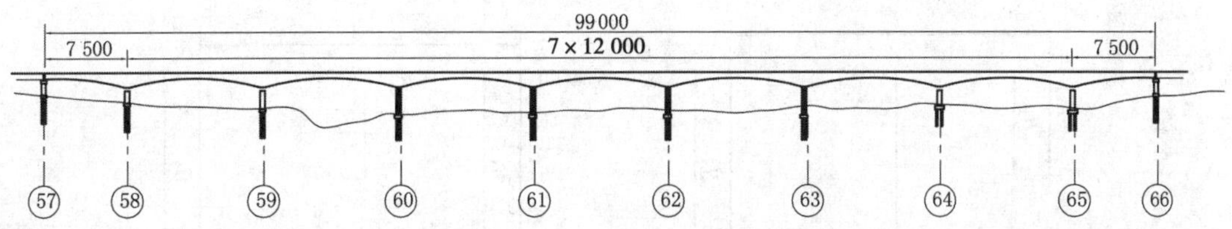

图7.24　东明黄河大桥(尺寸单位：cm)

同时对桥位条件、经济性、施工可行性、美观和维护管理等各方面进行综合分析。

在连续刚构桥中，端部固定的桥墩高度与固定的跨长之比是判断能否采用连续刚构桥的指标之一，所谓固定跨长，是指有多个固定桥墩约束的跨径总和。由于混凝土收缩徐变、预应力及温度变化等影响会产生梁的伸缩，过长的固定长度会限制梁体的位移，从而导致结构损坏。据统计，大多数固定桥墩高度在50 m以下，固定跨长在400 m以下，桥墩高度与固定跨长之比一般不超过1/8，如图7.25所示。对双壁墩连续刚构桥则不受此限制，可通过调整双壁墩的双壁间距和壁厚，以适应固定跨长较大的场合。从图7.25中可以看出，双壁墩固定跨长与墩高关系不明显。

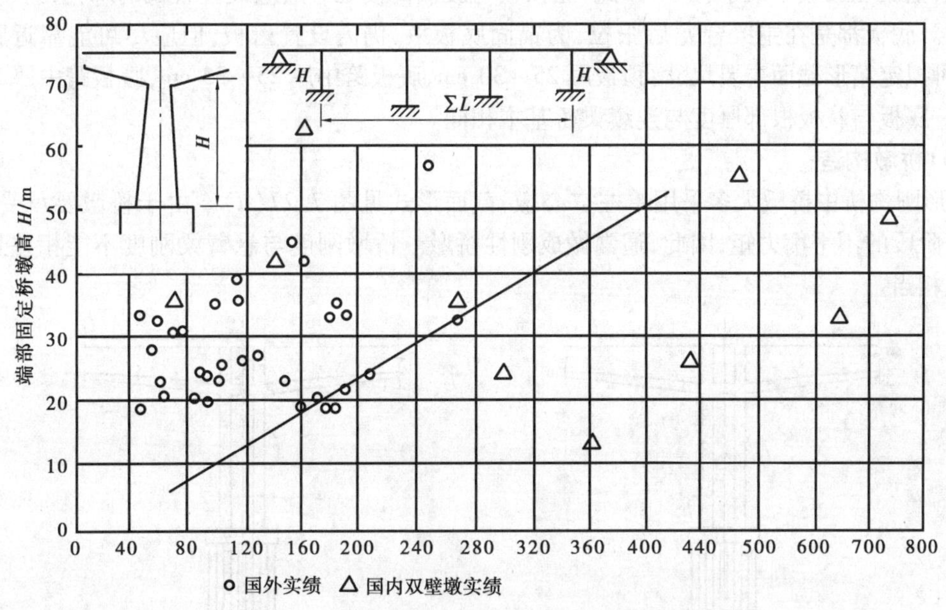

图7.25　固定跨长与端部固定的桥墩高度关系

对不等高的固定桥墩的连续刚构桥，最低桥墩高度与最高桥墩高度之比不应小于0.2～0.4，否则应予以详细验算。

由于连续刚构桥的受力与连续梁桥相似，因此在桥梁布孔时也都按变孔径布置。根据统计，边跨与中跨之间有如下的关系(图7.26)：

$$l' = 0.63l + 4.7 \tag{7.9}$$

式中：l——中跨跨径，m。

在山区公路桥梁中，受到地形限制，过长的现浇节段长度，往往需要搭设很高的支架，既不经济又不安全，现浇节段长度大多控制在4～5 m。

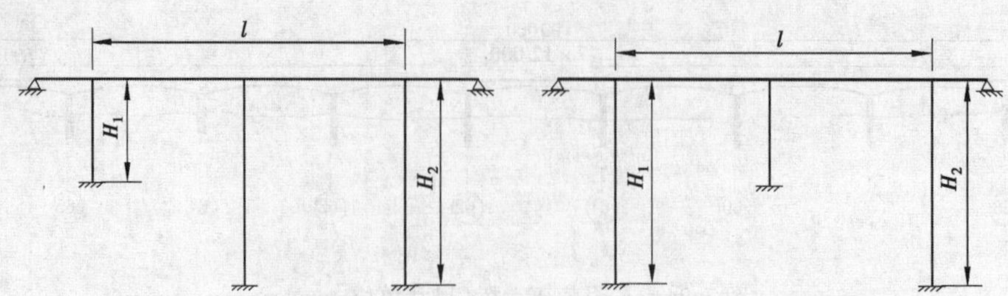

图 7.26　不等高桥墩的连续刚构桥

(4)主梁截面形式与尺寸拟定

连续刚构桥主梁截面形式主要采用箱形截面,断面尺寸拟定与连续梁桥和 T 形刚构桥基本相同。由于连续刚构桥墩梁固结,因此梁的根部高度要比连续梁小。根据统计,对于变截面梁,一般箱梁根部高度与跨径比为 1/22 ~ 1/18,对跨中截面,跨度在 200 m 以内的箱梁高度一般为 2.5 ~ 3.8 m,200 m 以上的大跨度桥,箱梁跨中高度一般为 3.5 ~ 5.0 m。

连续刚构桥一般采用三向预应力,纵向采用大吨位预应力群锚体系,并尽可能靠近肋的部位排列,锚固在腹板中或承托中,因此,在顶板与腹板衔接处一般应设置较长的承托,而不再设置齿板。底板都是在主梁合龙后张拉,为锚固底板束,仍需设置齿板,但应尽可能靠近腹板。据此,可拟定箱形截面主要尺寸:顶板厚 25 ~ 30 cm,底板跨中厚 25 ~ 35 cm,腹板跨中厚 50 ~ 70 cm。底板与腹板根部厚度与连续梁桥基本相同。

(5)桥墩构造

T 形刚构桥中桥墩大多采用单柱空心墩,截面形式见图 7.27(a)。由于桥墩要承受施工和运营阶段的不平衡力矩,因此,通常做成刚性桥墩。桥墩刚度与悬臂梁刚度不能相差悬殊,应大致相当。

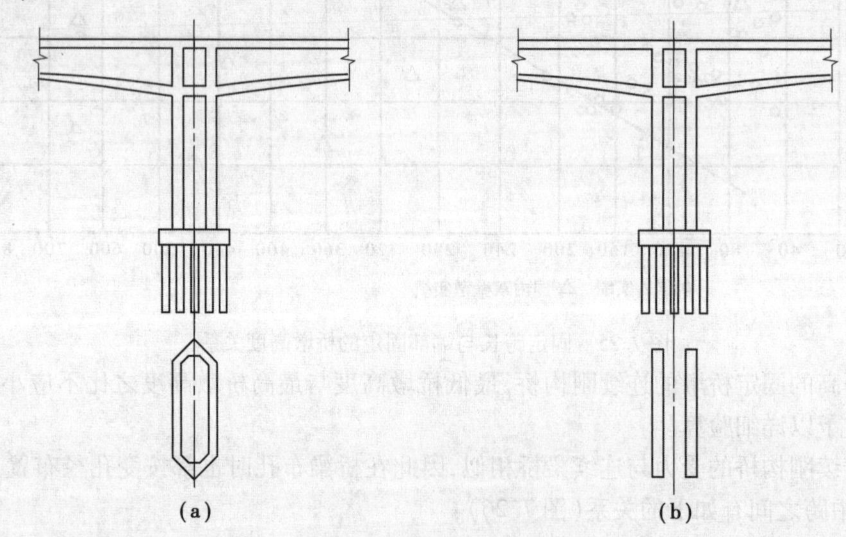

图 7.27　桥墩截面形式

带铰 T 形刚构桥,因跨中铰的顺桥向活动量可以满足温度及徐变引起的梁体伸缩,也可以采用刚性桥墩,但当结构因抵抗地震力或其他反力,而将梁与桥台锚固不能伸缩时,应采用柔性桥墩。

连续刚构桥受到温度变化、混凝土收缩、徐变及制动力影响，上部结构必然产生水平位移，因此在满足支承上部结构自重、活载和稳定的要求外，要求有一定的柔度。因此，大部分刚构桥都采用双肢薄壁墩(图7.27(b))，薄壁墩可以做成实心截面，也可以是空心截面。实心双薄壁墩施工方便，抗撞击能力强；空心双薄壁墩可节省混凝土，但抗撞击能力较差。

当连续刚构桥跨数多、连续长度大时，混凝土收缩徐变将使桥墩产生较大的偏位，并在墩底产生较大的弯矩。对此，可以在合龙前进行顶推，使主梁合龙前桥墩产生一定的反向预偏。

对桥墩高度超过100 m的连续刚构桥，可采用空心独墩、独墩与双薄壁墩的混合形式，如图7.28所示。如国道主干线杭州——瑞丽高速公路赫章特大桥，采用(96+180+180+96)m连续刚构桥，最高桥墩达195 m，采用独墩结构形式(图7.28(a))，墩顶宽9 m，顺桥向按60:1侧坡设置，横桥向宽17.5 m，左右两幅桥共用一个桥墩。混合式桥墩中(图7.28(b))，下部采用独墩，上部采用双肢薄壁墩，以减少双肢薄壁墩高度，对提高桥墩承载力和稳定性有利。

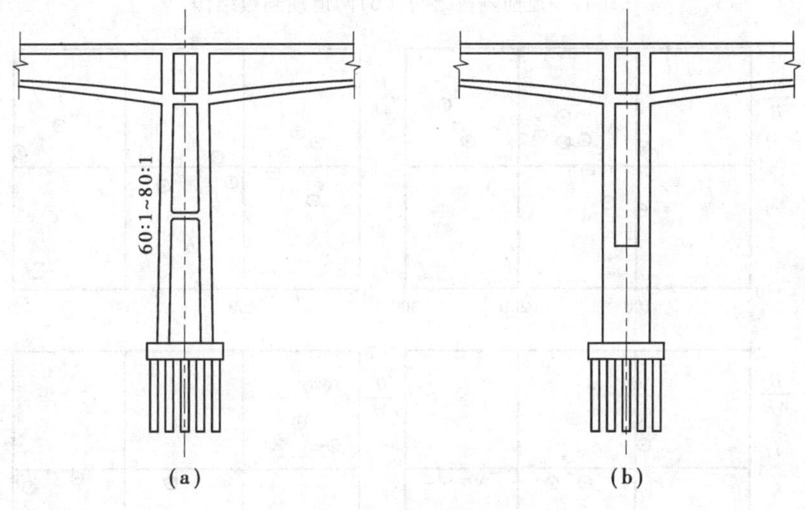

图7.28　独墩和混合桥墩

(6)墩顶零号块

墩顶块箱梁，又称零号块，是连接上部结构与下部结构的关键部位，所有上部荷载都将通过此块传递给桥墩及基础。在平衡悬臂施工中，产生的临时荷载以及不平衡荷载也将由墩顶零号块承担并向下部结构传递，因此零号块构造复杂，是T形刚构桥和连续刚构桥中最重要的块件。为了能有效的传递荷载，在零号块中必须设置横隔板，横隔板的数量应根据桥墩截面形式而定，一般可设置一道或两道(双壁墩)，如图7.29所示。设置一道横隔板的厚度宜取墩厚(图7.29(a))，两道横隔板的厚度宜取为70~100 cm(图7.29(b))。横隔板沿墩壁延伸，一直伸入梁体中直至箱梁顶板。横隔板下方可设置供人通行的孔洞，箱形桥墩上箱梁底板也需设置孔洞，横隔板与顶、底板、腹板连接处要设置承托(梗腋)。根据桥墩形式不同，根部横隔板可布置成单片、双片，直式、斜式等几种形式。

需要指出的是，国内不少连续刚构桥零号块出现了开裂问题，除了与构造和受力复杂、混凝土水化热有关外，也与横隔板有一定的关系，因此，在设计零号块时应慎重处理，同时，采用空间有限元程序做详细的应力分析。

图7.30所示为国内几座连续刚构桥双柱墩尺寸与跨径的几何关系，供拟定尺寸时参考。双柱墩一个柱的厚度一般为双柱墩中距的1/6~1/4；双柱中距一般为墩高的1/5~1/4，而且

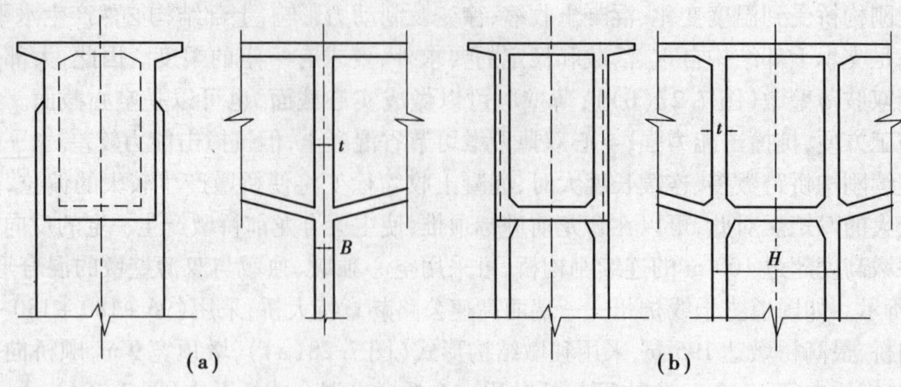

图 7.29　墩梁连接处构造

(a)一道横隔板结构；(b)两道横隔板结构

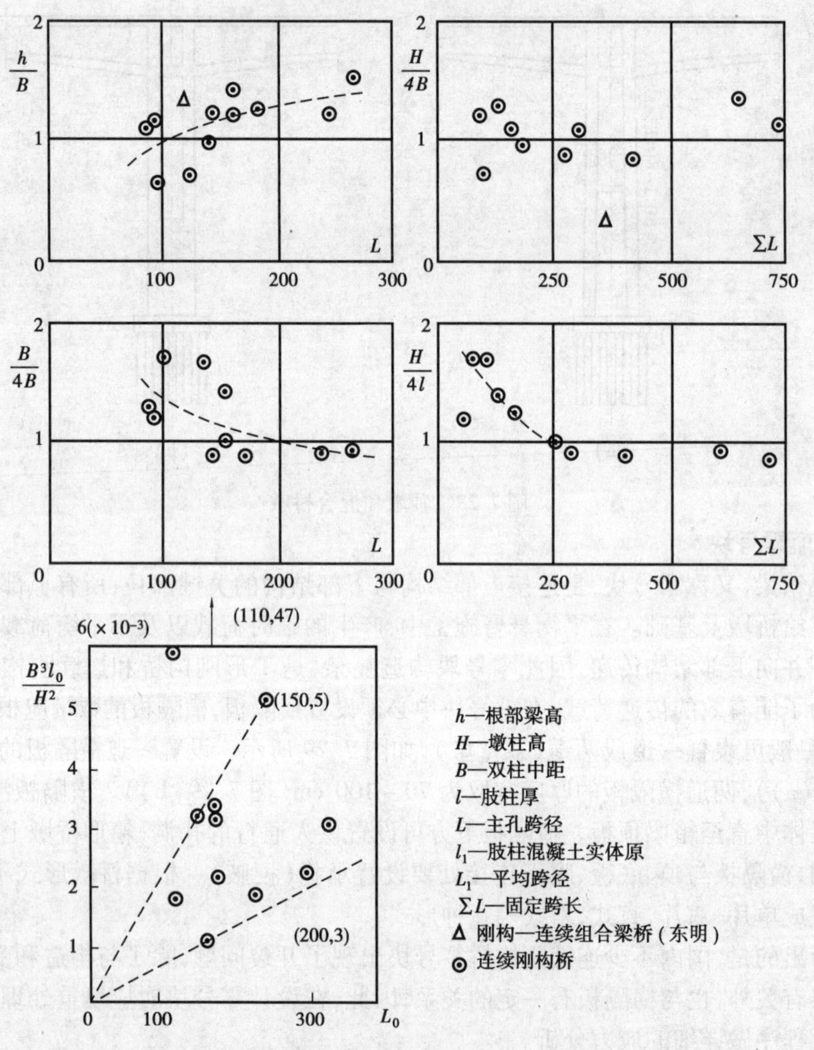

图 7.30　连续刚构双柱墩尺寸与跨径关系图

与根部梁高相当。

建在通航河流或有漂浮物河道上的桥墩，需考虑在船只失控情况下和漂浮物对桥墩的撞击。为抵抗撞击力，可采用“直接式”和“间接式”两种防撞设计。

直接式防撞设计，船只撞击力全部由桥墩承台或墩身直接承受，在设计承台和基础时考虑全部撞击力作用，在墩身设计中考虑全部撞击力作用，同时验算撞击部位的局部受力。

间接式防撞设计，船只的撞击力由墩外的附加设施来承受，墩身完全不承受或部分承受撞击力，常见的防撞结构有防撞桩（墩）、柔性防撞围堰（岛）、刚性防撞围堰（岛）等。

在矮墩的连续刚构桥中，还可以采用承台分离的双柱墩，以减小桥墩抗推刚度。

连续刚构桥大多采用直立式桥墩，但也有的采用Y形墩或V形墩。

(7)构造示例

广东虎门大桥位于广（州）深（圳）珠（海）高速公路跨越珠江出海口的一座特大桥，由主跨888 m的悬索桥和主跨270 m的预应力混凝土连续刚构桥组成，后者称之为辅航道桥，桥跨布置为：(150 + 270 + 150) m，分上下行两座独立桥，如图7.31所示。设计标准为：汽-超20，挂-120；桥面净宽30 m，设中央分隔带、路缘带和紧急停车带；设计行车速度120 km/h。全桥位于半径R = 7 000 m的平曲线上。

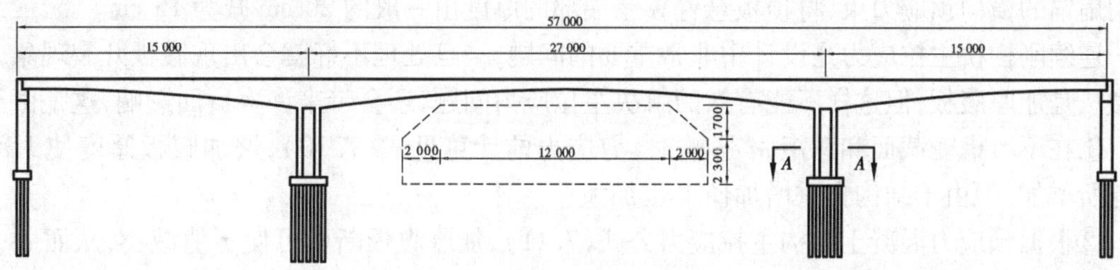

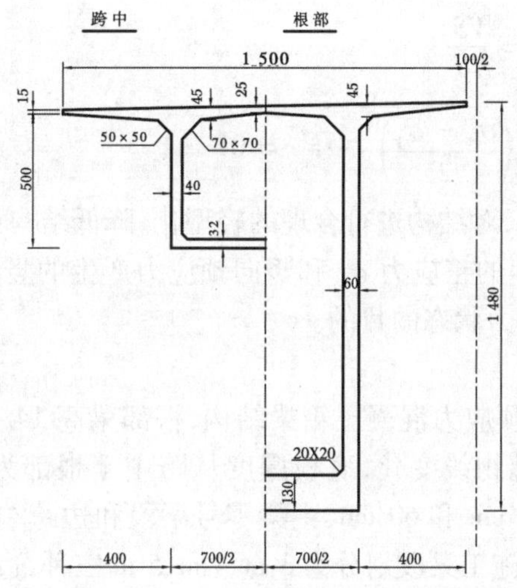

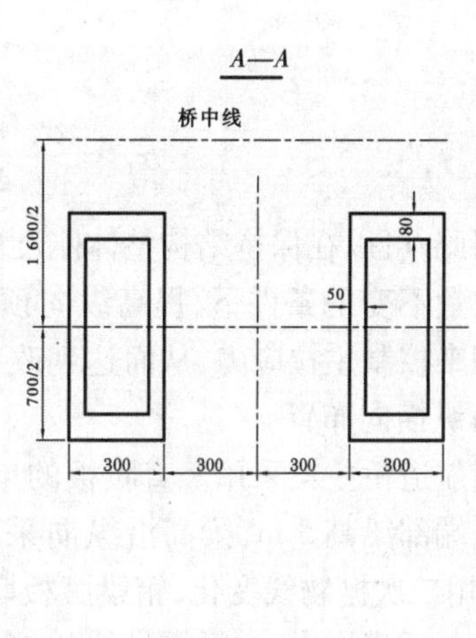

图7.31　虎门大桥辅航道桥（尺寸单位：cm）

主墩全幅桥由32ϕ2 m的钻孔灌注桩群桩基础按嵌岩桩设计，桩长41.5 m。主墩高约35 m，两幅桥墩身采用分离式结构，单幅桥纵向为双肢墩身，中距9 m，每肢厚3 m，横桥向宽度与箱梁底同宽(7 m),横桥向壁厚取与箱梁零号块横隔板同厚,均为50 cm,且与箱梁横隔板对齐,纵桥向壁厚也为50 cm。

1)设计构思

辅航道桥做桥型布置时,通航净空宽度要求160 m,经与混凝土斜拉桥比较后发现,造价比后者节省20% ~30%,同时,该桥位于强热带风暴地区,采用预应力混凝土连续刚构桥,可不必在施工期间增设附加的抗风措施,而混凝土斜拉桥长悬臂施工时会带来风致振动引起的风险。

随着交通事业的日益繁忙,需要大跨度、宽桥面的桥梁结构。辅航道桥桥面全宽31 m,采用了上下行两座独立桥,好处在于可以采用单箱单室截面,模板简单,减轻节段重量,能采用较长的节段,加快施工进度,有利于长悬臂施工避开台风季节,但挂篮的数量需增加一倍。采用整体桥,必须采用双室箱截面,边跨需3个支座,支座顶面很难保持相同高程,受力不很明确。

在抗风措施上,将上下行桥的两个主墩承台用系梁连成整体,设4道外横隔梁,这样可大大提高抗风能力,并减小了施工的振幅,为安全施工创造条件。

大跨度梁桥自身重量很大,辅航道桥采用了55号混凝土以降低梁高及底板厚度;通过合理布置预应力筋,将顶板横向跨中厚度由一般的28 cm减为25 cm,腹板厚度减为40 ~60 cm;采用扁锚的横向预应力束,将顶板悬臂翼缘端部的厚度由一般的20 cm减为15 cm。

连续刚构桥主拉应力是设计中非常重要的问题,一旦处理不好就会出现腹板开裂现象,通常做法是加厚腹板,但这样不能有效的解决主拉应力问题,还会带来许多负面影响,这是由于:

①在不考虑变截面和弯矩 M 影响时,剪应力的计算见式(7.10),增加腹板厚度使 I 和 b 值有所增加,但由于结构自重增加使 V 也加大;

②根据预应力混凝土结构主拉应力公式(7.11),加厚腹板断面可使 τ 值减小,从而 σ_1 减小,但由于腹板厚度的加厚,将使断面自重产生的弯矩增加,从而使 σ_x 减小;

③断面尺寸的增大,在预应力数量不变的情况下,又会导致 σ_x 和 σ_y 的减小。

$$\tau = \frac{VS}{Ib} \tag{7.10}$$

$$\sigma_1 = \frac{\sigma_x + \sigma_y}{2} - \sqrt{\left(\frac{\sigma_x - \sigma_y}{2}\right)^2 + \tau^2} = 0 \tag{7.11}$$

因此,可以在保持结构整体刚度的前提下,对结构进行合理的轻型化,降低结构自重,在预应力数量不变的条件下,提高纵向预应力产生的正应力 σ_x 和竖向预应力产生的竖向应力 σ_y 的乘积来控制主拉应力,从而达到改善主梁应力状态的目的。

2)纵横向布置

辅航道桥主梁采用竖直腹板的单箱单室预应力混凝土箱梁结构,根部梁高14.8 m,跨中和边跨端部梁高5 m,梁高沿纵向采用二次抛物线变化,底板厚度从跨中至根部为32 ~130 cm,采用二次抛物线变化,箱梁腹板厚度为40 cm和60 cm,主梁零号梁段和边跨端部支点各断面尺寸适当增大,主梁零号块长12 m,悬臂施工梁段划分为3 m、4 m、5 m三种,边跨现浇梁段16 m,中跨合龙段长度2 m,悬臂浇筑最大重量为238 t。

3)预应力体系

辅航道桥采用三向预应力体系,大吨位预应力,使结构轻型化,取消了弯起束和下弯束,采用平、竖弯相结合的空间曲线,纵向预应力束尽量靠近腹板布置,具有使预应力能较快过渡到全截面承受,能充分利用肋腋布束,有利于顶底板尺寸的减小和截面轻型化,减小预应力束的平弯长度,减小底板的横向内力等优点。

①纵向预应力束布置

设置了两种束型:顶板束和底板束。预应力钢束规格有两种:VSL6-22 和 VSL6-12。顶板束全部采用6-12 规格;底板束多数采用6-22 规格,部分采用6-12 规格。底板束分边跨底板束和中跨底板束两种。边跨底板束多数在梁段适当弯起锚固,在主跨一端采用齿板锚固;中跨底板束全部采用底板锚固,顶板预应力钢束全部锚固在悬臂施工各阶段端部。

②横向预应力束布置

采用扁锚预应力体系,纵向间距 1 m,为节省锚具数量,设计成一端张拉一端轧花固定的锚固方式。

③竖向预应力束布置

竖向预应力束采用高强精轧螺纹粗钢筋,布设在箱梁腹板内,顺桥向间距采用 50 cm,腹板厚度 40 cm 时每腹板布置成一排,腹板 60 cm 时每腹板布置成两排。精轧螺纹粗钢筋单根控制张拉力为 540 kN,采用 YGM 粗钢筋锚具,梁顶一端张拉。此钢筋同时还可作为悬臂施工挂篮的后锚点。

7.4　混凝土悬臂体系和连续体系梁桥内力计算

7.4.1　结构自重内力计算

(1)自重内力计算特点

第 5 章介绍的简支梁桥自重内力计算,因施工阶段和成桥阶段的体系未发生变化,因此可以按成桥以后的结构图式进行计算。但连续梁桥和连续刚构桥为超静定结构,从施工阶段到成桥阶段存在体系转换,相应的内力也会发生改变。此外,不同的施工方法和施工顺序,对桥梁结构的最终内力也是不同的,因此,必须结合所采用的施工方法确定计算图式,然后进行内力或应力叠加。

钢筋混凝土悬臂梁桥和预应力混凝土悬臂梁桥采用支架法施工,内力计算应按成桥后的结构图式计算;而当预应力混凝土悬臂梁桥采用悬臂法施工时,应采用不同施工阶段的计算图式。

连续梁桥的施工方法较多,常用有支架施工法、逐孔施工法、悬臂施工法和顶推施工法。除有支架施工一次落梁的连续梁桥可按成桥状态进行分析外,用其他施工方法施工的连续梁桥,都存在体系转化和内力或应力叠加问题,这是连续梁桥自重内力计算的一个重要特点。掌握了连续梁桥的计算方法,就不难掌握其他桥型的计算。

本节重点介绍采用悬臂浇筑法和顶推施工法施工的连续梁桥内力计算方法。有关施工方法的具体内容,将在本教材第 9 章中单独介绍。

(2)悬臂浇筑施工连续梁桥的自重内力计算

对一座典型的三跨连续梁桥,其上部结构施工大致可以分为以下几个阶段:①对称悬臂施工;②边跨合龙;③拆除临时锚固;④中跨合龙;⑤拆除合龙段吊架;⑥桥面铺装施工。各个阶段的计算图式如图 7.32 所示。

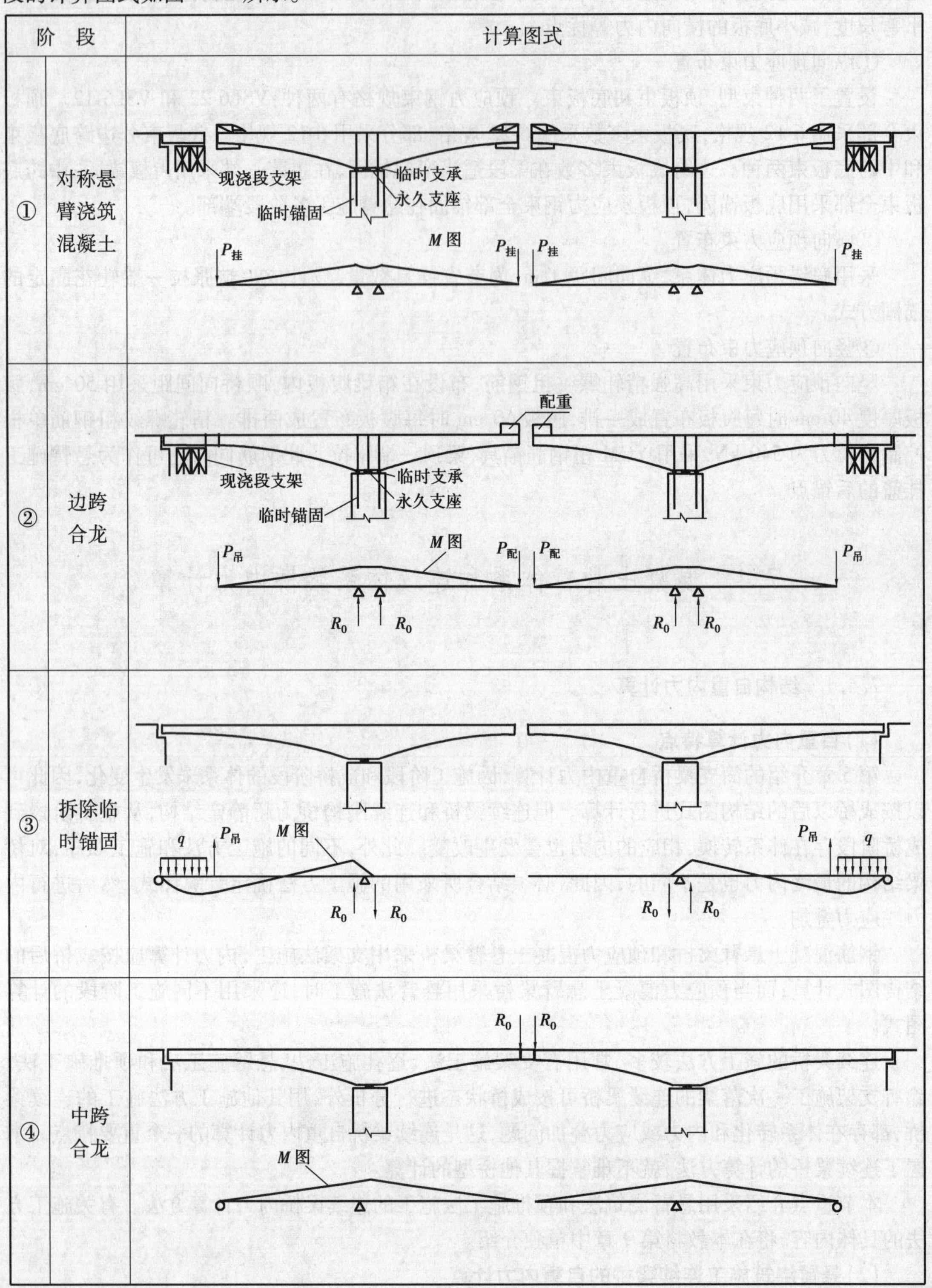

续表

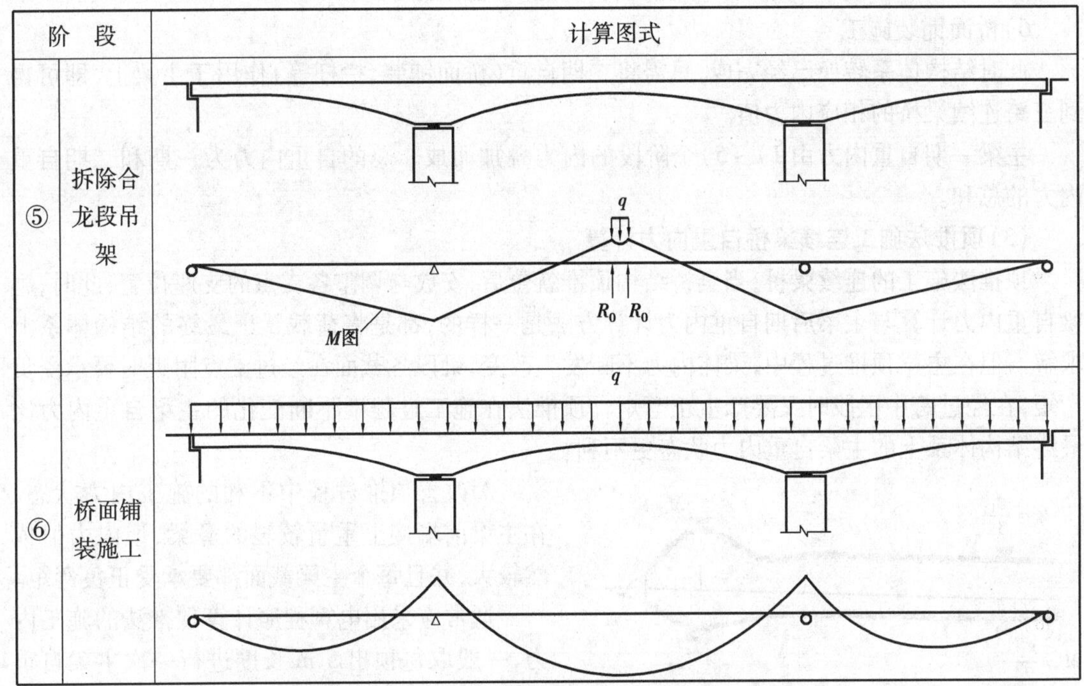

阶　段
计算图式
⑤
拆除合龙段吊架
q
R_0 R_0
M图
⑥
桥面铺装施工
q

图7.32　三跨连续梁桥悬臂施工自重内力计算图式

1)对称悬臂施工阶段

首先用设置在墩顶的托架或主墩两侧的临时支墩，浇筑墩顶上的梁体节段(即零号块件)，用预应力筋和临时支承将零号块和桥墩临时锚固，然后从零号块出发，对称向两边逐段悬臂施工，直至最大悬臂状态。

此时，永久支座暂不参与受力，结构受力与T型刚构相同，主梁内力由梁体自重和挂蓝自重产生。

2)边跨合龙

在悬臂施工到一定阶段时，搭设两边跨现浇段支架并浇筑混凝土，主梁达到最大悬臂阶段后，即可实现边跨合龙，完成第一次体系转换。

3)拆除临时锚固

边跨合龙后，先拆除中墩临时锚固，然后拆除现浇段支架和挂蓝，完成了第二次体系转化，由原来的双悬臂变为单悬臂梁，永久支座开始受力，支承在现浇支架上的梁体重力转移到边跨梁段上。

因边跨合龙在临时锚固中的力将被释放，相当于对主梁施加一对方向相反的力 R_0，此力将在单悬臂结构体系中引起内力。

4)中跨合龙

在中跨合龙段混凝土达到设计强度前，合龙段自重和吊架重由吊杆传至单悬臂梁的悬臂端，即在单悬臂端作用一集中力 R_0(包括合龙段自重与吊架等重量)。

5)拆除合龙段吊架

合龙段混凝土达到设计强度后，便形成连续梁，完成第三次体系转换，全桥已经形成整体结构。拆除吊架，相当于对主梁(连续梁)施加一对方向相反的力 R_0(包括合龙段自重与吊架等重量),而梁段自重由原来的吊架承受转而作用于主梁上。

6)桥面铺装施工

此时结构体系转换已经完成,只需将二期自重(桥面铺装、栏杆等)作用于主梁上,即可得到三跨连续梁桥的相应内力值。

主梁一期自重内力由1) ~5)个阶段的内力叠加而成。总的自重内力为一期和二期自重内力的总和。

(3)顶推法施工连续梁桥自重内力计算

顶推法施工的连续梁桥,当全桥结构顶推就位后,安放与调整各支点的支座位置,此时,主梁自重内力计算与主梁后期自重内力计算方法是一样的,都是将荷载置于最终的结构体系上求解。但在主梁顶推过程中,梁体内力不断发生改变,梁段各截面在经过支点附近时要承受负弯矩,在经过跨中区段时又要产生正弯矩。顶推法在施工过程中不断变化的主梁自重内力比最终结构体系上的主梁自重内力状态更不利。

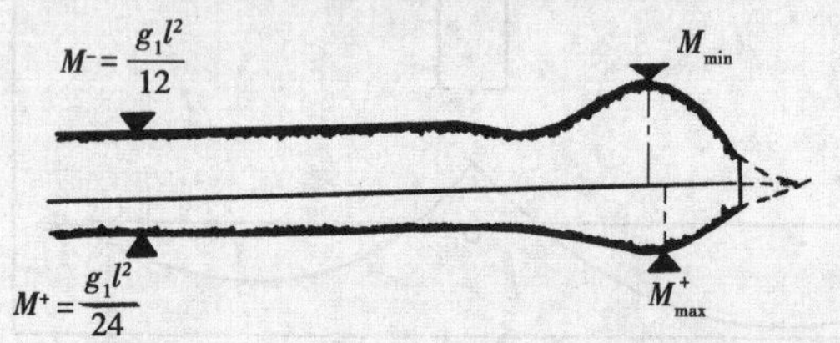

图7.33　顶推法施工连续梁的自重内力包络图

为改善顶推过程中不利的施工内力状态,在主梁前端接上重量较轻的鼻梁,但内力值依然较大,并且每个主梁截面都要承受正负弯矩。

通常应采用电算程序计算顶推法的施工内力,一般取每顶出5 m长度进行一次主梁自重内力分析,把整个顶推过程分成多个阶段,求出每个阶段的自重内力图,把这些内力图叠置在同一基准线上,得到最不利的内力包络图,如图7.33所示。

从图7.33可以看出,最不利值出现在顶推连续梁的首部,此处存在 M_{max} 与 M_{min},而其余梁段上近似接近在自重作用下固端梁的最大正、负弯矩值。

主梁最大正弯矩出现在鼻梁刚顶出支点外时,如图7.33所示。最大正弯矩的截面位置约在第一跨的0.4L处。假设主梁自重为 g_1,鼻梁的自重为 γg_1,鼻梁长度为 βL(一般 β 在0.6左右),则 M^+_{max} 的近似计算公式为:

$$M^+_{max} = \frac{g_1 L^2}{12}(0.933 - 2.96\gamma\beta^2) \tag{7.12}$$

当 $\gamma = 0.1, \beta = 0.65$ 时, $M^+_{max} = 0.81 \cdot \frac{g_1 L^2}{12} = 1.62M^+$

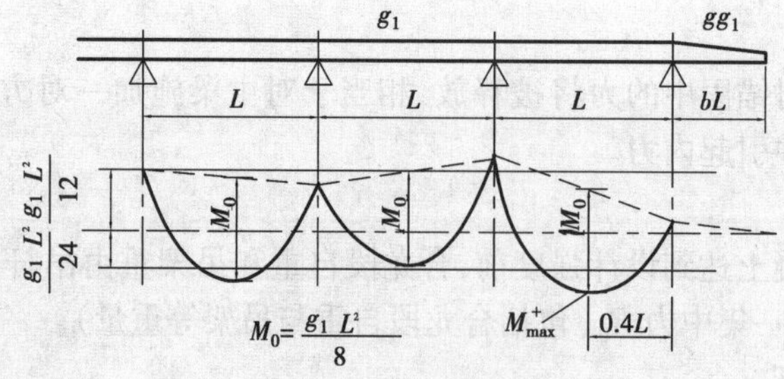

图7.34　顶推法施工连续梁时,鼻梁刚过支点时主梁自重内力图

产生最大负弯矩有两种情况。一种情况是当鼻梁接近前方支点时(图7.34),主梁伸出悬

臂最长，这种情况下可能产生的最大负弯矩 M_{max}^- 的近似公式为：

$$M_{min}^- = -\frac{g_1 L^2}{12}[6\alpha^2 + 6\gamma(1-\alpha)^2] \tag{7.13}$$

式中：α——主梁伸出部分长度与跨径的比值。

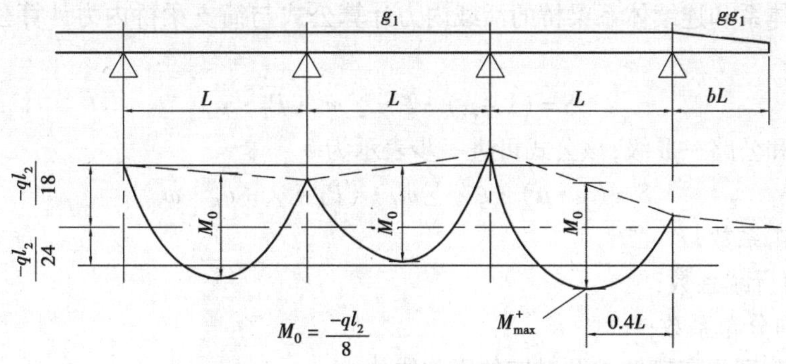

图 7.35　顶推法施工连续梁时，鼻梁刚接近前方支点时的主梁自重内力图

当 $\gamma = 0.1, \alpha = 0.35, \beta = 0.65$ 时，$M_{min}^- = -1.262 \cdot \frac{g_1 L^2}{12} = -1.262M^-$。

另一种情况是鼻梁越过前方支点，此时弯矩为：

$$M_{min}^- = -\mu\frac{g_1 L^2}{12} \tag{7.14}$$

式中：μ——计算系数，是鼻梁与主梁刚度比值的 K 和 α 的函数，见图 7.36。

$$K = \frac{E_s I_s}{E_c I_c} \tag{7.15}$$

式中：E_s、I_s——钢鼻梁弹性模量和截面惯性矩；

E_c、I_c——混凝土主梁弹性模量和截面惯性矩。

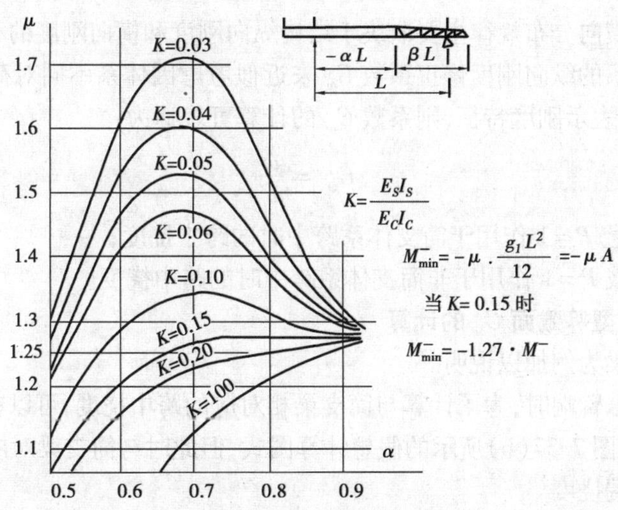

图 7.36　μ 值曲线图

二期自重内力的计算比较简单，此时结构已成最终体系，主梁在纵横向的联结也已完成，

因此,计算这部分内力时应考虑结构的空间受力特点,其计算方法可参考下面活载内力计算部分。

7.4.2 活载内力计算

计算悬臂体系和连续体系梁桥的活载内力计算公式与简支梁桥内力计算公式完全相同,其一般公式为:

$$S = (1+\mu)\cdot\xi\cdot\sum m_i\cdot P_i\cdot y_i \tag{7.16}$$

对公路—Ⅰ级和公路—Ⅱ级,该公式可进一步表示为

$$S = (1+\mu)\cdot\xi\cdot\sum m_i\cdot(P_K\cdot y_i+q_K\cdot\omega_i) \tag{7.17}$$

式中:μ——冲击系数;

ξ——车道折减系数;

m——横向分布系数;

P_i、y_i——分别为车辆轴重及对应的影响线值。

从式(7.16)和式(7.17)可以看出,一旦求出横向分布系数 m 和内力影响线,就可求出主梁活载内力。内力影响线可按《结构力学》的力法或位移法进行求解,现多用有限元程序计算。

简支梁桥主梁多为开口的等截面T梁或板梁,其横向分布系数已经在第5章中做了介绍,而悬臂体系和连续体系梁桥大多为变截面的箱梁,横向分布系数 m 计算方法与简支梁桥不同,下面介绍工程上应用较广的等代简支梁法。

(1)基本原理

把悬臂体系和连续体系的某一跨按等刚度原则变换为跨度相同的等截面简支梁,然后应用各种等截面简支梁的荷载横向分布计算方法计算这些体系的横向分布系数值。所谓等刚度是指在跨中分别施加一个集中荷载和一个集中扭矩时,它们对应的跨中挠度和扭转角彼此相等。

由于跨中荷载横向分布规律主要取决于结构纵向刚度和横向刚度的相互关系,因此,可以引入一个非简支体系的纵向刚度修正系数 C_ω 来近似考虑因体系不同对荷载横向分布带来的影响,以跨中挠度来表示刚度特征,则系数 C_ω 的计算可表达为:

$$C_\omega = \frac{\omega}{\omega'} \tag{7.18}$$

式中:ω——单位荷载 $P=1$ 作用于简支体系跨中时的跨中挠度;

ω'——单位荷载 $P=1$ 作用于非简支体系跨中时的跨中挠度。

(2)T形或工字型等截面 C_ω 的计算

下面以单悬臂梁为例加以说明。

当荷载作用于悬臂端时,为了计算与简支梁相对应的跨中挠度,可以在不损及悬臂受力特性的情况下,做出如图7.37(b)所示的假想计算图式,但此时与简支梁对应的跨径应取 $l=2l_x$。

单悬臂梁悬臂端挠度

$$\omega' = \frac{l_x^3}{3EI}$$

简支梁跨中挠度

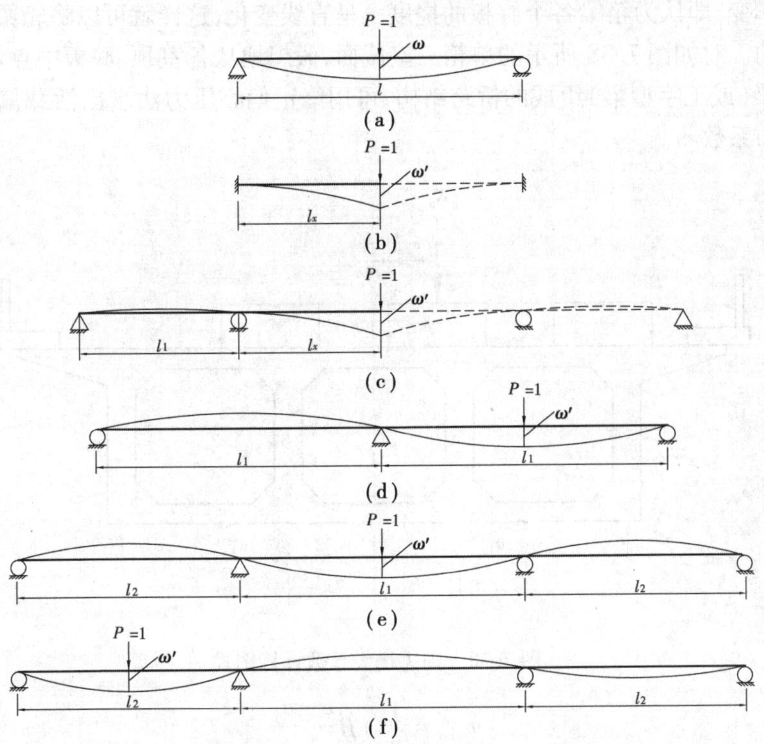

图 7.37　各种体系 C_ω 计算图式

$$\omega = \frac{l^3}{48EI} = \frac{(2l_x)^3}{48EI} = \frac{l_x^3}{6EI}$$

由此得到单悬臂梁的刚度修正系数：

$$C_\omega = \frac{\omega}{\omega'} = \frac{\dfrac{l_x^3}{6EI}}{\dfrac{l_x^3}{3EI}} = 0.5$$

表 7.4 列出了图 7.37 所示的常见非简支体系等截面梁的纵向刚度修正系数 C_ω 值。

表 7.4　纵向刚度修正系数 C_ω 值

结构体系	1	2	3	4			5		
	固端悬臂梁	带锚孔悬臂梁	两跨连续梁	三跨连续梁中跨 $l_{边}: l_{中}$			三跨连续梁边跨 $l_{边}: l_{中}$		
				1:1	1:2	1:1.4	1:1	1:2	1:1.4
纵向刚度修正系数 C_ω	0.5	$\frac{0.5l_x}{l_1+l_x}$	1.391	1.818	1.931	2.034	1.429	1.382	1.344

(3) 箱形截面主梁

由于箱形截面的横向刚度和抗扭刚度大，在荷载作用下梁发生变形时可认为横截面保持原来的形状不变,即认为箱梁各个腹板的挠度也呈直线变化,这样就可以将箱梁腹板近似看作等截面的梁肋。对如图 7.38 所示的单箱三室截面,假想地从各室顶、底板中点切开,使之变成由 4 片 T 形梁(或工字型梁)组成的桥跨结构,可用修正偏心压力法求出活载偏心作用下边腹板的荷载分布系数 m。

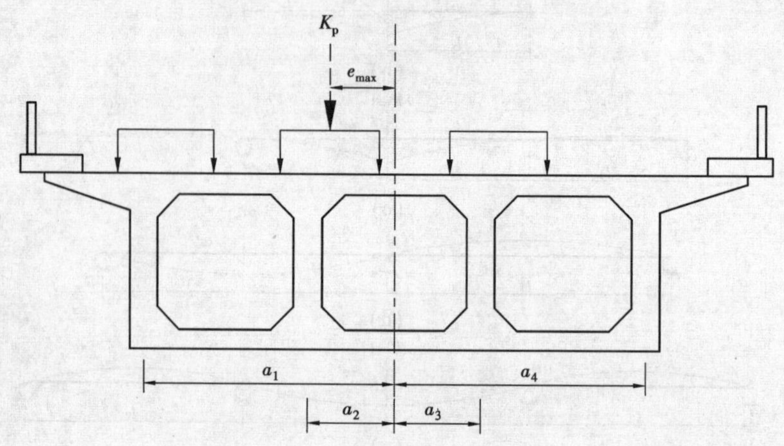

图 7.38　内力增大系数计算图式

$$m_{max} = \frac{1}{n} + \beta \frac{e_{max} a_1}{\sum_{i=1}^{n} a_i^2} \tag{7.19}$$

式中:n——箱梁腹板总数;

β——抗扭修正系数。按式(7.20)计算:

$$\beta = \frac{1}{1 + n\gamma \dfrac{G}{E} \cdot \dfrac{I_T}{I} \cdot \dfrac{1}{\sum a_i^2}} \tag{7.20}$$

式(7.20)中对于简支跨的跨中截面 $\gamma = \frac{l^2}{12}$,对于悬臂梁的端部截面 $\gamma = \frac{l_x^2}{3}$,对于带锚固孔(跨径为 l_1)的外伸梁的端部截面 $\gamma = \frac{l_x(l_1 + l_x)}{3}$,对于各种跨径比的连续梁的跨中截面,可按第 5 章“考虑主梁抗扭刚度的修正偏心压力法”中所述的原理求解 γ 值。计算 $\frac{I_T}{I}$ 值时,可忽略箱梁中间腹板对抗扭惯矩的影响,用整个箱梁截面的抗扭惯矩与抗弯惯矩之比来代替。

需要说明的是,系数 γ 值是按等截面杆自由扭转推得的,对变截面杆约束扭转而言,修正系数 β 将更小,因此,按式(7.20)来计算是偏于安全的。

上述推导的公式是把箱形截面梁近似地视作开口截面梁。实际上箱形截面梁是一个整体构造,若将它分开为若干单片梁进行结构受力分析则较为繁琐,工程上为简化计算和偏安全取值起见,假定图 7.38 中每个腹板均达到了边腹板的荷载横向分布系数 m_{max},于是引入荷载增大系数 ξ 的概念,它表示为腹板数 n 与最大荷载横向分布系数 m_{max} 的乘积,即

$$\xi = n \cdot m_{max} \tag{7.21}$$

注意:在计算 3 车道及其以上的箱形截面梁时,荷载增大系数 ξ 应计入多车道的横向折减

系数，该值也可视为箱形截面梁的横向分布系数。

7.5　预应力引起的次内力计算

7.5.1　次内力的概念

超静定结构（连续梁桥和连续刚构桥等）因各种强迫变形（如预应力、徐变、收缩、温度应力及基础沉降等）而在多余约束处产生的附加内力，统称次内力或二次内力。

预应力混凝土简支梁在预加力作用下只产生自由挠曲变形和预应力偏心距（初预矩），而不产生次力矩，如图7.39（a）所示。连续梁因存在多余约束，限制梁体自由变形，不仅在多余约束处产生垂直次反力，而且在梁体产生次力矩，如图7.39（b）所示。

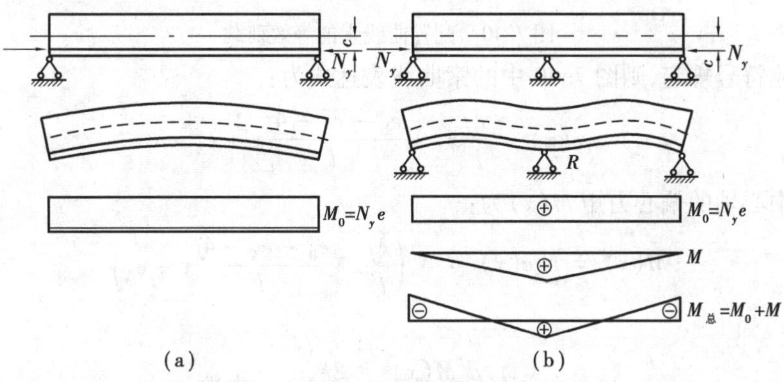

图7.39　预加力引起的挠曲变形和次内力

（a）简支梁；（b）连续梁

总力矩为：

$$M_{总} = M_0 + M' \tag{7.22}$$

式中：M_0——初预矩，它是预加力 N_y 与偏心距 e 的乘积，即 $M_0 = N_y e$；

M'——预加力引起的次力矩，可用力法或等效荷载法求解。

7.5.2　等效荷载法原理

（1）基本假定

为了简化分析，对于预应力混凝土梁作以下假定：

①预应力筋的摩阻损失忽略不计（或按平均分布计入）；

②预应力筋贯穿构件的全长；

③索曲线近似地视为按二次抛物线变化，且曲率平缓。

（2）曲线预应力索的等效荷载

图7.39所示为配置曲线索的预应力混凝土简支梁，其左端锚头的倾角为 $-\theta_A$，偏离中轴线的距离为 e_A，其右端锚头的倾角为 θ_B、偏心距为 e_B，索曲线在跨中的垂度为 f。图中符号规定如下：索力的偏心距 e_i 以向上为正，向下为负；荷载以向上为正，向下为负。

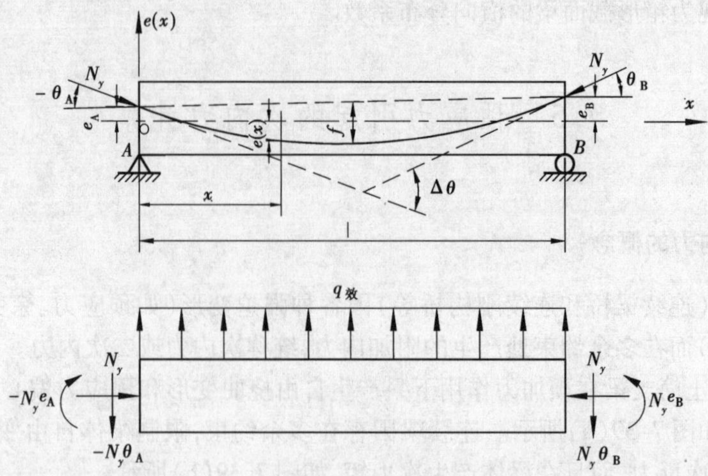

图 7.40　配置曲线索的等效荷载

基于上述符号规定，则图 7.40 中的索曲线表达式为：

$$e(x) = \frac{4f}{l^2}x^2 + \frac{e_B - e_A - 4f}{l}x + e_A \tag{7.23}$$

预应力筋对中心轴的偏心力矩 $M(x)$ 为：

$$M(x) = N_y e(x) = N_y\left(\frac{4f}{l^2}x^+ \frac{e_B - e_A - 4f}{l}x + e_A\right) \tag{7.24}$$

由《材料力学》知

$$q(x) = \frac{d^2M(x)}{dx^2} = \frac{8f}{l^2}N_y = 常数 \tag{7.25}$$

$$\theta(x) = e'(x) = \frac{8f}{l^2}x + \frac{e_B - e_A - 4f}{l} \tag{7.26}$$

$$\theta_A = e'(0) = \frac{e_B - e_A - 4f}{l} \tag{7.27}$$

$$\theta_B = e'(l) = \frac{1}{l}(e_B - e_A + 4f) \tag{7.28}$$

将式(7.28)减式(7.27)，得

$$\theta_B - \theta_A = \frac{8f}{l} \tag{7.29}$$

比较式(7.25)与式(7.29)，有

$$q(x) = \frac{N_y}{l}(\theta_B - \theta_A) = \frac{N_y\Delta\theta}{l} = 常数 = q_{效} \tag{7.30}$$

上式荷载集度 q 的方向向上，且为正值，$\Delta\theta$ 为索曲线倾角的改变量，如图 7.40(a)所示。称此均布荷载 q 为预加力对此梁的等效荷载，它沿全跨长的总荷载 $q_{效}\ l$ 恰与两端预加力的垂直向下分力相平衡。

(3) 折线预应力索的等效荷载

按照同样的原理，可以写出图 7.41(a)所示配置折线形索的索力线方程：

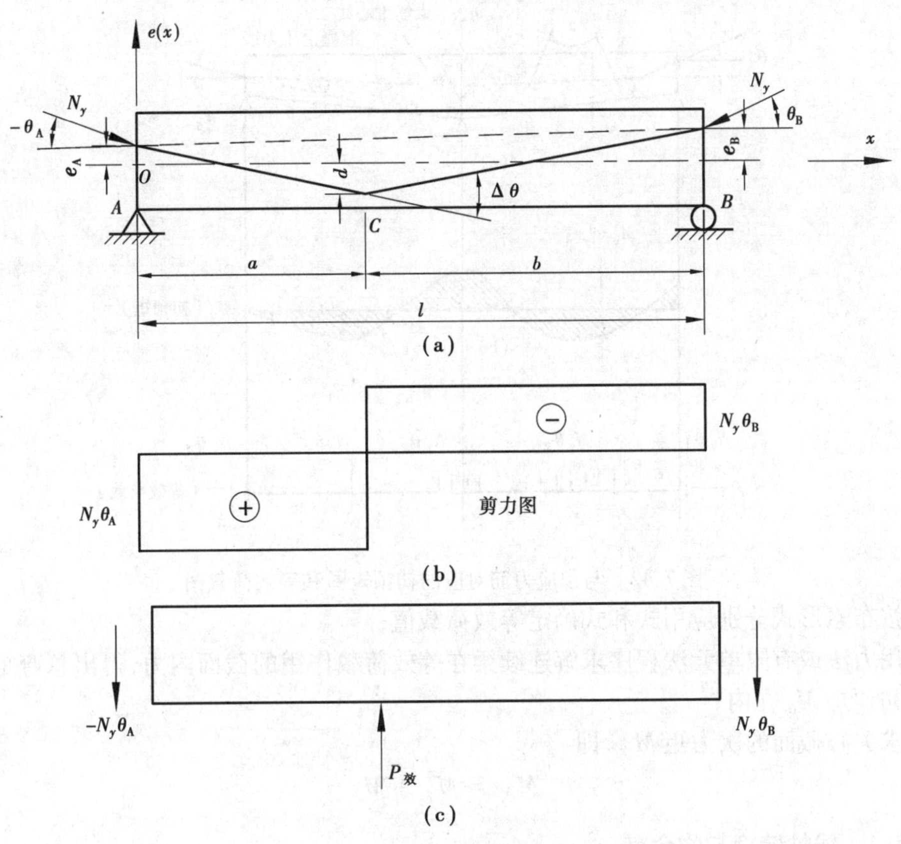

图 7.41　配置折线索的等效荷载

AC 段
$$e_1(x) = e_A - \left(\frac{e_A + d}{a}\right)x$$

CB 段
$$e_2(x) = -d + \left(\frac{d + e_B}{b}\right)(x - a)$$

由此得：

AC 段
$$Q_1(x) = M_1'(x) = -N_\gamma\left(\frac{e_A + d}{a}\right) = -N_\gamma\theta_A$$

CB 段
$$Q_2(x) = M_2'(x) = N_\gamma\left(\frac{e_B + d}{a}\right) = N_\gamma\theta_B \tag{7.31}$$

按式(7.31)可绘出此简支梁的剪力内力分布图 7.41(b)，而此剪力分布图又恰与在梁的 C 截面处作用一个垂直向上的集中力 $p_{效}$ 的结果相吻合，此 $P_{效}$ 为：

$$P_{效} = N_\gamma(\theta_B - \theta_A) \tag{7.32}$$

这就是折线预应力的等效荷载。

7.5.3　等效荷载法计算步骤

下面以图 7.42(a)所示的两跨连续梁为例说明等效荷载法的计算步骤：

①按预应力索曲线的偏心距 e_1 及预加力 N_γ 绘制梁的初预矩 $M_0 = N_\gamma e_1$ 图 7.41(b)，不考虑所有支座对梁体的约束影响；

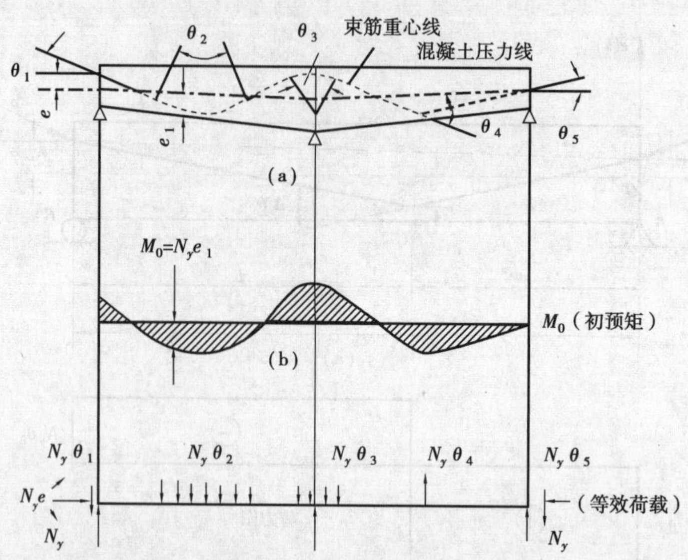

图 7.42　与预应力筋对应的初预矩图和等效荷载图

②按布索形式分别应用式和式确定等效荷载值；

③用力法或有限单元法程序求解连续梁在等效荷载作用的截面内力，得出总弯矩 $M_{总}$，它包含了初预矩 M_0 在内；

④求关心截面的次力矩 $M_{次}$，即

$$M_{次} = M_{总} - M_0 \tag{7.33}$$

7.5.4　线性转换与吻合束

(1)线性转换

通过前面的推导，可以得到超静定梁的两个结论：

1)预加力产生的次力矩是线性的，由此引起的混凝土压力线和束筋重心线的偏离也是线性的；

2)混凝土压力线只与束筋的梁段偏心距和束筋在跨内的形状有关，而与束筋在中间支点上的偏心距无关。

由此可见，只要保持束筋在超静定梁中的两端位置和束筋在跨内的形状不变，只改变束筋在中间支点的偏心距，则梁内的混凝土压力线不变，也即总预矩不变，这就是超静定梁中预应力束筋的线形转换原则。

利用线形转换原则，为超静定梁预应力束筋的布置带来了方便，它允许在不改变结构内混凝土压力线位置的前提下调整力筋合力线的位置，以适应结构构造上的要求。

(2)吻合束

按实际荷载作用下的弯矩图线形作为预应力束曲线的线形，便是吻合束的线形，即预加力的次力矩为零。这个结论可以用一个的简单例子加以证明。图 7.43 所示是承受均布荷载 q 的两等跨连续梁，其左跨弯矩计算公式为：

$$M(x) = \frac{qlx}{8}\left(3 - 4\frac{x}{l}\right) \tag{7.34}$$

由于　$M(x) = N_y \cdot e(x)$

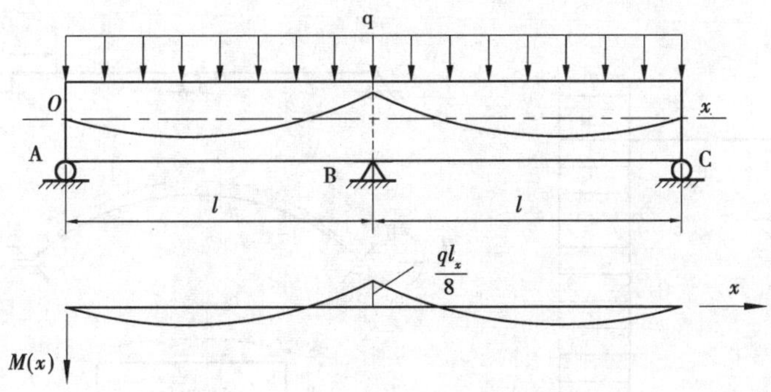

图7.43 均布荷载下的束曲线线性

故
$$e(x) = \left(\frac{q}{N_y}\right)\frac{lx}{8}\left(3 - 4\frac{x}{l}\right) \tag{7.35}$$

$$e'(x) = \left(\frac{q}{N_y}\right)\left(\frac{3l}{8} - x\right) \tag{7.36}$$

$$e'(0) = \theta_A = \left(\frac{q}{N_y}\right)\cdot\frac{3l}{8} \tag{7.37}$$

$$e'(l) = \theta_B = -\left(\frac{q}{N_y}\right)\cdot\frac{5l}{8} \tag{7.38}$$

将式(7.37)、式(7.38)代入式(7.30),得等效荷载为:

$$q_{效} = \frac{N_y}{l}\left[\left(\frac{q}{N_y}\right)\left(-\frac{5l}{8} - \frac{3l}{8}\right)\right] = -q \tag{7.39}$$

从式中看出,$q_{效}$ 与 q 大小相等,方向相反,梁上荷载被完全平衡,故对梁结构不产生次内力,亦即为吻合束的线性。虽然上述推导是针对两跨连续梁,但结论可推广到多跨连续梁。

吻合束为设计连续梁内的预应力束筋的布置提供了极为方便的依据。虽然在桥梁设计中,应按最大内力包络图去配束,而不是按一固定荷载形式下连续梁弯矩图去配束,但这一重要结论仍然提供了配束的正确方向。

需要注意的是,吻合束能使分析和计算方便,但在设计中并非一定要采用。一个理想的束筋重心线布置,目的是产生一条符合设计要求的压力线,以满足实际使用的需要。

7.6 温度应力计算

7.6.1 温度对结构的影响

桥梁结构是暴露在大气中的结构物,承受温度反复变化对结构的影响。温度影响包括两部分,年温差影响(即平均温差)与局部温差影响(即温度梯度)。年温差影响,是指气温随季节发生周期性变化时对结构物所引起的作用。一般假定温度沿结构截面高度方向以均值变化,对无水平约束的结构如简支梁、连续梁等,年温差只引起结构的均匀伸缩,并不导致结构内温度内力(或温度应力)。当结构的均匀伸缩受到约束时,年温差将引起结构内温度次内力,如拱式结构、框架结构及斜拉桥结构等,如图7.44所示。

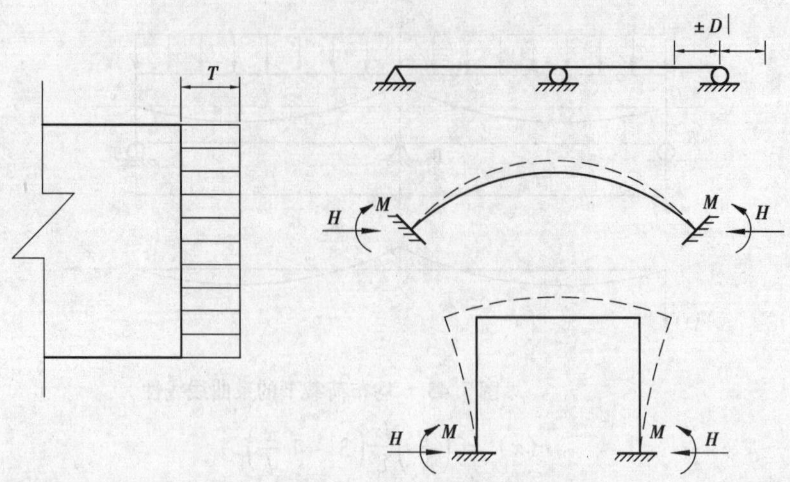

图 7.44 年温差对不同结构的影响

局部温差影响,一般指日照温差或混凝土水化热等的影响。混凝土水化热将引起结构内的温度变化,可在施工中用温度控制方法予以调节。目前在各国规范中,桥梁温度应力计算一般不包括此项影响,在此不予讨论。日照温差对结构的影响,受日辐射强度、桥梁方位、日照时间、地理位置、地形地貌等因素的影响,结构受温度在对流、热辐射和热传导等传热方式形成瞬时的不均匀分布,称为结构的温度场。显然,要计算日照温差对结构的效应,温度场的确定是关键问题。严格地说,桥梁结构属三维热传导问题,结构内任一点的温度 T_i 是结构三维方向及时间 t 的函数 $T_i=f(x,y,z,t)$,考虑到桥梁是一个狭长的结构物,又忽略某些局部区域三维传导性质(如梁端、箱梁角隅区域等),可以认为桥梁在沿长度方向温度变化是一致的,从而三维热传导问题可以简化为分别以桥梁横向与竖向(沿梁截面高度)的一维热传导状态分析。这样,温度场的确定简化为沿桥梁横向或沿桥梁竖向(即截面高度方向)的温度梯度形式的确定。公路上的混凝土桥梁,由于设置人行道,一般是桥面板直接受日照,而腹板因悬臂的遮阴,两侧温差变化不大,因此对梁式结构只考虑沿截面高度方向的日照温差的影响。在铁路上,因梁窄,梁的腹板直接受日照,导致两侧腹板日照温差,除了考虑竖向的日照温差影响外,还要考虑横向的影响。各国桥梁规范对梁式结构沿梁高方向的温度梯度的规定有各种不同形式,如图 7.45 所示。

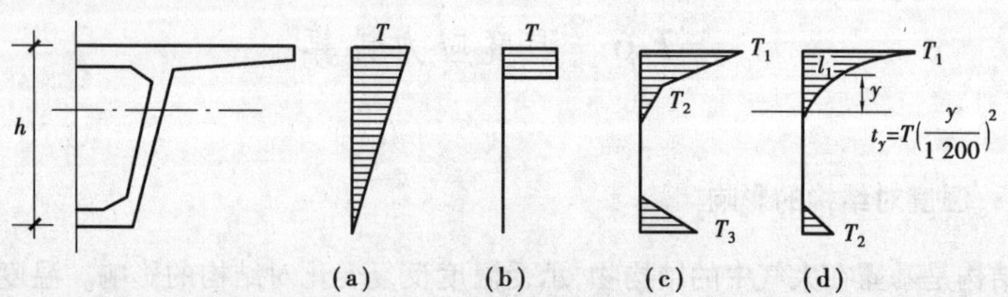

图 7.45 不同的温度梯度形式

图中列举出的各种形式,可归纳为线性变化和非线性变化两种。

①线性变化,如图 7.45(a)所示。在这种温差变化情况下,梁式结构将产生挠曲变形,而且梁在变形后仍然服从平截面假定。因此,在静定梁式结构中,线性变化的温度梯度只引起结

构的位移而不产生温度次内力，而在超静定梁式结构中，它不但引起结构的位移，而且因多余约束的存在，从而产生结构内温度次内力，见图 7.46。

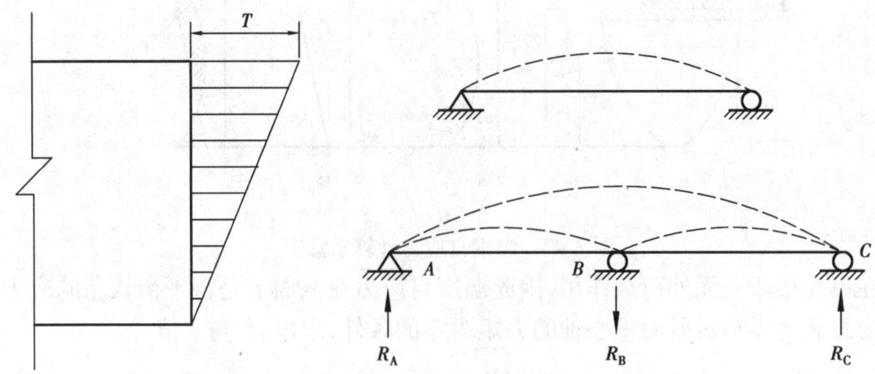

图 7.46　线性温度梯度对结构的影响

②非线性变化。在图 7.45 中，除(a)以外都属于非线性温度梯度形式。在此类非线性温差分布的情况下，在静定梁式结构中，梁在挠曲变形时，因梁要服从平截面假定，导致截面上的纵向纤维因温差的伸缩将受到约束，从而产生纵向约束应力，这部分在截面上自相平衡的约束应力称为温度自应力。而在超静定梁式结构中，除了温度自应力 σ_s^0 外，还应考虑多余约束阻止结构挠曲产生的温度次内力引起的温度次应力 σ_s''。总的温度应力为 $\sigma_s = \sigma_s^0 + \sigma_s''$。

温度应力对预应力混凝土桥梁的危害应予以重视。理论分析和实验研究均已证明，在大跨预应力混凝土箱形梁桥中，温度应力是桥梁产生裂缝的主要原因(例如连续梁中，温度应力可以达到甚至超出活载应力)。20 世纪 60 年代，在新西兰和澳大利亚，曾有预应力混凝土箱梁桥因温度应力严重损害的例子。

以下以预应力混凝土连续梁为例，介绍非线性温度梯度引起梁内温度应力的计算方法。连续梁内的温度应力 $\sigma_s = \sigma_s^0 + \sigma_s'$，$\sigma_s^0$ 为解除多余约束，在基本结构上因非线性温度变化引起的温度自应力，为超静定连续梁温度次内力引起的温度次应力。

7.6.2　基本结构上温度自应力的计算

设温度梯度沿梁高按任意曲线 $T(y)$ 分布，如图 7.47 所示，取一单元梁段，当纵向纤维之间不受约束，能自由伸缩时，沿梁高各点的自由变形为：

$$\varepsilon_T(y) = \alpha \cdot T(y)$$

式中：α——材料的线膨胀系数。

但因梁的变形必须服从平面假定，所以截面实际变形后，应在图 7.47 所示的直线位置，即

$$\varepsilon_a(y) = \varepsilon_0 + \chi \cdot y \tag{7.40}$$

式中：ε_0——沿梁 $y=0$ 处的变形值；

χ——单元梁段挠曲变形后的曲率。

图 7.47 中阴影部分的应变，即由纵向纤维之间的约束产生，为：

$$\varepsilon_\sigma(y) = \varepsilon_T(y) - \varepsilon_a(y) = \alpha \cdot T(y) - (\varepsilon_0 + \chi \cdot y) \tag{7.41}$$

由 $\varepsilon_a(y)$ 产生的应力称为温度自应力，其值为：

$$\sigma_0^s(y) = E \cdot \varepsilon_\sigma(y) = E\{\alpha \cdot T(y) - (\varepsilon_0 + \chi \cdot y)\} \tag{7.42}$$

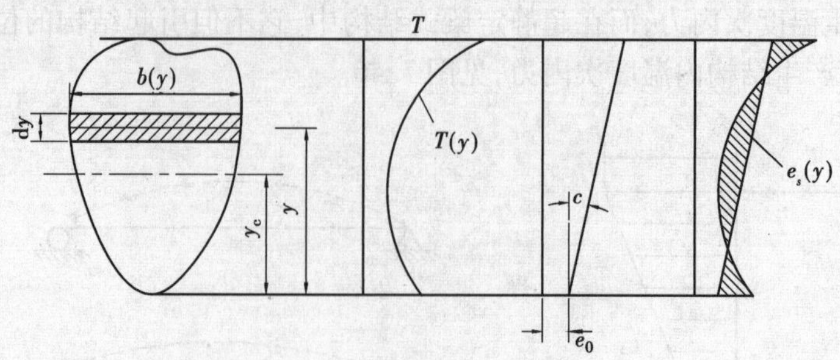

图 7.47　温度自应力计算示意图

由于在单元梁段上无外荷载作用,因此温度自应力在截面上是自平衡状态的应力,可利用截面上应力总和为零和对截面重心轴的力矩为零的条件,求出 ε_0 与 χ 值。

$$\left.\begin{aligned} N &= E\int_h \varepsilon_\sigma(y)\cdot b(y)\cdot \mathrm{d}y = E\int_h [\alpha\cdot T(y)-(\varepsilon_0+\chi\cdot y)]\cdot b(y)\cdot \mathrm{d}y \\ &= E\left\{\alpha\int_h T(y)\cdot b(y)\cdot \mathrm{d}y - \varepsilon_0\cdot A - Ay_c\cdot\chi\right\} = 0 \\ M &= E\int_h \varepsilon_\sigma(y)\cdot b(y)\cdot(y-y_c)\cdot \mathrm{d}y = E\int_h [\alpha\cdot T(y)-(\varepsilon_0+\chi\cdot y)]\cdot \\ & b(y)\cdot(y-y_c)\cdot \mathrm{d}y = E\left\{\alpha\int_h T(y)\cdot b(y)\cdot(y-y_c)\cdot \mathrm{d}y - \chi^I\right\} = 0 \end{aligned}\right\} \tag{7.43}$$

式中:$A=\int_h b(y)\cdot \mathrm{d}y$;$I=\int_h b(y)\cdot(y-y_c)\cdot \mathrm{d}y$

从式(7.43)可解得

$$\left.\begin{aligned} \varepsilon_0 &= \frac{\alpha}{A}\int_h T(y)\cdot b(y)\cdot \mathrm{d}y - y_c\cdot\chi \\ \chi &= \frac{\alpha}{I}\int_h T(y)\cdot b(y)\cdot(y-y_c)\cdot \mathrm{d}y \end{aligned}\right\} \tag{7.44}$$

将 ε_0 与 λ 代入式(7.42)即可求得温度自应力。

7.6.3　连续梁温度次内力及温度次应力计算

在式(7.44)中,χ 值表示在非线性温度梯度作用时单元梁段产生的挠曲变形的曲率。在连续梁中,这部分变形引起的次内力可应用力法求解。

如以两跨连续梁为例,取简支梁为基本结构可列出力法方程为:

$$\delta_{11}x_{1T} + \Delta_T = 0 \tag{7.45}$$

式中:δ_{11}——$\delta_{1T}=1$ 时在赘余力方向上引起的变形;

Δ_T——温度变化在赘余力方向引起的变形,如图 7.48 中所示,Δ_T 为中间支座上截面的相对转角。

$\Delta_T=\chi l_1+\chi l_2=\chi(l_1+l_2)$,把它们代入式(7.45),即解得温度次内力 x_{1T},梁上作用的温度次力矩为 $M'_T=x_{1T}\cdot\overline{M}_1$。

温度次应力为:

$$\sigma'_s = \frac{M'_T}{I}y \tag{7.46}$$

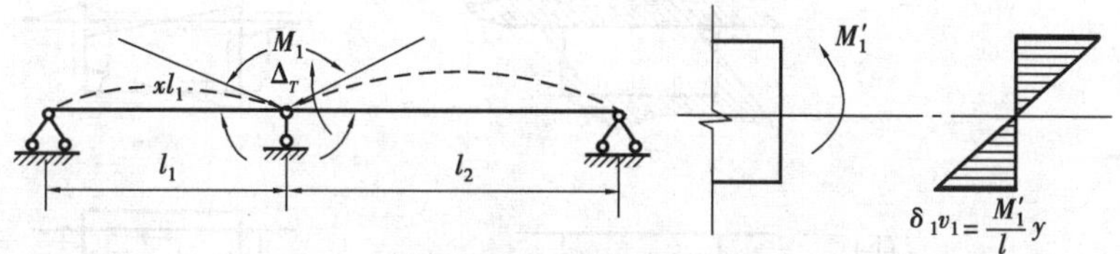

图 7.48　连续梁在温差作用下的挠曲变形

综合考虑温度自应力和温度次力矩得连续梁内总的温度应力为:

$$\sigma_s(y) = E[\alpha T(y) - (\varepsilon_0 + \chi \cdot y)] + \frac{M'_T}{I}y \tag{7.47}$$

从以上分析可知:温度梯度形式与温度附加力的计算有很大的关系,如果温度梯度形式选用不当,即使增大温度设计值,也不能保证结构的安全性,这是由于温度自应力会导致在任意截面上的温度应力达到一定数值,有可能增加腹板的主拉应力,削弱斜截面的抗裂性。

7.7　箱梁分析

7.7.1　箱梁截面受力特性

(1)偏心荷载作用下的变形和位移

作用在箱形梁上的主要荷载是结构自重和汽车。结构自重通常是对称作用。汽车荷载可以是对称的,也可以是非对称偏心的。偏心荷载作用下,箱形梁既产生对称弯曲又产生扭转。因此,作用于箱形梁的外力可综合表达为偏心荷载来进行结构分析。

如图 7.49 所示为箱梁在偏心荷载作用下产生的变形与位移,归结起来可分成纵向弯曲、横向弯曲、扭转(自由扭转和约束扭转)和扭转变形(畸变)四种基本状态。

(2)偏心荷载作用下的截面应力

1)横向弯曲

箱形梁承受偏心荷载作用,除了按弯扭杆件进行整体分析外,还应考虑局部荷载的影响。车辆荷载作用于顶板,除直接受荷载部分产生横向弯曲外,由于整个截面形成超静定结构,因而引起其他各部分产生横向弯曲。横向弯曲应力 σ_c 按超静定框架计算求得。

2)纵向弯曲

纵向弯曲产生竖向变位 ω,因而在横截面上引起纵向正应力 σ_m 及剪应力 τ_m(图 7.49(a))。对于肋距较大的箱形梁,由于翼板中剪力滞后的影响,其应力分布将是不均匀的,即近肋处顶板与底板中产生应力高峰,而远肋处顶板与底板则产生应力低谷,这种现象称"剪力滞效应"。

3)箱形梁的扭转

箱形梁的扭转(这里指刚性扭转,即受扭时箱形的周边不变形)变形主要特征是扭转角 θ。箱形梁受扭时分自由扭转与约束扭转。

自由扭转,即箱形梁受扭时,截面各纤维的纵向变形是自由的,杆件端面虽出现凹凸,但纵向纤维无伸长缩短,自由翘曲,因而不产生纵向正应力,只产生自由扭转剪应力 τ_k(图 7.49

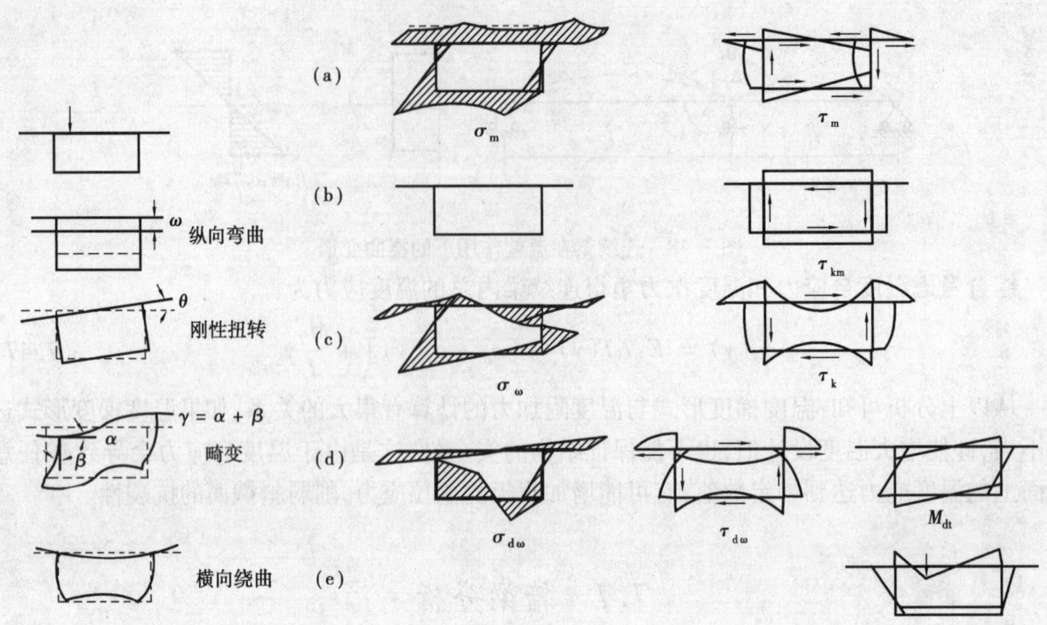

图 7.49 箱形梁在偏心荷载作用下的变形状态及截面应力图

(b))。

约束扭转，是当箱梁受扭时纵向纤维变形不自由，受到拉伸或压缩，截面不能自由翘曲。约束扭转在截面上产生翘曲正应力 σ_{ω} 和约束扭转剪应力 τ_{ω}（图 7.49(c)）。

产生约束扭转的原因有：支承条件的约束，如固端支承约束纵向纤维变形；受扭时截面形状及其沿梁纵向的变化，使截面各点纤维变形不协调也将产生约束扭转，如等厚壁的矩形箱梁、变截面梁等，即使不受支承约束，也将产生约束扭转。

4）畸变

畸变（即受扭时截面周边变形）的主要变形特征是畸变角 γ。薄壁宽箱的矩形截面受扭变形后，无法保持截面的投影仍为矩形。畸变产生翘曲正应力 $\sigma_{d\omega}$ 和畸变剪应力 $\tau_{d\omega}$，同时由于畸变而引起箱形截面各板横向弯曲，在板内产生横向弯曲应力 σ_{dt}（图 7.47(d)）。

综合箱梁在偏心荷载作用下，四种基本变形与位移状态引起的应力状态：

在横截面上：

纵向正应力

$$\sigma_{(z)} = \sigma_m + \sigma_{\omega} + \sigma_{d\omega} \tag{7.48}$$

剪应力

$$\tau = \tau_m + \tau_k + \tau_{\omega} + \tau_{d\omega} \tag{7.49}$$

在箱梁各板内，即纵截面上：

横向弯曲应力

$$\sigma_{(s)} = \sigma_c + \sigma_{dt} \tag{7.50}$$

在预应力混凝土桥梁中，跨度越大，结构自重占总荷载的比值越大。因而一般在箱梁内对称挠曲的纵向弯曲应力是主要的，而偏心荷载引起的扭转应力是次要的。如果箱壁较厚并沿梁的纵向布置一定数量横隔板而限制箱梁的扭转变形，则畸变应力也不大。横向弯曲应力状态下，特别对箱壁厚度较薄的情况，验算桥面板（箱梁顶板）与腹板、底板的构造配筋是需要注意的。此外，在跨度比较小的情况下，箱梁对称挠曲引起的顶、底板（或称上、下翼板）中的剪力滞效应，在设计时也应予以注意。

应该指出，在一般应用于预应力混凝土桥梁中的对称箱形截面中，由偏载引起的约束扭转正应力占活载弯曲正应力的15%左右。在大跨预应力混凝土桥梁中，结构自重引起的弯曲正应力占总正应力的70%以上，因而它在总应力中所占比值较小，在一般的设计中可不予考虑。但是如果采用不对称的箱形截面，如单边挑出较长悬臂板的箱梁，此项应力所占比值就可能增加较大，在设计中应予以重视。

(3)箱梁的畸变应力

前面假定了箱梁在扭转时截面周边保持不变形。根据截面的几何特性和边界约束条件又分为自由扭转和约束扭转，在箱壁较厚成横隔板较密时，这个假定是接近实际情况的，在设计中可不必考虑扭转变形（即畸变）所引起的应力状态；但在箱壁较薄，横隔板较稀时，截面就不能满足周边不变形的假设。在反对称荷载作用下，截面不但扭转而且要发生畸变，从而产生畸变翘曲正应力和剪应力，箱壁上也将引起横向弯曲应力（图7.50）。

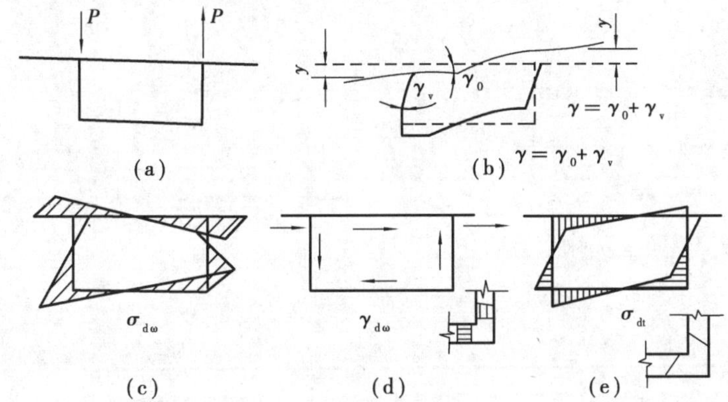

图7.50　箱梁畸变翘曲正应力、剪应力、横向弯曲应力

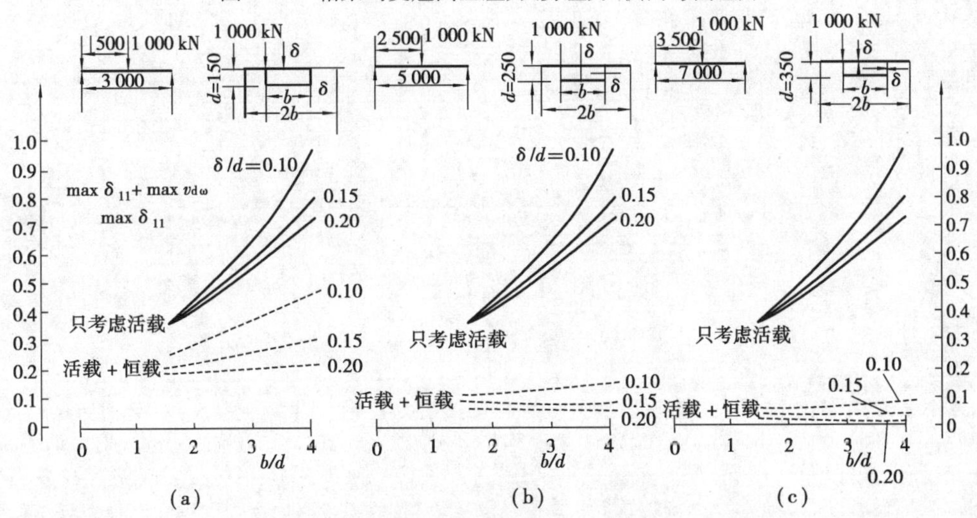

图7.51　箱梁翘曲正应力比值曲线

图 7.51 示出无中间横隔板的单箱简支梁，跨径分别为 30 m、50 m 和 70 m，箱壁厚度与梁高之比为 0.1 时，约束扭转正应力和畸变翘曲正应力，与活载或自重、活载引起的弯曲正应力的比值情况。可见，单纯与活载相比，比值可以相当大，但随跨径的增大，结构自重正应力的增加，它与自重、活载正应力的比值就相应减小至 10% 以内。通过资料分析得知，截面畸变是混凝土箱梁产生翘曲正应力的主要原因。

第8章 混凝土刚架桥

8.1 概 述

桥跨结构(主梁或板)和墩台(立柱或竖墙)整体相连的桥梁称为刚架桥(Rigid-Frame Bridge)。由于两者之间的刚性连接,在竖向荷载作用下,刚架桥具有以下受力特点(如图8.1):

①主梁端部产生负弯矩,从而减少了跨中的正弯矩,跨中截面尺寸可相应减小。

②支柱除承受压力外,还承受弯矩,所以支柱一般为钢筋混凝土构件。

③支柱脚将产生水平推力,这就需要有良好的地基条件,或用较深的基础(如桩基础、沉井基础等)和特殊的构造措施来抵抗水平推力。

刚架桥的主梁高度一般比梁桥小,通常适用于需要较大桥下净空或建筑高度受到限制的情况,如立交桥、高架桥等。

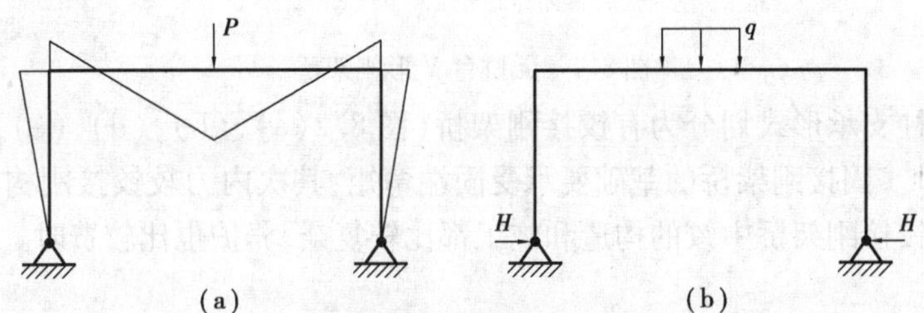

图8.1 刚架桥的受力特点
(a)弯矩图;(b)反力图

刚架桥的主要优点是:外形尺寸小,桥下净空大,桥下视野开阔,混凝土用量少。但钢筋用量较大,基础造价较高。

刚架桥按跨数可以分为单跨刚架桥和多跨刚架桥。

多跨刚架桥的主梁,可以做成连续式或非连续式,即连续刚构和T形刚构。

单跨刚构桥的支柱可以做成支柱式(图8.2(a),(b),(c))或斜柱式(图8.2(d),(e))两种,前者称之门形刚架(或门式刚架),后者称之斜腿刚架。

图 8.2　单跨刚构桥类型

为了抵抗水平反力,可用拉杆连接两根支柱的底端(图 8.2(b)),做成封闭式刚架。门形刚架也可两端带有悬臂(图 8.3(b)),这样可减少水平反力,改善基础的受力状态,且有利于和路基连接,但增加了主梁的长度。

与拱桥类似,斜腿刚架中压力线和各部分构件的轴线相近,故其所受的弯矩比门形刚架要小,同时缩短了主梁跨度,但支承反力有所增加,而且斜柱的长度也较大。当桥下净空要求为梯形时,采用斜腿刚架是合适的,它可用较小的主梁跨度来跨越深谷或其他线路(图 8.3(c))。国外有不少跨线桥或跨越山谷桥均采用斜腿刚架,不仅造型轻巧美观,施工也较拱桥简单。

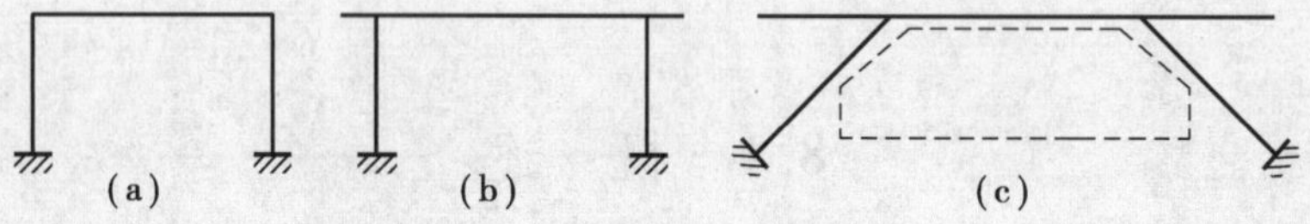

图 8.3　单跨刚构桥的形式

为减少斜腿刚架桥的桥台,可设边拉杆,成为无桥台 V 形刚架桥,同时也减小了跨中正弯矩和挠度,如图 8.4 所示。

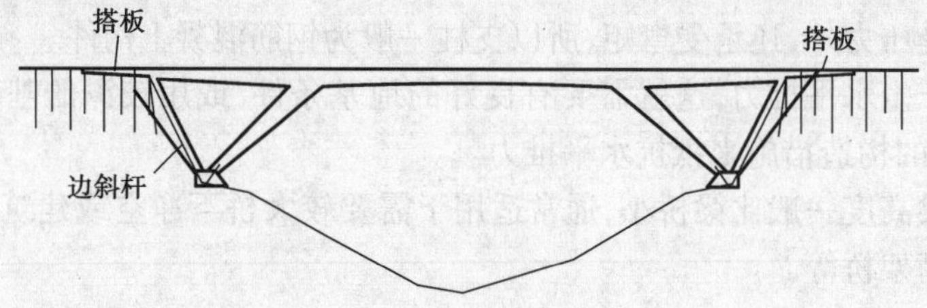

图 8.4　无桥台 V 形刚架桥

刚架桥按支柱支承形式划分为有铰接刚架桥(图 8.2(a),(b),(d),(e))和固接刚架桥(图 8.2(c))两种。固接刚架桥的基础要承受固端弯矩,其次内力较铰接刚构桥大许多,但主梁弯矩可减小。铰接刚架桥中铰的构造和施工都比较复杂,养护也比较费时。

8.2　单跨刚构桥的构造特点

8.2.1　一般构造特点

与梁式桥相同,刚架桥主梁截面形式有板式、肋梁式、箱形等几种形式。主梁截面沿纵桥方向可做成等截面、等高变截面和变高度三种。有时还可把主梁在不同位置做成几种不同的截面形式,以适应内力变化和方便施工。例如,主梁跨中段做成肋式,支承段做成箱形。小跨刚架桥宜采用等高度主梁，以方便施工。变高度主梁的底缘形状有：曲线形、折线形、曲线加直线等，主要根据主梁内力的分布情况按等强度原则选定。为保证底板的刚度，在下缘转折处一般均设置横隔墙（详见节点构造）。

支柱有薄壁式和立柱式，如图 8.5 所示。立柱式中又可分为多柱和单柱。多柱式的柱顶通常用横梁相连形成横向框架，以承受侧向作用力。当立柱较高时，尚应在其中部用横撑将各柱连接起来。当桥梁很高时，为了增加其横向刚度，还可做成横向倾斜立柱，如图 8.6 所示。支柱的横截面可以做成实体矩形、I 字形或箱形等。对于单柱式，其截面要与主梁截面相配合，腹板要尽可能与主梁腹板布置成一致，以利传力。

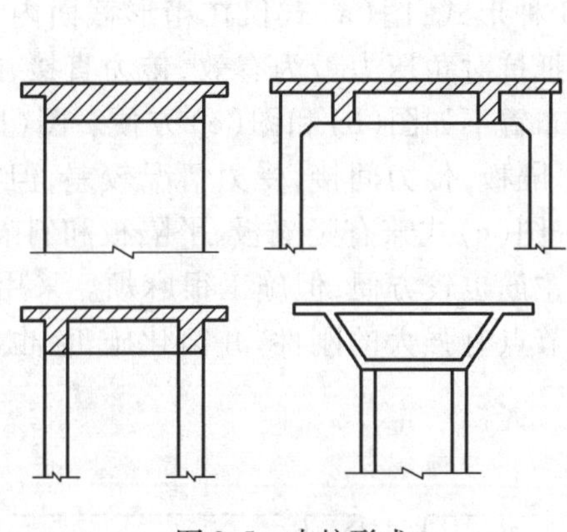

图 8.5　支柱形式

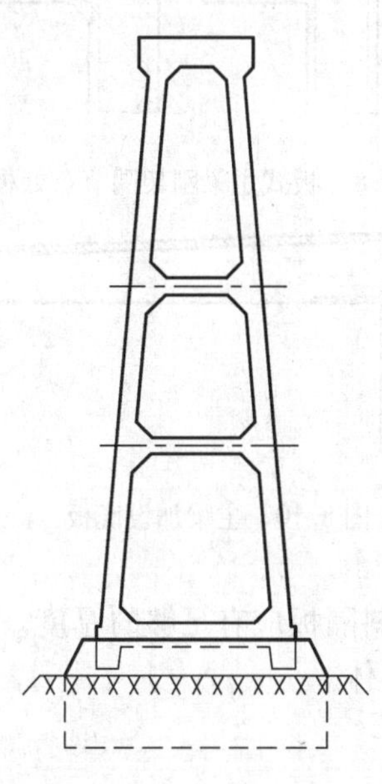

图 8.6　横向倾斜支柱

8.2.2　刚架桥的节点构造

支柱与主梁相连接的部位称为角隅节点或隅节点。为保证主梁和支柱之间的刚性连接，节点自身必须具有强大的刚度。由于隅节点和主梁或支柱相连接的截面承受很大的负弯矩，因此节点内缘的混凝土承受很高的压应力，节点外缘的钢筋承担拉应力，如图 8.7 所示压力和拉力形成一对强大的对角压力，对隅节点产生劈裂作用。

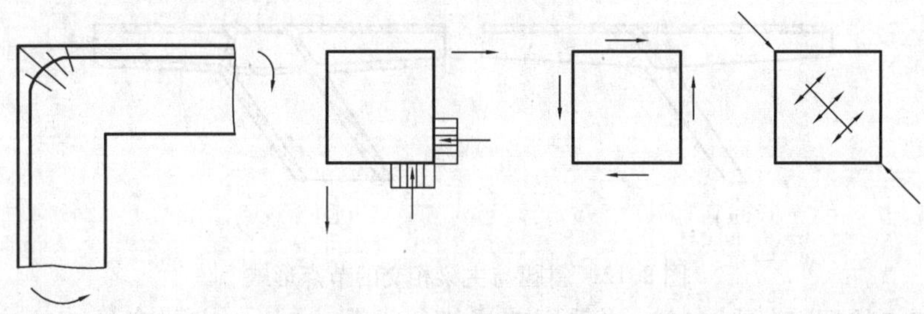

图 8.7　隅节点受力示意图

对于板式主梁刚架,可在节点内缘加梗腋(图 8.8),以改善其受力情况,而且可以减少配筋以利施工。隅节点的外缘钢筋必须连续绕过角隅之后锚固。

对于肋式主梁的刚架,其隅节点加设梗腋的方法如图 8.9 所示:图(a)仅在桥面加设梗腋,图(b)仅在梁肋加设梗腋,图(c)桥面和梁肋都设梗腋。必要时还可在主梁底缘加设底板,使隅节点附近的主梁成为箱形截面(图 8.10)。对于支柱也可照此办理。这样就可大大增加受压区的混凝土面积,改善受力情况。

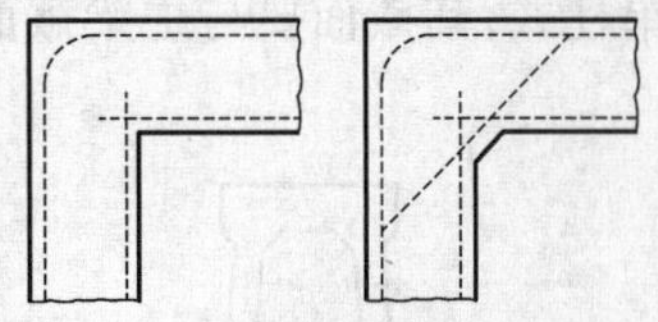

图 8.8　板式主梁刚架隅节点处梗腋图

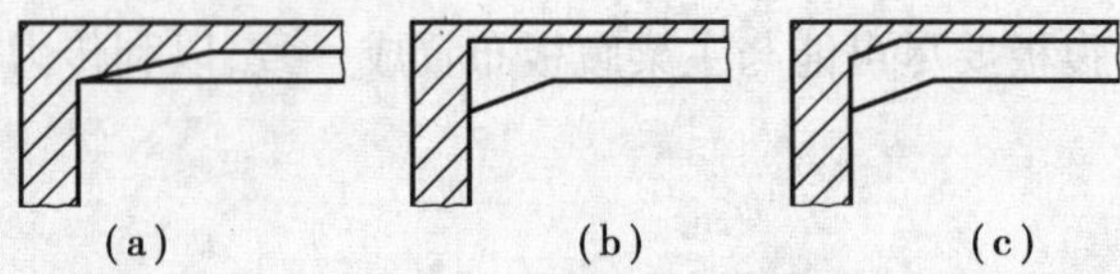

图 8.9　加梗腋的肋式主梁

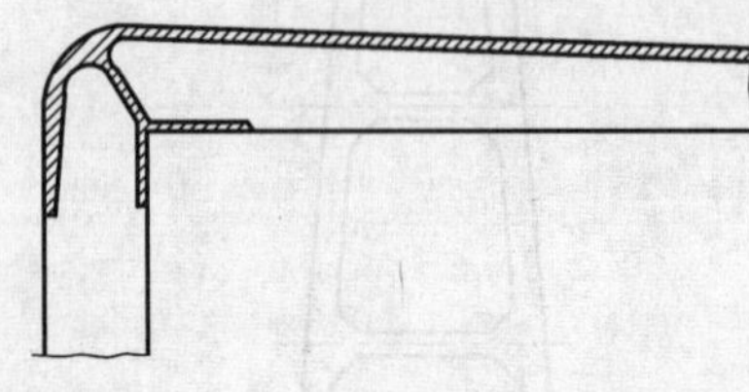

图 8.10　主梁加设底板

当主梁和支柱都为箱形截面时,隅节点可做成图 8.11所示的 3 种形式:图(a)式仅在箱形截面内设置斜隔板;斜隔板抵抗对角压力最为有效,传力直接,施工简单,但主筋的布置不如图(b)和图(c)方便。图(b)式设有竖隔板和平隔板,传力间接,受力情况较差,但构造和施工较简单。图(c)式兼有竖隔板、平隔板和斜隔板,节点刚强,布置主筋也较方便,但施工很麻烦。采用图(a)式时,斜隔板应有足够的厚度。有时,为了使隅节点有强大的刚性,并简化施工,也可将它做成实体。

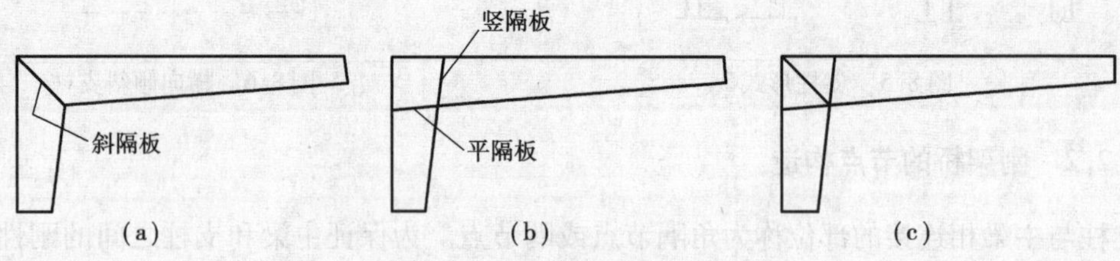

图 8.11　箱形截面刚架节点形式

斜腿刚架桥的斜腿与主梁相交的节点,根据截面形式的不同,可以做成图 8.12 所示的两种形式。图 8.13 所示为一种预应力钢筋布置的形式。

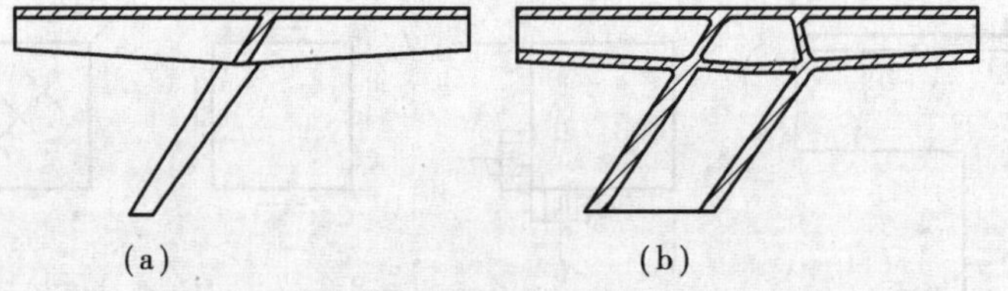

图 8.12　斜腿与主梁相交的节点形式

关于隅节点的配筋(图 8.14),当采用普通钢筋混凝土时,一定要有足够的连续钢筋绕过隅节点外缘,否则,外缘混凝土由于受拉会产生裂缝。对于受力较大的节点,在对角力的方向要设置受压钢筋,在和对角力相垂直的方向要设置防裂钢筋。如果是预应力混凝土刚架桥,与隅节点相邻截面的预应力钢筋宜贯穿隅节点，并在隅角内交叉后锚固在梁顶和端头上。预应力钢筋锚头下面的局部应力区段尚应设置箍筋或钢筋网，用以承受局部拉应力。对于加设梗腋的隅节点，要设置与梗腋外缘相平行的钢筋。

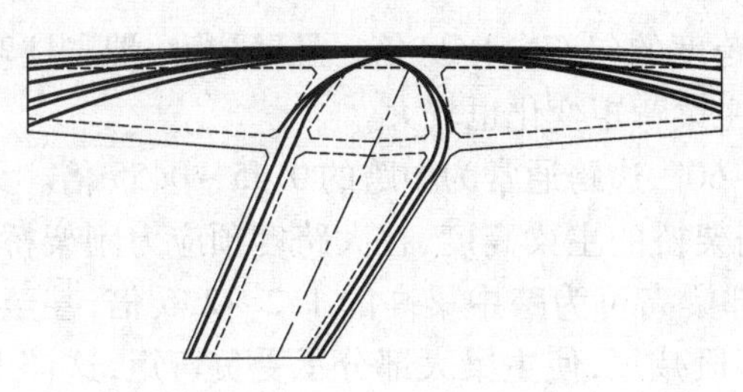

图8.13　节点预应力钢筋

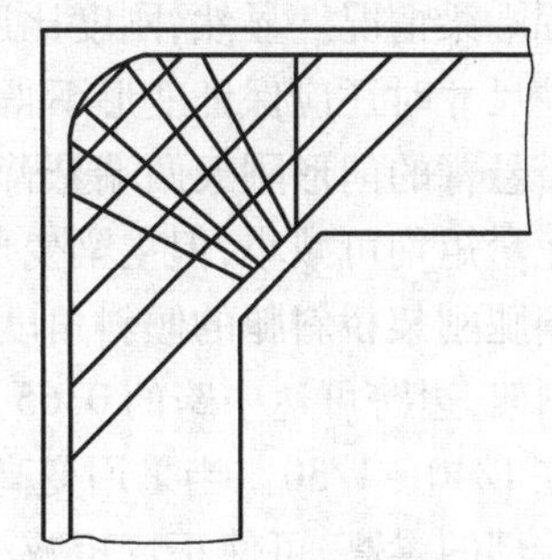

图8.14　隅节点普通钢筋的设置

8.2.3　铰的构造

刚架桥的铰支座，按所用的材料分为铅板铰、混凝土铰和钢铰等。

铅板铰就是在支柱底面与基础顶面之间垫铅板，中设销钉，销钉的上半截伸入柱内，下半截伸入基础内(图8.15)，利用铅容易产生变形的特点形成铰的转动作用。铅板的承压强度不高，一般仅容许承受100～150 MPa的压应力，而且造价比混凝土铰高，养护不便。

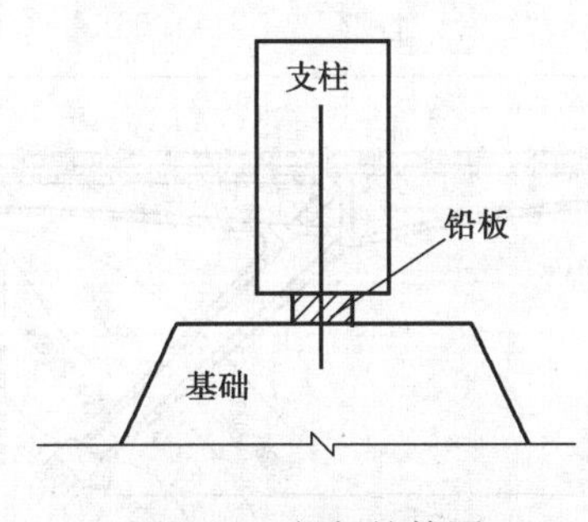

图8.15　铅板铰简图

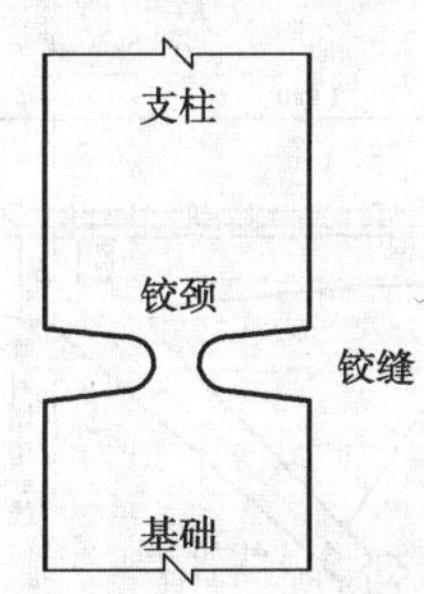

图8.16　混凝土铰简图

钢铰支座一般为铸钢制成，其构造与梁桥固定支座相同。

混凝土铰(图8.16)是在需要设置铰的位置将混凝土截面骤然减小(称为颈缩)，使截面刚度大大减小，因而该处的抗弯能力很低，可产生结构所需要的转动，这样就形成了铰的作用。同时由于截面的骤然颈缩，压力线相应地产生横向压力。该横向压力对铰颈混凝土起套箍作用，使混凝土处于多轴受压状态，从而大大提高了铰颈处混凝土的抗压强度，故此铰颈截面的尺寸可以很小却能承受较高的压力，而且铰颈截面尺寸较小，对铰的转动有利。

混凝土铰是一个简单经济的构造形式，但其转动性能仍受到一定程度的约束，转角较大时会使铰颈截面混凝土产生裂缝。铰颈截面可不设钢筋，或仅设置直径较细的纵向钢筋。钢筋穿过铰颈截面的转动轴，这样对转动的阻碍最小。

8.2.4　刚架桥的主要尺寸

刚架桥的主要尺寸是主梁跨度和高度、支柱高度和厚度以及桥的横向宽度。这些尺寸决定了主梁和支柱的刚度及两者的比例。主梁与支柱的刚度比则决定了刚架的内力分布。当主梁和支柱的刚度比很大时,也就是支柱相对很柔时,支柱承担弯矩很小,主梁端部负弯矩很小,跨中正弯矩很大,趋于简支梁的情况;反之,如果刚度比很小,则主梁负弯矩增大,正弯矩减少,趋于固端梁情况。显然,刚度比还影响到基础的水平推力和次内力的大小。此外,在确定主梁和支柱尺寸时还应保证变形不得超过容许值。

带悬臂的门形刚架两端悬臂长约为中跨跨度的(1/7 ~1/3)倍。悬臂加大,端支柱弯矩和跨中正弯矩均可减小,但主梁变形较大,中跨主梁弯矩变化也较大。

斜腿刚架桥斜腿的倾斜角度一般在40° ~60°,边跨通常为中跨的0.45 ~0.55 倍。无桥台V 形刚架,边跨可达中跨的0.65 ~0.8 倍。刚架桥的主梁高度,在大跨度预应力刚架桥中,通常多在1/40 ~1/30。当采用变高度梁时,端部梁高可为跨中梁高的1.2 ~2.5 倍,甚至更高。加大端部的梁高,可使正弯矩减小和正弯矩区段减短,使主梁大部分承受负弯矩,这样大多数预应力钢筋布置在梁的顶部,构造和施工均较简单。

支柱在纵向的宽度可采用其高度的1/8 ~1/15,支柱较高时用较小的比值,较矮时用较大的比值。支柱在桥横向的尺寸要和主梁相配合,并考虑桥的横向刚度和稳定性。

8.2.5 示例

江西洪门大桥为单跨斜腿刚架桥,全长82 m,主跨组成(19 +40 +19) m,如图8.17 所示。

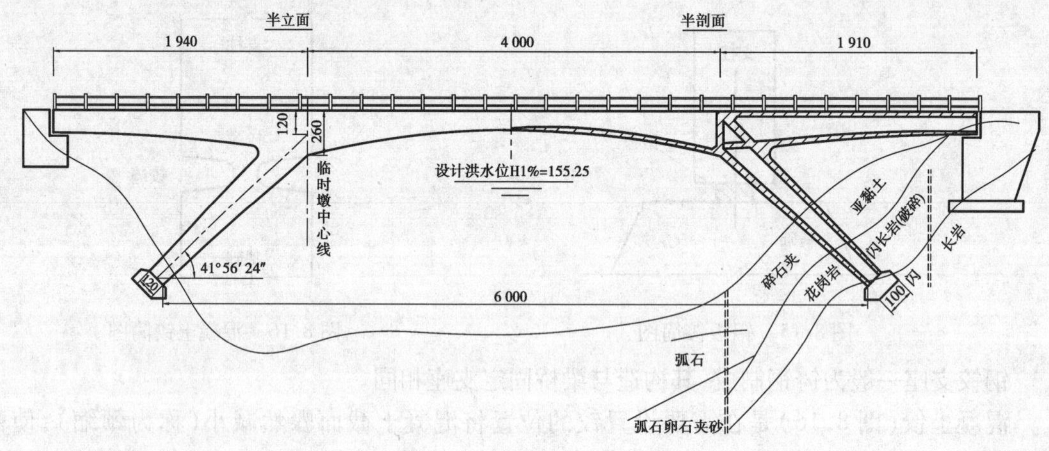

图8.17 立面及平面布置图(尺寸单位:cm)

主梁为竖直腹板单箱单室箱梁。行车道横坡由顶板倾斜形成,顺桥向箱底缘按二次抛物线变化。根据桥型布局及受力需要,中跨与边跨之比为2∶1。中跨肩部梁高2.8 m,边跨肩部梁高2.55 m,跨中及边跨端部梁高均为1.4 m。斜腿为整体式钢筋混凝土箱形断面。脚趾先铰结后固结,使早期预加应力、混凝土收缩徐变产生的二次力矩得以释放,后期固结又可避免水流对铰的腐蚀。

全桥分为27 个预制梁段,除跨中梁段两端设15 cm 湿接缝外,其余相邻段间设企缝(图8.18)。隅节点处横隔梁采用传力较好的三角形桁格式。跨中及边跨端均不设横隔梁,但在边跨端1 ~2 m 范围内箱梁腹板加厚。

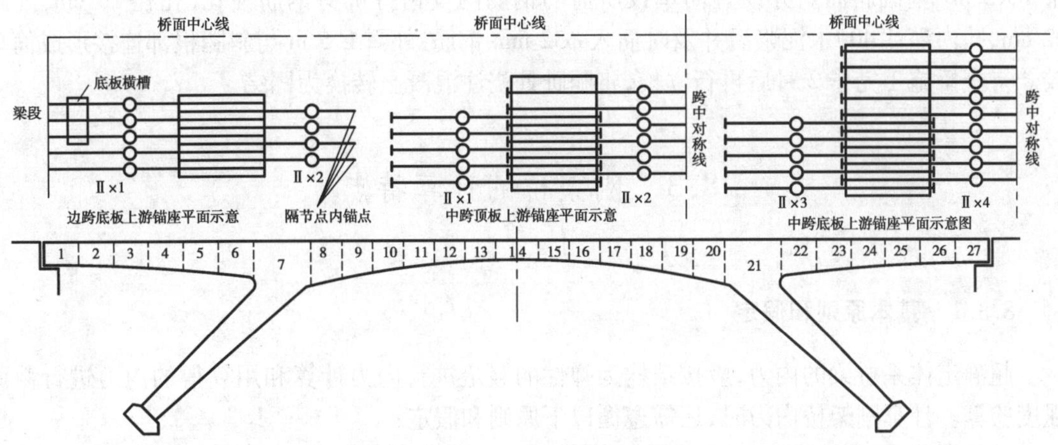

图8.18　施工分段及主梁预应力布筋

该桥的结构计算包括以下两个步骤。

1)估算

初算主梁各截面内力,以恒载+活载+温度控制。用下式初估预加力筋:

$$\sigma=\frac{\text{斜腿对中跨的轴力}\ N+\text{预加力}\ N}{\text{箱梁毛面积}\ F}\pm\frac{1.3M+M_{\text{预}}}{\text{截面惯矩}\ W}$$

2)精确计算

①采用综合程序:将工况分为17阶段。悬拼时腿趾为简单铰,后期固结后结构由三次超静定转换为五次超静定。

②空间分析:采用Sap-5程序及空间梁单元分析程序分别对隅节点进行三维分析。由分析进一步肯定了隅节点处横隔梁设置的必要性,使约束畸变和横向局部弯曲得到明显的改善。

采用直径ϕ32 mm精轧螺纹粗钢筋,标准强度为$R_y^b=750$ MPa。悬拼时为体内布筋,布于顶板、腹板内,梁段预应力筋连接处需设槽口以供预应力筋连接。悬拼完毕后,在箱梁顶、底板的锚座上设置体外无粘结筋,张拉前就应穿入硬聚氯乙烯管内,锚固后压入水泥浆以防腐。

顶板抗负弯矩钢筋共28根,跨中正弯矩钢筋共38根,边跨正弯矩钢筋为10根。预应力筋均为直线型,见图8.18。

采用龙门吊两岸对称悬臂施工。预制场设在南昌岸约50 m长的引道上。为减少收缩、徐变,要求在悬拼前一个月完成预制。隅节点梁段为现浇。箱梁混凝土水灰比应不大于0.4,水泥用量不超过470 kg/m^3。

精轧螺纹钢筋的连接口需在工地自制。每段工作端长度为21 cm,钢筋连接时必须保证有8 cm伸入连接器内。张拉时采用应力及伸长值双控。钢筋分批下料,确保已锚固的钢筋端部尽量不予切除,下料时应精确计算。钢筋裁好后应及时配备螺母锚具等并编号。张拉程序:张拉至初吨位(取控制张拉力8%~10%)5 t→张拉至$0.9R_y^b$(54.3 t,边拉边紧锚)维持控制张拉力2 min,量伸长值后紧锚→卸千斤顶。

预制梁端悬拼时,企口端面应凿毛涂环氧树脂,涂时应防潮。

预拱度的设置,逼近二次曲线。跨中取6 cm,按二次曲线进行分配。

箱梁拼装前应将斜腿及临时墩施工完毕。现浇斜腿C25混凝土之前,用高强度水泥浆整

平 $1\times5\ m^2$ 基础斜面。并设置简单铰所需的钢筋网及钻打抗剪钢筋锚孔,孔径 10 cm,间距 22 cm,孔内灌注 40#水泥浆后并及时插入 $\phi32$ mm 钢筋,外露 1.5 m 与斜腿根部连接形成简单铰。待全桥施工完毕 2 月后再行立模,将腿趾处浇注混凝土转换为固结。

8.3 刚架桥的计算特点

8.3.1 基本原则和假定

超静定体系桥梁的内力,应按结构为弹性的假定进行内力计算和用算得的内力进行截面强度验算。计算刚架桥内力时,还需遵循以下原则和假定:

①计算各式的轴线取支柱厚度的中分线和平分主梁跨中截面高度的水平线。对于截面高度或厚度变化较大的刚架桥,则以各截面高度中分点的连线作为计算各式的理论轴线。

②计算截面包括全部混凝土截面(包括全拉区),不考虑钢筋。对于 T 形和箱形截面,不论其顶板和底板厚度如何,均应全部计入计算截面。

③计算变位时,可略去轴向力和剪力,仅计弯矩影响。但在计算张拉力作用所产生的次内力时,则必须计入轴向力对变位的影响。

④当采用变截面的主梁和支柱时,如果在同一构件中最大截面惯性矩超过最小截面惯性矩的两倍时,则应考虑此项变化的影响。

⑤在主梁与支柱相交接的区域,其截面惯性矩与其他地方相比要大得多,可视为趋于无限大,此区域的变形实际上非常之小,因此在计算内力时,可不考虑此区域变形的影响。

⑥当刚架奠基于压缩性甚小的土壤中时,支柱底端可视为固定。若刚架奠基于中等坚实的土壤时,则仅在下列情况下,支柱底端可认为是固定的:即基础有足够大的尺寸,致使基础底面一边的土压应力与另一边的土压应力之比不大于 3 倍时。

⑦关于计算变形时的钢筋混凝土或预应力混凝土截面抗弯刚度,应按照现行《公路钢筋混凝土及预应力混凝土桥涵设计规范》规定取值。

8.3.2 竖直荷载作用下的内力计算

有关刚架桥在竖直荷载作用下的内力计算(包括变截面门形刚架,斜腿刚架等)均可参阅有关的结构力学书籍或用有限元程序按平面结构计算,也可按空间结构进行分析。

刚架桥大多为超静定的结构形式,在混凝土收缩、温度变化、墩台不均匀沉陷和预应力等因素的影响和作用下,会产生附加内力(次内力)。在施工过程中,当结构体系发生转换时,徐变也会引起附加内力。有时,这些内力可占整个内力相当大的比例,所以必须计算刚架桥的次内力,其原理与预应力混凝土连续梁桥的次内力计算相同,在此不再赘述。感兴趣的读者可以参考有关书籍。

第9章 梁桥施工

桥梁设计必须首先确定施工方法，这是因为桥梁结构的受力与施工方法、工艺、流程等密切相关；同时，施工方法是否合适直接关系到施工安全、施工质量和工程进度。

梁式桥梁的结构形式多种多样，施工方法种类也较多，总体上可分为现浇（就地浇筑）法和预制安装法两大类。现浇法又分为支架现浇法、悬臂浇筑法、顶推法等。其余凡在预制场预制梁（板）或梁段，然后进行安装的都属于预制安装法。

简支梁（板）桥在中、小跨径桥梁中应用广泛，其施工主要采用支架现浇和预制安装两种。支架现浇法是在桥跨间设置支架、安装模板、绑扎钢筋、就地浇筑混凝土的一种施工方法。预制安装法主要用于钢筋混凝土和预应力混凝土梁（板）桥施工，安装方法较多，根据实际情况可采用自行式吊车安装、跨墩龙门架安装、架桥机安装、扒杆安装、浮吊安装、浮运整孔架设等。

等截面连续梁（板）桥在中小跨径的桥梁（如立交桥）中采用较多。其施工方法包括：①逐孔现浇法，该法又分为在支架上逐孔现浇和移动模架逐孔现浇两种。②先简支后连续法。施工方法与简支梁预制安装相似，只是结构连续是在已架设的简支梁上进行，操作比较容易。③顶推法，是指在桥台后平台上预制梁体，利用千斤顶逐节段向前顶推。

预应力混凝土变截面连续梁桥用于大跨径连续梁桥，常用施工方法有：①支架现浇法，该法适用于跨径不太大的桥梁；②悬臂施工法，是大跨径连续梁桥常用的施工方法，属于自架设方式，分悬臂拼装与悬臂浇筑两种。悬臂拼装是在预制场预制梁段，然后逐段对称拼装。拼装方法有扒杆吊装法、缆索吊装法、提升法等。悬臂浇筑法则是利用挂篮在桥墩两侧对称浇筑箱梁节段，待混凝土强度达到要求后张拉预应力，然后移动挂篮进行下一节段施工，直至合龙。

预应力混凝土连续刚构桥通常用在特大跨径桥梁上，一般采用悬臂浇筑法施工。

钢梁桥包括简支或连续体系的钢板梁桥和钢桁梁桥。钢梁桥多为工厂制作，现场架设施工。架设方法有整孔吊装法、支架拼装法、缆索吊拼装法、转体法、顶推法、拖拉法和悬臂拼装法。其中拖拉法与悬臂拼装法应用较多。拖拉法是将钢梁在路堤、支架或已拼好的钢梁上拼装，并在其下设置上滑道，在拼装台顶面和墩台顶面设置下滑道，通过滑车组或铰车等将钢梁拖至预定桥孔就位。

下面主要就混凝土桥梁支架施工、预制安装施工、悬臂施工、顶推施工等方法进行简要介绍。

9.1 支架施工

9.1.1 支架与模板

(1)支架分类

支架主要包括钢管脚手支架、万能杆件拼装支架、贝雷支架、装配式公路钢桥桁架节拼装支架、墩台自承式支架等。

所有进行支架现浇的桥梁,在搭设支架前,均须对地基做必要换填、硬化等处理,使地基承载力满足支架要求。此外,还应做好排水措施,及时将水排出,防止地基软化造成地基承载力不足。

1)钢管脚手支架

钢管脚手支架因其构造轻巧、灵活、使用简单方便,适宜支撑各种形状的混凝土构造物,在建筑、市政及桥梁建设中应用广泛。钢管脚手支架有扣件式钢管支架和 WDJ 碗扣式钢管支架两种。

扣件式钢管支架由立杆、纵向水平杆、横向水平杆和剪刀撑与斜撑组成。立杆是主要的承重构件,它将混凝土、模板及其自重传递到地基。每根立杆底部应设置底座或垫板。立杆接长除顶层顶步可采用搭接外,其余各层各步接头必须采用对接扣件连接。立杆间距 60 ~ 90 cm,纵向水平杆和横向水平杆将立杆形成一个框架,同时缩短立杆的自由长度,以提高立杆的承载力。除必须设置纵、横向扫地杆外,纵向水平杆宜设置在立杆内侧,长度不宜小于 3 跨;横向水平杆在每个立杆主节点处必须设置一根横向水平杆,并用直角扣件扣接。非节点处的横向水平杆,一般等间距设置,但最大间距不应大于纵距的 1/2。剪刀撑与斜撑主要起增加支架稳定作用。

扣件式钢管尺寸应采用 $\phi48 \times 3.5$ mm 规格。

WDJ 碗扣式多功能脚手架是一种先进的承插式钢管脚手架,其优点有:①功能多。能组成单、双脚手架、模板支撑架、支撑柱、爬升脚手架、悬挑脚手架。②功效高。避免了螺栓作业,整体拼装速度比扣件式支架快 3 ~ 5 倍。③承载力大。杆件轴线交于一点,节点在框架平面内,接头具有可靠的抗弯、剪、扭等力学性能。④安全可靠,易于改造。

碗扣接头在立杆每隔 60 cm 设置一副,每个接头同时能连接四根横杆,可以垂直或偏转一个角度。碗扣接头构造如图 9.1 所示,立杆连接构造如图 9.2 所示。

钢管脚手架多用于满堂式支架。图 9.3 所示为最简单的梁式体系满堂支架示意图。

小跨径简支梁桥上部构造浇筑混凝土所用支架可不设卸架设备;跨径大于 12 m 的梁桥,可用木楔、木马做卸落设备;木楔、木马可以直接布置在支架大梁上,也可以布置在立柱下面与桩支承的地方。当跨径较大时,宜采用砂筒(箱)。有关卸落设备的构造详见第 12 章。

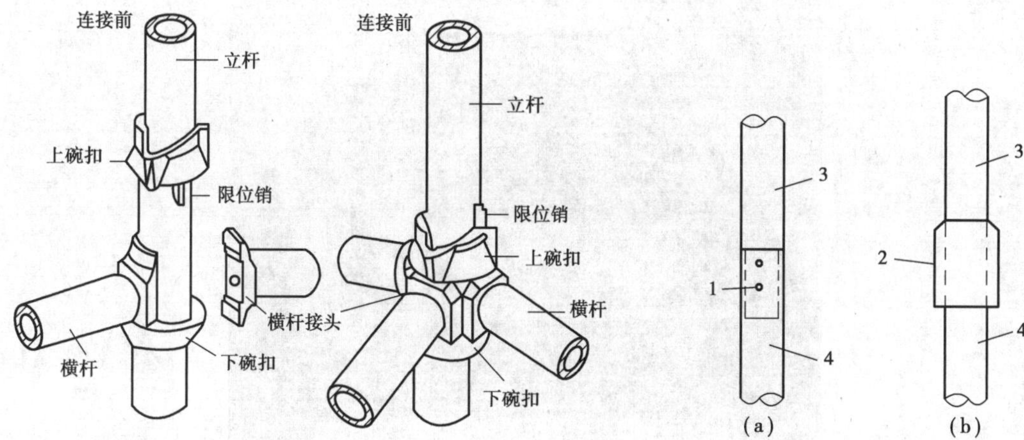

图9.1　碗扣接头构造

图9.2　支架立杆连接示意图
1—上节插头;2—上节套管;
3—上节;4—下节

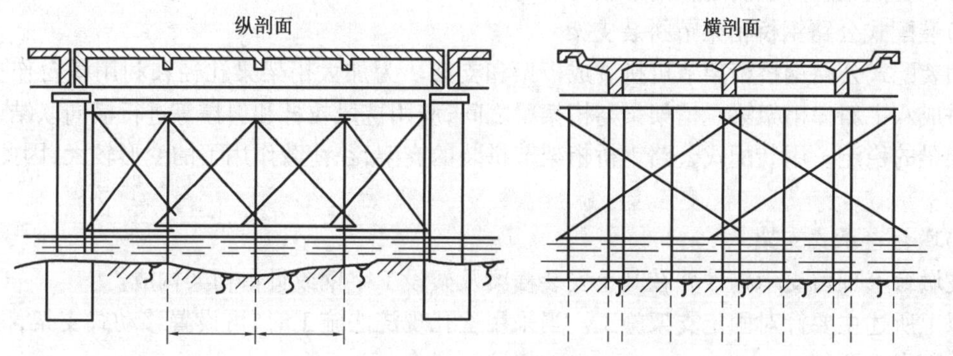

图9.3　梁式体系满堂支架示意图

2)万能杆件拼装支架

用万能杆件可拼装成各种跨度和高度的支架,但跨度和高度均必须是2 m的倍数。当高度为2 m时,腹杆拼为三角形;高度为4 m时,腹杆拼为菱形;高度超过6 m时,则拼成多斜杆形式。万能杆件拼装成墩架柱时,柱高除柱头及柱脚外也应为2 m的倍数。

由于万能杆件支架在荷载作用下的变形较大,而且难以预计其数值,因此,必要时需考虑预压。预压重量应为混凝土、模板、临时机具、施工人员重量的总和,或为混凝土重量的1.1~1.2倍。

3)贝雷支架

贝雷支架由贝雷架(又称贝雷片)构成。贝雷架(Bailey frame)是一种由若干16 Mn工字钢组成的钢架单元(图9.4),具有结构简单、快速轻巧、适应性强、组合结构系统性好,互换性强、容易组装等特点,可组拼成桥梁预制场起吊移运机(龙门架)、支架现浇的临时支墩与主梁。贝雷梁还可组拼成临时桥梁。近年来,贝雷架在桥梁施工中的应用越来越广。国产贝雷片单片长3 m,高1.5 m,两片之间距离0.45 m。

图9.4 贝雷架构造图

贝雷架有标准型和加强型两种，根据受力大小和构造要求的不同，可拼装成单排单层、双排单层、双排双层等，以满足不同承载力的需要。

4）装配式公路钢桥桁架节拼装支架

用装配式公路钢桥桁架节可拼装成桁架和支架。为加大桁架梁孔径和利用墩台作支承，也可拼成八字斜撑桁架梁。桁架梁与桁架梁之间，应用抗风拉杆和斜撑等进行横向联结，以保证桁架梁的稳定。用装配式公路钢桥桁架节拼装的支架，在荷载作用下的变形较大，因此也应预压。

5）墩台自承式支架

在墩台上预留支承构件并在其上安装横梁及架设工字钢或贝雷桁架构成。

以上所述主要针对固定支架施工。当采用逐孔现浇法施工时，可设置移动式支架，图9.5所示为其中的两种。

(2)模板类型

桥梁施工用模板包括组合钢模板、木模板、木胶合板、竹胶合板、硬铝模板、塑料模板、各类纤维材料及各种钢框或铝合金框的胶合板模板等多种形式，其中，以组合钢模板最为常用。

(3)支架、模板的制作与安装

一般情况下，支架和模板应优先选用通用性强的标准支架和标准组合钢模板。自制支架或大模板使用时要考虑以下因素：

①构件的连接应尽量紧密，以减小支架变形，沉降量应符合规范或设计要求。

②为保证支架稳定，应防止支架与脚手架和便桥等接触。

③模板的接缝必须密合，如有缝隙，必须堵严密，以防漏浆。

④建筑物外露面的模板应平整、光滑，以满足外观要求。

⑤为减少施工现场的安装拆卸工作，便于周转使用，支架和模板应尽量制成装配式组件或块件。

⑥钢制支架宜制成装配式常备构件，制作时应特别注意构件外形尺寸的准确性，一般应使用样板放样制作。

⑦安装前按图纸要求检查支架和自制模板的尺寸与形状，合格后才准进入施工现场。

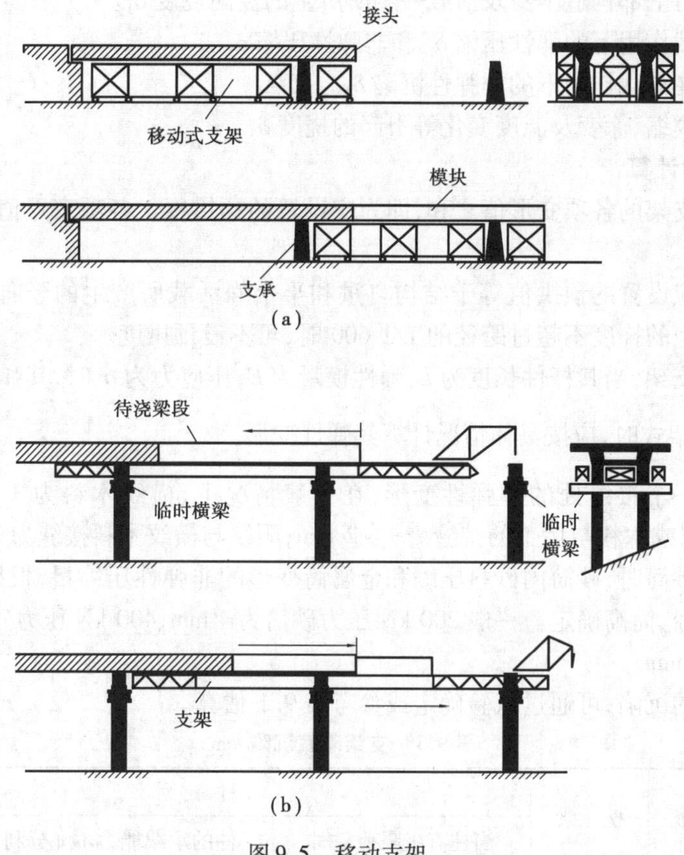

图9.5 移动支架

(a)落地式支架;(b)梁式支架

(4)支架、模板的计算

支架、模板虽然是一种临时结构,但对保证施工过程的安全和工程质量却非常重要。由于支架强度、稳定性问题导致桥梁在混凝土浇筑过程中垮塌的事故时有发生,而由于模板的强度、刚度、稳定问题导致的质量问题(如爆模、平整度或构件尺寸不符合要求等)也司空见惯。因此,为了保证施工顺利进行和施工质量达到要求,除了要确保支架、模板的结构、构造合理和安装质量要求外,对其强度、刚度、稳定性进行计算、验算也非常重要。

计算时首先要根据施工实际情况和施工规范要求,准确确定支架、模板所受的荷载及其组合,然后对支架、模板做出符合实际的计算假定和计算图式,最后采用解析法或有限元法进行受力分析并验算其强度、刚度、稳定,直至满足规定。

9.1.2 施工预拱度

在支架上浇筑梁桥上部构造及卸架后,支架和上部构造将分别发生一定的下沉和挠度。为保证桥梁成桥立面线形状态(外形)符合设计要求,使上部构造在卸架后能获得满意的外形,需要在施工时对支架预设一定的反向拱度,以克服支架的下沉、梁体自身的挠度等变形。该反向拱度就是所谓的预拱度。

(1)确定预拱度时应考虑的因素

在确定预拱度时一般应考虑下列因素:

①支架拆架后上部构造本身及活载一半所产生的竖向挠度 δ_1。

②支架在荷载作用下的弹性压缩 δ_2 和非弹性压缩 δ_3。

③支架基底在荷载作用下的非弹性沉陷 δ_4。

④由混凝土收缩、徐变及温度变化等引起的挠度 δ_5。

(2)预拱度的计算

上部构造和支架的各项变形值之和,即为应设置的预拱度。各项变形值可按下列方法计算和确定:

①桥跨结构应设置的预拱值等于结构自重和半个静活载所产生的竖向挠度 δ_1。当结构自重和静活载产生的挠度不超过跨径的1/1 600时,可不设预拱度。

②对满布式支架,当其杆件长度为 L,弹性模量为 E,压应力为 σ 时,其弹性变形 δ_2 为 $\delta_2=\dfrac{\sigma L}{E}$。当支架为桁架式时,应按具体情况计算其弹性变形。

③支架在每一个接缝处的非弹性变形,在一般情况下,横纹木料为3 mm;顺纹木料为2 mm;木料与金属或木料与圬工的接缝为1~2 mm;顺纹与横纹木料接缝为2.5 mm。

卸落设备为砂筒时,砂筒内砂料压缩和金属筒变形的非弹性压缩量,根据压力的大小、砂子细度模量及筒径、筒高确定。一般200 kN压力砂筒为4 mm、400 kN压力砂筒为6 mm;砂未预先压紧者为10 mm。

④支架基底的沉陷,可通过试验确定或参考表9.1估算。

表9.1　支架基底沉陷/cm

土　壤	枕　梁	柱	
		当柱有极限荷载时	柱的承载能力不充分利用时
砂土	0.5~1.0	0.5	0.5
黏土	1.5~2.0	1.0	0.5

(3)预拱度的设置

按上述方法计算得到的预拱度之和为预拱度的最高值,该值应设置在梁的跨中,其他各点的预拱度,以中间为最高值、两端为零,按直线或二次抛物线分配。

按二次抛物线进行分配时,若取左支点(图9.6)O 为坐标原点,跨长为 L,主梁跨中矢高为 $f_{拱}$,则曲线方程为:

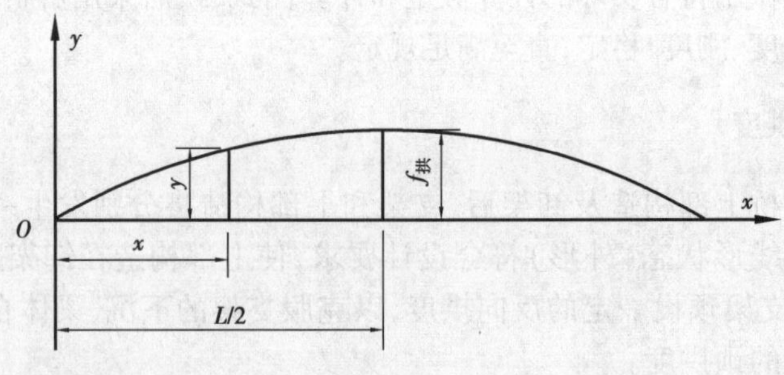

图9.6　预拱度分配

$$y=\frac{4f_{拱}\,x(L-x)}{L^2} \tag{9.1}$$

式中:符号意义见图9.6。

9.1.3　钢筋制安

包括普通钢筋与预应力钢筋的制作与安装,其制作安装过程、工艺要求、质量标准详见有关施工手册和规范。

9.1.4　混凝土施工

混凝土施工包括混凝土生产、运送、浇筑、养护等内容。

(1)混凝土生产

一般情况下,混凝土生产安排在施工现场进行,所用的原材料必须满足设计与技术规范的要求,拌制设备应满足施工需要。在城市中施工时,为防止混凝土生产过程中的粉尘污染,通常采用预拌混凝土(即商品混凝土)。

(2)混凝土的运送

1)基本要求

①混凝土拌和料的运输,应尽可能使运距短、转载少,以缩短运输时间,满足浇筑速度要求,并使混凝土保持应有的塑性。每盘混凝土由开始搅拌至浇筑完毕的时间,在干燥暖和的天气不宜超过1 h,低温潮湿天气不宜超过2 h,有特殊情况时可掺入适量缓凝剂。

②在运输过程不得使混凝土发生离析现象。运输后,从运输机具所装混凝土料高度的1/4处和3/4处取料试验时,其坍落度与设计坍落度之差不宜超过3 cm。

③混凝土运到浇筑地点后,一般应直接放到浇筑部位,不再移动。倒料的高度应不超过1.5~2 m,超过时应采用串筒浇筑或分层立模浇筑,或在模板侧面开窗口浇筑。

2)运输工具

运输工具有手推车、缆索吊机、拌和车(罐车)、混凝土输送泵和传送带等。但在现场内,除轻骨料混凝土外,一般以混凝土泵送或活底吊斗较为适宜。

3)运输及提升方法

①在桥面上运输

跨径不大的桥梁,可在上部构造模板上运送。运送的方法可采用手推车、小型机动斗车或轻轨斗车。用手推车或小型机动斗车时,模板上需铺设跳板和马凳,跳板和马凳随浇筑工作面的推进而逐一撤除、前移。用轻轨斗车运送时,模板上需放混凝土短柱或铁支架,上搁纵梁、横木、面板,再铺铁轨。混凝土短柱和铁支架可留在混凝土体内。

②索道吊机运输

索道吊机一般以顺桥方向跨越全部桥跨设置,可设一条或两条索道,在桥的横向可用牵引的方法或搭设平台分送混凝土。索道吊机适用于河谷较深或水流湍急的桥梁。

③在河滩上运输

当桥下为较平坦的河滩时,可用汽车或轻轨斗车进行水平运输,用吊机进行垂直和横向运输。进行水平运输和垂直运输时,宜用同一活底吊斗装载混凝土并将混凝土送入模板,避免再次倒料。不得已需要先将料放在平台上然后分送时,应重新拌和再分送、浇筑。

④水上运输

较大的、可通航的河流,可在浮船上设置水上混凝土拌和厂和吊机,以便供应混凝土和将混凝土运送至浇筑部位。需另由小船运送时,应尽可能使用同一装载工具。

⑤输送泵运输

混凝土数量较大的大型桥梁或浇筑高度高的桥梁,宜在岸或船上设置混凝土拌和厂或预拌混凝土转送站,采用混凝土输送泵运输。

(3)混凝土的浇筑

1)混凝土浇筑速度

为达到桥跨结构的整体性要求和防止浇筑上层混凝土时破坏下层混凝土,浇筑层次的增加需有一定的速度,保证在先浇筑的一层混凝土初凝以前完成次一层的浇筑。最小增长速度的计算可采用下式:

$$h \geqslant \frac{s}{t} \tag{9.2}$$

式中:h——浇筑时混凝土面上升速度之最小允许值,m/h;

S——浇筑深度,以浇筑时的规定为准,一般为0.25~0.5 m;

t——水泥实际初凝时间,h。

2)简支梁混凝土的浇筑

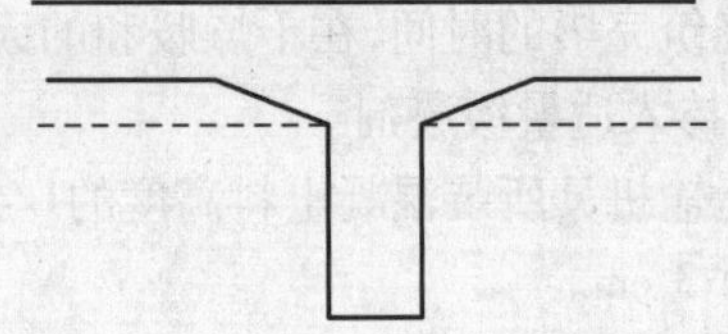

图9.7　板与梁间的水平接缝

跨径不大的简支梁(板)桥,可在钢筋全部绑扎之后,沿全跨分层浇筑,或用斜层法从两端对称地向跨中浇筑,在跨中合龙。为避免支架不均匀沉陷的影响,浇筑工作宜尽量快速进行,以便在混凝土失去塑性前完成。

对较大跨径梁桥,可分层或斜层法先浇筑纵横梁,待纵横梁浇筑后,再沿桥的全宽浇筑桥面板混凝土。此时桥面板与纵横梁间应设置工作缝,其位置如图9.7虚线所示。采用斜层浇筑时,混凝土的适宜倾斜角(图9.8所示)与混凝土稠度有关,一般为20°~25°。

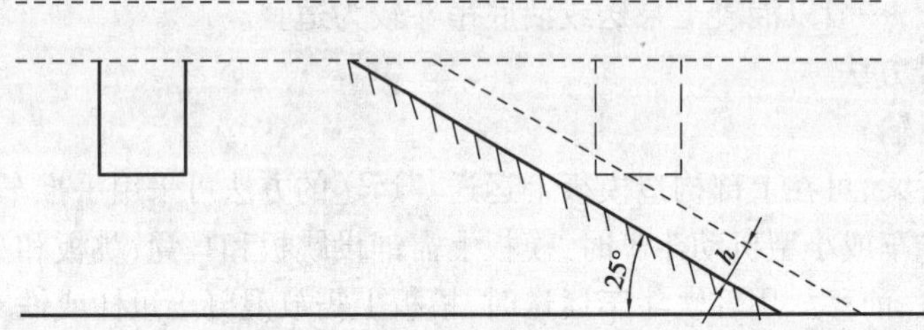

图9.8　梁的斜层浇筑

当桥面较宽且混凝土数量较大时,宜采取纵、横单元分别浇筑的方法。每个单元的纵、横向沿其全长分层浇筑或用斜层法浇筑。分成纵向单元浇筑时,应在纵梁间的横梁上留置工作缝,纵横梁分别浇筑完成后再填缝连接。在此情况下,桥面仍应在各单元纵横梁浇筑完成后,全面积一次浇筑完成,不设工作缝。板与梁间的水平接缝如前所述。

3)悬臂梁、连续梁混凝土的工作缝及浇筑程序

①设置工作缝的目的

由于桥墩为刚性支撑，而桥跨下的施工支架为弹性支撑，在浇筑上部构造混凝土时，桥墩和支架会发生不均匀沉降。对此，可以采取预压支架的方法，即预先对支架施加与梁体相同重力的荷载，使支架预先完成不均匀变形。除此之外，在浇筑悬臂梁及连续梁混凝土时，在桥墩上设置临时工作缝，待梁体混凝土浇筑完成、支架稳定、上部构造沉降停止后，再将工作缝填筑起来。同理，当支架中有较大跨径的梁式构造时，在梁的两端支点上也应设置临时工作缝，可有效防止上部构造在桥墩处产生裂缝。

另外，混凝土在空气中凝固时，由于水份的蒸发，将使混凝土发生收缩。如果一次浇筑时间过长，容易在梁体中出现收缩裂缝（纵向分布钢筋和主筋仅能部分地避免收缩裂缝），通过设置工作缝，采取分段浇筑方法来避免收缩裂缝的发生。

②工作缝位置

工作缝，又称施工缝，一般设在桥墩顶部和支架的顶部或其附近。

③工作缝的构造

工作缝两端以木板或泡沫板与主梁体隔开，并留出加强钢筋通过的孔洞。从主梁底一直隔到桥面板顶部，木板外侧用垂直木条钉牢。工作缝宽度一般为 80 ~ 100 cm，其布置如图 9.9 所示。

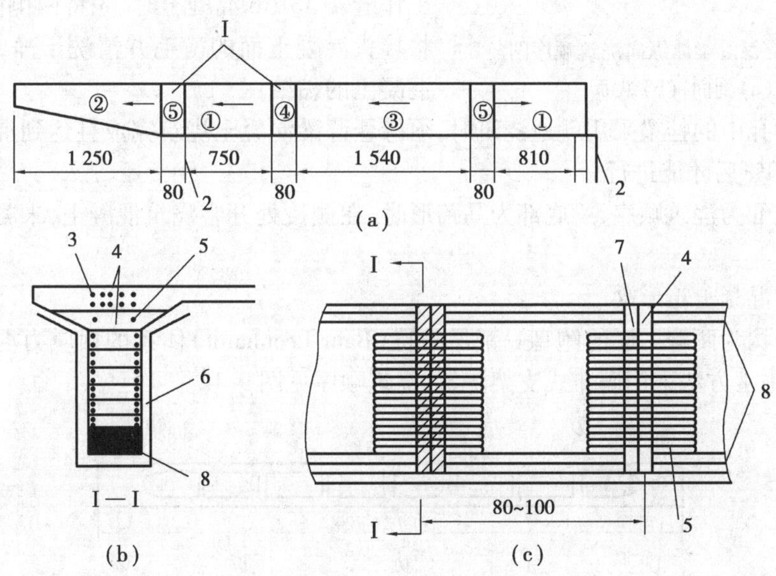

图 9.9　悬臂梁工作缝位置（尺寸单位：cm）

（a）纵面；（b）剖面；（c）工作缝大样

1—工作缝；2—桥墩；3—主梁钢筋；4—隔板；

5—分布钢筋；6—主梁模板；7—垂直木条；8—穿过隔板的主钢筋

④混凝土浇筑顺序

a. 空心板梁

图 9.10 所示为五跨一联的钢筋混凝土连续空心板梁，每跨 14.68 m，桥面净宽 10 m。采用满布式钢管支架，空心板梁内模采用钢圆筒，用泵车浇筑混凝土。浇筑程序及工作缝的设置见图 9.10。

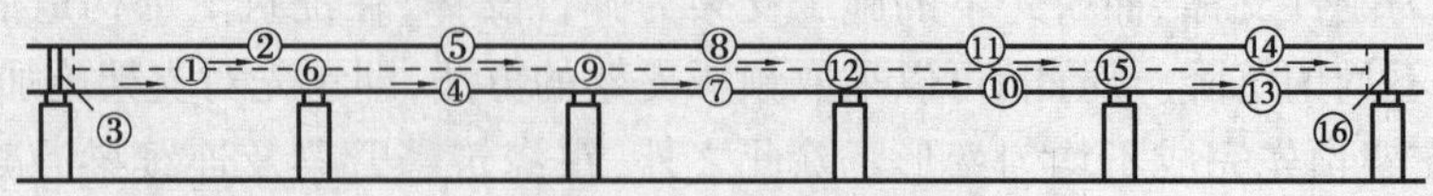

图9.10　空心板梁混凝土浇筑程序

b.悬臂梁及连续梁

浇筑顺序可按图9.9(a)中的圆圈内数字顺序、浇筑方向按箭头所指方向进行。待①、②、③梁段浇筑完毕，并且达到设计混凝土强度标准值的70%之后，才可浇筑梁段工作缝④、⑤、⑥。①段由桥墩以远向墩身进行，可减小沉落应力；②段由墩身向桥墩以远进行，是因主梁底板有坡度，这样浇筑可避免水泥浆流失；③段从工作缝⑥左侧开始浇筑，因为浇筑③段时，工作缝⑥右边的①段已终凝，不至于因使用振捣器而影响①段的混凝土凝结。

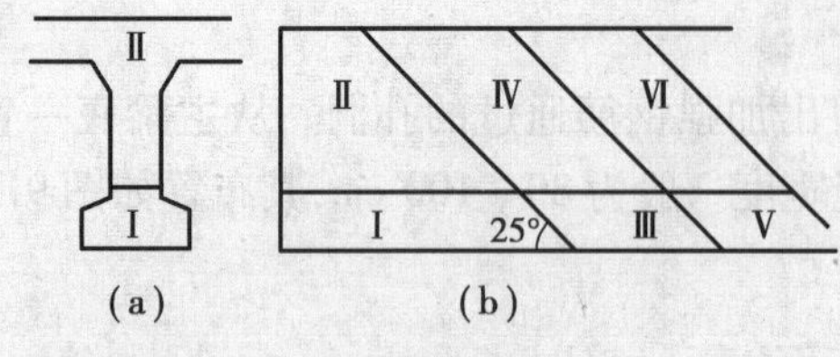

图9.11　每段梁体纵向浇筑顺序图
(a)剖面；(b)纵面

分段浇筑混凝土时，应就每一段的全部高度连同桥面板一起，沿上部结构整个横断面以斜坡层向前推进。斜坡层倾斜角为20°~25°。每一段内纵向混凝土浇筑顺序如图9.11所示。浇筑梁段工作缝④、⑤、⑥混凝土时，先将两侧隔板拆除，再将接头混凝土面的凿毛并清洗干净，以增强新旧混凝土的黏结。

悬臂梁桥孔中的挂梁采用就地浇筑时，须待悬臂梁混凝土浇筑完成且达到混凝土设计强度标准值的70%后才能进行。

图中，Ⅰ、Ⅱ为浇筑顺序，梁底部为马蹄形时，在侧棱处开窖浇筑混凝土，未凝固前即浇筑Ⅱ段混凝土。

c.预应力混凝土箱形梁

以上部结构为两跨一联的鲍乌—莱昂哈特(Baur-Leonhardt)体系的预应力混凝土连续箱形梁为例，其施工方法采用满布式支架浇筑，浇筑顺序见图9.12。

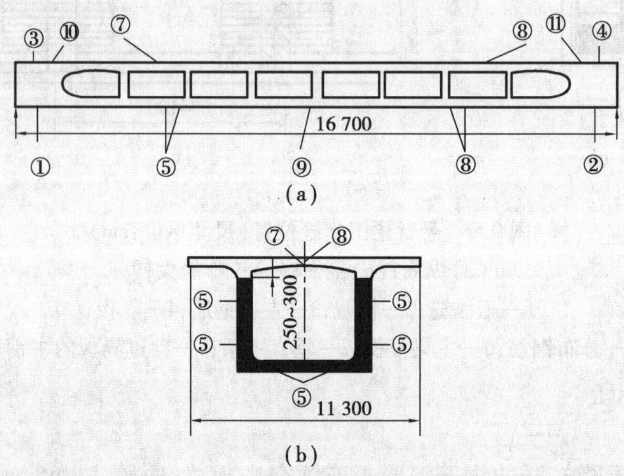

图9.12　箱梁混凝土浇筑程序(尺寸单位:cm)

(4)混凝土养护

混凝土浇筑后应立即进行养护。在养护期间,确保混凝土表面保持湿润,防止雨淋、日晒和受冻。对混凝土外露面,待表面收浆、凝固后即用麻袋、土工布等覆盖,并经常在模板及麻袋、土工布上洒水,洒水养护的时间应不少于《桥规》所规定的时间。一般在常温下,对于硅酸盐水泥应不少于7昼夜,对于矿渣、火山灰及粉煤灰等水泥应不少于14昼夜。采用塑料薄膜或喷化学浆液等保护层时,可不洒水养护。混凝土在养护期间或未达到一定强度之前,应防止遭受振动。当日平均气温低于+5 ℃或日最低气温低于-3 ℃时,应按冬季施工要求进行养护。

后张法预应力混凝土采取蒸汽养护时,其恒温应控制在60 ℃以下;采用早期蒸汽养护、后期自然养护时,自然养护期仍须洒水保持湿润,直至达到设计强度。

9.1.5　预应力张拉

(1)先张法

先张法预应力混凝土板施工时,必须设立张拉台座。将制作好的预应力筋穿入两端台座,用夹具夹牢,然后用千斤顶通过台座对预应力筋进行张拉(即施加预应力)。然后浇筑混凝土,待混凝土达到设计强度后,即可切断板两端连接于台座之间的预应力筋,板即受到预加应力。

(2)后张法

后张法预应力梁施工时,需预先在梁内设置穿入预应力筋的孔槽(常用波纹管或橡胶管),绑扎普通钢筋,浇筑混凝土,混凝土达到要求的强度后,即可将制作好的预应力筋从梁的一端孔道穿入,从另一端孔道穿出(穿束前应对孔道进行全面检查,确定通顺无阻),然后用千斤顶进行张拉。预应力筋的张拉顺序应按设计规定进行。每束预应力筋的张拉程度视所用预应力筋和锚具种类不同而略有差异。每(束)根预应力筋张拉、锚固完毕应尽快压浆(不得超过14 d)后,后张法预应力梁张拉即告完成。

关于先张法与后张法预应力施工的详细内容请参见有关施工规程和规范。

9.1.6　脱模

(1)脱模方法

梁、模、支架的卸落,应按对称、均匀和有顺序地进行。卸落设备应放在适当位置,当为排架式支架时应放在立柱处,当为梁式支架应放在支架梁的支点处。支架卸落时,简支梁和连续梁应从跨中向两端进行,悬臂梁应先卸落挂梁及悬臂部分,然后卸落主跨部分。肋板梁等形式的上部构造,应按荷载传递的次序进行。

模板拆除应分次、分阶段进行,当达到一定卸落量后,支架才能脱离梁体。卸落量h可按式估算:

$$h = \delta_1 + \delta_2 + c \tag{9.3}$$

式中:δ_1——安装卸落设备处梁体在自重作用下的挠度;

δ_2——支架的弹性变形;

c——从支架中取出卸落设备所需净空。

(2)卸落设备

卸落设备可采用木楔、木马、砂筒和千斤顶等。其构造与拱桥拱架卸落设备类似。

(3)脱模时间

施工中应合理确定脱模时间。脱模时间太晚,将影响模板周转,同时可能导致拆模困难;脱模时间过早,则可能损坏结构,严重的还将影响结构质量。合理的脱模时间应在施工规范或设计要求所规定的混凝土强度要求达到后进行,预应力结构则必须在预应力张拉后进行(预制T梁或板梁除外),必要时可通过试验后确定。

9.2 预制安装施工

9.2.1 概述

预制安装施工主要是针对装配式桥梁而言,其中包括装配式的钢筋混凝土和预应力混凝土简支梁(板)桥、先简支后连续的连续梁桥等。与支架现浇法相比,预制安装施工有如下特点:

①施工进度快。由于预制安装施工中上部结构梁(板)或节段预制可与下部结构施工同时进行,从而加速施工进度、缩短工期。

②节省支架和模板。

③工程质量易于保证。

④需要吊装设备。

⑤结构用钢量略有增大。

预制安装施工一般包括构件(梁、板)预制、运输和安装3个阶段。下面主要对预制梁、板的安装进行介绍,构件的预制、运输参见有关施工手册或教材。

预制梁(板)的安装是桥梁预制安装施工中关键性工序。应结合施工现场条件、桥梁跨径大小、设备能力等具体情况,从节省造价、加快施工速度和充分保证施工安全等方面来选择合适的架梁方法。

简支梁、板构件的架设包括起吊、纵移、横移、落梁等工序。从架梁的工艺类别来分,有陆地架设、浮吊架设和利用安装导梁或塔架、缆索的高空架设等。每一类架设工艺中,按起重、吊装等机具的不同,又有各种独具特色的架设方法。

必须指出,桥梁架设既是高空作业,又需要使用大型机具设备,在操作中如何确保施工人员的安全和杜绝工程事故是工程技术人员的重要职责。因此,在施工前应研究制定周密、妥当的安装方案,详细分析和计算设备的受力情况,采取有效的安全措施。在施工中应加强安全教育,严格执行操作规程。

9.2.2 常用架梁方法

(1)陆地架设法

1)自行式吊车架梁

在桥不高,场内又可设置行车便道的情况,用自行式吊车(汽车吊车或履带吊车)架设中、小跨径的桥梁十分方便(图9.13(a))。此法视吊装重量不同,还可采用单吊(一台吊车)或双吊(两台吊车)两种。其特点是机动性好,不需要其他动力设备,准备工作少,架梁速度快,一般吊装能力为15～100 t,国外已有410 t的轮式吊车。

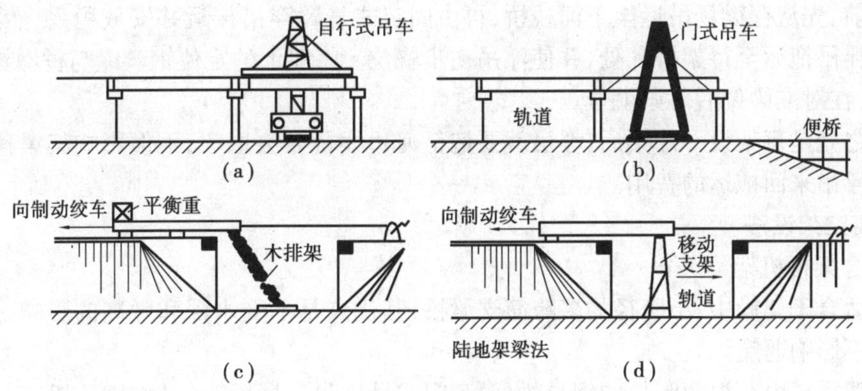

图9.13 陆地架梁法

2)跨墩门式吊车架梁

对于桥不太高,架桥孔数又多,沿桥墩两侧铺设轨道不困难时,可以采用一台或两台跨墩门式吊车来架梁(图9.13(b))。此时,除了吊车行走轨道外,在其内侧尚应铺设运梁轨道,或者设便道用拖车运梁,用门式吊车起吊、横移,并安装到预定位置。当一孔架完后,吊车前移,再架设下一孔。

(2)浮吊架设法

1)浮吊船架梁

在海上和深水大河上修建桥梁时,用回转伸臂式浮吊架梁比较方便(图9.14(a))。这种架梁方法,高空作业较少,施工比较安全,吊装能力大,工效高,但需要大型浮吊。鉴于浮吊船来回运梁航行时间长,费用高,故一般采用装梁船储梁后成批架设的方法。

浮吊架梁时需在岸边设置临时码头来移运预制梁。

浮吊架梁时,浮吊要认真锚固。如流速不大,则可用预先抛入河中的混凝土锚作为锚固点。目前国外采用浮吊的吊装能力已达14 200 t。

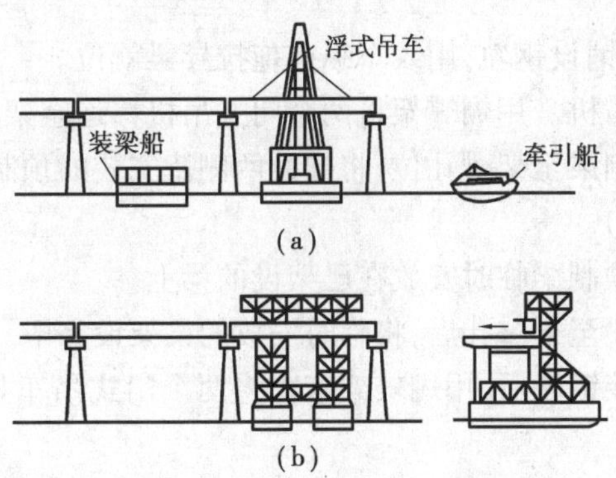

图9.14 浮吊架设法

2)固定式悬臂浮吊架梁

在缺乏大型伸臂式浮吊时,也可用万能杆件或贝雷架拼装固定式的悬臂浮吊进行架梁(图 9.14(b))。

架梁前,先从存梁场吊运至下河栈桥,再由固定式悬臂浮吊接运并安放稳妥,然后用拖轮将重载的浮吊拖运至待架桥孔处,并使浮吊初步就位。将船上的定位钢丝绳与桥墩锚系,慢慢调整定位,在对准梁位后落梁就位。

不足之处是每架设一片梁后,浮吊就要拖至河边栈桥处去取梁,不但影响架梁速度,而且也增加了浮吊来回拖运的费用。

(3)高空架设法

1)联合架桥机架梁

此法适合于架设中、小跨径的多跨简支梁桥,其优点是不受水深和墩高的影响,并且在作业过程中不影响通航。

联合架桥机由一根两跨长的钢导梁、两套门式吊机和一个托架(又称蝴蝶架)三部分组成(图 9.15)。导梁顶面铺设运梁平车和托架行走的轨道。门式吊车顶横梁上设有吊梁用的行走小车;为不影响架桥的净空位置,其立柱底部还可做成横向内倾斜的小斜腿,这样的吊车俗称拐脚龙门架。

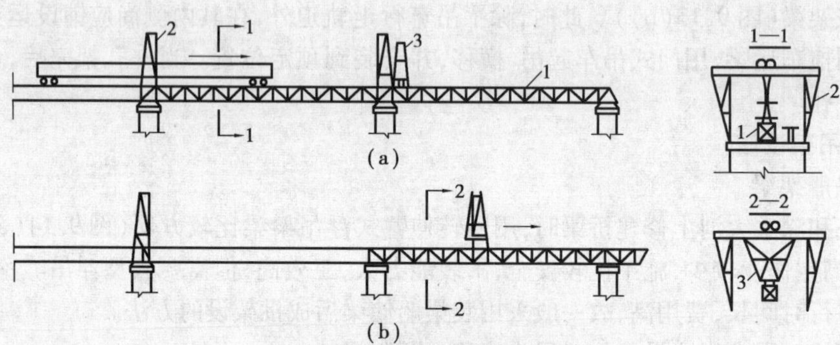

图 9.15 联合架桥机架梁

1—钢导梁;2—门式吊车;3—托架(运送门式吊车用)

架梁操作工序如下:

①在桥头拼装钢导梁,铺设钢轨,用绞车纵向拖拉导梁就位。

②拼装蝴蝶架和门式吊机。用蝴蝶架将两个门式吊机移运至架梁孔的桥墩(台)上。

③由平车轨道运送预制梁至架梁孔位,将导梁两侧待安装的预制梁用两个门式吊机起吊、横移并落就位(图 9.15(a))。

④将导梁所占位置的预制梁临时安放在已架设的梁上。

⑤用绞车纵向拖拉导梁至下一孔后,将临时安放的梁架设完毕。

⑥在已架设的梁上铺接钢轨后,用蝴蝶架依次将两个门式吊车托起并运至前一孔的桥墩上(图 9.15(b))。

如此反复,直至将各孔梁全部架设。

用此法架梁时作业比较复杂,需要熟练的操作工人,而且架梁前的准备工作和架梁后的拆除工作也较费时,因此,此法用于孔数多、桥较长的桥梁时比较经济。

2)闸门式架桥机架梁

在桥高、水深的情况下,也可用闸门式架桥机(称穿巷式吊机)来架设多孔中、小跨径的装配式梁桥。架桥机主要由两根分离布置的安装梁、两根起重横梁和可伸缩的钢支腿三部分组成(图9.16)。安装梁用四片钢桁架或贝雷桁架拼组而成,下设移梁平车,可沿铺在已架设梁顶面的轨道上行走,两根型钢组成的起重横梁支承在能沿安装梁顶轨道行走的平车上,横梁上设有带复式滑车的起重小车。其架梁步骤为:

①将拼装好的安装梁用绞车纵向拖拉就位,使可伸缩支腿支承在架梁孔的前墩上(安装梁不够长时可在其尾部用前方起重横梁吊起预制梁作为平衡压重)。

②前方起重横梁运梁前进,当预制梁尾端进入安装梁巷道时,用后方起重横梁将梁吊起,继续运梁前进至安装位置时,固定起重横梁。

③借助起重小车落梁安放在滑道垫板上,并借墩顶横移将梁(除一片中梁外)安装就位。

④用以上步骤并直接用起重小车架设中梁,整孔梁架完后即铺设移运安装梁的轨道。

重复上述工序,由于有两根安装梁承载,起吊能力较大,可以架设跨度较大,自重较重的构件。当梁较轻时用此法就可能不经济。

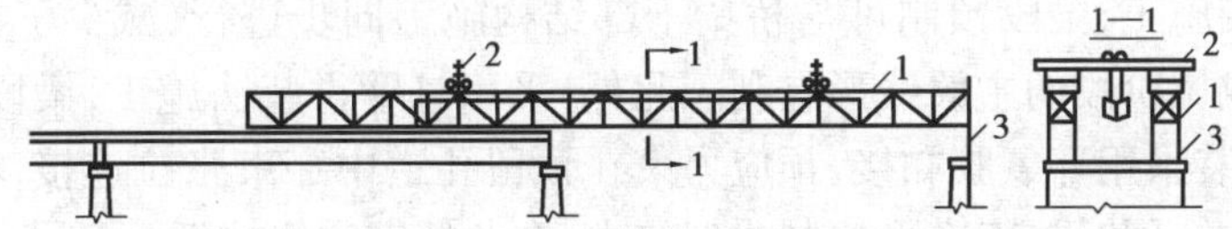

图9.16　闸门式架桥机架梁

1—安装梁;2—起重横梁;3—可伸缩支腿

9.3　悬臂施工法

悬臂施工法又称为分段施工法、节段施工法,是指以桥墩为中心向两侧对称逐节段悬臂接长的施工方法。最早采用悬臂施工(悬臂拼装)的是钢桁梁桥,现已广泛应用于预应力混凝土梁桥、连续刚构桥等施工,同时也较多地用于拱桥、斜拉桥施工。下面以预应力混凝土梁桥为例加以介绍。

9.3.1　悬臂施工法的特点

悬臂施工法具有下列特点:

①预应力混凝土连续梁桥、连续刚构桥施工时需进行体系转换,开展设计时应对施工过程中的各个状态进行计算和验算。

②桥跨间不需要搭设支架,施工不影响桥下通航或行车。施工过程中,施工机具和人员等荷载全部由已成梁段承受,随着施工的推进,悬臂逐渐延伸,机具设备也逐渐移至梁段,无须用支架作支撑。所以悬臂施工法可以应用于通航河流及跨线立交等大跨径桥梁。

③对于多孔桥跨结构可在各个桥墩同时施工,加快施工进度。

④悬臂施工法充分利用预应力混凝土截面承受负弯矩能力强的特点,将跨中正弯矩转移为支点负弯矩,使桥梁跨越能力提高,适合于变截面桥梁的施工。

⑤悬臂施工过程中结构的受力状态与使用阶段结构的受力状态较为接近(对于静定的T形刚构桥则完全一样),经济性较好。

⑥悬臂施工用的悬拼吊机或挂篮设备可重复使用,施工费用较省,可降低工程造价。

9.3.2 悬臂施工法的分类与比较

悬臂施工法主要有悬臂拼装法(Erection by protrusion)及悬臂浇筑法(Cast-in-place cantilever method)两种。

(1)悬臂拼装法

悬臂拼装法利用转动式悬臂吊机将预制梁段起吊至安装位置,然后采用环氧树脂胶及施加预应力将预制梁段连接成整体。悬臂拼装的分段数,主要取决于悬臂吊机的起重能力,节段长2~5 m。节段过长则自重大,需要悬拼吊机起重能力大,节段过短则拼装接缝多,工期也延长。悬臂根部因截面积较大,节段长度较短,以后向端部逐渐增长。

拼装包括吊装定位、环氧胶黏和穿束张拉预应力等工序。一般一个节段拼装约需1~1.5 d。

采用悬臂拼装施工,梁段预制可与桥梁下部结构施工同步进行,减少了梁段混凝土的收缩、徐变,对后期成桥阶段的主梁线形有利。此外,采用悬臂拼装法施工,梁段在场地预制,质量较易保证,但拼装采用环氧胶黏接,预应力束在预留孔道中穿束张拉连接,相比于悬臂浇筑法,结构整体性较差,同时施工变形控制难度较大,合龙精度往往较低。

(2)悬臂浇筑法

悬臂浇筑法采用移动式挂篮作为主要施工设备,以桥墩为中心,对称向两侧利用挂篮逐段浇筑梁段混凝土,待混凝土达到强度要求后,张拉预应力筋,再移动挂篮,进行下一节段的施工。悬臂浇筑每个节段长度一般为2~6 m,节段过长,将增加混凝土的自重及挂篮结构重力,而且还要增加平衡重及挂篮后锚设施;节段过短,影响施工进度。所以施工时应该根据挂篮设备情况及工期要求,选择合适的节段长度。

采用悬臂浇筑法施工,每个节段施工周期为5~10 d。悬臂浇筑法中梁体钢筋焊接相连、已浇梁体表面混凝土采用凿毛方法处理,结构整体性较好,对悬臂梁段的施工变形和节段标高控制比悬臂拼装法更容易。

由于悬臂浇筑法具有结构整体性好、桥下不受地形条件限制、梁段高程容易控制等优点,所以大跨径预应力混凝土桥梁施工主要采用悬臂浇筑法。下面主要介绍悬臂浇筑施工。

9.3.3 悬臂浇筑法施工

悬臂浇筑法是桥梁施工中技术含量高、施工难度较大的一种施工工艺,需要一定的施工设备及一支熟悉悬臂浇筑工艺的技术队伍。下面就悬浇施工程序、0号块施工、桥墩临时固结、施工挂篮、浇筑梁段混凝土、结构体系转换、合龙段施工及施工控制等几个方面加以介绍。

(1)悬臂浇筑施工程序

连续梁桥、连续刚构桥采用悬臂浇筑施工时,因施工程序不同,有逐跨连续悬臂施工法、T构→单悬臂梁→连续梁(或连续刚构)施工法和对称同步施工法。

1)逐孔连续悬臂施工法

该法是从一端向另一端逐跨进行,逐跨经历了悬臂施工阶段,施工过程中完成体系转换,施工流程如图9.17所示。

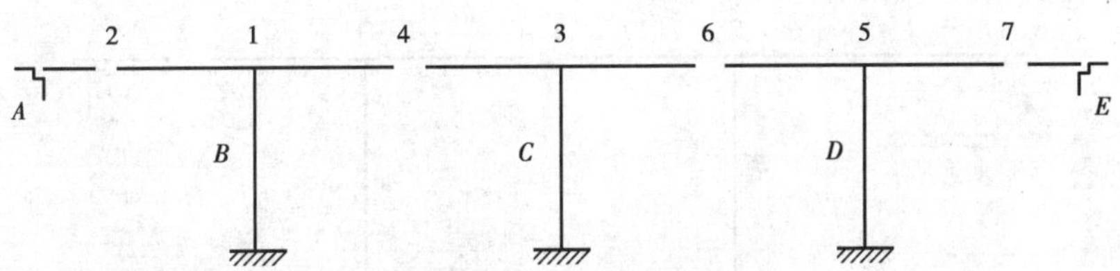

图9.17　主跨连续悬臂施工法(图中数字代表施工程序)

①首先从B墩开始将梁墩临时固结,进行悬臂施工;

②岸跨边段合龙,B墩临时固结释放,形成单悬臂梁;

③C墩临时固结,完成悬臂施工;

④BC跨中间合龙,释放C墩临时固结,形成单悬臂的两跨连续梁;

⑤D墩临时固结,完成悬臂施工;

⑥CD跨中间合龙,释放D墩临时固结,形成单悬臂的三跨连续梁;

⑦岸跨边段合龙,完成多跨一联的连续梁施工。

该方法可以利用已建成的桥面堆放机具设备、材料和混凝土运输,适合于挂蓝设备少、施工场地狭窄,工期不受限制的条件下采用(一般不采用)。

2)T构→单悬臂梁→连续梁(或连续刚构)施工法

T构→单悬臂梁→连续梁(或连续刚构)施工法施工流程如图9.18所示。

①首先从B墩开始,墩梁临时固结,进行悬臂施工;

②单跨边段合龙,释放B墩临时固结,形成单悬臂梁;

③C墩开始施工,墩梁固结,进行悬臂施工;

④岸跨边段合龙,释放C墩临时固结,形成单悬臂梁;

⑤BC跨中段合龙,形成三跨连续梁结构。

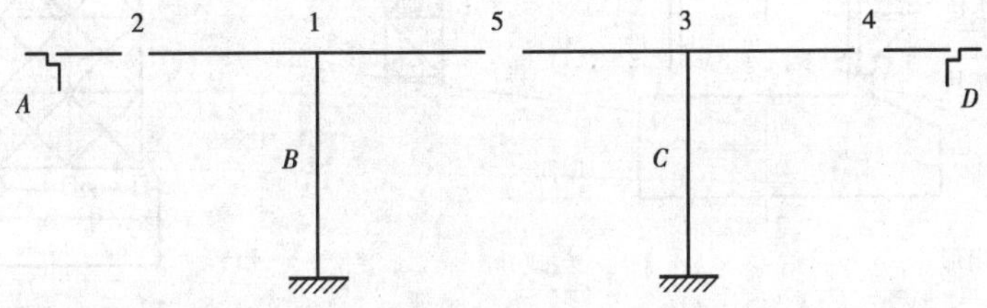

图9.18　T构→单悬臂梁→连续梁(或连续刚构)施工法

3)对称同步施工法

该方法的施工步骤如图9.19所示,主要流程如下:

①B、C两墩临时固结,同时进行悬臂施工;

②两个边跨合龙段同时进行,释放临时固结,形成两个单悬臂梁结构;

③BC跨中段合龙,形成三跨连续梁结构。

以上施工程序是针对连续梁桥而言,对于连续刚构桥,除无临时固结和释放工序外,其余工序与连续梁桥完全相同。

对于大跨径连续梁桥和连续刚构桥,原则上应采用对称同步施工法。该方法虽然所需用的施工设备(主要是挂篮)较多,但工期短、混凝土龄期差异小,对确保桥梁顺利合龙和成桥内力与线形有利。

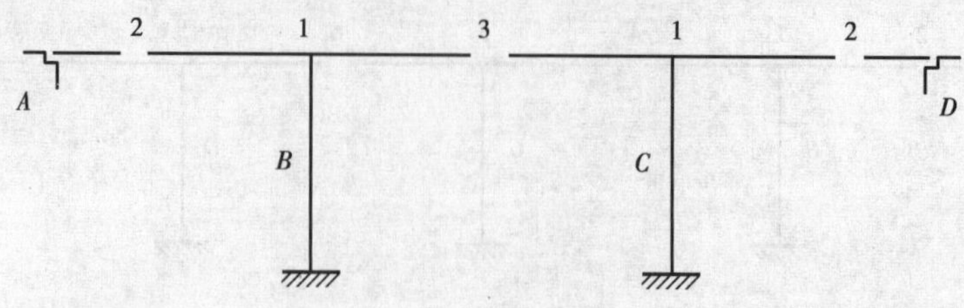

图 9.19　对称悬臂施工法

(2)0 号块(梁段)施工

采用悬臂浇筑法施工时,墩顶梁段(通常称之为0 号块)需在托架上立模浇筑。常见的托架形式有扇形、门式等(图 9.20),托架可采用万能杆件、贝雷梁、型钢等构件拼装,也可采用钢筋混凝土构件作临时支撑。托架总长度要视拼装挂篮的需要而定。横桥向托架宽度要考虑箱梁外侧立模的要求。托架顶面应与箱梁底面纵向线形一致。

对于连续梁桥,还需在0 号块梁段上设置临时梁墩锚固,使其能承受两侧悬臂施工时产生的不平衡力矩。

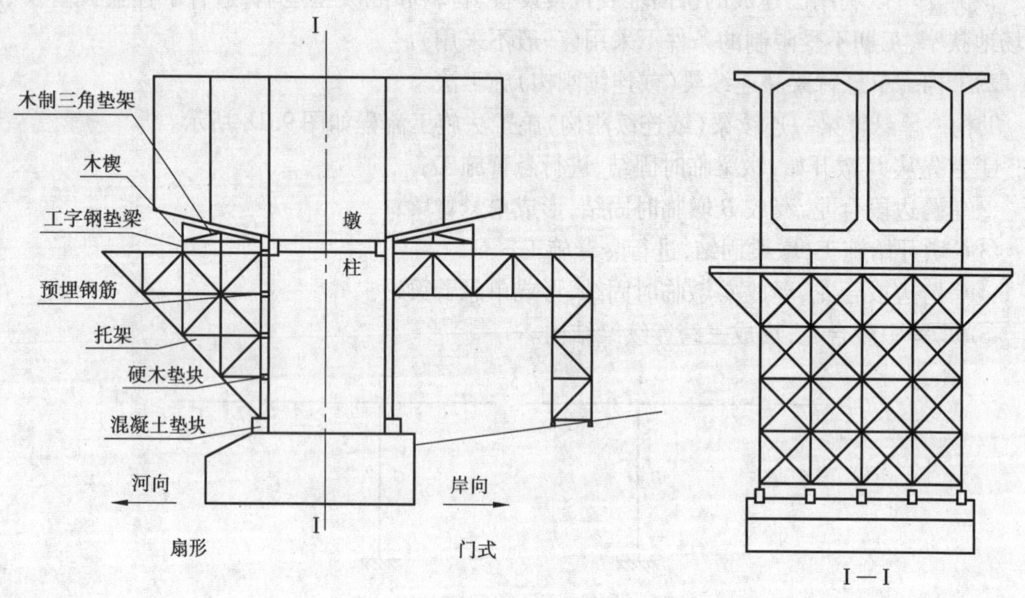

图 9.20　扇形与门式托架示意图

0 号块梁段混凝土体积大、重量重,托架变形对梁体质量的影响大,因此在做托架设计时,除考虑托架强度要求外,还应考虑托架的刚度和整体性。采用万能杆件、贝雷梁、型钢等做托架时,可采取预压、抛高等措施来减少托架变形对0 号块线形的影响。

(3)连续梁桥梁墩临时固结措施

预应力混凝土桥梁采用悬臂浇筑法施工时,对于T 形刚构桥、连续刚构桥,因墩身与梁体本身为刚性连接,所以不存在梁墩临时固结的问题。但连续梁桥采用悬臂法施工时,为保证施工过程中结构的稳定可靠,必须采取0 号块梁段与桥墩临时固结或支承措施。

临时固结措施或支承措施有下列几种形式:

①将0号块梁段与桥墩用钢筋或预应力筋临时固结,体系转换后切断钢筋、解除固结,见图9.21。

②在桥墩一侧或两侧加临时支承或支墩,见图9.22。

③将0号块梁段临时支承在扇形或门式托架的两侧。

④临时支承可用硫磺水泥砂浆块、砂筒或混凝土块等卸落设备,以使体系转换时,较方便地撤除临时支承。

临时梁墩固结要考虑两侧对称,施工时有一个梁段超前的不平衡力矩,应验算其稳定性,稳定性安全系数不小于1.5。

当采用硫磺水泥砂浆块件做临时支承的卸落设备时,要采取高温熔化撤除支承,必须在支承块之间采取隔热措施,以免损坏支座和周围混凝土。

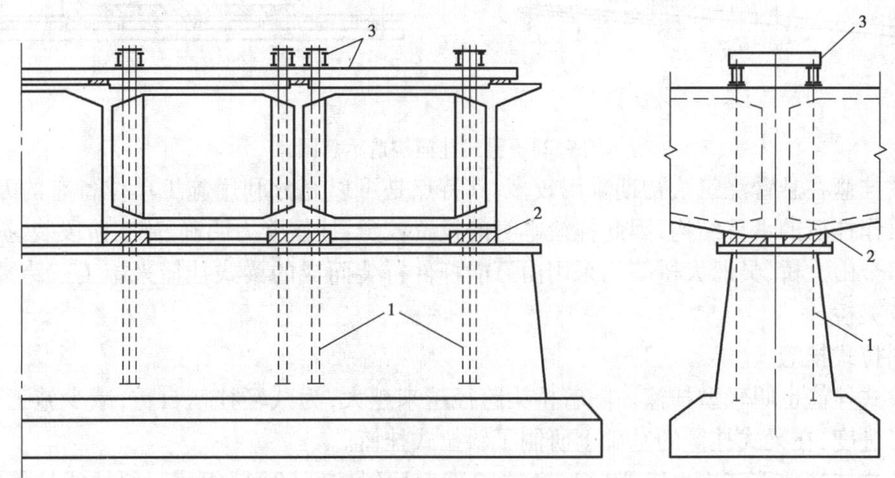

图9.21 零号块件与桥墩的临时固结构造

1—零号块件与桥墩的临时固结构造;2—支座;3—工字钢

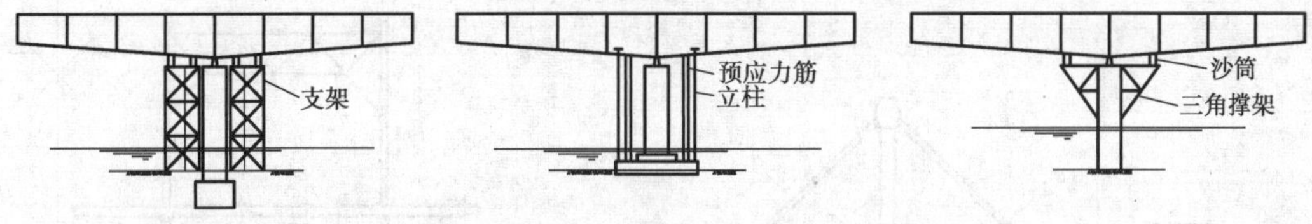

图9.22 临时支承措施

(4)**施工挂篮**

挂篮是一个能沿着轨道行走的活动脚手架,悬挂在已经张拉锚固的箱梁梁段上。悬臂浇筑时箱梁梁段的模板安装、钢筋绑扎、预应力筋管道布置、混凝土浇筑、预应力张拉、压浆等工作均在挂篮上进行。当一个梁段的施工程序完成后,解除挂篮后锚,移向下一梁段施工。所以挂篮既是空中的施工设备,又是预应力筋未张拉前梁段的承重结构。

1)挂篮形式

随着悬臂施工技术的不断发展,挂篮已由过去的压重平衡式发展成目前通用的自锚平衡式。

自锚平衡式挂篮主要有梁式挂篮、斜拉式挂篮、组合斜拉式挂篮及桁架式挂篮等几种。

①梁式挂篮

梁式挂篮由模板(1)、悬吊系统(2,3,4)、承重结构(5)、行走系统(6)、平衡重(7)、锚固系统(8)、工作平台(9)等部分组成,如图9.23所示。

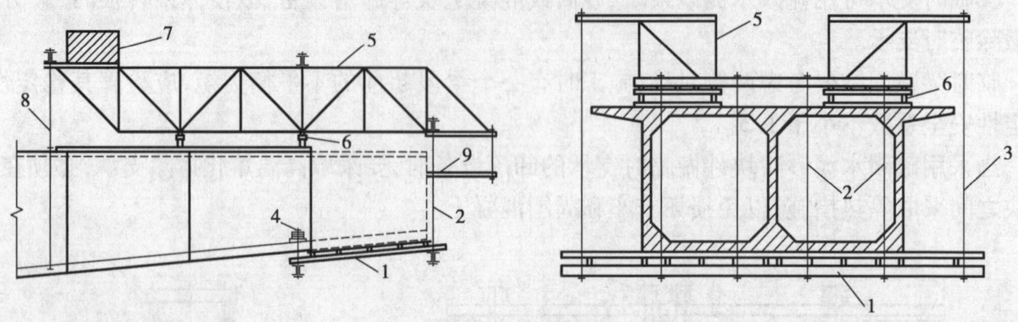

图9.23 梁式挂篮构造示意图

梁式挂篮在悬臂浇筑法初期采用较多,其特点是可以充分利用施工单位备有的万能杆件或贝雷梁作挂篮的承重结构,因此挂篮本身的投资较少,挂篮受力明确,施工阶段装、拆均较方便。上海金山大桥、吴淞大桥等均采用由万能杆件拼装而成的梁式挂篮来施工三跨预应力混凝土连续梁桥。

②斜拉式挂篮

斜拉式挂篮也叫轻型挂篮。随着桥梁跨径越来越大,为减轻挂篮自重,减少施工节段数,加快施工进度,在梁式挂篮的基础上研制了斜拉式挂篮。

斜拉式挂篮承重结构由纵梁(1)、立柱(2)、前后斜拉杆(3,4)组成。斜拉式挂篮杆件少,结构简单,受力明确,承重结构轻。斜拉式挂篮构造见图9.24所示,挂篮的其他构造系统与梁式挂篮相似。

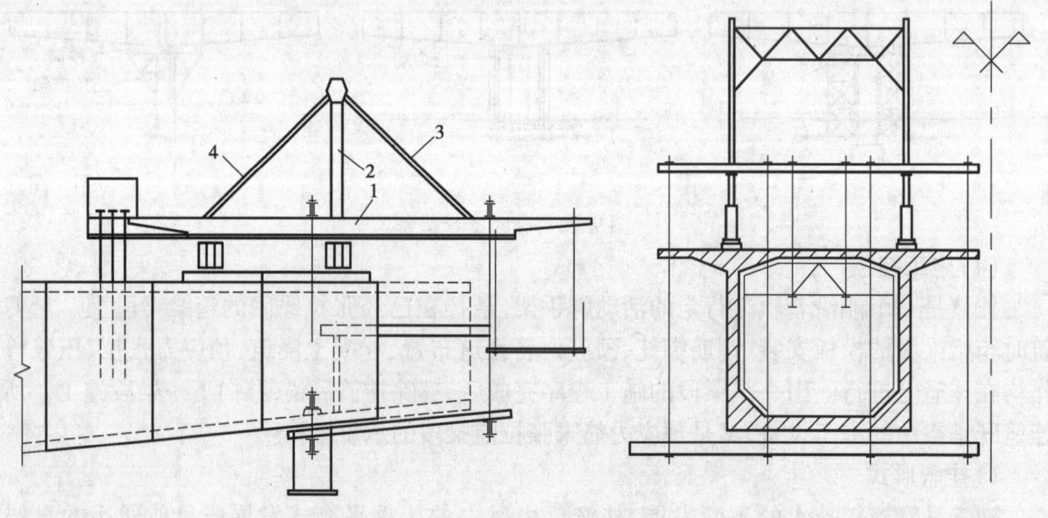

图9.24 斜拉式挂篮构造示意图

③组合斜拉式挂篮

组合斜拉式挂篮是在斜拉式挂篮基础上改进的一种结构形式。挂篮自重更轻,其承载比不大于 0.4,最大变形量不大于 20 mm,走行方便,梁段施工周期更短。组合斜拉式挂篮构造详见图 9.25。

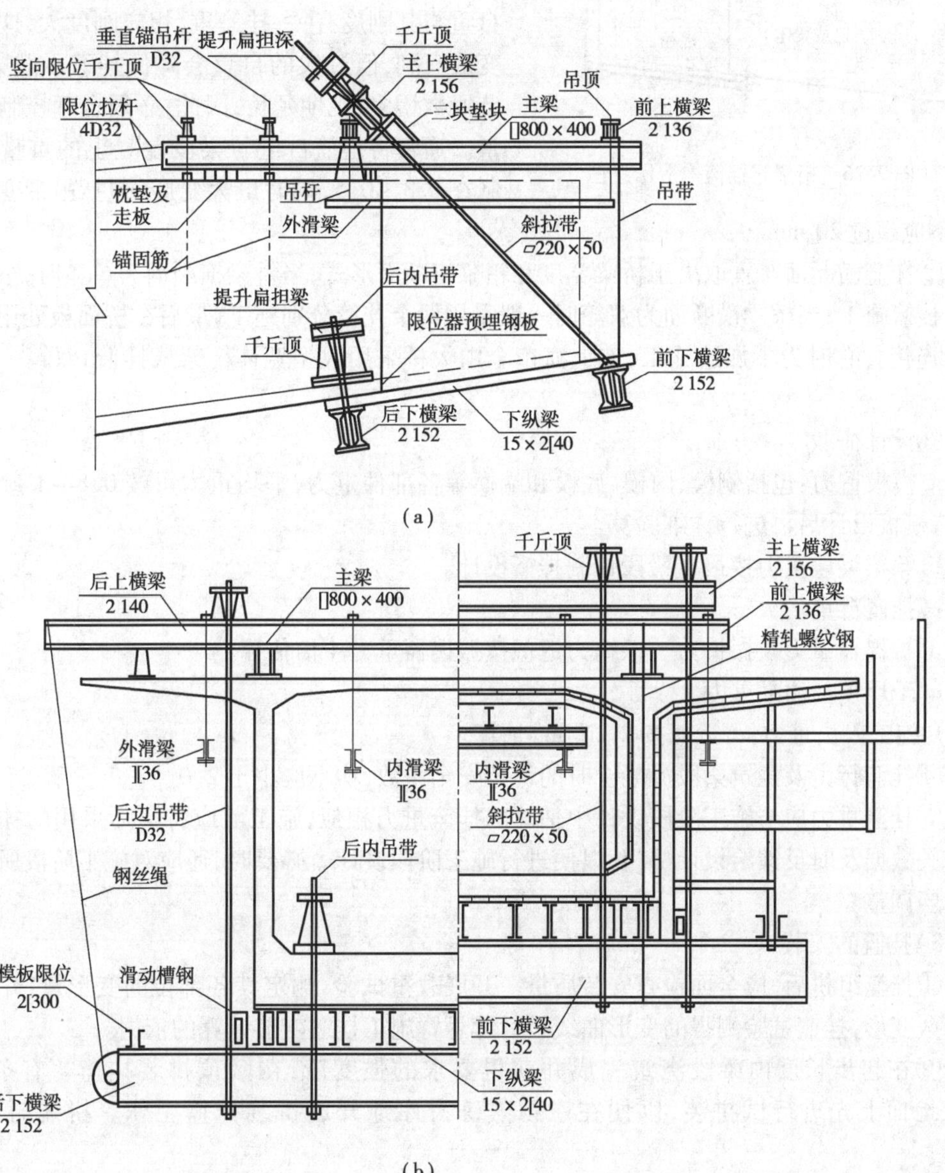

图 9.25　组合斜拉式挂篮构造

④桁架式挂篮

桁架式挂篮是目前使用最广泛的一种挂篮,如图 9.26 所示。桁架由工字钢或槽钢制成,具有刚度大、变形小、承载力大等优点。

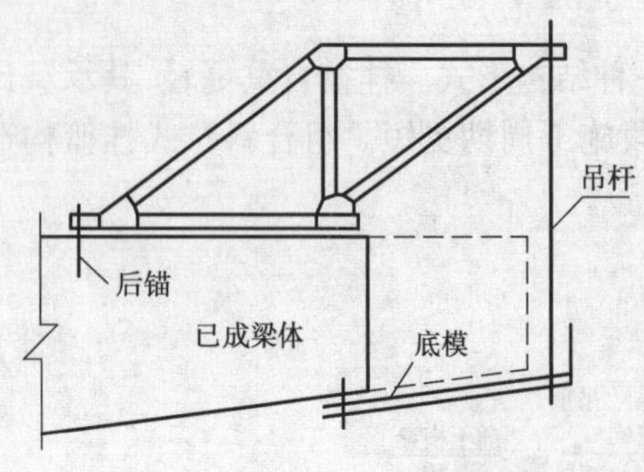

图 9.26　桁架式挂篮构造示意图

2)挂篮设计

①选择挂篮形式主要考虑结构简单、自重轻、受力明确、变形较小、行走安全、拆装方便等因素。一般情况下，尽量选择本单位现有设备，达到保证施工质量，加强施工进度，节省投资的目的。挂篮自重与其刚度有关，挂篮重，相应刚度大，这对控制变形有利，但过大的自重会降低挂篮承载力，导致节段数增多，工期延长，因此，必须合理控制挂篮重量。通常将挂篮自重与梁段混凝土的重量比值控制在 0.3 ~ 0.5，同时最大变形（包括吊带变形的总和）不应超过 20 mm。

②挂篮横断面布置取决于桥梁宽度和箱梁横断面形式，当桥梁横断面为单箱时，全断面用一个挂篮施工；当桥梁横断面为双箱时一般采用两个挂篮分别施工，最后在桥面板处用现浇混凝土连接。有时为了加速施工，如上海市金山大桥采用大型宽体桁架式挂篮，双箱一次浇筑施工。

③设计荷载

a. 模板重力：包括侧模、内模、底模和端模等各部件重力，平均重力可按 0.8 ~ 1 kN/m^2 估算，待模板设计后再进行详细验算。

b. 箱梁梁段重力按最重梁段控制挂篮设计。

c. 挂篮自重。

d. 振捣器重力及振捣力。振捣力近似按振捣器重力 4 倍估算。

e. 千斤顶及油泵重力。

f. 施工人员重力，可近似按 2 kN/m^2 估算。

④挂篮行走及浇筑梁段混凝土时的稳定安全系数，均不应小于 2.0。

⑤挂篮重力应与施工阶段设计中估算的挂篮重力相似，施工前应将实际采用的挂篮重力和有关数据及时反馈给设计部门，以便进行施工阶段设计。必要时，还应对施工阶段所需钢束作适当调整。

3)挂篮的安装

①挂篮组拼后，应全面检查安装质量。开展载重试验，测定其各部位的变形量，并设法消除永久变形，挂篮试验测得的变形曲线是后续悬臂施工挂篮变形计算的依据。

②在起步长度内梁段浇筑完成并获得要求的强度后，在墩顶拼装挂篮。有条件时，应在地面上先进行试拼装，以便在墩顶熟练有序地开展拼装挂篮工作。拼装时应对称进行。

③挂篮的操作平台下应设置安全网，防止物件坠落，确保施工安全。挂篮应全封闭，四周设围护，上下应有专用梯，方便施工人员上下挂篮。

④挂篮行走时，须在挂篮尾部压平衡重，以防倾覆。浇筑混凝土梁段时，必须在挂篮尾部将挂篮与已成梁体进行锚固。

(5)悬臂梁段混凝土浇筑

悬臂梁段混凝土浇筑时需注意以下几点：

①挂篮就位后,安装并校正模板吊架,对拟浇筑梁段进行适当抛高(设置预拱度),使施工完成的桥梁线形符合设计要求。

②模板安装应核准中心位置及标高,模板与前一梁段混凝土面应平整密贴。如上一节段施工后出现中线或高程误差需要调整时,应在模板安装时予以调整。

③安装预应力预留管道时,应与前一梁段预留管道接头严密对准,并用胶布包贴,防止水灰浆渗入管道。管道四周应布置足够定位钢筋,确保预留管道位置正确、线形连续。

④浇筑混凝土时,可以从前端开始,尽量对称平衡浇筑。浇筑时应加强振捣,并注意对预留管道的保护。

⑤提高混凝土早期强度,加快施工速度,在设计混凝土配合比时,一般加入早强剂或减水剂。通常,一个混凝土梁段施工周期为5~10 d。为防止混凝土出现过大的收缩、徐变,应在配合比设计时按规范要求控制水泥用量。近年来,国内不少连续刚构桥出现主梁下挠过大的问题,分析认为与混凝土龄期短、弹性模量偏低有关,因此,有些大跨度桥梁提出了需对混凝土强度和弹性模量进行双控的要求。

⑥梁段拆模后,对梁端的混凝土表面作凿毛处理,以加强接头混凝土的连接。

⑦梁段混凝土浇筑,一般采用一次浇筑法,在箱梁顶板中部留一个窗口,混凝土由窗口注入箱内,再分布到底模上。当箱梁断面较大时,考虑梁段混凝土数量较多,每个节段可分两次浇筑,先浇筑底板到肋板倒角以上,待底板混凝土达到一定强度后,再支内模,浇筑肋板上段和顶板混凝土。其接缝按施工缝要求进行处理。

⑧箱梁梁段分次浇筑混凝土时,为了不使后浇混凝土的重力引起挂篮变形,导致先浇混凝土开裂,要有消除后浇混凝土引起挂篮变形的措施,一般可采取下列方法:

a.水箱法:浇筑混凝土前先在水箱中注入相当于混凝土重量的水,在混凝土浇筑中逐渐放水,使挂篮负荷和挠度基本不变。

b.浇筑混凝土时根据混凝土重量变化,随时调整吊带高度。

c.将底模梁支承在千斤顶上,浇筑混凝土时,随混凝土重量的变化,随时调整底模梁下的千斤顶,抵消挠度变形。

当挂篮就位后,即可在上面进行梁段悬臂浇筑施工的各项作业,其施工工艺流程如图9.27所示。

(6)结构体系转换

连续梁桥、连续刚构桥采用悬臂法施工都存在体系转换问题,以三跨连续梁为例,在结构体系转换时,为保证施工阶段的稳定,一般先合龙边跨,释放墩梁临时锚固,结构由双悬臂状态变成单悬臂状态,最后跨中合龙,成为最终受力状态,这中间就存在体系转换。施工中应注意以下几点:

①结构由双悬臂状态转换成单悬臂受力状态时,梁体某些部位的弯矩方向会发生转换,所以在拆除墩梁临时锚固前,应按设计要求,张拉部分或全部布置在梁体下缘的正弯矩预应力束,对活动支座还需保证解除临时固结后的结构稳定,防止单悬臂梁发生过大的纵向水平位移。

②墩梁临时锚固的解除应均衡对称进行,确保逐渐均匀地释放。在解除前应测量各梁段高程,在解除过程中,随时观测各梁段的高程变化,如有异常情况,立即停止作业,找出原因,确保施工安全。

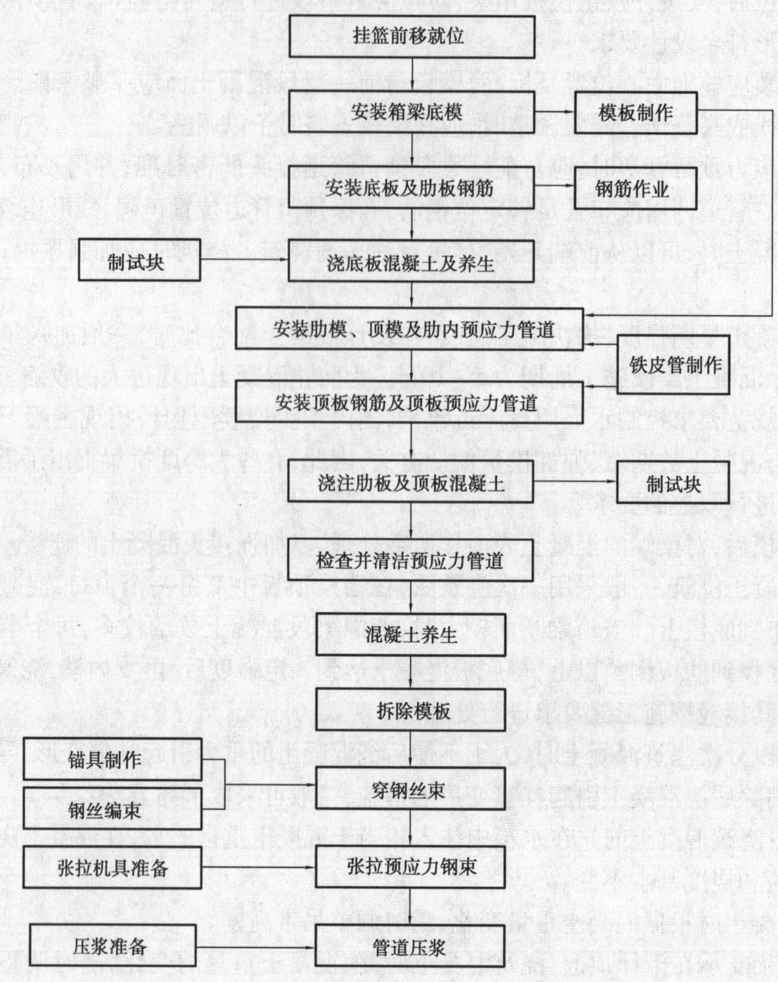

图 9.27　悬臂浇筑施工工艺流程

③对转换为超静定的结构,需考虑钢束张拉、支座变形、温度变化等因素引起的结构次内力。若按设计要求,需进行内力调整时,应以标高、反力等因素控制,相互校核。如出入较大时,应分析原因。

④在结构体系转换中,临时固结解除后,将梁落于永久性支座上,并按标高调整支座高度及反力。支座反力的调整,以标高控制为主,反力作为校核。

对于连续刚构桥,体系转换要比连续梁桥简单的多,这是因为连续刚构桥墩梁本身固结,省去了复杂的临时约束拆除、落梁于永久支座上等工序。

(7)合龙段施工

合龙段施工时通常由两个挂篮向一个挂篮过渡,所以需先拆除一个挂篮,用另一个挂篮作为合龙段的吊架。也可以拆除两个挂篮用吊架形式作为合龙段的支架。

在合龙段施工过程中,受到昼夜温差、混凝土收缩徐变、结构体系转换以及施工荷载等因素影响,变形和受力复杂,为确保合龙段施工质量,必须采取以下措施:

①合龙段长度。在满足施工操作要求的前提下,应尽量缩短,一般为 1.5 ~2.0 m。

②合龙温度。宜在最低气温下合龙,使混凝土早期结硬过程中处于升温受压状态。

③合龙段混凝土选择。混凝土中宜掺入少量减水剂、早强剂,使混凝土及早达到设计强度,及时张拉预应力束,防止合龙段混凝土出现裂缝。

④设置临时锁定措施。通常采用劲性骨架来锁定合龙段。锁定劲性骨架后,先张拉部分合龙段预应力钢束,然后在合适温度下浇筑合龙段混凝土,待强度达到要求后张拉其余预应力钢束。需要注意的是,劲性骨架一旦锁定,整个梁体的线形、内力就不能再调整,因此,劲性骨架锁定应按尽可能在设计合龙温度下进行。对于多跨连续刚构桥且又在高温下合龙时,需要通过顶推来调整内力和变形,应在顶推后再实施劲性骨架的锁定。

劲性骨架通常用槽钢、工字钢焊接而成,分内置式和外置式两种。内置式劲性骨架布置在箱梁的顶板和底板部位,与预埋在箱梁中的钢板焊接,完成临时锁定。外置式劲性骨架布置在箱梁顶板上缘和底板上缘,同样与预埋钢板焊接。不同的是,内置式劲性骨架埋入混凝土中不再收回,而外置式劲性骨架在合龙段混凝土浇筑完成、预应力束张拉后,即可拆除回收。

⑤为保证合龙段施工时混凝土始终处于稳定状态,在浇筑混凝土之前各悬臂端部应施加与混凝土重量相等的配重(或称压重),随着合龙段混凝土的持续浇筑,同步、等量卸载压重。

(8)施工控制

悬臂浇筑施工主梁线形控制是桥梁施工中的一个难点,如控制不好,悬臂两端浇筑至合龙时,梁底高程会超出允许范围(公路桥梁允许高程误差为20 mm,轴线允许偏位10 mm),造成合龙困难。这样既对结构受力不利,又因梁底曲线产生折点而影响美观,形成永久性缺陷。

由于受到多种因素的影响,施工中的实际结构状态往往会偏离预定目标,为使悬臂浇筑达到预定的目标,必须在施工过程中逐段进行跟踪控制和调整。目前,已广泛采用计算机程序进行跟踪控制,其步骤为:

①将施工过程中实际结构的状态信息,如量测标高、钢束张拉力、温度变化、截面应力以及设计参数的实测值,如混凝土和钢材的容重、弹性模量、构件几何尺寸、施工荷载、混凝土的徐变系数等输入计算机程序。

②通过对各种量测信息的综合处理,得到结构的误差。

③对处理结果进行分析判断,决定是否需要采取措施来纠正已偏离目标的结构状态。纠正措施可采取调整浇筑梁段的标高、改变预应力束张拉次序、调整张拉力等。

通过上述每个节段反复循环的跟踪、控制,使结构与预定目标始终控制在误差范围内,实现合龙时达到理想的目标。

9.4　顶推施工简介

9.4.1　概述

顶推施工法(Incremental launching)是在桥台后面的引道或刚性的临时支架上临时设置预制场,边预制边顶推,将预制梁段逐段沿桥轴线朝河心方向顶出,直至最终位置。由于顶推法施工无须支架(必要的临时支墩外),因此适合于水深、桥高等情况下的施工,节约大量施工脚手架,在不中断交通和场地狭窄的情况下确保安全可靠。

世界上约200座桥梁采用顶推法施工,其中以德国的韦特桥跨度最大。该桥为三跨连续梁桥,最大跨径168 m,中间采用两个临时支墩,顶推跨径56 m。采用顶推法施工最长达1 264 m,最大顶推重量4万吨。国内于1974年首先在铁路部门应用,1977年建成了广东东莞市(40+54+40)m三跨一联的万江公路桥。图9.28示出了顶推施工的概貌。

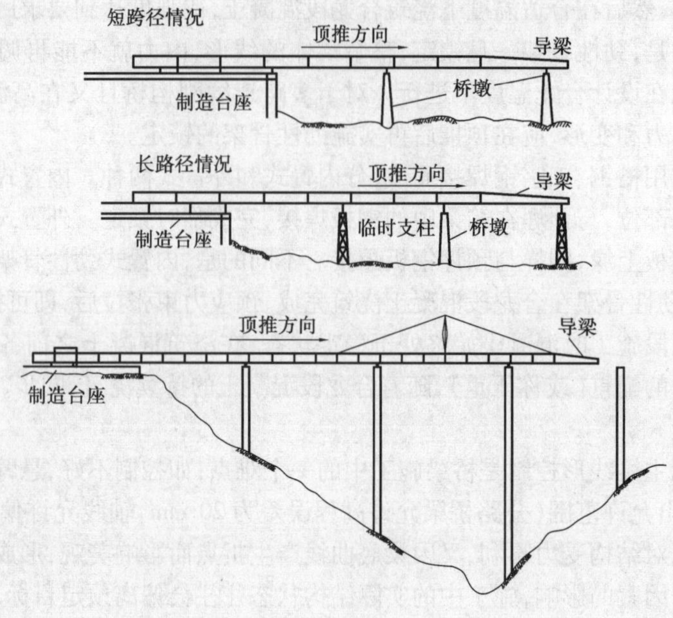

图9.28 顶推施工概貌

9.4.2 顶推法施工特点

预应力混凝土连续梁顶推法施工具有以下特点:

①梁段集中在桥台后的小型预制场内制作,机械化程度较高,占用场地小,不受气候影响,施工质量易于保证;

②就地现浇法制作梁段,普通钢筋连续通过接缝,结构整体性好;

③顶推设备简单,不需要大型起重机械就能建造大跨径连续梁桥,桥愈长经济效益愈好;

④施工平稳,安全、无噪音,需用劳动力少,劳动强度较轻;

⑤顶推施工是周期性重复作业,操作技术易于熟练掌握,施工管理方便,工程进度易于控制;

⑥由于梁体设计成等高度,会增加结构材料用量,梁高较大时还会增加桥头引道土方量,且影响美观。此外,顶推法施工的连续梁跨度也有一定的限制。

9.4.3 顶推法施工工艺简介

顶推法施工需要采用聚四氟乙烯(作为滑块)的材料,这种材料与不锈钢之间的摩擦系数小,而与混凝土之间的摩擦系数非常大,顶推施工就是利用上述特性,在给梁体纵向施加一个顶力后,梁体就将与聚四氟乙烯滑块一道在墩(台)顶的垫石(滑道)上滑行,从而使重的梁体只需较小的顶力就可向前顶推到位。顶推时,组合的聚四氟乙烯滑块在不锈钢板上滑动,并在前方滑出,通过在滑道后方不断喂入滑块,随着梁体前进,如图9.29所示。

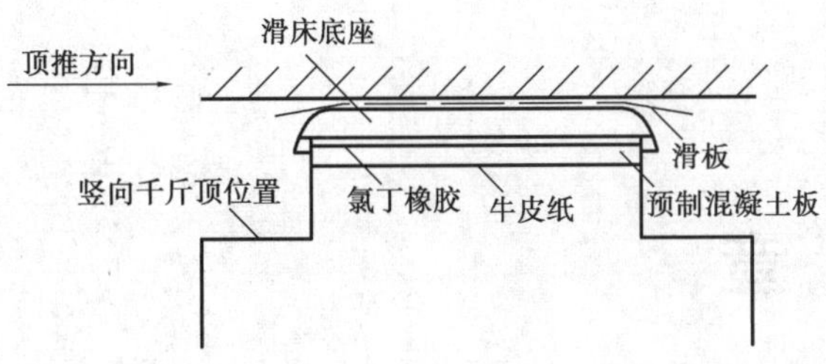

图9.29　顶推施工工艺

顶推装置有两种：一种是联合使用水平千斤顶和竖直千斤顶顶推预制梁前进，其施工程序为顶梁、推移、落下竖直千斤顶和收回水平千斤顶的活塞杆，如图9.30所示；另一种是由水平千斤顶通过在箱梁两侧的牵引钢杆给预制梁一个顶推力，如图9.31所示。

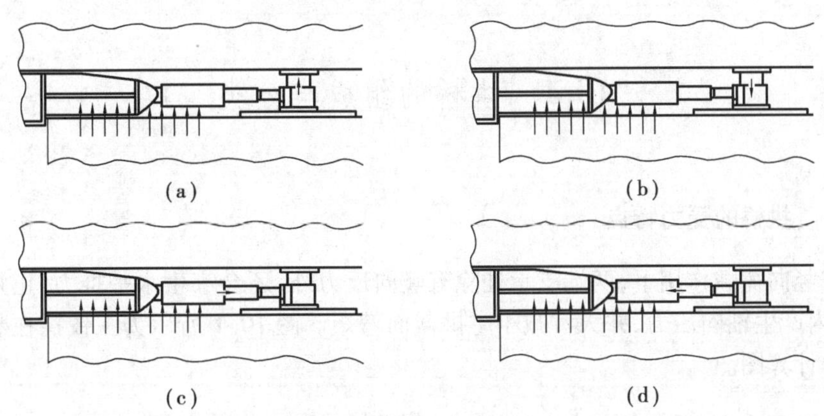

图9.30　顶推装置(一)

(a)顶梁；(b)推移；(c)落竖顶；(d)收水平顶

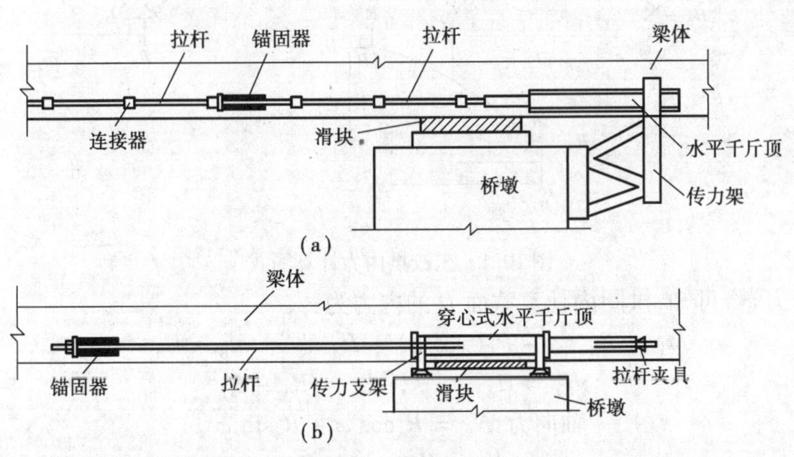

图9.31　顶推装置(二)

第 10 章 拱桥的构造与设计

10.1 拱桥的组成与分类

10.1.1 拱桥的受力特点

拱桥在竖向荷载作用下,两端支承处除有竖向反力外,还会产生水平推力,正是这个水平推力,使拱内产生轴向压力,并大大减小主拱截面弯矩。图 10.1 所示为三铰拱在竖向荷载作用下的内力计算图。

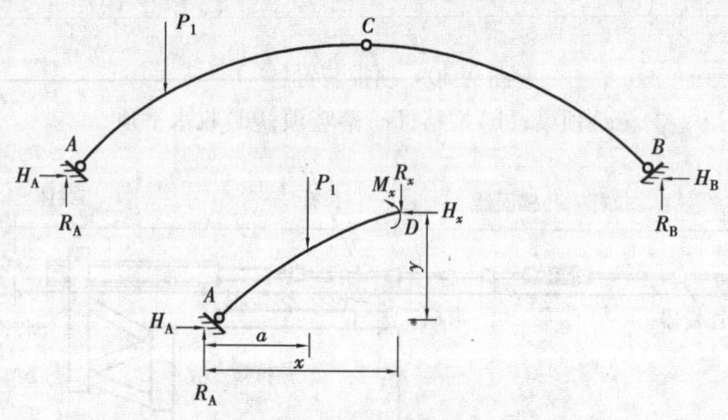

图 10.1 三铰拱内力计算图式

由《结构力学》可知,拱圈内任意截面 D 的内力为:

$$M_x = R_A \cdot x - P_1(x - a) - H_A \cdot y = M_0 - H_A \cdot y \tag{10.1}$$

$$H_x = H_A \qquad R_x = R_A - P_1 \tag{10.2}$$

$$\text{轴向力}: N_x = H_x \cos\varphi + R_x \sin\varphi \tag{10.3}$$

$$\text{剪力}: V_x = H_x \sin\varphi - R_x \cos\varphi \tag{10.4}$$

从式(10.1)不难发现,由于水平推力的影响,使拱圈截面内的弯矩要比同等跨径简支梁的弯矩 M_0 要小,主拱圈以受压为主,从而使主拱圈材料得到充分发挥,跨越能力增大,可以充分利用抗压性能较好的圬工材料(如石料、混凝土等)来建造拱桥。式中,φ为拱圈截面在x处的水平倾角。

10.1.2　拱桥的基本特点

由上可知,拱桥是一种受力优越的结构,在地基条件适宜的条件下,修建拱桥往往是经济合理的方案。拱桥建筑材料来源丰富,可以修建成圬工拱桥、钢筋混凝土拱桥、钢拱桥和组合材料拱桥,如钢管混凝土拱桥。拱桥的优点在于:跨越能力较大,目前钢筋混凝土拱桥最大跨径为420 m,钢拱桥为552 m;能就地取材,与其他体系桥梁相比,拱桥的造价相对较低;耐久性好,养护、维修费用少;外形美观,能与周围环境较好协调,特别是在西部地区,山陵沟壑,在此建造拱桥,犹如一条彩虹飞跃两岸;构造简单,技术容易被掌握,利于推广。拱桥的缺点在于:自重较大,由于水平推力的存在,对地基条件要求较高,相应增大了下部构造工程量,同时,对连续多孔的大、中型桥梁,为防止一孔破坏而影响全桥安全,需采用较复杂的措施或设置单向推力墩,增加了造价;其次是拱桥的施工,无论是有支架施工(如圬工拱桥)还是无支架施工(如钢筋混凝土拱桥),一直是影响拱桥发展和造价的重要方面;与梁式桥相比,上承式拱桥的建筑高度较高,尤其在平原地区,为满足桥下净空要求,必须抬高桥面标高,使两岸接线增长,或使桥面纵坡增大,既增加工程量又对行车条件不利。

尽管如此,拱桥的优点依然很突出,它是我国公路和城市桥梁的一种主要桥梁型式,尤其是西部地区,地质、地形条件适宜,建材丰富,非常适合于修建各种型式的拱桥。随着设计理论、计算方法和施工技术的提高,拱桥的跨径也在不断增大,如何减轻拱桥结构自重、改进施工方法,开发和使用高强混凝土,已成为修建和发展拱桥的重要课题。我国在箱形拱桥的基础上,发展和独创了刚架拱桥、预应力混凝土组合桁架拱桥等新型拱桥,尤其是钢管混凝土拱桥,以其突出的优点在国内迅速崛起。在短短的20年中,已建和在建钢管混凝土拱桥达260余座,显示出强大生命力和竞争力。

10.1.3　拱桥的组成

拱桥和其他体系桥梁一样,也是由桥跨结构和下部结构两部分组成。

根据行车道位置不同,拱桥的桥跨结构可以做成上承式、中承式和下承式三种,如图10.2所示。

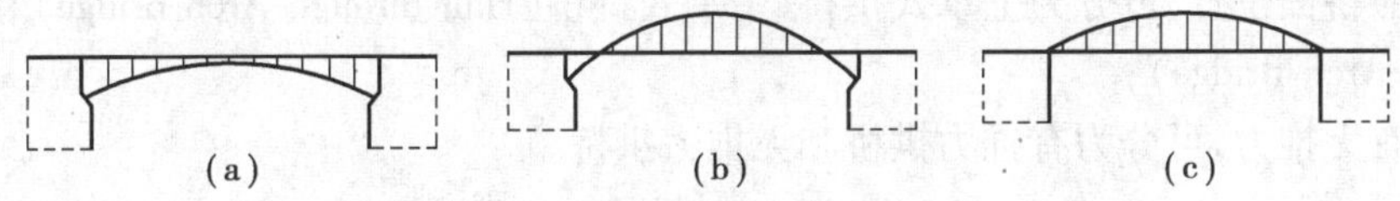

图10.2　拱桥行车道位置图
(a)上承式;(b)中承式;(c)下承式

上承式拱桥(Deck arch bridge)的桥跨结构由主拱圈(肋)及其上面的拱上建筑所构成。拱圈是拱桥的主要承重结构,承受桥上的全部荷载,并通过它把荷载传递给墩台及基础。由于主拱圈是曲线形,车辆荷载无法直接在弧面上行驶,需要在行车道系与主拱圈之间有传递荷载的构件和填充物,这些主拱圈以上的行车道系和传载构件或填充物统称为拱上建筑(Spandrel structure)。拱上建筑可做成实腹式(图10.3)或空腹式(图10.2(a)),相应称之为实腹式拱桥

(Filled spandrel arch bridge)和空腹式拱桥(Open spandrel arch bridge)。在图10.3中示出了实腹式拱桥的主要组成部分、主要尺寸和名称。

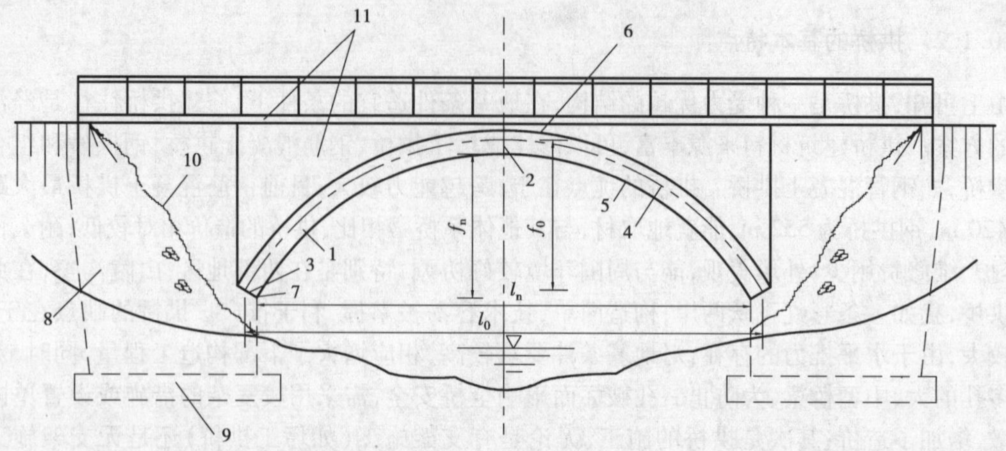

图10.3 实腹式拱桥图

1—主拱圈(Arch ring);2—拱顶(Arch crown);3—拱脚(Springing);4—拱轴线(Arch axis);5—拱腹(Soffit);6—拱背(back of arch);7—起拱线;8—桥台;9—桥台基础;10—锥坡;11—拱上建筑;l_n—净跨径;l_0—计算跨径;f_n—净矢高;f_0—计算矢高。

中、下承式拱桥的桥跨结构组成见本章第5节。

拱桥的下部构造包括桥墩、桥台和基础,用以支承桥跨结构,将桥跨结构的全部荷载传至地基,并与两岸路堤相连接。

10.1.4 拱桥的主要分类

拱桥的类型多种多样,构造各有差异,根据分类方式不同有:

(1)按照主拱圈所使用的建筑材料,可分为圬工拱桥、钢筋混凝土拱桥、钢拱桥和组合材料拱桥(钢管混凝土拱桥);

(2)按照主拱圈的截面形式,可分为板拱桥、肋拱桥、双曲拱桥和箱形拱桥;

(3)按拱上建筑的型式,可分为实腹式拱桥和空腹式拱桥;

(4)按拱轴线的形式,可分为圆弧线拱桥、抛物线拱桥和悬链线拱桥;

(5)按照桥面位置,可分为上承式拱桥、中承式拱桥(Half-through Arch bridge)和下承式拱桥(Through Arch Bridge);

(6)按有无推力,可分为有推力拱桥和无推力拱桥。

10.2 拱桥的结构体系与总体布置

10.2.1 拱桥的结构体系

按照主拱圈与行车道系结构之间相互作用的性质和影响程度,把拱桥分为简单体系拱桥和组合体系拱桥两大类。

(1)简单体系拱桥

在简单体系拱桥中,行车道系(上承式拱的拱上建筑或中、下承式拱的悬吊结构)不与主拱圈一起承受荷载,桥上的全部荷载由主拱圈单独承担,墩台或基础承受拱的水平推力。

按主拱圈的静力特点,简单体系拱又分为三铰拱、两铰拱和无铰拱三种,如图 10.4 所示。

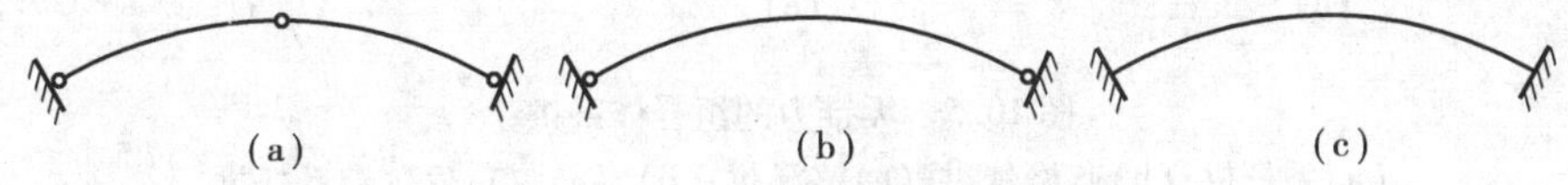

图 10.4　拱圈的静力图式

1)三铰拱(图 10.4(a))

属外部静定结构,由温度变化、支座沉陷等原因引起的变化不会在拱圈内产生附加内力,计算时无需考虑体系弹性变形对内力的影响,适用于需采用拱式桥梁而地基条件又差的桥位上。由于拱铰(arch hinge)的存在,减小了结构的整体刚度,减低了抗震能力,同时铰的构造复杂,施工困难,维护费用高,一般很少采用。德国曾经修建过一座最大跨径为 107 m 的三铰拱,国内仅在空腹式拱桥拱上建筑的边腹拱采用三铰拱。

2)两铰拱(图 10.4(b))

属外部一次超静定,由于取消了拱顶的拱铰,增强了结构的整体刚度,适用于地基基础可能发生位移的情况或坦拱桥中。与无铰拱相比,可以减小基础位移、温度变化、混凝土收缩、徐变等引起的附加内力。世界上最大跨径的两铰拱桥是美国的新河峡谷大桥(New River geoge bridge),跨径 518.2 m。

3)无铰拱(图 10.4(c))

属外部三次超静定结构,在自重和外荷载作用下,拱圈内的弯矩分布比两铰拱均匀,材料用量省。无铰拱整体刚度大,构造简单,施工方便,维护费用低,在实际工程中运用最为广泛。由于无铰拱是超静定结构,温度变化、墩台位移、结构变形、混凝土收缩、徐变等都会在拱圈内引起较大的附加内力,因此要求建造在地基条件较好的地方。目前,钢筋混凝土无铰拱桥最大跨径已达 420 m(重庆万州长江大桥),钢管混凝土拱桥则达 518 m(四川合江长江大桥)。

(2)组合体系拱桥

在组合体系拱桥中,行车道系与主拱圈(肋)按不同的构造方式构成一个整体共同承受荷载。根据行车道系与主拱的组合方式,组合体系拱又分为无推力的和有推力的两类。

1)无推力的组合体系拱

拱的推力由系杆承受,墩台不承受水平推力。根据拱肋和系杆的刚度大小和吊杆的布置形式可以分为:

①具有竖直吊杆的柔性系杆刚性拱——称系杆拱(图 10.5(a));

②具有竖直吊杆的刚性系杆柔性拱——称蓝格尔拱(图 10.5(b));

③具有竖直吊杆的刚性系杆刚性拱——称洛泽拱(图 10.5(c))。

当以上三种采用斜吊杆代替竖直吊杆时,统称为尼尔森拱,如图 10.5(d)、(c)、(f)。

2)有推力的组合体系拱

这种组合体系拱没有系杆,由单独的梁和拱共同受力,拱的推力仍由墩台承受。图 10.6(a)为刚性梁柔性拱(倒蓝格尔拱);图 10.6(b)为刚性梁刚性拱(倒洛泽拱)。

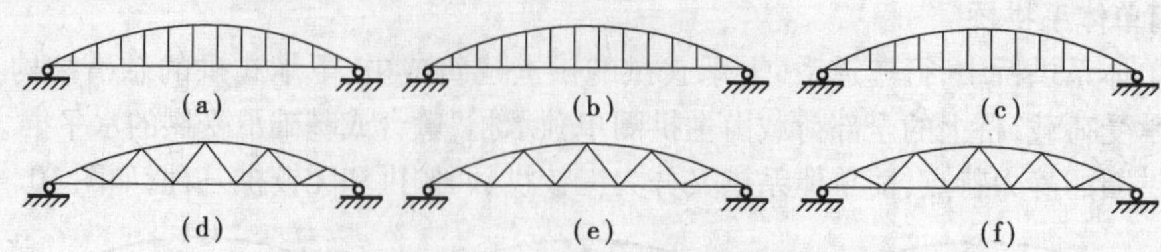

图 10.5　无推力的组合体系拱

(a)系杆拱;(b)蓝格尔拱;(c)洛泽拱;(d),(e),(f)尼尔森系杆拱

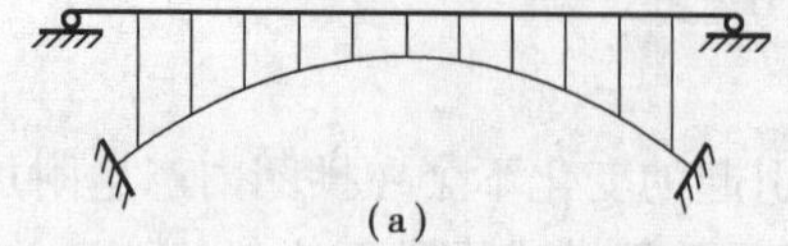

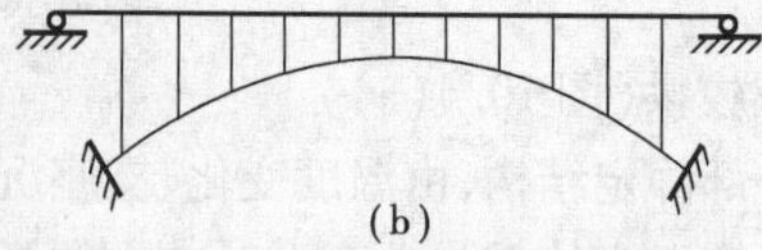

图 10.6　有推力的组合体系拱

(a)倒蓝格尔拱;(b)倒洛泽拱

10.2.2　总体布置

拱桥的总体布置原则上与其他体系桥梁一样,应按照第 2 章的有关要求进行。由于结构体系直接影响结构的构造尺寸,因此在拱桥的总体布置中,主要确定结构体系及结构形式,包括:桥梁的长度、跨径、孔数;矢跨比、拱圈宽度与高度、墩台尺寸、基础形式与埋置深度;桥上及桥头引道的纵坡等。这里主要介绍拱桥总体布置的一些特点。

(1)确定拱桥的设计标高和矢跨比

拱桥的设计标高有四个,即桥面标高、拱顶底面标高、起拱线标高和基础底面标高,如图 10.7所示。

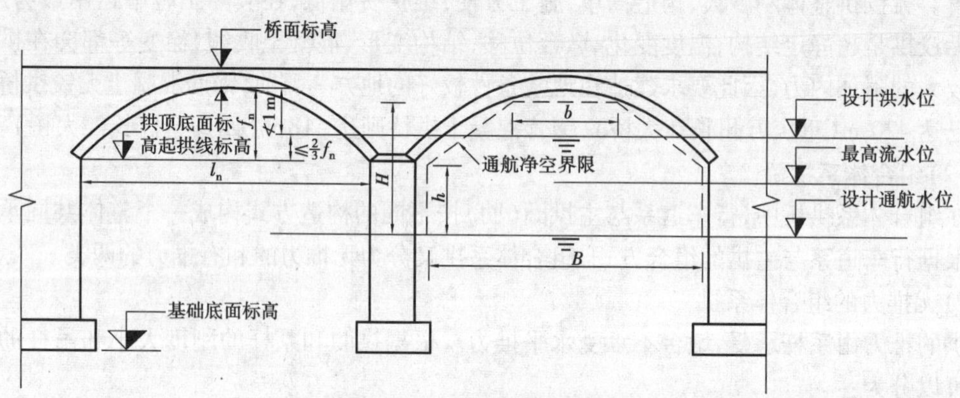

图 10.7　拱桥标高及桥下净空图

拱桥的桥面标高,代表着建桥的高度,特别是平原区,在相同的纵坡情况下,标高太高会使两端的引桥或接线工程显著增加,将提高桥梁的总造价;反之,如果标高过低,不但会遭受洪水冲毁的危险,而且还会影响到桥下的通航,导致桥梁建成后带来难以挽救的缺陷,故桥面标高必须综合考虑有关因素,正确合理的决定。

建在山区河流上的拱桥,由于两岸公路路线的位置一般较高,故桥面标高往往由两岸路线的纵面设计所控制。

对跨越平原区河流的拱桥,其桥面标高一般由桥下净空所控制。为保证桥梁的安全和桥下通航的正常运营,桥下必须留有足够的排泄设计洪水流量的净空。对无铰拱,可以将拱脚置于设计水位以下,但淹没深度不得超过净矢高 f_n 的 2/3。为保证漂浮物的通过,在任何情况下,拱顶底面标高应高出设计洪水位 1.0 m。

对通航河流,通航孔的最小桥面高度,除应满足以上要求外,还应满足对不同航道等级所规定的桥下净空界限的要求(图 10.7)。

对有淤泥的河床,桥下净空尚应适当加高。

确定桥面标高后,由桥面标高减去拱顶处的建筑高度(包括拱顶处的拱圈高度和拱上建筑高度),就可以得到拱顶底面标高。

拟定起拱线标高时,为了减少墩台基础底面的弯矩,节省墩台的圬工数量,一般宜选择低拱脚的设计方案。但对于有铰拱,拱脚需高出设计洪水位以上 0.25 m。为防止冰害,有铰或无铰拱拱脚均应高出最高流冰面 0.25 m。当洪水带有大量漂浮物,拱上建筑又采用立柱时,宜将起拱线标高提高,使主拱圈不要淹没过多,以防漂浮物对立柱的撞击或挂留。有时为了美观的要求,应避免就地起拱,而应使墩台露出地面一定的高度。

基础底面的标高,主要根据冲刷深度、地基承载能力等因素确定。

(2)矢跨比确定

当拱顶、拱脚标高确定后,根据跨径即可确定拱的矢跨比。矢跨比是拱桥的一个重要特征参数,不但影响主拱圈内力,而且影响拱桥施工方法的选择,同时还关系到拱桥的外形能否与周围景观相协调。

拱的恒载推力 H_g 与垂直反力 R_g 之比值,随矢跨比的减小而增大。当矢跨比减小时,拱的推力增加,反之则减小。推力大,相应在主拱圈内产生的轴向力也大,这对主拱圈本身的受力状况是有利的,但对墩台基础不利。同时,矢跨比小,弹性压缩、混凝土收缩徐变和温度变化等附加内力均较大,对主拱圈不利。在多孔情况下,矢跨比小的连拱作用较矢跨比大的显著,对主拱圈不利。然而,矢跨比小却能增加桥下净空,降低桥面纵坡,对拱圈的砌筑和混凝土的浇筑比较方便。因此,在设计时,矢跨比的大小应经过综合比较、选择。

拱桥的矢跨比通常为 1/8 ~ 1/4,箱形拱桥的矢跨比一般为 1/8 ~ 1/5。一般将矢跨比大于或等于 1/5 的拱称为陡拱,矢跨比小于 1/5 的拱称为坦拱。

(3)不等跨分孔的处理

多孔拱桥宜优先选用等跨布置方案。在受到地形、地质、通航、美观等条件限制,或引道很长,考虑与桥面纵坡协调一致时,可以考虑不等跨的方案。如一座跨越水库的拱桥,全长 376 m,谷底至桥面高达 80 余 m,根据地形、地质条件和经济比较等综合考虑,以采用不等跨分孔为宜,跨越深谷的主孔跨径采用 116 m,而两边的边孔采用 72 m,如图 10.8 所示。

不等跨拱桥,由于相邻孔的自重推力不等,使桥墩和基础增加了自重的不平衡推力。为减小不平衡推力对桥墩基础底面的不平衡弯矩,改善桥墩基础受力情况,可以采取以下措施:

1)采用不同的矢跨比

利用跨径一定时,矢跨比与水平推力大小成反比的关系,在相邻两孔中,大跨径用较陡的拱(大矢跨比),小跨径用较坦的拱(小矢跨比),使相邻孔在结构自重作用下的不平衡推力尽量减小。

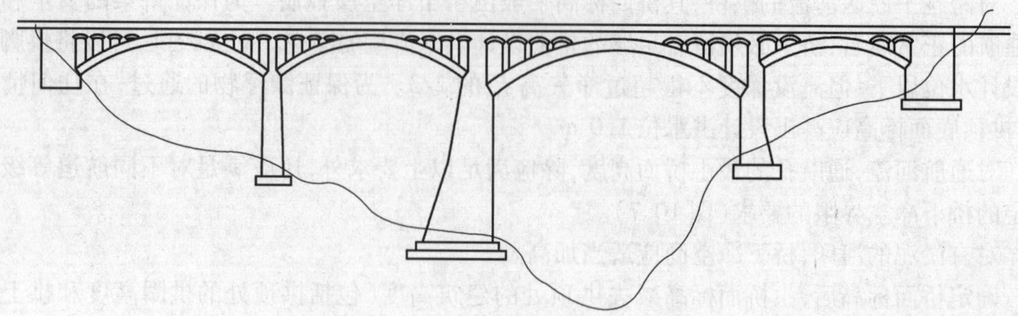

图 10.8　不等跨分孔

2)采用不同的拱脚标高

由于采用了不同的矢跨比,致使两相邻孔的拱脚标高不在同一水平线上。因大跨径孔的矢跨比大,拱脚降低,减小了拱脚水平推力对基底的力臂,使大跨与小跨的恒载水平推力对基底所产生的弯矩得到平衡,如图 10.9 所示。

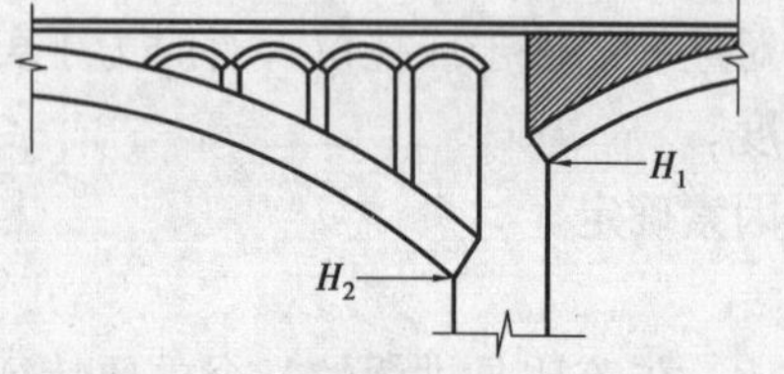

图 10.9　大跨与小跨的拱脚标高

3)调整拱上建筑的重量

通常大跨径拱桥采用轻质的拱上填料或空腹式拱上建筑,小跨径用重质的拱上建筑或实腹式拱上建筑,以增加小跨径拱的自重来增大恒载的水平推力。

4)采用不同类型的拱跨结构

通常大跨径拱桥采用肋拱桥结构,以减轻大跨径拱的自重,减小恒载水平推力,小跨径则用板拱结构,有时为进一步减小大跨径拱的恒载水平推力,可加大大跨径拱肋的矢高,做成中承式肋拱桥(图 10.10)。中跨采用分离式中承式拱,两边跨用上承式拱,以此来减小不平衡水平推力。

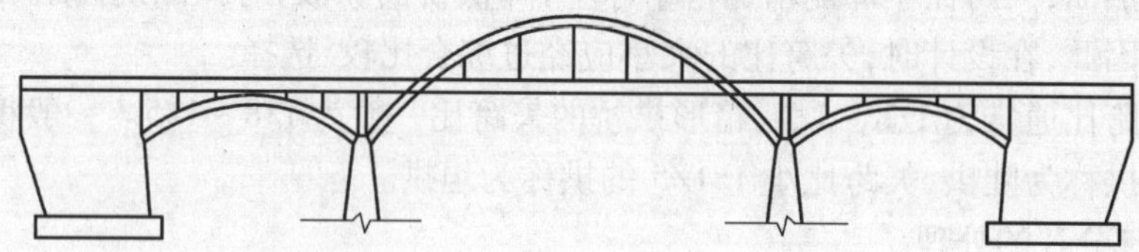

图 10.10　采用不同类型的拱跨结构

在具体设计时,可以同时采用上述几种措施,如果仍不能达到完全平衡推力的目的,则需设置不平衡推力墩(单向推力墩)加以解决。

10.3　主拱圈的构造与截面尺寸拟定

根据主拱圈截面形式不同,拱桥可分为板拱桥、肋拱桥、箱形拱桥和双曲拱桥四种。

10.3.1　板拱桥

主拱圈采用实心矩形截面的拱称为板拱。板拱构造简单、施工方便。但由于在相同的条件下,实体矩形截面比其他型式截面的截面抵抗矩小；在有弯矩作用时，材料的强度不能得到充分发挥，主要用于中、小跨径拱桥。板拱桥绝大多数是无铰拱，但也可做成三铰拱、两铰拱或平铰拱。

按照主拱所用材料，板拱又分为石板拱、混凝土板拱、钢筋混凝土板拱等。本教材主要介绍石板拱，实心的混凝土板拱和钢筋混凝土板拱材料用量较多，应用很少。

(1)石板拱构造

石板拱按照砌筑拱圈的石料规格，分为料石板拱桥、块石板拱桥和片石板拱桥三种。

砌筑拱圈用的石料，不论是何种石板拱，都应选用石质均匀，不易风化，无裂纹，强度等级不得低于MU50，砌筑用的砂浆，在大、中跨拱桥中不得小于M10，小跨径拱桥不得小于M7.5。在有条件的地方，可以用小石子混凝土代替砂浆砌筑板拱，不但砌体强度高，而且节省水泥。

拱石(Arch stone)规格应根据跨径大小和当地石料情况选用，对料石拱(一般指粗料石)，应外形方正，成六面体，厚度(拱轴方向)20～30 cm，高度应为厚度1.5～2.0倍，长度为厚度的2.5～4.0倍。对块石拱，形状应大致方正，上下面大致平整，厚度20～30 cm，高度为厚度的1.0～1.5倍，长度为厚度的1.5～3.0倍。对片石拱，拱石厚度不应小于15 cm，敲去尖锐突出部分。各类拱石的石料层面应与拱轴线垂直。

砌筑拱圈时，根据受力的需要，构造上应满足下列要求：

①拱石受压面的砌缝应呈辐射方向，与拱轴线相垂直。这种辐向砌缝一般应做成通缝，但可不错缝；

②当拱圈厚度不大时，可采用单层拱石砌筑(图10.11(a))，当拱圈厚度较大时，可采用多层拱石砌筑(图10.11(b))，但要求垂直于受压面的顺桥向砌缝错开，其错缝间距不小于10 cm(图10.12)；

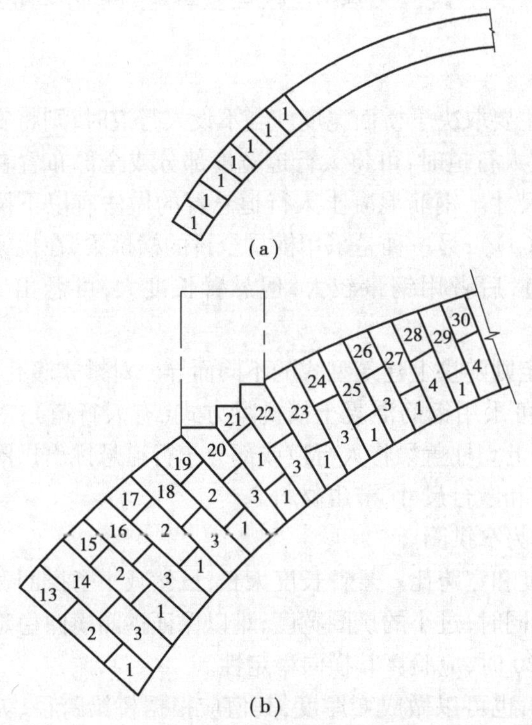

图10.11　拱石砌筑

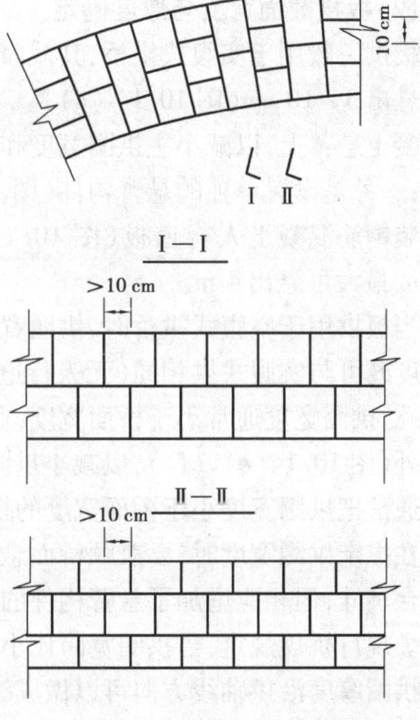

图10.12　拱石的错缝要求

③在拱圈的横截面内,拱石的竖向砌缝应当错开,错开宽度不小于 10 cm,如图 10.12 的Ⅰ—Ⅰ截面和Ⅱ—Ⅱ截面。这样,在纵向或横向剪力作用下,可以避开剪力单纯由砌缝承担,从而增大砌体的抗剪强度和整体性。

④砌缝宽度。砌缝宽度与拱石规格和砌缝材料有关。对料石拱应不大于 2 cm,对块石拱不大于 3 cm,对片石拱不大于 4 cm,采用小石子混凝土砌筑时,块石缝宽不大于 5 cm,片石砌缝宽为 4 ~7 cm。

⑤拱圈与墩台及拱圈与空腹式拱上建筑的腹孔墩相连接处,应采用特殊的五角石(图 10.13),以改善连接处的受力状态。五角石不得带有锐角,以免施工时损伤或被压碎。由于五角石制作复杂,费工费力,现在基本上都采用现浇混凝土拱座和腹孔墩垫梁来替代。

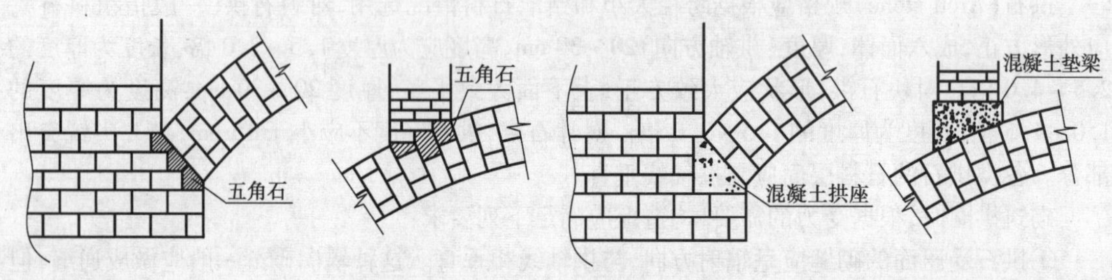

图 10.13　拱圈与墩台及腹孔墩连接

为便于拱石加工和确保砌筑符合设计要求,应首先进行施工放样,在其基础上对拱石编号。对等截面圆弧拱,因截面相等,又是单心圆弧,拱石规格较少,编号简单,如图 10.11(a)所示;当采用变截面悬链线时,由于截面和曲率半径发生变化,拱石类型多,编号复杂(图 10.11(b)),因此广泛建造等截面拱桥。

(2)板拱截面宽度与厚度确定

板拱一般用于实腹式拱桥,其截面宽度主要取决于桥面宽度。当不设人行道时,则将安全护栏悬出 5 ~10 cm(图 10.14 (a))。当设置人行道时,可将人行道宽度部分或全部布置在钢筋混凝土悬臂上,以减小主拱圈宽度和墩台尺寸。钢筋混凝土人行道悬臂的做法有以下两种形式:一种是设置单独的悬臂构件(图 10.14(c));另一种是采用横贯全桥的横挑梁,在挑梁上再安装钢筋混凝土人行道板(图 10.14(d)),后者用钢量较大,但悬臂长度大,可悬出 1 ~ 2.5 m,最大可悬出 4 m。

当板拱用于空腹式拱桥时,拱圈宽度拟定则随拱上建筑型式的不同而异。对拱式腹孔,拱圈宽度既可与实腹式拱相同(无人行道),也可采用钢筋混凝土横挑梁方式(有人行道);对梁式腹孔,拱圈宽度通常小于桥面宽度,通过拱上立柱盖梁将人行道或部分车行道悬挑出拱圈宽度以外(图 10.14(e)、(f)),以减小拱圈宽度和墩台尺寸,节省材料。

通常把拱圈宽度小于桥面宽度的拱圈称为窄拱圈。

在拟定拱圈宽度时,要兼顾桥面悬臂长度和宽跨比。悬臂长度太长,虽然减小了拱圈宽度和墩台尺寸,但相应增加了悬臂构件的用量,同时,过小的拱圈宽度,难以保证拱圈横向稳定性要求。现行桥规规定,当拱圈宽跨比小于 1/20 时,应验算其横向稳定性。

拱圈厚度沿拱轴线方向可以做成等厚度,也可以做成变厚度,其值应根据桥梁跨径、矢跨比、荷载等级以及主拱材料等因素综合确定。

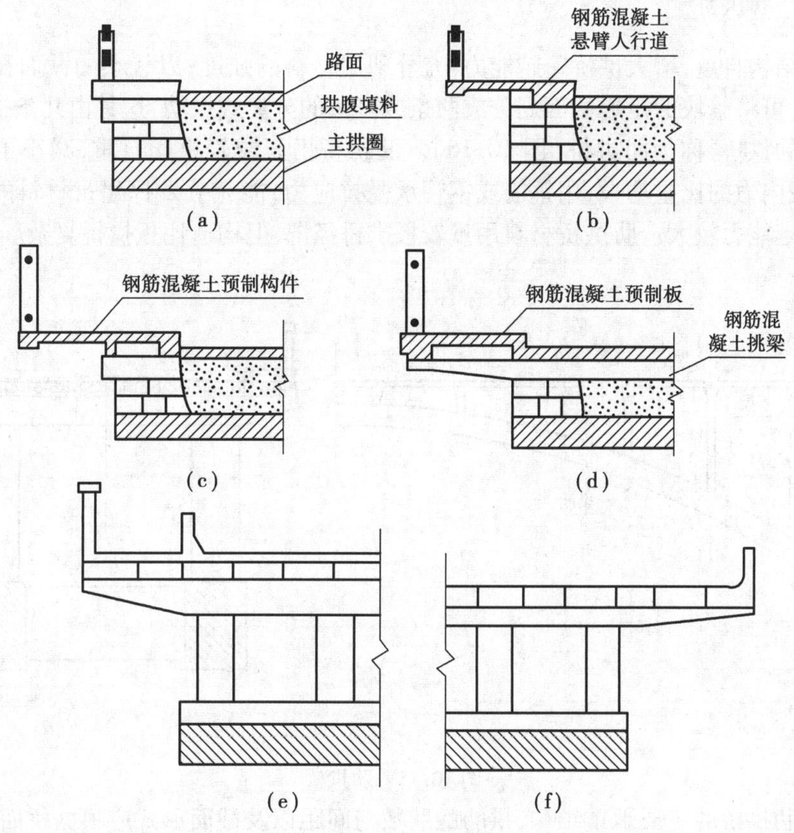

图10.14　板拱宽度

对等厚度的小跨径石板拱，初拟厚度时，可按下式估算：

$$h = \beta k \sqrt[3]{l_n} \tag{10.5}$$

式中：h——拱圈厚度，cm；

l_n——拱圈净跨径，cm；

β——系数，一般为4.5～6.0，取值随矢跨比的减小而增大；

k——荷载系数，公路—Ⅱ级取1.2，公路—Ⅰ级取1.3～1.5。

对变厚度的小跨径石板拱，其拱顶厚度可按下式估算：

$$h_d = \alpha\left(1 + \sqrt{l_n}\right) \tag{10.6}$$

式中：h_d——拱顶厚度，m；

l_n——拱圈净跨径，m；

α——系数，一般为0.13～0.17，取值随跨径的增大而增大。

其他截面的厚度可根据李特(Ritter)公式或其他方法确定。

大跨径石板拱桥及具有特殊要求的石板拱桥，其拱圈厚度拟定可参照已成桥的设计资料或其他经验公式进行。

10.3.2 肋拱桥

为减轻结构自重,增大拱桥跨越能力,充分利用材料的强度,以较小的截面积获取较大的截面抵抗矩,可将整块的矩形截面划分成两条或多条的分离式拱肋,这种由几条拱肋通过横系梁联结而成的拱桥,称为肋拱桥(图 10.15)。肋拱桥由于减轻拱圈自重,减小了拱肋自重内力,相应活载内力的比重增大,用钢筋或钢管承受拉应力,能充分发挥建筑材料的作用,因此,肋拱桥的跨越能力较大。肋拱桥材料用量较板拱桥经济,但构造比板拱桥复杂。

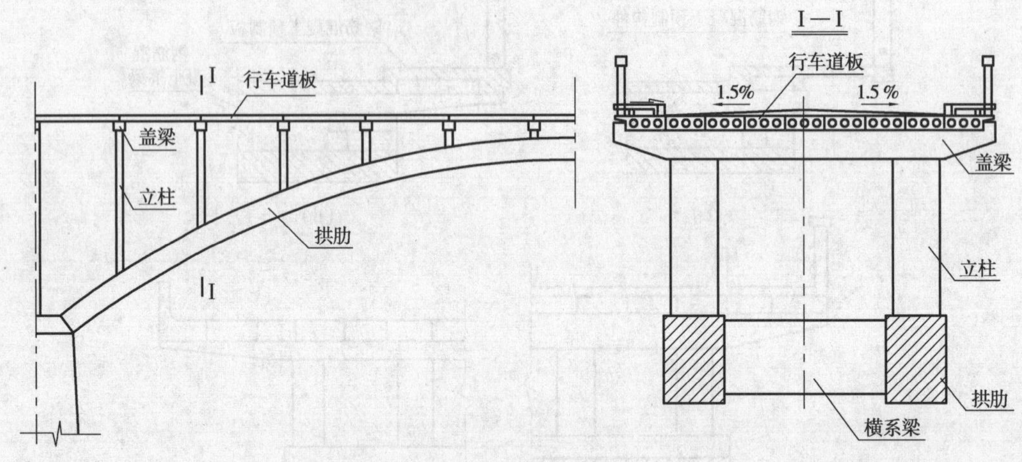

图 10.15 肋拱桥

拱肋是肋拱桥的主要承重结构,拱肋的肋数与间距以及截面形式应根据桥面宽度、荷载等级、主拱材料、施工方法和经济性等方面综合考虑决定。一般在满足横向稳定要求的情况下,宜采用少肋形式,以简化构造,同时在外观上给人以清晰的感觉。通常,桥宽在 20 m 以内可采用双肋式,桥宽超过 20 m 时,为避免由于肋间距增大而使肋间横系梁、拱上结构横向跨度和尺寸增大过多,可采用分离的双幅双肋或三肋式或多肋式。对三肋式拱,中肋将长期处于高负荷状态,受力复杂,一般较少采用,而是采用两个分离式的双肋拱桥。肋拱桥最外侧拱肋间的距离,一般不应小于跨径的 1/15,以保证肋拱桥的横向整体稳定性。

拱肋的截面形式,根据跨度大小和荷载等级,可以选用矩形、箱形、管形等,如图 10.16 所示。

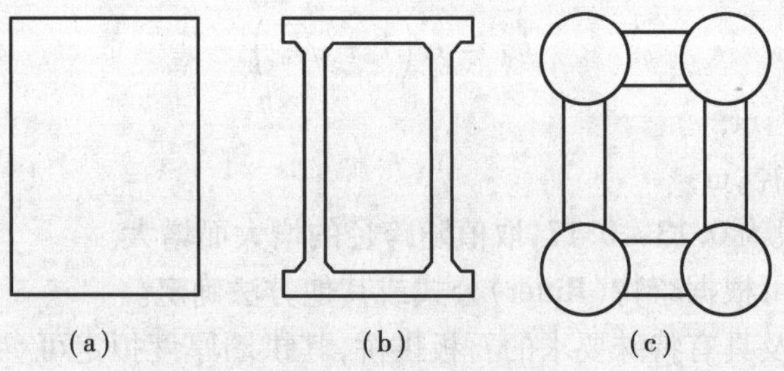

图 10.16 肋拱桥拱肋截面形式

矩形截面构造简单,但在受弯矩作用时不能充分发挥材料的性能,多用于中、小跨度的肋拱桥中。在初拟尺寸时,矩形拱肋肋高可取跨径的 1/60 ~ 1/40,肋宽可为肋高的 0.5 ~ 2.0倍。

矩形拱肋除采用钢筋混凝土外,在我国的四川、重庆、湖南等地,因地制宜,修建了不少石肋拱桥。石肋拱可以是双肋,也可以是多肋,肋间设置足够的钢筋混凝土横系梁,如图10.17所示。石肋拱所用石料应为料石或块石。石肋肋数、断面尺寸根据跨度大小、桥面宽度、荷载等级等确定。如四川广元朝天镇桥跨径为85 m,桥宽10 m,采用双肋石拱,肋宽2 m,高1.6 m,肋中距5 m;重庆忠县红星桥,桥跨50 m,桥宽18 m,采用四肋式拱,肋宽2.25 m,高1.1 m。石肋拱与石板拱相比具有更好的经济性,如四川赤水一座净跨78 m的石肋拱,肋高1.5 m,宽2.0 m,用M15砂浆砌筑MU60粗料石,比相同跨径的空腹式石板拱桥节省料石50%,节省拱架60%以上。

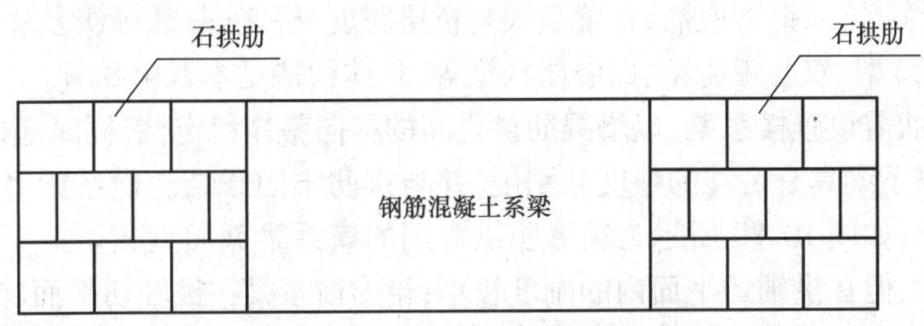

图10.17　石肋拱拱圈截面示意

钢筋混凝土矩形肋拱的配筋应综合考虑受力和施工的需要。当采用支架现浇时,按素混凝土计算强度和稳定性通过后,只需在受拉区设置不小于主拱圈面积0.05%的构造钢筋,否则,应按钢筋混凝土结构进行计算。当采用无支架吊装时,仍按素混凝土计算,如满足强度和稳定性要求,则纵向受力钢筋按吊装受力确定,否则应同时考虑吊装阶段和使用阶段的需要。纵向钢筋一般上、下对称通长布置,并弯成拱形。对无铰拱,纵向钢筋应埋入墩台的拱座内,使其与墩台牢固地联结。矩形肋埋入深度应不小于拱脚截面高度的1.5倍,其余钢筋按构造要求设置,同时,拱肋纵向箍筋间距不得大于纵向主筋的15倍。

拱肋采用箱形截面的肋拱称为箱形肋拱。拱肋可由单箱肋构成(图10.18(a)),也可由双箱肋或多箱肋构成(图10.18(b))。单箱肋肋宽较小,与拱上立柱尺寸较为协调,结构轻盈美观,一次性预制或现浇,整体性好,施工方便,缺点是吊装重量大。对此可先预制顶板不小于10 cm厚的箱肋,吊装成拱后,再浇筑顶板不小于10 cm的混凝土。对由双箱肋或多箱肋构成的拱肋,当吊装能力有限时,同样先吊装顶板不小于10 cm厚的箱肋,待成拱后再现浇顶板厚度不小于10 cm的混凝土。

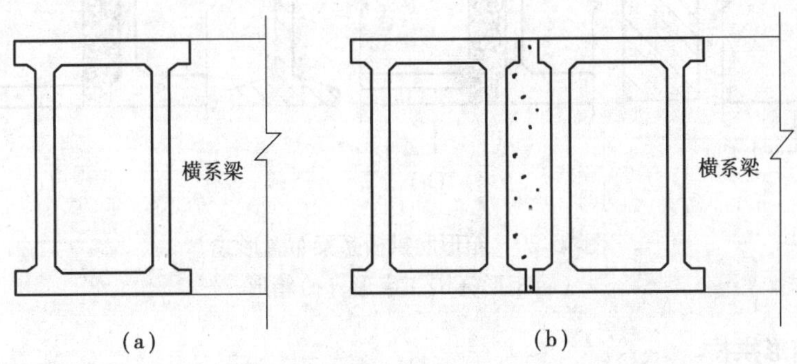

图10.18　箱肋拱断面

初拟箱形肋拱截面尺寸时,肋高通常取跨径的1/70~1/50,肋宽取肋高的1.0~2.0倍,腹板厚度一般不小于 12 ~ 15 cm,顶、底板厚度一般为 15 ~ 22 cm。

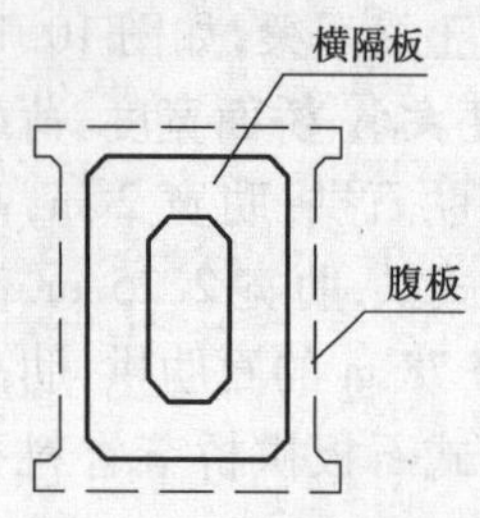

图 10.19 横隔板构造

在确定拱肋单箱肋尺寸时,不仅要考虑使用阶段的受力需要,同时也要考虑单箱肋在吊运、悬挂以及成拱后的强度和腹板局部稳定的需要。为此,除在箱肋接头、拱上立柱、横系梁对应处设置横隔板外,还需按 2.5 ~ 5.0 m 设置内横隔板,横隔板厚度 10 ~ 15 cm。有时为减轻重量,便于施工人员通行,将横隔板中间挖空,如图 10.19 所示。

管形肋拱是指采用钢管混凝土作为拱肋。钢管混凝土拱肋中的钢管根数、布置型式与桥梁跨度、桥宽、荷载等级及受力等有关,其截面型式有单肋(管)型、双肢哑铃型、四肢格构型等,具体构造见本章第 8 节。

分离式的拱肋需设置横系梁,以增强肋拱之间的横向整体稳定性,同时起横向分布荷载的作用,因此要求横系梁具有足够的强度和刚度,并与拱肋牢固联结。横系梁可采用矩形、工字形、箱形或桁架形,如图 10.20 所示为箱形肋拱常用的横系梁截面型式。工字形横系梁,重量轻,预制安装方便,但在拱轴切平面内的刚度较小;箱形横系梁在拱轴切平面、法平面内的刚度均较大,对提高肋拱横向稳定有利。横系梁的断面尺寸应根据构造和对拱的横向稳定要求确定,高度可取 0.8 ~ 1.0 倍拱肋高度,且不小于 80 cm,宽度可取 0.6 ~ 0.8 倍拱肋高度。箱形断面的横系梁壁厚不宜小于 10 cm。横系梁按构造要求配筋,四角应设置直径不小于 16 mm 的纵向钢筋,并设直径不小于 8 mm 的箍筋,箍筋间距不应大于横系梁断面尺寸或 40 cm。肋拱桥荷载偏压作用比较显著,为改善拱的受力,横系梁除在拱上立柱下设置外,还需在拱脚附近及 $3l_0/8 \sim l_0/2$(l_0 为计算跨径)区段内应予以加密。横系梁与拱肋间的连接,可采用干接头或湿接头。干接头主要采用预埋钢板焊接连接,湿接头则分别在拱肋侧面与横系梁端留出连接钢筋,待横系梁安装就位后焊接钢筋并现浇接缝混凝土。对工字形横系梁,其腹板与拱肋横隔板相对应,上下翼板分别与拱肋顶底板对应,两者应在对应位置留出连接钢筋;对箱形横系梁,要求其顶底板与拱肋顶底板对应,由于有两个腹板,为使其具有对应的连接位置,要求拱肋在横系梁腹板对应位置设置双横隔板,同时在两者对应位置留出连接钢筋。

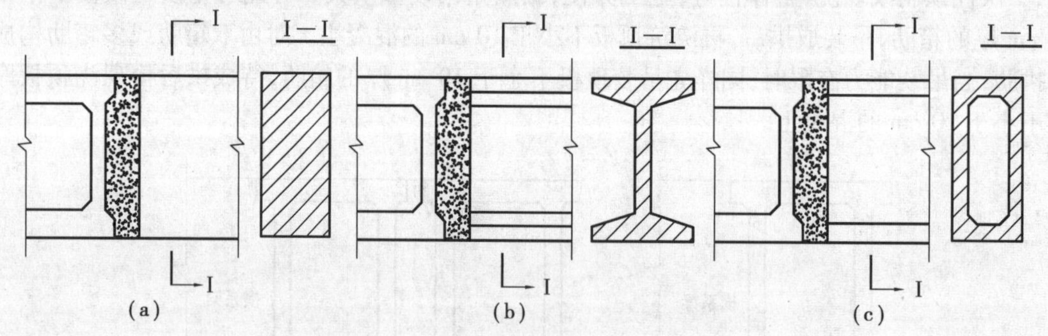

图 10.20 箱形肋拱横系梁布置形式

(a)矩形;(b)工字形;(c)箱形

10.3.3 箱形拱桥

将实体的板拱截面挖成空心箱形截面的拱桥,称为箱形拱桥。

(1)箱形拱的主要特点

①截面挖空率大。挖空率可达全截面的50%～70%，与板拱相比，可大量节省圬工体积，减轻自重；

②箱形截面的中性轴大致居中，对抵抗正、负弯矩具有几乎相等的能力，能较好地适应各截面正、负弯矩变化的情况；

③由于是闭合空心截面，抗弯抗扭刚度大，拱圈的整体性好，应力分布比较均匀；

④单根箱肋的刚度较大，稳定性较好，能单片成拱，便于无支架施工；

⑤预制拱箱的宽度较大，施工操作安全，易保证施工质量；

⑥制作要求较高，起吊设备较多。

可以看出，箱形截面是大跨径拱桥一种比较经济合理的截面形式，因此，国内外修建的大跨径钢筋混凝土拱桥，绝大多数采用箱形截面。

(2)箱形拱截面的组成方式

大跨径拱桥的主拱圈，为了采用预制装配法施工，采取横向分肋、纵向分段的方法，即在横向将拱圈截面划分成若干个箱肋，在纵向将箱肋分段，通常为3～7段，以减轻吊装重量。待箱肋拼装就位后，再浇筑肋间混凝土把各箱肋连成整体，形成主拱圈截面。因此，箱形拱桥主拱圈的组成方式主要有以下几种：

①由U形肋组成的多室箱形截面，如图10.21(a)所示。它是将底板和腹板预制成U形(开口)拱肋，并沿轴线方向一定间距内设置横隔板。采用分段预制，吊装合龙后安装预制盖板，再现浇顶板和腹板接缝混凝土，形成箱形截面。盖板可以是平板或微弯板。U形肋的优点是预制时不需要顶板顶面模板，只需在拱胎上立侧模板，吊装重量轻；缺点是现浇混凝土工作量大，盖板参与拱圈受力时作用不大，反而增加了拱圈重量，纵、横向刚度不够大，吊装及单肋合龙时的稳定不易满足，目前已很少采用。

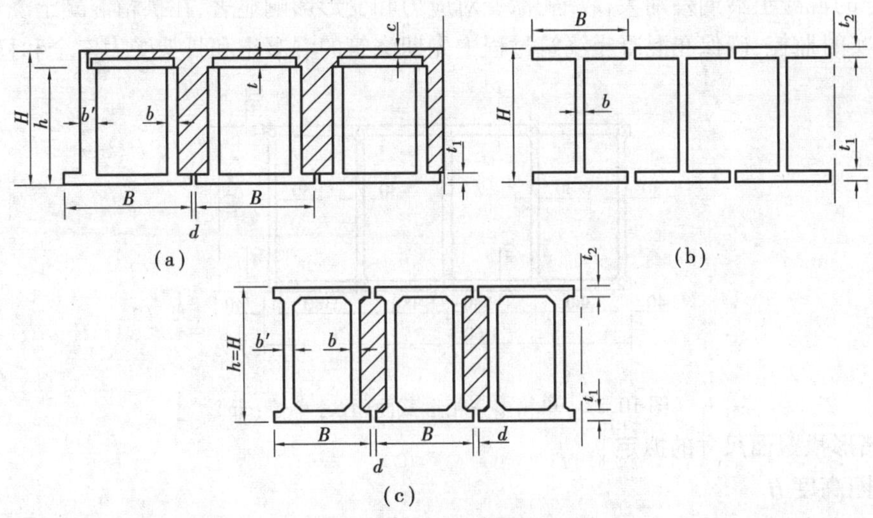

图10.21　箱形截面的组合方式

②由工字形截面组成的多室箱形截面，如图10.21(b)所示。将设有横隔板的工字形拱肋吊装合龙后，翼缘板直接对接，并施焊横向连接钢板形成拱圈截面，省去了现浇混凝土部分，减少了施工工序。工字形拱肋的缺点是吊装稳定性较差，焊接下翼缘和横隔板的联结钢板时，工

作条件差,焊接质量难以保证。

③由闭合箱肋组成的多室箱形截面,如图 10.21(c)所示。这种箱肋的特点是在预制过程中采用预制组拼的工艺,即先将预制好的箱腹板和横隔板在拱胎上拼装起来,然后现浇底板和腹板与横隔板的接头,形成 U 形开口箱,再在 U 形箱内立模现浇顶板形成闭合的箱肋。为了加强块件之间的连接,在腹板和横隔板四周预留环状剪力钢筋及连接钢筋,如图 10.22 所示。闭合箱肋吊装成拱后,现浇肋间填缝混凝土形成多室箱形截面。闭合箱的优点在于,腹板和横隔板在预制场地分块预制,可节省大量模板,同时,闭合箱的抗弯抗扭刚度大,吊装过程中的稳定性容易得到保证。

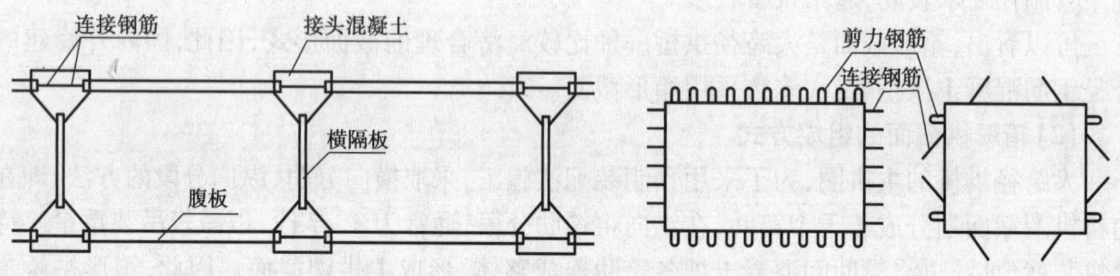

图 10.22　腹板、横隔板连接示意图

④单箱多室截面,如图 10.23 所示。这种截面形式主要用于(特)大跨度混凝土拱桥中。单箱多室截面的形成与施工方法有关。当采用劲性骨架法施工时,拱箱是在劲性骨架拱(钢管混凝土或型钢骨架)上分层分段浇筑而成,其特点是将拱箱庞大的体积化小,通过将底板、腹板和顶板混凝土沿纵向划分成若干段,横向又根据腹板高度划分成若干层,采用连续浇筑或多工作面浇筑的方法逐步形成拱箱,省去了大量临时支架。由于拱箱混凝土是分步形成的,因此,各部分的混凝土龄期差别大,收缩、徐变对应力和变形影响显著,在拱箱混凝土浇筑过程中必须进行实时监控,确保在混凝土浇筑过程中先期浇筑的混凝土和骨架受力安全和稳定要求。

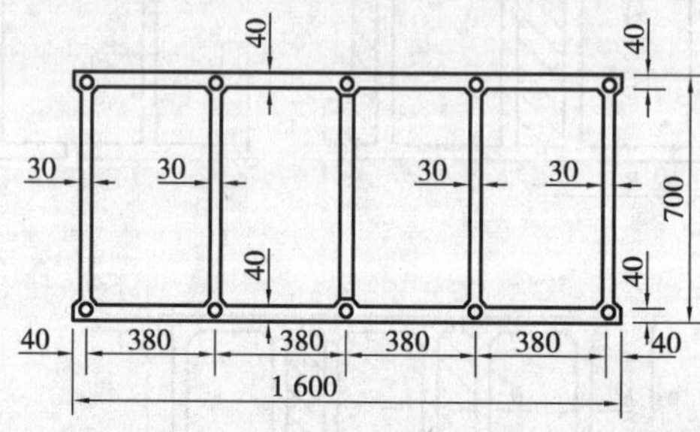

图 10.23　单箱多室箱形截面(尺寸单位:cm)

(3)箱形拱截面尺寸的拟定

1)拱圈高度 H

拱圈高度主要取决于拱的跨度,也与拱圈所采用的混凝土强度等级有很大关系。根据我国的实践,可以采用以下的经验公式来拟定拱圈的高度 H:

$$H = \frac{l_n}{100} + \Delta \tag{10.7}$$

式中，l_n 为拱的净跨径，Δ 值在 0.6 ~ 0.8，跨度大或箱室少选用上限。此外，也可以参照已成桥梁来拟定，表 10.1 为部分箱板拱设计资料。

表 10.1 国内部分箱形板拱桥设计资料

桥 名	跨径 l_n/m	桥宽 B/m	拱圈宽 b_1/m	拱圈高 h/m	b_1/l_n	h/l_n	b_1/B
重庆万州长江大桥	420	24	16	7	1/26.25	1/60	0.67
重庆涪陵乌江大桥	200	12	9	3.0	1/22.22	1/66.67	0.75
四川 3007 桥	170	12.5	10.6	2.8	1/16.04	1/60.7	0.85
四川马鸣溪桥	150	10.5	7.4	2	1/20.27	1/75	0.70
四川 3006 桥	146	13.5	10.5	2.5	1/13.90	1/58.4	0.78
重庆武隆乌江桥	135	11	7	1.8	1/19.28	1/75	0.64
广西巴龙桥	134.22	8	6.2	1.8	1/21.65	1/74.6	0.78
湖南王浩桥	133	13.5	11.76	1.8	1/11.31	1/73.9	0.87
福建水口桥	132	13.5	10.24	2.2	1/12.89	1/60	0.76
云南长田桥	130	11	10.8	2.3	1/12.04	1/56.5	0.98
广西那桐桥	125	11.5	9.6	1.85	1/13.02	1/67.5	0.83
四川广元宝珠寺桥	120	11.5	9	1.9	1/13.33	1/63.2	0.78
四川晨光桥	100	21	12.8	1.7	1/7.8	1/58.8	0.61

提高混凝土强度等级可减小截面尺寸，从而减轻拱圈自重或加大跨径。目前国内普通钢筋混凝土拱桥常用 C35 ~ C50 混凝土，而在特大跨劲性骨架混凝土拱桥中已应用到C50 ~ C60。

2）拱圈的宽度

单箱多室箱形拱拱圈宽度通常采用窄拱圈形式，一般为桥宽的 0.6 ~ 1.0 倍，桥面悬挑 1 ~ 2.5 m，最大可达到 4.0 m。但为了保证拱圈横向的刚度和稳定，宽跨比应满足 1/20 的要求。对特大跨径拱桥，根据一些已成桥的经验，这一要求可适当放宽，如重庆万州长江大桥为 1/26.25，南斯拉夫的 KRK 桥为 1/32.9，但必须验算其横向稳定性。

3）箱肋宽度 B

箱肋宽度主要取决于缆索吊装能力和吊装过程中的稳定。拱圈宽度确定后，箱肋宽度大，相应箱肋数和横向接缝就少，整体性强，单箱肋安装时的横向稳定性容易得到保证，但吊装重量大，因此，设计时必须充分考虑施工设备和起吊能力。箱肋宽度一般为 1.2 ~ 1.7 m，常用 1.4 ~ 1.5 m。

4）顶底板及腹板尺寸

对由多个闭口箱组成的箱形拱，其顶底板尺寸与跨径大小和荷载等级有关，一般取 15 ~ 22 cm，可以是等厚，也可以是不等厚，跨径大但拱圈窄时取大值。两外边箱外腹板厚一般为 12 ~ 15 cm，内箱肋腹板厚不小于 10 cm。箱肋间的填缝宽度应根据受力大小（主要是轴应力）确定，一般取 20 ~ 35 cm，但为保证填缝混凝土浇筑质量，常取 24 cm，其中 4 cm 为两箱肋间的安装缝。

对采用转体施工或其他施工方法施工的箱形拱桥，拱箱顶、底板和腹板的厚度应根据受力状态和施工需要综合确定，如采用转体法施工的重庆涪陵乌江大桥为单箱三室截面，其顶、底板和腹板厚度均取 20 cm；采用劲性骨架施工的重庆万州长江大桥为单箱三室截面，顶、底板厚度为 40 cm，腹板厚为 30 cm。

(4)箱形拱的横隔板及横向联结

箱形拱桥中的箱肋同样需要设置横隔板，设置方法与箱形肋拱桥基本一致，不同之处在于箱形拱桥中没有横系梁。因此，除在箱肋接头、拱上立柱处需设置横隔板外，在其余部分仍按 2.5 ~ 5.0 m 设置一道横隔板。

对有多个箱肋组成的箱板拱，箱与箱之间须设横向联结，以保证其整体稳定性。横向联结与箱肋形式有关，对闭口箱肋，在横隔板位置的顶板上预埋钢板，用钢筋搭焊连接，并在各箱肋底上(外侧箱的外侧除外)预留沿拱轴方向的分布钢筋，待箱肋合龙后，使预留钢筋交叉勾住，再浇筑填缝混凝土，如图 10.24(a)。有时为减轻箱肋起吊重量而将箱肋顶板的部分厚度放在拱圈安装完成后现浇时，则不需在箱肋顶预埋钢板和搭焊，直接布设钢筋网浇筑顶板混凝土即可。

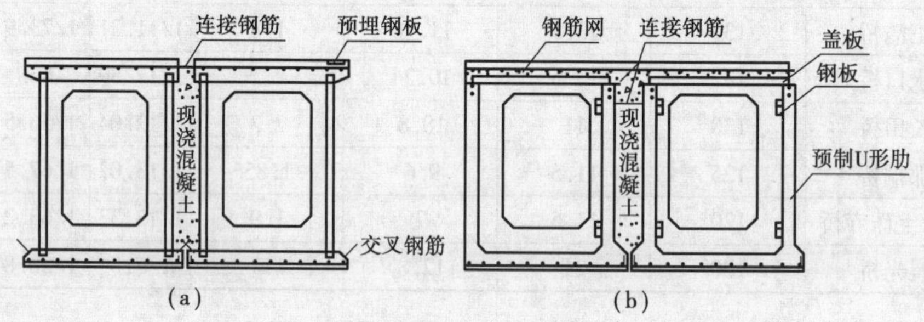

图 10.24 箱肋的纵向钢筋和横向连接

(5)箱肋接头

采用吊装施工的箱肋节段，段与段之间一般采用角钢顶接接头，接头处的腹板、顶板、底板需局部加厚，预埋的接头角钢焊接在顶板和底板的主筋上。通过定位角钢临时联结、定位，全拱合龙后，再在接头角钢上加焊钢板，最后用混凝土封头，图 10.25 为闭口箱肋的接头。

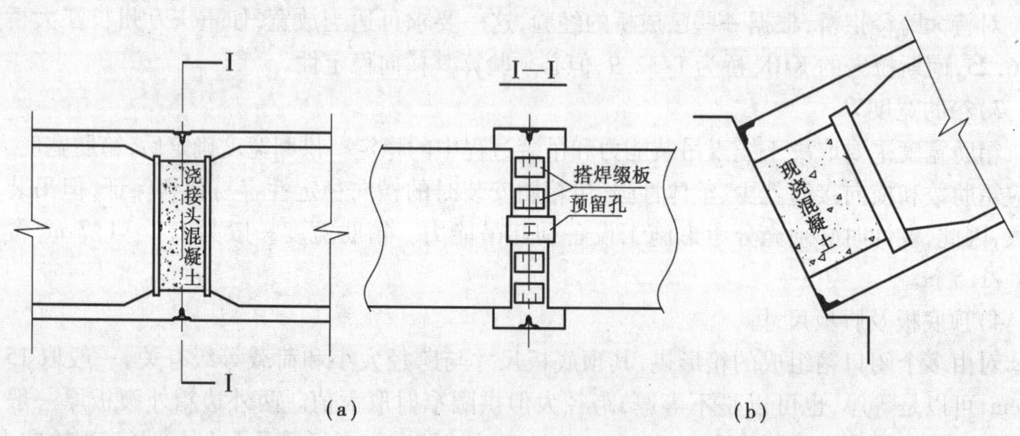

图 10.25 箱肋的接头

拱脚接头一般在墩台的拱座内预留 30 ~ 40 cm 的凹槽，将箱肋端部的腹板、顶板、底板加厚 20 ~ 30 cm，插入槽内，与箱肋顶、底板预埋的钢板焊接，最后用不低于拱座混凝土强度等级的混凝土封填拱脚凹槽。

(6)钢筋布置

大跨径箱形拱桥的主拱圈设计,在运营阶段一般均为压应力控制,混凝土的拉应力很小或无拉应力,因此,主拱截面一般不按钢筋混凝土截面设计,而按素混凝土拱设计,但必须配置构造钢筋以及构件在吊装过程中的受力钢筋,钢筋数量由箱段在吊运和悬挂过程中的受力情况计算确定。拱圈全截面形成后,此部分吊装钢筋如达到最低含筋率的要求,可以在拱的截面计算中计入此部分钢筋面积。沿腹板的高度应布置分布钢筋,钢筋间距不大于25 cm。在顶、底板及腹板中沿拱轴方向按一定间距布置横向和径向钢筋,且横向、径向钢筋必须有效连接。

当按素混凝土构件计算难以通过时,可按钢筋混凝土构件计算,但截面纵向配筋必须同时满足使用阶段和吊装阶段的要求。

10.3.4　双曲拱

双曲拱桥是在20世纪60年代中期由我国江苏省无锡市建桥职工首创的一种桥梁型式。由于拱圈的横截面是由数个横向小拱组成,使主拱圈在纵向及横向均呈曲线形而得名。双曲拱桥充分发挥了预制装配的优点,可以不要拱架施工,节省临时支架,加快施工进度,所耗钢材又不多,因此,该桥型一经出现,很快就得到推广。双曲拱桥主拱圈的特点是化整为零,再集零为整,适应于无支架施工但又无大型起吊设备时的情况。施工时,将主拱圈划分成拱肋、拱波、拱板及横向联系等四种构件(化整为零),然后,再把分段预制的钢筋混凝土拱肋吊装合龙,与横向联系构成拱形框架,在拱肋之间砌筑拱波,再在拱波上现浇混凝土拱板,形成主拱圈(集零为整)。双曲拱桥的主拱圈截面可以做成多肋多波或双肋多波的形式,如图10.26所示。拱肋断面有倒T形、L形、工字形、槽形和箱形等。拱波一般用混凝土预制成圆弧形,厚6~8 cm,跨径一般为1.3~2.0 m,矢跨比为1/5~1/2。横向联系有系梁式和横隔板式两种。拱板采用混凝土现浇,使拱肋、拱波形成整体。拱板有填平式和波形两种。由于拱圈是由肋、波、板组成的组合截面,拱波在竖向荷载作用下产生的水平推力使拱肋向外变形,当横系梁刚度不足难以抵抗其水平推力时,势必在拱波顶和横系梁中产生裂缝;同时双曲拱截面受力复杂,整体性差,现已经淘汰。

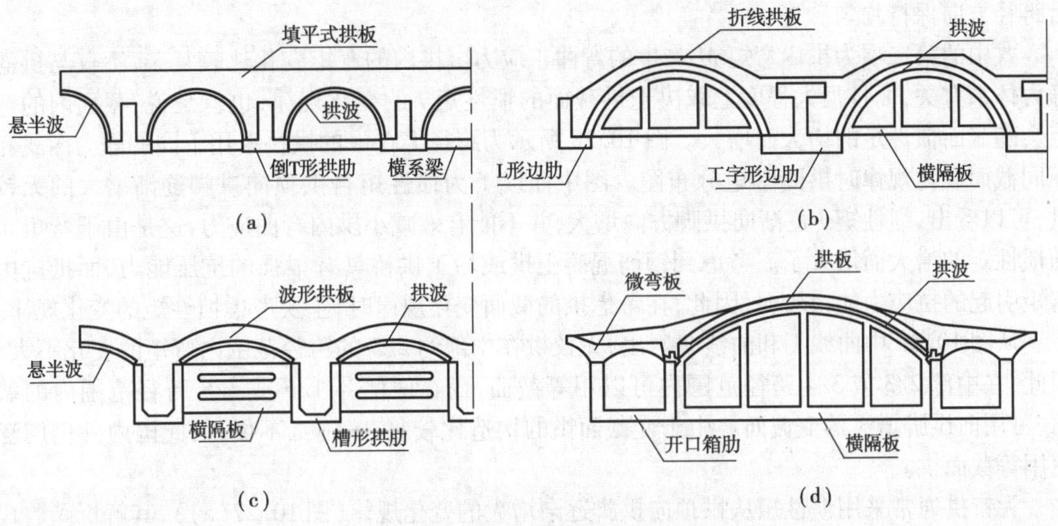

图10.26　双曲拱主拱圈的截面形式
(a)、(b)、(c)为多肋多波;(d)双肋单波

10.3.5 拱的截面变化规律

拱桥的主拱圈，沿桥轴线方向可以做成等截面或变截面两种形式。等截面是指拱圈任一法向横截面形状和尺寸都相同，而变截面是主拱圈法向截面从拱顶到拱脚是逐渐变化的，如图10.27所示。变截面的做法有两种：一种是拱圈沿拱轴方向宽度不变只变厚度，另一种是厚度不变而改变拱圈的宽度。

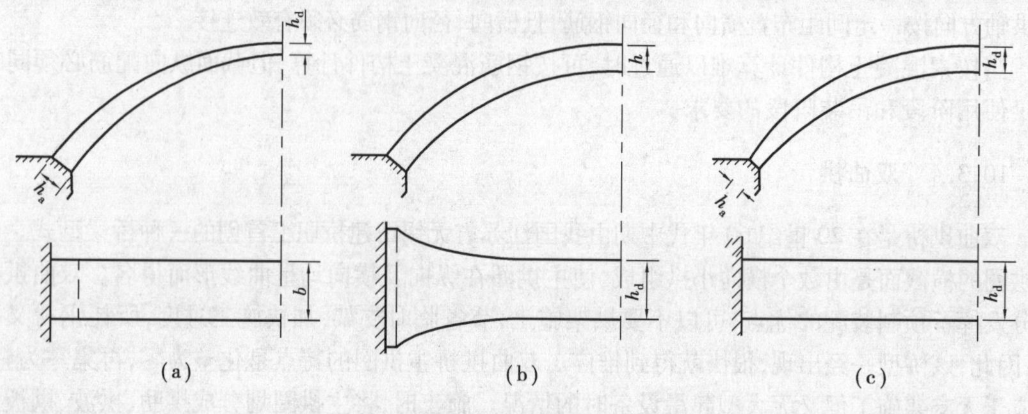

图10.27　变截面拱

(a)拱厚自拱顶向拱脚增加；(b)拱宽自拱顶向拱脚增加；(c)拱厚自拱顶向拱脚减小(镰刀形)

拱圈截面沿跨径变化的规律，要能适应拱内力的变化，有利于充分发挥拱圈每个截面的材料强度。同时，截面变化的形式应考虑到使其构造简单，便于设计和施工。

拱是偏心受压构件，其截面上的应力可用下式表示：

$$\sigma = \sigma_1 + \sigma_2 = \frac{N}{A} \pm \frac{My}{I} \tag{10.8}$$

式中第一项为轴向力 N 产生的正应力，不论是何种体系的拱桥，轴向力 N 都是自拱顶向拱脚逐渐增大，若将拱的截面积 A 也自拱顶向拱脚增大(图10.27(a)、(b))，可以使应力 σ_1 沿跨径方向保持均匀。

式中的第二项为拱内弯矩 M 产生的弯曲正应力。拱内的弯矩变化比较复杂，不仅与拱的静力体系有关，而且很大程度上取决于拱截面的惯性矩 I 的变化规律，也就是说，截面内的弯矩会随截面惯性矩的增大而增大。图10.28所示为跨径126 m的拱桥采用不同的静力图式和不同截面变化规律时拱圈弯矩分布图。图中曲线1为惯性矩自拱顶向拱脚逐渐增大的无铰拱，可以看出，惯性矩 I 逐渐向拱脚方向增大，并不能有效减小拱内弯曲应力，这是由于弯矩 M 随惯性矩的增大而增大了。考虑到钢筋混凝土拱或圬工拱桥具有很强的抗压能力，而抵抗由弯矩引起的拉应力能力较弱，因此，在考虑拱的截面变化规律时，主要考虑惯性矩的变化规律。

从图10.28中曲线1和曲线2看出，无铰拱在中部约2/3的跨径范围内弯矩的变化不大。因此，在中部2/3或3/4跨径范围内可以用等截面，而在两侧各1/6或1/8跨径范围内的截面，可用向拱脚增大的变截面。由于变截面拱的构造比较复杂，施工不便，因此国内外仍广泛使用等截面拱。

无铰拱通常采用惯性矩从拱顶向拱脚逐渐增大的变化规律(图10.27(a))，其解析函数式多用李特(Ritter)公式表达，如图10.29所示。

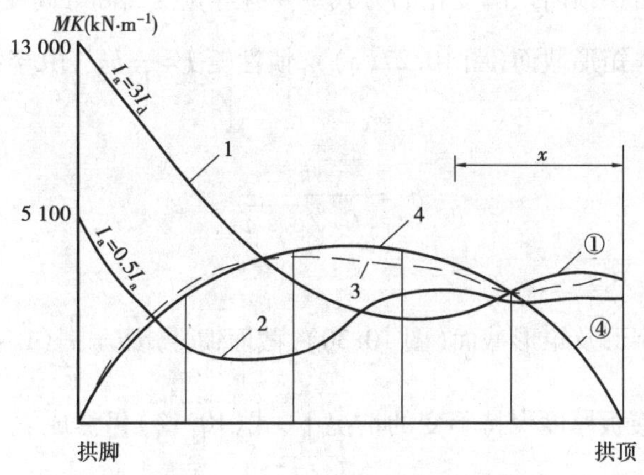

图 10.28　跨径 126 m 的肋拱弯矩图

1—惯性矩自拱顶向拱脚增大的无铰拱；

2—惯性矩自拱顶向拱脚减小的无铰拱；3—两铰拱；4—三铰拱

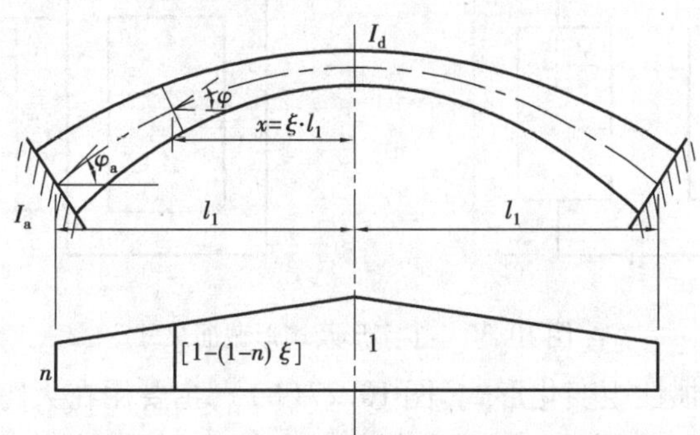

图 10.29　变截面拱圈的截面变化规律图

$$\frac{I_d}{I\cos\varphi} = 1-(1-n)\xi \tag{10.9}$$

或

$$I = \frac{I_d}{[1-(1-n)\xi]\cos\varphi} \tag{10.10}$$

式中：I——拱任意截面的惯性矩；

I_d——拱顶截面的惯性矩；

φ——拱任意截面的拱轴水平倾角；

n——拱厚变化系数，可用拱脚处 $\xi=1$ 的边界条件来求得，即

$$n = \frac{I_d}{I_a\cos\varphi_a} \tag{10.11}$$

式中：I_a、φ_a——拱脚截面的惯性矩和水平倾角。

可以看出，n 值越小，截面的变化就越大。

在实际设计时，可先拟定拱顶和拱脚两截面的尺寸，由式(10.11)求出 n，再求出其他截面的 I；也可以先拟定拱顶截面尺寸和拱厚系数 n，再求 I。对公路桥，n 一般取 0.5～0.8。

拱圈截面惯性矩自拱顶向拱脚变化的方式主要有等宽变高和等高变宽两种。

对等宽变高的实体矩形截面(图 10.27(a)),惯性矩 $I=\frac{1}{12}bh^3$,由李特公式直接求出任意截面的高度 h:

$$h=\frac{h_d}{C\sqrt[3]{\cos\varphi}} \tag{10.12}$$

式中:$C=\sqrt[3]{[1-(1-n)\xi]}$。

对等宽变高的工字形及箱形截面(图 10.30),截面惯性矩 $I=\frac{1}{12}(1-\alpha\beta^2)bh^3$,$\beta=\frac{h'}{h}$,$\alpha=\frac{b'}{b}$。在挖空率 α、β 和腹板厚度保持不变的情况下,式(10.12)仍然成立,仅翼缘板厚度(工字形)或顶、底板厚度(箱形)从拱顶向拱脚逐渐增大。

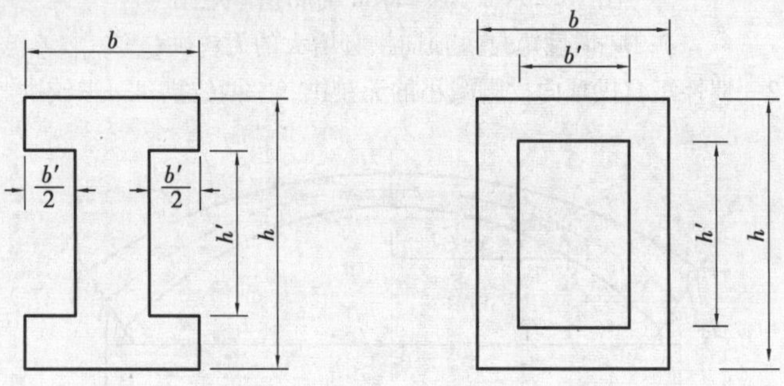

图 10.30　工字形及箱形截面尺寸

对等高变宽的截面惯性矩变化形式(图 10.27(b)),主要用在大跨径箱形拱桥中,为了抵抗向拱脚增大的轴力 N 而采用的一种变化规律。它是在截面惯性矩增大不太多的情况下来增大截面积,此时,任意截面的拱宽仍可按李特公式求出。这种形式的截面变化能有效地提高拱的横向稳定性,对大跨径拱肋或窄拱圈具有重要意义。

等高变宽的另外一种方式是拱圈外部宽度保持不变,箱内自拱顶向拱脚逐渐增大截面腹板厚度,必要时可增厚顶、底板厚度。

法国工程师巴列脱曾提出惯性矩自拱顶向拱脚减小的拱,这种拱称为镰刀形拱,其目的是尽量减小拱脚弯矩,从图 10.28 的曲线 2 可以看出,在镰刀形拱中,拱脚和拱顶截面的弯矩几乎相等,弯矩值减小并趋于均匀分布,这就具有明显的经济意义。采用镰刀形拱的跨径范围应在 100 m 以上。但迄今为止,这种桥型在世界上建得不多。图 10.31 为瑞士工程师 R. Maillart 于 1930 年设计的 Salginatobel 桥。

图 10.31　Salginatobel 桥

10.4　拱上建筑与其他细部构造

由于主拱圈是曲线形,车辆无法直接在弧面上行驶,需要在桥面系和主拱圈之间设置传递荷载的构件或填充物,以使车辆能在平顺的桥面上行驶。桥面系与这些传力构件或填充物统称为拱上建筑(或称拱上结构)。

按照拱上建筑的形式,分为实腹式和空腹式两种(图10.32及图10.33)。实腹式拱上建筑构造简单,施工方便,但填料数量较多,恒载较重,多用于小跨径拱桥中。大、中跨径拱桥多采用空腹式,以减轻结构自重,并使桥梁显得轻巧美观。

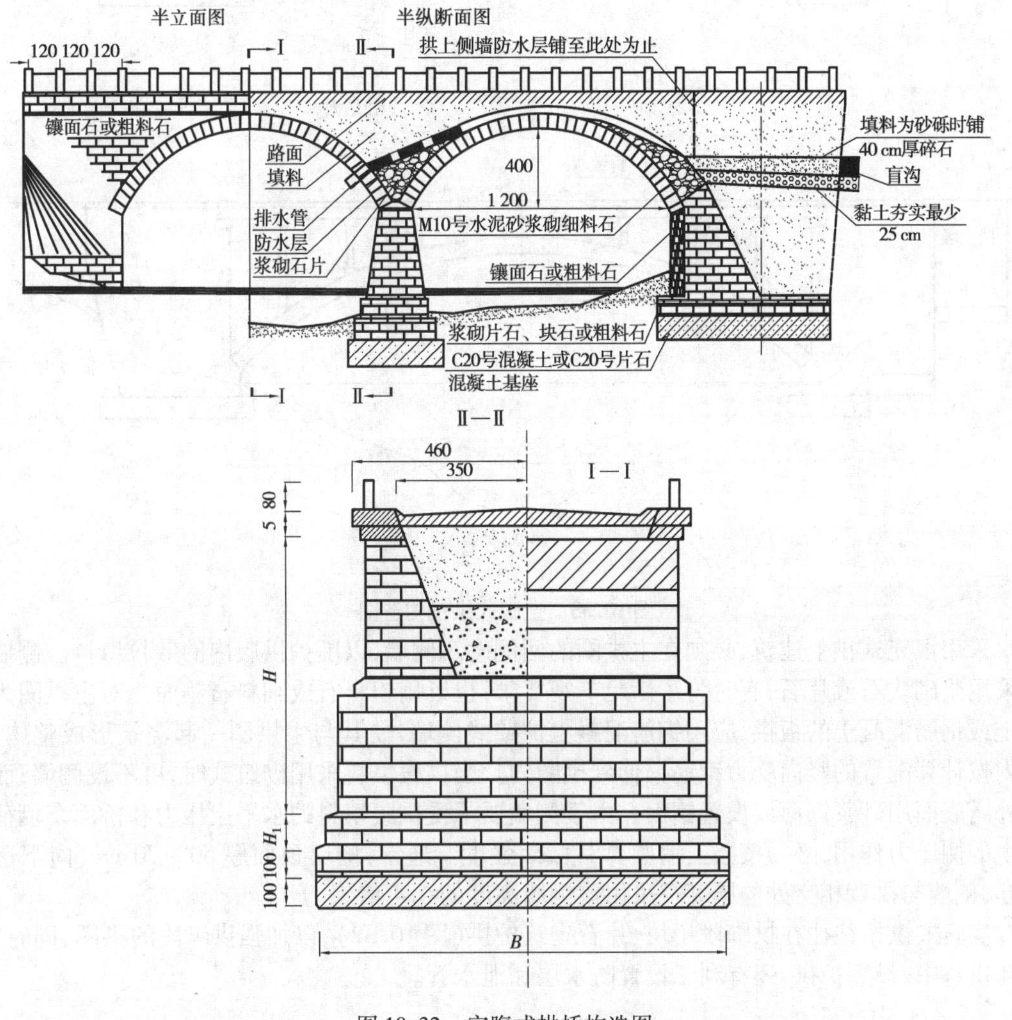

图10.32　实腹式拱桥构造图

10.4.1　实腹式拱上建筑

实腹式拱上建筑由拱腹填料、侧墙、护拱以及变形缝、防水层、泄水管和桥面系等组成(图10.32)。

拱腹填料有填充式和砌筑式两种。填充式拱上建筑应尽量做到就地取材,通常可选用砾石、碎石、粗砂或卵石夹黏土并加以夯实。在地质条件较差的地区,为减轻拱上建筑的重量,也可采用其他轻质材料,如炉渣、黏土等混合物作为填料。当缺乏散粒材料,可改用干砌圬工或浇筑素混凝土作为拱腹填料(砌筑式)。

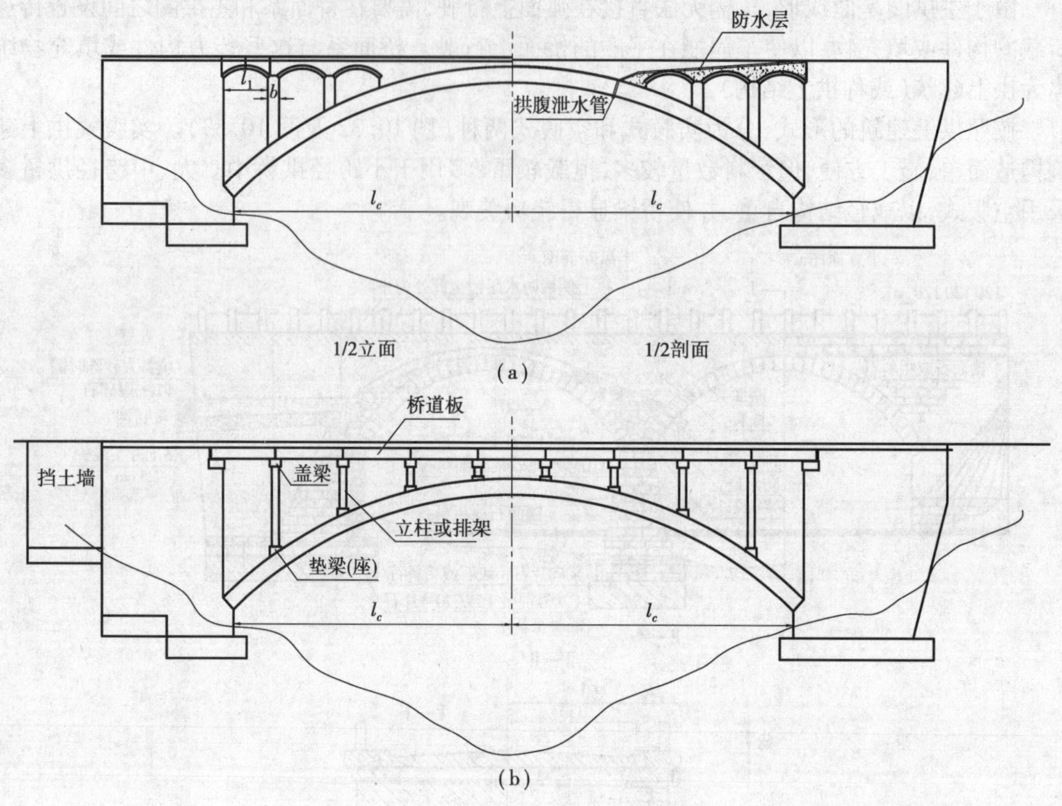

图 10.33　空腹式拱桥构造图

采用填充式拱上建筑,必须在主拱圈的两侧砌筑侧墙,以围护拱腹内的散粒填料。侧墙通常采用浆砌块石或片石,有时为了满足美观要求,也可用粗料石或细料石镶面。对主拱圈为混凝土或钢筋混凝土的板拱,应用钢筋混凝土护壁式侧墙,使其与主拱圈一起浇筑形成整体,侧墙内按计算配置的竖向受力钢筋锚伸到拱圈内。当拱腹填料采用砌筑式时,可不设侧墙,而仅将外露表面用砂浆饰面或设置镶面。由于侧墙要承受拱腹填料的水平土压力和桥面车辆荷载产生的侧压力作用,必须按挡土墙验算其截面强度。通常,侧墙顶面厚 50 ~ 70 cm,向下逐渐增厚,侧墙与拱背相交处的厚度可采用该侧墙高度的 0.4 倍。

实腹式拱桥往往在拱脚段用块、片石砌筑护拱(图 10.32),以加强拱脚段的拱圈,同时,在多孔拱桥中,设置护拱,还有利于设置防水层和泄水管。

10.4.2　空腹式拱上建筑

大、中跨径拱桥多采用空腹式拱上建筑,以减轻拱上建筑的重量。根据腹孔结构不同,又分为拱式腹孔和梁式腹孔。

(1) 拱式拱上建筑

1) 腹孔

拱式拱上建筑构造简单，外形美观，但重量较大，主要用于地质条件较好的圬工拱桥和普通钢筋混凝土箱形板拱桥中。

腹孔通常对称布置在主拱圈两侧结构高度所容许的范围内，一般在每半跨内不超过跨径的 1/4 ~ 1/3，腹孔跨数随桥跨大小不同而异，以 3 ~ 6 孔为宜（图 10.34(a)）。有时，为进一步减轻拱上建筑重量，采用全空腹形式，即在全拱范围内布置腹孔，跨中部分不再设实腹段，腹孔数依腹孔跨径而定，一般以奇数跨居多（图 10.34(b)）。

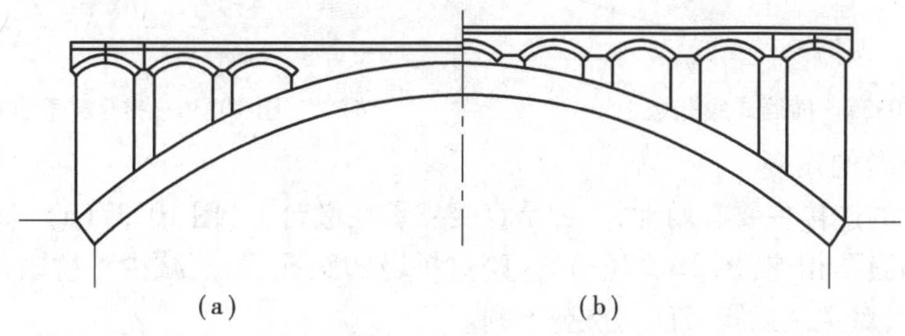

图 10.34　拱式拱上建筑

(a) 带实腹段的空腹拱；(b) 全空腹拱

腹孔跨径应根据主拱的受力和拱上构造要求确定，既要考虑能减轻拱上建筑的重量，又不致于因荷载过分集中于腹拱墩处，给主拱圈受力状态造成不利影响，在改善主拱受力性能和便于施工的同时，还要使拱桥外形更加协调和美观。对中小跨径拱桥，一般取 2.5 ~ 5.0 m，对大跨径拱桥则控制在主拱跨径的 1/15 ~ 1/8。腹孔构造应尽可能统一，以简化施工，有利于腹孔墩的受力。

腹拱拱圈可以采用石砌、混凝土预制或现浇的圆弧形拱板，矢跨比一般为 1/6 ~ 1/2。腹拱圈的厚度与它的构造和跨径大小有关，对腹孔跨径在 4 m 以内时，可采用厚度不小于 30 cm 的石板拱或不小于 15 cm 的混凝土板拱；当跨径大于 4 m 时，腹拱圈厚度可按板拱厚度经验公式或参考已成桥的资料确定。

2) 腹孔墩

腹孔墩由垫梁、墩身和墩帽组成，墩身可做成横墙式或排架式两种。横墙式腹孔墩墩身可采用圬工材料砌筑或现浇混凝土做成实体墙。有时为了减轻墩身的重量，便于检测人员通行，可在横墙挖一个或几个孔，如图 10.35 所示。这种横墙式腹孔墩，重量大，多用于圬工拱桥中。腹孔墩的厚度一般不小于 80 cm，现浇混凝土横墙时，其厚度宜大于腹拱圈厚度的一倍。

垫梁能使横墙传下来的压力较均匀地分布到主拱圈全宽上，过小的垫梁宽度不能有效地分布压力，因此垫梁每边尺寸宜较横墙宽 5 ~ 10 cm，高度则以使较矮一侧高 15 ~ 30 cm 为原则来确定。垫梁多采用素混凝土或钢筋混凝土结构。

横墙式墩帽宽度宜大于横墙两侧各宽 5 ~ 10 cm，采用素混凝土或钢筋混凝土。

排架式腹孔墩，由立柱和盖梁组成的钢筋混凝土排架结构，如图 10.36 所示，常用于混凝土拱桥。排架一般由 2 根或多根钢筋混凝土立柱组成，立柱较高时应在各立柱间应设置横系梁，以确保立柱的稳定。立柱下面应设置横向通长的垫梁，其高度不宜小于立柱间净距的1/5。立柱、盖梁按计算配筋，垫梁按构造要求配置钢筋，并设置足够的埋入填缝混凝土的锚固筋。在河流有漂浮物或流冰时，排架式腹孔墩应采取必要的防护措施。

腹孔墩的侧面一般做成竖直，以利施工，如需采用斜坡式，则以不超过 30∶1 的坡度为宜。

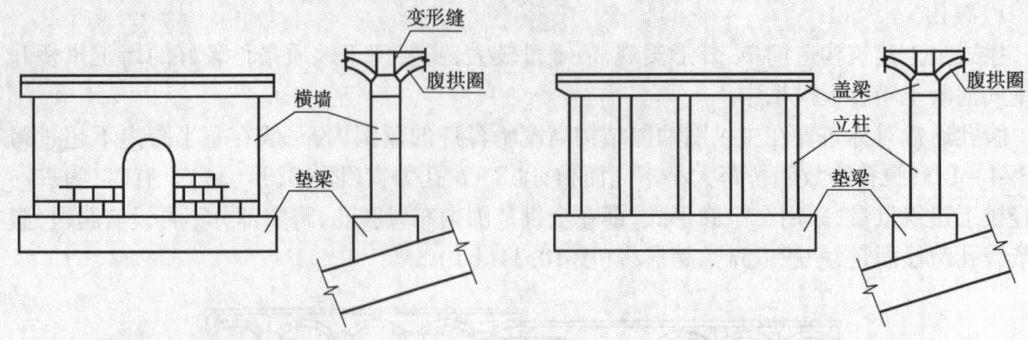

图 10.35　横墙式腹孔墩　　　图 10.36　排架式腹孔墩

3）腹孔与墩台的连接

腹孔与墩台的连接主要有两种，一种是直接支承在墩台上（图 10.37（a）、（b）），另一种是跨过桥墩两侧的腹孔相连（图 10.37（c））。跨过桥墩的腹孔，虽然减少了桥墩顶的材料，但横墙过于靠近拱脚，对主拱拱脚截面的抗剪不利。

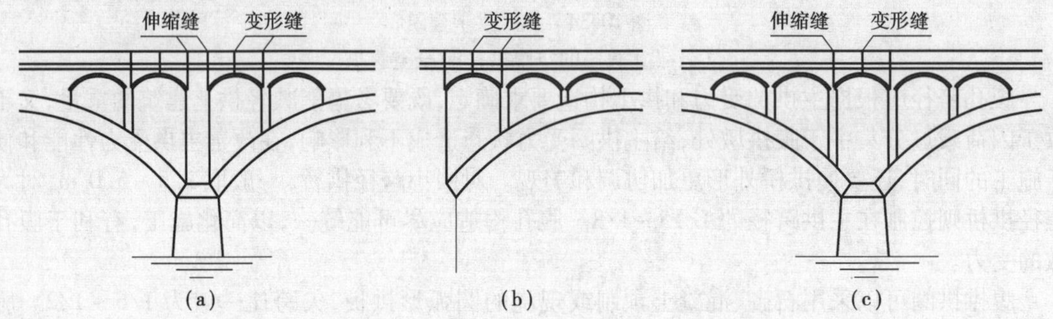

图 10.37　腹孔与墩（台）的连接

腹拱圈在拱上建筑需设置变形缝或伸缩缝的地方应做成三铰拱或两铰拱。

（2）梁式拱上建筑

采用梁式腹孔的拱上建筑，可以使桥梁造型轻巧美观，减轻拱上重量，以便获得更好的经济效果，主要用于大跨径钢筋混凝土拱桥和地质条件较差的地方。梁式腹孔的桥道体系可以做成简支、连续和框架式等多种，如图 10.38 所示。不同的腹孔结构型式使拱上建筑参与主拱联合作用的程度不尽相同。

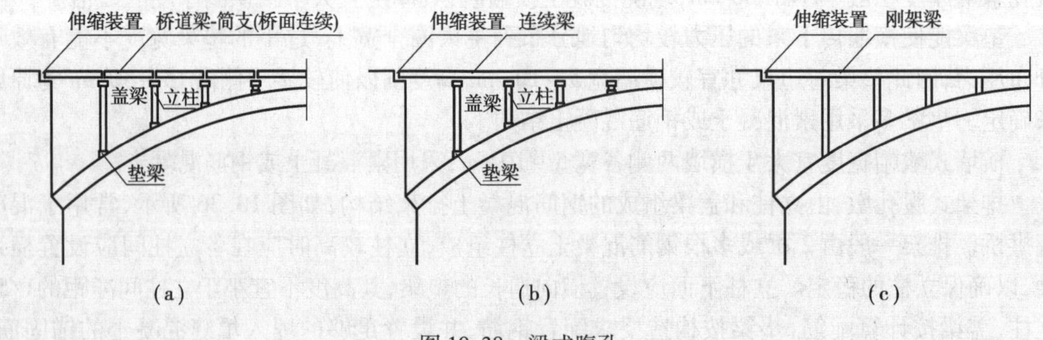

图 10.38　梁式腹孔

1)简支腹孔

简支腹孔由垫梁、立柱、盖梁和纵向铺设的桥道板(梁)等组成,由于桥道板(梁)简支在盖梁上,因此,基本上不存在拱与拱上结构的联合作用,受力简单、明确,是目前大跨径混凝土拱桥中最常用的拱上建筑形式。

简支腹孔宜采用全空腹结构,拱上腹孔数一般布置成奇数跨,避免因在拱顶处设置立柱而对拱顶受力造成的不利影响。

腹孔墩采用由立柱和盖梁组成的排架式结构,立柱多采用矩形实体或空心截面,当立柱过高时,需验算其压曲稳定,必要时应加设横系梁。空心截面抗弯抗扭刚度大,稳定性好,但施工难度大。重庆万州长江大桥,最高立柱为80 m,采用1.4 m(纵)×2.5 m(横)、壁厚25 cm的空心立柱。立柱下端设置垫梁,以分散由立柱传递下来的压力。

桥道板(梁)的型式根据腹孔跨径的大小确定。通常先确定两拱脚处的立柱位置,然后将其除以腹孔跨数,即可确定各立柱的位置和腹孔跨径。根据跨径大小桥道板(梁)可做成钢筋混凝土或预应力混凝土结构,当腹孔跨径在10 m以下时,多采用钢筋混凝土空心板或T梁,腹孔跨径在10 m以上时,采用预应力空心板或T形梁结构。如重庆万州长江大桥,全桥采用30.667 m的后张预应力T梁。

2)连续梁腹孔

这种布置形式与简支腹孔基本一致,但桥道板(梁)为连续结构,与立柱盖梁之间设置支座,因此,也不存在拱与拱上结构的联合作用。采用连续结构,可节省支座数量,而且行车舒适性好。桥道板(梁)可采用预应力空心板、T梁或小箱梁,预制安装后再实现结构连续。重庆巫山大宁河大桥为净跨400 m上承式钢桁架拱桥,桥面行车道系采用钢-混凝土组合梁连续结构,腹孔跨径27 m。组合梁焊接工字钢梁高1.7 m,上翼板厚16 mm,下翼板厚26 mm,支点处下翼板加叠合钢板,厚20 mm,腹板厚16 mm,每隔2.25 m设一道竖向加劲肋,每隔6.75 m设一道钢横梁。钢筋混凝土桥面板分块预制,厚12 cm,吊装就位后,通过现浇9 cm厚CF50钢纤维混凝土桥面板和湿接头形成整体,钢梁和钢筋混凝土桥面板通过布置在湿接头处的栓钉剪力键形成组合梁,钢纵梁位于交界墩顶的端部设现浇混凝土端横梁,混凝土端横梁设伸缩缝安装预留槽。

3)刚架腹孔

刚架腹孔是将桥道梁与拱上立柱固结形成整体,主拱变形将影响到拱上立柱和桥道梁,存在拱与拱上结构的联合作用。这种形式适用于特大跨度拱桥,立柱与桥道梁形成连续刚构,不但可减少高立柱数量,而且便于桥道梁施工。

(3)拱上立柱与主拱圈、盖梁的连接

拱上立柱是传递桥上荷载的重要构件,必须与主拱圈和盖梁可靠连接。拱上立柱的钢筋向上应伸入盖梁的中部,向下应伸入立柱垫梁甚至主拱圈中(图10.39)。采用预制安装的关键在于接头质量。拱上立柱与盖梁、拱上立柱与主拱圈(或垫梁)的连接可分为钢筋接头和钢板焊接两种。钢筋接头操作简便、可靠,将立柱两端预制成磨心状(图10.40(a)),使其纵向受力钢筋从磨心周边伸出,立柱吊装到位后将伸出的钢筋与垫梁和盖梁上伸出的相应钢筋分别焊接,然后用混凝土浇筑接头部分。由于立柱与盖梁间浇筑混凝土不便,故通常将其预制成槽口状(图10.40(b)),使柱内钢筋在槽口内伸出,待盖梁放在立柱上后,再将槽口内钢筋与盖梁底面上伸出的钢筋相焊接,然后用高强度等级的砂浆封固。采用钢板焊接,施工进度快,但需空中焊接质量不易保证,因此比较少用。

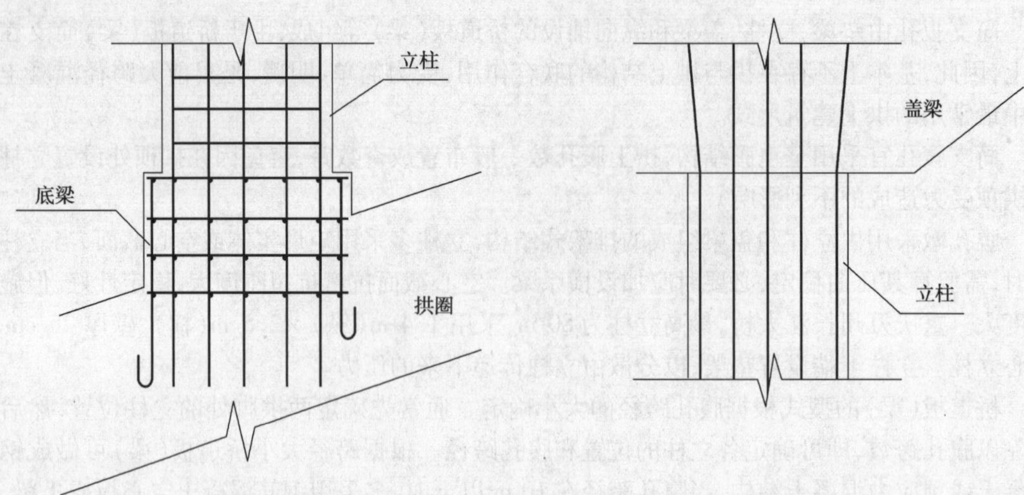

图 10.39　立柱现浇接头

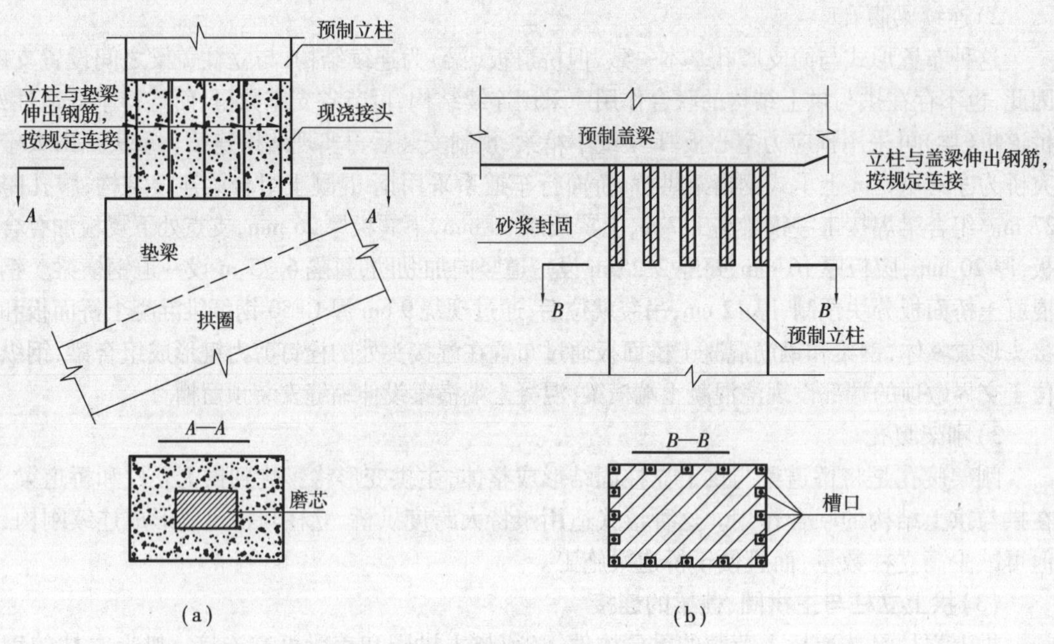

图 10.40　立柱预制拼装接头

10.4.3　其他细部构造

(1)拱上填料、桥面铺装及人行道

实腹式拱或拱式空腹拱,在拱腹内作填充处理后,还需铺设一层拱上填料,一方面能起扩大车辆荷载分布面积的作用,同时还能减小车辆荷载对拱圈的冲击。一般情况下,主拱圈和腹拱圈的拱顶处,填料厚度(包括桥面铺装厚度)均不宜小于 30 cm。当拱上填料厚度(含桥面铺装厚度)大于或等于 50 cm 时,设计计算中不计汽车荷载的冲击力。在地基条件

很差的情况下，为了进一步减轻拱上建筑重量，可减薄拱上填料的厚度，甚至可以不设拱上填料，而直接在拱顶截面上缘以上铺筑混凝土桥面，但要求行车道边缘的厚度至少为 8 cm，同时应在混凝土中设置钢筋网，以分布车辆重力。在计算主拱内力时，应计入汽车荷载的冲击力。

拱桥桥面铺装应根据桥梁所在的公路等级、使用要求、交通量大小以及桥型等条件综合考虑确定。低等级公路上的中小跨径拱桥可采用泥结碎(砾)石桥面，大跨径拱桥和高等级公路上的拱桥应采用沥青混凝土或设有钢筋网的混凝土桥面。

为便于排水，桥面应设置横坡，一般为 1.5% ~3.0%。

行车道的两侧，根据需要可设置人行道和栏杆，人行道一般外挑，以减小拱圈宽度，人行道板预制装配。

(2)伸缩缝与变形缝

拱上建筑与主拱圈在构造和受力上有着密切的关系。由于拱上建筑与主拱圈的共同作用，一方面拱上建筑能够提高主拱圈的承载能力，另一方面，它对主拱圈的变形又起约束作用，在主拱圈和拱上建筑内均产生附加内力，从而使构造和计算复杂。

在拱桥计算中，为了简化计算工作，一般将主拱和拱上建筑分开考虑，即把主拱当作主要承载结构，而把拱上建筑当作传递荷载的结构。为了使实际的受力情况与结构的计算图式尽量相符合，避免拱上建筑的开裂，保证结构的安全使用，除在计算上作充分的考虑外，还应在构造上采取必要的措施。通常在相对变形(位移或转角)较大的位置设置伸缩缝，而在相对变形较小处设置变形缝。伸缩缝宽度一般为 2 ~3 cm，缝内填料可用锯末沥青按 1∶1 的重量比制成预制板，在施工时将其嵌入砌体或埋入现浇混凝土中即可。变形缝则不留缝宽，用干砌或油毛毡隔开即可。

实腹式拱桥的伸缩缝通常设置在两拱脚的上方，并需在横桥向贯通全宽、侧墙的全高以及人行道。目前多将伸缩缝做成直线形，如图 10.41 所示，以简化构造，方便施工。

对空腹式拱桥，若采用拱式腹孔，一般将紧靠墩(台)的第一个腹拱圈做成三铰拱，并在靠墩(台)的拱铰上方的侧墙上，也应设置伸缩缝，在其余两铰上方的侧墙设置变形缝。在大跨径拱桥中，还需将靠近拱顶的腹拱圈做成两铰拱或三铰拱，拱铰上方的侧墙仍需设置变形缝，以便使拱上建筑更好地适应主拱变形，如图 10.42 所示。

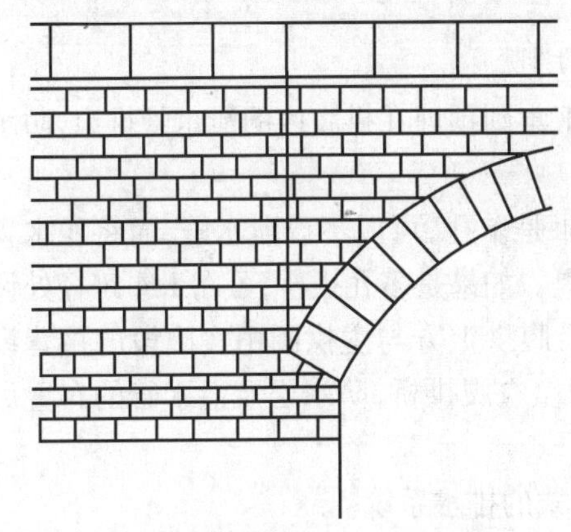

图 10.41　实腹式拱的伸缩缝

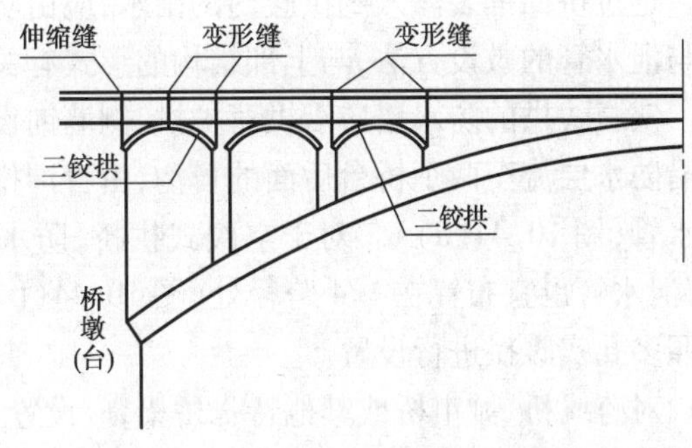

图 10.42　拱式腹孔的伸缩缝与变形缝设置

需要指出,在腹拱铰或侧墙有变形处,人行道、栏杆、路缘石和混凝土桥面,均应设置贯通全桥宽度的伸缩缝或变形缝,以适应主拱圈的变形,其构造型式可参照梁桥选用。

(3)排水及防水层

对于拱桥,不仅要求将桥面雨水及时排除,而且要求将透过桥面铺装渗入到拱腹内的雨水也能及时排除。

关于排除桥面雨水的构造情况,如图10.43所示,泄水管平面布置同梁式桥。

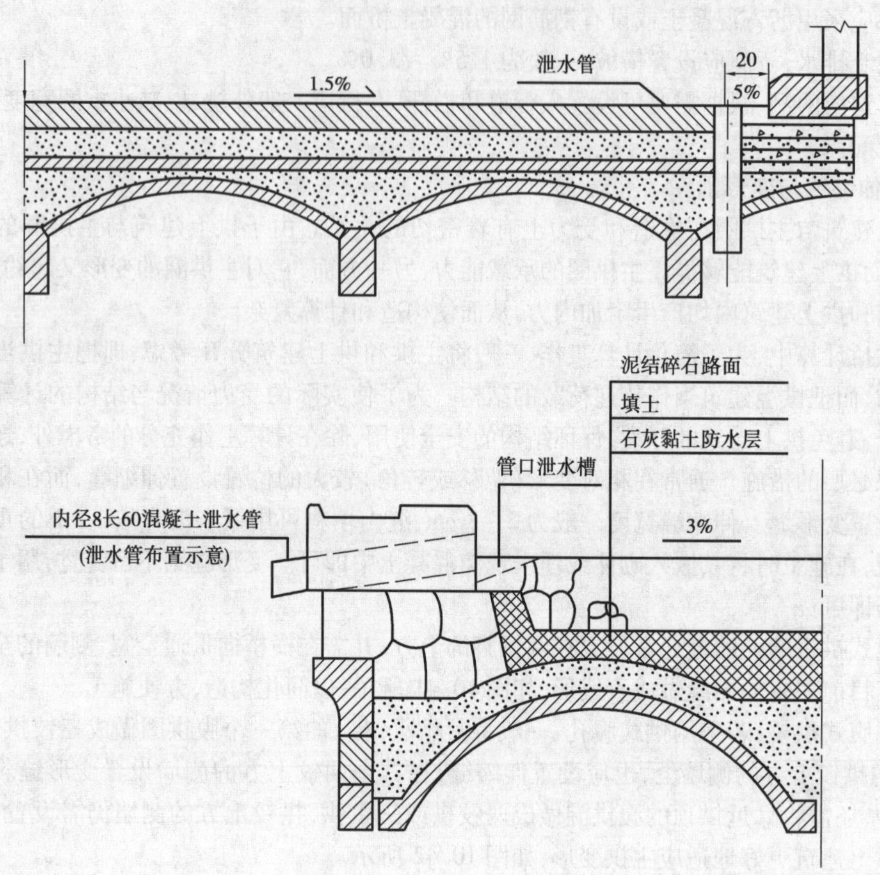

图10.43　桥面雨水的排除

透过桥面铺装渗入到拱腹内的雨水,应由防水层汇集到预埋在拱腹内的泄水管排出,防水层与泄水管的敷设方法,与上部结构的形式有关。

实腹式拱的防水层应沿拱背护拱、侧墙铺设。如果是单孔,可以不设泄水管,而将积水直接沿防水层流至两个桥台后面的盲沟,由盲沟排出路堤。如果是多孔拱桥,可在1/4跨径处设泄水管(图10.44(a))。对于空腹式拱桥,防水层应沿腹拱上方与主拱圈中实腹段的拱背设置,泄水管也宜布置在1/4跨径处(图10.44(b))。对全空腹拱桥,防水层及泄水管的布置可参照多孔实腹拱进行设置。

对跨线桥、城市桥或其他特殊桥梁,应设置全封闭式的排水系统。

泄水管可以采用铸铁管或PVC塑料管。泄水管的内径一般为6~10 cm,在严寒地区需适当加宽,但不宜超过15 cm。泄水管应伸出结构表面5~10 cm,以免雨水顺着结构物的表面流下。为便于泄水,泄水管尽可能采用直管,并减小管节的长度。铸铁泄水管的构造如图10.45。

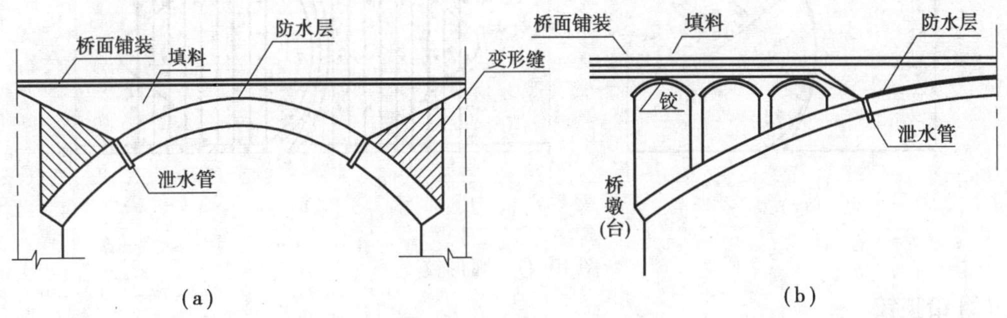

图10.44 渗入水的排出

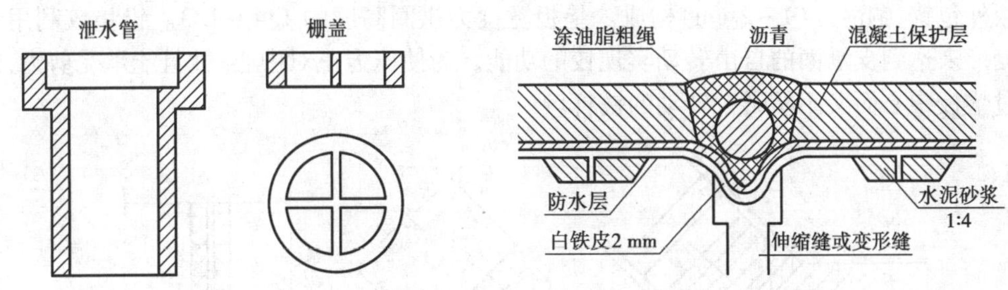

图10.45 铸铁泄水管图

图10.46 伸缩缝(或变形缝)上防水层的构造

防水层在全桥范围内不宜断开,当通过伸缩缝或变形缝处应妥善处理,使其既能防水又能适应变形,其构造见图10.46。

防水层有粘贴式和涂抹式两种。前者是由2~3层油毛毡与沥青胶交替贴铺而成,效果较好,但造价较高,施工麻烦。后者采用沥青或柏油涂抹于砌体表面,施工简便,造价低廉,但效果较差,适合于雨水较少的地区。

10.4.4 拱铰

拱铰按其作用分为永久性铰和临时性铰两种。永久性铰用于三铰拱或两铰拱体系中,和空腹式拱上建筑中腹拱圈按构造要求需要采用的两铰拱或三铰拱。永久性铰除了满足设计计算的要求外,还要能保证长期的正常使用,因此,构造比较复杂,造价高。临时性铰是在施工过程中,为消除或减小主拱的部分附加内力,以及对主拱内力作适当调整时在拱脚或拱顶设的铰。临时性铰施工结束后封固,因此构造较简单,但必须可靠。

拱铰按其所处的位置、作用、受力大小、使用材料等条件综合考虑,常用的有:

(1)弧形铰

弧形铰一般用钢筋混凝土或石料做成,它是由两个不同半径的弧形表面块件组成,一个为凹面(半径为R_2),一个为凸面(半径为R_1),如图10.47所示。R_2与R_1之比值在1.2~1.5取用,铰的宽度等于拱圈(肋)的宽度。沿拱轴方向的长度,取为拱厚的1.15~1.20倍。因弧形铰构造复杂,加工难度大,不易保证质量,目前已很少采用,而多用钢筋混凝土拱铰。

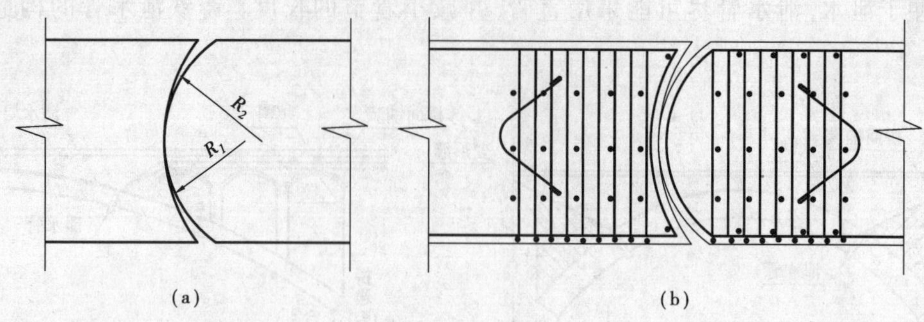

图 10.47　弧形铰

(2) 铅垫铰

铅垫铰用于中、小跨径的板拱或肋拱中，如图 10.48 所示。铅垫铰由厚度 1.5 ~2.0 cm 的铅垫板外包锌、铜薄片(1 ~2 cm)构成。垫板宽度为拱圈高度的 1/4 ~1/3。铅垫铰利用铅的塑性变形来达到支承面的自由转动实现铰的功能。为使压力正对中心，并且能承受剪力，需设置穿过垫板中心而又不妨碍铰转动的锚杆。

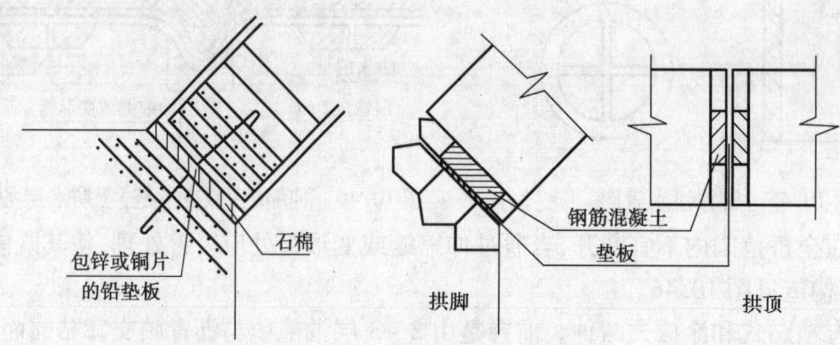

图 10.48　铅垫铰

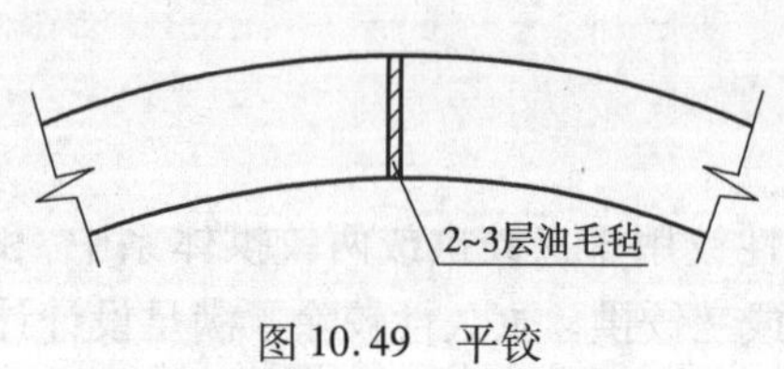

图 10.49　平铰

(3) 平铰

对于空腹式拱上建筑的腹拱圈，因其跨径较小，可以用构造简单的平铰(图 10.49)。平铰两端面直接抵承，其接缝可铺一层低强度的砂浆，也可垫衬油毛毡或直接干砌。

(4) 不完全铰

对于跨径不大(如腹拱圈)及空腹式拱桥中的腹孔墩柱铰常采用不完全铰，如图 10.50。由于拱的截面突然减窄，保证了支承截面处的转动而起到铰的作用。在减窄的截面内，由于受压不均匀，因此将发生很大的应力，颈缩部分可能开裂，须配置斜钢筋。斜钢筋应根据总的纵向力及剪力来计算。图 10.50(b)、(c)为墩柱的不完全铰，由于该处截面减小(一般为全截面的 1/3 ~2/5)，因此，可以保证支承截面转动的需要，支承截面应按照局部承压进行设计和计算。

(5) 钢铰

钢铰既可用于永久性拱铰，也可用于施工过程中的临时铰，国内多用于钢管拱架设或劲性骨架拱安装阶段时的临时铰。另外，在用钢拱架作为施工支架时也采用钢铰。钢铰有圆形销轴(图 10.51(a))或弧形铰(图 10.51(b))等形式。

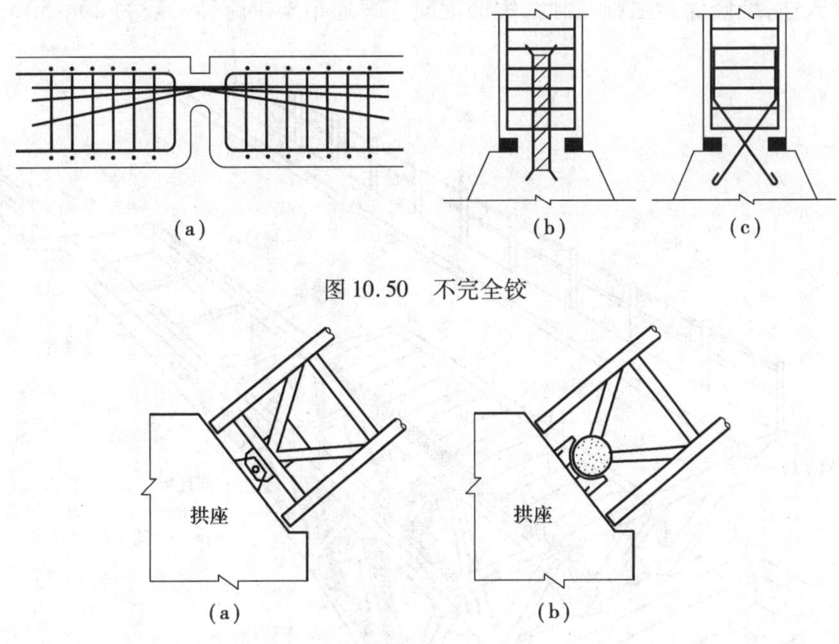

图 10.50　不完全铰

图 10.51　钢铰

10.5　桁架拱桥和刚架拱桥的构造

桁架拱桥和刚架拱桥是国内双曲拱桥基础上发展起来的两种新桥型,它们的共同特点是自重轻、整体性好、装配化程度高、施工进度快,拱上建筑参与主拱受力,适合于中、小跨径的拱桥或地质条件较差的情况。由于桁架拱和刚架拱自身构造的特点,两者都为上承式拱。

10.5.1　桁架拱桥

桁架拱也称拱形桁架,根据其构造分为普通桁架拱和桁式组合拱两种。

(1)普通桁架拱

1)桁架拱桥的特点

桁架拱桥是一种具有水平推力的桁架结构,其下弦杆为拱形,上弦杆与桥道结构组合成整体而共同作用。在跨中部分,因上、下弦杆靠得很近而做成实腹段,如图 10.52 所示。桁架拱桥的水平推力减小了跨间弯矩,使跨中实腹段在结构自重作用下主要承受轴向压力,在活载作用下承受弯矩,成为一偏心受压构件。空腹段的桁架杆件主要承受轴向力。由于桁架拱兼备了桁架和拱式结构的有利因素,因此能充分发挥材料的受力性能,可以采用钢筋混凝土或预应力混凝土材料建造,具有结构刚度大、重量轻、节省材料、受力合理等特点。桁架拱外部通常采用两铰拱,由温度变化、基本位移引起的附加内力较小,适合于软弱地基建造。

普通桁架拱因受力和构造要求,需制作整体钢筋骨架,因而具有整体性好、抗震性强、工序少、工期短、质量易于控制等优点,适合于预制装配。缺点在于杆件较纤细、模板复杂、浇筑和吊运要求高。若为钢筋混凝土桁架,其受弯部位和刚性节点处的竖杆、斜杆容易开裂,影响整体刚度和耐久性,维修保养困难,因此,钢筋混凝土普通桁架拱跨径一般为 20 ~ 50 m。

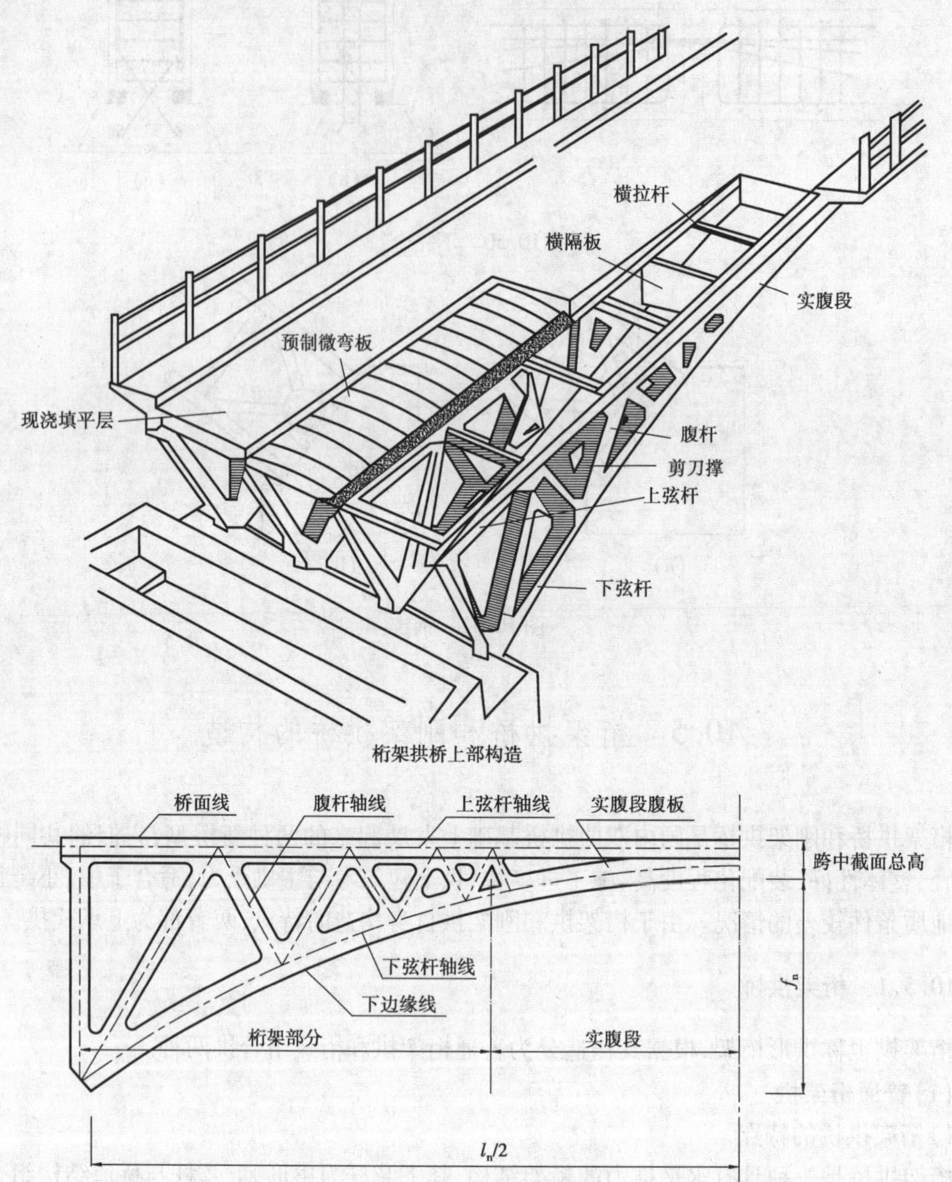

图 10.52　桁架拱桥的主要组成

2) 主要类型与构造特点

普通桁架拱桥的上部结构由桁架拱片、横向联结系和桥面三部分组成。

桁架拱片是桁架拱桥的主要承重结构,在施工阶段承受全部结构的自重(包括施工荷载),成桥后与桥面结构组合成一体共同承受活载和其他荷载。桁架拱片由上弦杆、下弦杆、腹杆和拱顶实腹段组成。

根据腹杆(包括斜杆和竖杆)布置和受力特性不同,桁架拱片可分为以下几种:

①斜腹杆式,如图 10.53 所示。采用斜腹杆的桁架拱,各杆件均承受轴向力,承载能力较

大,应用较广。根据斜杆布置角度不同,又分为斜压杆式(图10.53(a))、斜拉杆式(图10.53(b))和三角形式(图10.53(c)、(d))。

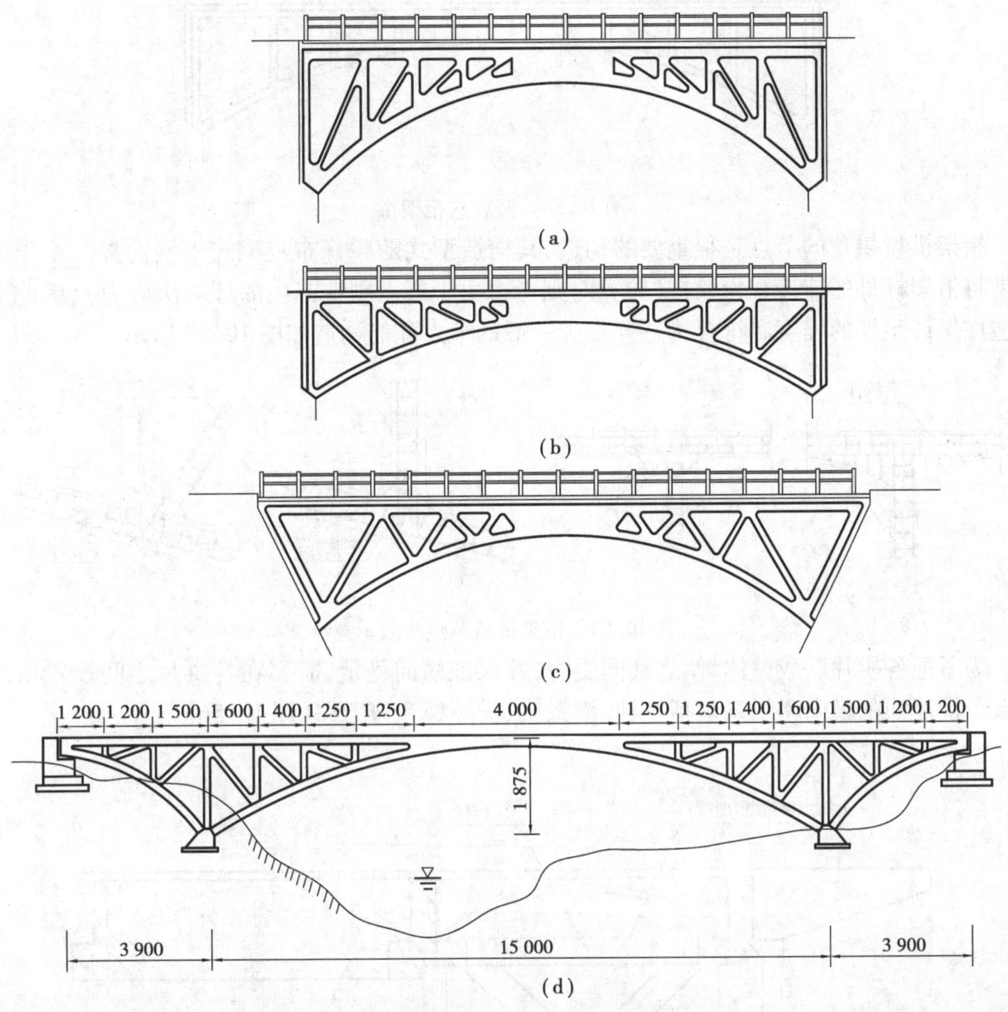

图10.53　斜腹杆式桁架拱桥(单位尺寸:cm)

(a)斜压杆式;(b)斜拉杆式;(c)三角形式;(d)带竖杆的三角形式

斜压杆的斜杆在结构自重作用下受压,竖杆受拉,且斜杆的长度随矢高和节间长度的增大而显著增长,尤其是第一个节间的斜杆更长。为防止斜杆失稳,必须增大截面尺寸,给施工带来不便,而且这种斜压杆式的桁架拱外形不美观,故很少采用。斜拉杆的斜杆在结构自重作用下受拉,竖杆受压。为避免拉杆及节点开裂,并节省材料,可采用预应力混凝土斜拉杆,外形美观,是常用的一种形式。三角形式腹杆根数少,杆件的总长度最短,因此腹杆材料用量最省,整体刚度较大。但当跨径过大时,节间过长,上弦杆承受局部弯矩所需的钢筋较多,因此宜设置竖杆来减小节间长度,成为带竖杆的三角形桁架拱(图10.53(b)、(d))。

②竖腹杆式,如图10.54所示,竖腹杆式桁架拱桥由上、下弦杆和竖杆组成的四边形框架,它的最大优点在于腹杆少、节点构造简单,只有两根弦杆和一根竖杆会交于节点处,钢筋布置和混凝土浇筑方便,而且外形美观。缺点是由于框架杆件以受弯为主,因此用钢量大,刚性节

点在荷载作用下产生较大的次应力,导致竖杆两端开裂,多用于荷载较小的小跨径拱桥中。

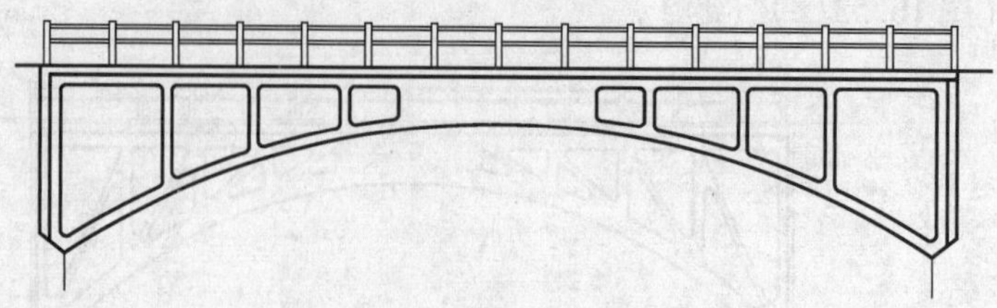

图 10.54 竖杆式桁架拱

桁架拱桥拱片的节点是很重要的构造,其构造型式随腹杆布置型式不同而异。由于计算中常将桁架杆件的连接视为铰接(验算时则考虑由于节点刚性产生的杆端次应力),因此节点构造应保证足够的强度和符合构造要求。一般的节点配筋构造如图 10.55 所示。

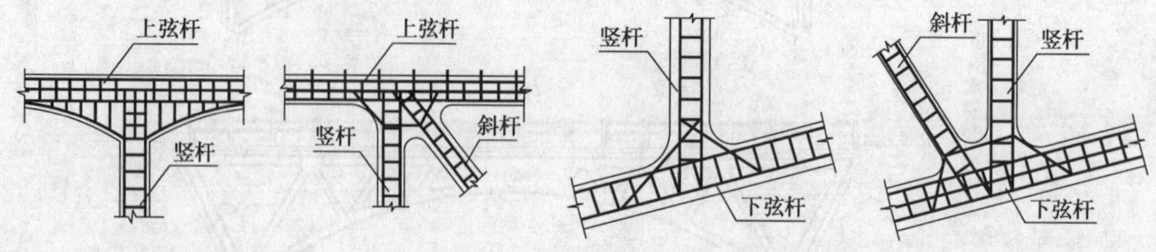

图 10.55 桁架拱桥节点构造示意

为了把各拱片联成整体,使之共同受力,并保证横向稳定,需要在各拱片之间设置横向联结系。拱片间的横向联结系包括拉杆、横系梁、横隔板和剪刀撑(图 10.56)。

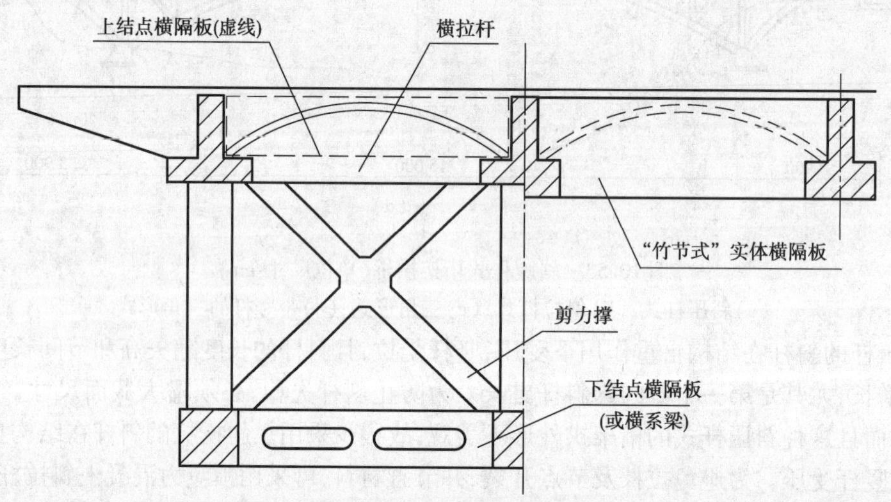

图 10.56 拱片横向联系

拉杆和横系梁分别设置在上、下弦杆的节点处,全跨对称布置。拱顶实腹段每隔 3 ~ 5 m 也应设置一道横系梁。当跨径较小时,横系梁可用拉杆代替。横隔板一般设置在实腹段和桁架交界处和跨中;剪刀撑设置在 1/4 跨径附近的上、下节点之间以及跨径端部。较小跨径的桁架拱,可不设端部剪刀撑,但对大跨径桁架拱桥,除必须设置竖向剪刀撑外,还应沿桁架拱下弦杆曲面内设置一些平的剪刀撑,以加强横向刚度。

桁架拱桥的桥面由预制的横向微弯板和现浇混凝土填平层两部分组成,横向微弯板桥面比较省钢材,但跨径较小,所需拱片数较多。在大跨径桁架拱桥中,为减小拱片数,可采用预应力混凝土空心板或纵向微弯板。为加强桥面与拱片的联结,对于微弯板桥面可采用将上弦杆和实腹段截面设计成倒T形,伸出锚固钢筋与微弯板伸出的钢筋相连,并浇筑混凝土接头,如图10.57所示。空心板接缝间穿预应力钢筋,使桁架拱片与桥面联成刚劲的整体。

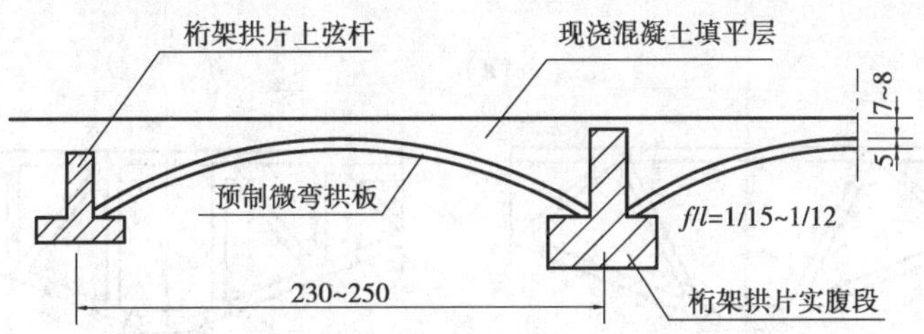

图10.57　微弯板桥面与上弦杆联结(单位:cm)

桁架拱与墩台的连接包括下部支承处的连接和上部桥面部分的连接。桁架拱与墩(台)的连接,对中小跨径的桁架拱,可在墩台帽上预留15~20 cm的槽孔,然后将下弦杆的端头插入槽孔,四周再用砂浆填塞。对较大跨径的桁架拱,由于墩台位移等原因,往往造成支承面局部接触,引起支反力偏心和结构内力改变,因此,宜采用较完善的钢筋混凝土铰。

桁架结构上部(即桥面)与墩台的连接有过梁式(图10.58(a))和伸入式(图10.58(b))两种,多孔桁架拱桥桥跨之间的连接有悬臂式(图10.59(a))、过梁式(图10.59(b))、伸入式(图10.59(c))三种。

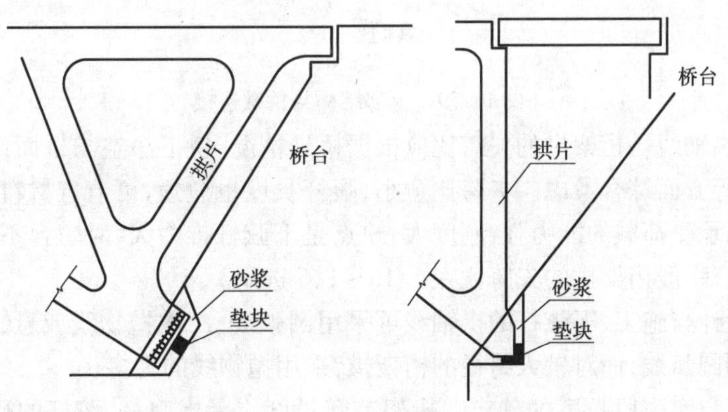

图10.58　上部结构与桥台连接

3)主要尺寸拟定

①桁架拱片间距确定。桁架拱片的间距取决于桥梁的宽度、跨径、设计荷载等级以及经济性等因素。当桥宽一定时,采用较大的拱片间距可减小拱片数量,但相应增加桥面用量。因此,对于跨径在20~50 m的桁架拱,通常采用2 m左右间距,跨径再大时,可稍加大一些,以减少拱片数量。

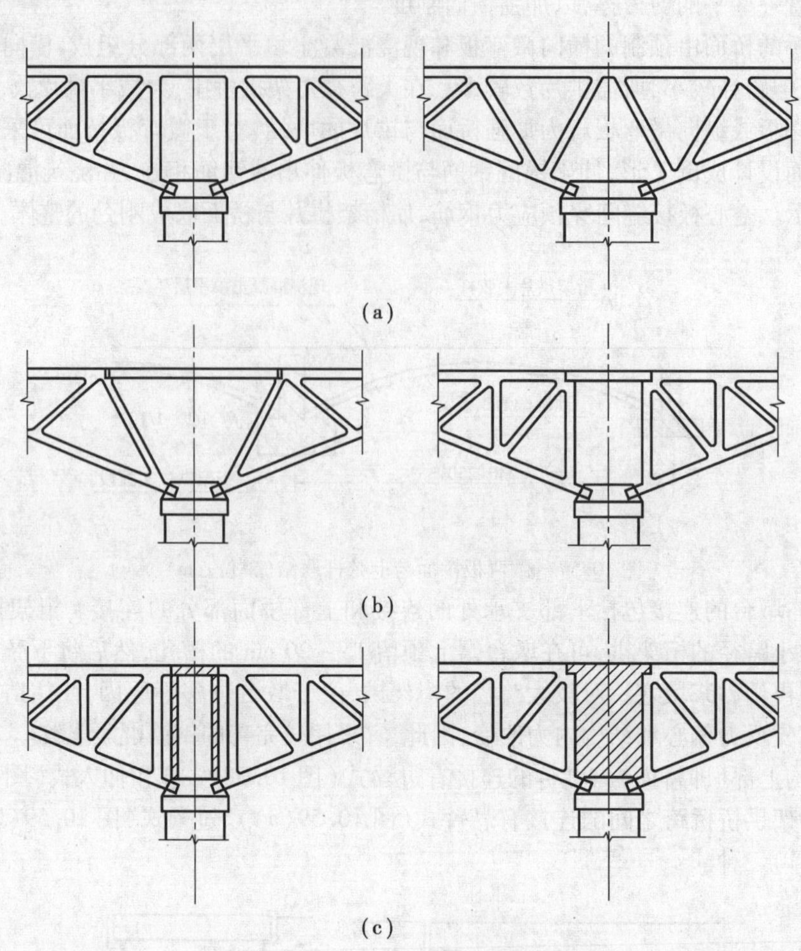

图 10.59　上部结构与桥墩连接

②矢跨比、拱轴线。桁架拱的矢跨比应根据桥址情况、桥下净空与桥面设计标高、构造形式、受力和施工等方面综合考虑。矢跨比愈小，腹杆长度也愈短，可节省材料，同时上、下弦杆与竖杆共同作用承受荷载的能力强，刚度大，缺点是下弦杆推力大，对墩台不利。当矢跨比愈大，情况则相反。一般桁架拱的矢跨比在 1/10 ~ 1/6 选用。

为了便于设计与施工，下弦杆的拱轴线可采用圆弧线、二次抛物线或悬链线。通常，对中小跨径拱桥采用圆弧线，而对较大跨径的桁架拱，采用抛物线的为多。

③桁架节间与实腹段长度的确定。桁架节间长度应考虑腹杆、弦杆的受力与桥梁外观。节间长度长，节点就少，相应材料用量也少，施工也简便，但为了保证局部荷载作用下的强度、刚度，节间长度一般取计算跨径的 1/12 ~ 1/8。为使各斜杆大体平行，上弦杆的长度应由端部逐渐向跨中减小，使斜杆与竖杆保持 30° ~ 50°的夹角。对一般跨度的桁架拱桥，最大节间长度不宜超过 5 m。

拱顶实腹段的长度与矢跨比有关，矢跨比越小，实腹段越长，矢跨比越大，实腹段越短。从受力上看，实腹段的强度和刚度比桁架段大，从美观上看，桁架段与实腹段比例应匀称，从施工上看，过长的实腹段将增加困难。因此，实腹段长度一般取$(0.3 \sim 0.5)l_0$，l_0 为计算跨径。

跨中实腹段和桥面组合的截面高度称为跨中截面总高。单孔桁架拱的跨中截面总高 H 与桁架拱跨径、矢跨比、桁架拱片间距、荷载等级和混凝土强度有关，可按经验公式估算，初拟时可取净跨径的 1/50 ~ 1/40。

④下弦杆、上弦杆、腹杆截面尺寸的拟定。桁架拱片中，下弦杆是主要的受压构件，因此应保证有足够的截面积。为简化施工，中、小跨径的桁架拱桥，下弦杆一般采用等截面型式，且多为矩形截面，截面高度可取跨径的 1/100 ~ 1/80，截面宽 b 为 25 ~ 50 cm，也可按截面高的 1/2.0 ~ 1/1.5 取用。当跨径较大时，为减轻自重，也可做成箱形截面。

上弦杆截面型式与桥面板构造有关，当采用空心板时，可采用矩形截面，当采用微弯板时，则需采用倒 T 形（边肋为 L 形），这样有利于桁架拱片与桥面联结形成整体，便于支承微弯板。上弦杆截面高度一般取下弦杆高度的 0.6 ~ 0.7 倍，宽常与下弦杆相同。

腹杆（斜杆和竖杆）常采用矩形截面，其高度可随杆件长度的增加而增大。为使拱片在吊运中不致损坏，端腹杆的截面尺寸应比中间腹杆尺寸稍大。腹杆高度一般为下弦杆截面高度的 1/2 ~ 1/1.5，截面宽一般应与上、下弦杆同宽，也可小于 b，常取 20 ~ 40 cm。

⑤横向联结系和桥面结构。横向联结系杆件的截面尺寸，主要由构造决定。拉杆和剪刀撑多为矩形截面，其边长可取为 15 ~ 20 cm。横系梁通常也采用矩形截面，高度与下弦杆高度相同，宽度不小于拱片净间距的 1/15，可取 15 ~ 20 cm。横系梁一般中部挖空，以减轻重量。横隔板厚度通常取 15 ~ 20 cm。

桥面结构采用微弯板时，微弯板的净矢跨比一般在 1/15 ~ 1/10，板的跨中厚度一般为板跨径的 1/15 ~ 1/13，其中，预制微弯板的厚度与桥面填平层在板顶的厚度可取相同的厚度，也可略大于微弯板厚，一般为 5 ~ 8 cm。

(2) 桁式组合拱

桁式组合拱主要用于大跨径预应力混凝土拱桥，它与普通桁架拱的不同之处在于上弦杆断点位置不同。桁式组合拱上弦杆断点（断缝）位置设在在墩（台）顶部至拱顶之间的某个部位，这样，从断点到墩（台）顶部形成一个悬臂桁架，而两断点之间成为一普通桁架拱，但下弦杆仍保持连续。普通桁架拱的上弦杆未设断点，直接简支于墩（台）。从力学上看，桁式组合拱相当于是普通桁架拱支承在两悬臂桁架上，形成一拱梁组合体系，如图 10.60 所示。

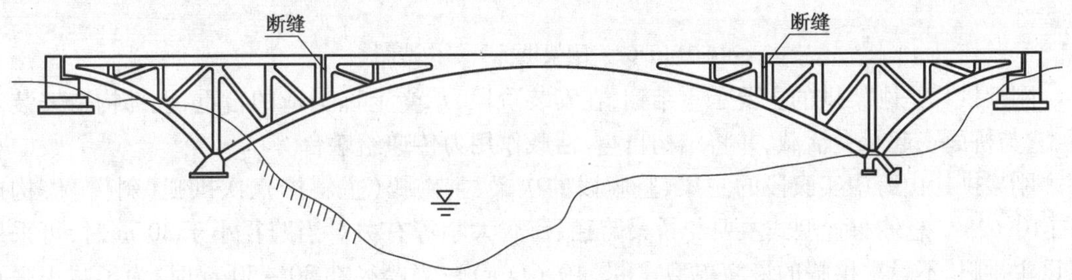

图 10.60　桁式组合拱桥

桁式组合拱桥的特点在于保留了普通桁架拱的优点，构造简单，悬臂桁架在施工和运营阶段受力一致，整个结构的纵、横向刚度大，施工和运营阶段稳定性好。由于上弦断开，使拱顶正弯矩比同跨径的普通桁架拱减小 30% 以上，拉力减小 2 倍以上；同时，设置断缝对减少由于日照温差引起的附加内力有好处。

10.5.2 刚架拱桥

刚架拱桥是在桁架拱、斜腿刚架桥等基础上发展起来的另一种新桥型,属于有推力的高次超静定结构(图 10.61)。具有构件少、自重轻、整体性好、刚度大、施工简便,造价低,造型美观等优点,在我国得到广泛应用,适合于跨径在 25 ~ 70 m 的桥梁和地基承载力较低但又需修建拱桥的地方。

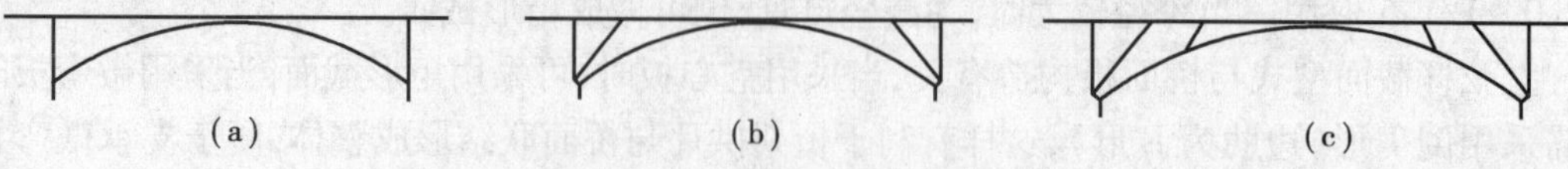

图 10.61 刚架拱桥的基本图式

刚架拱桥的上部结构由刚架拱片、横向联结系和桥面系等三部分组成,如图 10.62 所示。

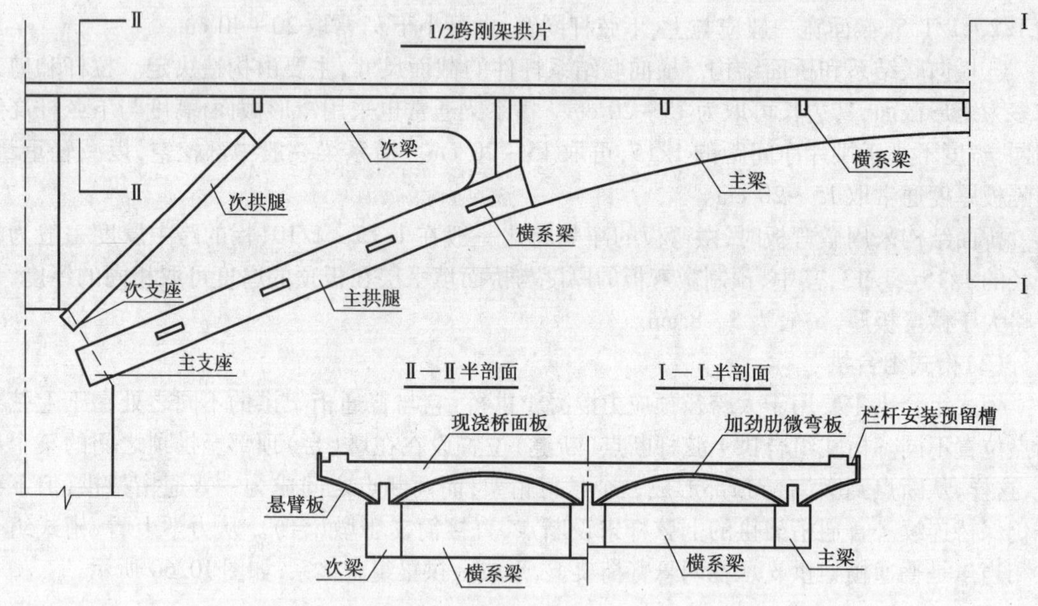

图 10.62 刚架拱桥上部构造图

刚架拱片是刚架拱的主要承重结构,在安装阶段,承受上部构造的自重,上部构造安装完后,它与桥面一起承受活载,并将结构自重、活载作用力传递给墩台。

刚架拱片由跨中实腹段的主梁、空腹段的次梁、主拱腿(主斜撑)、次拱腿(斜撑)等构成(图 10.62)。总体布置型式主要与桥梁跨径、荷载大小等有关。当跨径小于 30 m 时,可采用只设主拱腿、不设次拱腿的最简单型式(图 10.61(a));当跨径在 30 ~ 50 m 时,为了减小腹孔段次梁的跨径,可以设置一根次拱腿(图 10.61(b))。随着跨径的增大,为了减小次梁和斜撑的内力,可设置多个斜撑,这些斜撑可直接支承在桥墩(台)上,也可以将次拱腿支承在主拱腿上(图 10.61(c)),以减小次拱腿的长度。

通常将主梁与主拱腿的交接处称为主节点,次梁与次拱腿的交接处称为次节点。节点构造一般按固结设计,并配置钢筋。主拱腿、次拱腿和次梁的支座分别称为主支座、次支座和上支座。根据构造型式和所选计算图式不同,可以采用固结和铰接(平铰或较完全的弧形铰等)。

主梁和主拱腿构成的拱形结构的几何形状是否合理,对全桥结构的受力有显著的影响。主梁和次梁的梁肋上缘线一般与桥面纵向平行,主梁下缘线可采用二次抛物线、圆弧线或悬链线,使主梁成为变截面构件。主拱腿可根据跨径大小和施工方法等不同,设计成等截面直杆或微曲杆。有时从美观上考虑,也可采用与主梁同一曲线的弧形杆,同时可改善梁、拱腿的受力性能。

需要指出的是,除次节点到上支座一段次梁为受弯构件外,其余杆件基本上均为压弯构件。

根据施工条件(运输、安装能力等),刚架拱片可采用预制安装或现浇方法施工。为了减轻吊装重量,可将主梁、次梁、斜撑等分别预制,用现浇混凝土接头连接。当跨径较大时,次梁还可以分段预制。

横向联系可采用预制装配式或横隔板型式,其间距视跨径大小而定。一般在刚架拱片的跨中,主、次节点,次梁端部等处设置横系梁。当跨径较大或跨径小、桥面很宽时,为加强跨中实腹段刚架拱片间的横向整体性,有利于荷载的横向分布,可增设直抵桥面板的横隔板。

刚架拱桥的桥面板与普通桁架拱桥相似,也是用预制微弯板和现浇混凝土填平层组成,或采用预制空心板与现浇混凝土层构成。在此基础上,浇筑桥面铺装,形成桥面系。

10.6　中、下承式拱桥的设计与构造

中承式拱桥的行车道位于肋拱矢高的中部,桥面系一部分用吊杆悬吊在拱肋下,一部分用刚架立柱支承在拱肋上(图 10.63(a))。下承式拱桥通过吊杆将纵梁、横梁系统悬挂在拱肋下,在纵横梁系统上支承行车道板,组成桥面系(图 10.63(b))。通常将桥面系和吊杆等统称为悬吊结构(图 10.63(d))。

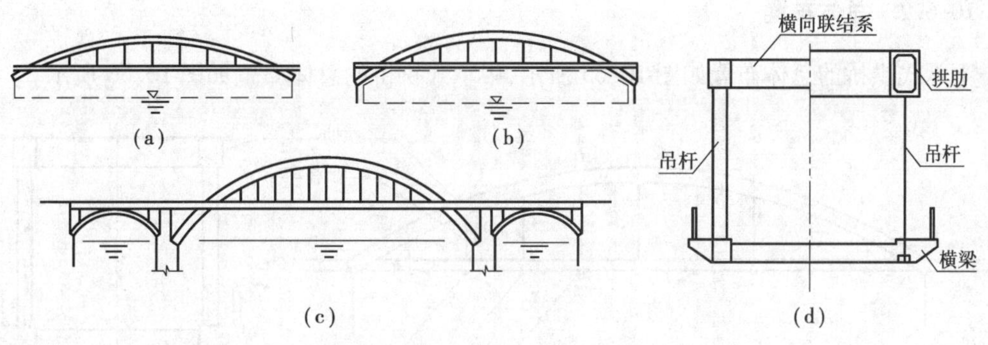

图 10.63　中承式和下承式拱桥

10.6.1　中、下承式拱桥的适用场合

中、下承式拱桥是目前采用较多的桥型,适用于以下场合:

①桥梁建筑高度受到严格限制,采用上承式拱桥往往有困难或矢跨比很小,桥下净空高度难以满足;

②在不等跨的多孔连续拱桥中,为平衡桥墩左右两侧的水平推力,将较大跨径的一孔矢高

加大,做成中承式拱桥,以减小大跨拱桥的水平推力(图 10.63(c));

③在平坦地区的河流上,采用中、下承式拱桥,可降低桥面高度,改善桥梁两端引道的接线纵坡,减小引道工程数量;

④美观要求。采用中、下承式拱桥,构件简洁明快,尤其在多孔连续的中、下承式拱桥,以其波浪起伏、构件轻巧给人以美感,适合于在有美观要求的旅游地区或城市景点修建;

⑤适合于地质条件较差,但又需修建拱桥的地区。目前在软土地基上建造大跨径拱桥普遍采用一种"飞燕式"的结构,中跨采用中承式拱桥,两侧为半跨的实心板拱,用预应力钢绞线作为系杆,漂浮于桥面,抵抗主拱产生的水平推力,使桥墩主要承受竖向力和很小的水平力,如图 10.64 所示。

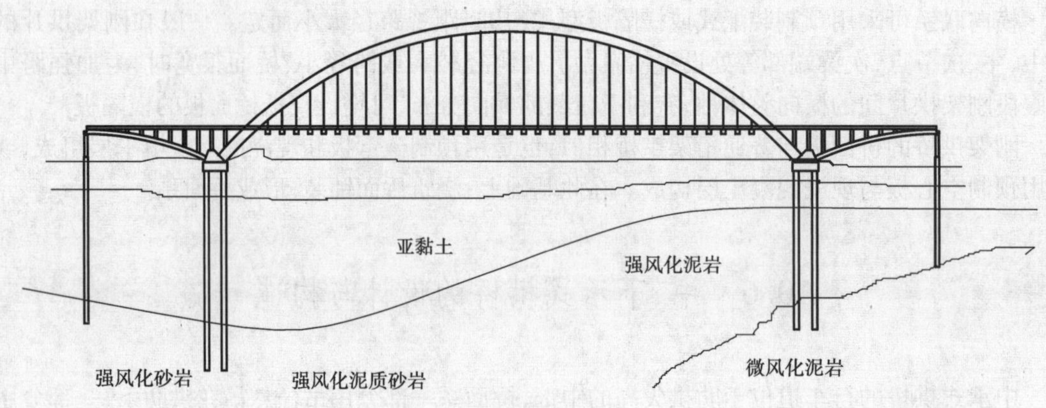

图 10.64　飞燕式拱桥

10.6.2　总体布置

下承式拱桥的总体布置如图 10.65 所示,中承式拱桥的总体布置如图 10.66 所示。

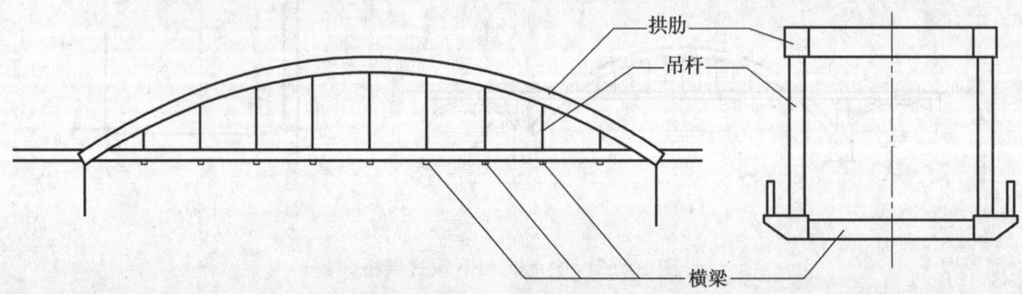

图 10.65　下承式钢筋混凝土拱桥的总体布置

中、下承式拱桥的桥跨结构由拱肋、横向联系和悬吊结构三部分组成。

拱肋采用钢筋混凝土结构或钢管混凝土结构。钢筋混凝土拱肋适用于跨径在 150 m 以下的中、下承式拱桥中,150 m 以上则多采用钢管混凝土拱肋、钢拱肋或劲性骨架混凝土拱肋。通常将两片拱肋平行布置,通过横向联系将其连成整体,有时,为了提高拱肋的横向稳定性和承载力,也可使两拱肋内倾,在水平面上的投影呈“X”,即所谓的提篮拱。由于中、下承式拱桥的恒载分布比较均匀,因此拱轴线形一般采用二次抛物线或低拱轴系数的悬链线。拱肋沿拱轴线的变化规律可以为等截面或变截面。采用二次抛物线的中承式拱桥,往往会出现拱脚截面拉应力过大的现象,必须加大拱脚截面,或调整拱轴线型。中、下承式拱桥的拱肋一般不做成有铰拱,以保证其刚度。拱肋矢跨比在 1/7 ~ 1/4。

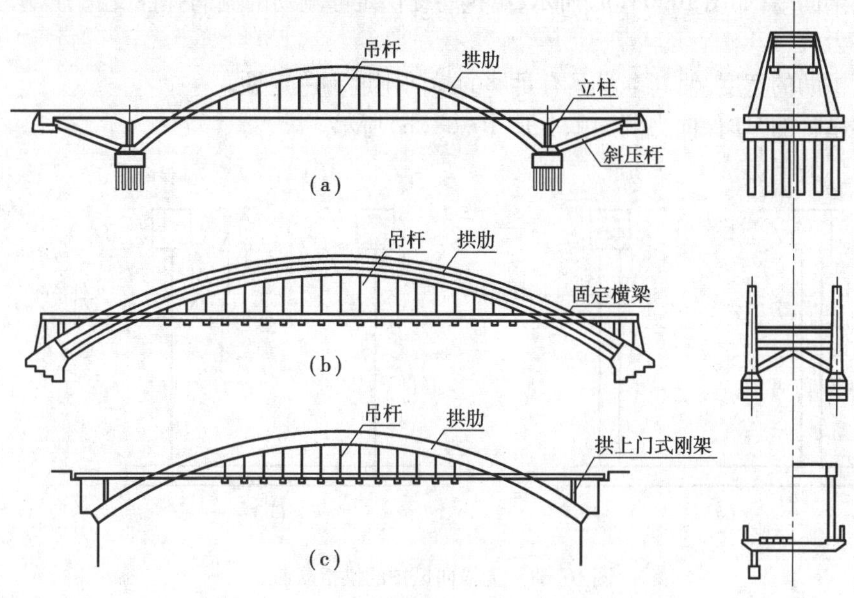

图 10.66　中承式钢筋混凝土拱桥的总体布置
(a)提篮式拱;(b)敞口式拱;(c)带上横联拱

为保证肋拱间的横向刚度和稳定,承受作用在拱肋、桥面及吊杆上的横向水平力,必须在拱肋之间设置横向联系。横向联系可做成横撑(或直撑)、对角撑(X 撑)、K 撑或桁架撑等形式(图 10.67)。横向联系应设置在桥面净空高度范围之外的拱段,满足桥面净空高度要求。高悬在行车道之上的横向构件的尺寸一般比较粗大,给人以一种压抑感,行车条件不利,因此也可做成在行车道之上不设横向联系的敞口桥。敞口桥视野开阔,但横向刚度差,必须采用刚性吊杆,使吊杆和横梁形成一个刚性的半框架,给拱肋提供足够的侧向弹性支承,以承受拱肋上的横向水平力;也可加大拱肋截面,使拱肋自身具有足够的横向刚度和稳定。横撑的宽度不应小于其长度的 1/15。

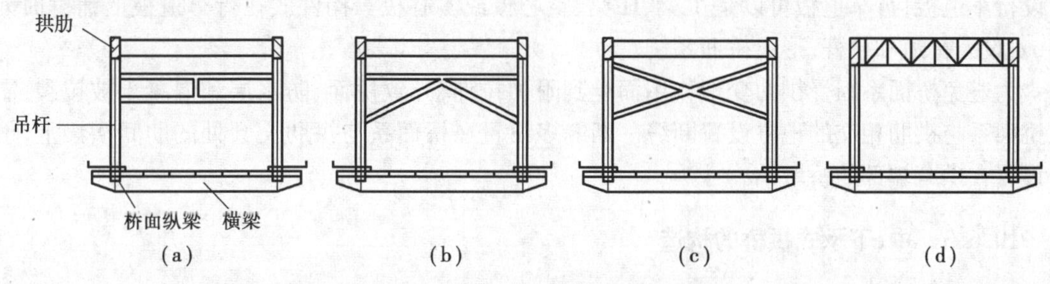

图 10.67　横向联系类型
(a)直撑和 H 形横撑;(b) K 撑;(c)X 撑;(d)桁架撑

对无横向风撑的中、下承式拱桥,主要依赖以下几个主要因素来保证横向稳定:

①拱脚具有牢靠的刚性固结。

②对于中承式拱桥,要加强在桥面以下至拱脚区段的拱肋间固结横梁的刚度,并设置 K 撑或 X 撑。

③对于下承式拱桥,可采用半框架式的结构,即采用刚性吊杆,并与整体式桥面结构或刚度较大的横梁固结,如图 10.68(a)所示,给拱肋提供足够刚劲的侧向弹性支撑,以承受拱肋上的横向水平力。

④加大拱肋的宽度,使其本身具有足够的横向刚度和稳定性。

⑤柔性吊杆的"非保向力"作用,如图 10.68(b)所示。

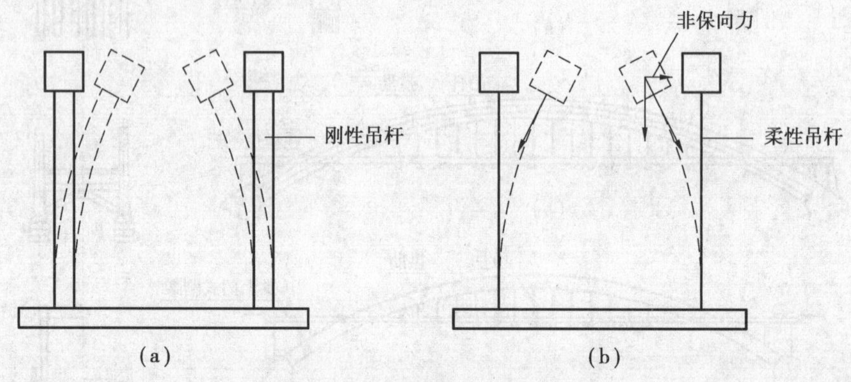

图 10.68　无横向风撑的拱桥断面

(a)刚性吊杆;(b)柔性吊杆

吊杆主要承受拉力,根据其自身刚度不同分刚性吊杆和柔性吊杆两种。刚性吊杆用钢筋混凝土或预应力混凝土制作,柔性吊杆用冷轧粗钢筋、钢丝绳、高强钢丝或钢绞线等高强钢材制作。使用刚性吊杆可以增强肋拱的横向刚度,但施工复杂,用钢量多。使用柔性吊杆可以部分消除拱肋与桥面系之间的互相影响,且节省钢材。吊杆的间距根据构造要求和经济、美观等因素决定。吊杆的间距即为行车道梁的跨径,间距大,吊杆的数目就少,但纵、横梁的用料增加;相反,增加吊杆数目,可减少纵、横梁的用料。吊杆的间距为 4 ~ 10 m,取相等间距。

系杆也有刚性系杆和柔性系杆之分。刚性系杆为钢筋混凝土或预应力混凝土梁,为偏心受拉构件,而柔性系杆用预应力钢绞线制作,为轴心受拉构件。

行车道系由横梁(有时还用纵梁)和行车道板等组成。横梁通过吊杆悬吊在拱肋上,纵向铺设行车道板,行车道板可以是 T 梁、Π 梁、空心板或实心板等构件。在行车道板上铺桥面铺装、安设人行道和栏杆,形成桥面系统。

为避免桥面系因受拱肋变形作用而受到附加拉伸,导致桥面、防水层和混凝土被拉裂,需在桥面系与拱肋相交的地方设置断缝。断缝多设置在桥面系与拱肋交会处的肋间横梁上,也可设置在拱跨端部的桥墩(台)上。

10.6.3　中、下承式拱桥的构造

(1)拱肋

中、下承式钢筋混凝土拱桥的拱肋截面型式与上承式肋拱桥拱肋的截面型式相同,也有矩

形、箱形和管形。矩形截面拱肋高度约为跨径的 1/70 ~ 1/40,肋宽为肋高的 0.5 ~ 1.0 倍。箱形和管形主要用于大跨径的拱肋,截面形式可以是等截面或变截面,对变截面的悬链线拱肋,截面的惯性矩也可用李特(Ritter)公式来确定,或参照已成桥。有关管形截面构造见本章第 8 节。

拱肋既可在拱架上现浇,也可预制拼装,当采用劲性骨架混凝土拱肋时,需在拱肋上分层分段浇筑或采取一定措施实现连续浇筑。

(2)吊杆

刚性吊杆除了承受轴向拉力外,还需抵抗上下节点处的局部弯曲,因此,刚性吊杆一般设计成矩形。为减小刚性吊杆承受的弯矩,设计的截面尺寸应在顺桥向小一些,而横桥向应设计得大一些,以增强拱肋的稳定性。

采用刚性吊杆的拱桥,其两端的钢筋应扣牢在拱肋和横梁中,它与拱肋或横梁的联结见图 10.69。

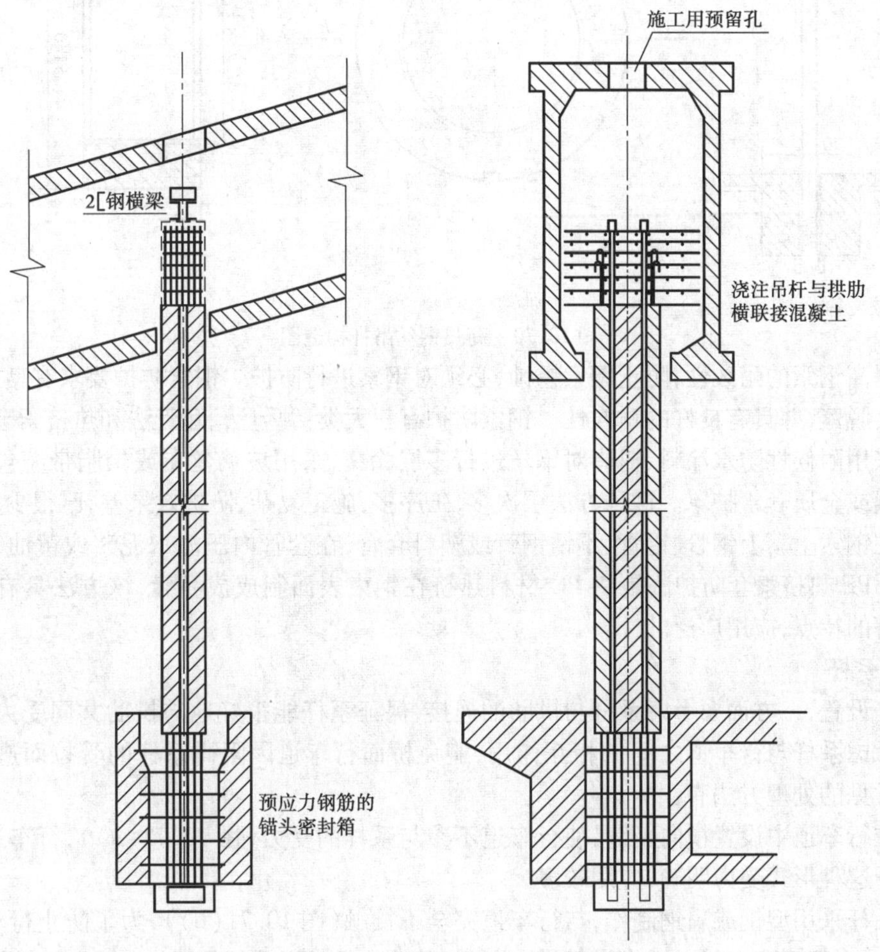

图 10.69　预应力混凝土刚性吊杆构造图

柔性吊杆可用冷拉粗钢筋、钢丝绳、高强钢丝或钢绞线制作。高强钢丝索制作的吊杆通常用镦头锚,而粗钢筋则采用轧丝锚与拱肋、横梁相联(图 10.70)。

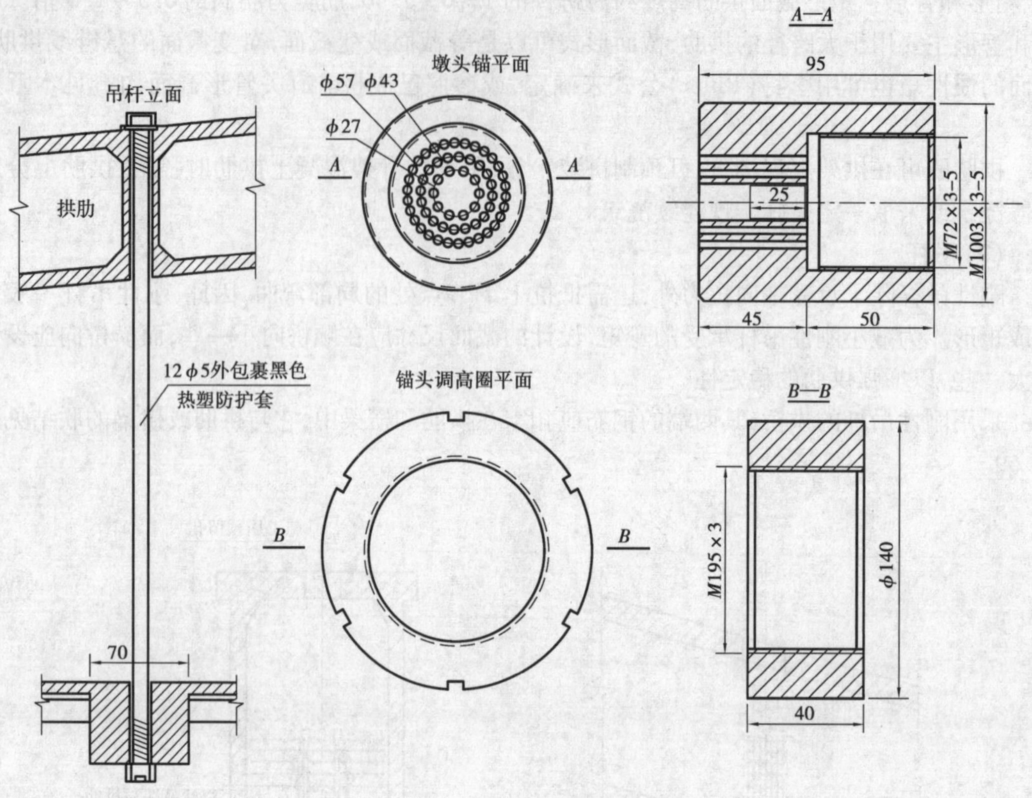

图 10.70　高强钢丝吊杆构造图

为提高钢索的耐久性,防止钢索锈蚀,必须对钢索进行防护。钢索防护要求有良好的附着性而不会脱落,并具有良好的耐候性。钢索防护有三大类:缠包法、套管法和热挤索套防护法。缠包法采用耐候性防水涂料、树脂对钢丝进行多层涂覆,采用玻璃丝布或聚脂带缠包,最外层用玻璃板或金属套管护罩。这种方法层次多,工序多,施工复杂,防护效果差,已很少采用。套管法是在钢索上套上钢管、铝管、不锈钢管或塑料套管,在套管内压注水泥浆或黄油等其他防锈材料。PE 热挤索套防护法是将 PE 材料热挤在钢束表面制成成品索,该方法具有简单、可靠和经济的特点,应用广泛。

(3)系杆

系杆设置,一方面要考虑系杆与拱肋的连接,保证系杆能很好地与拱肋共同受力;另一方面又要考虑系杆与行车道之间的相互作用,避免桥面行车道因阻碍系杆的受拉而遭到破坏。构造上常见的处理方法有:

①在行车道中设置横向断缝,使行车道不参与系杆的受力(图 10.71(a)),行车道简支在横梁上。这种形式受力明确,应用较多。

②系杆采用型钢或扁钢制作,与行车道完全不接触(图 10.71(b)),为了防止行车道参与系杆受力,一般还要在行车道内设置横向断裂,其缺点是外露系杆易锈蚀,在温度变化时,外露金属系杆和钢筋混凝土拱肋的温度有差别,由此而产生附加应力。

③采用独立的钢筋混凝土系杆(图 10.71(c))把系杆做得矮宽以增加柔性,故常用于柔性系杆刚性拱中。

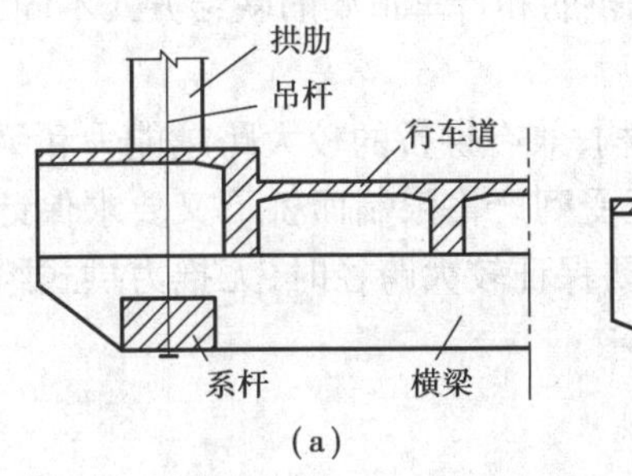

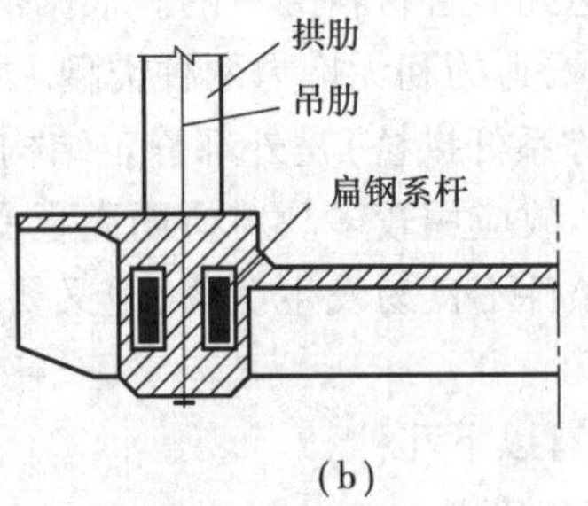

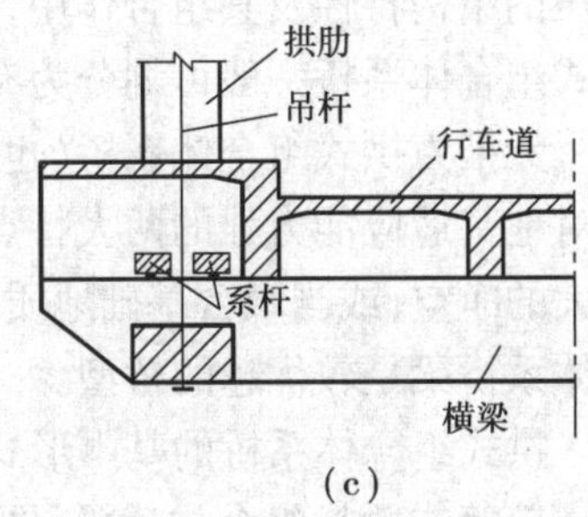

图 10.71　系杆构造

④采用预应力混凝土系杆，为了方便连接，系杆截面形式与拱肋截面形式一致，行车道可设横向缝，亦可不设，考虑行车条件，不设为宜。这种系杆较为合理，由于预加压力可克服混凝土承受的拉力，避免了混凝土的裂缝，维修费用比钢系杆低。

刚性系杆是偏心受拉构件，一般设计成箱形或工字形截面。由于截面正负弯矩的绝对值一般相差不大，故钢筋宜靠上下缘对称或接近对称布置。同时，沿截面高度应布置一定数量的分布钢筋，防止开裂和裂缝扩展。

值得注意的是，拱肋与系杆的连接构造是重要而又复杂的一部分，其构造形式随拱肋和系杆截面尺寸的不同而不同，具体连接构造方法可参考相关书目。

(4) 横梁

中承式拱桥的横梁可分为肋间横梁和吊杆横梁两类。肋间横梁位于桥面系与拱肋相交处，一般与拱肋刚性联结，其截面尺寸与刚度远比其他横梁大；通过吊杆悬挂在拱肋上的横梁称为吊杆横梁；通过拱上立柱支承在拱肋上的横梁称为拱上刚架盖梁。

肋间横梁由于所处位置特殊，它既要传递竖向荷载，又要传递水平荷载，甚至有时传递纵向制动力，承担从拱肋和桥面传来的很大的弯矩、扭矩和剪力，因此受力复杂。肋间横梁常用的截面形式有工字形和箱形，它们的共同特点时与拱肋刚性联结，并能抵抗多种力素。

吊杆横梁的截面型式有矩形、工字形和带牛腿的矩形，大型横梁也可采用箱形截面，其截面尺寸取决于横梁的宽度（即拱肋中距）和承担桥面荷载的长度（吊杆间距）。吊杆横梁一般为钢筋混凝土构件，跨度较大时，应采用预应力混凝土构件或钢构件。

(5) 行车道板与纵梁

根据吊杆间距大小，行车道板可采用钢筋混凝土 T 形、Π 形梁，实心板或空心板。纵梁多采用钢筋混凝土 T 形、Π 形梁，以形成简支梁结构或连续梁结构。

(6) 拱上刚架

中承式拱上刚架由拱上立柱和盖梁两部分组成，拱上立柱与拱肋的连接可分为刚接和铰接。刚接时立柱底部的钢筋应插入拱肋且与拱肋主筋绑扎牢固，铰接时一般采用混凝土铰（不完全铰）。通常，当立柱高度超出其纵向厚度 20 倍时，即使立柱与拱肋刚接，立柱内的纵向弯矩值已很小，可忽略不计，而对靠近肋间横梁的矮立柱，宜做成铰接。

拱上刚架其他构造与上承式肋拱桥的拱上立柱构造相同，这里不再赘述。

10.6.4　拱式组合体系桥的设计与构造

(1) 概述

拱式组合体系桥是将梁和拱两种基本结构组合起来，共同承受荷载，充分发挥梁受弯、拱受压的结构特性及其组合作用,达到节省材料的目的。根据拱肋和行车道梁的联结方式不同,拱式组合体系桥一般可划分为有推力的和无推力两种类型。

无推力拱式组合体系桥(也称系杆拱桥)是外部静定结构,兼有拱桥的较大跨越能力和梁桥对地基适应能力强的两大特点,故应用较多。对桥面高程受到严格限制而桥下又要求保证较大的净空,或当墩台基础地质条件不良易发生沉降,但又要保证较大跨径时,无推力拱式组合体系桥梁是较优越的桥型。

拱式组合体系桥的基本形式有以下几种。

1)简支梁拱组合式桥梁(图10.72)

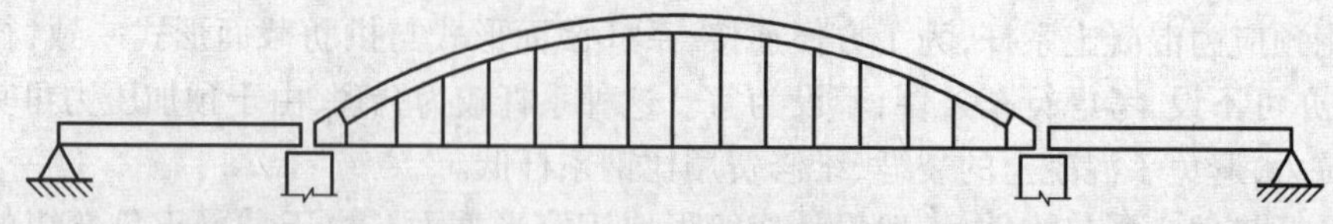

图10.72　简支梁拱组合体系示意图

这类桥梁只用于下承式拱桥,均为无推力的组合体系拱。拱肋结构一般为钢管混凝土和钢筋混凝土,桥面上常设置风撑,简支梁拱组合式桥梁,外部为静定结构,内部为高次超静定结构,主要承重构件除拱肋外,还有加劲纵梁,它与横梁组成平面框架,由吊杆上下联系以达到共同受力的目的。

根据拱肋和系杆(梁)相对刚度的大小,无推力拱式组合体系可划分为:柔性系杆刚性拱、刚性系杆柔性拱和刚性系杆刚性拱三种基本组合体系。

2)连续梁拱组合式桥梁(图10.73)

这种体系可以是上承式、中承式及下承式,也可以是多肋拱、双肋拱或单肋拱与加劲梁组合。多肋拱及双肋拱的加劲梁的截面形式可类似于简支梁拱组合式桥梁布置;而单片拱肋必须配置有箱形加劲梁,以加劲强大的抗扭刚度抵消偏载影响。这种桥型本身刚度大、跨越能力大、造型美观。

3)刚架系杆拱桥

刚架系杆拱桥仅适用于下承式拱桥,拱肋与桥墩固结,不设支座,系杆采用柔性拉杆,独立于桥面系之外,不参与桥面系的受力,桥面系为局部受力构件。这种结构由于拱与墩连接处为刚结点,属刚架结构,又带有系杆,故称之为刚架系杆拱。

刚架系杆拱系杆抗拉刚度较小,拱在成桥阶段的水平推力增量主要由桥墩和拱肋自身承担,因而,考虑系杆变形后是有推力结构。系杆的作用是对拱施加预应力,以抵消拱的大部分水平推力(主要是结构自重产生的水平推力),因此通常把系杆看成是预应力体外索。由于系杆抵消了拱绝大部分的水平推力,因此降低了下承式刚架系杆拱对下部结构和地基的要求,适合地基条件较差时采用。国内第一座钢管混凝土拱桥——四川旺苍东河大桥就是一座刚架系杆拱桥。

(2)拱式组合体系桥的基本组成和构造

拱式组合体系由拱肋、系杆、吊杆(或立柱)、行车道梁(板)及桥面系等组成。

对于柔性系杆刚性拱,拱肋的构造和截面形式基本上可参考普通的下承式肋拱桥,矢跨比一般在1/5~1/4取值。拱肋截面可根据跨径的大小和荷载等级选用矩形或箱形。拱肋高度

对于公路桥 $h=(1/50\sim1/30)l_0$，拱肋宽度 $b=(0.4\sim0.5)h$。一般矩形截面用于较小跨径，当肋高超过 $(1.5\sim3.5)$ m 时，采用箱形较为合理。

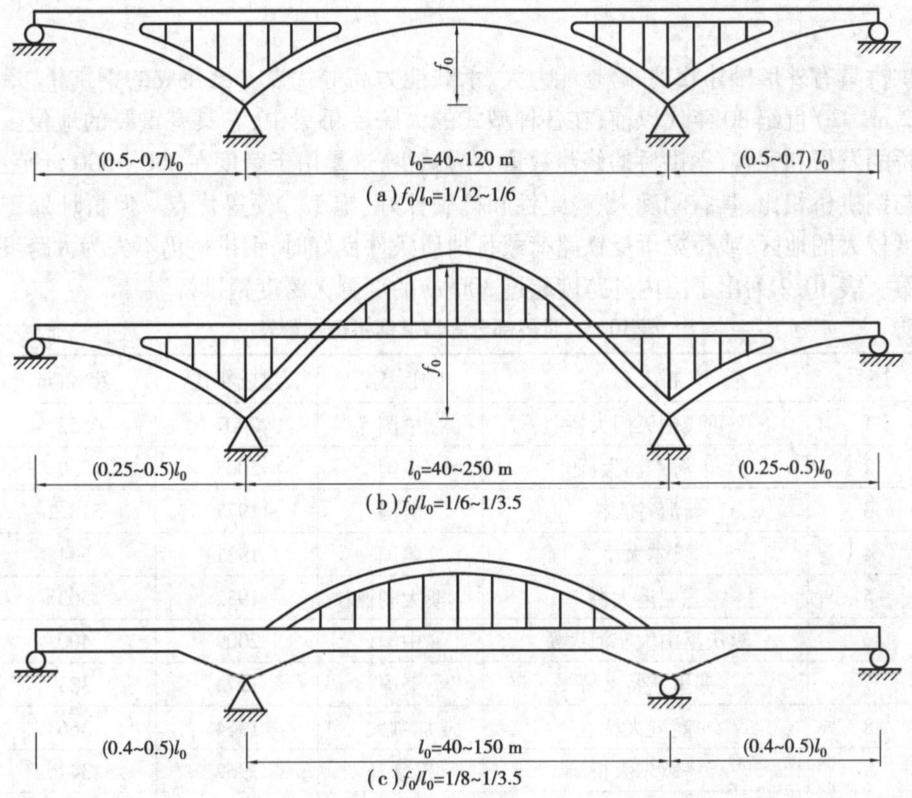

图 10.73　连续梁拱组合体系示意图

刚性系杆柔性拱以梁为受力主体，矢跨比通常为 1/7 ~ 1/5。拱肋在保证一定强度和稳定性的条件下，可将拱肋高度 h 从常用的 $(1/120\sim1/100)l_0$，压缩到 $(1/160\sim1/140)l_0$，拱肋宽度一般采用 $b=(1.5\sim2.5)h$，对公路桥，刚性系杆高度 $h=(1/35\sim1/25)l_0$，跨度较大时，还可做成变截面。拱肋截面常采用宽矮实心矩形截面。若采用刚性吊杆，则横向刚度较大的拱肋与吊杆、横梁组成半框架，一般情况下，拱肋间可不设横撑，设计成敞口桥，使视野开阔。拱轴线通常采用二次抛物线。拱肋截面内的钢筋可采用普通钢筋、型钢及钢管，以缩小拱肋面积。为了增强混凝土的承压能力，可采用螺旋箍筋。

在刚性系杆刚性拱中，拱轴线常采用二次抛物线。为了方便支撑节点处的构造连接，常将拱肋和系杆设计成相同的截面形式。中下跨径拱桥多采用工字形截面，当跨径较大时，常采用箱形截面。拱肋高度 $h=(1/80\sim1/50)l_0$，拱肋宽度 $b=(0.8\sim1.2)h$，系杆的梁高较柔性拱情形要小，具体尺寸应根据拱的刚度及桥面宽度、荷载情况确定。

10.7 钢拱桥

钢拱桥具有外形雄伟壮观、跨越能力大、承载能力高等优点。已建成的钢拱桥，最大跨度已达552 m。20世纪80年代以前，在各种型式的大跨度桥梁中，它具有重要的地位。随着现代斜拉桥的发展和完善，钢拱桥的修建数量大为减少，这是由于跨度在250～500 m范围内，钢斜拉桥与钢拱桥相比，具有刚度大、稳定性和抗震性好、施工方便等优点。但桥址处于风速和地震烈度较大的地区，或桥梁承受铁路荷载且地质条件良好时，钢拱桥仍不失为大跨度桥梁的优选方案。表10.2列出了国内外跨度超过300 m的部分大跨度钢拱桥。

表10.2 世界部分大跨度钢拱桥一览表

序号	桥 名	国 家	建成年代	跨径/m
1	重庆朝天门大桥	中国	2007	552
2	上海卢浦大桥	中国	2003	550
3	新河谷大桥	美国	1977	518.2
4	贝尔大桥	美国	1931	504
5	悉尼港大桥	澳大利亚	1932	503
6	重庆巫山大宁河大桥	中国	2009	400
7	弗里芝特大桥	美国	1973	383
8	曼港大桥	加拿大	1964	366
9	塔歇尔大桥	巴拿马	1962	344
10	拉比奥莱特大桥	加拿大	1967	335
11	郎克恩大桥	英国	1961	330
12	兹达克夫大桥	捷克	1967	330
13	波钦诺夫大桥	津巴布韦	1935	329
14	罗斯福湖大桥	美国	1990	329

10.7.1 钢拱桥的主要结构形式

钢拱桥既有组合体系拱桥，也有简单体系拱桥。在组合体系拱桥中，有系杆拱、洛泽拱、蓝格尔拱和其他组合体系拱桥等几种。系杆拱桥中，系杆拱的刚度远大于梁的刚度，弯矩全部由拱来承担，拱的推力由系杆来平衡。由于系杆较柔，容易造成拱的竖向抖动。悉尼港湾桥、英国朗克恩桥、重庆朝天门大桥均采用系杆拱型式。洛泽拱由于钢拱肋和钢桁架的抗弯刚度均较大，因而适合于在重载的铁路桥梁中采用，我国的重庆万州铁路长江大桥和京沪高铁南京铁路大桥均采用此类型式。蓝格尔拱中，假定拱肋和吊杆为铰接，采用加劲梁之后才能保持稳定的形状，忽略拱肋绕其水平轴的截面惯性矩，它只承担轴向力。我国的九江长江大桥即为蓝格尔体系。其他组合体系主要是指悬臂梁—拱—桁架的组合结构，此种结构通常是中央挂跨为系杆拱桥，支承于边跨的伸臂梁上。巴拿马的塔歇尔桥、加拿大的Laviolette桥均采用此结构。

钢拱桥多采用上承式或中承式双铰拱或无铰拱形式。目前世界上双铰拱跨度最大的是美国新河谷大桥(518.2 m),在超过300 m以上的钢拱桥中,只有两座是无铰拱桥,一座是美国刘易斯顿-昆斯顿桥(拱跨304.8 m,箱形肋拱桥),另一座是中国巫山大宁河大桥(净跨400 m,钢桁拱桥)。

10.7.2　主拱构造

钢拱桥拱肋截面形式有桁架形、箱形、板肋形,分别称桁拱、箱拱、板拱。国外多建造桁架拱桥,国内建造了十多座钢箱拱桥,板拱因用钢量大,很少采用。限于篇幅,本教材主要介绍桁架拱桥的主拱构造。

桁架拱桥主拱高度沿跨度方向可以是等高度的,也可是变高度的。

在大跨度钢桁架拱桥总体设计中,主要确定的设计参数有:①拱肋桁架的布置形式;②拱轴线的选取;③矢跨比;④拱顶和拱脚高度的选择;⑤不同的边界条件;⑥杆件截面形式的选取;⑦杆件截面面积的初步确定。

桁式拱肋的特点在于能够采用较小的材料截面取得较大的纵横向抗弯刚度,且杆件以受轴向力为主,能够发挥材料的特性。与箱型拱肋相比,桁式拱肋减轻了自重,使拱桥具有更强的跨越能力,而且桁式拱肋具有每个节间杆件能够灵活的改变截面和钢种的特点。桁式拱肋按主桁框架分类可分为柏式(Pratt)桁架、华伦(Warren)桁架、K式桁架、再分式桁架等多种形式(图10.74)。不同的布置形式其斜杆和竖杆的受力特点各不相同。

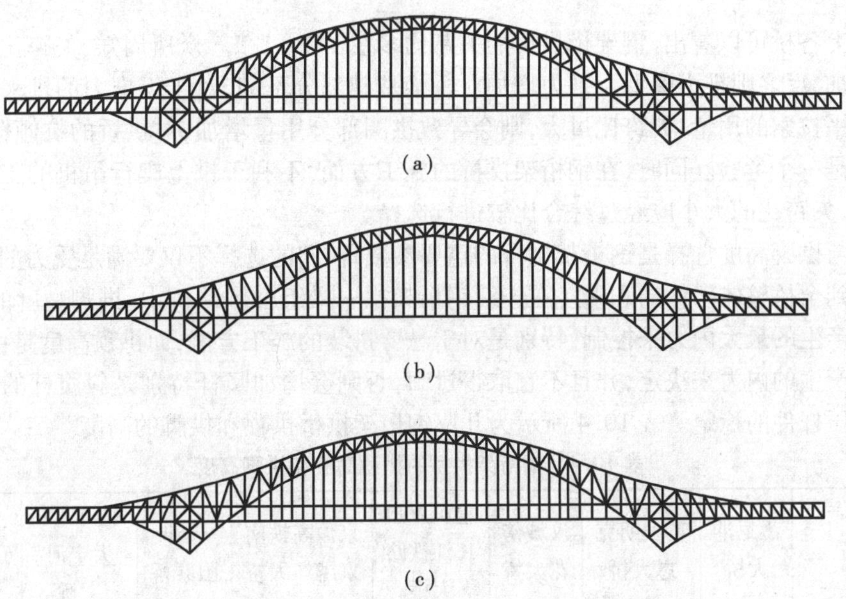

图10.74　三种不同桁架布置形式的钢桁拱桥

(a)K式桁架拱肋;(b)P式桁架拱肋;(c)W式桁架拱肋

不同桁架布置形式具有以下特点:在力学性能方面,K式桁架为最好的选择;从经济性能方面,W式桁架用钢量最小;在构造施工及美学方面,P式桁架具有优势。大跨径桥梁,通常被赋予地标式建筑的重任,强调功能与形式并重,因此美学上的和谐统一往往起到关键的作用,这可能是钢架桁拱桥多选择P式桁架的重要原因。

在钢桁架拱桥中,吊杆可做成刚性吊杆或柔性吊杆两种形式。刚性吊杆多用钢管或型钢制成,一般情况下承受拉力,但在活载作用下也可能部分出现压力;柔性吊杆可采用高强平行钢丝束或钢绞线,只能承受拉力。使用刚性吊杆对增强拱肋的横向刚度有利,但施工程序多,工艺较复杂,使用柔性吊杆可以部分消除拱肋和桥面系之间的相互影响,施工方便、外形较好。

对于无推力拱桥,拱的推力全部由系杆承担,因此系杆将承受较大的轴向拉力。系杆亦分为刚性系杆和柔性系杆两种形式。刚性系杆用型钢制成,并通常作为桁式加劲梁的弦杆,此种形式与主桁拱间的连接构造简单,受力明确。在铁路桥中多采用刚性系杆,可以减少拱脚的水平变位,增加结构竖向刚度;柔性系杆可采用平行钢丝束或钢绞线制成,其特点是便于施工安装,但在主桁上的锚固构造设计难度大。

加劲梁是保证车辆行驶、提供结构刚度的二次结构,主要承受弯曲内力。加劲梁在铁路桥中多采用桁架形式以提高结构刚度,在公路桥中多采用箱形截面。

从已建成的拱桥来看,绝大部分拱桥的矢跨比均在1/6~1/4,表10.3给出了几座钢桁架拱桥的矢跨比(矢高为拱肋下弦杆至拱脚的垂直距离)。

表10.3 钢桁架拱桥的矢跨比

桥名	悉尼港大桥	英国朗克恩大桥	汉城傍花大桥	重庆万州长江铁路大桥	京沪高铁南京越江大桥	重庆朝天门大桥	重庆巫山大宁河大桥
矢跨比	1/4.7	1/4.3	1/3.9	1/4.8	1/4.0	1/4.3	1/5

从以上各桥可以看出,钢架桁拱桥的矢跨比多在1/4~1/5。众所周知,矢跨比减小时,拱的推力增加,反之则推力降低。推力增加对桥梁基础部分不利,对于无推力的拱来说,会增加系梁或水平拉索的用量;矢跨比过大,则会导致拱圈部分用量增加,对拱桥的抗倾覆能力和抗震性能也是一个考验。同时,在钢桁架拱桥的施工方面,不利于拱上爬行吊机的工作。因此,在设计时,矢跨比的大小应经过综合比较进行选择。

拱顶与拱脚高度选择是钢桁架拱桥的重要参数,他们的选择不仅要满足受力的要求,同时也要考虑到全桥整体架构的和谐。在连续钢桁架拱—梁组合体系桥中,拱脚高度的选择往往由施工中产生的最大内力来控制,特别是对于悬臂拼装的施工方法;而拱顶高度是由成桥以后运营状态产生的内力来决定,并且不宜取得过高,否则会增加竖杆特别是斜腹杆的自由长度,不利于受压杆件的稳定。表10.4所示为几座钢桁架拱桥拱顶和拱脚的高度。

表10.4 钢桁架拱桥的拱顶高度和拱脚高度

桥　名	悉尼港大桥	英国朗克恩大桥	汉城傍花大桥	重庆万州长江铁路大桥	京沪高铁南京越江大桥	天津国泰桥	重庆巫山大宁河大桥	重庆朝天门大桥
拱顶高度/m	18	10.74	6	8	12	4	10	14
拱脚高度/m	57	32.31	26.14	41	55	15.8	10	73.13
跨度/m	502.9	330	181.5	360	336	146	400	552
拱顶高度/跨度	1/27.9	1/30.7	1/30.25	1/45	1/28	1/36.5	1/40	1/39.4
拱脚高度/跨度	1/8.8	1/10.2	1/6.9	1/8.8	1/6.1	1/9.2	1/40	1/7.5
拱顶/拱脚高度	1/3.2	1/3	1/4.4	1/5.1	1/4.6	1/4.0	1/1	1/5.2

由上表统计的数据可以看出，钢桁架桥的拱顶高度与跨度之比为1/45～1/30；拱脚高度与跨度之比1/10～1/6；拱顶与拱脚高度之比1/5～1/3。

对于活载引起的拱顶位移来说，拱顶与拱脚高度之比的改变并未产生太多变化。从受力方面来讲，影响最大的是拱肋下弦杆的端部弯矩，拱顶高度越高，下弦杆产生的弯矩越小；在弦杆轴力方面并没有发生太大的变化。单就受力方面，拱顶的高度愈高愈好。但拱顶高度的增加势必导致全桥的拱肋腹杆自由长度的增加，对杆件的稳定偏于不利。综上所述，拱顶高度的最好选择是内力和稳定相互平衡的结果。

不同边界条件的采用对结构的受力会产生较大的影响。对于单跨的钢桁架拱桥，在已建成的桥梁中除重庆巫山大宁河大桥采用两端固结外，其他均采用两端铰支的支座条件。

在桁架拱桥中，主桁架杆件的截面形式主要有：H形截面、箱形截面、圆管截面。

H形截面的优点：构造简单，易于施焊，焊接变形较易控制和修整，工地安装时也比较方便。H形截面的主要缺点：截面对X—X轴的回转半径比对Y—Y轴的小很多，当压杆用H形截面时，基本容许应力的折减相当大。扩充截面考虑的问题多。腹板为间接拼接不宜过厚，若加大翼板高度又受到局部稳定的限制，而加厚翼板尺寸，容许应力将降低。因此，对内力不很大的杆件和长度不大的压杆，采用H形截面比较适宜。

箱形截面的优点：两个主轴的回转半径相近，具有较大的抗扭刚度，扩大截面也容易，因此它在承受纵向压力方面较H形为佳。但是采用这种截面形式的杆件在工厂制造时比较费工，焊接变形也较难控制和修整。

圆形钢管截面有以下优点：

①杆件整体屈曲强度高。受压杆件整体屈曲强度随长细比l/r的减小而增加，钢管与相同截面积的正方形箱型截面杆件相比，回转半径r约增加10%，所以所以钢管整体屈曲强度高。

②抗扭能力强。钢管的抗扭刚度均均为同截面面积、同厚度的正方形截面的1.6倍，同时达到容许剪应力时钢管所能承受的扭矩亦约为正方形截面的1.27倍。

③挠曲强度高。钢管截面抵抗距与同截面的正方形截面相比大体相当，不过就从弹性极限到达全部塑性的抗弯潜力来说，H形截面及箱形截面的截面形状系数为1.1～1.2，而相应的钢管截面系数为1.28，所以说钢管的抗弯潜力大。

④局部屈曲强度大。对于正方形截面，若其宽度与壁厚比为$b/t=40$，局部屈曲的容许应力为140 MP，而钢管的外径与壁厚比$R/t=50$时，局部屈曲的容许应力亦为140 MP，此时两者所选取的截面积相等，并在要求的有相同的局部屈曲强度条件下，钢管的壁厚可以减薄到约等于正方形截面壁厚的1/1.4。

⑤因为截面形状的原因，圆管截面具有较小的阻力系数，在抗风设计方面具有优势。

⑥可降低制造费和维修费。制造方面：和通常的带棱角的截面相比，钢管的焊缝总长度可以减小；同时，由于钢管局部屈曲强度大，可以很少使用加劲材料；其次，钢管表面积一般与带棱角杆件相比，要小30%～40%。可以大幅减小油漆费用。在维护费用方面，因为钢管表面相当光滑，其腐蚀比较轻。

⑦建筑美观性具有优势。合理的使用钢管截面，在一般情况下都会得到一个整洁和宽敞的结构。

在选择圆管截面需要注意几个方面：

①制造精度。作为桁架主要承受压应力的钢管杆件,其局部屈曲强度受管壁初期挠度的影响敏感的,因此对制造精度较高。

②在钢管桁架结构中,在节点处常常采用无节点板而直接把钢管杆件焊接一起的构造。这时,对交汇于节点的各钢管间直径比、钢管直径与壁厚比、节点的加劲方法以及节点局部屈曲问题等,都需研究清楚。

③加劲肋的处理。当使用与壁厚相比为大直径的薄壁钢管时,应采用加劲环对管壁进行加劲,但有关加劲环间距和刚度之间的关系还需进一步研究。

考虑风荷载、防腐和建筑外观,圆管截面相对另外两种截面形式,毫无疑问是最优选择。现在,桥梁外观变得更为重要,由于环境限制,保护和维修也更为昂贵,这些势必进一步促进圆管截面结构设计的发展。

在我国大跨度钢桁架拱桥的设计中,弦杆多采用箱形截面,腹杆多采用H形截面。

10.8 钢管混凝土拱桥

钢管混凝土拱桥是国内近20年来发展起来的一种桥梁结构。钢管混凝土是在圆形薄壁钢管内填充混凝土而形成的一种复合材料,它一方面借助了内填混凝土增强钢管壁的稳定性,同时,又利用钢管对内填混凝土的套箍作用,使核心混凝土处于三向受压状态,从而比单纯钢管或混凝土具有更高的抗压强度和抗变形能力。

钢管混凝土在桥梁工程中的应用已有一百多年历史。早在1879年,英国在Severn铁路桥建设中就采用了钢管混凝土桥墩,当时主要用来防止内部锈蚀并承受压力。20世纪30年代末期,苏联曾用钢管混凝土建造了跨度101 m的公路拱桥和140 m的铁路拱桥。我国从20世纪80年代开始研究和应用钢管混凝土拱桥,1991年5月,建成了国内第一座钢管混凝土拱桥——四川旺苍净跨115 m的下承式钢管混凝土刚架系杆拱桥,同年底又建成两孔净跨100 m的广东高明大桥。从此以后,钢管混凝土拱桥在国内得到迅速推广(表10.5)。

表10.5 中国200 m以上钢管混凝土拱桥

序号	桥　名	建成时间	主跨/m	矢跨比	结构型式
1	重庆巫山长江大桥	2005	460	1/3.8	中承式
2	湖北沪蓉西高速支井河大桥	2009	430	1/6	上承式
3	湖南茅草街大桥	2006	368	1/5	中承式
4	广州丫髻沙(珠江)大桥	2000	360	1/4.5	中承式
5	广西南宁永和大桥	2004	338	1/5	中承式
6	湖北沪蓉西高速小河大桥	2009	338	1/5	上承式
7	浙江千岛湖南浦大桥	2003	308	1/5.5	下承式
8	重庆奉节梅溪河大桥	2001	288	1/5	上承式
9	武汉江汉三桥	2001	280	1/5	下承式
10	广西三岸邕江大桥	1998	270	1/5	中承式

续表

序号	桥　名	建成时间	主跨/m	矢跨比	结构型式
11	湖北秭归青干河大桥	2002	256	1/4	中承式
12	浙江三门健跳大桥	2001	245	1/5	中承式
13	武汉江汉五桥	2000	240	1/5	中承式
14	浙江象山铜瓦门大桥	1999	238	1/4.82	中承式
15	贵州水柏铁路北盘江大桥	2001	236	1/4	上承式
16	江苏邳州京杭运河大桥	2002	235	1/4	中承式
17	广西六景郁江大桥	1999	220	1/5	中承式
18	湖北恩施南泥渡大桥	2003	220	1/5	上承式
19	湖北秭归龙潭河大桥	2000	208	1/5	中承式
20	四川眉山岷江大桥	施工中	206		中承式
21	四川绵阳涪江三桥	1997	202	1/4.5	中承式
22	重庆合川嘉陵江大桥	2002	200	1/4	中承式
23	广东南海三山西大桥	1995	200	1/4.5	中承式

钢管混凝土用在拱桥上有两种型式:一种是直接用做主拱结构,即钢管混凝土拱桥;另一种是用钢管混凝土作为劲性骨架。劲性骨架是伴随大跨度拱桥修建而出现的,先用无支架方法架设拱形劲性骨架,然后围绕骨架浇筑混凝土,把骨架作为混凝土的钢筋骨架,不再拆卸收回,因此,又叫埋入式钢拱架。1909 年德国修建了一座 130 m 的 Eschelsbach 大桥,后因这种桥型用钢量大、费用高而很少使用。20 世纪 70 年代,日本配合塔架斜拉索法,又开始使用劲性骨架,建造了两座拱桥。

我国在劲性骨架基础上,发展了半劲性骨架锚索假载施工法,并用此法建造了一座 70 m 的箱形拱桥。进入 20 世纪 90 年代,劲性骨架混凝土拱桥无论在设计理论还是施工工艺上都得到迅速发展,先后建成了重庆万州长江大桥(420 m,上承式)、广西邕宁邕江大桥(312 m,中承式)等一批具有世界先进水平的拱桥。

10.8.1　钢管混凝土拱桥的组成

按照行车道所在位置的不同,钢管混凝土拱桥也有上承式、中承式和下承式三种。因此,其组成与钢筋混凝土上、中、下承式拱桥相似,也是由拱肋、悬吊系统、纵横梁、行车道系和桥面系等组成,只是钢筋混凝土拱肋和钢筋混凝土横向联结系由钢管混凝土拱肋和钢管桁架横向联结系所取代。不论是何种类型,钢管混凝土拱桥均为肋拱桥。

钢管混凝土拱桥的拱轴系数宜通过优化设计后确定,使主拱在作用组合下,轴向力的偏心距较小。上承式钢管混凝土拱桥,因拱脚附近的拱上立柱较高,结构自重差异较人,导致拱轴线与结构自重压力线偏离较大,为了利用压力线与拱轴线偏离的有利弯矩,拱轴线宜采用悬链线,拱轴系数宜适当偏大,一般取 1.4 ~ 2.514;中承式拱、飞燕式拱因结构自重分布比较均衡,对应的合理拱轴线为二次抛物线或低拱轴系数的悬链线,拱轴系数一般不超过 1.543,跨径小者可采用二次抛物线，跨径大者宜选用悬链线；下承式刚架系杆拱、拱梁组合体系拱桥的拱轴线宜采用二次抛物线或悬链线，拱轴系数一般不大于1.167。

矢跨比方面，上承式拱桥一般采用1/6～1/5，中承式拱桥和飞燕式拱桥一般采用1/5～1/4，下承式刚架系杆拱、拱梁组合体系拱桥一般采用1/5.5～1/4.5。

10.8.2 拱肋构造

(1)拱肋截面形式

钢管混凝土拱肋横截面形式，按钢管的根数及布置形式，有单管型、哑铃型、桁架式三种，此外还有三管桁架式和集束型，如图10.75所示。

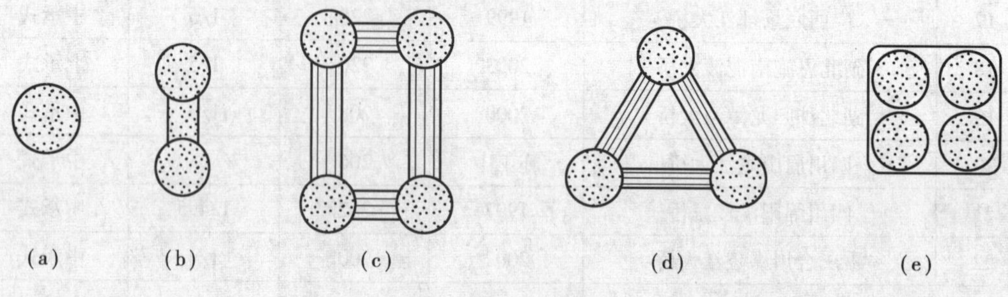

图10.75 拱肋横截面形式

(a)单管型；(b)哑铃型；(c)四肢桁架式；(d)三肢桁架式；(e)集束式

单管型截面按其截面形式，有圆形、椭圆形、矩形等几种。由于椭圆形和矩形截面形状不稳定，在外力作用下管壁容易变形，其套箍约束作用远小于圆形钢管，因此不宜采用。

单管圆形截面(图10.75(a))是最简单的拱肋截面，具有加工简单，抗扭性能好，能发挥钢管套箍作用及景观效果好的优点。但跨径较大时，单管截面抗弯能力弱，用钢量偏多不经济，单管直径和壁厚较大，对钢管制作带来困难。此外，在结构自重和外力作用下，单管拱肋是一个偏心受压构件，位于受拉区的混凝土容易开裂，钢管混凝土性能不能得到充分发挥。因此，适用于跨径在80 m以内的中、下承式小跨径拱桥。

哑铃型截面(图10.75(b))由上、下两个钢管通过缀板连接而成，与单管拱肋相比，哑铃型截面由于承压面距中心轴较远，因此，纵向抗弯刚度大，占用桥面空间少，是中等跨径拱桥一种较为理想的截面形式。但哑铃型截面两块平行的缀板并不能对混凝土产生套箍效应，这一部分不能按套箍理论进行构件承载力验算。另外，灌注在缀板内混凝土时，缀板容易变形和爆裂。为此，在采用哑铃型截面时，必须关注缀板的横向受力，通过设置缀板拉杆或腹腔内部不灌注混凝土而直接对缀板进行加劲，按钢结构传递剪力和轴向压力等工程措施。

哑铃型截面的侧向刚度较小，应在桥面系上、下设置足够的风撑，确保其侧向稳定性，适用于跨径在150 m以内的钢管混凝土拱桥。

桁架式截面由上、下肢钢管(又称弦杆、弦管)与腹杆(空钢管)连接而成，因外形与桁架结构相似，故称之为桁架式。桁架式截面根据弦管肢数的不同，有单片桁式、三肢桁式、四肢桁式、六肢桁式等，其中以四肢桁式应用最广，其他形式应用相对较少。

桁架式截面将承受弯矩的上、下弦管布置于远离截面中性轴位置，能够用较小的钢管直径取得较大的纵、横向抗弯刚度、同时，桁架式截面能将拱肋截面中的局部弯矩转变为杆件的拉压轴力，使杆件以承受轴向力为主，能够充分发挥钢管混凝土这种材料的受力特性。因此，桁式截面是大跨度钢管混凝土拱桥常用的截面形式。

由两个相互平行的单片桁架通过横向联接系连接而成的矩形四肢桁式截面，设在中性轴位置的轴向力和弯矩为 N 和 M，截面上、下弦杆中心距离为 h，则上、下每个弦管承受的轴向力分别为：

$$\frac{N_{上}}{N_{下}} = \frac{N}{4} \pm \frac{M}{2h} \tag{10.13}$$

从式(10.13)可以看出，随着截面上、下弦杆中心距离 h 的增大，由弯矩引起的拉压轴力将减小，上下弦管承受的轴向力趋于均匀，因此，在拱肋高度不受限制的情况下，宜选用较大的拱肋高度，以获取较大的抗弯刚度和较均匀的轴向力。

在结构自重作用下，拱顶承受正弯矩，拱脚承受负弯矩，根据式(10.13)，拱顶上弦杆承受的轴向力要大于下弦杆，而拱脚截面刚好相反，下弦杆承受的轴向力大于上弦杆，因此当以钢管应力控制设计时，应根据截面受力，适当调整上、下钢管壁厚，使钢管应力趋于均匀。

四肢桁式截面，按上下平联的构造形式，有横哑铃型桁式截面(图10.76(a))、全桁式截面(图10.76(b))和混合式桁式截面(图10.76(c))三种。

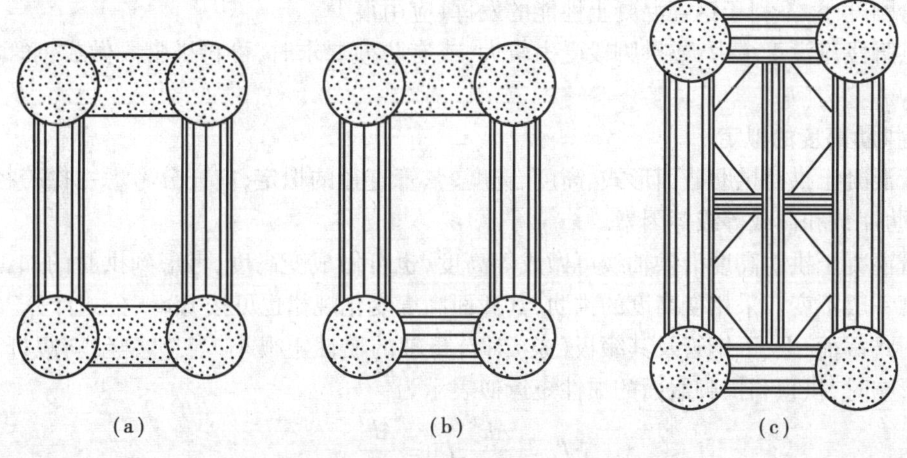

图10.76　四肢桁式截面构造
(a)横哑铃型桁式截面；(b)混合式桁式截面；(c)全桁式截面

横哑铃型桁式截面有2个横放的哑铃型通过中间的腹杆(支管)连接而成，是较早出现的桁式截面。横哑铃型缀板中的混凝土较前述的哑铃型截面对加大抗弯刚度有较大作用，但这种截面的钢-混凝土横腹板的受力特性与圆钢管混凝土相差很大，同样存在设计计算上不能采用套箍理论的问题。

对中、下承式拱桥，吊杆多布置于下弦管的缀板上，吊杆套管穿过下缀板及腹腔内混凝土，在混凝土灌注过程中容易堵管而压爆。相对于钢管混凝土截面，缀板及其腹腔内混凝土对整个刚度的贡献较小，尤其是腹腔内混凝土，增大了结构自重和工程造价。因此，后发展为混合式桁式截面，即上弦杆采用横哑铃型，下弦杆采用钢管平联连接。如重庆彭水高谷乌江大桥，为净跨150 m的钢管混凝土中承式拱桥，拱肋由4根 ϕ600 mm×10 mm钢管作上、下弦管，上弦两根钢管间用12 mm厚钢板做缀板横联，下弦两根钢管间用 ϕ219 mm×8 mm钢管作缀条横联，上、下弦管之间用 ϕ219 mm×8 mm作腹杆，组成横截面为上宽1.4 m、下宽2.0 m、高3.2 m的梯形桁式组合拱肋。

全桁式截面的上、下平联和腹杆均采用钢管,形成格构型截面,这种截面较横哑铃型桁式截面,由于取消了钢管间的横向缀板和腹腔内混凝土而采用钢管,节省了用钢量和混凝土用量,减轻了自重,使钢管混凝土拱桥具有更大跨越能力。由于各管均以轴向力为主,受力明确,更易于采用钢管混凝土理论进行计算。

对大跨度钢管混凝土拱桥,由于拱肋高度大,需要在桁式截面中增设腹杆(图10.76(c)),以增强其自身刚度和稳定性。因此,腹杆的用钢量有可能会超出弦杆用量,如重庆巫山长江大桥,主拱弦杆用钢量约3 000 t,而腹杆等构件的用钢量比弦杆用量还要多些。

除了四肢桁式截面外,到目前为止,仅有广州丫髻沙大桥和湖北恩施小河大桥采用了六肢桁式截面。六肢截面构造相对复杂,加工制作难度大,因此,实际应用不多。

采用桁式截面的钢管混凝土拱肋,跨度250 m以内时可采用等高度,超过250 m,宜采用变高度。

三肢桁架式截面纵向刚度大和横向刚度较大,适用于无风撑钢管混凝土拱桥,但受力不尽合理,不宜采用。集束型是将钢管桁架改成集束钢管,钢管间采用螺栓、电焊以及钢板箍(间距2~3 m)连成整体形成拱肋,与钢管桁架相比,可节省腹杆,但纵向刚度减弱,集成在一起的钢管抗弯刚度小,不利于钢管混凝土性能的发挥,应用很少。

当拱脚段淹没于水中,或拱脚段受力较大,或有防撞要求时,可将拱脚段做成钢管混凝土实体结构。

(2)拱肋高度的拟定

钢管混凝土拱桥拱肋截面形式、高度、宽度、弦管直径的拟定,应充分考虑主拱跨径、桥梁宽度、拱肋片数和荷载等级等因素。

钢管混凝土拱肋高度沿拱轴线可做成等高度,也可做成变高度,考虑到拱肋的加工制作,拱肋宽度一般不变。采用变高度的拱肋,其截面高度变化规律也可按Ritter公式计算。

对桁式截面,上、下钢管及其缀板(条)对自身轴的惯性矩很小,当忽略竖、斜腹杆对截面惯性矩影响时,拱顶和拱脚截面的惯性矩近似表示为:

$$I_{\mathrm{d}} = \frac{Ah_{\mathrm{c}}^2}{4}, I_{\mathrm{a}} = \frac{Ah_{\mathrm{a}}^2}{4}$$

这里,h_{d}、h_{a}分别为拱顶和拱脚处上、下弦钢管中心的截面高度,A为上、下弦钢管与缀板(条)的总面积,通常上、下钢管直径和缀板(条)保持不变,因此,A可认为是常量,由Ritter公式可得

$$h = \frac{h_{\mathrm{c}}}{\sqrt{[1-(1-n)\xi]\cos\varphi}} \tag{10.14}$$

设计时,可先拟定拱顶和拱脚截面的中心高度,由$n = \dfrac{I_{\mathrm{d}}}{I_a \cos\varphi_a}$计算出拱厚系数,再代入式(10.14),就可计算出拱肋各个截面位置的高度。

拱肋钢管外径常取为定值,钢管壁厚则可根据截面位置和受力要求做成等厚度或变厚度。考虑壁厚变化对焊接施工影响,壁厚厚度种类不宜太多,宜控制在4种规格以内。

采用等高度桁式截面的拱桥,拱肋拱顶高度可按下式进行估算:

$$h_{\mathrm{d}} = k_1 \cdot k_2\left[0.2\left(\frac{l_{\mathrm{n}}}{100}\right)^2 + \frac{l_{\mathrm{n}}}{100} + 1.2\right] \tag{10.15}$$

式中：h_d——截面高度，m；

l_n——净跨径，m；

k_1——荷载系数，对公路-Ⅰ级，取1.0；对公路-Ⅱ级，取0.9；

k_2——桥宽系数，对6车道取1.1；对4车道取1.0；对2～3车道，取0.9。

桁式截面的拱肋宽度可采用$(0.5\sim0.6)h_c$，弦管直径取$(0.19\sim0.23)h_c$，随拱肋高度的增大而取用较大值。

采用变高度桁式截面的拱桥，初步拟定拱顶截面中心高度时，可取式(10.15)计算值的0.7倍，拱脚截面中心高度一般为拱顶中心高度的1.6～2.0倍。表10.6为国内几座变截面钢管混凝土拱桥拱顶和拱脚截面上、下钢管中心高度。

表10.6　国内几座变截面钢管混凝土拱桥拱顶、拱脚截面中心高度一览表

桥　名	跨度/m	荷载等级	桥面宽度/m	拱顶高度/m	拱脚高度/m
重庆巫山大桥	460	汽-超20，挂-120	净15+2×2.0	7.0	14.0
湖北沪蓉西高速支井河大桥	430	公路-Ⅰ级	2×(0.5+11.5+0.5)	6.5	13.0
湖北沪蓉西小河大桥	338	公路-Ⅰ级	2×(0.5+11.5+0.5)	4.9	7.9
广州丫髻沙大桥	76+360+76	汽-超20，挂-120	2×[0.45+3.0+3×3.75+0.5+2.0/2]，总宽32.4 m	4.0	8.039
湖南茅草街大桥	80+368+80	汽-20，挂-100	净15.0+2×0.5	4.0	8.0
重庆奉节梅溪河大桥	288	汽-20，挂-100	净-14+2×1.75	5.0	8.0

采用等高度哑铃型截面的拱桥，拱肋高度也可按式(10.15)进行初步估算，其弦管直径取$(0.37\sim0.45)h_c$。

单管圆形截面的小跨径拱桥，拱肋高度可按下式进行估算：

$$h_d = 0.58\cdot k_1\cdot k_2\cdot e^{\frac{l_n}{94}} \tag{10.16}$$

式中符号含义同上。

在选定截面形式后，钢管直径及壁厚尺寸将直接影响结构的强度，考虑到钢材防腐要求，壁厚不宜小于12 mm，但也不能过厚，因为过厚的钢板需要钢材有更好的韧性，对材质要求更高，同时钢板越厚，钢管卷制也就越困难，一般在12～24 mm。

钢管应根据荷载特征、结构形式、应力状态、连接方法、钢板厚度和工作环境等因素综合考虑，宜采用Q235、Q345、Q390钢或者桥钢，既可采用成品无缝钢管，也可由钢板卷制加工而成。当钢管直径在800 mm以内、且壁厚满足要求时，宜优先选用无缝钢管，对管径较大或壁厚超过成品钢管规格时，可用钢板冷卷或热压后焊接成相应的空钢管。焊缝可以采用螺旋焊接，也可以采用直缝焊接，但都应符合现行《钢结构设计规范》的有关质量检验标准。由于焊接质量直接关系到大桥的安全，焊缝必须进行超声波检测，重点部位还需X射线检测。

(3)弦管直径的确定

弦管直径应根据拱肋横截面形式、跨径大小、桥面宽度、荷载等级等因素综合确定,一般在600 ~1 200 mm。

腹杆、平联(通称为支管)采用空钢管,但为了从构造上保证支管有一定的线刚度,必须对支管面积、直径和壁厚做出必要的限制,即支管面积不小于1/4 弦管面积,支管直径与弦管直径的比例应控制在0.35 ~0.60,支管壁厚与弦管壁厚的比例宜大于0.55。通常,平联钢管直径要大于腹杆钢管直径20% ~30%,以满足设置吊点构造和与横向联结系钢管相匹配的需要。对四肢桁式截面,由于平联钢管、腹杆钢管在同一截面与弦管焊接,为预留出焊接所必需的间隙,支管最大直径将受到限制,一般只能达到弦管直径的0.58 ~0.61 倍。

为防止空钢管受力时管壁局部失稳,必须对最大径厚比进行限制,最大径厚比不应超过90($235/f_y$),同时钢管的最小径厚比也不宜小于35,以避免制作工艺出现困难。由于腹杆、平联钢管管径较小,更多采用了无缝钢管,其最小径厚比允许适当放宽,但其最大径厚比不应超过60。

钢管混凝土的显著优点之一是在构件受压时,钢管对混凝土的紧箍力作用使混凝土的受压强度得到提高,因此,含钢率和钢材强度应与混凝土强度等级相匹配,通常用套箍系数ξ来反映,其表达式为:

$$\xi = \frac{A_s f_{sd}}{A_c f_{cd}} = \alpha \cdot \frac{f_{sd}}{f_{cd}} \tag{10.17}$$

式中:A_s、A_c——钢管与混凝土的截面积,两者之比为截面含钢率α,$\alpha = \dfrac{A_s}{A_c}$;

f_{sd}和f_{cd}——钢管与混凝土的强度设计值。

为保证管内混凝土有足够的延性,防止套箍能力不足而引起脆性破坏,套箍系数不宜小于0.6,同时,为防止混凝土强度等级过低而使结构在使用荷载下即产生塑形变形,套箍系数也不能太高,如《钢管混凝土结构设计与施工规程(CECS28:90)》规定,套箍系数不超过3.0。若以钢管直径D和壁厚t之比为参数,则$\dfrac{D}{t}$应小于100。

截面含钢率α是反映套箍系数的一个指标,含钢率太小,钢管对混凝土的紧箍作用不明显,含钢率过大,则不经济,因为钢管壁厚较厚时,钢管的局部屈曲问题不突出,但势必增大用钢量,造成浪费。通过对国内200 余座钢管混凝土拱桥的统计分析,含钢率一般在5% ~12%。

从式(10.17)可以看出,在选定了套箍系数、钢材和截面含钢率后,便可计算得到一个混凝土强度等级范围,考虑到混凝土应钢管材料匹配,混凝土强度等级不应低于C30,国内绝大部分管内混凝土的强度等级在C40 ~C60。

10.8.3 桁式拱肋的构造

在确定了桁式截面的截面形式、拱肋高度和宽度后,即可沿桥跨方向布置直腹杆和斜腹杆,以及上下平联。

腹杆多采用空钢管,与弦管直接焊接。相邻两根直腹杆的距离d与吊杆布置、斜腹杆与直腹杆之间的夹角有关,宜在35° ~55°。腹杆与弦杆轴线宜交于一点,或腹杆轴线交点与弦杆轴线的间距不大于$D/4$(D为弦管的外直径),否则应考虑其偏心影响。腹杆端部净间距应不小于50 mm,方便钢管焊接操作。

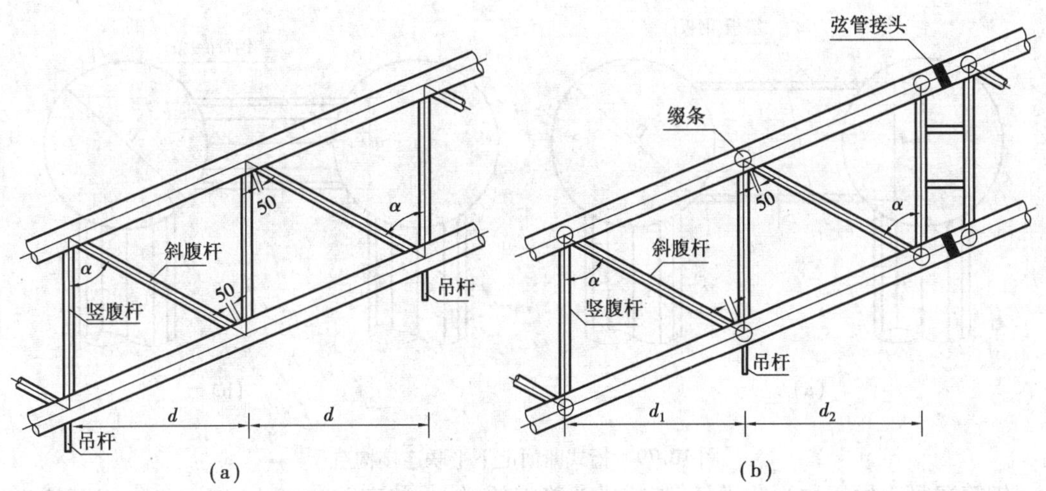

图10.77　拱肋腹杆布置

除了图10.77所示的全腹杆布置外，当采用二次抛物线或低拱轴系数的悬链线拱桥，或者建成后拱脚段处在水中时，往往在拱脚段外包混凝土，一方面提高拱脚段的承载能力，另一方面避免钢管直接浸泡在水中而腐蚀。

腹杆节间长度宜按等间距划分，使吊杆间距保持一致。节间长度 d 受到拱肋高度和斜腹杆与直腹杆之间的夹角控制，一般在5～12 m之间。钢管混凝土拱肋大多采用节段吊装法施工，拱肋节段划分除控制节段吊装重量外，还应考虑拱肋分段位置斜腹杆的安装。按图10.77(a)节段划分，节段两端的斜腹杆只能在节段吊装完成后再安装，施工比较麻烦；图10.77(b)在拱肋节段的竖腹杆处分段，节段安装后只需焊接两个水平支管即可，重量轻，施工方便。

腹杆壁厚不能大于弦管壁厚，且腹杆不穿入弦管内。在任何情况下，弦管上不允许开孔。腹杆与弦管、腹杆与腹杆、腹杆与横系梁之间的连接也尽可能采用直接对接的方式，只有在连接管数较多，且发生冲突时，才可采用节点板连接方式，图10.78所示。当采用节点板连接时，必须将空心的腹杆端头封死，以免潮气侵入，造成管内锈蚀。与弦杆的其他构造要求、焊缝计算以及在弦杆连接处的受拉承载力计算，必须满足《钢结构设计规范》的有关规定。

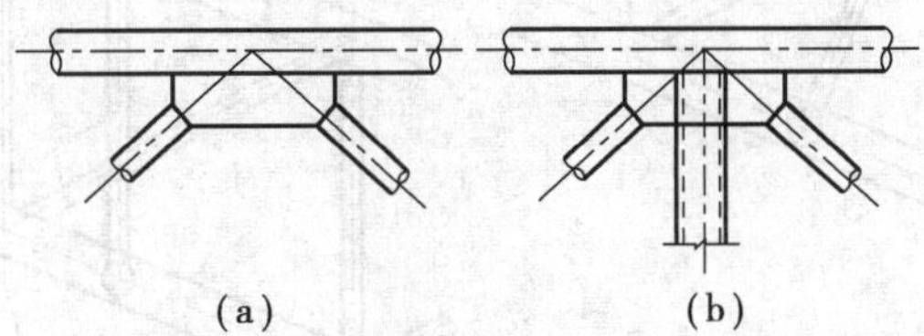

图10.78　腹杆与弦(腹)杆的连接构造

横哑铃型桁式拱肋上下平联用缀板(钢板)连接，如图10.79(a)所示，全桁式拱肋上下横联缀条连接构造如图10.79(b)所示。缀板和缀条应采用与弦管相同的钢材。

缀板厚度 t 一般在10～14 mm，相邻两缀板之间的高度 h 为弦管外径 D 的0.6～0.8倍，以利于缀板混凝土的灌注和吊杆锚头布置。缀条直径 d 为钢管外径 D 的0.45～0.75倍。

采用全桁式截面的拱肋，应在每个竖腹杆对应的上、下弦管中心布置缀条，如图10.77(b)所示。

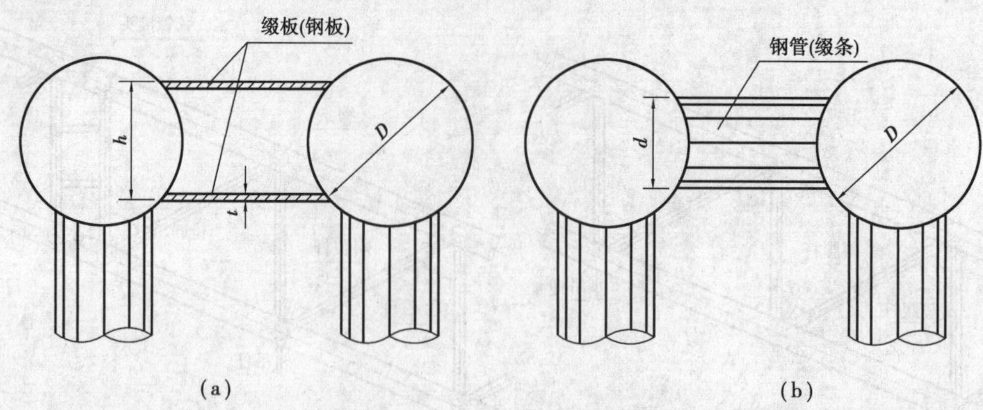

图 10.79　桁式断面上下平联连接构造

钢管混凝土拱桥均为肋拱桥,随着拱肋跨度的增大,其宽跨比减小,横向稳定问题较为突出,必须设置横向联接系将拱肋连成整体,并提高其横向稳定性。

钢管混凝土拱桥横向联接系构造形式较多,常见的有横撑(或一字撑)、K 撑、X 撑(剪刀撑)和米形撑(双 K 撑)。为便于与拱肋弦管联接,横向联接系多采用空钢管桁架。

上承式拱桥,可采用多肋结构或多肢结构以加大拱肋的宽度,横向联接系通常在立柱横向之间设置 K 撑、剪刀撑或米形撑,在靠近拱脚第一排立柱的拱肋横向之间应设置剪刀撑或米形撑。

中、下承式拱桥,横向联接系在桥面附近受到行车空间的限制,同时对横向动力特性和美观也有很大影响,因此其合理布置十分重要。

横向联接系既可沿拱轴线径向布置(图 10.80(a)),也可沿拱轴线切向布置(图 10.80(b))。

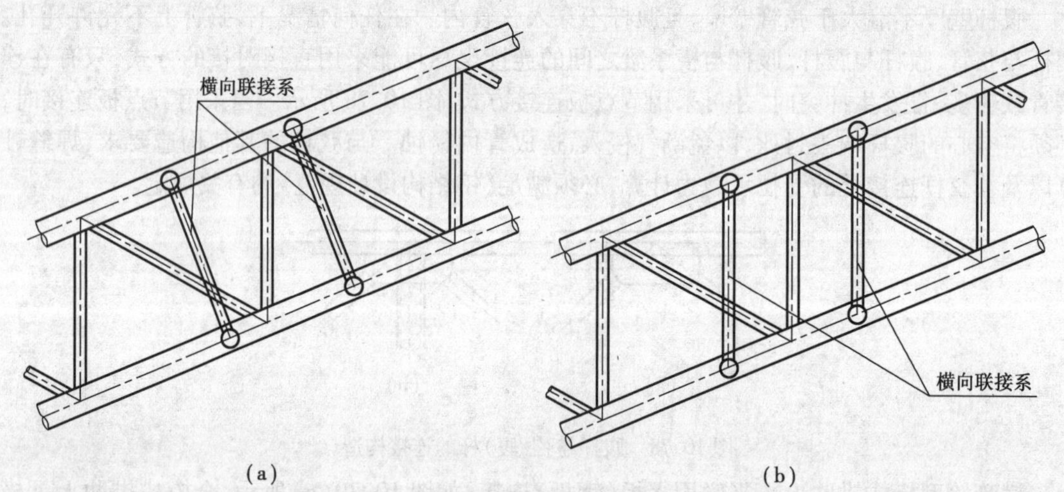

图 10.80　横向联接系布置方式

(a)径向布置;(b)切向布置

研究表明,拱顶附近横向联接系布置成与拱轴线正交(径向)、其他地方与拱轴线相切,对提高横向稳定效果较好。这是由于拱肋横向失稳向面外侧倾时,拱顶处的横向联接系主要承受拱肋的扭转变形,采用竖向布置的联接系增强了对拱肋在拱顶处的扭转变形的约束,提高了拱的面外稳定性。在其他地方,尤其是 1/4 跨附近拱肋侧倾时,横向联接系要承受拱肋的相对错动,联接系承受横向弯矩。因此,采用切向布置(如 K 撑),对约束拱肋的相对错动有较大的作用。

拱桥的横向基频与结构型式和横向构造有关。中、下承式拱桥的横向基频较上承式拱桥的低,在下承式拱桥中,拱梁组合桥的横向基频较刚架系杆拱的低。不同位置的横向联接系对肋拱的横向基频也有不同的影响。拱顶横向联接系数量和刚度变化较拱脚的横向联接系数量变化,对面外基频影响要明显。因此,对于中承式拱可在拱脚采用较强的横向联接系(如 K 撑、X 撑),在拱顶采用较弱的横向联接系,这样既能满足横向稳定要求,又有利于减小横向地震力作用,同时建筑造型较佳。

横向联接系刚度对横向稳定有一定影响,横向联接系刚度越大,拱桥的横向稳定系数也越大。在保持横向联接系数量不变的情况下,对横向稳定影响从小到大的顺序依次是一字撑、K 撑、X 撑和米形撑。影响横向联接系刚度主要是其宽度和长度,通常,横向联接系的宽度不应小于其长度的 1/15。

对大跨径宽桥,为加强整体稳定性和缩短横向联结系杆件的自由长度,多在拱顶布置米形撑,其两侧布置 K 撑。

横向联接系能提高横向稳定外,提篮拱也能提高横向稳定性。

10.8.4　拱肋节段接头及合龙接头构造

钢管混凝土拱肋上下弦管、腹杆、横系梁之间的相互连接以及与钢结构、钢筋混凝土结构等构件之间的连接应满足强度、刚度和稳定性的要求。节点与连接构件应做到构造简单、整体性好、传力明确、安全可靠、节省材料、方便施工。

钢管混凝土拱肋接头连接设计的关键在于如何确保可靠地传递内力。

(1)拱脚接头

拱脚接头的构造形式与临时铰构造有关,当采用钢管转轴铰、拱肋中心销铰和拱轴角钢平面铰时,在上、下弦管对应的拱座中预埋不少于弦管直径的弦管,并在对应弦管间留有一道约 20 cm 的断缝,如图 10.81 所示。拱肋合龙后,焊接断缝弦管,拱肋由两铰拱转为无铰拱,实现体现转换。

当采用上(或下)弦管处销接或球形铰构造时,只需在下(或上)弦管对应的拱座中预埋不小于弦管直径的弦管,其余构造措施相同。

(2)节段接头

拱肋节段的连接,宜采用法兰连接法。

根据法兰盘位置的不同,有外法兰和内法兰两种,早期钢管拱肋大多采用外法兰连接,如图 10.82 所示。法兰布置在弦管外缘,钢管对接后,用高强螺栓连接,调整拱轴线形后,焊接法兰完成固结。这种构造的优点在于构造简单,不阻碍混凝土的灌注,但影响钢管外观,目前已很少采用。

内法兰是在管内焊接肋板和法兰盘,法兰盘间用高强螺栓等强度连接。待安装就位并连接好法兰后,焊接搭接套管。搭接套管由与弦管等直径和等厚度的两个半圆组成,如图 10.83 和图 10.84 所示。这种构造的最大优点在于美观,从外形上看不出拱肋接头位置,但由于法兰设置在管内,会局部影响到接头位置混凝土的灌注和密实。

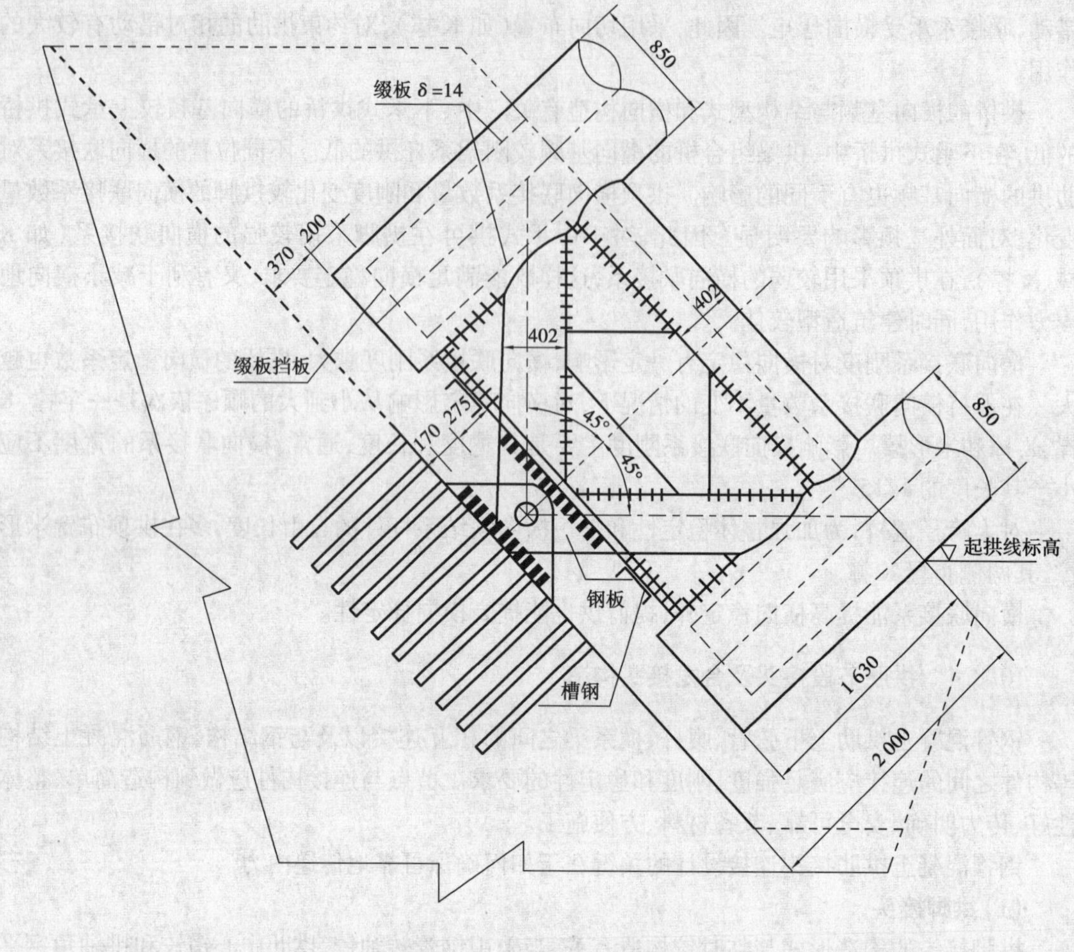

图 10.81　拱脚接头构造图

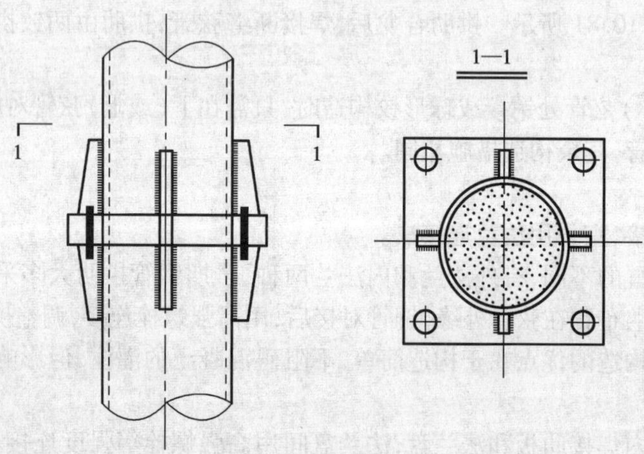

图 10.82　外法兰接头连接构造

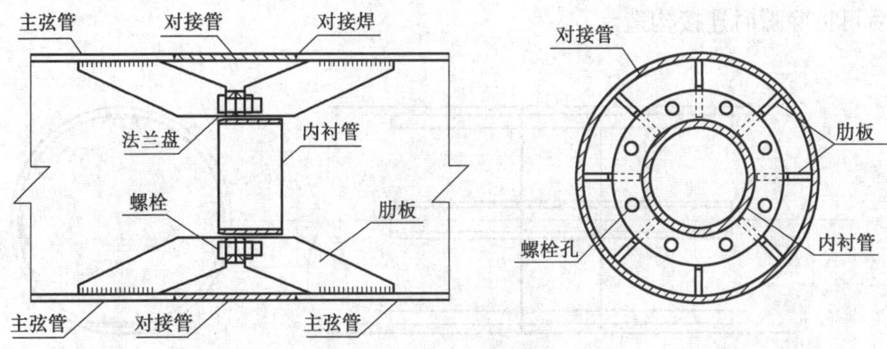

图 10.83　内法兰接头连接构造

图 10.84　内法兰构造

(3)合龙接头构造

拱肋应在设计合龙温度下瞬时合龙(锁定),由于合龙段弦管必须在无应力状态下焊接。因此,要求合龙接头构造简单,便于操作。通常在拱顶预留 50 ~ 60 cm 的合龙段长度。当拱肋线形与控制线形有较大差异时,须在合龙段锁定龙前调整拱肋线形。为消除扣索张拉引起的拱肋弹性变形、制作误差,在气温稳定时现场量取合龙段长度并下料。

拱顶合龙接头构造较多,有型钢接头、内置式法兰接头等。型钢接头是在合龙段弦管内壁沿四个方向焊接型钢(如槽钢),如图 10.85 所示。预先将型钢放置在合龙段内,并与一侧弦管事先焊接,等调整好线形和高程后,焊接另一侧型钢,完成合龙段锁定。这种接头构造简单,操作方便,用于跨径在 250 m 以下的钢管混凝土拱桥中。

合龙段锁定后,即可焊接搭接套管,完成合龙段施工。

图 10.86 所示为重庆巫山长江大桥拱顶瞬时合龙构造及拱顶合龙段的顶平面和立面布置形式。在拱顶处设置了加强的横向连接钢管并内灌混凝土、增加加劲肋板,以保证该构造具有足够的刚度来充当瞬时合龙构造的反力装置。合龙施工时将线形调整到位后即可安装瞬时合

龙构造，完成桥梁从最大悬臂状态到成拱状态的体系转换；再完成拱圈合龙段的对接连接。施工完成后可拆除瞬时连接构造。

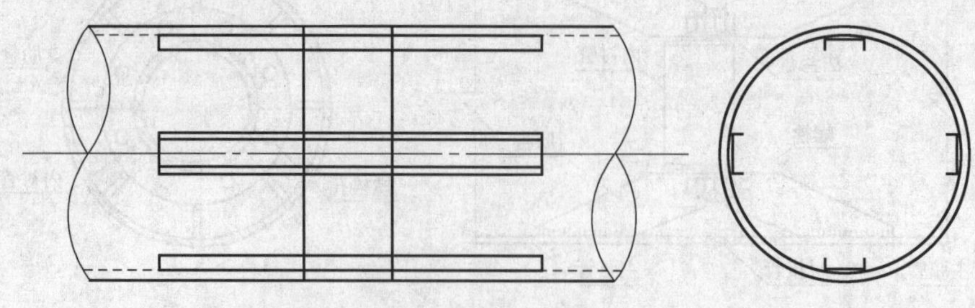

图 10.85　槽钢接头

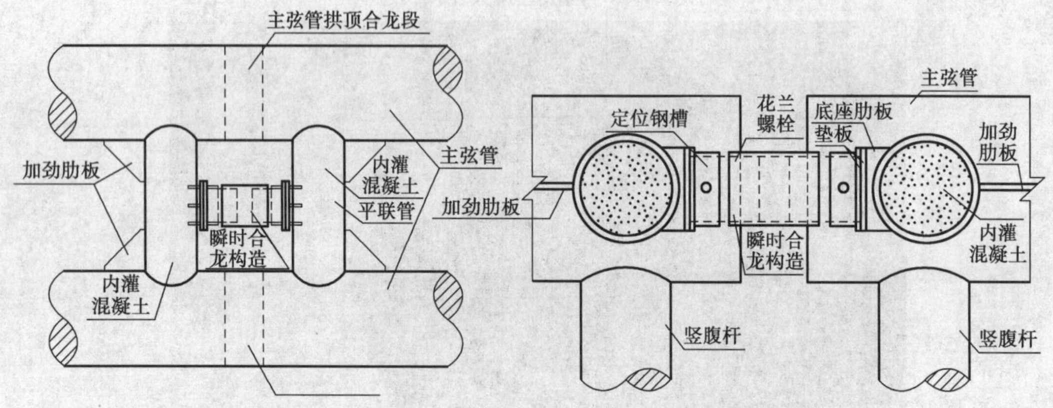

图 10.86　重庆巫山长江大桥拱顶瞬时合龙构造

上承式拱桥拱上立柱较高，尤其是靠近拱脚的几个立柱更高，为使与主拱外形一致，便于与主拱连接，采用钢管立柱、钢管混凝土立柱或钢箱立柱。

钢管或钢管混凝土拱上立柱，纵桥向可布置成单排或双排钢管的排架，横桥向则应在每个钢管上布置钢管立柱，钢管间应设置横向联接系，以增强其整体性和稳定性。钢管立柱一般为等直径，因此，纵向和横向都为等截面形式。

钢管混凝土立柱自重大，分析表明，管内混凝土对其自身稳定性提高不大。为了减轻拱上立柱自重，可采用钢箱立柱。钢箱立柱在纵桥向可采用等截面或变截面形式，横桥向每根钢管上也应布置立柱。但受到钢管直径的限制，只能是等宽度，立柱间同样需要设置横向联接系。

由于中承式拱桥大大降低了拱脚附近的立柱高度，其构造要比上承式拱桥简单，既可采用钢管或钢管混凝土立柱，也可采用钢筋混凝土立柱，每个拱肋上只需布置单立柱。

不论是双排立柱还是单排立柱，均需在立柱顶设置立柱横梁，将立柱与横梁形成框架结构。根据立柱横向间距大小，横梁可采用钢筋混凝土、预应力混凝土结构，有时为减轻自重，方便与立柱的连接，也可采用钢箱结构。钢筋混凝土或预应力混凝土立柱横梁的截面型式有矩形和箱形两种。横梁一般为变高度，以形成横坡。

钢管混凝土拱桥的桥道系构造与钢筋混凝土肋拱桥的桥道系基本一致。下面就钢管混凝土拱桥中一些特殊构造加以说明。

上承式钢管混凝土拱桥拱上立柱间距应从主拱受力和外形方面综合考虑,立柱间距越大,拱上立柱的集中力也越大,对主拱受力不利,而过小多的间距影响到桥梁的美观。从国内已经建造的几座上承式钢管混凝土拱桥看,拱上立柱间距在 20 ~ 30 m。因此,桥道系纵梁应采用预应力混凝土 T 梁或箱形梁,也可采用钢-混凝土结合梁构造。

中承式拱桥和系杆拱桥的吊杆间距,总体上与钢筋混凝土中、下承式拱桥一致,成等间距布置,具体与拱肋截面形式、主拱跨度、腹杆节间长度等有关。对单管和哑铃型截面的拱桥,主拱跨度相对较小,吊杆间距通常在 6.0 m 以内;采用桁式截面的拱桥,跨度大,吊杆间距也相应增大。为使吊杆力尽快传递给主拱,吊杆应布置在桁架节间的竖腹杆附近,通常每隔两个桁架节间布置一个吊杆,吊杆间距一般在 5.0 ~ 12.0 m。

中承式拱桥的吊杆横梁,应根据两吊杆的纵向间距和横向间距,采用钢筋混凝土、预应力混凝土或钢梁,截面形式有矩形、工字型、T 形、凸字形、带凸字形的工字型和箱形。横梁应采用变高度以形成横坡,使桥面铺装做成等厚度,减轻铺装层重量。横梁顶作为桥面板的支承面,并与预制桥面板通过现浇混凝土结合成桥面结构。常用的 T 形横梁为带翼的肋板式梁,翼板作为桥面板的一部分,同时横梁之间也留有一部分现浇的桥面板。

第11章 拱桥计算

在拱桥总体布置、细部尺寸、施工方案等确定后，需进行成桥状态强度、刚度、稳定验算和必要的动力分析，以及施工阶段结构受力分析与验算。

不论是实腹式拱桥还是空腹式拱桥，通常都是多次超静定的空间结构，拱上建筑不同程度地参与主拱圈受力，通常把这种现象称之为“拱上建筑与主拱的联合作用”，简称“联合作用”。在横桥方向，不论活载是否作用在桥面的中心，在桥梁的横断面上都会出现应力的不均匀分布，这种现象称为“活载的横向分布”。

理论和实践均表明，联合作用大小与拱上建筑的型式、构造以及施工顺序有关。通常，拱式拱上建筑的联合作用较大，梁式拱上建筑的联合作用较小。在拱式拱上建筑中，联合作用的大小又与许多因素有关。例如，腹拱圈、腹孔墩对主拱圈的相对刚度越大，联合作用就越显著；腹拱愈坦，其抗推刚度愈大，联合作用也愈大。此外，在同一拱桥中，对不同的截面，联合作用的大小也是不同的，一般拱脚至1/4截面的联合作用较大而拱顶较小。当采用轻型的梁板式拱上建筑时，联合作用的影响可以忽略不计。

联合作用还与施工程序有关。例如，有支架施工中，若在主拱合龙后即落架，然后再施工拱上建筑，则主拱与拱上建筑的自重及材料收缩影响大部分由主拱单独承受，只有后加恒载（如腹孔拱上恒载）、活载以及温度变化等影响时才存在联合作用；若拱架是在拱上建筑完成后才拆除，则在所有影响力作用下都存在联合作用。

因此，在拱桥计算时，应根据拱上建筑联合作用的大小和施工顺序，选择不同的计算图式进行受力分析。对梁式拱上建筑可选择不计联合作用的裸拱圈作为计算图式；而对于其他型式拱上建筑，应选择拱圈与拱上结构整体受力的图式。多孔连续拱桥计算时还应计入连拱作用的影响。由于主拱圈在不计拱上建筑联合作用时是偏安全的，所以，多数情况下都以裸拱为计算对象。但拱上建筑的计算则不同，不考虑联合作用（即不考虑主拱变形对其产生影响）是不合理、不安全的，必须以共同受力的图式进行拱上结构分析。

与联合作用一样，活载的横向分布也与许多因素有关，主要与桥梁横向构造型式有直接关系。例如，对石拱桥、混凝土板拱桥、箱形拱桥，一般可忽略活载横向分布的影响，认为活载由主拱圈全宽均匀承担。实际上，不同主拱截面受活载横向分布的影响也不一样，拱脚、1/8、1/4跨不计横向分布影响一般是安全的，而对拱顶截面则偏于不安全，在设计时应予以注意。对由多个构件组成的肋拱、桁架拱、刚架拱等,必须考虑活载的横向分布影响,一般简化为平面结构进行计算,或进行空间分析。对桥梁恒载横向分布不均匀时,也需考虑其分布的影响。

11.1　拱轴线选择与拱轴系数的确定

11.1.1　拱轴线选择

从结构力学可知,拱轴线的形状直接影响拱圈内力的分布与大小(拱圈的承载能力),而且还与结构的耐久性、经济合理性和施工方法等都有密切的关系。选择拱轴线的原则,就是尽可能降低由荷载产生的弯矩值。理想的拱轴线是与拱上各种荷载产生的压力线相吻合,这时拱圈截面只有轴向力,而无弯矩及剪力作用,应力均匀,能充分利用材料强度和圬工材料的良好抗压性能,这样的拱轴线称为合理拱轴线。所谓压力线,是指拱圈各个截面合力点的连线。然而这样的合理拱轴线是不存在的,因为除结构自重外,拱圈还要受到汽车、人群、温度变化、材料收缩徐变、拱脚变位等因素的影响,当结构自重压力线与拱轴线重合时,在活载作用下就不再重合,甚至对应于不同的活载作用位置,压力线也是各不相同的。根据圬工和混凝土拱桥结构自重大的特点,在实用中一般采用结构自重压力线作为拱轴线,结构自重愈大,这种选择就愈合理。对活载较大的铁路混凝土拱桥,可考虑采用结构自重加一半活载(全桥均布)的压力线作为拱轴线。一般说来,以结构自重压力线作为拱轴线是比较适宜的,但由于拱圈本身在结构自重作用下会因材料的弹性压缩而变形,使拱圈的实际压力线与原来设计的拱轴线发生偏离,因此选择一条在结构自重作用下弯矩为零的拱轴线是很困难的,选择拱轴线只是尽量减小主拱截面的弯矩而已。

目前,我国拱桥常用的拱轴线型有以下几种:

(1)圆弧线

圆弧形拱轴线对应于同一深度静水压力下的压力线。圆弧线线型简单,全拱曲率相同,施工方便(图 11.1)。拱轴线方程为:

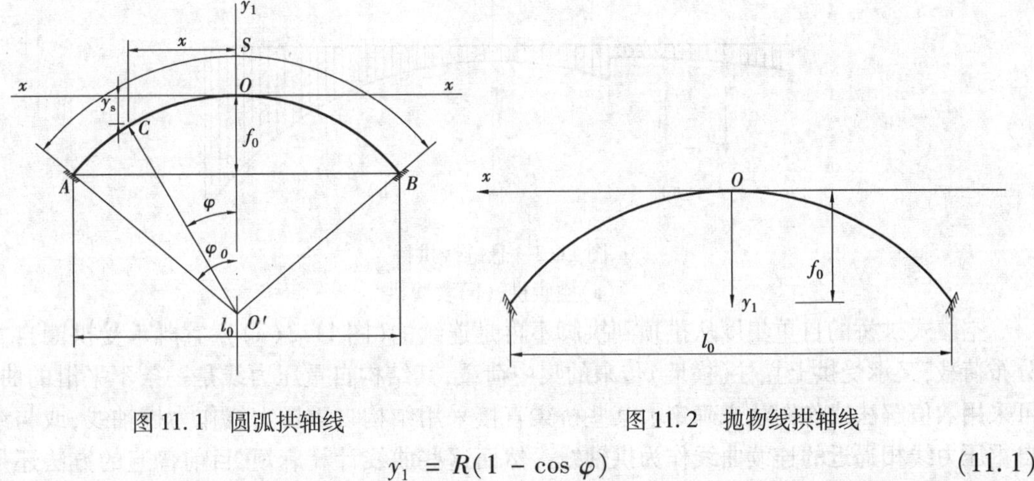

图 11.1　圆弧拱轴线　　图 11.2　抛物线拱轴线

$$y_1 = R(1 - \cos \varphi) \tag{11.1}$$

$$R = \frac{l_0}{2}\left(\frac{l_0}{4f_0} + \frac{f_0}{l_0}\right) \tag{11.2}$$

当计算矢高 f_0 和计算跨径 l_0 已知时，根据上述几何关系可计算出各几何量，见公路桥涵设计手册《拱桥》(上)表Ⅲ-2。

圆弧形拱轴线与实际的结构自重压力线有偏离，使拱圈各截面受力不够均匀，因此常用于15～20 m以下的小跨径拱桥。空腹式拱桥拱式腹拱多采用圆弧线拱。有些大跨径钢筋混凝土拱桥，为简化施工，也有采用圆弧作为拱轴线的方案。

(2)抛物线

在竖向均匀荷载作用下，拱的合理拱轴线是二次抛物线。对结构自重集度比较接近均布的拱桥，如中承式肋拱桥或矢跨比较小的空腹式钢筋混凝土拱桥，可以采用二次抛物线作为拱轴线(图11.2)，其轴线方程为：

$$y_1 = \frac{4f_0}{l_0^2}x^2 \tag{11.3}$$

在一些大跨径拱桥中，为使拱轴线尽量与结构自重压力线相吻合，也采用高次抛物线，如南斯拉夫的KRK桥采用的三次抛物线作为拱轴线，我国湖南107 m的双曲拱桥采用六次抛物线作为拱轴线。

(3)悬链线

实腹式拱桥的自重集度(单位长度的恒重)由拱顶到拱脚是连续分布、逐渐增大的(图11.3)，其结构自重压力线是一条悬链线。因此，一般认为，悬链线是实腹式拱的合理拱轴线。

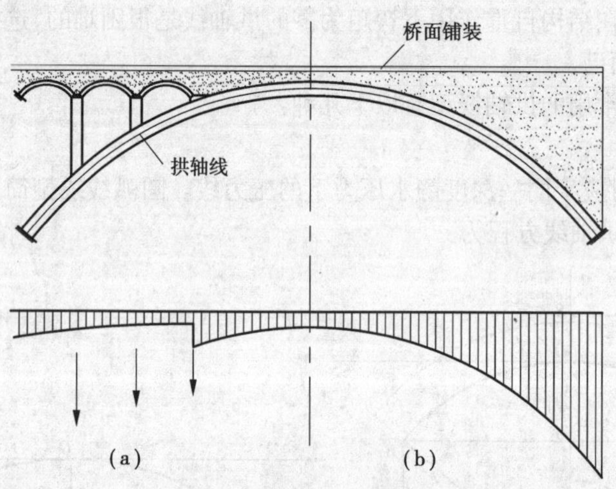

图11.3　悬链线拱桥

(a)空腹拱；(b)实腹拱

空腹式拱桥的自重集度从拱顶到拱脚不再是连续的(图11.3(a))，它既承受拱圈自重的分布荷载，又承受拱上立柱(横墙)传来的集中荷载，其结构自重压力线是一条不平滑的曲线，可采用数值解法或作图法来确定。某些桥梁直接采用结构自重压力线作为拱轴线，或与结构自重压力线相逼近的连续曲线作为拱轴线。然而这些曲线计算麻烦，目前普遍的方法还是用悬链线作为空腹式拱的拱轴线，而使拱轴线与结构自重压力线在拱顶、1/4截面和拱脚五个截面相重合（俗称"五点重合法"），这样可利用现存完整的悬链线计算用表来计算各项内力，同时，理论分析证明，拱轴线与结构自重压力线的偏离对空腹式主拱的受力是有利的。因此，悬链线是大、中跨径拱桥采用最普遍的拱轴线形。

11.1.2　悬链线拱轴方程

拱桥用结构自重压力线作为拱轴线，故在结构自重作用下拱顶处弯矩 $M=0$，由于对称性剪力 $V=0$，拱顶截面仅有结构自重推力 H_g。实腹式拱拱圈、拱上建筑和桥面的自重如图 11.4（a）所示，集度分布如图 11.4（b）所示。对拱脚截面取矩，则有

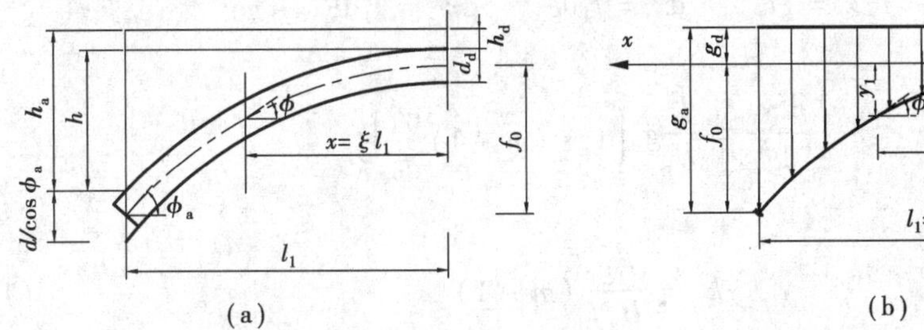

图 11.4　悬链线拱轴计算图式

$$H_g=\frac{\sum M_a}{f_0} \tag{11.4}$$

式中：$\sum M_a$——半拱结构自重对拱脚截面的力矩；

H_g——不考虑弹性压缩拱的结构自重水平推力；

f_0——拱的计算矢高。

对任意截面取矩，有

$$y_1=\frac{M_x}{H_g} \tag{11.5}$$

式中：M_x——任意截面以右的全部结构自重对该截面的力矩值；

y_1——以拱顶为坐标原点，拱轴上任意点的坐标。

式（11.5）即为结构自重压力线的基本方程。将上式两边对 x 两次取导数得

$$\frac{d^2y_1}{dx^2}=\frac{1}{H_g}\cdot\frac{d^2M_x}{dx^2}=\frac{g_x}{H_g} \tag{11.6}$$

式（11.6）即为结构自重压力线的基本微分方程式。

为进一步得到拱轴线（即结构自重压力线）的一般方程，必须知道结构自重的分布规律，假定结构自重沿拱跨连续分布，其结构自重集度与拱轴纵坐标成线性关系，如图 11.4（b）所示，任一点的结构自重集度 g_x 可用下式表示

$$g_x=g_d+\gamma\times y_1 \tag{11.7}$$

式中：g_d——拱顶的结构自重集度；

γ——拱上材料的单位体积重量。

由式（11.7）得拱脚处的结构自重集度为

$$g_a=g_d+\gamma\times f_0$$

$$\gamma = \frac{g_a - g_d}{f_0} = \frac{g_d}{f_0}(m-1) \tag{11.8}$$

式中：$m = \frac{g_a}{g_d}$——拱轴系数。

将式(11.8)代入式(11.7)得

$$g_x = g_d + \frac{g_d}{f_0}(m-1)y_1 = g_d\left[1 + (m-1)\frac{y_1}{f_0}\right] \tag{11.9}$$

将式(11.9)代入式(11.6)，并引入参数 ξ：

$$x = \xi l_1 \qquad dx = l_1 d\xi \qquad dx^2 = l_1^2 d\xi^2$$

得

$$\frac{d^2 y_1}{d\xi^2} = \frac{l_1^2}{H_g} g_d\left[1 + (m-1)\frac{y_1}{f_0}\right]$$

令

$$k^2 = \frac{l_1^2 g_d}{H_g f_0}(m-1) \tag{11.10}$$

则

$$\frac{d^2 y_1}{d\xi^2} = \frac{l_1^2 g_d}{H_g} + k^2 y_1 \tag{11.11}$$

上式为二阶非齐次常系数线性微分方程。解其方程，有

$$y_1 = \frac{f_0}{m-1}(\operatorname{ch}k\xi - 1) \tag{11.12}$$

上式称之为悬链线方程，任意点的拱轴纵坐标 y_1 按上式得出。

对拱脚截面，$\xi = 1$，$y_1 = f_0$，代入上式得

$$m = \operatorname{ch}k\xi$$

通常 m 是已知值，则 $k = \ln(m + \sqrt{m^2 - 1})$。

当 $m = 1$ 时，$g_a = g_d$，表示结构自重为均布荷载，其压力线为抛物线，方程可写为：$y_1 = \xi^2 f_0$。

由式(11.12)可以看出，当拱的矢跨比$\frac{f_0}{l_0}$确定后，悬链线的形状取决于拱轴系数 m，其线形特征可用1/4点纵坐标 $y_{1/4}$的大小表示(图11.5)。

拱跨1/4点的纵坐标 $y_{1/4}$与 m 有下述关系：

当 $\xi = \frac{1}{2}$时，$y_1 = y_{\frac{1}{4}}$，代入式(11.12)得

$$\frac{y_{\frac{1}{4}}}{f_0} = \frac{1}{m-1}\left(\operatorname{ch}\frac{k}{2} - 1\right), \qquad \operatorname{ch}\frac{k}{2} = \sqrt{\frac{\operatorname{ch}k + 1}{2}} = \sqrt{\frac{m+1}{2}}$$

所以

$$\frac{y_{\frac{1}{4}}}{f_0} = \frac{\sqrt{\frac{m+1}{2}} - 1}{m-1} = \frac{1}{\sqrt{2(m+1)} + 2} \tag{11.13}$$

由上式可见，$y_{\frac{1}{4}}$随 m 的增大而减小，随 m 的减小而增大。当 m 增大时，拱轴线抬高；反

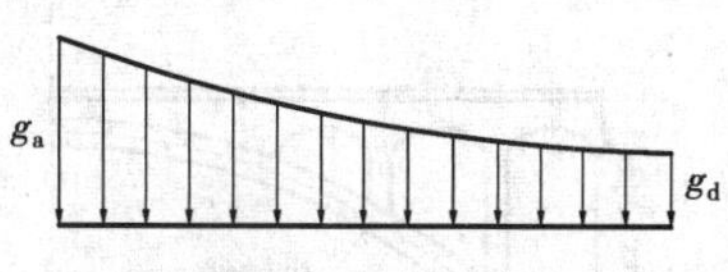

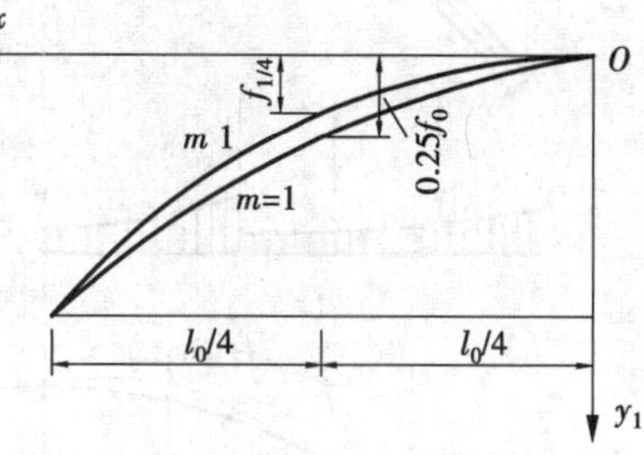

图11.5　拱跨1/4点纵坐标与 m 的关系

之,当 m 减小时,拱轴线降低(图11.5)。当 $m=1$ 时,由式(11.13)可得 $\frac{y_{\frac{1}{4}}}{f_0}=0.25$,成为悬链线中最低的一条曲线,即二次抛物线,如图11.5所示。

在《公路桥涵设计手册—拱桥(上)》中,按式(11.13),在 $\frac{y_{\frac{1}{4}}}{f_0}=0.25$ 到 $\frac{y_{\frac{1}{4}}}{f_0}=0.18$ 的范围内,以0.005为级差,编制了悬链线拱轴坐标的表格,拱轴系数 m 和 $\frac{y_{\frac{1}{4}}}{f_0}$ 共分14档,两者一一对应,见表11.1。由于 $\frac{y_{\frac{1}{4}}}{f_0}$ 取成了整数,相应的拱轴系数 m 就成了另数。

表11.1　拱轴系数 m 与 $\frac{y_{\frac{1}{4}}}{f_0}$ 关系表

m	1.000	1.167	1.347	1.543	1.756	1.988	2.240	2.514	2.814	3.142	3.5
$\frac{y_{\frac{1}{4}}}{f_0}$	0.250	0.245	0.240	0.235	0.230	0.225	0.220	0.215	0.210	0.205	0.200

11.1.3　拱轴系数的确定

悬链线拱的主要参数是拱轴系数 m。m 确定后,悬链线拱轴各点纵坐标即可求得。

(1)实腹式拱桥拱轴系数 m 的确定

实腹式拱的结构自重分布规律,完全符合拱轴线方程推导时关于荷载的基本假定,其拱顶和拱脚的结构自重集度分别为:

$$\left.\begin{aligned} g_d &= \gamma_1 h_d + \gamma_2 d \\ g_a &= \gamma_1 h_d + \gamma_2 \frac{d}{\cos\varphi_a} + \gamma_3 h \end{aligned}\right\} \tag{11.14}$$

式中:γ_1、γ_2、γ_3——分别为拱顶填料、拱圈及拱腹填料的单位自重;

h_d——拱顶填料厚度;

d——拱圈厚度;

φ_a——拱脚处拱轴线的水平倾角。

$$h = f_0 + \frac{d}{2} - \frac{d}{2\cos\varphi_a} \tag{11.15}$$

拱轴系数

$$m = \frac{g_a}{g_d}$$

从式(11.14)可以看出,除了 φ_a 为未知数外,其余均为已知。当矢跨比一定时,φ_a 仅与拱轴系数 m 有关,因此,可以先假定一个 m,由《拱桥(上)》附录(Ⅲ)-20查得 $\cos\varphi_a$ 值,代入式(11.14),求得 g_a 后,即可求出 m 值。然后与假定的 m 值比较,如两者相符,则假定的 m 值为真实值,如两者出入较大,则以计算所得的 m 值作为假定值重新进行计算,直至两者接近。

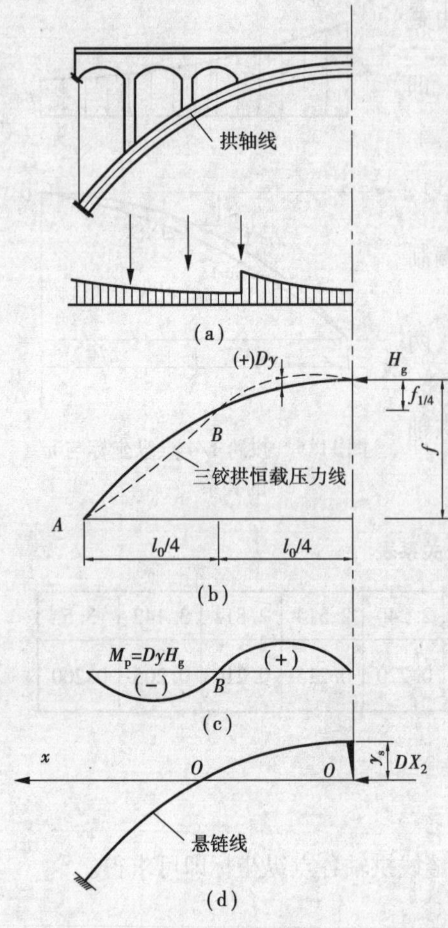

图 11.6　空腹式悬链线拱轴计算图式

(2)空腹式拱桥拱轴系数 m 的确定

空腹式拱桥中,桥跨结构的结构自重可视为两部分组成,一部分为主拱圈与实腹段自重的分布力,另一部分为空腹部分通过腹孔墩(柱)传下的集中力(图 11.6(a))。由于集中力的存在,拱的结构自重压力线不再是一条悬链线,而是一条有折点的曲线。但悬链线拱受力情况较好,又有完整的计算表格可供利用,因此也多用悬链线作为拱轴线。为使悬链线拱轴线与其结构自重压力线接近,一般采用"五点重合法"确定悬链线拱的拱轴系数,即要求拱轴线在全拱拱顶、两个 1/4 点和两个拱脚与其三铰拱结构自重压力线重合,如图 11.6(b)所示。根据上述五点弯矩为零的条件确定 m 值。

由拱顶弯矩为零及结构自重的对称条件知,拱顶仅有通过截面重心的结构自重推力 H_g,弯矩和剪力为零。

在图 11.6(a)、(b)中,由 $\sum M_A=0$ 得

$$H_g=\frac{\sum M_a}{f_0} \tag{11.16}$$

由 $\sum M_B=0$,得 $H_g y_{\frac{1}{4}}-\sum M_{\frac{1}{4}}=0, H_g=\dfrac{\sum M_{\frac{1}{4}}}{y_{\frac{1}{4}}}$　(11.17)

由式(11.16)和式(11.17),可得

$$\frac{y_{\frac{1}{4}}}{f_0}=\frac{\sum M_{\frac{1}{4}}}{\sum M_a} \tag{11.18}$$

式中:$\sum M_{\frac{1}{4}}$——自拱顶到拱跨 1/4 点的结构自重对 1/4 截面的力矩。

等截面悬链线拱主拱圈结构自重对 1/4 及拱脚截面的力矩 $\sum M_{\frac{1}{4}}$、$\sum M_a$ 可由"拱桥(上)"表(Ⅲ)-19 查得。

求得 $\dfrac{y_{\frac{1}{4}}}{f_0}$ 之后,可由式(11.13)反求 m,即

$$m=\frac{1}{2}\left(\frac{f_0}{y_{\frac{1}{4}}}-2\right)^2-1 \tag{11.19}$$

空腹式拱桥的 m 值仍按逐次近似法确定,即先假定一个 m 值,定出拱轴线,布置拱上建筑,然后计算拱圈和拱上建筑的结构自重对 1/4 截面和拱脚截面的力矩 $\sum M_{\frac{1}{4}}$、$\sum M_a$,利用式(11.19)算出 m 值,如与假定的 m 值不符,则应以求得的 m 作为假定值重新计算,直至两者接近为止。通常以 $\dfrac{y_{\frac{1}{4}}}{f_0}$ 值相差半级(一级为 0.005)以内即认为所求值。

需要指出,用上述方法确定空腹式拱的拱轴线,仅与其三铰拱结构自重压力线保持五点重合,其他截面拱轴线与三铰拱结构自重压力线都有不同程度的偏离。大量计算证明,从拱顶到

1/4 截面点,一般压力线在拱轴线之上,而从 1/4 截面点到拱脚,压力线则大多在拱轴线之下。拱轴线与相应三铰拱结构自重压力线的偏离类似于一个正弦波(图 11.6(b))。这种偏离会在无铰拱中产生附加内力。对于静定三铰拱,各截面的偏离弯矩值 M_p 可以三铰拱压力线与拱轴线在该截面的偏离值表示 ($M_p = H_g \cdot \Delta y$);对于无铰拱,偏离弯矩的大小,不能以三铰拱压力线与拱轴线的偏离值表示,而应以该偏离值 M_p 作为荷载,算出无铰拱的偏离弯矩值。

由结构力学可知,荷载作用在基本结构上引起弹性中心的赘余力为(图 11.6(c))

$$\Delta X_1 = -\frac{\Delta_{1p}}{\delta_{11}} = -\frac{\int_s \frac{\overline{M}_1 M_p}{EI}\mathrm{d}s}{\int_s \frac{\overline{M}_1^2}{EI}\mathrm{d}s} = -\frac{\int_s \frac{M_p}{I}\mathrm{d}s}{\int_s \frac{1}{I}\mathrm{d}s} = -H_g\frac{\int_s \frac{\Delta y}{I}\mathrm{d}s}{\int_s \frac{1}{I}\mathrm{d}s} \tag{11.20}$$

$$\Delta X_2 = -\frac{\Delta_{2p}}{\delta_{22}} = -\frac{\int_s \frac{\overline{M}_2 M_p}{EI}\mathrm{d}s}{\int_s \frac{\overline{M}_2^2}{EI}\mathrm{d}s} = -H_g\frac{\int_s \frac{y\Delta y}{I}\mathrm{d}s}{\int_s \frac{y^2}{I}\mathrm{d}s} \tag{11.21}$$

式中:M_p——三铰拱结构自重压力线偏离拱轴线所产生的弯矩,$M_p = H_g \cdot \Delta y$;

$\overline{M}_1 = 1, \overline{M}_2 = -y$;

Δy——三铰拱结构自重压力线与拱轴线的偏离值(图 11.6(b))。

由图 11.6(b)可见,Δy 有正有负,沿全拱积分 $\int_s \frac{\Delta y}{I}\mathrm{d}s$ 的数值不大。通常 ΔX_1 数值较小,若 $\int_s \frac{\Delta y}{I}\mathrm{d}s = 0$,则 $\Delta X_1 = 0$。

任意截面的偏离弯矩为:

$$\Delta M = \Delta X_1 - \Delta X_2 y + M_p \tag{11.22}$$

式中:y——以弹性中心为原点(向上为正)的拱轴纵坐标,$y = y_s - y_1$;

y_s——弹性中心至拱顶之距离。

对于拱顶、拱脚截面,$M_p = 0$,偏离弯矩为:

$$\left.\begin{aligned} \Delta M_d &= \Delta X_1 - \Delta X_2 y < 0 \\ \Delta M_a &= \Delta X_1 + \Delta X_2 (f_0 - y_s) > 0 \end{aligned}\right\} \tag{11.23}$$

由式(11.23)可见,由于拱轴线与结构自重压力线存在偏离,在拱顶、拱脚都产生了偏离弯矩。研究证明,拱顶的偏离弯矩 ΔM_d 为负,拱脚的偏离弯矩 ΔM_a 为正,刚好与两控制截面弯矩的符号相反,这对拱顶、拱脚截面的受力是有利的,因此,在空腹式拱桥中,用"五点重合法"确定的拱轴线,比用结构自重压力线更加合理。

11.1.4　拱轴线的水平倾角 φ

悬链线拱任意截面拱轴切线的水平倾角 φ 可按下式求得

$$\tan\varphi = \frac{\mathrm{d}y_1}{\mathrm{d}x} = \frac{\mathrm{d}y_1}{l_1 \mathrm{d}\xi} = \frac{f_0 \cdot k \cdot \mathrm{sh}k\xi}{l_1(m-1)} = \frac{2f_0 \cdot k \cdot \mathrm{sh}k\xi}{l_0(m-1)} \tag{11.24}$$

对抛物线拱,拱轴方程 $y_1 = \xi^2 f_0$,则水平倾角为:

$$\tan\varphi = \frac{\mathrm{d}y_1}{\mathrm{d}x} = \frac{\mathrm{d}y_1}{\mathrm{d}\xi} \times \frac{\mathrm{d}\xi}{\mathrm{d}x} = 2f_0\xi \times \frac{1}{l_1} = \frac{4f_0}{l_0}\xi \tag{11.25}$$

需要指出的是,以下没特殊说明,均以悬链线拱来介绍。

11.1.5 基本结构与弹性中心

在计算无铰拱的内力(结构自重、活载、温度变化、混凝土收缩徐变和拱脚变位等)时,为简化计算工作,常利用拱的弹性中心。当拱左右对称时,弹性中心在对称轴上,其基本结构的取法有两种:一种以悬臂曲梁为基本结构(图 11.7(a)),用于结构自重、温度变化、混凝土收缩徐变和拱脚变位的计算,另一种以简支曲梁为基本结构(图 11.7(b)),用于计算无铰拱内力影响线,使积分连续,便于制表。

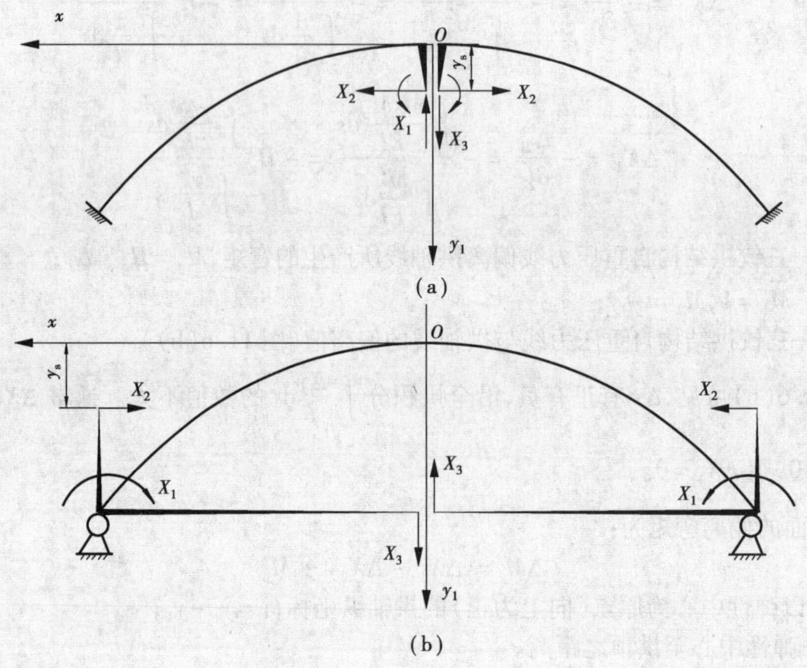

图 11.7 拱的弹性中心

由结构力学可知,弹性中心距拱顶之距离为:

$$y_s = \frac{\int_s \frac{y_1 \mathrm{d}s}{EI}}{\int_s \frac{\mathrm{d}s}{EI}} \tag{11.26}$$

对悬链线无铰拱:$y_1 = \dfrac{f_0}{m-1}(\mathrm{ch}k\xi - 1)$

$\mathrm{d}s = \dfrac{\mathrm{d}x}{\cos\varphi} = \dfrac{l_0}{2} \cdot \dfrac{\mathrm{d}\xi}{\cos\varphi}$,其中

$\cos\varphi = \dfrac{1}{\sqrt{1+\tan^2\varphi}} = \dfrac{1}{\sqrt{1+\eta^2 \mathrm{sh}^2 k\xi}}$,$\eta = \dfrac{2k \cdot f_0}{l_0(m-1)}$,则

$$\mathrm{d}s = \frac{l_0}{2} \cdot \sqrt{1+\eta^2 \mathrm{sh}^2 k\xi}\,\mathrm{d}\xi \tag{11.27}$$

等截面拱,EI 为常数,则拱的弹性中心位置为:

$$y_s = \frac{\int_s y_1 \mathrm{d}s}{\int_s \mathrm{d}s} = \frac{f_0}{m-1} \cdot \frac{\int_0^1 (\mathrm{ch}k\xi - 1)\sqrt{1 + \eta^2 \mathrm{sh}^2 k\xi}}{\int_0^1 \sqrt{1 + \eta^2 \mathrm{sh}^2 k\xi}} \mathrm{d}\xi = \alpha_1 f_0 \tag{11.28}$$

系数 α_1 可查“拱桥(上)”表(Ⅲ)-3。

11.2　拱桥内力计算

采用结构自重压力线作为拱轴线时,在不考虑拱圈弹性变形的影响时(即认为拱是刚性体),此时拱圈各截面只有轴向力而无弯矩和剪力。但是,拱圈材料有弹性,不可能是刚体,在结构自重和活载产生的轴向压力作用下都会产生弹性变形,使拱轴长度缩短,由此会在无铰拱中产生弯矩和剪力,这就是所谓的弹性压缩。为便于计算,将结构自重和活载内力都分为两部分,一部分是不考虑弹性压缩影响的内力,另一部分则考虑弹性压缩引起的内力,然后将两者叠加起来。如果拱轴线对结构自重压力线有偏离,还要计算拱轴偏离引起的附加内力。

11.2.1　结构自重内力计算

(1)不考虑弹性压缩的结构自重内力

1)实腹式拱

实腹式悬链线拱的拱轴线与结构自重压力线完全吻合,所以,在结构自重作用下,主拱各截面上仅产生轴向压力,此时拱圈中的内力可按纯压拱的公式计算。

由式(11.10)

$$k^2 = \frac{l_1^2 g_{\mathrm{d}}}{H_{\mathrm{g}} f_0}(m-1)$$

得结构自重水平推力为:

$$H_{\mathrm{g}} = \frac{l_1^2 g_{\mathrm{d}}}{k^2 f_0}(m-1) = \frac{(m-1)}{4k^2} \times \frac{g_{\mathrm{d}} l_0^2}{f_0} = K_{\mathrm{g}} \times \frac{g_{\mathrm{d}} l_0^2}{f_0} \tag{11.29}$$

式中:$K_{\mathrm{g}} = \frac{(m-1)}{4k^2}$。

在结构自重作用下,拱脚的竖向反力为半拱的结构自重,即

$$R_{\mathrm{g}} = \int_0^{l_1} g_x \mathrm{d}x = \int_0^1 g_x l_1 \mathrm{d}\xi = \int_0^1 g_{\mathrm{d}} l_1 \left[1 + (m-1)\frac{y_1}{f}\right] \mathrm{d}\xi = K'_{\mathrm{g}} g_{\mathrm{d}} \cdot l_0 \tag{11.30}$$

式中:

$$K'_{\mathrm{g}} = \frac{\sqrt{m^2 - 1}}{2\left[\ln(m + \sqrt{m^2 - 1})\right]}$$

系数 K_{g}、K'_{g} 可自公路桥涵设计手册《拱桥(上)》表(Ⅲ)-4 查得。

主拱圈各截面的轴向力可按下式计算,而各截面弯矩和剪力均为零。

$$N = \frac{H_{\mathrm{g}}}{\cos\varphi} \tag{11.31}$$

2)空腹式拱

空腹式悬链线无铰拱，由于拱轴线与结构自重压力线有偏离，拱顶、拱脚和 1/4 点都有结构自重弯矩。为方便计算，将空腹式无铰拱桥的结构自重内力又分为两部分，先不考虑偏离的影响，将拱轴线视为与结构自重压力线完全吻合；然后再考虑偏离的影响，按式(11.20)～(11.22)计算由偏离引起的结构自重内力，两者相加，即得空腹式无铰拱不考虑弹性压缩时的结构自重内力。

不考虑拱轴偏离影响，拱的结构自重推力 H_g 和拱脚竖向反力 R_g，可直接由力的平衡条件求之。

$$\left.\begin{aligned} H_g &= \frac{\sum M_a}{f_0} \\ R_g &= \sum P \end{aligned}\right\} \tag{11.32}$$

式中：$\sum M_a$——半跨结构自重对拱脚的力矩；

$\sum P$——半跨结构自重。

算出 H_g 之后，利用公式(11.31)，即可求出主拱各截面的轴向力，并认为结构自重弯矩和剪力为零。

如上所述，拱轴线与结构自重压力线偏离对主拱受力是有利的。在设计中、小跨径的空腹式拱桥时，可偏安全地不考虑偏离弯矩的影响。对大跨径拱桥，结构自重偏离弯矩是一种可供利用的有利因素，此时，应当计入偏离弯矩的影响。计算结构自重偏离弯矩时，除了计算偏离弯矩对拱顶、拱脚的影响之外，还应计入偏离弯矩对 $\frac{l_0}{8}$ 和 $\frac{3l_0}{8}$ 截面的不利影响，尤其是 $\frac{3l_0}{8}$ 截面，往往成为正弯矩的控制截面。

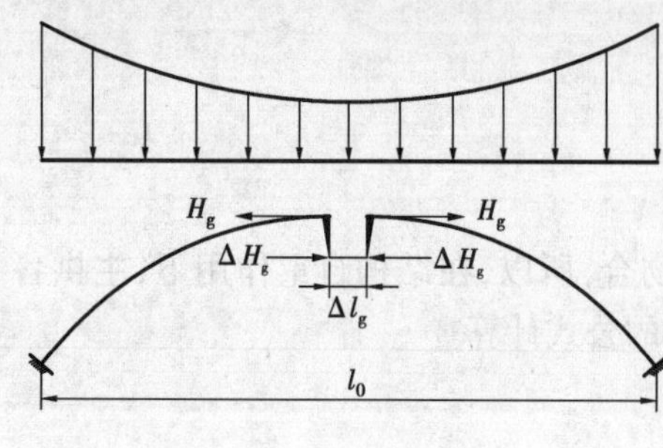

图 11.8　弹性压缩引起的拱轴缩短

(2)结构自重作用下弹性压缩引起的内力

在结构自重产生的轴向压力作用下，拱圈的弹性压缩引起为拱轴沿跨径方向缩短 Δl_g，为了平衡这一弹性压缩，必须有一个作用于弹性中心而方向向外的水平力 ΔH_g(图 11.8)。

根据变形协调条件：

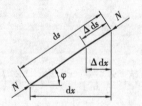

$$\Delta H_g \cdot \delta_{22} - \Delta l_g = 0$$

$$\Delta H_g = \frac{\Delta l_g}{\delta_{22}} \tag{11.33}$$

Δl_g 为由于结构自重轴向压力引起的拱轴沿跨径方向压缩(即水平方向的变位)，其值为(图 11.8(b))

$$\Delta l_g = \int_0^{l_0} \Delta dx$$

$$\Delta dx = \Delta ds \cdot \cos\varphi = \frac{N ds}{EA} \cdot \cos\varphi = \frac{N dx}{EA} = \frac{H_g}{\cos\varphi} \cdot \frac{dx}{EA}$$

$$\Delta l_g = \int_0^{l_0} \frac{H_g dx}{EA\cos\varphi} = H_g \int_0^{l_0} \frac{dx}{EA\cos\varphi} \tag{11.34}$$

由单位水平力作用在弹性中心,考虑轴向力影响所产生的水平位移为:

$$\delta_{22}=\int_s\frac{\overline{M}_2^2\mathrm{d}s}{EI}+\int_s\frac{\overline{N}_2^2\mathrm{d}s}{EA}=\int_s\frac{y^2\mathrm{d}s}{EI}+\int_s\frac{\cos^2\varphi\mathrm{d}s}{EA}=(1+\mu)\int_s\frac{y^2\mathrm{d}s}{EI}\tag{11.35}$$

式中:$y=y_s-y_1$;$\mu=\dfrac{\int_s\frac{\cos^2\varphi}{EA}\mathrm{d}s}{\int_s\frac{y^2\mathrm{d}s}{EI}}$

将式(11.34)、(11.35)代入式(11.33),得

$$\Delta H_g=\frac{H_g}{1+\mu}\frac{\int_0^{l_0}\frac{\mathrm{d}x}{EA\cos\varphi}}{\int_s\frac{y^2\mathrm{d}s}{EI}}=H_g\frac{\mu_1}{1+\mu}\tag{11.36}$$

式中:$\mu_1=\dfrac{\int_0^{l_0}\frac{\mathrm{d}x}{EA\cos\varphi}}{\int_s\frac{y^2\mathrm{d}s}{EI}}$。

将μ、μ_1两公式中的分子项改为:

$$\int_s\frac{\cos^2\varphi}{EA}\mathrm{d}s=\frac{1}{EA}\int_0^{l_0}\cos\varphi\frac{\mathrm{d}x}{l_0}=\frac{l_0}{EA}\int_0^1\frac{\mathrm{d}\xi}{\sqrt{1+\eta^2\mathrm{sh}^2k\xi}}=\frac{l_0}{EA}\cdot\frac{1}{\upsilon}\tag{11.37}$$

$$\int_s\frac{\mathrm{d}x}{EA\cos\varphi}=\frac{1}{EA}\int_0^{l_0}\frac{1}{\cos\varphi}\frac{\mathrm{d}x}{l_0}=\frac{l_0}{EA}\int_0^1\sqrt{1+\eta^2\mathrm{sh}^2k\xi}\,\mathrm{d}\xi=\frac{l_0}{EA}\cdot\frac{1}{\upsilon_1}\tag{11.38}$$

于是:

$$\mu=\frac{l_0}{E\upsilon A\int_s\frac{y^2\mathrm{d}s}{EI}}\tag{11.39}$$

$$\mu_1=\frac{l_0}{E\upsilon_1A\int_s\frac{y^2\mathrm{d}s}{EI}}\tag{11.40}$$

式中υ、υ_1值可查公路桥涵设计手册《拱桥(上)》表(Ⅲ)-10、表(Ⅲ)-8。积分项$\int_s\frac{y^2\mathrm{d}s}{EI}$可查《拱桥(上)》表(Ⅲ)-5。

在拱桥计算中,拱中内力符号习惯上采用下述规定:弯矩以使拱圈下缘受拉为正,剪力以绕脱离体逆时针转为正,轴向力则以使拱圈受压为正。图11.9所示M、V、N均为正。

当不考虑空腹式拱结构自重压力线偏离拱轴线的影响时,拱圈各截面的结构自重内力为不考虑弹性压缩的结构自重内力加上弹性压缩产生的内力,由于ΔH_g是拱圈各截面内力的合力,因此有

$$\left.\begin{aligned}N&=\frac{H_g}{\cos\varphi}-\frac{\mu_1}{1+\mu}H_g\cos\varphi\\M&=\frac{\mu_1}{1+\mu}H_g(y_s-y_1)\\V&=\mp\frac{\mu_1}{1+\mu}H_g\sin\varphi\end{aligned}\right\}\tag{11.41}$$

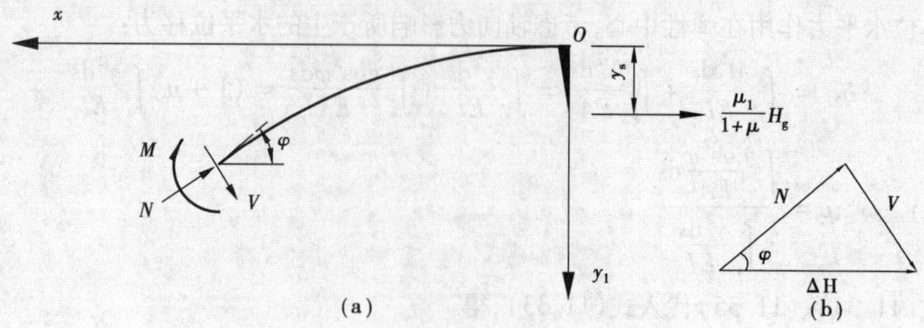

图 11.9　弹性压缩产生的内力

式中:上边符号适用于左半拱,下边符号适用于右半拱。

由式(11.41)表明,考虑了弹性压缩后,即使不计入偏离弯矩的影响,拱圈内仍有结构自重弯矩。不难看出,在拱顶产生正弯矩,该处压力线上移;在拱脚产生负弯矩,压力线下移,也就是说,考虑弹性压缩后,不论是实腹式拱或空腹式拱,结构自重压力线与拱轴线将不可能重合。

将式(11.41)加上拱轴线与自重压力线偏离影响后,各截面的内力公式为:

$$\left.\begin{aligned} N &= \frac{H_g}{\cos\varphi} + \Delta X_2\cos\varphi - \frac{\mu_1}{1+\mu}(H_g + \Delta X_2)\cos\varphi \\ M &= \frac{\mu_1}{1+\mu}(H_g + \Delta X_2)(y_s - y_1) + \Delta M \\ V &= \mp\frac{\mu_1}{1+\mu}(H_g + \Delta X_2)\sin\varphi \pm \Delta X_2\sin\varphi \end{aligned}\right\} \tag{11.42}$$

偏离附加内力的大小与荷载的具体布置有关,一般是拱上腹孔跨度越大,偏离影响也越大,对于大跨度空腹拱桥,应该计入偏离影响。

11.2.2　活载内力计算

计算无铰拱活载内力时,一般先求赘余力影响线,然后再用迭加方法求出拱的支点反力和控制截面的内力影响线,最后在内力影响线上加载计算出截面最大内力。为便于计算,活载内力计算仍分不考虑弹性压缩影响和考虑弹性压缩影响。

(1)不考虑弹性压缩影响的活载内力

1)赘余力影响线

为使积分连续,便于制表,在求活载内力影响线时,采用简支曲梁作为基本结构,如图11.10所示,赘余力 X_2、X_3 作用在刚臂端点,并通过弹性中心。根据弹性中心的特性,图11.10(a)中所有副变位均为零。设图11.10(b)所示内、外力方向及内力同向之变位均为正值,作用在弹性中心的赘余力,可按下式求解:

$$\left.\begin{aligned} X_1\delta_{11} + \Delta_{1P} &= 0, X_1 = -\frac{\Delta_{1P}}{\delta_{11}} \\ X_2\delta_{22} + \Delta_{2P} &= 0, X_2 = -\frac{\Delta_{2P}}{\delta_{22}} \\ X_3\delta_{33} + \Delta_{3P} &= 0, X_3 = -\frac{\Delta_{3P}}{\delta_{33}} \end{aligned}\right\} \tag{11.43}$$

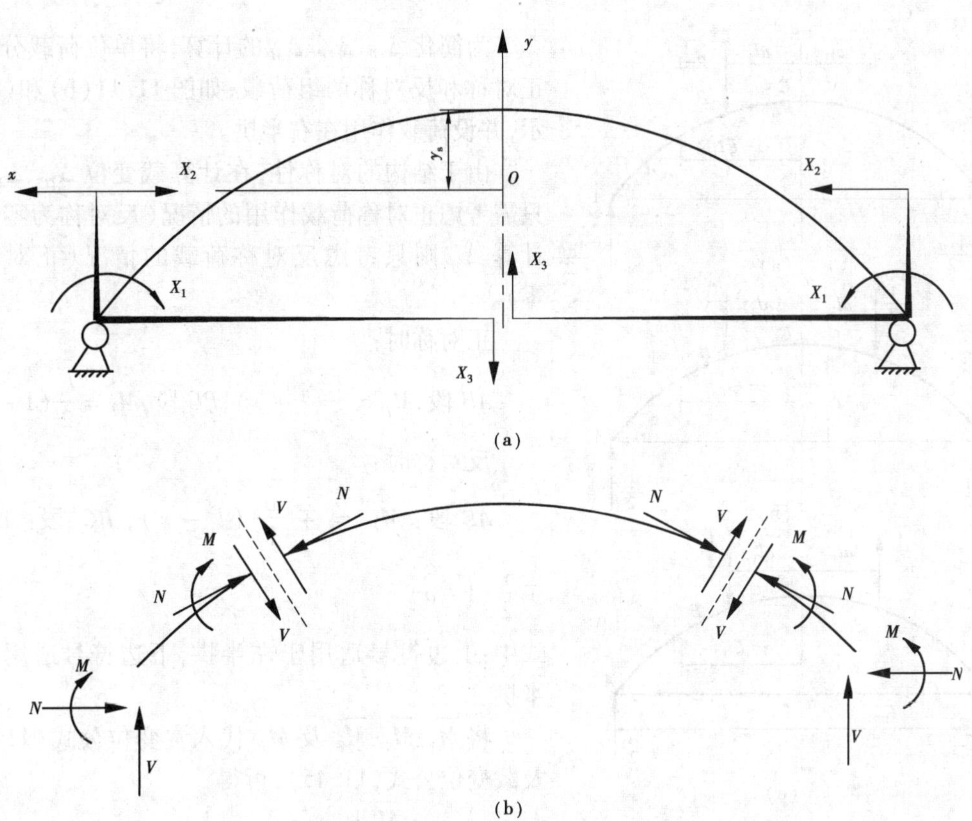

图 11.10　活载内力计算基本结构

上式中,分母部分为弹性中心的常变位值,分子部分为载变位值。如不考虑轴向力对变位的影响,也不计剪力和曲率对变位的影响,则

$$\left.\begin{aligned}\delta_{11} &= \int_s \frac{\overline{M}_1^2 \mathrm{d}s}{EI} \\ \delta_{22} &= \int_s \frac{\overline{M}_2^2 \mathrm{d}s}{EI} \\ \delta_{33} &= \int_s \frac{\overline{M}_3^2 \mathrm{d}s}{EI}\end{aligned}\right\} \tag{11.44}$$

$$\left.\begin{aligned}\Delta_{1P} &= \int_s \frac{\overline{M}_1 M_P \mathrm{d}s}{EI} \\ \Delta_{2P} &= \int_s \frac{\overline{M}_2 M_P \mathrm{d}s}{EI} \\ \Delta_{3P} &= \int_s \frac{\overline{M}_3 M_P \mathrm{d}s}{EI}\end{aligned}\right\} \tag{11.45}$$

式中:$\overline{M}_1$——当 $X_1=1$ 时,在基本结构任意截面上产生的弯矩,$\overline{M}_1=1$;

$\overline{M}_2$——当 $X_2=1$ 时,在基本结构任意截面上产生的弯矩,$\overline{M}_2=y_1-y_s$;

$\overline{M}_3$——当 $X_3=1$ 时,在基本结构任意截面上产生的弯矩,$\overline{M}_3=\pm x$;

M_P——单位荷载作用在基本结构上,任意截面所产生的弯矩。

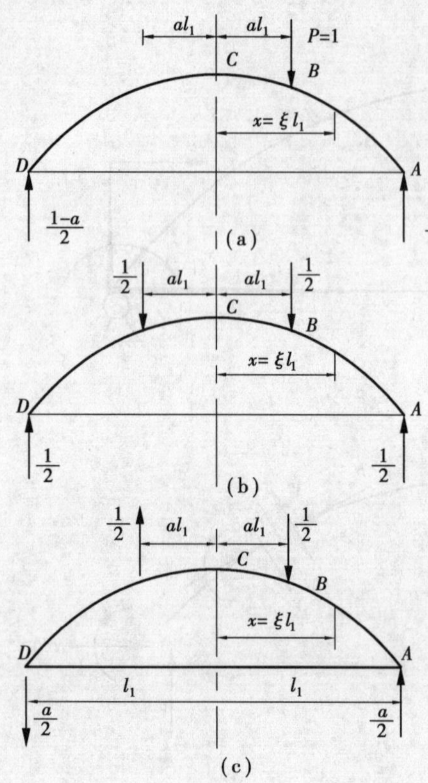

图 11.11　将荷载分解为正、反对称

为简化Δ_{1P}、Δ_{2P}、Δ_{3P}的计算，将单位荷载分解为正对称和反对称两组荷载，如图 11.11(b)和(c)所示，并设荷载作用在右半拱。

由于结构的对称性，在计算载变位Δ_{1P}、Δ_{2P}时，只需考虑正对称荷载作用的情况(反对称为零)；而计算Δ_{3P}则只考虑反对称荷载的情况(正对称为零)。

正对称时：

AB段，$M_P=\dfrac{1}{2}(l_1-x)$；BC段，$M_P=\dfrac{l_1}{2}(1-a)$

反对称时：

AB段：$M_P=\mp\dfrac{a}{2}(l_1-x)$；$BC$段：$M_P=\mp\dfrac{x}{2}(1-a)$

式中：上边符号适用于左半拱，下边符号适用于右半拱。

将$\overline{M}_1$、$\overline{M}_2$、$\overline{M}_3$及M_P代入常变位公式(11.44)及载变位公式(11.45)，可得

$$\delta_{11}=\int_s\frac{\overline{M}_1^2\mathrm{d}s}{EI}=\int_s\frac{\mathrm{d}s}{EI}=\frac{l_0}{EI}\int_0^1\sqrt{1+\eta^2\mathrm{sh}^2k\xi}\,\mathrm{d}\xi=\frac{l_0}{EI}\times\frac{1}{v_1}$$

$$\delta_{22}=\int_s\frac{\overline{M}_2^2\mathrm{d}s}{EI}=\int_s\frac{(y_1-y_s)^2}{EI}\mathrm{d}s=\frac{1}{EI}\int_0^1\left[\frac{f_0}{m-1}(\mathrm{ch}k\xi-1)-y_s\right]\left[\frac{f_0}{m-1}\mathrm{ch}k\xi\right]\sqrt{1+\eta^2\mathrm{sh}^2k\xi}\,\mathrm{d}\xi=\theta\frac{l_0f_0^2}{EI}$$

$$\delta_{33}=\int_s\frac{\overline{M}_3^2}{EI}=\int_s\frac{x^2}{EI}\mathrm{d}s=\frac{l_0^3}{4EI}\int_0^1\xi^2\sqrt{1+\eta^2\mathrm{sh}^2k\xi}\,\mathrm{d}\xi=\gamma\frac{l_0^3}{EI}$$

以上三式中，$\dfrac{1}{v_1}$、θ、γ值可分别由公路桥涵设计手册《拱桥(上)》附录(Ⅲ)-8、(Ⅲ)-5和(Ⅲ)-6查得，显然，拱轴弧长$l_a=\dfrac{1}{v_1}\times l_0$。

$$\Delta_{1P}=\int_s\frac{\overline{M}_1M_P}{EI}\mathrm{d}s=\frac{(1-a)l_0^2}{4EI}\int_0^a\sqrt{1+\eta^2\mathrm{sh}^2k\xi}\,\mathrm{d}\xi+\frac{l_0^2}{4EI}\int_a^1(1-\xi)\sqrt{1+\eta^2\mathrm{sh}^2k\xi}\,\mathrm{d}\xi$$

$$\Delta_{2P}=\int_s\frac{\overline{M}_2M_P}{EI}\mathrm{d}s=\frac{l_0^2}{4EI}(1-a)\left\{\begin{aligned}&\int_0^a\left[\frac{f_0}{m-1}(\mathrm{ch}k\xi-1)-y_s\right]\sqrt{1+\eta^2\mathrm{sh}^2k\xi}\,\mathrm{d}\xi+\\&\int_a^1\left[\frac{f_0}{m-1}(\mathrm{ch}k\xi-1)-y_s\right]\times(1-\xi)\sqrt{1+\eta^2\mathrm{sh}^2k\xi}\,\mathrm{d}\xi\end{aligned}\right\}$$

$$\Delta_{3P}=\int_s\frac{\overline{M}_3M_P}{EI}\mathrm{d}s=-\frac{(1-a)l_0^3}{8EI}\int_0^a\xi^2\sqrt{1+\eta^2\mathrm{sh}^2k\xi}\,\mathrm{d}\xi-\frac{l_0^3a}{8EI}\int_a^1\xi(1-\xi)\sqrt{1+\eta^2\mathrm{sh}^2k\xi}\,\mathrm{d}\xi$$

将上述常变位值与载变位值代入式(11.45)后,即可求得 $P=1$ 作用在 B 点时赘余力 X_1、X_2、X_3 的值。当荷载 $P=1$ 作用于不同位置时,就可求得赘余力各点的影响线,其图形如图11.12所示。

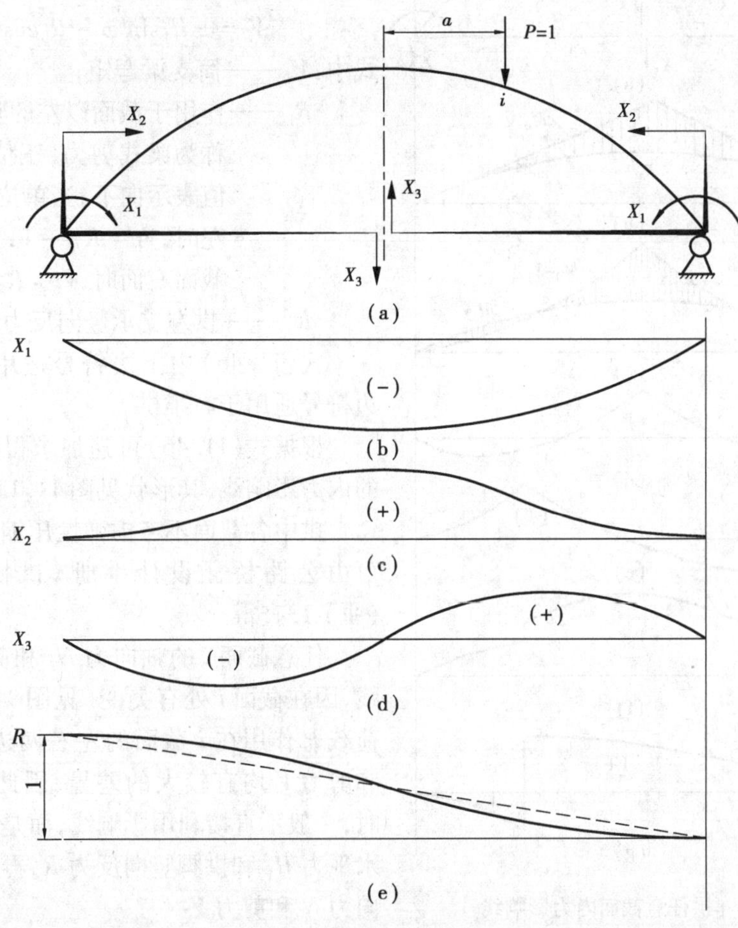

图11.12　赘余力影响线

2)支点反力和内力影响线

有了赘余力影响线后,拱脚截面支点反力以及任意截面的内力影响线,可利用静力平衡条件和迭加方法求得。

①水平推力影响线

由 $\sum x=0$,得水平推力 $H_1=X_2$,即 H_1 的影响线为赘余力 X_2 的影响线,其坐标值可查公路桥涵设计手册《拱桥(上)》表(Ⅲ)-12。

②拱脚竖向反力影响线

由 $\sum y=0$,得竖直反力 $R=R_0\mp X_3$(上边符号适用于左半拱,下边符号适用于右半拱)。式中,R_0 为简支梁反力。故竖向反力 R 的影响线由 R_0 与赘余力 X_3 两条影响线迭加而成,如图11.12(e)所示。各点影响线坐标可查公路桥涵设计手册《拱桥(下)》表(Ⅲ)-7。

显然,拱脚竖向反力的影响线总面积 $\omega=\dfrac{l_0}{2}$。

③任意截面的内力影响线

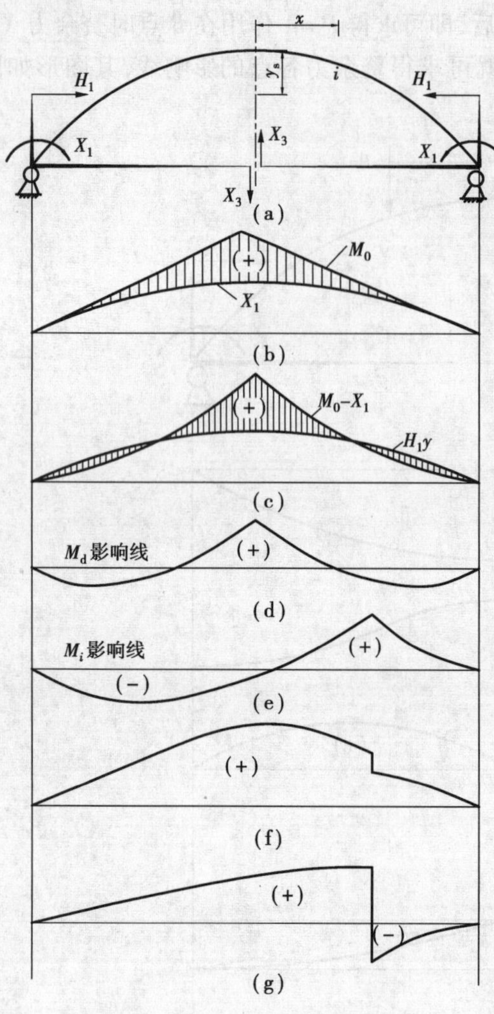

图 11.13　拱任意截面内力影响线

由图 11.12(a)可得任意截面的内力为：

$$\left.\begin{aligned} M &= M_0 - H_1 y \pm X_3 x + X_1 \\ N &= R_b \sin\varphi + H_1 \cos\varphi \\ V &= \pm H_1 \sin\varphi - R_b \cos\varphi \end{aligned}\right\} \tag{11.46}$$

式中：M_0——简支梁弯矩；

R_b——作用于截面以左的竖向反力总和，称为梁式剪力；正值表示向上，负值表示向下；当单位荷载在截面以左时，$V_b = R_{左} - 1$；当单位荷载在截面右面时，$V_b = R_{左}$；

$R_{左}$——拱左支承竖向反力。

式(11.46)中上边符号适用于左半拱，下边符号适用于右半拱。

根据式(11.46)可迭加求得拱圈任意截面的内力影响线，其形状见图 11.13。

拱中各截面不考虑弹性压缩的弯矩影响线可由公路桥涵设计手册《拱桥(上)》附表(Ⅲ)-13查得。

任意截面 i 的轴向力 N_i 和剪力 V_i 的影响线，因在截面 i 处有突变(见图 11.13)，当集中荷载 P 作用在 i 截面的左右两边时，轴向力 N 和剪力 V 均有较大的差异，因此，在实际计算时，一般不直接利用影响线，而是先求该截面的水平力 H_1 和拱脚竖向反力 R，再按下式计算轴向力 N 和剪力 V：

$$\text{轴向力}:\begin{cases} \text{拱顶}: N = H_1 \\ \text{拱脚}: N = H_1 \cos\varphi_a + R\sin\varphi_a \\ \text{其他截面}: N \approx \dfrac{H_1}{\cos\varphi} \end{cases} \tag{11.47}$$

$$\text{剪力}:\begin{cases} \text{拱顶}: \text{数值很小，一般不计算} \\ \text{拱脚}: V_a = H_1 \sin\varphi_a - R\cos\varphi_a \\ \text{其他截面}: \text{数值较小，一般不计算} \end{cases} \tag{11.48}$$

(2)弹性压缩引起的活载内力

活载弹性压缩与结构自重弹性压缩相似，它是由活载的轴向力对变位的影响，在弹性中心产生赘余水平力 ΔH。由典型方程

$$\Delta H = \frac{\Delta l}{\delta'_{22}} = \frac{\int_s \frac{N\mathrm{d}s}{EA}\cos\varphi}{\delta'_{22}}$$

取脱离体如图11.14,拱脚作用有三个已知力:弯矩 M、竖向反力 R 和通过弹性中心的水平力 H_1,将各力投影到水平方向上得

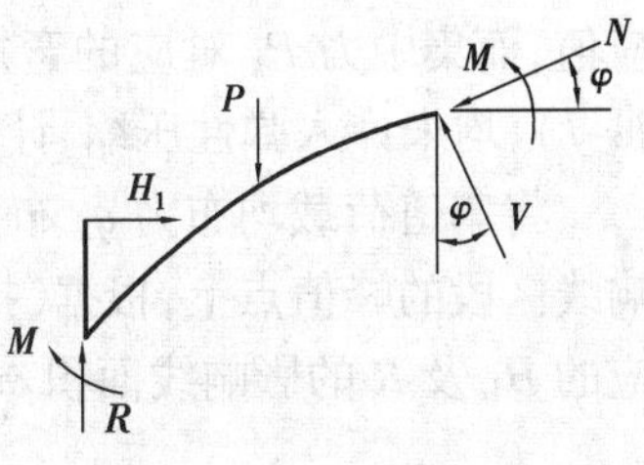

图11.14 拱任意截面在竖向力作用下产生的内力

$$N = \frac{H_1 - V\sin\varphi}{\cos\varphi} = \frac{H_1}{\cos\varphi}\left(1 - \frac{V}{H_1}\sin\varphi\right)$$

在上式中,$\frac{V}{H_1}\sin\varphi$ 值很小,可忽略不计,则

$$N \approx \frac{H_1}{\cos\varphi}$$

于是

$$\Delta H = \frac{\int_s \frac{N\mathrm{d}s}{EA}\cos\varphi}{\delta'_{22}} = \frac{H_1\int_s \frac{\mathrm{d}x}{EA\cos\varphi}}{(1+\mu)\int_s \frac{y^2\mathrm{d}s}{EI}} = H_1\frac{\mu_1}{1+\mu} \tag{11.49}$$

式中:μ 和 μ_1 同式(11.39)、式(11.40)。

由弹性压缩引起的内力为

$$\left.\begin{aligned} &\text{弯矩}:\Delta M = \Delta H\cdot y = \frac{\mu_1}{1+\mu}H_1\cdot(y_s - y_1) \\ &\text{轴向力}:\Delta N = -\Delta H\cdot\cos\varphi = -\frac{\mu_1}{1+\mu}H_1\cdot\cos\varphi \\ &\text{剪力}:\Delta V = \mp\Delta H\cdot\sin\varphi = \mp\frac{\mu_1}{1+\mu}H_1\cdot\sin\varphi \end{aligned}\right\} \tag{11.50}$$

(上边符号适用于左半拱,下边符号适用于右半拱)

将不考虑弹性压缩的活载内力与考虑弹性压缩产生的内力迭加起来,即得活载作用下的总内力。

(3)活载内力计算

拱桥属空间结构,对肋拱桥、拱上建筑为简支板(梁)体系的空腹式拱桥,应考虑活载的横向不均匀分布。但实腹式拱桥、拱上建筑为拱式结构的空腹式拱桥或拱上建筑采用墙式墩且活载横向布置不超过拱圈以外的拱桥,活载可近似按整体平均分布。通常,石拱桥取1 m拱宽作为计算单元,肋拱桥以一条拱肋为计算单元,同时计入荷载横向分布系数。

拱圈是一个受压结构,考虑到拱桥的抗弯性能远差于抗压性能的特点,常以最大正(负)弯矩控制设计。一般可在弯矩影响线上按最不利情况布载,求得最大正(负)弯矩,然后求出与这种加载情况相应的 H_1 和 R 的数值,以求得与最大正(负)弯矩相对应的轴向力 N 和剪力 V。

主拱内力应采用车道荷载计算。对常规拱桥,国内已经编制了完善的计算用表可供查用。下面以拱脚截面为例,说明如何利用《公路桥涵设计手册—拱桥(上)》提供的表格开展拱圈截面活载内力的计算方法。

车道荷载由均布荷载 q_k 和集中力 P_k 组成,由于表(Ⅲ)-14中 M 及相应的 H、R 影响线面积已经计入弹性压缩,因此均布荷载 q_k 直接乘影响线面积,得到均布荷载作用下的弯矩及相

应值;而集中力 P_k 对应的弯矩 M(表Ⅲ-13)以及相应水平推力 H(表Ⅲ-12)、竖向反力 R(表Ⅲ-7),均未计入弹性压缩,计算时必须计入弹性压缩影响。

将车道荷载均布力 q_k 布置在影响线正弯矩区段(图 11.15),集中力 P_k 布置在正弯矩影响线区段的峰值点上,根据《拱桥(上)》可查得正弯矩影响线面积 ω_M 和正弯矩峰值 y_M,及相应的 H_1 及 R 的影响线面积 ω_H、ω_R 和 y_H、y_R,利用下面的公式:

最大正弯矩:$M_{max}=\xi\cdot m\cdot\left(q_k\cdot\omega_M+P_k\cdot y_M-P_k\cdot y_H\cdot\dfrac{\mu_1}{1+\mu}(y_1-y_s)\right)\cdot\eta_1$

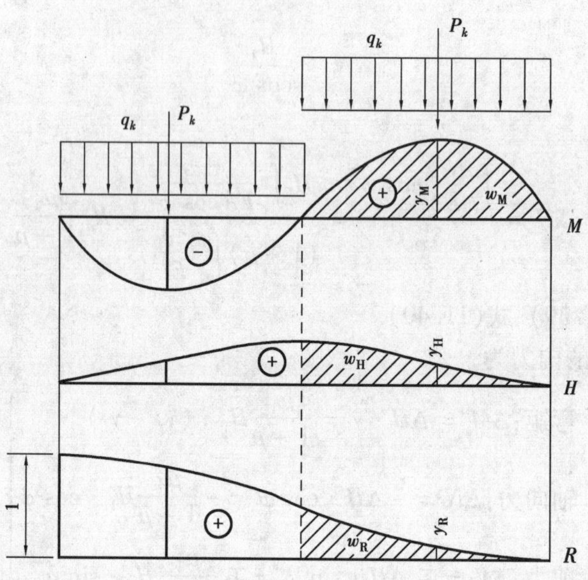

图 11.15　求拱脚 M_{max} 及相应值的布载图式

与 M_{max} 相应的水平推力:$H_1=\xi\cdot m\cdot\left[q_k\cdot\omega_H+P_k\cdot y_H\left(1-\dfrac{\mu_1}{1+\mu}\right)\right]\cdot\eta_1$

与 M_{max} 相应的竖向反力:$R=\xi\cdot m\cdot(q_k\cdot\omega_R+1.2P_k\cdot y_R)\cdot\eta_1$

式中:ξ——车道折减系数;

m——荷载横向分布系数。

η_1——纵向折减系数,按《公路桥涵设计通用规范》(JTG D60—2004)第 4.3.1 条第 8 款取值。

根据《公路桥涵设计通用规范》(JTG D60—2004)第 4.3.1 条规定,集中荷载计算剪力时应乘以 1.2。

同理,将荷载布置在负弯矩区段,可求得最大负弯矩 M_{min} 及其相应的 H_1 和 R 值。

拱顶截面的轴向力 $N=H_1$;对拱脚截面,轴向力 $N=H_1\cos\varphi_a+R\sin\varphi_a$,对 1/4 截面,由于缺少相应 V 的等代荷载,其轴向力可近似按下式计算:

$$N_{\frac{1}{4}}=\frac{H_1}{\cos\varphi_{\frac{1}{4}}}$$

需要说明的是,用拱桥设计手册法计算主拱内力,均以主拱圈裸拱作为计算图式,未考虑拱上建筑与主拱的联合作用。但在计算拱式拱上建筑的拱桥内力时,应考虑拱上建筑与主拱圈的联合作用。对计算由车道荷载引起的主拱正弯矩时，自拱顶至拱跨 1/4 各截面应乘以0.7 折减系数；拱脚截面乘以 0.9 折减系数；拱跨 1/4 至拱脚各截面，其折减系数按直线内插法确定。拱上建筑为梁（板）式结构的拱桥，因主拱圈与拱上建筑的联合作用很小，不应考虑拱上建筑与主拱圈的联合作用。

例 11.1　等截面悬链线无铰拱，计算跨径 $l_0 = 50$ m，计算矢高 $f_0 = 10$ m，$m = 2.24$，$\xi = 1$，$m = 1$。计算荷载为公路—Ⅰ级，求拱脚截面最大正弯矩、最大负弯矩及其相应的轴向力，假定 $\dfrac{\mu_1}{1+\mu} = 0.0165$。

1）拱脚最大正弯矩 M_{max} 及相应的轴向力 N

公路—Ⅰ级汽车荷载加载于影响线上，其中均布荷载 $q_k = 10.5$ kN/m，集中荷载 P_k 当计算跨径 l_0 为 5 m 时，$P_k = 180$ kN，当 l_0 为 50 m 及以上时，$P_k = 360$ kN，当 l_0 为中间值时，用直线插入法，$P_k = (160 + 4l_0)$ kN。本算例计算跨径刚好为 50 m，因此 $P_k = 360$ kN，在计算剪力时还应乘 1.2 的系数。

图 11.15 为左拱脚的弯矩 M_a 影响线、水平推力 H_1 影响线和竖向反力 R 影响线。求拱脚的最大正弯矩时，应将荷载满布在弯矩影响线的正面积部分（图 11.15）。

①根据 $m = 2.24$，$\dfrac{f_0}{l_0} = \dfrac{1}{5}$，查公路桥涵设计手册附表（Ⅲ）-20，得拱脚处水平倾角的正弦及余弦为：$\sin\varphi_a = 0.68284$，$\cos\varphi_a = 0.73057$。

查表（Ⅲ）-3，弹性中心 $y_s = 0.339193f_0 = 0.339193 \times 10\ \text{m} = 3.3919\ \text{m}$

②根据 $m = 2.24$，$\dfrac{f_0}{l_0} = \dfrac{1}{5}$，由公路桥涵设计手册附表（Ⅲ）-14，查得 M_{max} 时的影响线面积为

$$\omega_M = 0.01905l_0^2 = 47.625,\ \omega_H = 0.09067\frac{l_0^2}{f_0} = 22.6675,\ \omega_R = 0.16622l_0 = 8.311$$

查表（Ⅲ）-13、表（Ⅲ）-12 和表（Ⅲ）-7，$y_M = 0.05227l_0 = 2.6135$，$y_H = 0.19771\dfrac{l_0}{f_0} = 0.9886$，$y_R = 0.29307$。

③拱脚 M_{max} 及其相应的轴向力 N

$$\begin{aligned} M_{max} &= \xi \cdot m \cdot \left(q_k \cdot \omega_M + P_k \cdot y_M - P_k \cdot y_H \cdot \frac{\mu_1}{1+\mu}(y_1 - y_s)\right) \cdot \eta_1 \\ &= 1 \times 1 \times [10.5 \times 47.625 + 360 \times 2.6135 - 360 \times 0.9866 \times 0.0165 \times (10 - 3.3919)] \times \\ &\quad 1\ \text{kN} \cdot \text{m} = 1402.1964\ \text{kN} \cdot \text{m} \end{aligned}$$

注：如计入拱上建筑与主拱联合作用时，上式还应乘以 0.9 系数。需要说明的是，当利用《1994 年手册》查表计算时，对于均布荷载影响线面积已经考虑了弹性压缩，而集中荷载，影响线坐标值中未考虑弹性压缩，因此计算时需计入弹性压缩影响。

$$\begin{aligned} H_1 &= \xi \cdot m \cdot \left[q_k \cdot \omega_H + P_k \cdot y_H\left(1 - \frac{\mu_1}{1+\mu}\right)\right] \cdot \eta_1 \\ &= 1 \times 1 \times [10.5 \times 22.6675 + 360 \times 0.9886 \times (1 - 0.0165)] \times 1\ \text{kN} = 588.0325\ \text{kN} \end{aligned}$$

$$\begin{aligned} R &= \xi \cdot m \cdot (q_k \cdot \omega_R + 1.2P_k \cdot y_R) \cdot \eta_1 = 1 \times 1 \times (10.5 \times 8.311 + 1.2 \times 360 \times 0.29307) \times 1\ \text{kN} \\ &= 213.8717\ \text{kN} \end{aligned}$$

$$N = H_1 \cos\varphi_a + R\sin\varphi_a = (588.032\,5 \times 0.730\,57 + 213.871\,7 \times 0.682\,84)\text{kN} = 575.639\,0\text{ kN}$$

2)拱脚最大负弯矩 $M_{\min}$ 及相应的轴向力 N

求拱脚最大负弯矩时,应将荷载满布在弯矩影响线的负面积部分。

①影响线面积及影响线坐标值

影响线面积:$\omega_M = -0.014\,65 l_0^2 = -36.625$,$\omega_H = 0.036\,75\dfrac{l_0^2}{f_0} = 9.187\,5$,$\omega_R = 0.333\,78 l_0 = 16.689$

$$y_M = -0.060\,59 l_0 = -3.029\,5,\ y_H = 0.063\,41\frac{l_0}{f_0} = 0.317\,1,\ y_R = 0.938\,03$$

②拱脚 $M_{\min}$ 及其相应的 N

$$M_{\min} = \xi \cdot m \cdot \left(q_k \cdot \omega_M + P_k \cdot y_M - P_k \cdot y_H \cdot \frac{\mu_1}{1+\mu}(y_1 - y_s)\right) \cdot \eta_1$$

$$= 1 \times 1 \times [10.5 \times -36.625 + 360 \times -3.029\,5 - 360 \times 0.317\,1 \times 0.016\,5 \times (10 - 3.391\,9)] \times 1\text{ kN}\cdot\text{m} = -1\,487.629\,3\text{ kN}\cdot\text{m}$$

$$H_1 = \xi \cdot m \cdot \left[q_k \cdot \omega_H + P_k \cdot y_H\left(1 - \frac{\mu_1}{1+\mu}\right)\right] \cdot \eta_1$$

$$= 1 \times 1 \times [10.5 \times 9.187\,5 + 360 \times 0.317\,1 \times (1 - 0.016\,5)] \times 1\text{ kN} = 106.000\,8\text{ kN}$$

$$R = \xi \cdot m \cdot (q_k \cdot \omega_R + 1.2P_k \cdot y_R) \cdot \eta_1 = 1 \times 1 \times (10.5 \times 16.689 + 1.2 \times 360 \times 0.938\,03) \times 1\text{ kN} = 580.463\,5\text{ kN}$$

相应的轴向力

$$N = H_1 \cos\varphi_a + R\sin\varphi_a = (106.000\,8 \times 0.730\,57 + 580.463\,5 \times 0.682\,84)\text{kN} = 473.804\,1\text{ kN}$$

11.2.3 温度变化、混凝土收缩和拱脚变位的内力计算

(1)温度变化产生的附加内力计算

处在自然环境中的拱桥将受到常年气温变化和太阳辐射作用的影响,这些影响都会在拱桥中产生温度次内力,通常把前者称为均匀温度作用,后者称为梯度温度作用。本节仅介绍由均匀温度作用引起的附加内力计算。

在计算由最高和最低有效温度作用引起的内力时,计算方法与弹性压缩计算的概念一样。设温度变化引起跨径方向的变位为 Δl_t,为消除这一变位,必须在弹性中心施加一个水平推力 H_t,如图 11.16 所示。

由典型方程:

$$H_t = \frac{\Delta l_t}{\delta'_{22}} = \frac{\alpha \cdot l_0 \cdot \Delta t}{(1+\mu)\int_s \frac{y^2}{EI}\mathrm{d}s} \tag{11.51}$$

式中:α——材料的线膨胀系数,混凝土或钢筋混凝土为 10^{-5}/℃,砌体为 0.8×10^{-5}/℃;

Δt——温度变化值,℃。

在计算混凝土拱圈的温度效应时,考虑混凝土徐变影响,温度作用应乘以 0.7。

在计算拱桥因均匀温度作用引起的附加内力时,应从主拱圈合龙时的结构温度作为起点。

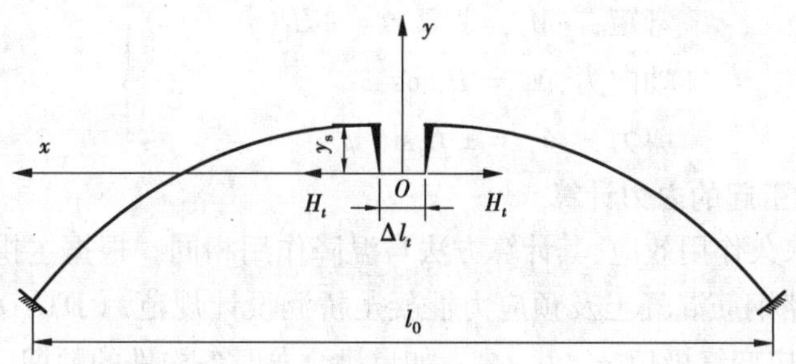

图 11.16　温差内力计算图式

对混凝土拱桥和石拱桥的最高、最低有效温度按下式计算：

当气温在 20 ~ 45 ℃时：$T_e = 24.14° + \dfrac{T_t - 20°}{1.40}$

当气温在 -2 ~ 50 ℃时：$T_e = \dfrac{T_t + 1.85°}{1.58}$

式中：T_e——结构有效温度标准值，℃；

T——气温，可取当地历年最高日平均气温或最低日平均温度，当气温在 0 ℃以下时取负值。

通常桥梁设计时合龙温度给定一个范围，如 10 ~ 15 ℃，则结构升温变化值取最高有效温度与最低合龙温度的差值，而结构降温变化值取最低有效温度与最高合龙温度的差值。

例 11.2　某钢筋混凝土拱桥，设计合龙温度为 10 ~ 15 ℃，当地历年最高日平均气温为 34 ℃，最低日平均气温为 -4 ℃，计算升温和降温变化值 Δt。

最高有效温度：$T_e = 24.14\ ℃ + \dfrac{(T_t - 20\ ℃)}{1.40} = 24.14\ ℃ + \dfrac{(34 - 20\ ℃)}{1.40} = 34.14\ ℃$

最低有效温度：$T_e = \dfrac{T_t + 1.85\ ℃}{1.58} = \dfrac{(-4 + 1.85\ ℃)}{1.58} = -1.36\ ℃$

对于混凝土拱圈，当考虑混凝土徐变影响时温度作用应乘以 0.7，由此得

升温变化值 $\Delta t^+ = 0.7 \times (34.14\ ℃ - 10\ ℃) = 16.90\ ℃$

降温变化值 $\Delta t^- = 0.7 \times (-1.36\ ℃ - 15\ ℃) = -11.45\ ℃$

显然，温度上升时，H_t 为正（向内作用），温度下降时，H_t 为负（向外作用）。

由温度变化引起主拱圈中任意截面的附加内力（图 11.17）为：

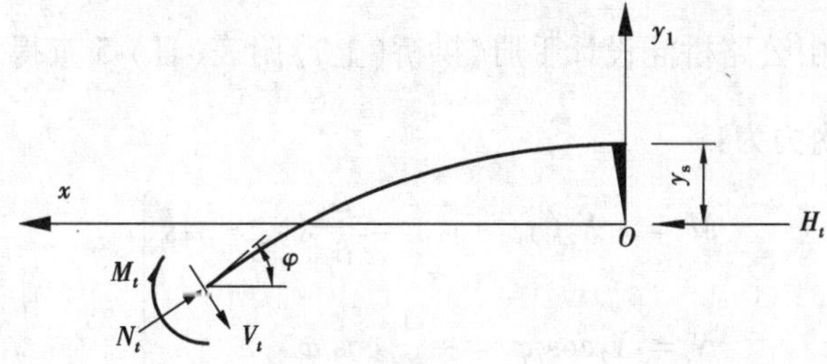

图 11.17　温度变化引起拱中的附加内力

$$\left.\begin{aligned}&\text{弯矩：}\ M_t = -H_t y = -H_t(y_s - y_1)\\&\text{轴向力：}N_t = H_t\cos\varphi\\&\text{剪力：}\ V_t = \pm H_t\sin\varphi\end{aligned}\right\}\tag{11.52}$$

(2)混凝土收缩引起的内力计算

混凝土收缩为永久作用效应,其计算方法与温降作用相同。根据主拱圈合龙时混凝土各构件龄期,按照《公路钢筋混凝土及预应力混凝土桥涵设计规范》(JTG D62—2004)第6.2.7条,计算混凝土收缩应变终极值$\varepsilon_{cs}(t_u,t_0)$。如果拱合龙时各构件的龄期已经超过90天,则可按《JTG D62—2004》附录F计算混凝土收缩应变。由收缩应变等效为降温值,如$\varepsilon_{cs}(t_u,t_0)=0.185\times10^{-3}$,相当于降温18.5 ℃。

有了降温值,就可按公式(11.53)进行计算,只是在计算混凝土收缩作用时应乘以0.45的折减系数以考虑徐变影响,即

$$H_s = \frac{0.45\alpha\cdot l_0\cdot\Delta t}{(1+\mu)\int_s \frac{y^2}{EI}\mathrm{d}s}\tag{11.53}$$

(3)拱脚变位引起的内力计算

建造在软土地基上的拱桥,墩台常发生水平位移、不均匀沉降和转动,这些变位在超静定拱中会产生作用效应。由于拱桥拱脚变位是一个长期过程,其效应属永久作用效应。当计算超静定拱桥由相邻墩台引起的不均匀沉降或桥台水平位移引起的作用效应时,其计算作用效应可乘以0.5的折减系数。

1)拱脚相对水平位移引起的内力

在图11.18中,设左拱脚发生水平位移Δ_{hA},右拱脚发生水平位移Δ_{hB},两拱脚相对水平位移为

$$\Delta_h = \Delta_{hB} - \Delta_{hA}$$

式中:Δ_{hA}、Δ_{hB}——自原位置右移为正,左移为负。

这时在弹性中心处也将产生Δ_h的相对水平位移,但相对转角和垂直位移均为零。由变形协调条件可得弹性中心处的赘余力X_2为:

$$X_2 = -\frac{\Delta_h}{\delta_{22}}$$

式中:$\delta_{22}=\int_s \frac{y^2\mathrm{d}s}{EI}$可由公路桥涵设计手册《拱桥(上)》附表(Ⅲ)-5查得。

拱中任意截面的内力为:

$$\left.\begin{aligned}&M = -X_2(y_s - y_1) = \frac{\Delta_h}{\delta_{22}}(y_s - y_1)\\&N = X_2\cos\varphi = -\frac{\Delta_h}{\delta_{22}}\cos\varphi\\&V = \pm X_2\sin\varphi = \mp\frac{\Delta_h}{\delta_{22}}\sin\varphi\end{aligned}\right\}\tag{11.54}$$

上边符号适用于左半拱,下边符号适用于右半拱。

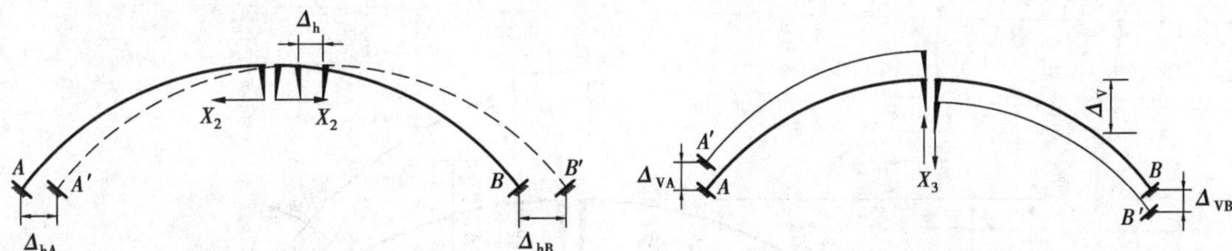

图 11.18　拱脚水平位移引起内力计算图式　　图 11.19　拱脚垂直位移引起内力计算图式

2)拱脚相对垂直位移引起的内力

在图 11.19 中,拱脚相对垂直位移

$$\Delta_V = \Delta_{VB} - \Delta_{VA}$$

式中:Δ_{VA}、Δ_{VB}——自原位置向下位移为正,上移为负。

在弹性中心处也将产生 Δ_V 的相对垂直位移,但相对转角和水平位移均为零。由变形协调条件可得弹性中心处的赘余力 X_3 为:

$$X_3 = -\frac{\Delta_V}{\delta_{33}}$$

式中:$\delta_{33} = \int_s \frac{x^2 ds}{EI}$ 可由公路桥涵设计手册《拱桥(上)》表(Ⅲ)-6 查得。

拱中任意截面的内力为:

$$\left.\begin{aligned} M &= \pm X_3 x = \mp \frac{\Delta_V}{\delta_{33}} x \\ N &= \mp X_3 \sin\varphi = \pm \frac{\Delta_V}{\delta_{33}} \sin\varphi \\ V &= X_3 \cos\varphi = -\frac{\Delta_V}{\delta_{33}} \cos\varphi \end{aligned}\right\} \tag{11.55}$$

式中:上边符号适用于左半拱,下边符号适用于右半拱。

3)拱脚相对转角位移引起的内力

在图 11.20 中,拱脚 B 发生转角 θ_B(θ_B 顺时针为正),这时,在弹性中心处除了产生相同的转角 θ_B 外,还引起相对的水平位移 Δ_H 和垂直位移 Δ_V,由变形协调条件可得弹性中心处的三个赘余力 X_1、X_2、X_3 为:

$$\left.\begin{aligned} X_1 &= -\frac{\theta_B}{\delta_{11}} \\ X_2 &= -\frac{\Delta_H}{\delta_{22}} \\ X_3 &= +\frac{\Delta_V}{\delta_{33}} \end{aligned}\right\} \tag{11.56}$$

式中:θ_B 是已知的,而水平位移 Δ_H 和垂直位移 Δ_V 可由图 11.20 几何关系确定: $\Delta = \theta_B \cdot \frac{l_0}{2}$

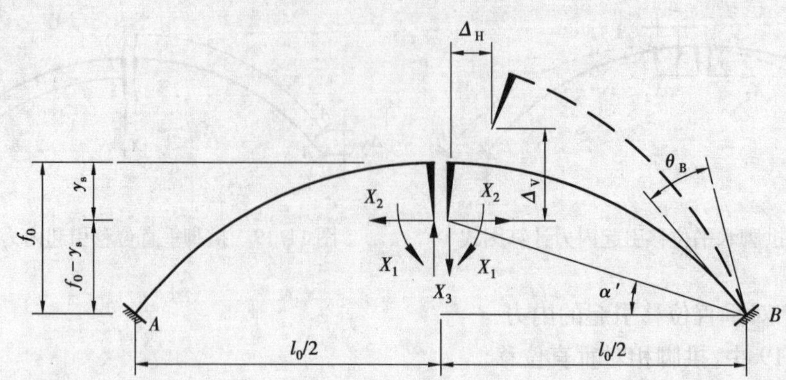

图 11.20　拱脚相对转角引起内力计算图式

$\cos\alpha'$，$\tan\alpha' = \dfrac{(f_0 - y_s)}{\dfrac{l_0}{2}}$，$\Delta_H = \Delta\cdot\sin\alpha' = \theta_B(f_0 - y_s)$，$\Delta_V = \Delta\cdot\cos\alpha' = \theta_B\cdot\dfrac{l_0}{2}$，常变位 $\delta_{11} = \int_s \dfrac{M_1^2}{EI}\mathrm{d}s = \dfrac{l_0}{EI}\cdot\dfrac{1}{v_1}$，$\dfrac{1}{v_1}$ 可自公路桥涵设计手册《拱桥(上)》表(Ⅲ)-8 查得。

将 Δ_H、Δ_V 代入式(11.56)，得

$$\left.\begin{aligned} X_1 &= -\frac{\theta_B}{\delta_{11}} \\ X_2 &= -\frac{\theta_B(f_0 - y_s)}{\displaystyle\int_s \frac{y^2\mathrm{d}s}{EI}} \\ X_3 &= \frac{\theta_B\cdot l_0}{2\displaystyle\int_s \frac{x^2\mathrm{d}s}{EI}} \end{aligned}\right\} \tag{11.57}$$

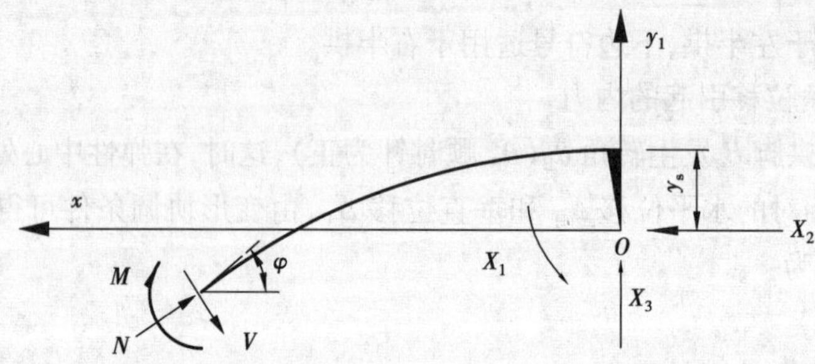

图 11.21　拱脚相对角变引起各截面的内力

拱脚相对转角位移引起任意截面的内力(图 11.21)为：

$$\left.\begin{aligned} M &= X_1 - X_2(y_s - y_1) \pm X_3 x \\ N &= \mp X_3\sin\varphi + X_2\cos\varphi \\ V &= X_3\cos\varphi \pm X_2\sin\varphi \end{aligned}\right\} \tag{11.58}$$

上述公式是假定右半拱顺时针转动推导出来的，若逆时针转动 θ_B，则式中的 θ_B 以负值代

入。如左拱脚顺时针转动 θ_A,则式(11.57)应改为:

$$\left.\begin{aligned} X_1 &= \frac{\theta_A}{\delta_{11}} \\ X_2 &= \frac{\theta_A(f_0 - y_s)}{\int_s \frac{y^2 ds}{EI}} \\ X_3 &= -\frac{\theta_A \cdot l_0}{2\int_s \frac{x^2 ds}{EI}} \end{aligned}\right\} \tag{11.59}$$

11.2.4　裸拱内力计算

当拱圈合龙达到一定强度就卸落拱架的拱桥或无支架施工的拱桥,在裸拱阶段结构自重压力线与拱轴线不重合,将在拱圈中产生弯矩和轴向力,应对裸拱自重产生的内力进行计算,以便验算裸拱强度和稳定性。

取悬臂曲梁作为基本结构,见图11.22。对等截面拱,任意截面 i 的结构自重集度 g_i 为:

$$g_i = \frac{g_d}{\cos\varphi} \tag{11.60}$$

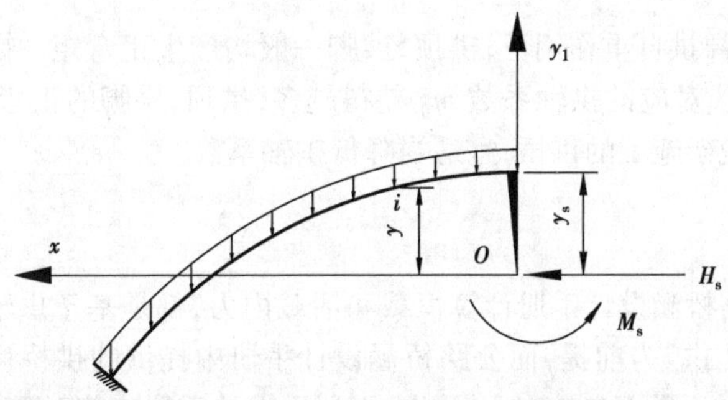

图11.22　拱圈自重作用下的内力计算图式

由于结构和荷载对称,在弹性中心只有两个正对称的赘余力:弯矩 M_s 和水平推力 H_s。由典型方程得

$$M_s = -\frac{\Delta_{1P}}{\delta_{11}} = -\frac{\int_s \frac{\overline{M}_1 M_P}{EI} ds}{\int_s \frac{\overline{M}_1^2}{EI} ds} = -\frac{\int_s \frac{M_P}{EI} ds}{\int_s \frac{ds}{EI}}$$

$$H_s = -\frac{\Delta_{2P}}{\delta_{22}} = -\frac{\int_s \frac{\overline{M}_2 M_P}{EI} ds}{\int_s \frac{\overline{M}_2^2}{EI} ds} = -\frac{\int_s \frac{y \cdot M_P}{EI} ds}{(1+\mu)\int_s \frac{y^2 ds}{EI}}$$

积分后可得

$$\left.\begin{aligned} M_{\mathrm{s}} &= \frac{A \cdot \gamma \cdot l_0^2}{4} V_1 \\ H_{\mathrm{s}} &= \frac{A \cdot \gamma \cdot l_0^2}{4(1+\mu)f_0} V_2 \end{aligned}\right\} \tag{11.61}$$

式中:γ——拱圈材料单位体积重;

A——拱圈截面积;

V_1、V_2——系数,可自公路桥涵设计手册《拱桥(上)》表(Ⅲ)-16 查得。

由静力平衡条件,得任意截面 i 的弯矩和轴向力为

$$\left.\begin{aligned} M_i &= M_{\mathrm{s}} - H_{\mathrm{s}}y - \sum_n^i M \\ N_i &= H_{\mathrm{s}}\cos\varphi + \sum_n^i P \cdot \sin\varphi \end{aligned}\right\} \tag{11.62}$$

式中:$\sum_n^i M$——拱顶至 i 截面间裸拱自重对该截面的弯矩;

$\sum_n^i P$——拱顶至 i 截面间裸拱自重的总和;

$\sum_n^i M$、$\sum_n^i P$ 均自公路桥涵设计手册《拱桥(上)》表(Ⅲ)-19 查得。

计算结果表明,在裸拱自重作用下,拱顶、拱脚一般均产生正弯矩。拱轴线对应的拱轴系数 m 与裸拱恒载压力线对应的拱轴系数 m_0 差得越多,拱顶、拱脚的正弯矩就越大。因此,采用无支架施工或早期脱架施工的拱桥,宜适当降低拱轴系数。

11.2.5 假载法

前面介绍的用公路桥涵设计手册计算恒载和活载内力,都是基于拱轴线与结构自重压力线重合,即所谓的"纯压拱"为前提,而公路桥涵设计手册中提供的拱桥计算用表也正是基于"纯压拱"和特定的拱轴系数下制定的。因此,要利用设计手册查表计算结构自重内力,必须满足"纯压拱"条件,同时拱轴系数必须是手册上提供的。然而在工程实践中,无论是实腹式拱桥还是空腹式拱桥,都很难满足上述条件,对此可采用假载法。所谓假载法,是指在拱桥上虚拟地加上或减去一层均布荷载,使拱轴线与结构自重压力线"重合",以达到"纯压拱"的要求。

需要注意的是,当运用有限元程序计算结构自重内力时,程序已经计入拱轴线与结构自重压力线偏离的影响,因此无需再用假载法计算。

(1)实腹式拱桥

下面通过一个具体示例来说明假载法的使用方法。

某实腹式拱桥,设计拱轴系数 $m=2.814$(该拱轴系数是手册中的值),拱顶、拱脚截面的结构自重集度分别为 $g_{\mathrm{d}}=23.8\ \mathrm{kN/m}$,$g_{\mathrm{a}}=66.164\ \mathrm{kN/m}$(图 11.23),根据拱轴系数的定义,该拱桥的计算拱轴系数为:

$$m' = \frac{g_{\mathrm{a}}}{g_{\mathrm{d}}} = \frac{66.164}{23.8} = 2.78$$

显然,m 与 m'不等,因此不能直接利用设计手册查表计算。

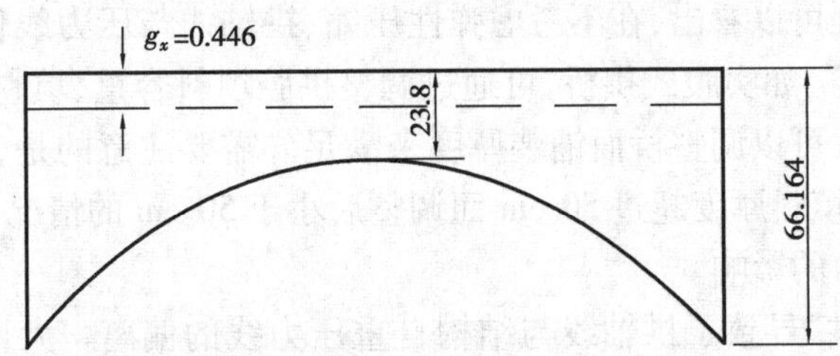

图11.23　实腹式拱假载法计算内力图式

(单位:kN/m)

现虚拟地在拱桥上加上一层均布荷载 g_x,使 $m=m'$,即

$$\frac{g_a+g_x}{g_d+g_x}=\frac{66.164+g_x}{23.8+g_x}=2.814=m$$

得,$g_x=-0.446$ kN/m

计算表明,只要沿桥跨均匀地减去0.446 kN/m均布荷载,结构自重压力线就与拱轴线"重合",在不考虑弹性压缩时为"纯压拱",结构自重内力就可以按 $m=2.814$ 查表计算。

由于该均布荷载是假想的,实际上并没有减去,因此,拱圈实际结构自重内力应在纯压拱计算结果基础上加上由 g_x 产生的内力。该内力可利用内力影响线面积计算,只需将 g_x 布置在 M、H 和 R 等内力影响线的全部面积上,就可求得由 g_x 产生的内力值。

一般地,若设计拱轴系数为 m,计算拱轴系数为 m',$m'=\frac{g_a}{g_d}$,当 $m'\neq m$ 时,只需沿桥跨均匀加上或减去一层虚拟均布荷载 g_x,使

$$m=\frac{g_a\pm g_x}{g_d\pm g_x}\tag{11.63}$$

式中,$m'>m$ 时取"+",$m'<m$ 时取"-"。

(2)空腹式拱桥

空腹式拱桥是通过 $y_{1/4}/f_0$ 来间接反映拱轴系数的,设计拱轴系数 m 对应于 $y_{1/4}/f_0$,计算拱轴系数 m'对应于 $y'_{1/4}/f_0$。当 $y_{1/4}/f_0\neq y'_{1/4}/f_0$ 时。同样沿桥跨方向均匀地加上或减去一个均布荷载 g_x,使结构自重压力线与拱轴线"重合"。假想均布荷载 g_x,通过下式来确定

$$\frac{y_{1/4}}{f_0}=\frac{\sum M_{1/4}\mp\frac{g_x l_0^2}{32}}{\sum M_a\mp\frac{g_x l_0^2}{8}}\tag{11.64}$$

式中,$m'>m$ 时取"+",$m'<m$ 时取"-"。

由虚拟均布荷载 g_x 引起的内力同样采用内力影响线面积计算。不计弹性压缩时由结构自重产生的拱顶水平推力 H_g 为:

$$H_g=\frac{\sum M_a\pm\frac{g_x l_0^2}{8}}{f_0}\tag{11.65}$$

式中,$m'>m$ 时取"-",$m'<m$ 时取"+"。

对活载内力,由于荷载效应较小,通常不考虑"非纯压拱"的影响,直接按设计拱轴系数 m 计算活载内力。

从假载法推导过程可以看出,在不考虑弹性压缩、拱轴线与压力线偏离的前提下,设计上确实能够做到"纯压拱",如实腹式拱桥,可通过调整拱腔填料容重、填料厚度或桥面铺装厚度来实现,对空腹式拱桥,可以调整桥面铺装厚度来满足。需要注意的是,当采用调整填料厚度时,有可能出现原设计填料厚度超过 50 cm 而调整后小于 50 cm 的情况,这时后者在计算活载内力时必须计入冲击力的影响。

实际上,非"纯压拱"导致了拱轴线与结构自重压力线的偏离。大量计算表明,这种偏离往往对拱圈截面是有利的,但与用假载法调整主拱内力是完全不同的概念。

11.2.6 拱上建筑的计算

对砌体拱桥和普通混凝土拱桥,一般将主拱和拱上建筑分开计算,视主拱承担全部外荷载,拱上建筑仅作传递荷载给主拱的局部受力构件,不与主拱圈共同工作。这种简化对梁式拱上建筑的拱桥是合理的,也是与计算图式相符的;但对拱式拱上建筑的拱桥,主拱的弹性变形会影响到拱上建筑的内力,同时拱上建筑又约束主拱的变形,这种拱上建筑与主拱联合一起共同受力的现象,称之为拱上建筑与主拱的联合作用,简称"联合作用"。

主拱与拱上建筑的联合作用显著影响主拱和拱上建筑的内力。理论分析和工程实践表明:拱上建筑刚度越大,拱上建筑分担主拱的内力就越大,联合作用就越明显,拱上建筑考虑与主拱共同工作计算所得的内力与分开计算的结果差异很大,甚至弯矩可能变号。如果分开计算或构造处理不当,则拱上建筑可能严重开裂甚至破坏。

由此可见,主拱计算不考虑拱上建筑的联合作用是偏于安全的,而拱上建筑的计算不考虑联合作用的影响是不安全的。

联合作用的计算还必须与拱桥的施工程序相适应。若在主拱合龙后就拆架,然后再建拱上建筑,则拱与拱上建筑的自重及混凝土收缩影响的大部分仍有拱单独承担,只有后加的那部分结构自重和活载及温度变化影响才由拱与拱上建筑共同承担。如果拱架是在拱上建筑建成后才拆除,则大部分结构自重和活载以及影响力可考虑由拱与拱上建筑共同承担。

考虑联合作用的拱桥,应优先采用有限元程序计算,当缺乏计算条件时,可按以下简化计算方法计算拱式拱上建筑与主拱的联合作用。

(1)结构自重内力计算图式

采用无支架施工的拱桥,或主拱合龙后就拆架的拱桥,拱上横墙和腹拱由裸拱承担。腹拱施工完成后,侧墙、填料和桥面铺装等自重则由主拱和拱上建筑共同承担,此时应按联合作用分析。有时为简化计算和偏安全计,这部分结构自重可仍按裸拱计算。

(2)活载内力计算图式

试验表明,拱式拱上建筑能显著降低主拱的活载作用,即使在拱上建筑开裂之后,主拱弯矩值比不开裂时略有增加,但仍比裸拱有较显著的折减。为简化计算,忽略腹拱填料和侧墙的影响,边腹拱不按抗推刚度为零的三铰拱对待,而按平铰处理,将边腹拱近视当作有一定抗推刚度的双铰拱,按图 11.24(a)作为计算图式。此外,也可采用边腹拱为双铰拱,其余腹拱作为单铰拱的计算图式(图 11.24(b))。

(3)附加内力计算图式

试验表明,当拱座产生向外的水平位移时,设有平铰的边腹拱不传递拉力,主拱的弯矩与裸拱基本一致,但当拱座向内水平位移时,边腹拱能传递推力,因此,在计算温度降低、材料收缩和拱座向外水平位移的附加内力时,可不考虑拱上建筑的联合作用,按裸拱图式(图 11.24(c));当计算升温变化、拱座向内水平位移的附加内力时,应考虑联合作用计算图式(图 11.24(b))。这时,主拱脚正弯矩小于裸拱,拱顶负弯矩大于裸拱。

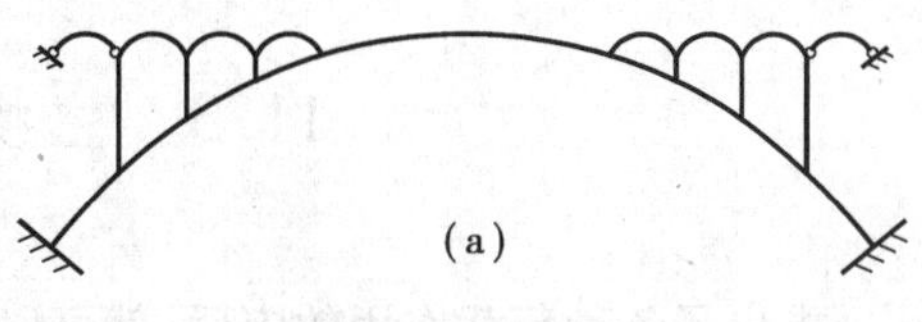

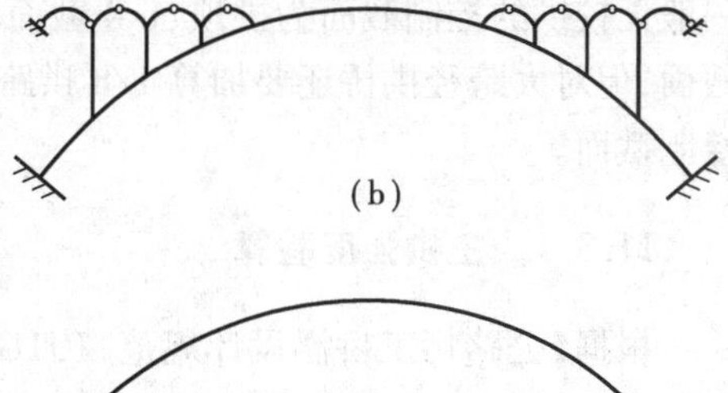

图 11.24　拱式拱上建筑计算图式

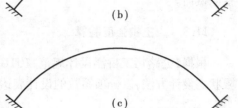

11.2.7　风力或离心力引起的拱脚截面内力

拱圈在风力或离心力作用下的内力,只需对拱脚截面进行验算。通常采用近似方法计算。

先把拱圈视作两端固定的水平直梁(图 11.25(b)),直梁的跨径等于拱的计算跨径 l_0,全梁平均承受风力或离心力。计算桥上横向风力时,先将全桥所受风力总和 F_{wh} 求出,全梁平均承受的风荷载为 $q_{1w} = \dfrac{F_{wh}}{l_0}$,梁端弯矩为 $M_{1w} = \dfrac{q_{1w}l_0^2}{12}$;计算离心力时,将全桥汽车离心力 P 求出,作用在直梁上的均布荷载为 $q_{1c} = \dfrac{P}{l_0}$,梁端弯矩为 $M_{1c} = \dfrac{q_{1c}l_0^2}{12}$。

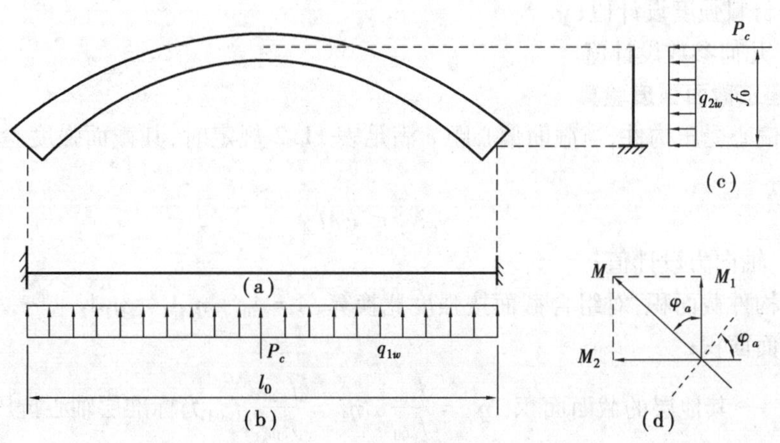

图 11.25　横向力作用下拱脚截面的内力计算

其次,把拱圈视为下端固定的竖向悬臂梁(图 11.25(c)),悬臂长度等于拱的计算矢高 f_0,悬臂梁平均承受 1/2 拱跨风力,其均布荷载 $q_{2w} = \dfrac{F_{wh}}{2f_0}$,固定端弯矩为 $M_{2w} = \dfrac{q_{2w}f_0^2}{12}$;计算离心力时,将 1/2 拱跨的离心力作用在梁的悬臂端,固定端弯矩 $M_{2c} = \dfrac{Pf_0}{2}$。

由 $M_1 = M_{1w} + M_{1c}$,$M_2 = M_{2w} + M_{2c}$,拱脚截面上的计算弯矩 M 为上述两项弯矩在垂直于曲线平面内拱脚截面上的投影之和,即

$$M = M_1\cos\varphi_a + M_2\sin\varphi_a \tag{11.66}$$

11.3 主拱强度与稳定性验算

求出了各种荷载作用效应后，就可以进行效应组合，进而验算控制截面的强度和稳定性。一般无铰拱的控制截面为拱顶、1/4 截面和拱脚，对小跨径无铰拱桥只需验算拱顶和拱脚两个截面，但对大跨径拱桥还要加算 1/8 拱跨和 3/8 拱跨两个截面，尤其 3/8 截面往往是正弯矩的控制截面。

11.3.1 主拱强度验算

根据《公路圬工桥涵设计规范》（JTG D61—2005）规定：拱圈采用以概率理论为基础的极限状态设计方法，以分项系数的设计表达式进行计算，其方程式表示为：

$$\gamma_0 S \leqslant R(f_d, a_d) \tag{11.67}$$

式中：S——作用效应组合设计值；

R——构件承载力设计值函数；

γ_0——结构重要性系数，对应于结构设计安全等级中的一级、二级和三级，分别为 1.1、1.0 和 0.9；

f_d——材料强度设计值；

a_d——几何参数设计值。

(1)拱圈正截面强度验算

拱圈为偏心受压构件，当截面偏心距 e 满足表 11.2 规定时，其截面强度验算按下列公式进行：

$$\gamma_0 N_d \leqslant \varphi A f_{cd} \tag{11.68}$$

式中：N_d——轴向力设计值；

A——构件截面积，对组合截面按强度比换算，$A = A_0 + \eta_1 A_1 + \eta_2 A_2 + \cdots$，$A_0$ 为标准层截面面积；

A_1、A_2——其他层的截面面积，$\eta_1 = \dfrac{f_{c1d}}{f_{c0d}}$，$\eta_2 = \dfrac{f_{c2d}}{f_{c0d}}$，$f_{c0d}$为标准层轴心抗压强度设计值；

f_{c1d}、f_{c2d}——其他层的轴心抗压强度设计值；

f_{cd}——砌体或混凝土轴心抗压强度设计值；

φ——构件轴向力的偏心距 e 和长细比 β 对受压构件承载力的影响系数。

$$\varphi = \frac{1}{\dfrac{1}{\varphi_x} + \dfrac{1}{\varphi_y} - 1} \tag{11.69}$$

$$\varphi_x = \frac{1 - \left(\dfrac{e_x}{x}\right)^m}{1 + \left(\dfrac{e_x}{i_y}\right)^2} \cdot \frac{1}{1 + \alpha\beta_x(\beta_x - 3)\left[1 + 1.33\left(\dfrac{e_x}{i_y}\right)^2\right]}$$

$$\varphi_y = \frac{1-\left(\frac{e_y}{y}\right)^m}{1+\left(\frac{e_y}{i_x}\right)^2} \cdot \frac{1}{1+\alpha\beta_y(\beta_y-3)\left[1+1.33\left(\frac{e_y}{i_x}\right)^2\right]}$$

$$e_x = \frac{M_{yd}}{N_d}, e_y = \frac{M_{xd}}{N_d}$$

$$\beta_x = \frac{\gamma_\beta l}{3.5 i_y}, \beta_y = \frac{\gamma_\beta l}{3.5 i_x}$$

式中：φ_x、φ_y——x 方向和 y 方向偏心受压构件承载力影响系数；

x、y——x 方向、y 方向截面重心到偏心方向的截面边缘距离，见图 11.26；

e_x、e_y——轴向力在 x 方向、y 方向的偏心距，其值不得超过表 11.2 的规定；

M_{yd}、M_{xd}——绕 x 轴、y 轴的弯矩设计值；

m——截面形状系数，对圆形截面取 2.5；对 T 形或双曲拱截面取 3.5；对箱形或矩形截面取 8；

i_x、i_y——弯曲平面内的截面回转半径，$i_x = \sqrt{\frac{I_x}{A}}$，$i_y = \sqrt{\frac{I_y}{A}}$。式中，$A$、$I_x$、$I_y$ 分别为截面面积、截面绕 x 轴和绕 y 轴的惯性矩；对于组合截面，A、I_x、I_y 应按弹性模量比换算，即 $A = A_0 + \psi_1 A_1 + \psi_2 A_2 + \cdots$，$I_x = I_{0x} + \psi_1 I_{1x} + \psi_2 I_{2x} + \cdots$，$I_y = I_{0y} + \psi_1 I_{1y} + \psi_2 I_{2y} + \cdots$，$A_0$ 为标准层截面面积，A_1、A_2、…分别为其他层截面面积；I_{0x}、I_{0y} 分别为绕 x 轴和绕 y 轴的标准层惯性矩，I_{1x}、I_{2x}、…和 I_{1y}、I_{2y}、…为绕 x 轴和绕 y 轴的其他层惯性矩；$\psi_1 = \frac{E_1}{E_0}$、$\psi_2 = \frac{E_2}{E_0}$、…，E_0 为标准层弹性模量，E_1、E_2、…分别为其他层的弹性模量；

α——与砂浆强度等级有关的系数，当砂浆强度等级大于或等于 M5 或为组合构件时，α 为 0.002；当砂浆强度为 0 时，α 为 0.013；

β_x、β_y——构件在 x 方向、y 方向的长细比，当 β_x、β_y 小于 3 时取 3；在验算截面强度时，仅考虑各截面的轴向力和偏心距对承载力的影响，不计长细比对承载力影响，即取 $\beta_x = \beta_y = 3$；

γ_β——不同砌体材料构件的长细比修正系数，按表 11.3 规定采用；

l——构件计算长度，对拱桥纵向（弯曲平面内）计算长度 l，三铰拱为 $0.58l_a$，两铰拱为 $0.54l_a$，无铰拱为 $0.36l_a$，l_a 为拱轴线长度；横向（弯曲平面外）的计算长度见本节后面内容。

表 11.2　受压构件偏心距限制

作用组合	容许偏心距 e
基本组合	$\leqslant 0.6s$
偶然组合	$\leqslant 0.7s$

注：①混凝土结构单向偏心的受拉一边或双向偏心的各受拉一边，当设有不小于截面面积 0.05% 的纵向钢筋时，表 11.2 内规定值可以增加 0.1；

②表中 s 值为截面或换算截面重心轴至偏心方向截面边缘的距离（图 11.27）。

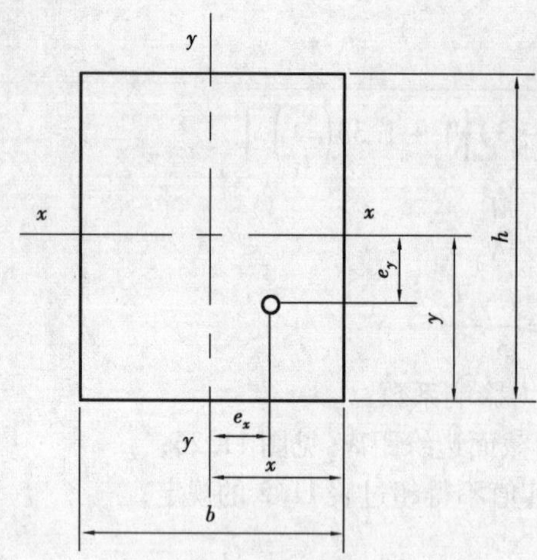

图 11.26　砌体构件偏心受压

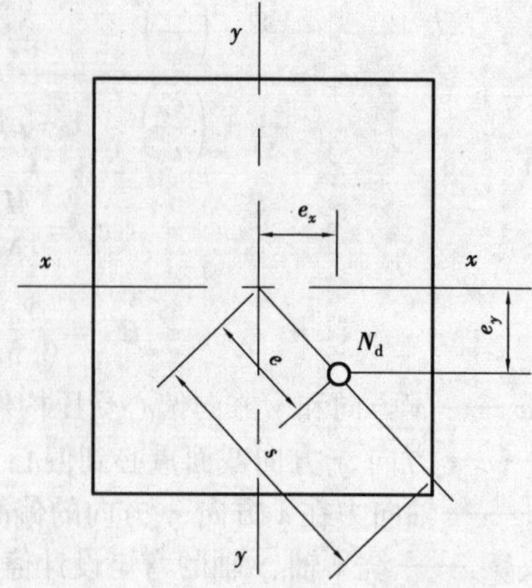

图 11.27　受压构件偏心距

表 11.3　长细比修正系数 γ_β

砌体材料类别	γ_β
混凝土预制块或组合构件	1.0
细料石、半细料石砌体	1.1
粗料石、块石、片石砌体	1.3

当轴向力的偏心距 e 超过表 11.2 所规定的偏心距限值时,可按下列公式验算承载力:

单向偏心

$$\gamma_0 N_{\mathrm{d}} \leqslant \varphi \frac{A f_{\mathrm{tmd}}}{\dfrac{Ae}{W} - 1} \tag{11.70}$$

双向偏心

$$\gamma_0 N_{\mathrm{d}} \leqslant \varphi \frac{A f_{\mathrm{tmd}}}{\dfrac{Ae_x}{W_y} + \dfrac{Ae_y}{W_x} - 1} \tag{11.71}$$

式中:N_{d}——轴向力设计值;

A——截面面积,对于组合截面,按弹性模量进行截面换算;

W——单向偏心时,构件受拉边缘的弹性抵抗矩,对于组合截面应按弹性模量比换算为截面弹性抵抗矩;

W_y、W_x——双向偏心时,构件 x 方向受拉边缘绕 y 轴的截面弹性抵抗矩和构件 y 方向受拉边缘绕 x 轴的截面弹性抵抗矩,对于组合截面应按弹性模量比换算为截面弹性抵抗矩;

f_{tmd}——受拉边层的弯曲抗拉强度设计值;

e——单向偏心时轴向力偏心距;

e_x、e_y——双向偏心时,轴向力在 x 方向和 y 方向的偏心距;

φ——砌体偏心受压构件承载力影响系数。

实际上，当轴向力偏心距 e 超过表11.2所规定的偏心距限值时，通常用式(11.70)或(11.71)反求截面积，以此来调整截面尺寸，然后重新进行正截面强度验算。

(2)正截面直接受剪

正截面直接受剪时，强度计算公式如下：

$$\gamma_0 V_d \leqslant Af_{vd} + \frac{1}{1.4}\mu_f N_k \tag{11.72}$$

式中：V_d——剪力设计值；

A——受剪截面面积；

f_{vd}——砌体截面的抗剪强度设计值；

μ_f——摩擦系数，取0.7；

N_k——与受剪截面垂直的压力标准值。

11.3.2　拱圈稳定性验算

拱是一个受压为主的结构，不论在施工阶段，还是成桥运营阶段，除了进行截面强度验算外，还要进行稳定性验算。拱圈(肋)的稳定性验算包括纵向稳定和横向稳定。

实腹式拱桥跨径较小，常采用有支架施工，其纵、横向稳定性可不予验算。

大、中跨径拱桥应视具体情况而定。如果采用有支架施工，其稳定性与落架时间有关，当拱上建筑砌筑或浇筑完成后再落架，由于拱上建筑与主拱圈的共同作用，则混凝土拱桥的纵向稳定性可不予验算，对砌体拱桥，在考虑拱上建筑与拱圈的联合作用时，可忽略纵向长细比 β_y 对承载力的影响。当采用无支架施工或早期脱架施工的拱桥，应验算拱的纵向稳定。拱的横向稳定与宽跨比、主拱材料性质有关，对板拱桥，当拱圈宽度大于或等于计算跨径的1/20，混凝土板拱可不考虑横向稳定，对砌体拱桥，可不考虑横向长细比 β_x 对承载力的影响；对肋拱桥时，当肋拱桥最外侧拱肋间的距离小于计算跨径的1/15时，应验算拱的横向稳定。

拱的稳定性验算，对简单结构可通过手算完成，对复杂结构的稳定性及主拱截面逐步形成的施工过程稳定性则需采用结构有限元方法来分析。

(1)纵向稳定性验算

对长细比不大，矢跨比在0.3以下的拱，其纵向整体稳定性验算一般表达为“强度—稳定”的形式，即将拱圈(肋)换算为相当长度的压杆，按平均轴向力计算(图11.28)。对砌体及混凝土拱圈正截面稳定性的验算公式为：

$$\gamma_0 N_d \leqslant \varphi A f_{cd} \tag{11.73}$$

式中：N_d——拱的轴向力设计值；$N_d = \dfrac{H_d}{\cos\varphi_m}$，

H_d——拱的水平推力设计值，应根据水平推力影响线布载，求取最大水平推力；φ_m 为拱顶与拱脚的连线与跨径的夹角，$\cos\varphi_m = \dfrac{1}{\sqrt{1+4\left(\dfrac{f_0}{l_0}\right)^2}}$。

轴向力偏心距取与水平推力计算时同一荷载布置的拱跨1/4处弯矩设计值 M_d 除以 N_d。

对变截面拱，可采用拱的换算等代截面惯性矩方法：将半个拱圈弧长取直为一简支梁，再取一跨径相同的等截面简支梁，在两者跨径中央各施加一单位集中力，当该点挠度彼此相等

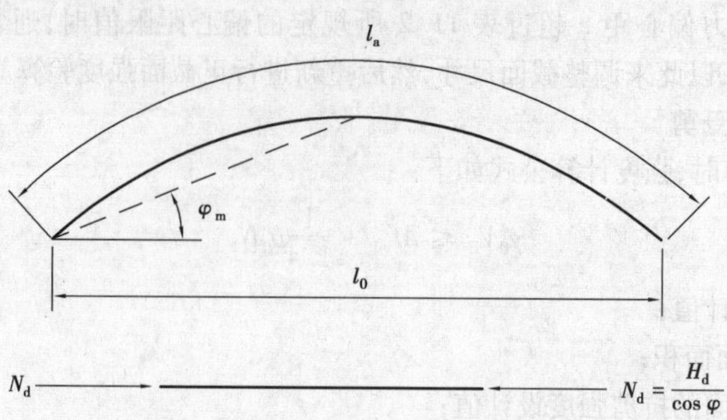

图 11.28　拱圈纵向稳定验算

时，后者的惯性矩即为该拱的换算等代截面惯性矩。变截面拱一般为等宽变高或变宽等高，由于宽度或高度必有一个在全拱内为定值。因此，另外一个值不难由求得的截面惯性矩反求得出。当拱的截面变化不大时，可直接采用跨径 1/4 处的截面惯性矩。

(2)横向稳定性验算

对宽跨比小于 1/20 的板拱以及无支架施工的拱桥，应验算拱的横向稳定性。目前，采用与纵向稳定性相似的公式来验算拱的横向稳定性。只是拱圈横向弯曲(平面外)计算长度 l 应按表 11.4 取用。

表 11.4　无铰板拱横向稳定计算长度 l

矢跨比 $\frac{f_0}{l_0}$	1/3	1/4	1/5	1/6	1/7	1/8	1/9	1/10
计算长度 l	$1.167r$	$0.962r$	$0.797r$	$0.577r$	$0.495r$	$0.452r$	$0.425r$	$0.406r$

表中，r 为圆曲线半径，当为其他曲线时，可近似取 $r=\frac{l_0}{2}\left(\frac{1}{4\beta}+\beta\right)$，其中 β 为矢跨比。

(3)肋拱桥横向稳定性验算

拱肋横向稳定的临界荷载取决于荷载的性质及分布、拱轴线形状、横截面的侧向抗弯和抗扭刚度、拱的支承条件等。对于双肋拱，其临界荷载还取决于两拱肋之间的联结系。拱肋横向稳定宜优先采用空间程序计算。当缺乏计算条件时，可采用近似方法进行验算。

该方法的思路仍是按轴心受压构件公式验算截面强度，关键在于求解轴压构件稳定系数 φ。为此，把由横系梁连接的拱肋视为两端铰接的平面桁架(图 11.29)，其长度等于拱轴长度 l_a，按受压的组合构件确定其长细比，以求出纵向弯曲稳定系数。

对布置较密的横系梁连接的拱肋，其横向(平面外)的临界力为：

$$N_{cr}=\alpha_0\frac{\pi^2 EI}{(\mu l_a)^2} \tag{11.74}$$

两端铰接的直杆的临界力为 $N'_{cr}=\frac{\pi^2 EI}{l^2}$，令上述两式相等，可得到

$$l=\frac{\mu l_a}{\sqrt{\alpha_0}} \tag{11.75}$$

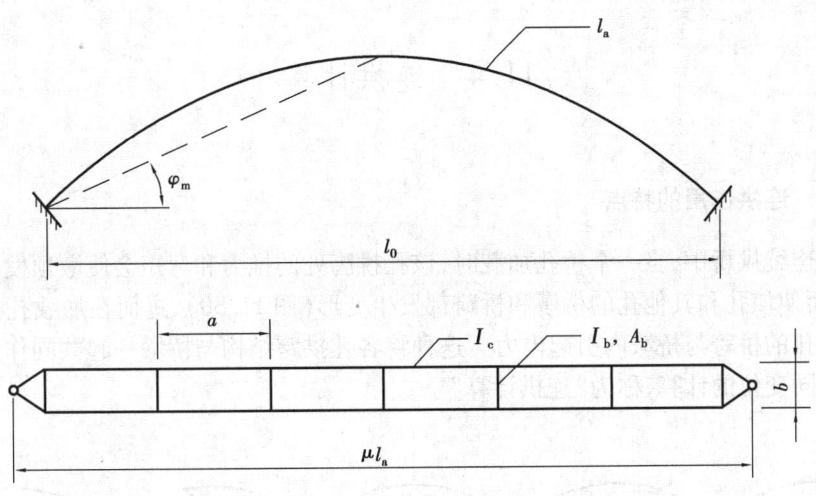

图 11.29　肋拱横向稳定计算长度

$$\alpha_0 = \frac{1}{1 + \frac{EI\pi^2}{(\mu l_a)^2}\left(\frac{ab}{12EI_b} + \frac{a^2}{24EI_c} \times \frac{1}{1-\beta} + \frac{na}{bA_b G}\right)} \tag{11.76}$$

$$\beta = \frac{N_{cr}a^2}{2\pi^2 EI_c} \tag{11.77}$$

式中：l——拱横向稳定计算长度；

μ——拱肋的拱脚支承条件系数，双铰拱 $\mu=1$；无铰拱 $\mu=0.5$；

EI——拱肋抗压弹性模量 E 与惯性矩 I 的乘积；I 为两拱肋对桥纵轴线的横向惯性矩；

α_0——剪力影响系数；

a——横系梁间距（沿拱轴线量取）；

b——拱肋轴线间距；

I_b——一根横系梁横截面对自身竖轴的惯性矩；

I_c——一根拱肋横截面对自身竖轴的惯性矩；

A_b——横系梁截面面积；

n——与横系梁截面形状有关系数，矩形截面为 1.20，圆形截面为 1.11；

G——横系梁的剪变模量。

从式(11.74)～(11.77)可以看出，四个公式互相嵌套，只能采用试算法求解。先假定一个 β 值，代入(11.76)式求 α_0，再将 α_0 代入式(11.75)求 l，继而从式(11.74)得 N_{cr}，再用 N_{cr} 代入式(11.77)求 β。如果求得的 β 值与假定的 β 值相差较大，重新假定 β 再试算，直到假定值与试算值接近。求得 β 后，即可用式(11.76)和(11.75)分别求得 α_0 和 l。

有了 l 后，即可按《公路桥涵通用设计规范》(JTG D62—2004)表 5.3.1 查取纵向弯曲系数 φ，注意，此时的截面最小回转半径 r 应取两拱肋截面对桥纵轴线的回转半径，查取 φ 值后，即可按轴心受压构件验算截面强度。

由于计算中忽略了材料非线性性质，其临界荷载可能偏大，因此计算结果具有一定的安全富余量。

11.4　连拱计算

11.4.1　连拱作用的特点

在多孔连续拱桥中，当一个桥孔加载时，该孔拱脚处的推力和弯矩会使墩顶发生线位移和角位移，从而使该孔和其他孔的桥墩和桥跨都发生变形（图11.30），进而在加载孔桥跨与桥墩以及其他各孔的桥跨与桥墩内引起内力。这种将各孔拱跨结构与桥墩一起共同作用，考虑上、下部结构共同变位的计算，称为“连拱计算”。

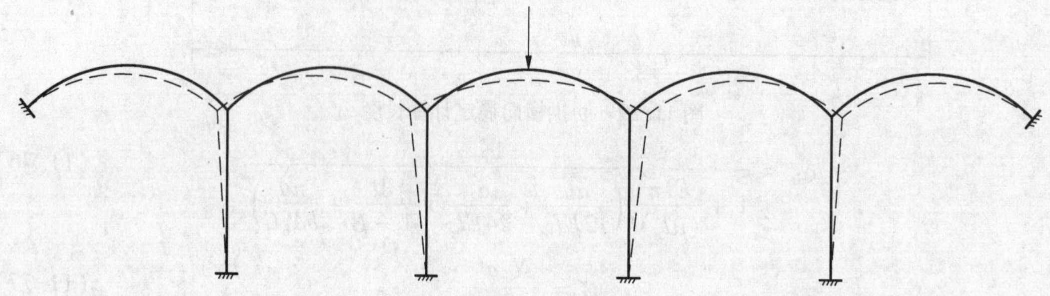

图11.30　连拱计算

连拱作用的影响程度与桥墩和拱圈的相对刚度有关。桥墩相对拱圈愈细柔，拱墩结点的位移就愈大，连拱作用愈显著；反之，桥墩相对于拱圈愈刚劲，各拱墩结点的位移愈小，连拱的影响亦愈小。计算表明，当桥墩抗推刚度与主拱抗推刚度之比大于37倍时，连拱作用的效应已很小，此时，多孔拱桥可各自按拱脚固定的单跨拱计算，称为按固定拱计算的方法，由此算得的内力，称为固定拱内力。

实际拱桥中，桥墩刚度相对于拱圈的刚度不可能为无限大，即使采用刚度较大的重力式桥墩，桥墩的抗推刚度一般也不会超过拱圈抗推刚度的37倍。为了准确反映桥梁的实际受力情况，在多孔拱桥中应考虑连拱作用的影响。

连拱计算与按固定拱计算的根本区别在于墩顶结点是否产生位移，因而，按连拱计算的内力可视为按固定拱计算的内力加上连拱作用的影响。对上部构造而言，连拱作用的影响主要是拱脚水平位移的影响，因而，从定性上分析，连拱的内力可视为固定拱内力加上拱脚水平位移产生的内力。

理论与实践证明：在多孔拱桥中，连拱作用影响最大的是荷载孔，离荷载孔愈远，拱墩结点的变位愈小，因而，连拱作用的影响也愈小。根据这一特性，根据实际拱、墩刚度比及精度要求，合理确定连拱计算的孔数，不一定要按全桥的实际孔数计算，通常取3~5孔。

连拱计算的方法可分为精确法和简化法两种，精确法计算，可利用杆系有限元程序直接求出连拱作用的影响线和内力值。若无电算条件，可采用简化计算法。

11.4.2　符号规定

(1)内力符号

1)各孔拱中水平力（以 $H_1,H_2\cdots$ 表示）以使该孔拱圈产生压力为正；拱中弯矩（以 M_1,M_2

…表示）以使拱圈内缘受拉为正（图 11.31（a））；

2）墩顶水平力（以 $\overline{H}_1$，$\overline{H}_2$…表示）以向右为正，墩顶弯矩（以 $\overline{H}_1$，$\overline{M}_2$…表示）以顺时针转为正（图 11.31（b））。

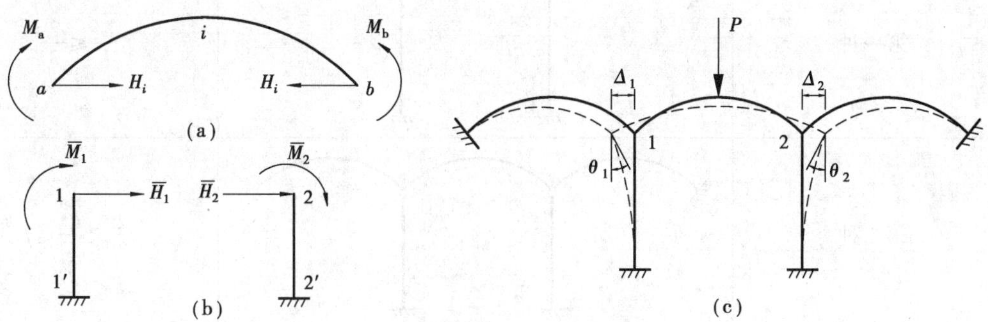

图 11.31　连拱的符号规定

（2）变位符号

1）各拱墩结点的水平位移（以 Δ_1，Δ_2 表示）以远离荷载孔向河岸移动为正；

2）各拱墩结点的转角（以 θ_1，θ_2 表示）以背离荷载孔向河岸转动为正。

根据以上的规定，图 11.31 中拱、墩内力和结点变位均为正。

11.4.3　连拱作用的简化计算

（1）计算简图

根据墩的抗推刚度 $\overline{K'}$（按下端固结、上端铰接计算）与拱的抗推刚度 K 的不同比值，应采用不同的简化计算图式。经过计算对比分析，根据 $\frac{\overline{K'}}{K}$ 的不同比值，采用三种不同的简化计算图式，如表 11.5 所示。

1）当 $\frac{\overline{K'}}{K} \leqslant \frac{2}{3}$ 时，无铰连拱可按表 11.5 第一种连拱简化图式计算。此时，由于拱的抗推刚度大而墩的抗推刚度较小，在拱墩结点变位中，拱对墩有较大的约束作用，阻碍了墩顶的转动。在这种情况下，拱墩结点采用固结的图式，并假定结点的转角为零，拱墩结点力只有水平力引起的水平位移；

2）当 $\frac{2}{3} < \frac{\overline{K'}}{K} \leqslant 7$ 时，无铰连拱可按表 11.5 第二种连拱简化图式计算，即将墩顶视为铰接，并假定拱脚的转角为零；

3）当 $\frac{\overline{K'}}{K} > 7$ 时，无铰连拱可按表 11.5 第三种连拱简化图式计算。此时，由于墩的抗推刚度比拱的抗推刚度大了许多倍，拱圈已不能制止墩顶的转动，略去墩顶的约束作用，则墩顶呈铰接状态。

表 11.5　连拱简化计算图式

	计算图式	适用范围
第一种		$\dfrac{\overline{K}'}{K} \leqslant \dfrac{2}{3}$
第二种		$\dfrac{2}{3} < \dfrac{\overline{K}'}{K} \leqslant 7$
第三种		$\dfrac{\overline{K}'}{K} > 7$

注:表中 $\overline{K}'$ 为下端固结上端铰接墩的抗推刚度。

表 11.5 中的三种连拱简化计算图式,从结构力学角度讲,他们有着相同的共性,即在位移法的基本未知数中,只有水平位移一个未知数。因此,可用位移法建立统一的计算公式,计算结点变位和拱、墩内力。

(2)内力计算

前已所述,连拱计算的内力可视为固定拱计算的内力加上连拱作用的影响,由于这种连拱简化计算方法只考虑了结点水平位移的影响,因而,连拱作用的附加力,系由拱脚产生水平位移所引起。对受载孔而言,两拱脚所产生的水平位移都是向外的,由此而引起的附加力是在拱的弹性中心产生一对水平拉力 ΔH(图 11.32)。

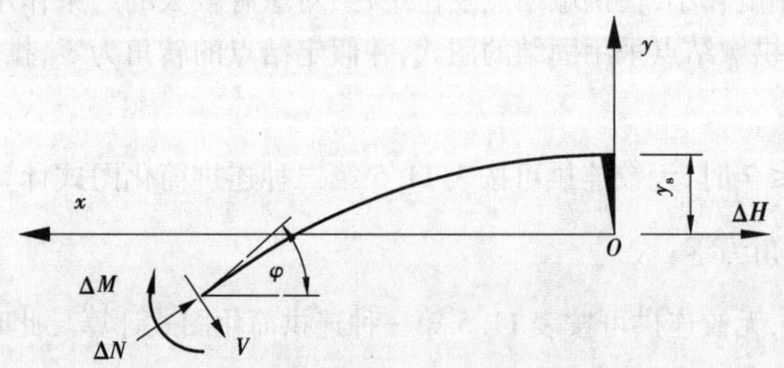

图 11.32　连拱作用引起的附加内力

连拱作用(加载孔)引起的附加内力为

轴向力:$\Delta N = -\Delta H \cos \varphi$

弯矩:$\Delta M = \Delta H \cdot y$

式中:ΔH——连拱作用引起的水平力。对荷载孔而言,ΔH 恒为拉力,故 ΔH 又称连拱作用引起的水平力损失。

连拱内力 = 固定拱内力 + 附加内力

$$\left.\begin{aligned}&\text{水平力}\quad H = H^F - \Delta H\\&\text{轴向力}\quad N = N^F - \Delta H\cos\varphi\\&\text{弯矩}\quad M = M^F + \Delta H\cdot y\end{aligned}\right\}\tag{11.78}$$

式中：H^F、N^F、M^F——按固定拱计算的水平力、轴向力和弯矩。

考虑连拱作用后，桥墩承受的水平力 $\overline{H}$ 为：

$$\overline{H} = \overline{\xi}H_{\max}^F < H_{\max}^F \tag{11.79}$$

式中：$H_{\max}^F$——按固定拱计算的活载最大水平力；

$\overline{\xi}$——小于1的系数。

这种连拱简化计算方法的优点是结点未知数少，计算比较简单。但这种简化方法忽略了结点转角的影响，墩、拱内力难以达到精度要求，特别是计算墩顶内力和拱脚截面内力时，常与精确解相差较大。

11.5　其他类型拱桥的计算特点

11.5.1　桁架拱的计算特点

(1)桁架拱桥的横向分布系数

桁架拱桥是由多道横向联结系把各桁架拱片组成的一个空间结构，为便于计算，常以一片桁架拱片作为计算单元，通过荷载横向分布系数，将空间桁架结构简化为平面桁架。

理论和实践表明：对宽跨比小于0.5的桁架拱桥，只要布置有较强的横向联结系，按偏心受压法计算荷载横向分布系数比较符合实际。因此，对一般桁架拱桥均按偏心受压法计算横向分布系数，并以受力最大的边桁架拱片内力进行设计。对上弦杆承受局部荷载时的内力，考虑到上弦杆直接受力的不良影响，其荷载横向分布系数可偏安全地以杠杆法计算。

(2)基本假定及计算图式

为了简化桁架拱桥的计算工作，常采取以下假定：

1)以1片桁架拱片作为计算单元，将空间桁架简化为平面桁架，荷载在横桥向的不均匀分布，以荷载横向分布系数来体现；

2)考虑到桁架拱片两端仅有一小段截面不大的下弦杆插入墩台预留孔中，故假定桁架拱片两端与墩台的联结为铰接，桁架拱可按外部一次超静定结构计算，在支点处(拱脚)仅产生水平反力和竖向反力，不产生弯矩；

3)桁架拱各杆件以承受轴向力为主，杆件尺寸较小，可忽略各结点刚性对各杆件内力影响(节点次应力的影响)，视各杆端节点为理想铰接，桁架拱片视为内部静定；

4)结构计算图式取各杆重心线，杆件长度取节点中心间的距离。

当用电算分析桁架拱时，可将各节点视为刚结，直接算出各杆件内力。

根据以上假定，桁架拱桥简化为外部一次超静定、内部静定的双铰桁架拱式结构，其简化计算图式如图11.33所示。

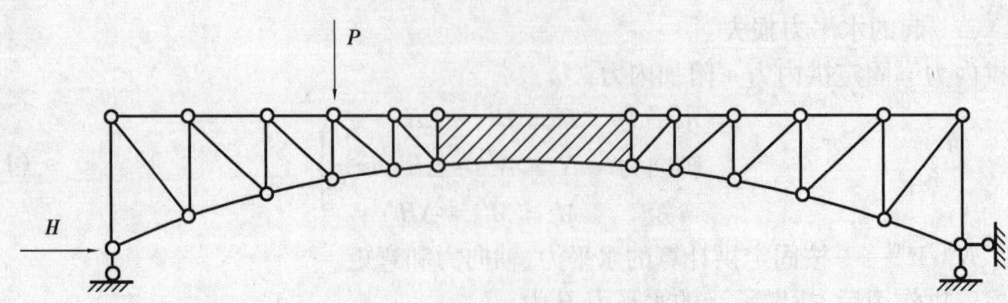

图 11.33　桁架拱桥的计算图式

(3)桁架拱内力计算

1)赘余力(水平推力)的计算

计算桁架拱内力时,常以水平推力 H 作为赘余力(图 11.33),当 $P=1$ 作用下的水平力方程为:

$$H=-\frac{\delta_{HP}}{\delta_{HH}} \tag{11.80}$$

式中:δ_{HP}——基本结构在外荷 $P=1$ 作用下支点的水平变位;

δ_{HH}——基本结构在赘余力 $H=1$ 作用下支点的水平变位。

计算 δ_{HP}、δ_{HH}时,空腹桁架部分的杆件,以轴向力为主,故变形只计算轴向力引起的;实腹段部分由于截面大,轴向力引起的变形很小,可不予考虑,仅考虑弯曲变形部分。于是

$$\left.\begin{aligned}\delta_{HH}&=\sum\frac{N_H^2 l}{EA}+\sum\frac{M_H^2\Delta L}{EI}\\ \delta_{HP}&=\sum\frac{N_H N_P}{EA}l+\sum\frac{M_H M_P}{EI}\Delta L\end{aligned}\right\} \tag{11.81}$$

式中:N_H、N_P——分别为 $H=1$、$P=1$ 作用于基本结构时,桁架杆件的轴向力;

M_H、M_P——分别为 $H=1$、$P=1$ 作用于基本结构时,桁架杆件的截面弯矩;

l、A——桁架杆件的长度和截面积;

ΔL、I——用分段总和法计算实腹段变位时,实腹段各分段的长度和截面惯性矩。用分段总和法计算时,实腹段一般分为 6 ~8 段。

2)结构自重内力计算

桁架拱桥的结构自重包括桁架拱拱片、横向联结系、桥面等重量。桁架拱杆件结构自重内力应按施工阶段和运营阶段分别进行计算,选取最大内力为杆件结构自重内力。两者的区别在于,施工阶段桥面板虽已安装但还未与上弦杆联结,此时只能把全桥重量认为是均匀分布在各片桁架拱上,由桁架拱拱片单独承受它范围内的恒重,然后按静力平衡条件求出各杆件结构自重内力。运营阶段的结构自重内力,应按桥面参与共同作用来计算结构自重内力,即把桥面作为桁架拱片上弦杆和实腹段截面的组成部分,其结构自重应加上桥面铺装和栏杆等重量,然后按上述方法计算杆件结构自重内力。

3)活载内力计算

计算桁架拱桥的活载内力时,只要用 $P=1$ 作用于桁架拱上弦杆各节点和实腹段各分段中点,依次计算出 δ_{HP},然后按式(11.80)求出各对应点的 H 值,并将其相连绘出 H 影响线。有了 H 影响线,用静力平衡条件,按迭加原理即可求出各杆件内力影响线和实腹段的弯矩影响

线,然后用设计荷载直接在影响线上布载而求得。

计算活载内力时应考虑桥面参与桁架拱片的共同作用。下面以图 11.34 第 2 个桁架节间为对象,说明桁架拱各杆件轴向力影响线的求解方法。

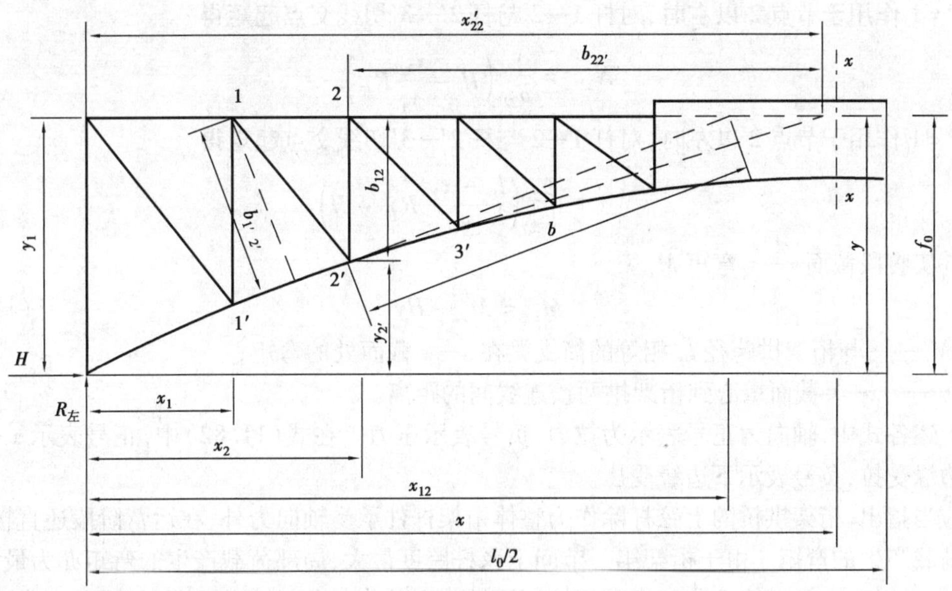

图 11.34　桁架拱内力影响线计算图式

①上弦杆 1—2:

当 $P=1$ 作用于节点 2 以右时,对节点 2′取矩得

$$N_{12}=\frac{y_{2'}}{b_{12}}\left(H-\frac{x_2}{y_{2'}}R_{左}\right)$$

当 $P=1$ 作用于节点 2 以左时,对节点 2′起矩得

$$N_{12}=\frac{y_{2'}}{b_{12}}\left(H-\frac{l_0-x_2}{y_{2'}}R_{右}\right)$$

式中:l_0——桁架拱的计算跨径。

②下弦杆(拱肋)1′—2′:

当 $P=1$ 作用于节点 1 以右时,对节点 1 取矩得

$$N_{1'2'}=\frac{y_1}{b_{1'2'}}\left(\frac{x_1}{y_1}R_{左}-H\right)$$

当 $P=1$ 作用于节点 1 以左时,对节点 1 起矩得

$$N_{1'2'}=\frac{y_1}{b_{1'2'}}\left(\frac{l_0-x_1}{y_1}R_{右}-H\right)$$

③斜杆 1—2′

$P=1$ 作用于节点 2 以右时,对杆 1—2 与杆 1′—2′切线交点起矩得

$$N_{12'}=\frac{y_1}{b_{12'}}\left(\frac{x_{12'}}{y_1}R_{左}-H\right)$$

$P=1$ 作用于节点 2 以左时,对杆 1—2 与杆 1′—2′切线交点起矩得

$$N_{12'} = \frac{y_1}{b_{12'}}\left(\frac{l_0 - x_{12'}}{y_1}R_{右} - H\right)$$

④竖杆 2—2′

$P=1$ 作用于节点 2 以右时,对杆 1—2 与杆 2′—3′切线交点起矩得

$$N_{22'} = \frac{y_1}{b_{22'}}\left(H - \frac{x_{22'}}{y_1}R_{左}\right)$$

$P=1$ 作用于节点 2 以左时,对杆 1—2 与杆 2′—3′切线交点起矩得

$$N_{22'} = \frac{y_1}{b_{22'}}\left(\frac{l_0 - x_{22'}}{y_1}R_{右} - H\right)$$

⑤实腹段截面 x—x 弯矩 M_x

$$M_x = M_x^0 - Hy \tag{11.82}$$

式中:M_x^0——与桁架拱跨径 l_0 相等的简支梁在 x—x 截面处的弯矩;

y——x—x 截面重心到桁架拱两铰连线间的距离。

上述各式中,轴向力正号表示为拉力,负号表示压力。在式(11.82)中,正号表示 x—x 截面下边缘受拉,负号表示下边缘受压。

应当指出,桁架拱桥的上弦杆除作为整体桁架杆件承受轴向力外,在运营阶段还直接承受局部荷载产生的弯矩。由于桁架第一节间上弦杆跨度最大,局部荷载产生的弯矩亦为最大,在所有的上弦杆中,常以第一节间上弦杆控制设计。上弦杆的杆端弯矩和跨中截面的弯矩可按下式估算:

$$\left.\begin{aligned} &\text{杆端弯矩} \quad M_A = -0.7M_P - 0.06gl^2 \\ &\text{跨中弯矩} \quad M_C = 0.8M_P + 0.06gl^2 \end{aligned}\right\} \tag{11.83}$$

式中:M_P——简支梁的活载弯矩;

g——单位长度结构自重;

l——节点块间距离(即上弦杆扣除节点块后净长)。

在下弦杆中,因靠近拱脚的第一根弦杆轴向力较大,常以这一根弦杆控制设计。具体设计时,应将下弦杆所承受的轴向力提高 20%,以考虑节点固结所产生的次弯矩影响。

11.5.2 刚架拱的计算特点

刚架拱桥除两边腹孔梁为受弯构件外,其余构件均有轴向压力,属压弯构件。刚架拱属高次超静定结构,其内力和变形可采用平面杆系有限元程序计算,或采用其他方法计算。

(1)基本假定与计算图式

1)结构自重作用时,假定主拱脚和斜撑脚均为铰接(施工中不封固)。活载作用时,主拱脚已封固,假定主拱脚为固结。腹孔梁在桥台的支点,无论恒、活载,均为允许水平位移的竖向连杆;

2)结构自重全部由裸拱(指除桥面以外的刚架拱片和横系梁组成的结构)承担,按图 11.35的次序分析计算结构自重内力,然后进行迭加;

3)活载和附加力由裸肋与桥面组成的整体结构承担;

4)考虑活载的横向分布,将空间刚架拱结构简化为平面刚架结构,其横向分布系数可按弹性支承连续梁简化法或其他方法计算。

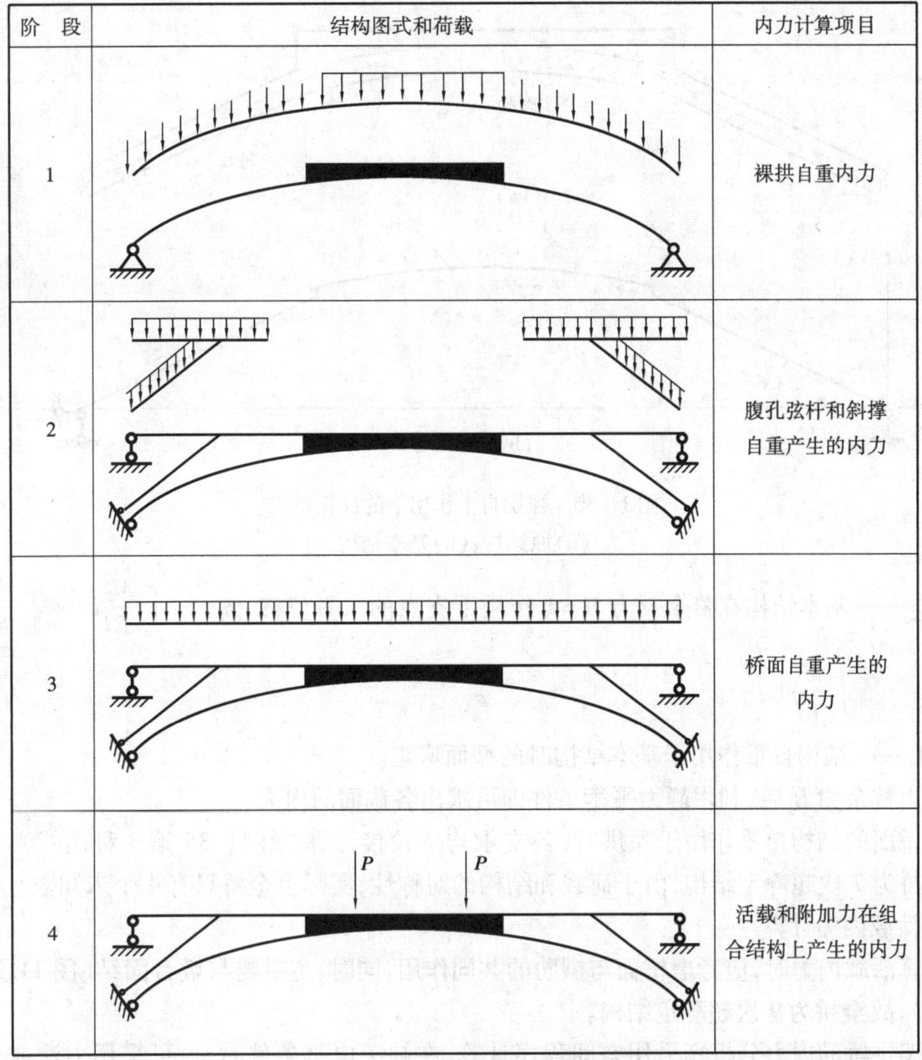

阶　段	结构图式和荷载	内力计算项目
1		裸拱自重内力
2		腹孔弦杆和斜撑自重产生的内力
3		桥面自重产生的内力
4	P　P	活载和附加力在组合结构上产生的内力

图 11.35　按施工程序拟定的结构图式

(2)内力计算

刚架拱桥应选取所有杆件的端点作为计算截面,因为弯矩的峰值多出现在杆件的端点。对实腹段,还必须加算拱顶截面,这是由于刚架拱桥的拱顶截面亦由正弯矩控制设计。

1)结构自重内力计算

在裸拱自重作用下,刚架拱桥的计算简图为一次超静定的二铰拱(图 11.36(a))。计算结构自重内力时,同样取主拱脚的水平推力作为赘余力(图 11.36(b)),在忽略轴向力对变位的影响后,水平推力 H 由下式确定:

$$H = -\frac{\Delta_{2p}}{\delta_{22}} \tag{11.84}$$

式中:Δ_{2p}——基本结构在外荷 $P=1$ 作用下支点的水平位移,$\Delta_{2p} = \int_s \frac{M_p \overline{M}_2}{EI} ds + \int_s \frac{N_p \overline{N}_2}{EA} ds \approx \int_s \frac{M_p \overline{M}_2}{EI} ds$;

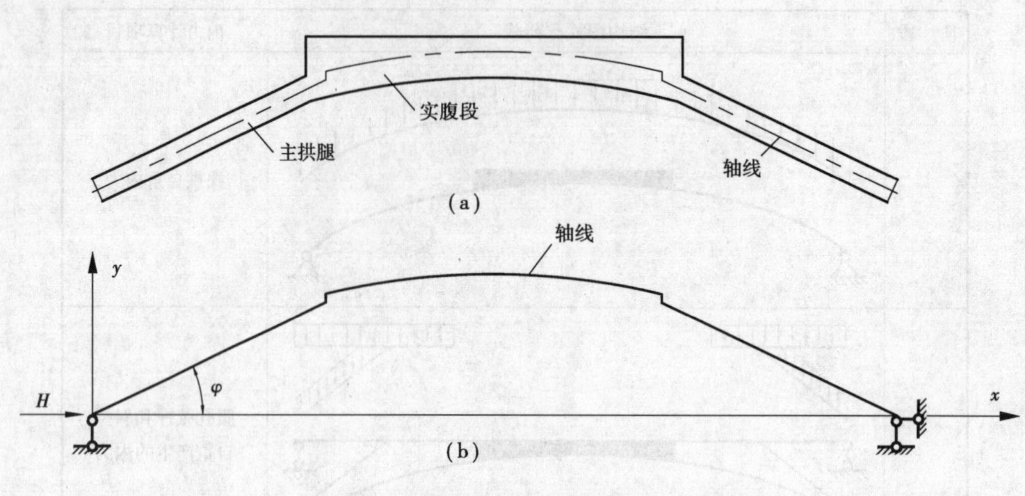

图 11.36　裸拱自重作用下的计算图式
(a)原结构;(b)基本结构

δ_{22}——基本结构在赘余反力 $H=1$ 作用下支点的水平位移，$\delta_{22} = \int_s \frac{\overline{M}_2^2}{EI}\mathrm{d}s + \int_s \frac{\overline{N}_2^2}{EA}\mathrm{d}s \approx \int_s \frac{\overline{M}_2^2}{EI}\mathrm{d}s$;

M_p——结构自重作用于基本结构时的截面弯矩。

求出赘余力 H 后,利用静力平衡条件即可求出各截面的内力。

当桥面的结构自重作用于裸拱时,各支承均按铰接计算(图 11.35 第 3 种图式)。此时,刚架拱桥为 7 次超静定结构,由于荷载和结构的对称性,实际上全桥只有 4 个未知数。

2)活载内力计算

计算活载内力时,应考虑桥面与拱肋的共同作用,同时,主拱腿与墩台固结(图 11.35 第 4 种图式),故全桥为 9 次超静定结构。

刚架拱桥的内力分析宜采用空间程序计算,在缺乏电算条件时,也可采用力法或位移法求解。

11.5.3　钢管混凝土拱桥计算要点

(1)设计计算理论概述

钢管混凝土是由钢和混凝土两种不同材料组合而成。由于填入管内的混凝土增强了钢管壁的稳定性,而钢管又对混凝土起套箍作用,使管内混凝土处于三向受压状态,不仅提高了钢管混凝土的抗压强度和变形能力,而且承载力也比单纯的钢管和混凝土两者承载力之和高。

国外颁布的设计规范中,对钢管混凝土构件的承载力计算,除日本采用容许应力法外,大多采用极限状态设计法。对构件刚度的计算,全都采用换算刚度法。在设计公式方面,无论强度和刚度,大多应用叠加法。

国内在钢管混凝土构件承载力计算方面,依据不同的设计理论有两种不同的计算方法,这些方法分别体现在《钢-混凝土组合结构设计规程》(DL/T 5085—1999)和《钢管混凝土结构设计与施工规程》(CECS28:90)、《高强混凝土结构技术规程》(CECS104:99)中。

下面简要介绍几个规程所依据的计算理论,使读者对其有一个基本的了解。

1)统一理论

统一理论把钢管混凝土视为统一体,认为是一种由钢管和混凝土组合而成的组合材料(可以理解为一种新型材料),钢管混凝土的工作性能随着材料的物理参数、统一体的几何参数与截面型式以及应力状态的改变而改变,这种变化是连续的、相关的,计算是统一的。

依据统一理论,钢管混凝土构件承载力应按构件整体的几何特性和统一理论给出的组合设计指标进行验算。钢管混凝土组合设计指标通过有限元方法得到,即采用钢材与核心混凝土多轴应力状态下准确的本构关系,分别计算出在轴压、轴拉、受弯、受扭等荷载状态下构件工作的全过程曲线。根据全过程曲线,在确定承载力极限状态准则后,便可定出钢管混凝土承载力组合设计指标,并由一个能同时表达各种荷载情况的统一设计公式表示。当钢管混凝土构件有两种及多种荷载共同作用时,同样采用有限元方法求出有几种内力时的相关关系全过程曲线,由该曲线导出设计公式。

需要说明的是,由于材料本构关系中已经包含了钢管和混凝土相互作用的套箍力效应,因此,在组合设计指标中已包含了套箍效应。

《钢-混凝土组合结构设计规程》(DL/T 5085—1999)就是依据统一理论编写的。

2)极限平衡理论

极限平衡理论,又称极限平衡法,它是根据结构处于极限状态时的平衡条件直接算出极限状态荷载数值的一种方法。这种方法绕过了统一理论中必须考虑的弹塑形阶段,无需确定材料的本构关系,因此概念清楚,方法简单。

极限平衡理论属承载力叠加法,它将钢管和混凝土的承载力相叠加,通过引入系数考虑钢管对混凝土的套箍增强效应。

《钢管混凝土结构设计与施工规程》(CECS28:90)、《高强混凝土结构技术规程》(CECS104:99)的理论基础是极限平衡理论。

应用上述两种理论计算得到的结果基本一致,精度相当。

钢管混凝土结构变形属正常使用极限状态,此时,钢管混凝土处于弹性阶段,套箍效应不会发生,因此,两个设计理论和相应规程对刚度取值均按刚度换算法,只是在表达方式和刚度折减上有所不同。

(2)钢管混凝土组合设计指标

本教材扼要介绍《公路钢管混凝土拱桥设计规范》中提供的计算方法。该指南主要依据统一理论编制而成。

1)钢管混凝土构件轴心组合抗压强度设计值f_{sc}

当钢管壁厚$T \leqslant 16$ mm时

$$f_{sc} = (1.212 + B\xi_0 + C\xi_0^2) f_{cd} \tag{11.85}$$

当钢管壁厚$T > 16$ mm时

$$f_{sc} = 0.96(1.211 + B\xi_0 + C\xi_0^2) f_{cd} \tag{11.86}$$

$$B = 0.175\,9 f_y/235 + 0.974,\quad C = -0.103\,8 f_{cd}/20 + 0.030\,9$$

式中:ξ_0——钢管混凝土构件套箍系数设计值(套箍指标),$\xi_0 = \dfrac{A_s f_{sd}}{A_c f_{cd}} = \alpha_s \cdot f_{sd}/f_{cd}$;

f_{cd}——混凝土轴心抗压强度设计值;

f_{sd}——钢材抗拉、抗压和抗弯强度设计值；

f_y——钢材屈服强度；

α_s——构件截面含钢率，$\alpha_s = A_s/A_c$；

A_s、A_c——分别为钢管和混凝土的截面面积。

2）钢管混凝土构件组合抗剪强度设计值 f_{sc}^V

当钢管壁厚 $T \leqslant 16$ mm 时

$$f_{sc}^V = (0.385 + 0.25\alpha_s^{1.5})\xi_0^{0.125} f_{sc} \tag{11.87}$$

当钢管壁厚 $T > 16$ mm 时

$$f_{sc}^V = 0.96(0.385 + 0.25\alpha_s^{1.5})\xi_0^{0.125} f_{sc} \tag{11.88}$$

3）钢管混凝土构件组合弹性模量 E_{sc}

钢管混凝土构件组合抗压刚度 $E_{sc}A_{sc}$ 与组合抗弯刚度 $E_{sc}I_{sc}$ 可按式(11.89)计算：

$$\left.\begin{aligned} E_{sc}A_{sc} &= E_s A_s + \alpha_A E_c A_c \\ E_{sc}I_{sc} &= E_s I_s + \alpha_I E_c I_c \end{aligned}\right\} \tag{11.89}$$

式中：α_A、α_I——钢管混凝土拱结构作应力和变形分析时，应分别采用不同的抗压、抗弯刚度折减系数截面组合弹性模量，其值按表 11.6 采用。

表 11.6　刚度折减系数

主拱结构形式	单管及哑铃型		桁　式	
	α_A	α_I	α_A	α_I
静、动应力分析	1.0	1.0	0.4	1.0
变形及稳定分析	0.4	0.4	0.4	0.4

(3) 承载能力极限状态计算

钢管混凝土拱桥或构件的承载能力极限状态计算，按是否考虑地震作用，采用不同的表达式：

不考虑地震作用时

$$\gamma_0 S \leqslant R \tag{11.90}$$

考虑地震作用时

$$S_E \leqslant \frac{R}{\gamma_E} \tag{11.91}$$

式中：γ_0——结构重要性系数，按公路桥设计安全等级，一级、二级、三级分别取用 1.1、1.0、0.9；桥梁的抗震设计不考虑结构的重要性系数。

S——不考虑地震作用时，作用效应的组合设计值；

S_E——考虑地震作用时，作用效应的组合设计值；

R——构件抗力设计值；

γ_E——抗震调整系数，按表 11.7 采用。当仅计算竖向地震作用时，γ_E 取 1.0。

表 11.7　抗震调整系数表

构件名称	主　拱	立柱、横撑	节点连接
γ_E	0.75	0.80	0.85

1)单肢钢管混凝土轴心受压构件承载力验算

$$N_{\mathrm{d}} \leqslant \frac{1}{\gamma}\varphi_{\mathrm{a}}\varphi_{\mathrm{b}}\varphi_{l}K_{\mathrm{p}}K_{\mathrm{t}}f_{\mathrm{sc}}A_{\mathrm{sc}} \tag{11.92}$$

式中:N_{d}——轴心压力设计值;

γ——系数,无地震作用时,$\gamma=\gamma_0$;有地震作用组合时,$\gamma=\gamma_{\mathrm{E}}$;

φ_{a}——构件条件系数,取0.93;

φ_{b}——材料修正系数,取0.95;

φ_{l}——长细比折减系数,按表11.8取用;

表11.8　长细比折减系数 φ_{l} 值

$\lambda=4l_0/d$		10	20	30	40	50	60	70	80
钢材	Q235	1.000	0.998	0.989	0.972	0.946	0.912	0.860	0.819
	Q345	1.000	0.998	0.987	0.966	0.935	0.895	0.844	0.783
	Q390	1.000	0.998	0.987	0.966	0.934	0.892	0.840	0.778
$\lambda=4l_0/d$		90	100	110	120	130	140	150	
钢材	Q235	0.760	0.692	0.617	0.521	0.444	0.383	0.333	
	Q345	0.712	0.632	0.541	0.455	0.387	0.334	0.291	
	Q390	0.705	0.622	0.529	0.444	0.379	0.327	0.284	

注:表内中间值可采用插入法求得。

K_{p}——钢管初应力折减系数。按式(11.93)计算:

$$K_{\mathrm{p}} = 1.0-0.115\omega \tag{11.93}$$

ω——钢管初应力度,$\omega=\sigma_0/f_y$,ω不宜超过0.6;

σ_0——钢管初应力,取主拱钢管初应力最大值;

K_{t}——混凝土脱空折减系数,脱空率小于1.2%时取0.97,当脱空率大于1.2%时,应对混凝土脱空进行修补;

A_{sc}——钢管混凝土的截面面积,$A_{\mathrm{sc}}=\pi d^2/4$,$d$为钢管外直径;

f_{sc}——钢管混凝土构件轴心组合抗压强度设计值。

2)单肢钢管混凝土压弯构件承载力验算

$$N_{\mathrm{d}} \leqslant \frac{1}{\gamma}\varphi_{\mathrm{a}}\varphi_{\mathrm{b}}\varphi_{l}\varphi_{\mathrm{e}}K_{\mathrm{p}}K_{\mathrm{t}}f_{\mathrm{sc}}A_{\mathrm{sc}} \tag{11.94}$$

式中:φ_{e}——弯矩折减系数,$\varphi_{\mathrm{e}}=1/(1+1.85e_0/r)$;对单圆管主拱,当$e_0/r>1.55$时,$\varphi_{\mathrm{e}}=0.4/(e_0/r)$;

e_0——偏心距,$e_0=M_{\mathrm{d}}/N_{\mathrm{d}}$,要求$e_0/r\leqslant1.55$,使拱肋的主管截面不出现拉应力;

M_{d}——弯矩设计值,取构件两端弯矩的较大值;

N_{d}——轴向力设计值;

r——钢管混凝土截面的半径。

3)钢管混凝土组合受压构件承载力验算

当主拱的拱肋按组合构件简化计算时,其轴心受压承载力总和$\sum N_{\mathrm{d}}$按式(11.95)进行验算:

$$\sum N_{\mathrm{d}} \leqslant \frac{1}{\gamma}\varphi_{\mathrm{a}}\varphi_{\mathrm{b}}\varphi_{1}'K_{\mathrm{p}}^{i}K_{\mathrm{t}}^{i}f_{\mathrm{sc}}A_{\mathrm{sc}} \tag{11.95}$$

式中：φ_1'——组合构件换算长细比折减系数，按表 11.9 计算。

表 11.9 格构式组合柱换算长细比表

项　目	截面形式	腰杆类别	计算公式	符号含义
双肢柱	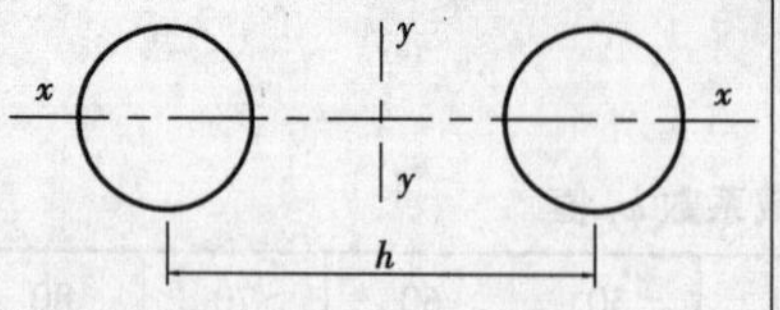	平腹杆 斜腹杆	$\lambda_{oy}=\sqrt{\lambda_y^2+17\lambda_1^2}$ $\lambda_{oy}=\sqrt{\lambda_y^2+67.5A_s/A_w}$	λ_y、λ_x 分别是整个构件对 $y—y$ 轴和 $x—x$ 轴的长细比；λ_1 是单肢一个节间的长细比；A_s 为一根柱肢的钢管面积；A_w 为一根腹杆空钢管的截面面积。
四肢柱	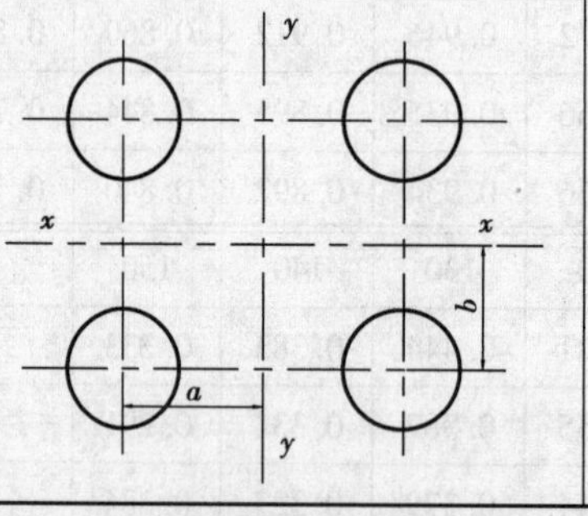	斜腹杆	$\lambda_{ox}=\sqrt{\lambda_x^2+135A_s/A_w}$ $\lambda_{oy}=\sqrt{\lambda_y^2+135A_s/A_w}$	

在表 11. 9 中有：

$$\lambda_y=\frac{l_{0y}}{\sqrt{\dfrac{I_y}{\sum A_{\mathrm{sc}}}}};\lambda_x=\frac{l_{0x}}{\sqrt{\dfrac{I_x}{\sum A_{\mathrm{sc}}}}}$$

K_{p}^i——单肢钢管初应力折减系数，按式(11.93)计算；

K_{t}^i——单肢混凝土脱空折减系数。

4）钢管混凝土组合压弯构件承载力验算

当拱肋按组合构件简化计算时，其压弯承载力总和 $\sum N_{\mathrm{d}}$ 按式(11.96)进行验算：

$$\sum N_{\mathrm{d}} \leqslant \frac{1}{\gamma}\varphi_{\mathrm{a}}\varphi_{\mathrm{b}}\varphi_{1}'\varphi_{\mathrm{e}}'K_{\mathrm{p}}^{i}K_{\mathrm{t}}^{i}f_{\mathrm{sc}}A_{\mathrm{sc}} \tag{11.96}$$

式中：φ_{e}'——组合构件弯矩折减系数，按表 11.10 取用。

表 11.10 弯矩折减系数 φ_{e}'表

拱肋形式	公式条件	计算公式
哑铃形	$e_0/i\leqslant1.7$	$\varphi_{\mathrm{e}}^*=\dfrac{1}{1+5.64e_0/i}$
	$e_0/i>1.7$	$\varphi_{\mathrm{e}}^*=\dfrac{0.5}{e_0/i}$
桁式	$e_0/h\leqslant\varepsilon_{\mathrm{b}}$	$\varphi_{\mathrm{e}}^*=\dfrac{1}{1+2e_0/h}$
	$e_0/h>\varepsilon_{\mathrm{b}}$	$\varphi_{\mathrm{e}}^*=\xi_0\Big/\left[(1+\sqrt{\xi_0}+\xi_0)\left(\dfrac{2e_0}{h}-1\right)\right]$

表中：e_0——组合截面偏心距，$e_0 = M_d / N_d$；

M_d——组合构件弯矩设计值，取构件两端弯矩的较大值；

N_d——组合构件轴向力设计值；

i——组合截面的回转半径；

h——在弯矩作用平面内的柱肢重心之间的距离；

ε_b——界限偏心率，$\varepsilon_b = 0.5 + \dfrac{\xi_0}{1+\sqrt{\xi_0}}$。

为确保哑铃形主拱和桁式主拱的主管截面不出现拉应力，应分别满足 $e_0/i \leqslant 1.7$ 和 $e_0/h \leqslant \varepsilon_b$ 的条件。

5）钢管混凝土轴心受拉构件承载力验算

验算钢管混凝土轴心受拉时，忽略管内混凝土的作用，认为仅由钢管单独承担，即

$$N_d \leqslant 1.1 A_s f_{sd} \tag{11.97}$$

式中：N_d——轴心拉力设计值；

f_{sd}——钢材抗拉强度设计值，见表11.11；

A_s——钢管截面面积。

表11.11　钢材强度设计值

钢材牌号	厚度 t/mm	抗拉、抗压和抗弯 f_{sd} /MPa	抗剪 f_{vd} / MPa
Q235钢	≤16	215	125
	>16～40	205	120
	>40～60	200	115
Q345钢	≤16	310	180
	>16～35	295	170
	>35～50	265	155
Q370钢	≤16	350	205
	>16～35	335	190
	>35～50	315	180

6）横向受剪钢管混凝土构件抗剪承载力验算

$$V_d = \gamma_V A_{sc} f_{sc}^V \tag{11.98}$$

式中：V_d——组合截面抗剪承载力；

γ_V——构件截面抗剪塑性发展系数，当 $\xi_0 \leqslant 0.85$ 时，$\gamma_V = 0.85$；当 $\xi_0 < 0.85$ 时，$\gamma_V = 1.0$；

其余符号含义同上。

第12章 拱桥施工

与梁式桥施工方法相似，拱桥施工方法总体上也分为有支架施工和无支架施工两大类。

石拱桥、混凝土预制块拱桥和现浇钢筋混凝土拱桥，只能采用有支架施工方法修建。

钢筋混凝土拱桥施工方法较多，除了支架施工法外，还可以采用缆索吊装法、悬臂浇筑法、转体施工法和劲性骨架法施工；钢管混凝土拱桥、钢拱桥则多采用缆索吊装和转体施工法施工。劲性骨架法实际上是同时使用了缆索吊装和支架施工两种方法，即先用缆索吊装法架设拱形劲性骨架，然后围绕钢骨架浇筑拱箱（肋）混凝土，形成箱形拱圈（肋）。与有支架方法不同的是，劲性骨架法将劲性骨架埋入混凝土拱箱中，作为拱圈的一部分不再回收，而有支架法在拱圈（肋）混凝土浇筑完后拱架撤除予以回收。

拱桥施工一直是制约拱桥发展的关键技术问题。桥梁工作者要勇于创新施工方法，为今后我国朝更大跨径拱桥建设做出贡献。

本章重点介绍有支架法和缆索吊装法，其他方法做简略介绍。

12.1 有支架施工

有支架施工的主要施工工序有材料准备、拱圈放样（包括石拱桥的拱石放样）、拱架制作与安装、拱圈及拱上建筑的砌筑等。

拱桥材料选择应满足设计和有关规范的要求。石拱桥石料准备（包括开采、加工和运输等）是决定施工进度的一个重要环节，也在很大程度上影响桥梁的造价和质量。特别是料石拱圈，拱石规格繁多，所费劳动力也很多。为了加快桥梁建设速度，降低桥梁造价，减少劳动力消耗，可以用小石子混凝土取代砂浆砌筑拱石来修建拱桥。

拱圈或拱架的准确放样，是保证拱桥符合设计要求的基本条件之一。石拱桥的拱石，要按照拱圈的设计尺寸进行加工，为了保证尺寸准确，需要制作拱石样板，它是将拱圈按1:1比例放出大样，然后用木板或锌铁皮在样台上按拱石大小制成样板，并注明拱石编号（图12.1），以利加工。样板必须保证在施工期间不发生过大变形，便于施工过程中对拱石加工尺寸进行复查。对于左右对称的拱圈，可只放出半跨大样。常用的放样方法有直角坐标法、多圆心法、计算机辅助(CAD)放样法等。拱弧分点越多,用这种方法放出的拱圈尺寸越精确。

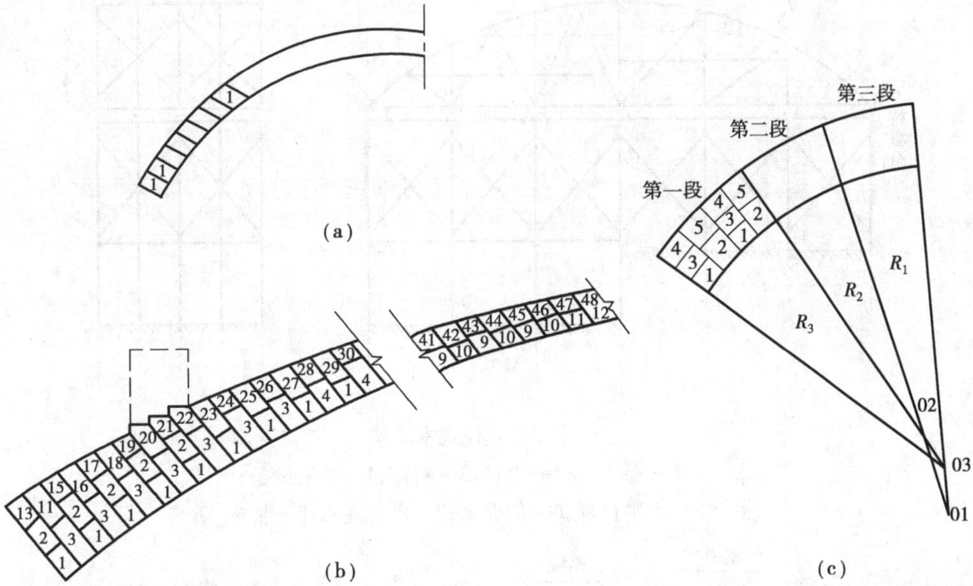

(a)

(b)

(c)

图12.1　拱石编号

拱架是拱桥有支架施工过程中的重要临时结构,在拱桥的整个施工期间,用以支承全部或部分拱圈和拱上建筑的重量,并保证拱圈的形状符合设计要求,因此,要求拱架具有足够的强度、刚度和稳定性。拱架又是一种施工临时结构,在设计和安装拱架时,要求构造简单、稳定可靠、受力清楚、装卸方便,以加快施工进度、减少施工费用。

12.1.1　拱架构造及安装

(1)满布式木拱架

满布式木拱架的优点是施工可靠,技术简易,木材和铁件规格要求较低,缺点是木材用量多,木材和铁件的损耗率也较高,受洪水危险大。因此,木拱架多用于可设中间支架的桥孔和不通航的河流上。

满布式木拱架通常由拱架上部(拱盔)、卸架设备和拱架下部(支架)三部分组成。

1)立柱式拱架

立柱式拱架(图12.2),上部由斜梁、立柱、斜撑和拉杆组成拱形桁架(拱盔),下部由立柱及横向联系(斜夹木和水平夹木)组成支架,上下部之间放置卸架设备(木楔或砂筒等)。

为适应拱腹曲线形状,需要在斜梁上钉以弧形垫木,通常将斜梁和弧形垫木合称为弓(弧)形木。弓(弧)形木支承在立柱或斜撑上,长度一般为2~3 m。在弓形木上设置横梁,间距一般为0.6~0.7 m,上面再纵向铺设2~4 cm厚的模板(图12.3(a)),就可砌筑拱石或作为现浇混凝土拱的底模板。当拱架横向间距较密时,也可不设横梁,直接在弓形木上横向铺设3~5 cm厚的模板(图12.3(b))。立柱间距按桥梁跨径及承受拱圈重量的不同,一般为1.5~5 m,拱架横桥向间距一般为1.2~1.7 m。为了增强横向稳定性,拱架之间应设置横向联系(水平及斜向夹)。

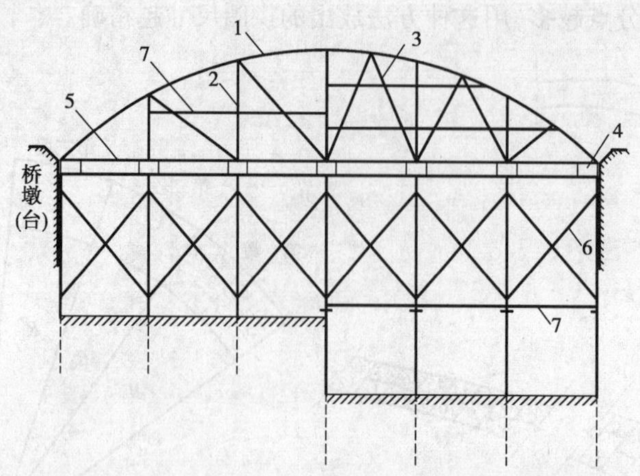

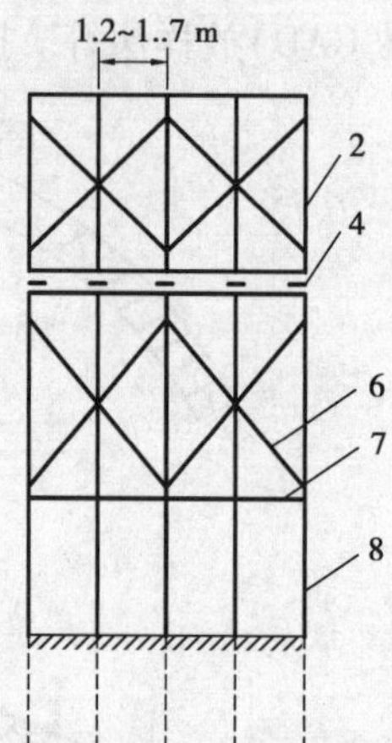

图 12.2 立柱式木拱架

1—弓形木;2—立柱;3—斜撑;4—卸架设备;

5—水平拉杆;6—斜夹木;7—水平夹木;8—桩木

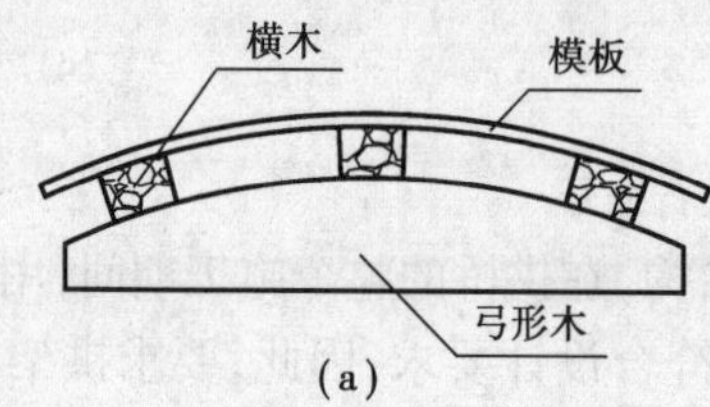

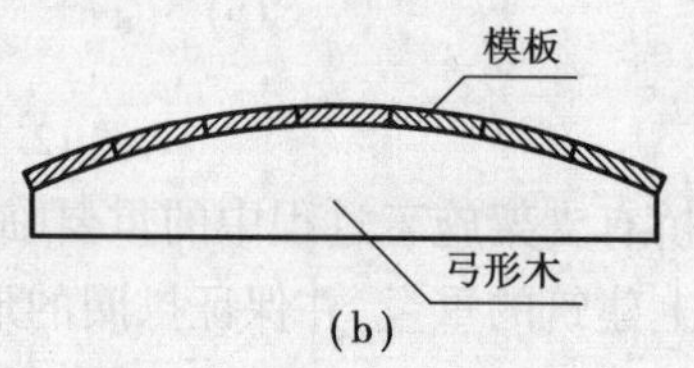

图 12.3 弓形木构造

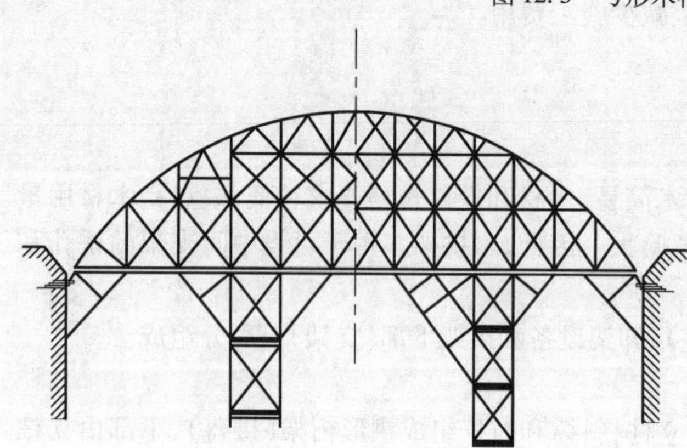

图 12.4 撑架式木拱架

2)撑架式拱架

撑架式拱架(图 12.4),是用少数框架式支架加斜撑来取代数量众多的立柱,材料用量较少。

立柱式拱架少,构造也不复杂,而且能在桥孔下留出适当的空间,减少洪水及漂浮物的危险,在一定程度上满足通航或桥下通行的要求。因此,在实际中采用较多。

拱架的卸落设备,一般设置于拱架水平拉杆与支架帽木间上下立柱相对应之处;跨径较大时,可设于弓形木下支点处。

拱架各杆件的联结应紧密,可用铁夹板、硬木夹板或螺栓等铁件或硬木联结。一般拱架上应力较小部位的杆件可用圆钉、扒锯钉等简易铁件联结。

3)支架基础

支架基础必须稳固,承重后应能保持均匀沉降且沉降值不得超过预计范围。

基础为石质时,应挖去表土,将柱根处岩面凿低、凿平。基础为密实土壤时,如在施工期间不致被流水冲刷,可采用枕木、石块铺砌或混凝土作基础;如施工期间可能被流水冲刷,或为松软土质时,须采用桩基或框架结构或其他加固措施。

基础承重后的预计沉降值可按载重实验确定,应不大于在计算预拱度时采用的基础下沉值。

4)拱架的制作及安装

拱架的弓形木及立柱等主要杆件,应采用材质较强、无损伤及湿度不大的木材。拱架制作及安装时,应以基础牢固、立柱正直、节点联结紧密为主要原则。高拱架应特别注意其横向稳定性。

拱架可就地拼装,或根据起吊设备能力,预拼成组件后再进行安装。满布式木拱架的制作及安装程序如下:

①在平台上,按拱圈拱腹弧线加预拱度放出拱模弧线,并将拱模弧线分成段,定出弓形木接头位置和排架、斜撑、拉杆的中心线。

②在样台上量出各杆件尺寸,制作各杆件大样。

③在支架及卸落设备上操平,定出拉杆水平线。

④安装拉杆、立柱、斜撑、夹木及弓形木等杆件。

⑤在弓形木各节点操平(包括预拱度),准确的按拱模弧线(减去模板、垫木和横梁的高度)控制弓形木高度。

由于木拱架需要耗用大量木材,而且损耗大,目前已经很少采用。如仍需满布式拱架时,可采用钢管或碗扣式钢管搭设。有关满布式钢管支架搭设要求见第9章。

(2)钢桁架拱架

1)结构类型

①常备拼装式桁架型拱架

此种拱架系由标准节、拱顶节、拱脚节及联结杆等以钢销联结而成,再以纵横向联结系将两拱架联成一组,即可作为砌筑、浇筑或吊装一片拱肋的支架。用变换联结长度的方法来调整曲度和跨度,如图12.5所示。

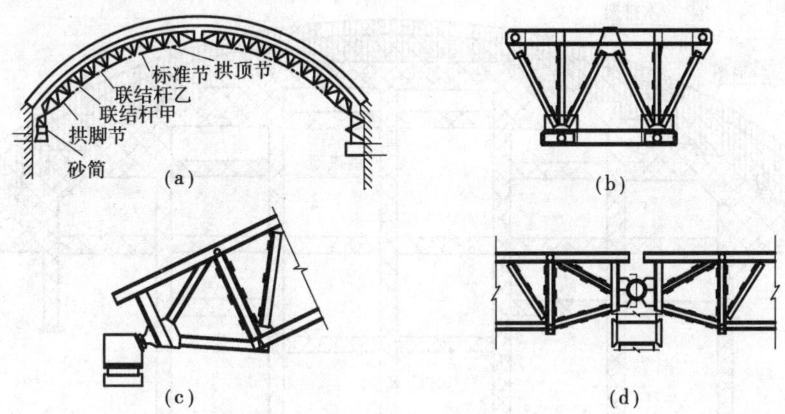

图12.5　常备拼装式桁架型拱架

②装配式公路钢桥桁节拼装拱架

在装配式公路钢桥桁节上弦接头处加上一个不同长度的钢铰接头,即可拼成用于多种曲度和跨度的拱架。拱架两端应设拱脚节及支座以构成两铰拱架，为使完工后卸架方便，应在弓形木下设置木楔。拱架的横向稳定需依靠各片拱架间的抗风拉杆、撑杆以及风缆等设备来保证，拱架构造如图 12.6 所示。

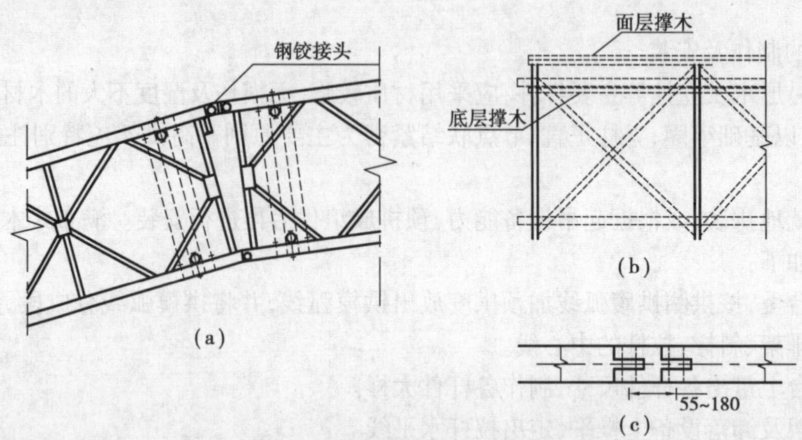

图 12.6　公路装配式钢桥桁节拼装拱架

近年来，这种拱架形式在四川、贵州等地应用较多，非常适合于山区地形复杂，又需要建造拱桥的地区。

③万能杆件拱架

万能杆件经补充一部分带钢铰的联结短杆后也可拼装成拱架。拼装时，先拼成桁架节段，再用长度不同的联结短杆连成折弧形。

④万能杆件桁架、装配式公路钢桥桁架与木拱盔或钢管脚手架组合拱架

图 12.7 所示为山西丹河大桥（146 m 跨石拱桥）所采用的拱架形式，由万能杆件桁架（也可用装配式公路钢桥桁架）拼装成支架，上面布置帽木、立柱、斜撑、横梁及弧形木等构成拱架。图 12.8 所示为一座 60 m 拱桥的组合拱架示意，它是用钢管脚手架取代帽木、立柱、斜撑、横梁及弧形木形成拱架。

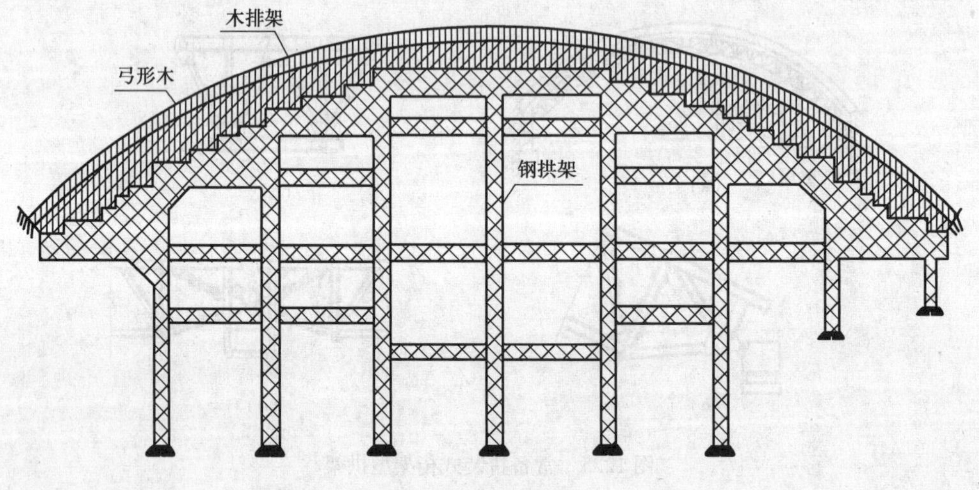

图 12.7　丹河大桥拱架

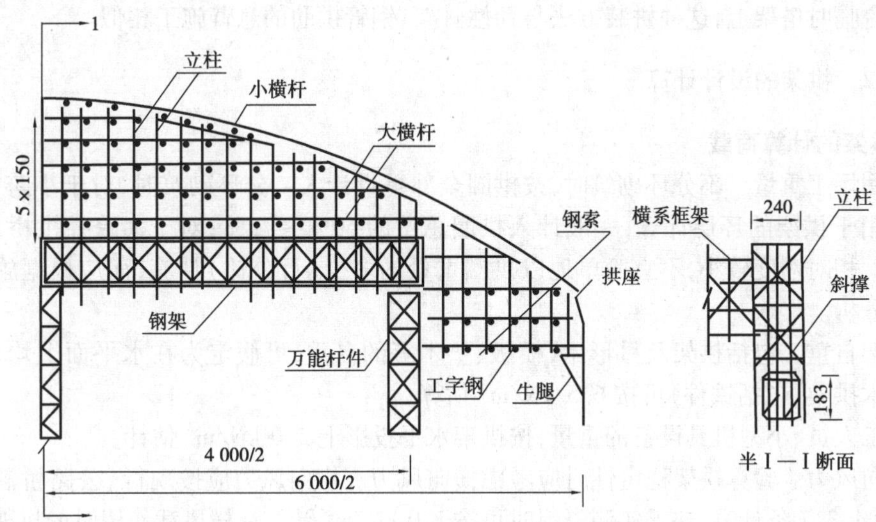

图12.8　60 m跨组合拱架

⑤斜拉贝雷平梁拱架

如图12.9所示,斜拉贝雷平梁拱架可用于一跨或几跨连续施工的情况,在距边墩一定位置设一临时墩,在中间墩墩顶各设一个塔柱,塔柱顶端伸出斜拉杆(索)拉住贝雷平梁,平梁设拱盔,形成几孔连续的斜拉式贝雷平梁拱架结构。

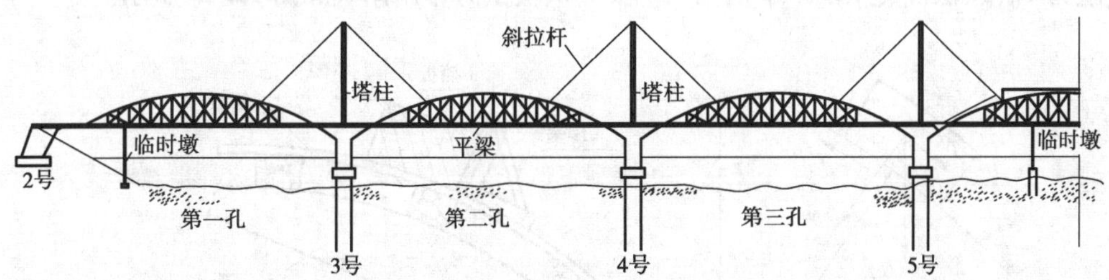

图12.9　斜拉贝雷平梁拱架

斜拉贝雷平梁拱架的平梁可采用浮吊船架设,也可采用悬臂扒杆节段拼装。

由于斜拉贝雷平梁拱架柔性较大,施工中应严格掌握和控制对称加载及塔柱、平梁的挠曲变形,控制平梁、斜拉杆(索)及塔柱的受力不超限。该拱架适用于山区河流、航道复杂地段或深谷间施工的钢架拱及其他拱桥的现浇施工。

2)钢桁架拱架的安装

①半拱旋转法

该架设方法是将每片拱架先组拼成两个半拱片,然后同时将左、右半拱片吊至一定高度。起吊前拱铰先安在支座上,然后用拉索使两半拱拱架向上旋转合龙。

②竖立安装法

在桥跨内的两端拱脚上,垂直拼成两半孔拱架,再以绕拱脚铰旋转的方法安放至设计位置进行合龙。

③悬臂拼装法

适用于拼装式桁架型拱架。拼装时从拱脚起逐节进行,拼装好的节段,用滑车组或斜拉索系吊在墩台临时塔架上,这种拼装方法与劲性骨架、钢管拱肋的悬臂施工相似。

12.1.2　拱架的设计计算

(1)拱架的计算荷载

①拱圈圬工重量。不分环砌筑时,按拱圈全部重量计入。分环砌筑时,对于小跨径拱桥,按实际作用于拱架的环层计算,一般计入拱圈总重的60% ~75%;对于大跨径拱桥,分环数多,拱架高,相对刚度较小,不宜简单地以拱圈重量的多少(百分比)计算,而应根据施工工序进行整体分析。

②拱架自重。包括拱架及弓形木,模板、垫木等的自重,可假定为在水平面上均匀分布。对排架式木拱架(包括铁件)可按6.5 kN/m^3 估算。

③施工人员、小型机具设备的重量,按拱架水平投影上2.0 kN/m^2 估计。

④横向风力。验算拱架稳定性时应考虑横向风力。横向风力应按现行《公路桥涵设计通用规范》第4.3.7条计算,缺乏实测资料时可按1.0 kN/m^2 计。受横风载作用时的拱架抗倾覆稳定系数不小于1.3。

(2)满布式拱架的计算

1)拱块重力的分解

作用在拱架上的拱块重量,只有在拱顶处是全部传到拱架上的,在其他处,拱块重量将分解为垂直于斜面的正压力 N 和平行于斜面的切向力 T。此外,由于 N 的作用,使拱块与模板间产生阻力 T_0,以抵抗使拱块下滑的切向力 T。拱块重力作用图式如图12.10所示。

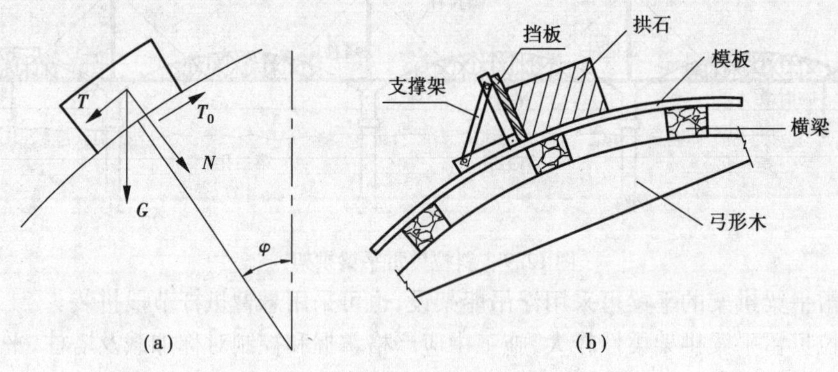

图12.10　立柱式和撑架式拱架计算图式

$$N = G\cos\varphi \tag{12.1}$$

$$T = G\sin\varphi \tag{12.2}$$

$$T_0 = \mu_1 N = \mu_1 G\cos\varphi \tag{12.3}$$

式中:G——拱块重量;

μ_1——拱块与模板间的摩阻系数,混凝土拱圈采用0.47,石砌拱圈采用0.36。

作用在拱架斜面上的拱块切向力 T,当 $T \leqslant T_0$ 时,应采用 T;当 $T > T_0$ 时,应采用 T_0,其差值($T - T_0$)将传给下一已成拱块,或由临时支撑架传给下一段斜梁。

2)满布式木拱架杆件内力计算

计算满布式木拱架时,不考虑拱盔的桁架作用,各杆件的内力可从拱顶开始用节点法逐次分析,但大多用图解法,以避免繁琐计算。图 12.11 所示为拱架顶部 4 个不同的节点受力情况。

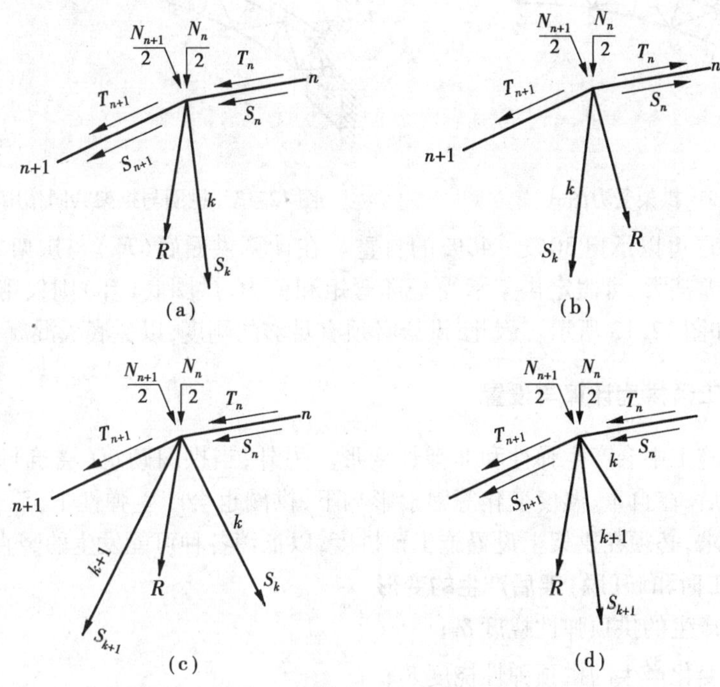

图 12.11　拱架顶部节点受力图式

由于木拱架的节点构造一般不适于受拉,故斜梁、立柱和斜撑只能承受压力,并假定拱架正压力平均分配于斜梁两端节点,合力 R 只由其作用相邻的两杆件承受,则当斜梁上的作用力 N 和 T 已知时,即可计算出斜梁、立柱和斜撑所受的压力。

斜梁除了承受轴向力外,还要承受由拱石正压力引起的弯矩,应按压弯构件计算。立柱和斜撑按压杆计算。模板按受弯构件计算,斜夹木和横夹木,作为增强稳定之用,按构造要求设计,不考虑受力,不作计算。

(3)拱式拱架的计算

计算三铰拱式拱架内力之前,应根据前述拱架受力分析方法,分别求得各节点所承受的竖直力和水平力,再按三铰拱求得拱架的支承反力 R_a 和 H_a,如图 12.12 所示。然后根据拱架构造用节点法或截面法分析各杆件内力。

这种计算方法比较精确,但也费时。对此,可采取具有一定精度且偏于安全的简捷方法。即在计算拱架荷载时,不考虑拱块和模板间的摩阻力及拱块部分重量,可由下一拱块逐次传至拱脚的有利作用,假定拱块全部重量均由拱架承担,于是各节点仅有竖向力 G,这样就大大简化了计算,并可利用影响线选择合理的砌筑(或浇筑)顺序。

对于钢桁拱架,由于拱架的上下弦隐蔽程度不同,温差颇大,要根据当地情况对温度作出估计,进行温度应力验算。

大跨度拱桥的拱圈(肋)自重很大,为了节省拱架材料,多采用分层浇(砌)筑法,并使先浇(砌)好的拱圈层与拱架一起共同支承后浇(砌)拱圈层的重量。理论计算和工程实践表明,先

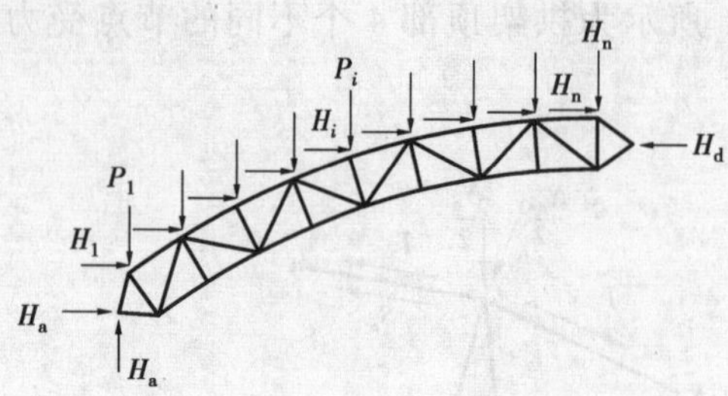

图 12.12 拱架受力图式

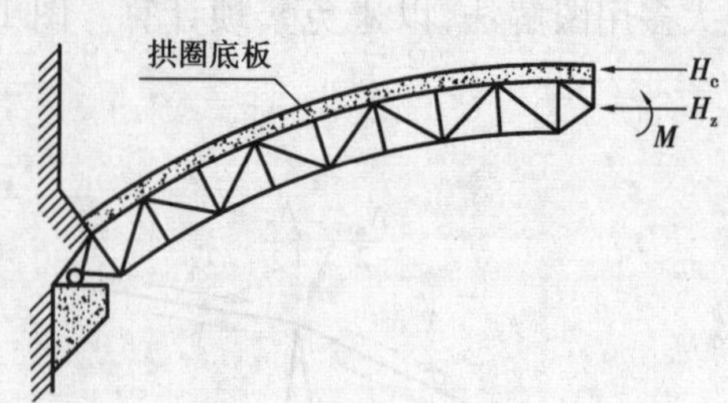

图 12.13 拱圈与拱架共同作用情况

浇(砌)好的拱圈层可以承担 30% ~40% 的自重。在计算拱圈底(环)与拱架共同工作时,由于两者的刚度相差甚大,可假定拱架承受全部弯矩和剪力,拱圈底(环)则仅帮助拱架承受一部分轴向压力,如图 12.13 所示。因此,拱架必须有足够的刚度,以免底板混凝土开裂。

12.1.3 施工预拱度计算与设置

拱架在拱桥施工中会产生弹性和非弹性变形。另外,当拱圈砌筑(浇筑)完毕,强度达到要求而卸落拱架后,在自重、温度变化等因素影响下,拱圈也会产生弹性下沉。为使拱圈的拱轴线符合设计要求,必须在拱架上设置施工预拱度,以抵消各种可能发生的竖直变形。

(1)拱圈施工时和卸(脱)架后产生的变形

①拱圈自重产生的拱顶弹性挠度 δ_1;

②拱圈温度变化产生的拱顶弹性挠度 δ_2;

③拱圈墩台位移、支座变形产生的拱顶弹性挠度 δ_3;

④混凝土拱圈因混凝土硬化收缩产生的挠度 δ_4;

⑤拱架和支架在设计荷载下的弹性及非弹性变形 δ_5、δ_6 及由于卸拱设备的非弹性压缩产生的非弹性下沉 δ_7;

⑥拱式拱架在设计荷载下产生的弹性挠度 δ_8 和非弹性下沉 δ_9;

⑦支架基础受载后的非弹性压缩 δ_{10};

⑧无支架吊装时的裸拱变形 δ_{11},一般可预估为 $l_0/1\,000$,l_0 为拱圈的计算跨径;

⑨斜拉平梁拱架由于不平衡加载引起的塔柱变形产生的挠度 δ_{12}。

(2)拱圈脱架后弹性挠度下沉值估算

1)拱圈自重产生的拱顶弹性挠度值 δ_1

拱圈自重产生的拱顶弹性变形可用以下两种方法计算,以资比较:

①按水平推力影响线计算:

$$\delta_1 = \frac{H_G l_0}{E d_d}\left(\eta_H + \frac{f_0}{l_0}\right) \tag{12.4}$$

式中:H_G——不计弹性压缩的拱圈横截面水平推力;

l_0——拱圈计算跨径;

d_d——拱顶厚度;

E—— 拱圈材料弹性模量;

f_0——拱圈计算矢高;

η_H——水平推力影响线在跨径中点的坐标，可自无铰拱计算用表查得，悬链线拱按下式计算：

$$\eta_H = K\frac{l_0}{f_0(1+\mu_1)} \tag{12.5}$$

式中：$K=0.23\sim0.28$，随拱轴系数大小而定；

μ_1——计算系数，可参见有关设计手册。

②按拱的平均压力计算：

$$\delta_1 = \frac{\left(\frac{l_0}{2}\right)^2 + f_0^{\ 2}}{f_0}\cdot\frac{\sigma}{E} \tag{12.6}$$

式中：l_0，f_0，E——意义同上；

σ——拱圈横截面产生的平均压应力，可取 $\sigma = \frac{H_G}{A\cos\varphi_m}$，其中 φ_m 为半跨拱弦线与水平线夹角，H_G 意义同上，A 为拱圈平均截面积。

2）拱圈因温度变化产生的拱顶弹性挠度值 δ_2

$$\delta_2 = \frac{\left(\frac{l_0}{2}\right)^2 + f_0^2}{f_0}\alpha\cdot(t_1 - t_2) \tag{12.7}$$

式中：l_0，f_0——意义同前；

α——拱圈材料线膨胀系数；

t_1——年平均温度；

t_2——合龙时的温度；

当 $(t_1-t_2)>0$ 时，拱顶上挠，反之，拱顶下挠。

3）墩台水平位移产生的拱顶弹性挠度值 δ_3

$$\delta_3 = \frac{l_0}{4f_0}\Delta l \tag{12.8}$$

式中：Δl——拱脚相对水平位移总和。

4）混凝土拱圈由收缩徐变产生的拱顶下沉值 δ_4

整体施工拱圈，可按降低温度 15 ℃所产生的下沉值计算。分段施工的拱圈，可按降低 5～15 ℃计算。计算公式见式(12.7)。

(3)满布式拱架在拱顶处产生的弹性及非弹性下沉

满布式拱架受载后，主拱圈拱顶产生的弹性及非弹性下沉，同样可按上述拱圈脱架后所产生的弹性挠度下沉值的估算。满布式拱架本身的下沉量按下列项目估算：

1）拱架和支架在受载后的弹性下沉 δ_5

$$\delta_5 = \sum\frac{\sigma}{E}h \tag{12.9}$$

式中：σ——拱架立柱受载后的压应力；

H——立柱高度；

E——立柱材料的弹性模量。

2）拱架和支架在受载后的非弹性变形 δ_6

此种变形是由于杆件结合不紧密（缝隙）所致，其值一般按经验估算。顺纹木料相接，每条接缝变形以 2 mm 计；横纹木料相接以 3 mm 计；顺纹与横纹木料相接以 2.5 mm 计；木料与金属或木料与圬工相接以 2 mm 计。

$$\delta_6 = 2K_1 + 3K_2 + 2.5K_3 + 2K_4 \tag{12.10}$$

式中：K_1、K_2、K_3、K_4——各接头数目。

对于扣件式钢管拱架，扣件沿立柱滑动或相对转动可引起拱架非弹性变形，按经验估计。

3）砂筒的非弹性压缩 δ_7

一般 200 kN 压力砂筒为 4 mm，400 kN 压力砂筒为 6 mm，筒内砂子未预压紧时取 10 mm。

4）支架基础受载后的非弹性压缩 δ_{10}

其值一般可估计为：枕梁在砂土上取 5 ~ 10 mm；枕梁在黏土上取 10 ~ 20 mm；打入砂土的桩取 5 mm；打入黏土之桩取 10 mm。

（4）拱式拱架的挠度及下沉量

1）拱式拱架的弹性挠度值 δ_8

$$\delta_8 = \frac{l_0}{5\,000 f_0} \tag{12.11}$$

2）拱架受载后的非弹性下沉 δ_9

$$\delta_9 = \frac{n\Delta}{f_0}\sqrt{\left(\frac{l_0}{2}\right)^2 + f_0^2} \tag{12.12}$$

式中：n——半跨拱架内接缝道数；

Δ——每道缝的宽度，可估计为 1 ~ 2 mm。

3）其他弹性及非弹性下沉

拱式拱架本身变形以外的卸拱设备的下沉，以及在有支架时支架的弹性及非弹性下沉等，可按前述方法估算。

（5）预拱度的设置

拱架在拱顶处的总预拱度，应根据上述各种下沉量，按可能产生的各项数值相加后得到。由于影响预拱度的因素很多，不可能算得非常准确，实际施工时，应根据以上计算结果并结合实际经验，进行适当调整。对一般的砌体拱桥，在缺乏可靠资料时，拱顶预拱度按 $\frac{l_0}{600} \sim \frac{l_0}{800}$ 进行校核或估算。

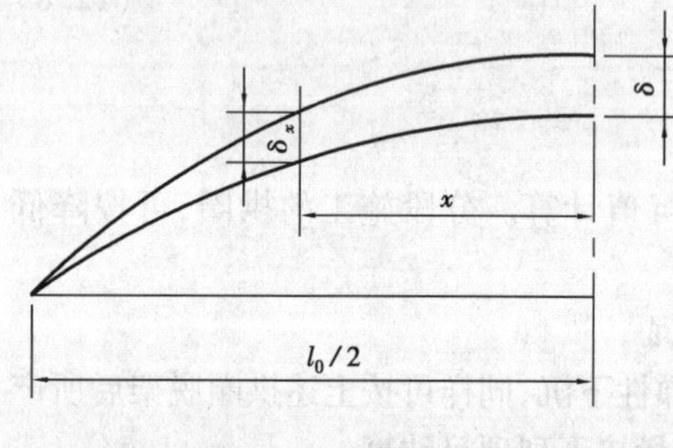

图 12.14　预拱度分配

对于大跨径拱桥，总预拱度值应根据施工工序进行整体结构分析后得出。

计算出拱顶预拱度后，其余各点的预拱度可近似按二次抛物线分配（图 12.14），即

$$\delta_x = \delta\left(1 - \frac{4x^2}{l_0^2}\right) \tag{12.13}$$

式中：δ_x——与拱顶距离为 x 处的预拱度；

δ——拱顶总预拱度；

l_0——拱圈计算跨径。

除按二次抛物线分配以外，也可采用水平推力影响线分配。对于不对称拱桥或坡拱桥，应按拱的弹性挠度反向比例设置。

12.1.4　拱架、拱圈施工放样

(1) 放样平台

大、中跨悬链线拱桥施工，一般均须先在放样台上放出拱圈大样，以确定拱块形状尺寸、拱圈分段位置以及各种构件的位置和尺寸。大样比例一般采用 1∶1，放样平台应选择桥位附近较为平坦和宽敞的场所。随着计算机图形技术的发展，目前已基本上采用计算机图形放样。

(2) 放样方法

拱圈和拱肋一般采用直角坐标法放样。

直角坐标法是以拱轴线的顶点为原点（图 12.15），用经纬仪放出 x—x 及 y—y 两坐标基线及 A—A、B—B、C—C、D—D 等辅助线，并以对角线校核。

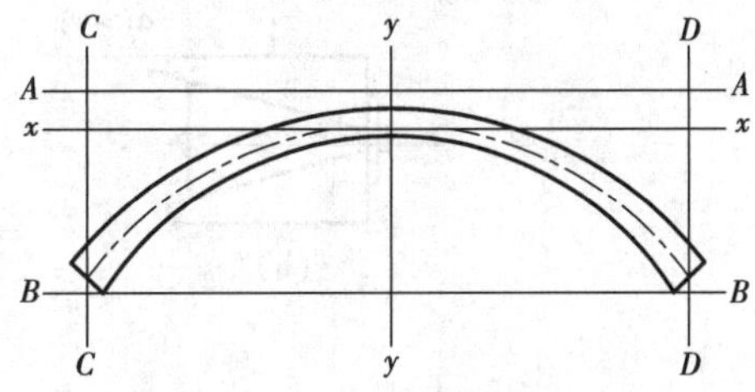

图 12.15　拱圈坐标法放样图

按拱轴线方程计算出计入预拱度后的拱轴线及内外弧线各预定点的纵横坐标，再由经纬仪用交会法放出各点，也可用细钢丝交出各点，然后用长而细的木条（或竹条）将各点联成一平滑曲线。这种方法简单，容易掌握，因此使用较广。

12.1.5　拱架的卸落和拆除

(1) 卸落时间

拱架卸落过程实际上是拱圈受力体系的转换过程，若控制不好，将直接影响拱圈质量，甚至会危及到拱圈和施工人员的安全。通常，拱圈须在砌筑完成后 20 ~ 30 d，砌筑砂浆达到 70% 设计强度或规范规定的要求后才可卸落拱架。此外还须考虑拱上建筑、拱背填料、连拱等因素对拱圈受力的影响，尽量选择对已成拱体影响最小的时机，过早或过迟卸架都将对拱圈受力产生不利。一般情况下，卸架时间应选择在以下阶段进行：

①实腹式拱在护拱、侧墙完成后；

②空腹式拱上腹拱横墙完成、腹拱圈砌筑前；

③裸拱卸架时，应对裸拱进行截面强度及稳定性验算，并采取必要的稳定措施；

④如必须提前卸架，应适当提高砂浆（或混凝土）强度或采取其他措施；

⑤较大跨径拱的拱架卸落期限，一般在设计中有明确规定，应按设计规定进行。

(2) 卸架设备

1) 木楔

木楔有单木楔和组合木楔两种构造型式。单木楔构造简单，在满布式拱架中较常使用。单木楔由两坡度 1∶10 ~ 1∶6的斜面硬木块组成，其构造如图 12.16(a) 所示。落架时，用锤轻轻敲击木楔小头，将木楔取出，拱架即卸落。不足之处是敲击时震动较大，而且容易造成下落不均匀，适合于中、小跨径拱桥。组合木楔由三块楔木和一根拉紧螺栓组成，见图 12.16(b)。卸架时，只需扭松螺栓，楔木在压力作用下徐徐下降，完成卸架。组合式木楔构造简单而完善，比

用单木楔卸落稳定和均匀,适用于40 m以下的满布式拱架或20 m以下的拱式拱架。

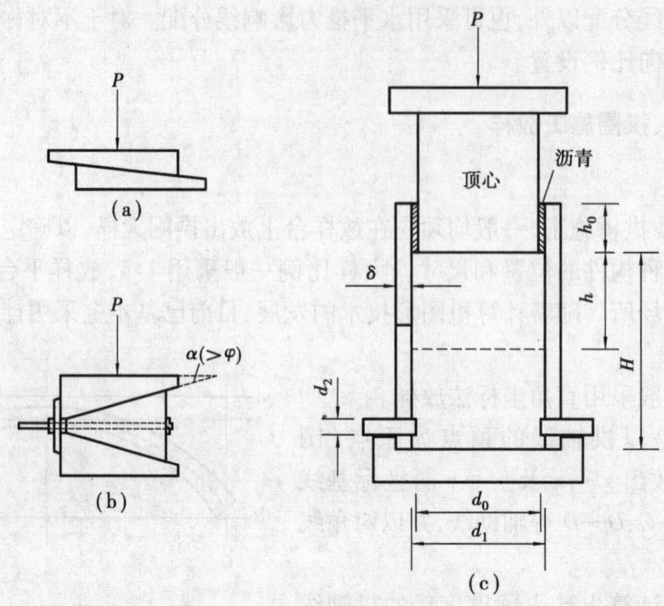

图12.16 卸落用设备

(a)简单木楔;(b)组合木楔;(c)砂筒

2)砂筒

拱式拱架和大跨径拱架在卸落点处的受力较大,宜采用砂筒卸架。砂筒的构造如图12.16(c)所示,它是由内装砂子的金属筒及活塞组成。卸落是靠砂子从筒的下部预留泄砂孔流出,因此,要求砂子均匀、干燥、洁净。砂筒与顶心间的空隙应用沥青填塞,防止砂子受潮。通过砂子流出量可控制拱架卸落高度,这样就能由泄砂孔的开与关,分数次进行落架,并能使拱架均匀下落而不受震动。该卸架设备一般多用于50 m以上的满布式拱架和30 m以上的拱式拱架。我国170 m混凝土箱形拱桥所用的钢制砂筒直径达86 cm,使用效果良好。

3)千斤顶

这种卸架设备可较精确地控制下降量,但费用较高。此外,千斤顶还可用于调整拱圈内力。

(3)满布式拱架的卸落

在卸落拱架中,因拱架受力后产生变形,所以只有达到一定卸落量后拱架才能脱离拱体。满布式拱架所需卸落量,应为拱体弹性下沉量及拱架弹性回升量之和,即前面所列预拱度中δ_1、δ_2、δ_3、δ_4及δ_5等项数值之和。该卸落量为拱顶处的卸落量,拱顶两边各支点的卸落量可按直线比例分配。卸落时应从拱顶开始,同时向两端对称地进行。悬链线拱桥的拱架,可从两拱脚开始分别对称地向拱顶进行,或由两边1/4处开始,分别对称地向拱顶和拱脚两个方向进行。为使拱体逐渐均匀地降落和受力,各点卸落量应分成几次和几个循环逐步完成,各次和循环之间应有一定的间歇。

(4)钢桁架拱架的卸落及拆除

1)卸落量的计算

拱式拱架的卸落量一般应包括δ_1、δ_2、δ_3、δ_4和δ_5。

2)卸落方法

卸落设备位于拱顶时,可在系吊或支撑的情况下逐步松动卸落设备,逐步卸落拱架,至拱架脱开拱体后,将拱架拆除。

当卸落设备(一般用砂筒)设于拱脚下时,为防拱架与墩台顶紧阻碍下降,应在拱脚三角垫与墩台间设置木楔(图12.17)。卸落拱架时,先松动木楔,清除墩台对拱架降落的阻力,再逐步对称地降落砂筒。

在拱架与拱体间有一定的空间时,也可采取满布式拱架的卸落方法,即在弓形木或横梁下各支点处设置木楔,用此木楔完成卸落量,使拱架脱开后再拆除拱架。

拼装式钢桁架拱架可吊挂在已建成的拱体上分节拆除,拆除的拱节可用缆索吊车或汽车吊车吊移。拆除方法如图12.18所示。

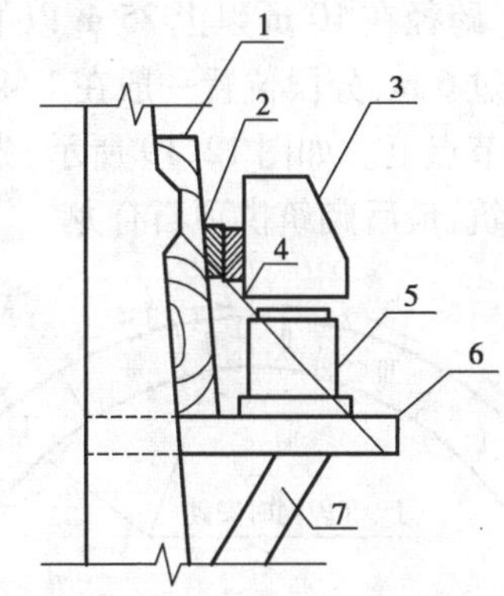

图12.17　钢桁架拱架卸落装置

1—垫木;2—木楔;3—混凝土三角垫;4—斜拉杆;5—砂筒;6、7—支架

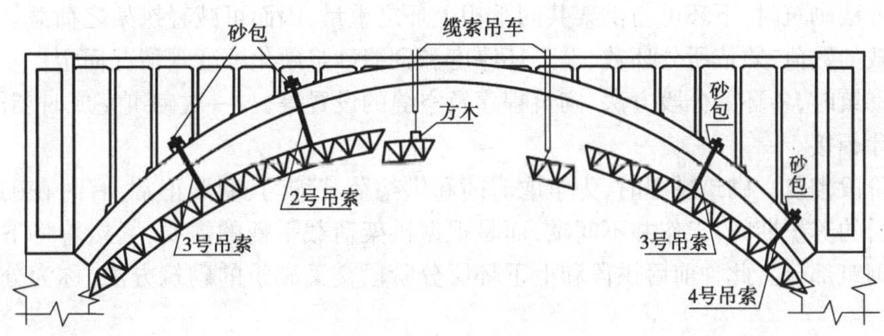

图12.18　拼装式拱架拆除

12.1.6　圬工拱圈及拱上结构的砌筑

(1)拱圈的砌筑

在拱架上砌筑拱圈时,拱架将随荷载的增加而不断变形,有可能使已砌筑砌体产生裂缝。为了保证在整个砌筑过程中,拱架受力均匀,变形最小,拱圈质量符合设计要求,必须选择适当的砌筑方法和顺序。一般可根据跨径的大小采用不同的砌筑方法。

在多跨连拱拱桥的施工中,应考虑与邻孔的对称均衡问题,以防桥墩承受过大的单向推力。当为拱式拱架时,应适当安排各孔砌筑程序;当为满布式拱架时,应适当安排各孔拱架的卸落程序。

1)拱圈按顺序对称砌筑

跨径16 m以下的拱圈,当采用满布式拱架施工时,可以从拱脚至拱顶一次性按顺序对称砌筑,在拱顶合龙。当采用拱式拱架时,对跨径10 m以下的拱圈,应在砌筑拱脚的同时,预压拱顶与拱跨1/4部位。

2)拱圈三分法砌筑

①分段砌筑。采用满布式拱架砌筑、跨径在16 m以上25 m以下的拱圈和采用拱式拱架

砌筑、跨径在 10 m 以上 25 m 以下的拱圈,可采取每半跨分成三段对称砌筑方法。每段长度不宜超过 6 m,分段位置一般在 1/4 点及拱顶(3/8 点)附近。当为满布式拱架时,分段位置宜在拱架节点上。如图 12.19 所示,先对称砌筑Ⅰ段和Ⅱ段,后砌Ⅲ段,或各段同时向拱顶方向对称砌筑,最后砌筑拱顶石合龙。

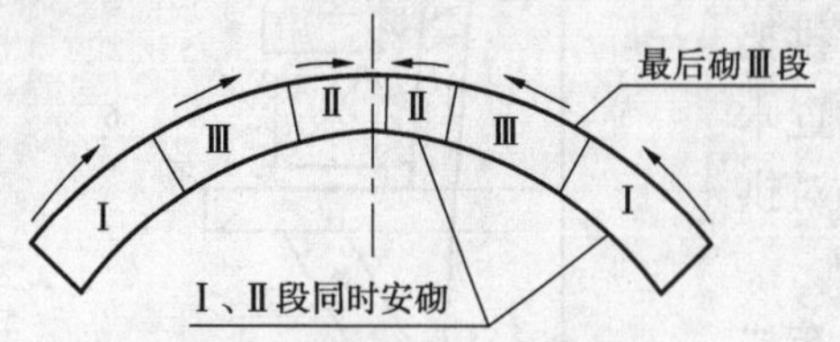

图 12.19　分段砌筑(跨径小于 25 m)

跨径大于 25 m 时,应按跨径大小及拱架类型等情况,在两半跨各分成若干段、均匀对称地砌筑。每段长度一般不超过 8 m。具体分段方法应按设计规定,无规定时应通过验算确定。

分段砌筑时应预留空缝,以防拱架变形产生拱圈开裂,并起部分顶压作用。空缝数量应视分段长度而定。一般在拱脚附近、1/4 点、拱顶及满布式拱架的节点处必须设置空缝。

②分环砌筑。较大跨径石拱桥的拱圈,当拱圈较厚由三层以上拱石组成时,可将全部拱圈分成几环砌筑,砌一环合龙一环。当下环砌完并养护数日,砌缝砂浆达到一定强度时再砌筑上环。按此方法砌筑时,下环可与拱架共同承担上环之重量,因而可减轻拱架之荷载。其所能减轻拱架荷载的数值,须依所分环数、上下环厚度和砌缝砂浆硬化程度等情况而定。

分环砌筑时,各环的分段方法、砌筑程序及空缝的设置等,与一次砌筑完成时相同,但上下环间应犬牙相接。

③分阶段砌筑。砌筑拱圈时,为争取时间和拱架荷载均匀、变形正常,有时在砌完一段或一环拱圈后的养护期间,工作并不间歇,而是根据拱架荷载平衡的需要,紧接着将下一拱段或下一环层砌筑部分。此种前后拱段和上下环层分阶段交叉砌筑的砌筑方法,称为分阶段砌筑方法。

不分环砌筑拱圈的分阶段的砌筑方法,通常是先砌拱脚几排,然后同时砌筑拱顶、拱脚及 1/4 点等拱段。上述各拱段砌到一定程度后,再均匀的砌筑其余拱段。

分环砌筑的拱圈,可先将拱脚各环砌筑几排,然后分段分次砌筑其余环层。在砌完一环后,利用其养护期,砌筑次一环拱脚之一段,然后砌筑其余环段。

图 12.20 为一孔净跨 30 m、矢跨比 1/5 单层拱圈分阶段砌筑示例,其中在第Ⅱ阶段时应在 1/4 点下方压两排拱石。

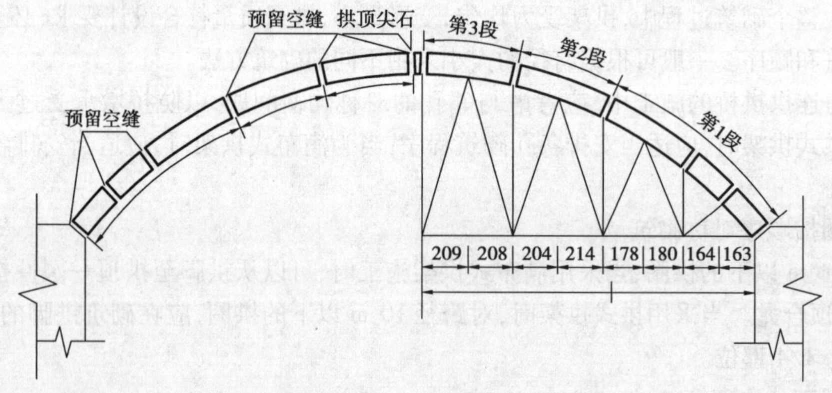

图 12.20　30 m 单层拱圈分阶段砌筑

较大跨径拱圈的分阶段砌筑方法，一般在设计文件中有规定，应按设计文件的规定进行。

3）预加压力砌筑

预加压力砌筑法是在砌筑前，在拱圈上预加一定重量，以防止或减少拱架弹性和非弹性下沉的砌筑方法。此法对于预防拱圈产生不正常变形和开裂较为有效。所需压重材料以利用拱圈本身准备使用的拱石较为简便和节省。加压顺序应与计划砌筑顺序一致。砌筑时，应尽量利用附近压重拱石就地安砌，随撤随砌，使拱架保持稳定。在采用刚性较强的拱架时，可仅预压拱顶，预压拱顶时，可将拱石堆放在该段内，或当时就将该段砌筑完。

压重材料不能利用拱石时，也可采用砂袋等其他材料。

对于刚性较差的拱架，预压须均匀地进行，不可单纯压拱顶。

4）分段支撑

分段砌筑拱圈时，如拱段倾斜角大于石块与模板间摩擦角（约20°），则拱段将在切线方向产生一定的滑动。这种情况下，必须在拱段下方临时设置分段支撑，以防拱段向下滑动。分段支撑所需强度应通过计算求出。

分段支撑的构造依支撑强度而定。强度较大时，须制成三角支撑并须支撑于拱架上。较平坦的拱段，可简单地用横木、立柱、斜撑木等支撑于拱架或模板上。分环砌筑时，上环也可用撑木支撑在下环的拱石上。

三角撑应在拱圈放样平台上按拱圈弧形放样制作。三角撑的构造如图12.21所示。

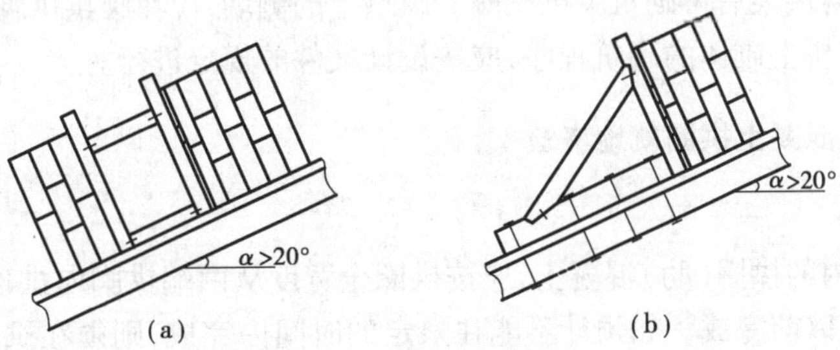

图12.21　分段支撑

（a）支撑支顶在下一拱段；（b）三角支撑支顶在模板上

5）空缝的设置与填塞

砌筑拱圈时所预留的空缝，应位置正确，形状规则，宽度以3～4 cm为宜。在靠近底面和侧面处，缝宽应与周围砌缝相同，且靠空缝一面的拱石应当加工凿平。

空缝的填塞，应在所有拱段及拱顶石砌完后（刹尖封顶及预加压力封顶除外）进行；分环砌筑时，应在整环砌完后进行；当须用大力夯实空缝砂浆，以增强拱圈压力时，应在拱圈砌完且砌缝砂浆强度达到设计的70%后，拱架卸落前进行。填塞空缝宜在一天中较低温度，且两半跨对称地进行。

6）拱圈合龙

砌筑拱圈时，常在拱顶留一龙口，在各拱段砌筑完成后安砌拱顶石合龙。分段较多的拱圈和分环砌筑的拱圈，为使拱架受力对称和均匀，可在拱圈两半跨的1/4处或在几处同时砌筑合龙。

为防止拱圈因温度变化而产生过量的附加应力，拱圈合龙应按设计规定的温度和时间进行。设计无规定时，宜选择在接近当地年平均温度时或昼夜平均温度（一般为10～15 ℃）时进行。

(2)拱上砌体的砌筑

拱上砌体的砌筑,必须在拱圈砌筑合龙和空缝填塞后,经过数日养护,使砌缝砂浆强度达到70%后才能进行。养护一般不少于3昼夜,跨度较大时应酌情延长。

砌筑实腹式拱的拱上砌体时,应按图12.22所示将侧墙等拱上砌体分成几部分,由拱脚向拱顶对称做台阶式砌筑。拱腹填料可随侧墙砌筑顺序及进度进行填筑。填料数量较大时,宜在侧墙砌完后再分步进行填筑。实腹式拱应在侧墙与桥台间设伸缩缝使二者分开。多跨拱桥应在桥墩顶部设伸缩缝使两侧侧墙分开。

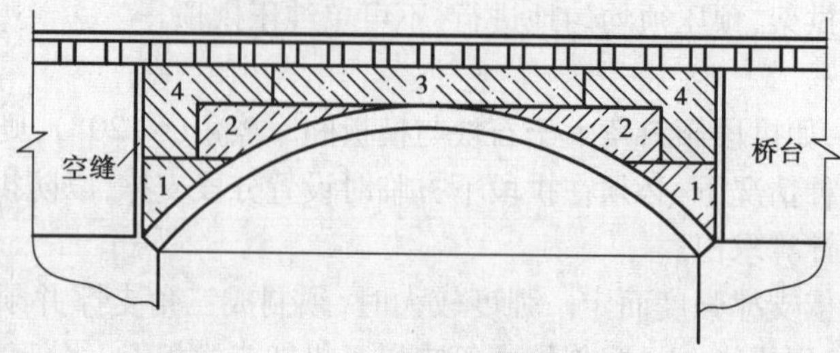

图12.22 砌筑实腹式拱的拱上砌体

为防止空腹式拱桥的腹拱受到主拱圈卸落拱架时的变形影响,可在主拱圈砌完后,先砌腹拱横墙,然后待卸落拱架后再砌筑腹拱拱圈。腹拱上的侧墙,应在腹拱拱脚处设置变形缝。

较大跨径拱桥桥上砌体的砌筑程序,应按设计文件的规定进行。

12.1.7 钢筋混凝土拱圈就地浇筑

(1)连续浇筑

跨度16 m以内的拱圈(肋)混凝土,应按拱圈全宽度从两端拱脚向拱顶对称连续浇筑,并在拱脚混凝土初凝以前完成。如预计不能在限定的时间内完成,则须在拱脚处留一隔缝并最后浇筑隔缝混凝土。

(2)分段浇筑

跨度大于16 m的拱圈(拱肋),为减少混凝土的收缩应力,避免因拱架变形产生裂缝,应采取分段浇筑的方法,拱段长度一般为6~15 m。分段位置应能使拱架受力对称、均匀和变形小为原则。拱式拱架宜设置在拱架受力反弯点、拱架节点、拱顶及拱脚处;满布式拱架宜设置在拱顶、$L/4$、拱脚及拱架节点处。如预计变形较小且采取分段间隔浇筑时,也可减少或不设间隔槽。间隔槽的位置应避开横撑、隔板、吊杆及刚架节点等处。间隔槽的宽度以便于施工操作和钢筋联结为度,一般为50~100 cm。间隔槽内的混凝土,为防止延迟拱圈合龙和拱架拆除时间,可采用比拱圈强度高一级的半干硬性混凝土。

拱段的浇筑程序应符合设计规定,在拱顶两侧对称地进行,使拱架变形保持均匀并尽可能地最小,并应预先做出设计。分段浇筑时,各分段内的混凝土应一次连续浇筑完毕,因故中断时,应浇筑成垂直于拱轴线的施工缝。

间隔槽混凝土,应待拱圈分段浇筑完成,且达到75%设计强度和结合面按施工缝处理后,由拱脚向拱顶对称浇筑。拱顶及两拱脚间隔槽混凝土应在最后封拱时进行。封拱合龙温度应符合设计要求,如设计无规定时,宜在接近当地年平均温度或在5~15 ℃。

(3)箱形截面拱圈或拱肋的浇筑

箱形截面拱圈或拱肋,一般采取分环、分段的浇筑方法。分段的方法与上述方法相同。分环的方法应根据截面形式和截面高度确定,一般是分成两环或三环,特大跨径桥梁分环数则更多。分两环浇筑时,先分段浇筑底板,然后分段浇筑腹板、横隔板与顶板。分三环浇筑时,先分段浇筑底板,然后分段浇筑腹板和横隔板,最后分段浇筑顶板。分环分段浇筑时,可采取分环填充间隔槽合龙和全拱完成后最后一次填充间隔槽合龙两种不同的合龙方法。分环填充间隔槽合龙时,已合龙的环层可产生拱架作用。在浇筑上面环层时可减轻拱架作用。在浇筑上面环层时可减轻拱架负荷,但工期较一次合龙的方法为长。采用最后一次合龙方法时,仍必须一环一环地浇筑,但不是浇完一环合龙一环,而是留待最后一起填充各环间隔槽合龙。此时,上下环的间隔缝应相互对应和贯通,其宽度一般为2 m左右,有钢筋接头的间隔槽为4 m左右。

图12.23所示为一孔146 m跨径的箱形拱圈分环(三环)和分段(9段)浇筑方法。

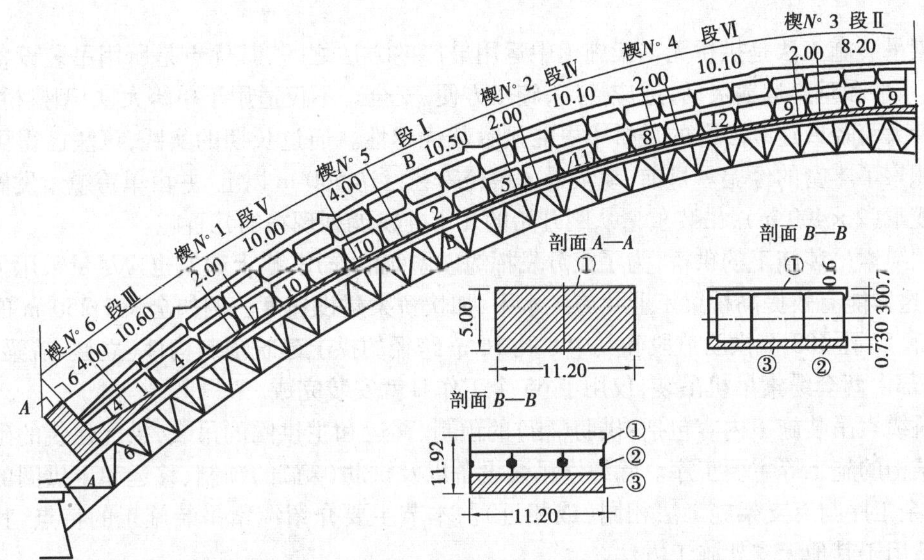

图12.23　箱形拱圈分环分段浇筑(尺寸单位:m)

当拱桥建设工期短,或拱架受到洪水危险时,可采取在拱架上组装并现浇的施工方法。先将预制好的腹板、横隔板和底板钢筋在拱架上组装,在焊接腹板、横隔板的接头钢筋形成拱片后,立即浇筑接头和拱箱底板混凝土。组装和现浇混凝土时,应从两拱脚向拱顶对称进行,浇底板混凝土时应按拱架变形情况设置少量间隔缝,并于底板合龙时填筑,待接头和底板混凝土达到设计强度的75%以上时,安装预制顶板盖板,然后铺设钢筋,现浇顶板混凝土。

(4)拱肋联结系浇筑

当为各拱肋同时浇筑和卸落拱架的情况,各拱肋横向联结系应与拱肋浇筑同时施工并卸落拱架;当为各拱肋非同时浇筑和卸落拱架的情况,应在各拱肋卸架后再浇筑横向联结系。

拱上立柱的柱脚、接头钢筋以及垫梁底座和拉杆的接头钢筋或钢丝束的穿孔,应在浇筑拱肋混凝土时按设计位置预留。

(5)拱圈和拱肋钢筋的绑扎

①拱脚钢筋预埋

无铰拱钢筋混凝土拱圈(拱肋)的主钢筋须伸入墩台内,因此在浇筑墩台混凝土时应按设计要求的位置和深度将其端部预埋入混凝土内。为便于预埋,主钢筋端部可截断,但须使各根钢筋的接头按规定错开。

②钢筋接头布置

为适应拱圈在浇筑过程中的变形,主钢筋或钢筋骨架一般不应使用通长的钢筋,应在适当位置的间隔缝中设置接头。最后浇筑的间隔缝则为必设接头之处。

③绑扎顺序

分环浇筑时,可分环绑扎。分环绑扎时,各预埋钢筋应临时加以固定,并在浇筑混凝土前进行检查和校正。

12.2 缆索吊装施工

缆索吊装施工法是拱桥无支架施工中运用最广的方法之一,其优点是所用吊装设备跨越能力大,水平和垂直运输灵活,适应性广,施工方便、安全。不仅适用于单跨大、中型拱桥施工,在修建特大跨径或连续多孔的拱桥中更能显示其优越性。通过长期的实践,该法已得到很大发展并积累了丰富的经验。目前,缆索最大单跨跨径已达500 m以上,并由单跨缆索发展到双跨连续缆索(2×400 m),吊装重量从刚开始的几十吨发展到现在的几百吨。

采用缆索吊装施工的拱桥,为了充分发挥缆索系统的作用,拱上建筑也应尽量采用预制装配构件,这样能有效提高桥梁工业化施工水平,加快桥梁建设速度。例如全长1 250 m的长沙湘江大桥,17孔408个拱肋节段和其中8孔76 m跨径的拱上建筑预制构件(立柱、盖梁、腹拱圈等)全部由两套缆索吊机吊装,仅用了65个工作日就安装完成。

拱桥缆索吊装施工内容包括:拱肋(箱)的预制、移运和主拱圈的吊装,拱上建筑的砌筑以及桥面结构的施工等主要工序。除缆索吊装设备以及拱肋(箱)的预制、移运和主拱圈的吊装以外,其余工序与有支架施工法相同(或相近)。本节主要介绍缆索吊装施工的特点,其基本内容也适用于其他无支架施工方法。

12.2.1 缆索吊装设备

缆索吊装设备适用于高差较大的垂直吊装和架空纵向运输。公路上常将预制构件运入桥位安装,其设备可自行设计,就地制造安装,亦可购置现成的缆索架桥设备运往工地安装。

缆索吊装系统由主索、起重索、牵引索、扣索、起重及牵引绞车、主索地锚、扣索地锚、塔架、扣索排架、风缆等主要部件组成,其布置形式见图12.24。

(1)主索

主索又称承重索或运输天线,横跨桥墩,支承在两侧塔架的索鞍上,两端锚固于地锚,吊运拱箱(肋)或其他构件的行车支承于主索上。主索常用纤维芯钢丝绳组成,其直径、型号和根数应根据主索跨度(索塔间距)、起吊重量、设计垂度等因素计算而定,一般根据桥面宽度及设备供应情况可设置1~2组主索。每组主索由若干根平行钢丝绳组成。

(2)起重索

起重索套绕于主索滑车组上,用于构件的垂直起吊。起重索一端与卷扬机滚筒相连,另一端固定于对岸的地锚上。这样,当行车在主索上沿桥跨往复运行时,可保持行车与吊钩间的起

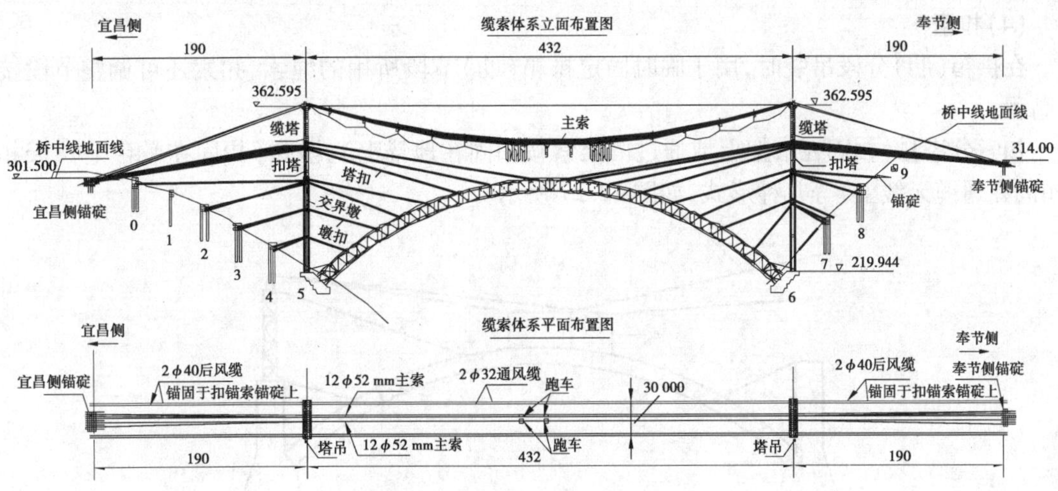

图12.24　缆索吊装布置示意

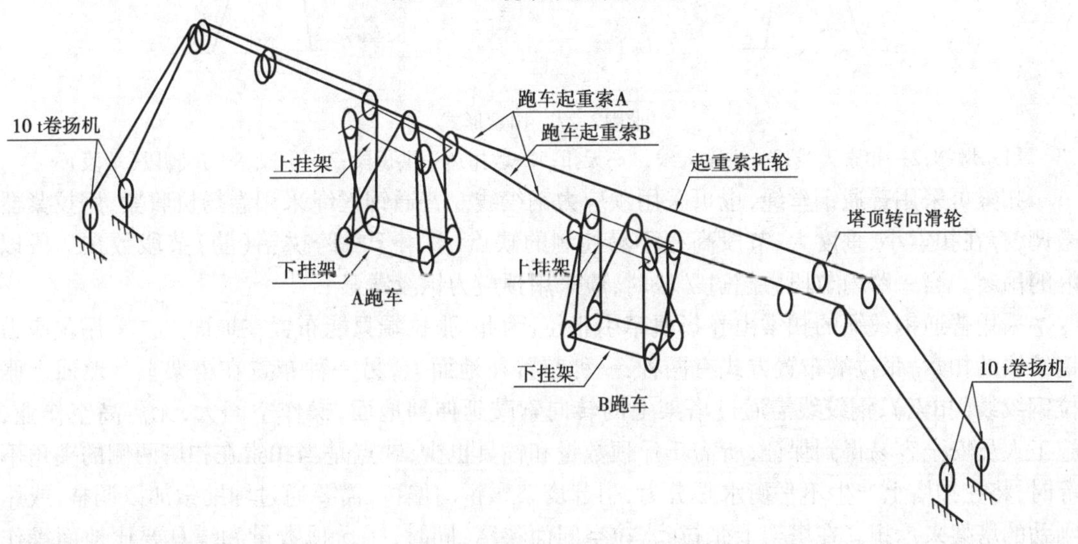

图12.25　起重索

重索长度不随行车的移动而改变(图12.25)。

(3)牵引索

用于牵引行车在主索上往返运行。牵引索宜选用柔性好的钢丝绳(图12.26)。牵引索既可分别连接在两台卷扬机上,也可合栓在一台双滚筒卷扬机上,便于操作。

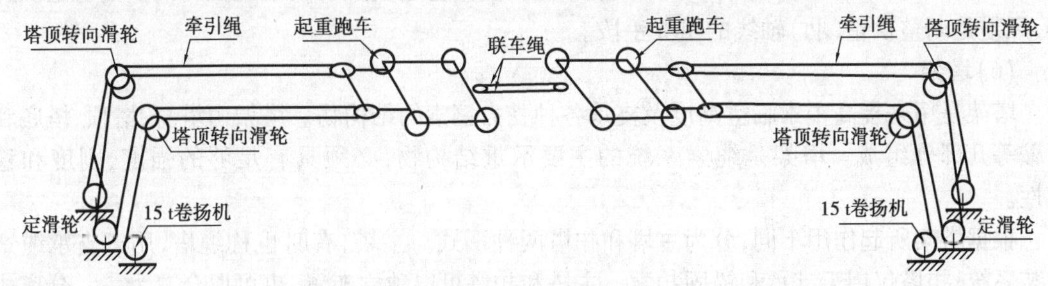

图12.26　牵引索

(4)扣索

在拱箱(肋)分段吊装时,用于临时固定拱箱(肋)节段所用的绳索,扣索还可调整节段接头高程。

扣索分塔扣(扣固在塔架上或通过塔架索鞍扣固在地锚上)、墩扣(扣固在墩台上)、天扣(扣固在通缆天线上)等几种形式,如图 12.27 所示。

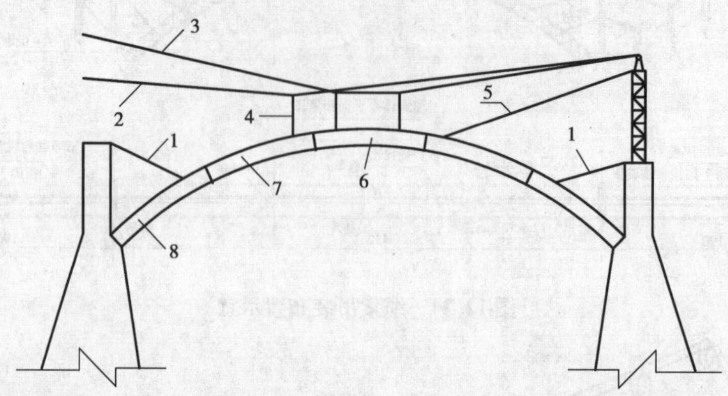

图 12.27　扣索形式

1—墩扣;2—扣索天线;3—主索天线;4—天扣;5—墩扣;6—拱顶段;7—中段;8—拱脚段(端段)

扣索可采用普通钢丝绳,也可采用预应力钢绞线。普通钢丝绳采用卷扬机收紧,用拉紧器微调,存在扣索小、垂度大、节段高程不易控制的缺点,多用于一跨拱箱(肋)节段数在 7 段以内的吊装。当一跨内节段数超过 7 段时,应采用预应力钢绞线。

采用普通钢丝绳的扣索由卷扬机牵引张拉,因此,张拉端只能布置在地面上。采用预应力钢绞线的扣索,张拉端布置方式有两种:一种布置在地面上,另一种布置在塔架上。地面上张拉钢绞线(扣索),钢绞线需通过塔架上的转向索鞍延伸到地面,操作空间大,无需高空作业,施工人员安全容易得到保证,所需千斤顶数量和锚具也少;缺点是当扣索在扣塔两侧的夹角不等时,将在扣塔上产生不平衡水平分力,引起塔架顺桥向偏位,需要通过辅助索加以调整,或用刚劲的塔架来承担。在塔架上张拉,张拉空间面狭窄,同时,千斤顶数量和锚具要比地面操作多一倍,但可以根据扣塔两侧不同的夹角,张拉不等的扣索力,使扣塔两侧的水平分力相等,避免塔架的偏位,提高了塔架的安全性。通常,采用主塔、扣塔合一的缆吊系统,多将扣索张拉端布置在塔架上。

(5)风缆

风缆又称缆风索、浪风索,用来保证塔架的纵横向稳定及拱肋安装就位后的横向稳定。此外,风缆是调整拱箱(肋)轴线的重要手段。

(6)塔架

塔架是用来提高主索临空高度及支承各种受力钢索的结构物。塔架由塔身、塔顶、塔底和索鞍等几部分组成。塔架是缆索系统的主要承重结构物,必须具有足够的强度、刚度和稳定性。

根据塔架所起作用不同,分为主塔和扣塔两种形式。主塔,有时也称缆塔,用于支承缆索吊装系统;扣塔仅用于支承和锚固扣索。主塔和扣塔可以独立布置,也可以合二为一。分离式塔架,主塔、扣塔各成体系,相互干扰少,拱肋线形容易控制,缺点是钢材用量大,增加了工程造价。尤其是当地形条件受到限制时,这种布置方法往往很难实现。对此,可采用主塔、扣塔合二为一的布置方式,将主塔置于扣塔顶之上,主塔与扣塔联结处用销轴连接,这样主塔仅传递竖向力而不传递弯矩,在吊装拱肋节段时,主塔的偏位不会影响到扣塔。这种方式的优点在于用钢量少,但构造较为复杂。

塔架可用型钢构件、万能杆件或钢管组拼而成,也可采用装配式公路钢桥桁节片(贝雷)等构件拼成。

塔架顶上设置索鞍,为放置主索、起重索、扣索等用。可以减小钢丝绳与塔架的摩阻力,使塔架承受较小的水平力,并减小钢丝绳的磨损。

塔底有铰接和固结两种方式。底座设铰的塔架必须依靠风缆维持稳定。当塔架固结时,可将塔架脚底固定在基础混凝土中,或用预埋螺栓与塔固结。固结的塔底可以承受弯矩,减小塔顶偏位,但塔架的稳定仍需用风缆帮助。

(7)地锚

亦称地垄、锚碇,用于锚固主索、扣索、起重索和铰车等。地锚的可靠性对缆索吊装的安全有决定性影响,设计和施工都必须高度重视。按照承载能力的大小及地形、地质条件的不同,地锚的形式和构造可以是多种多样的。此外,还可以用桥墩、桥台、预应力锚桩作锚锭等。

(8)电动卷扬机及手摇绞车

用于作牵引、起吊等的动力装置。电动卷扬机速度快,但不易控制,多用于起重索和牵引索。对于要求精细微调钢束的部位,多采用手摇绞车,以便于操纵。

(9)其他附属设备

其他附属设备包括行走在主索上的行车、起重滑车、横移索、各种倒链葫芦等。

缆索吊装设备的型号及规格非常多,必须按照因地制宜的原则,结合工地具体情况合理选择,才能取得良好的效果。

12.2.2　拱箱(肋)预制

(1)混凝土拱箱(肋)预制

预制拱箱(肋)首先要按设计图的要求放出拱箱(肋)的大样。在大样上按设计要求划分出拱箱(肋)的吊装节段,然后以每段拱箱(肋)的内弧下弦为 x 轴,在此 x 轴上作垂线为 y 轴,在 x 轴上每隔 1 m 左右量出内外弧的 y 坐标,作为拱箱(肋)分段放样的依据。放样时,应注意各接头的位置力求准确,以减少安装困难。

拱箱(肋)有立式预制和卧式预制两种方法,绝大多数采用立式预制,便于拱箱(肋)的起吊、脱模及移运。采用立式预制时,可根据施工场地、地形、地质等条件选择土牛拱胎立式预制、木架立式预制或条石台座立式预制。

拱箱节段可采用组装式预制,也可采用现浇预制。组装预制时,将拱箱分成底板、腹板、横隔板和顶板等几部分,腹板和横隔板等块件先前预制,随后在拱胎上铺设底板纵横向钢筋,将腹板与横隔板块件安放就位,绑扎好接头钢筋后,浇筑底板混凝土和腹板与横隔板接头混凝土,组成开口箱;再在开口箱内立顶板底模,绑扎顶板钢筋,浇筑顶板混凝土,形成闭口拱箱。待拱箱混凝土达到设计强度后即可移运,进入下一段拱箱的预制工作。

现浇预制时,先将底板和腹板钢筋绑扎好,然后一起浇筑混凝土形成开口拱箱,再立顶板底模,浇筑顶板混凝土。采用现浇预制,拱箱整体性好,但施工工期较组装式预制要长。

(2)钢管拱肋制作

钢管拱肋制作是钢管混凝土拱桥施工中的重要工序和施工质量控制的关键。钢管拱肋制作属于钢结构加工部分,钢管切割、焊接技术要求高,一般应由具有较强钢结构加工能力的单位完成,焊接工人应持证上岗。

钢管拱肋制作方式有工厂化制作和施工现场制作两种。究竟选择何种制作方式,应根据桥梁的结构特点、施工单位的技术水平、施工现场的运输条件、钢管拱肋的安装工艺和经济指标等综合确定。

工厂化制作的好处在于:①能使产品制作处于较稳定的生产流水线上,人员、生产设备和检测设备配置等方面能得到保障;②工厂内制作受温度变化、湿度、粉尘等不利环境的影响相对于现场制作方式要小的多;③可以按照规范的作业程序进行日常生产组织管理,在环保、安全和职业健康管理方面要比现场制作方式更有保证;④场地建设和制作加工所需的设备运输费用低。不足在于:成品或半成品的构件需通过陆地或水运运输到安装现场,运输费用比较高。在运输过程中,有可能发生多次装卸转运,出现部分损伤或损坏的风险性较大。

现场加工制作需要较大的生产场地,受现场施工条件的局限,大型加工设备投入、试验检测手段、环保和安全、职业健康管理等方面不如工厂化制作完善,运输和装卸次数少,运输成本相对较低,但增加了场地建设费用和较多的辅助施工费用。

用于钢管混凝土拱桥拱肋中的钢管有螺旋焊钢管、直缝焊钢管和无缝钢管三种。管径较大的弦管和腹杆通常采用有缝钢管,管径小的钢管宜采用无缝钢管。螺旋焊钢管和直缝焊钢管的焊接等级应达到二级和一级焊缝的要求。

螺旋焊接管加工费用较低,管节较长(一般为 12 ~20 m),成管焊缝质量容易控制,也有利于钢管与混凝土的共同作用。但螺旋焊接管的成管焊缝比直缝焊接管长,在由多管组成拱肋时,容易与其他焊缝相交叉。直缝焊接管加工设备要求较低(通常在 1.2 ~2.0 m),管节较短,运输方便,焊缝少,易于与其他焊缝错开。

拱肋弦管加工成曲线的方法有热加工和冷加工两种方式,即热煨弯成形技术和以直代曲多段短钢管对接拟合拱轴线成形技术。热煨弯成形技术适用于管节较长的螺旋焊接管,有火焰加热煨弯和电加热煨弯两种方式。前者使用火焰加热手段将每个节段的弦管单根在煨弯台架上分环、分段加热到一定温度时,在外力作用下使钢管塑性变形,将钢管弯制成弦管;后者是利用电磁转换设备,将电磁能转化为热能对钢管进行加热,并使用温度设备监测钢管加热温度达到可塑状态时,通过对钢管施加外部作用力,将钢管弯制成拱肋弦管。热煨弯后不得用水冷方法降温,应在空气中自然冷却,这是由于骤冷会使普通低合金钢钢材变脆,容易发生断裂或产生焊接裂纹等。钢管弯曲应按《铁路钢桥制造规范》(TB 10212—98)规定执行。以直代曲方法适合于直管焊接的钢管来加工制作拱肋弦管,这种方法具有工艺简单、设备投入少、加工速度快、对钢材损伤小、施工成本低等优点,但直管连接处有凸点,拱轴线形不连续。当直缝焊接管管节较长时,也应将其弯成弧形。

钢管拱肋制作前应根据运输方式、运输条件和吊装能力确定制作单元,加工制作台必须满足每段拱肋按 1∶1大样放样的要求。要求台座地基基础密实、稳定,表面平整度良好,并按设计要求采用红外测距仪或精度更高的测量仪器放样,用水准仪抄平。

对于桁式拱肋的钢管骨架,弦杆与腹杆及平联的连接尺寸和角度必须准确,连接处的间隙应按钣金展开图要求进行放样。

钢管弯制完成后，与已经加工好的其他部件，如腹杆、节点钢板、拱上立柱底座、吊杆锚箱或拱脚段转动铰等进行组装，形成单节段拱肋。单节段组装方式有卧式拼装和立式拼装两种。

卧式拼装是将钢管拱肋侧向翻转90°，把立面改为平面进行加工制作。国内钢管拱肋桁架的组装多采用卧式拼装，通常用于采用无支架缆索吊装、支架安装工艺的钢管拱桥。卧式拼装方式降低了钢管拱肋节段重心位置和拼装作业高度，便于施工操作和控制，能充分利用自动焊接和起重设备进行作业，提高焊接质量和降低安全风险。

立式拼装是按照钢管拱肋曲线搭设拱形工作支架，使钢管拱肋节段保持立面姿态进行零部件组装。采用该方式加工制作时，由于钢管拱肋节段重心高，稳定性较差，高空作业量增加，作业难度加大，在安全技术方面需要制订相应的措施保证拱肋在立式姿态下稳定，同时工作支架也需要专门设计，耗用的施工辅助材料较多，成本较高。立式拼装主要用于受场地使用要求限制或受安装工艺限制（如采用转体施工、支架施工或双肋悬拼吊装）的钢管拱桥。

大量工程实践表明，立式拼装的精度高于卧式拼装。因此，在条件许可的情况下，优先选用立式拼装。

拱肋节段或拱片制作后，需将多个独立节段进行接头耦合预拼装，以检验钢管拱肋节段之间的对接精度，并对拱肋的偏差进行适当的校调。根据钢管拱桥结构的对称性，拱肋节段加工制作时，一般只需要建立拱肋结构1/2的1∶1大样，即可满足全桥钢管拱肋加工制作的需要。国内最常用的多节段组装拼接工艺主要有半拱全连续拼装工艺和半拱"$n+1$"组合拼装工艺。

当钢管拱肋制作场地有足够面积时，一般采用1∶1半拱大样连续拼装工艺组装和试拼装。该工艺首先在加工制作场地地面按照1∶1放出半拱大样，其次在半拱大样上搭设简易加工台座或支架，最后零部件的组装及拱肋对接试拼装均在加工制作台架上完成。当预制场地受限制，无法采用1∶1大样连续半拱大样布置的情况下，可在加工制作场地采用"$n+1$"组合方式进行钢管拱肋节段试拼装。这里的"n"是指已完成加工制作并通过初步验收的钢管拱肋节段数，"1"表示待对接检验的节段。

在制作钢管拱肋前，加工单位应根据钢管拱肋的构造特点，制订专门的焊接工艺评定和验收标准，焊接工艺评定项目有强度试验、弯曲试验、冲击试验、硬度试验及化学成分、金相试验等，这些试验完全针对焊缝质量的检验。考虑到焊接质量不仅包括焊缝质量，也包括焊接变形控制。焊接工艺评定和验收标准经审查通过后执行。首节段制作完成后，一般应进行验收，验收合格后方可制作生产。

弦杆与腹杆及平联的连接焊缝，应沿全周连续焊接并平滑过渡，可沿全周采用角焊缝，也可部分采用角焊缝，部分采用对接焊缝。弦管管壁与肢管管壁之间的夹角大于或等于120°的区域内宜采用对接焊缝或带坡口的角焊缝。角焊缝的焊脚尺寸h_f不宜大于肢管管壁的两倍。对于承受拉应力的连接斜腹杆与主弦杆的焊缝，强度和质量要求较高，打磨、施焊每一道工序必须经过严格检查后才能实施。对于厂内加工的焊缝，应严格按设计要求进行质量检查和控制。

对于接头连接处无法避免的工地焊接，尤其是高空焊接，影响焊缝质量的因素很多，焊缝质量较难控制，在设计方面应从构造措施方面保证接头的质量。先用内法兰接头连接拱肋节段，接头处留约40 cm长的对接段，在已拼装段上附设内衬管，使对接部分的焊缝能够成为熔透焊缝。为保证工地焊缝的质量，施工单位应选派焊接技术水平高、又有高空作业经验的焊工施焊，并创造良好的焊接条件、选择合适的天气。

12.2.3 吊装方法和加载程序

(1)吊装方法

采用缆索吊装施工的拱桥,吊装方法应根据桥的跨径大小、总长及桥面宽度等具体情况而定。

拱桥的构件一般在河滩上或桥头岸预制和预拼后运送至缆索下面,由起重索起吊牵引至预定位置安装。为了使端段基肋在合龙前保持一定位置,需用扣索临时悬挂后才能松开起重索。吊装应自一孔桥的两端向跨中对称进行,待拱顶段吊装就位,并将各接头位置调整到规定标高以后,才能放松吊索、合龙,最后将所有扣索撤除。

基肋(指拱箱、拱肋或桁架拱片)吊装合龙要拟定正确的施工程序和施工细则,并坚决遵照执行。

跨径较大的箱形拱,当单肋合龙横向稳定安全系数小于4时,可先悬扣多段拱脚段或次拱脚段拱肋,然后用横夹木临时将相邻两肋联结后,安装拱顶段单根肋合龙,松索成拱。

对拱肋跨径大于80 m或横向稳定安全系数小于4时,应采用双基肋合龙松索成拱的方式,即当第一根拱肋合龙并校正拱轴线,楔紧拱肋接头缝后,稍松(但不卸掉)扣索和起重索,压紧接头缝;待第二根拱肋合龙,两根拱肋横向联结固定好并拉好风缆后,再同时松卸两根拱肋的扣索和起重索。

风缆在缆索吊装中,不但可以固定拱肋节段,防止左右晃动,还可起到控制轴线偏位和提高横向稳定的作用,因此,各段拱肋由扣索悬挂在扣架上时必须设置风缆。当拱肋分3段或5段拼装时,至少应保持2根基肋设置固定风缆,拱肋接头处应横向联结。固定风缆应待全孔合龙、横向联结构件混凝土强度达到设计要求后才可撤除。

钢管混凝土拱桥均为大跨度的肋拱桥,拱肋安装过程中的稳定性突出,因此在用缆索吊装法架设钢管拱肋时,可采用上下游拱肋节段及其横系梁整体起吊安装,当缆吊系统受到起吊重量限制只能采取逐段吊装时,必须在相邻两个节段就位后及时安装肋间横系梁,若设计中吊装节段间无永久性横系梁时,也应增设临时横系梁,以增强施工过程中的稳定性。

图12.28所示为某拱桥按五段吊装合龙成拱的节段吊装程序,图中数字为节段安装顺序,其中图(a)中每条拱箱(肋)的节段吊装程序为:

①吊装左端端段①就位,拱脚端与拱座面直接抵接牢靠。上部用扣索扣好,下面将风缆索拉好,然后松去吊索;

②吊运次段拱箱②并与端段①相接。接头处用螺栓固定,上部用扣索扣好,下面用缆风索拉好,然后松去吊索。

③再按上面的程序吊装右端的端段③和中段④。

④吊运合龙段⑤至所在吊孔的上空,徐徐降落并与两中段②、④的上接头相接,然后慢慢松扣合龙成拱。

⑤当拱圈符合设计标高后,即可用钢板楔紧接头,松吊索和扣索(暂不取掉),待全部接头焊接牢固后,方可全部取掉扣索和吊索。

⑥按同样的程序,进行下个拱箱⑥~⑩的吊装。

这种吊装顺序通常适用于拱箱节段数少(通常在7段以内)的拱桥,且只需一组主索。当吊装节段数较多时(如钢管混凝土拱桥),多采用图(b)的安装顺序。需要指出的是,当缆索吊装设备只有一组主索时,除了考虑施工稳定外,还应设法使主索的横移次数尽可能少,以加快安装速度,尽早完成拱肋(箱)合龙。

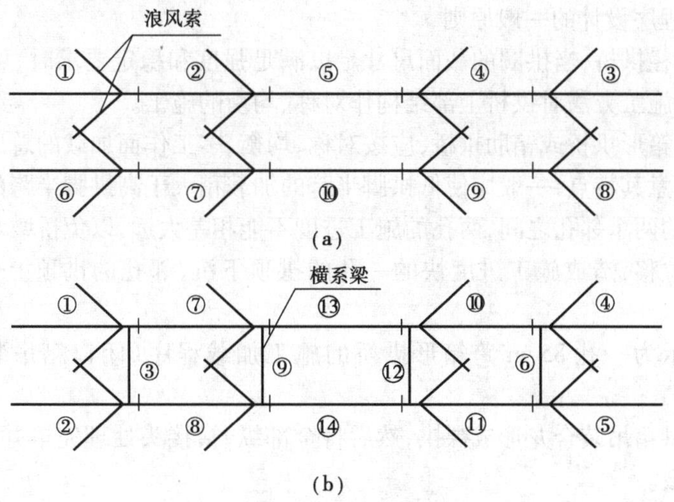

图12.28 拱箱(肋)安装顺序示意图

(a)拱箱安装顺序;(b)拱肋安装顺序

(2)拱肋松索成拱程序

拱肋松索成拱程序是否合理,直接影响成拱后的拱轴线形、横向偏位和主拱内力,因此,必须严格按照既定程序进行。

①松索时应按拱脚段扣索、中段扣索、起重索三者的先后顺序对称均衡地进行,每次松索量以控制各接头标高变化不超过1 cm为限。

②松索调整拱轴线。调整拱轴线时,应观测各接头标高、拱顶及1/8跨径处截面标高。调整拱轴线时精度控制要求为:每个接头点与设计标高之差不大于±1.5 cm,两对称接头点相对高差不大于2 cm,中轴线偏差不超过0.5~1.0 cm,防止出现反对称变形,导致拱肋开裂甚至纵向失稳。

③用厚度不等的薄钢板嵌塞拱肋接头缝隙。

④拱肋松索成拱是一个反复循环的过程,将索放松压紧接头缝后,应再次调整中线偏差至0.5~1.0 cm以内,固定风缆索将接头螺栓旋紧。

⑤电焊个接头部件,全部松索成拱。电焊时,宜采用分层、间隔、交错施焊的方法,每层不可一次焊得过厚,以防灼伤周围混凝土,电焊后必须将各接头螺栓旋紧焊牢。

(3)施工加载程序设计

1)施工加载程序的目的和意义

当拱箱(肋)吊装合龙成拱后,对后续各工序的施工,如拱箱之间的纵缝混凝土和拱上建筑等,如何合理安排这些工序,对保证工程质量和施工安全都有重大影响。如果采用的施工步骤不当(例如安排的工序不合理、拱顶或拱脚的压重不恰当、左右半拱施工进度不平衡、加载不对称等),都会导致拱轴线变形不均匀,拱圈开裂,严重的甚至造成倒塌事故,因此,对施工程序必须作出合理的设计。

施工加载程序设计的目的,就是要在裸拱上加载时,使拱圈各个截面在整个施工过程中都能满足强度和稳定的要求,并在保证施工安全和工程质量的前提下,尽量减少施工工序,便于操作,以加快桥梁建设速度。

2)施工加载程序设计的一般原则

对于中、小跨径拱桥,当拱圈的截面尺寸足以满足强度和稳定要求时,可不作施工加载程序设计,按有支架施工方法对拱桥上部结构作对称、均衡的施工。

大、中跨径的箱形拱桥或箱肋拱桥,应按对称、均衡、多工作面加载的总原则进行设计。对于坡拱桥,必须注意其特点,一般应使低拱脚半跨的加载稍大于高拱脚半跨的加载量。

在多孔拱桥的两个邻孔之间,两孔的施工进度不能相差太远,以免桥墩承受过大的单向推力而产生过大的位移,造成施工进度快的一孔的拱顶下沉,邻孔的拱顶上冒,从而导致拱圈开裂。

图 12.29 所示为一孔 85 m 跨箱形拱桥的施工加载程序(闭口箱吊装施工)。其程序如下:

①先将各片拱箱吊装合龙形成裸拱,然后将全部纵、横接头处理完毕并浇筑接头混凝土,完成第一阶段加载。

②浇筑拱箱间的纵缝混凝土。纵缝应分为两层浇筑,先只浇到大约箱高一半处,待其初凝后再浇其余部分。横桥向各缝齐头并进。注意:下层纵缝应分段浇筑。图中②、③、④、⑤各步骤为纵缝浇筑。

③拱上各横墙加载。先砌筑 1#、2#横墙至 3#横墙底面高度;再砌筑 1#、2#、3#横墙至 4#横墙底面高度;最后全部横墙(包括腹拱拱座)同时砌筑完毕(左、右两半拱对称、均衡同时进行)。见图中⑥、⑦、⑧各步骤。

④安砌腹拱圈及实腹段侧墙。由于拱上横墙断面单薄,只能承受一片预制腹拱圈块件的单向推力,因此,安砌腹拱圈时,应沿纵向逐条对应安砌,直至完毕。见图中⑨。

⑤以后各步骤(包括主拱顶填料、腹拱顶填料、桥面系等)按常规工艺要求进行。

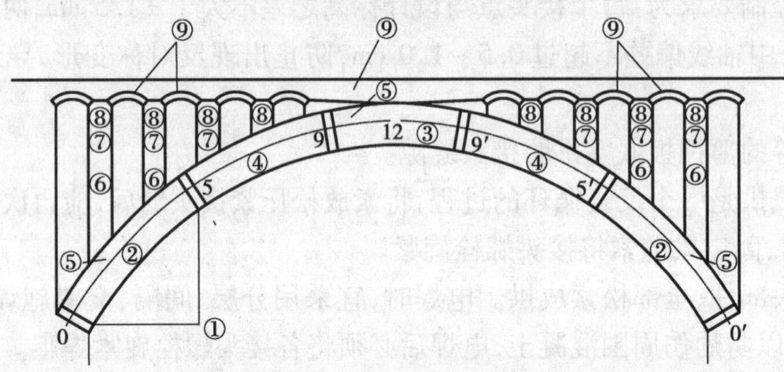

图 12.29 加载程序

(4)施工加载内力计算

施工加载程序设计主要体现在拱上施工加载过程中使拱圈受力合理、安全的施工顺序。施工加载程序设计一般采用影响线加载法。

①绘制截面内力影响线

主要计算拱脚、$l_0/8$、$l_0/4$、$3l_0/8$ 和拱顶五个截面。在用手册法绘制内力影响线时,可不计弹性压缩影响。若考虑弹性压缩影响则另作补充计算,采用电算时则自动计入。随着有限元程序的快速发展,施工加载程序设计应优先采用电算方法。

②根据施工条件并参考有关施工经验,初步拟定施工阶段(步骤或顺序)。

③按照施工工序,在影响线上进行加载(即施工部分结构的重量),求出各截面内力,并验算是否满足要求。在整个施工加载过程计算中,每环拱圈合龙成拱之后,拱圈截面特性要发生变化,计算时应予以注意。

④根据强度验算情况,调整施工加载顺序和范围、或增减施工阶段。

(5)施工加载挠度计算

施工加载过程中,考虑到每个分段加载均需计算一次挠度比较繁琐,因此,为了简化计算,在每一环加载完毕后计算一次挠度。计算公式如下:

$$\Delta = q\left[\left(Y_{m} + \frac{100\mu_1}{1+\mu}Y_{m\mu}\right)\frac{10^{-5}l_0{}^4}{EI} + Y_N\frac{l_0^2}{EI}\right] \tag{12.14}$$

式中:q——拱圈荷载,按沿拱轴线单位长度计;

Y_m、$Y_{m\mu}$、Y_N——挠度系数,查《拱桥(上)》附录表(Ⅲ)—23;

μ_1、μ——相应阶段弹性压缩系数。

以上计算的挠度仅供施工参考。如果计算的挠度值与施工观测值相差较大,或施工过程中出现不对称变形等异常现象时,应停止加载分析原因,及时调整加载程序或采取其他措施。不过,有时由于施工过程中拱肋产生裂缝,材料弹性模量与计算采用值不符,或温度变化影响,计算挠度值与观测值很可能有一定的误差。

当拱肋强度、刚度较小时,施工加载计算往往需要多次反复,才能确定出较适当的施工加载程序。因此,应充分利用有限元程序进行施工加载程序设计。

12.2.4　拱肋吊点(搁置点)位置确定

预制拱肋(箱)一般要经过起吊、移运、安装等过程,尤其是吊点以及移运搁置位置的合理选择,需要根据拱肋的截面形状和配筋情况,以及在起吊、运输、安装过程中的受力状况综合考虑。

拱肋一般采用两个吊点。当拱肋分段较长或拱肋曲率较大时,可采用四个吊点,使拱肋受力更为均匀。

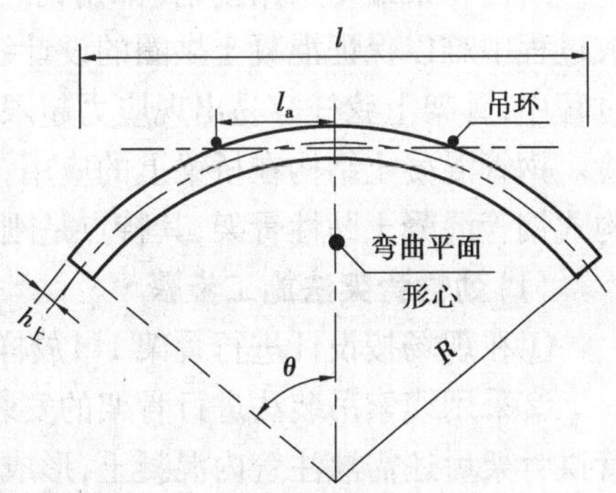

图12.30　拱肋吊点位置设置

由于拱肋是曲线形构件,为了保证吊装过程中的稳定性,就需要使两个吊点(吊环)的连线在该段拱肋弯曲重心轴之上(图12.30)。如果在重心轴之下,吊运时该段拱肋就可能出现侧向倾覆现象。为了防止此类事故发生,对于圆弧拱,则要求各段拱肋的吊环离中线的距离 l_a 应满足下式要求:

$$l_a \leqslant \sqrt{(R+h_上)^2 - \left(\frac{l}{2\theta}\right)^2} \tag{12.15}$$

式中:R——圆弧线半径;

l——拱段的弦长;

θ——拱段圆心角的一半,rad;

$h_上$——拱肋横截面形心至上边缘的距离。

对于悬链线拱,可参考有关资料按精确方法确定拱肋的重心及吊环离中线的距离 l_a,也可以近似按上述圆弧拱计算,式中 R 则为换算半径。

此外,还应根据拱肋的截面形式及配筋情况,由截面应力的计算来确定吊点位置。将拱肋沿弧线展开,近似地按双悬臂直梁计算,利用吊运时两个吊点处的负弯矩与跨中截面正弯矩相等条件,便可确定出吊点位置。一般地,当采用两个吊点,且拱肋上下对称配筋时,吊点位置一般设置在离各段拱肋(箱)端头的 $0.22 \sim 0.24l$ 处;采用四个吊点时,一般两端点位置约在离拱肋(箱)端 $0.17l$ 处,两中点位置均在离拱肋(箱)$0.37l$ 处。拱肋(箱)可按连续梁计算。

12.3 其他施工方法

12.3.1 劲性骨架法施工

劲性骨架施工法,是指在事先架设的拱形劲性骨架上,围绕骨架分环分段浇筑混凝土,最终形成钢筋混凝土拱圈(肋)的一种施工方法。劲性骨架在施工过程中起拱架作用,在拱圈形成后埋入混凝土中,作为混凝土拱圈截面的一部分,因此劲性骨架法又称埋入式拱架法,国外也称米兰法。劲性骨架法是一种较老的施工方法,1942 年西班牙就采用该法建成了 210 m 的 Esla 混凝土拱桥,由于其用钢量较大,施工控制技术落后等原因,该法未得到推广。我国从 20 世纪 80 年代,由于大跨径拱桥的大量出现以及高强、经济的骨架材料和施工控制技术的发展,在大跨径混凝土拱桥中又开始采用劲性骨架法。

劲性骨架最初采用型钢(如角钢、工字钢、槽钢等)做成,但其柔性较大,在混凝土拱圈形成过程中难以保证混凝土拱圈的设计线形,骨架截面应力大,尤其是在由开口箱向闭口箱转换过程中,骨架上弦杆容易出现应力超限和局部失稳的现象。因此在施工安全上存在一定的风险。钢管混凝土结构在桥梁上的应用,对改进劲性骨架开辟了一条新路。目前已普遍采用桁构式钢管混凝土劲性骨架,其特点是刚度大、用钢量省、经济、安全。

(1)劲性骨架法施工步骤

①在现场按设计进行骨架 1∶1 放样、下料、加工以及分段拼装成形。

②采用缆索吊装法进行骨架的安装、成拱(如图 12.31)。对钢管混凝土骨架,在架设成钢管拱骨架后还需灌注管内混凝土,形成钢管混凝土劲性骨架。

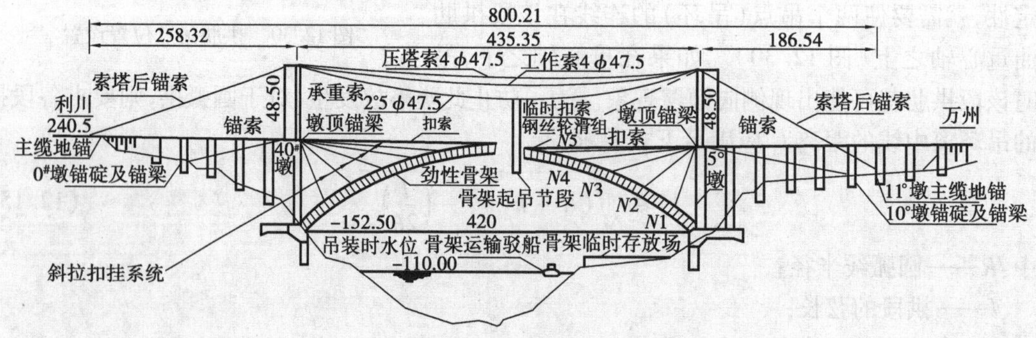

图 12.31 劲性骨架吊装(重庆万州长江大桥)

③在骨架上悬挂模板，分环、分段浇筑拱圈混凝土。

(2)劲性骨架法施工控制方法

采用劲性骨架法施工，混凝土浇筑顺序是关键，直接影响到混凝土拱圈形成过程中的变形、应力与稳定。为此，必须进行详细的施工加载程序设计和有效的控制手段，以确保骨架在任何施工时刻的结构安全和混凝土拱圈形成后的线形。

①锚索假载施工法。将锚索锚固在河床的地锚上，锚索与地锚之间装有拉力计和紧固器，用以施加假载。拱箱混凝土浇筑时，根据各施工阶段的拱圈受力和骨架变形调整锚索拉力，以保证劲性骨架的线形和稳定性。这种方法控制操作难度大，场地要求高，效果不理想。

②水箱调载法。四川宜宾小南门大桥主拱圈混凝土浇筑采取了水箱调载法(图 12.32)，该法是在拱形骨架成形后，在拱顶部位设置多个水箱，在拱圈混凝土浇筑过程中，根据预先计算的加载重向水箱内注水，确保拱圈变形和截面应力控制在允许范围内。与此同时，进行变形和应力检测，如发现异常，及时调整水量和浇筑速度、张紧或放松八字浪风索等。该方法的缺点是水箱设备较复杂，操作也较麻烦。

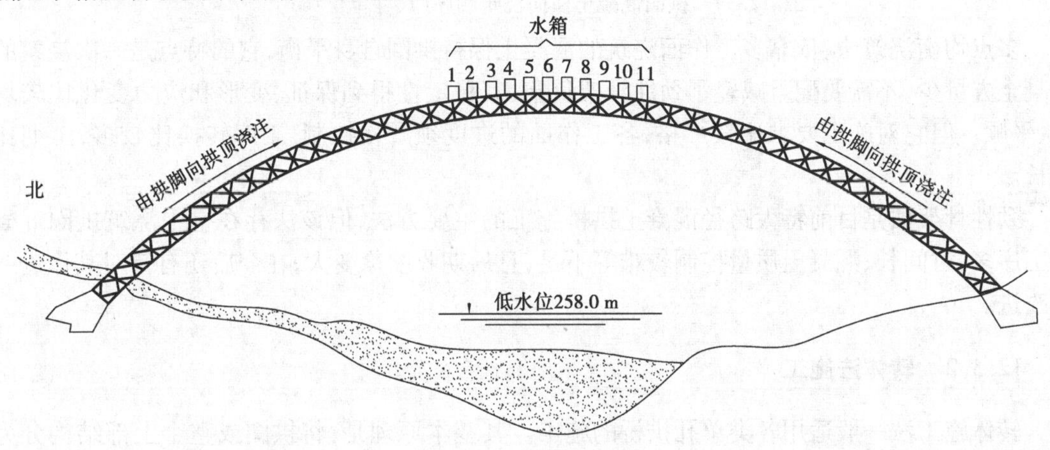

图 12.32　水箱调载示意

③千斤顶斜拉扣挂调载法。广西邕宁邕江大桥主拱圈浇筑中，采用了千斤顶斜拉扣挂调载法，该法是利用缆索吊装扣挂骨架节段时使用的斜拉索，调整混凝土浇筑过程中拱轴变形和结构各部应力以实现混凝土的连续浇筑，如图 12.33 所示。但由于劲性骨架已成超静定体系，斜拉索张拉不仅影响调整区段的混凝土应力和变形，而且张拉点的混凝土拉应力往往容易超限，张拉力需要通过反复试算才能确定。

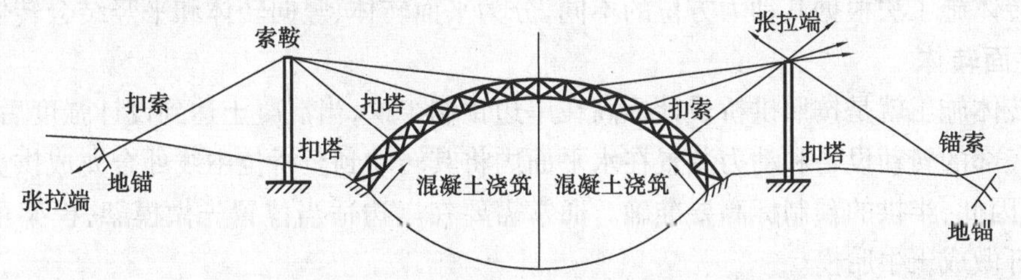

图 12.33　斜拉扣挂系统和斜拉索力调整张拉方式

④多点均衡浇筑法。多点均衡浇筑法是将拱圈横向分块、纵向分环、各环分段。施工时，按确定方案进行多点均衡浇筑混凝土，使拱圈受力、变形及稳定状态保持在允许范围内，并分

环合龙。每环混凝土间隔一定龄期,达到一定强度后能参与骨架联合作用,共同承受下环混凝土的重力。图 12.34 所示为万州长江大桥拱圈混凝土横向浇筑顺序。

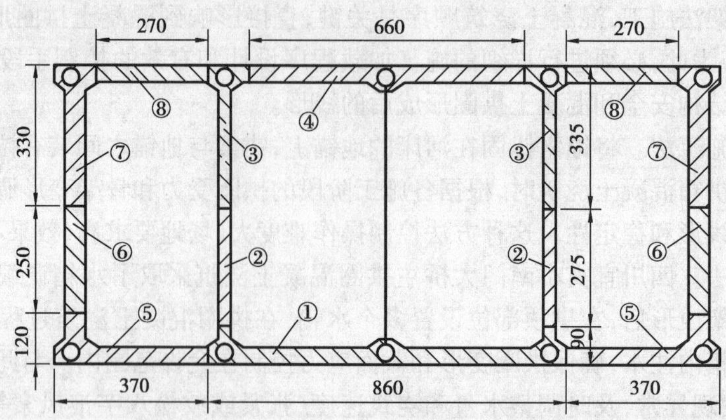

图 12.34 拱圈混凝土横向浇筑顺序(尺寸单位:cm)

多点均衡浇筑法,依靠多工作面浇筑的混凝土保持拱圈自身平衡,它的特点是一次浇筑的混凝土方量少,不需要配重减轻了劲性骨架负担,其稳定性得到保证,变形和应力变化比较均匀、平顺。但它对施工要求比较严格,各工作面的进度须严格控制,工序转换比较多,工期比较长。

劲性骨架法是目前特大跨径混凝土拱桥施工的主要方法,但该法存在空中浇筑拱圈混凝土工序多、时间长、混凝土质量控制较难等不足,且后期收缩徐变大,在今后还有待对其作进一步改进。

12.3.2 转体法施工

转体施工法一般适用各类单孔拱桥的施工。其基本原理是:将拱圈或整个上部结构分为两个半跨,分别在桥跨两岸利用地形或简单支架现浇或预制装配半拱;然后利用动力装置将两个半跨拱体转动至桥轴线位置(或设计标高)合龙成拱。

采用转体施工法的特点:结构合理,受力明确,节省施工用料,减少安装架设工序,变复杂的、技术性强的水上高空作业为岸边陆上作业,施工速度快,不但施工安全,质量可靠,而且不影响通航,施工费用和机具设备少,工程造价低。因此,转体施工是一种具有良好技术经济效益的拱桥施工方法。

拱桥转体施工法根据其动力方位的不同,分为平面转体、竖向转体和平竖结合转体三种。

(1)平面转体

平面转体施工就是按照拱桥设计标高在岸边预制半拱,当混凝土达到设计强度后,借助设置于桥台底部的转动设备和动力装置在水平面内将其转动到至桥位中线处合龙成拱。由于是平面转动,因此,半拱的预制标高要准确。通常需要在岸边适当位置先做模架,模架可以是简单支架也可做成土牛胎模。

平面转体分有平衡重转体和无平衡重转体两种。

1)有平衡重转体

有平衡重转体以桥台背墙作为平衡和拱体转体用拉杆(或拉索)的锚锭反力墙,通过平衡重稳定转动体系和调整其重心位置。平衡重的大小由转动体的重量大小决定。由于平衡重过大不经济,也增加转体困难,所以采用本法施工的拱桥跨径不宜过大,一般适用于跨径100 m以内的整体转体。

有平衡重的转体施工的转动体系一般包括底盘、上转盘、锚扣系统、背墙、拱体结构、拉杆(拉索)等部分,如图12.35所示。

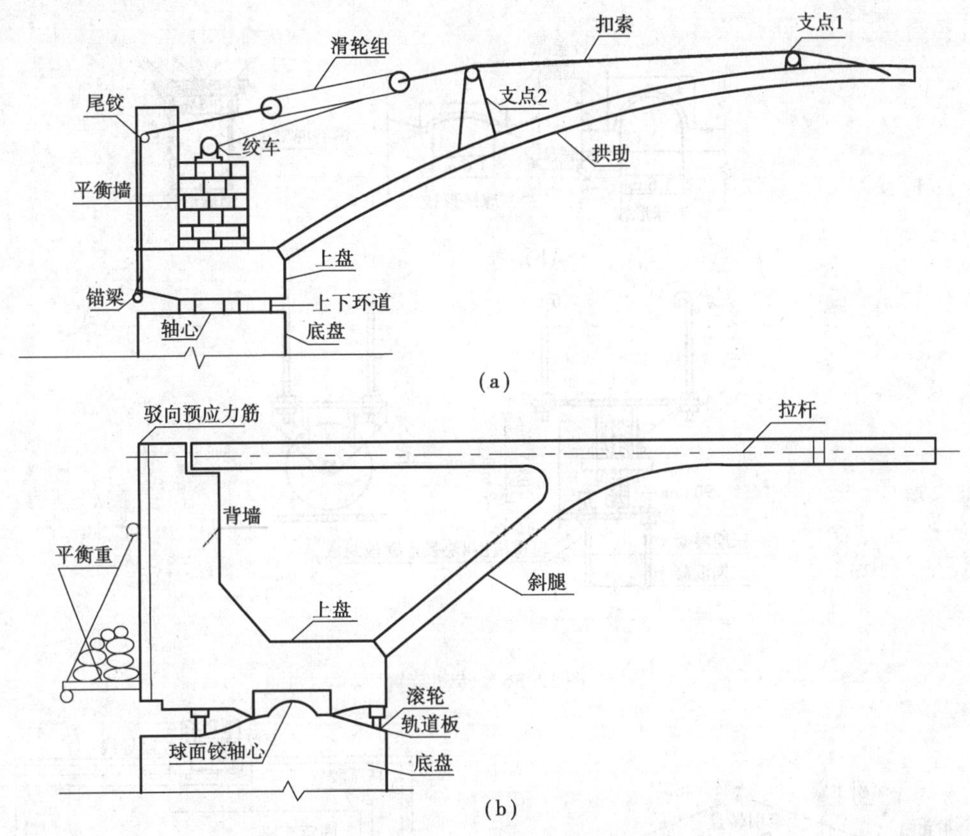

图12.35　有平衡转动体系构造

(a)四氟滑板环道转体;(b)球面铰转体

有平衡重转体施工的特点是:转体重量大,要将成百上千吨的拱体结构顺利、稳妥地转到设计位置,主要依靠转动体系设计正确与转动装置灵活可靠。目前国内使用的转动装置主要有两种:一是以四氟乙烯作为滑板的环道承重转体;二是以球面转轴支撑辅以滚轴的轴心承重转体。如图12.36牵引驱动系统也是完成转体的关键。牵引系统由卷扬机(绞车)、倒链、滑轮组、普通千斤顶等组成,如图12.37(a)所示。图12.37 (b)所示为一种能连续同步、匀速、平衡、一次到位的自动连续顶推系统。

有平衡重转体的施工的主要内容与步骤包括转盘制作、布置牵引驱动系统的锚碇及滑轮、试转上转盘、浇筑背墙及拱体结构、设置锚扣系统并张拉脱架(指拱体结构)、转体与合龙、封闭转盘与拱顶以及松锚扣系统。

2)无平衡重转体

无平衡重转体是以两岸山体岩石锚洞作为锚碇来锚固半跨拱桥悬臂状态平衡时所产生的

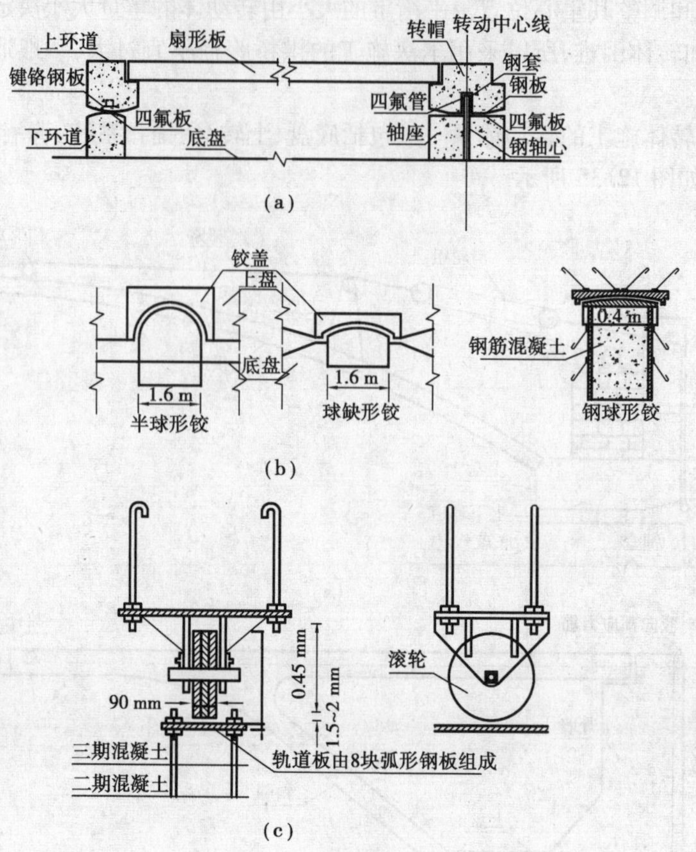

图 12.36　转动装置

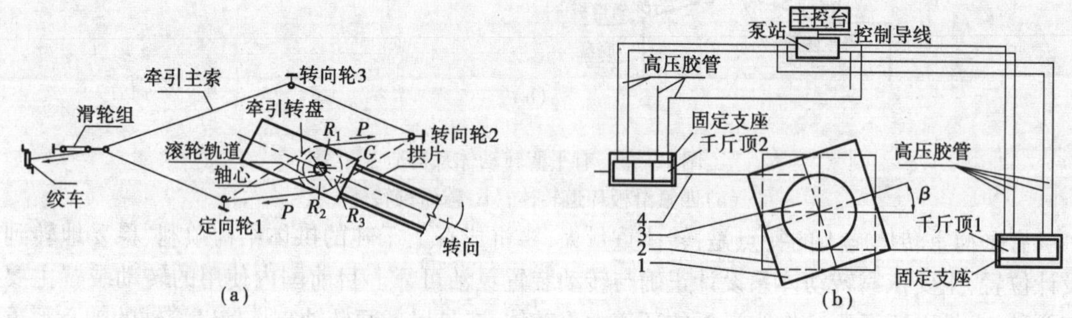

图 12.37　转动牵引驱动系统

1—上转盘;2—底盘;3—球铰;4—钢铰线

水平拉力,借助拱脚处立柱下端转盘和上端转盘使拱体作平面运动。由于取消了平衡重,可大大减轻转动体系重量和圬工数量。该法适用于地质条件好的 V 形河床上的大跨径拱桥转体施工。因无平衡重转体施工是把有平衡重转体施工中的拱圈扣索锚在两岸岩体中,从而节省庞大的平衡重。锚碇拉力是由尾索预加应力给引桥桥面板(或轴力、斜向平撑),以压力形式储备,桥面板的压力随着拱体所处方位而不同。如图 12.38 所示,无平衡重转体施工体系包括三部分:

①锚固体系。由锚碇、尾索、平撑、锚梁(或锚块)及立柱组成。锚碇设在岩体中,锚梁(或

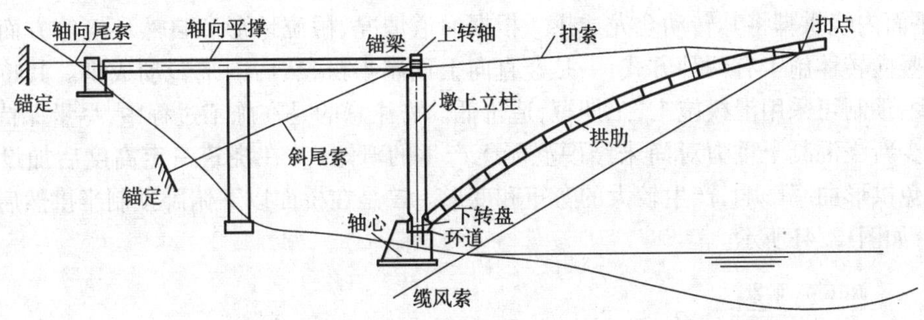

图12.38　无平衡重转体施工体系

锚块)支承于立柱上,两个方向的平撑及尾索形成三角形稳定体,使锚块和上转轴为一确定的固定点。无论拱体处于哪个方位,其扣索力均与锚固体系平衡。

②转动体系。转动体系则由上下转动构造、拱体及扣索组成。转体构造如图12.39所示。

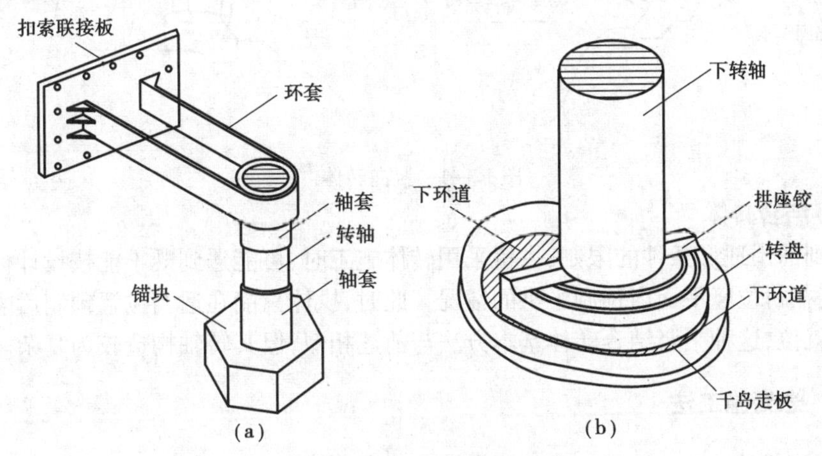

图12.39　转动装置构造

(a)上转轴;(b)下转轴

③位控体系。为有效控制控制转体在转动过程中的速度和位置,常由系在拱体顶端扣点的浪风索与无级调速自控卷扬机、光电测角装置、控制台组成位控系统,如图12.40所示。

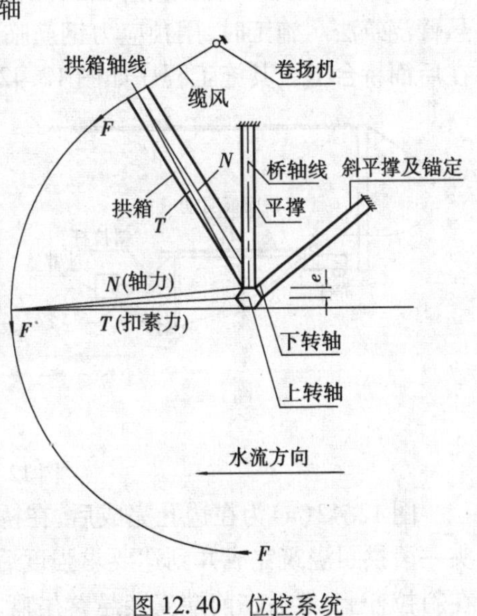

图12.40　位控系统

无平衡重转体施工内容及步骤:

a.转动体系施工(包括下转轴、转盘及环道设置、拱道设置及拱体预制、立柱施工、锚梁、上转轴、扣索安装等)。这一部分施工主要保证各部件制作安装精度及环道的平整度。

b.锚碇系统施工(包括锚碇施工、安装轴向及斜向平撑、张拉尾索与扣索等)。

c.拱体转动、合龙与松扣。

(2)竖向转体

竖向转体施工是在桥台处先竖向预制半拱,然后在桥位平面内绕拱脚将其转动合龙成拱。根据河道情况、桥位地形和自然环境等方面的条件和要求,竖向转体施工有两种方式:一是竖直向上预制半拱,然后向下转动成拱。其特点是施工占地少,预制可采用滑模施工,工期短,造价低。需注意的是在施工过程中,尽量保持位置垂直,以减少新浇混凝土重力对尚未结硬混凝土产生的弯矩,并在浇筑一定高度后加设水平拉杆,以避免拱形曲率影响,产生较大的弯矩和变形。二是在桥面以下俯卧预制半拱然后向上转动成拱。如图12. 41所示。

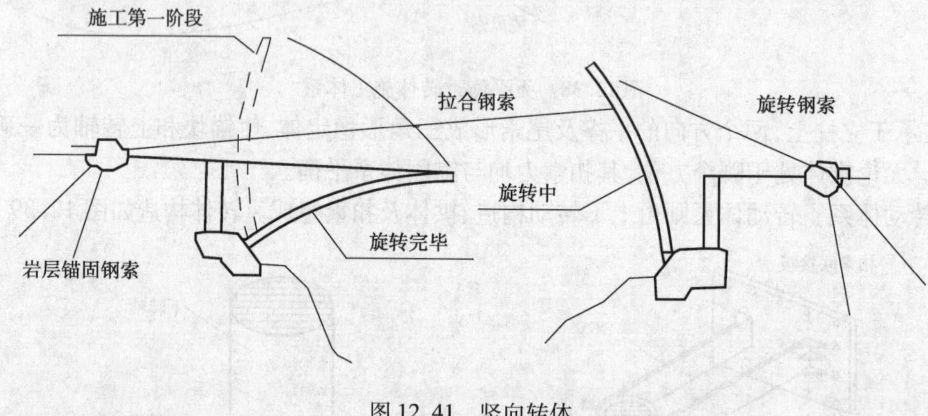

图 12. 41 竖向转体

(3)平竖结合转体

由于受到河岸地形条件的限制,拱桥采用转体施工时,可能遇到既不能按设计标高预制半拱,也不可能在桥位竖平面内预制半拱的情况。此时,拱体只能在适当位置预制后既需平转又需竖转才能就位,这种平竖结合转体基本方法与前述相似,但其转轴构造较为复杂。

12. 3. 3 悬臂施工法

(1)悬臂浇筑法

悬臂施工法是指拱圈、拱上立柱和预应力混凝土桥面板等齐头并进,边浇筑边构成桁架的悬臂浇筑法。施工时,用预应力钢筋临时作为桁架的斜拉杆和桥面板的临时明索,将桁架锚固在后面桥台上。其施工程序如图 12. 42 所示。

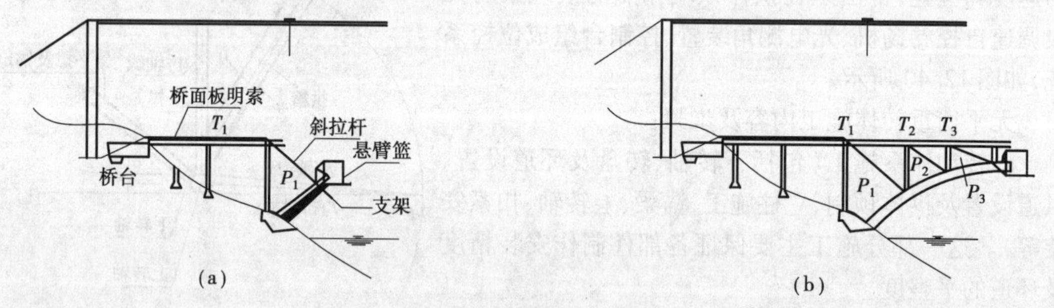

图 12. 42 悬臂浇筑施工程序

图 12. 42(a)为在边孔完成后,在桥面板上设置临时明索,然后在吊架上浇筑头一段拱圈。头一段拱圈浇筑完成并到达要求强度后,在其上设置临时预应力明索,并撤去吊架,直接系吊在斜拉杆上,然后在前端安装悬臂吊篮。

图 12.42(b)用吊篮逐段悬臂浇筑拱圈。当吊篮通过拱上立柱 P_2 位置后,须立即浇筑立柱 P_2 及 P_1、P_2 间桥面板,然后用吊篮继续向前浇筑,至通过下一个立柱 P_3 位置后,再安装 P_1、P_2 间桥面板明索及斜拉杆 T_2 并浇筑立柱 P_3 及 P_2、P_3 间桥面板。每当桥面板前进一步,须将桥面板临时明索收紧一次。整个桥孔就这样一面用斜拉钢筋构成桁架,一面悬臂浇筑,直至拱顶附近,最后拱顶部分可再次用吊架浇筑合龙。

拱圈断面为箱形时,每段施工按箱形断面拱圈的施工程序进行浇筑。每一循环(相当于拱上构造一个节间)约需 9 ~ 12 d。

为争取时间,拱上桥面板混凝土宜用活动支架逐孔浇筑。

采用本法施工时,施工误差会对整体工程质量产生很大的影响,故必须对施工测量、材料强度及混凝土的浇筑等进行严格的检测和控制。尤其对斜拉预应力钢筋,必须严格测定每根的强度,观测其受力情况,必要时予以纠正和加强。

为防止计算与实际差别过大,施工前须做施工模拟试验以及预应力钢筋锚固可靠性试验。

(2)悬臂拼装法

这种方法是将拱圈的各个组成部分(腹板、顶底板等)事先预制,然后将整孔桥跨的拱肋、立柱通过临时斜压杆(或斜拉杆)和上下弦杆件组成桁架拱片,沿桥跨分作几段(一般 3 ~ 7 段),再用横系梁和临时风构将两个桁架拱片组成框构,每节框构整体运至桥孔,由两端向跨中逐段悬臂拼装至合龙。悬伸出去的拱体通过上弦杆和锚固装置固定于墩、台上维持稳定,也可以将拱圈的各个组成部分分别在拱圈上悬臂组拼成拱圈,然后利用立柱与临时斜杆和上拉杆组成桁架体系,逐节拼装,直至合龙。

1980 年建成的主跨 390 m 的南斯拉夫 KRK 大桥,是采用悬臂拼装法建成的跨径最大的钢筋混凝土箱形拱桥。箱形拱由预制的底板、顶板和两片中肋(腹板)用缆索吊机吊运,由可在拱圈上移动的钢架组拼,然后就地浇筑接缝形成拱箱。悬拼中采用钢索加强的钢拉杆作工具式斜杆和上弦杆,以与拱上立柱和主拱圈一起形成临时悬臂桁架,自两端向跨中逐段延伸直至基箱合龙。随后在其两侧拼边箱。

上述悬臂拼装方法,均系在施工时增加临时斜杆(拉或压杆)与临时上弦杆,施工完毕后又得全部拆除这些临时杆件,不仅增加了施工工序,而且还要增长施工工期。

预应力混凝土悬臂桁架拱桥可以克服这个缺点。这种体系的特点是:斜杆(拉杆)与上拉杆(上弦杆),在施工过程中是组成桁架的构件之一,施工完毕,不再拆除,作为拱体的一部分,上弦杆与桥面板组成桥面系。因此,在悬臂拼装阶段和运营阶段,结构受力与材料使用均有很好的协调性。所谓悬臂桁架拱,是指将一般桁架拱的两端适当位置处的上弦节点断开,使两端各自成为墩台的一部分的一般悬臂桁架梁,与墩台整体联结支承起中部的桁架拱,其计算跨径相应减小,总的外形是两者成为串联式的拱梁组合体系。施工时,按桁架 T 构逐节悬臂拼装,直至合龙,最后在上弦杆的两端适当位置处,放松预应力粗钢筋,并各自再张拉两端的预应力粗钢筋,完成体系转换而构成悬臂桁架拱。图 12.43 所示为预应力混凝土悬臂桁架拱桥节段吊装就位的两个施工阶段。

12.3.4　塔架斜拉索法施工

塔架斜拉索法是以临时设立在桥台(墩)上的塔架为支柱,将拱圈(拱肋)浇筑一段系吊一段的浇筑方法。塔架高度按拱的跨径和矢跨比等确定。斜拉索(吊杆)采用预应力钢筋(束),

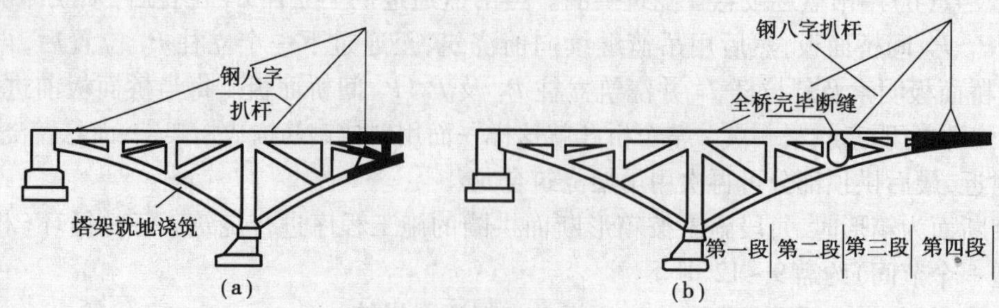

图 12.43　悬臂桁架拱桥施工

所需根数与系吊拱段长度与位置有关。在浇筑拱圈混凝土时,可用设在已浇完拱段上的悬臂吊篮逐段悬臂浇筑,也可用吊架浇筑。吊架的后端固定在已完成的拱段上,前端通过斜拉索系吊在塔架上。整个拱圈混凝土的浇注工作只能从两端拱脚开始对称进行,最终在拱顶合龙。

塔架斜拉索法是国外采用最早、最多的大跨径钢筋混凝土拱桥无支架施工方法。近年来,我国的四川省也用这种方法建造了几座钢筋混凝土拱桥。

用塔架斜拉索法施工,浇筑长度根据具体条件可长可短,并具有节段间接缝容易处理的优点,所需设备少。但施工中的结构刚度不如悬臂桁架法,尤其是拱轴线和已浇混凝土的应力控制难度大,需要进行详尽的施工阶段内力和挠度的计算,现场浇筑混凝土工作量也很大。此外,混凝土后期徐变、收缩大。

为了克服这个问题,国外曾发展了劲性骨架法与塔架斜拉索法的组合施工方法。20 世纪 70 年代,日本建成了帝释桥(跨径 145 m)和宁佐川桥(跨径 204 m)。两座桥的施工特点是:拱脚段采用塔架斜拉索法,跨中区段采用劲性骨架法。

第 13 章 悬索桥

13.1 概 述

13.1.1 缆索支承桥梁

绝大多数的缆索支承桥梁(Cable Supported Bridge)结构体系由具有桥面的加劲梁(或桁架)、支承加劲梁的缆索体系、支承缆索体系的索塔以及竖向和水平支承缆索体系的锚碇(或锚墩)四种主要构件组成。依据缆索体系的外形构造,缆索支承桥梁分为斜拉桥(Cable-Stayed Bridge)和悬索桥(Suspension Bridge)以及悬索与斜拉索的组合体系,如图 13.1 所示。斜拉桥由索塔、斜拉索、主梁、桥墩及基础几部分组成(图 13.1(a));悬索桥则由索塔、主缆(索)、吊索(杆)、加劲梁和锚碇等几部分组成(图 13.1(b))。

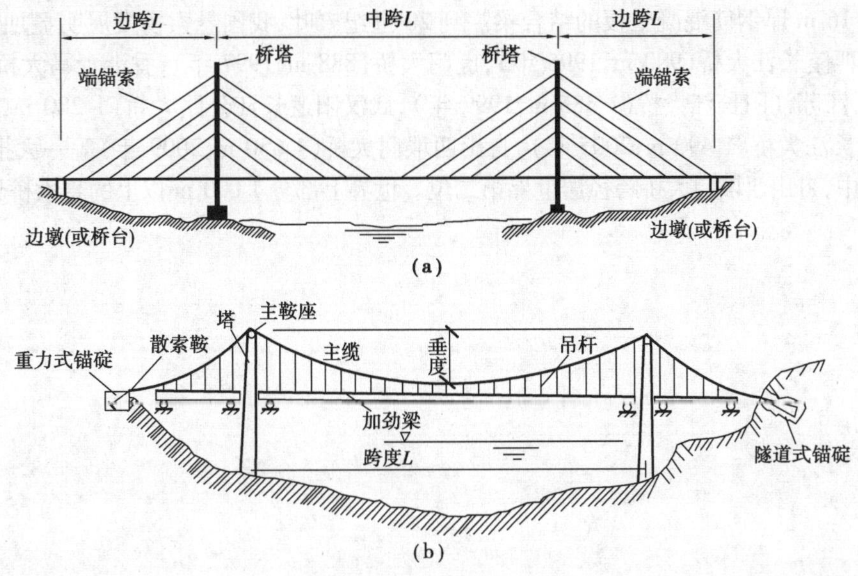

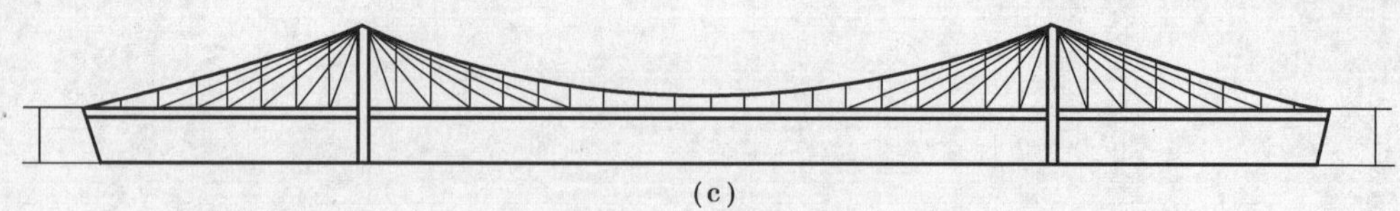

(c)

图 13.1 缆索支承桥梁

(a)斜拉桥;(b)悬索桥;(c)悬索与斜拉索组合体系

13.1.2 悬索桥发展概况

悬索桥,也称吊桥。主要承重结构主缆受拉,基本不存在由弯曲和疲劳引起的应力折减,采用高强度钢丝制成,不仅比同跨径的钢桥节省钢材,而且与极限跨径有关的比强度 $[\sigma]/\gamma$ 来衡量,其比值最大($[\sigma]$ 为钢的容许应力、γ 为钢的容重),因此,悬索桥也是所有桥梁体系中跨越能力最大的。在国内外已经建成的大跨径桥梁中,跨径超过 600 m 以上的桥梁主要是悬索桥,1998 年建成的日本明石海峡大桥,主跨达 1 991 m,正在建设中的意大利墨西拿(Messina)跨海大桥,主跨跨径达到了 3 300 m。

悬索桥在我国具有悠久的历史。早在 3 000 多年前,就创造了用各种植物草藤或竹条做成悬索桥。明清两代,在云、贵、川地区修建的铁索桥极为普遍,目前还留下有铁杆桥和铁索桥,如明代建造的元江桥、清代所建的贵州盘江桥和闻名于世的四川泸定大渡河桥。国外悬索桥出现于 10 世纪,当时冶金工业正在发展,造桥仅能采用生铁和少量熟铁,主缆多为铁链。后来随着冶金工业的发展,逐步采用高强钢丝做主缆。到了 19 世纪,悬索桥计算理论初步形成,使悬索桥的修建有了理论依据。而高强度钢绳的出现,大大推动了悬索桥的发展。

悬索桥在我国的西南山区修建较多,例如川藏公路上的大渡河桥,以及跨越金沙江的多座悬索桥。1984 年西藏建成的达孜桥,为主跨 500 m 的半加劲单链悬索桥。1969 年我国修建了第一座双链悬索桥——重庆北碚朝阳大桥,中跨 186 m,该桥不仅采用了双链形式,而且加劲梁采用 1.7 m 高的开口钢箱与钢筋混凝土板的结合箱梁和先进的栓焊形式。甘肃关头坝大桥是继朝阳大桥后修建的第二座双链悬索桥(主跨 180 m,1988 年),加劲梁则为 3.0 m 高的钢桁梁与 0.16 m 厚钢筋混凝土板的结合梁。到 20 世纪末叶,我国悬索桥发展明显加快,相继建成了湖北西陵长江大桥(900 m,1996 年),虎门大桥(888 m,1997 年),香港青马大桥(1377 m,1997 年),江苏江阴长江大桥(1 385 m,1999 年),武汉阳逻长江公路大桥(1 280 m,2007 年),江苏润扬长江大桥(1 490 m,2005 年),舟山西堠门大桥(1 650 m,2009 年)等一大批现代化悬索桥。其中,舟山西堠门大桥跨径居世界第二位。世界上部分 1 000 m 以上的悬索桥见表 13.1。

表 13.1　部分跨度 1 000 m 以上悬索桥简表

桥　名	位置	建成年份	跨度/m	主缆矢高/m	矢跨比	桥跨型式	加劲梁			主塔高度/m	主　缆	备　注
							宽度/m	高度/m	型式			
明石海峡大桥	日本	1999	960 +1 990 +960	199	1/10	三跨两铰	35.5	14.0	钢桁梁	297.0	PWS 法	公铁两用
西堠门大桥	中国	2007	578 +1 650 +485	165	1/10	三跨连续	36.0	3.51	钢箱梁	211.0	AS 法	
大贝尔特东桥	丹麦	1998	535 +1 624 +535	180.4	1/9	三跨连续	31.0	4.0	钢箱梁	254.0	AS 法	
润扬长江大桥	中国	2005	470 +1 490 +490	135	1/10	单跨两铰	38.7	4.0	钢箱梁	215.58	AS 法	
恒比尔大桥	英国	1981	280 +1 410 +530	132.5	1/12	三跨两铰	28.5	4.5	钢箱梁	155.5	PWS 法	英国式悬索桥
江阴长江大桥	中国	1999	336.5 +1 385 +309.34	131.9	1/10.5	单跨两铰	36.9	3.02	钢箱梁	186(183)	AS 法	
青马大桥	中国	1997	300 +1 377 +455	125.18	1/11	单跨两铰	41.0	7.643	钢箱梁	201.4	AS 法	公铁两用
维拉扎诺海峡桥	美国	1964	370 +1 298 +370	117.35	1/11	三跨两铰	31.4	7.3	钢桁梁	210.0	AS 法	
金门大桥	美国	1937	343 +1 280 +343	143.26	1/8.94	三跨两铰	27.4	7.62	钢桁梁	210.41	AS 法	
武汉阳逻长江大桥	中国	2007	250 +1 280 +440	121.9	1/10.5	单跨两铰	38.5	3.0	钢箱梁	138.1	PWS 法	
高海岸大桥	瑞典	1997	310 +1 210 +280	127.4	1/9.5	三跨连续	22.0	4.0	钢箱梁	180	AS 法	
矮寨大桥	中国	2011	242 +1 176 +116	122.5	1/9.6	单跨两铰	27.0	7.5	钢桁梁	130	PWS 法	
麦金诺海峡桥	美国	1957	549 +1 158 +549	106.68	1/10	三跨两铰	16.5	11.6	钢桁梁	157.0	AS 法	
南备赞濑户桥	日本	1988	274 +1 100 +274	100	1/11	三跨连续	35.0	13.0	钢桁梁	169.45	PWS 法	
博斯普鲁斯二桥	土耳其	1988	210 +1 090 +210	90.8	1/12	单跨两铰	39.4	3.0	钢箱梁	110.10	AS 法	
坝陵河大桥	中国	2009	268 +1 088 +228	105.63	1/10.3	单跨两铰	28.0	10.0	钢桁梁	201.3	PWS 法	
泰州长江大桥	中国	在建	390 +2 ×1 080 +390	120	1/9.0	两跨连续	36.7	3.5	钢箱梁	191.5	PWS 法	
博斯普鲁斯一桥	土耳其	1973	231 +1 074 +255	100	1/11	单跨两铰	33.4	3.0	钢箱梁	164.64	AS 法	英国式悬索桥
乔治华盛顿桥	美国	1931	186 +1 067 +198	99.06	1/10.77	三跨两铰	32.31	12.55	钢桁梁	172.5	AS 法	公铁两用
来岛三桥	日本	1999	260 +1 030 +280			单跨两铰	32.0	4.3	钢箱梁	184.0	PWS 法	
来岛二桥	日本	1999	250 +1 020 +245			单跨两铰	32.0	4.3	钢箱梁	173	PWS 法	
4 月 25 日大桥	葡萄牙	1966	483.4 +1 012.9 +483.4	106.5	1/9.5	三跨连续	21.0	10.67	钢桁梁	181.4	AS 法	公铁两用
福斯湾大桥	英国	1964	408 +1 006 +408	95.8	1/10.5	三跨两铰	23.6	8.38	钢桁梁	159.0	AS 法	

备注:表中钢箱梁宽度计入风嘴长度。

13.1.3 悬索桥的基本类型

(1)按主缆的锚固方式分类

悬索桥按主缆锚固方式分为地锚式和自锚式两大类。

绝大多数悬索桥,特别是大跨度悬索桥,都采用地锚方式锚固主缆,即主缆拉力通过重力式锚碇或隧洞式锚碇传递给地基,因此要求地基具有较大的承载力和良好的岩层作持力地基,如图13.1(b)所示。地锚式悬索桥既可用于一般跨度的桥梁,也可用于特大跨度的桥梁中。

自锚式悬索桥是将主缆锚固于加劲梁端部,依靠桥梁自身结构来平衡主缆强大的拉力,省去了庞大的锚碇结构,适合于地基条件差又需建造悬索桥的情况,如图13.2所示。自锚式悬索桥主缆拉力的垂直分力抵消了边跨端支点部分反力,从而减小加劲梁的端支点反力,而水平分力则以轴向压力的方式传到加劲梁中,使加劲梁获得"免费的"预压应力,加劲梁成为压弯构件。由于自锚式悬索桥主缆水平分力大,因此,跨度不宜过大,否则,为了抵抗巨大的主缆水平分力,加劲梁的截面将非常庞大而很不经济。在施工方面,自锚式悬索桥一般先搭设支架架设加劲梁,然后安装主缆,再张拉吊索完成体系转换,施工比较复杂。

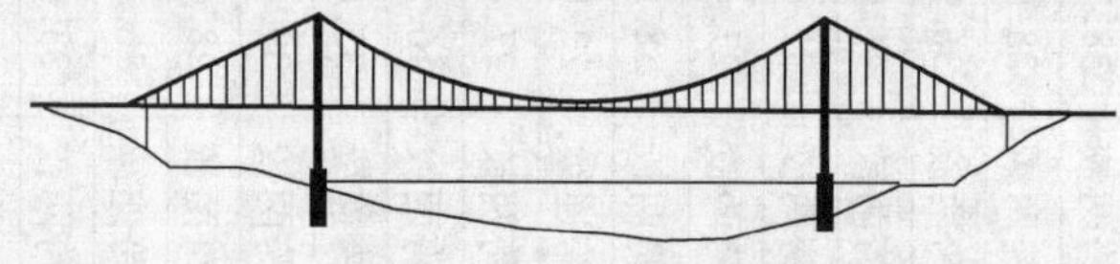

图13.2 自锚式悬索桥

根据自锚式悬索桥的结构特性,现有材料特性以及施工技术水平,比较适宜的跨径在100~400 m。

(2)按孔跨布置形式分类

悬索桥按孔跨布置形式可分为单跨悬索桥、三跨悬索桥、四跨悬索桥和五跨悬索桥,其结构形式如图13.3所示,其中以单跨悬索桥和三跨悬索桥最为常用。

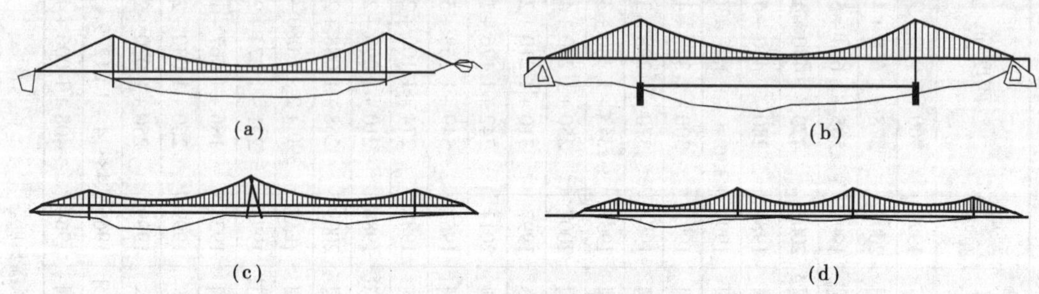

图13.3 悬索桥布置形式

(a)单挂悬索桥;(b)双跨悬索桥;(c)四跨悬索桥;(d)五跨悬索桥

1)单跨悬索桥。多由地形条件或线路平面条件决定,常用于高山峡谷地区,两岸地势较高,采用桥墩来支承边跨比较经济,或者道路的平面线形受到限制,使得平面曲线布置不得不进入大桥边跨的情况。单跨悬索桥由于边跨主缆垂度较小,主缆长度相对较短,对中跨荷载变形控制更为有利。

2)三跨悬索桥。由主跨和两个边跨组成。这种布置形式应用最多,世界上大跨度悬索桥几乎均采用这种形式,这不仅是因其结构受力特性较为合理,同时其流畅对称的建筑造型更能迎合人们的审美观点。

3)多跨悬索桥。相对于三跨悬索桥而言,由四跨或五跨组成。这种悬索桥由于结构柔性大、固有振动频率较低,难以满足特大跨径悬索桥的受力及刚度需要,因此,不具备竞争优势,国内外很少建造。正在施工中的江苏泰州长江大桥,主跨采用390 +2 ×1 080 +390 m的三塔四跨钢箱梁悬索桥,如图13.4所示。

当建桥条件需要采用连续悬索桥做大跨布置时,可以采用两个三跨悬索桥联袂布置,中间共用一座锚碇锚固两桥主缆。如美国旧金山—奥克兰海湾大桥和日本本州四国联络线中的南北备赞大桥(图13.5)。

图13.4　泰州长江大桥

图13.5　日本的南北备赞大桥

13.2 地锚式悬索桥

13.2.1 总体布置

地锚式悬索桥分为柔性悬索桥和刚性悬索桥两种,两者的区别在于加劲梁刚度大小不同。图 13.6 为悬索桥的一般布置图。

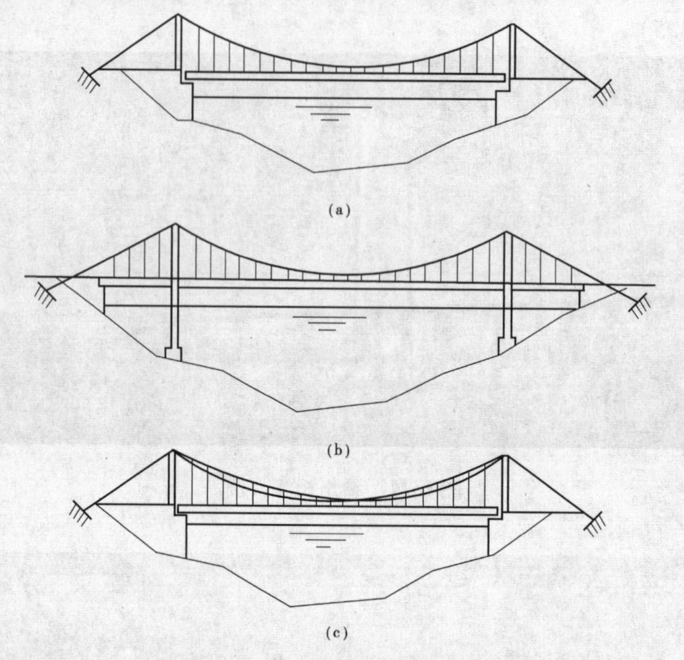

图 13.6 悬索桥的一般布置

(a)单链单跨;(b)单链三跨;(c)单跨双链

柔性悬索桥是指行车道仅设桥道梁及桥面。当活载在桥上移动时,活载由桥面经吊杆传给主缆,主缆便随移动的活载而改变形状,桥道梁及桥面只起分布集中荷载和调整主缆变形的作用,桥面也随主缆的变形而产生较大的挠度。这种桥型由于刚度小,桥面挠度随活载增加而加大,所以仅用于荷载小的人行桥、施工便桥、临时急需的军用桥、没有活载的管道桥,以及荷载等级低的公路桥中。

刚性悬索桥有单链和双链两种结构形式。单链悬索桥是指一个吊杆平面内仅设一根主缆,这种形式在半跨有活载作用下要产生 S 形变形(图 13.6(a));双链悬索桥是指在吊杆平面内设有两根主缆(图 13.6(c))。下链形状根据桥面半跨有活载时用适合该荷载的力多边形来定出。当半跨有活载时,荷载将由该半跨的下链全部承受,而下链此时的形状恰好符合于承受荷载后的索的变形,上链不再产生变形,这样悬索桥就不会发生 S 形变形,因此双链悬索桥体系显示出比单链悬索桥有大得多的刚度,从根本上解决了刚度不足的问题。此外,双链悬索桥中的加劲梁内力较单链悬索桥小,加劲梁所需钢材也少,虽然双链悬索桥主缆和吊杆比单链悬索桥多用一些钢材,但总的用钢量不会增加。

然而，双链悬索桥的构造比单链悬索桥复杂，外形也较差，对于单链悬索桥只要在设计时控制不产生过大的 S 形变形是可以满足刚度要求的，因此，绝大多数悬索桥采用单链悬索桥。此外，大跨径悬索桥自重所占比例大，活载引起的 S 形变形很小，为了简化构造，明确受力，均采用单链悬索桥。

从加劲梁布置看，悬索桥主要采用单跨简支式，少数采用三跨式和多跨式。

主缆横桥向习惯上按双主缆（或四主缆）布置，也可布置成单索形式，如日本的北港大桥仅设一根主缆。

吊杆一般布置成竖吊杆形式，斜吊杆仅用于单主缆的悬索桥中，以增强悬索桥的横向稳定，不过应用很少。

13.2.2　主要尺寸

悬索桥主要尺寸包括跨径、矢高、塔高、吊杆间距、锚索倾角、加劲梁的图式及梁高、主缆横向间距等。表 13.2 列出了我国修建的部分悬索桥主要尺寸。

(1)跨径

悬索桥跨越能力大，跨径往往不受通航净空要求所控制，应根据地形和地质条件确定桥塔和桥台位置，从而确定悬索桥跨径。桥塔把悬索桥划分为一个中跨和两个边跨，边跨长度根据经济条件和锚固位置来定。边跨与中跨之比与用钢量和竖向变形有关，常采用 1:2或 1:4。当边跨与中跨之比小于 1:4，且边跨跨径又较小时，边跨可以不设吊杆，边跨索变为普通的锚索。但边跨是否需设吊杆，还应根据边跨实际跨径大小而定。如美国的乔治华盛顿大桥，中跨跨径为 1 066.8 m，左岸边跨 185.93 m，右岸边跨 198.12 m，边跨与中跨之比虽小于 1:5，但边跨跨径都超过 100 m。若边跨不设吊杆，就无法将加劲梁悬挂在边跨索上，也就无法减少加劲梁的内力，只得另设大截面梁来跨越，这样显然是不经济的。

(2)主缆矢高及塔高

中跨主缆矢高 f，常以矢跨比$\frac{f}{l}$来表示。从悬索桥受力来看，矢高 f 愈大，主缆中的内力愈小，用钢量也愈少。但中跨较大时，主缆用钢量显著增加，同时矢跨比加大势必增加桥塔高度和主缆长度，使竖向变形增大。理论分析表明，合理的矢跨比为 1/7 ~ 1/6，但工程实践中，为了减小桥塔高度和减小竖向挠度，矢跨比多为 1/12 ~ 1/8。

在矢高确定后，桥塔高度由桥面标高、跨中吊杆高度和矢高来确定。

(3)吊杆间距

吊杆间距直接关系到加劲梁局部受力、桥面构造和桥面材料用量，应进行技术和经济比较。此外，吊杆间距还应和箱(板)梁两节段长度或桁梁节点位置相对应。跨径在 100 ~ 400 m 的悬索桥，吊杆间距一般取 5 ~ 8 m，随着跨径增大，吊杆间距也应增大，有时吊杆间距可达 20 m左右。

(4)锚索倾角

确定悬索桥锚索（边跨主缆）倾角的原则是使主缆在中跨与边跨内的水平拉力相等或接近，锚索的倾角 φ_1 与中跨主缆在桥塔处的水平倾角 φ_0 应相等或接近（图 13.7）。

表 13.2 我国修建的部分悬索桥主要尺寸

桥 名	位 置	跨径布置/m	矢跨比	主缆间距/m	加劲梁		塔高/m	备 注
					梁高/m	宽度/m		
舟山西堠门大桥	浙江	578 + 1 650 + 485	1/10	31.4	3.51	36.0	211.0	钢箱梁
润扬长江大桥	江苏	470 + 1 490 + 490	1/10	34.3	4.0	38.7	215.58	钢箱梁
江阴长江大桥	江苏	336.5 + 1 385 + 309.34	1/10.5	32.5	3.02	32.5	186(南)183(北)	钢箱梁
青马大桥	香港	300 + 1 377 + 455	1/11	36.0	7.643	41	201.4	钢箱梁
武汉阳逻长江大桥	湖北	250 + 1 280 + 440	1/10.5	35.0	3.0	38.5	138.1	钢箱梁
矮寨大桥	湖南	242 + 1 176 + 116	1/9.6	27.0	7.5	27.0	130	钢桁梁
坝陵河大桥	贵州	268 + 1 088 + 228	1/10.3	28.0	10.0	28.0	185.7(东),201.3(西)	钢桁梁
泰州长江大桥	江苏	2 × 1 080	1/9.0	35.8	3.5	36.7	191.5	钢箱梁
宜昌长江大桥	湖北	246.255 + 960 + 246.255	1/10	24.4	3.0	30.0	142.227(南),112.415(北)	钢箱梁
西陵长江大桥	湖北	225 + 900 + 225	1/10.465	20.0	3.0	20.6	128.0	钢箱梁
虎门大桥	广东	302 + 888 + 348.5	1/10.5	33.0	3.0	35.6	147.55	钢箱梁
厦门海沧大桥	福建	230 + 648 + 230	1/10.5	34.0	3.0	36.6	128.0	钢箱梁
鱼嘴长江大桥	重庆	180 + 616 + 205	1/10	34.8	3.0	36.8	139.7	钢箱梁
鹅公岩长江大桥	重庆	211 + 600 + 211	1/10	34.0	3.0	35.5	160.0	钢箱梁
万州长江二桥	重庆	280 + 580 + 280	1/10.5	21.2	4.0	21.2	72.8	钢桁梁
忠县长江大桥	重庆	560	1/10.5	19.5	3.3	19.5	142.3(南),153.3(北)	钢桁梁
汕头海湾大桥	广东	154 + 452 + 154	1/10	24.72	2.2	24.2	93.1	混凝土加劲梁
丰都长江大桥	重庆	165 + 450 + 130	1/11	20.5	3.0	14.0	98.0	钢桁梁

备注：表中钢箱梁宽度未计入风嘴长度。

以桥塔支点为坐标原点的中跨主缆曲线方程,可近似表示为:

$$y = \frac{4fx(l-x)}{l^2} \tag{13.1}$$

中跨主缆在桥塔处的水平倾角 φ_0,由 $\frac{dy}{dx}|_{x=0} = \tan\varphi_0$,得 $\tan\varphi_0 = \frac{4f}{l}$。

我国常按 $\varphi_1 = \varphi_0$ 的条件来确定锚索倾角 φ_1。当锚索倾角满足 $\varphi_1 = \varphi_0$ 时,根据刚度和经济条件,锚索倾角常采用 30°~40°。在受地形限制时,也可按 $\varphi_1 \neq \varphi_0$ 来处理,但为了减少主缆在中跨与边跨内的内力差值,两角之差宜控制在 10°以内。

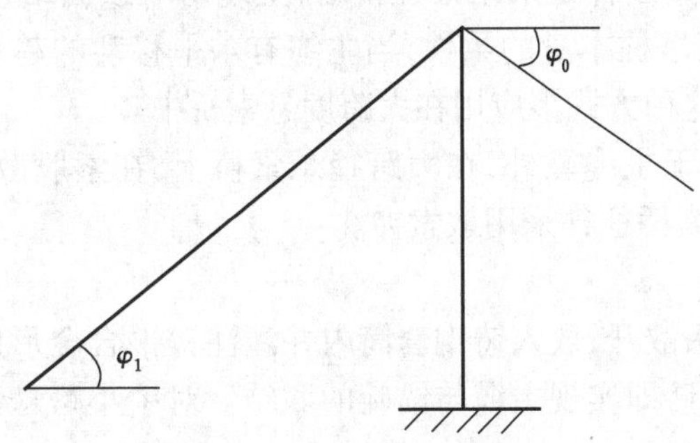

图 13.7　主缆与锚索的倾角

(5)加劲梁梁高

悬索桥加劲梁梁高,主要根据刚度条件和材料用量最少来确定。为保证悬索桥跨径四分点处必要的刚度要求,加劲梁的梁高应为$\frac{l}{120}$~$\frac{l}{40}$。我国以往修建的悬索桥跨径较小,加劲梁梁高均在$\frac{l}{60}$~$\frac{l}{40}$。随着悬索桥跨径的增大,自重所占的比例愈大,要求加劲梁刚度大的矛盾就愈不突出,加劲梁的梁高常取较小的比例(与跨径之比),所以国外修建的大跨径悬索桥的加劲梁常在$\frac{l}{120}$~$\frac{l}{80}$。

(6)主缆间距

主缆横向间距或加劲梁的横向尺寸,由桥面净空、横向刚度和稳定条件决定。根据刚度条件要求,单链悬索桥主缆横向间距不应小于$\frac{l}{30}$。在大跨径悬索桥中,由于主缆截面较大,相应主缆刚度也大,反而降低了主缆横向间距的要求,这时可以与车道宽度和人行道布置综合考虑,主缆间距可小于$\frac{l}{30}$。目前世界上最大的几座悬索桥的主缆间距均在$\frac{l}{40}$左右。

13.2.3　构造细节

(1)主缆

1)主缆构造

悬索桥主缆有平行钢丝、平行钢丝索股和钢丝绳等 3 种形式,目前多采用平行钢丝主缆,钢丝绳仅用于小跨径的人行桥中。

平行钢丝主缆由 ϕ5 mm 的高强度镀锌平行钢丝束组成。为便于施工和锚固,主缆被分成束股编制架设,并在两端锚碇处分别锚固。主缆通常采用空中编缆法(AS 法)和预制平行束股法(PPWS 法)架设成缆。主缆在全桥的布置一般为每桥 2 根,少数也有 4 根主缆。

2)主缆支承

主缆在温度变化和荷载作用下,要伸长或缩短,这就要求主缆在塔顶处有水平移动的可能,否则桥塔将承受很大的水平力。为此,可结合桥塔刚度,采取以下 3 种形式:在中、小跨径的悬索桥中,采用刚性桥塔,塔顶设活动的索鞍,以满足主缆水平移动的要求;另一种是摆柱式桥塔,主缆在塔顶固定,塔脚设铰,塔柱以微小的摆动来满足主缆水平移动的要求,但塔脚设铰使构造复杂,已很少采用;第三种是采用柔性桥塔,主缆与塔顶固结(通过主缆鞍),塔脚亦与墩身(或基础)固结。由于塔柱本身的柔性,当主缆有水平移动的趋势时,靠桥塔的弹性变形来满足水平移动的要求,这种方式多应用在大跨度悬索桥中。

主缆除在索塔顶支撑于主缆鞍外,在大跨径悬索桥上,在索股散开处还支撑有转向索鞍(又称散索鞍),小跨径悬索桥往往采用散索夹。

3)主缆与锚碇的联结

通常,将主缆索股端头散开,放入铸钢套筒内并灌注锌铜合金形成整体锚头,将该锚头锚固于锚碇伸出的锚固构件后即实现主缆与锚碇的联结。对中小跨悬索桥,也可采用螺杆锚固方式。

(2)吊索

吊索是将加劲梁竖向力向主缆传布的局部受力构件。其下端通过锚头与梁体两侧的吊索点联结,上端通过索夹与主缆联结。

吊索通常采用镀锌扭绞钢丝绳、封闭锁扣钢丝绳或平行镀锌钢丝束制作,表面涂装油漆或包裹 HDPE 防套防腐。现代悬索桥中常采用预制平行钢丝束吊索,同样将两头散开联结套筒,浇入合金使钢丝与套筒联结成整体而形成锚头。

索夹安装于主缆上,既对主缆和吊索起联结作用,又对主缆起紧固定型作用。如图 13.8 所示为吊索和主缆的联结采用刚性索夹,索夹紧箍主缆,即使主缆受拉时直径变小也不致滑动。索夹的下端伸出吊耳,通过销栓把吊索与吊耳相连。索夹的形式根据钢索排列的不同分为六边形和圆形两种,中小跨径的悬索桥,由于钢索数目不多,常排成六边形截面。对于大跨径悬索桥,主缆常采用圆形截面的平行钢丝索,索夹也采用圆形索夹。

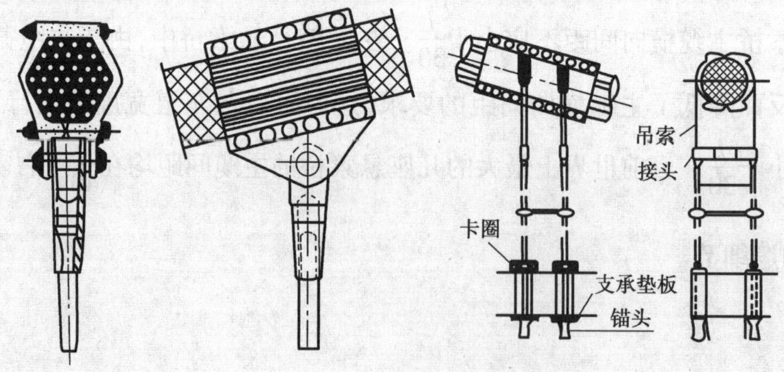

图 13.8 索夹

(3)桥塔

桥塔用于支撑主缆承受由主缆传来的水平分力和垂直分力。

桥塔在顺桥向按力学性质可分为刚性塔、柔性塔和摆柱塔3种结构形式。

在横桥向,为了使整个桥塔成为能承受主缆和桥面系上全部横向风荷载的刚性结构,往往采用框架式、桁架式或者是两者混合的结构形式。框架式桥塔是在塔顶和桥面下设强大的横系梁,联结两根立柱使其形成框架。常用的桥塔为单层框架式的桥塔,当桥塔较高时,可多设几道横系梁,形成多层框架式的桥塔。有时为了增加桥塔的横向刚度,在两塔柱间增设斜杆形成桁架式的桥塔。桁架式桥塔在风力和地震力引起的桥轴垂直方向的塔顶水平位移最小。当采用一根主缆时,其桥塔可参考斜拉桥单索面桥塔布置,详细第14章相关内容。

钢筋混凝土桥塔多采用框架式,塔柱可以做成实心矩形截面,但多数情况下采用箱形截面,以减轻桥塔自重。

钢桥塔可做成框架式、桁架式或混合式。虽然桁架式桥塔在横向地震力或风荷载作用下塔顶水平变形最小,用钢量也小,但外观上不如框架式桥塔那么简洁美观。大跨度悬索桥的钢塔柱,多为箱形截面或多格箱形截面,但对小跨径悬索桥的塔柱,有时为了制造和养护方便,也可做成H形截面。

(4)加劲梁与支座

1)加劲梁构造

悬索桥的加劲梁可做成钢板梁、钢桁梁和钢箱梁以及预应力混凝土箱、板梁。自美国原塔科马桥垮塌后,大跨径悬索桥大多采用阻风面积小的钢桁梁桥,仅在小跨径悬索桥中采用钢板梁或钢箱梁。1966年英国首次在Severn桥采用流线形扁平钢箱作为加劲梁后,改变了大跨径悬索桥的传统钢桁梁单一形式,使悬索桥的加劲梁构造形式多样化。钢桁梁加劲梁和钢箱梁加劲梁各有优缺点(表13.3)。总的说来钢箱抗风性能较好,风的阻力系数仅为桁架的1/4~1/2,耗钢较少。但桁架适合交通量大的双层桥面布置。

悬索桥的加劲梁可布置成简支体系或连续体系两种。简支加劲梁构造简单,制造和架设时的误差对加劲梁无影响。简支加劲梁不需通过桥塔,桥塔横向两塔柱的距离比连续加劲梁要小,相应基础尺寸也小些。简支加劲梁在桥塔处内力最小,而连续加劲梁在桥塔处内力达到最大。但简支加劲梁梁端角变量和伸缩量以及跨中的挠度(包括竖向和横向挠度)均较大,这对于一般公路悬索桥是可以满足行车要求的;但铁路行车要求难于满足,故公铁两用的悬索桥都采用连续加劲梁。

图13.9所示为悬索桥钢加劲梁的几种截面形式与桥面布置。钢板梁通常采用工字形截面,沿跨径做成等高度,仅在翼缘板层数上变化,以适应弯矩变化的要求。为了保证腹板局部稳定,在腹板两侧设纵横加劲肋。加劲梁采用钢桁梁时,也做成沿桥跨等高的桁架,腹杆采用加竖、斜杆的简单三角形式,杆件多为H形截面,对于由长细比控制的杆件,常采用箱形截面,以增加杆件截面的惯矩,达到减少长细比的目的。此外,也有以钢管桁架作为加劲梁的悬索桥(如重庆丰都长江大桥等)。

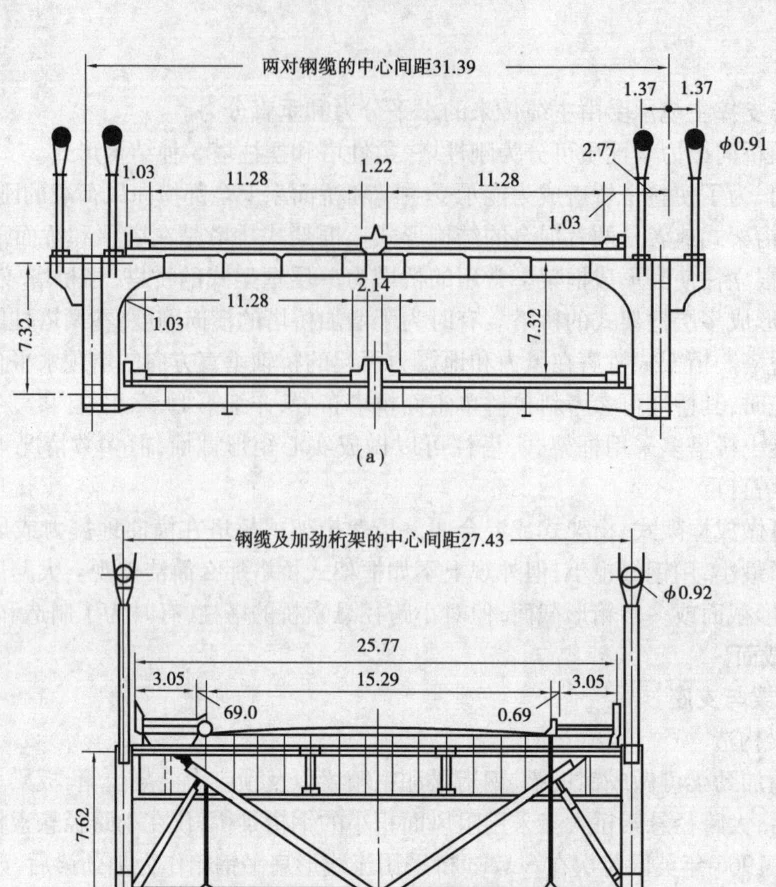

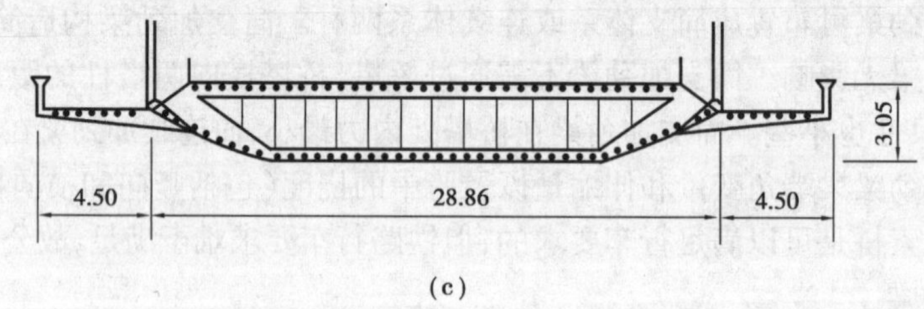

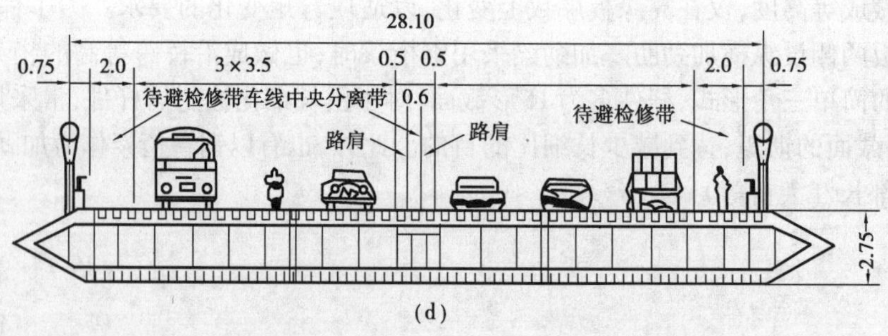

图 13.9　悬索桥加劲梁截面形式与横面布置(尺寸单位:m)

表13.3 加劲梁优缺点对比表

比较项目 \ 加劲梁形式		桁架	箱梁
抗风性能	涡流振动	不易发生	容易发生
	静态阻力系数	$C_D=2\sim3$,较大	扁平钢箱 $C_P=0.5\sim1.5$,较小
	风力产生的变形	大	小
结构	梁高	高	低
	钢材重量	稍重	稍轻
	双层桥面结构适应性	适应(对多车道或公铁两用桥有利)	不适应
	桥面板	一般与主梁分离(非结合型)	一般与主梁结合整体
制造施工养护	制造	杆件较多,节点构造复杂,标准化大量生产较困难	箱梁由板构成,标准化大量生产较容易
	架设	架设方法有单根杆件、平面构件、立体生产困难	只能采用切段法架设,无选择余地
	养护维修	构件较多、养护较困难	平板构件,易于养护
	桥面	非结合,损伤时容易维修	与主梁结合,损伤时不易维修

钢箱梁抗扭刚度大,构造简单,易于制造和养护。目前,扁平钢箱梁已广泛应用于大跨悬索桥。

在中小跨径悬索桥中也有采用混凝土加劲梁,其特点是自重大,主缆重力刚度大,动力稳定性好等。目前使用较多的是板式加劲梁,跨径一般在300 m左右。

2)加劲梁支座

简支加劲梁的支座与一般简支梁相同,即一端设固定支座,另一端设活动支座;连续加劲梁时,固定支座通常布置一个在中间桥塔上,这样可使梁体伸缩变形分散在加劲梁的两端,并使变形缝构造容易处理。在大跨径悬索桥中,由于纵、横向位移量较大,对于纵向的竖直支座一般都采用连杆活动支座来满足水平位移量要求,对于横向荷载要设置风支座来满足风荷载、地震荷载等所产生的横桥方向水平反力传至塔和桥台的要求。

加劲梁支座在不同的布载情况下要产生正和负的反力,所以加劲梁的支座必须设置能抵抗负支反力的构造,这是与一般梁式桥支座的不同之处。加劲梁的支座常采用有摇轴式支座和连杆式支座。摇轴式支座由上插座、下插座、销子组合(图13.10)形成铰,用于固定支座。摇轴式活动支座,只是在下摇座下加一排辊轴,为了能承受负支反力,在辊轴两端设固定块件,固定块件与底板焊牢,通过锚固螺栓与墩帽联牢(图13.10(b))。

连杆式支座为两端有铰的连杆构造,一端联结加劲桁架的弦杆,另一端联结塔或桥台,在塔端连杆叫塔连杆,在桥台端连杆叫端连杆。这种构造对于纵向水平位移及转动是自由的,但是具有约束竖直方向位移及加劲梁扭转的作用,常用有从上面吊着上弦杆、从上面吊着下弦杆和从上面顶起下弦杆3种方式。

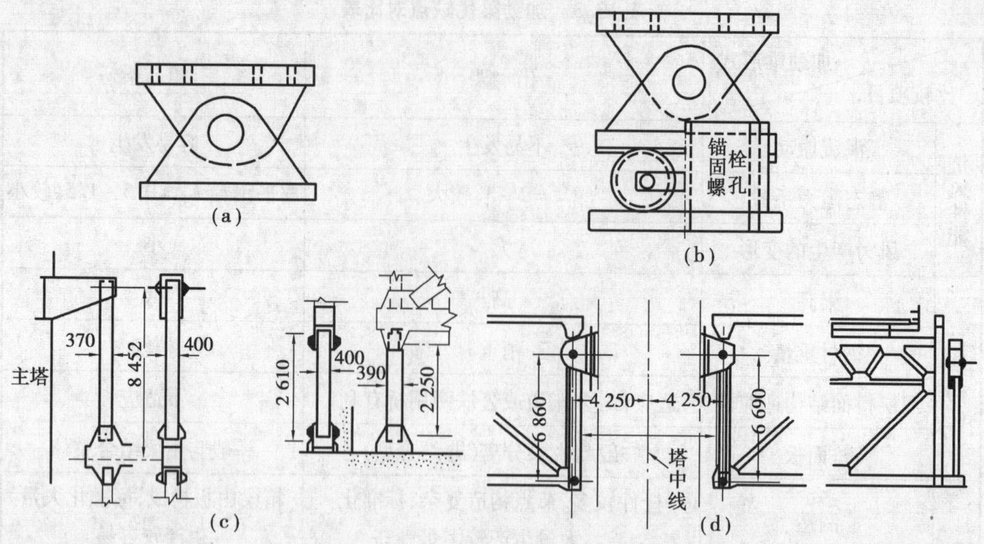

图 13.10　加劲梁支座(尺寸单位:mm)

图 13.10(c)是维拉扎诺海峡(Verrazano Narrows)桥的塔连杆支座,支座由高 8.45 m、平面尺寸为 37 cm×40 cm 的箱形截面的杆件通过螺栓与塔柱内伸出的牛腿相联,下端与加劲梁上弦杆的端节点相联,形成第一种分类的塔连杆支座。图 13.10(d)是维拉(Verrzano Narrows)扎诺海峡桥的端连杆支座,支座由高 2.25 m、平面尺寸为 39 cm×40 cm 的箱形截面的杆件通过螺栓与加劲梁端下弦节点相联,下端与桥台预埋构件相联,形成第三种分类的端连杆支座。端连杆支座多数采用第三种分类的构造。

图 13.11 为加劲梁水平支承示意。

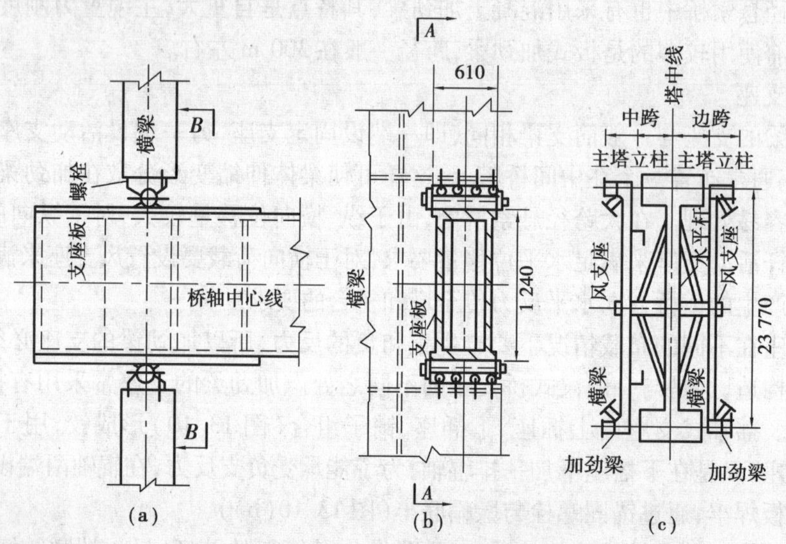

图 13.11　加劲梁滑动横向支承

(5)索鞍构造

1)主索鞍

主索鞍是专为主索绕过塔顶设置的支撑结构,并将主索所受竖向分力传向主塔。索鞍的上座由肋形的铸钢块件组成(索槽)用以安放主缆。刚性桥塔中的索鞍,一般还在上座下设一排辊轴,辊轴下设下座底板,以把辊轴传来的集中荷载更好地分布在塔柱上(图13.12(a)),在摆柱式或柔性桥塔中的索鞍,铸钢的上座通过螺栓(或焊接)与塔柱固定图13.12(b))。为了在安装时便于调整,在上座下往往设一排辊,待调整完毕后将其封死,仍然使它固结在塔顶。为了减轻索鞍重量,现代悬索桥多采用焊接的钢结构索鞍,圆弧半径一般为主缆直径的6~12倍,以此减少主缆的二次应力。

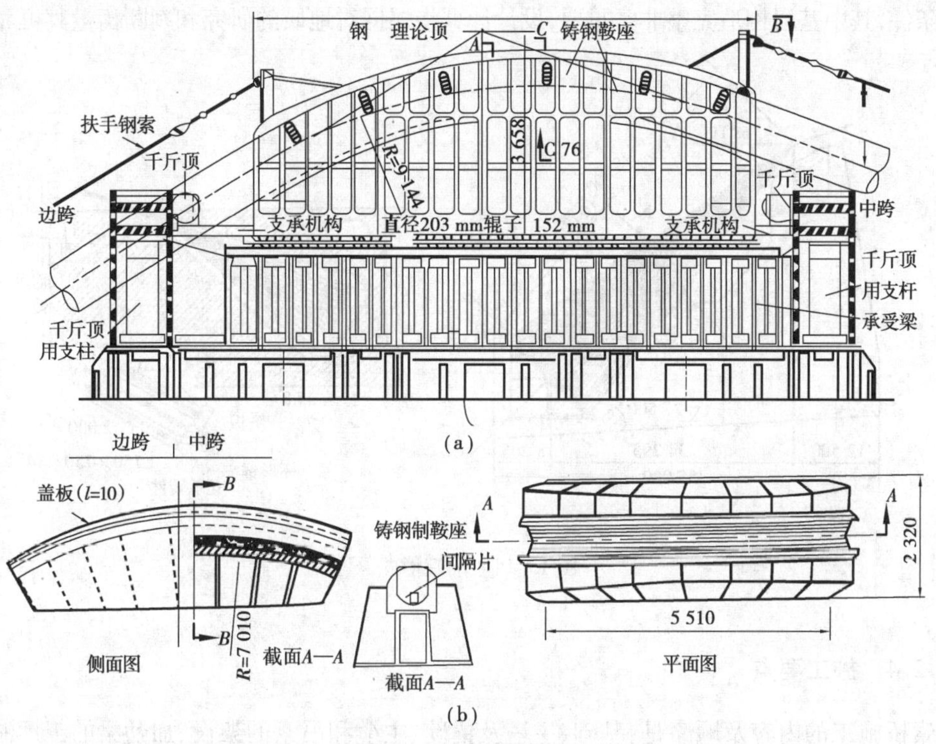

图13.12 主缆鞍示意(单位:mm)

(a)活动式;(b)固定式

2)散索鞍

散索鞍为主缆在接近锚碇处提供转向支撑,以便于主缆在此散开并分散锚固于锚锭。与主索鞍不同的是,散索鞍在主缆受力或温度变化时要随主缆同步移动,因而在结构形式上又有摇柱式和滑移式两种基本类型,分全铸和铸焊组合两种制造方式。图13.13为散索鞍实例。

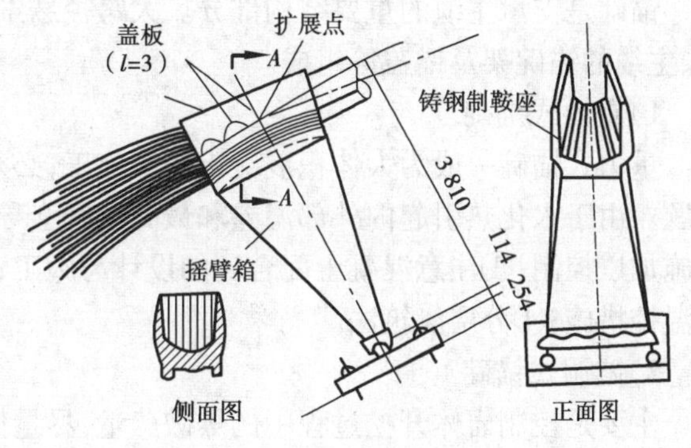

图13.13 散索鞍示意

(6)锚碇

锚碇是地锚式悬索桥极其重要的部分,它在抵抗来自主缆竖直反力的同时,主要抵抗主缆的水平力。锚碇又分为重力式锚碇和隧洞式锚碇两种结构形式。

1)重力式锚碇(图 13.14(a))。重力式锚碇是一个体积庞大的混凝土结构,依靠其自身重量实现为主缆拉力的锚固,其中预埋锚固主梁束股用的钢结构锚杆和钢结构锚固架,束股通过锚头与锚杆联接,再由锚杆将束股拉力传至锚固架分散到混凝土锚体。

2)隧洞式锚碇(图 13.14(b))。隧洞式锚碇是借助两岸天然坚固的基岩体开凿隧洞再浇筑混凝土形成,利用岩体强度对混凝土锚体形成嵌固作用,从而达到锚固主缆拉力的目的。隧洞式锚碇混凝土用量较重力式锚碇大为节省,经济性能显著。但采用隧洞式锚碇必须具有适宜的自然条件,其中基岩构造完整非常重要,设计计算将根据对地质的研究和判断衡量其可靠性。

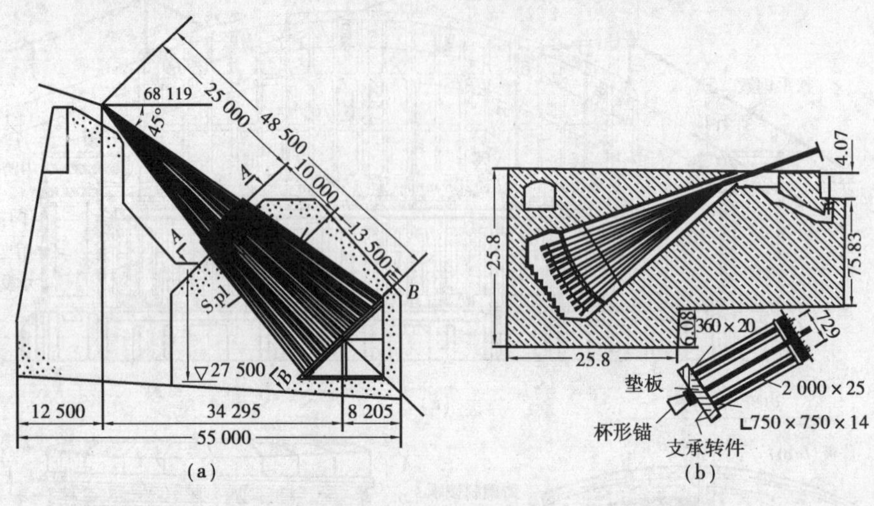

图 13.14 锚碇形式

13.2.4 施工要点

悬索桥施工的内容及顺序是:基础、主塔及锚碇、主缆和吊索的架设、加劲梁的工厂制作与工地安装架设、桥面及附属工程等。下面就其中悬索桥特有的施工内容加以简要介绍。

(1)锚碇施工

锚碇是支承主缆的重要结构部分。大跨径悬索桥的锚碇由散索鞍墩、锚块、锚块基础、锚室、主缆的锚碇架及锚盖等组成。

1)重力式锚碇

重力式锚碇一般为大体积混凝土浇筑施工,必须解决混凝土的水化热及分块浇筑的施工问题。由于水化热引起内外部温差和最高温升会导致锚体混凝土开裂。因此,可以通过以下措施加以控制:①注意混凝土配合比的设计与施工;②降低混凝土入仓温度;③外保温内降温的温控措施;④分层浇筑法。

2)隧洞式锚碇

主要是控制岩体开挖过程中的爆破药量,尽量保护岩体的整体性,使隧道锚坚固可靠。

3)锚碇架的制作和架设

锚碇钢构架是主缆的锚固结构,由锚杆、锚梁和锚支架三部分组成。锚支架在施工中起支承锚杆和锚梁的重力和定位作用,主缆索股直接与锚杆连接。锚杆可采用 Q235 或 Q345 钢板焊接而成。制造时对焊接质量、变形、制造精度都应严格要求和控制。锚碇架的安装精度主要控制锚梁。

(2)桥塔施工

主塔为钢结构时,可依据其规模、类型、施工地点的地形条件并考虑经济适用性,采取以下几种方法:①浮式吊机施工法,将桥塔施工的钢构件或钢桥塔节段由水上浮运吊装架设施工;②塔式吊机施工法,是在桥塔侧旁预先安装塔式吊机,用来起吊架设桥塔节段;③爬升式吊机施工法,这种方法是在桥塔塔柱上安装爬升导轨,爬升式吊机沿此导轨,随桥塔的施工增高而向上爬升的施工方法。

混凝土主塔的施工方法与其他桥梁桥墩施工方法相同,有翻模施工法、爬模施工法、滑模施工法和提升支架法等。

(3)主缆架设

1)主缆架设的准备工作

主缆架设前,应先安装索鞍(包括主副索鞍、锚固索鞍等),安装塔顶吊机以及各种牵引设施和配套设备,然后依此进行导索、拽拉索、猫道的架设,为主缆架设做好准备。

2)导索及拽拉索(牵引索)的架设

早期导索架设办法是将导索从一岸塔底临时锚固,然后将装有导索索盘的船只驶往对岸,并随时将导索放入水底;然后封闭航道,用两端塔顶的提升设备将导索提升到塔顶,置入导轮组中,并引至两端锚锭后;再将导索的一端引入卷扬机筒上,另一端与拽拉索相连,开动卷扬机将导索拽拉过河。通常把这种方法称为海底拽拉法。

目前,大多采用浮子法(又称"水中渡海法")、空中渡海法、直升飞机牵引法和高炮发射法。

3)猫道架设

猫道是一个临时轻型索桥,其作用是在主缆架设期间提供一个空中工作平台(走道)。它由猫道承重索、猫道面板系统及横向天线和抗风索等组成,一般宽 3 ~ 5 m,每个主缆下设一个猫道。为方便工人操作,猫道面层距离主缆中心线的高度一般为 1.3 ~ 1.5 m,且一般沿主缆中心线对称布置。

猫道多用在一端塔顶起吊猫道索一端,与拽拉器相连后牵引至另一端头,然后将其一端入锚,另一端用卷扬机或手动葫芦等设施牵引入锚并调整垂度,最后将其两端的锚头锁定。就位后即可铺设猫道面板。

为便于施工人员在两个猫道之间走动,每隔适当间距应设横向联系(横向走道)。猫道外侧用 ϕ20 mm 以上钢缆(绳)做成扶手,扶手及走道间有钢丝安全网。

4)主缆架设

主缆架设是悬索桥施工最重要的环节之一。首先,要准确确定基准索股(丝)的位置(线形),否则将直接影响成桥状态的线形;其次,要使各索股(丝)之间处于"若即若离"状态,以免因各索股(丝)长度不一而使其受力不均。平行线钢缆根据架设方法分为空中编缆法(AS 法)及预制丝股法(PPWS 法)。

①空中编缆法

简单的讲,就是先在猫道上将单根钢丝编制成主缆丝股,再由多束丝股组成主缆。其施工顺序如下:

将待架的钢丝卷入专用卷筒运至悬索桥一端锚碇旁,将其一头抽出,暂时固定在梨形蹄铁上,此头称为“死头”;然后将钢丝继续外抽,套于送丝轮的槽路中,送丝轮则连结在能来回移动的牵引索上。当卷扬机启动时,牵引索带动送丝轮将钢丝牵引到对岸,同样套于设在锚碇旁的一个梨形蹄铁上,再让送丝轮带回始端,如此循环多次,就可按要求数量将一束丝股扎成束,如图 13.15 所示。这里,不断从卷筒中放钢丝的一头称为“活头”。当一束丝股牵引完成后,就将钢丝“活头”剪断,并与先前临时固定的“死头”用特制的钢丝连接器相互连接,开始下一丝股的制作。

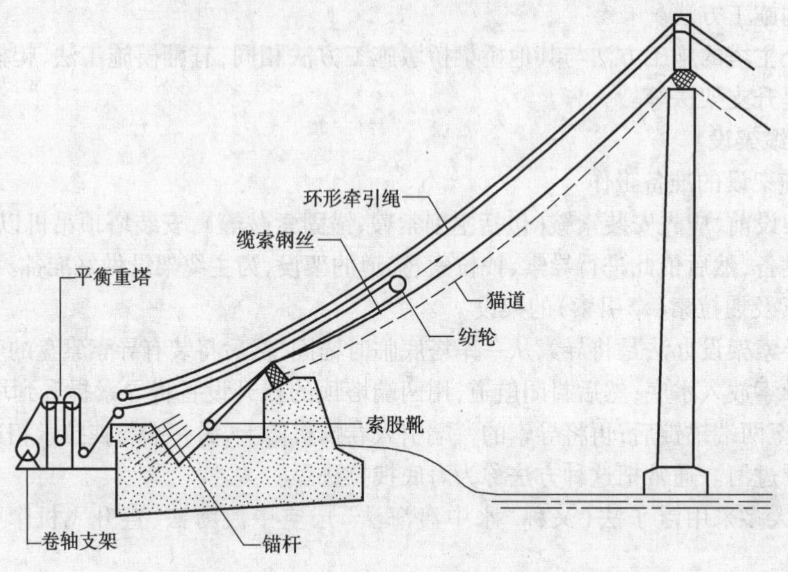

图 13.15　送丝工艺示意

此外,在环形牵引索上,还可同时固定两个送丝轮,每个送丝轮的槽路可以有一条、两条甚至更多条,目前最多有 4 条槽路。显然,送丝轮上的槽路越多,送丝数量也越多,与此同时,牵引索及送丝轮等的受力也相应增大,需要较大的牵引动力。

在编缆前,必须首先安装一根基准丝来确定第一批丝股的标高。所谓基准丝,是指在自由悬挂状态下仅受自重作用而呈现的悬链线线形。基准丝应在下半夜温度稳定时测定。此后牵引的每根钢丝均需调整成与基准丝相同的垂度和跨度,则其所受拉力、线形及总长与基准丝一样。

为使主缆各钢丝均匀受力,必须对钢丝长度和丝股长度分别进行调整,还应及时进行紧缆和缠丝。

②预制丝股法

所谓预制丝股法,就是在工厂或桥址旁的预制场事先将钢丝预制成平行丝股,然后利用拽拉设施将其通过猫道拽拉架设。这种架设主缆方法是 1965 年由美国发展起来的,其目的是使空中架缆工作简化,如图 13.16 所示。施工前,先在猫道上设置若干个门架导轮组,牵引索通过这些导轮组,牵引索上固接有拽拉器,通过主(副)牵引卷扬机的收(放)索或放(收)索,使牵引索带动拽拉器穿过导轮组作往复运动。索股前端与拽拉器相连,索股前端约 30 m 长悬在空中运行,而索股后段则支承在导向滚轮上运行。此方式也可用于空中送丝法。

③紧缆

在主缆架设完成,调整好各丝股拉力和垂度并置入索鞍后,即可用紧缆机将大缆挤压成圆

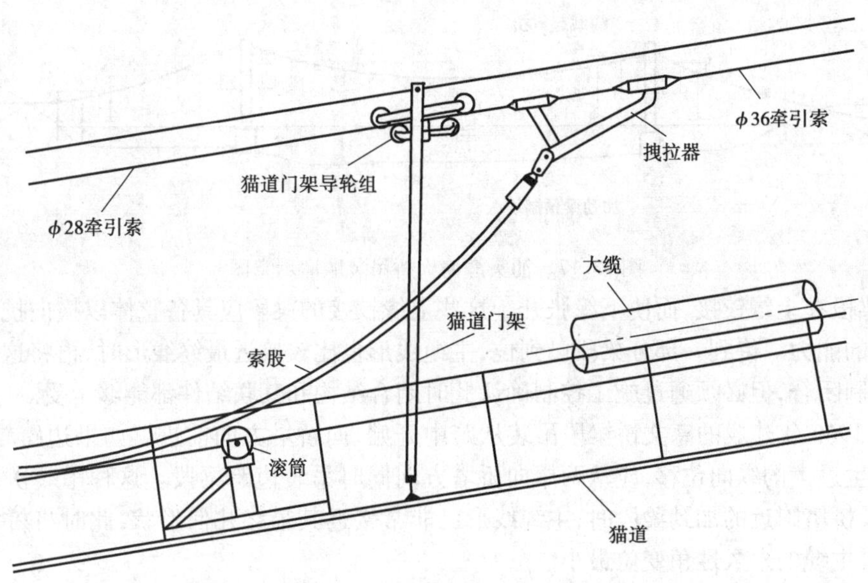

图 13.16 门架拽拉牵引方式

形。紧缆机一般用一可开闭的环形刚性钢架内沿径向设置多台千斤顶和辅助设施构成。紧缆一般从主跨跨中向两侧进行，边挤边用木槌敲打密实，再用钢带或钢丝捆扎，紧缆和捆扎的距离一般为 1 m 左右。

④缠丝

紧缆完成后，在索夹、吊索及加劲梁等大部分恒载都已加到主缆之上时即可缠丝。缠丝应用专门的缠丝机，缠丝之后在大缆表面涂漆防护。

(4)加劲梁架设

1)架设顺序

悬索桥加劲梁的架设顺序一般分为两种：一种是先从主塔附近的节段吊装架设开始，逐渐向跨中及两岸推进；另一种为先从跨中节段开始，向两侧桥塔方向推进。

采用钢桁架的加劲梁，通常采用第一种架设顺序。在每一梁段拼好以后，立即将其与对应的吊索相连，使其自重由吊索传给主缆。对于三跨悬索桥而言，一般需要 4 台缆载起重机，分别从两塔向两个方向前进。由于每座桥梁的边跨和主跨的跨径比不同，为了使塔顶纵向位移尽可能小，应采用全桥结构模型试验来决定其较为合理的吊装次序。

从桥塔开始吊装的优点是施工比较方便，缺点是桥塔两侧的索夹首先夹紧，此时主缆形状与最终几何线形差异最大，因而主缆中的次应力较大。汕头海湾大桥就是采用这种吊装顺序，如图 13.17 所示。海湾大桥混凝土加劲箱梁主跨有 73 段，边跨各 24 段，首先将预制梁段从预制场纵、横移下海，用铁浮箱运到各跨主缆下定位，用锚固在主缆索夹上的 1 800 kN 缆载吊机垂直起吊安装。每安装一梁段之后，吊机向前移 6 m，锚固到下一对索夹上，做下一梁段的吊装准备，如此循环，直至吊装完成。

当加劲梁的重力逐渐作用到主缆后，主缆将产生较大的位移，改变原来悬链线的形状，所以在吊装过程中上缘一般都顶紧而下缘张开，直到全部吊装完毕下缘才闭合。如果强制使下缘过早闭合，结构及其联结件有可能因强度不够而遭破坏。合理的做法是：在架设的开始阶

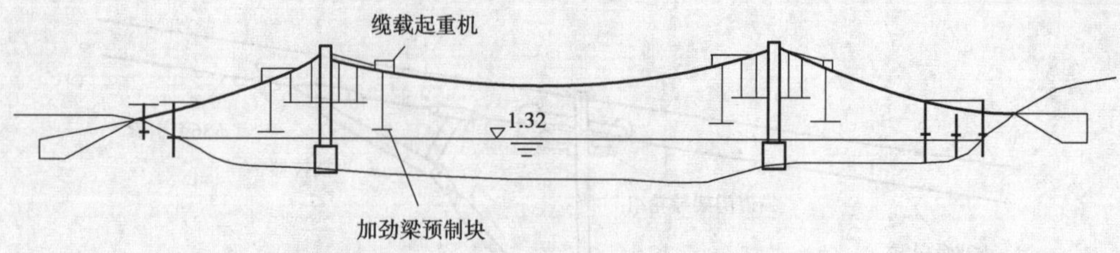

图 13.17　汕头海湾大桥吊装顺序示意图

段，使各梁段在上缘铰接，而使下缘张开。这些上缘铰接的梁段应具备整体以横向抗弯抵抗横向风荷载的能力。待到一部分梁段已到位，主缆线形也比较接近最终线形时，再将这一部分梁段下缘强制闭合，但必须通过施工控制确认此时闭合结构和其联结件都能够承受。

英国 1966 年建成的塞文桥梁段吊装从跨中开始，向桥塔方向前进。如果边跨较长，为避免塔顶产生过大的纵向位移，应从两岸向桥塔方向同时吊装边跨梁段。这种吊装次序的优点是：在架设桥塔附近的加劲梁段时，主缆线形已非常接近其最终几何形状，此时将桥塔附近的索夹夹紧，主缆的永久性角变位最小。

2）缆载吊机架设

缆载吊机安装技术是指以已经架设就绪的主缆作为吊梁时的承重结构，运用专门的缆载吊机吊装主梁。这种设备最大的优点是充分利用主缆作为承重结构，不需要另外架设专门的承重结构来吊装主梁。最大的缺点是：需要专门的缆载吊机来起吊主梁，此吊机造价高；另外，缆载吊机行走缓慢，爬行坡度小，因此对地形条件有一定的要求，梁段必需能尽可能地运送到安装位置下面，这就需要架设较长的栈桥。

缆载吊机由主梁、端梁及各种运行、提升机构组成。起重机在主缆上运行及工作，故主梁的跨度即为两主缆的中心距。主缆中心线与平面的最大夹角为吊装桥塔附近梁段时主缆与水平面的夹角（接近桥塔），吊机在此倾角状态下应能正常工作及行走。吊机是在全部索夹安装就位的主缆上运行，故其运行机构必须能跨越索夹障碍。在倾斜状态下起吊时产生的下滑力由索夹承受，故应设置吊机与索夹相对固定的夹紧机构。

3）缆索吊机架设

缆索吊机架设源于拱桥缆索吊装施工，缆索吊机系统设备与拱桥吊装基本相同（参见拱桥缆索吊装部分）。缆索吊装技术是近年来应用到悬索桥施工中的，它是以专门架设的施工索道来作为吊装主梁的承重结构，吊机由滑轮组组成，设计简单，造价低。它的最大优点是对施工场地的要求低，主梁可以在主跨靠近岸边的地方起吊，吊装边跨时仅需搭设低位栈桥，且栈桥很短。缺点是另需架设施工索道，安装较多的卷扬机；能适应的桥梁跨度有限，主要运用于中小型悬索桥。缆索吊装技术首次在重庆鹅公岩长江大桥（中跨 600 m）上得到应用。应用缆索吊装技术架设悬索桥时应注意：施工过程中索道对主塔塔偏有一定的影响，施工控制分析难度较大。

4）其他架设方法

如贵州坝陵河大桥采用的桥面吊机安装法，正在施工的湖南矮寨大桥拟采用的轨索移梁法等均是山区架设悬索桥梁的架设方法。

(5) 悬索桥施工控制

悬索桥的施工控制由施工前的控制和施工中的控制两大部分组成。

悬索桥施工前的工程控制:指结构构件的无应力尺寸(主缆、吊杆的无应力长度、加劲梁的无应力三维尺寸)、基准索股位置(线形)、索鞍预偏量、索夹预偏量的计算以及主梁架设过程中索鞍分次顶推的数量及时间安排。

悬索桥施工中的工程控制:悬索桥的施工可分为工厂预制和工地现场的浇筑、拼装、架设两部分。钢结构部分,如鞍座、组成主缆的索股、索夹、吊杆、加劲梁段(对钢悬索桥),是在工厂内按无应力尺寸下料预制,然后运到工地上拼装、架设;混凝土部分,如锚碇、主塔、加劲梁(对混凝土悬索桥)、桥面等等是在工地现场浇筑的。因此,可以把悬索桥施工中的工程控制再分为工厂预制时的精度控制和架设现场的安全、精度控制两部分。工厂预制时,各构件制造精度可按规定的加工精度标准进行控制,容易得到保证。架设现场的安全、精度控制的内容为:施工各阶段的结构几何形状和内力的计算及计算机模拟,误差量测、反馈调整,塔顶鞍座的合理顶推、加劲梁段吊装刚接的先后次序的合理选择等。

13.3　自锚式悬索桥

13.3.1　国外典型自锚式悬索桥

国外自锚式悬索桥已有 100 多年历史,但建成的数量不多,仍是一种较为新颖的桥型,跨度多在 200 m 左右。1929 年德国建成了首座自锚式悬索桥—科隆-米尔海姆大桥,主跨 315 m,在建的旧金山奥克兰海湾新桥,主跨达到 385 m。

日本此花大桥跨径布置为 120 m + 300 m + 120 m,是世界上唯一一座英国式自锚式悬索桥,单主缆形式,建成于 1990 年,如图 13.18。该桥采用 1/6 矢跨比以减小主缆索力。主缆采用 PPWS 法施工,包含 30 束股,每束 184 丝。由于仅有一个索面,吊索做成倾斜形,构成三角形吊杆,与钢箱加劲梁一起体现了英国式悬索桥的特点。钢箱加劲梁为三室箱,梁高 3.17 m,箱总宽 26.5 m。索塔呈花瓶形,但下塔柱较矮,人字形上塔柱要在加劲梁节段架设后才能安装。

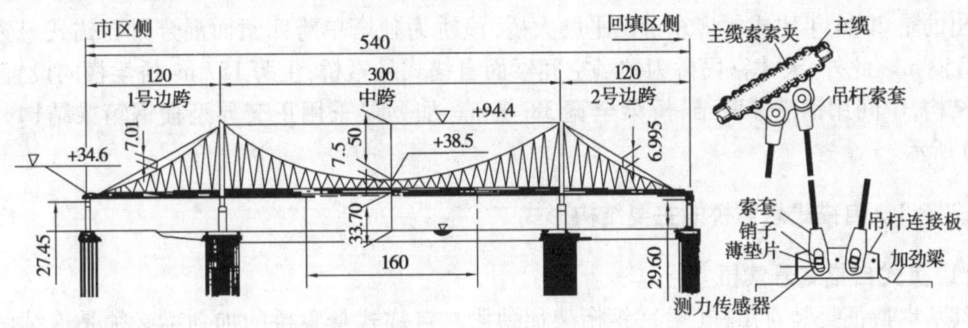

图 13.18　日本此花大桥(单位:m)

13.3.2　国内自锚式悬索桥

我国自锚式悬索桥的起步落后于国外,目前已建成 20 几座,跨径多数不足 200 m,有多座大桥采用独具特色的钢筋混凝土加劲梁,使得自锚式悬索桥的优越性更加彰显。例如大连金石滩大桥,采用钢筋混凝土加劲梁,建成于2002年,如图13.19所示。主缆直接锚固于加劲梁的两端,将加劲梁做成拱形,用主缆的水平分力来抵御拱脚的推力,起到了系杆拱桥中系杆的作用。这样既满足了跨中通航的净空要求,也使主桥两端高度降低,大大减少了引桥的长度,节省了投资。这种预拱度也可使加劲梁刚度增加、挠度减小,从而在受力和经济上都达到了很好的效果。主桥施工主要工序为:钻孔桩基础;浇筑桥墩桥塔;搭设临时支架,支架上浇筑加劲梁;加劲梁达到强度后挂主缆,上索夹,张拉吊杆。

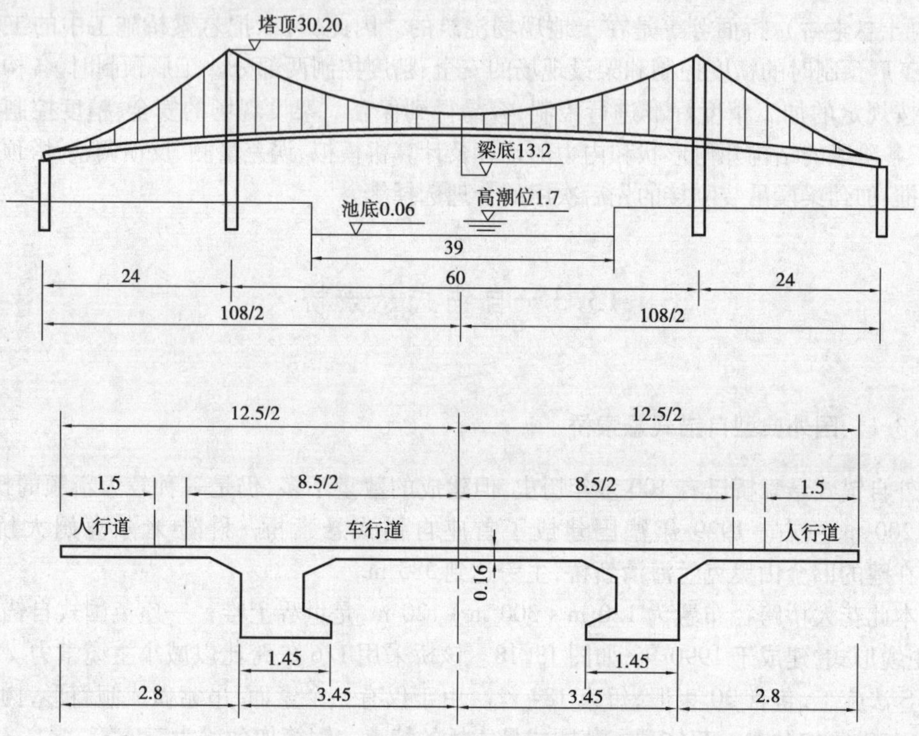

图13.19 中国大连金石滩大桥(单位:m)

国内建造的钢加劲梁自锚式悬索桥也有几座,如湖南长沙的三汊矶湘江大桥等。其中,较为突出的是2006年建成的广东佛山平胜大桥,该桥为独塔单跨四索面混合梁自锚式悬索桥,主跨350 m。此外,天津富民桥为独塔空间索面自锚式悬索桥,主跨157 m,桥梁横向设置为双主梁结构,中间用钢横撑联结,桥梁全宽38.6 m。加劲梁采用正交异型板钢箱梁结构,如图13.20所示。

13.3.3 自锚式悬索桥的主要结构形式

(1)美式自锚式悬索桥

其基本特征是竖直吊杆(索),钢桁架加劲梁。自锚式悬索桥的加劲梁必须是连续的,以承受主缆传递的水平压力。加劲梁可做成双层,供公铁两用,如韩国的永宗悬索桥。采用钢桁架还可通过增加加劲梁的高度来保证桥梁有足够的刚度。

(2)英式自锚式悬索桥

20世纪60年代,英国提出的新型悬索桥突破了悬索桥的传统形式,这种新型悬索桥的基本特征是采用三角形的斜吊杆和刚度较小的流线形扁平翼状钢箱梁作为加劲梁,桥塔处设有

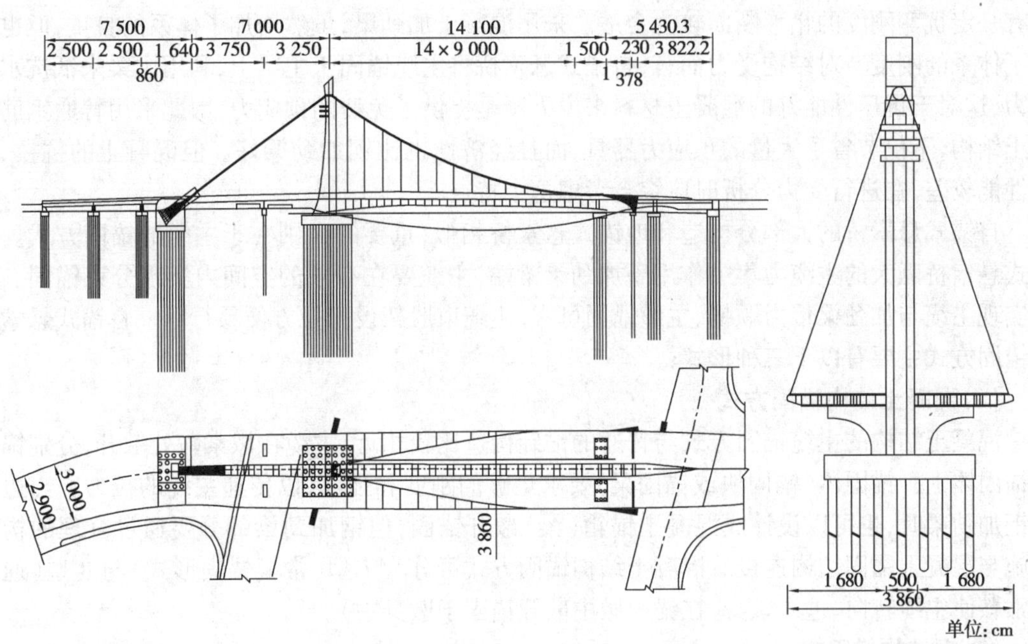

图13.20 中国天津富民桥(钢箱加劲梁)

伸缩缝,用钢筋混凝土桥塔代替钢桥塔,有的还将主缆和加劲梁在跨中固结。其优点是钢箱梁自重轻,相应可减小主缆截面,降低钢材用量;钢箱梁抗扭刚度大,受横向的风力小,有利于抗风,并大大减小了桥塔所承受的横向力。缺点是三角形布置的斜吊杆在吊点处的结构复杂。在自锚式悬索桥中,日本的此花大桥是世界上唯一一座英国式的自锚式悬索桥。

(3)其他类型自锚式悬索桥

其他类型自锚式悬索桥采用竖直吊杆和流线形箱梁作为加劲梁,加劲梁的材料可采用钢材或钢筋混凝土材料。已建成的钢筋混凝土自锚式悬索桥都采用这种形式。钢结构的自锚式悬索桥除有双层通车要求的采用较多外,还有很多桥梁也采用这种形式,如美国旧金山—奥克兰海湾新桥。在国内,一般采用钢筋混凝土材料。采用钢筋混凝土加劲梁与钢加劲梁相比有独特的优点:钢结构由于要承受主缆传递的压力,为防止钢结构的压屈,必须在关键的部位增加构件或加大尺寸,这就使造价增加,而采用钢筋混凝土材料则较经济,由于混凝土是受压材料,所以比钢结构更适于承压;钢筋混凝土材料一般做成抗扭刚度大的箱梁截面。

13.3.4 自锚式悬索桥构造特点

自锚式悬索桥是由主缆、加劲梁、主塔、鞍座、锚固构造、吊索等构件构成的柔性悬吊组合体系,桥面重量、车辆荷载等竖向荷载通过吊杆传至主缆承受,主缆承受拉力,而主缆锚固在梁端,将水平分力传递给主梁。由于水平分力的大小与主缆的矢跨比有关,因此可以通过调整矢跨比来调节主梁内水平分力。跨度较大时,可以适当增大矢跨比,以减小主梁内的压力。反之,跨度较小时,可以适当减小矢跨比,使混凝土主梁内的预压力适当提高。由于主缆在塔顶锚固,为了尽量减少主塔承受的水平力,必须保证边跨主缆的水平力与中跨主缆产生的水平力基本相等,这可以通过合理的跨径比来调节,也可以通过改变主缆的线形来调节。

自锚式悬索桥中的恒载由主缆来承受,而活载还需要由加劲梁来承受,所以加劲梁应采用具有一定抗弯刚度的箱形断面较为合适。采用混凝土加劲梁,虽然增加了体系的自重,但也增大了体系的刚度。对结构受力而言,自锚式悬索桥将主缆锚固于主梁上,利用主梁来抵抗水平分力,这对于抗压性能好的混凝土材料来说无疑是提供了免费的预应力,因此采用普通钢筋混凝土结构,不仅节省了大量的预应力器具,而且经济性也比钢加劲梁好。但混凝土的抗拉、抗弯性能较差,在进行受力分析时应综合考虑这个特点。

自锚式悬索桥的大部分构造和地锚式悬索桥相似,重要的区别在于主缆的锚固方式。自锚式悬索桥巨大的主缆力集中作用于加劲梁梁端,主缆要在有限的空间内实现分束锚固。为了实现主缆与加劲梁传力顺畅、主缆锚固可靠、主缆束股架设张拉方便易行等。自锚式悬索桥的锚固方式主要有以下三种形式:

(1)混凝土结构锚固方式

混凝土结构的主缆锚固方式与普通的锚碇构造比较相近,主缆在散索鞍处散开,分别锚固在锚固体上。锚固体(锚固块或锚固梁)要求足够的刚度和强度,以传递主缆的拉力。当边跨为钢加劲梁时,也可以设计成混凝土锚箱(梁)散开锚固,但钢加劲梁部分要通过合理的构造措施与混凝土锚固结构连接。混凝土结构锚固方式可分为Ⅰ型(常规锚固形式)与Ⅱ型(通过转索鞍使主缆转向,进入墩身,在锚固墩中散开锚固于墩身中)。

(2)钢结构锚固方式

主缆进入钢结构锚固体,通过散索鞍散开分别锚固在锚固面上。锚固体通过高强螺栓或者焊缝与钢箱梁的顶板、底板和腹板相连,将水平分力传递给全截面。这种锚固方式往往需要在钢箱梁内设置配重,桥墩处可能还需设置抗拉支座。

(3)环形锚固方式

主缆束股连续绕在梁段的锚固跨上连接成环形,通过转索鞍实现束股的转向。索鞍由箱梁支承,设计成可移动的,以平衡两主缆的索力差;也可以设计成不能移动的。在施工期间,两主缆索力差异可通过调整塔顶鞍座来平衡。

此外,自锚式悬索桥主缆拉力的垂直分力将使桥梁的两端产生上拔力,对此采取以下方法来抵抗这种上拔力:一是在锚块处设置拉压支座;二是在主桥和引桥的交接处设置牛腿,从而将引桥的重量压在主梁上。

13.3.5 施工工艺

自锚式悬索桥施工的特点是一般先架设加劲梁后架设主缆,再安装吊索最后通过张拉吊索实现体系转换。因此,加劲梁架设、主缆架设和吊索张拉实施体系转换是自锚式悬索桥施工的关键工序。在施工控制方面,自锚式悬索桥施工要求的精度较地锚式悬索桥要高,加劲梁架设、主缆安装调整、索塔的偏位变形等都应在监控之下,以使桥梁时刻处于良好的施工控制状态。

(1)先梁后缆的架设方法

自锚式悬索桥的加劲梁需要承担和平衡主缆拉力,故施工顺序不同于地锚式悬索桥“先缆后梁”的顺序,多为“先梁后缆”。加劲梁的施工方法有顶推法、支架法、节段吊装法和斜拉扣挂法等。

(2)先缆后梁的架设方法

在某些特定条件下,自锚式悬索桥也可以采用“先缆后梁”的架设方法。因为主缆安装后产生水平力,“先缆后梁”架设法的重点是如何采取有效措施来平衡水平力。

①临时锚碇法

对于小跨径自锚式悬索桥,主缆重量较小,可以设置临时锚碇作为施工期间的临时抗主缆拉力结构。该方法的施工顺序为:先施工主缆锚固节段和临时锚碇;然后架设主缆,在临时锚碇和主缆锚固端之间设置调节锚索,平衡主缆锚固产生的水平力;最后通过主缆架设加劲梁。该方法是一种无支架的施工方法,不妨碍河道通航且技术较成熟,但当主缆力从外锚转换为自锚时,全桥体系转换较为复杂。

②叠合加劲梁先缆后梁架设法

对于采用叠合加劲梁的自锚式悬索桥,根据叠合梁钢结构重量较轻的特点,可以采用先缆后梁架设法。该方法采用可承受较大水平力的边墩锚固主缆,然后利用主缆架设主梁,其施工顺序为:①在边墩上架设锚固段加劲梁,与桥墩临时连接,该连接可传递较大的水平力;②把主缆锚固在墩顶加劲梁上;③架设叠合加劲梁的钢纵横梁;④解除加劲梁与桥墩临时连接,由钢加劲梁承受主缆水平力;⑤施工混凝土桥面板。该方法为无支架施工,需要桥墩能承受较大的水平力。

13.4　悬索桥计算要点

13.4.1　悬索桥内力分析理论

悬索桥按加劲梁刚度大小分为柔性和刚性两种,相应的内力计算也应按柔性悬索桥和刚性悬索桥分别进行。一座刚性悬索桥的主缆和加劲梁的设计可用图13.21所示的流程图来表示。

在竖直荷载作用下垂直面的内力分析理论大致可分为三类:弹性理论、挠度理论和有限位移理论。

(1)弹性理论

弹性理论是一种建立在超静定结构分析方法基础上的一种方法,它将悬索桥看作是主缆与加劲梁的结合体,只考虑由荷载产生的新的截面内力之间的平衡,其特点是对恒载与活载的作用没有本质上的区别。弹性理论适合于跨径小于200 m的设计中。由于该理论力学概论清楚,计算方便,且计算结果与实际较为按近,因此仍是小跨径悬索桥的主要计算方法。

弹性理论主要缺点是没有考虑结构体系变形对内力的影响,计算结果较挠度理论偏大,随着跨径的增大,使得其设计结果有较大浪费,由表13.4可说明这一点。

表13.4　挠度理论与弹性理论计算结果比较表

桥　名	跨径/m	1/4跨径处弯矩减少程度/%	1/2跨径处弯矩减少程度/%
Florianoplis	340	20	37
Philadelphia-Comden	533	34	38
Mount-Hope	366	50	35

(2)挠度理论

挠度理论考虑了结构体系变形对内力的影响,它的基本微分方程为非线性。由于受力明确,考虑了主要问题,长期以来一直作为大跨径悬索桥的设计理论。但其假设中忽略了吊杆的伸长、吊杆的倾斜、悬索节点的水平位移、加劲梁的剪切变形等非线性影响,计算精度受到一定影响。

(3)有限位移理论

该理论的主要优点是完全考虑了几何非线性的影响,不需要挠度理论的假设,并且考虑了结构自重初内力对主缆刚度的影响,使计算更接近结构受力实际,并可以采用计算机进行较准确的计算。

悬索桥的计算包括恒载内力计算、活载内力计算、刚度计算、动力计算与施工过程计算。计算方法有解析法和有限元法。下面仅就刚性悬索桥说明其结构设计解析计算方法。

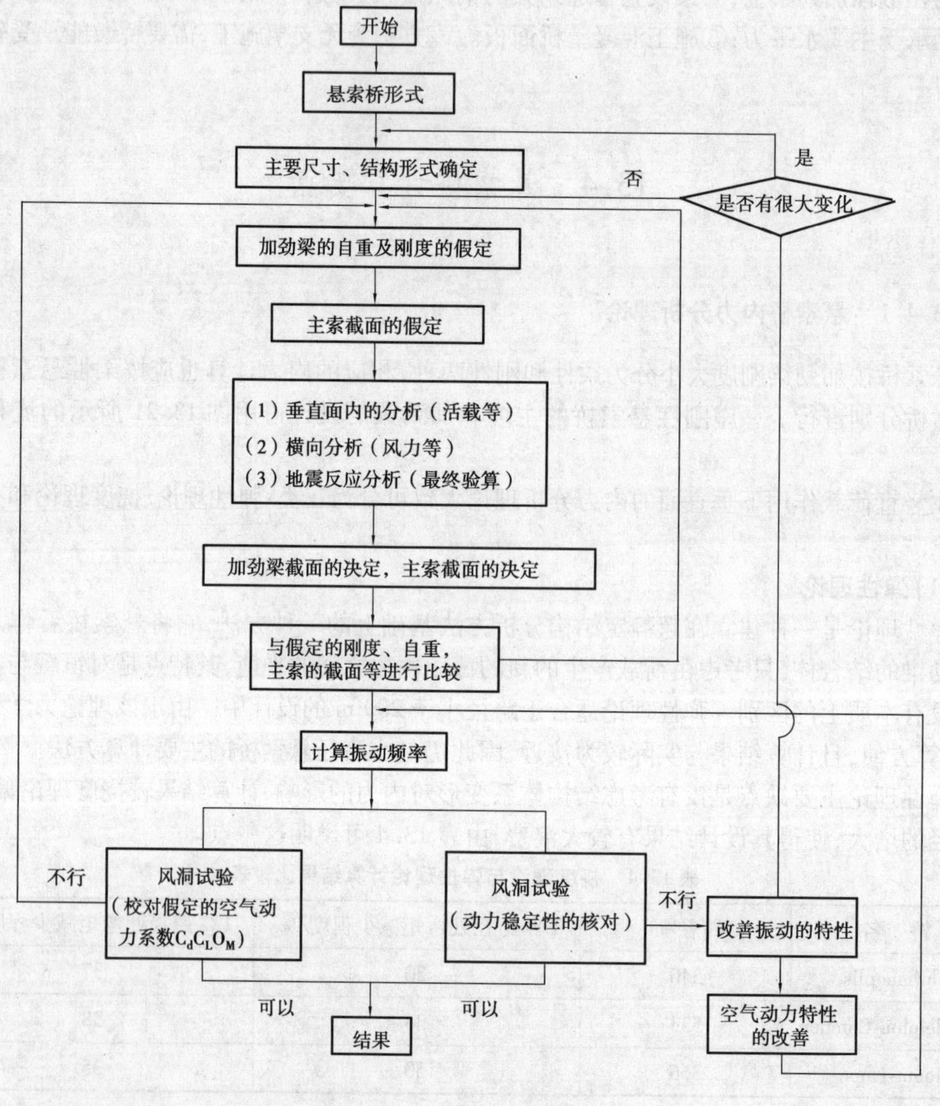

图 13.21 悬索桥计算流程图

13.4.2　刚性悬索桥的计算

(1)弹性理论方法

弹性理论方法是在下列假定条件下根据弹性平衡状态推导出来的：

①假定悬索为完全柔性，吊杆沿跨径密布；

②假定悬索曲线形状和纵坐标在加载后保持不变；

③加劲梁沿跨径悬挂在悬索上，其截面的惯性矩沿跨径不变；

④加劲梁是在悬索和吊杆安装完毕后才分段吊装就位，最后联结成整体，所以加劲梁等恒重已由悬索承担，加劲梁中仅有活载、风力和温度变化产生的内力。

如图 13.22 所示为单跨悬索桥。由于加劲梁参与受力，为一次超静定体系，取主缆的水平拉力 H 为多余未知力：

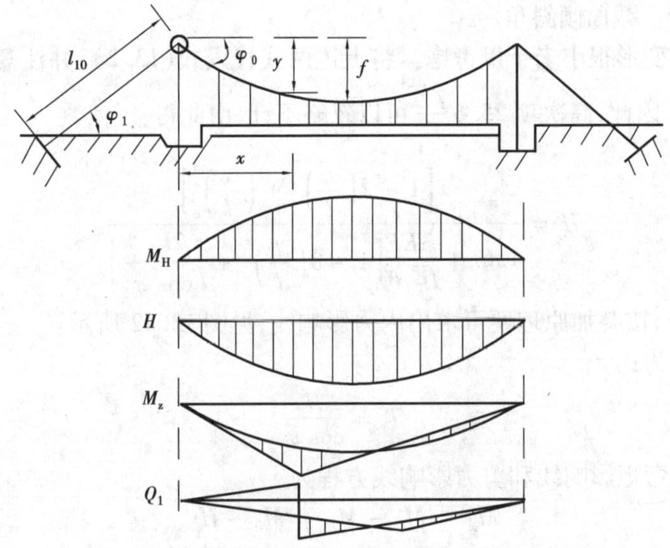

图 13.22　刚性悬索桥

$$H = -\frac{\delta_{PH}}{\delta_{HH}} \tag{13.2}$$

式中：δ_{PH}——由主缆切口处作用 $H=1$ 经吊杆传递给加劲梁所引起梁的挠度曲线；

δ_{HH}——由主缆切口处作用 $H=1$ 时引起该截面的水平位移，为加劲梁、主缆、吊杆和锚索的变形影响总和，即

$$\delta_{HH} = \int_o^l \frac{\overline{M}_H^2}{EI}\mathrm{d}x + \sum \frac{\overline{T}_H^2 S}{E_1 A} \tag{13.3}$$

式中：M_H——由单位力 $H=1$ 所引起的加劲梁截面的弯矩；

T_H——由单位力 $H=1$ 所引起的主缆、吊杆和锚索等构件中的内力；

E、I——加劲梁的弹性模量和惯性矩；

E_1、S、A——主缆、锚索和吊杆等构件的弹性模量、长度和横截面面积。

当 $H=1$ 时，吊杆传给加劲梁向上的均布荷载为：

$$q = \frac{8f}{l^2}$$

在加劲梁任意 x 截面，由向上的均布荷载 q 所引起的挠度方程为：

$$\delta_{PH}=\frac{8f}{l^2}\cdot\frac{l^3x}{24EI}\left[1-2\left(\frac{x}{l}\right)^2+\left(\frac{x}{l}\right)^3\right]$$

式(13.3)中δ_{HH}各变位项的计算如下：

$$\int_0^l\frac{\overline{M}_H^2}{EI}\mathrm{d}x=\frac{1}{EI}\int_0^l(Hy)^2\mathrm{d}x=-\frac{1}{EI}\int_0^l\left[\frac{4f}{l^2}x(l-x)\right]^2\mathrm{d}x=\frac{8}{15}\frac{f^2l}{EI}$$

主缆和锚索的变形为：

$$\sum\frac{\overline{T}_H^2S}{E_1A}=\frac{1}{E_1A}\int_0^l\frac{\mathrm{d}l_s}{\cos^2\varphi}+\frac{2\,l_{s0}}{E_1A\cos^2\varphi_1}=\frac{1}{E_1A}\int_0^s\frac{\mathrm{d}x}{\cos^3\varphi}+\frac{2\,l_{s0}}{E_1A\cos^2\varphi_1}$$

$$=\frac{s}{E_1A}\left(1+8\frac{f^2}{l^2}+25.6\frac{f^4}{l^4}\right)+\frac{2\,l_{s0}}{E_1A\cos^2\varphi_1}$$

式中：l_{s0}、φ_1——主缆长度和锚索的倾角；

φ——主缆任一截面倾斜角。

上式中因吊杆变形很小未予以考虑。将上述两式代入式(13.2)，并注意到悬索桥矢跨比$\frac{f}{l}$一般在$\frac{1}{12}\sim\frac{1}{8}$。因此，高次项$25.6\frac{f^4}{l^4}$可以忽略不计，由此得

$$H=\frac{x\left[1-2\left(\frac{x}{l}\right)^2+\left(\frac{x}{l}\right)^3\right]}{1.6f+\frac{3EI}{fE_1A}\left[1+8\left(\frac{f}{l}\right)^2+\frac{2l_{s0}}{l\cos^2\varphi_1}\right]}\tag{13.4}$$

利用式(13.4)，按叠加原理便可求出内力影响线，见图13.22所示。

主缆悬索内力为：

$$T=\frac{H}{\cos\varphi}\tag{13.5}$$

加劲梁x处的弯矩影响线和剪力影响线方程为

$$M_x=M_0-M_H=M_0-Hy\tag{13.6}$$

$$V_x=V_0-H\tan\varphi\tag{13.7}$$

式中：M_0和V_0——加劲梁x截面处简支梁的弯矩和剪力；

φ——加劲梁x截面处主缆对水平线的倾斜角。

由温度变化引起主缆水平拉力的计算

$$H_t=\mp\frac{\delta_{tH}}{\delta_{HH}}\tag{13.8}$$

$$\delta_{tH}=\alpha t\sum\overline{T}_HS=2\alpha t\int_0^{\frac{l}{2}}\frac{1}{\cos\varphi}\mathrm{d}s+\frac{2\alpha tl_{s0}}{\cos\varphi_0}=\alpha tl\left(1+\frac{16}{3}\frac{f^2}{l^2}\right)+\frac{2\alpha tl_{s0}}{\cos\varphi_0}$$

$$\delta_{HH}=\frac{8}{15}\frac{f^2l}{EI}+\frac{l}{E_1A}\left(1+8\frac{f^2}{l^2}\right)+\frac{2\,l_{s0}}{E_1A\cos^2\varphi_1}$$

代入式(13.8)得

$$H_t=\mp\frac{\alpha tl\left(1+\frac{16}{3}\frac{f^2}{l^2}+\frac{2\,l_{s0}}{l\cos\varphi_0}\right)}{\frac{8}{15}\frac{f^2l}{EI}+\frac{l}{E_1A}\left(1+8\frac{f^2}{l^2}\right)+\frac{2\,l_{s0}}{E_1A\cos^2\varphi_1}}\tag{13.9}$$

式中：α——主缆钢丝的线膨胀系数；

t——温度变化度数。

由温度变化引起主缆、加劲梁内力的变化，同样采用叠加原理得出。

需要注意的是，当加劲梁为三跨连续梁时，计算 δ_{PH} 变位时，除要考虑中跨作用的荷载 $q=\frac{8f}{l^2}$ 外，还要考虑边跨吊杆传来的荷载 $q=\frac{8f_1}{l_1^2}$ 对加劲梁引起的挠度。δ_{HH} 用前面同样方法确定，但在计算积分或总和时，应包括所有三跨的影响。

(2)挠度理论方法

弹性理论是在不考虑结构体系变形对内力影响的前提下推导出来的，而实际上结构的变形对内力是有影响的，体系的变形（挠度），将减少加劲梁的弯矩和悬索水平拉力。按弹性理论所计算出的主缆内力和加劲梁弯矩，将随跨径的增大而减少，因此，在小跨径悬索桥设计中可采用弹性理论方法计算，对于大跨径悬索桥就应采用计入体系变形对内力影响的挠度理论方法计算。

挠度理论由 Melan 于 1888 年创立，1909 年应用于曼哈顿悬索桥的设计。1928 年 Timoshenko 利用收敛的三角级数建立了另一种形式的挠度理论，D. B. steinman 又作了改进，成了当前国内外常用的一种方法。挠度理论方法的假设与弹性理论方法假设基本相同，都假设吊杆密布（即所谓古典膜理论），不同之处在于挠度理论考虑了结构变形对内力的影响。Pugsley 采用按等间距设计吊杆的实际结构模型进行计算，这种理论称为“离散吊杆理论”。此外，还有考虑吊杆变形、悬索在荷载下的竖直变形和水平方向变形等因素的一些计算方法。下面仅介绍目前大跨径悬索桥设计中常用的古典膜理论方法。

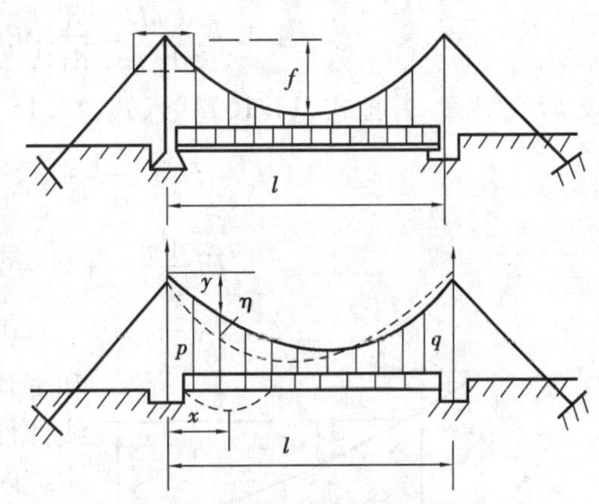

图 13.23　挠度理论计算图式

图 13.23 中，当悬索产生挠度 η 时，加劲梁随悬索亦产生相同挠度 η，此时加劲梁 x 处的弯矩（加劲梁恒载弯矩为零）为：

$$M_x=M_p-H_p(y+\eta)-H_q\eta=M_p-H_py-(H_p+H_q)\eta \tag{13.10}$$

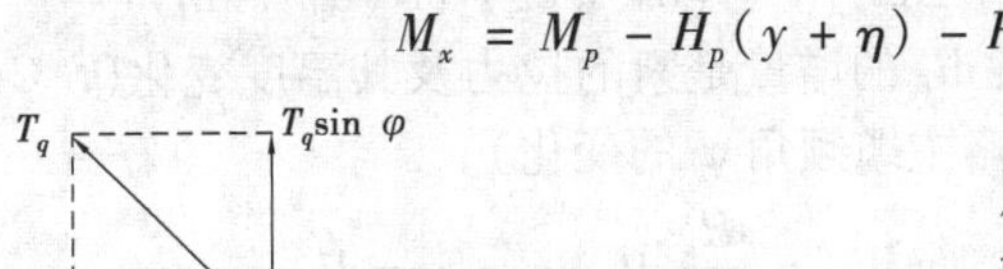

上式与弹性理论比较，多出的第三项就是考虑变形（挠度）因素的影响，因该项是负值，所以加劲梁内的计算弯矩比弹性理论方法计算值要小。

图 13.24　恒载作用下主缆微段力学图式

加劲梁的挠曲微分方程推导如下：

考虑恒载作用下主缆微小单元 dl_s 的力平衡状态（图 13.24）。假设吊杆密布，单位水平距离的吊杆拉力为 S，悬索自重为 q_c，由 $\sum Y=0$ 的平衡条件得

$$d(T_q\sin\varphi)+(S+q_c)dx=0 \tag{13.11}$$

又

$$T_q\sin\varphi=\frac{H_q}{\cos\varphi}\cdot\sin\varphi=H_q\tan\varphi=H_q\frac{dy}{dx} \tag{13.12}$$

$$H_q \frac{\mathrm{d}^2 y}{\mathrm{d}x^2} = -(S + q_c) \tag{13.13}$$

考虑活载作用下,吊杆拉力变为 S',主缆活载挠度为 η,于是主缆总挠度变成 $(y+\eta)$,主缆水平拉力 H_q 变成 $(H_q + H_p)$,公式(13.13)应改为:

$$(H_q + H_p) \frac{\mathrm{d}^2 (y + \eta)}{\mathrm{d}x^2} = -(S' + q_c)$$

$$H_p \frac{\mathrm{d}^2 y}{\mathrm{d}x^2} + (H_q + H_p) \frac{\mathrm{d}^2 \eta}{\mathrm{d}x^2} = -(S' + q_c) - H_q \frac{\mathrm{d}^2 y}{\mathrm{d}x^2} \tag{13.14}$$

将式(13.13)代入式(13.14)得

$$(H_q + H_p) \frac{\mathrm{d}^2 \eta}{\mathrm{d}x^2} + H_p \frac{\mathrm{d}^2 y}{\mathrm{d}x^2} = -(S' - S) \tag{13.15}$$

由梁的挠曲方程得(加劲梁恒载内力为零):

$$-\frac{\mathrm{d}^2 M}{\mathrm{d}x^2} = \frac{\mathrm{d}^2}{\mathrm{d}x^2}\left(EI \frac{\mathrm{d}^2 \eta}{\mathrm{d}x^2}\right) = p - (S' - S) \tag{13.16}$$

设 EI 为常量,并把式(13.16)代入式(13.15)得

$$(H_q + H_p) \frac{\mathrm{d}^2 \eta}{\mathrm{d}x^2} + H_p \frac{\mathrm{d}^2 y}{\mathrm{d}x^2} = -\left[p - \frac{\mathrm{d}^2}{\mathrm{d}x^2}\left(EI \frac{\mathrm{d}^2 \eta}{\mathrm{d}x^2}\right)\right]$$

$$EI \frac{\mathrm{d}^4 \eta}{\mathrm{d}x^4} - (H_q + H_p) \frac{\mathrm{d}^2 \eta}{\mathrm{d}x^2} = p + H_p \frac{\mathrm{d}^2 y}{\mathrm{d}x^2} \tag{13.17}$$

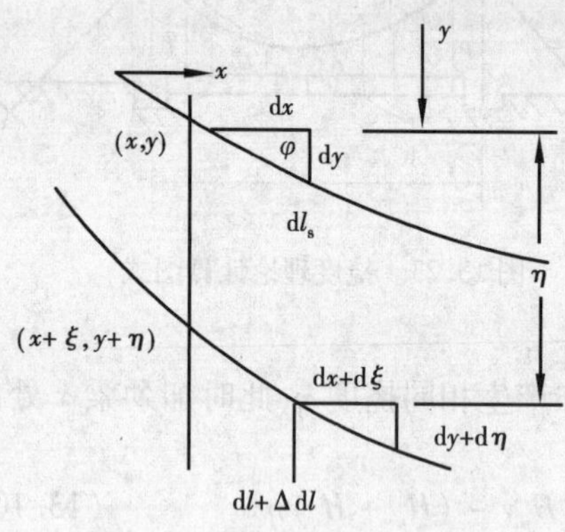

图 13.25　主缆微小单元位移图

式(13.17)即为加劲梁的挠曲微分方程。由于 H_p 和 η 均为未知数,且相互影响,所以该微分方程具有非线性性质,叠加原理不能适用,必须利用其他条件建立主缆内力方程。

现仍取一主缆微段进行研究。

未变形的主缆长为:

$$\mathrm{d}l_s^2 = \mathrm{d}x^2 + \mathrm{d}y^2$$

变形后的主缆长为:

$$(\mathrm{d}l_s + \Delta \mathrm{d}l_s)^2 = (\mathrm{d}x + \mathrm{d}\xi)^2 + (\mathrm{d}y + \mathrm{d}\eta)^2$$

主缆长 $\mathrm{d}l_s$ 的增量是索的拉力及其温度变化(t ℃)所引起(忽略主缆倾角 φ 的变化)

$$\Delta \mathrm{d}l_s = \frac{H_p}{E_1 A}\mathrm{d}l_s \sec\varphi + \alpha t \mathrm{d}l_s$$

水平位移:

$$\mathrm{d}\xi = H_p \frac{\sec^3\varphi}{E_1 A}\mathrm{d}x + \alpha t \sec^2\varphi \mathrm{d}x - \frac{\mathrm{d}y}{\mathrm{d}x} \cdot \frac{\mathrm{d}\eta}{\mathrm{d}x} \cdot \mathrm{d}x - \frac{1}{2}\left(\frac{\mathrm{d}\eta}{\mathrm{d}x}\right)^2 \mathrm{d}x$$

上式最后一项 $\frac{1}{2}\left(\frac{\mathrm{d}\eta}{\mathrm{d}x}\right)^2$ 与其他项比较是很小的,可略去不计,于是

$$\mathrm{d}\xi = H_p \frac{\sec^3\varphi}{E_1 A}\mathrm{d}x + \alpha t \sec^2\varphi \mathrm{d}x - \frac{\mathrm{d}y}{\mathrm{d}x} \cdot \frac{\mathrm{d}\eta}{\mathrm{d}x} \cdot \mathrm{d}x$$

假设塔顶两点 c, c' 不会产生水平位移,则 $\int_c^{c'} \mathrm{d}\xi = 0$

$$\int_c^{c'} H_p \frac{\sec^3\varphi}{E_1 A}\mathrm{d}x + \int_c^{c'} \frac{\alpha t \mathrm{d}x}{\cos^2\varphi} - \int_0^l \frac{\mathrm{d}y}{\mathrm{d}x}\cdot\frac{\mathrm{d}\eta}{\mathrm{d}x}\cdot\mathrm{d}x = 0 \tag{13.18}$$

$$\int_0^l \frac{\mathrm{d}y}{\mathrm{d}x}\cdot\frac{\mathrm{d}\eta}{\mathrm{d}x}\cdot\mathrm{d}x = \left[\eta\frac{\mathrm{d}y}{\mathrm{d}x}\right]_0^l - \int_0^l \frac{\mathrm{d}^2 y}{\mathrm{d}x^2}\eta\mathrm{d}x = \frac{1}{\gamma}\int_0^l \eta\mathrm{d}x$$

式中：$\frac{1}{\gamma} = -\frac{\mathrm{d}^2 y}{\mathrm{d}x^2} = \frac{8f}{l^2}$，并令：$\int_c^{c'} \sec^3\varphi\mathrm{d}x = L_s$；$\int_c^{c'} \sec^2\varphi\mathrm{d}x = L_T$

得主缆方程的另一个表达式

$$H_p \frac{L_s}{E_1 A} + \alpha t L_T - \frac{1}{\gamma}\int_0^l \eta\mathrm{d}x = 0 \tag{13.19}$$

式(13.17)和式(13.19)即为挠度理论的基本方程。由于 η 是由 H_p 引起的变形，而 H_p 又是考虑主缆变形后的实际水平力，两者互相影响形成非线性关系，无法直接求解。具体计算时只能在某一最不利荷载情况下，忽略 H_p 和 η 的非线性性质，视 H_p 为一常数，这样“线性处理”后可在指定的荷载位置情况下，有限度地使用叠加原理进行计算。

13.5　润扬长江公路大桥实例

13.5.1　概述

润扬长江公路大桥位于镇(江)扬(州)汽渡上游约 2 km 处，是江苏省公路主骨架和南北岸跨长江公路通道的重要组成部分。大桥主体工程由北接线、北引桥、北汊桥、世业洲高架桥、南汊桥、南引桥及南接线等部分组成，全长 35.66 km。其中南汊桥为单孔双铰钢箱梁悬索桥，主跨 1 490 m，桥面净宽 32.5 m(不含锚索区和检修道)，双向六车道。本例介绍南汊悬索桥。

南汊悬索桥主缆矢跨比 1/9.96，横向中心距为 34.3 m。吊索为上下销接的平行钢丝束，吊索间距 16.1 m，主缆在跨中与加劲梁采用刚性中央扣连接。加劲梁为全焊扁平流线型钢箱梁，中心处梁高 3 m，梁宽 36.3 m(不含检修道)。桥塔采用门式钢筋混凝土框架结构，钻孔灌注桩基础。锚碇采用重力式锚体，地下连接墙基础(北锚)及排桩冻结施工基础(南锚)。桥跨总体布置如图 13.26 所示。

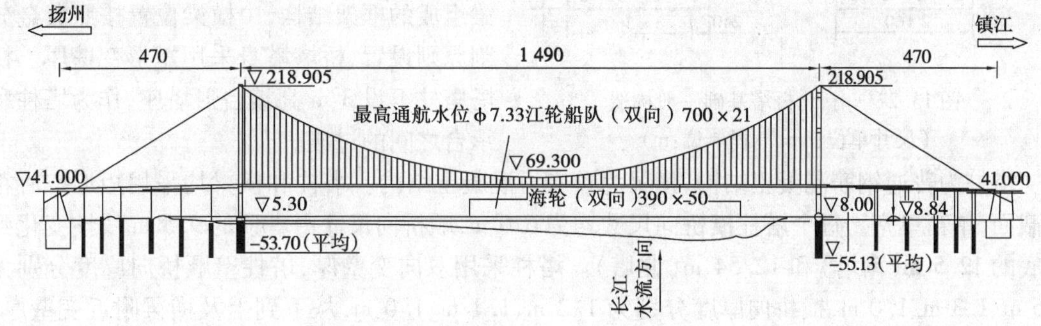

图 13.26　润扬长江大桥总体布置图

13.5.2 桥梁技术标准

车辆荷载等级:汽—超 20,挂—120;
地震基本烈度:7 度;
设计行车车速:100 km/h;
桥面净宽:32.5 m(不含锚索区和检修道),双向六车道;
桥面纵坡:≤3%;
设计洪水频率:1/300;
设计基准风速:桥位区 10 m 高度处 100 年一遇 10 min 平均最大风速 29.1 m/s;
船舶撞击荷载:北桥塔船舶撞击力:横桥向 32.7 MN,顺桥向 16.35 MN;
设计基准期:100 年。

13.5.3 结构设计

(1)桥塔

南桥塔位于镇江侧岸上,北桥塔位于世业洲南侧浅水区,对河势及航运基本没有影响,船舶撞击力较小。

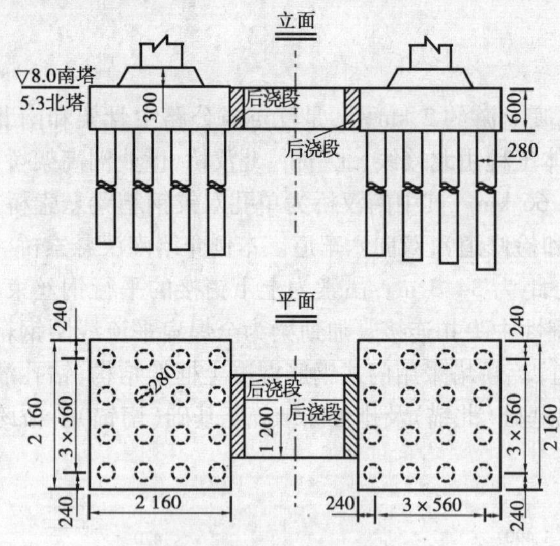

图 13.27 南、北桥塔基础一般构造
(尺寸单位:cm,高程单位:m)

南桥塔和北桥塔采用大直径群桩基础,承台尺寸为 21.6 m×21.6 m,厚 6 m,两个方形承台之间由系梁连成哑铃状,系梁为单箱双室矩形空心截面,宽 12 m,高 6 m。每根塔柱下布置 16 根钻孔桩,桩径 2.8 m,桩间距 5.6 m。因南桥塔塔位处地质条件复杂,塔位处岩石强度及岩面差异较大,设计桩长 50.5~79.5 m 不等,平均桩长 57.5 m。北岸设计桩长45.2~65.0 m 不等。南、北桥塔钻孔桩基础一般构造如图 13.27。

桥塔塔身是由塔柱及上、中、下三道横梁组成的框架结构,中横梁位置按照黄金分割原则设置,桥塔塔身采用矩形变壁厚。桥塔塔柱下设 3 m 高棱台形塔座,作为塔柱和承台之间的过渡。

塔柱为普通钢筋混凝土结构,横梁为预应力混凝土结构。塔柱和横梁均采用矩形空心箱形截面,单箱单室。每个塔柱横桥向尺寸均为 6.0 m,顺桥向尺寸由塔顶的 9.5 m 线性变化到塔底的 12.5 m(南塔)和 12.54 m(北塔)。塔柱采用双向变壁厚,塔柱壁顺桥向厚度分别为 1.6 m、1.3 m、1.0 m,横桥向厚度分别为 1.2 m、1.1 m、1.0 m,从下到上及横梁附近变壁厚。南北桥塔塔身一般构造如图 13.28 所示。

(2)锚碇

南汉悬索桥南、北锚碇均采用重力式结构。北锚基础采用圆形实体基础、圆形地下连续墙围护,地下连续墙采用直径 65 m 圆柱形钢筋混凝土地下连续墙结构,墙厚 2 m,内衬厚度 2 m,

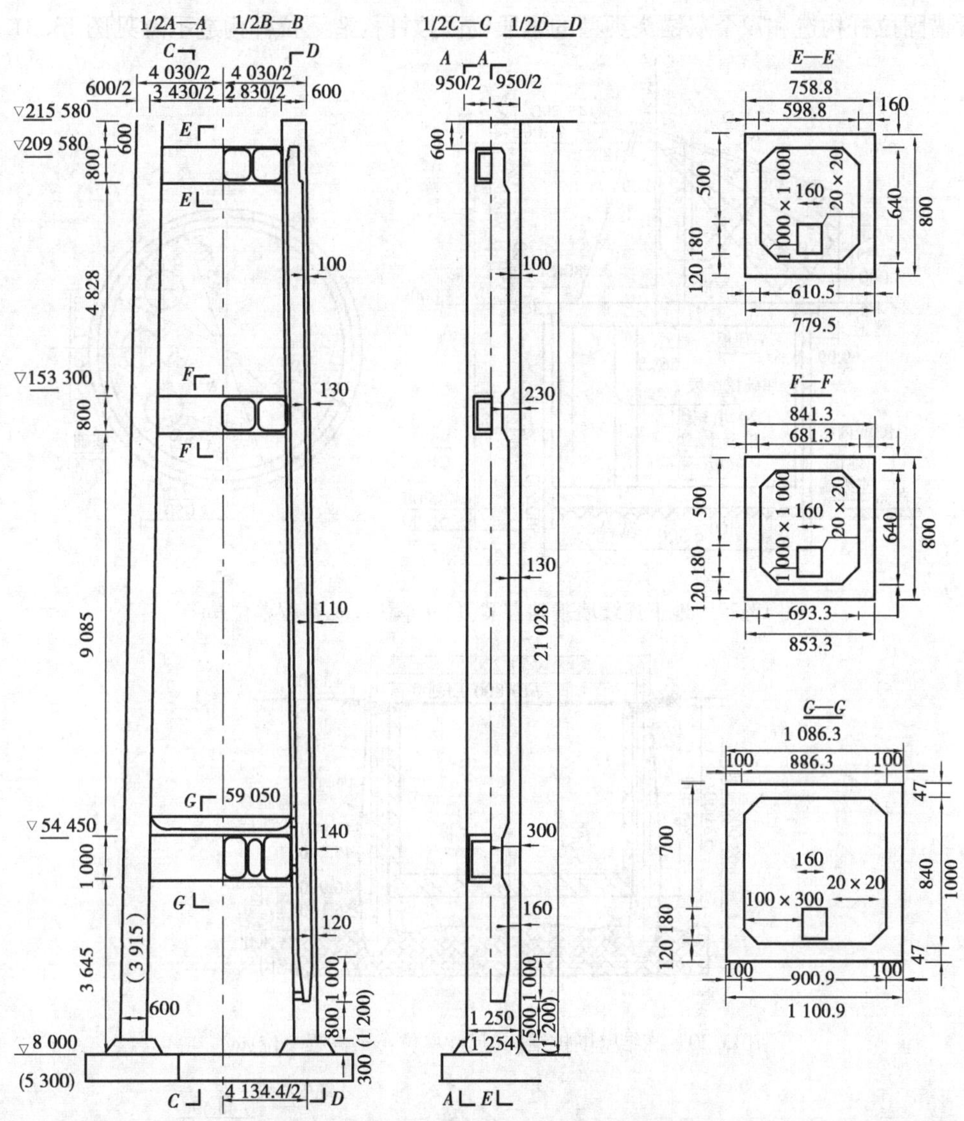

图 13.28　塔身一般构造(尺寸单位:cm,高程单位:m)

正多边形地下连续墙围护体,每边中心线长 2.5 m,共 81 边,每 3 边为一个折线形槽段,每槽段 7.5 m 宽,圆形地下连续墙结构的外径为 65 m。如图 13.29 所示。

南锚锭基础采用圆形实体基础、冻结帷幕围护。排桩支撑结构体系由 140 根直径 1.5 m 的钻孔灌注桩加 6 道水平支撑组成。桩中心距 1.7 m,冻结壁厚 1.3 m,冻结帷幕底脚注浆保护(图 13.30)。

锚体由锚块、散索鞍墩、侧墙、顶盖板等组成。散索鞍墩与锚块之间、鞍部以上设置侧墙,侧墙顶设置预制钢筋混凝土板梁作为顶盖板,构成封闭的散索室。桥梁运营期间散索室内设置抽湿装置,保持室内恒定的湿度。

该桥锚固系统采用预应力锚固形式,由索股锚固拉杆构造和预应力钢束锚固构造组成。索股锚固拉杆构造有单锚头和双锚头两种类型,单锚头类型由 2 根拉杆和单索股锚固连接器构成,双锚头类型由 4 根拉杆和双索股锚固连接器构成,每根主缆两端各有 40 个单锚头类型的索股锚固拉杆构造和72个双锚头类型的索股锚固拉杆构造。拉杆构造示意见图 13.31。

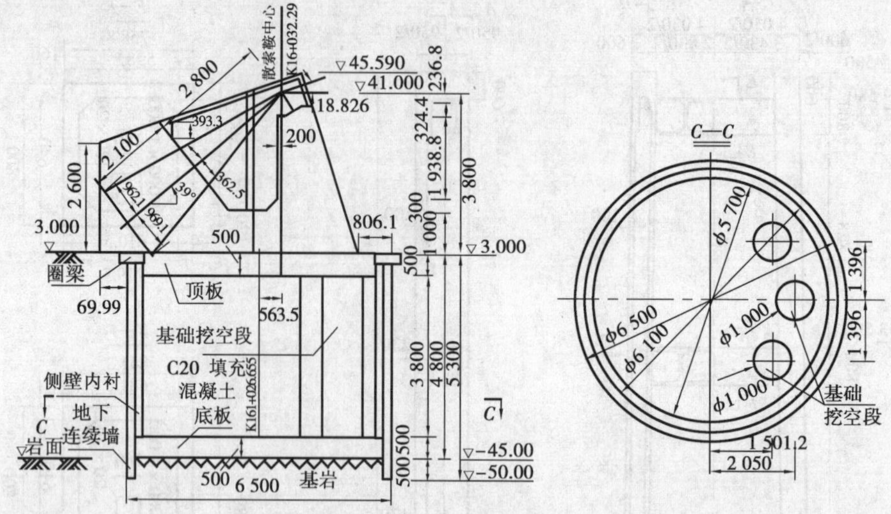

图 13.29 地下连续墙基础方案(尺寸单位:cm,高程单位:m)

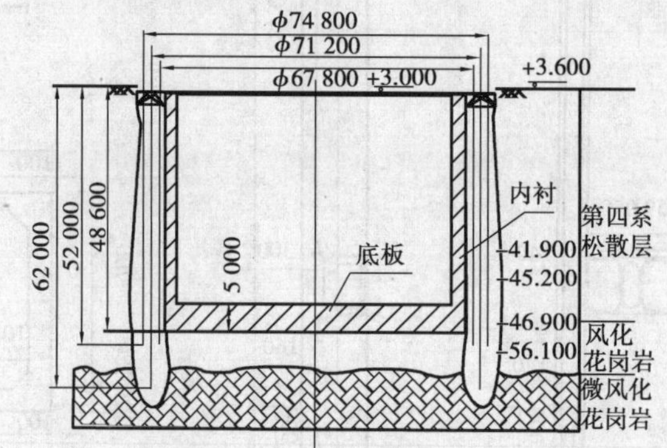

图 13.30 冻结壁围护结构(尺寸单位:cm,高程单位:m)

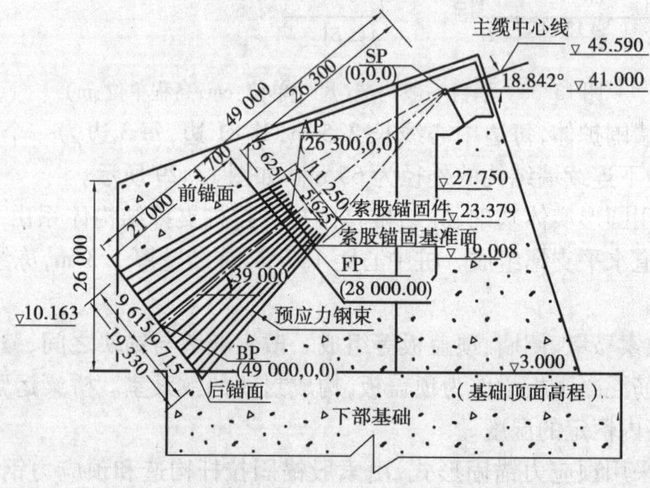

图 13.31 索股锚固拉杆构造示意(尺寸单位:mm)

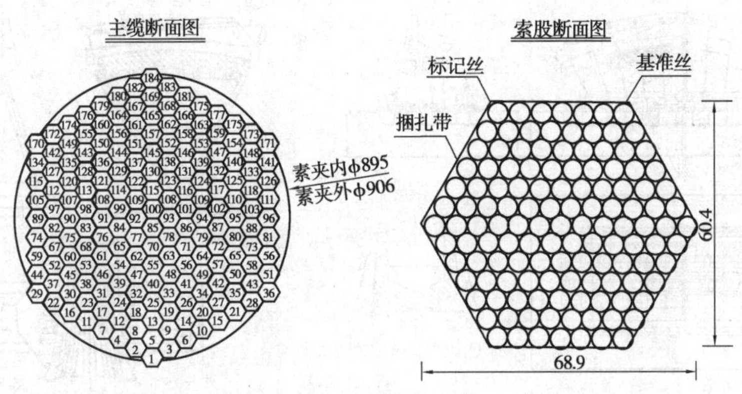

图13.32　主缆断面、索股断面(尺寸单位:mm)

(3)缆索系统设计

主缆共2根,每根主缆中含184股平行钢丝索股,每股含127丝 φ5.3 mm的高强镀锌钢丝,每根主缆共23 368丝,竖向排列成尖顶的近似正六边形。紧缆后,主缆呈圆形,其直径为895 mm和906 mm。主缆断面、索股断面如图13.32,索股锚头构造见图13.33。

采用垂直吊索形式,每个吊点共2根吊索,吊索采用预制平行钢丝束股(109Φ5 mm),外包6 mm厚PE进行防护。吊索上下锚头均采用叉形热铸锚。锚头由锚杯与叉形耳板构成,锚杯内浇筑锌铜合金,叉形耳板与锚杯用螺纹连接。吊索锚头如图13.34。

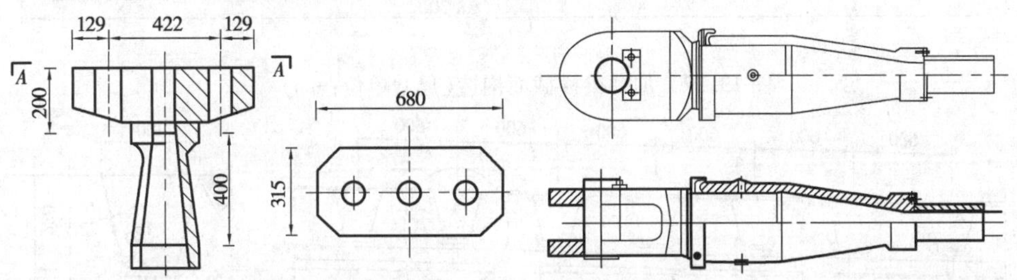

图13.33　索股锚头构造(尺寸单位:mm)　　图13.34　吊索锚头构造(销接式连接热铸锚)

主鞍体由鞍槽和底座组成。鞍槽由铸钢铸造,底座由钢板焊成。鞍体下设不锈钢板—聚四氟乙烯板滑动板,以适应施工中的相对滑动。为增加主缆与鞍槽间的摩阻力,并方便索股定位,鞍槽内设竖向隔板,在索股全部就位并调股后,在顶部用锌板填平,再将鞍槽侧壁用螺栓夹紧。塔顶设有底座格栅,以安装主缆鞍。主缆鞍构造如图13.35所示。

散索鞍由鞍头和鞍座组成。为增加主缆与鞍槽间的摩阻力,鞍槽内设竖向隔板,在索股全部就位并调股后,在顶部用锌板填平,压紧压紧梁,再将鞍槽侧壁用螺栓夹紧。散索鞍构造如图13.36所示。

(4)加劲梁

加劲梁采用扁平闭口流线型单箱单室钢箱梁,见图13.37,总长1 485.23 m。桥轴线处箱内净高3 m,梁宽36.3 m,两侧检修道宽各1.2 m,桥面板设2%的双向横坡,主缆中心间距34.3 m。加劲梁高跨比为1/496.7,高宽比为1/12.1。梁内每3.22 m设一道横隔板,非吊点处隔板厚8 mm,吊点处隔板厚10 mm。正交异型钢桥面板上铺设5.5 cm厚的环氧沥青混凝土。图13.38所示为桥面板构造。

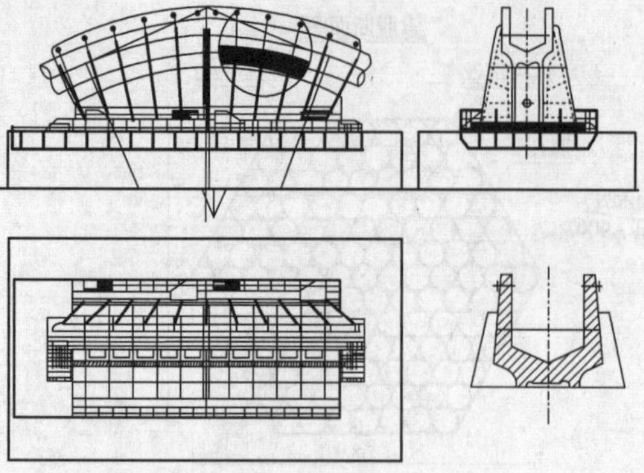

图 13.35　主缆鞍构造 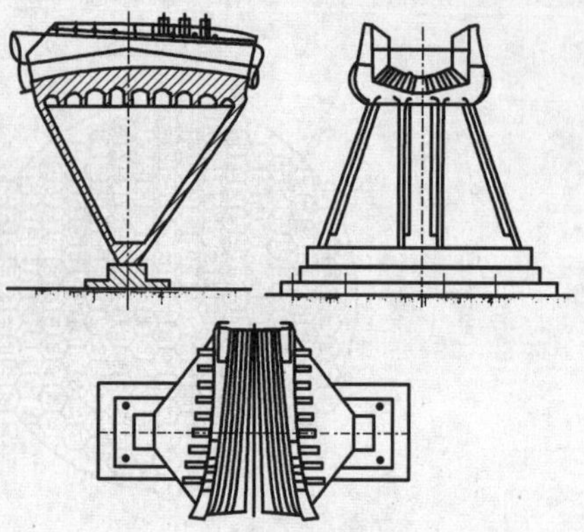　　　　　　　图 13.36　散索鞍构造

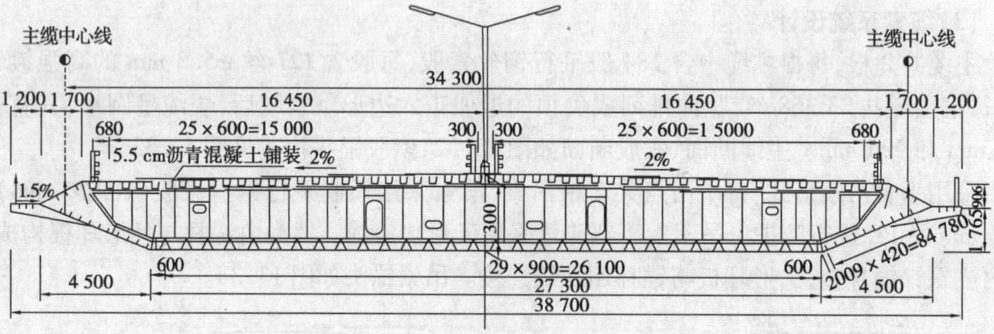

图 13.37　加劲梁横截面构造(尺寸单位:mm)

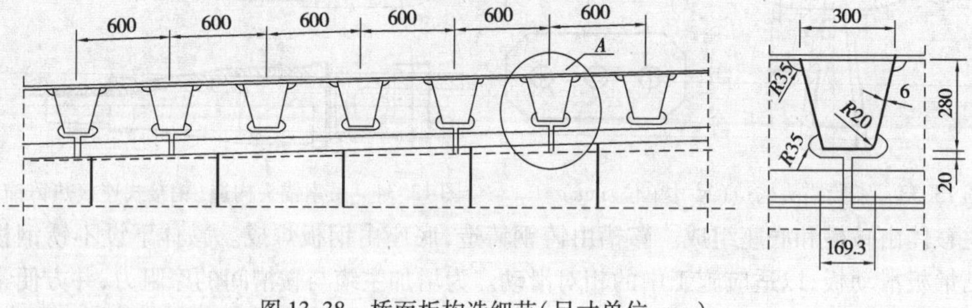

图 13.38　桥面板构造细节(尺寸单位:mm)

加劲梁底板厚 10 mm,U 形加劲肋壁厚 6 mm,上口宽 400 mm,下口宽 180 mm,高 250 mm。底板 U 形肋焊接必须保证 80% 以上的熔透量。底板构造如图 13.39 所示。

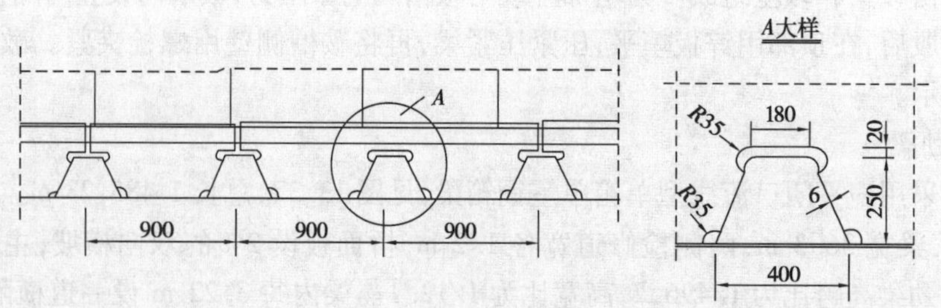

图 13.39　底板构造细节

加劲梁上斜腹板厚为 12 mm，下斜腹板厚 10 mm，都采用球扁钢加劲，有利于减少因加劲穿过横隔板而对其造成的面积削弱。斜腹板构造如图 13.40 所示。

加劲梁吊点采用了插入式耳板式吊点，吊点构造见图 13.41。60 mm 厚耳板直接插入箱体并与其相垂直的三块 35 mm 厚的承力板相焊连，中间一块承力板与横隔板成为一整体。耳板上缘设置 4 个吊孔，中间两个为永久吊孔，两外侧孔为箱梁吊装及成桥后更换吊索用孔。耳板及承力板是箱梁悬吊传力的关键部位，耳板与承力板之间的焊接为双面坡口熔透焊。

跨中中央扣梁段长 18.4 m，与标准梁段构造不同的是其在外侧风嘴处设置纵向小箱梁。纵向小箱梁由内腹板、上缘板和下斜板焊接而成，腹板和上缘板板厚 30 mm，下斜板板厚 20 mm。纵向小箱梁构造延伸至相邻梁段的吊点锚箱处。纵向小箱梁承受横、竖向荷载和斜杆传递的纵向力。端梁段构造较复杂，集中有竖向支座、横向抗风支座和伸缩缝等结构物的相应构造。端梁段伸入塔下横梁部位受塔柱内侧空间影响，外侧风嘴部分改为直立式纵腹板。根据端梁段的受力特点，支座部位横隔板间距加密并采用的整板式隔板，板厚也相应加厚。端梁段构造见图 13.42。

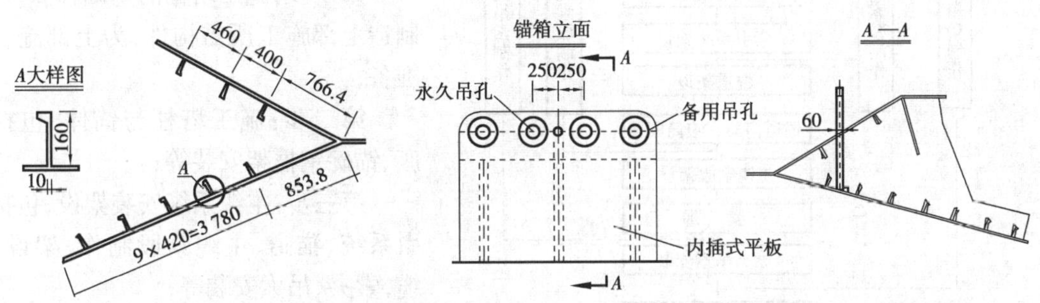

图 13.40　斜腹板构造细节(尺寸单位:cm)　　图 13.41　插入式耳板式吊点构造(尺寸单位:cm)

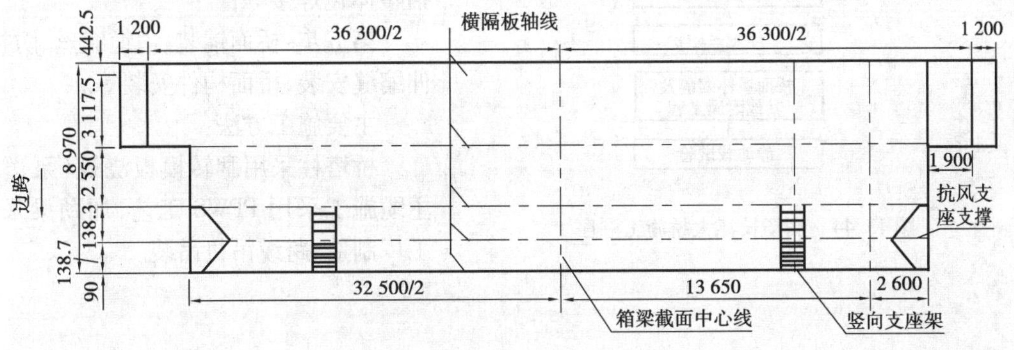

图 13.42　端梁段构造(尺寸单位:cm)

(5) 桥面系及支座

桥面系包括外侧及中央防撞护栏、风稳定板、排水设施、桥面照明、检修道栏杆、伸缩缝等。桥面系布置见图 13.43。

竖向支座采用球面转动、滑动摩擦移动式结构。抗风支座采用内外球面相配的结构，内球面固定在主梁上，外球面通过螺栓及弹簧紧扣、压在内球面上。

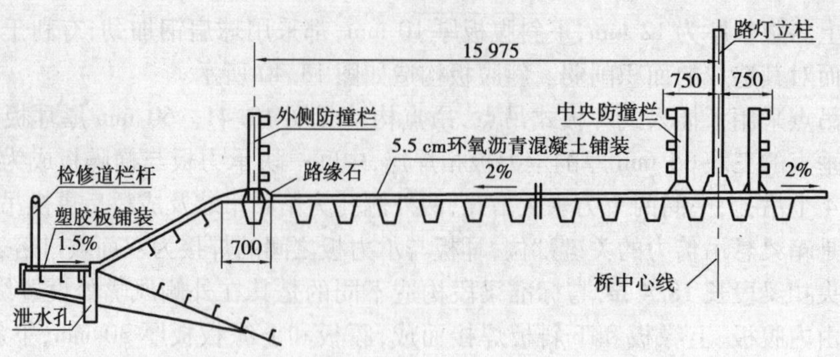

图 13.43　桥面系布置

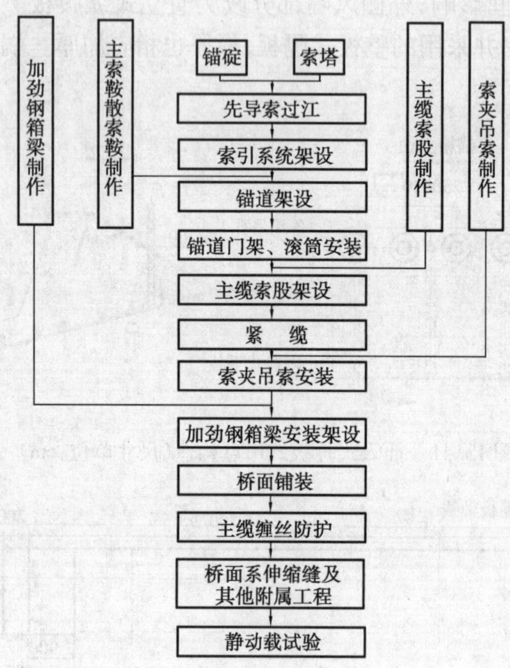

图 13.44　润扬长江大桥施工顺序

13.5.4　施工步骤与主要施工方法

施工步骤包括(如图 13.44):

第一步:施工塔锚的基础,同时加工制造上部施工所需构件,为上部施工作准备;

第二步:施工塔柱与锚体,包括鞍座、锚碇钢框架安装等;

第三步:主缆系统安装架设,包括牵引系统、猫道、主缆索股制作、架设、紧缆,索夹、吊索安装等;

第四步:钢箱梁节段的吊装架设,包括整体化焊接等;

第五步:桥面铺装、主缆缠丝、防护、伸缩缝安装、桥面构件安装等。

主要施工方法:

桥塔柱采用翻转模板浇筑(泵送),主缆施工采用 PPWS 工艺,加劲梁采用工厂制造、跨缆吊机吊装。

第 14 章 斜拉桥

14.1 概 述

斜拉桥又称斜张桥，其上部结构由梁、索、塔三类构件组成，是一种桥面体系以加劲梁受压(密索)或受弯(稀索)为主、支承体系以斜拉索受拉及桥塔受压为主的桥梁。图 14.1 为几种典型斜拉桥的立面布置。

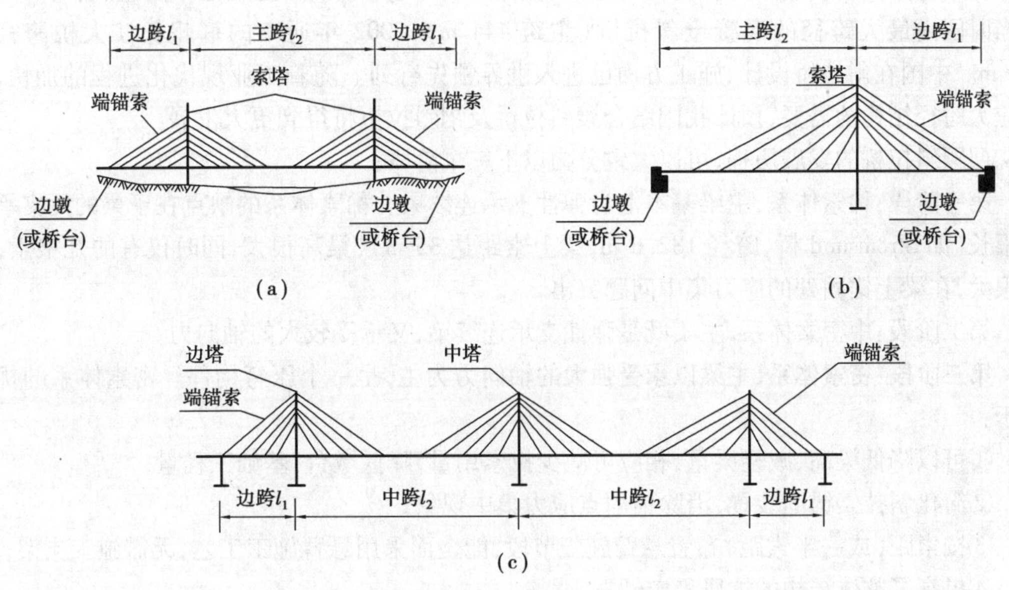

图 14.1 跨径布置

(a)双塔三跨式;(b)独塔双跨式;(c)多塔多跨式

14.1.1 斜拉桥的发展

斜拉桥的构思可以追溯到17世纪，但受到当时科技水平的限制，斜拉桥没有得到很大发展。20世纪30年代，德国工程师迪辛格尔(Dischinger)首先认识到斜拉桥结构的优越性并加以发展，由他研究设计的第一座现代斜拉桥——主跨182.6 m的Strömsund桥于1955年在瑞典建成。1958年德国建成了主跨260 m的杜塞尔道夫北莱茵河桥(Theodor Heuss)，该桥是第一座采用钢桥面板的斜拉桥。以上两桥均采用稀索和钢主梁结构，也是早期现代斜拉桥的共同特点。

第一座现代混凝土斜拉桥是1962年委内瑞拉建成的马拉开波桥，其跨径布置为(160+5×235+160)m，同样采用稀索布置，索塔两侧仅布置一对预应力混凝土斜拉索。进入20世纪70年代后，混凝土斜拉桥得到迅速发展，1977年法国建成伯劳东纳桥(主跨320 m)；1983年西班牙建成卢纳巴里奥斯桥(主跨440 m)，超过当时钢斜拉桥的最大跨径(404 m，法国圣纳泽尔桥)；1991年建成的斯卡恩圣特桥，主跨530 m，为当时世界上各类斜拉桥的最大跨径，至今仍保持混凝土斜拉桥的世界最大跨径纪录；1995年底法国建成主跨为856 m的诺曼底大桥，其主梁中央部分为钢箱梁，边跨为混凝土梁。

我国于20世纪70年代中期开始修建斜拉桥。首先在1975年和1976年建成了主跨为76 m和56 m的两座混凝土斜拉桥，在取得设计和施工经验后，全国各地开始修建斜拉桥。其中除少数为钢斜拉桥和结合梁斜拉桥外，绝大多数是混凝土斜拉桥。福建青州闽江大桥，主跨605 m，是世界上最大跨径的结合梁斜拉桥；2008年建成的苏通大桥主桥为1 088 m的钢斜拉桥，是目前世界最大跨径的斜拉桥。在混凝土斜拉桥方面，1996年建成通车的重庆长江二桥，是当时国内最大跨径的混凝土斜拉桥(主跨444 m)，2002年通车的荆州长江大桥跨径达500 m。中国在斜拉桥设计、施工方面已进入世界领先行列。随着工业现代化进程的加快，为适应大跨径结构的需要，预计我国结合梁斜拉桥及钢斜拉桥将得到更大发展。

回顾斜拉桥的发展历程，可以大致分为以下三个阶段：

第一阶段：稀索体系，主梁基本上为弹性支承连续梁。稀索体系的缺点在于梁的无支承长度很长(如Strömsund桥，跨径182.6 m，梁上索距达35 m)，梁高很大，同时仅有的几根索，索力很大，在梁上锚固处的应力集中问题突出。

第二阶段：中密索体系，主梁既是弹性支承连续梁，又承受较大的轴向力。

第三阶段：密索体系，主梁以承受强大的轴向力为主，是一个压弯构件。密索体系的优点在于：

①可以降低梁高、减轻梁重，相应可减少拉索用量，降低墩台、基础工程量；

②简化斜拉索锚固装置，消除锚固点应力集中现象；

③按索距(或一半索距)布置悬臂施工节段，能全面采用悬臂施工工艺，无需施工支架；

④提高了整体结构的抗风稳定性。

在近几十年的发展过程中，混凝土斜拉桥跨径不断增加，而主梁高度却不断减小，主梁的高跨比从1/40左右发展到1/354，索距从60～70 m减少到10 m以下，主梁截面形式从梁式桥的箱形截面形式发展到扁平的板式梁截面，最大跨径已达530 m。

据推测，混凝土斜拉桥的最大跨径可达700 m，经济合理跨径在200～500 m；钢斜拉桥最大跨径可达 1 300 m,结合梁斜拉桥(主梁为钢混凝土结合梁)最大跨径可达 1 000 m。

14.1.2　斜拉桥的特点

斜拉桥具有下列特点:

①斜拉桥利用主梁、斜拉索、索塔三者的不同组合,形成不同的结构体系以适应不同的地形和地质条件。

②斜拉桥是索塔上用若干斜拉索支承起主梁以跨越较大障碍的桥梁。斜拉索的作用相当于在主梁跨内增加了若干弹性支承,从而大大减少梁内弯矩、梁体尺寸和梁体重力,使桥梁的跨越能力显著增大。

③与悬索桥相比,斜拉桥不需要笨重的锚碇装置,抗风性能又优于悬索桥。

④调整斜拉索的拉力可以调整主梁内力,使主梁的内力分布更均匀合理。

⑤便于采用悬臂法施工和架设,且安全可靠。

⑥斜拉桥是一种高次超静定的组合体系结构,包含较多的设计变量,全桥总的技术经济合理性不能单从结构体积小、用料省或者满应力等概念衡量,这给选定合理的桥型方案和经济合理的设计带来困难,同时,斜拉索与主梁和索塔的联结构造较复杂,施工技术要求高。斜拉索索力的调整工序也较复杂。

14.2　总体布置和结构体系

14.2.1　总体布置

斜拉桥的总体布置应与周围环境相协调,并综合考虑经济与安全、设计与施工、材料与施工机具、运营与管理及桥位处的地形、地质、水文、气象、地震等因素,应开展多方案比较,以寻求经济合理的最优方案。

斜拉桥的总体布置主要解决索塔布置、跨径布置、斜拉索及主梁的布置、塔高与跨径的关系等问题。

(1)索塔布置

斜拉桥的结构特点决定了它跨越能力大,可减少水中墩及深水基础,故总体布置时一般从经济角度考虑,可采用独塔、双塔或多塔布置方案。

(2)跨径布置

与索塔布置相配合,现代斜拉桥最典型的跨径布置有双塔三跨式和独塔双跨式两种形式。在特殊情况下也可布置成独塔单跨式、双塔单跨式及多塔多跨式,见图 14.1。

①双塔三跨式

双塔三跨式(图 14.1(a))是斜拉桥最常见的桥跨布置方式。主孔跨径根据通航要求、水文、地形、地质及施工条件等确定。由于主孔跨径较大,适用于跨径较大的河流及海面。从简化设计、方便施工考虑,双塔三跨式斜拉桥常布置成两个边跨相等的对称形式,也可采用两边跨不相等的非对称形式。近年来又出现两塔高度不等的高低塔非对称布置形式。

边跨与主跨的跨径比应考虑全桥的刚度、斜拉索的疲劳强度、锚固墩承载能力等多种因素。一般来说,主跨有活载会增加端锚索的应力,而边跨上有活载时,端锚索应力会减少,由此产生疲劳问题,斜拉索的应力变化幅度必须保持在斜拉索疲劳强度安全范围内,所以斜拉索的疲劳强度是边跨与主跨跨径允许比值的判断标准。当边跨与中跨之比为0.5时,可对称悬臂施工至跨中合龙,施工方便。但考虑到施工时长悬臂的稳定性以及提高成桥后的刚度,很多情况下边中跨径之比小于0.5,使中跨有一段悬臂施工是在有后锚的情况下进行。大跨径斜拉桥为了减小中跨跨中挠度和提高全桥的刚度,常采用较小的跨比。一般情况下,双塔三跨式斜拉桥边跨与主跨跨径比值可取0.25~0.50,从经济角度考虑宜取0.4。当边跨与主跨跨径比小于0.5时,边跨应设置端锚索(边索),以平衡两跨间的索力差,控制塔顶变位。

在特殊的地形条件下,可采用更小的跨比,或边跨采用地锚式。我国郧阳汉江大桥边跨与中跨跨径比值为0.203,跨径布置为(85+414+85)m。为此,边跨两侧设置了重力式平衡桥台,将部分斜拉索以地锚方式锚固在重力式桥台中。

②独塔双跨式

独塔双跨式(图14.1(b))也是一种常用的斜拉桥跨径布置方式。由于它的主孔跨径一般比双塔三跨式的小,故特别适用于跨越中小河流、谷地及作为跨线桥,或用于跨越较大河流的主航道部分,也可用主跨跨越河流,索塔及边跨布置在河流一岸的布置方式。

独塔双跨式斜拉桥可以布置成两跨跨径相等的对称形式,或两跨跨径不等的非对称形式,即分为主跨与边跨。两跨对称布置,一般没有端锚索,不能有效约束塔顶偏位,故在受力与变形方面不能充分发挥斜拉桥的优势。如果要用增大桥塔的刚度来减少塔顶偏位是不经济的。而两跨不对称布置,通过端锚索减少塔顶偏位比增大索塔刚度更有效,因此,独塔双跨式不对称布置较合理,实践中采用较多。

独塔两侧跨径不对称布置时,边跨与主跨的跨径比值更多依据桥位处地质条件和地形情况及跨越能力来选择,各种比例都可能出现,一般可取0.5~1.0。采用不对称时,应注意悬臂端部的压重和锚固。我国最大跨径的独塔双跨式混凝土斜拉桥——重庆石门大桥,采用不对称跨径布置,边跨与主跨跨径比值为200 m/230 m=0.87,在靠桥台10 m范围内的主梁悬臂端设置了平衡重,使桥台始终处于受压状态。

③单跨式

单跨式斜拉桥只需一个桥塔。由于不存在边跨的关系,塔后斜拉索只能采用地锚形式,同时,梁体内的水平轴力必须由相应的下部结构来承受。

④ 多塔多跨式

多塔多跨式是指由3塔或更多塔所构成的斜拉桥(图14.1(c))。这种形式的斜拉桥实际应用不多,主要原因在于:在密索体系下,主梁由于有密而多的弹性支撑点,主梁已十分柔薄,同时塔也变得十分柔细。对于双塔斜拉桥,中跨活载作用下引起的主梁下挠、塔身倾斜和边跨主梁上挠,可以通过两侧设置端锚索和边跨设置辅助墩来解决。但是,多塔多跨式斜拉桥中间塔顶却没有端锚索来有效限制它的变位。

在需要以多个大孔径跨越宽阔的湖泊或海峡时,多塔斜拉桥可作为选择方案之一,关键是如何控制中间塔顶在活载作用下的水平位移、减小主梁跨中的弯矩,对此,可采取提高主塔及主梁的抗弯刚度、塔顶设置加劲索(图14.2(a)所示)、中塔顶与边塔设置斜向加劲索(图14.2

(b)所示)等措施。此外,多塔斜拉桥的桥长一般较长,如何在提高结构刚度的同时保证主梁在常年温差下的自由伸缩也是设计中的另一关键问题。

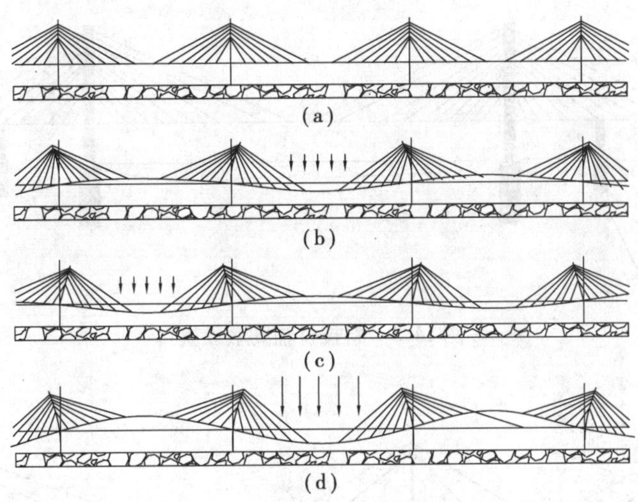

图 14.2　多塔斜拉桥的受力

⑤辅助墩及外边孔

斜拉桥是否在边孔设置辅助墩,应根据边孔高度、通航要求、施工安全、全桥刚度以及经济和使用条件等具体情况而定。当斜拉桥的边孔设在岸上或浅滩,边孔高度不大或不影响通航时,在边孔设置辅助墩,可以有效改善结构的受力状态,增加施工期的安全。当辅助墩受压时,减少边孔主梁弯矩,而受拉时则减少中跨主梁的弯矩和挠度,从而大大提高了全桥刚度。

通常辅助墩的位置由跨中挠度影响线确定,同时考虑索距及施工要求。大量工程实践证明,边孔设一个辅助墩后,塔顶水平位移、主梁跨中挠度、塔底根部弯矩和边跨主梁弯矩都大大减少,一般为原来的 40% ~65%;边孔加两个辅助墩,上述这些内力和位移虽然可继续降低,但变化幅度不大;加三个辅助墩后,则上述内力和位移几乎没有改变。

总之,无论斜拉桥属哪种结构体系,在边孔中设辅助墩的个数,应综合考虑结构需要和全桥的整体经济性确定。

对于大型桥梁,除主桥部分为斜拉桥外,往往还有引桥部分。为改善斜拉桥结构的受力和变形,可在边孔加设辅助墩。但当桥面标高高、边孔水深等原因使设置辅助墩施工困难或造价较高时,可采用外边孔的构造形式,即将斜拉桥的主梁向前后两侧再连续延伸一孔或数孔,使斜拉桥的主梁与引桥的上部结构形成连续梁形式(实际已成为协作体系桥梁)。这样既可减少端锚索的应力集中,又能缓和端支点的负反力,同时还可起到减少主梁和索塔的内力和位移、增强全桥刚度的目的,只是效果不如在边孔加设辅助墩明显。外边孔的长度和抗弯刚度必须精心设计和选定。由于将斜拉桥的主梁和引桥的上部结构相连,地震时将会增加斜拉桥的水平惯性力,故在地震区桥梁上应慎重选用。

辅助墩及外边孔设置构造示例见图 14.3。

(3)索塔的有效高度

索塔的有效高度 H 应从桥面以上算起,但不包括由于建筑造型或观光等需要的塔顶高度。

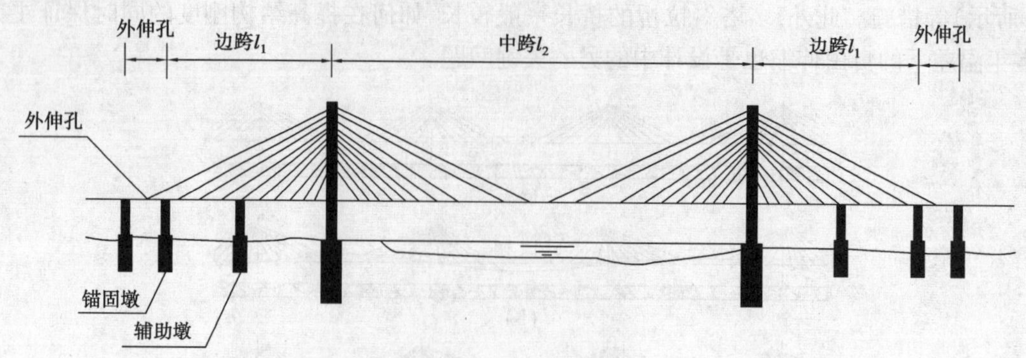

图 14.3 斜拉桥辅助墩设置

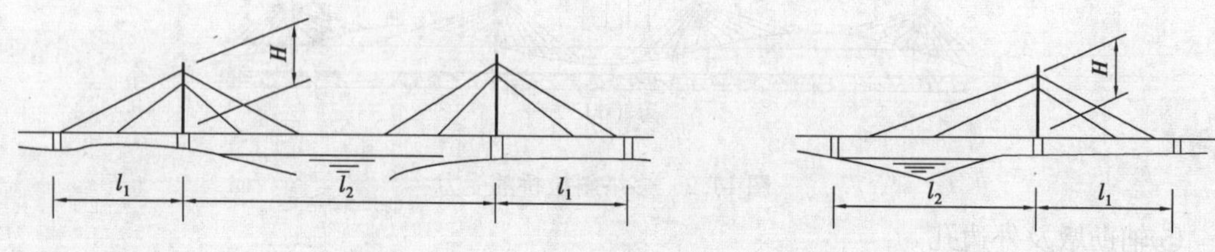

图 14.4 塔的高度

索塔有效高度 H 将直接影响主梁受力、斜拉索用量等，所以它不仅与斜拉桥的主跨跨径有关，还与斜拉索的索面形式、索距和水平倾角有关。在主跨跨径相同的情况下，索塔有效高度小，斜拉索的水平倾角就小，则斜拉索的垂直分力对主梁的支承作用就小，导致斜拉索的钢材用量增加。反之，索塔有效高度愈大，斜拉索的水平倾角愈大，斜拉索对主梁的支承效果也愈大，但索塔和斜拉索的材料用量也要增加，还会增加施工难度。因此，索塔有效高度应由经济比较来确定。根据计算分析和已有斜拉桥设计资料的统计分析，可以用索塔有效高度 H 与斜拉桥主跨跨径 l_2 的比值，即高跨比 H/l_2 来表示索塔有效高度的大致范围，见图 14.4。一般地，对于双塔三跨式斜拉桥，H/l_2 宜取 0.18 ~ 0.45，独塔双跨式斜拉桥的 H/l_2 宜选用 0.30 ~ 0.45。在经济性和施工可能的情况下，宜选用 H/l_2 的高限值，以降低斜拉索用量和减少跨中挠度。但在特大跨径斜拉桥中，单通过提高索塔高度来取得全桥刚度是不经济的，较好的选择是采用加强端锚索及地锚的方式，此时，塔高和主跨的比值 H/l_2 宜选用低限值。国内外已建斜拉桥的跨径布置及索塔高度统计资料见表 14.1 和表 14.2。

表 14.1 部分国外混凝土斜拉桥跨径布置及索塔高度等统计资料

桥 名	跨径布置	索塔高度/m	边跨/主跨	高跨比 H/l_2	辅助墩	附 注
美国东亨丁顿桥	274.3 + 185.3	85.2	0.68	0.31	无	独塔双索面
法国伯劳东纳桥	143.5 + 320 + 143.5	70.5	0.45	0.22	无	双塔单索面

续表

桥　名	跨径布置	索塔高度/m	边跨/主跨	高跨比 H/l_2	辅助墩	附　注
美国日照高架桥	164.6 + 365.8 + 164.6	73.9	0.45	0.2	无	双塔单索面
西班牙卢纳奥斯桥	101.7 + 440 + 101.7	90	0.23	0.2	无	双塔单索面
美国 P. K 桥	123.9 + 299 + 123.9	57	0.41	0.19	无	双塔单索面
美国达姆岬桥	198.17 + 396.34 + 198.17	92.2	0.5	0.23	无	双塔单索面
挪威斯卡恩圣特桥	190 + 530 + 190	101.5	0.36	0.19	无	双塔单索面
委内瑞拉马开波桥	160 + 5 × 235 + 160	42.5	0.68	0.18	无	多塔多索面

表 14.2　部分国内混凝土斜拉桥跨径布置及索塔高度等统计资料

桥　名	跨径布置	索塔高度/m	边跨/主跨	高跨比 H/l_2	辅助墩	附　注
上海恒丰北路桥	77 + 73	49.97	0.95	0.65	无	独塔单索面
重庆石门大桥	230 + 200	113	0.87	0.49	无	
广东西樵大桥	125 + 100	48.2	0.88	0.39	无	单塔双索面
四川雅安脊江大桥	30 + 104 + 120 + 104 + 30	51.6	0.87	0.43	无	
广东南海九江桥	160 + 160	77.5	1	0.48	无	
长沙汀江北桥	105 + 210 + 105	53.72	0.5	0.26	无	双塔单索面
广州海印桥	35 + 85.5 + 175 + 85.5 + 35	57.4	0.49	0.33	无	
上海泖港桥	85 + 200 + 85	44	0.43	0.22	无	双塔双索面
天津永和桥	120 + 260 + 120	52	0.46	0.2		
济南黄河桥	40 + 94 + 220 + 94 + 40	51.27	0.43	0.23	无	
安徽蚌埠淮河桥	114 + 224 + 114	53.75	0.51	0.24	无	
四川犍为岷江桥	118 + 240 + 118	57	0.49	0.24	无	
武汉长江公路大桥	180 + 400 + 180	91	0.45	0.23	无	
湖北郧阳汉江桥	86 + 414 + 86	90.42	0.21	0.22	无	
安徽铜陵大桥	190 + 432 + 190	104.5	0.44	0.24	无	
重庆长江二桥	169 + 444 + 169	115.5	0.38	0.26	无	

14.2.2　斜拉索布置

斜拉索是斜拉桥的主要承重构件之一。斜拉索对主梁起弹性支承作用,对整个斜拉桥的结构刚度和经济合理性起着重要作用。斜拉索应采用抗拉强度高、疲劳强度好和弹性模量较大的高强钢丝、钢绞线及高强粗钢筋等钢材制作。众多斜拉索在梁与塔之间形成一个索面。

(1)斜拉索在空间内的布置形式(索面位置)

根据塔、梁、索之间的联结及支承方式,桥面宽度,以及索塔和主梁的不同形式,斜拉索索面在空间可布置成单索面、双索面和三索面等,而双索面又可分为竖直双索面、倾斜双索面和空间双索面,见图14.5。

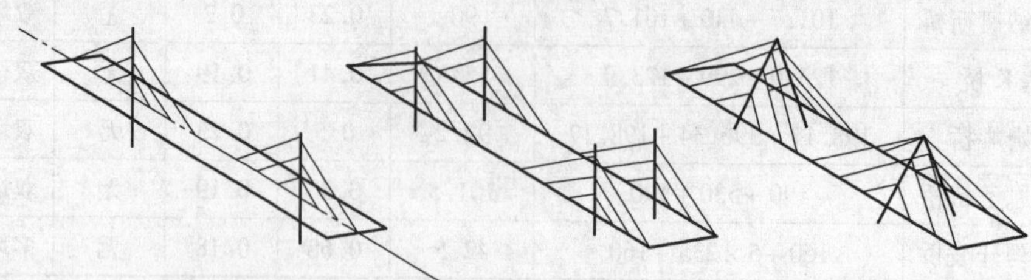

图14.5 拉索在空间的布置

斜拉索布置成单索面时,斜拉索对抗扭不起作用,因此要求主梁自身有较大抗扭刚度。而采用双索面布置时,作用于桥梁的扭矩可由斜拉索的轴力来抵抗,因此,不需要主梁采用抗扭刚度大的箱形断面。

从桥面宽度的利用率来看,单索面由于斜拉索下端锚固在主梁中心线上,除了保证锚固所需的构造要求之外,还要有保护斜拉索免受车辆意外碰撞的防护构造,因此,桥面中央有一部分宽度不能作为行车道,只能作为上、下行车道的分隔带(如重庆石门大桥采用单索面布置,中央有4.5 m宽作为分隔带),所以较窄的双车道桥梁不宜采用单索面布置。双索面布置在桥宽方向可以把斜拉索下端锚固点放在桥宽以内(一般位于人行道部分),也可放在桥面两侧的外缘。前一种布置也有部分桥宽不能利用,而后一种布置则必须设置伸臂,用以锚固斜拉索并向梁体传递剪力和弯矩。双索面斜拉桥的索塔横桥向尺寸较大,对基础的结构尺寸要求也相应加大。

从施工、养护考虑,斜拉索在主梁上的锚固点放在桥面宽度以内比放在两侧外缘好。从美学角度看,单索面布置在中央分隔带内简洁、美观,避免了双索面给人以桥面两侧斜拉索交叉零乱的感觉,而倾斜双索面配合A形索塔,具有良好的抗风稳定性。

由于单索面斜拉桥要求主梁有较大的抗扭刚度,而主梁的抗扭刚度与跨径成反比,因此,单索面布置的斜拉桥跨径不宜过大。目前,单索面混凝土斜拉桥的最大跨径保持者是法国的Elon桥,主跨400 m。

(2)斜拉索在索面内的布置形式(索面形状)

斜拉索在索面内的布置应根据设计总体构思、受力情况及美学要求等因素确定,常选用以下3种基本形式:辐射形、竖琴形及扇形,见图14.6。

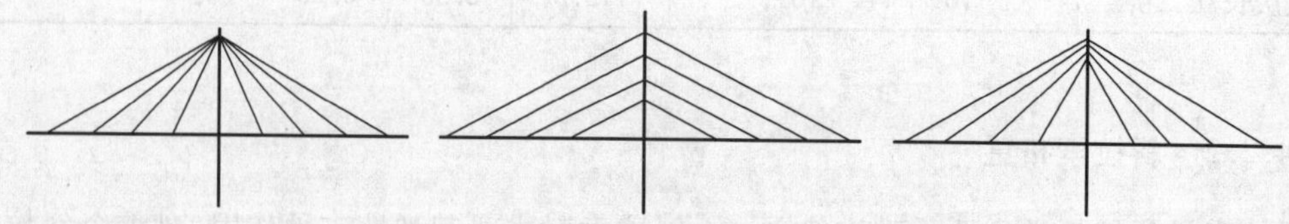

图14.6 斜拉索的索面内的布置形式图

①辐射形:斜拉索与水平交角较大,斜拉索垂直分力对主梁的支承效果好,斜拉索用量最省。由于斜拉索的水平分力在塔顶基本平衡,故索塔的弯矩较小,索塔高度比另两种布置形式时低。但辐射形布置所有斜拉索集中锚固于塔顶,使塔顶构造比较复杂,局部应力集中现象突出,给施工和养护带来困难。此外,斜拉索倾角不等,也使锚具、垫板的制作与安装比较复杂。此外,索塔的内力及刚度、桥梁的总体稳定性能也不如竖琴形有优势。因此,辐射形斜拉索布置很少采用。

②竖琴形:所有斜拉索的倾角完全相同,且斜拉索与索塔的锚固点分散布置,使斜拉索与索塔、斜拉索与主梁联结构造简单,易于处理。竖琴形布置斜拉索加强了索塔的顺桥向刚度,对减少索塔的弯矩和提高索塔的稳定性都是有利的。从外观上看,斜拉索平行布置外形简洁美观,无辐射形斜拉索的视觉交叉感。如将中间斜拉索用边孔内设置的辅助墩锚固,可大大减少索塔的弯矩和变形。但竖琴形布置斜拉索倾角较小,斜拉索对主梁的支承效果差,斜拉索总拉力大,斜拉索用量相应较多,又无法形成飘浮体系,对抗风、抗震不利,且难于控制中跨挠度,故竖琴形布置一般用于中、小跨径的斜拉桥中。

③扇形:斜拉索在索面内呈扇形布置,兼有辐射形和竖琴形的优点,又可灵活布置,与索塔的各种构造形式相配合,是采用最多的一种索型,特别是在大跨径斜拉桥中,几乎都采用扇形布置形式。

随着斜拉桥跨径的不断增大,对结构的总体刚度,特别是抗扭刚度以及抗风振稳定性和抗地震稳定性提出越来越高的要求。采用扇形空间倾斜双索面布置是理想的选择。但是,对斜拉索在索塔和主梁上的锚固位置、构造要求及施工工艺要求较高,应妥善处理。

(3)斜拉索索距

斜拉索索距是指索面内相邻两根斜拉索的间距。索面内斜拉索根数多则索距小,斜拉索根数少则索距大。

斜拉索索距的选择应根据主梁内力、斜拉索张拉力、锚固构造、施工能力与施工方法、材料规格及经济等因素综合考虑。

早期斜拉桥采用斜拉索根数少而刚度大的稀索布置,索距达 15 ~ 30 m(混凝土主梁)或 30 ~ 50 m(钢主梁),相应的斜拉桥跨径也不大。随着斜拉桥的发展,为方便施工,减少风振危险,适应施工吊装能力及张拉条件,斜拉桥都趋向于索面内多根斜拉索布置,即由早期的稀索型发展到现在的密索型布置。

索面内斜拉索的根数多,使主梁由受弯为主向受压为主转变,主梁弯矩减少可降低梁高,直至主梁可采用高宽比例接近于薄板的梁式截面形式,这样不仅取得了较好的经济效益,也大大改善了结构的动力性能,提高了结构的抗风、抗震能力,并使斜拉桥的造型更加纤细轻巧。由于索面内多索布置,对每根斜拉索索力的要求相应降低,简化斜拉索锚固构造,张拉千斤顶可小型化、轻型化。尤其是多索布置与悬臂平衡的施工方法相适应,更有利于斜拉桥控制。多索、密索布置使每根斜拉索索力和截面较小,每根斜拉索在工厂制索中就能完成防护、配装好锚具工序,也使在通车条件下更换索面内任何一根斜拉索成为可能,而且十分方便。

但由于多索、密索布置,使每根斜拉索刚度相对较小,可能会产生风振问题,边跨主梁可能产生较大负弯矩及端锚索刚度较小等问题。为此,须增大端锚索刚度,将边跨斜拉索集中为一根端锚索或将边跨的部分斜拉索集中为端锚索等。对于混凝土主梁,索距宜采用 4 ~ 12 m,钢主梁时索距宜取 8 ~ 24 m。

(4)斜拉索倾角

斜拉索的倾角是指斜拉索与梁轴线之间的夹角。斜拉索的倾角与斜拉索受力情况有关。当索与梁之间的倾角增大,则斜拉索索力减小,但塔的高度与索的长度都要增加,根据已有斜拉桥的统计资料,边索的倾角,无论是双塔三跨式或独塔两跨式斜拉桥,宜控制在25°~45°,竖琴形布置较多取26°~30°,扇形布置较多取在21°~30°,以25°最为普遍。

14.2.3 主梁布置

斜拉桥的主梁,不管整个斜拉桥的结构体系和支承方式如何,主梁一般有两种布置形式:即主梁为连续体系和非连续体系两种。

(1)主梁为连续体系

无论是双塔三跨式或是独塔双跨式,主梁在斜拉桥全长范围内均布置成连续体系,这时,主梁为连续或连续刚构(斜拉索作为跨内的弹性支承),为改善结构受力,布置外孔时,斜拉桥主梁梁体还可同边跨或引桥的上部结构主梁相连续,见图14.7。

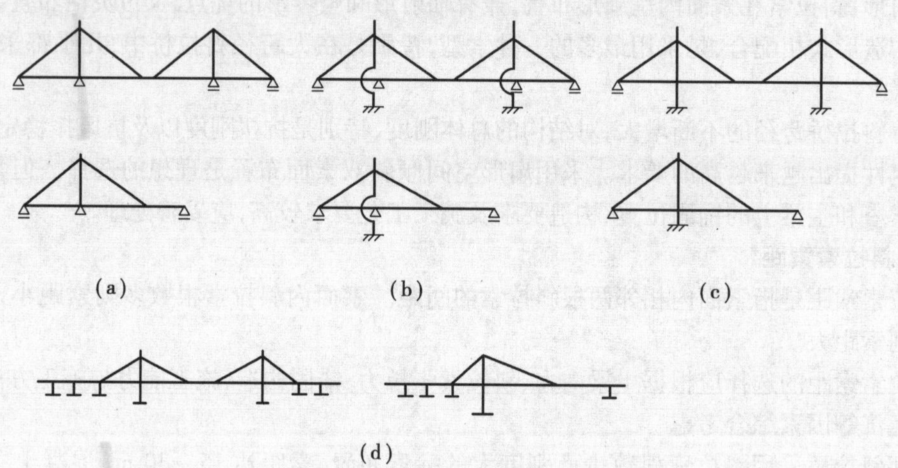

图14.7 主梁布置为连续体系图
(a)塔梁固结、梁墩分离;(b)塔墩固结、塔梁分离;
(c)塔、梁、固结;(d)梁体连续的延伸

(2)主梁为非连续体系

在双塔三跨式斜拉桥的主跨中央部分,带有一个简支挂孔或剪力铰,全桥的主梁布置为非连续体系,这时,主梁成为单臂梁或T形刚构体系,见图14.8。

带有挂孔的主梁布置形式简化了结构体系,减少了结构的超静定次数,能较好地适应两个索塔基础的不均匀沉降,可用于地基较差的地区。但是,主梁的非连续布置破坏了桥梁的整体性,施工时还需增加一套架设简支挂梁的设备。上海柳港桥就是在200 m长主跨中央插入30 m长的一个简支挂梁,形成非连续主梁体系。现代斜拉桥已经很少采用这种布置。

用剪力铰取代双塔三跨式斜拉桥主跨中央的简支挂梁,形成非连续主梁体系的另一种布置形式。剪力铰可以只传剪力和轴向力,不传递弯矩;也可以只传递剪力和弯矩,不传递轴向力,根据结构内力要求而定。剪力铰可以缓解温度内力的影响,但也破坏了桥面的连续性和桥梁整体性,同时,剪力铰设计、施工和养护较困难,一般应尽量避免采用这种布置。

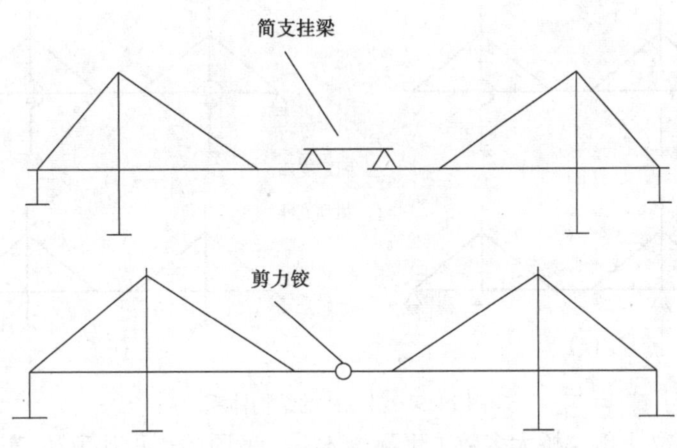

图14.8　主梁布置为非连续体系

(3)主梁的高跨比

由于斜拉桥的结构特点,绝大多数斜拉桥的主梁高度沿跨长是不变的。主梁高 h 与主跨跨径的比值称为主梁的高跨比,高跨比愈小,则斜拉桥的柔细度愈大。早期稀索布置的斜拉桥,主梁的高跨比一般在1/100~1/50。自密索体系出现后,主梁的高跨比不断减少,已突破1/300。根据世界各国斜拉桥的统计资料分析,密索布置的斜拉桥,其梁高与主跨跨径的比值一般为1/150~1/100,较多在1/100左右。

《公路斜拉桥设计规范》规定,斜拉桥梁高与主跨的比值一般为1/100~1/50,对于密索体系大跨径斜拉桥,比值可小于1/200,而单索面斜拉桥梁高与主跨比值应按抗扭刚度确定。

14.2.4　结构体系

斜拉桥是由上部结构的主梁、斜拉索、索塔及下部结构的桥墩、桥台四种基本构件组成的组合体系桥梁。斜拉桥的结构体系可以根据主梁、索塔及其桥墩三种基本构件的不同结合方式形成不同的结构体系,也可根据斜拉索的锚拉体系来形成斜拉桥的不同结构体系。下面从这两个方面来介绍斜拉桥的结构体系。

(1)由梁、塔、墩的不同结合构成的结构体系

1)塔墩固结、塔梁分离——飘浮体系

主梁除两端有支承外,其余全部由斜拉索作为支承,成为在纵向可稍作浮动的一根具有多点弹性支承的单跨梁,见图14.9(a)。飘浮体系的主要优点是满载时,塔柱处主梁不出现负弯矩峰值;温度及混凝土收缩、徐变内力均较小,在密索情况下,主梁各截面的变形和内力的变化比较平缓,受力比较均匀。地震时允许全梁纵向摆动,从而起抗震消能作用。因此地震烈度较高地区应优先考虑选择这种体系。

但飘浮体系斜拉桥在采用悬臂施工时,塔柱处梁段需临时固结,以抵抗施工过程中的不平衡弯矩和纵向剪力。空间动力计算表明,由于斜拉索不能对主梁提供有效的横向支承,所以对飘浮体系必须施加一定的横向约束,提高其振动频率,改善动力性能。为抵抗由于风力等引起的横向水平力,一般在塔柱和主梁之间设置板式橡胶支座和聚四氟乙烯盆式橡胶支座以限制主梁的横向位移,并能使主梁在横向形成较为柔性的约束,保持良好的动力性能。

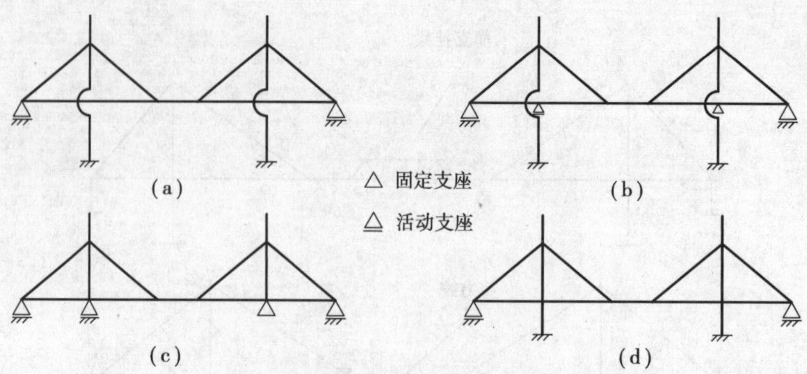

图 14.9　斜拉桥的结构体系

现代大跨径混凝土斜拉桥大多数采用飘浮体系。美国的哥伦比亚桥、东亨丁顿桥及日照高架桥,我国的武汉长江公路桥、重庆长江二桥、铜陵长江大桥、上海南浦大桥和杨浦大桥(钢混凝土结合梁)都采用这种体系。

2)塔墩固结、塔梁分离,在塔墩处主梁下设置竖向支承——半飘浮体系(图 14.9(b))

此时,半飘浮体系的主梁成为在跨内具有多点弹性支承的连续梁或悬臂梁。主梁可布置成连续体系,也可在中跨跨中设剪力铰或简支挂孔,主梁布置成非连续体系,挂孔需有一定长度,避免当一侧悬臂受车辆荷载作用时挂梁发生过大倾斜,影响行车顺畅。半漂浮体系的主梁内力在塔墩支承处出现负弯矩峰值,通常须加强支承区段的主梁截面。温度及混凝土收缩、徐变内力也较大。但是,如在墩顶设置可调节高度的支座或弹簧支承来代替从塔柱中心悬吊下来的斜拉索(一般称 0^JHJ 索),并在成桥时调整支座反力,以消除大部分收缩、徐变等不利影响,这样与漂浮体系相比,无论在经济上还是在美观上均优于漂浮体系。我国辽宁长兴岛主跨176 m 的双塔双索面混凝土斜拉桥就是采用半飘浮体系,主梁为连续体系。

3)塔梁固结、塔墩分离——塔梁固结体系

塔梁固结并支承在桥墩上,这时主梁相当于顶面用斜拉索加强的一根连续梁或悬臂梁,(见图 14.9(c))。主梁和塔柱内的内力和挠度直接与主梁和塔柱的弯曲刚度比值有关。塔梁固体系的主要优点是取消了承受很大弯矩的梁下塔柱部分。代之以一般桥墩,使塔柱和主梁的温度内力极小,显著减小主梁中央段承受的拉力。但当中跨满载时,由于主梁在墩顶处的转角位移导致塔柱倾斜,使塔顶产生较大的水平位移,因而显著增大了主梁的跨中挠度及边跨的负弯矩,并且上部结构的重力和活载反力均由支座传给桥墩,这就要求设计很大吨位的支座,故一般仅用于小跨径斜拉桥。对于大跨径斜拉桥,由于上部结构反力过大,可能需要设计上万吨的支座,使支座构造复杂,制作困难,且动力特性不理想,抗风抗震不利,故不宜采用,法国的伯劳东纳桥(主跨 300 m)采用塔梁固结体系,主梁布置连续体系,支座用 10 块橡胶支座围成圆周,中心用 800 mm 联结管,管内填充环氧树脂。

4)主梁、索塔、桥墩三者互为固结——刚构体系

梁、塔、墩固结(图 14.9(d)),主梁成为在跨内有多点弹性支承的刚构。这种体系的优点是结构刚度大,主梁和塔柱的挠度均较小,不需要大吨位支座,最适合悬臂法施工。刚构体系动力性能差,尤其在窄桥时。因此,该体系用于地震区及风荷载较大的地区时,应认真进行动力分析,且在固结处主梁负弯矩极大,此区段内主梁截面必须加大。为了消除固结点处及墩脚处产生的温度附加弯矩,可在双塔三跨式梁跨中设置可以允许水平位移的剪力铰或挂梁,但这

样会导致行车不顺畅,且对养护不利,所以,梁、塔、墩固结体系较适合于独塔双跨式斜拉桥。

在塔墩很高的双塔三跨式斜拉桥中,若采用双薄壁柔性墩,以适应由于温度、混凝土收缩、徐变和活载等使结构产生的水平位移,形成连续刚构体系,既能保持刚构体系的优点,又能使行车平顺舒适。

以上 4 种结构体系的斜拉桥都有实际桥例,但由于飘浮体系具有充分的刚度,受力比较均匀,主梁可作为等截面而简化施工,且抗风、抗震性能也较好等特点,是现代大跨径斜拉桥使用较多的一种体系。表 14.3 是 4 种结构体系的比较表,可供参考。

表 14.3　按梁、塔、墩的不同组合形成 4 种结构体系的斜拉桥比较

梁、塔、墩组合关系	塔墩固结、塔梁分离	塔墩固结、塔梁分离	塔梁固结、塔墩分离	塔梁墩固结
塔墩处主梁设支承情况	无,但必须设横向约束	有,支反力较小或设调节高度的支座或弹簧支座	有,且需设大型支座	无
结构体系	漂浮体系	半漂浮体系	塔梁固结体系	刚度体系
梁、塔、墩联结处截面内力	主梁内力较均匀,主梁在塔墩联结处无负弯矩峰值	主梁内力在塔墩固结处有负弯矩峰值	塔柱内力较小,但主梁在塔墩固结处出现负弯矩峰值,比塔墩固结、塔梁分离的主梁内力大约 15%	按梁、塔、墩风度比分配内力,主梁在固结点附近内力相当大
适宜的主梁结构形式	连续体系主梁	以跨中设铰或挂梁的非连续主梁为宜	主跨跨中设铰或挂梁的非连续主梁,或连续体系主梁均可	主跨跨中设铰或挂梁的非连续主梁,或柔性墩连续主梁

(2)按斜拉索的锚拉体系

1)自锚式斜拉桥 (Self-anchored Calbe-stayed bridge)

自锚式斜拉桥的塔前侧斜拉索分散锚固在主梁梁体上,而塔后侧的斜拉索除了最后的锚固在主梁端支点处以外,其余斜拉索则分散锚固在边跨主梁上或将一部分斜拉索集中锚固在端支点附近的主梁上。自锚体系斜拉索的水平分力由主梁的轴力来平衡。自锚体系中,锚固在端支点处的斜拉索索力最大,一般需要较大的截面,并且它对控制塔顶的变位起重要作用,是最重要的一根(组)斜拉索,被称为端锚索或边索(end anchor cable),见图 14.10。无论是双塔三跨式或独塔双跨式斜拉桥,绝大多数均采用自锚式体系。

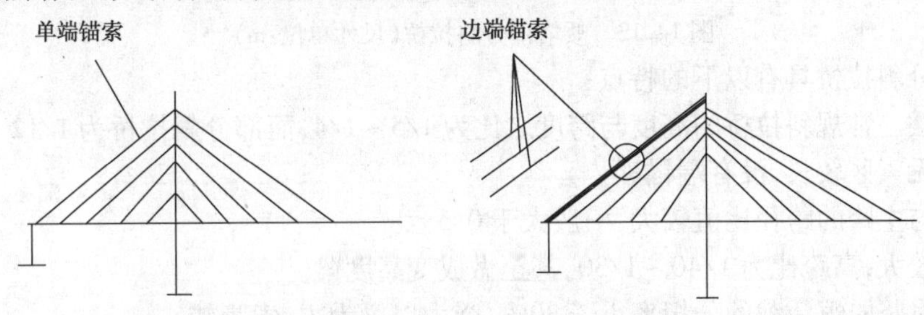

图 14.10　自锚体系斜拉桥的端锚索

2)地锚式斜拉桥(Earth-anchored Calbe-stayed bridge)

单跨式斜拉桥可采用地锚式。在地锚体系中,塔前斜拉索的拉力必须由相应的下部结构即地锚来承担。图 14.11 是一种典型的地锚式单跨斜拉桥。

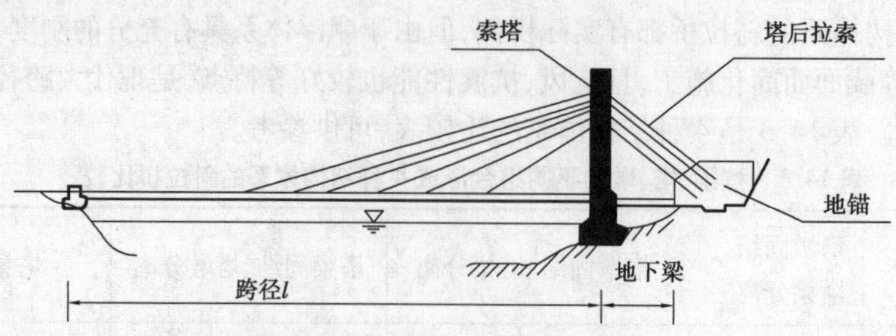

图 14.11 地锚式斜拉桥

3)部分地锚式斜拉桥(Partially Earth-anchored Calbe-stayed bridge)

无论是双塔三跨式还是独塔两跨式斜拉桥,由于某种原因边跨相对于主跨很小时,可以将边跨部分斜拉索锚固于梁上,而部分斜拉索布置成地锚式,将斜拉索不平衡水平分力直接由边跨梁体传递给桥台。

显然,上述 3 种体系的主梁轴向力的分布和正负号(拉压)是随斜拉桥斜拉索体系和主梁的支承条件不同而变化的。

(3)按照塔的高度不同而形成的结构体系

矮塔部分斜拉桥结构如图 14.12 所示。由力学知识可知,在截面相同的情况下,塔的抗水平变位刚度与塔高 h 的三次方成反比,因为塔高降低则塔身刚度迅速提高。但塔高降低后拉索的水平倾角也将减小,拉索对主梁的支撑作用减弱,而水平压力增大,这相当于拉索对主梁施加了一个较大的体外预应力。矮塔部分斜拉桥由于拉索不能提供足够的支撑刚度,故要求主梁的刚度较大。因拉索只提供部分刚度,又称“部分斜拉桥”,其受力性能介于梁式桥和斜拉桥之间。

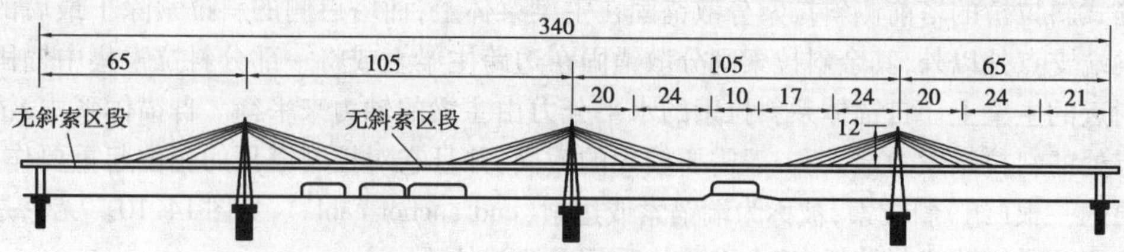

图 14.12 矮塔部分斜拉桥(尺寸单位:m)

矮塔部分斜拉桥具有以下的特点:

①塔较矮。常规斜拉桥的高度与跨度之比为 1/5 ~ 1/4,而部分斜拉桥为 1/12 ~ 1/8。

②梁的无索区较长,没有端锚索。

③边跨与主跨的跨径比值较大,一般大于 0.5。

④梁高较大,高跨比为 1/40 ~ 1/30,甚至做成变高度梁。

⑤拉索对竖向恒活载的分担率小于 30%,受力以梁为主,索为辅。

⑥由于梁的刚度大,活载作用下斜拉索的应力变幅较小,可按体外预应力索设计。

采用矮塔部分斜拉桥体系的有日本木曾川大桥(主跨275 m)、日本冲原桥(主跨180 m)、我国的芜湖长江大桥(主跨312 m,钢桥)等。

(4)协作体系斜拉桥

对于非对称布置的独塔斜拉桥,主跨跨度较大时,远离索塔的主梁由于斜拉索倾角很小,支撑效率降低,在活载作用下将产生很大的弯矩,此时,可将斜拉桥主梁与连续梁、连续刚构、T构、拱桥和悬索桥等协作,做成所谓协作体系。协作体系是利用两种桥型的相互协作,取长补短,起到增大跨径、便于布索、改善边跨受力和控制主梁挠度(刚度)等作用,适应于某些特殊困难条件下的桥位的需要。我国宁波招宝山大桥,美国东亨丁顿桥均采用了这样的体系。

14.3　斜拉桥构造

14.3.1　斜拉索

(1)斜拉索种类

斜拉桥所用的斜拉索,由钢丝或钢绞线外加防护套制作而成。

斜拉索的主要类型和构造如图14.13所示。

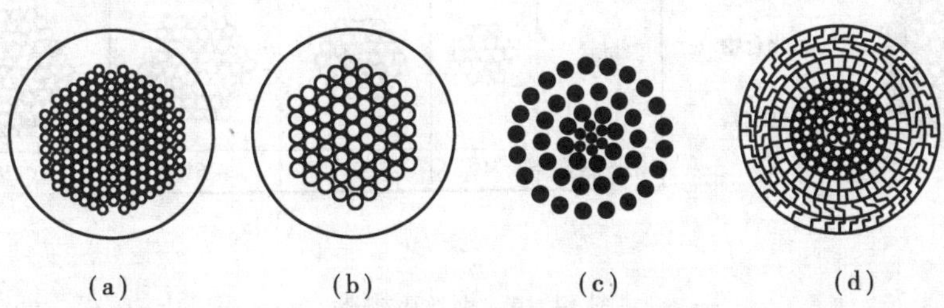

图14.13　拉索的种类和构造

(a)平行钢丝索;(b)钢绞线索;(c)单股钢绞缆;(d)封闭式钢缆

1)钢丝索

①平行钢丝股索(Parallel Wire Strand,简称PWS)

平行钢丝股索是将一定根数的镀锌钢丝平行地捆扎成股,每根钢丝都是顺直而无扭转,股索的截面为六角形。大型的平行钢丝股索可直接单独用作拉索,大多数情况是每根拉索由多股平行钢丝股索组成。平行钢丝股索由于钢丝未经旋扭,抗拉强度和弹性模量均未削减,与单根镀锌钢丝相同,抗疲劳性能也较好。缺点是钢索刚度较大,不易弯曲,架设困难,容易引起弯曲次应力。

②平行钢丝索(Parallel Wire Cable)

平行钢丝索是将若干根预应力钢丝平行并拢、扎紧,整体穿入聚乙烯套管内,并在张拉结束后压注水泥砂浆防护,成为平行钢丝索,见图14.13(a)。平行钢丝索截面不要求是六角形,因此截面内的钢丝根数可以自由地选定。平行钢丝索的各项物理特性与平行钢丝股索基本一致。

③半平行钢丝索(Partially Parallel Wire Cable)

将若干根钢丝平行绞拢，且同心同向作轻度扭绞，扭绞角约为2°～4°，再用包带扎紧，最外层直接挤裹聚乙烯索套防护，就成为半平行钢丝索，也称为新型PWS、螺旋型PWS或称为半平行钢丝股索。这种索挠曲性能好，可以自由地缠绕在卷筒上进行长途运输，宜在工厂中机械制作。从试验得知，扭绞角小于4°时，其弹性模量和疲劳性能不受损减。

组成钢丝索的高强钢丝，其标准强度不得低于1 600 MPa，目前，常用5或7根镀锌钢丝制钢丝索配用镦头锚或铸锚。半平行钢丝索由于可在工厂内制作并配装锚具，不仅制作质量有保证，而且大大简化了施工现场工作，因此，已逐步取代平行钢丝索。

2）钢绞线索

钢绞线的标准强度可达1 860 MPa，用钢绞线制成钢索可以进一步减轻拉索的重力。

①平行钢绞线索（Parallel Strand Cable）

将7丝钢绞线按平行股索中的钢丝排列方法平行排列，布置成正六角形截面，就成为平行钢绞线索，如图14.13（b）所示。平行钢绞线索既可在工厂制造，也可在现场制作。在工地用若干根钢绞线制成拉索，穿入预制的聚乙烯套管、钢管或玻璃纤维加筋的塑料管，然后压注水泥砂浆或环氧砂浆，或者将一根钢绞线涂防锈油脂后挤裹聚乙烯护套，再将带有护套的钢绞线穿入大的聚乙烯套管中，并压注水泥砂浆。平行钢绞线常配用夹片式群锚，先逐根张拉建立初应力，然后调整张拉至设计规定应力。

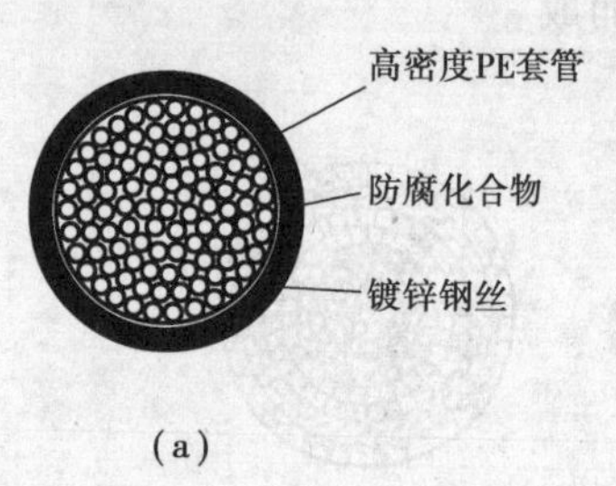

（a）

截面型号	PWS—19	PWS—37	PWS-61	PWS—91
截面				
钢丝根数	19	37	61	91

（b）

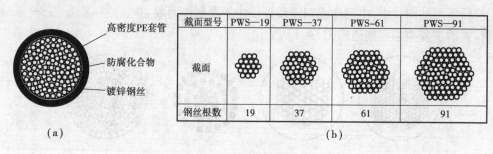

图14.14 钢丝束构造

（a）半平行钢丝束；（b）平行钢丝股索（PWS）

②半平行钢绞线索

半平行钢绞线构造和制作方法与平行钢绞线相同，只是在索中钢绞线集中排列后再轻度扭绞而成。钢索中钢绞线的方向应与单根钢绞线中的钢丝扭绞方向相反。半平行钢绞线索均在工厂制作好后运往工地，它可以配装冷铸锚。

3）单股钢绞缆

单股钢绞缆以一根钢丝为缆心，逐层增加钢丝，同一层的钢丝直径相同，但逐层钢丝的扭绞方向相反，以抵抗张拉时的扭矩，最后形成一根单股钢绞缆，如图14.13（c）所示。

单股钢绞缆配用热铸锚。由于扭绞关系，其抗拉强度及弹性模量有所降低，截面孔隙率也较大。单股钢绞缆用作斜拉索时，可采用镀锌钢丝制作，最外层应加涂防锈涂料。

单股钢绞缆只能在工厂中生产，其柔性好，可成盘运输至现场安装，但用作混凝土斜拉桥的拉索较少。

4）封闭式旋钮钢缆（Locked Coil Rope）

封闭式旋钮钢缆的核心部分是由多层圆形钢丝组成，在它的外面有逐层绞裹梯形截面的钢丝，接近外层时绞裹Z形截面的钢丝，相邻各层钢丝的旋扭方向相反，最后形成一根粗大的钢缆,如图 14.13(d)所示。封闭式钢缆中的梯形和 Z 形钢丝彼此侧向紧扣,基本上是面接触,因此结构紧密,截面孔隙率很小,水分不易浸入,表面光滑,故称为封闭式钢缆。封闭式旋钮钢缆使用镀锌钢丝制作,还可在钢丝上涂防锈脂,最外层涂防锈涂料防护。它配用热铸锚具,只能在工厂中制作,盘绕后运到施工现场。由于扭绞,封闭式钢缆的抗拉强度和弹性模量比平行钢丝索略低。

(2)斜拉索端部配件(锚头)

上述斜拉索只有在其两端配装了合适的锚具后才能成为可以承受拉力的拉索,锚具必须能顺畅地将索力传给索塔和主梁。

锚具是斜拉桥的极其重要的部件,它的质量和性能对整个斜拉桥结构的可靠性有着直接影响。常用的拉索锚具有热铸锚、墩头锚、冷铸锚及夹片群锚等几种。前 3 种是拉锚式锚具,可以事先装固在钢索两端。配装夹片式群锚的拉索,张拉时千斤顶直接拉钢索,张拉结束后锚具才发挥作用,所以夹片式群锚又称为拉丝式锚具。

锚具的主要构造为锚环、锚圈、锚垫板、填充固化料、防漏板及夹片等;为便于穿索张拉,在锚具尾部须设置张拉联结器及引出杆联结等附属构造。

14.3.2　主梁

(1)混凝土主梁

1)横截面形式

混凝土斜拉桥主梁截面形式的选择,除一般桥梁必须考虑的因素外,还应充分考虑抗风稳定性,特别是大跨径斜拉桥的风振问题,同时要考虑扭矩的传递、主梁对拉索索力的传递问题。主梁的截面形式要方便拉索的张拉和锚固,应根据拉索的布置及施工方法综合考虑,正确选择主梁截面形式。

混凝土主梁常用的截面形式如图 14.15 所示。

图 14.15(a)为实体双主梁截面,适用于双索面体系的混凝土主梁截面。两个分离的主梁之间由混凝土桥面板及横梁联结,拉索可直接锚固在主梁中心处,也可以锚在伸臂横梁的端部。这是一种较简单的混凝土主梁截面形式,也是采用较多的一种主梁截面形式。主跨 440 m的重庆长江二桥混凝土主梁就采用这种实体双主梁截面。

板式边主梁是从双主梁或边主梁的截面形式逐渐演变而成(图 14.15(b))。所谓边主梁,是指主梁位于两边,且梁高相对于桥宽而言又很小,但两根边主梁之间仍有混凝土桥面板及横梁连结,横梁底与主梁齐平,形成底部挖有一个个空槽的板式梁体。

低高度边主梁的截面带有风嘴尖角,以适应大跨径斜拉桥的抗风要求。拉索直接锚固在边主梁的下面,以不致削弱原来就小的主梁截面。横梁间距一般取拉索索距的一半,为 5 ~ 6 m。主跨 425 m 的挪威海尔格兰特桥,混凝土土梁就是这种截面形式,梁高仅 1.2 m,主梁的高跨比为 1/354。

图 14.15(c)、(d)、(e)为分离的双箱截面形式。图(c)为带有竖腹板的矩形箱形截面,箱梁用于承重及锚固拉索,箱梁之间设桥面系。这种截面形式的最大优点是采用悬臂施工较方便。但由于斜拉桥主梁截面尺寸较小,采用挖空的箱形截面节省的混凝土数量不多,而引起内模板、横隔梁钢筋布置、拉索锚固等趋于复杂,并增加施工困难和费用,所以,近年来已较少采用。在抗风要求高的大跨径斜拉桥中,由分离双箱截面逐步向实体双主梁截面发展,或向外侧

为斜腹板、内侧为竖腹板的倒梯形箱形截面(图 14.15(d))和三角形箱形截面(图 14.15(e))发展,两箱之间为整体桥面板,横截面外侧做成风嘴状以减少迎风阻力,端部加厚以锚固拉索。这种主梁截面形式有良好抗风性能,特别适用于风荷较大的双索面密索体系斜拉桥,如美国主跨 299 m 的 P—K 桥和我国主跨 230 m 的天津永河桥都采用三角形箱形截面主梁,主梁高度分别为 2.13 m 和 2.0 m。

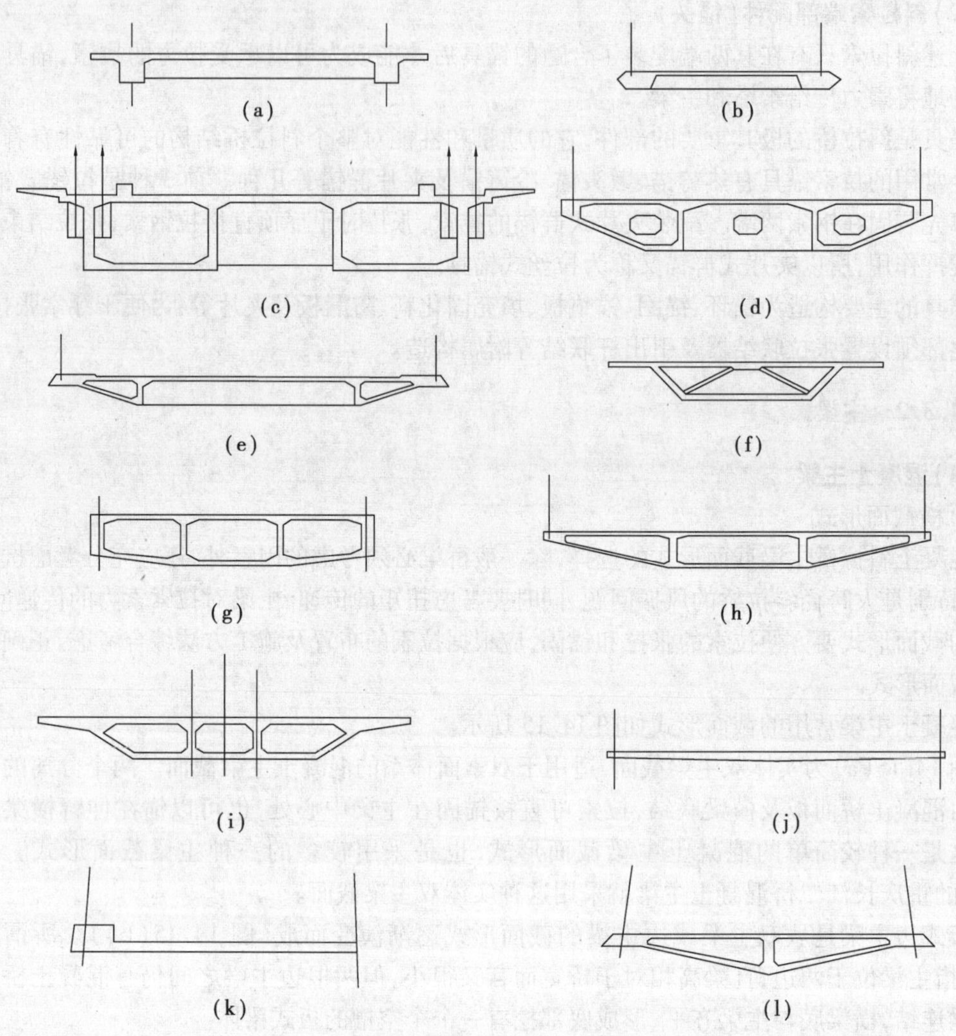

图 14.15　混凝土主梁常用截面形式

图 14.15(f)、(g)、(h)、(i)为整体箱形截面,具有较大的抗弯及抗扭刚度,既适用于双索面体系,也适用于单索面斜拉桥,但使用于双索面桥与单索面桥时箱形截面应有所不同,如单箱三室截面使用在双索面桥时应将两个中间竖腹板尽量拉开,使中室大于边室,以获得较大的截面横向惯性矩,如图 14.15(g)、(h)所示截面适用于双索面桥。而单箱三室截面使用在单索面桥时,应将中间两个竖腹板尽量靠拢,这样才便于将拉索锚固在较窄的中室内,如图 14.15(i)所示截面。图 14.15(f)这种单室截面是单索面混凝土斜拉桥所采用的典型主梁截面形式,箱室内部设置一组人字形加劲斜杆,以传递单索面的索力。一般加劲斜杆的纵向间距

为拉索索距的一半。桥面中央设置索面保护带，正好用作上下行车道的分隔带，倾斜的腹板虽然施工困难但抗风性能好，外形美观，并可减少下部结构宽度。主跨320 m的法国伯劳东纳桥及主跨365.8 m的日照高架桥均采用这种形式的混凝土主梁，它已成为单索面混凝土斜拉桥的标准主梁截面形式之一。

图14.15(h)是诺曼底大桥混凝土主梁部分采用的倒梯形单箱三室截面。

图14.15(j)、(k)是板式梁截面形式，构造简单，梁高小，施工方便且抗风性能好，适用于双索面密索体系斜拉桥主梁。板式梁截面是混凝土斜拉桥中梁体最纤细的一种，也是近年来混凝土斜拉桥发展方向之一。用于跨径200 m以内，桥宽15～20 m的混凝土斜拉桥，板式梁梁高可仅用50～60 cm。主跨215 m的希腊埃弗里布斯桥采用的板式梁截面高仅为45 cm，其高跨比达0.45/215 =1/478，为世界斜拉桥最小值。

图14.15(i)是三角形双室箱形截面。主跨530 m的挪威斯卡恩圣特桥就采用这种主梁截面，桥宽仅13 m，主梁宽跨比为40.8，已突破40，是已有斜拉桥的最大值。这种三角形双室箱梁截面不仅抗弯、抗扭刚度大，并且对抗风特别有利，既适用于双索面体系，还适用于单索面体系。当适用于单索面斜拉桥时，每道拉索的左右两股钢索在中间竖腹板的两旁通过箱室锚固在箱梁底下，在拉索锚固点处应设承重横隔梁，通过横隔梁将箱梁上的荷载以简支梁(双索面时)或双向伸臂梁(单索面时)的形式传递到拉索上去。三角形承重梁分布与梁高变化是相匹配的，所以在力学上也是很合理的。

2)横断面布置

上面叙述了混凝土主梁常用的截面形式。在设计混凝土斜拉桥时，究竟选用哪一种主梁截面形式，如何布置，应综合考虑拉索布置、主梁对斜拉桥索力的传递、扭矩传递、施工方法和抗风稳定性等因素确定。大量的风洞试验结果表明，混凝土斜拉桥具有相当大的系统阻力，一般抗风稳定性不控制设计，所以索面布置及施工方法是确定横截面布置的主要因素。

单索面布置大多采用整体箱梁，而双索面布置大多采用图14.15(a)、(b)、(c)、(d)所示形式。双索面布置在人行道以内可减少横梁跨度，但索面必须设有防撞措施。而双索面布置在人行道以外，则抗扭刚度大。选择何种布置应根据桥宽、梁高及主梁截面形式等具体情况而定。

(2)钢主梁

图14.16所示为钢主梁常见的截面形式。其中图(a)和(b)为工字梁，图(c)和图(d)是矩形和倒梯形单箱梁，图(e)和图(f)为双箱梁。其桥面板为正交异型钢桥面板。

(3)钢—混凝土结合主梁

由于结合梁的钢主梁与钢横梁、纵梁构成的钢梁格体系在单索面情况下抗扭性能差，因此结合梁一般采用双索面布置。配合双索面布置，结合梁的横截面采用双钢主梁，钢主梁截面形式根据跨径、桥宽、荷载等级、抗扭及抗风等要求常采用开口实腹工字形梁、箱梁及Ⅱ形梁等。开口实腹工字梁施工架设方便，钢梁制作简便。当采用倾斜的空间双索面时，开口工字形梁可设计成倾斜的实腹板，以有利于锚固拉索的锚固箱布置。但工字形梁内力很大时，需增大腹板和下缘钢板的厚度，而过厚的钢板使焊接、制作、联结处高强螺栓的布置困难，在这种情况下，可采用箱形或门形钢主梁。钢箱梁抗扭性能好，能扩大主梁的桥面有效分布宽度，但加工制作工作量大。当采用双层桥面布置时，主梁可选用桁架式结构。

杨浦大桥的结合梁采用两个钢箱梁，而南浦大桥和加拿大的安娜雪丝桥均采用两个开口

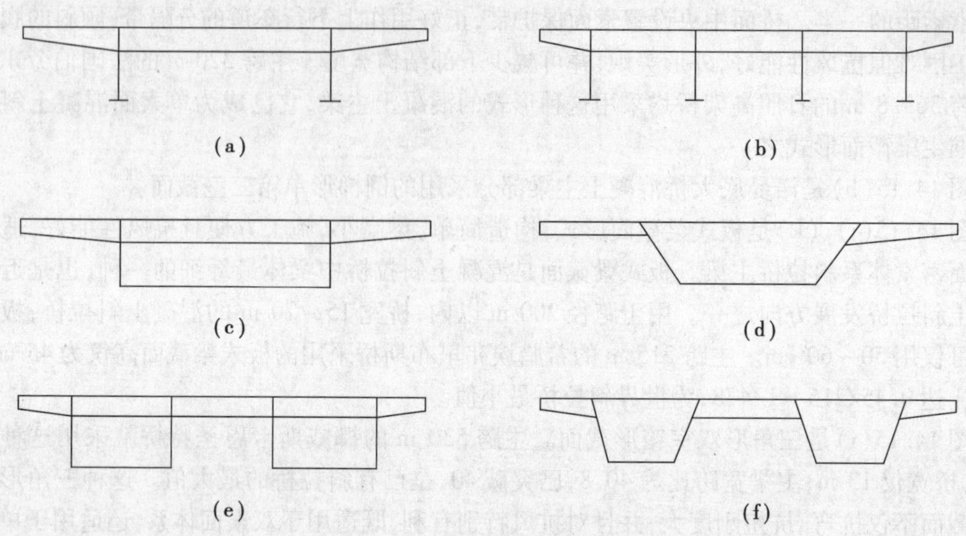

图 14.16　钢主梁常见截面形式

工字形梁。图 14.17 为主跨 456 m 的结合梁斜拉桥主梁横截面布置图,开口工字形钢梁高 2.5 m。

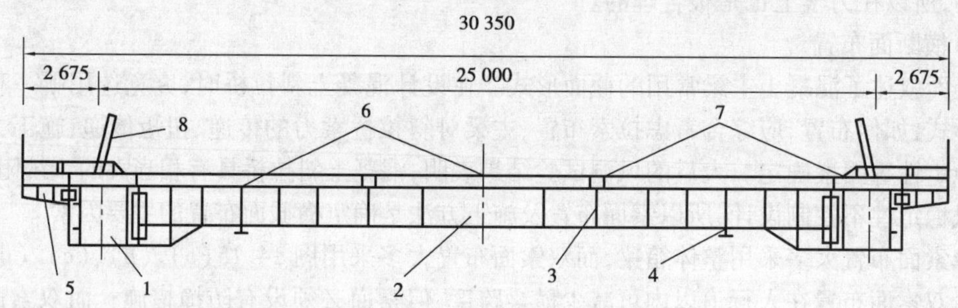

图 14.17　钢—混凝土结合梁

1—钢主梁;2—钢横梁;3—小纵梁;4—行车轨道梁;
5—人行道挑梁;6—预制桥面板;7—现浇桥面板;8—斜拉索

混凝土桥面板和主梁、横梁构成的钢梁格体系组成结合梁的桥面系,一方面承受桥面局部荷载,另一方面作为结合梁的一部分参与主梁整体受力。构造上,将桥面板纵向跨在横梁上,使桥面局部活载产生的桥面板拉应力与作为整体主梁一部分在桥面板内产生的压力相叠加,以防止桥面板混凝土产生过大拉力而开裂,而当裂缝超过一定值后,就不能考虑混凝土桥面板参与钢梁整体受力作用了,且造成钢梁及钢筋的腐蚀,这就要求设计结合梁时应十分注意预防各部分桥面板可能产生的裂缝。

桥面板是结合梁的重要部分,设计施工应充分重视。

1)桥面板厚度

桥面板的厚度,应根据桥面局部荷载和结合梁承受的整体荷载作用引起的总应力决定,还应考虑钢梁格形式,特别是横梁间距和荷载等级。当采用预应力混凝土桥面时,桥面板厚度还应满足预应力管道尺寸布置的需要。一般为方便施工和设计,全桥采用等厚度桥面板。作为结合梁的一部分,桥面板还要承受拉索水平分力(桥面板受轴向力),而越靠近索塔,拉索产生的总水平分力越大,所以特大跨径结合梁斜拉桥应根据受力情况在近索塔段增加桥面板厚度。

2)桥面板与钢梁联结

桥面板与钢梁联结常采用图14.18所示的抗剪联结。

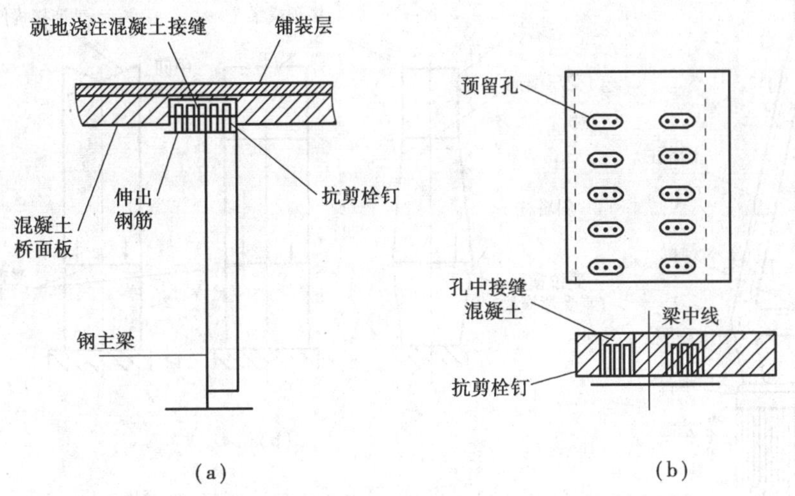

图14.18　桥面板与钢梁联结

(a)预制桥面板周边伸出钢筋,与钢梁上的抗剪栓钉一起浇筑在混凝土接缝中;

(b)在预制桥面板为抗剪栓钉预留的孔中浇筑接缝混凝土

14.3.3　索塔

作用于斜拉桥主梁的自重和活载通过拉索传递给索塔,因而索塔是通过拉索对主梁起弹性支承作用的重要构件。索塔上的作用力除索塔自身的重力外,还有拉索索力的垂直分力引起的轴向力、拉索的水平分力引起的弯矩和剪力。此外,季节温差、日照温差、支座沉降、风荷载、地震力、混凝土收缩和徐变等都将对索塔轴向力、剪力、扭矩和顺、横桥向的弯矩产生影响。

值得注意的是,当主梁采用悬臂施工时,索塔还要承受施工阶段相当大的不平衡弯矩。对单索面独塔斜拉桥,还应考虑抗风稳定问题。

索塔设计应满足强度、刚度和稳定性要求。索塔的结构形式及截面尺寸应根据索塔自身的强度、刚度及稳定性要求、拉索布置、桥面宽度、主梁的截面形式、下部结构及桥位处的地质、地形等综合考虑确定,同时还要考虑施工简便、降低造价及造型美观等要求。

城市中的斜拉桥,应更多地从造型、景观及与周围环境相协调等建筑艺术方面的要求来确定索塔的结构形式,斜拉桥在美学上以其柔细感取胜,这种柔细感是人们对斜拉桥梁、塔、索的整体感觉,因此索塔的形状和尺寸比例是美学设计中的一个重要课题。需要特别指出的是,在人类文明高度发达的今天,在保证结构安全的前提下,斜拉桥在美学上的效果已逐渐成为该建筑成败的关键,造型优美且与周围环境配合协调的斜拉桥往往成为该城市的标志性建筑,成为人们精神文化享受的艺术品。

(1)索塔的组成

索塔可以是钢结构,而更多的是钢筋混凝土结构。一般,索塔由基础、墩柱、塔柱(有时分为下、中、上塔柱)、横梁、塔顶等组成,如图14.19所示(图(a)中未示出墩柱)。

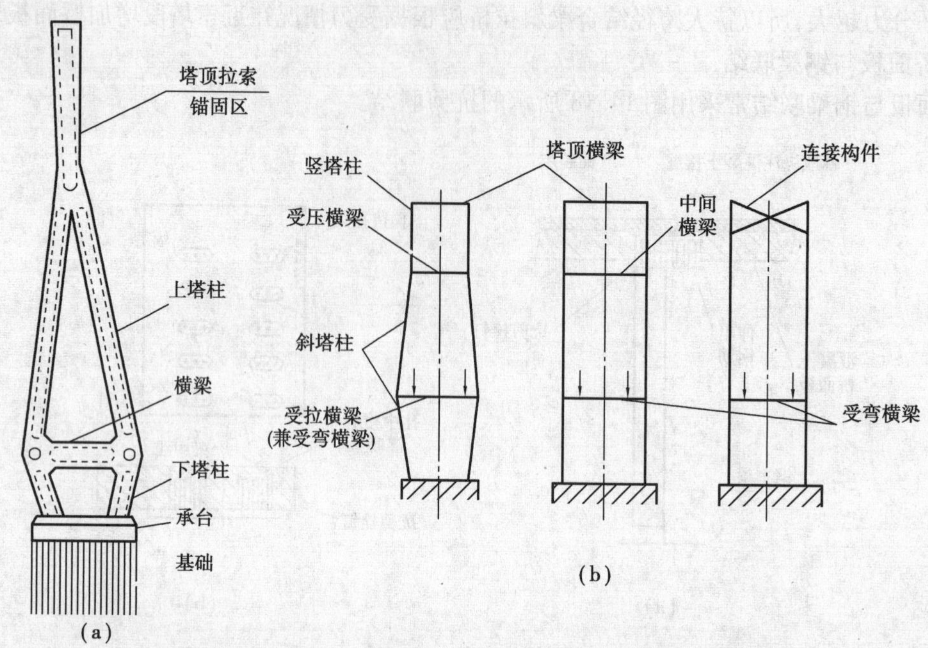

图 14.19　索塔组成

(a)单柱形　(b)A形　(c)倒Y形

图 14.20　索塔顺桥向形式

(2)索塔的结构形式

索塔在顺桥向的形式有单柱型、A 形及倒 Y 形等几种,如图 14.20 所示。单柱型索塔构造简洁,外形轻盈美观,施工方便,是常用的塔型。目前国内外大多数斜拉桥在顺桥向均采用单柱型。A 形和倒 Y 形在顺桥向索塔刚度大,有利于抵抗索塔两侧拉索的不平衡拉力,能承受较大的顺桥向弯矩,并有更良好的抗振能力,但由于施工较复杂,这类索塔实际采用不多。山东济南黄河大桥就是一座顺桥向采用 A 形索塔的混凝土斜拉桥。

索塔在横桥向的形式有单柱形、双柱形、∏形、H 形、梯形、A 形、倒 V 形、倒 Y 形、菱形(包括宝石花形)等,见图 14.21。

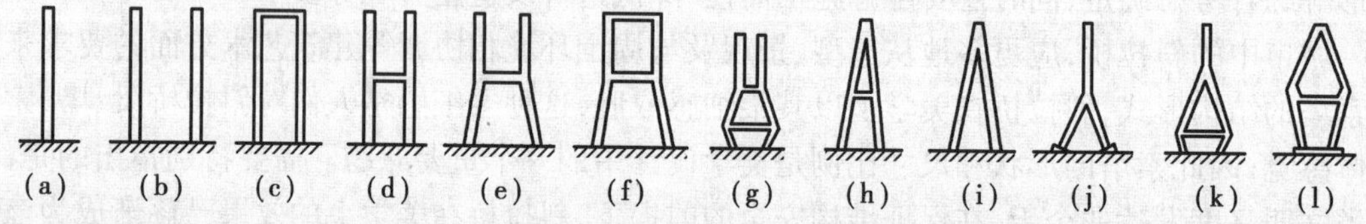

图 14.21　索塔横桥向形式

柱式塔构造简单,但承受横向水平荷载的能力较差。其中单柱形都用于单索面,双柱形则用于双索面。∏形索塔在两塔柱之间设有横梁,抵抗横向水平荷载的能力较强,一般用于桥宽度不大的双索面斜拉桥。A 形、倒 Y 形、菱形索塔横向刚度大,但构造复杂,施工难度较大,既适用于单索面,也适用于双索面,多用于大跨径斜拉桥中。

斜拉桥索塔顺桥向各种形式可与横桥向各种形式配合使用,以下主要介绍顺桥向单柱形与横桥向各种塔型相配合的各种索塔的特点。

顺桥向、横桥向均采用单柱形的索塔仅适用于单索面斜拉桥。这类斜拉桥可采用两种结构体系:塔梁固结、塔墩分离和塔、梁、墩固结。塔梁刚性联结、塔墩分离时,作用在主梁和索塔上的荷载通过塔梁联结设置在塔梁下的支座传递给下部结构。塔、梁、墩刚性联结时塔梁上的荷载通过桥墩直接传到基础中去。这类斜拉桥的抗扭由主梁提供,因此主梁多为抗扭刚度大的箱梁截面,特别是梯形箱(因底板尺寸小,塔墩和基础的尺寸可相应减小)。由于索塔塔柱常设在桥面中央的分离带上,因此增加了整个桥面的宽度。目前我国已建成的单索面斜拉桥均采用单柱形索塔。

顺桥向采用单柱形而横桥向采用双柱形、∏形、H形、梯形的索塔适用于双索面斜拉桥。双柱形索塔的两个塔柱间无联结构件,外观简洁轻巧,但对扭曲振动而言相对不利,特别是两根塔柱的塔顶纵向水平位移反向时将增大主梁的扭曲振动幅。在双柱形塔柱之间增加一至两根横梁,即形成∏形、H形或梯形索塔,即图14.21(c)、(d)、(e)。由于横梁的存在,增强了索塔抵抗扭曲振动的能力。∏形索塔优点是可利用塔顶吊机进行预制吊装和挂索施工等;H形索塔因为无塔顶横梁,故较为轻巧且景观较好,梯形索塔在塔柱间有两根及以上横梁,其横向刚度大于∏形及H形,且塔柱的横向压屈自由长度也较小。门形、H形、梯形索塔既可采用直塔柱,也可采用斜塔柱,或仿照菱形索塔在桥面以下将塔柱向内收敛,如图14.21(e)右面的塔形,这样可减小基础尺寸。这一类索塔适用于中小跨径斜拉桥。

顺桥向采用单柱型而横桥向采用A形、倒V形、倒Y形和菱形的索塔,因两塔柱在常塔上部交汇,故不可能发生塔顶反向的水平位移,增强了斜拉桥的整体抗扭刚度,常用于大跨径及特大跨径的斜拉桥。这类索塔的另一特点是既适用于单索面,又可用于双索面,当拉索布置成空间倾斜双索面时,两个索面与主梁形成一个封闭的稳定结构,使主梁抗扭刚度增大,有利于减小整个的双实体斜拉桥结构的活载偏心作用的影响,使主梁可采用抗扭刚度较小的双襟体主梁。但是空间双索面布置的拉索锚固区构造复杂,并且为承受拉索的横桥向水平分力产生的塔柱弯矩使塔柱横向尺寸增加。当拉索布置成单索面时,A形、倒V形索塔由于塔顶附近可锚固拉索的高度范围较小,仅适用于拉索上下层数较少的斜拉桥,而倒Y形索塔(图14.21(h))有一段竖直塔柱可容纳较多的单索面拉索。倒Y形索塔因其结构的拉索布置上的优越性,越来越多地为现代大跨径斜拉桥所采用。菱形索塔(图14.21(i))是对A形、倒Y形索塔的改进,即在桥面以下将两塔柱向内倾斜,这样既可减小塔柱基础占用的空间,又使索塔造型更加优美。

14.3.4 斜拉索锚固

斜拉索在主梁、索塔上的锚固是否可靠将直接关系到桥梁的安全。斜拉索与混凝土主梁的锚固形式有:在主梁顶板设锚固块锚固,在箱内设锚固块或斜腹板锚固,在梁体外侧设锚固块锚固以及在梁底设锚固块锚固(对双主梁或板式主梁)。对钢主梁可将锚固构造与其顶板焊接或布置在钢梁腹板侧面。斜拉索与塔的锚固主要有交叉锚固(对实心塔柱)和对称锚固(对空心塔柱)。

14.4 斜拉桥计算

斜拉桥是一个复杂的超静定结构,具有空间静力特性,即索及塔有提高主梁抗扭性能的效应,在设计时必须考虑结构的非线性影响与斜索锚固区的局部效应等。

斜拉桥的非线性包括材料非线性和结构的几何非线性两部分。材料非线性主要指混凝土在长期荷载作用下的徐变、收缩使斜拉桥的恒载内力与变形发生重分布,还包括拉索锚固区局部应力考虑塑性重分布的影响等。结构几何非线性包括斜拉索的垂度效应以及主梁与塔的梁轴效应两部分,这些问题可采用非线性有限元法进行计算,也可采用近似理论把非线性问题线性化,通过逐次逼近计算得到最终结果。

斜拉桥施工阶段的计算很重要,特别是主梁在施工阶段的受力条件往往起到控制作用,这是由于主梁的抗弯承载力一般限制在一个较小的范围,以便采取较小的主梁尺寸减轻自重力,提高跨越能力。在斜拉桥中恒载引起的内力平衡主要依靠索、塔及主梁的轴力来实现,因此,索力的微小偏差均能在主梁内引起较大弯矩,这是施工阶段计算的重点。此外,斜拉桥施工一般采取悬臂浇筑或悬臂拼装法,必须开展详细的施工阶段变形计算确定预拱度,以控制桥面标高,使施工完成后的桥面线形平顺。

斜拉桥的结构分析大致包括静力分析、稳定性分析和动力分析三部分。

14.4.1 静力计算

(1)结构计算方法

斜拉桥是高次超静定结构,结构内力计算比较复杂。结构分析的方法有两大类:一类是采用杆件结构力学中常用的基本方法,如力法、能量法与位移法等。上述方法可以对斜拉桥结构进行线性分析,并用迭代方法计算非线性问题。第二类方法是采用数值分析方法。根据建立模型的不同,又分为平面模型和空间模型。平面模型是把空间结构简化为平面结构,采用平面杆系有限元法,将结构离散化,拉索用直杆代替,索的垂度效应采用修正弹性模量的方法使它线性化,按小挠度理论(微小变形理论)计算。计算基本可变荷载内力时,可按一个车道的车道荷载加载,再乘以荷载横向分布系数,以考虑结构的空间效应,然后按规范要求,进行内力组合。空间模型是把梁作为空间受力构件,并以梁的轴线伸出刚臂以联结到斜索下端的锚固点;更为精确的计算图式可以把加劲梁作为承轴力作用的薄板单元,再考虑索作为承受轴力的杆件单元,采用具有多单元功能的空间结构程序来分析。

(2)斜拉桥的恒载内力计算

斜拉桥的恒载内力计算,要比一般的桥梁复杂得多。斜拉桥的恒载状态,与桥梁结构形式、结构自重、桥面铺装、各斜拉索初始拉力的大小、施工方法、施工荷载、施工程序、混凝土收缩及徐变等因素有关,它们都对斜拉桥的恒载内力产生着重大影响。

斜拉桥的恒载内力应按阶段来考虑。在施工阶段,恒载内力主要着眼于主梁的承载力与斜拉索的初始张拉力的选择,按照所采取的施工方法进行施工验算;在运营阶段应考虑混凝土徐变影响,计算恒载及预应力的徐变内力分布。

斜拉桥最常用的施工方法是悬臂浇筑或悬臂拼装。在完成桥塔以后,按与T形刚构相似的施工方法,将主梁逐段悬伸,由于受到主梁承载能力的限制,悬伸过程中需及时锚固斜索,或设置临时斜索,也可以在主梁内设置纵向预应力筋以防止其上缘开裂。斜拉索的拉力可以一次张拉,或分次张拉,在成桥后最终调整。实际上最后调整索力是很费时的,一般力求一次张拉。

斜拉桥施工结束时的内力状态,仅就主梁而言,在国内目前采用两种状态:其一,刚性支承连续梁成桥;其二,控制主梁应力状态成桥,或称指定应力法。

(3)斜拉桥的活载内力计算

斜拉桥的最不利活载内力常用内力影响线来求解活载所产生的最不利内力。在求解最不利内力时,应对属于同一截面的弯矩、轴力和剪力三条影响线中的任一条施加以最不利活载布载,其余的两条则施加相应的活载布载。求解内力影响线的方法较多,有直接加载法、强迫位移法,目前多用有限元程序直接求解。

(4)斜拉桥附加内力计算

1)温度内力计算

斜拉桥结构体系是一个高次超静定结构,因而温度内力必须计算。由温度变化产生的内力,包括均匀温度作用和梯度温度作用两种。

在计算因均匀温度作用引起的内力时,应从斜拉桥合龙时的结构温度作为起点,计算最高和最低有效温度的作用效应;在计算由梯度温度引起的效应时,应根据主梁构造形式,按《公路桥涵设计通用规范》第4.3.10条第3款规定进行。

2)徐变影响的内力重分布计算

由于混凝土材料存在徐变问题,因此,对预应力混凝土斜拉桥应考虑徐变影响的内力重分布。计算中可近似地忽略主梁及塔内钢筋的影响。因斜拉索是钢构件,不考虑徐变,所以,混凝土斜拉桥的徐变内力重分布不同于一般的钢筋混凝土结构。另外,考虑到索塔、主梁为分次浇筑而成,在分析中应计入各节段加载龄期差异的影响。

(5)局部应力计算

混凝土斜拉桥索在主梁及塔柱锚固区有很大的局部应力,如处理不当,容易产生裂缝。为此,在锚固区采取构造措施,布置密集的钢筋网及局部预应力筋。目前采用的计算方法是有限元法,可假设不计钢筋影响,把预应力作为外力进行局部应力验算。计算中一般不计材料的非线性,作为弹性材料来考虑,因此所得计算结果在某些部位可以达到较高的数值,实际上,由于材料塑性影响,局部应力将有调整,一般低于按弹性材料计算的结果。计算图式视锚固体的构造而定。由于在锚固处截面上的变形与应力不按平截面规律分布,可以取锚固点前后一个梁高或半个梁宽的节段作为锚固体,按平面应力单元、薄壳单元或空间块体单元划分该块件。

(6)塔、梁、索截面计算

1)塔的截面计算

塔柱一般为偏心受压构件。塔柱的纵向控制截面一般在塔底,图14.22显示了塔柱纵向弯矩和轴力包络图。塔柱的横向一般应按框架计算,通常在转折点处都必须验算。在塔柱横向计算时还应同时计算横梁,横梁一般为预应力构件,应验算横梁中点及横梁与塔柱交接截面。

2)主梁截面计算

主梁除跨中局部区段外,大部分为偏心受压构件。恒载作用下的主梁弯矩很小;在活载作用下,主梁在塔根处产生较大的负弯矩,而跨中产生较大的正弯矩,图14.23显示了主梁弯矩和轴力包络图。主梁从跨中向塔根斜拉索水平分力产生的轴向力逐渐加大,形成“免费”的预应力。所以主梁一般靠近塔根区段不需要配置预应力筋,而只在跨中局部区段配置预应力筋。

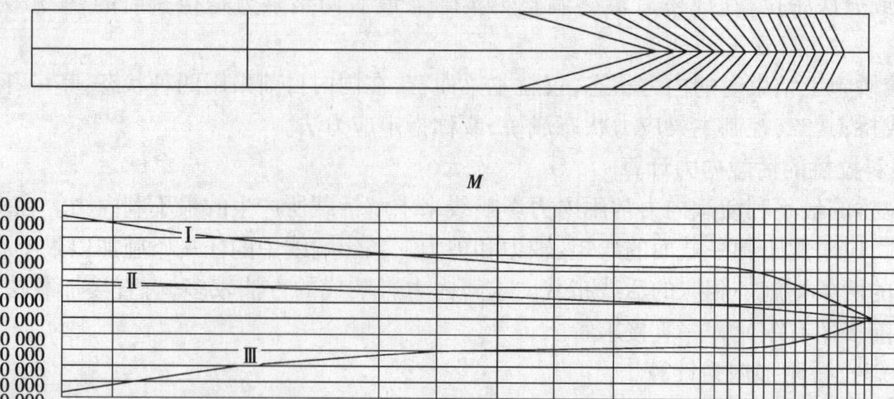

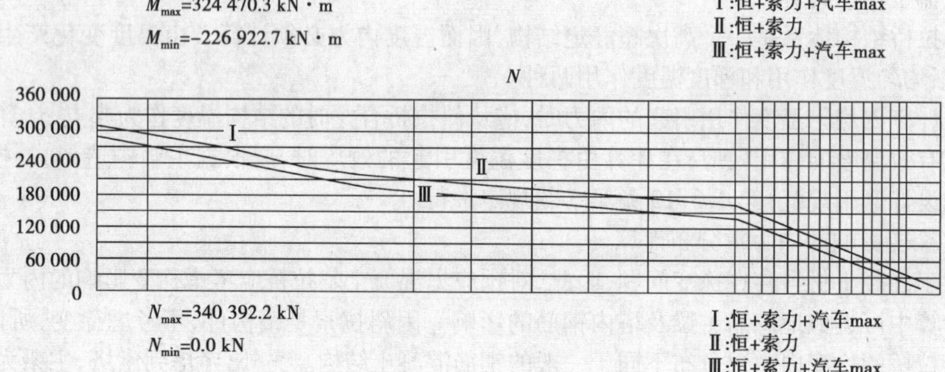

图 14.22　塔柱纵向弯矩和轴力包络图

虽然成桥状态下主梁需要配置的预应力筋很少,但是为了配合悬臂施工,一般需配置施工预应力筋。在每个施工循环中,刚完成混凝土浇筑时主梁承担负弯矩,而在斜拉索张拉后主梁承担正弯矩。因此,施工预应力筋基本采用中心配置。

3)斜拉索计算

①斜拉索截面计算

斜拉索为受拉构件,一般用高强钢材制作。由于主梁的刚度较小,斜拉索在活载作用下应力变化幅度较大,这就使疲劳成为斜拉索截面计算中的控制因素。目前钢索的疲劳破坏机理研究尚不完善,影响钢索疲劳强度的因素主要有平均应力值、应力变化幅度、应力变化的频率等。我国《斜拉桥设计规范》主要验算斜拉索的最大应力值和应力变化幅度,斜拉索在所有使用荷载作用下的应力不应超过高强钢丝标准强度的 0.4 倍,而最大应力变化幅度不应超过 200 MPa。上述两个条件中的任何一个不满足时均应增加斜拉索的面积,或改变结构体系降低应力变化幅度。

②斜拉索长度计算

拉索长度是指拉索在设计温度时的无应力下料长度 L。拉索上下两个索孔出口处锚板中心的空间距离 L_0 是长度基数,冷铸锚斜拉索下料长度为:

$$L = L_0 - \Delta L_e + \Delta L_f + \Delta L_{ML} + \Delta L_{MD} + 2L_D + 3d$$

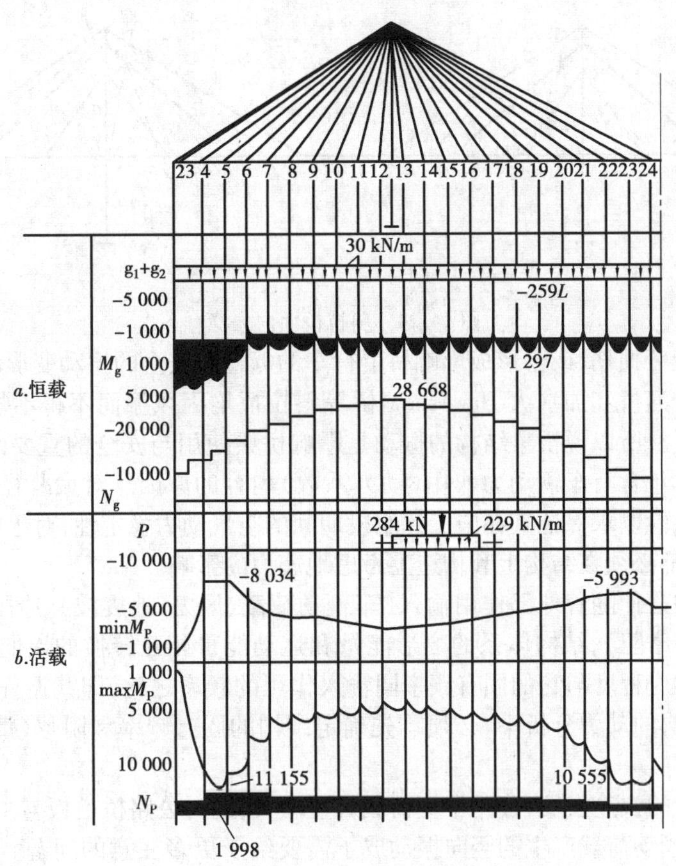

图 14.23　斜拉桥主梁恒载内力和活载内力包络图

式中：ΔL_e——初拉力作用下拉索弹性伸长；

ΔL_f——初拉力作用下拉索垂度引起的索长增量；

ΔL_{ML}——张拉端锚具位置修正，最终位置可设定螺母定位于锚杯的前 1/3 处；

L_{MD}——锚固端锚具位置修正，最终位置可设定螺母定位于锚杯 1/2 处；

L_D——锚固板厚度；

$3d$——拉索两端所需的钢丝镦头长度；

d——钢丝直径。

14.4.2　斜拉桥稳定性计算

斜拉桥主要组成部分中索塔、主梁是以受压为主的压弯结构。随着斜拉桥跨径的增大，索塔也越来越高，主梁越来越纤细，其结构稳定性就显得格外重要。斜拉桥稳定性包括局部稳定性（桥塔、主梁）以及整体稳定性（面内和面外），如图 14.24 所示即为面内失稳。斜拉桥稳定性分析时，有一些实用方法可供局部稳定性分析采用，但要确切了解其稳定性，必须进行整体分析（施工各状态、成桥状态），并计入非线性影响。

14.4.3　斜拉桥动力计算简介

在车辆动荷载、风力和地震力作用下，桥梁结构产生的振动会增大按静力计算的内力和可

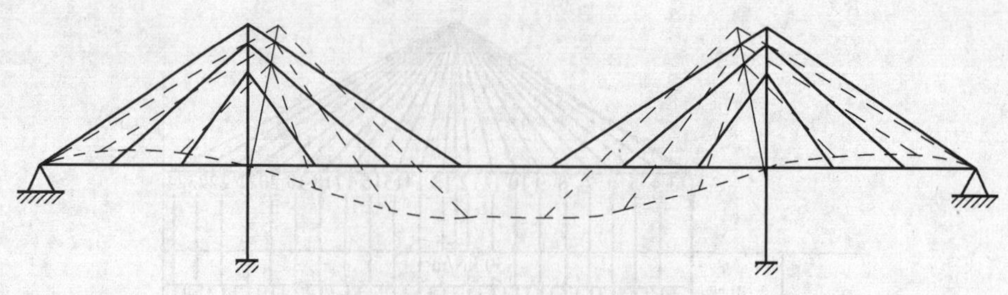

图 14.24　斜拉桥面内失稳

能引起结构局部疲劳损伤,或会形成影响桥上行车的舒适与安全的振动变形和速度,甚至使桥梁破坏。日本石狩河桥和加拿大 Hawkshaw 桥等斜拉桥均因风振而不得不加固,因地震而毁桥的例子就更多了。所以说桥梁结构的振动是影响桥梁使用与安全的重要因素之一,这也是桥梁设计计算中都包含有车辆动力作用(动力系数)内容的原因。对大跨径斜拉桥还需通过理论计算和风洞试验以求保证其在施工和服役期间的空气动力稳定性,对于在地震区的桥梁,则不论跨径大小,都必须在结构上和构造上考虑地震力的影响。

桥梁结构振动是伴随着外部作用输入(车辆动荷载、风力、地震波),摩阻损耗(材料内摩阻和联结及支承的摩阻),结构体系的变形能量和运动能量相互转换的周期性过程。体系受外力作用输入的感应程度与它的固有频率同输入作用的频率之比,即共振程度密切相关。因此,在所有桥梁结构的动力分析中,必须首先确定结构的固有频率和阻尼(摩阻)这两个结构动力特性。

随着公路建设的快速发展,公路车辆荷载日益增大,同时公路桥道板与主梁的构造日趋轻型化,公路桥的车辆动荷载产生的竖向振动成了需要给予更多注意的问题。斜拉桥动力计算一般包括固有频率计算、风振计算、地震计算等。

14.4.4　斜拉桥索力调整理论

斜拉桥成桥恒载内力分布好坏是衡量设计优劣的重要标准之一。恒载内力的优化过程也是设计过程。在不改变结构参数的前提下,斜拉桥恒载状态的优化,也就转化为斜拉索力的优化问题。

斜拉桥的调索方法比较多,常用有刚性支承连续梁法、零位移法、倒拆和正装法和可行域法等。

(1)刚性支撑连续梁法

刚性支承连续梁法是指成桥状态下,斜拉桥主梁的弯曲内力和刚性支承连续梁的内力状态一致。因此,可以非常容易地根据连续梁的支承反力确定斜拉索的初张力。

按照刚性支承连续梁法确定的主梁弯矩对整个斜拉桥来说是微不足道的,然而在具体的施工过程中如何才能达到这样理想的斜拉索力分布?显然,如果悬拼过程中一次张拉,则不可能达到刚性支承连续梁的弯矩分布,因为跨中合龙段的弯矩将与一次张拉索力无关。跨中合龙段在自重和二期恒载作用下必然产生比较大的正弯矩,要消除这一正弯矩就需要进行二次调索。

(2)倒拆正装法

倒拆法是斜拉桥安装计算广泛采用的一种方法,通过倒拆、正装交替计算,确定各施工阶段的安装参数,使结构逐步达到预定的线形和内力状态。

由于斜拉索的非线性和混凝土收缩徐变的影响，倒拆和正装计算中，两者不闭合，即按照倒拆的数据正装，结构偏离预定成桥状态的线形和内力状态。

倒装法和正装闭合的关键是混凝土收缩和徐变的处理。混凝土的徐变与结构的形成过程有密切的关系，原则上倒拆法无法进行徐变计算。为了解决倒拆和正装计算徐变迭代问题，第一轮倒拆计算，不计混凝土的收缩和徐变；然后用上次倒拆的结果进行正装计算，逐阶段考虑混凝土收缩和徐变的影响，并将各施工阶段的收缩徐变值保存；再次进行倒拆计算时，采用上一轮正装计算阶段的混凝土收缩和徐变值，如此反复，直到正装和倒拆的计算结果收敛到容许的精度。

以全漂浮体系的斜拉桥为例，拆除过程一般由下列步骤组成：

①移去二期恒载。

②拆除中间合龙段。

③在桥塔和主梁交接处增加临时固结约束。

④拆除斜拉索、主梁单元。

⑤增加支架现浇段的临时支承。

⑥拆除斜拉索、梁单元到桥塔为止。

(3)可行域法

从控制主梁应力的角度看，索力的过大或过小都有可能造成主梁上、下缘拉应力或压应力超限，因而必定存在一个索力可行域，使主梁在各种工况下各截面应力均在容许范围内。

下面介绍可行域法调索计算的过程。

主梁截面的应力控制条件可用式(14.1)和式(14.2)表示。

1)拉应力控制条件

主梁截面在结构自重和活载共同作用下的上、下缘最大拉应力 σ_{t1}、σ_{b1} 应满足

$$\left.\begin{aligned}\sigma_{t1} &= -\frac{N_d}{A}-\frac{M_d}{W_t}+\sigma_{tm}\leqslant[\sigma_1](\text{上缘})\\ \sigma_{b1} &= -\frac{N_d}{A}+\frac{M_d}{W_b}+\sigma_{bm}\leqslant[\sigma_1](\text{下缘})\end{aligned}\right\}\tag{14.1}$$

2)压应力控制条件

主梁截面在恒载和活载组合作用下的上、下缘最大压应力 σ_{ta}、σ_{ba} 应满足

$$\left.\begin{aligned}\sigma_{ta} &= -\frac{N_d}{A}-\frac{M_d}{W_t}+\sigma_{tn}\leqslant[\sigma_a](\text{上缘})\\ \sigma_{ba} &= -\frac{N_d}{A}+\frac{M_d}{W_b}+\sigma_{bn}\leqslant[\sigma_a](\text{下缘})\end{aligned}\right\}\tag{14.2}$$

式中：N_d、M_d——全部恒载(包括预应力)产生的主梁截面轴力和弯矩，轴力以压为正，弯矩以下缘受拉为正；

A、W_t、W_b——主梁的面积、上缘和下缘抗弯地抗拒；

σ_{tm}、σ_{bm}——其他荷载(除恒载)引起的主梁截面上、下缘最大应力；

σ_{tn}、σ_{bn}——其他荷载(除恒载)引起的主梁截面上.下缘最小应力；

$[\sigma_1]$、$[\sigma_a]$——容许拉、压应力。

(4)主梁恒载弯矩可行域

在以上应力控制条件的关系式中，M_d 是通过调索达到预期的恒载弯矩，系待求值，由上式

可得

$$M_d \geqslant \left\{-\frac{N_d}{A}-[\sigma_1]+\sigma_{tm}\right\}W_t = M_{dl1}$$

$$M_d \leqslant \left\{\frac{N_d}{A}+[\sigma_1]-\sigma_{tm}\right\}W_b = M_{dl2}$$

$$M_d \geqslant \left\{-\frac{N_d}{A}-[\sigma_a]+\sigma_{tn}\right\}W_t = M_{da1}$$

$$M_d \leqslant \left\{\frac{N_d}{A}+[\sigma_a]-\sigma_{bn}\right\}W_t = M_{da2}$$

在上式中,令$M_{d2}=\min(M_{dl2}、M_{da2})$（控制恒载正弯矩）

$M_{d1}=\max(M_{dl1}、M_{da1})$（控制恒载负弯矩）

在主梁上施加预应力可增大可行域范围,调索最终的结果不仅应使主梁恒载弯矩全部进入可行域,而且索力分布应均匀。

14.5 斜拉桥施工简介

14.5.1 索塔施工

索塔的构造要比一般桥墩复杂,塔柱可以是倾斜的,塔柱之间一般有横梁,塔内须设置前后交叉的管道以备斜拉索穿过锚固,塔顶有塔冠并需设置航空标志灯及避雷器,沿塔壁须设置检修攀登步梯,塔内还可设观光电梯。因此索塔施工必须根据设计、构造要求统筹考虑。

索塔承受相当大的轴向力,同时存在弯矩,因此对索塔的尺寸和轴线位置的准确性应有一定的要求。允许偏差值应考虑以下原则:

①偏差值对结构物受力的影响甚微;

②施工中经过努力可以达到的精度。参考国外资料,沿塔高每米高度允许偏差 0.5 mm,即倾角正切值 $\tan\alpha=\frac{1}{2\,000}$。我国斜拉桥桥塔施工精度尚无统一规定。

钢索塔施工一般为预制吊装,混凝土索塔施工大体可分为搭架现浇、预制吊装、滑升模板浇筑等几种方法。

1)搭架现浇

这种方法工艺成熟,无须专用的施工设备,能适应较复杂的断面形式,对锚固区的预留孔道和预埋件的处理也较方便。但是比较费工、费料,速度慢。跨度 200 m 左右的斜拉桥,一般塔高(指桥面以上部分)在 40 m 左右,搭架现浇比较适合。

2)预制吊装

这种方法要求有较强的起重能力和专用起重设备,当桥塔不是太高时,可以加快施工进度,减轻高空作业的难度和劳动强度。

3)滑模施工

这种方法的最大优点是施工进度快,适用于高塔的施工。塔柱无论是竖直的还是倾斜的都可以用此方法,但对斜拉索锚固区预留孔道和预埋件的处理要困难些。

4)爬模施工

爬模系统一般由模板、爬架及提升系统 3 大部分组成,根据提升方式不同又分为倒链手动爬模、电动爬架拆翻模、液压爬升模等几种。

爬模系统所配模板一般采用钢模,且沿竖向将模板分为 3 ~ 4 节,模板分节高度根据塔柱构造特点、混凝土浇筑压力、爬架本身提升能力等因素确定,一般节段高度为 1.5 ~ 4.5 m。

爬架主要由网架和联结导向滑轮提升结构组成。爬架沿高度方向分为两部分:下部为附墙固定架,包括两个操作平台;上部为操作层工作架,包括 2 个以上操作平台。爬架总高度及结构形式根据塔柱构造特点、拟配模板组拼高度及施工现场条件综合确定,常用高度一般在 15 ~ 20 m。

爬模施工前须先施工一段爬模安装锚固段,俗称爬模起始段。自起始段施工完成后拼装爬模系统,依次循环进行爬模施工。根据爬模的施工特点,无论采用何种提升方式,相对其他施工方法均有施工速度快、安全可靠、对起重设备要求不高的特点。但此法对折线形索塔适应性较差,故一般在直线形索塔施工中应用较为广泛。

14.5.2　主梁施工

一般说来,混凝土梁式桥施工中的方法,如支架上拼装或现浇,悬臂拼装或浇筑,顶推法和平转法等,都有可能在混凝土斜拉桥上部结构的施工中采用。由于斜拉桥梁体尺寸较小,各节间有拉索,还可以利用索塔来架设辅助钢索,因此更有利于采用各种无支架施工法。其中,悬臂施工法是混凝土斜拉桥施工中普遍采用的方法。

1)在支架上施工

当所跨越的河流通航要求不高或岸跨无通航要求,且容许设置临时支墩时,可以直接在脚手架上拼装或浇筑,也可以在临时支墩上设置便梁,在便梁上拼装或浇筑。如果条件允可,这种方法最经济、最简单。

2)顶推法施工

顶推法施工混凝土斜拉桥主梁,需在跨内设置若干临时支墩,且在顶推过程中,主梁要反复承受正、负弯矩。为了满足施工阶段内力要求,有时主梁需配置临时预应力束筋。因此,顶推法只适用于桥下净空较低、修建临时支墩造价不高,且不影响桥下交通、抗拉和抗压能力相同、能承受反复弯矩的斜拉桥主梁的施工。

3)平转法施工

平转法是将斜拉桥上部结构分别在两岸或一岸顺河流方向的支架上现浇,并在岸上完成落架、张拉、调索等所有安装工作,然后以墩、塔为圆心,整体旋转到桥位合龙。

4)悬臂拼装施工

国外早期建造的钢斜拉桥,大多数是用悬臂拼装而成。混凝土斜拉桥悬臂拼装施工是将主梁在预制场分段预制,主梁预制混凝土龄期较长,收缩、徐变变形小,梁段的断面尺寸和混凝土质量容易得到保证。

美国于 1978 年建成的跨越哥伦比亚河的混凝土斜拉桥(P-K 桥),其正桥部分的分跨为(123.9 + 299 + 123.9)m,桥面宽 24.30 m,梁采用半封闭式箱形截面。主梁采用预制节段双悬臂法施工。主梁高 2.13 m,分段长度 8.10 m,由于是全截面整体制作,因此最重节段达到 254 t。主梁节段在预制后,存放 6 个月后再张拉横向预应力筋,浮运至桥孔处安装,以保证混凝土的强度和减小收缩、徐变变形。

图 14.25 为该桥的主要安装过程,其步骤是:先在斜撑式支架上现浇 20 m 长的梁段;然后用特制的移动式吊架起吊梁段,逐节进行悬臂拼装。梁段间用环氧树脂黏结,并由拉索的水平分力施加以预加力。梁内另布置有预应力粗钢筋。为了保证在安装过程中不致出现过大的塔顶水平位移,在塔顶与另一桥墩之间设有辅助拉索,它与边跨的背索一起来约束塔顶位移。该桥每安装一个节段的周期仅需 4 天,全桥拼装工作不到一年时间。

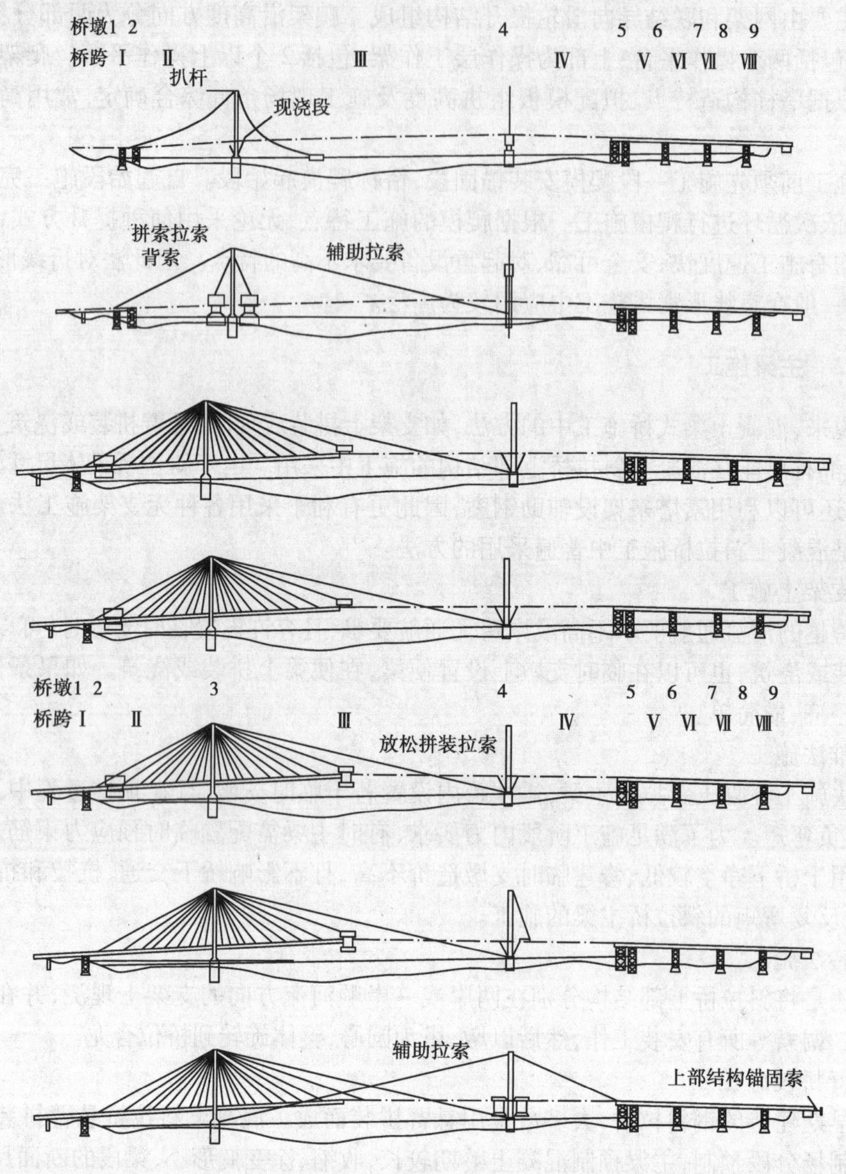

图 14.25 P-K 桥安装过程

5)悬臂浇筑

混凝土斜拉桥特别适合于悬臂浇筑。我国在 20 世纪 80 年代悬臂浇筑的大部分斜拉桥沿用一般连续梁常用的后支点挂篮,这种形式的挂篮为单悬臂受力,承受较大负弯矩,浇筑节段长度受到了很大的限制,挂篮自重与所浇筑梁段重力之比一般在 0.7 以上,甚至达到 1~2。20 世纪 80 年代后期,开始研制前支点的牵索式挂篮(前支点挂蓝)。利用施工节段前端最外侧两根斜拉索,将挂篮前端大部分施工荷载传至桥塔,变悬臂负弯矩受力为简支正弯矩受力。随着受力条件的变化,节段悬浇长度及承受能力均大大提高,如图 14.26 所示。

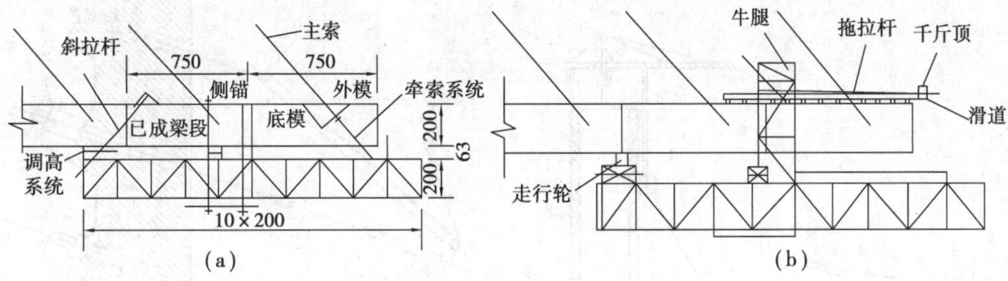

图 14.26　牵索式挂篮示意

14.5.3　斜拉索的制造与安装

(1)索的制作

1)索的制作工艺流程

钢索除锈→调直→无应力下料→防护漆→穿锚→墩头→浇锚→烘锚→拉索防护→超张拉→标定。

2)索长计算

计算索长是为得出拉索钢丝下料长度。首先求出每一根拉索的长度基数(拉索上下两个索孔出口处在拉索张拉完成后锚固面的空间距离),然后对其进行若干修正(包括初拉力下的弹性伸长和垂度修正、张拉端和锚固端锚具位置修正、锚固板厚度修正、温度修正等)即可得到钢丝的下料长度。上述修正与锚具构造等因素有关,具体可查阅桥规和有关资料。

3)索的制作

索的制作有施工现场制作和工厂制作,最可靠的是采用工厂制作。

(2)索的安装

1)拉索的塔部安装

①吊点法。吊点法是指利用吊装设备作为拉索挂设时起吊、牵引的动力,完成拉索的挂设施工,如图 14.27 所示,施工方法如下:

当拉索上到桥面以后,便可以从索塔孔道中放下牵引绳,连接拉索的前端,在离锚具下方一定距离设一个吊点,索塔架用卷扬机配置转向滑轮。当锚头提升到索孔位置时,采用牵引绳与吊绳相互调节,使锚头位置准确,牵引至索塔孔道内就位后,将锚头固定。

吊点法施工简便、安装迅速,缺点是起重索所需的拉力大,斜拉索的吊点处弯折角度较大,故一般适应较柔软的拉索。

②吊机安装法。采用索塔施工时的提升吊机,用特制的扁担梁捆扎拉索起吊。拉索前端由索塔孔道内伸出的牵引入索塔拉索锚孔内,下端用移动式吊机提升。吊机法操作简单快速,不易损坏拉索,但要求吊机有较大的起重能力,故一般适用于重量不大的短索安装。

③分布牵引法。根据斜拉索在安装过程中索力递增的特点,分别采用不同的工具,将拉索安装到位。首先用大吨位的卷扬机将索张拉端从桥面提升到预留孔外,然后用穿心式千斤顶将其牵引至张拉锚固面。在这个阶段前半部,采用柔性张拉杆(钢绞线束),利用两套钢绞线夹具系统交替完成前半部牵引工作;牵引阶段的后半部,根据索力逐渐增大的情况,采用刚性

张拉杆分布牵引到位,如图 14.28 所示。

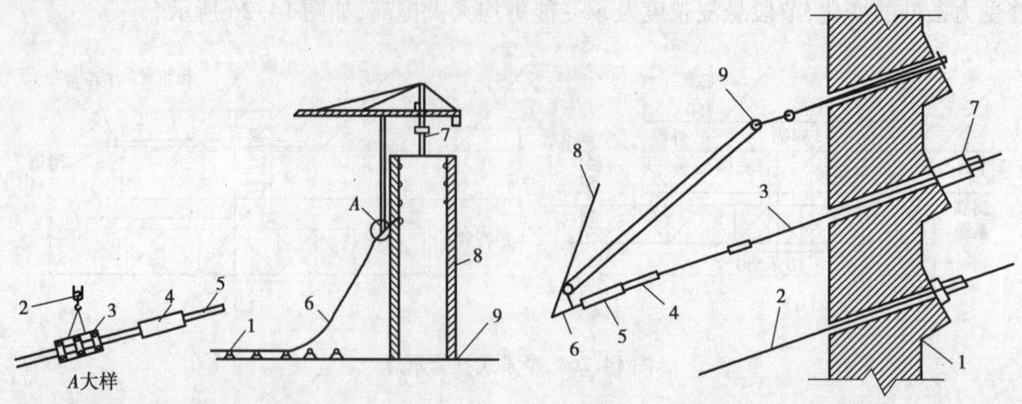

图 14.27　吊点法安装拉索示意图　　　　图 14.28　分布牵引

分布牵引法的特点是式牵引功率大,辅助施工少,桥面无附加荷载,便于施工。

2)斜拉索的梁部安装

斜拉索的梁部安装步骤同塔部安装相同,有吊点法和拉杆接长法等方法。吊点法是在梁上放置转向滑轮,牵引绳从套筒中伸出,用吊机将索吊起后,随锚头逐渐地牵入套筒,缓缓放下吊钩,向套筒口平移,直至将锚头穿入套筒内,如图 14.29 所示。对于梁部为张拉端的拉索安装,采用拉杆接长法比较方便。先加工长度为 1.0 m 左右的短拉杆与主拉杆连续,使其总长度超过斜拉索套筒加张拉千斤顶的长度,利用千斤顶多次运动,逐渐将张拉端拉出锚固面,并逐渐拆掉多余的短拉杆,安装锚固螺母,如图 14.30 所示。运用拉杆接长法,要加工一个组合式螺母(张拉连接螺母),采用这个螺母逐步锚固拉杆,直到将锚头拉出锚板后拆除。

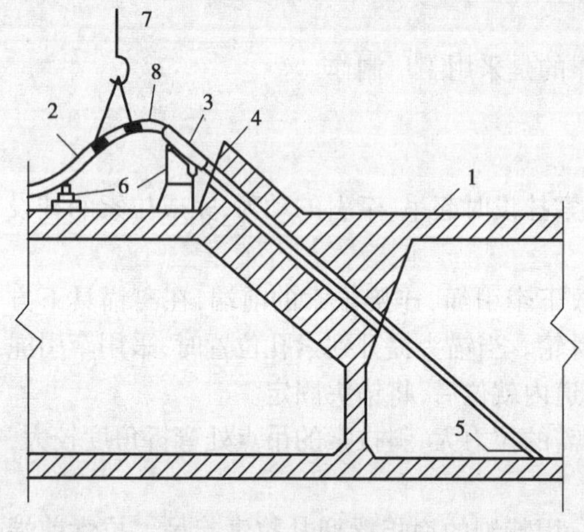

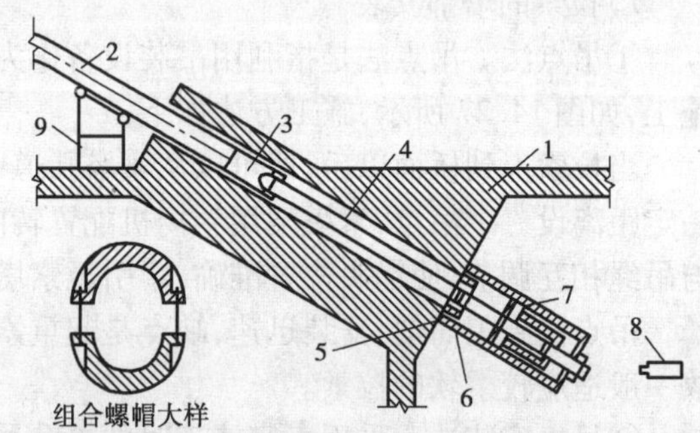

图 14.29　吊点法　　　　图 14.30　拉杆接长法

(3)拉索张拉

斜拉索的张拉作业大致有以下 3 种:

1)用千斤顶将鞍座顶起。每一对索都支承在各自的鞍座上,鞍座先就位在低于其最终的位置上,当斜拉索引架就位后,将鞍座顶到其预定的高程,使斜拉索张拉达到其承载力。前面提到的德国莱茵河上的克尼桥和麦克萨莱茵河桥都是采用这个方法。

2）在支架上将主梁前端向上顶起。斜拉索引架时处于不受力状态，比受力状态时要短，为此，于主梁与斜拉索的连接点上将梁顶起。例如前面提到的塞弗林桥最外一对索的连接点要顶起 40 cm。斜拉索引架完成后放下千斤顶使斜拉索受力。

3）千斤顶直接张拉，这是最常用也是最方便的方法。

14.5.4　斜拉桥施工控制

由于主梁纤细且又是靠斜拉索支承，显然索的大小和索力的变形给整个结构的状态带来很大影响，而且任一索力的改变对全桥都有影响，具有牵一发而动全身之状。因此，必须很好地控制索力使梁、塔处于最优的受力状态，并利用斜拉索的拉力来调整主梁标高以符合设计要求。施工中如何达到设计要求的理想状态尚有许多工程技术问题需要解决，施工控制的关键是必须根据设计与施工相结合，工程与控制相结合的现代系统工程论的观点来完成，确保桥梁施工过程安全和成桥状态（内力、变形）符合设计要求。现就其中几个主要问题作扼要介绍。

（1）误差特性与索力调整

在实际桥梁施工中，结构产生偏离目标值的原因很多，诸如，结构分析时模型误差，设计参数如弹性模量、截面特性、构件自重等取值与实际不符。此外还有构件制作误差，架设定位误差以及索力张拉误差，变位和索力计测误差等等。作为索力调整的主要误差对象应该是所谓“固定误差”，即发生的误差作为结构特征值以后不再变化，如尺寸、自重、刚性误差。

除了误差的性质与索力调整有着密切的关系外，误差分布状况与索力调整也有关系。误差分布沿桥纵向出现同号增加或减少的误差称为大范围误差。相反，出现正负分布的误差称为小范围误差。显然，小范围误差类似于均值为零的白噪声干扰，可以归入偶然误差来一起考虑。小范围误差对于索力和轴线位置影响并不显著，因为通过主梁刚度将使小范围误差影响平均化。如构件自重误差或主梁刚性误差出现正负交替分布时，以轴线位置来控制施工时产生索力偏差将偏小，因此，大范围的误差才是索力调整的主要对象。

（2）索力调整的方法

斜拉桥的恒载索力大多数是根据刚性支承连续梁的原则确定，然后通过倒退分析逐步计算出各施工阶段的索力及相应挠度。但理论计算与实际施工是存在差别的，因此在施工中必然会发生挠度和索力偏差值。对于偏差的处理和索力的调整，有以下几种方法：一次张拉到设计索力、多次张拉法、卡尔曼滤波法等。

（3）斜拉桥施工管理系统

斜拉桥施工管理系统是将“施工→测定→解析→施工”的周期过程联结起来，在现场借助计算机强大的计算能力和信息处理能力以实现施工控制。建立施工管理系统的基本要求有：

①管理系统应具有良好的适应性，对于施工可能出现的各种情况和误差，能够正确而迅速处理；

②施工管理项目应能根据实际需要自由选择确定，也就是所关心的管理项目可以是索力、梁塔变位、截面应力或临时支架反力等；

③施工过程对索力或轴线位置都应有一定宽容度以适应施工的需要，此外，必须有安全的施工报警系统；

④能迅速制订出最佳的索力调整方案，使索力调整方案在整个施工过程中调整次数最少。

根据以上要求绘出的斜拉桥施工管理框图如图 14.31 所示。

（4）施工控制结构分析

斜拉桥施工控制中的结构分析计算方法多种多样，归纳起来主要有下列几种：

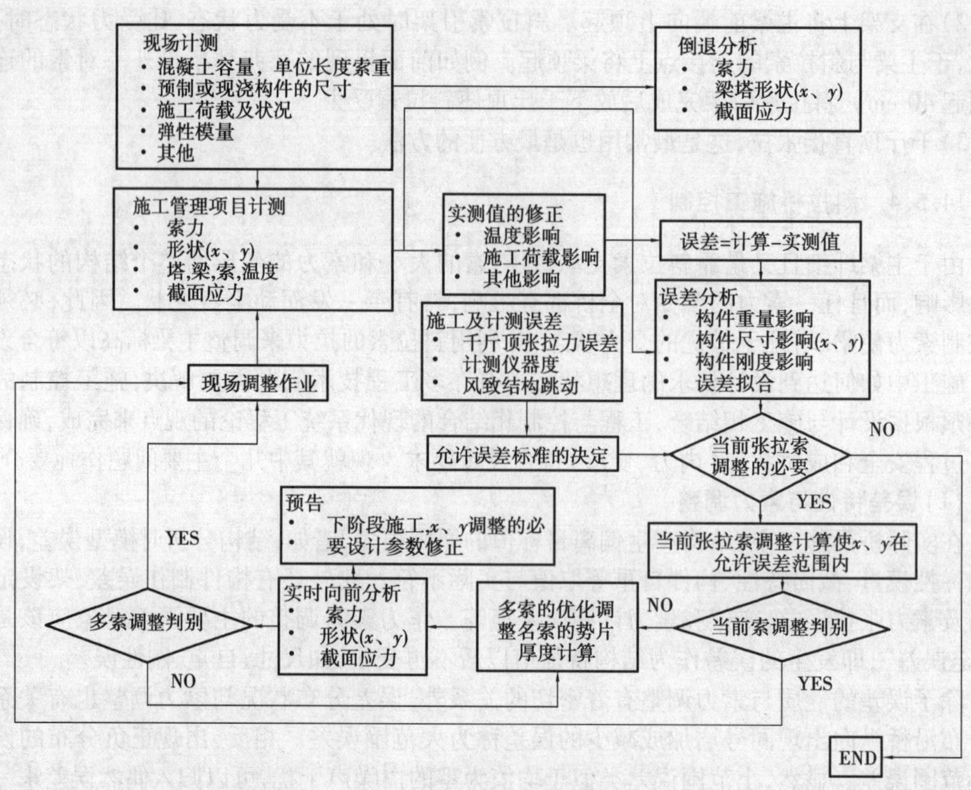

图 14.31　施工控制管理框图

1)倒拆分析

倒拆法是斜拉桥施工计算中广泛采用的一种方法。通过对斜拉桥由成桥状态(即理想的恒载状态)出发,按照与实际施工步骤相反的顺序,进行逐步倒拆计算而获得各施工阶段的控制参数。结构据此按正装顺序施工完毕时,理论上斜拉桥的恒载内力和线形便可达到预定的理想状态。

对于大跨径混凝土斜拉桥,施工计算中如不考虑混凝土收缩、徐变的影响,计算结果将发生放大的偏差,但是混凝土的徐变与结构形成的过程有关,原则上倒装法无法进行徐变计算。这是因为徐变计算在时间上只能是顺序的,而倒装法在时间上则是逆序的,对此可应用迭代法来解决这个问题。

2)正装分析

正装法采用与斜拉桥施工相同的顺序,依次计算各阶段架设时结构的施工内力和位移。然后依据一定的计算原则,选择适当的计算参数作为未知变量,通过求解方程而获得相应的控制参数。只要计算参数选择得当,结构按正装法所获得的控制参数和顺序施工完毕时,理论上斜拉桥的恒载内力和主梁线形应与预定的理想状态基本吻合。

采用倒装法进行施工计算,斜拉桥架设各阶段的控制参数和主梁的架设线形必须待倒装计算全部完成后方能获得。施工中如遇架设方案有较大的改变或施工荷载有较大的变化,则需重新进行计算,而正装法可很方便地作修改计算。因此,运用正装法对斜拉桥的架设进行施工计算能更加灵活方便地解决问题。

14.6　斜拉桥实例

14.6.1　重庆长寿长江公路大桥

(1)大桥概况

长寿长江大桥主桥为(207 + 460 + 207)m 预应力混凝土斜拉桥,如图 14.32 所示。设计荷载为公路—I 级,人群 2.5 kN/m^2;桥面宽 20.5 m,其中车行道宽 16.0 m,两侧人行道宽各 2.25 m。设计洪水按 300 年一遇设防,设计通航水位 186.99 m(黄海高程)。

通航净空要求:主跨 460 m 为单孔双向通航孔,通航净宽 378 m,通航净高不低于 18 m;南岸侧边跨 207 m 为单孔单向通航孔,通航净宽 179 m,通航净宽不低于 18 m。

桥址处基本风速取 24.2 m/s。

船舶撞击力:顺水流方向 28 000 kN,横水流方向 14 000 kN。

(2)结构特点

1)索塔与桥墩

索塔为花瓶形,由塔冠、上塔柱、上横梁、中塔柱、下横梁和下塔柱组成,采用 C50 混凝土。

索塔在主墩以上高 144.3 m。上塔柱截面外轮廓尺寸为 700 cm × 460 cm,内腔尺寸为 400 cm × 260 cm,中塔柱为变截面,外轮廓尺寸由 700 cm × 460 cm 逐渐增至 982 cm × 460 cm。下塔柱亦为变截面,顺桥向渐变至 1 200 cm,横桥向为 660 cm 等宽度。上横梁截面外轮廓尺寸为 600 cm × 600 cm,顶底板厚 100 cm,侧板厚 100 cm。下横梁截面外轮廓尺寸为 700 cm × 700 cm,顶底板厚 120 cm,侧板厚 100 cm。

上塔柱为斜拉索锚固区,通过齿块锚固于上塔柱内壁上,内腔表面以厚 1 cm 的钢板包裹,以利于拉索定位,同时起代替部分模板之用。为平衡拉索水平分力,锚固段预应力束采用 6(4)根 $19\phi^s15.2$ 钢绞线,呈"U"形曲线。由于环向预应力钢束曲率半径很小,预应力管道采用塑料波纹管成型,同时设置了必要的防崩钢筋。为防止内外温差以及混凝土收缩徐变产生应力裂缝,中塔柱侧壁一般每隔 1 m 布置一束 $12\phi^s15.2$ 钢绞线。

塔柱竖向配置 B32 的钢筋,水平配置 B16 或 B12 的箍筋和架立筋。塔柱和横梁表面设置有 10 cm × 10 cm 间距的 D8 冷轧带肋钢筋网,起防裂和防船撞的作用。为方便施工及定位准确,塔柱内设有钢板和型钢焊接而成的劲性骨架。

上横梁及下横梁采用直线束,分别为 28 和 64 束 $19\phi^s15.2$ 钢绞线,预应力管道采用塑料波纹管成型。

塔墩为箱型结构,北岸索塔墩高 20.3 m,南岸索塔高 27.3 m,为了防止船舶撞击,并改善水流形态,塔墩上下游侧均设计分水尖。索塔墩采用 C40 混凝土。为便于钢筋、模板就位安装和施工安全,确保工程质量,在塔墩内设置必要的劲性骨架。

2)主桥主梁

斜拉桥主梁采用分离式双肋截面,其间通过桥面板与横隔梁相互连为整体。斜拉索锚固于纵肋上,端部纵梁高 2.7 m,宽 1.8 m;索塔根部部分纵梁适当加宽至 2.4 m,板顶设 1.5% 双

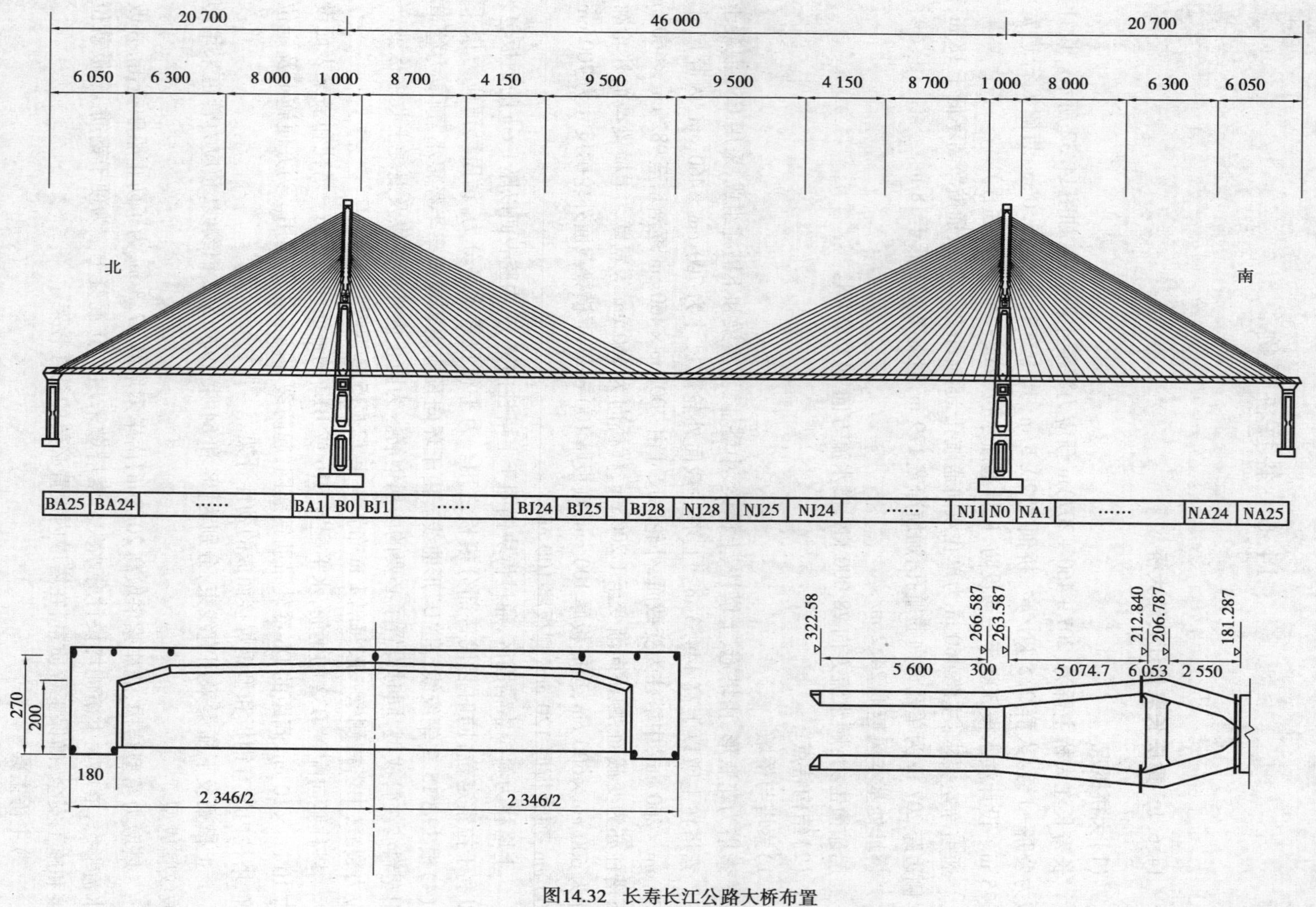

图14.32 长寿长江公路大桥布置

向横坡，人行道部分顶板设 1% 的横坡，桥面宽 20.5 m，主梁全宽 23.4 m，顶板厚 0.32 m，拉索横向间距 21.6 m；每一节段设一道横隔板，标准节段横隔板厚 0.28 m。为平衡跨中重量，边跨 24 m 和 6 m 节段，肋宽从 2.4 m 渐变为 3.6 m，节段横隔板加厚至 0.35 m，端部设配重块，长 11.5 m。8 m 标准节段与 6 m 节段之间设 4 个 8 m 长过渡段，肋宽从 1.8 m 至 2.4 m。主梁采用 C60 混凝土。

3）斜拉索

斜拉索布置在人行道栏杆外面，位于标准梁段主肋截面中间，横向间距 21.6 m。全桥 4×28 对拉索和 2 对 0 号拉索，梁上标准索距 8 m，最外一根拉索倾角 22.9°；最内一根拉索倾角 79.8°。

拉索采用 ϕ7 镀锌平行钢丝，标准强度为 1 670 MPa，每根拉索钢丝数有 127、139、163、199、241、283 根不等，锚具采用冷铸墩头锚，配 LZM 锚具，热挤 PE 双层防护。

4）主桥伸缩装置和支座

主桥和引桥相接处设 RBDX800 伸缩装置。在每个交界墩和配重块相接处设有一个 GPZ20DX 和 1 个 GPZ20SX 盆式橡胶支座。其安装高度为 25 cm，滑板与不锈钢板接触面之间应加硅脂，以降低支座摩擦系数。由于主梁伸缩量较大，盆式橡胶支座应根据设计要求特别制作。

（3）计算分析要点

1）静力计算

静力计算采用平面杆系程序进行。

混凝土、钢绞线、钢材、拉索平行钢丝的弹模、设计强度按现行规范取值；主体结构混凝土容重取 26 kN/m^2，铺装和人行道系混凝土取 25 kN/m^2。二期恒载包括桥面铺装、人行道系、检修道护栏、检修轨道及过桥管线等，按不超过 90 kN/m^2 考虑。车道偏载系数取 1.1；汽车冲击系数取 0.05；四车道横向折减系数取 0.67；纵向折减系数取 0.96。

2）动力计算

动力分析采用通用程序 ANSYS 进行。

①结构在成桥状态的动力特性如表 14.4 所示

表 14.4　成桥状态动力特性

振型序号	频率值/HZ	振型描述
1	0.231 4	主梁一阶对称竖弯
2	0.269 6	主梁一阶反对称竖弯
3	0.304 2	主梁二阶反对称竖弯
4	0.319 2	主梁一阶横弯
5	0.400 2	主梁一阶扭转
6	0.426 4	塔一阶横弯
7	0.443 2	主梁横弯＋塔横弯
8	0.506 2	主梁二阶对称竖弯

②施工最大双悬臂下稳定特性计算

施工最大双悬臂,岸侧为 191 m,江侧为 197 m。采用 ANSYS 通用程序,以线弹性理论为基础,在风荷载作用下,最大双悬臂时一阶稳定系数为 6.3,表现为主梁横向失稳。

③抗风稳定验算

求得大桥颤振检验风速$[U_{cr}]=45.3\ m/s$。根据《公路桥梁抗风设计规范》,成桥状态颤振稳定性指数为 4.8,处于Ⅱ级和Ⅲ级之间,应通过节段模型风洞试验进行检验;求得驰振临界风速为 $V_{cg}=67.9\ m/s>1.2V_d=1.2\times29.04=34.85\ m/s$,故大桥不会发生驰振破坏。

④抗震计算

地震参数取 50 年超越概率为 2% 的地震动参数,采用反应谱理论,计算了地震产生的结构内力,计算表明,地震荷载不控制设计。

3)局部计算

对于上塔柱锚固区,混凝土采用了 ANSYS 空间 8 节点单元,预应力钢束采用杆单元,进行了局部空间分析,除部分区域出现应力集中、应力较大外,大部分区域的混凝土应力均在规范容许范围之内。

主梁横梁计算按简支梁进行,桥面板按单向板计算。

(4)大桥施工顺序

1)步骤一

①两岸索塔墩施工至封顶;②两岸交界墩施工完毕。

2)步骤二

①在托架上施工 *B*0、*N*0 梁段;②在下横梁上临时固结索塔和主梁;③混凝土强度达到 85% 后,张拉纵向预应力钢束 *N*1 ~ *N*3;④张拉 *B*0、*N*0 梁段横隔梁钢束 *N*1 ~ *N*3。

3)步骤三

①拆除托架;②安装牵索挂篮。

4)步骤四

①安装 *BA*1、*BJ*1(*NJ*1、*NA*1)梁段模板,绑扎钢筋,并第一次张拉 *BA*1、*BJ*1(*NJ*1、*NA*1)号斜拉索;②浇注 *BA*1、*BJ*1(*NJ*1、*NA*1)梁段模板,同步张拉 *BA*1、*BJ*1(*NJ*1、*NA*1)号斜拉索; ③对称张拉梁段内 *N*4 ~ *N*6 纵向预应力钢束;④对称张拉梁段内横隔梁 *N*1 ~ *N*3 预应力钢束;⑤牵索挂篮脱离斜拉索;⑥第三次同步张拉 *BA*1、*BJ*1(*NJ*1、*NA*1)号斜拉索至索力到位;⑦牵索挂篮前移到位。

5)步骤五

①安装 *BA*2、*BJ*2(*NJ*2、*NA*2)梁段模板,绑扎钢筋,并第一次张拉 *BA*2、*BJ*2(*NJ*2、*NA*2)号斜拉索;②浇注 *BA*2、*BJ*2(*NJ*2、*NA*2)梁段模板,同步张拉 *BA*2、*BJ*2(*NJ*2、*NA*2)号斜拉索;③对称张拉梁段内 *N*4 ~ *N*6 纵向预应力钢束;④张拉梁段内横隔梁 *N*1 ~ *N*3 预应力钢束;⑤转移锚固,牵索挂篮脱离斜拉索;⑥第三次同步张拉 *BA*2、*BJ*2(*NJ*2、*NA*2)号斜拉索至索力到位;⑦牵索挂篮前移到位。重复 1 ~ 7 步,直至施工到 *BA*24、*BJ*24(*NJ*24、*NA*24)梁段。

6)步骤六

①在两岸交界墩附近搭支架,浇筑搭架现浇段混凝土;②调整 *BA*24(*NA*24)梁段悬臂端标高;③焊接合龙段刚性骨架,使之刚性连接;④在 *BA*24(*NA*24)梁段悬臂端加水箱压重,同时在 *BJ*24(*NJ*24)梁段加水箱压重平衡索塔;⑤浇筑边跨合龙段混凝土,水箱同步放水;⑥待边跨合龙段混凝土强度达到 85% 设计强度后,张拉边跨合龙段合龙索 *B*1 ~ *B*14;⑦拆除边跨挂篮,前

移江侧牵索挂篮至 NJ25 梁段。

7)步骤七

①安装 BJ25(NJ25)梁段模板,绑扎钢筋,并第一次同步张拉 BA25、BJ25(NA25、NJ25)号斜拉索;②浇筑 BJ25(NJ25)梁段,同步张拉 BA25、BJ25(NA25、NJ25)号斜拉索;③对称张拉 BJ25(NJ25)梁段内纵向预应力钢束;④张拉 BJ25(NJ25)梁段内横隔梁内预应力钢束 N1 ~ N3;⑤转移锚固,牵索挂篮脱离斜拉索;⑥第三次同步张拉 BA25、BJ25(NA25、NJ25)号斜拉索直至索力到位;⑦牵索挂篮前移到位。重复上述 1 ~7 步,直至施工到 NJ28(BJ28)号梁段。

8)步骤八

①拆除所有挂篮,安装合龙挂篮;②调整 BJ28(NJ28)梁段悬臂端标高;③焊接合龙段刚性骨架,使之刚性连接;④在 BJ28(NJ28)梁段悬臂端加水箱压重;⑤浇筑中跨合龙段混凝土,水箱同步放水;⑥待中跨合龙段混凝土强度达到 85% 设计强度后,张拉中跨合龙段合龙索 Z1 ~ Z17;⑦拆除边跨搭架。

9)步骤九

①张拉 B0(N0)号斜拉索,解除塔梁临时固结;②调整索力;③上二期恒载;④安装纵横向限位装置;⑤全桥竣工荷载试验,通车运营。

14.6.2　日本多多罗大桥

多多罗大桥位于日本本州四国连络线 3 条线路中最西边的 1 条线上,其主跨为 890 m 斜拉桥。该桥在设计阶段,曾就悬索桥和斜拉桥方案进行过比较,综合考虑与周围环境的协调、经济性、工期等因素后选择了斜拉桥。这是因为悬索桥方案,生口岛岸因要建筑锚碇需在观音山的山坡进行大面积开挖。而斜拉桥不需地锚,地形改变不大,自然环境基本上可以保持,这是该桥由悬索桥方案变为斜拉桥的重要原因。

多多罗大桥的跨度布置(从生口岛岸开始)为(270 + 890 + 320)m,系非对称的跨度布置,见图 14.33。

(1)索塔

作为斜拉桥主构要素,而在力学上起着重要作用的索塔与悬索桥的桥塔一样,其高耸的形象引人注目,起着象征、标志的作用,是景观中最重要的因素。

双索面斜拉桥可被选用的索塔形式主要有 A 形、倒 Y 形、门形、双柱形等。多多罗大桥钢索塔高达 220 m,必须在保证抗风稳定性和塔面内刚度的前提下来考虑景观。经反复研究,结合风洞试验结果:A 形塔的抗风性能最好,倒 Y 形塔因只有一根塔柱,在风的作用下易产生大的振动。综合各方面因素,采用了接近倒 Y 形但又不是倒 Y 形的索塔方案,其既具有倒 Y 形的特点,又有其独到之处,达到了完美的结合。为作索塔细部构造美学处理,进行了下塔柱形状方案比较,见图 14.34 和塔柱转折点方案的比较(图 14.35),最后的索塔结构见图 14.36。

(2)主梁

主梁为单箱三室箱梁,主跨全部是钢结构,边跨有一部分采用预应力混凝土,设计时尽量使边跨支点不产生负弯矩。桥面总宽 30.6 m,其中,双向 4 车道宽 20 m,自行车与人行道(设在斜拉索的外侧)宽 2.5 m。

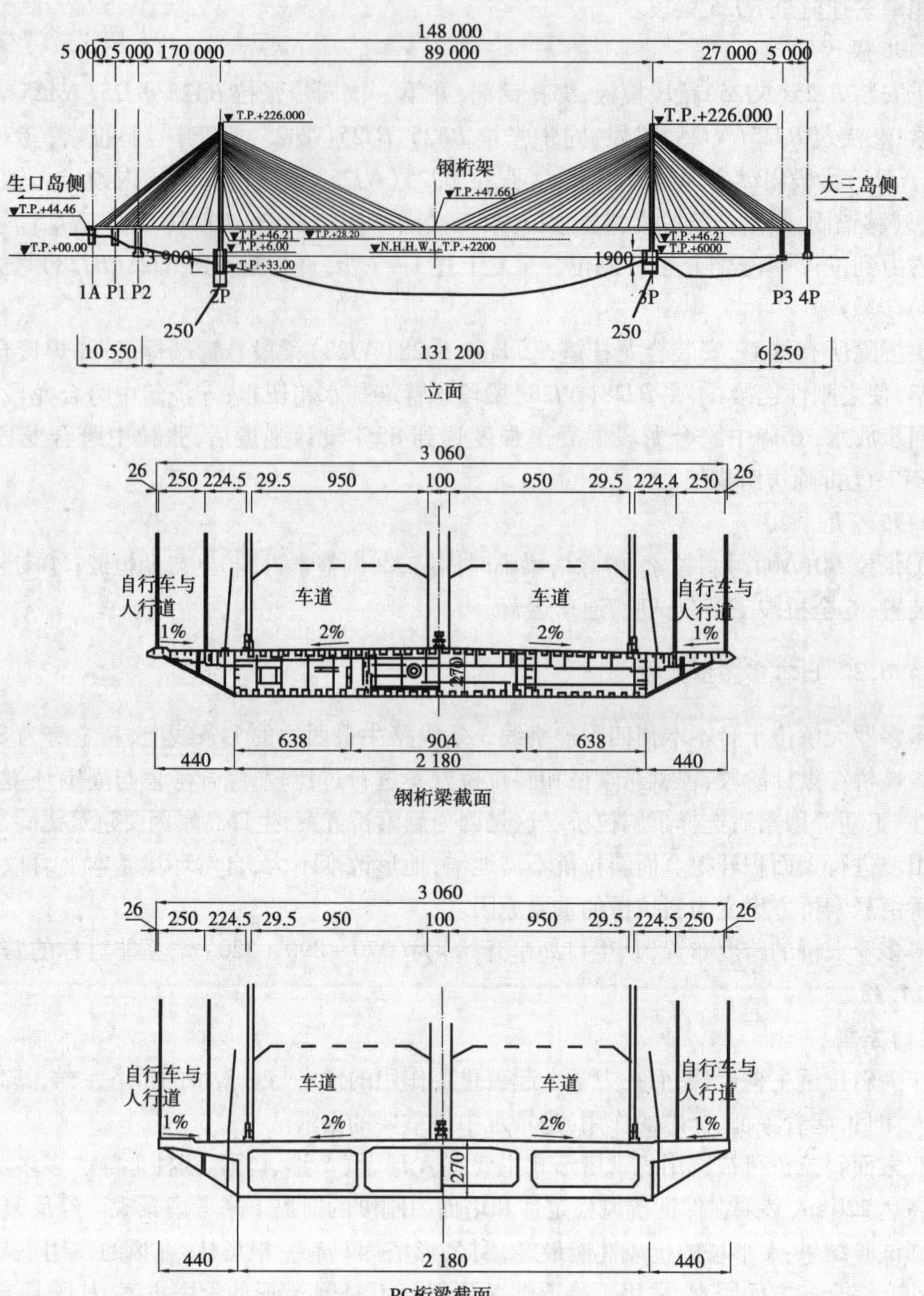

图 14.33 日本多多罗大桥(单位尺寸：mm)

1)主梁边孔跨度布置

受到地形限制,两个边孔跨度分别布置为 270 m(生口岛侧)及 320 m(大三岛侧),边跨与主跨的比值分别为 1/3.3 和 1/2.8。由于两个边跨都偏小,在恒载作用下端支点负反力和索塔弯矩等过大。为此,研究了在边跨内增设辅助墩以及在端支点到辅助墩之间增设平衡重的各种方案(表 14.5)。根据计算分析比较,本桥最终生口岛侧采用 1-1 图式,大三岛侧采用 2-1 图式。

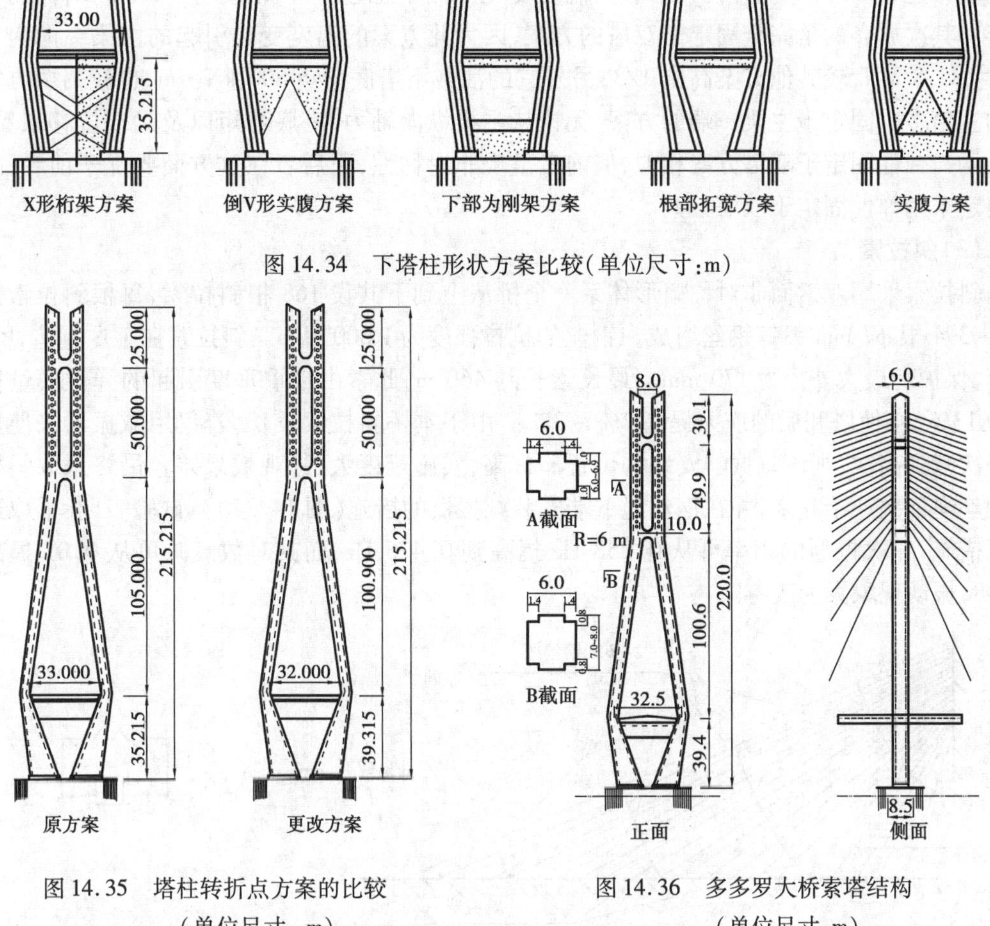

图 14.34　下塔柱形状方案比较(单位尺寸:m)

图 14.35　塔柱转折点方案的比较(单位尺寸: m)

图 14.36　多多罗大桥索塔结构(单位尺寸:m)

表 14.5　生口岛和大三岛采用图示

生口岛侧	图示	大三岛侧	图示
1-0		2-0	
1-1		2-1	
1-2		2-2	

2)主梁在顺桥方向支承体系

一共作了四种支承方案的分析比较:(1)悬浮体系(在纵向无固定点约束位移);(2)弹性固定于双塔;(3)完全固定于双塔;(4)固定于梁的一端。

分析表明:采用悬浮体系在纵向风力作用下将大大增加塔底弯矩(1 600 kN · m),同时主梁端位移达±10.18 m。即使在活载与温度变化作用下也达+2.95 m与-2.90 m,因而首先放弃。其次放弃的是完全固定于双塔的方案,因为此方案的温度变化引起的主梁纵向内力最大,达85.8 MN,较其他方案高出1/3;另外它的活载下塔底弯矩800 kN·m,也较另两方案高出约一倍多。固定于主梁一端的方案,无论从主梁纵向轴力、塔底弯矩以及梁端位移来看,大体上均与弹性固定于双塔方案相似,但前者呈现非对称性,而后者在这方面要优于前者,故最终决定采用弹性固定于双塔方案。

(3)斜拉索

斜拉索采用双索面非对称扇形体系。全桥从上到下共设168根斜拉索,每根斜拉索是由168~394根ϕ7 mm镀锌钢丝组成。钢丝的抗拉强度为1 600 MPa。斜拉索在工厂制造,PE保护套,保护套最大外径为170 mm。最长索长约460 m,此索由自重垂度引起的弹性模量损失约为13%,将使塔和梁的应力提高2%~3%。由于本桥斜拉索较长,若仅用减振器来使振型从一次减到高次,则该减振器安装的位置非常高,实施难度大,外观效果差。最终采取斜拉索用钢丝绳依次连结起来,并在钢丝绳下端安装减振器的措施(图14.37)。试验表明:采取这种制振措施,一次振型的频率可从0.258 Hz提高到0.476 Hz,而其对数衰减可从0.01提高到0.748,振动现象大为改善。

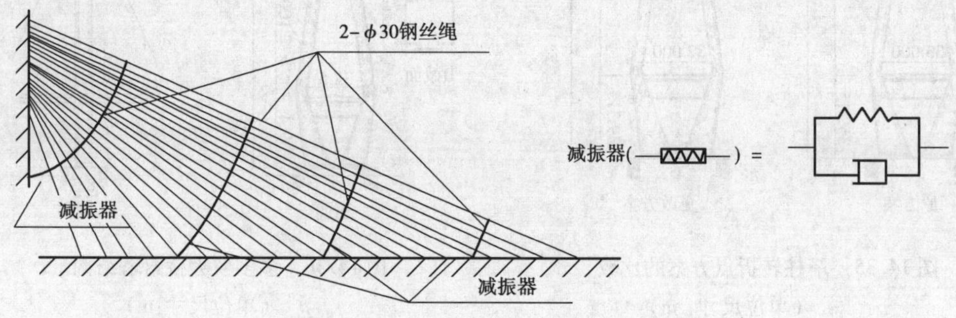

图14.37　多多罗大桥斜拉索制振措施

日本多多罗大桥于1999年建成通车。

第15章 墩台与基础构造

15.1 概 述

桥梁墩(台)由墩(台)帽、墩(台)身和基础三部分组成。(图15.1)。

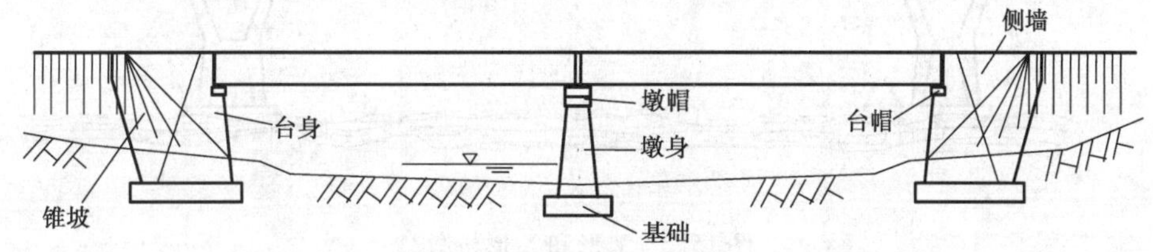

图15.1 桥梁重力式墩台

桥墩和桥台都属于桥梁的下部结构,是用来支承上部结构并将荷载传递给基础进而传至地基的结构物。基础是桥墩和桥台中使全部荷载传至地基的底部奠基部分,是结构物直接与地层接触的最下部分,是介于地基和墩(台)身之间的传力结构。

桥墩系指多跨桥梁的中间支承结构物,它除承受上部结构的荷重外,还要承受流水压力、水面以上的风力以及可能出现的冰荷载、船只、排筏或漂浮物的撞击力。桥台除了支承桥跨结构之外,它还衔接两岸接线路堤;既要能挡土护岸,又要能承受台背填土及填土上车辆荷载所产生的附加土压力。因此,桥梁墩台不仅本身应具有足够的强度、刚度和稳定性,而且对地基的承载能力、沉降量,地基与基础之间的摩阻力等也都提出一定的要求,以避免在这些荷载作用下有过大的水平位移,转动或者沉降发生,这一点对超静定结构桥梁尤为重要。

当前,世界各国的桥梁建设都在迅速发展,这不仅反映在上部结构的造型新颖上,而且也反映在下部结构向轻型合理的方向发展。从20世纪50年代以来,国内外出现了不少新型桥梁墩台,尤其是在桥墩形式上显得更为突出,它把结构上的轻巧合理和艺术造型上的美观统一起来。例如,对于大跨径的桥墩,既要考虑墩身的轻巧,又要考虑能有利于上部结构的受力和施工,以节约材料降低工程造价,于是便创造出 V 型、X 型墩等各种优美的立面形式(图

15.2)。对于城市立交桥,既要承托较宽的桥面,又要能减小墩身和基础尺寸,给人以艺术的享受,常常将桥墩做成独柱式或排柱式(图 15.3(a)、(b)),倾斜式(图 15.3(c)、(d))、双叉式(图 15.3(e))、T 型、Y 型和 X 型(图 15.3(f)、(g)、(h))及四叉形等型式多样的桥墩形式。此外,设计理论、施工工艺的进步也推动了桥墩结构形式的发展。例如 1979 年在德国建成的科秋塔尔高架桥,桥墩高度为 183 m,采用滑动模板工艺,墩底截面仅为 10 m×9 m。国内上海至成都高速公路(G42 国道)重庆万州至梁平段瘢子坝大桥,上部结构为 14×40 m 预应力混凝土简支梁,下部结构为双柱式矩形变截面空心薄壁墩,其中 8 号墩高 102.5 m,9 号墩高 101.5 m,墩顶截面为 2.0 m×2.5 m(纵向×横向),纵向两侧按 100∶1放坡,横向尺寸不变,墩身采用大块钢模翻模法施工。

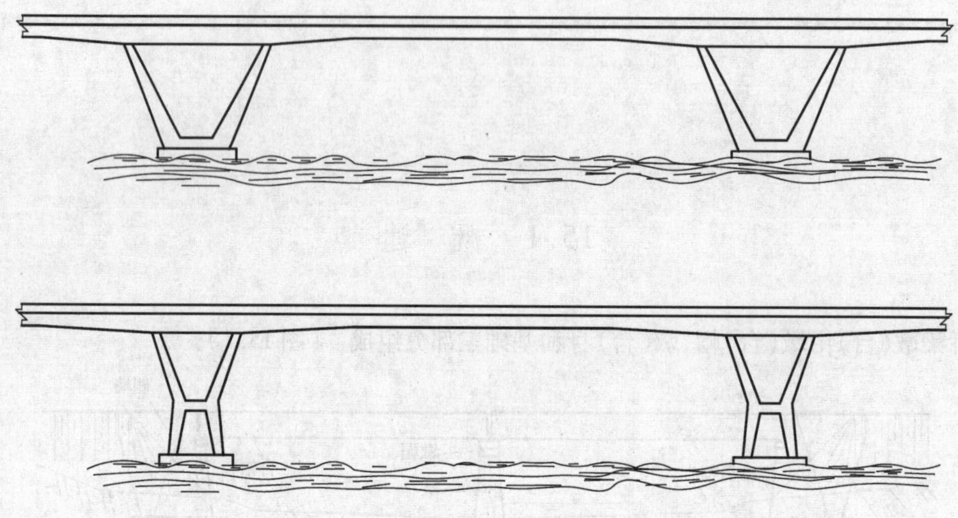

图 15.2 V 形和 X 形桥墩

墩台构造还与上部结构的受力有关。例如澳大利亚的盖特威大桥,是一座主跨 260 m 的预应力混凝土连续刚构桥,主墩高 40 m,采用中距 11 m、壁厚 2.5 m 的直立双薄壁墩身,因而使主梁在桥墩处削减了负弯矩峰值,提高了桥墩的抗弯能力,在造型上使预应力混凝土连续刚构桥具有轻盈、和谐、庄重的外观。重庆嘉陵江黄花园大桥,主桥为(137+3×250+137)m 预应力混凝土连续刚构桥,主墩设计高为 42~57 m 不等,同样采用直立双壁式墩身,壁厚2.5 m,双壁净距 7 m。美国长岛桥是一座由 103 跨组成的多联预应力混凝土连续梁桥,全长3 708 m,标准跨径 36 m,其下部结构采用预制的 V 形斜撑桥墩,它与上部的单箱截面构成了一幅长龙画面。

确定桥梁下部结构构造应遵循安全耐久、满足交通要求、造价低、维修养护少、施工方便、工期短、与周围环境协调、造型美观等原则。桥梁墩台的设计与结构受力、土质构造、地质条件和水文、流速、河床及其埋深有关。桥梁下部结构要经受洪水、地震、桥梁活载等的动力作用,要确保安全、耐久,必须充分考虑上述各种因素的组合作用。

桥梁是一个整体,上、下部结构共同工作、相互影响,要重视下部结构与上部结构的合理组成,特别是在墩梁固结的预应力混凝土连续刚构桥中,桥墩与上部结构融合在一起,因此,桥梁下部结构很难与上部结构截然分开,同时还要求桥梁下部结构的造型与周围的地形、地物条件匹配,使桥梁与环境和谐、匀称。

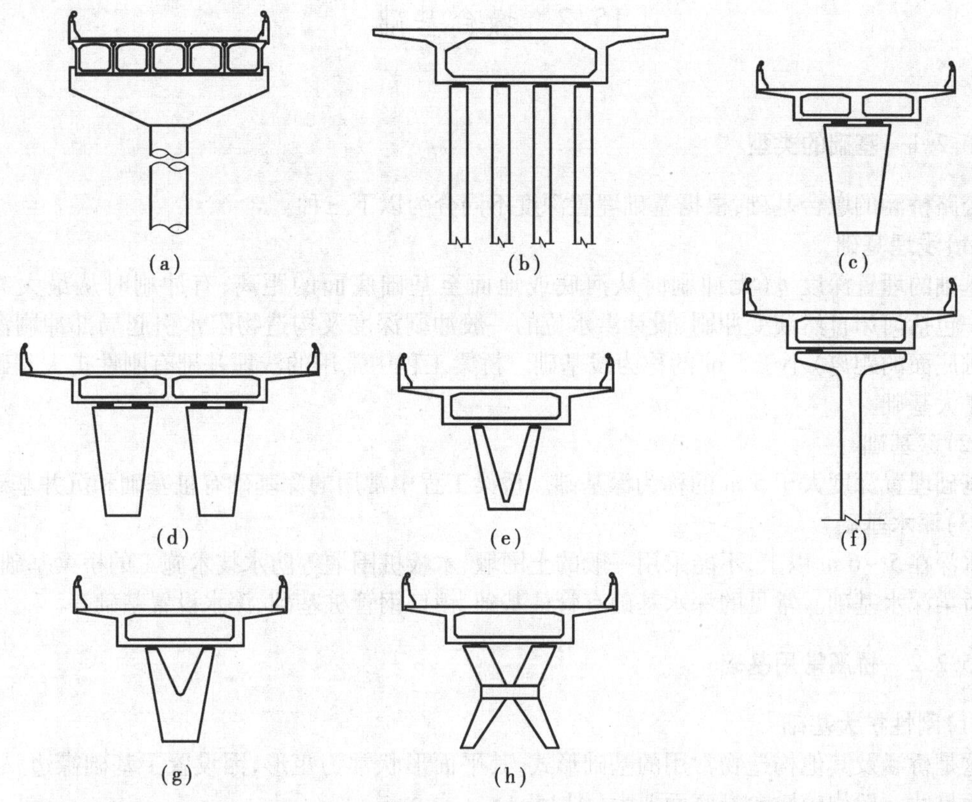

图15.3　各种轻型桥墩形式

尽管桥梁墩台的类型繁多,但常用的墩、台形式大体可以归纳为两大类。

1)重力式墩、台

重力式墩、台依靠自身的重量来平衡外力而保持其稳定,因此墩、台身比较厚实,当用天然石材或片石混凝土砌筑时,可以不配置钢筋;当用混凝土浇筑时,混凝土墩台身宜设置表层钢筋网,其截面面积在水平方向和竖直方向均不小于250 mm^2/m。重力式墩、台适用于地基良好的大、中型桥梁,或流冰、漂浮物较多的河流中。在砂石料丰富的地区,小桥也往往采用重力式墩、台。重力式墩、台的主要缺点是圬工体积较大,因而其自重和阻水面积也较大,对地基要求较高。

2)轻型墩、台

属于这类墩、台的形式很多,而且都有各自的特点和使用条件,选用时必须根据桥位处的地形、地质、水文和施工条件等因素综合考虑确定。由于轻型墩、台的刚度小,受力后允许有一定范围内的弹性变形,因此所用建筑材料大多以钢筋混凝土和少量配筋的混凝土为主,但也有一些轻型墩台,通过验算后可以用石料砌筑。

本章着重介绍各类墩台的墩(台)帽和墩(台)身的构造,对墩台基础仅作概略介绍,详细内容可参见《基础工程》课程。

15.2 墩台基础

15.2.1 基础的类型

公路桥涵的墩台基础,根据基础埋置深度不同分为以下三种。

(1)浅埋基础

基础的埋置深度 h(无冲刷时从河底或地面至基础底面的距离;有冲刷时从最大冲刷线——包括河床自然演变冲刷、设计洪水位的一般冲刷深度及构造物阻水引起局部冲刷深度至基础底面的距离)小于 5 m 的称为浅基础。桥梁工程中常用的浅埋基础有刚性扩大基础和柔性扩大基础。

(2)深基础

基础埋置深度大于 5 m 的称为深基础。桥梁工程中常用的深基础有桩基础和沉井基础。

(3)深水基础

水深在 5 ~6 m 以上,不能采用一般的土围堰、木板桩围堰等防水技术施工的桥梁基础,称之为桥梁深水基础。常见的深水基础有管柱基础、锁口钢管桩基础、深水设置基础等。

15.2.2 桥涵常用基础

(1)刚性扩大基础

这是桥涵及其他构造物常用的基础形式,其平面形状常为矩形,因设置了基础襟边,故基础平面尺寸一般均较墩台身底面要大(图 15.4)。

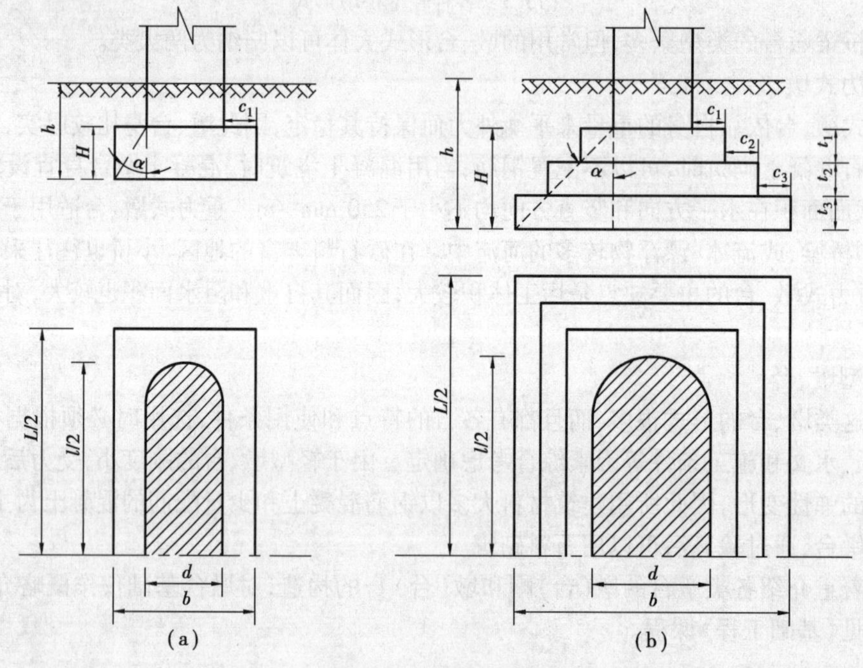

图 15.4 刚性扩大基础剖面、平面图

刚性扩大基础大多采用混凝土或石料砌体，材料的抗压性能较好，但抗拉、抗剪强度不高，设计时必须保证基础的拉应力和剪应力不超过材料的强度设计值。这种保证通常是通过对基础构造的限制来实现的，即要求基础每个台阶对应的宽度与其高度之比不得超过允许值（用 α 的正切 tan α 表示），也即受刚性角（α_{max}）的控制。刚性角的大小与基础所用的圬工材料强度有关，实体墩台基础的扩散角（刚性角），对于片石、块石和料石砌体，当用 M5 砂浆砌筑时不应大于 30°；当用 M5 以上的砂浆砌筑时不应大于 35°；对于混凝土不应大于 40°。

（2）联合基础

为了满足地基强度要求，有时必须扩大基础平面尺寸，当扩大后的单独基础在平面上出现相接甚至重叠时，则可将它们联在一起成为联合基础。联合基础还可用于调整相邻两柱的沉降差，或防止两者之间的相向倾斜等（图 15.5）。

（3）条形基础

它是挡土墙或涵管常用的基础形式。条形基础长度远大于基础宽度，在横剖面可以是矩形或将一侧筑成台阶形。如挡土墙很长，为了避免在沿墙长方向因沉降不匀而开裂，可根据土质和地形予以分段设置沉降缝。在受力分析时可取单位长度进行（图 15.6）。

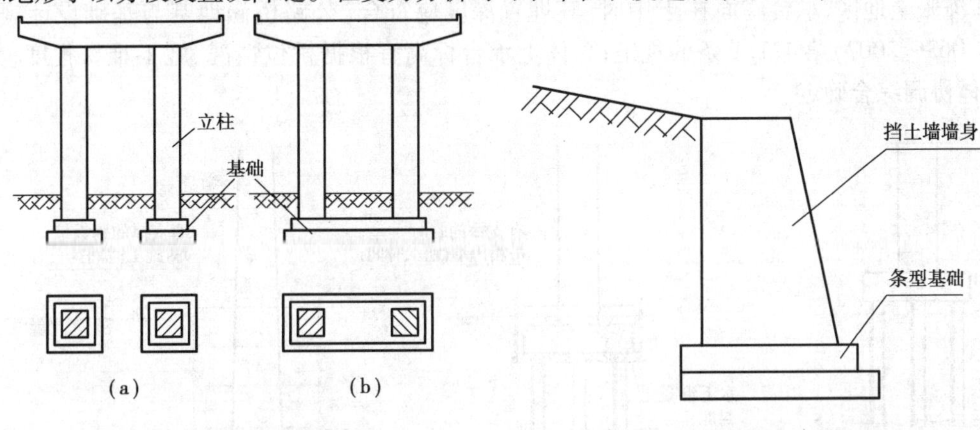

图 15.5　单独和联合基础
（a）单独基础；（b）联合基础

图 15.6　挡土墙下的条形基础

（4）柔性扩大基础

在扩大基础中配置有足够数量的钢筋，基础的抗弯和抗剪性能良好，可在竖向荷载较大，地基承载力不高以及承受水平力和力矩荷载等情况下使用。由于这类基础的高度不受台阶宽高比的限制，故适宜于需要“宽基浅埋”的场合下使用（图15.7）。

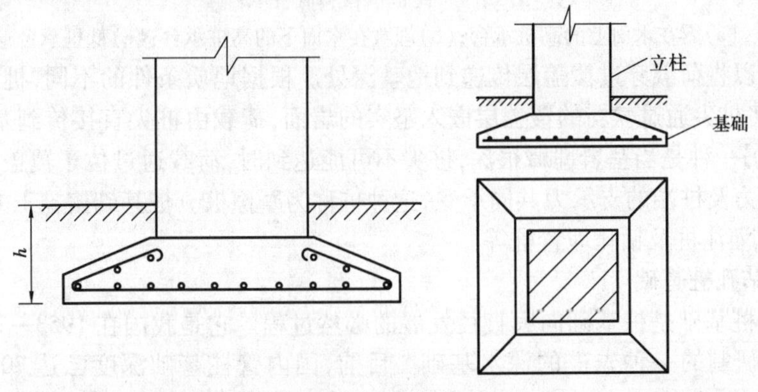

图 15.7　柔性扩大基础

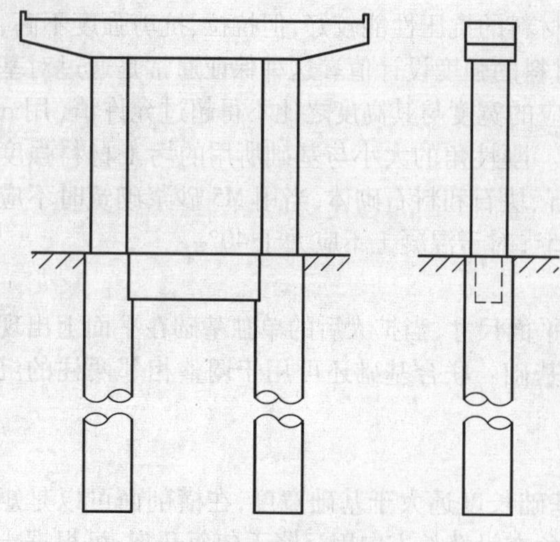

图 15.8　钻(挖)孔灌注桩基础

(5)桩基础

当地基浅层土质不良,采用浅基础无法满足结构物对地基强度、变形和稳定性方面的要求时往往需要采用深基础,桩基础是一种常用的深基础(图 15.8);当桥墩所处的位置有一定的水深,同时还有很厚的河床覆盖层,适于承力的地基又很深时,可以选用设置承台的桩基础,在承台上再修筑桥墩、桥台。桩基础按承台位置可以分为高桩承台基础和低桩承台基础(简称高桩承台和低桩承台)(图 15.9)。有流冰的河流,承台底面标高应在最低冰层底面以下不小于 0.25 m;当有流筏、其他漂流物或船舶撞击时,承台底面标高应保证桩不受直接撞击损伤;在冻胀土地区,承台底面在土中时,其埋置深度应符合《公路桥涵地基与基础设计规范》(JTG D63—2007)第 4.1.1 条的规定;总体上承台标高宜根据桥位情况、施工难易程度、美观与整体协调综合确定。

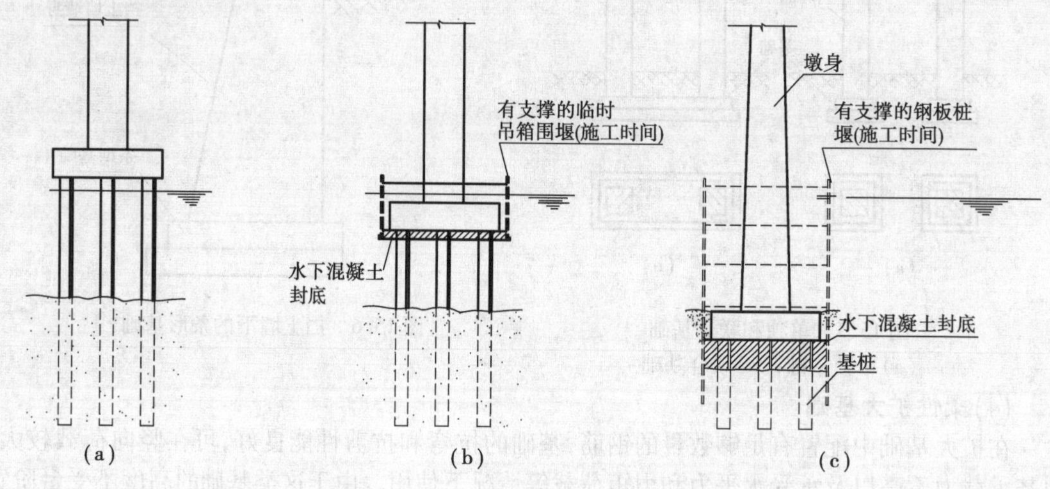

图 15.9　高桩承台和低桩承台

(a)露在水面上的高桩承台;(b)埋藏在水面下的高桩承台;(c)低桩承台

桩基础可以将荷载穿过覆盖层传递到地基深处。根据地质条件的不同,桩的传力方式有两种:一种是将桩尖通过软弱的覆盖层嵌入坚实的岩面,荷载由桩尖直接传到基岩中,称为柱桩(嵌岩桩);另一种是当基岩埋藏很深,桩尖不可能达到时,荷载通过位于覆盖层中的桩壁与土壤间的摩阻力及桩端的支承力共同承受,这种桩称为摩擦桩。桩基础按施工方法有沉入桩、就地钻(挖)孔灌注桩及钻孔埋置桩等。

(6)管柱钻孔桩基础

管柱钻孔桩基础是桩基础向大直径发展的必然过程。它是我国在 1953—1957 年修建武汉长江大桥时研制的一种先进的深水基础。目前,国内管柱基础深度已达 70 m(其中穿过 45 m覆盖层),最大直径为 5.8 m。日本横滨港湾大桥管柱直径达 10.0 m。管柱体有钢筋混凝土、预应力混凝土和钢管柱 3 种。管柱施工到位后，以管柱的管壁作护筒，在管柱内钻岩成孔，下放钢筋骨架笼，灌注混凝土，使每根管柱都牢固地嵌固在基岩中（图 15.10）。

(7)沉井基础

沉井基础是一种历史悠久的基础形式，适用于地基表层较差而深部较好的地层，既可用在陆地上，也可用在深水之中。所谓沉井基础，就是将一个预先筑好并在以后充当基础的混凝土井筒安置在墩位，在其井筒内部挖土依靠自重不断下沉到设计标高。沉井下沉到预定标高后，再以混凝土封底，填塞井孔，并建筑沉井顶盖，沉井基础即告完成。然后在其上修建墩身（图 15.11）。

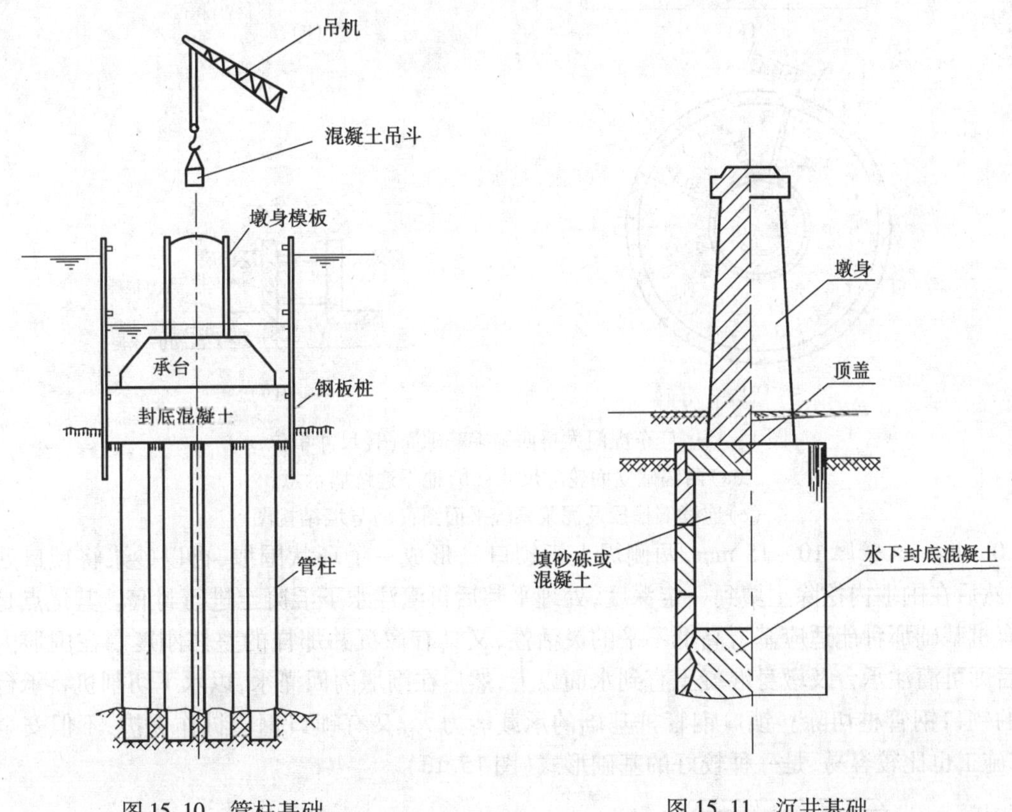

图 15.10　管柱基础　　　　图 15.11　沉井基础

(8)地下连续墙基础

地下连续墙是一种新型的桥梁基础形式。它是在泥浆护壁条件下，采用专用的挖槽（孔）设备，顺序沿着基础结构物的周边开挖出一个具有一定宽度与深度的槽孔，宽度一般为 0.8 ~ 2.2 m，其深度一般为 20 ~ 40 m，最深的记录已超过 100 m，然后在槽内安放钢筋笼，浇注混凝土，用特殊处理的接头，使相邻单元互相联结为整体，逐步形成一道连续的地下钢筋混凝土墙。当混凝土达到一定强度后，即可作为基坑开挖时的挡土、防渗以及对邻近建筑物的支护，在连续墙围堰内进行挖掘工作，到达设计标高后就地灌注像沉井基础一样的深置基础。采用这种方法可以在地层中做成由坚固的钢筋混凝土壁墙单元组成的矩形、圆形、多角形或井字形截面的闭合基础。图 15.12 所示为广东虎门大桥西锚锭基础简图。

(9)锁口钢管桩基础

锁口钢管桩基础是一种较新的桥梁深水基础形式。它是在墩位处打入大型锁口钢管桩

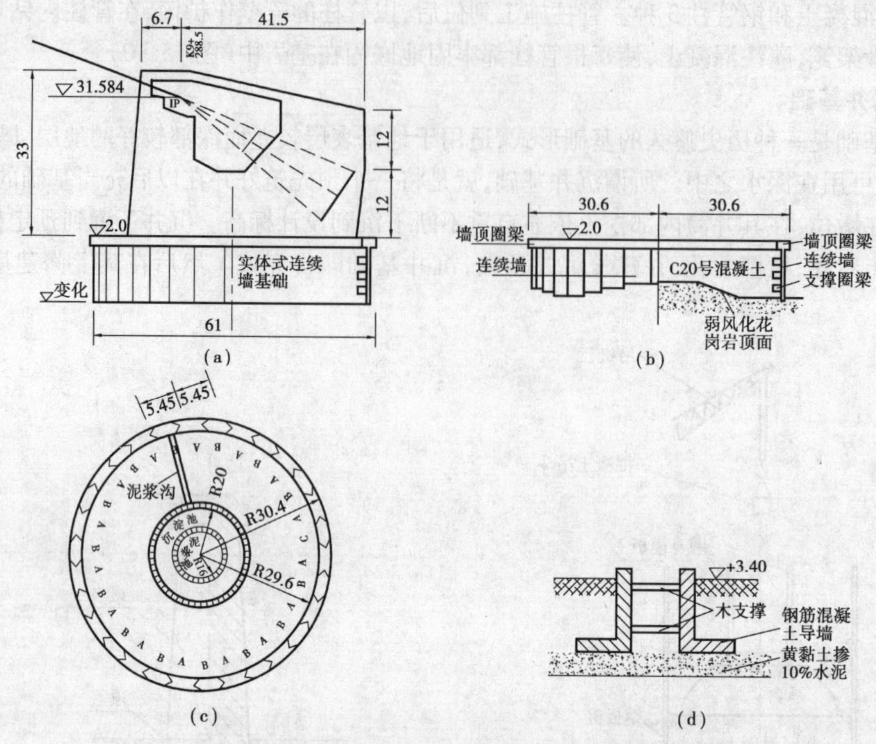

图 15.12 广东虎门大桥西锚碇基础简图(尺寸单位:m)
(a)西锚碇立面轮廓尺寸;(b)地下连续墙示意;
(c)连续墙槽段及泥浆系统平面图;(d)导墙结构图

(1.0~1.3 m,壁厚 10~15 mm,两侧焊上钢锁口),形成一个环状围堰,再以砂浆将锁口处封闭,然后在围堰内挖除土壤到一定深度,处理平整后再灌注水下混凝土进行封底。其优点是既具有桩基础那种能适应基岩高低不平的灵活性,又具有像沉井那样的整体刚度。在围堰内抽水后即可灌注承台及墩身混凝土直到水面以上,然后在围堰内回灌水,以水下切割机将承台以上的锁口钢管桩切除。锁口钢管桩基础的承载能力大,又有锁口钢管桩作保护,不但安全可靠,施工也比较容易,是一种较好的基础形式(图 15.13)。

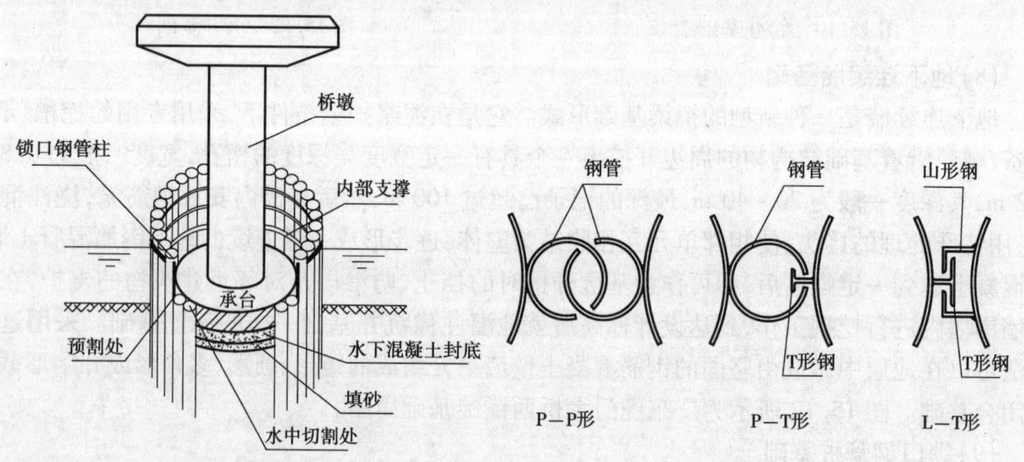

图 15.13 锁口钢管桩基础示意图及锁口的不同形式

(10)深水设置基础

深水设置基础系采用先在陆地上将基础结构物预制好，然后在深水中设置的一种基础形式，适用于水深、潮急、航运频繁等修建基础甚为困难的条件。采用这种基础形式时必须对地质条件调查清楚，如果是不平整的岩面，就应采用爆破取平；如有承载力不足的覆盖层，应分别清除开挖，加固处理或打入基桩承力等方法加以改善。基底清理完毕形成基底台面以后，再用浮运沉井下沉或以大型浮吊吊装的方法在深水中设置预制好的基础及墩身块件，以很快的速度完成深水基础的施工工作。

15.3　桥　墩

15.3.1　重力式桥墩

重力式桥墩在公路梁桥和拱桥中应用较为普遍。它们除了在墩帽构造上有所差别以外，其他部分的构造外形大致相同。因此，我们把重力式桥墩的构造重点放在梁桥桥墩中详细介绍，而对拱桥桥墩只略述它们的特点部分。

(1)梁桥重力式桥墩

1)墩帽

墩帽是桥墩顶端的传力部分，它通过支座承托上部构造、并将相邻两孔桥跨结构的自重和活载传到墩身上。因此，墩帽的强度要求较高，一般都用 C20 以上的混凝土，设置构造钢筋或受力钢筋。墩帽平面尺寸的合理确定，将直接影响墩身的平面尺寸和材料的选用。当顺桥向的墩帽宽度较小，而桥墩又较高时，墩身就显得很薄，因此需要采用钢筋混凝土结构。另一方面，如果墩身在横桥向的长度较小，或者做成柱子形式，那么又会反过来影响着墩帽(或称帽梁)的受力、尺寸及其配筋数量。因此，精心拟定墩帽尺寸对整个桥墩设计具有重要意义。墩帽和台帽厚度，对特大、大跨径桥梁不应小于 0.5 m；中、小跨径桥梁不应小于 0.4 m。设置支座的墩帽和台帽上应设置支座垫石，垫石内应设置水平钢筋网。与支座底板边缘相对的支座垫石边缘应向外展出 0.1 ~0.2 m。支座垫石顶面应高出墩、台帽顶面排水坡的上棱，同时墩、台顶面与梁底之间应预留更换支座时的空间。墩帽顶面可做成 10% 的排水坡。墩帽的四周较墩身出檐宽度宜为 0.05 ~ 0.10 m，并在其上做成沟槽形滴水(图 15.14)。

墩帽的平面尺寸首先应满足桥梁支座布置的需要，墩帽的平面形状还应与墩身形状相配合，其顺桥向和横桥向最小宽度可按式(15.1)和式(15.2)确定：

①顺桥向的墩帽最小宽度 b(图 15.14)

$$b \geqslant f + a + 2c_1 + 2c_2 \tag{15.1}$$

墩帽最小顶宽根据墩身顶宽确定，一般情况墩帽纵桥向宽度，对于小跨径桥梁不宜小于 0.9 m，中等跨径桥梁不宜小于 1.1 m，特大、大跨径桥梁应视上部构造类型而定。

②横桥向的墩帽最小宽度 B

$$B = \text{两侧主梁间距} + \text{支座横向宽度} + 2C_1 + 2C_2 \tag{15.2}$$

式中：f——相邻两跨支座的中心距离，它由支座中心至主梁端部的距离和两跨间的伸缩缝宽度来确定；

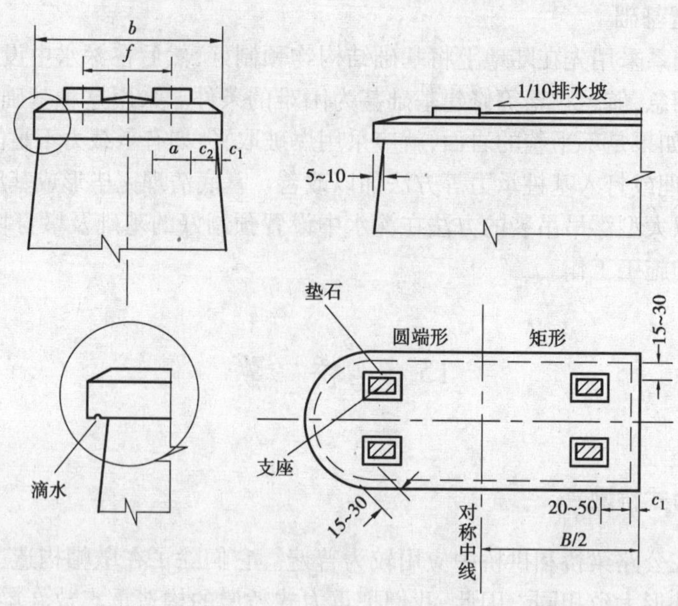

图 15.14 墩帽构造尺寸(尺寸单位:cm)

a——支座底板的纵桥向宽度;

c_1——出檐宽度,一般为 0.05 ~ 0.10 m;

c_2——支座边缘到墩台身边缘的最小距离,具体尺寸见表 15.1。

上述规定的目的是为了避免支座过分靠近墩身侧面边缘而导致应力集中;另一个原因是为了提高混凝土的局部抗压强度以及考虑施工误差和预留锚栓孔的要求。墩帽宽度除了满足上式要求以外,还应符合墩身顶宽的要求、安装上部结构的需要以及抗震时设置设防措施所需要的宽度。

表 15.1 支座边缘至墩、台身边缘的最小距离/m

桥向 跨径 l/m	顺桥向	横桥向	
		圆弧形端头(自支座边角量起)	矩形端头
$l \geqslant 150$	0.30	0.30	0.50
$50 \leqslant l < 150$	0.25	0.25	0.40
$20 \leqslant l < 50$	0.20	0.20	0.30
$5 \leqslant l < 20$	0.15	0.15	0.20

注:当采用钢筋混凝土结构或预应力混凝土悬臂墩帽时,可不受本表限制,应以便于施工、养护和更换支座而定。

在墩帽内应设置构造钢筋,钢筋直径一般为 8 ~ 16 mm,采用间距为 15 ~ 25 cm 的网格布置。另外在支座支承垫石的局部范围内设置水平钢筋网,钢筋直径为 8 ~ 12 mm,网格距离为 7 ~ 10 cm,这样使支座传来的很大的集中力能较均匀地分布到墩身上。

在同一座桥墩上,当支承相邻两孔桥跨结构的支座高度不相同时,就应在墩顶上设置用钢筋混凝土制成的支承垫石来调整。垫石的平面尺寸及钢筋配置,则要根据支座尺寸,支点反力和支承垫石下的砌体强度计算确定。一般规定支座底板边缘距支承垫石边缘的距离不小于 10 ~ 20 cm,垫石厚度为其长度的 1/3 ~ 1/2。图 15.15 为普通墩帽钢筋构造示意。

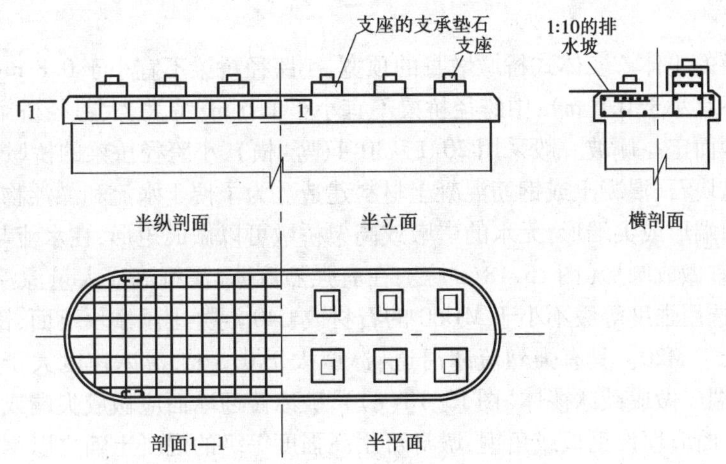

图 15.15　墩帽钢筋构造图

当同一桥墩相邻桥跨的跨径不同时，其桥跨结构的建筑高度不同，除可以用支承垫石来调整高度以外，也可以将墩帽做成 L 形，以适应相邻跨径不同的梁（板）高度变化，称为交接墩墩帽（图 15.16）。

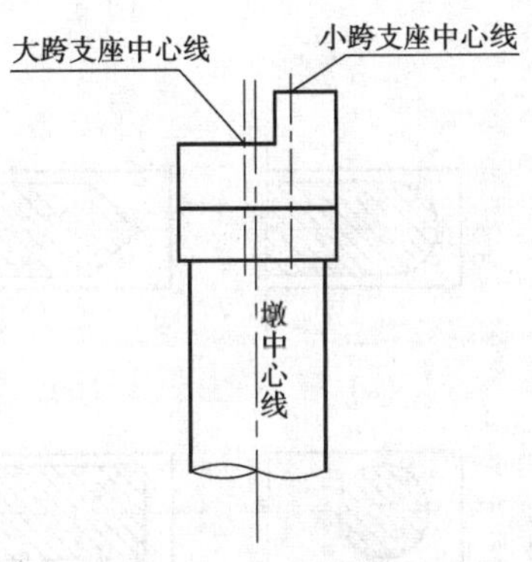

图 15.16　交接墩墩帽

另外，在一些宽桥或者墩身较高的桥梁中，为了节省墩身及基础的圬工体积，常常利用挑出的悬臂或托盘来缩短墩身横向长度，做成悬臂式或托盘式桥墩（图 15.17(a)、(b)）。墩帽长度和宽度视上部结构的形式和尺寸、支座的尺寸和布置，以及上部构造中主梁的施工吊装要求等条件而定。墩帽的高度视受力大小和钢筋排列的需要而定。挑出部分的高度可向两端逐渐减小。端部高度通常采用 30 ~40 cm。这种墩帽需要布置受力钢筋（图 15.17(c)）和增设悬臂部分的施工脚手架。托盘式墩帽是将墩帽上的力逐渐传递到紧缩了的墩身截面上。墩帽内是否配置受力钢筋要视主梁着力点位置和托盘扩散角大小而定。

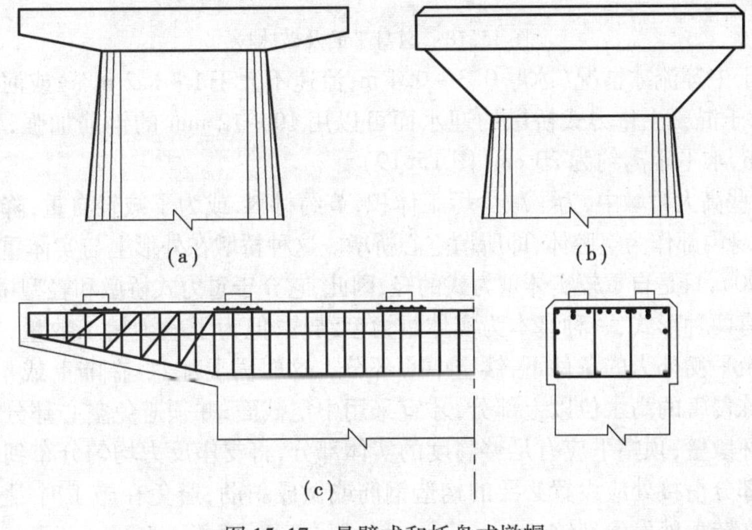

图 15.17　悬臂式和托盘式墩帽

2）墩身

墩身是桥墩的主体。实体式桥墩墩身的顶宽，小跨径桥梁不宜小于0.8 m（采用轻型桥台的桥梁的桥墩不宜小于0.6 m）；中跨径桥梁不宜小于1.0 m；特大、大跨径桥梁的墩身顶宽应视上部构造类型而定。侧坡一般采用20∶1～30∶1（竖∶横），小跨径桥梁的桥墩也可采用直坡。

墩身通常由块石、混凝土或钢筋混凝土材料建造。为了便于水流和漂浮物通过，墩身平面形状可以做成圆端形或尖端形；无水的岸墩或高架桥墩可以做成矩形，在水流与桥梁斜交或流向不稳定时，就宜做成圆形（图15.18（c））。在有强烈流冰、泥石流或大量漂浮物的河流中的墩身，其表面宜选用强度等级不小于MU60的石材或C40混凝土预制块镶面，镶面砌体的砂浆强度等级不应低于M20。具有强烈流冰河道（冰厚大于0.5 m，流冰速度大于1 m/s）中的桥墩，桥墩的迎水端应做成破冰棱体（图15.18（e）），破冰棱迎冰面应做成尖端或圆端形，混凝土破冰棱在迎冰表面应埋设钢板或角钢，墩身可用高强度等级的混凝土辅之以钢筋加固。

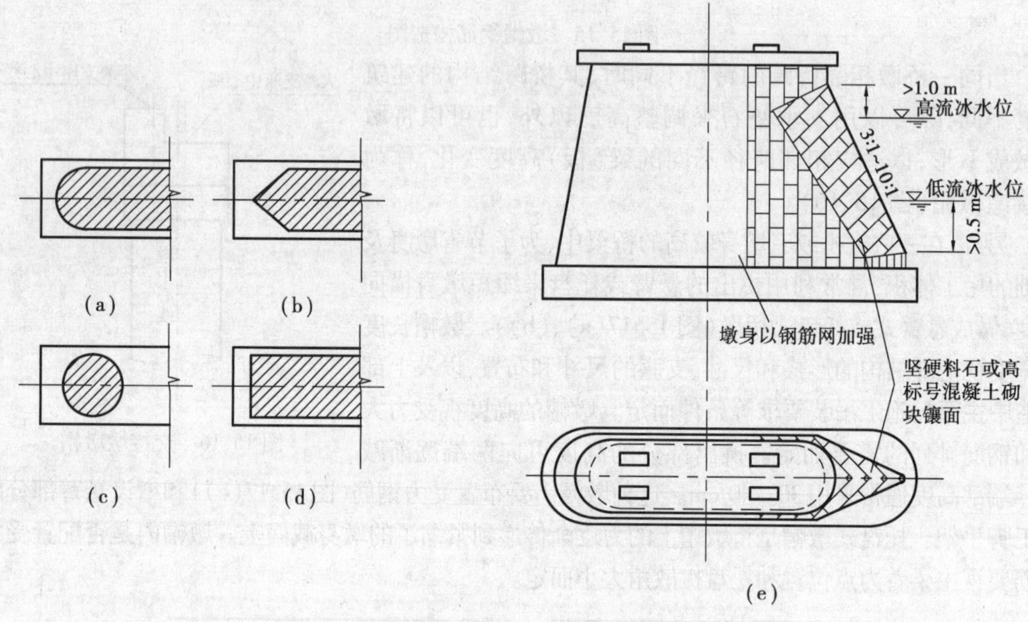

图15.18　墩身平面及破冰棱

当河流属于中等流冰情况（冰厚0.3～0.4 m，流速不大于1～1.2 m/s）或河道上经常有大量漂浮物时，对于混凝土重力式桥墩的迎水面可以用10～12 mm的钢筋加强，钢筋的垂直间距为10～20 cm，水平距离约为20 cm（图15.19）。

此外，在一些高大桥墩中，为了减少圬工体积，节约材料，或为了减轻自重，降低基底的承压应力，也可将墩身内部作为空腔体，即所谓空心桥墩。这种桥墩在外形上与实体重力式桥墩无大的差别（图15.20），只是自重较实体重力式的轻，因此，它介于重力式桥墩和轻型桥墩之间。

空心桥墩有两种形式，一种基本为实体重力型结构，但为了减少圬工数量，在截面和自重已经足够承担及平衡外力的条件下，镂空中心部分。这时需要注意：在陆上或不受船筏撞击、磨损及不受冰冻侵害的高水位以上部分，才宜采用中空截面，并须避免空心部分因渗水、积水、结冰膨胀而损坏墩壁；顶帽下应有足够高度的实体部分，将支座反力均匀分布到墙、壁；空心部分墩壁与实体部分衔接处应设置必要的构造钢筋或做成斜肋，避免在施工时因受温度影响产生局部应力而在转角处发生裂纹。

在有些情况下,为了削减墩身的自重,或地震时有较小的惯性力,或减轻软弱基底的负荷,这时,可采用薄壁钢筋混凝土的空格型墩身,四周壁厚只有 30 cm 左右。为了墩壁的稳定,应在适当间距设置竖直隔墙及水平隔板,保持整体坚固。此外,由于需要传递顶帽的压力,一般在顶帽下尚有一定的实心部分。空心部分应设通风及排水孔眼,以均匀内外温差及避免冻胀。

空心墩按壁厚分为厚壁与薄壁两种,一般用壁厚与中面直径 D(即同一截面的中心线直径或宽度)的比来区分:$t/D \geqslant 1/10$ 为厚壁,$t/D < 1/10$ 为薄壁。

薄壁空心墩按计算配筋,一般配筋率在 0.5% 左右,也有只按构造或承受局部应力或附加应力配筋的。

空心桥墩在构造尺寸上应符合下列规定:

①墩身最小壁厚,对于钢筋混凝土不宜小于 30 cm,对于混凝土不宜小于 50 cm。

②墩身内应设横隔板或纵、横隔板,以加强墩壁的局部稳定。

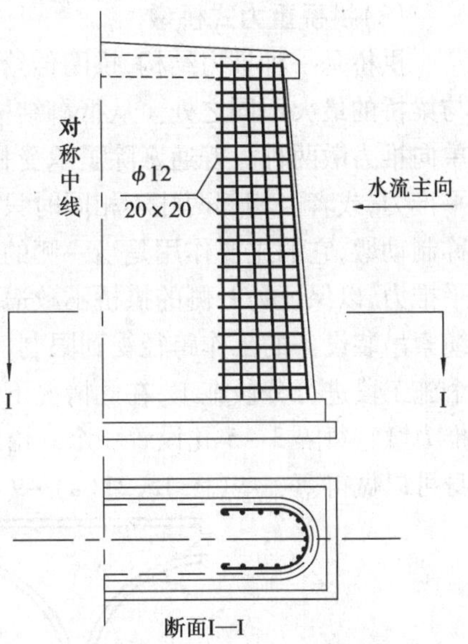

图 15.19　混凝土墩身钢筋网

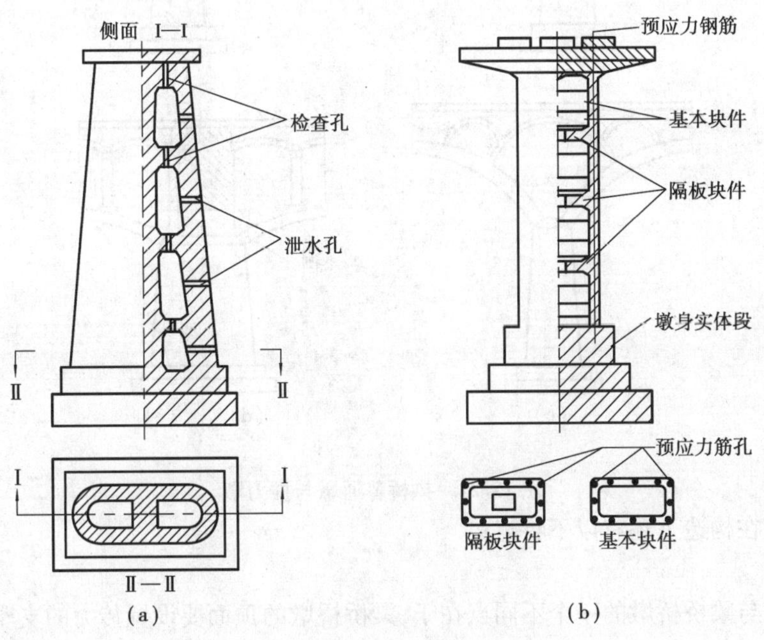

图 15.20　空心桥墩

③墩身周围应设置适当的通风孔或泄水孔,孔的直径不小于 20 cm;墩顶实体段以下应设置带门的过人洞或相应的检查设备。墩顶实体段厚不小于 1.0 ~2.0 m。

图 15.20(b)还示出了沿墩高分块安装的装配式预应力空心墩构造,它促进了构件生产的装配和机械化,从而加速了下部结构的施工进度;缺点是抵抗碰撞的能力较差。因此,在通航、有流筏、流冰以及流速大并带有撞击磨损物质的河流上不宜采用。

(2)拱桥重力式桥墩

拱桥是一种推力结构,拱圈传给桥墩上的力,除了垂直力以外,还有较大的水平推力,这是与梁桥的最大不同之处。从抵御结构自重水平力的能力来看,拱桥桥墩又可以分为普通墩和单向推力墩两种。普通墩除了承受相邻两跨结构传来的垂直反力外,一般不承受结构自重水平推力,或者当相邻两孔不相同时只承受经过相互抵消后尚余的不平衡推力。单向推力墩又称制动墩,它的主要作用是当一侧的桥孔因某种原因遭到毁坏时,能承受住单向的结构自重水平推力,以保证另一侧的拱桥不致遭到倾塌;在多跨连拱施工时为了拱架的多次周转,或者当缆索吊装设备的工作跨径受到限制,为了能按桥台与某墩之间或者按某两个桥墩之间作为一个施工段进行分段施工,在此情况下也要设置能承受部分结构自重单向推力的制动墩。单向推力墩宜每隔 3 ~5 孔设置一个。由此可见,为了满足结构强度和稳定性的要求,普通墩的墩身可以做得薄一些(图 15.21(a) ~(c)),单向推力墩则要做得厚实一些(图 15.21(d)、(e))。

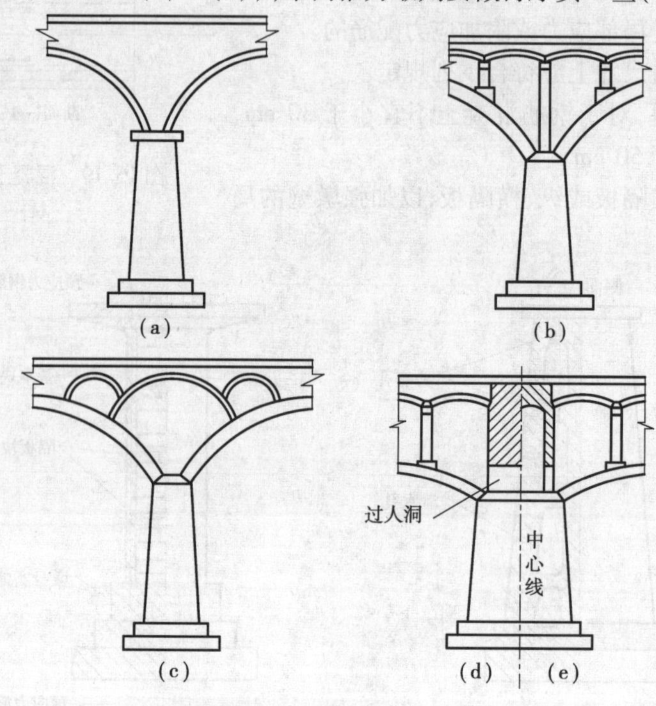

图 15.21　拱桥普通墩与推力墩

拱桥桥墩在构造上还有以下特点:

1)拱座

拱桥桥墩与梁桥桥墩的一个不同点在于,梁桥桥墩的顶面要设置传力的支座,且支座距顶面边缘保持一定的距离;而拱桥桥墩在其顶面的边缘需设置呈倾斜面的拱座,直接承受由拱圈传来的压力,故无铰拱的拱座总是设计成与拱轴线呈正交的斜面。由于拱座承受着较大的拱圈压力,故一般采用 C30 以上的整体式混凝土、混凝土预制块或 MU40 以上的块石砌筑。肋拱桥的拱座由于压力比较集中,应用强度等级高的混凝土及数层钢筋网加强;装配式肋拱的拱座,也可预留供插入拱肋的孔槽(图 15.22),就位以后再浇灌混凝土封固。为了加强肋底与拱座的联结,底部可设 U 形槽浇灌混凝土,混凝土应不低于 C30。有时孔底或孔壁还应增设一些加固钢筋网。

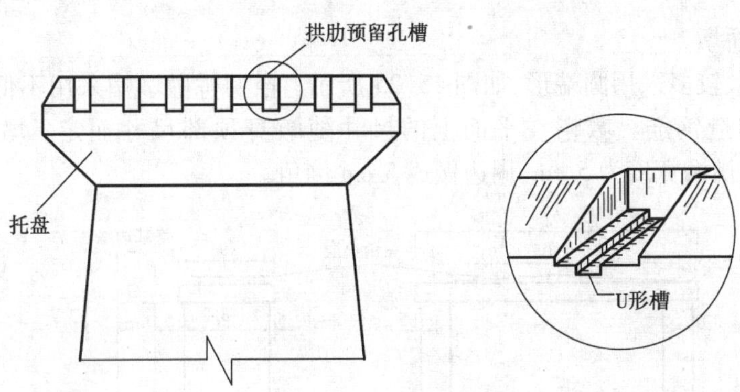

图 15.22　拱座构造

2）拱座位置

当桥墩两侧孔径相等时，则拱座均设置在桥墩顶部相同的起拱线标高上，有时考虑桥面的纵坡，两侧的起拱线标高可以略有不同。当桥墩两侧的孔径不等，结构自重水平推力不平衡时，需将拱座设置在不同的起拱线标高上。此时，桥墩墩身可在推力小的一侧变坡或增大边坡。从外形美观上考虑，变坡点宜设在常水位以下（图 15.23）。墩身两侧边坡和梁桥一样，一般也为 20∶1 ~30∶1（竖∶横）。

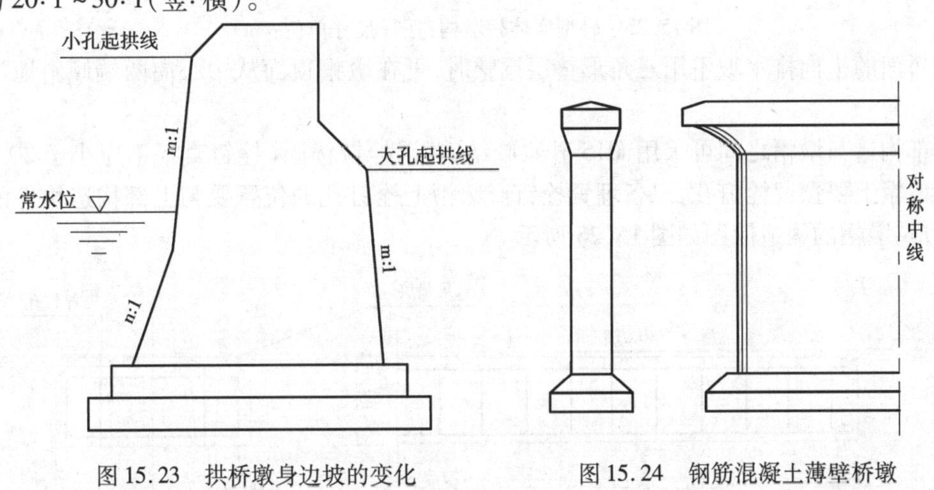

图 15.23　拱桥墩身边坡的变化　　　图 15.24　钢筋混凝土薄壁桥墩

15.3.2　轻型桥墩

（1）梁桥轻型桥墩

当地基土质条件较差时，为了减轻地基负担，或减轻墩身重量，节约圬工材料，常常采用各种形式的轻型桥墩。轻型桥墩的墩帽尺寸及构造也由上部结构及其支座尺寸等要求来确定，这与重力式桥墩并无多大差异。在梁桥中，通常采用以下几种类型：

1）钢筋混凝土薄壁桥墩

图 15.24 所示为钢筋混凝土薄壁桥墩，墩身直立，其厚度与高度的比值较小（一般为 1/15 ~1/10或 30 ~50 cm），墩身内配置有适量的钢筋，含钢量约为 60 kg/m^3。薄壁桥墩的特点是圬工体积小，结构轻巧，比重力式桥墩可节约圬工量 70% 左右，且施工简便，外形美观，过水性良好，故适用于地基土软弱的地区。缺点是当采用现浇混凝土时，需耗费用于立模的材料和一定数量的钢筋。

2)轻型实体桥墩

轻型实体桥墩较多采用圆端形,如图 15.25 所示。轻型桥墩墩帽采用不低于 C25 的混凝土加 $\phi8$ mm 的构造钢筋。墩帽在平面上的尺寸随墩身顶部尺寸而定。墩帽高度不小于 40 cm。墩帽四周挑檐宽度为 5 cm,周边做成 5 cm 倒角。

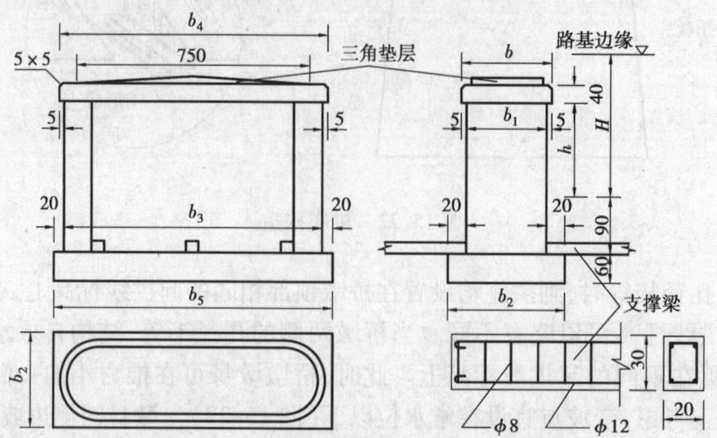

图 15.25　轻型实体桥墩构造图(尺寸单位:cm)

当桥面的横向排水坡不用三角形垫层调整时,可在墩帽顶面从中心向两端倾斜地加筑三角垫层。

上部构造与墩帽之间可采用 M15 砂浆胶结,并以栓钉锚固(栓钉直径不应小于 20 mm),因此在墩帽上要预留栓钉孔,以备埋置栓钉。墩帽上栓钉孔的位置要与上部构造块件的栓钉孔相对应,墩帽的构造简图如图 15.26 所示。

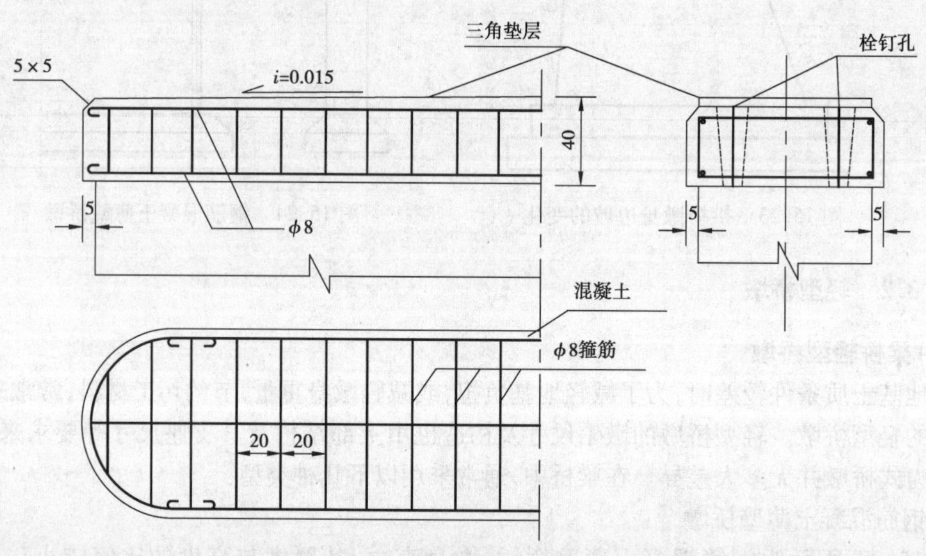

图 15.26　墩帽一般构造(尺寸单位:cm)

墩身可以是混凝土或浆砌块石。石料不得低于 Mu30,砂浆不得低于 M5。

墩身宽度应满足上部构造的支承需要,一般不小于 60 cm。墩身的长度应符合上部构造宽度的要求。

桥墩基础一般采用混凝土,其平面尺寸较墩身底面尺寸略大(四周各放大20 cm左右)。基础多做成单层,高度一般为50 cm左右。相邻桥台(墩)下端之间应设支撑梁,支撑梁应设于铺砌层或冲刷线以下,中距宜为2~3 m,采用钢筋混凝土构件,其截面尺寸不宜小于20 cm×30 cm(横×竖),四角应设置直径不小于ϕ12 mm钢筋,箍筋用ϕ8 mm;为节省钢材,也可用截面为40 cm×40 cm的素混凝土梁或块石砌筑。

3)柱式桥墩

柱式桥墩由分离的两根或多根立柱所组成,是桥梁中采用较多的桥墩形式之一。它的外形美观,圬工体积少,而且重量较轻(图15.27)。

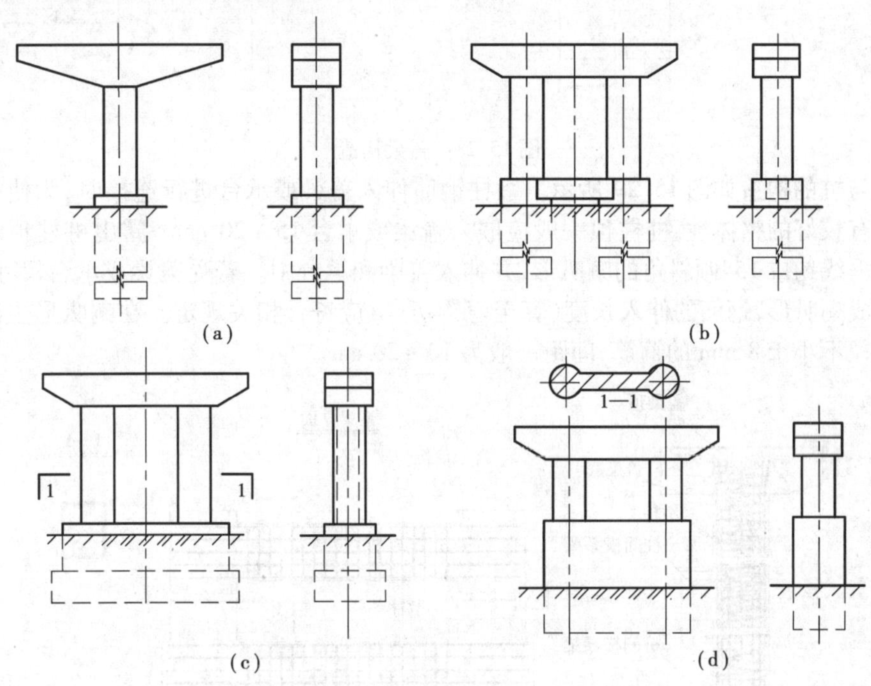

图15.27 柱式桥墩

(a)单柱式;(b)双柱式;(c)哑铃式;(d) 混合双柱式

近年来,我国已广泛采用钻孔灌注桩和人工挖孔桩柱式桥墩,它由灌注桩与钢筋混凝土墩柱和墩帽组成,柱与桩直接相连。当墩身桩柱的高度大于1.5倍的桩距时,需在柱之间布置横系梁,以增加墩身的侧向刚度。

钻孔桩柱式桥墩适合于许多场合和各种地质条件。对于宽桥可采用三柱式或多柱式,视桩的承载能力而定,也可把洪水位以下部分墩身做成实体式,以增强抵抗漂浮物撞击的能力。通过增大桩径、桩长或用多排桩加承台等措施,也能适用于更复杂的软弱地质条件以及较大跨径和较高的桥墩,它的施工方式也较优越,全部墩台工程都可以在水上作业,避免了最繁重的水下作业。

柱式墩一般由墩帽(亦称盖梁)与墩柱组成配桩基础或扩大基础,当为桩基础时,桩顶常以横系梁或承台连接。

盖梁横截面形状一般为矩形或T形(或倒T形),底面形状有直线形和曲线形两种。直线形施工较简单(图15.28)、曲线形施工较复杂,但材料较为节省。盖梁各截面尺寸与配筋需通过计算确定。盖梁一般就地浇筑,施工及设计条件允许时,也可采用预制安装的盖梁或预应力混凝土盖梁。

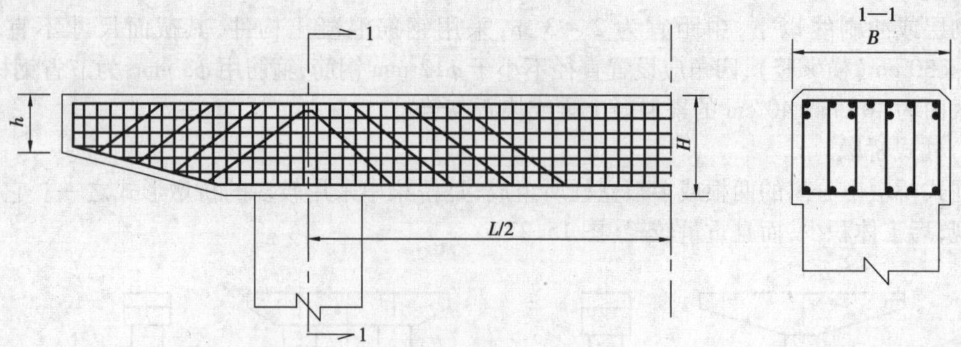

图 15.28　盖梁构造

墩柱与桩的构造如图 15.29 所示。墩柱钢筋伸入盖梁或承台进行连接时，为使桩柱和盖梁或承台有较好的整体性，桩柱顶一般应嵌入盖梁或承台 15 ~ 20 cm。露出桩柱顶的主筋可弯成与铅垂线约成 15°倾斜角的喇叭形，并伸入盖梁和承台中。若受盖梁或承台尺寸的限制，也可不弯成喇叭形，钢筋的伸入长度（算至弯钩切点）应符合相关规定。在喇叭形主筋外围还应设置直径不小于 8 mm 的箍筋，间距一般为 10 ~ 20 cm。

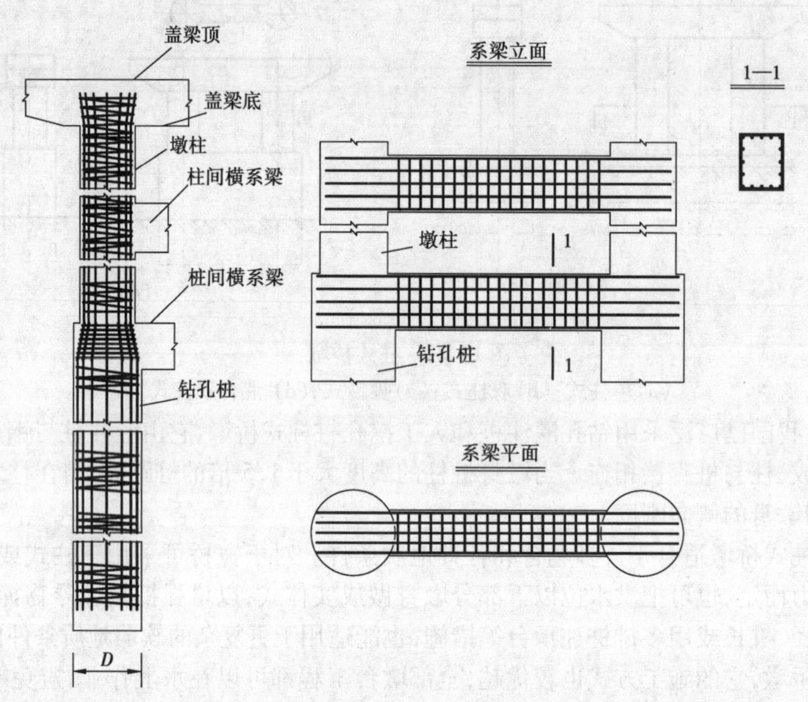

图 15.29　桩、柱及横系梁构造

墩柱配筋的一般要求为：纵向受力钢筋直径应不小于 12 mm；全部纵向钢筋的配筋百分率不应小于 0.5，一侧钢筋的配筋百分率不应小于 0.2，构件的全部纵向钢筋配筋率不宜超过 5%。纵向受力钢筋净距应不小于 5 cm，净保护层不小于 3 cm；箍筋应做成闭合式，其直径不应小于纵向钢筋直径的 1/4，且不小于 8 mm；箍筋间距不应大于纵向受力钢筋直径的 15 倍、不大于构件短边尺寸(圆形截面采用0.8倍直径)且不大于40 cm。相应桩身的配筋要求应满足《公路桥涵地基与基础设计规范》(JTG D63—2007)第5.2.2条的相关规定。

柱式墩台的柱身间设置横系梁时,其截面高度可取为0.8~1.0倍的柱直径或长边边长,宽度可取为0.6~0.8倍的柱直径或长边边长。横系梁四角应设置直径不小于16 mm的纵向钢筋,并设直径不小于8 mm的箍筋,箍筋间距不应大于横系梁的短边尺寸或40 cm。当用横系梁加强桩之间的整体性时,横系梁高度可取为0.8~1.0倍桩的直径,宽度可取为0.6~1.0倍桩的直径,混凝土的强度等级不应低于C25,纵向钢筋不应少于横系梁截面面积的0.15%;箍筋直径不应小于8 mm,其间距不应大于40 cm,横系梁的主钢筋应伸入桩内,其长度不小于35倍主筋直径。见图15.29。

独柱式桥墩有带盖梁(亦称伸臂桥墩)和不带盖梁两种。独柱式桥墩在城市高架桥、跨线桥以及高速公路匝道桥梁中应用较多,具有外形美观、占地少等优点。但在多跨独柱式桥梁中,应考虑偏载作用下的侧向稳定问题。对超过3跨的桥梁中,宜在中跨设置1道双立柱桥墩,或将高立柱与主梁固结,也可将两桥台处的梁底做成与梁顶同宽,以增强桥梁的抗扭能力。

(2)拱桥轻型桥墩

拱桥桥墩上所用的轻型桥墩,一般为配合钻孔灌注桩基础的桩柱式桥墩。从外形上看,它与梁桥上的桩柱式桥墩非常相似(图15.30)。其主要差别是:在梁桥墩帽上设置支座,而在拱桥墩顶部分则设置拱座。当拱桥跨径在10 m左右时,常采用两根直径为1 m的钻孔灌注桩;跨径在20 m左右时可采用两根直径为1.2 m或3根直径为1 m的钻孔灌注桩;跨径在30 m左右时可采用3根直径为1.2~1.3 m的钻孔灌注桩。桩墩较高时,应在桩间设置横系梁以增强桩柱刚性。桩柱式桥墩一般采用单排桩,如是高墩而跨径在40~50 m以上,可采用双排桩(图15.30(b)),在桩顶设置承台,与墩柱联成整体。如果柱与桩直接连接,则应在接合处设置横系梁。若柱高大于6~8 m时,还应在柱的中部设置横系梁。

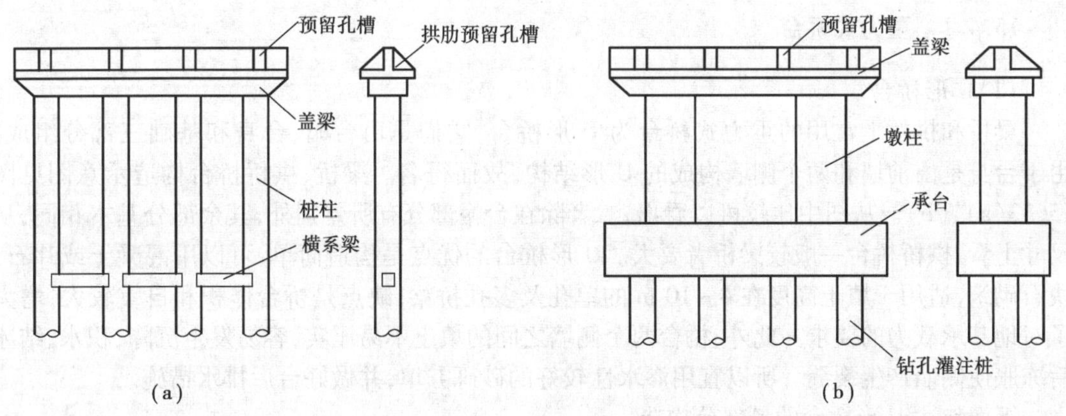

图15.30　拱桥桩柱式桥墩

在采用轻型桥墩的多孔拱桥中,每隔3~5孔应设单向推力墩。当桥墩较矮或单向推力不大时,可以考虑一些轻型的单向推力墩,其优点是阻水面积小,并可节约圬工体积。轻型的单向推力墩形式有:

1)带三角杆件的单向推力墩

这种桥墩的特点是在普通墩的墩柱上,从两侧对称地增设钢筋混凝土斜撑和水平拉杆,用来提高抵抗水平推力的能力(图15.31(a))。为了提高构件的抗裂性,可以采用预应力混凝土结构。这种桥墩只在桥不太高的旱地上采用。

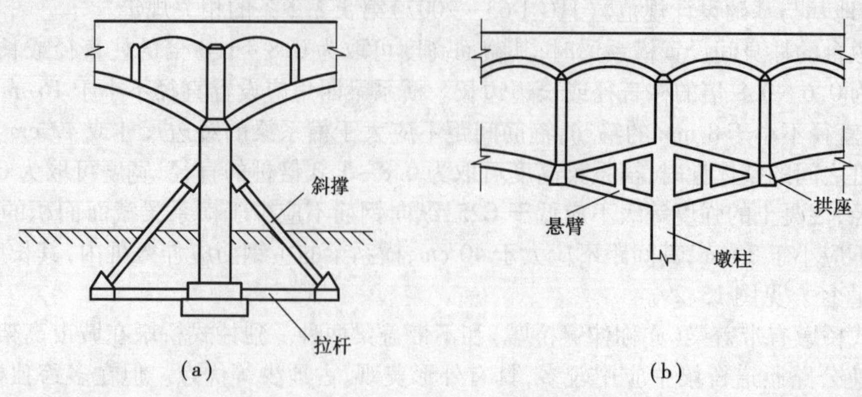

图 15.31 拱桥轻型单向推力墩

2)悬臂式单向推力墩

悬臂式单向推力墩的工作原理是,当该墩的一侧桥孔遭到破坏以后,可以通过另一侧拱座上的竖向分力与悬臂长所构成的稳定力矩来平衡由拱的水平推力所导致的倾覆力矩(图15.31(b))。这种形式适用于两铰双曲拱桥。但由于墩身较薄,在受力后悬臂端会有一定位移,因而对于无铰拱来说会有附加内力发生。

15.4 桥 台

15.4.1 重力式桥台

(1)U 形桥台

梁桥和拱桥上常用的重力式桥台为 U 形桥台,它们是由台帽、台身和基础三部分组成。由于台身是由前墙和两个侧墙构成的 U 形结构,故而得名。梁桥、拱桥桥台构造示意图见图15.32(a)、(b)。从图中比较可以看出,二者除在台帽部分有所差别外,其余部分基本相同;从尺寸上看,拱桥桥台一般较梁桥者要大。U 形桥台的优点是构造简单,可以用混凝土或片石、块石砌筑,适用于填土高度在 4 ~ 10 m 的单孔及多孔桥梁;缺点是桥台体积和自重较大,增大了对地基承载力的要求。此外,桥台两个侧墙之间的填土不易压实,容易发生沉降,积水、结冰后冻胀使侧墙产生裂缝。所以宜用渗水性较好的砂砾夯填,并做好台后排水措施。

下面叙述 U 形桥台的各部分构造。

1)台帽

梁桥台帽的构造和尺寸要求与相应的桥墩墩帽有许多共同之处,不同的是台帽顶面只设单排支座,在另一侧则要砌筑挡住路堤填土的矮矬墙,或称背墙。背墙的顶宽不宜小于50 cm,背墙一般做成垂直的,并与两侧墙连接。如果背墙放坡时,则在靠路堤一侧的坡度与台身一致。在台帽放置支座部分的构造尺寸、钢筋配置及混凝土强度可按相应的墩帽构造进行设计。

拱桥桥台只在向河心的一侧设置拱座,其构造和尺寸可参照相应桥墩的拱座拟定。对于空腹式拱桥,在前墙顶面上还要砌筑背墙,用来挡住路堤填土和支承腹拱。

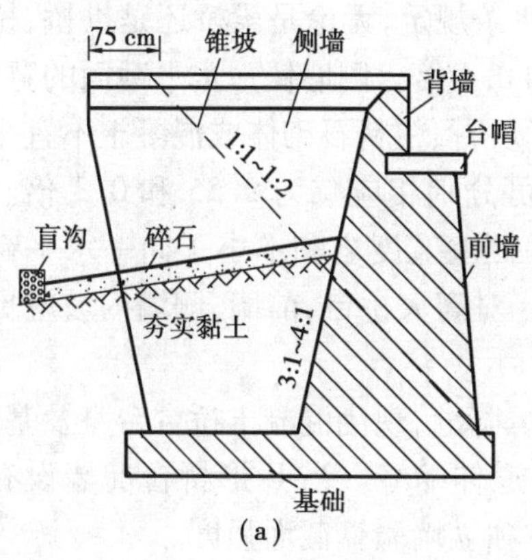

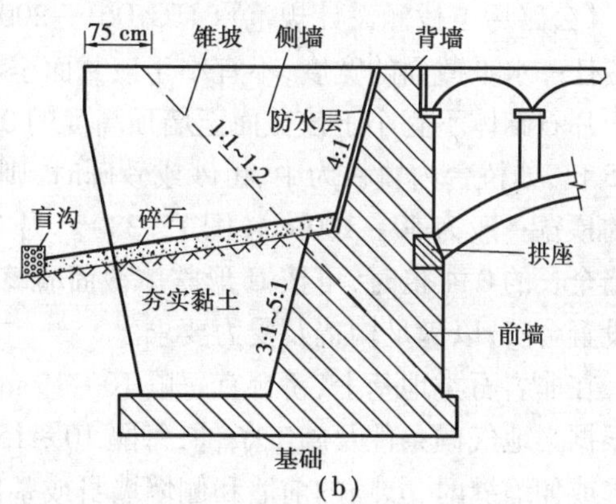

图 15.32　U 形桥台

2）台身

台身由前墙和侧墙构成。前墙正面多采用直立或10∶1的斜坡，背面坡度一般采用3∶1 ~ 4∶1。侧墙与前墙结合成一体，兼有挡土墙和支撑墙的作用。侧墙外侧一般是直立的，内侧设3∶1 ~4∶1的斜坡，侧墙长度视桥台高度和锥坡坡度而定。前墙的下缘一般与锥坡下缘相齐，因此，桥台越高、锥坡越坦，侧墙则越长。侧墙尾段，应有不小于0.75 m 的长度伸入路堤中，以保证与路堤有良好的衔接。台身宽度通常与路基宽度相同。侧墙的尾端除最上段1.0 m 采用竖直外，以下部分可采用4∶1 ~8∶1的倒坡（图 15.33）。当侧墙尾端与路堤挡墙相接时或处于挖方地段时，侧墙尾端均为竖直（图 15.34）。根据地形变化，U 形台可采用阶梯式（图 15.35）。

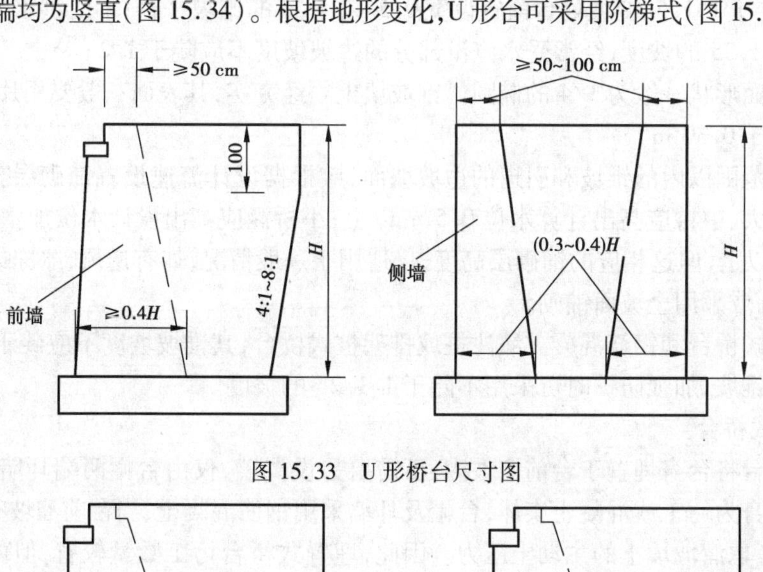

图 15.33　U 形桥台尺寸图

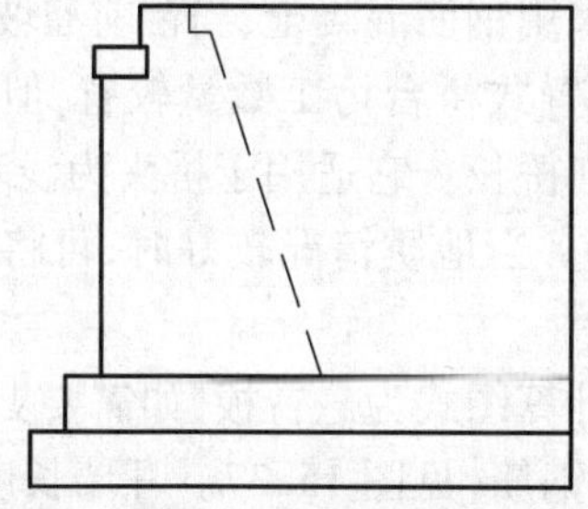

图 15.34　尾端竖直 U 形桥台

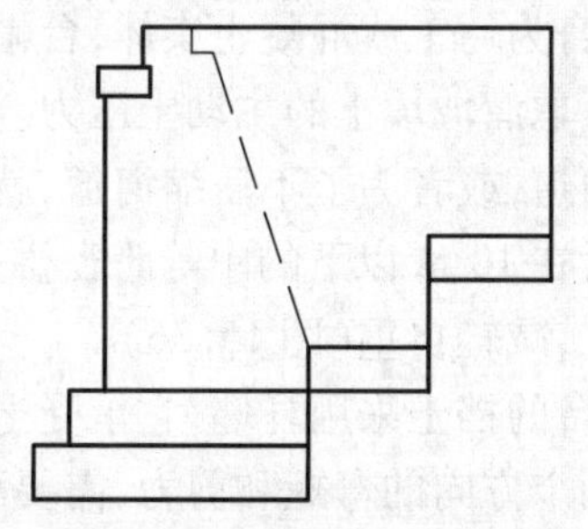

图 15.35　阶梯式 U 形桥台

《公路圬工桥涵设计规范》(JTG D61—2005)第6.2.4条规定,无论是梁桥还是拱桥,桥台前墙任一水平截面的宽度,不宜小于该截面至墙顶高度的0.4倍。侧墙任一水平截面的宽度,对于片石砌体不宜小于该截面至墙顶高度的0.4倍;对于块石、粗料石砌体或混凝土不宜小于0.35倍;如桥台内填料为中、粗砂或砂砾时,则上述两项可分别相应减为0.35和0.3倍。侧墙的顶宽一般为50~100 cm(图15.33)。当U形桥台两侧墙宽度之和不小于同一水平截面前墙全长的0.4倍时,可按U形整体截面验算截面强度。对高大桥台,前墙、侧墙内坡应更缓或设置台阶,以满足构造及受力要求。

在非岩石类地基上,桥台宜每隔10~15 m设置一道沉降缝,现浇混凝土桥台台身及基础,应根据当地气候条件及施工条件,每隔10~15 m设置一道伸缩缝。当U形桥台前墙设有沉降缝或伸缩缝时,分隔的前墙和侧墙墙身或基础应分别按独立墙验算截面强度。

桥台应设置台背排水设施。两个侧墙之间应填以渗透性较好的砂砾。为了排除桥台前墙后面的积水,应于侧墙间在略高于高水位的平面上铺一层向路堤方向设有斜坡的夯实黏土作为不透水层,并在黏土层上再铺一层碎石,将积水引向设于台后横穿路堤的盲沟内(图15.32)。不受水淹的桥台,可在台身设置泄水孔,以利排出台身内积水。

桥台桥头锥坡的锥体及桥台台后5~10 m长度内的引道,可用砂性土等材料填筑。在非严寒地区缺乏透水性土时,可就地取土经处理后填筑。

锥坡与桥台两侧正交线的坡度,当有铺砌时,路肩边缘下的第一个8 m高度内不宜陡于1∶1;在8~12 m高度内不宜陡于1∶1.25;高于12 m的路基,其12 m以下的边坡坡度应由计算确定,但不应陡于1∶1.5,变坡处台前宜设宽0.5~2.0 m的锥坡平台;不受洪水冲刷的锥坡可采用不陡于1∶1.25的坡度;经常受水淹没部分的边坡坡度不应陡于1∶2。

锥坡的平面形状一般为1/4的椭圆。锥坡填土须经夯实,其表面一般要用片石铺砌,其砌体厚度不宜小于0.30 m。

洪水泛滥范围以内的锥坡和引道的边坡坡面,应根据设计流速设置铺砌层。铺砌层的高度应为:特大、大、中桥应高出计算水位0.5 m以上;小桥涵应高出设计水位加壅水水位(不计浪高)0.25 m以上,但这相应的铺砌层高度,仅适用于一般情况,如有逆风、冰冻或漂流物等影响,应适当提高或采用全坡面铺砌。

对于埋置式桥台和钢筋混凝土灌注桩或排架桩式桥台,其锥坡坡度不应陡于1∶1.5,对不受洪水冲刷的锥坡,加强防护时可采用不陡于1∶1.25的坡度。

(2)埋置式桥台

埋置式桥台将台身埋置于台前溜坡内,不需要另设翼墙,仅由台帽两端耳墙与路堤衔接。埋置式桥台台身为圬工或混凝土实体,台帽及耳墙采用钢筋混凝土,当台前溜坡有适当保护不被冲毁时,可考虑溜坡填土的主动土压力。因此,埋置式桥台圬工数量较省,但由于溜坡伸入桥孔,压缩了河道,或者为了不压缩河道,就需要增加桥长。它适用于桥头为浅滩,溜坡受冲刷较小,填土高度在10 m以下的中等跨径桥梁中使用。当地质情况较好时,可将台身挖空成拱形,以节省圬工,减轻自重(图15.36)。

埋置式桥台的挡土采用耳墙,它承受土压力的计算图式为悬臂板,如需要支承人行道上的荷载,则受到两个方向的弯矩和剪力,需要配置受力钢筋,见图15.37。耳墙长度不宜太长,一般不超过3~4 m。厚度为0.15~0.3 m,高度为0.5~2.5 m,耳墙应将主筋伸入台帽或背墙借以锚固。

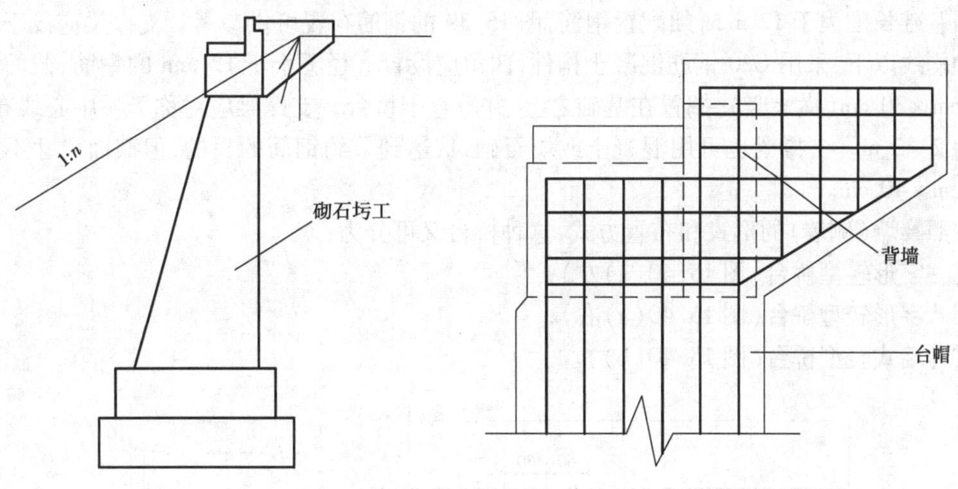

图 15.36　重力式埋置式桥台　　　　图 15.37　耳墙钢筋布置

(3)拱座式桥台

拱座式桥台即实体桥台,没有侧面挡土的问题。对山边岩质地基,桥台以嵌入岩层最为经济。如地基较为平坦时,应使主拱拱推力与桥台重力的合力作用于基底核心距内,不使基底产生拉力来确定桥台长度。地基基础条件较好的桥台,有时为了缩短基础长度,在桥台上加柱,以使合力趋近于基础前缘,减少基础圬工(图 15.38)。

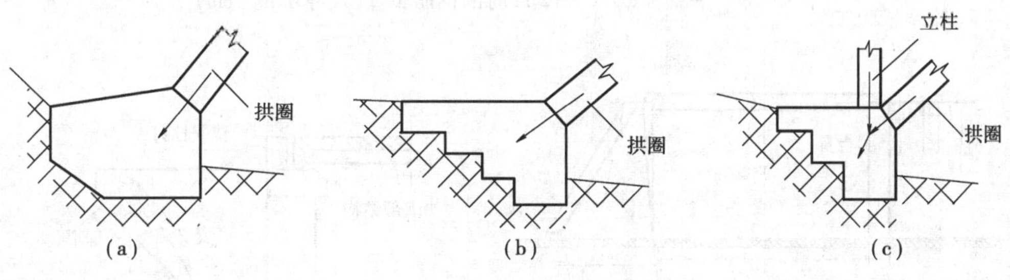

图 15.38　拱座式桥台

15.4.2　轻型桥台

与重力式桥台不同,轻型桥台力求体积轻巧、自重要小,它借助结构物的整体刚度和材料强度承受外力,达到节省材料,降低对地基强度的要求和扩大应用范围的目的,为在软土地基上修建桥台开辟了经济可行的途径。轻型桥台的种类繁多,下面按梁桥轻型桥台与拱桥轻型桥台分别叙述。

(1)梁桥轻型桥台

1)设有支撑梁的轻型桥台

轻型桥台适用于小跨径桥梁,轻型桥台与轻型桥墩配合使用时桥跨孔数不宜超过 3 个,单孔跨径不大于 13 m,多孔全长不宜大于 20 m。

这种桥台的特点是,台身为直立的薄壁墙,厚度不宜小于 0.6 m,台身两侧有翼墙。在两桥台下部设置钢筋混凝土支撑梁,上部结构与桥台通过锚栓连接,于是便构成四铰框架结构系统,并借助梁端台后的被动土压力来保持稳定。它的基础将视为作用于弹性地基上的梁来计算。当基础长度大于 12 m 时须配置钢筋,图 15.39 的钢筋布置可供参考。支撑梁应设于铺砌层或冲刷线以下,采用 C20 钢筋混凝土构件,四角应设置直径不小于 12 mm 的钢筋,截面尺寸为 20 cm×30 cm(横×竖),搁置在基础之上,并垂直于桥台。支撑梁应对称于桥中心线布置,中距为 2～3 m。支撑梁也可用混凝土或块石砌筑,达到节约钢筋的目的,但截面尺寸不应小于 40 cm×40 cm。

按照翼墙(侧墙)的形式和布置方式,这种桥台又可分为:

①一字形轻型桥台(图 15.40(a)左);

②八字形轻型桥台(图 15.40(a)右);

③耳墙式轻型桥台(图 15.40(b))。

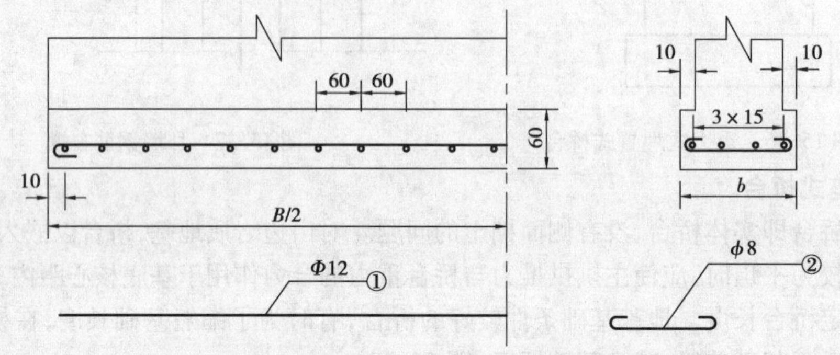

图 15.39　基础长度大于 12 m 时的钢筋布置(尺寸单位：cm)

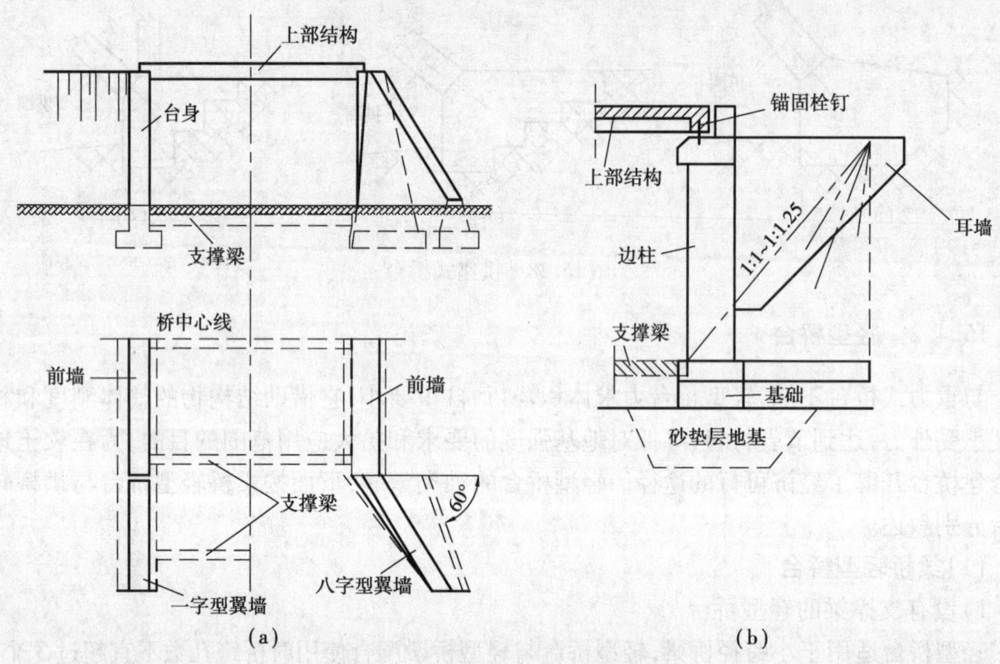

图 15.40　设置地下支撑梁的轻型桥台

一字形或八字形轻型桥台的台身均为圬工砌体,当桥梁跨径不超过 6 m,台高不超过 4 m 时,可用 M15 浆砌块石;当跨径大于 6 m,台高大于 4 m 时,需用混凝土浇筑。台身厚度(包括一字翼墙)不宜小于 60 cm。对于八字翼墙其顶面宽度,混凝土不宜小于 30 cm,块石砌体不宜小于50 cm;其端部顶面应高出地面20 cm。台帽为钢筋混凝土,台帽内的预埋栓钉应与上部结构互相锚固。为了保证支撑梁牢固地埋入土中,一般埋置深度为1.5 m,在有冲刷的河流上,还应用片石铺砌河床。如果基础能嵌入风化岩层15~25 cm时,可不设下部支撑梁。台身前墙与翼墙之间一般设沉降缝分离。这类桥台不设路堤锥坡,前墙承受土压力及支座传来的荷载,两侧翼墙只承受土压力。翼墙顶面与路堤边坡平齐,其高度与底宽是变动的;八字形翼墙在平面上与路堤中心线通常呈60°角斜交。只有当土壤的天然坡角较大或桥位处设置锥坡有困难时才采用这类桥台。

为了节约圬工体积,也可把翼墙改为附于边柱上的耳墙(图15.40(b));结构布置是在台身两侧设置钢筋混凝土边柱。边柱、台帽和基础共同组成矩形的刚性框架,框架的中空部分用块石砌成整体:耳墙为钢筋混凝土三角形薄壁结构,它从边柱上悬出,与锥坡配合起到路堤挡土的作用。边柱除承受由耳墙重力产生的竖直荷载和弯矩外,尚应计算耳墙上水平土压力对柱身所产生的剪力和扭矩。耳墙与边柱接合处应加腋。耳墙式桥台的优点是用料经济,对于需要经过人工处理的软土地基来说,效果良好;缺点是耳墙不能悬挑过长(不宜大于4 m),锥坡坡度较陡,必须加强护坡的砌筑处理,而且用钢量也较多。

2)轻型埋置式桥台

轻型埋置式桥台的布置方式及优缺点与重力式埋置式桥台相似,但其台身圬工量较少,对地基的适应性较好。按台身的结构形式,轻型埋置式桥台可以分为:

①肋形埋置式(图15.41(a)、(b));

②双柱式(图15.41(c)、(d));

③框架式(图15.41(e)、(f))。

肋形埋置式(又称墙式)桥台台身由两块后倾式的肋板与顶面帽梁联结而成。台高在10 m及10 m以上者设系梁。帽梁、系梁和耳墙均需配置钢筋,并采用C25混凝土。台身与帽梁、台身与基础之间只需布置少量接头钢筋,台身采用C20混凝土。根据地基情况。基础可采用桩接承台的形式,也可采用普通扩大基础的形式。

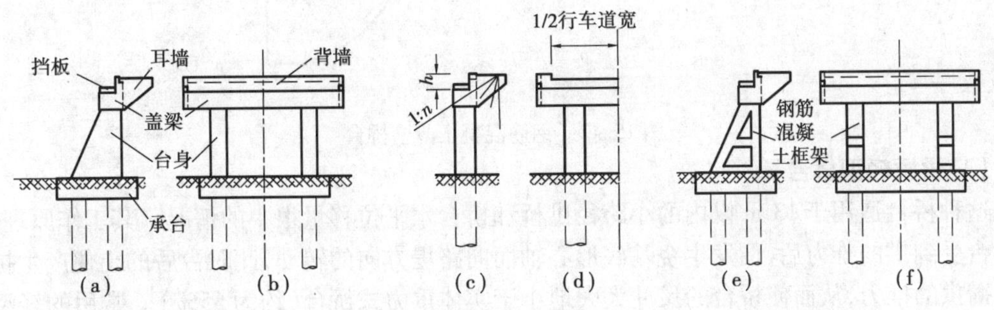

图15.41　轻型埋置式桥台

桩柱式埋置式桥台对于各种土壤地基都适宜。根据桥宽和土基承载能力可以采用双柱、三柱或多柱的形式。柱与钻孔桩相连的称为桩柱式;柱子嵌固在普通扩大基础之上的称立柱式;完全由一排钢筋混凝土桩和桩顶盖(或帽)梁联结而成的称柔性桩台。桩柱式桥台的台帽及耳墙采用C25钢筋混凝土,桩柱采用C20钢筋混凝土。桩柱式桥台一般适用范围是:桥孔跨径8~20 m,填土高度3~5 m。当填土高度大于5 m时,宜采用框架式埋置式桥台。

框架式桥台既比桩柱式桥台有更好的刚度,又比肋形埋置式桥台挖空率更高,更节约圬工体积。由于这种桥台结构本身存在着斜杆,能够产生水平分力以平衡土压力,加之基底较宽,又通过系梁联成一个框架体,所以稳定性较好,可用于填土高度在5 m以上的桥台,并与跨径为16 m和20 m的梁式上部结构配合应用。其不足之处是必须用双排桩基,钢筋水泥用量均较桩柱式的要多。

3)钢筋混凝土薄壁桥台

钢筋混凝土薄壁桥台是由扶壁式挡土墙和两侧的薄壁侧墙构成(图15.42)。挡土墙由厚度不小于15 cm(一般为15~30 cm)的前墙和间距为2.5~3.5 m的扶壁所组成。台顶由竖直小墙和支于扶壁上的水平板构成,用以支承桥跨结构。两侧薄壁可以与前墙垂直,有时也做成与前墙斜交。前者称U形薄壁桥台,后者称八字形薄壁桥台。这种桥台不仅可以减少圬工体积40%~50%,同时因自重减轻而减小了对地基的压力。故适用于软弱地基的条件,但其构造和施工比较复杂,并且钢筋用量也较多。

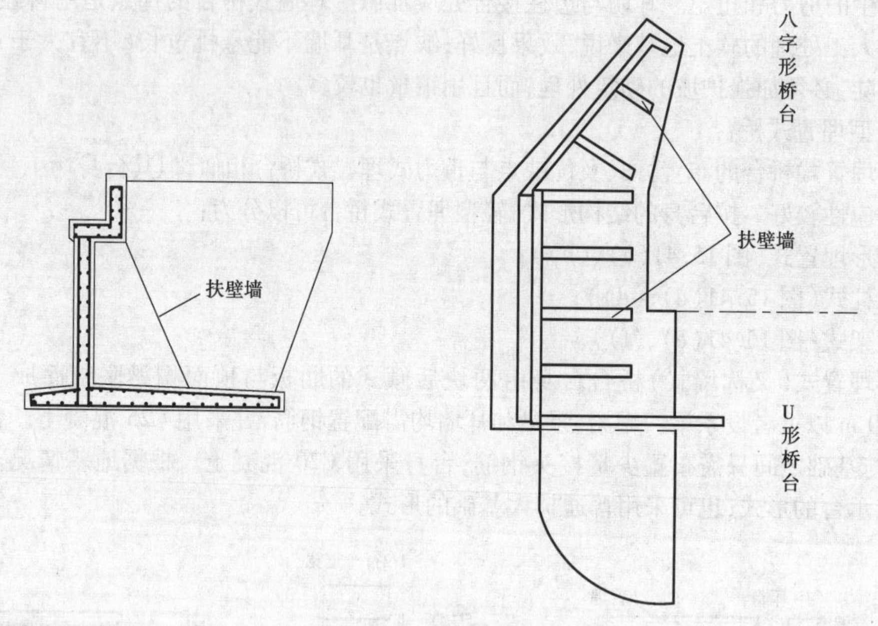

图15.42 钢筋混凝土薄壁桥台

(2)拱桥轻型桥台

这种桥台适用于13 m以内的小跨径拱桥和桥台水平位移量很小的情况。其工作原理是:当桥台受到拱的推力后,便发生绕基底形心轴而向路堤方向的转动,此时台后的土便产生抗力来平衡拱的推力,从而使桥台的尺寸大大地小于实体重力式桥台(约为65%)。常用的轻型桥台有八字形桥台,以及由此派生出来的∏形、E形等背撑式桥台。此外,我国近年来在有的地区还修建了改进基础布置方式的靠背式框架桥台,下面予以简要介绍。

1)八字形桥台

八字形桥台的构造简单,台身由前墙和两侧的八字翼墙构成(图15.43(a))。两者间通常留沉降缝分砌。前墙可以是等厚度的,也可以是变厚度的。变厚度台身的背坡为2:1~4:1。翼墙的顶宽一般为40 cm,前坡为10:1,后坡为5:1。为了防止基底向河心滑动,基础应有一定的埋置深度。台后填土必须分层夯实,做好防护措施,防止受水流侵蚀冲刷。

2）U 字形桥台

U 字形轻型桥台是由前墙和平行于车行方向的侧墙组成，构成 U 字形的水平截面（图 15.43（b））。它与 U 形重力式桥台的差别是，后者是靠扩大桥台底面积，以减小基底压力，并利用基底与地基的摩阻力和适当利用台背侧土压力，以平衡拱的水平推力，因此基础底面积较轻型桥台的要大，通常从前墙一直延伸到侧墙尾端，侧墙与前墙连成整体，而与拱上侧墙断开。U 字形轻型桥台前墙的构造和八字形桥台相同，但侧墙却是拱上侧墙的延伸，它们之间应设变形缝，以适应桥的可能变位。轻型桥台侧墙的顶宽一般为 50 cm，内侧坡度为 5∶1，若有人行道，则上端做成等厚直墙，直到与按 5∶1内坡相交为止，以下仍用 5∶1的坡度。

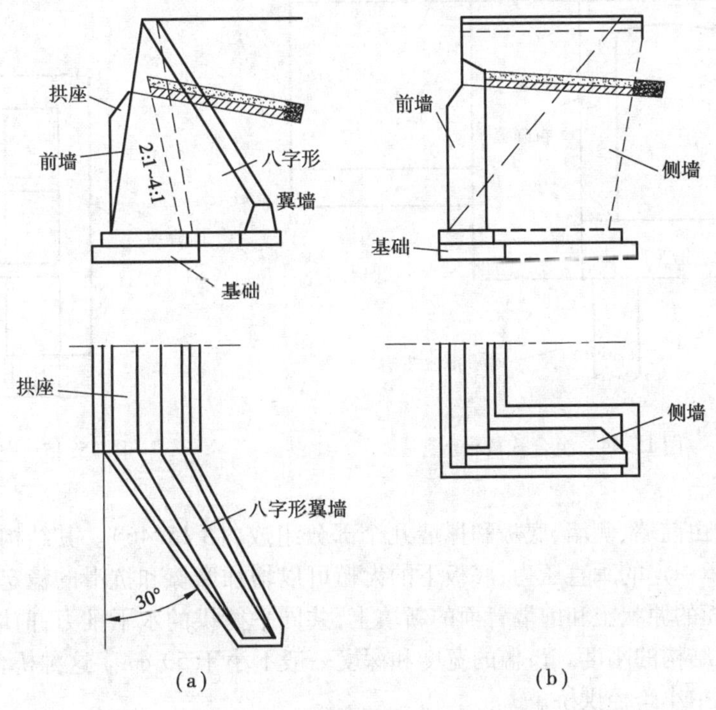

图 15.43　八字形和 U 形轻型桥台

（3）拱桥的其他形式桥台

常用的其他形式的桥台有下述几种。

1）组合式桥台

组合式桥台由台身和后座两部分组成（图 15.44）。台身基础承受竖向力，一般采用桩基或沉井基础；拱的水平推力则主要由后座基底的摩阻力及台后的土侧压力来平衡。因此后座基底标高应低于拱脚下缘的标高。台身与后座间应密切贴合，并设置沉降缝，以适应两者的不均匀沉降。在地基土质较差时，后座基础也应适当处理，以免后座向后倾斜，导致台身和拱圈的位移和变形。

2）空腹式桥台

空腹式桥台是由前墙、后墙，基础板和撑墙等部分组成（图 15.45）。前墙承受拱圈传来的荷载，后墙支承台后的土压力。在前后墙之间设置 3 ~ 4 道撑墙作为传力构件，并对后墙起到扶壁和对基础板起到加劲作用。最外边的撑墙可以做成阶梯踏步，供人们上下河岸之用。空腹可以是敞口的，也可以是封闭的；如地基承载力许可时，也可在腹内填土。这种桥台一般是在软土地基、河床无冲刷或冲刷轻微、水位变化小的河道上采用。

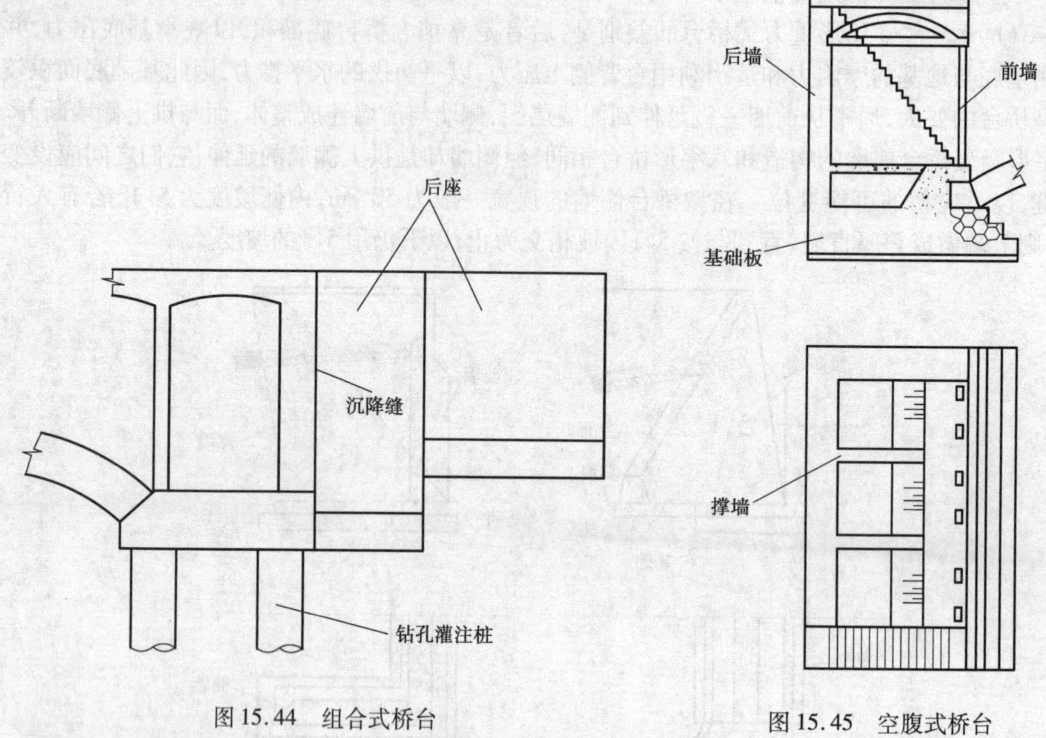

图 15.44　组合式桥台　　　　图 15.45　空腹式桥台

3）齿槛式桥台

齿槛式桥台由前墙、侧墙、底板和撑墙几个部分组成（图 15.46）。其结构特点是：基底面积较大，可以支承一定的垂直压力；底板下的齿槛可以增加摩擦和抗滑的稳定性；台背做成斜挡板，利用它背面的原状土和前墙背面的新填土，共同平衡拱的水平推力；前墙与后墙板之间的撑墙可以提高结构的刚度。齿槛的宽度和深度一般不小于 50 cm。这种桥台适用于软土地基和路堤较低的中小跨径拱桥。

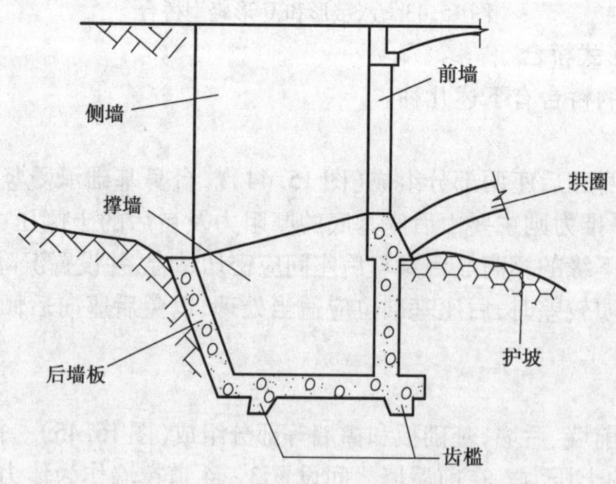

图 15.46　齿槛式桥台

15.4.3 墩台防腐

酸碱度超过一定限值就会损坏混凝土,危及桥梁正常使用,必须进行防腐处理。方法之一是使用抗硫酸盐之类的水泥配制防水混凝土。通常对轻型墩台、柔性排架桩式墩台、钻孔灌注桩墩台等都需进行防腐处理,以延长桥梁的使用寿命,保证行车安全。防腐处理时,可选用高铝水泥、硫铝酸盐早强水泥或抗硫酸盐硅酸盐水泥,其中以第三种较佳,它比较适用于同时受硫酸盐侵蚀,冻融和干湿作用的海港工程、水利工程及地下工程。

15.4.4 桥台防水

实体桥台墙背应尽可能回填透水性良好的砂砾以利排水,并避免桥台前后产生较大的动水压力。桥台被土掩埋部分的表面不应有凹入存水的缺点,石砌圬工的砂浆灰缝应密实。石料、混凝土的桥台台背与土接触面应涂热沥青两道或用石灰三合土、水泥砂浆胶泥作为防水处理。对桥台内的渗水,可设置排水盲沟排水,参见图15.32。为了顺利地将桥头路面水排入路堤边沟或地面,有时在桥头还设排水槽,排水槽一般离耳墙端距离为0.5 m左右,其构造如图15.47所示。

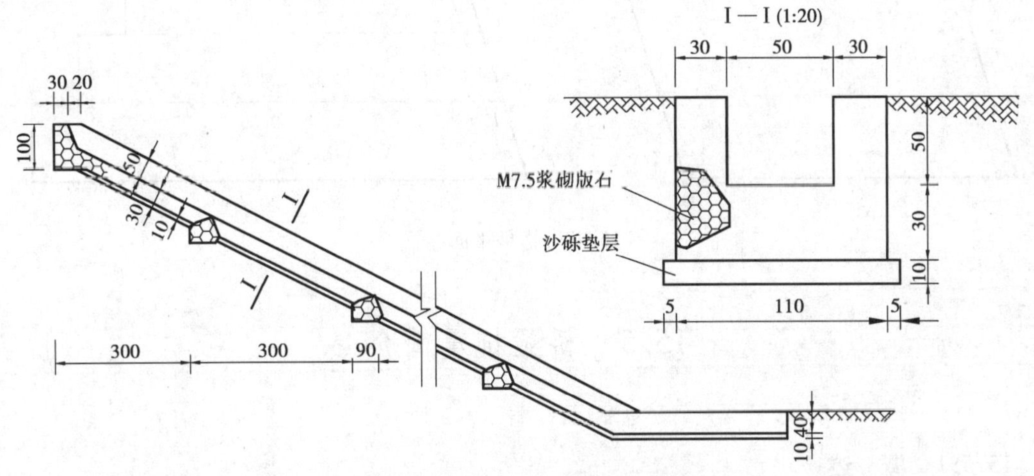

图15.47 排水槽构造(尺寸单位: cm)

15.4.5 桥头搭板

为防止桥头路基沉陷不均引起行车颠簸,应在路堤与桥台的衔接处设置桥头搭板,搭板厚度不宜小于25 cm,长度不宜小于6 m。桥台背墙后亦做成阶梯状或设牛腿以搁置搭板(图15.48)。高等级公路行车速度高,搭板长度应适当予以加长,一般不小于8 m或更长一点。设置搭板时,必须同时严格控制台后路基的填料及填筑密实度,以尽量减少沉降量,这样设置搭板才能起到防止跳车的作用。搭板受力计算比较复杂,按弹性地基板计算的较多。当为斜桥时,可有两种搭板布置方法,如图15.49所示。搭板配筋构造一般分上下两层,按计算设置纵、横两个方向的主筋,并设连接上、下层主筋的短竖向筋,斜桥搭板角点钢筋应加强。

搭板既可采用现浇方式施工,也可采用预制施工。搭板向路堤一端的底面有设置枕梁或不设置枕梁两种构造形式。

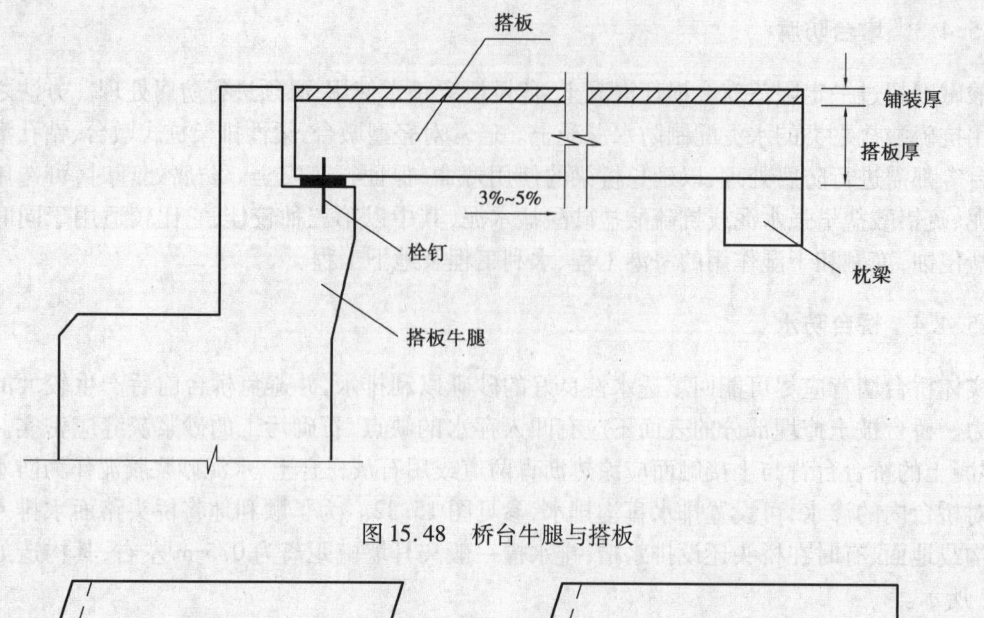

图 15.48　桥台牛腿与搭板

图 15.49　搭板平面布置

15.5　桥梁抗震简介

15.5.1　概　述

地震是破坏力最大的自然灾害之一,全球每年发生能感觉到的地震有几万次,而 7 级以上有可能造成巨大灾害的地震约十几次。

最近的 30 余年,全球发生了许多次大地震,造成了非常惨重的生命财产损失。如 1971 年美国 San Fernando 地震(M6.6)、1976 年中国唐山大地震(M7.8),1989 年美国 Lo ma Prieta 地震(M7.0)、1994 年美国 Northridge 地震(M6.7),以及 1995 年日本阪神大地震(M7.2)导致的经济总损失(以当时的币值为准)分别为:10 亿美元、100 亿人民币、70 亿美元、200 亿美元、1 000 亿美元。

2008 年 5 月 12 日下午 14:28 发生在我国四川的里氏 8.0 级汶川大地震共造成 8.7 万人死亡,造成直接经济损失达 8 451 亿元人民币。对公路交通的毁坏尤具灾难性,严重阻碍救灾工作的迅速开展。

桥梁工程本身是非常重要的结构工程,更是防灾减灾的生命线工程。因此开展桥梁抗震设计,提高其抗震能力,对防灾和减灾都具有十分重要的意义。

15.5.2　桥梁震害现象

通过对历次破坏性地震的调查,发现桥梁的震害现象有以下几种(图15.50):

唐山地震滦县滦河大桥破坏和落梁(1976)

日本Kobe地震高架桥倒塌(1990)

美国Northridge地震桥墩弯剪破坏(1994)

汶州地震百花大桥部分垮塌(2008)

图15.50　地震对桥梁的破坏实例

(1)上部结构破坏

梁式桥和拱桥上部结构因直接的地震动力效应而毁坏的情形较少,往往是由于桥梁结构其他部位的毁坏而导致梁体、拱体的损伤。比较严重的破坏是落梁,主要原因有墩台倾倒或倒塌、河岸滑坡、地基下沉、桥墩破坏、支座破坏、梁体碰撞、相邻桥墩发生过大的相对位移等。从梁体下落的形式看,绝大多数是顺桥向,也有横桥向的扭转滑移。梁在顺桥向发生坠落时,有时梁端撞击桥墩侧壁,给下部结构带来很大的破坏。如1976年唐山大地震中的滦县滦河大桥的震害就是典型的落梁破坏,该桥为一座35孔简支梁桥,主震后大桥已遭受损坏,但在当天7.1级余震时部分墩身全部倒塌。

(2)支承连接件破坏

地震中桥梁支座、伸缩装置和剪力键等支承连接件的震害十分普遍,是桥梁抗震的一个薄弱环节。破坏形式主要表现为支座锚固螺栓拔出剪断、活动底座脱落以及支座本身构造的破坏等。

(3)桥墩、桥台破坏

严重的破坏现象包括墩台的倒塌、断裂和严重倾斜,如台、墙因配筋不足被梁体撞穿,或承受过大的动土压力而倾斜。石砌或混凝土墩身大多为施工接缝处的轻微裂缝开始,继而扩展至四周造成剪断面破坏,甚至导致墩身移位或断落。对于钢筋混凝土桥墩,常出现桥墩轻微开裂、保护层混凝土剥落,严重的则受压区混凝土崩溃、钢筋裸梁屈曲,从而导致变形过大而破坏。

(4)基础破坏

基础自身的震害现象较少,破坏的主要原因在于不良地质条件,如砂土液化、地基下沉、岸坡滑移或开裂等。桩基础的承台由于体积、强度和刚度都很大,因此极少发生破坏,但桩基的破坏现象时有发生,尤其是深桩基础,因不良地质条件引起的基础严重破坏很难采用加强它们的抗震能力来避免,一般应在选择桥址、桥型、结构布置上加以注意。

15.5.3 桥梁抗震设计中的几个重要问题

(1)抗震设防目标和设防水平选择

各国规范普遍采用"小震不坏、中震可修、大震不倒"的抗震设防目标。但是,对于特别重要的桥梁,可以根据桥梁的规模、重要性,以及经济、技术条件综合确定实际采用的设防目标,甚至可以采用"大震不坏"的设防目标。对应于各个设防目标对应的设防水平,如小震的重现期可以取 25 ~ 100 年,中震的重现期可以取 200 ~ 900 年,大震的重现期可以取 1 000 ~ 5 000年。

(2)抗震概念设计

概念设计就是要用"概念"(力学、结构等)进行分析和判断,考虑桥梁的整体设计方案。这一步非常重要,需要认真对待,因为概念设计将从总体上决定桥梁的抗震性能。概念设计包括:

1)选择抗震有利的场地,如坚硬岩层、不液化、无断层的桥址场地;

2)选择抗震有利的基础型式,如桩基础等;

3)选择抗震有利的结构形式,如受力明确、质量分布合理等;

4)设置抵抗地震的多道防线,如两道甚至更多防线;

5)具有良好的变形和耗能能力,如设置潜在塑性铰、能力保护构件、减隔震装置等。

(3)地震动输入选取

在抗震计算中,根据选用的计算方法不同,分析时输入的地震动表达方式也不同。如果采用反应谱法计算,则地震动大小用加速度反应谱表示(图 15.51),如果采用时程法计算,则地震动用加速度时间历程表示(图 15.52)。

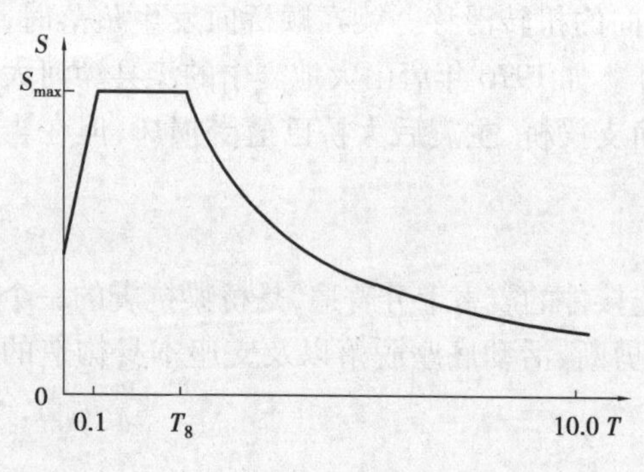

图 15.51 加速度反应谱

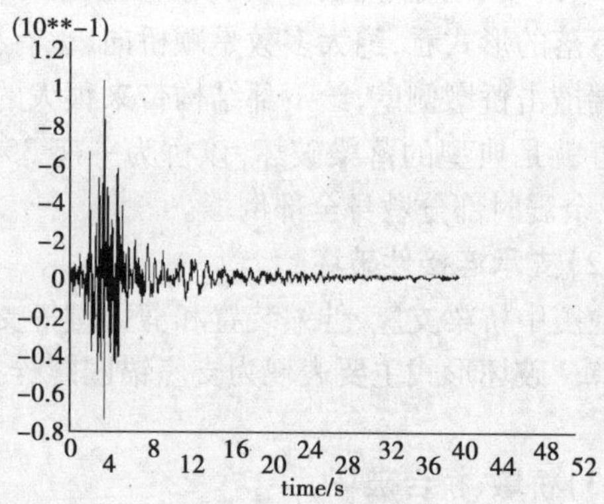

图 15.52 加速度时间历程曲线

地震动时间历程可以是实际地震记录(位移、速度或者加速度),也可以人工合成。

(4)构件的强度和延性验算

对于能力保护构件需进行强度(抗弯、抗剪等)验算,能力保护构件即不允许进入屈服的构件,如桥墩的盖梁、基础、承台,梁桥的主梁、斜拉桥和悬索桥的主塔等。

延性通常定义为在初始强度没有明显退化情况下的非弹性变形的能力。与延性相对应的概念是脆性。对设定的屈服耗能构件(即延性构件)要进行延性(曲率、位移等)验算。如桥墩的根部、框架的联系梁等。

衡量延性的量化设计指标,最常用的为曲率延性系数和位移延性系数。曲率延性系数通常用于反应延性构件临界截面的相对延性,位移延性系数则用于反应延性构件局部以及延性结构整体的相对延性。为了方便起见,常常也把曲率延性系数和位移延性系数简称为曲率延性和位移延性。

1)曲率延性系数

钢筋混凝土延性构件的非弹性变形能力,通常来自其塑性铰区截面的塑性转动。塑性铰区截面的塑性转动能力,可以通过截面的曲率延性系数来反映。曲率延性系数定义为截面屈服后的曲率与屈服曲率之比。设计通常关心的是最大曲率延性系数,定义为:

$$m_j = \frac{\varphi_u}{\varphi_y} \tag{15.3}$$

式中:φ_u、φ_y——分别表示塑性铰区截面的极限曲率和屈服曲率。

①对钢筋混凝土构件,塑性铰区截面的屈服曲率如何定义主要有以下两种方式:

a. 屈服曲率定义为截面最外层受拉钢筋初始屈服时的曲率。适用于能形成“受拉铰”(弯曲塑性铰)的适筋构件。

b. 屈服曲率定义为截面混凝土受压区最外层纤维初次达到峰值应变值时的曲率。

在计算钢筋混凝土延性桥墩的屈服曲率时,通常适用于会出现“受压铰”的超筋构件或高轴压比构件。

②极限曲率的定义

钢筋混凝土延性构件塑性铰区截面的极限曲率,通常定义为一旦满足以下四个条件中的任何一个,即达到极限曲率状态:

a. 核心混凝土达到极限压应变值——在钢筋混凝土延性构件中,被箍筋约束的核心混凝土的极限压应变值,一般远大于保护层混凝土的极限压应变值,在保护层混凝土剥落后,核心混凝土仍具有相当的承载能力。约束混凝土的应力—应变曲线如图 15.54 所示。

b. 临界截面的抗弯能力下降到最大弯矩值的 85%;

c. 受拉的纵向钢筋应变达到极限拉应变值;

d. 受压的纵向钢筋应变达到屈曲应变值。

2)位移延性系数

钢筋混凝土延性构件的位移延性系数定义为构件屈服后的位移与屈服位移之比。同样,设计通常关心的是最大位移延性系数,它定义为:

$$m_D = \frac{m_u}{m_y} \tag{15.4}$$

式中:m_u、m_y——分别表示结构或构件的极限位移和屈服位移。

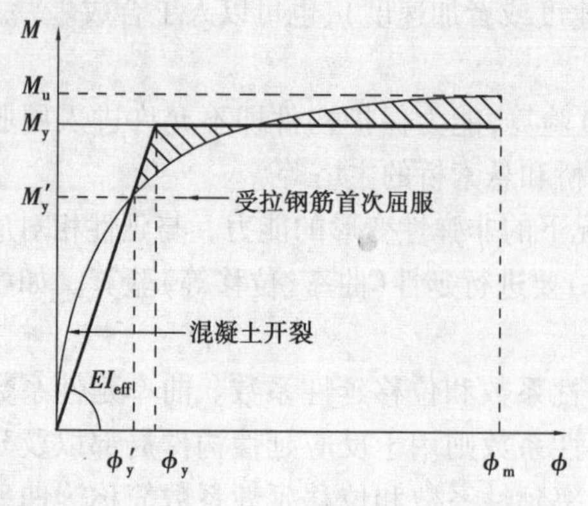

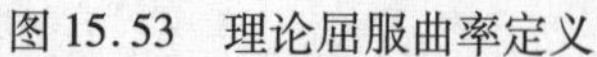
图 15.53　理论屈服曲率定义

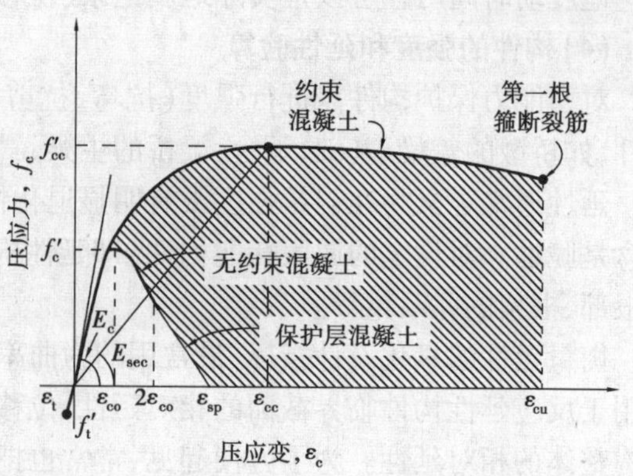

图 15.54　约束混凝土的应力—应变曲线

15.6　桥梁抗震设计方法的发展

桥梁工程抗震设防是一项经济性和政策性很强的工作，既要保证大桥在地震中的破坏程度被限制在可以承受的范围内，又不致于抗震设防的经济投入增加太多，所以需要在经济与安全之间进行合理平衡，这是桥梁抗震设防的合理安全度原则。

近几十年来，美国、日本等国家的地震工程专家先后提出了分级设防的抗震设计思想，即"小震不坏、中震可修、大震不倒"。

各国根据自己的国情，制定了不同的设防水准和设计方法。

(1)一水平设防，一阶段设计的基于强度的抗震设计

我国的《公路工程抗震设计规范》(JTJ 004—89)采用的就是这种方法，设防的水平是基本烈度(50 年超越概率 10%)，设防的目标是根据结构的重要程度，从经一般整修即可正常使用到不发生严重破坏。实践表明，一水平设防，一阶段设计存在没有验算和保证桥梁的塑性变形能力(即延性)、没有构造细节设计、能力保护构件设计等保证措施，不能保证结构在大地震下实现延性等不足。

(2)双水平、三水平设防，两阶段设计的基于能力的抗震设计

我国《建筑抗震设计规范》(GB 50011—2001)就是采用三水平设防两阶段设计方法，即对于发生频率高、可能性大的中小地震，基本不影响使用功能，验算结构或构件的强度；对于发生概率小的大地震，要求结构不倒塌或不发生严重破坏，验算结构或构件的变形能力。

日本公路桥梁抗震设计规范中采用两水平设防两阶段设计方法。对标准桥梁(A 类桥)，要求在小震作用下，不出现有损桥梁健全的破坏现象；在大震作用下，不对桥梁产生致命破坏。对特别重要桥梁(B 类桥)，要求在小震作用下，不出现有损桥梁健全的破坏现象；在大震作用下，仅对桥梁产生有限的损伤。美国 AASHTO 规范也采用了两水平设防两阶段设计方法。

《公路桥梁抗震设计细则》(JTG/T B021—2008)中，采用两水平设防两阶段设计方法。当桥梁遭受重现期较低的 E1 地震作用时，各类桥梁一般不受损坏或不需修复可继续使用；当桥梁遭受重现期较高的 E2 地震作用时，A 类桥梁(主跨 150 m 以上的特大桥)可发生局部轻微损伤,不需修复或经简单修复可继续使用,B、C 类桥梁应保证不致倒塌或不产生严重结构损伤,经加固修复后仍可继续使用。

《公路桥梁抗震设计细则》引入了能力保护设计方法。所谓能力保护设计方法是一种确保结构延性能力能够充分发挥、防止结构中的重要构件(也称为能力保护构件)或难以修复构件在大震下发生破坏、以及结构中延性构件发生脆性破坏的设计方法。

(3)多水平设防,多性能目标的基于性能的抗震设计

1994 年美国 Northridge 地震和 1995 年日本 Kobe 地震后,美、日学者提出了基于性能的抗震设计思想(Perfor mance-Based Design Philosophy),主要包括结构抗震性能等级的定义,抗震性能目标的选择,以及通过正确设计实现性能目标三部分。这种方法的优点是抗震性能目标可以根据结构的重要性"自主选择"。由于进入非弹性阶段后结构性能状态的分析比较困难,全面结构性能状态的指标仍在研究中,所以目前这种方法仍然不十分成熟。

第 16 章 墩台计算

16.1 荷载及其组合

在第 3 章桥梁设计作用内容中,已经对公路桥涵设计的作用(荷载)及其组合作了详细介绍,本节仅结合墩台计算所应考虑的内容予以阐述。

16.1.1 桥墩计算中的作用及其作用效应组合

桥墩计算中考虑的永久作用有:

①上部构造的结构自重对墩帽或拱座产生的支承反力,包括上部构造混凝土收缩、徐变影响。

②桥墩结构重力,包括作用在基础襟边上的土重。

③预应力,例如装配式预应力空心桥墩所施加的预应力。

④基础变位影响力,对于奠基于非岩石地基上的超静定结构,应考虑由于地基压密等引起的长期变位的影响,并根据最终位移量按弹性理论计算结构截面的附加内力。

⑤水的浮力,位于透水性地基上的桥梁墩台,当验算稳定时,应计算设计水位时的水浮力;当验算地基应力时,仅考虑低水位的浮力或不考虑水的浮力;基础嵌入不透水性地基的墩台,可以不计水的浮力;但不能肯定是否透水时,则分别按透水或不透水两种情况与其他作用组合,取其最不利者。作用在桩基承台底面的浮力,应考虑全部底面积。对桩嵌入不透水地基并灌注混凝土封闭者,不应考虑桩的浮力,在计算承台底面浮力时应扣除桩的截面面积。

桥墩计算中考虑的可变作用有:

①作用在上部构造上的汽车荷载,对于钢筋混凝土柱式墩台应计入冲击力,对于重力式墩台则不计冲击力。

②汽车离心力。

③人群荷载。

④作用在上部构造和墩身上的纵、横向风力。

⑤汽车荷载引起的制动力。

⑥作用在墩身上的流水压力。

⑦作用在墩身上的流冰压力。

⑧上部构造因温度变化对桥墩产生的水平力。

⑨支座摩阻力。

作用于桥墩上的偶然荷载有：

①地震力。

②作用在墩身上的船只或漂浮物的撞击力。

③对跨线立交，根据桥梁的结构形式，考虑汽车对桥墩的撞击作用。

对施工阶段，根据施工过程考虑相应的作用，按计算需要及结构所处条件来确定作用效应的组合。

上述各种作用的计算方法可参见本章内容和《公路桥涵设计通用规范》(JTG D60—2004)有关条文。

重力式桥墩的作用效应组合主要与墩身所要验算的内容有关，例如，墩身截面的强度和偏心的验算，整个桥墩的纵向及横向稳定性验算等。应根据可能出现的各种作用效应情况进行最不利的荷载组合。其次，拱桥重力式桥墩与梁桥重力式桥墩除了有共同点之外，也还存在一些差异。例如拱桥不设活动支座，因而没有支座摩阻力；但它要计及各种作用影响在拱座处产生的水平推力和弯矩。下面按梁桥和拱桥分别列出它们可能的作用效应组合。

(1)梁桥重力式桥墩

①第一种作用效应组合　按在桥墩各截面上可能产生的最大竖向力的情况进行作用效应组合。

这种组合用来验算墩身强度和基底最大应力。因此，除了有关的永久作用外，应在相邻两跨满布可变作用的一种或几种(图16.1(a))。

②第二种作用效应组合　按桥墩各截面在顺桥向上可能产生的最大偏心和最大弯矩的情况进行作用效应组合。

它是用来验算墩身强度、基底应力、偏心以及桥墩的稳定性。属于这一组合的除了有关的永久作用外，应在相邻两孔的一孔上(当为不等跨桥梁时则在跨径较大的一孔上)布置可变作用的一种或几种，以及可能产生的可变作用，例如纵向风力，汽车制动力和支座摩阻力等(图16.1(b))。

③第三种作用效应组合　按桥墩各截面在横桥方向上可能产生最大偏心和最大弯矩的情况进行作用效应组合。

它是用来验算在横桥方向上的墩身强度、基底应力、偏心以及桥墩的稳定性。属于这一组合的除了有关的永久作用以外，要注意将可变作用的一种或几种偏向桥面的一侧布置，此外还应考虑可变作用例如横向风力，流水压力或冰压力等或者偶然作用中的船只或漂浮物的撞击力等(图16.1(c))。

④第四种作用效应组合　桥墩在施工阶段作用效应的组合，应按计算需要及结构所处条件而定。

⑤第五种作用效应组合　需进行地震力或汽车荷载撞击验算桥墩，要进行偶然作用效应组合，但多个偶然作用不同时参与组合。

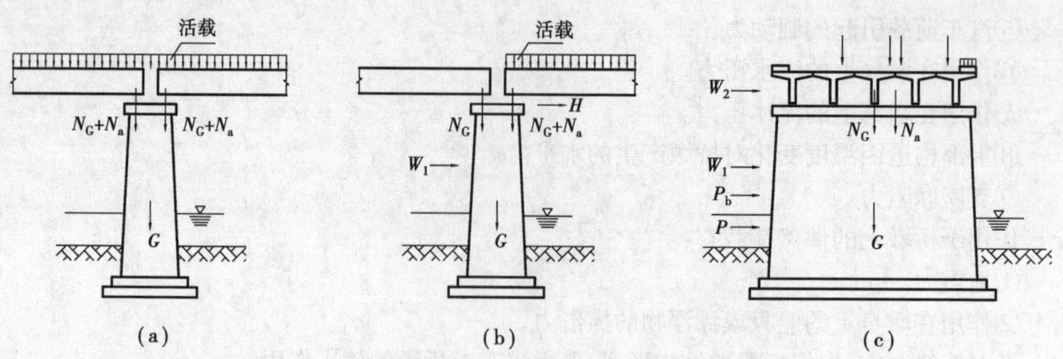

图 16.1　梁桥桥墩的作用效应组合

(2)拱桥重力式桥墩

1)顺桥方向的作用及其作用效应组合

对于普通桥墩应为相邻两孔的永久作用,在一孔或跨径较大的一孔满布可变作用的一种或几种,并由此对桥墩产生不平衡水平推力、竖向力和弯矩(图 16.2)。

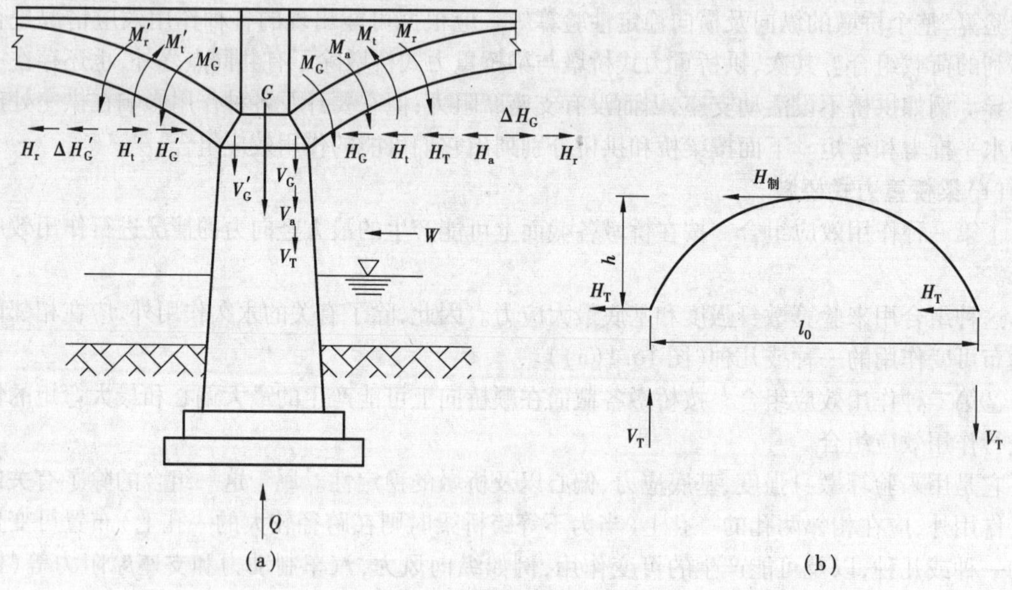

图 16.2　不等跨拱桥桥墩受力情况

对于单向推力墩则只考虑相邻两孔中跨径较大一孔的永久作用产生的作用力。图 16.2 中的符号意义如下:

G——桥墩自重力;

Q——水的浮力(仅在验算稳定时考虑);

V_G,V_G'——相邻两孔拱脚处因桥跨结构自重产生的竖向反力;

V_a——与车辆活载产生的 H_a 最大值相对应的拱脚竖向反力,可按支点反力影响线求得;

V_T——由桥面处制动力 $H_制$ 引起的拱脚竖向反力,既 $V_T=\frac{H_制 h}{l_0}$,其中 h 为桥面至拱脚的高度,l_0 为拱的计算跨径(图 16.2(b));

H_G, H'_G——不计弹性压缩时在拱脚处由结构自重引起的水平推力；

$\Delta H_G, \Delta H'_G$——由结构自重产生弹性压缩所引起的拱脚水平推力，方向与 H_G 和 H'_G 相反；

H_a——在相邻两孔中较大一孔上由车辆荷载所引起的拱脚最大水平推力；

H_T——制动力引起在拱脚处的水平推力，按两个拱脚平均分配计算，即；$H_T = H_{制}/2$；

H_t, H'_t——温度变化引起在拱脚处的水平推力（图示方向为温度上升，降温时则方向相反）；

H_r, H'_r——拱圈材料收缩引起的拱脚水平拉力；

M_G, M'_G——结构自重引起的拱脚弯矩；

M_a——由车辆荷载引起的拱脚弯矩，由于它是按 H_a 达到最大值时的活载布置计算，故产生的拱脚弯矩很小，可以忽略不计；

M_t, M'_t——温度变化引起的拱脚弯矩；

M_r, M'_r——拱圈材料收缩引起的拱脚弯矩；

W——墩身纵向风力。

2）横桥向的作用及其作用效应组合

在横桥方向作用于桥墩上的外力有风力、流水压力、冰压力、船只或漂浮物的撞击力或地震力等。但是对于公路桥梁，横桥方向的受力验算一般不控制设计。

类似于梁桥桥墩计算，拱桥桥墩计算也要根据情况进行偶然组合和施工阶段的作用效应组合。

以上所述的各种作用效应组合是对重力式桥墩而言的，对于其他形式的桥墩，则要根据它们的构造和受力特点进行具体分析，然后参照上述的一般原则，进行个别的作用效应组合。这里要提出注意的是：

第一，不论对于哪一种形式的桥墩，在计算中对于各种作用效应组合的计算值都要不超过《桥规》中所规定的强度安全系数和结构稳定系数。

第二，在可变作用中，有些作用不应同时考虑（表16.1），例如在计入汽车制动力时，就不应同时计入流水压力、冰压力和支座摩阻力等。

表16.1　可变作用不同时组合表

编号	作用名称	不与该作用同时参与组合的作用编号
1	汽车制动力	2,3,4
2	流水压力	1,3
3	冰压力	1,2
4	支座摩阻力	1

16.1.2　桥台计算中的作用及其作用效应组合

计算重力式桥台所考虑的作用与重力式桥墩计算中基本一样，不同的是，对于桥台尚要考虑车辆荷载引起的台后土侧压力，而不需计及纵、横向风力、流水压力、冰压力、船只或漂浮物的撞击力等。

（1）梁桥重力式桥台的作用效应组合

桥台计算时与桥墩一样，也应根据各种可能出现的情况进行作用效应的最不利组合，而车辆荷载可按以下 3 种情况布置。

①车辆荷载仅布置在台后填土的破坏棱体上(图 16.3(a));

②车辆荷载仅布置在桥跨结构上(图 16.3(b));

③车辆荷载同时布置在桥跨结构和破坏棱体上(图 16.3(c))。

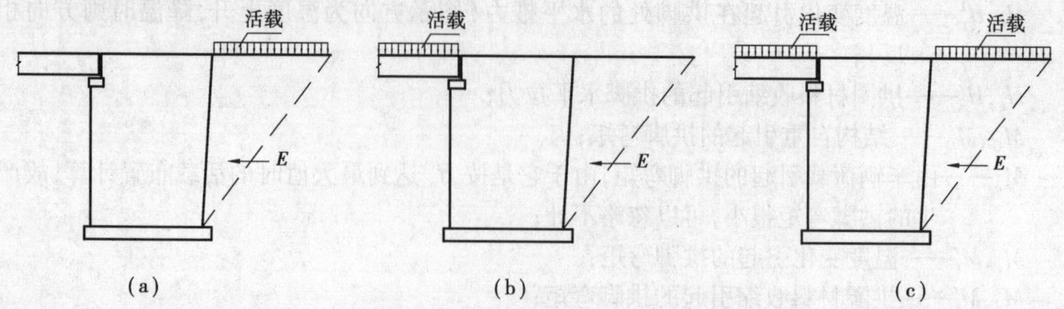

图 16.3　梁桥桥台作用效应组合图示

此外,在个别情况下,还要考虑在架梁之前,台后已填土完毕并在其上布置有施工荷载的作用组合情形。一般重力式桥台以第一种和第三种组合控制设计,但需根据具体情况进行分析比较后才能确定。

这里要指出的是,台后的土侧压力一般按主动土压力计算,其大小与土的压实程度有关。因此,在计算桥台前端的最大应力,向桥孔一侧的偏心和向桥孔方向的倾覆与滑动时,按台后填土尚未压实考虑;当计算桥台后端的最大应力,向路堤一侧的偏心和向路堤方向的倾覆与滑动时,则按台后填土已经压实考虑。

(2)拱桥重力式桥台的作用效应组合

拱桥桥台一般按以下两种情况布置车辆荷载,并进行组合。

①桥上满布活载,使拱脚水平推力达到最大值,温度上升,制动力向路堤方向,台后按压实土考虑土侧压力,使桥台有向路堤方向偏移的趋势(图 16.4(a))。

②台后破坏棱体上有活载,制动力向桥跨方向,桥跨上无活载,温度下降,台后按未压实土考虑土侧压力,使桥台有向桥跨方向偏移的趋势(图 16.4(b))。

图 16.4 中的符号意义同图 16.2。

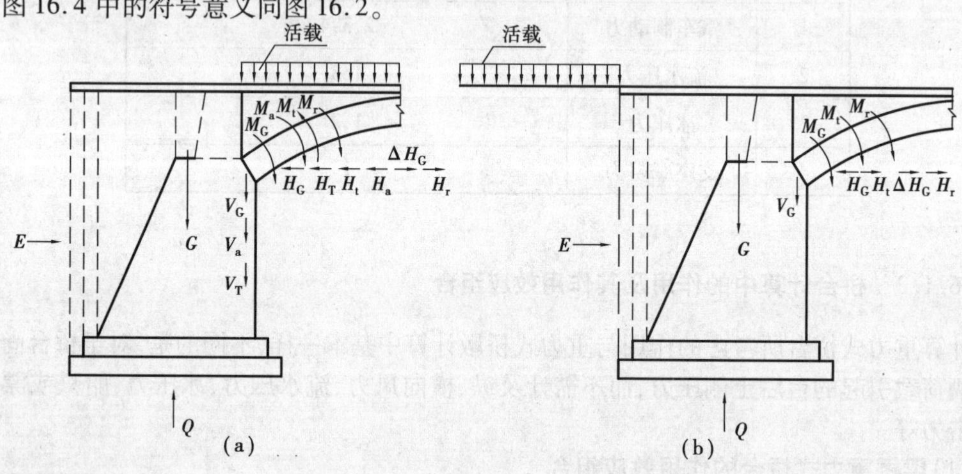

图 16.4　拱桥桥台作用效应组合图示

16.2　重力式桥墩(台)的计算

本节介绍重力式桥墩(台)的计算,对空心墩的计算和桥墩受船舶撞击力的计算作概略介绍。

16.2.1　重力式桥墩计算

对于梁桥和拱桥的重力式桥墩计算,虽然在作用效应组合的内容上稍有不同,但是就某个截面而言,这些外力都可以合成为竖向和水平方向的合力(用$\sum N$和$\sum H$表示)以及绕该截面x-x轴和y-y轴的弯矩(用$\sum M_x$和$\sum M_y$表示),如图16.5所示。因此,它们的验算内容和计算方法基本相同。考虑到有些验算项目的计算公式与第11章中验算拱圈相同,并且同学们在学习《结构设计原理》课程时,已对这些公式有所理解,因此,在本章的叙述中凡涉及这些公式时将直接引用。

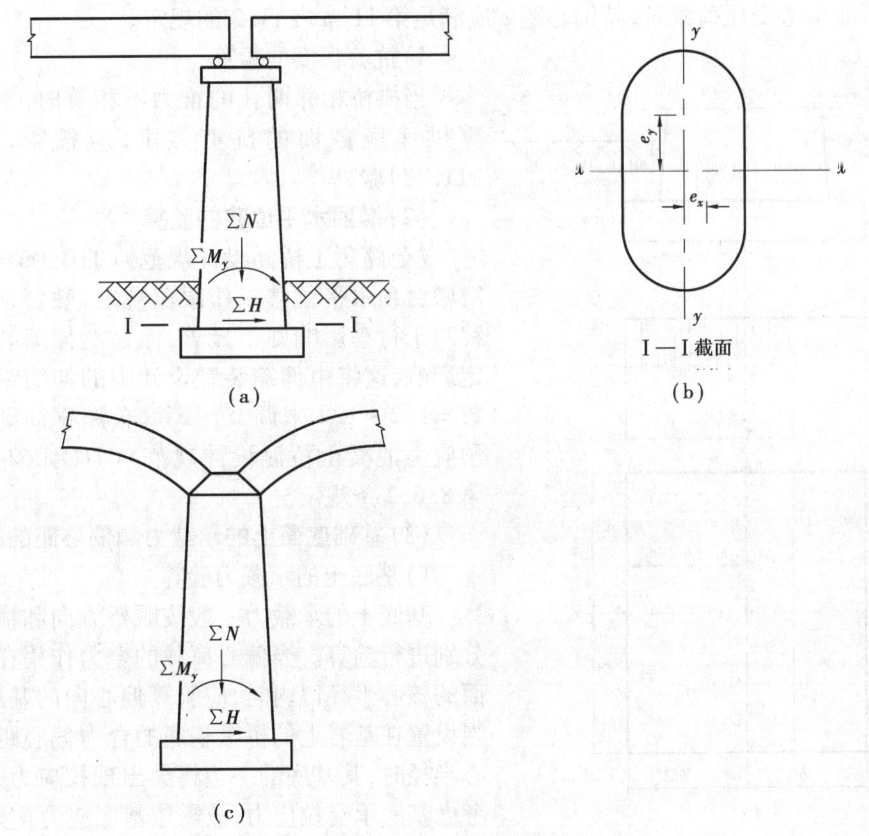

图16.5　墩身截面强度验算

(1)圬工桥墩墩身强度验算

对于较矮的桥墩一般只需验算墩底截面和墩身的突变处截面;对于较高的桥墩,由于危险截面不一定在墩身底部,这时应沿竖向每隔2~3 m验算一个截面,其步骤如下:

1)内力计算

作用于每个截面上的外力应按顺桥方向和横桥方向分别进行作用效应组合,以求得相应的纵向力$\sum N$、水平力$\sum H$和弯矩$\sum M$。重力式桥墩主要用圬工材料建造,一般为偏心受压构件,截面的强度验算采用承载能力极限状态设计。在基本组合作用下,桥墩各控制截面的作用效应组合设计值应小于或等于构件承载力设计值,以公式表示为:

$$\gamma_0 S \leqslant R(f_d, a_d) \tag{16.1}$$

式中:γ_0——结构重要性系数;

S——作用效应组合设计值;

$R()$——构件承载力设计值函数;

f_d——材料强度设计值;

a_d——几何参数设计值,可采用几何参数标准值a_k,即设计文件规定值。

2)抗压强度及竖向挠曲稳定性的验算

对于轴心受压和偏心受压的桥墩,可按《公路圬工桥涵设计规范》(JTG D61—2005)第4章中有关公式进行计算。如果不满足要求时,就应修改墩身截面尺寸、重新验算。

3)偏心距e的验算

桥墩承受偏心受压荷载时,其偏心距e应满足第11章表11.2的规定。

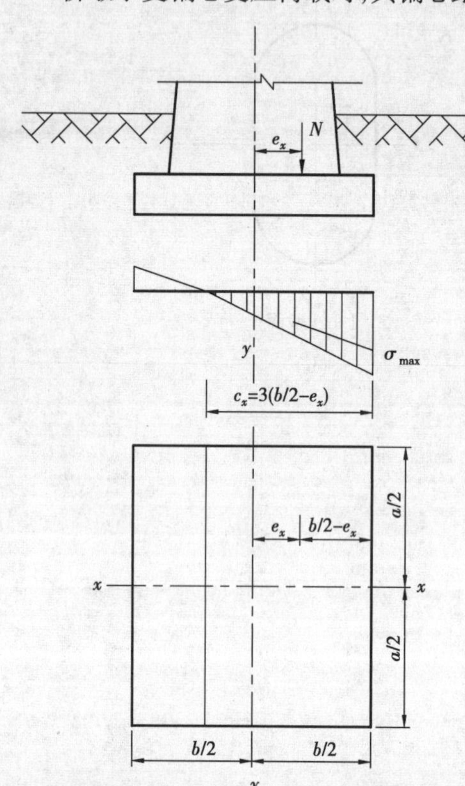

图16.6 基岩上矩形截面基底单向偏心受压应力重分布图

4)抗剪强度的验算

当拱桥相邻两孔的推力不相等时,常常要验算拱座底截面的抗剪强度,应按第11章式(11.72)验算。

(2)墩顶水平位移的验算

《公路圬工桥涵设计规范》(JTG D61—2005)对墩台顶水平位移未作限值规定,墩台顶水平位移对于行车影响并不显著,但是对伸缩装置有一定影响,这将由伸缩装置设计中的伸缩量增大系数=1.2~1.4来调节,参考《公路钢筋混凝土及预应力混凝土桥涵设计规范》(JTG D62—2004)第8.6.2条规定。

(3)基础底面土的承载力和偏心距的验算

1)基底土的承载力验算

基底土的承载力一般按顺桥方向和横桥方向分别进行验算。当偏心荷载的合力作用在基底截面的核心半径以内时,应验算偏心向的基底应力。当设置在基岩上的桥墩基底的合力偏心距超出核心半径时,其基底的一边将会出现拉应力,由于不考虑基底承受拉应力,故需按基底应力重分布(图16.6)重新验算基底最大压应力,其验算公式如下:

顺桥方向

$$\sigma_{max} = \frac{2N}{(ac_x)} \leqslant [\sigma] \tag{16.2}$$

横桥方向
$$\sigma_{\max}=\frac{2N}{(bc_y)}\leqslant[\sigma] \tag{16.3}$$

式中：$\sigma_{\max}$——应力重分布后基底最大压应力；

N——作用于基础底面合力的竖向分力；

a、b——横桥方向和顺桥方向基础底面积的边长；

$[\sigma]$——地基土壤的容许承载力，并按荷载及使用情况计入容许承载力的提高系数；

c_x——顺桥方向验算时，基底受压面积在顺桥方向的长度，$c_x=3(b/2-e_x)$；

c_y——横桥方向验算时，基底受压面积在横桥方向的长度，$c_y=3(a/2-e_y)$；

其中：e_x、e_y——合力在 x 轴和 y 轴方向的偏心距。

2)基底偏心距验算

为了使永久作用效应基底应力分布比较均匀，防止基底最大压应力 $\sigma_{\max}$ 与最小压应力 $\sigma_{\min}$ 相差过大，导致基底产生不均匀沉陷和影响桥墩的正常使用，故在设计时，应对基底合力偏心距加以限制，在基础纵向和横向，其计算的墩台基底合力偏心距应满足表16.2的要求。

表16.2 墩台基底的合力偏心距容许值$[e_0]$

作用情况	地基条件	合力偏心距	备　注
墩台仅承受永久作用标准值效应组合	非岩石地基	$[e_0]\leqslant 0.1\rho$	拱桥、刚构桥墩台，其合力作用点应尽量保持在基底重心附近
		$[e_0]\leqslant 0.75\rho$	
墩台承受作用标准值效应组合或偶然作用（地震作用除外）标准值效应组合	非岩石地基	$[e_0]\leqslant\rho$	拱桥单向推力墩不受限制，但应符合表16.4规定的抗倾覆稳定系数
	较破碎～极破碎岩石地基	$[e_0]\leqslant 1.2\rho$	
	完整、较完整岩石地基	$[e_0]\leqslant 1.5\rho$	

表中：
$$\rho=\frac{W}{A};e_0=\frac{\sum M}{N}$$

式中：ρ——墩台基础底面的核心半径；

W——墩台基础底面的截面模量；

A——墩台基础底面的面积；

N——作用于基底的合力的竖向分力；

$\sum M$——作用于墩台的水平力和竖向力对基底形心轴的弯矩。

(4)桥墩的整体稳定性验算

在设计中，除了满足地基强度和合力偏心距不超过容许值以外，还须验算桥墩的整体稳定。

(1)倾覆稳定性验算

抵抗倾覆的稳定系数可按下式验算（图16.7）：

$$K_0=\frac{M_{稳}}{M_{倾}}=\frac{x\sum P_i}{\sum(P_ie_i)+\sum(T_ih_i)}=\frac{x}{e_0} \tag{16.4}$$

式中：$M_{稳}$——稳定力矩；

$M_{倾}$——倾覆力矩；

$\sum P_i$——作用于基底竖向力的总和；

(P_ie_i)——作用在桥墩上各竖向力与它们到基底重心轴距离的

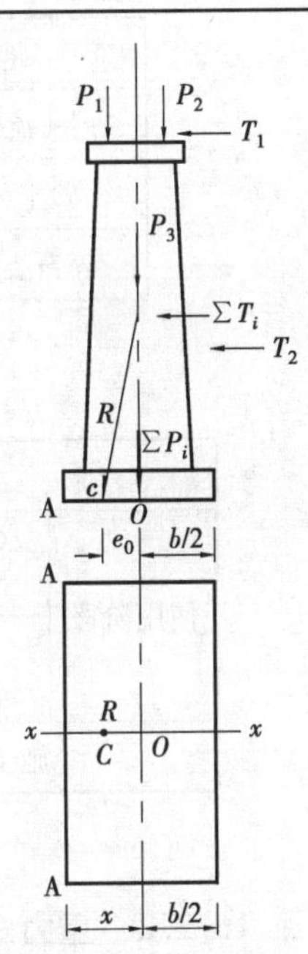

图16.7 桥墩稳定性验算

乘积；

$(T_i \cdot h_i)$——作用在桥墩上各水平力与它们到基底距离的乘积；

x——基底截面重心 o 至偏心方向截面边缘距离；

e_0——所有外力的合力 R(包括水浮力)的竖向分力对基底重心的偏心距。

2)滑动稳定性验算

抵抗滑动的稳定系数 K_c 按式(16.5)验算：

$$K_c = \frac{\mu \sum p_i + \sum H_{ip}}{\sum H_{ia}} \tag{16.5}$$

式中：K_c——桥涵墩台基础的抗滑动稳定性系数；

$\sum P_i$——各竖向力的总和(包括水的浮力)；

$\sum H_{ip}$——抗滑稳定水平力总和；

$\sum H_{ia}$——滑动水平力总和；

μ——基础底面(圬工)与地基土之间的摩擦系数，通过试验确定；当缺少实际资料时，可参照表16.3采用。

注：$\sum H_{ip}$和$\sum H_{ia}$分别为两个相对方向的各自水平力总和，绝对值较大者为滑动水平力$\sum H_{ia}$，另一为抗滑稳定力$\sum H_{ip}$；$\mu \sum P_i$为抗滑动稳定力。

上述求得的倾覆与滑动稳定系数和均不得小于表16.4中所规定的最小值。最后还要注意的是：在验算倾覆稳定性和滑动稳定性时，都要分别按常水位和设计洪水位两种情况考虑水的浮力。

表16.3　基底摩擦系数

地基土分类		地基土分类	
黏土(流塑～坚硬)、粉土	0.25	软岩(极软岩～较软岩)	0.40～0.60
砂土(粉砂～砾砂)	0.30～0.40	硬岩(较硬岩、坚硬岩)	0.60、0.70
碎石土(松散～密实)	0.40～0.50		

表16.4　抗倾覆和抗滑动的稳定性系数

作用组合		验算项目	稳定性系数
使用阶段	永久作用(不计混凝土收缩及徐变、浮力)和汽车、人群的标准值效应组合	抗倾覆	1.5
		抗滑动	1.3
	各种作用(不包括地震作用)的标准值效应组合	抗倾覆	1.3
		抗滑动	1.2
施工阶段作用的标准值效应组合		抗倾覆抗滑动	1.2

16.2.2　重力式桥台的计算

重力式桥台的强度、偏心距、稳定性和地基应力的验算与重力式桥墩相似，只作顺桥方向的验算。在受力上，桥台与桥墩不同的是桥台要承受台后填土的侧压力，而且这种侧压力对桥台的尺寸影响很大。当验算基础顶面的台身砌体强度时，桥台截面的各部分尺寸应满足《公路圬工桥涵设计规范》(JTG D61—2005)的有关规定,如 U 形桥台两侧墙宽度之和不小于同一水平截面前墙全长的 0.4 倍时,可按 U 形整体截面验算截面强度,否则,台身(桥台前墙)应按独立的挡土墙计算。

对于斜交桥的桥台,当斜交角较大时,其稳定性比正交桥台危险。由于土压力作用的方向与桥轴方向不一致,也使斜桥台稳定和强度计算比较复杂,为了简化计算并有足够的安全储备,认为桥台背后与台背垂直方向的土压力沿横桥方向均匀分布。这样,土压力的合力中心与桥轴中心有一偏心,使斜桥台可能发生旋转和倾斜,应予以验算。

16.2.3　空心墩

空心墩属于壳体结构,其受力与实体墩有所不同,可视为空间壳体或组合板结构(一般按壁厚区分)。依据理论分析和模型试验结果,对于空心高墩,可按悬臂梁式长壳结构图式进行计算。从我国已建成的混凝土和钢筋混凝土空心墩来看,t/D 一般在 1/8 ~ 1/6(t 为薄壁厚度,D 为圆形墩半径或矩形墩长边),略大于薄壁判别数值。因此,空心墩的计算如按薄壳结构处理,也只能是近似的。通常空心墩设计计算可按一般材料力学计算其应力和墩顶位移,不必按壳体计算。

1)空心墩的强度和稳定验算

应按钢筋混凝土偏心受压构件验算混凝土和钢筋的强度及整体稳定性,验算时可参照《公路钢筋混凝土及预应力混凝土桥涵设计规范》(JTG D62—2004)的有关规定。验算截面应力时,不考虑应力重分布和截面合力偏心距影响。

2)墩顶位移

在验算墩顶位移时,要考虑温差产生的位移。空心墩墩顶位移应包括外力(如离心力、制动力、偏心作用的竖向力等)引起的水平位移和日照作用下向阳面与背阳面温差引起的位移及地基不均匀沉降产生的墩顶位移。

3)墩壁的局部稳定性验算

空心墩的局部稳定与桥墩壁厚及是否设置横隔板有关。通过对圆柱形、圆锥形和矩形空心墩混凝土模型的试验和理论分析表明:空心墩的局部稳定可按板壳空间结构进行分析,而且局部失稳在弹塑性范围内发生,因此,可以近似地用中心受压作用下的弹塑性临界应力计算。

4)固端干扰力

混凝土空心墩模型试验和光弹模型试验以及圆柱薄壳应力分析的结果表明,在距墩顶和墩底实体段一定距离(0.5 ~ 1.0R 外)的截面上,其应力分布尚符合材料力学的计算结果,故可把空心墩视为偏心受压杆件,用结构设计原理方法进行计算。但在两端部分则应考虑固端应力的影响。由于空心墩承受偏心荷载和横向弯曲荷载,受力情况要比上述中心受压的情况复杂得多,故目前多根据试验资料估算空心墩的固端干扰应力。在一些设计中建议,垂直方向的固端干扰力按弯曲应力平均值的 50% 计算。

5)温度应力

在桥梁中,温度变化能产生相当大的温度应力,某种情况下,可与结构自重、活载产生的应力属同一个数量级。日照作用下,钢筋混凝土桥墩向阳壁的表面温度,因太阳光辐射而急剧升高,背阳面温度随着气温变化而缓慢变化,待向阳壁表面温度达到最高温度时,由于钢筋混凝土热传导性能差,使箱形桥墩墩内表面温度比向阳面温度低得多,而与墩内气温接近。当向阳壁厚度较小时,向阳壁内表面温度可能比相邻两侧壁的内表面温度高一些,两侧壁靠近向阳壁一端温度也比另一端要高些。总之,箱形桥墩沿截面的温度分布,略去两侧壁内外表面很小的温度差别,以向阳面为基线,随距离的增大而迅速地减小,并按指数函数规律递减。

有关各项的具体计算图示及计算公式可参阅公路桥涵设计手册《墩台与基础》相关内容。

16.2.4 船舶撞击力和桥墩防护措施

(1)船舶撞击力

1)计算船舶撞击力

船舶撞击力可按能量公式推导。

输入的冲击能量
$$E_i = \frac{1}{2}MV^2 \cdot C_H \cdot C_S \cdot C_C \cdot C_E \tag{16.6}$$

式中:M——船舶质量(=全部静重 W/g);

V——航行速度;

C_H——船舶水力系数;

C_S——船舶刚度系数;

C_C——船舶形状系数;

C_E——撞击偏心系数。

考虑最不利情况,取 $C_H \times C_S \times C_C \times C_E = 1$。撞击时考虑桥墩和船舶各吸收50%能量,则抵抗能量

$$E_R = \frac{F^2 \cdot L^3}{3EI} = \frac{1}{2}E_i$$

式中:F——船舶撞击力;

L——自假定固定点至作用点的悬臂力臂。固定点可假定在重型基础顶面或筒式基础的土中嵌固点;

E——墩身混凝土弹性模量;

I——墩身平均惯性矩。

从以上公式可以求得撞击力 F。

《公路桥涵设计通用规范》(JTG D60—2004)第4.4.2条给出了船舶及漂流物撞击力标准值。

2)墩身任一断面的作用力矩 $=F \times h$。h 为自验算断面至 F 作用点的力臂高度。

断面最大法向应力 $\sigma = F \times h/S \leq$ 容许应力,式中 S 为验算断面的截面模量,如有足够的配筋,可按钢筋混凝土构件公式验算。

3)墩身在撞击时的变位 Y_{max}

$$Y_{max} = \frac{V_0}{\lambda} \tag{16.7}$$

式中:V_0——撞击速度,取航行速度;

$$\lambda = \sqrt{\frac{K}{M}} \tag{16.8}$$

K——墩身刚度($=3EI/L^3$);

M——船舶质量。

如墩身应力不超过容许值时,可认为桥墩能承受这种船舶撞击力,不需采取防护措施。

(2)防护措施

我国桥梁在水上的防护措施,一般采取在通航孔的梁上及墩身设置航标及色灯指明航道;另在水面设浮标及轻型航标船只,主要作用在于显示航向,无强力纠正航行线的设施。重要水坝的船闸前方,为保证航行顺适,有沿航道设置固定挡桩、挡墙的方案。由于桥孔下主航道常随季节而变化,建立固定式挡墙弊多利少。建议的防撞设施,一种是环绕航道附近的墩身,设置护栏性质的浮式套圈吸收一部分撞击动能,主要荷载仍由桥墩承担。另一种则在桥梁前方航行净空边缘,设置固定防撞墩,保护墩尖和墩身,并使船舶失速吸收动能。对后一类设施,从概念推理,似需要很大的强度与尺寸,不易设计得合理。美国采用后一类布置,能防止20 000 t以上船舶的撞击,颇有实效,而且费用亦不昂贵。

美国设计的防撞墩,要求根据河床土质、航行船只迫近桥梁时的偏角和船只撞击力的大小决定设置位置,一般每墩上、下游航道边缘最多各设一个,在深水航道及重载方向比较明确时,墩前有一个防撞墩即能适应安全要求。

当桥墩强度不能经济地承受船撞力,使墩身应力在容许范围以内时,设置防撞墩的方案有:

1)附有消能套圈的填充围堰墩

其防撞围堰由钢板桩围成,出水高度须适应承受船舶撞击的要求,入土深度应按撞击力作用时的岩、土锚固需要。设计原则为一次撞击后,允许防撞墩破损,但能吸收撞击动能,使桥墩不受损失,防撞墩又能及时修复。以下方案都按相同的原则设计。

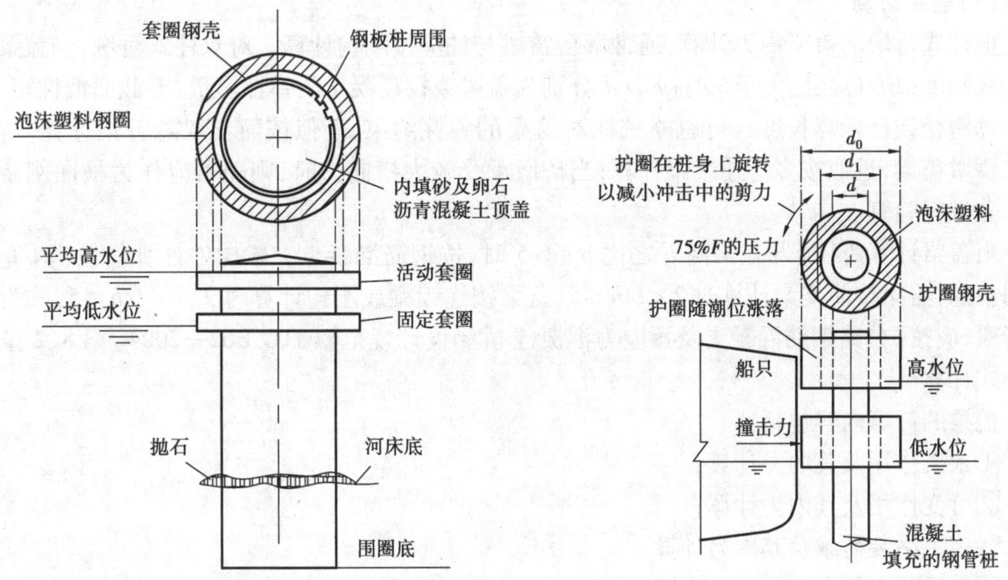

图 16.8　附有消能套圈的填充围堰墩

图 16.9　附有消能护圈的大直径钢桩

用砂石填满钢板桩围堰,上盖沥青混凝土封顶,结构如图 16.8 所示。图中布置按20 000~40 000 t船舶计算,航速约1.5 m/s,撞击高度在河底土面上约12 m,钢板桩底在河床以下约12 m,围堰直径约6 m。在20 000 t船舶撞击后,顶部位移约65 cm,河床面的位移约20

cm。从加速度关系($F=ma$),船舶受阻后在 6.4 s 内停住。

围堰外侧的橡胶套外径约 7.5 m,高约 1.2 m,用钢板底壳连成整体,并和围堰钢板桩间用钢联结件衬垫。一个围堰有上、下两层套圈,上层随水位涨落,下层固定。套圈的底壳在撞击时将起到吸收动能作用,同时有箍紧钢板桩的功能,增大围堰的强度,使损害减到最小限度。以上设施约每三年维修一次。

2)附有消能护圈的大直径钢桩

图 16.9 所示是一种较新防撞方案,假设船撞的动能将被钢桩的弯曲变位和泡沫塑料护圈的压缩所吸收,使反力处于低水平数值,由防护措施吸收 75% 动能,而船舶只受到 25% 动能。因此,该方案使护圈在撞击时能环绕圆钢桩自由旋转,减小桩和船舶所受的剪力。

设计承受 20 000 t 以上船舶撞击的附有消能护圈的大直径钢桩,可用直径 110 cm 的空心圆钢桩,以 13 mm 厚钢板卷成,内填混凝土。两层护圈直径均约 2.75 m,高 1.2 m,上层随高水位浮动。护圈与钢板桩之间用钢部件联结或衬垫。

16.3 桩柱式桥墩及轻型桥墩的计算

本节主要介绍桩柱式桥墩的计算,对设支撑梁的轻型桥墩的计算作简略介绍。

16.3.1 桩柱式桥墩计算

桩柱式桥墩的计算包括盖梁和桩身两个部分。

(1)盖梁计算

桩柱式桥墩的盖梁内力计算,通常墩台盖梁与柱应按刚构计算。对双柱式桥墩,当盖梁与柱的线刚度(EI/l)之比大于 5 时(E、I、l 分别为盖梁或柱混凝土的弹性模量、毛截面惯性矩、盖梁计算跨径或柱计算长度),可忽略桩柱对盖梁的弹性约束,近似按简支双悬臂梁计算;对多柱式桥墩盖梁,近似按多跨连续梁计算;当桥墩承受较大横向力时,则盖梁应作为横向刚架的一部分进行验算。

当盖梁计算跨径 l 与盖梁高 h 之比 $l/h>5$ 时,按钢筋混凝土一般构件计算。但当 l/h 为下列情况:盖梁按简支梁计算时 $2<l/h\leqslant5$;盖梁按连续梁或刚构计算时 $2.5<l/h\leqslant5$,称为深受弯梁,应按《公路钢筋混凝土及预应力混凝土桥涵设计规范》(JTG D62—2004)第 8.2 条相关公式计算。

盖梁的计算内容包括:

①永久作用及其内力计算;

②可变作用及其内力计算;

③施工吊装荷载及其内力计算;

④作用效应组合及内力包络图;

⑤配筋计算。

与计算普通双悬臂梁和连续梁内力的不同点是:可变作用的汽车轮重不是直接作用在盖梁上,而是通过设置在盖梁上一些固定位置的支座来传递活载反力的。因此,应使盖梁达到最不利状态来布置桥面上的汽车、人群,并计算相应的荷载横向分布系数。根据盖梁计算时控制截面选取的位置,合理确定桥上汽车及人群是采用对称布置或非对称布置。荷载横向分布计算,当活载对称布置时,按杠杆原理法计算;当活载非对称布置时,可考虑按其他方法计算。此外,计算盖梁的内力时,可考虑桩柱的支承宽度对削减负弯矩峰值的影响,计算跨径的取值参照《公路钢筋混凝土及预应力混凝土桥涵设计规范》(JTG D62—2004)第8.2.3条的规定。

(2)桩身计算

桩墩一般分为刚性和柔性两种。刚性桩墩计算方法与重力式桥墩相似,而柔性桩墩的计算需要从整个桥梁体系的分析来确定各桥墩的受力。

所谓柔性墩台,是指墩台在外力作用下能产生一定的水平位移,并能借上部构造传递水平力者。梁桥的柔性桩墩多用于中、小跨径的桥梁上,当采用对桥跨结构变形不够完善的支座,如仅垫油毛毡数层等时,通常可按多跨铰接框架的图式计算(图16.10(a))。目前,通常都是采用橡胶支座,这种支座在水平力作用下可以有微小的水平位移,因此,可以按在节点处设水平弹簧支承的框架图式计算(图16.10(b))。

多孔拱桥的柔性桥墩可按连拱计算方法计算。

1)多跨铰接刚架图式柔性墩计算

下面对图16.10(a)所示的多跨铰接刚架的计算特点进行简要介绍。考虑到按不同的纵向荷载布置来确定各墩的最不利受力仍然甚繁,故在设计中,对这个图式又作进一步简化,现将有关计算的一些基本假定和计算步骤分述如下:

①基本假定

a.柔性墩视为下端固支、上端铰支的超静定梁柱。外力(例如温度力和制动力)引起的墩顶位移视为铰支承的沉陷,如图16.11(a)所示。

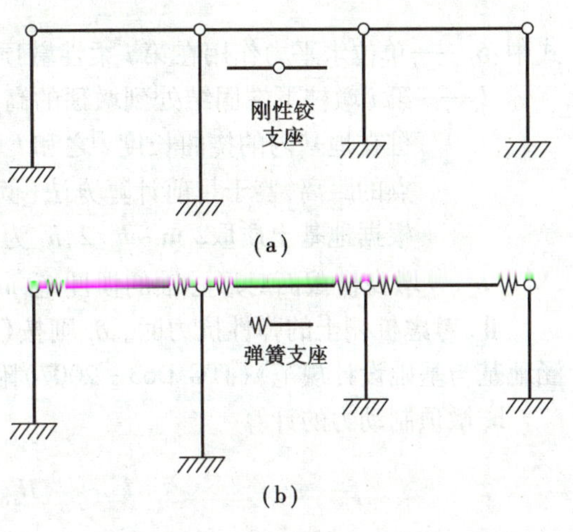

图16.10 梁桥柔性墩的计算图式

b.作用于墩顶的竖向力N、不平衡弯矩M_0,以及由温度、制动力等水平力H所引起的墩顶位移先分别进行力学分析,然后进行内力叠加,不计这些力的相互影响(图16.11(b))。

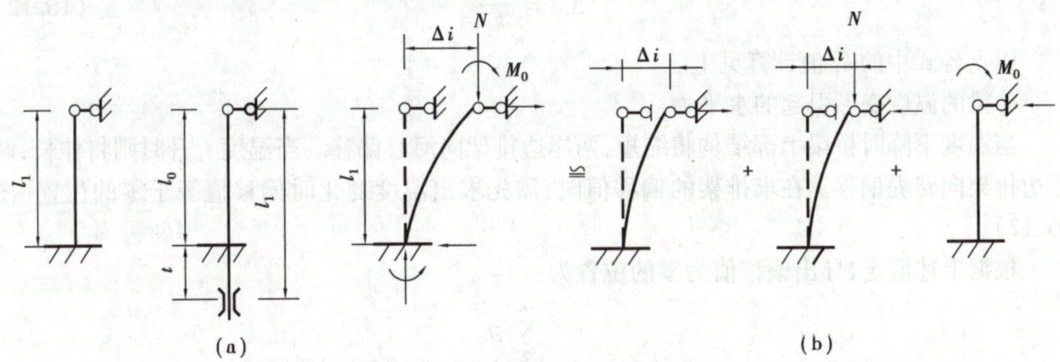

图16.11 柔性墩结构的简化计算图式

(a)结构图式;(b)墩顶水平反力计算图式

c.计算制动力时,各墩台受力按墩顶抗推刚度(墩顶产生单位水平位移的水平反力)分配。在计算土压力时,如设有实体刚性墩台,则全部由刚性墩台承受。如均为柔性墩,则由岸墩承受土压力,并假定此时各个桩顶与上部结构之间不发生相对位移;这样,岸墩的桩顶所受到的水平力将经各支座直接传递至对岸,为使对岸土抗力平衡,其余各柔性墩均不考虑受力。

d.计算温度变形时,桩墩对梁产生的弹性拉伸或压缩影响忽略不计,而只计桩墩顶部水平力对桩墩所引起弯矩的影响。

②计算步骤

a.抗推刚度 k 的计算

$$k_i = \frac{1}{\delta_i} \tag{16.9}$$

Ⅰ.当墩柱下端固定在基础或承台顶面时

$$\delta_i = \frac{l_i^3}{3EI} \tag{16.10}$$

式中:δ_i——单位水平力作用在第 i 柔性墩顶产生的水平位移,m/kN;

l_i——第 i 墩柱下端固结处到墩顶的高度,m,排架桩应为地面(或冲刷线)以上桩长 l_0 与桩在地基内的挠曲长度 t 之和 $l_i = l_0 + t$,t 为地面(或设计冲刷线)至第一个弹性零点的距离,鉴于目前计算方法(例如 K 法、m 法和 c 法)还不一致,此处也可近似地根据地基土质取2 m ~ $h_i/2$,h_i 为排架桩的入土深度,m;

I——墩身横截面对形心轴的惯性矩,m^4。

Ⅱ.考虑桩侧土的弹性抗力时,δ_i 则按《基础工程》课程中桩基础的有关公式或《公路桥涵地基与基础设计规范》(JTG D63—2007)附录 P 计算。

b.墩顶制动力的计算

$$H_{i\mathrm{T}} = \frac{T \times k_i}{\sum k_i} \tag{16.11}$$

式中:$H_{i\mathrm{T}}$——作用在第 i 墩台的制动力,kN;

T——全桥(或一联)承受的制动力,kN。

于是墩顶水平位移 $\Delta_{i\mathrm{T}}$ 为:

$$\Delta_{i\mathrm{T}} = \frac{H_{i\mathrm{T}}}{k_i} \tag{16.12}$$

以上各式中的 k_i 值计算见上。

c.梁的温度变形引起的水平力

当温度下降时桥梁上部结构将缩短,两岸边排架向河心偏移。当温度上升时则将伸长,两岸边排架向路堤偏移。在求排架的偏移值时,需先求出温度变化时偏移值等于零的位置(图16.12)。

根据上述假定,导出偏移值为零的位置为:

$$x_0 = \frac{\sum_0^n i k_i}{\sum_0^n k_i} L \tag{16.13}$$

式中:x_0——为0—0 线至0 号排架的距离;

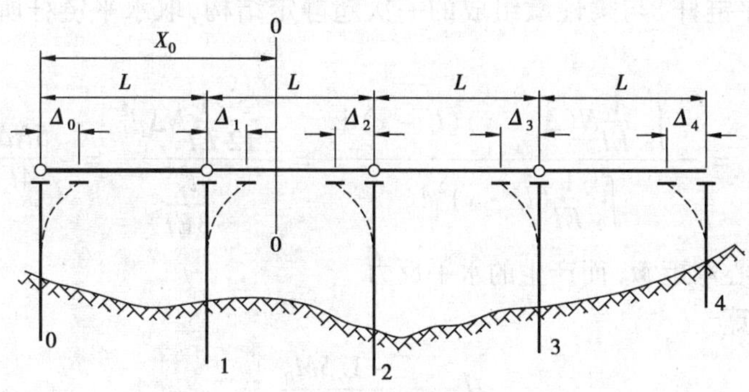

图 16.12　温度变化时柔性墩的偏移图式

i——桩的序号，$i=0,1,2,\cdots,n$，n 为总排架数减 1；

L——桥梁跨径。

如果用 $x_1,x_2,\cdots,x_i$ 表示自 0—0 线至 1，2，…，i 号排架的距离，则得各墩顶部由温度引起的水平位移为：

$$\Delta_{it} = \alpha t x_i \tag{16.14}$$

各排架桩顶所受的温度力为：

$$H_{it} = k_i \Delta_{it} \tag{16.15}$$

式中：α——上部结构的线膨胀系数；

t——温度升降的度数。

于是墩顶发生的水平位移总和为：

$$\Delta_i = \Delta_{iT} + \Delta_{it} \tag{16.16}$$

相应的水平力为：

$$H_i = k_i \Delta_i = H_{iT} + H_{it} \tag{16.17}$$

d. 由于墩顶产生水平位移 Δ_i、竖向力 N 引起墩内弯矩而产生的水平反力

竖向力 N 包括桥跨结构及活载重量（墩身自重忽略不计），近似地取柔性墩身变形曲线为二次抛物线（图 16.13）。

$$y = \frac{x^2 \Delta_i}{l_i^2} \tag{16.18}$$

式中 l_i 的意义同上，为墩柱的计算高度。

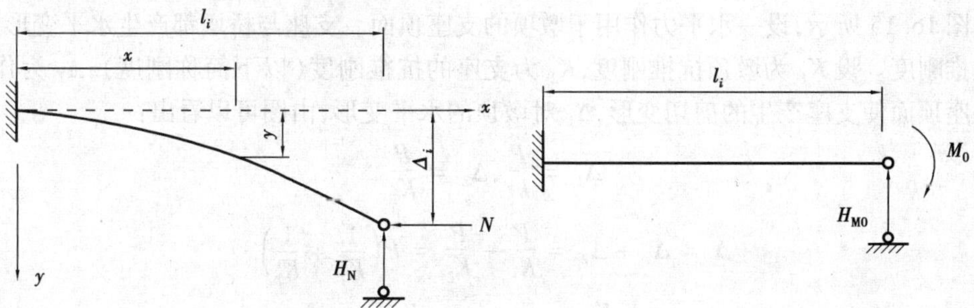

图 16.13　柔性墩变形曲线　　　　图 16.14　不平衡力矩引起的反力

以一孔梁(水平链杆)与柔性墩组成的一次超静定结构,取水平链杆所受力为赘余未知力,于是

$$H_{\mathrm{N}}=\frac{-\int_{0}^{l_i}\frac{1}{EI}N(\Delta_i-y)(l_i-x)\mathrm{d}x}{\int_{0}^{l_i}\frac{1}{EI}(l_i-x)^2\mathrm{d}x}=-\frac{\frac{5}{12}\frac{1}{EI}N\Delta_i l_i^2}{\frac{l_i^3}{3EI}}=-\frac{5N\Delta_i}{4l_i}\tag{16.19}$$

e. 由于墩顶偏心弯矩 M_0 而产生的水平反力

它可按图 16.14 计算

$$H_{M_0}=\frac{-1.5M_0}{l_i}\tag{16.20}$$

计算出作用在一个墩顶的各项水平力后,便可根据最不利作用效应情况进行组合。柱墩按柱顶处的水平力、竖向力及弯矩验算各截面强度和稳定性,排架桩应考虑桩侧土的弹性抗力,按弹性地基梁法进行内力计算和截面强度、稳定性、桩的入土深度等项验算。

柔性排架墩在横桥向是一个多跨刚架,横桥向水平荷载不大,一般不控制设计,可不作验算。

2)采用橡胶支座和桥面连续(或连续梁)构造的柔性墩计算

①外力计算

桥墩桩柱的外力有上部结构的结构自重与盖梁的结构自重以及墩柱自重;活载按设计荷载布置,得到最不利的作用效应组合。桥墩的水平力有支座摩阻力、汽车制动力、混凝土收缩及徐变影响力、温度力以及地震力等。设有油毛毡支座和钢板支座的桥梁墩台,其所受的水平力按其刚度分配;设有板式橡胶支座的桥墩,应考虑支座与桥墩的联合作用。对于上部构造为多跨简支梁板结构,采用板式橡胶支座和桥面连续布置,下部构造为桩柱式墩,其各墩水平力的计算应采用集成刚度法进行水平力分配。

所谓集成刚度法水平力分配,是指桥墩台上作用的水平力在桥墩台上以抗推刚度进行分配。这个抗推刚度包括了墩台和支座各自抗推刚度的集成(组合)。下面对抗推刚度集成作简要介绍:

a. 抗推刚度

抗推刚度是结构产生单位水平位移所需的力。支座抗推刚度指支座产生单位剪切变形所需的力,墩顶抗推刚度指墩顶产生单位水平变形所需的力。

b. 抗推刚度的串联

如图 16.15 所示,设一水平力作用于墩项的支座顶面。支座与桥墩都产生水平变形,且各具有抗推刚度。设 K_1 为墩顶抗推刚度,K_2 为支座的抗推刚度(以下简称刚度);Δ_2 为作用于墩顶支座顶面使支座产生的剪切变形,Δ_1 对墩顶的水平变形,由图可以看出:

$$\Delta_1=\frac{P}{k_1},\Delta_2=\frac{P}{K_2}$$

$$\Delta=\Delta_1+\Delta_2=\frac{P}{K_1}+\frac{P}{K_2}=P\left(\frac{1}{K_1}+\frac{1}{K_2}\right)$$

按抗推刚度定义,令 $\Delta=1$,得 $P=\dfrac{K_1K_2}{K_1+K_2}$

P 为产生单位变形所需之力,也就是抗推刚度 K,即

$$K = \frac{K_1 K_2}{K_1 + K_2} \tag{16.21}$$

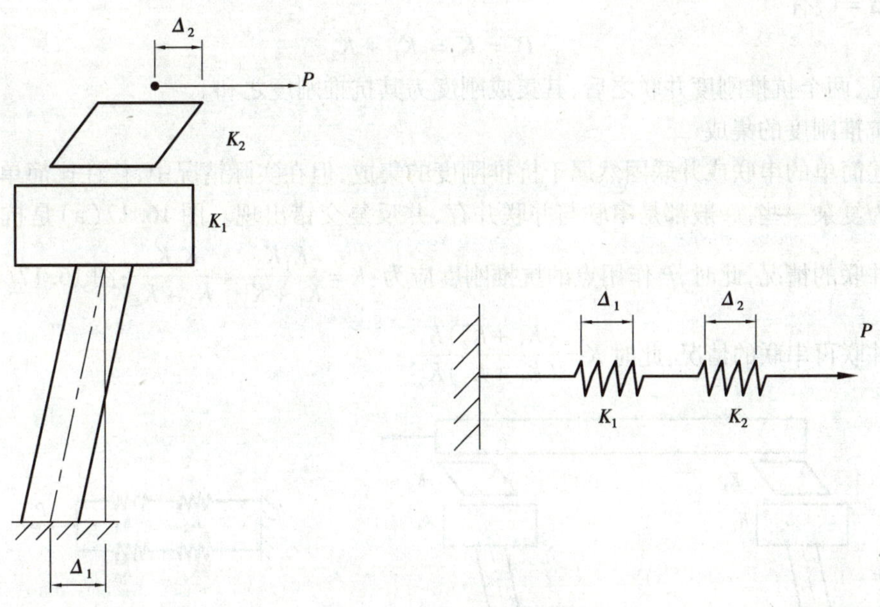

图 16.15　抗推刚度串联示意

可见,两个抗推刚度串联之后,其集成刚度为两抗推刚度之积除以两抗推刚度之和。

c. 抗推刚度的并联

如图 16.16 所示,设一水平力 P 作用于墩顶,支座和墩顶均产生弹性变形。P 作用点的水平变形 Δ = 支座的剪切变形 Δ_2 = 墩顶的水平变形 Δ_1,即:$\Delta = \Delta_1 = \Delta_2$。$P$ 力为支座剪切力与墩顶水平力之和,即:$P = P_1 + P_2$。根据上述关系,可得

$$P = P_1 + P_2 = \Delta_1 K_1 + \Delta_2 K_1 = \Delta(K_1 + K_2) \tag{16.22}$$

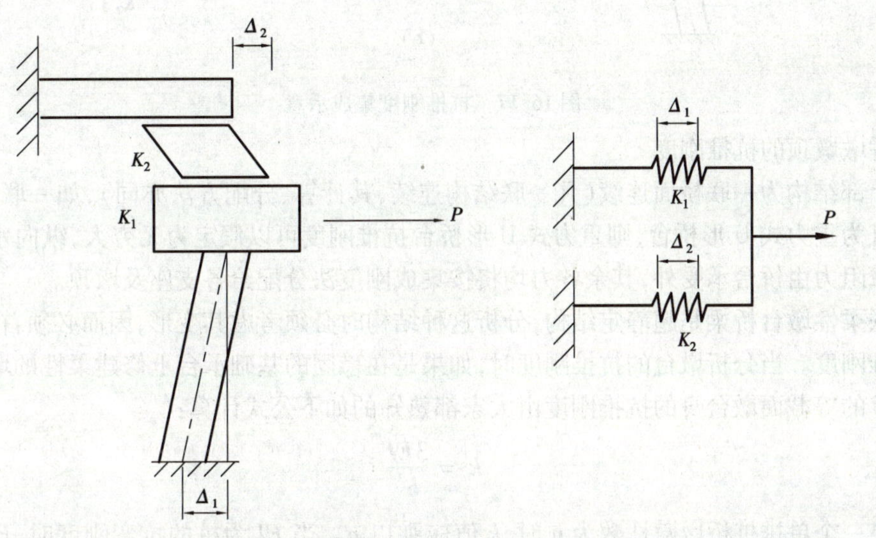

图 16.16　抗推刚度并联示意

上式中，K_1、K_2 分别为墩顶的抗推刚度及支座的剪切抗推刚度，也就是墩顶和支座产生单位水平位移所需之力。

令 $\Delta=1$，有

$$P = K = K_1 + K_2 \tag{16.23}$$

可见，两个抗推刚度并联之后，其集成刚度为其抗推刚度之和。

d. 抗推刚度的集成

上述简单的串联或并联固然属于抗推刚度的集成，但在实际情况中，往往比简单的串联或并联更为复杂一些，一般都是串联与并联并存，并反复交错出现。图 16.17(a)是抗推刚度先串联再并联的情况，此时，P 作用点的抗推刚度应为：$K=\dfrac{K_1K_2}{K_1+K_2}+\dfrac{K_3K_4}{K_3+K_4}$；图 16.17(b)是抗推刚度先并联再串联的情况，此时 $K=\dfrac{(K_1+K_2)K_3}{(K_1+K_2)K_3}$。

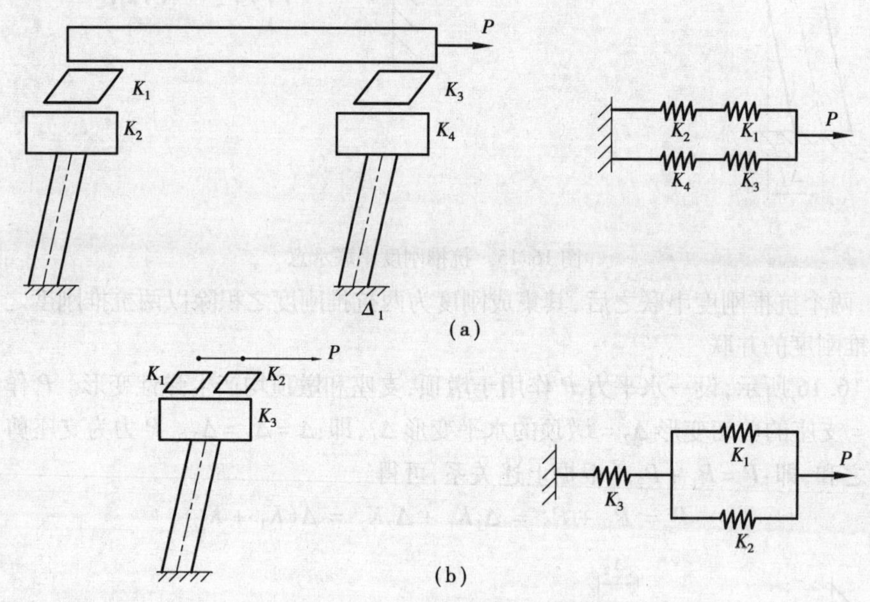

图 16.17 抗推刚度集成示意

e. 桥墩墩顶的抗推刚度

设上部结构为一联桥面连续（凡一联结构连续，其计算、分配方法亦同），如一联结构端头是桥台且为重力式 U 形桥台，则重力式 U 形桥台抗推刚度可以假定为无穷大，纵向水平力中，除支座摩阻力由桥台承受外，其余各力均将按集成刚度法分配给各支座及墩顶。

一联柔性墩台桥梁是超静定结构，分析这种结构时必须考虑其变形，因而必须首先算出墩台的抗推刚度。当分析墩台的抗推刚度时，如果是在稳固的基础承台上修建柔性的墩台身，则高度为 h 的等截面墩台身的抗推刚度由大家都熟知的如下公式计算：

$$k = \frac{3EI}{h^3} \tag{16.24}$$

如果一个单排桩桥墩墩柱数为 n 时，k 值应乘以 n。当 EI 为桩的抗弯刚度时，$EI=0.8E_c I$，E_c 为桩的混凝土抗压弹性模量，I 为桩的毛面积惯性矩。

其他各种变截面的、实心的、空心的或特殊形状的墩身的抗推刚度都不难利用结构力学的知识推导出来。各种地基情况下弹性桩柱的抗推刚度可根据《公路桥涵地基与基础设计规范》(JTG D63—2007)附录P计算。

f. 支座的抗推刚度

每个梁端有一个支座,横向一排有 n 个支座,一排支座的抗推刚度为:

$$K_{nm} = \frac{nAG}{t} \tag{16.25}$$

式中:K——为一横排支座的抗推刚度,脚码 n 表示墩号,$m=1$ 或 2,1 表示墩顶左排支座,2 表示墩顶右排支座;

n——一横排支座的个数;

A——一个支座的平面面积;

G——橡胶支座剪切弹性模量,按《公路钢筋混凝土及预应力混凝土桥涵设计规范》(JTG D62—2004)第8.4.1-2条的规定采用;

t——支座橡胶层总厚度。

桥台与其上支座为串联,且桥台抗推刚度假定为无穷大,故它们的集成刚度即为支座抗推刚度;桥墩上有两排支座并联,再与墩顶抗推刚度串联得集成刚度。

g. 汽车制动力在各墩上的分配

汽车制动力根据《公路桥涵设计通用规范》(JTG D60—2004)第4.3.6条的规定计算。计算得的汽车制动力按桥墩墩顶与其上的支座的集成刚度分配。如重力式桥台设活动支座,可不考虑承受制动力。

h. 混凝土收缩、徐变及温度变化影响力在各墩上的分配

混凝土收缩与徐变引起的梁体缩短量及温度变化引起的梁体伸缩量可参考《公路钢筋混凝土及预应力混凝土桥涵设计规范》(JTG D62—2004)第8.6.2条的规定计算,由此产生的水平力可参考袁伦一编的《连续桥面简支梁桥墩台计算实例(修订版)》进行计算,计算出的水平力按桥墩墩顶与其上的支座的集成刚度分配,桥台上设活动支座,则在桥台上引起支座摩阻力。

②内力计算

桩柱式墩按桩基础的有关内容计算桩柱的内力和桩的入土深度。对于单柱式墩,计算弯矩应考虑两个方向弯矩的合力。纵、横方向弯矩合力值为:$\sum M = \sqrt{M_x^{\ 2} + M_y^{\ 2}}$。

③配筋验算

在最不利组合内力作用下可先配筋,再按钢筋混凝土偏心受压构件进行验算。

④抗裂验算

钢筋混凝土圆形截面偏心受压构件计算裂缝宽度的公式可按《公路钢筋混凝土及预应力混凝土桥涵设计规范》(JTG D62—2004)第6.4.5条计算。

16.3.2　设支撑梁的轻型桥墩计算

(1)结构特点

墩、台、梁及支撑梁共同组成一框架结构,如图16.18所示。矩形的四铰框架是几何可变结构,补充一个约束就变成几何不变的静定结构。这个约束是由两端台后对称恒定的土压力

来提供的。这种桥跨结构是借助密实稳定的路堤来保证其稳定性。其主要特点为：

①上部构造同时作为墩台之间的支承；

②墩台基础之间设置下部支撑梁；

③由于有上、下支撑的作用，就可阻止墩台在顺桥方向的相对位移，并把桥梁作为几何不变的框架系统来考虑；

④考虑墩台基底土的弹性，把墩作为一个支承于弹性地基上的梁来计算。

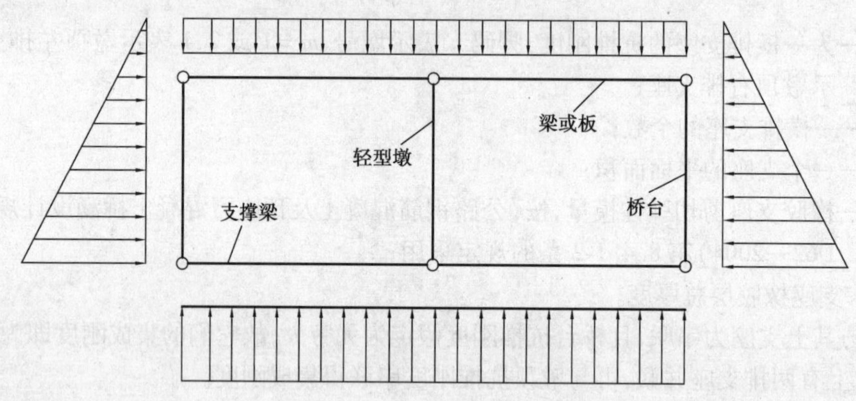

图 16.18 轻型墩台结构图

(2)计算内容

由于结构具有前述特点，故设计计算轻型桥墩时，一般先拟定各部分尺寸，再进行桥墩强度及基底应力计算。一般可不做稳定性(抗倾覆和抗滑动)验算。

1)桥墩的强度验算

除按一般实体墩(见本节重力式桥墩计算)计算其强度外(作用效应组合时不考虑制动力、摩阻力、温度影响力等水平力的作用)，对于较长的墩(即横桥向)，尚应验算墩身平面的弯曲强度。

2)基底应力验算

除按实体墩做顺桥向的基底土应力验算(对于水平力的考虑，同墩身强度验算)外，还应验算墩身平面弯曲时基底土应力。

16.4 轻型桥台的计算

16.4.1 设有支撑梁的梁桥薄壁轻型桥台计算

在第 15 章里，介绍了设有支撑梁的梁桥薄壁轻型桥台的受力特点。它是利用桥跨结构和底部支撑梁作为桥台与桥台或桥台与桥墩之间的支撑，以防止桥台受路堤的土侧压力而向河中方向移动，从而使结构构成为四铰框架的受力体系。因此，对于这类桥台(例如一字形桥台)的计算主要包括 3 项内容：

①将桥台视为上下端铰支，承受竖向荷载和横向荷载作用的竖梁，验算墙身圬工的偏心受

压强度和抗剪强度；

②将台身和翼墙（包括基础）视为在弹性地基上的短梁，为简化计算，近似假定桥台的刚度在整个基础长度内是常值，验算桥台在本身平面内的弯曲强度；

③验算地基土容许承载力。

下面将分别叙述。

(1) 桥台作为竖梁时的强度计算

通常取单位桥台宽度进行验算，其步骤为

1) 验算截面处的竖直力 N

它包括以下 3 项：

①桥跨结构重力在单位宽度桥台上的支点反力 N_1；

②单位宽度台帽的自重 N_2；

③验算截面以上单位宽度台身的自重 N_3。于是

$$N = N_1 + N_2 + N_3$$

2) 土压力计算

计算土压力时，对桥台的最不利荷载组合是桥上无车辆荷载，台背填土破棱体上有车辆荷载。其荷载分布图示于图 16.19。

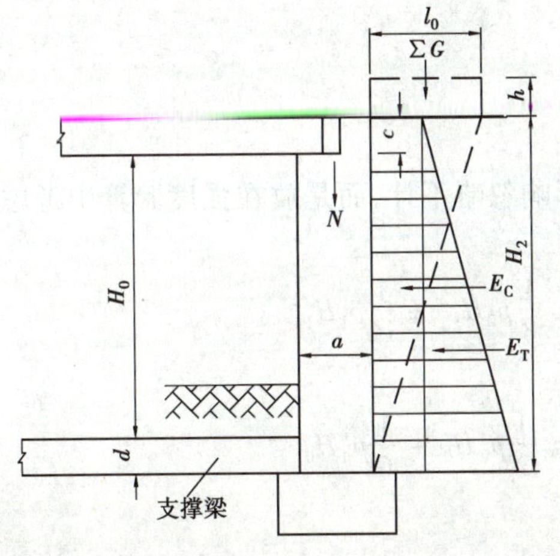

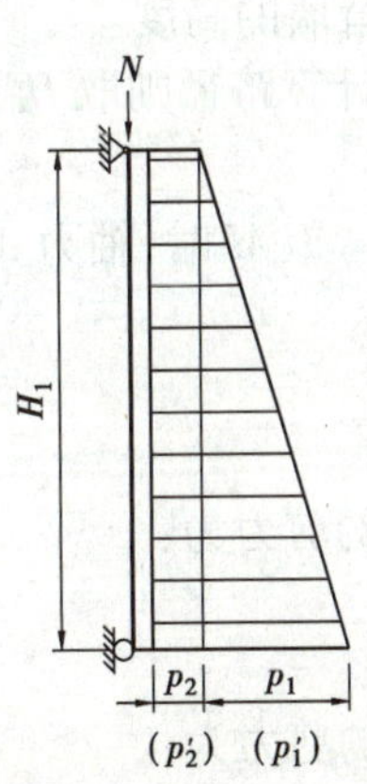

图 16.19　土压力及计算图式

①单位台宽由填土本身引起的土压力 E_T

呈三角形分布，其计算公式为

$$E_{\mathrm{T}} = \frac{1}{2}\gamma H_2^2 \tan^2\left(45° - \frac{\varphi}{2}\right) \tag{16.26}$$

②单位台宽由车辆荷载引起的土压力 E_c

呈均匀分布，其计算公式为：

$$E_{\mathrm{c}} = \gamma H_2 h \tan^2\left(45° - \frac{\varphi}{2}\right) \tag{16.27}$$

③单位台宽的总土压力 E

$$E = E_{\mathrm{T}} + E_{\mathrm{c}} \tag{16.28}$$

④等代土层厚度 h

$$h = \frac{\sum G}{(Bl_0\gamma)} \tag{16.29}$$

式中：γ——台后填土容重；

φ——土的摩擦角；

$\sum G$——布置在 $B \times l_0$ 面积内的车轮重；

B——桥台计算宽度；

l_0——台后填土的破棱体长度，按式计算

$$l_0 = H_2 \tan\left(45° - \frac{\varphi}{2}\right) \tag{16.30}$$

3）台身内力计算

①计算图式

台身按上下铰接的简支梁计算，如图 16.19 所示。对于有台背的桥台，因上部构造与台背间的缝隙已用砂浆或小石子混凝土填实，保证了有牢靠的支撑作用。因此，台身受弯的计算跨径为：

$$H_1 = H_0 + \left(\frac{d}{2} + \frac{c}{2}\right) \tag{16.31}$$

式中：H_0——桥跨结构与支撑梁间的净距；

d——支撑梁的高度；

c——桥台背墙的高度。

对于受剪的计算跨径则取 H_0。

②内力计算

在计算截面弯矩 M 时，轴力 N 的影响忽略不计，而是放在强度验算中考虑。对于跨中截面其弯矩为：

$$M = \frac{1}{8}p_2 H_1^{\ 2} + \frac{1}{16}p_1 H_1^{\ 2} \tag{16.32}$$

在台帽顶部截面的剪力为：

$$Q = \frac{1}{2}p'_2 H_0 + \frac{1}{6}p'_1 H_0 \tag{16.33}$$

在支撑梁顶面处的剪力为：

$$Q = \frac{1}{2}p'_2 H_0 + \frac{1}{3}p'_1 H_0 \tag{16.34}$$

式中：p_1, p_2——受弯计算跨径处的土压力强度；

p'_1, p'_2——受剪计算跨径处的土压力强度。

4）截面强度验算及稳定验算

按《公路钢筋混凝土及预应力混凝土桥涵设计规范》（JTG D62—2004）有关公式进行跨中截面的抗压强度和支点截面的抗剪强度验算以及进行稳定性验算。

（2）桥台在本身平面内的弯曲验算

根据弹性地基梁的理论，当荷载距梁两端的距离均小于 $3/\beta$（β 为特征系数）时，近似地作为短梁计算，其计算图式如图 16.20 所示。中点最大弯矩可按下式计算：

$$M_{1/2} = \frac{q}{2\beta^2}\left[\frac{\mathrm{ch}\,\beta l - 1}{\mathrm{sh}\,\beta l + \sin\beta l}\mathrm{ch}\,\beta a \sin\beta a + \frac{1 - \cos\beta l}{\mathrm{sh}\,\beta l + \sin\beta l}\mathrm{sh}\,\beta a \cos\beta a - \mathrm{sh}\,\beta a \sin\beta a\right] \tag{16.35}$$

式中：l——基础长度；

a——桥台中心线至分布荷载边缘的距离；

β——特征系数，其公式为$\beta=\sqrt[4]{\dfrac{kb}{4EI}}$

其中：k——土的弹性抗力系数。无试验数据时，可参考表16.5；

E、I——桥台的弹性模量和截面惯性矩。

表16.5　非岩石类地基土的弹性抗力系数 k 值

土的分类	质量密度（$kg \cdot cm^{-3}$）
流塑黏性土 $I_L \geqslant 1$，淤泥	10～20
软塑黏性土 $1 > I_L \geqslant 0.5$，粉砂	20～45
硬塑性黏土 $0.5 > I_L > 0$，细砂，中砂	45～65
坚硬，半坚硬性黏土 $I_L < 0$，粗砂	65～100
砾砂，角砾砂，圆砾砂，碎石，卵石	100～130
密实卵石夹粗砂，密实漂卵石	130～200

注：$1\ kg/cm^3 = 9.81 \times 10^3\ kN/m^3$

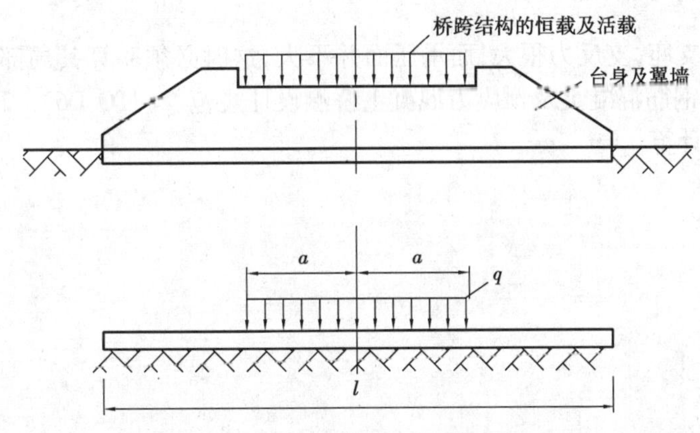

图16.20　桥台在本身平面内弯曲的计算图式

在计算中，认为桥台及基础自重不会引起地基梁的弯曲。当应用式（16.35）计算恒载引起的 M_1 时，q 只包括一个桥台承受的上部结构重（连同支撑梁及其上土重），此时荷载均布宽度 $2a$ 为在桥跨结构横桥向的宽度；当计算车辆荷载引起的 M_2 时，$2a$ 为外轮外边缘的间距。总弯矩 $M = M_1 + M_2$。当设有人行道时，应另外考虑均布在两侧的人群荷载所产生的影响。在应用式（16.35）时，可按两种荷载均布宽度（人群荷载外边缘和外边缘之间、与内边缘和内边缘之间）所算得的结果相减求得。最后按有关公式进行强度验算。

（3）基底应力验算

桥台的基底应力为桥台结构重力、桥跨结构重力及可变作用引起的应力之和。桥台结构重力引起的基底应力可按台墙因结构重力不致发生弯曲的假定计算。作用效应引起的基底最大应力可按下式求得。

$$\sigma = \frac{q}{b}\left[\frac{\text{ch}\,\beta l + 1}{\text{sh}\,\beta l + \sin\beta l}\text{sh}\,\beta a\cos\beta a + \frac{1+\cos\beta l}{\text{sh}\,\beta l + \sin\beta l}\text{ch}\,\beta a\sin\beta a + 1 - \text{ch}\,\beta a\cos\beta a\right] \tag{16.36}$$

式中:b——基础宽度,其余符号同前。

16.4.2 拱桥轻型桥台计算

如前所述,拱桥重力式U形桥台的计算,是假定桥台不能产生水平变位,水平推力由桥台自重和台后填土的主动土压力平衡。对圬工体积较小的轻型桥台,以往认为:在水平推力作用下,轻型桥台将绕基底重心产生一定的转动,因而路堤对台背和土基对基底均产生土的弹性抗力。于是,整个台身在外力作用下(结构自重和上部构造传来的作用力)将由桥台自重、台后填土的静止土压力和土的弹性抗力来平衡。事实上,静土压力为主动土压力的1.3~1.6倍,只有桥台向路堤方向移动开始瞬间才出现;至于计入土抗力,其前提是桥台要有后移变形,才能产生土抗力,而桥台后移变形值难以估计准确,这将影响以后的一系列计算值,包括因桥台后移在拱圈内产生的附加内力。基于此考虑,《公路圬工桥涵设计规范》(JTG D61—2005)第6.3.2条规定:拱桥桥台台后的土侧压力宜采用主动土压力。所以拱桥轻型桥台的计算类似拱桥重力式U形桥台的计算。

16.4.3 墩台顶局部承压计算

墩台顶面设置支座,支反力很大,而承压面并不大,这时必须验算其局部承压应力及其抗裂性,可参考《公路钢筋混凝土及预应力混凝土桥涵设计规范》(JTG D62—2004)第5.7.1条及第5.7.2条进行计算。

附录
铰接板荷载横向分布影响线竖标表

说明：

1. 本表适用于横向铰接的梁或板，各片梁或板的截面是相同的。

2. 表头的两个数字表示所要查的梁或板号，其中第一个数目表标该梁或板是属于几片梁或板铰接而成的体系，第二个数目表示该片梁或板在这个体系中自左而右的序号。

3. 横向分布影响线竖标以 η_{ij} 表示，第一个脚标 i 表示所要求的梁或板号，第二个脚标 j 表示受单位荷载作用的那片梁或板号；表中 η_{ij} 下的数字前者表示 i，后者表示 j，η_{ij} 的竖标应绘在梁或板中轴线处。

4. 表中的 η_{ij} 值为小数点后的三位数字，例如 278 即为 0. 278，006 即为 0. 006。

5. 表值按弯矩参数 γ 给出

$$\gamma = 5.8\frac{I}{I_T}\left(\frac{b}{l}\right)^2$$

式中：l——计算跨径；

b——一片梁或板的宽度；

I——梁或板的抗弯惯矩；

I_T——梁或板的抗扭惯矩。

铰 接 板 3-1

γ	η_{ij}			γ	η_{ij}			γ	η_{ij}		
	11	12	13		11	12	13		11	12	13
0. 00	333	333	333	0. 08	434	325	241	0. 40	626	294	080
0. 01	348	332	319	0. 10	454	323	223	0. 60	683	278	040
0. 02	363	331	306	0. 15	496	317	186	1. 00	750	250	000
0. 04	389	329	282	0. 20	531	313	156	2. 00	829	200	-029
0. 06	413	327	260	0. 30	585	303	112				

铰接板 3-2

γ	η_{ij}			γ	η_{ij}			γ	η_{ij}		
	21	22	23		21	22	23		21	22	23
0.00	333	333	333	0.08	325	351	325	0.40	294	412	294
0.01	332	336	332	0.10	423	355	323	0.60	278	444	278
0.02	331	338	331	0.15	317	365	317	1.00	250	500	250
0.04	329	342	329	0.20	313	375	313	2.00	200	600	200
0.06	327	346	327	0.30	303	394	303				

铰接板 4-1

γ	η_{ij}				γ	η_{ij}			
	11	12	13	14		11	12	13	14
0.00	250	250	250	250	0.15	484	295	139	082
0.01	276	257	238	229	0.20	524	298	119	060
0.02	300	263	227	210	0.30	583	296	089	033
0.04	341	273	208	178	0.40	625	291	066	018
0.06	375	280	192	153	0.60	682	277	035	005
0.08	405	285	178	132	1.00	750	250	000	000
0.10	431	289	165	114	2.00	828	201	-034	005

铰接板 4-2

γ	η_{ij}				γ	η_{ij}			
	21	22	23	24		21	22	23	24
0.00	250	250	250	250	0.15	295	327	238	139
0.01	257	257	248	238	0.20	298	345	238	119
0.02	263	264	246	227	0.30	296	375	240	089
0.04	273	276	243	208	0.40	291	400	243	066
0.06	280	287	241	192	0.60	277	441	247	035
0.08	285	298	239	178	1.00	250	500	250	000
0.10	289	307	239	165	2.00	201	593	240	-034

铰接板　5-1

γ	η_{ij}					γ	η_{ij}				
	11	12	13	14	15		11	12	13	14	15
0.00	200	200	200	200	200	0.15	481	291	130	061	036
0.01	237	216	194	180	173	0.20	523	295	114	045	023
0.02	269	229	188	163	151	0.30	583	296	087	026	010
0.04	321	249	178	136	116	0.40	625	291	066	015	004
0.06	362	263	168	115	092	0.60	682	277	035	004	001
0.08	396	273	158	099	073	1.00	750	250	000	000	000
0.10	425	281	150	085	059	2.00	828	201	-034	006	-001

铰接板　5-2

γ	η_{ij}					γ	η_{ij}				
	21	22	23	24	25		21	22	23	24	25
0.00	200	200	200	200	200	0.15	291	320	222	105	061
0.01	216	215	202	187	180	0.20	295	311	227	091	045
0.02	229	228	204	176	163	0.30	296	374	235	070	026
0.04	249	249	207	158	136	0.40	291	399	240	055	015
0.06	263	267	211	144	115	0.60	277	440	246	031	004
0.08	273	281	241	133	099	1.00	250	500	250	000	000
0.10	281	294	216	123	085	2.00	201	593	241	-041	006

铰接板　5-3

γ	η_{ij}					γ	η_{ij}				
	31	32	33	34	35		31	32	33	34	35
0.00	200	200	200	200	200	0.15	130	222	295	222	130
0.01	194	202	208	202	194	0.20	114	227	318	227	114
0.02	188	204	215	204	188	0.30	087	235	357	235	087
0.04	178	207	230	207	178	0.40	066	240	389	240	066
0.06	168	211	243	211	168	0.60	035	246	437	246	035
0.08	158	214	256	214	158	1.00	000	250	500	250	000
0.10	150	216	268	216	150	2.00	-034	241	586	241	-034

铰 接 板 6-1

γ	η_{ij}						γ	η_{ij}					
	11	12	13	14	15	16		11	12	13	14	15	16
0. 00	167	167	167	167	167	167	0. 15	481	290	129	058	027	016
0. 01	214	192	168	151	140	135	0. 20	523	295	113	043	01	009
0. 02	252	212	168	138	119	110	0. 30	583	295	086	025	008	003
0. 04	312	239	165	117	090	077	0. 40	625	291	065	015	003	001
0. 06	358	257	159	101	069	055	0. 60	682	277	035	004	001	000
0. 08	394	270	152	088	055	041	1. 00	750	250	000	000	000	000
0. 10	423	278	146	078	044	031	2. 00	828	201	-034	006	-001	009

铰 接 板 6-2

γ	η_{ij}						γ	η_{ij}					
	21	22	23	24	25	26		21	22	23	24	25	26
0. 00	167	167	167	167	167	167	0. 15	290	319	219	098	046	027
0. 01	192	190	175	157	146	140	0. 20	295	340	226	087	035	017
0. 02	212	209	182	149	129	119	0. 30	295	373	234	069	021	008
0. 04	239	238	192	137	105	090	0. 40	291	399	240	054	012	003
0. 06	257	259	200	127	087	069	0. 60	277	440	246	031	004	001
0. 08	270	276	206	119	074	055	1. 00	250	500	250	000	000	000
0. 10	278	291	210	112	064	044	2. 00	201	593	241	-041	007	-001

铰 接 板 6-3

γ	η_{ij}						γ	η_{ij}					
	31	32	33	34	35	36		31	32	33	34	35	36
0. 00	167	167	167	167	167	167	0. 15	129	219	288	208	098	058
0. 01	168	175	179	170	157	151	0. 20	113	226	314	217	087	043
0. 02	168	182	190	173	149	138	0. 30	086	234	356	230	069	0. 25
0. 04	165	192	210	179	137	117	0. 40	065	240	388	238	054	015
0. 06	159	200	227	186	127	101	0. 60	035	246	437	246	031	004
0. 08	152	206	243	191	119	088	1. 00	000	250	500	250	000	000
0. 10	146	210	257	197	112	078	2. 00	-034	241	586	243	-041	006

铰接板　　7-1

γ	η_{ij}							γ	η_{ij}						
	11	12	13	14	15	16	17		11	12	13	14	15	16	17
0. 00	143	143	143	143	143	143	143	0. 15	480	290	128	057	025	012	007
0. 01	200	177	152	133	120	111	107	0. 20	523	295	113	043	017	007	003
0. 02	244	202	157	125	102	088	082	0. 30	583	295	086	025	007	002	001
0. 04	309	235	159	109	078	059	051	0. 40	625	291	065	015	003	001	000
0. 06	356	255	156	096	061	042	034	0. 60	682	277	035	004	001	000	000
0. 08	293	268	151	085	049	031	023	1. 00	750	250	000	000	000	000	000
0. 10	423	278	144	076	040	023	016	2. 00	828	201	-034	006	-001	000	000

铰接板　　7-2

γ	η_{ij}							γ	η_{ij}						
	21	22	23	24	25	26	27		21	22	23	24	25	26	27
0. 00	143	143	143	143	143	143	143	0. 15	290	318	219	097	043	020	012
0. 01	177	175	158	139	125	115	111	0. 20	295	340	225	086	033	013	007
0. 02	202	198	170	135	111	096	088	0. 30	295	373	234	068	020	006	002
0. 04	235	232	185	127	091	069	059	0. 40	291	399	240	054	012	003	001
0. 06	255	256	196	121	077	053	042	0. 60	277	440	246	031	004	001	000
0. 08	268	275	203	115	067	041	031	1. 00	250	500	250	000	000	000	000
0. 10	278	290	209	109	058	033	023	2. 00	201	593	241	-041	007	-001	000

铰接板　　7-3

γ	η_{ij}							γ	η_{ij}						
	31	32	33	34	35	36	37		31	32	33	34	35	36	37
0. 00	143	143	143	143	143	143	143	0. 15	128	219	287	205	092	043	025
0. 01	152	158	161	150	134	125	120	0. 20	113	225	314	216	083	033	017
0. 02	157	170	176	156	128	111	102	0. 30	086	234	356	229	067	020	007
0. 04	159	185	201	167	119	091	078	0. 40	065	240	388	237	053	012	003
0. 06	156	196	222	176	112	077	061	0. 60	035	246	437	246	031	004	001
0. 08	151	203	239	184	107	067	049	1. 00	000	250	500	250	000	000	000
0. 10	144	209	255	191	102	058	040	2. 00	-034	241	586	243	-042	007	-001

铰接板 7-4

γ	η_{ij}							γ	η_{ij}						
	41	42	43	44	45	46	47		41	42	43	44	45	46	47
0. 00	143	143	143	143	143	143	143	0. 15	057	097	205	282	205	297	057
0. 01	133	139	150	157	150	139	133	0. 20	043	086	216	310	216	086	043
0. 02	125	135	156	169	156	135	125	0. 30	025	068	229	354	229	068	025
0. 04	109	127	167	193	167	127	109	0. 40	015	054	237	387	237	054	015
0. 06	096	121	176	213	176	121	096	0. 60	004	031	246	436	246	031	004
0. 08	085	115	184	231	184	115	085	1. 00	000	000	250	500	250	000	000
0. 10	076	109	191	248	191	109	076	2. 00	006	-041	243	586	243	-041	006

铰接板 8-1

γ	η_{ij}							
	11	12	13	14	15	16	17	18
0. 00	125	125	125	125	125	125	125	125
0. 01	191	168	142	122	107	096	089	085
0. 02	239	197	151	117	093	076	066	061
0. 04	307	233	156	106	073	052	040	034
0. 06	355	254	155	094	058	037	025	020
0. 08	392	268	150	084	048	028	017	013
0. 10	423	277	144	075	039	021	012	008
0. 15	480	290	128	057	025	011	005	003
0. 20	523	295	113	043	016	006	003	001
0. 30	583	295	086	025	007	023	001	000
0. 40	625	291	065	015	003	001	000	000
0. 60	682	277	035	004	001	000	000	000
1. 00	750	250	000	000	000	000	000	000
2. 00	828	201	-034	006	-001	000	000	000

铰接板 8-2

γ	η_{ij}							
	21	22	23	24	25	26	27	28
0.00	125	125	125	125	125	125	125	125
0.01	168	165	148	127	111	100	092	089
0.02	197	193	163	127	101	083	071	066
0.04	233	230	182	123	085	060	046	040
0.06	254	255	194	119	073	047	032	025
0.08	268	274	202	113	064	037	023	017
0.10	277	290	208	108	057	030	017	012
0.15	290	318	219	097	043	019	009	005
0.20	295	340	225	086	033	013	006	003
0.30	295	373	234	068	020	006	002	001
0.40	291	399	240	054	012	003	001	000
0.60	277	440	246	031	004	001	000	000
2.00	201	593	241	−041	007	−001	000	000
1.00	250	500	250	000	000	000	000	000

铰接板 8-3

γ	η_{ij}							
	31	32	33	34	35	36	37	38
0.00	125	125	125	125	125	125	125	125
0.01	142	148	150	137	120	108	100	096
0.02	151	163	168	147	116	096	083	076
0.04	156	182	197	162	111	079	060	052
0.06	155	194	219	173	107	068	047	037
0.08	150	202	238	182	103	060	037	028
0.10	144	208	254	190	099	053	030	021
0.15	128	219	287	205	091	041	019	011
0.20	113	225	314	215	082	032	013	006
0.30	086	234	356	229	067	020	006	002
0.40	065	240	388	237	053	012	003	001
0.60	035	246	437	246	031	004	001	000

续表

γ	η_{ij}							
	31	32	33	34	35	36	37	38
1. 00	000	250	500	250	000	000	000	000
2. 00	−034	241	586	243	−042	007	−001	000

铰接板 8-4

γ	η_{ij}							
	41	42	43	44	45	46	47	48
0. 00	125	125	125	125	125	125	125	125
0. 01	122	127	137	143	134	120	111	107
0. 02	117	127	147	158	142	116	101	093
0. 04	106	123	162	185	156	111	085	073
0. 06	094	119	173	208	168	107	073	058
0. 08	084	113	182	227	178	103	064	048
0. 10	075	108	190	245	186	099	057	039
0. 15	057	097	205	281	203	091	043	025
0. 20	043	086	215	310	214	082	033	016
0. 30	025	068	229	354	229	067	020	007
0. 40	015	054	237	387	237	053	012	003
0. 60	004	031	246	436	246	031	004	001
1. 00	000	000	250	500	250	000	000	000
2. 00	006	−041	243	586	243	−042	007	−001

铰接板 9-1

γ	η_{ij}								
	11	12	13	14	15	16	17	18	19
0. 00	111	111	111	111	111	111	111	111	111
0. 01	185	162	136	115	098	086	077	072	069
0. 02	236	194	147	113	088	070	057	049	046
0. 04	306	232	155	104	070	048	035	026	023
0. 06	355	254	154	094	057	035	023	015	012
0. 08	392	268	150	084	047	027	015	010	007

续表

γ	η_{ij}								
	11	12	13	14	15	16	17	18	19
0.10	423	277	144	075	039	020	011	006	004
0.15	480	290	128	057	025	011	005	002	001
0.20	523	295	113	043	016	006	002	001	000
0.30	583	295	086	025	007	002	001	000	000
0.40	625	291	065	015	003	001	000	000	000
0.60	682	277	035	004	001	000	000	000	000
1.00	750	250	000	000	000	000	000	000	000
2.00	828	201	-034	006	-001	000	000	000	000

铰接板　9-2

γ	η_{ij}								
	21	22	23	24	25	26	27	28	29
0.00	111	111	111	111	111	111	111	111	111
0.01	162	158	141	119	102	090	081	075	072
0.02	194	189	160	122	095	075	062	053	049
0.04	232	229	181	121	082	057	040	031	026
0.06	254	255	194	118	072	044	028	019	015
0.08	268	274	202	113	063	036	021	013	010
0.10	277	290	208	108	056	029	016	009	006
0.15	290	318	219	097	043	019	008	004	002
0.20	295	340	225	086	033	013	005	002	001
0.30	295	373	234	068	020	006	002	001	000
0.40	291	399	240	054	012	003	001	000	000
0.60	277	440	246	031	004	001	000	000	000
1.00	250	500	250	000	000	000	000	000	000
2.00	201	593	241	-041	007	-001	000	000	000

铰接板 9-3

γ	η_{ij}								
	31	32	33	34	35	36	37	38	39
0. 00	111	111	111	111	111	111	111	111	111
0. 01	136	141	142	129	111	097	087	081	077
0. 02	147	160	164	141	110	087	072	062	057
0. 04	155	181	195	159	108	074	053	040	035
0. 06	154	194	219	172	105	065	041	028	023
0. 08	150	202	237	182	102	058	033	021	015
0. 10	144	208	254	190	099	052	028	016	011
0. 15	128	219	287	205	090	040	018	008	005
0. 20	113	225	314	215	082	031	012	005	002
0. 30	086	234	356	229	067	020	006	002	001
0. 40	065	240	388	237	053	012	003	001	000
0. 60	035	246	431	246	031	004	001	000	000
1. 00	000	250	500	250	000	000	000	000	000
2. 00	-034	240	586	243	-042	007	-001	000	000

铰接板 9-4

γ	η_{ij}								
	41	42	43	44	45	46	47	48	49
0. 00	111	111	111	111	111	111	111	111	111
0. 01	115	119	129	133	123	108	097	090	086
0. 02	113	122	141	152	134	106	087	075	070
0. 04	104	121	159	182	151	104	074	057	048
0. 06	094	118	172	206	165	102	065	044	035
0. 08	084	113	182	226	176	099	058	036	027
0. 10	075	108	190	244	185	097	052	029	020
0. 15	057	097	205	281	202	089	040	019	011
0. 20	043	086	215	310	214	082	031	013	006
0. 30	025	068	229	354	229	067	020	006	002
0. 40	015	054	237	387	237	053	012	003	001
0. 60	004	031	246	436	246	031	004	001	000

续表

γ	η_{ij}								
	41	42	43	44	45	46	47	48	49
1.00	000	000	250	500	250	000	000	000	000
2.00	006	-041	243	586	243	-042	007	-001	000

铰接板　9-5

γ	η_{ij}								
	51	52	53	54	55	56	57	58	59
0.00	111	111	111	111	111	111	111	111	111
0.01	098	102	111	123	131	123	111	102	098
0.02	088	095	110	134	148	134	110	095	088
0.04	070	082	108	151	178	151	108	082	070
0.06	057	072	105	165	203	165	105	072	057
0.08	047	063	102	176	224	176	102	063	047
0.10	039	056	099	185	242	185	099	056	039
0.15	025	043	090	202	280	202	090	043	025
0.20	016	033	082	214	309	214	082	033	016
0.30	007	020	067	229	354	229	067	020	007
0.40	003	012	053	237	387	237	053	012	003
0.60	001	004	031	246	436	246	031	004	001
1.00	000	000	000	250	500	250	000	000	000
2.00	-001	007	-042	243	586	243	-042	007	-001

铰接板　10-1

γ	η_{ij}									
	11	12	13	14	15	16	17	18	19	1,10
0.00	100	100	100	100	100	100	100	100	100	100
0.01	181	158	131	110	093	080	070	063	058	056
0.02	234	192	146	111	085	066	052	043	037	034
0.04	306	232	155	103	069	047	032	023	018	015
0.06	355	254	155	094	057	035	021	014	009	007
0.08	392	268	150	084	047	026	015	009	005	004

续表

γ	η_{ij}									
	11	12	13	14	15	16	17	18	19	1,10
0.10	423	277	144	075	039	020	011	006	003	002
0.15	480	290	128	057	025	011	005	002	001	001
0.20	523	295	113	043	016	006	002	001	000	000
0.30	583	295	086	025	007	002	001	000	000	000
0.40	625	291	065	015	003	001	000	000	000	000
0.60	682	277	035	004	001	000	000	000	000	000
1.00	750	250	000	000	000	000	000	000	000	000
2.00	828	201	-034	006	-001	000	000	000	000	000

铰 接 板 10-2

γ	η_{ij}									
	21	22	23	24	25	26	27	28	29	2,10
0.00	100	100	100	100	100	100	100	100	100	100
0.01	158	154	137	114	097	083	073	065	060	058
0.02	192	188	157	120	092	071	056	046	040	037
0.04	232	229	181	121	081	055	038	027	020	018
0.06	254	255	193	117	071	044	027	017	012	009
0.08	268	274	202	113	063	035	020	012	007	005
0.10	277	290	208	108	056	029	015	008	005	003
0.15	290	318	219	097	043	019	008	004	002	001
0.20	295	340	225	086	033	013	005	002	001	000
0.30	295	373	234	068	020	006	002	001	000	000
0.40	291	399	240	054	012	003	001	000	000	000
0.60	227	440	246	031	004	001	000	000	000	000
1.00	250	500	250	000	000	000	000	000	000	000
2.00	201	593	241	-041	007	-001	000	000	000	000

参考文献

[1] 中华人民共和国行业标准. 公路工程技术标准(JTG B01—2003)[S]. 北京:人民交通出版社,2003.
[2] 中华人民共和国行业标准. 公路桥涵设计通用规范(JTG D60—2004)[S]. 北京:人民交通出版社,2004.
[3] 中华人民共和国行业标准. 公路圬工桥涵设计规范(JTG D61—2005)[S]. 北京:人民交通出版社,2005.
[4] 中华人民共和国行业标准. 公路钢筋混凝土及预应力混凝土桥涵设计规范(JTG D62—2004)[S]. 北京:人民交通出版社,2004.
[5] 中华人民共和国行业标准. 公路桥涵地基与基础设计规范(JTG D63—2007)[S]. 北京:人民交通出版社,2004.
[6] 中华人民共和国行业推荐性标准. 公路桥梁抗震设计细则(JTG/T B02—01—2008)[S]. 北京:人民交通出版社,2008.
[7] 中华人民共和国国家标准. 内河通航标准(GB50139—2004)[S]. 北京:中国计划出版社,2004.
[8] 中华人民共和国交通行业标准. 公路桥梁伸缩装置(JT/T 327—2004)[S]. 北京:人民交通出版社,2004.
[9] 江祖铭,王崇礼. 公路桥涵设计手册. 墩台与基础[M]. 北京:人民交通出版社,1994.
[10] 范立础. 桥梁工程:上册[M]. 北京:人民交通出版社,2001.
[11] 姚玲森. 桥梁工程[M]. 北京:人民交通出版社,2008.
[12] 顾安邦. 桥梁工程:下册[M]. 北京:人民交通出版社,2000.
[13] 王序森,唐寰澄. 桥梁工程[M]. 北京:中国铁道出版社,1995.
[14] 黄绳武. 桥梁施工及组织管理:上册[M]. 北京:人民交通出版社,1999.
[15] 刘自明. 桥梁深水基础[M]. 北京:人民交通出版社,2003.
[16] 徐光辉,胡明义. 公路桥涵设计手册. 梁桥:上册[M]. 北京:人民交通出版社,1996.
[17] 刘效尧,赵立成. 公路桥涵设计手册. 梁桥:下册[M]. 北京:人民交通出版社,2000.
[18] 顾懋清,石绍甫. 公路桥涵设计手册. 拱桥:上册[M]. 北京:人民交通出版社,1994.
[19] 顾安邦,孙国柱. 公路桥涵设计手册. 拱桥:下册[M]. 北京:人民交通出版社,1996.

[20] 李扬海,程潮洋,鲍卫刚,等. 公路桥梁伸缩装置[M]. 北京:人民交通出版社,1997.
[21] 交通部第一公路工程总公司. 公路施工手册. 桥涵:下册[M]. 北京:人民交通出版社,2000.
[22] 范立础. 预应力混凝土连续梁桥[M]. 北京:人民交通出版社,1987.
[23] 周孟波. 悬索桥手册[M]. 北京:人民交通出版社,2003.
[24] 铁道部大桥工程局桥梁科学研究所. 悬索桥[M]. 北京:科学技术文献出版社,1996.
[25] 袁伦一. 连续桥面简支梁桥墩台计算实例[M]. 北京:人民交通出版社,1995.
[26] 四川省交通厅公路规划勘察设计研究院. 公路钢管混凝土桥梁设计与施工指南[S]. 北京:人民交通出版社,2008.
[27] 中国工程建设标准化协会标准. 钢管混凝土结构设计与施工规程[S]. 北京:中国计划出版社,1992.
[28] 陈宝春. 钢管混凝土拱桥[M]. 北京:人民交通出版社,2008.